山本暉久先生古稀記念論集

二十一世紀考古学の現在

山本暉久 編

六一書房

刊行にあたって

日頃，私達が親しくご指導いただいております昭和女子大学教授山本暉久先生におかれましては，2017年3月23日に古稀の寿を迎えられ，3月末日をもって同大学を退職されました。

山本先生は，早稲田大学大学院を修了後，神奈川県教育委員会に奉職し，長く埋蔵文化財保護行政に携わる傍ら，縄文時代に関する考古学研究に打ち込んでこられました。学界への本格的デビューとなりました「敷石住居出現の意味」（1976年，『古代文化』第28巻2・3号）は，単に敷石住居の集成に留まらず，その出現の意味を探った優れた視点をもつ論文でした。以後，敷石住居，配石遺構，集落等といったテーマで，個人では不可能と思われるほどの膨大なデータを隈なく集成・整理し，そこから解釈を展開するという手法で，数々の業績を積み上げてこられました。

昭和女子大学に移られてからは，後進の指導とともに，学内では学科長，人間文化学部長，大学院生活機構研究科長を歴任し，地方公共団体の文化財保護委員会や史跡整備委員会等の委員としても活躍されましたことは皆さまがよくご存じのとおりです。

学術研究では，縄文時代の遺構や集落の研究をさらに深く追及され，優れた業績をあげた者に与えられる宮坂英弌記念尖石縄文文化賞を2003年（第4回）に受賞されたことは私たちが鮮明に記憶する所です。また，「縄文時代文化研究会」の主要なメンバーとして，縄文時代文化研究を力強く牽引されており，この分野のリーダー的存在としての面も持ち合わせておられます。

このたび，山本先生が古稀をお迎えするのにあたり，学恩を受けた者たちが集って慶事をお祝いし，また日頃の感謝の気持ちをこめて記念論集を刊行することにいたしました。そうしたところ，ご覧のように大変多くの皆様から玉稿を賜ることができました。700頁を超える大冊となったのは，ひとえに先生の人徳と交友の広さの賜物であると思います。

ここに山本先生の古稀を記念して本論集を献呈し，末筆ながら，先生のご健康と益々のご活躍を祈念申し上げる次第です。

2017年5月10日

山本暉久先生古稀記念事業実行委員会

目　次

I

論考編

愛知県西牧野遺跡からみた掻器の皮革生産とその展望

白 石　浩 之

はじめに

筆者は『あいちの考古学 2015 平成 27 年度 考古学セミナー』の誌上で「愛知県下の旧石器時代文化から縄文時代草創期文化にかけての様相」について講演の概要として愛知県岡崎市西牧野遺跡の石器群について分析し，その成果を報告した（白石 2015）。

西牧野遺跡で旧石器時代の石器がまとまって出土したのは愛知県下では初めてのことである。加えて一遺跡群内で 50 点を超える掻器が出土した例はナイフ形石器文化期のなかでも特出すべき数量である。掻器の特徴を把握するとともに掻器の機能や用途が異なっている蓋然性が高いとする結論を得た[1)]。発表要旨の脱稿後，講演のためのパワーポイントを作成するにあたってさらに分析を進めたところ，掻器を安定的に有する西牧野遺跡の重要性の背景が一段と浮かび上がってきた。

1　愛知県岡崎市西牧野遺跡群の様相

愛知県西牧野遺跡は 2009 年から 2010 年にかけて愛知県埋蔵文化財センターと愛知県埋蔵文化財調査センターが第二東海自動車道横浜名古屋線建設に伴い 38, 250 m^2 を発掘調査した。その結果，愛知県下においては規模の大きい旧石器時代のナイフ形石器文化期の遺跡が検出された。その成果はすでに 2 冊の報告書として刊行されている（愛知県埋蔵文財調査センター 2013，愛知県埋蔵文化財センター 2013）。西牧野遺跡群では 09 Cb 区，09 Cc 区，10 Da 区，10 Db 区，10 F 区，10 G 区，10 I 区の各区から後期旧石器時代のナイフ形石器文化期の石器群が出土している（図 1）。主な調査区の調査面積，遺物集中，出土遺物，総点数，時期については表 1 のとおりである。

各調査区における石器群の特徴を補足すると次のとおりである。

09 Cb 区では北側の約 750 m^2 を試掘した結果，石器が出土しているので，さらに石器集中地点は広がっていたことが予測される。石材は黒曜石と凝灰岩製が多く，他にチャートが若干出土している。ナイフ形石器の剝片素材は幅広寸詰まりの縦長剝片と若干の横長剝片を素材とした例もある。先端と基部は先鋭な二側縁加工が少なく，基部はやや丸みを帯びたナイフ形石器となっている。なかには切出形の二側縁加工のナイフ形石器も認められる。各層における石材の顕著な

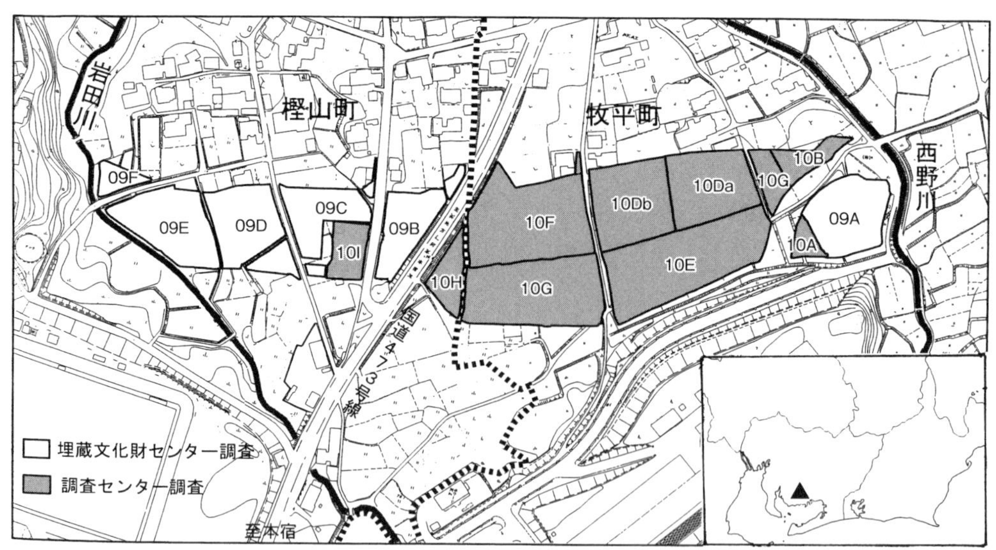

図1　遺跡の位置図

表1　各区の遺物出土状況

	遺跡面積	遺物集中	出土遺物	総点数	時　期
09 Cb 区	393 ㎡	3ヶ所以上	ナイフ形石器 43，尖頭器 2，角錐状石器 2，石錐 2，削器 27，搔器 12 石核 53，敲石 4，剝片 1,000 点以上	1,416 点	岩宿Ⅱ並行期
09 Cc 区	86 ㎡	1ヶ所			
10 Db 区	400 ㎡	6ヶ所	ナイフ形石器 9，削器 3，搔器 9，彫器 1，楔形石器 1，RF38，剝片 461，石核 15，原石 2	543 点	砂川並行期
10 F 区	300 ㎡	6ヶ所	ナイフ形石器 2，削器 4，搔器 4，RF10，剝片 199，石核 12 他	261 点	
10 G 区	632 ㎡	9ヶ所	ナイフ形石器 18，削器 17，搔器 31，尖頭器 1，彫器 3，楔形石器 13，RF68，剝片 1,381，石核 48，原石 1，敲石 11，石皿 2，砥石 3，他 151	1,729 点	月見野並行期
10 I 区	196 ㎡	3ヶ所	ナイフ形石器 5，尖頭器 1，楔形石器 3，RF19，剝片 516，石核 3，敲石 2，砥石 2，他 199	750 点	

違いは認められないので，個体別資料の分析がまたれる。

10 Db 区ではナイフ形石器，削器の多くは凝灰岩製であるが，黒曜石製の削器は搔器に区分した。搔器は凝灰岩と黒曜石を用材としている。全体的にはチャートと下呂石が少量で，凝灰岩を主石材とし，次いで黒曜石となっている。ナイフ形石器は 9 点が出土している。縦長剝片を素材としたもので，柳葉形二側縁加工のナイフ形石器が目立っている。09 Cb 区の出土例と較べると細身で，先端，基部ともに先鋭化している。

10 F 区は旧石器時代の石器石材の多くは凝灰岩製である。石核は平坦打面から縦長剝片を連続的に剝がしている。ナイフ形石器は 2 点のみで時期的な判断はつきにくい。

10 G 区の石材は凝灰岩，黒曜石を主体にチャートと下呂石が数点出土している。黒曜石製はナイフ形石器 2 点，尖頭器 1 点，搔器 6 点，楔形石器 2 点，二次加工剝片 2 点，微細剝離痕を有する剝片 2 点，石核 2 点，剝片に及んでいる。またチャートはナイフ形石器 1 点，搔器 2 点，二次加工剝片 2 点，剝片，石核 1 点が製作されている。尖頭器は黒曜石製で先端，基部ともに破損しているが木葉形尖頭器に相当しよう。ナイフ形石器は縦長剝片と横長剝片を素材としている。寸詰まりの切出形二側縁加工が目立つが，先鋭さがない。柳葉形二側縁加工ナイフ形石器も加わっている。石核は上設打面から縦長剝片を剝離した半円錐形，上端と下端に両設の打面をもつ角柱状，多方向の剝離面をもつ不定形な石核で構成される。出土点数や遺物集中地点の規模などを含めて勘案すると男川流域のなかでも拠点的な遺跡であったのであろう。

10 I 区の尖頭器は流紋岩製であるが，他器種は凝灰岩製である。

以上各地区の石器群をみてきたが，09 Cb・09 Cc 区では 4 層にまたがって出土しているが石器群の帰属時期は明瞭ではない。柳葉形，切出形の二側縁加工のナイフ形石器や横長剝片のナイフ形石器，角錐状石器の形態から約 26,000 年前の岩宿 II 並行期に相当しよう。10 Db 区から出土した柳葉形二側縁加工のナイフ形石器は良好な縦長剝片を素材としていることから約 22,000 年前の砂川並行期と考えられよう。また 10 G 区では切出形二側縁加工のナイフ形石器を主に若干の柳葉形二側縁加工のナイフ形石器の特徴は先端や基部の先鋭さが認められない。併せて尖頭器の共伴から推定すると砂川並行期ではなく，月見野並行期の所産と推定され，おおよそ 20,000 年前に相当する。ナイフ形石器の石材は凝灰岩が 14 点，黒曜石が 2 点，チャートが 1 点で構成されているのに対して掻器は黒曜石製が 6 点，チャートが 2 点で他 23 点が凝灰岩製で，ナイフ形石器の石材に類似していよう。

2　西牧野遺跡群出土の掻器

各区から出土した掻器の総数は 56 点である。その内訳は 09 Cb 区 12 点，10 Db 区 9 点，10 F 区 4 点，10 G 区 31 点である。09 Cb 区や 10 Db 区の出土量も多い方だが，10 G 区の 31 点はひときわ多い。総点数で 55 点の掻器は例えば Cb 区や D 区のように各層にまたがって出土しているので時期差もあるかもしれないが，10 Db・10 F・10 G 区の出土例はそれぞれ単独の文化層の石器群と思われる（図 2）。10 Db 区はやや小形例が目立つ。G 区は大形，中形，小形といった多様な大きさの掻器で構成されている。

掻器の石材は黒曜石，凝灰岩，チャートで構成される。黒曜石は株式会社第四紀地質研究所で 300 点が分析された。その結果は和田峠系-2（星ヶ塔・男女倉）が最も多く 88%，次いで和田峠-1（西餅屋・東餅屋・小深沢）が 13% であった（井上 2013）。分析された表によると，スクレイパーと呼称された掻器は全体で 16 点が分析され，和田峠系-1 は 2 点，和田峠系-2 が 13 点，他 1 点は弱被熱 K タイプとなっている。球顆の少ない透明度の高いものや黒味を有した良質の黒曜石を素材としていた。また凝灰岩やチャートは近在地の原産地から採取してきたものであろう。

09 Cb 区の掻器は 8 点が認められ，全て黒曜石製である。大きさは長いもので 3.3 cm，幅は 3.2 cm が最も大きいので，黒曜石は小形となっている。また凝灰岩製 4 点で長さ 5.4 cm，幅 5.9 cm が最大である。小形のものでも黒曜石製の大きさを若干超えている。

10 Db 区の 9 点の掻器は黒曜石製 3 点，凝灰岩製 6 点よりなる。黒曜石製のうち 1 点は長さ約

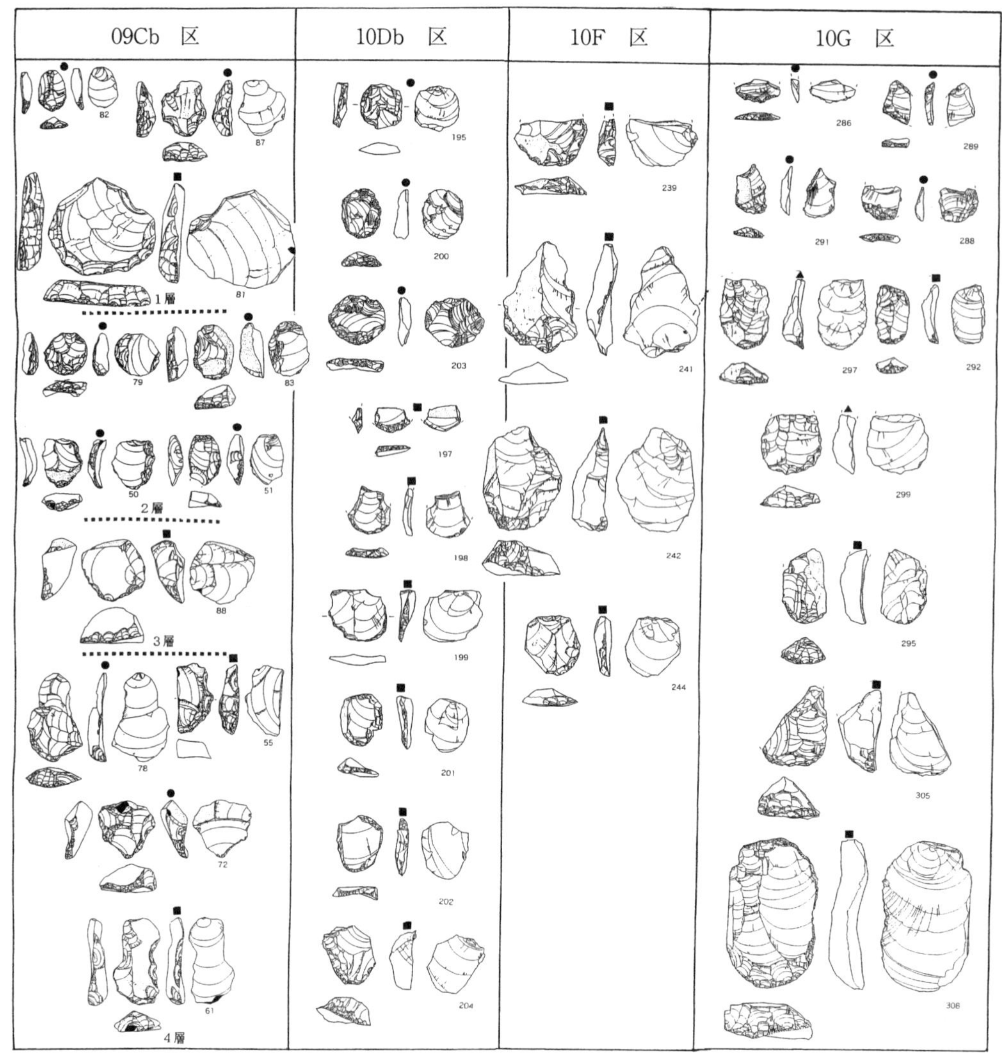

図２　愛知県西牧野遺跡群の調査区と出土掻器

3.3 cm あり，10 G 区の黒曜石製より長く，幅広である。もう１点は 10 G 区例に類似する。凝灰岩製は 10 G 区の小形例と中形例の二グループに類似する。

10 F 区の４点の掻器は全て凝灰岩製である。大形が２例，中形が２例よりなる。大形の１例は 10 G 区の大形例に類似する。

10 G 区の 31 点の掻器のうち図示された 25 点の資料は凝灰岩製 17 点，黒曜石製６点，チャート製２点である。そのうち完形品は７点のみで他は破損している。破損箇所は掻器の刃部が縦位に折損している例もあるが，多くは器体上半部つまり基部方向が折れている例が多い。このことは製作途上で失敗したことも考えられるが，掻器が着柄して使用したものならば，その着柄箇所に力の負荷がかかって折れた可能性があろう。破損の比率が高いということは廃棄の場としての

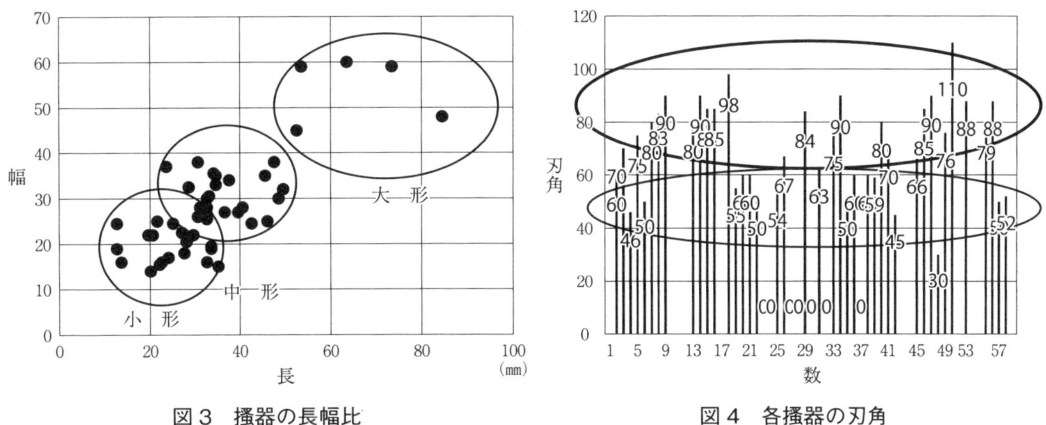

図3　掻器の長幅比

図4　各掻器の刃角

蓋然性を示すが，皮革作業が頻繁に行われた結果としての場とも推定される。他方 09 Cb 区や 09 D 区では掻器の破損品は少ない。加えて掻器の形状は不定形のものがいくつかあり，礫面も大きく残したものが多い。このことから当該区では石器製作途上中ないし再生の場として機能していた可能性があり，10 G 区の様相とは異なっている。

図3は掻器の相関図である。黒曜石製は長さが 3.8～1.6 cm で多様である。幅はおおよそ 2.4～1.5 cm に集約されている。チャート製は長さの差異は少なく 4.0～3.5 cm，幅は 3.3～2.7 cm で長幅とも個体の大きさの偏差は少ない。チャート製の方が黒曜石製より一回り大きい。凝灰岩製の長さは 8.5～1.4 cm と偏差があるが，5.8～3.2 cm の一群は集中している。長さが 2.4～1.3 cm の小形例は幅も 1.8～1.5 cm 前後に集中される。

これらの点から①黒曜石製は長さも幅も限定された小形の掻器を作りだしている。②凝灰岩製は小形から中形そして大形があり，多様である。大形例は2点あるが，長さとともに幅広となっている。中形例は G 区で最も多く作り出されている。小形例は黒曜石製の例に類似する。③チャート製は凝灰岩製の中形例の一群に近い。

刃部と主要剝離面との交わる角度で，刃角は 67～110 度のグループと 45～65 度のグループがある。とりわけ黒曜石製のなかには刃角が鋭角のものがみられるのに対して，凝灰岩製は鈍角のものが目立っている（図4）。このことは鈍角に近いものと鋭角のもので構成されており，先の凝灰岩製と黒曜石製にそれぞれ対応する例が多い。

刃角と刃部の高さ（厚み）の相関では，刃部の厚さが 1 cm 以下の薄い例は刃角が鋭角のものが目立つが，逆に刃部の 1 cm 以上ある例は刃角も鈍角になっている。前者例は黒曜石製，後者例は凝灰岩製が主体をなす[2)]。

図示された 49 点の掻器は全てが完形品ではないが，おおむね長さ 1.0～3.4 cm，幅 1.5～3.9 cm の第1グループ，長さ 3.5～5.0 cm，幅 2.5～3.9 cm の第2グループ，長さ 5.3～8.9 cm，幅 4.5～6.1 cm の第3グループに分かれる。これを石材別にみてみると，第1グループは小形の黒曜石製，第2グループは中形で凝灰岩製とチャート，第3グループは大形で凝灰岩製が主に用いられていた。大きさに応じて黒曜石と凝灰岩の利用の在り方がはっきりしている（図5）。

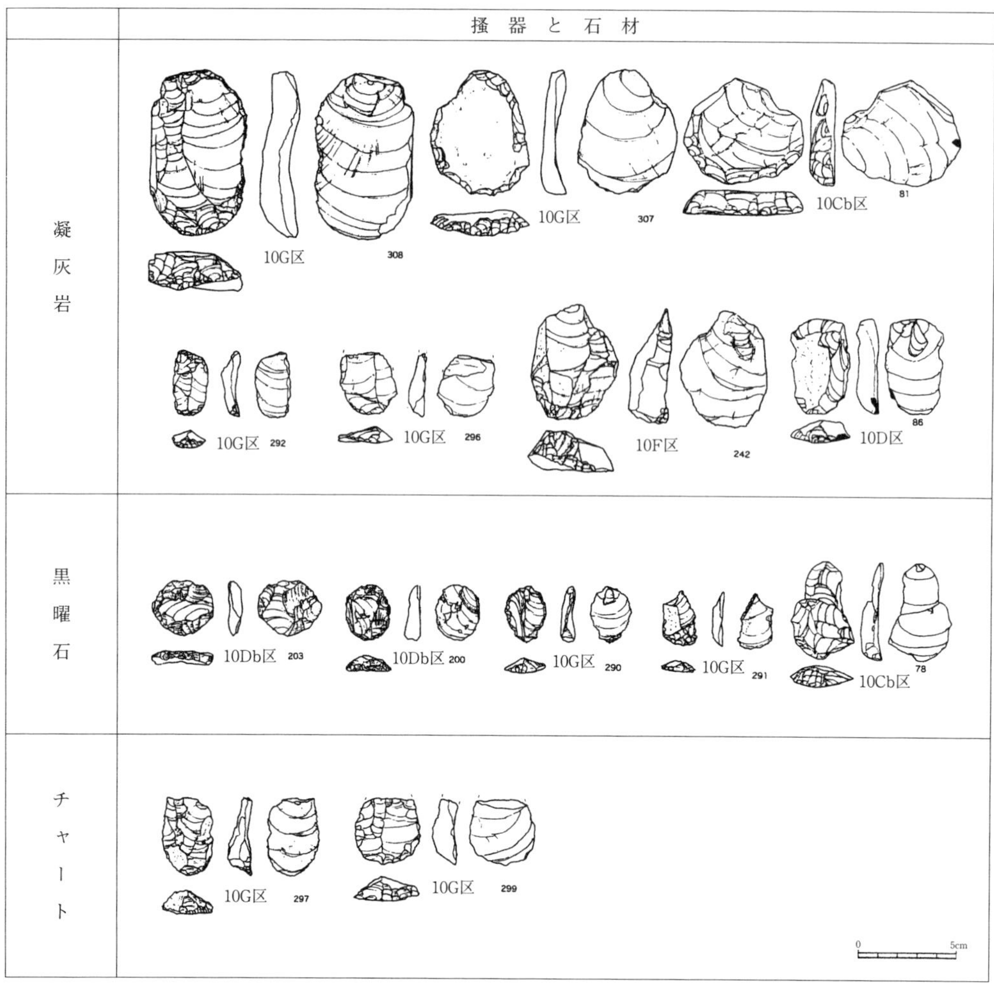

図５　掻器の石材とその出土区（番号は報告書の記載No）

以上のデータを参考にして西牧野遺跡群の掻器をみてみると，Ⅰ類：長さに対して幅が狭い石刃状の剝片の端部に刃部を形成したもの，Ⅱ類：Ⅰ類より幅広でやや寸詰まりの縦長剝片の端部に刃部を形成したもの，Ⅲ類：頂部から末広がりに外側に張り出し，肩を有しながら刃部を形成したもの，最大幅が刃部近くにある。Ⅳ類：円形または楕円形で，刃部はA.端部，B.端部と側縁，C.全周よりなる。Ⅴ類：ごろっとした分厚な掻器で，刃高は厚い例が目立っている。幅広の楕円形ないし不定形な形状で構成されたものよりなる。

5類に分類された刃部形態は1凸刃，2.曲刃，3.直刃に分類される。また刃部の高さ（厚さ）はa.低い（薄い），b.通常，c.高い（厚い）に区分できる。（例えばI2aの例は幅に対して石刃状の剝片の端部は曲刃で，厚さは薄い刃部を形成している）という特徴を記述して西牧野遺跡の掻器の資料をあてはめると，

09 Cb区はⅠ類が認められない。II2a，III1?c，IVC2a，V1cよりなる。

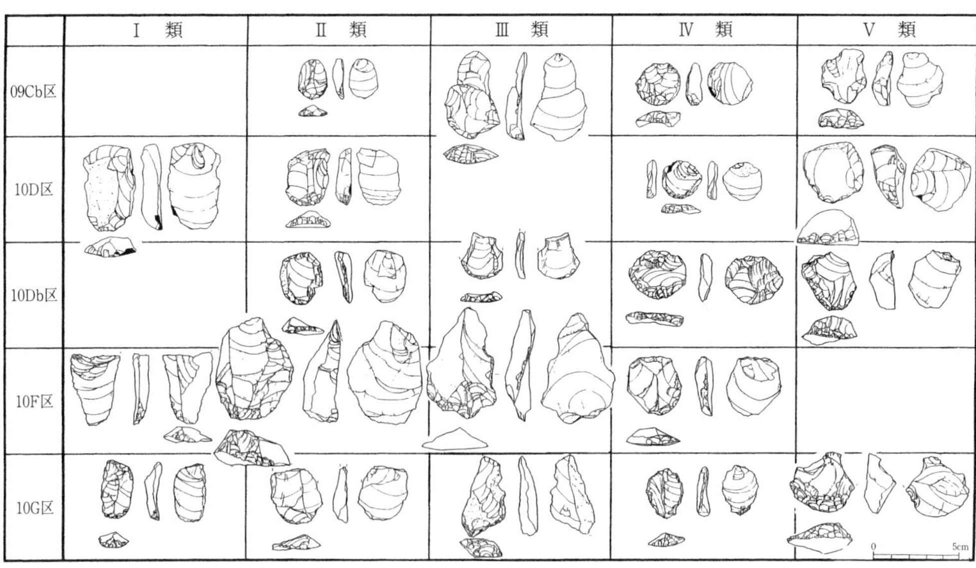

図６　各区出土の掻器の形態区分

10 D 区はIII 類が認められない。I3b，II2b，IVA2a，V1c よりなる。

10 Db 区はＩ類が認められない。II2a，III2a，IVB2a，V3c よりなる。

10 F 区はＶ類が認められない。I1a，II3c，III1c，IVB2a で構成される。

10 G 区はI〜Ｖ類を基調とし，2a〜c が認められる。I2b，II2a，III1c，IVB1a，V2c よりなる。

3　関東地方から出土した掻器とその分類

先の西牧野遺跡の掻器の分類を基にして関東地方の岩宿 II 並行期から月見野並行期にかけての掻器を検討してみよう（図7）。最も大きな特徴は砂川並行期の掻器が定形的な縦長剥片（石刃）を素材にした先刃掻器でＩ類が卓越している点である。このような例は相模野台地の福田丙二ノ区遺跡（畠中・井関 1999），宮ヶ瀬遺跡群上原遺跡（鈴木 1997），田名向原遺跡群（麻生 2004）でも出土している。刃部は曲刃，凸刃，直刃で構成される。東北地方に卓越する東山型ナイフ形を主体とした石器に共伴する先刃掻器に類似しよう（例えば柏倉 1964）。II 類の寸詰まりの縦長剥片を素材にした例は岩宿 II 並行期や月見野並行期に認められる。後者の遺跡はさらに小形化している。III 類は砂川並行期には認められないが，岩宿 II 並行期と月見野並行期に類似した掻器が認められることから，両期の石器文化は砂川並行期より掻器の点では関連性が深い。また IV 類のように幅広の刃部幅で凸刃状を呈した例もあるが，数は少ない。月見野並行期の刃部は凸刃ないしは直刃が目立ち，曲刃は少ない。このような傾向は岩宿 II 並行期以来の特徴であろう。

武蔵野台地の岩宿 II 並行期では自由学園南遺跡（荻 1991）や比丘尼橋 B 地点（長崎 1993），月見野並行期では相模野台地の田名向原遺跡住居状遺構（麻生 2004），武蔵野台地の仙川遺跡（小田 1974）で掻器がまとまって出土しているが，西牧野遺跡群の 10 G 区ほどではない。

IV 類は寸詰まりの縦長剥片ないし幅広の横長剥片を素材としている。刃部は直刃と曲刃状の例がある。黒曜石製が凌駕している。V 類は横長剥片ないし寸詰まりの縦長剥片を素材としている。肉厚の刃高をもつが正面は多方向の剥離面で形成されている。横広の剥片の端部を刃部とした例，刃部が打面部に相当したものがみられる。

月見野並行期は石刃状の剥片を素材にしたI類は顕著でない。II 類のやや幅広で寸詰まりの縦長剥片を素材とした掻器がみられる。III 類は刃部を最大幅にした例を一括した。IV 類は楕円形の周縁加工された掻器で精製された曲刃を有する。V 類は不定形な剥片部分ないしやや偏って刃部が形成されている。

以上の点から掻器の在り方からみると比較的岩宿 II 並行期と月見野並行期は類似した様相を呈している。岩宿 II 並行期はI類に相当する縦長剥片を素材とした例もあるが，砂川並行期のものと比較すると，一回り小さく稜線が整っていない。II 類の在り方は極めてよく類似している。また III 類は岩宿 II 並行期の中に刃部付近が最大幅を有しており，肩を有しながら弧状の刃部は類似した例をもっている。IV 類は岩宿 II 並行期が円形掻器の呼称にふさわしい形態例があるが，全体的に酷似している。

掻器の数量は比丘尼橋 B 地点 IV 層下部，自由学園南遺跡，柏ヶ谷長ヲサ遺跡 IX 層 B2L 下部（堤・諏訪間 1983），吉岡遺跡群 C 区 B2L（白石 1997），日影山遺跡（国武 1999）ではまとまって出土しているが，多くの遺跡では数点の数量にとどまっている。

表２　関東地方のナイフ形石器文化期の主な掻器

図版番号	遺跡名	出土層位	掻器の数	I 類	II 類	III 類	IV 類	V 類	チャート	黒曜石	安山岩	その他	文献
	（相模野台地）												
1.2.6.10	相模原市田名向原遺跡住居状遺構	B1 層上部	9		4	1		4	△	◎		○	麻生 2004
8	大和市高座渋谷団地内遺跡Ⅴ	B1 層上部	3		2	1				○	△		小池 1995
17	藤沢市代官山遺跡Ⅳ	B1 層上部	5	1	1	1		2		○		○	砂田 1986
3.7.15	相模原市下森鹿島遺跡Ⅱ	B1 層上部	5		2	2		1		◎			麻生 1993
20	相模原市下森鹿島遺跡Ⅲ	B1 層下部	3	2	1				○	○		○	麻生 1993
21.33～35	海老名市柏ケ谷長ヲサ遺跡Ⅸ	B2 層 L	11		3	1	7			◎	◎		堤他 1983
27	綾瀬市吉岡遺跡群 C 区	B2 層 L	56	1	3	4	17	13	○	◎	○	○	白石 1997
	（多摩丘陵）												
19	多摩市真光寺広袴遺跡												伊藤 1991
	（武蔵野台地）												
5.9.16	小平市鈴木都道 LocC.D	Ⅳ層上部	12	1	2	4		5		◎			戸田 1981
4.16	国分寺市日影山遺跡	Ⅳ層上部	32	4	1	3	6	8	◎	○		◎	国武 1999
11～14	調布市仙川遺跡Ⅲ	Ⅳ層上部	11				9			◎			小田 1974
18	武蔵野市御殿山遺跡 1	Ⅳ層中部	3	3					△			○	加藤 1987
22.23.25.26.28.29	練馬区比丘尼橋遺跡 B 地点Ⅳ	Ⅳ層下部	22	11	4	3		4	◎	○	○		長崎 1993
24.30.36～38	西東京市自由学園南遺跡	Ⅳ層下部	14		7	1		6	◎	○	△ △		荻　1991
31	小金井市西之台遺跡 B 地点Ⅳ	Ⅳ層下部	15（削器含）		1		1			△？	△？		小田 1980
32	小金井市新橋遺跡Ⅳ下	Ⅳ層下部	11		1		5	5		△	△	○	織笠 1977
33	練馬区東早淵遺跡	Ⅳ層下部	9		1	2	1	5	◎	○			長崎 1986

総数のうち掻器に区分しがたい例は除外した

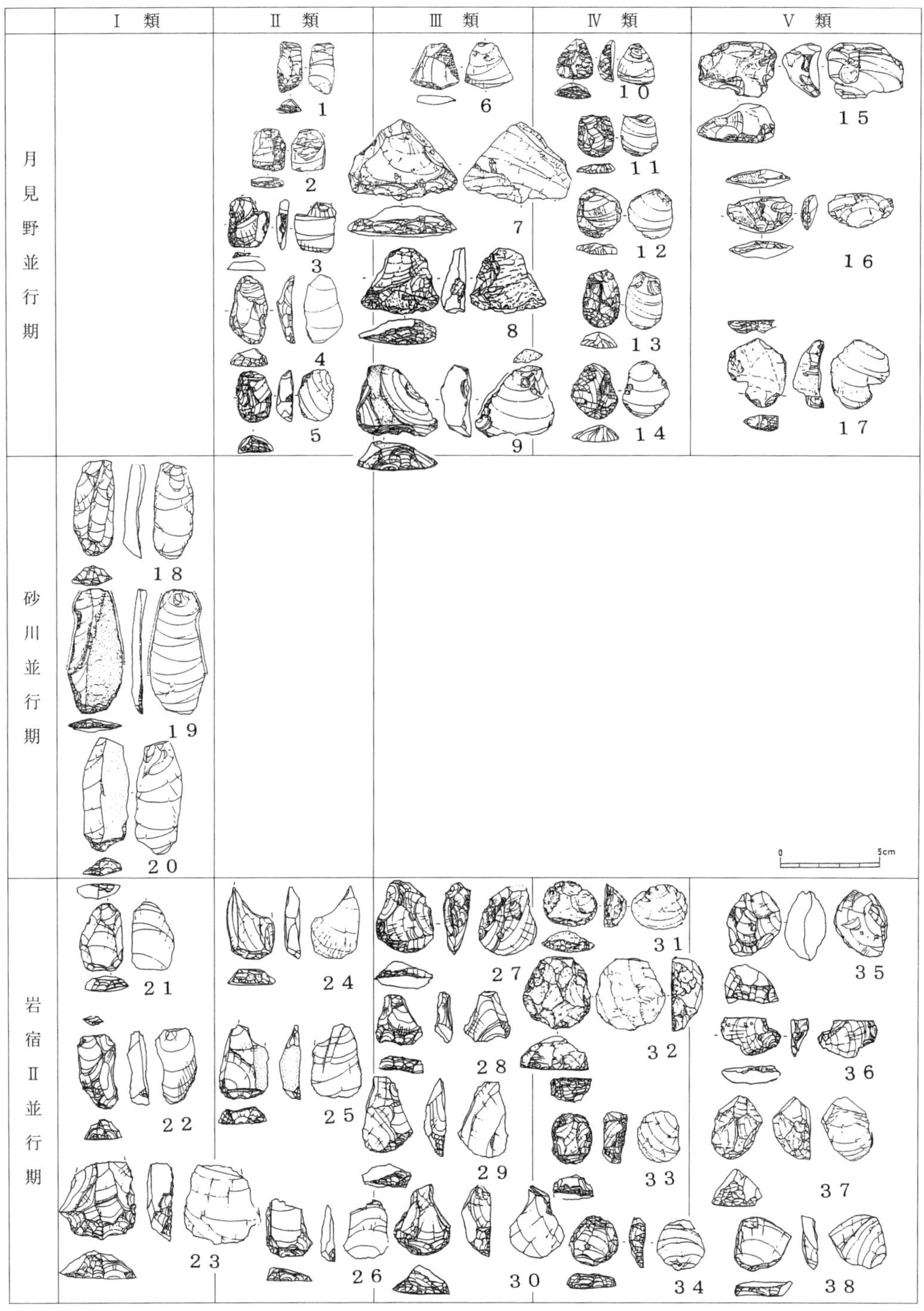

１・２・６・１０神奈川県田名向原遺跡住居状遺構他，３・７・１５神奈川県下森鹿島遺跡Ⅱ，４・１６東京都日影山遺跡２，５・８・９・１６東京都鈴木遺跡群都道ＬｏｃＣ·Ｄ，１１～１４東京都仙川遺跡Ⅲ，１７神奈川県代官山遺跡Ⅳ，１８東京都御殿山遺跡１，１９東京都真光寺広袴遺跡，２０神奈川県下森鹿島遺跡Ⅲ，２１・３３・３４・３５神奈川県柏ケ谷長ヲサ遺跡Ⅸ，２２・２３・２５・２６・２８・２９東京都比丘尼橋遺跡Ｂ地点Ⅳ，２４・３０・３７・３８東京都自由学園南遺跡，２７・３６神奈川県吉岡遺跡群Ｃ区Ｂ２Ｌ，３１東京都西之台遺跡Ｂ地点Ⅳ下，３２東京都新橋遺跡Ⅳ下，３３東京都東早淵遺跡５

図７　ナイフ形石器文化期後半の掻器出土例とその分類

4　西牧野遺跡の掻器からみた皮革生産の意義

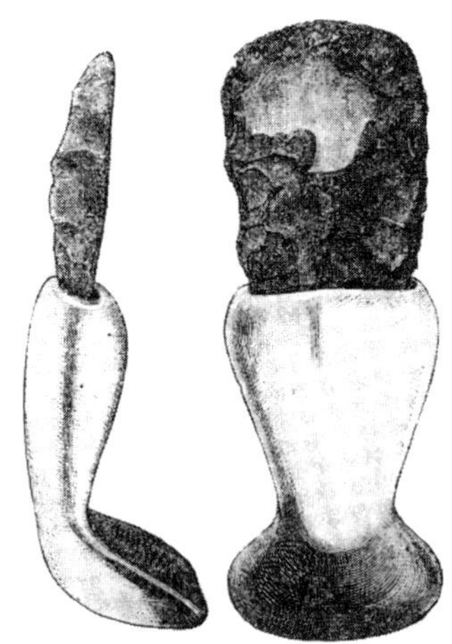

図８　掻器の着柄
(J. Evans1897)

西牧野遺跡群とりわけＧ区において多くの掻器が出土したことは皮革生産が盛んであったのであろう。掻器は獣皮をなめす加工具と推定されている（図８）(Evans 1987，芹沢 1960)。先にもみたように西牧野遺跡群からは石材差による大きさの異なる掻器が認められている。そしてその刃部は刃厚や刃角の違いがある。皮革作業の使い分けがあったのであろうか[3)]。

西牧野遺跡群の位置する愛知県岡崎市の男川流域は愛知県下の一級河川である矢作川流域の支流にあり，乙川から男川につながっている。もし海面が 120 m も低下していたならば，矢作川の河口は広いが，支流の男川流域はＶ字谷のように開析されていたのであうか。陸上動物はもちろんのことであるが，男川を遡上してくるサケを含む大形魚ないしは海獣の捕獲は充分考えられようか。これらの皮をなめす道具として小形の掻器が用いられた可能性を指摘しておきたい[4)]。アイヌ民族にもみられるようにサケの魚皮を仕立てて衣服にする例は緯度の高い地域の諸民族によくみられる事例といえよう（手塚 2011)。

堤隆は寒冷適応としての皮革利用を考慮した（堤 2000)。そのなかで齋藤玲子や山本祐弘による獣皮革作業の工程上でスクレイパーの使い分けを紹介している（齋藤 1998，山本 1943)。もちろんその点は否定できないが，筆者はやや大きい素材を用いた凝灰岩製やチャート製の掻器と小さい素材を用いた黒曜石製の掻器の差異から前者は獣皮，後者は魚皮に対応する可能性を指摘しておきたい。この点については今後の研究によって両者の使用方法や使用痕の差異等の検討，そして実験を経て実証に努めねばならないであろう。

おわりに

本稿は西牧野遺跡の掻器の分析を通してその数量と属性から獣皮のみならず魚皮の皮革生産を展望した。今後さらに検証していきたい。

山本暉久さん古稀まことにおめでとうございます。神奈川県教育委員会文化財保護課，神奈川県立埋蔵文化財センター，かながわ考古学財団で共に文化財行政と研究に切磋琢磨してきました。研究分野は異なりますが，常に斬新な研究発表をされ，私にとっても大いに刺激を受けてきました。これからはお互い健康に留意して研究をがんばりましょう。

本稿は永井宏幸氏をはじめとして川合剛，荒井信貴，川添和暁，神取龍生，酒井俊彦，永井邦仁，平井義敏の各氏らに種々ご教示をいただいた。記して感謝したい。

註

1）本稿は2015年度に名古屋市博物館で講演のために推考した内容を基にしている。西牧野遺跡の特徴の一つに掻器が多い点が指摘できる。しかも全国的にみても突出した多さである。その背景について推考した。

2）西牧野遺跡では凝灰岩やチャートを主としたやや大形の刃高の厚い掻器が相当しよう。他方黒曜石製は刃高の厚さが薄い掻器であり，石材差による掻器の機能・用途が異なっていた可能性がある。

3）掻器の用途は粗仕上げ用ないし細部仕上げ用の二工程が考えられよう。また大形動物と小形動物，あるいは動物と魚類といった使い分けが推定されるのである。

4）サケのみならず大形魚の解体に伴う石器はナイフ形石器の一部や削器等で切り裂き，内蔵を取り出して食料とするが，皮は利用価値が高い。その場合，当然脂肪を掻きとることが必要となる。この場合掻器が必要になる。筆者は陸上動物のみならず大形魚に対する魚皮の製作にかかわった掻器の存在を推定した。この点世界各地の民族が魚皮による衣服や靴，袋などを作っている例が知られている。

参考文献

麻生順司　1993『神奈川県相模原市下森鹿島遺跡発掘調査報告書―先土器時代編―』下森鹿島遺跡発掘調査団

麻生順司　2004「田名向原遺跡における地点石器群及び住居状遺構出土石器群に関する考察」『田名向原遺跡 II』相模原市埋蔵文化財調査報告 31　153-182頁

安藤史郎　1984「第 III 文化層」『一般国道246（大和厚木バイパス）地域内遺跡発掘調査報告 III』大和市文化財調査報告書 17　165-283頁

伊藤恒彦　1991「第4章先土器時代の遺構と遺物」『東京都町田市真光寺・広袴遺跡群5―大久保遺跡・向遺跡―』鶴川第二地区遺跡調査会　190-361頁

伊藤　健　1992「円形掻器の素描と展開」『旧石器考古学』23-35頁

井上　巌　2013「第3章　自然科学的分析　第1節　西牧野遺跡黒曜石原産地分析」『西牧野遺跡』愛知県埋蔵文化財センター調査報告書 174　95-100頁

荻　幸二　1991「第2文化層」『自由学園南遺跡』東久留米市埋蔵文化財発掘調査報告書 16　14-110頁

小田静夫　1974『仙川遺跡』東京都埋蔵文化財調査報告 2

小田静夫　1980『小金井市西之台遺跡 B 地点』東京都埋蔵文化財調査報告 7

織笠　昭　1977「第 III 章遺跡各説　第二節　先土器時代1石器」『新橋遺跡』国際基督教大学考古学研究センター 4

織笠明子　1977「スクレイパー刃部の形態的研究」『大和市史研究』19　1-48頁

柏倉亮吉　1964「2. 横前遺跡」『山形県の無土器文化』山形県文化財調査報告書第14集　24-26頁

加藤秀之・栩木真　1987『井の頭池遺跡群武蔵野市御殿山遺跡第1地区 D 地点』御殿山遺跡調査会

国武貞克　1999「II 旧石器時代第2文化層」『武蔵国分寺跡北方地区日影山遺跡・東山道武蔵路』第1分冊　53-237頁

小池　聡　1995「第 IV 章旧石器時代の調査」『神奈川県大和市県営高座渋谷団地内遺跡』県営高座渋谷団地内遺跡発掘調査団　41-144頁

齋藤玲子　1998「極北地域における毛皮革の利用と技術」『北海道道立北方民族博物館研究紀要』7　69-92頁

酒井俊彦　2013「第2章各時代の遺構と遺物」『西牧野遺跡』愛知県埋蔵文化財センター調査報告書 174

12-92 頁
佐々木史郎　1992「北海道・サハリン・アムール川下流域における毛皮および皮革利用について」『狩猟と漁労』雄山閣　122-151 頁
鈴木次郎　1997「第 6 節　先土器時代第 IV 文化層」『宮ヶ瀬遺跡群 XII　上原（No13）遺跡』かながわ考古学財団調査報告 18　195-216 頁
鈴木次郎　1997「第 7 節　先土器時代第 V 文化層」『宮ヶ瀬遺跡群 XII　上原（No. 13）遺跡』かながわ考古学財団調査報告 18　228-505 頁
砂田佳弘　1986「先土器時代の遺構と遺物第 4 節第 IV 文化層」『代官山遺跡』神奈川県立埋蔵文化財センター調査報告 11　165-208 頁
白石浩之ほか　1997「旧石器時代 B2 層」『吉岡遺跡群』IV　かながわ考古学財団調査報告 21　1-426 頁
白石浩之　2015「愛知県下の旧石器時代文化から縄文時代草創期文化にかけての様相」『平成 27 年度考古学セミナーあいちの考古学 2015』30-37 頁
芹沢長介　1960『石器時代の日本』築地書館　65-66 頁
芹沢長介　1986「スクレイパー」『旧石器の知識』東京美術　考古学シリーズ 11　122-123 頁
髙倉　純　2004「掻器の形態的変異とその形成過程」『旧石器考古学』65　1-16 頁
堤　隆　2000「掻器の機能と寒冷適応としての皮革利用システム」『考古学研究』47-20　66-84 頁
堤隆・諏訪間順　1983『先土器時代　海老名市柏ヶ谷長ヲサ遺跡発掘調査報告書』柏ヶ谷長ヲサ遺跡調査団
手塚　薫　2011『アイヌの民族考古学』同成社
戸田正勝ほか　1981『鈴木遺跡 IV—都市計画道路小平 2・1・3 号線内—』小平市鈴木遺跡調査会
成瀬友弘　2013「第 3 章　遺物」『西牧野遺跡（2010 年度調査）』愛知県埋蔵文化財調査センター調査報告書 1　99-111 頁
長崎潤一　1986「第 5 節第 5 文化層 V 層」『東京都練馬区東早淵遺跡』東京都住宅局　187-292 頁
長崎潤一　1993『東京都練馬区比丘尼橋遺跡 B 地点調査報告書』練馬区比丘尼橋遺跡調査団
畠中俊明・井関文明　1999「第 V 章　遺構と遺物」『福田丙二ノ区遺跡』かながわ考古学財団調査報告 68　19-245 頁
比田井民子　1993「刃部円形加工のスクレイパーの発生と展開（上）」『古代文化』45-1　11-20 頁
比田井民子　1993「刃部円形加工のスクレイパーの発生と展開（下）」『古代文化』45-2　49-80 頁
山中一郎　1976「掻器研究法」『史林』59-5　119-159 頁
山本祐弘　1943『樺太原始民族の生活』アルス
Evans, Sir J. 1897. *The Ancient Stone Implements Weapons & Ornaments of Great Britain.* 2nd ed. London

先史時代の子どもの年齢推定

阿 部　朝 衛

はじめに

先史時代に子どもが存在していたことは，生物の個体発達過程を考えれば明らかである。子どもは成長する過程での様々な経験を通して所属する社会の知識・技能を身に付け，大人の仲間入りをする。この成長過程で社会の保有する知識を継承し，文化が維持される。同時に子どもの能動的活動は新たな知識や技能を作り出すので，文化の改変を行うことになる。子どもは社会の存続上大きな役割をもっているのである。また，現代ではジェンダー，性的少数者などが社会的平等性の点から議論されているように，子どもや老人などの年齢層も同様な問題を有しており，さまざまな研究領域で検討されてきている。

考古学では子どもの遺体がその直接的な証拠であり，また，間接的には小さな足形や手形などが子どもの存在を示している。したがって，多くの場所で子どもが様々な活動をし，その結果が何らかの形で遺跡に残されているはずである。しかし，直接的証拠以外の遺構・遺物から子どもの存在を証明することは相当な困難を伴うので，子どもの独自の活動を復元することに手間がかかる。ましてや，子どもの年齢を遺物から推測することはさらに難しい。そこで，本論では現状の研究状況を検討し，遺物から年齢を推定する方法の糸口を探っていこう。

1　子どもの区分に関わる議論

子どもと大人の区分には生物的基準と文化的基準が関与している。「あいつは年のわりに子どもだ」という言葉があるように，文化的基準には生物的年齢・社会的年齢という基準が包含されている。現代日本では子ども・大人に当たる用語は多様で，法的，社会的，経済的な基準の存在などからすれば当然である。また，年齢層の分類基準は地域や時代によって変化するものである。先史時代でも様々な基準が，新生児から老人までの人々を区分するうえで規制していたと考えられる。また，死者への丁重な対処からすれば，出生以前の胎児も何らかの文化的位置づけが行われていたとも考えられる。

現代では胎児，乳児，幼児，児童，少年，青年，成年，壮年，熟年，老人などの用語が年齢層を区切る役割を果たしている。これらの区分はさらに細分されることもあろうし，単純な大人，子どもという分類ですむ場合がある。また，各年齢層によって他の年齢層の区分の仕方が異なることもあろう。筆者が小学生の時は幼児や小学校低学年生は「あわご」といって，子どもの世界では半子どもという位置づけがあった。あわごは鬼ごっこや缶けりなどではルールがよくわからず，また脚が遅いので正規の遊びには付いていけないのであるが，年上の子どもがあわごにハンディキャップを設けて遊びに参加させる1)。このあわご制度は，大人は知っているのであるが，子ども同士での区分とそれによる行動の規制を示している。年の離れた子どもたちの付き合いと関係性は成人後も温存され，一種の年齢階梯制の基盤となり，社会を組織化する原理の一つとなっている。

各個人は誕生した後，各年齢段階を経ることになる。上の年齢層の基盤はそれ以前の段階での身体的・認知的発達，変化にあり，複数の年齢層によって社会は構成されているので，各年齢層は相互に規定する関係にある。したがって，各年齢層は等しく扱われるべきである。そして社会を組織するうえでは年齢層による区分原理は重要な役割を果たしているので，この点でも考古学の重要な研究課題とならざるをえない。この研究の意義を山田康弘（2014）は積極的に提示し，子どもから老人に至るまでの過程と社会における各年齢層の役割を論じている。また，子どもに関しては山田に加えて筆者や忽那敬三（2009）などが研究を始めている。それらの研究の流れを筆者がまとめた（阿部 2012・2013）が，このような観点での研究は始まったばかりで，日本では研究の意義を提示する段階にとどまり，課題が山積みされている。

課題の一つに年齢推定がある。遺体が発見されれば，受精あるいは誕生以降に経過した時間の生物的年齢の推定が求められる。受精以降の胎児の成長，出生以降の発達は，当然，生活環境や個体の遺伝的要素によって各個人で異なってくる。そのためには，生物学的年齢をもっとも敏感に反映する基準が必要となる。一般的に信頼される基準は歯の萌出状態で，20 歳前後までは 1 歳きざみで年齢推定することができる。ついで長骨の骨端軟骨部の骨化の状況，恥骨結合面の形態などがあげられ，最近では，貝の成長線のように，歯のエナメル質の成長線をもとに年齢推定する方法が開発されている。これらの基準は現代人を標本としているので，ホモ・サピエンスの時代である後期旧石器時代以降の人々への適用に大きな問題はないであろう2)。しかし，この年齢推定は骨格資料を基にしているので，遺体が道具などを身に付けた状態で発見されない限り，遺物には適用できない。

遺物の検討から年齢を推定したものに石器製作の技能に焦点をあてたものがあげられ，ヨーロッパ・日本などの先史時代の資料でみられる（阿部 2008）。精度の高い研究には，埼玉県砂川遺跡で行ったように剝片，石刃，石核などを接合して元の原石に復元し，そこから剝離過程と生産物，場の使われ方を検討するものがある。そして原石選択の妥当性，道具を含めた加工手順と行程群の組織化の度合い，動作の正確性，失敗した場合の対処方法などを基準として技能の違いを抽出している。その技能差には，上級者・下級者のような 2 区分ではなく，何段階かの階層があることを認めている。大方の研究者はそれらの技能差を技能発達段階ととらえ，低技能者を子どもと位置づける例が多い。確かに高技能者を実用的なものが作れるという点から大人とすれば，それに到達していないという点で低技能者を子どもと位置づけることは可能である。しかし，石器製作の技能だけで子どもと判断してよいのであろうか。「あいつは年のわりに子どもだ」という問題が付きまとう。したがって石器製作技術学習期の生物的年齢の推定が必要となってくる。そこで，筆者は，現代人の身体の発達段階と基礎的動作の学習過程，特定の技能の学習過程を検討し，さらには認知的側面の発達過程と身体動作の連動性を重視し，その検討結果を新潟県荒川台遺跡資料に適用して分析した。そして，最下級技能の保持者を7〜11歳と理解した（阿部2009）。また，低技能者が上級者の作業場の近くで石器製作の練習を行っていたと推定した。しかしながら，それらの認知的側面と行動に関して具体的資料をもとに十分な検討を加えることができなかった。そこで，認知的側面をJ・ピアジェの成果などを中心に検討しよう。

2　ピアジェの発達理論と立体・空間認識の発達過程

子どもの認知的側面の発達過程の研究はJ・ピアジェらによって精力的になされ（Piaget 1944・1947），現在でもその成果は発達心理学・教育学などで大きな影響力を持っている。

ピアジェの理論の特徴として三つあげられ，一つは幼児の自己中心性である。自己中心性とは，自分以外の存在があり，かつ彼らが独自に何かを感じ考えているということを理解していないことを示す。7歳以下の幼児に特徴的にみられる思考パターンである。二つ目は，子どもは能動的な働きかけにより世界を認識し知識の獲得を行うことである。したがって，世界の認識・知識の獲得は，外部からの教育のみではないのである。三つ目は，発達には段階があり，その段階の適した学習形態があるということである。

ピアジェは発達段階を四つ設定した。各段階はさらに細分されているが，ここではこの4段階の説明にとどめる。第1は感覚・運動知能の時期（0〜2歳）で，対象の認知をもっぱら感覚と運動を通して自発的に行う段階である。これによって，例えば，見る・つかむという感覚と運動の協応ができるようになる。第2は前操作の時期（2〜7歳）で，ままごとのような「ごっこ遊び」や言葉を覚え，何かを別の何かによって表現する象徴的思考を獲得する段階である。「ごっこ遊び」は模倣であるが，将来の知識・技能の基礎となる。しかし，思考は自己中心的であり，ものを判断する際には目立った点のみに目を奪われる直感的思考である。例えば，コップの中に入った水を細長いコップに移し替えると水面が高くなるので量が増えたと理解する。元のコップに水を戻せば元の高さになるという可逆的思考ができない。第3は，具体的操作の時期（7〜11歳）で，自己中心性から脱却し，心の中で可逆的行為を想起できるようになる。第4は形式的操作の時期（11〜15歳）で，形式的・抽象的思考ができ，「もし…ならば，…だろう」というように仮説演繹的思考ができる段階である。ピアジェは，これらの発達過程は現代人に共通してみられるものとみている。ヨーロッパ，アメリカ，アジアの先進地域ではほぼ同様の発達過程が認められている。

ピアジェの前操作期の特徴を示す実験として，三山問題が有名である（Piaget et al. 1948）。この

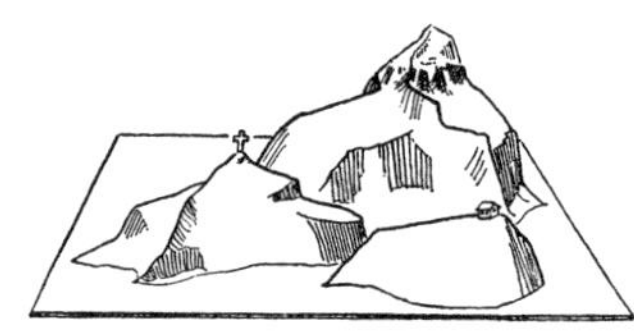
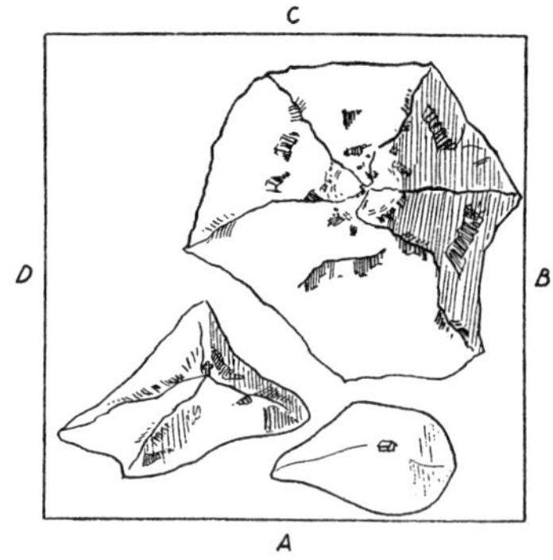

図1　三山問題
(Piaget et al. 1948 より)

問題は自己中心性とともに空間認識を検討するうえで注目される。三山問題は，形・大きさ・色などが異なる山の模型を机の上に三つ置いて，被験者の子どもが図1のAの場所からそれらの山を見ることから始まる。そして，自分の見ている映像はどのようなものか，違う子ども（人形）が違う方向からそれを見るとその人形が見ている山の映像はどのようかと問い，それぞれの山の形・色の厚紙で復元させる。次に，人形の位置を変え，複数方向から描いた山の絵を見せて人形から見える絵を選択させ，さらに1枚の絵を見せて同じ絵が見える位置に人形を置かせるという課題を与える。4歳～12歳の子ども100人を対象としての観察の結果，7歳児までは，自分が見ている山の配置と同じ絵を選ぶか，他者の視点を意識しはじめているが正確に絵を選択できなかった。前者は，他者の見ている山の映像が自分の見ているものと異なるということに思いが及ばないという点で自己中心的である。同時に，空間に存在する同一物でも見る位置によって見え方が変わってくることを理解していない。三つの山を不変の立体として理解していないということを示している。山の位置関係を認識しはじめるのは7～9歳ころで，この問題に成功するようになるのは9～10歳ころからといわれる。

この三山問題は，こどもの絵の発達過程の研究に大きな影響を与えている。子どもの絵の発達過程の研究は盛んに行われているが，そのなかで立体の表現に着目した東山明・東山直美の研究は興味深い（東山ほか 1999）。東山らはピアジェの認知発達過程，空間認識の発達過程の成果を基盤とし，子どもの発達段階に応じた絵の比較を行った。そして，絵の発達には，心の発達と関連性があること，各個人に共通した同一の発達過程があること，しかもそれに順序性があること，生活・文化環境によって表現の発達が多少異なることなどを見出し，六つの段階を設定した。なお，東山らは，絵の表現の発達は認知・運動機能の発達，感情・感性の発達と同時に日常生活における諸体験の充実との関係で起こると理解している。これは，ひとまとまりの知識・記憶である石器製作スキーマの獲得・発達を促すシステムと同様である。

第1段階はなぐり書きの時期（1歳半～2歳半）で，直線・曲線・点などで描写された絵が表現される。何かを描いているのであるが，大人からはそれが読み取れない。第2段階は象徴期（2歳半～4歳ころ）で，丸や渦巻きを使って，車やリンゴなどを表現するようになる。対象が独立して描かれるようになる。人物は「頭足人」といって，丸が顔を示し，その中に目などが表現されるが，丸の横や下に線で腕と脚が描かれている。この頃は，人の全体を等質に見ているのではなく，顔に意識が集中しているという。第3段階は図式期（5歳～8歳ころ）で，人やものを記号的に描き，それらを画面上に展開させるようになる。この頃に多視点画法が現れる。多視点画法はピカソの絵のように複数の方向からの像を同一画面に描く方法であるが，子どもは家や人を相互

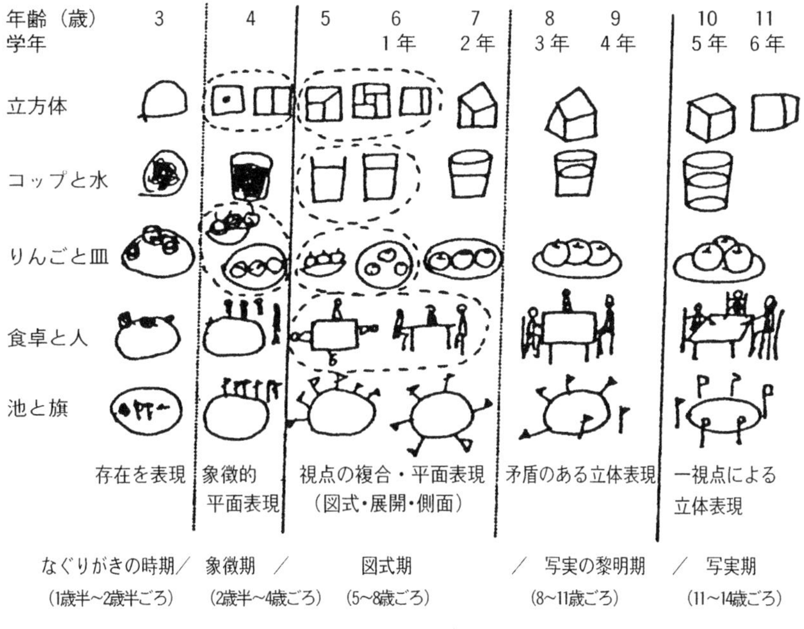

図２　立体・空間表現の推移（東山ほか 1999 より）

の位置に関係なくばらばらの向きに描くのである。いずれにしても，視点は１点に収斂するのではなく，多様な視点から描かれている。第４段階が写実の黎明期（8 歳〜11 歳ころ）で，ものの重なり，奥行き，遠近を意識しての空間表現を行いはじめる。写実的になるが，矛盾の多い絵の段階である。第５段階が写実期（11 歳〜14 歳ころ）で，観察力が増し，その結果を表現できる。そこには陰影，立体感，質感なども表現される。そして，絵を描くことを計画的に実行できる。第６段階は完成期（14 歳〜18 歳ころ）で，写実力が高まり，本来の芸術に目覚める時期という。

ここでは，立体・空間の表現に注目してみる。視覚的，触覚的に知覚できるヒトやものは立体であり，それらが３次元空間に存在しており，時間の経過とともにそれらが変化するのがわれわれを取り巻く物質世界である。絵はその世界を２次元の紙の上に表現することである。立体を写実的に描くようになるのは多視点画法から脱却する第４段階である（図 2）が，この段階でも矛盾した写実が多い。しかし第５段階で，一視点から見た矛盾のない写実表現ができるようになる。東山らは水の入ったコップやサイコロの絵に着目し，矛盾のない絵の表現は 9〜12 歳ころに獲得することを見出した。第５段階では，一つの対象物だけでなく，複数の対象物もその重なり，奥行き，遠近を含めて立体的・空間的に矛盾なく配置して描けるようになる。また，幾何学的にサイコロを表現できるようになるのもこのころである。この段階は，立体を３次元的に正確に理解した段階ととらえることが可能であろう。すなわち，ヒトやものは正面・裏面，左右の面，上下の面をもち，同一のものではあるが，見る方向が異なれば異なった形に見える場合があることを理解でき，しかもそれを２次元の世界に表現できるということである。また，ある名称をもつ対象における部分の意味，部分と部分あるいは全体との関係も理解した段階とみられる。そして，部分や全体を表現する際の線や面の意味・内容を明確に把握していると考えられる。その表現が第5段階で成立しているので，その前段階の第4段階は矛盾のある表現をしている時期ではあるが，三山問題の実験結果からすれば，立体の認識はしっかりとしていた可能性が残される。

3　石器においての立体認識と製作者の年齢

遺物でもっとも一般的なものは土器と石器である。いつの時代でも各個人は経験なしにそれらの道具を作れないだろう。したがって練習していたはずであり，練習品・失敗品が相当に生み出されたと考えられる。土器の場合，焼成前であるならば，失敗品は粘土に戻されてしまう可能性は高いが，石器の加工は不可逆的であり，また土器に比べて耐久性があるので，初級者の練習品・失敗品は遺物として残りやすい。すでに，縄文時代の石鏃や磨製石斧には相当量の失敗品が含まれ，その認定をしないと石器組成論は破綻することを指摘し（阿部 2000），後期旧石器時代の石刃生産や細石刃生産でも失敗品が含まれていることを示した（阿部 2003・2004）。そして，練習品に技能差が見出され，しかもそれが高技能へと連続していることから，それらの技能差が技能発達段階を示している可能性を指摘した。ここでは新潟県荒川台遺跡の細石刃石器資料の中からもっとも低い技能によるとみられる資料を選択し，ピアジェや東山らの成果をもとに低技能者の年齢を検討してみよう。

荒川台遺跡は新潟県北部に位置する遺跡で，1984 年に細石刃石器と石刃石器が発見された。従来の資料に比べて特異な点があったので，①細石刃生産技術の把握，②細石刃石器群と石刃石器群の共存関係有無の把握，③旧石器時代人の行動把握を目的として小規模な発掘を繰り返してきた。各課題は連動しているので，その全容を把握するに至っていないが，分析の過程で両石器群に技能差がともに認められ，遺跡が単なる石器製作・使用の場所ではなく，練習が行われていたと考えるようになった。

荒川台遺跡の細石刃生産技術は極東地域でみられる各種の細石刃生産技術と異なるので，細石刃核母型の形と作出方法を指標として荒川台技法を設定した（阿部 1993）。長さ 15 cm 前後の礫を石材とし，若干縦長の分厚い剥片を取り，それを加工して細石刃核母型を作る。剥片の厚い部分，多くは打面側であるが，それを加工して細石刃核の打面とし，素材剥片の腹面への加工をせず主に背面に加工してＵ字形ないしＶ字形の母型を作る（図 3-1・2）。母型横断面は，素材の剥片腹面を底辺とした三角形・台形あるいは半円形となる。縦断面は，横から見た鑿のような片刃状となる。素材剥片腹面の凸面の平滑面をそのまま利用する点は峠下技法と類似する。細石刃剥離はＵないしＶの片側縁から始まり，打面調整・打面再生などが行われる（同図 3～6）。その側縁での細石刃剥離の続行が難しくなった場合，反対側の側縁に作業面を移す。まれに下端に打面を移す場合がある。これらの転移は剥離過程の石核変形状況に即した適応的で柔軟な技術であることを示している。細石刃核の剥離が進行すると石核形状は円錐形・紡錘形になり，上下打面のものは円柱・角柱状になる。最終的には高さ 2 cm 程となって作業が停止し，廃棄される。これ

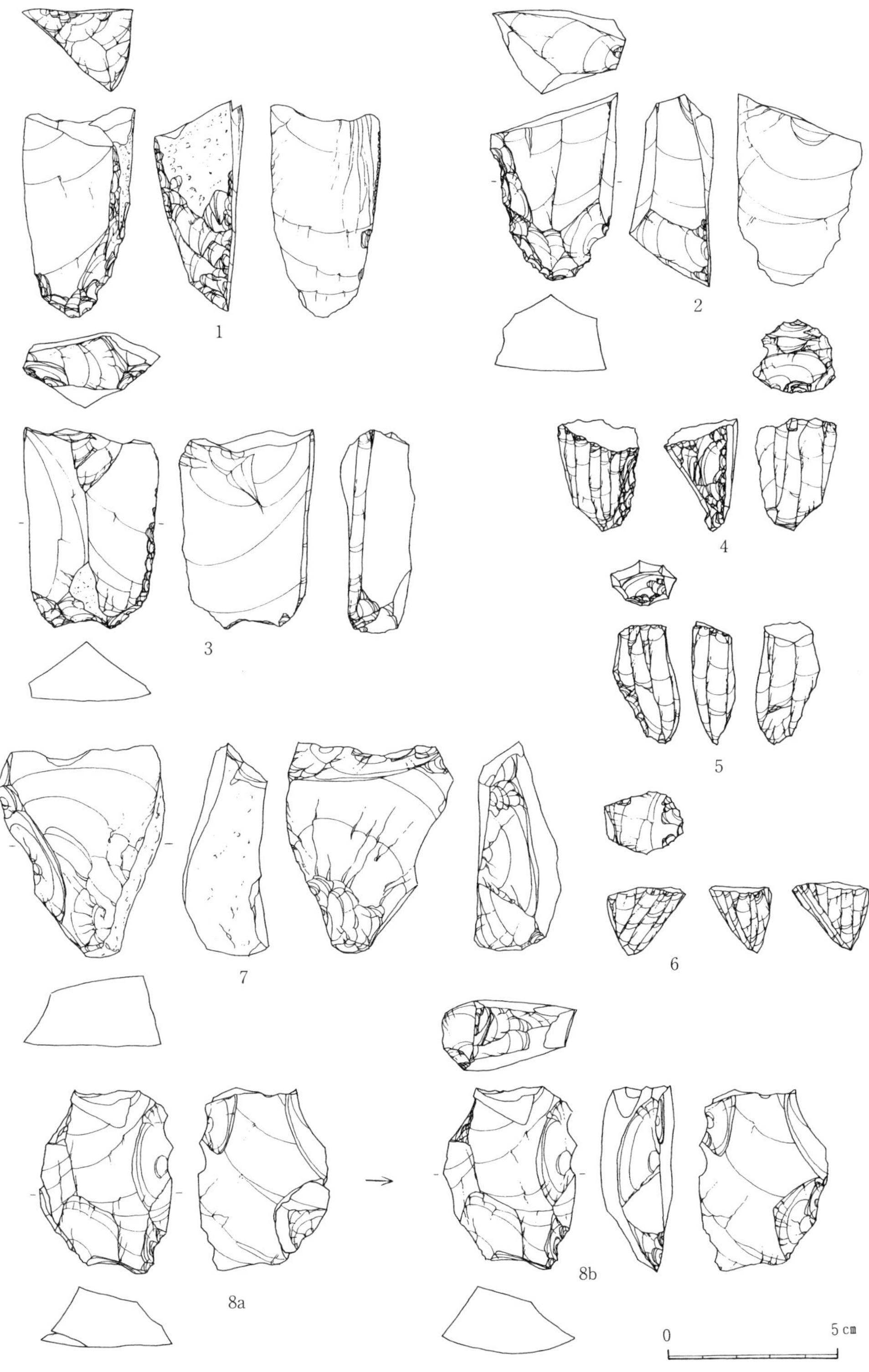

図３　荒川台遺跡の細石刃核母型（1・2・7・8）と細石刃核（3～6）

らの最終形状は矢出川遺跡などにみられる細石刃核と類似し，両者の区分は困難となる。荒川台技法によると理解される資料は北海道・東北・中部・関東地方に出土しているが，それらの遺跡群の同時代性が確認されていないので，この技法は仮説の段階にとどまっている（阿部ほか 2015）。

通常の母型は，正面から見ると側縁は「し」字状で，細石刃が抜けやすい形状となっている（図 3-図 1・2）。また側縁を横から見ると直線状の稜となっているので，まっすぐな細石刃が剝離されることになる。そして側縁の稜線は石核打面と 90° 以下に交わるように設定されている。細石刃核の打面と側縁の関係は，石刃核の打面と剝離作業面稜との関係と同じである。礫素材の石刃核とは，稜線を境に片方が二次加工面，反対が素材剝片腹面という点で違いはあるが，腹面は緩やかに湾曲する平滑面であるので，細石刃剝離は行いやすい。

図示した細石刃核は細石刃が途中で折れるような失敗の少ないもので，同図 3 は細石刃剝離の初期段階のものである。他は細かな打面調整，打面再生などが行われ，常に打面と作業面が鋭角に保たれ，順序よく細石刃の剝離が進行している。同図 4 には素材剝片の腹面の一部とそれを打面とした側縁調整痕，同図 5 には側縁調整痕が残されているので，これらは荒川台技法によると判断できる。

問題は同図 7・8 の資料である。同図 7 の細石刃核母型は，全体の形状は荒川台技法の特徴を示しているが，整形は粗く，素材剝片の用い方がまったく異なる。通常は横断面の底辺を剝片腹面側とするが，裏表を逆に用いており，そのため素材腹面側に加工する事態になっている。また，粗い調整のため，将来の細石刃剝離作業面となる両側縁が滑らかな「し」字状となっていない。したがって，これらの側縁から真っ直ぐで細長い細石刃を取ることはできない。決定的な問題は，将来の細石刃核の打面と剝離作業面稜線になるはずの部位に不適切な関係が生まれていることである。通常の細石刃核では，作業面を正面にして見るとその稜線と打面縁はほぼ直角に交わり，側面から見ると打面と稜線は鋭角に交わるが，この資料では，前者の角度は左側で 140°，右側で 120°，後者の角度は左側で 115°，右側で 120° で交わっている。これでは細石刃の剝離は不可能である。直接の原因は打面を作出する際に素材腹面側に打撃したことで，最低 4 回の打撃を与えても，打面と作業面のなす角度が著しい鈍角になっていることに気づいていないのである。反対の面に打撃を加えるべきだった。石核の打面，正面，側縁（剝離作業面稜）という面と線の種類とそれらの適切な形状，そして，それらの部位の妥当な位置関係が認識されていないとみられる。同図 8 に示した母型は，素材剝片の用い方は通常のものと同じであるが，その他の点は同図 7 と同様な問題点を有している。特に，打面作出の細かな加工にもかかわらず打面の体をなしていない。したがって打面と剝離作業面との適切な関係が生まれていないので，細石刃の剝離は不可能である。同図 7 と同様，目的とする母型の形に対する認識が著しく低いと判断される。

荒川台遺跡で細石刃を多く生産した細石刃核やその直前段階の細石刃核母型が存在する状況にあって，同図 7・8 の製作者は細石刃核・同母型の形，あるいは各種の部位・面の役割とその相互関係をしっかりと認識していなかったと考えざるをえない。東山らの立体・空間認識発達過程の成果に基づけば，第 5 段階以前の第 3 ないし第 4 段階の認識期にあてはまるであろう。また調整の粗さや不適切な打撃は，絵を描く際の計画性がしっかりとする第５段階以前と考えても矛盾しない。さらに，打面設定時の打撃面の誤った選択は「もしこの部分をたたけば，このような結果になる」という予測ができないことを示しているので，ピアジェ設定の仮説演繹的思考ができる形式的操作期の前，すなわち具体的操作期あるいはその前であることになる。この点も，東山らの立体認識から推定される年齢と矛盾するものではない。子どもの筋力についての考古学的な検討は少ないが，イギリスのシェフィールド小学校での模擬実験によれば，5～11 歳児でもフリントの剝片剝離は可能としている（Hawcroft et al. 2000）。詳細なデータは示されていないが，同図７・８のような小形の石器であるならば加工可能と推定され，筋力上では東山らの第３段階の子どもでもできることになる。

なお，同図７・８の石材は粒子の粗い流紋岩の可能性が高く，細石刃剝離が進んだ細石刃核の良質な頁岩とは対照的である。この低技能者は，良質な石材の加工を制限されていたか，あるいはそもそも良質な石材を見つけ出す能力がなかったかが考えられる。

おわりに

石器製作の技能上で初級者とみられるものの年齢は，立体・空間認識の発達過程からすれば，ピアジェらの具体的操作期，東山らの第４段階と再確認され，それ以前の可能性も見出せた。11 歳以下であり，場合によっては幼児であったということである。この推定は，現代社会におけるさまざまな技能学習の開始年齢がこのころに当たるという事実と整合的である。また，学習の敏感期の存在からも支持される。低技能の資料が子どもの練習の結果であったか，遊びの結果であったかは判然としないが，多くの遺跡で子どもの能動的活動の痕跡が残されていることを予想するべきであろう。

絵の表現では，ヨーロッパの後期旧石器時代の洞窟壁画や骨角に描かれた線画に稚拙な絵，矛盾した絵があることを R. D. ガスリーが指摘している（Guthrie 2005）。絵の発達過程を詳細に検討しているのではないが，東山らと同様な視点を有している。洞窟内では小さな手形や足跡が残されている場合があるので，洞窟内に子どもも入っていたことは明らかである。ガスリーはそれらの絵の作者を子どもと推定した。傾聴すべき仮説である。今後，石器製作や絵画制作にかかわる技能抽出方法，さらには各技能が示す年齢層の推定方法を改善しなければならない。そして各年齢層の社会における位置・役割を検討できることを期待したい。なお，認知心理学に依拠した年齢推定は現代人を基準としているので，ホモ・サピエンス以前の人類への適用は慎重でなければならない。

1984 年に東京に出てきてから縄文時代中期の住居を扱った際に『古代文化』にすでに掲載されていた敷石住居の論文を読み，はじめて山本暉久先生を知った。その後，町田市の文化財保護・活用の件で，直接，お話するようになった。精力的に活躍されるお姿には私も頑張らねばと思わせられる。先生のますますのご発展を祈念したい。

註

1）「あわご」は新潟県北部の葛塚周辺で使用されている。あわごを含めて子ども達が遊ぶことは，農村社会などにおいての慣習であるかもしれない。農繁期になると父母がともに働き手となるので，祖父母が幼児の面倒をみるとともに年長の子どもが世話をするのである。

2）アフリカで約20万年前のホモ・サピエンスの存在が形質的・遺伝的に推定されているので，約20万年前以降，その系統を引く人々も当然含まれることになる。しかし，それ以前の人類に適用するには検討を要する。

引用文献

阿部朝衛　1992「新潟県関川村荒川台遺跡第1次調査報告」『法政考古学』18　1-136頁

阿部朝衛　1993「新潟県荒川台遺跡の細石刃生産技術の実態―荒川台技法の提唱―」『法政考古学』20　1-22頁

阿部朝衛　2000「先史時代人の失敗と練習」『考古学雑誌』86-1　1-26頁

阿部朝衛　2003「旧石器時代の技能差と技術伝承」『法政考古学』30　19-44頁

阿部朝衛　2004「細石刃生産技術の技能差」『法政史学』61　32-54頁

阿部朝衛　2008「石器製作の技能」『芹沢長介先生追悼　考古・民族・歴史学論叢』143-166頁　六一書房

阿部朝衛　2009「遺跡形成における子供の役割」『新潟県の考古学』II 新潟県考古学会　1-22頁

阿部朝衛　2012・2013「子ども考古学の誕生」（上）・（下）『考古学雑誌』97（1・2）　1-48頁・1-28頁

阿部朝衛　2014「考古学における技能研究の可能性」『法政考古学』40　1-16頁

阿部朝衛編　2002『荒川台遺跡-1989年度調査―』帝京大学文学部史学科

阿部朝衛・高木暢亮　2015「新潟県荒川台遺跡第14次調査略報」『帝京史学』30　15-82頁

忽那敬三　2009「先史時代の“子ども”」『チャイルドサイエンス』5　18-21頁

東山明・東山直美　1999『子どもの絵は何を語るか　発達科学の視点から』NHK出版

山田康弘　2014『老人と子供の考古学』吉川弘文館

Guthrie, R. D. 2005. *The nature of Paleolithic art.* Chicago and London.: The University of Chicago Press.

Piaget, J. 1947. *La psychologie de l'intelligence.* Paris, Librairie Armand Colin.（波多野完治・滝沢武久 訳 1967『知能の心理学』みすず書房）

Piaget, J. 1948. *La naissance de l'intelligence chez l'enfant.* 2e ed.（谷村覚・浜田寿美男 訳 1978『知能の誕生』ミネルヴァ書房）

Piaget, J. et Inhelder, B. 1948. *La représentation de l'espace chez l'enfant.* Paris: Presses Universitaires de France.（*The child's conception of space,* translated by F. J. Langdon and J. L. Lunzer, published 1956, and preprinted 1997. London and New York: Routledge）

Piaget, J. et Inhelder, B. 1966. *La psychologie de l'enfant.* Paris: Presses Universitaires de France.（波多野完治ほか 訳 1969『新しい児童心理学』白水社）

Hawcroft, J. and Dennell, R. 2000. Neanderthal cognitive life history and its implications for material culture. In *Children and Material Culture,* ed. J. S. Derevenski, 89-99, London, Routledge.

代官山型細石刃石器群の形成と展開
—相模野台地の事例を中心として—

井関　文明

はじめに

2014年3月に公益財団法人かながわ考古学財団刊行報告書の『西富岡・向畑遺跡Ⅰ』で「旧石器時代」について報告する機会を得た（井関ほか2014）。その後2014年8月に開催された「石器文化研究会」の「第18回石器文化研究交流会」における「遺跡調査・整理報告」で「西富岡・向畑遺跡」の「細石刃石器群」について発表した（井関2014）。同発表会要旨の「各地における調査と研究」で「神奈川県」の「発掘調査報告書」でも「西富岡・向畑遺跡」は「細石刃核の形態が代官山型に比定される点」等が指摘されるとともに「今まで検出事例が少なかった県西部の伊勢原台地からの出土という点で貴重な発見例」として紹介された（高屋敷2014）。筆者も西富岡・向畑遺跡の「細石刃石器群」に「代官山型」と呼称される「細石刃核の形態」が見出される点で同意見である。

とはいえ本稿では「代官山型」が「細石刃石器群」のなかでどのように位置づけられるかを「細石刃」を中心に再検討し，その形成と展開の背景について論じることとする。その前に，以下では「細石刃」がこれまでの旧石器時代研究でどのように認識されてきたかを簡単に振り返るところから進めたい。

1　細石刃とは

近年，旧石器時代の講座本として出版された『講座日本の考古学2 旧石器時代（下）』において「細石刃とは」，「両側縁が並行する規格化された小型の石刃で，幅1センチ以下，長さがその2倍以上あって，細石刃技法により連続して剝離されたもの」と定義されている（堤2010）。この定義により「マイクロ」の日本語訳を引き合いに出すまでもなく，「細石刃」の「細」が「小型」を意味し，「石刃（ブレード）」は「両側縁が並行して規格化された」考古資料と理解できる。いうまでもなくここでいう考古資料とは「石器」である。「石器」は「日本ではじめて」とされた『旧石器考古学辞典〈増補改訂〉』（旧石器文化談話会編2001，以下『辞典』）では「岩石や鉱物を材料として製作された道具の総称。打製石器と磨製石器に大別される。狭義には利器にかぎって用いられる。広義には製品としての石器のほか，剥片，石核，砕片などの総称として用いられる。

この場合，石器類という呼称も使われる」となっている。ちなみに『辞典』では「石刃」は「両側縁がほぼ平行する規格的な縦長の剝片」とされており，それだともちろん「石刃」は「広義」の石器となるため「細石刃」も「広義」の「石器」ということになる。

しかし石刃と細石刃が同じ広義の石器であるとしても石刃が「そのまま使用される」こと（部位）もあるのに対して細石刃は「そのまま使用される」こと（部位）がない点ではっきりと区別される。これこそが石器としての細石刃を定義づける最も重要な要素ではないかと思われる。

2　日本列島の細石刃石器群

日本列島の「細石刃石器群」は2003年度時点で1,792遺跡があるといわれる（堤編2003）。「細石刃石器群」に限らず「○○石器群」という場合の「石器群」は前掲の『辞典』では「1遺跡の1文化層から検出された石製遺物（石器，剝片，石核など）の総体」で，「国府石器群，杉久保石器群などのように同一の技術基盤に属し，等質的な石器組成をもつ複数の石器群をさす場合」や「石器形態，技術基盤，石器組成が等質的でなくとも系統関係にあると考えられる場合には○○系石器群と系を冠してよばれることもある」とされている。ちなみに『辞典』では「文化層」は「同一時期に帰属するとみなされる遺物の包含層準にもとづいて概念的に設定されるもの」とある。

ところで「細石刃を目的として連続的に剝離する技術」は「細石刃技術」と呼ばれている（加藤・鶴丸1991）。さしあたり本稿での「細石刃石器群」は細石刃技術の技術基盤に属して等質的な石器組成をもつ「細石刃文化期」（『辞典』）の石器群としておく。この「細石刃技術」は概して「細石刃核を準備する段階」（工程）が「最も特徴的」とされ，日本列島において「削片系と非削片系」に大別されている（『辞典』）。

この場合の「削片系」は「削片系細石刃技術」（加藤・鶴丸1991）の略称で，「楔形の細石刃石核原形を作り出す」，「湧別方式」を含む「湧別技法」に代表されると考えられ，石器群は「削片系細石刃石器群」（堤2010）や「楔形細石刃石器群」（佐藤2011）等と呼ばれている。

一方，「非削片系」はこれまで「非削片系細石刃技術」（加藤・鶴丸1991）の略称で，「直方体・立方体・または（半）円錐形・角柱または（半）円錐・円柱形」あるいは「入念な細石刃石核原形の製作をせず，原石から割り取った」素材を「直ちに原形にあてる」，「矢出川方式」を含む「矢出川技法」に代表されると考えられ，石器群は「矢出川系細石刃石器群」（堤2010）や「稜柱系細石刃石器群」（佐藤2011）等と呼ばれている。また「矢出川技法」による細石刃核はおおむね「野岳・休場型」（鈴木1971）に含まれると解説されている（『辞典』）。

また削片系（湧別技法）は「東北日本を主にみとめられるのに対して」，非削片系（矢出川技法）は「西南日本に対峙する」（堤2010）日本列島内での分布の違いが指摘されているが，この違いは「関東・中部」で接触するものの「互いの分布圏が日本列島を東西に二分する」，「湧別系細石器」と「矢出川系細石器」の「2つの主要な系統」差としても把握されている（安蒜2013）。

今日では研究者間で削片系（楔形細石刃石器群）の起源を大陸（ロシアのシベリア）に求めることがおおむね一致する一方，非削片系（矢出川系細石刃石器群）の起源は大陸（東アジア）と日本列島内で大きく異なる二説に分かれることが指摘されている（佐藤2010）。非削片系（矢出川系細石器）の日本列島内を起源とする説では固有の文化生成の要因がそこにあったともされている（安蒜2013）。

3　相模野台地における細石刃石器群の変遷

日本列島における細石刃石器群の「分布は，北は北海道北端宗谷丘陵の豊別Ｂ遺跡から，南は九州の種子島の銭亀遺跡まで」に及ぶ（堤2010）といわれている。その分布範囲の「ほぼ中央」にあたる神奈川県の中央部に位置する相模野台地では分厚い関東ローム層の堆積に恵まれ，細石刃石器群の大半が第１ハード・ローム（以下，L1H）層から第１ソフト・ローム（以下，L1S）層の層準で検出されている。このため相模野台地は，日本列島内での細石刃石器群の「変遷を辿りうる希有な地域」で「編年軸を作成する上で重要な地域」と考えられている（堤2010，加藤2015）。

相模野台地での細石刃石器群はこれまでL1H・第０黒色帯（以下，B0）層，L1H層下部，L1H層上部がそれぞれ順に矢出川系（野岳・休場型），「船底系」（船野型），削片系（楔形）と，おおむね対応する系統差をもって出現することがこれまでに指摘されてきた（鈴木1983，堤1987，諏訪間1988，砂田1994ほか）。「船底系」は非削片系で，「削片剝離を伴わない」が，「打面を作出し船底型に母型を整える」（佐藤2011）あるいは「分割系細石刃技術による舟底形細石刃石核」（堤2010）を用意する方式を含む「船野技法」に代表されると考えられてきており，相模野台地におけるその系譜は九州の「船野技法」に求められたこともあったが，今日では「近畿・瀬戸内地域にその空白を埋める資料が多くなく，直ちに系譜を断ずることはできない」（堤2010）ことや当該石器群が「少数の遺跡を除いて単体の石器群を構成することが少なく，削片系や稜柱系と連動しながら補完的に存在している可能性が高い」（佐藤2011）こと等が指摘されている。

本稿で取り扱う「代官山型」を含む細石刃石器群（以下，代官山型細石刃石器群）はL1H層（上部）段階の矢出川（稜柱）系細石刃石器群の範疇に収まると研究者間ではみなされている（堤2010，佐藤2011，安蒜2013）一方，相模野台地における最古級（段階）の細石刃石器群とも認識されてきている。この細石刃石器群に見出される細石刃技術は打面調整が顕著でない特徴により「代官山技法」（砂田1988）・「代官山型」（白石1992）等と最初に検出された藤沢市代官山遺跡を標識遺跡として技法や型式が提唱され，矢出川技法に代表される稜柱形の細石刃核（野岳・休場型）とは異なり，その技法（型式）を中心とする細石刃石器群に先行する石器群と考えられてきた。

またこの細石刃石器群に伴って綾瀬市吉岡遺跡群Ｂ区で検出された炭化物の放射性炭素年代の測定から得られた暦年較（補）正年代は，19,900 calBP前後（砂田ほか1999，工藤2012）で，この値は近年においてもその値よりも5,000年以上遡る年代の読み取れる北海道を除く本州（古本州島）の細石刃石器群において「突出して古い値」であることや相模野台地に限っても「層位的な上下関係と調和的」とみされている（加藤 2015）。

以下ではこれまでの調査で明らかとなった相模野台地周辺における代官山型細石刃石器群の内容を主に製作方法の分析を通じてうかがうこととする。

4　製作方法の分析について

「代官山遺跡に代表される」といわれる「代官山型細石刃石器群」（夏木 2013）は相模野台地では前述した代官山遺跡第 III 文化層（以下，代官山 III），吉岡遺跡群 B 区 L1H 層（以下，吉岡 B）の他に横須賀市打木原遺跡 L1H 層（以下，打木原），伊勢原市西富岡・向畑遺跡第 I 文化層（以下，西富岡向畑）・同市西富岡長竹 L1H 上部文化層（以下，西富岡長竹）で検出された計五つの石器群が該当する。打木原は長井台地で，西富岡向畑と西富岡長竹は伊勢原台地であり，これらの石器群は正確には相模野台地には立地しないが，同層準の L1H 層（上部）で石器群の生活面が捉えられていることにより，これら三つの石器群も加えて相模野台地の当該石器群とする（砂田ほか 1986・1998・1999，佐藤ほか 2002，井関ほか 2014，井関 2014，麻生ほか 2016）。

立　地　代官山 III は引地川右岸の段丘上，吉岡 B は目久尻川左岸に張り出した舌状台地上，打木原は相模湾を望む海岸に張り出した舌状台地上，西富岡向畑と西富岡長竹は渋田川左岸の段丘上にそれぞれ立地する。打木原以外の石器群は 0.5 km 付近に小河川がある点で共通する。

生活面　いずれの石器群も生活面が出土石器の垂直分布のあり方から L1H 層（上部）にあったと推定される。

石器集中　出土総点数は異なるものの，いずれの石器群も集中箇所は 10～20 m ほどの範囲で径 6～7 m ほどの集中が 3～4 ヶ所ほどで近接する傾向がうかがえる。

石器組成　代官山 III では 1,502，吉岡 B では 4,639（水洗検出分を除く細石刃技術関係石器のみ），打木原では 623，西富岡向畑では 227，西富岡長竹では 1,555 点等の石器（礫を除く）が検出されている。主な器種は細石刃・細石刃核・細石刃核調整剝片類・細石刃核原材（原石）が五つの石器群に共通する。剝片を接合する石核（残核）は吉岡 B 以外の石器群で存在し，細石刃核素材（原形）にみなしうる規模・形状を示しているとも思われる。槍先形尖頭器もしくはその調整剝片と考えられる石器類も五つの石器群で検出され，礫器は吉岡 B と西富岡向畑・西富岡長竹で共伴すると考えられる。礫器は代官山 III と打木原では検出されなかったが，「細石刃核整形工程」と「バイフェイス・リダクション」（両面調整）と「礫器生産」は「剝片生産を兼ねる」（夏木 2013）という指摘は上述の五つの石器群に限定してもおおむね妥当であることが追認できるといえる。

石材組成　石材は黒曜石と非黒曜石からなる点が五つの石器群に共通する。黒曜石は産地推定の結果，伊豆・箱根（以下，伊豆箱根）系が西富岡長竹を除く石器群で大半を占めている。代官山 III では伊豆箱根系（上多賀・鍛冶屋・畑宿）・信州系（和田峠あるいは諏訪エリア）・神津島系，吉岡

Bでは伊豆箱根系の柏峠（天城柏峠群）・畑宿（箱根畑宿群），打木原では伊豆箱根系（天城柏峠群）と信州系（蓼科冷山群），西富岡向畑では伊豆箱根系（柏峠系）と信州系（麦草峠・冷山系，西霧ヶ峰系），西富岡長竹では肉眼観察のみだが信州系・伊豆箱根系等と，同系の産地であっても二つ以上の供給地の所産であることが判明している。細石刃・細石刃核・細石刃核調整剥片類・細石刃核素材（原形）・細石刃核原材（原石）等の細石刃製作に関係する（細石刃技術の）器種はいずれの石器群でも全て黒曜石に限定され，しかもその産地は西富岡長竹を除いて伊豆箱根系の「柏峠」が中心である。これまで「細石刃用石材が著しく天城柏峠産黒曜石に偏」り，「少量の信州系黒曜石と神津島産黒曜石を含む」との指摘（夏木 2013）があったが，西富岡長竹が加わったことで「著しく天城柏峠産黒曜石に偏る」状況ではなくなったと考えられる。なお黒曜石は槍先形尖頭器の素材にも用いられ，代官山 III では伊豆箱根系畑宿，吉岡Bでは伊豆箱根系柏峠・畑宿が産地推定された。非黒曜石は安山岩（ガラス質黒色安山岩）が代官山 III を除いて槍先形尖頭器（調整剥片類），ホルンフェルスが吉岡Bと西富岡長竹で槍先形尖頭器，西富岡向畑と西富岡長竹で礫器，輝緑岩が吉岡Bで礫器，頁岩（珪質頁岩）が吉岡Bで槍先形尖頭器，西富岡長竹で石核，玄武岩が西富岡長竹で礫器・台石等に用いられている。以上の五つの石器群とは別の代官山型細石刃石器群においてガラス質黒色安山岩の槍先形尖頭器，ホルンフェルスの礫器に用いられる事例が武蔵野台地の武蔵台遺跡A地区でも確認されている（夏木 2013）ことから，器種ごとにある程度の石材選択性が働いていた可能性がうかがえる。

細石刃製作過程　これまで代官山 III と吉岡Bの細石刃核原材（原石），細石刃核素材（原形），細石刃核調整剥片類，細石刃核，細石刃等が識別される原礫の準備・搬入・分割から細石刃・剥片剥離に至る過程により，従来の矢出川技法，野岳・休場型とは総体として異なる製作過程の特徴が指摘されてきた。その特徴とは①石材が柏峠産黒曜石を中心として②細石刃・細石刃核の打面が平坦な原礫面かあるいは1枚の剥離（折断）面で③打面調整・再生が顕著ではなく④側面調整が認められる等である（仲田 2003，砂田 2010 ほか）。

細石刃製作工程　細石刃技術における特徴は以下，大きく三つの製作工程の類型において見出されてきた。

第1類　直方体状の礫（原石）の小口面を細石刃剥離作業面とする。

第2類　分割礫の分割面を細石刃剥離打面もしくは剥離作業面とする。

第3類　剥片を分割して細石刃核素材とし，その分割面を細石刃剥離作業面とする。

以上の製作過程と製作工程の総体はこれまで「代官山技法」あるいは「代官山型細石刃技法」（砂田ほか 1986）と，そのうちで矢出川技法，野岳・休場型には認められる打面再生の認められない要素が「代官山類型」あるいは「代官山型」（堤 2011）と呼称されてきた。

細石刃技術構造　代官山 III と吉岡B等を中心に抽出された細石刃技術は「南関東最古」と確認され，製作過程と製作工程を統合した「技術構造」は「小型角礫による素材に対応」し，「①平坦打面からの側面調整により形成された小口楔形作業面から細石刃を剥離する。厚型素材では細石刃の剥離進行で側面調整を繰り返す。②薄型素材では側面調整は不要で，傾斜平坦面と素材長軸小口作業面から細石刃を剝離する」あり方とされる。この技術構造の生成は，先行する北海道（古北海道半島）で「開発された美利河型技術における厚型素材対応の幌加技法と薄型素材対応の峠下技法に示される素材消費型の技術構造」が「大陸の一部であった古北海道半島」を越えて「細石刃技術情報」として獲得・共有された結果と想定されている（須藤 2013）。ここでの「美利河型技術」とは「用いられた原材に対応した剝離工程の多様性」を「第1の特徴」とし，「幌加技法」とは（細石刃核素材の）「用意された平坦打面から下縁まで達する側面調整」を「技術特徴」とし，「峠下技法」とは（細石刃核素材の）「打面側方調整と削片剝離，側面片面調整を石核調整とする」，「石刃素材が最大の特徴」とされる（須藤 2009）。この「技術構造」により日本列島内で当初，北海道細石刃技術の系譜（幌加技法）と単線的に捉えられる傾向にあった「代官山型」（代官山技術）の細石刃技術が時系列的に複合的な影響関係の要素から構成されていることが明かにされている。なお代官山 III における細石刃核には側面調整を施す事例と施さない事例が指摘されているが（砂田ほか 1986，仲田 2003），側面調整を施さない事例には 90 度打面転位等の細石刃剝離をそれとみなせる場合があるようにも思われる。

細石刃核　以上の細石刃製作過程・工程および技術構造の結果として見出された細石刃核は当該石器群における細石刃と同様，黒曜石に素材が限定され，これまでの肉眼観察および産地分析の結果から伊豆・箱根系のみがほとんどであった。形態は正面か側面観では「半円錐形」，「立方体状」，「船底状」，「楔形」，「長方形」，「逆三角形」，「U 字状」，「角錐状」等の多様性が捉えられている（仲田 2003，井関ほか 2014，麻生ほか 2016 ほか）。このことは，代官山型細石刃石器群で当該期以降の相模野台地のみならず南関東ひいては日本列島の全体で変遷の画期としてもこれまでに見出されてきた大半の細石刃核型式がすでに出揃っているとも読める細石刃技術の多様性（砂田 1988）のあり方の一つの側面であるとも確認される。

細石刃　これまで当該石器群において最も他の細石刃石器群との違いが強調される細石刃技術は細石刃そのものに見出されてきたともいえる。細石刃は五つの石器群の石器全体で最も多く検出され，細石刃核と同様に黒曜石に素材が限定され，大半の伊豆箱根系産の細石刃は両側縁が平行せずにやや湾曲する（仲田 2003）一方，信州系産の細石刃は両側縁の平行する傾向にあると考えられる。当該石器群における完形細石刃の長さ・幅・厚さ・重さの平均値は代官山 III が 12.3 mm・4.3 mm・1.3 mm・70 mg（報告書では 7 g），吉岡 B が 11.3 mm・4.3 mm・1.5 mm・67.9 mg，打木原が 13.2 mm・5.3 mm・2.0 mm・90 mg，西富岡向畑が 11.7 mm・4.7 mm・1.3 mm・90 mg，西富岡長竹が 13.0 mm・5.1 mm・1.9 mm・90 mg である。これまで代官山 III の完形細石刃の長さは平均値から「日本列島の細石刃の中でも最小である」（織笠 2003）といわれている。この完形細石刃の長さの平均値は打木原が代官山 III よりも 0.9 mm 上回るが，同じ相模野台地で L1H 層（上部）出土の矢出川系細石刃石器群とされる海老名市柏ヶ谷長ヲサ遺跡第 IV 文化層（以下，柏ヶ谷長ヲサ IV）・同市かしわ台駅前遺跡第 II 文化層（以下，かしわ台駅前 II）より代官山 III に近く，吉岡 B がさらに代官山 III よりも 1.0 mm 下回る等により，当該石器群の細石刃は現時点でも「日本列島の細石刃の中でも最小」（最短）であるといえる。また最終想定剝離面における細石刃核の細石刃剝離長の平均値は代官山 III が約 20 mm（小数点第 1 位以下を四捨五入），吉岡 B が約 17 mm，打木原が約 14 mm，西富岡向畑が約 16 mm，西富岡長竹が約 13 mm と算出される（堤 2011，井関ほか 2014，麻生ほか 2016）。これらの平均値は西富岡長竹を除く当該石器群では完形細石刃の長さの平均値よりも上回っていることにより，本来はより長い細石刃生産を指向していたと推察される。またこのことからは「より長い細石刃（より長い刃部をもつ細石刃）は例外なく用いられる傾向にあった。裏返せば細石刃を折断する場合には，より長い刃部の確保に注意が払われていたこと」（堤 2011）の一つの証左になるといえよう。とはいえこのことから逆に五つの当該石器群では剝離後の細石刃に「折断」（分割）～「細石刃への加工」等（堤 2011）があったと想定すればその作業工程は独立していたことを意味するとも思われる。

以上では相模野台地における代官山型細石刃石器群の概要を製作方法の分析を中心に論じた。以下ではこの石器群の形成と展開の背景を論じることで本稿のまとめとしたい。

5　代官山型細石刃石器群における形成と展開の意義について

前述した通り，代官山型細石刃石器群の形成（出現）の背景には前述した大陸を起源とする他生説と日本列島内を起源とする自生説があり，そのうちの他生説には東北日本（北海道）経由と西南日本（九州）経由の二説があった。とはいえ本稿ではいずれかの説を補強するのを避け，相模野台地に限定した前後の石器群の形成過程においてこれまでに指摘されてきた主要な変化（夏木 2013）に改めて着目してみる。

石材獲得・消費状況の変化　石材獲得・消費のあり方からこれまで相模野台地における当該石器群以前（直前）の L1H 層下部の槍先形尖頭器石器群では「特定石材」を「偏重」して獲得し，「集中的な石器製作」（消費）を伴う傾向が見出されているが，この傾向は当該石器群にも見出される。当該石器群では細石刃製作においても「特定石材」を「目的的」に「獲得」して「特定地点」へ「集中」して「搬入」する傾向が見出されているが，それ以後（B0 層）の矢出川系細石刃石器群でもこの傾向が見出されるようにも思われる。また伊豆箱根系柏峠産黒曜石が主体で打面調整・再生が顕著ではないことを除いて当該石器群とそれ以後の矢出川系細石刃石器群の細石刃技術は，素材形状の改変度合いで生じると想定される多様な形態の細石刃核が見出される点でも共通し，どちらの石器群が原石を効率的に消費しているかを問えない状況にあるとも思われる。以上の共通性から当該石器群を矢出川系細石刃石器群のなかで捉える考え方が成立するのであろうが，当該石器群では前の時期と石材獲得・消費のあり方の共通する槍先形尖頭器を伴っているとすると，後の時期の矢出川系細石刃石器群とはその分だけ意味づけがやはり異なる。これとは別に当該石器群では特定の石材を指向して獲得・消費する細石刃生産・槍先形尖頭器生産に剝片・礫器生産を補完的にすることにより，石器生産戦略が食料獲得・移動・居住等の兵站的戦略に埋め込まれているとみなされている。また前後の石器群との比較でいえば前の時期の槍先形尖頭器石器群では信州系黒曜石の石材利用が減少し，「後の時期の稜柱形細石刃核を主体とする石器群では信州系黒曜石が多用される」（夏木 2013）ことから当該期石器群において「細石刃生産における石材資源獲得・消費に関わる計画性に変化があることが明らかである」として石材獲得戦略における計画性の変化が指摘される。より具体的にいえば細石刃生産以外の槍先形尖頭器・礫器用石材がこれまで確認してきたように安山岩やホルンフェルス等の「比較的近傍の石材」で細石刃用石材も「比較的近傍の石材」であることから「近傍産石材の直接採取に関連する特定生業領域を基点とした」当該石器群の「荷担集団」が想定されることになる。その集団行動（戦略）の背景には「信州系黒曜石供給の中継地」が「少なくなる」か「石材一括搬入・キャッシュがなされる地点」が「限定的」になる等の要因が見出されている（夏木 2013）。

食料資源環境の変化　食料資源環境のあり方から当該石器群の形成は動物性資源の場所やその獲得時期の予測が困難になる度合いが増したことによって「信頼性重視の狩猟具」とされる「石槍」（例えば槍先形尖頭器）に対して「広域捕食戦略に最適な保守性重視の狩猟具」とされる「植刃槍」（例えば小形剝片）が必要とされる割合が高くなったこと等に相関性が見出されている。一方，当該期に至るまでの石器集中（ブロック）数や礫群数の減少から推定される「人工」の「凋落」や「滞在期間の短縮」化と当該石器群の形成との関係は不明とされている（夏木 2013）。とはいえそれまでに形成されなかった新規の細石刃石器群のそれを可能とする技術が当該期に備わった背景には，危機的で劣悪となった食料資源環境の変化に適応する生存（生き延びるための）戦略上の要請（必要性）が少なからず関係していたのではないかと想定されよう。

形成と展開の背景　当該石器群の細石刃はこれまで打面形状の分析から「押圧剝離」によって得られた可能性が指摘されている（美安 1996 ほか）。これとは別に細石刃は「フラクチャー・ウィングという黒曜石製石器の剝離面に観察される」，「夾雑物などからひろがる逆Ｖ字形の模様」の分析により押圧剝離によって得られた可能性の高いことや細石刃石器群が東アジアの広範囲に拡散したことは「押圧細石刃剝離技術」によると推定されている（髙倉 2007・2013）。当該石器群は，日本列島で後期旧石器時代の初頭から「道具の部品」（モジュール）としてあった「細石刃」と同じ役割を担ったと仮定される「小形剝片」製作のリスクを低減して効率的に行う（田村 2011）ため大陸起源の押圧剝離（須藤 2011）を取り入れて細石刃生産が可能となる（堤 2013）背景から形成されたという考え方が妥当と思われる。当該石器群において形成と展開を可能とした背景には，細石刃を生活必需品としての道具の部品とみなす意識と「究極的な石材節約技術」としての「細石刃技術」（佐藤 2013）のより洗練された形での採用があったと推察される。加えて当該石器群においては相模野台地 B5 層（武蔵野台地 Xb 層）以降の「細石刃剝離に先立つ，打面の設定や側面調整・打面再生等の石核調整」（砂田 1988）を基盤とする剝片剝離技術（過程）の素地があってこそ細石刃技術（過程）の展開が可能であったとも理解される。

小さいゆえにそのままでは用いられないが，組み合わせることで発揮される本領と極小の世界における活路をともに見出そうとする精神を，最大限に結実させようとした知恵の姿にこそ，代官山型細石刃石器群に象徴される歴史的文化的な意味であったと思われる。

おわりに

本稿の作成にあたっては，神奈川県教育委員会・かながわ考古学財団・神奈川県考古学会・神奈川考古同人会・日本旧石器学会・石器文化研究会・石器に学ぶ会等の方々およびそれに関係した方々より様々なご指導・ご助言をいただいた。記して感謝の意を表したい。

この度，古稀の齢を迎えられる山本暉久先生にはかながわ考古学財団に在職されている間に考古学を実践する現場にて格別のご指導を賜りました。記して深い感謝の心を捧げるとともに，今後もご指導を賜りますようにこの場をお借りしてお願い申し上げます。

最後に本事業の発起人会・事務局編集委員会の方々，六一書房出版部の水野華菜氏にはいたらない本稿を本記念論集の掲載へとご尽力下さったことに心より御礼を申し上げることで本稿を終えることにする。

引用文献

麻生順司ほか　2016『西富岡・長竹遺跡第2次調査』（株）玉川文化財研究所

安蒜政雄　1979「日本の細石核」『駿台史学』47　152-183頁

安蒜政雄　2013『旧石器時代人の知恵』新日本出版社

井関文明ほか　2014『西富岡・向畑遺跡Ⅰ』（公財）かながわ考古学財団

井関文明　2014「西富岡・向畑遺跡」『石器文化研究』20　46-49頁

織笠　昭　2003「先土器時代」『海老名市史6　通史編　原始・古代・中世』56-131頁　海老名市

加藤晋平・鶴丸俊明　1991『図録・石器入門辞典〈先土器〉』柏書房

加藤　学　2015「日本列島における細石刃石器群の研究」『矢出川：日本列島で最初に発見された細石刃石器の研究』信毎書籍出版センター

旧石器文化談話会編　2001『旧石器考古学事典〈増補改訂〉』学生社

工藤雄一郎　2012「最終氷期の環境史と考古編年の時間的対応関係」『旧石器・縄文時代の環境文化史　高精度放射性炭素年代測定と考古学』新泉社

佐藤明生ほか　2002『打木原遺跡』横須賀市教育委員会

佐藤宏之　2011「荒川台型細石刃石器群の形成と展開―稜柱系細石刃石器群の生成プロセスを展望して」『考古学研究』58（3）　51-68頁

佐藤宏之　2013「日本列島の成立と狩猟採集の社会」『岩波講座　日本歴史　第1巻　原始・古代1』岩波書店　27-62頁

白石浩之　1992「細石器文化の研究―西南日本の細石器文化について―」『人間・遺跡・遺物―わが考古学論集2―』発掘者談話会

鈴木次郎　1983「細石器（本州地方）―関東・中部地方を中心に―」『季刊考古学』4　67-69頁

鈴木忠司　1971「野岳遺跡の細石核と西南日本における細石刃文化」『古代文化』23（8）　175-192頁

須藤隆司　2009「細石刃技術―環日本海技術の構造と組織―」『旧石器研究』5　67-97頁

須藤隆司　2013「古本州島開発型細石刃技術の起源」『シンポジウム　日本列島における細石刃石器群の起源』44-46頁

砂田佳弘　1988「相模野の細石器―その発生と展開について―」『神奈川考古』24　31-64頁
砂田佳弘　1994「相模野細石器の出現―器種変遷と石材流通―」『國學院大學考古学資料館』10　1-41頁
砂田佳弘ほか　1986『代官山遺跡』神奈川県立埋蔵文化財センター
砂田佳弘ほか　1998『吉岡遺跡群Ⅴ』（財）かながわ考古学財団
砂田佳弘ほか　1999『吉岡遺跡Ⅸ』（財）かながわ考古学財団
砂田佳弘　2010「細石刃文化期のムラ」『平成21年度考古学講座　予稿集　かながわの旧石器時代のムラと住まいを探る』44-55頁
諏訪間順　1988「相模野台地における石器群の変遷について―層位的出土例の検討による石器群の段階的把握―」『神奈川考古』24　1-36頁
髙倉　純　2007「北海道紋別郡遠軽町奥白滝1遺跡出土石器群における剝離方法の同定」『古代文化』58-Ⅳ　98-109頁
髙倉　純　2013「北海道における押圧細石刃剝離技術の出現」『シンポジウム　日本列島における細石刃石器群の起源』47-56頁
高屋敷飛鳥　2014「神奈川県」『石器文化研究』20　33-35頁
田村　隆　2011『旧石器社会と日本民俗の基層』同成社
堤　隆　1987「相模野台地の細石刃石核」『大和市史研究』13　1-43頁
堤隆編　2004『日本の細石刃文化―日本列島における細石刃文化―』八ヶ岳旧石器グループ
堤　隆　2010「細石刃石器群―本州・四国」『講座日本の考古学2　旧石器時代（下）』青木書店
堤　隆　2011『最終氷期における細石刃狩猟民とその適応戦略』雄山閣
堤　隆　2013「石器群の小形化・細石器化と細石刃石器群成立へのイノベーション（予察）」『シンポジウム　日本列島における細石刃石器群の起源』70-73頁
仲田大人　2003「相模野細石刃石器群の技術構成」『考古論叢　神奈河』11　1-38頁
夏木大吾　2013「中部・関東地方における細石刃石器群の形成過程」『シンポジウム　日本列島における細石刃石器群の起源』62-65頁
美安慶子　1996「細石刃の語るもの―中ッ原第1遺跡G地点を中心とした細石刃の分析―」『中ッ原第1遺跡G地点の研究Ⅱ』119-138頁

縄文時代における気候変動と縄文文化

鈴木　保彦

はじめに

山本暉久氏と筆者は，かつて神奈川県教育委員会の文化財保護課で机を並べて仕事をした仲であり，県の発掘調査で寝食を共にした日数も少なくないものがある。その後，ともに大学に転身したが，氏とのおつきあいは40年にもなる。

私たちは共に縄文時代文化の研究を志向していたから，仕事以外の研究上の交わりも多く，各地の遺跡や発掘現場の見学などは，東北北部から九州まで数えきれないほど巡り歩いたものである。また，神奈川考古同人会や縄文時代文化研究会などでの共同研究やシンポジュウムの開催，あるいは日本考古学協会での共同発表なども少なからず行ってきた。

しかし，我々はそれぞれ自立した研究者であり，もたれ合って研究を続けてきたわけではない。したがって，同じ遺跡や遺構を見ていてもその理解や解釈は，それぞれ異なる場合が多々あったのである。そのことを示す良い例が，縄文時代観ともいうべき縄文文化や社会に関する考え方の相違である。それぞれが論考の基礎とした遺跡の発掘調査報告書は，数多いとはいえ同じものを使用するのであるから，そこから得られる情報は同じであるが，それを読み取り解釈する段階で相違が生じるのである。山本氏と筆者との縄文時代観の最も大きな相違は，「縄文時代における気候変動とその影響」についての評価である。

関東地方における縄文集落の変遷には，隆盛期と衰退期が繰り返してみられるのであるが，特に中期前葉から後葉までの最盛期とこの直後にくる急激な凋落は，縄文時代最大の変革期となっている。当然のことながら，この要因を探ることは縄文時代の文化や社会の理解にとって重要な課題である。

山本氏は，その要因として内的なものに注目し，「(縄文中期の) 集落址数の増加，規模拡大化にあらわれた人口増が，それを支えるにたる生産力の限界をもたらした」とする (山本 1976)。氏は，このように内部矛盾説をとり，縄文時代の様々な事象と気候変動との関係性については，さほど重視しない立場である。このことは30年以上前からの一貫した主張である (山本 2013)。

一方筆者は，縄文時代の気候は一定ではなく，温暖化や寒冷化という気候変動が認められることから，このことと隆盛と衰退を繰り返す縄文集落の動態との関係は無視することはできず，むしろ重要な要素であったと考えている。これも1986年以来一貫した主張である (鈴木 2014)。

本稿は，長年研究を共にしてきた山本氏と筆者との縄文文化や縄文社会に関する基本的な考え方の相違を例にして，縄文時代研究には様々な解釈や理解が成立し得るということが一つのテーマとなっている。そこで筆者は，山本氏との考え方の相違を際立たせるため，縄文社会が自然現象である気候変動の強い影響下にあったという立場に基づき，気候変動と関東・中部地方における縄文文化や縄文社会との密接な関係について，集落の変遷を中心として論考するものである。

1　縄文時代における気候変動と暦年較正年代

縄文時代の暦年較正年代は，15,700年前から2,350年前であり（小林2008），地質学的には最終氷期後葉から後氷期に相当する。この間の気候変動については，鹿島薫が指摘しているように（鹿島2013），近年の国内外における著しい地質学的研究の進展によって，かなり詳しく解明されているのである。すなわち，海域における深海底堆積物コア分析と，陸地における極地氷床コアの分析によって，最終氷期および後氷期における気候変動については，近年多方面から，詳細に復元されている。

国内的研究では，急激な環境変動を記録するものとして汽水湖沼での堆積物が注目されている。こうした湖沼年縞堆積物は，鳥取県東郷池や福井県水月湖あるいは青森県小川原湖などで発見され調査されているが，これらの年縞は過去数万年間にわたる気候・海水準変動を，季節から1年という単位で記録していることが明らかになったのである（福沢1998）。

また工藤雄一郎は，関東平野を中心としたこれまでの海水準変動や古植生変遷などのデータと，近年の北大西洋深海底コア，中国南部の洞窟の石筍から復元されたアジア・モンスーン変動，鳥取県東郷池の年縞堆積物から復元された後氷期の海水準変動のデータ等を対比して，後氷期を大きく5段階に区分設定し，一覧表としてまとめている（工藤2012）。

縄文時代の気候変動に関する研究は，このように著しく伸展しており，筆者が1980年代に縄文時代における海進・海退現象（湊・井尻1966）や，花粉分析の結果（安田1980・1981）などから気候変動と縄文集落の盛衰との関係を推察するに留まった頃とは，大きく様変わりしているのである。

一方，これらの地質学をはじめとするデータと対照するための考古学的な資料の年代に関しては，高精度の「加速器質量分析計」の採用とこれを補正した較正年代による縄文時代の暦年代が明らかにされ，草創期から晩期までの各土器型式の暦年代がほぼ明らかにされている（小林ほか2003，歴博学術創成研究グループ2007，小林2008）。すなわち，気候変動と考古学的な事象との関係は，共通の年代的スケールで照合し検討することが可能となったのである。

筆者は，2014年に発表した論文において，この暦年代をもとに縄文時代の6期区分，および各土器型式の年代表を作成し，これと工藤雄一郎が各種の地質学的データをまとめた一覧表とを同一の時間軸で対照できるようにした。また，草創期に関する部分については，同じように春成秀爾の作成した気候変動と暦年較正年代の表を援用した。そして，この対照表をもとに気候変動と考古学的事象との関連性について検討する手法を用いた（鈴木 2014）。本稿は，新たに古気温データと縄文集落の変遷をはじめとする縄文文化の関連について論述するものであるが，方法論的には同様のものである。

2　古気温曲線と縄文集落の盛衰

最終氷期後葉および後氷期における気候変動は，地球規模で起こったグローバルな変化である。したがって，前回の論考（鈴木 2014）では，「ボンド・イベント」などの汎地球規模のデータを基礎とし，合わせてこれに連動している鳥取県東郷池の湖沼年縞堆積物のデータなど国内的なものを使用したが，考古学的資料である縄文集落の盛衰と照合してみると，国内の諸データで確認されている海水準の変化などが，より適合していることを知ることができた。

そこでこの度は，気候変動と縄文集落の盛衰の関係をより詳細に照合させるため，尾瀬ヶ原における池溏堆積物の花粉分析を行い，これをもとに気候変動について分析した阪口豊のデータ（阪口 1989）を使用させていただくことにした。阪口の作成した「古気温曲線」は，北関東の詳細な気候変動を知ることができるものであり，かつて筆者が明らかにした中部・関東の縄文集落の盛衰（鈴木 1986）等と比較し，照合するのにより好都合なものとなっている。

阪口の研究は，北海道，中央日本の高山帯下部に生育しているハイマツに着目したものである。気温の低下が起これば，ハイマツ帯の下限は下降してハイマツ帯は拡大し，逆に気温の上昇が起これば，その下限は上昇して

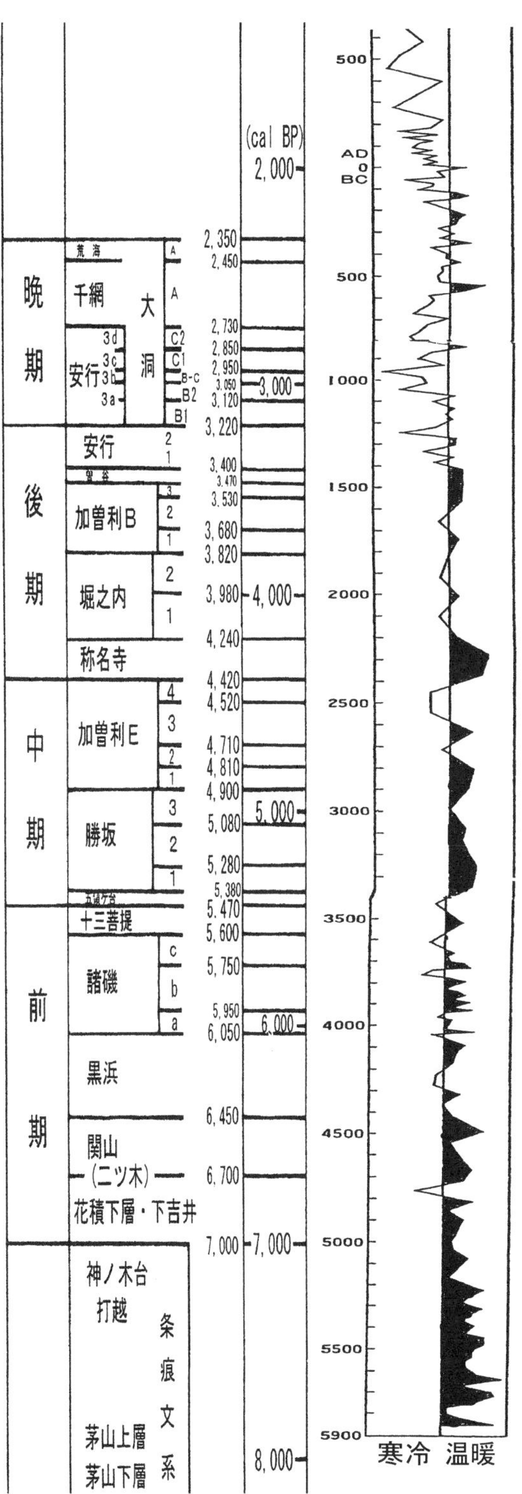

図１　関東地方における縄文土器の編年・暦年較正年代と古気温曲線（阪口 1989）

ハイマツ帯の占める面積は減少する。したがってハイマツ花粉の増大は気温の低下，減少は上昇と読み変えることができるとし，これを基に7,800年間にわたる気候変動を明らかにしたものである。なお，ここで使用された年代は14C年代値をイガゴヨウマツの年輪によって補正した値と，年代既知のテフラを使って深度と年代の関係グラフをつくり，さらに調整したうえで泥炭スライスの上限と下限の年代を算出したものである。

図1右側の古気温曲線は，泥炭スライスの上限と下限の年代の平均をとり，温度の代りにハイマツの百分率がとられていて，右側の値の小さい方が温暖，左側が寒冷である。この阪口の古気温曲線による温暖期と寒冷期は，過去7,800年間までのものであり，考古学的には縄文早期後葉以降のものであるが，中部・関東地方における縄文集落の隆盛期と衰退期などと見事に一致している。このことは図1に示したように，筆者が作成した「縄文土器の編年と暦年較正年代」と阪口の「古気温曲線」とを時間軸を同じくして並べ，対照してみると一目瞭然である。以下，阪口のデータと集落の盛衰等を具体的に比較検討する。

(1) 早期後葉から前期中葉にかけての温暖化と環状集落の出現

阪口の古気温曲線の最も古い部分は，縄文早期後葉から末葉の部分であるが，この時期から前期中葉にかけて温暖化が著しく進んでいたことを示している。一方中部・関東地方の考古学的データでは，早期後葉の条痕文土器群期は，撚糸文土器群期に次ぐ縄文集落二度目の隆盛期となっている。神奈川県では住居址数が大幅に増加し，千葉県では船橋市飛ノ台貝塚のように，各種の遺構がまとまって検出された貝塚を伴う集落が出現している。さらに早期末葉からは埼玉県富士見市打越遺跡，山梨県笛吹市釈迦堂遺跡のような大規模集落が出現する。温暖化に伴って住居址数，集落規模等が増大し集落が繁栄したことを示している。

また阪口の古気温曲線では，前期の花積下層式・下吉井式期から黒浜式初頭期にも大きく温暖化が進んでいるが，この部分は縄文海進期に相当する。温暖化に伴って各地域の縄文集落は著しく隆盛し，縄文時代の定型的集落である環状集落が成立した時期である。縄文集落の変遷史上大きな画期であり，大規模かつ地域の拠点となるような墓域をもつ環状集落が各地に出現したのである。

中部地方の長野県富士見町坂平遺跡，同宮田村中越遺跡，同茅野市阿久尻遺跡，同諏訪市十二の后遺跡，同原村阿久遺跡，山梨県北杜市板橋遺跡。北関東の群馬県安中市中野谷松原遺跡，栃木県宇都宮市根古谷台遺跡，埼玉県寄居町南大塚遺跡。南関東の神奈川県横浜市南堀貝塚，同北川貝塚，同西ノ谷貝塚，同茅ヶ崎貝塚。東関東の千葉県松戸市幸田貝塚，成田市南羽鳥中岫第1遺跡E地点，四街道市木戸先遺跡，船橋市飯山満東遺跡などがこれに該当する大規模集落である。

これらの集落は，地域によって隆盛期に多少のずれがみられるものの，広くみれば前葉の花積下層式期から後葉の諸磯b式期までのものであり，環状集落の成立も集落内に墓域が確立することも画期的な事象であるが，この時期の気候の温暖化とそれに伴う集落の隆盛がその要因と考えられるのである（鈴木 1988a）。

またこの時期には，集落を構成する主要な建物のなかに掘立柱建物跡をはじめとする多様な平地式の建物址が数多くみられるようになる。このことも縄文集落の変遷史上重要な事象である。長野県阿久尻遺跡，同阿久遺跡，同坂平遺跡，山梨県板橋遺跡，栃木県根古谷台遺跡，群馬県中野谷松原遺跡などで多く検出されているが，とりわけ中野谷松原遺跡，根古谷台遺跡において，この時期の隆盛を象徴するような，縄文時代最大級の掘立柱建物跡をはじめとする，多様な平地式の建物址が数多くみられることは注目に値する（鈴木 2013）。

この時期に出現するこれら多様な平地式の建物址は，公共的施設，共同作業施設，住居，倉庫，葬儀・祭祀施設など様々な用途・機能が考えられるが，気候の温暖化に伴って生産活動が活性化し，縄文集落が著しく隆昌したことに伴ってその構成や構造も複雑化していることを示している。集落が単に大型化したのではなく構造的にも変化していると捉えることができるのである。

(2) 前期末葉から中期初頭にかけての寒冷化と集落の凋落

古気温曲線はこの後，縄文前期後葉から中期初頭にかけて３度にわたり寒冷期があったことを示している。諸磯ｃ式期の直前から五領ヶ台式期にかけて繰り返し３度の寒冷化がおとずれたのである。地質学的には「縄文中期の小海退」といわれる期間に相当するが，考古学的には前期末葉から中期初頭の時期である。

中部・関東地方の縄文集落は，この寒冷化と期を同じくして，前期末葉の諸磯ｃ式期になるとそれまでの隆盛から一転して大きく衰退するという劇的な凋落現象が起きる。このことは，住居址数，集落址数，集落規模別件数などのデータにはっきりと表れている（鈴木 1986）。神奈川県鶴見川流域などでは，遺跡の立地も大きく変化し，集落規模や遺跡数は著しく減少してしまう。中部地方でも南関東ほど顕著ではなかったものの，前期末葉に小集落に分散することが指摘されている（櫛原 2009）。この著しい集落の衰退は，関東地方では中期初頭の五領ヶ台式期まで続くのである。寒冷化に伴う自然環境の変化は，縄文人や縄文社会にとって大きなマイナス要因となったのである。まさに寒冷化恐るべしという事態であった。

(3) 中期前葉から後葉にかけての安定した温暖期と集落の大隆盛

古気温曲線ではこの寒冷期の後，温暖期が長く続いている。考古学的には勝坂１式期から加曽利 E3 式の前半の時期である。この間は前期末から中期初頭に起こったいわゆる「縄文中期の小海退」が終わり，海水準も戻り安定した気候が長く続いた時期に相当している。

この中期の温暖期こそ縄文時代最大の集落の隆盛期である。いずれの地域も住居址数，集落規模などが爆発的に増大する。この隆盛期を数字の上でみると 1986 年に筆者が集成した中部・関東地方のデータ（鈴木 1986）では，縄文時代の住居址数 9,612 軒のうち，7,137 軒が中期のものであった。すなわち，これらの地域の縄文時代の住居址のうちの 74％ が中期のものということになるが，なかでも全盛期となる勝坂２式期から加曽利 E3 式期の住居址数は，縄文時代全体の

70% 近くに及んでいた。この期間を暦年較正年代でみれば760年間であるが，縄文時代13,350年間のうちの760年間でこれだけの住居が営まれていたことになるのである。

その後，こうした集落のデータ化はしていないが，前述の集成に含めることができなかった千葉県でも市原市草刈貝塚を筆頭として，流山市中野久木谷頭遺跡，松戸市子和清水貝塚，船橋市海老ヶ作貝塚，同高根木戸貝塚など貝塚を伴う大規模な環状集落がこの時期に成立している。また神奈川県でも長期間の調査が終了した横浜市港北ニュータウン地域の中期集落は74遺跡を数え，検出された住居址は1,325軒に及ぶのであり（坂上ほか2000），近年の考古学的データからもこの時期の集落の隆盛傾向は益々顕著になっているといえるのである。

この時期の象徴的な大規模集落は，同じ台地上の近接する位置に3ヶ所の環状集落が営まれる鼎立状環状集落，同じく2ヶ所に営まれる双環状集落である（鈴木2006）。神奈川県寒川市岡田遺跡，埼玉県本庄市古井戸遺跡・将監塚遺跡・新宮遺跡は，鼎立状環状集落であり，神奈川県横浜市三の丸遺跡，同月出松遺跡，千葉県千葉市有吉北・南貝塚，同加曽利貝塚，長野県茅野市棚畑遺跡，同尖石遺跡・与助尾根遺跡は双環状集落である。岡田遺跡の鼎立状環状集落などは，未調査の部分の住居址数を加えれば優に1,000軒を越えると考えられている縄文時代最大級の集落址といえるものである。

なお集落址数をみると，どの地域でも増加しているが，住居址数ほどの増加とはなっていない。つまり相対的にみると，縄文集落の全盛期にあっては，一集落あたりの住居戸数が増大し，集落が大規模化するのである。

(4) 中期末葉の寒冷化と環状集落の没落・解体

古気温曲線では，この後寒冷期となっているが，これは大規模かつ長期にわたるものである。時期的には中期末葉近くの加曽利E3式の後半から同4式にかけて起こった寒冷化であった。古気温曲線を作成した阪口が「縄文中期の寒の戻り」としているものである。このことについて阪口は「私が分析した千葉県野田市の台地の谷底から採取した泥炭層の花粉ダイアグラムにはもっと劇的にかつ厳しい状態で現われる。ここでは4,500年前に針葉樹のモミ属，トウヒ属，ゴヨウマツ亜属，ツガ属が突然出現・増大し，気侯が寒冷化したことを示している。（中略）この花粉組成は，同じダイアグラムの19,000-26,000年前の部分とくらべると，氷期に相当する寒冷気侯であったことを示している。この事件は，関東沖や日本海南部の深海底コアの酸素同位体比によって，海水温の低下として記録されている」（阪口1989：178-179頁）と述べている。

この寒冷化は，縄文時代の社会や文化に甚大な影響を及ぼすことになる。中期末葉の加曽利E4式・曽利5式期になると，関東地方でも中部山岳地域でも住居址数は一挙に減少する。集落規模をみてもその多くが5戸以下のごく小規模な集落となってしまう。中期の繁栄の象徴ともいうべき拠点的大規模集落は没落・解体し，小規模集落となって分散するのである。このことは，神奈川県や埼玉県における集落址数が如実に物語っている。つまり両地域では，全盛期である加曽利E3式期の住居址数は，同4式期に比べて圧倒的に多いのであるが，少なくとも前回のデータでは（鈴木 1986），集落址数は逆に衰退期である加曽利 E4 式期の方が多くなる傾向がみられるのである。ここに至って大規模集落が維持できなくなり，しかも全体的な住居址数も大幅に減少し，集落が小形化して広く分散したことがその原因と考えられる。

東関東の千葉県でも同様であり，それまで隆盛していた集落が加曽利 EIII 式（4 式前半）期以降，急激に衰退してしまうのである。このような集落の隆盛と衰退は，東京湾東岸中期拠点集落にほぼ共通していると指摘されている（西野 2000）。また，中部地方の集落をまとめた櫛原功一も「中期では，中期後半をピークに集落が隆盛，中期末に衰退するパターンが一般的で長野・山梨県では中期末で遺跡数が減少するとともに後期への継続性が途切れる場合が多い」としている（櫛原 2009）。

中期前葉から後葉にかけての集落の著しい隆盛と末葉における急激な衰退は，中部・関東地方に共通する現象であるが，こうした極端な社会現象は，縄文時代のなかでも最大のものと捉えることができる。中期末葉に起こった気候の寒冷化とそれに伴う自然環境の変化は，堅果類の不作などそれまでの生業活動に重大な支障をきたすような事態をもたらしたと推定されるのである。小規模集落となって広く分散せざるを得なかった深刻な理由もその辺にあったものと考えられる。いずれも，縄文社会を根底から揺るがすような時代の変化ととらえることができる事象である。

(5) 後期前葉の温暖化と集落の隆盛

古気温曲線では，「寒の戻り」とされた寒冷化の後，再び温暖化を迎える。考古学的には後期初頭の称名寺式の時期である。しかし，中期末葉の寒冷化の影響は多大なものであったようで，温暖化を迎えても直ちに集落が隆盛することはなかった。古気温曲線でも後期初頭の温暖化の後，寒冷化と温暖化が繰り返してみられ，気候が不安定であったことを示している。

南関東西部の神奈川県などで集落が再び隆盛に転じるは堀之内 1 式からであり，加曽利 B1 式期までが縄文集落最後の隆盛期となる。東関東の千葉県などでもこの間の集落が多い。

神奈川県横浜市三の丸遺跡の後期の集落はこの時期のものであるが，遺構群の配置をみると称名寺式期の住居址は台地上に散在している。しかし，堀之内 1 式期から加曽利 B1 式期のものは双環状集落となっており，やはり堀之内 1 式期以降に集落が隆盛したことを示している。この他，ほぼ同時期の集落としては横浜市小丸遺跡，伊勢原市下北原遺跡などがあるが，やはり加曽利 B1 式期を最後に衰退してしまうことになる。

東関東では，市原市武士遺跡が中期後半の加曽利 EIII 式期から後期中葉の加曽利 B1 式期の集落であるが，確実に単一の時期とされる住居址は，加曽利 EIII 式期のもの 77 軒，堀之内 1 式期のもの 207 軒であり，やはりこの間の加曽利 EIV 式期から称名寺 1・2 式期のものは少ない。千葉市内野第 1 遺跡も中期後半から晩期の集落であるが，同じように，集落の衰退期に相当する中期末葉の加曽利 EIII 式期から後期初頭の称名寺式期の遺構は台地上に点在し，後期前葉の堀之内式期になると，遺構群は台地縁辺部で環状に展開し環状集落を形成する。このように住居の分布状況には，それぞれ時期ごとの気候変動とそれに伴う集落の盛衰が反映されている。

東関東における他の後期の集落では，市川市権現原遺跡，船橋市宮本台貝塚，千葉市小金沢貝塚などが前葉の堀之内式期までの集落であり，松戸市貝の花貝塚も後期の集落は堀之内式期を主体とするものである。

(6) 後期後葉以降繰り返し訪れた寒冷化と縄文集落の長期低落

古気温曲線では，後期中葉は気候が不安定であったことを示しており，その後，後期後葉から晩期までは，寒冷化のみが10回ほど繰り返し訪れ，長期にわたる寒冷期となるのである。このことは，縄文社会にとって決定的なダメージとなった。関東地方の後期集落は，ほとんどが中葉までのものであり，寒冷期となる後半には長期低落期に突入することになる。とりわけ，南関東西部の神奈川県などでは，加曽利B2式期以降顕著な衰退現象がみられるのである。また中部地方の集落は，中葉の加曽利B式期までのものであり，山梨県における後半以降晩期までの集落は，大規模な配石遺構を伴うものが散発的に出現する程度となってしまう。

一方千葉県などの東関東では，後期中葉までの集落が多いが，後期後半以降も一定の集落が維持され貝塚も形成されている。これには，自然環境とそれに伴う生業の違いが反映されているものと考えられる。すなわち，東部の沿岸地域は豊かな海産資源に恵まれており，魚介類や海藻類に依存する漁撈活動が社会を支える主要な生業となっていたのである。内陸部の集落のように，狩猟・採集を主要な生業とするものより，寒冷化の影響が少なかったということであろう。しかし，東関東でも後期中葉以降，集落の形成が続くといっても次第に衰退していく傾向は否めない。やはり，この寒冷化は縄文社会を崩壊させるほどの影響力をもつものであった。

さらに，晩期になると集落は，ほとんど壊滅状態といえる状況であり，どの地域でも散発的にみられる程度となってしまうのである。縄文集落も後期後半以降繰り返し訪れた寒冷化によって終焉を迎えることになったのである。

以上のように，気候変動と縄文集落の盛衰との関係を土器型式単位で照合してみると，温暖化に伴う集落の隆盛や寒冷化に伴う集落の凋落など，縄文社会の変動の実態を詳細に知ることができるのである。

3　気候変動と縄文時代文化

この度の論考は，阪口の作成した「古気温曲線」と中部・関東地方における縄文集落の盛衰とを対比し，そこに強い相関関係があることを明らかにすることが目的であったため，阪口のデータの最も古い部分であった縄文早期後葉期から論述した。しかし，気候変動と縄文文化の諸事象との関係は，当然のことながら縄文時代当初から認められるものである。

縄文社会が旧石器時代における遊動的生活から脱却し，定住的集落を形成するようになった根本的要因は，気温上昇に伴う植生の変化であった。すなわち，温暖化に伴って針葉樹林が後退し，これに代わって落葉性広葉樹林や照葉樹林が進出したことにより，ナラ，クヌギ，クリ，クルミ，シイ，カシなどの堅果類の採集が可能となった。周年的に貯蔵可能な恵みをもたらすこれらの堅果類は，縄文時代を通じて主要な食糧資源となり，1ヶ所に長く留まる生活が始まったのである。

また，温暖化は一方で海水面の上昇をもたらしたが，このことにより沿岸部や内湾では浅海砂泥性の海岸が出現し，河口から外湾部まで各種の貝類が生息するようになった。さらにこうした海域ではプランクトンが多く発生し，多数の魚類も生息するようになる。かくして，その時々の海岸線に沿って居住地型の貝塚や，加工場型の貝塚が形成されたのである。特にムラ貝塚ともいわれる前者では前期以降，後期前葉まで馬蹄形や環状を呈する大規模集落が営まれた。

縄文時代には生業活動とともに祭祀も盛んに行われたが，これに関わると考えられる遺構や遺物は，気候が温暖化し集落が隆盛した時期よりも減温期となり気候が寒冷化した時期の方が多く認められるのである。前述のように中期末葉には急激な寒冷化に伴い，拠点的大規模集落が没落・解体し，小規模集落となって分散することになるのであるが，こうした危機的状況のなかで各種の配石遺構が出現しているのはその典型的な例である。配石遺構の初源期のものは，中期後半以降にあらわれる屋内の小規模な配石による祭祀遺構であるが，この頃はまさに寒冷化が始まる時期に相当しており，これ以降，悪化する一方の環境変化に不安感や緊張感をもち続けていた縄文人は，石を用いた祭祀施設を構築し，種々の儀礼を行うことでこれを解消しようとしたものと考えられるのである。

縄文文化や縄文社会は，隆盛するにせよ衰退するにせよ，かつまた停滞するにせよ気候変動の強い影響下にあったといえるのである。

冒頭述べたように，山本暉久氏とは40年来の良き研究者仲間であり，これまでの御交誼に感謝するとともに氏の益々の御健勝と学問的発展を祈念して擱筆したい。

引用・参考文献

安斎正人　2012a『気候変動の考古学』同成社

安斎正人　2014『気候変動と縄紋文化の変化』同成社

鹿島　薫　2013「過去２万年間の気候変動の復元」東京大学総合研究博物館（www.um.u-tokyo.ac.jp/publish_db/.../05/005_01_01.html）

櫛原功一　2009「北陸・中部地方の縄文集落と世界観」『集落の変遷と多様性』縄文集落の多様性Ⅰ　雄山閣

工藤雄一郎　2012「旧石器・縄文時代の環境文化史　高精度放射性炭素年代測定と考古学」新泉社

小林謙一ほか　2003「縄文時代の高精度編年」『歴史を探るサイエンス』国立歴史民俗資料館

小林謙一　2004『縄紋社会研究の新視点―炭素14年代測定の利用』六一書房

小林謙一　2008「縄文土器の年代（東日本）」『総覧縄文土器』アム・プロモーション

坂上克弘　2000「縄文時代中期の集落について」『大熊仲町遺跡』横浜市ふるさと歴史財団

阪口　豊　1989『尾瀬ヶ原の自然史』（中公新書928）中央公論社

鈴木保彦　1978「伊勢原市下北原遺跡におけるセトルメント・パターン」『日本大学史学科五十周年記念歴史学論文集』日本大学史学会

鈴木保彦　1985「縄文集落の衰退と配石遺構の出現」『日本史の黎明―八幡一郎先生頌寿記念考古学論集―』六興出版
鈴木保彦　1986「中部・南関東地域における縄文集落の変遷」『考古学雑誌』第 71 巻第 4 号
鈴木保彦　1988a「定形的集落の成立と墓域の確立」『長野県考古学会誌』57 号　長野県考古学会
鈴木保彦　1988b「縄文集落の盛衰」『考古学ジャーナル』第 293 号　ニューサイエンス社
鈴木保彦　2006「縄文集落の隆盛と双環状集落・鼎立状環状集落の出現」『長野県考古学会誌』118 号　長野県考古学会
鈴木保彦　2006『縄文時代集落の研究』雄山閣
鈴木保彦　2009「関東・東海地方の縄文集落と縄文社会」『集落の変遷と地域性』縄文集落の多様性Ⅰ　雄山閣
鈴木保彦　2011「南関東における縄文集落の西と東―大型集落にみる集落構造の差異―」『縄文時代』第 22 号
鈴木保彦　2012「縄文集落と縄文社会」『縄文時代』第 23 号
鈴木保彦　2013「縄文時代前期の掘立柱建物跡―その形態・集落における位置・機能―」『縄文時代』第 24 号
鈴木保彦　2014「晩氷期から後氷期における気候変動と縄文集落の盛衰」『縄文時代』第 25 号
多田隆治　2011「気候変動の科学・その 4～Day After Tomorrow の世界：急激な気候変動とそのメカニズム～」第 4 回　環境サイエンスカフェ（http://www.hitachi-zaidan.org/kankyo/works//work04.html）
千葉県　2000「集落の移り変わり」『千葉県の歴史』資料編考古 1（旧石器・縄文時代）
千葉　毅　2010「阿久型方形柱列の再検討」『山梨県考古学協会誌』第 19 号　山梨県考古学協会
西野雅人　2000「草刈貝塚」『千葉県の歴史』資料編考古 1（旧石器・縄文時代）　千葉県
中塚　武　2012「気候変動と歴史学」『環境の日本史』1（日本史と環境―人と自然）　吉川弘文館
春成秀爾　2001「旧石器から縄文へ」『第 4 紀研究』40 巻 6 号（「21 世紀の年代観―炭素年から暦年へ」特集号）
福沢仁之　1998「氷河期以降の気候の年々変動を読む」『科学』68 巻 4 号
松島義章　2006『貝が語る縄文海進』有隣堂
湊正雄・井尻正二　1966『日本列島第二版』岩波新書
安田喜憲　1980『環境考古学事始』日本放送出版協会
安田喜憲　1981「花粉分析による気候環境の復元」『考古学ジャーナル』192 号　ニュー・サイエンス社
安田喜憲　1982「気候変動」『縄文文化の研究』1 縄文人とその環境　雄山閣
山本暉久　1976「敷石住居出現のもつ意味（上）・（下）」『古代文化』第 28 巻 2・3 号
山本暉久　2013「東日本における縄文時代中期大規模環状集落の崩壊要因をめぐって」『縄文時代』24 号
歴博学術創成研究グループ　2007「炭素 14 年代の較正年代にもとづく縄文～弥生時代の実年代」『弥生時代のはじまり』2 巻　雄山閣

紙数の都合で報告書は割愛した。

縄文時代の結社組織

高橋　龍三郎

はじめに

通常，部族社会には集権的で強制的な統制機関が不在のために，集団に関わる様々な活動は結社組織が担うことが多い。祭祀や儀礼，宗教的行為において，集団全体が参画する大掛かりなものであっても，その中核を担うのは結社的なまとまりをもつ集団である。結社組織は，なにがしかの社会的目的をもって組織化された任意集団であるから，目的の性格上多くは秘密裏に結成されることも多い。それらの結社は年齢による区分，男女の性別に基づく区分により結成されることも多い。

儀礼や祭祀の催行において，多くは結社集団が場面を取り仕切り，呪文や作法などの専門的知識で儀礼・祭祀を導くことが一般的で，特別な儀器や祭具は中核的なメンバーが所有保管することが多い。それゆえに，特別な専門知識や装備を占有する人たちが，他の人たちより上位の位階に立つ契機となるのである。

縄文時代の儀礼・祭祀について，遺構と遺物の消長から俯瞰すると，中期後半から後期を経て晩期に至る縄文後半期になって複雑性を増す状況を見てとることができる。敷石住居や大型住居で催行される儀礼・祭祀，また配石遺構や土盛り遺構，捨て場における屋外の儀礼・祭祀などが顕著である。それらから出土する石棒，石剣，石刀，独鈷石や土偶，土版，耳飾り，土製品などの遺物は，それぞれの施設で催行された儀礼・祭祀の種類と，それに参画した人々の性格を反映している。しかし，その様相からどのような儀礼・祭祀が，どのようなメンバーによって催行されたかを正確に把握することは難しい。また，それぞれの遺物がどのような場面でどのように使用されたかについては，民族誌の事例をもってしても推測は難しい。

一方，未開の氏族社会では，そのような宗教的，儀礼的，祭祀的な催しをリードする結社集団において，特別の作法や呪文などの重要な専門知識，特殊な装備などは，特定の個人によって所有され，結社のメンバーといえども立ち入ることができないことから，一部の経験を積んだ個人が反復的に祭儀を主導することになる。催事が，若者ではなく往々にして老人階梯により担われることが多いのは，そのような理由による。

本稿では，縄文時代中期から後・晩期の儀礼，祭祀の様相の一端を明らかにし，結社集団との関わりについて述べたい。

1　儀礼の内容と場所

関東地方では，後・晩期になると儀礼や祭祀の催行される場所として，大型住居などの特別な施設が用いられる。神奈川県方面では，丘陵の一番高い，集落を端倪する場所に大型の家屋が建てられたという。石井寛はそれを核家屋と呼称し，「長」の居住地と考える（石井 1994）。

千葉県方面では，井野長割遺跡や伊直貝塚，祇園原貝塚，宮内井戸作遺跡などで特別に大きな施設が明らかにされている。「大型住居」あるいは「大型建物址」と称される。祇園原貝塚では丘陵の頂部に後期後半の大型住居が２軒検出され，集落全体のなかで際立った位置を占める。

埼玉県では長竹遺跡などで大型住居が知られている。長竹遺跡では床面に真っ赤な焼土が敷き詰められたように厚く堆積していた（埼玉県埋蔵文化財調査事業団 2014）。

それらの施設が注目されるのは，異形台付土器や石棒，独鈷石，耳飾り，動物形土製品など，祭儀と関わる特殊な遺物が出土するからで，通常の住居と異なる性格を帯びる点である。それらは日常的空間と区別されて，特別に祭儀のために築かれた「聖なる空間」であった。

2　大型住居（大型建物）の構造上の特性

大型住居の構造上の特性は，まず規模の大きさであるが，構造面で最も示唆的なのは二重構造を呈することである。外側を巡る柱穴列が竪穴プランに接して巡るのに対して，さらに内側にもう一列巡る柱穴列が観察されることがままある。両者で床面に段差が生じることもあり，今まで異なる住居が偶々重複した結果と解釈されることが多かったが，本来的に最初から組み込まれた構造である可能性が高まった。近年の調査では，外側の住居プランと相似形のものが同じ軸線上で内側に入れ子状態で検出されており，偶然の重複とは言い切れない事例が多くなった。炉の位置もほぼ一定して同じ場所にあり，双方のプランが共有する形になっている。これらの特徴から本来２軒の重複とみられたプランは，本来同じ構造体を構成するものと考えることができる。好例は市原市祇園原貝塚の 49 号住居，51 号住居に求めることができる（図 1）。

これらの特徴から以下の諸点を指摘しうるであろう。

(1) 外側の大型プランの内側に相似形の小型のプランが同時に構築されており，両者は同じ構造体として同時期に機能した。

(2) 内側プランは，構造上，柱や想定される遮蔽物によって外側から隔絶され，外側からは直接内部を覗き見ることができない。

(3) 炉が構築されるが，それらはいずれも内側の小型プラン内に限られ，外側には構築されない。

(4) 特殊な遺物は，内側プランから検出されることなく，外側の大型プランの壁際に沿って検出される傾向が強い。

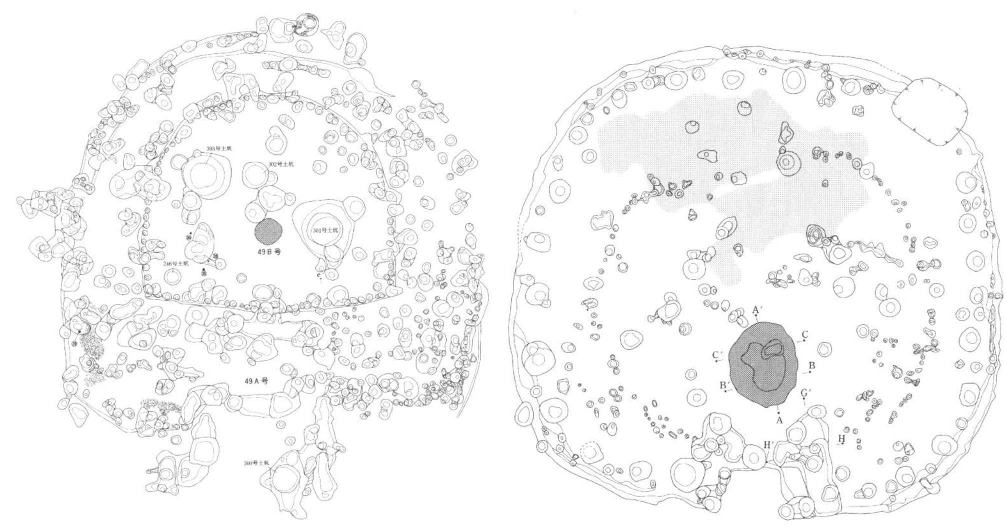

図１　市原市祇園原貝塚の大型住居（左 49 号住居，右 51 号住居）

(5) これらの特徴から，大型住居の内部は，内側の構造と外側の構造により二分される。

以上の特徴から，大型住居は異なる二つの空間を併せもった施設であることがわかる。外側プランは広い面積を有することから，一定の人数を収容することができるのに対して，内側の施設は狭く少人数しか収容できない構造になっている。内側の構造は遮蔽された内部に炉を伴い，炉を中心に火を用いた儀礼的行為が行われた可能性が高い。しかも，それを外側から覗き見ることができないので，秘儀として行われた可能性が高い。

3　大型住居で催行された祭儀

大型住居の内部空間は上述のように二つの異なる儀礼的行為が行われた空間と想定できる。もちろん，同一の儀礼のプロセスを局面ごとに内外で切り分けて行われた可能性も十分にある。外側空間では，より多くの人員が集結するのに対して，内部空間は限られた構成員でなされ，その内容は成員に対しても秘儀とされた可能性が高い。とすればそのような秘儀的祭儀の内容とはいかなるものかを闡明する必要がある。

まず外側空間で実施された儀礼的行為は，異形台付土器や石棒，手燭形土製品，動物型土製品，耳飾りなどが関与し，しかも床面や壁際に焼けた痕跡が残されるので，特殊な祭儀具を用いた氏族集団が参加する祭儀の可能性が高い。石棒，独鈷石，異形台付土器や手燭形土製品，動物形土製品などは，大型住居との関わりで発見されることが多く，それらが単独で普通の住居から検出されることは極めてまれである。それらは大型住居に備え付けの儀器であるのか，それとも最後の祭儀で焼尽された大型住居と運命を共にした儀器で，通常は個別の所有者がいたのかは重要な問題である。というのは，それらが集団祭儀を催す結社全体の持ち物の可能性の他に，有力な構成員の所有物である可能性もあるからである。前者であるとすれば，それらを施設内に常備して置く場所としての大型住居も，特定の中核的な構成員ではなく，結社によって所有されたと考える必要があるからである。カリフォルニア・インディアンの有力者の家は，大型で内部に儀礼的，威信的祭具が収納されている（Chartkoff and Chartkoff 1984）。これは儀器だけでなく祭儀を行う施設も有力者の所有になっている点で重要な示唆を与える。しかし，パプアニューギニアのセピック川流域にみるハウスタンバランなどは氏族単位，あるいは複数の氏族が集まって建設し運営することも多いので（平原・岩井 2012），個人の所有と決めてかかることはできない。

大型住居で催行された祭儀がたった1種類であったと考える必要はなく，数種類の異なる祭儀が，異なる契機で，異なる成員の組み合せにより，異なる祭儀具を使用して催行されたと考える方が自然である。契機としては成人儀礼のような通過儀礼，結社への加入儀礼，親族集団に関わる儀礼，先祖祭祀に関わる儀礼，供犠などが考えられる。また異なる氏族集団との戦闘や同盟関係の構築，和解と紛争の調停，終結などの儀礼，婚姻関係の構築など，様々な契機ごとに，異なる性格の祭儀が開催されたと考えるべきであるが，残された考古学記録からはその区別を判別できない。

民族誌からそれらの祭儀について調べてみると，パプアニューギニアのセピック川流域のイアツムル族では，男子の成人儀礼と加入儀礼において，ハウスタンバランという大型の建物を利用して，女子禁制のもと，瘢痕傷身を伴う男児のイニシェーションが行われる。実際に施術するlaua（ラウア＝母親の兄弟）とイニシェーションを受けるwau（ワウ＝子供）が親族，姻族間の密接な紐帯関係を強化する。

催行組織は，成人男性から成る氏族組織が主体となり，スリットゴングやブルローラー，竹笛等の鳴り物の他に，神像や精霊像などを配置して精霊や先祖霊を呼び出して祭儀を行う。加入者の若者は結社の秘密や作法などを教え込まれ，一人前の男としての心構えを伝授される。イアツムル族では，流血の施術である瘢痕傷身を儀礼的に執り行った後に，傷がいえるまでの約2ヶ月間をここで過ごす。

またクウォマ族の中心的祭儀であるヤム儀礼では，ノクイ層，イエナ層，ミンジャ層という階層組織から成る結社が，それぞれの祭儀を催し，木製の精霊像や先祖像を用いて先祖霊や精霊を呼び起こし，秘密の呪文や作法を通じて儀礼を執り行う。その際には，各階層組織の秘密事項は家族といえども秘匿され漏らすことは禁じられている（Whiting 1941, Borden 1983，高橋ほか 2010・2012）。

北米インディアンのオマハ族の直径が10メートルを超える大型の多角形建物は，ダンス小屋（dance lodge）と呼ばれ集団の儀礼や舞踏などに使われた。中でミディウィウィン結社（Midiwiwin society）やウォータ・モンスター結社（water monster society）などの秘密結社が，一般の観衆を交えて儀礼的行為を行う場合もあった（Dorsay 1885, Fortune 1933, Awakuni-Swetlamd 2008）。Shootingと呼ばれるトリック，パントマイムを駆使した決闘の見世物は観衆を秘儀によって虜にしたといわれる。

このように民族誌を見ると大型建物などの施設を用いて，成人儀礼や加入儀礼など集団の入社儀礼を執り行うケースは多い。氏族を単位として多くの男子構成員が集団的に参加し，氏族の絆で結ばれた仲間意識を共有・鼓舞して集団の団結を高めるのである。

もう一つ，氏族組織の紐帯を一層高める催事として「供犠」がある。縄文時代中期後半から後期を経て晩期の初めにかけて，イヌやイノシシ，トリなどの供犠の痕跡を見出すことができる。関東地方後・晩期では大型住居の近辺に大型土坑を営むものがみられるが，中からイヌやイノシシの遺体が検出されることがあり，氏族のトーテムと関連した「動物供犠」の痕跡と考えられる（高橋 2016）。氏族の集団的沸騰を催事として執り行い，氏族集団や先祖の「聖化」と関連して氏族集団としての血縁的紐帯を高めるのである。供犠は流血の場面を伴い，動物（あるいは人間も）の殺戮を氏族集団とのかかわりのなかで秘密裏に執行し，霊的な交信を通じて成員の興奮状態と団結的な紐帯を一気に盛り上げるのだから，舞台装置として大型住居以上の最高の舞台はない。これらは大型住居などを使用して氏族単位でなされたものに違いない。大型住居の床面や壁面が焼けているのは，そのような集団的な沸騰（デュルケム：山崎亮訳 2014）と関係するのではなかろうか。

4　仮面を用いる儀礼

縄文時代後・晩期に様々な祭儀が強化されるときに，同時に土製仮面（土面）を用いた祭儀が

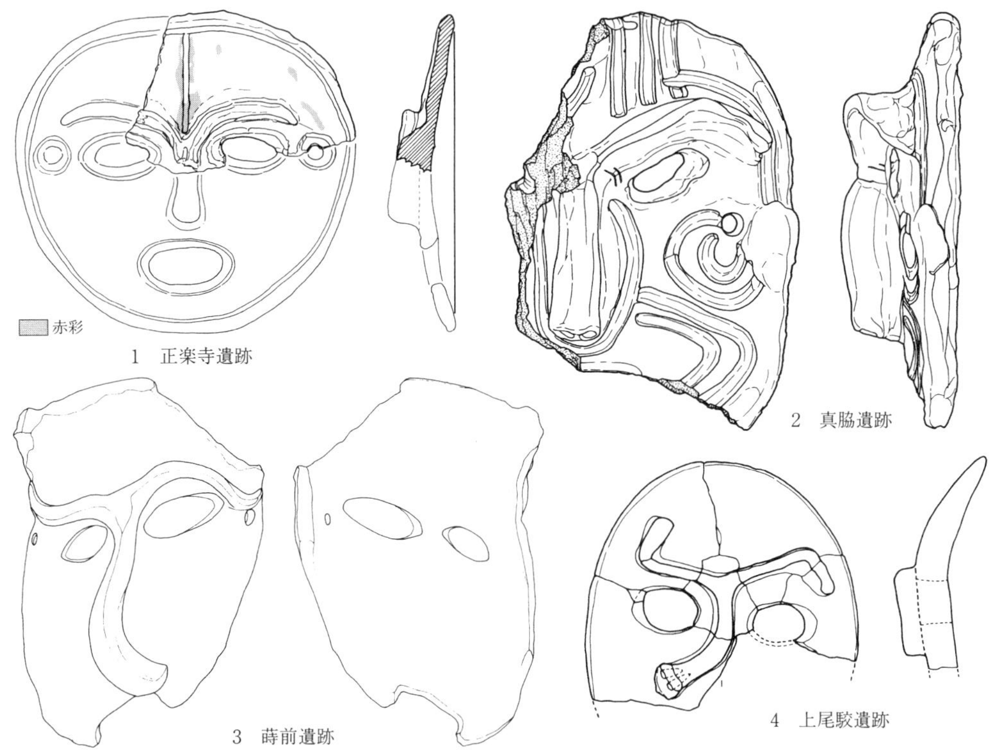

図２　縄文時代各地の土面

写真1　セイリッシュ族のタル神（D. Kennedy and R. A Buchard 1990 より）

顕著に現れる。世界的にみると，仮面は通例，シャーマン等の憑霊的な装束と考えられる一方で，何らかの宗教的祭儀の場面に霊的存在として，あるいはその媒体として登場するらしく，後世の日本では神事の神楽などでまとわれる。舞踏を通じて神や霊に対する奉献的な役割をもつ。もちろん，縄文時代の土面を装着した人物は，「霊」との関わりにおいて機能を果たしたと考えられるが，霊と人間との間において，両者を繋ぐ霊媒的な立ち居振る舞いをしたと考えられる。

亀ヶ岡式に伴う小型の土面は，大きさが実際の顔面よりはるかに小さく，しかも目，口などの貫通孔がないために，実際に顔面に装着したものではなく，他の衣装や器具に取り付けられたものと推測される。青森県二枚橋遺跡等の出土状況をみると，墓域などと関連するようにみえる（藤沼ほか 2002）。土面の全国的分布は北海道から東北，関東を経て広く関西方面，さらに一部九州に広がっており，しかも後・晩期を中心としている。その点は東西で共通した社会状況のなかで展開したことを示している。また長野県下原遺跡のように中期後半期にその出現が認められる点は，後期に向けた社会変革の過程を示すものとして興味深い。

土面には「鼻曲り土面」と称される屈折した鼻の表現をもつものがあり，多分に物語性をもつ点が注目される。シャーマニスティックな一面と共に氏族の伝承や神話などを伝える「語り部」的な役割を果たしたのであろうか。シャーマンの陶酔的表情であるとの指摘もある（大塚 1975）。しかし，これについては大林太良の反論があり，広く民族誌からみると鼻曲り面の多くは「悪霊」であるとする（大林 1998）。北部海岸セイリッシュ族では「タル仮面（Tal Mask）」と呼ぶクワァキウトゥル族起源の鼻曲り面があり，目と口は開けられて鼻は中位で折れ曲がっている（写真1）。タルは伝説上の巨人女で子供をとらえては食べてしまう悪霊として描かれ，それを防ぐには歌を唱って踊らせることしかない。タル仮面を所有する特権は代々継承されるが購入されることもある（Kennedy and Boucherd 1990）。鼻曲り土面を理解するには「サケ」や「ワシ」などの鼻の曲がった動物との隠喩的な比較も必要かもしれない。鼻曲り土面の分布が岩手県北部一戸町から青森県三八地方に濃密に分布する点は注目される。当地方は動物型土製品のうち，トリ形土製品が密集して発見される地方で（高橋 2016），その分布と相関的に重なる点は，トーテム的な集団の分散状況と関係するように思われる。ちなみに鼻曲り土面が出土した一戸町蒔前台遺跡からは，トリ形土製品が多数出土しており，近くの山井遺跡からは鼻の曲がった猛禽類の一例がみられる（一戸町教育委員会 1995）。

反対に目，口，鼻を部分的に製作する組み合わせ型の土面は，八天遺跡，立石遺跡，萪内遺跡などイノシシ形あるいはクマ形土製品が出土する遺跡からの発見が顕著である。時期の違いに基づく型式差もあるが，この型式の土面においてもトーテム集団との関係が無視できない状況にある。土面の種類が社会の分節化と関係しているのではないかとの疑いがもたれるからである。

土面を用いた催事を執行したのは，いうまでもなく専門的知識を有する集団であり，土面により秘儀的で神秘的な雰囲気を醸成する結社組織であったに違いない。しかし，関東地方を含めて大型住居から土面が出土することはまれで，ほとんどの大型住居から出土したことがない。わずかに岩手県北上市八天遺跡の大型住居周辺部の墓壙から出土したに過ぎない。したがって，土面をつけた人物が演じる祭儀は，大型住居で執行される祭儀とは全く異質であると考えざるを得ない。

そのような土面を用いる祭儀とは何か。先に述べたように，大型住居では氏族集団を単位として，先祖霊や精霊，トーテムなどの守護を得ながら，成人加入儀礼，先祖祭祀，供犠などを行った可能性が高い。逆に土面を用いる祭儀はトーテムを背景としながらも，それらとは直接の関連をもたずに，大型住居での催行されることはなかった。大型住居とは別種の宗教的祭儀を執行した可能性がある。それは例えば，呪術を伴う集団的避邪や邪術，魔術などを伴うものではなかったか。秘術を尽くし，その執行者も秘匿されるならば，土面はまさに秘密結社的な背景をもつに違いない。

5　仮面結社の人類学的系譜

大林太良は世界的な民族誌の渉猟から，仮面が男子結社組織と関連することを説いている（大林 1998）。これは母系制と仮面が関連すると説く E. トゥーカー（Tooker 1968）の仮説を検証する過程での発言である。それらで取り上げられた地域は，原初的農耕社会であるか，それとも狩猟採集民のなかでも高度に発達した社会組織をもつ社会，すなわち複雑化が進展した狩猟採集民の社会であり，土面が登場する契機もそこに求められよう。通常，そのような社会では儀礼や祭祀などが活発で，先祖との関わりで出自制度がととのい，出自集団独自の儀礼やトーテムとの関係が重要性を帯びてくる。年齢を基礎とする組織や男女の区分に基づく組織など，基本的に結社組織とのつながりが大きい。そのようなところでは入社儀礼が多くみられ，その執行組織として仮面結社が発達するのであろう。仮面の世界的な分布を探ると，アフリカ以外では，北米大陸，オセアニアや極東アジアなど北太平洋沿岸地域に密集する傾向がある。縄文時代の土面もその人類学的系譜で理解すべきものであろう。

アフリカのザンビア，チェワ族のニャウと呼ぶ仮面結社は，ボナと呼ぶ喪明け儀礼，憑霊と邪術を通じて，男の秘密結社的な集団によって構成される（吉田 2016）。

仮面による祭儀は一般に秘儀とされ，一部の関係者以外は参画することを許されない場合が多い。この場合，変身が象徴する仮面の意義内容が重要だからである。決まった動物などの精霊を表現する場合も多く，集団にとって重要な意味をもつ象徴的動物のことが多い。結社の入会儀礼では，鞭打ちや割礼などの傷身行為を伴い，礼儀作法や秘密の言葉などを教授され，それらは結社内で秘密にされ外に漏らされることを固く禁じている。同様のことは，パプアニューギニアのサウォス族やクウォマ族のなかでもしばしばみられ，結社組織の堅固さが認められる。氏族集団にとって象徴的で重要な動物といえば，トーテム動物を想起する。仮面には表向きの表現形態とは別に，裏側に秘匿された内的機密が重要な意味をもつと考えられ，結社集団は独占的にその秘密を遵守し，儀礼の場において駆使するのである。

アフリカのカメルーンとナジリア国境にあるクロスリバー川流域のエジャガム社会を研究した佐々木重洋は，社会組織が細かく結社によって分割され，「ンベ結社」と称する結社集団が社会の管理運営を統括する最高クラスの結社として位置づけられ，その下に独自の機能と役割を果たす複数の下位結社が存在し，様々な局面で仮装パフォーマンスを繰り返して，集団の統合と秩序の維持を図っていると指摘する（佐々木 2000）。

北西海岸インディアン社会における結社は，宗教的な秘密結社が主体を占めている。ハイダ族には儀礼を催行するのに加入儀礼だけで３セットがあり各組織を形成している。一つは秘密結社または舞踏結社，もう一つはシャーマンによる舞踏組織である。シャーマンの組織は六つのランクをもつパフォーマンスから成っている。大概の若者たちは舞踏する権利を継承するが，笛の音によって憑依状態に陥り林のなかに突入して，断食してそこで過ごし，後に驚くべきパワーをもって再び現れる。個人的な守護霊をもつ儀礼であり，イニシェーションである。

仮面結社が儀礼によって日常を打ち破って非日常を演出するのは，現状を変更することを直接の目的とする。病気などの異常を正常に変えると同時に，正常なる状態を異常な状態に変えることである。聖と俗の切り替えによって，「正・邪」，「天・地」，「男・女」，「貴・賤」を一時的に切り替えるコミュニタス状況を創り出すこともままある。

ティムシャン族では，秘密結社ではないが，halta-ukit という邪術師が秘密裏に人々を害するという。霊的なサポータとしてではないが，人形とか釘を用いた呪術（nail paring）を使って，人を害する様々な必要物資を作りだすといわれる（Halpin and Margaret 1990）。

6　仮面製作の秘密性

仮面による儀礼は霊や神との交信を通じて，主に葬送儀礼や成人儀礼の折に執行されるもので，そもそも仮面自体に霊性が付着する。したがってその製作に当たっては，秘密のなかで製作されることが一般的である。例えばザイールのチェワのニャウ仮面結社の場合，集落を離れた森のなかに籠って男たちが仮面を製作するという。また同国のルンダやルヴァレの仮面結社も村はずれに木の枝を積み上げて分厚いフェンスで囲んだキャンプを作りそのなかで隔離された状態で仮面が製作されるという（吉田 2016）。パプアニューギニアのクウォマ族でも集落を離れた森のなかで結社に関係する男たちが仮面を製作する（Bowden 1983）。仮面は，舞踏の折りに霊性を帯びた存在として振る舞うので，それに備えて製作時にあらかじめ霊性を付着させるためにそのような秘匿性が必要なのである。

縄文時代の土面においても，製作に当たっては結社の人員しかその製作に関与できない仕組みがあったに違いない。

7　結社の社会的意義

組織への入社的な加入儀礼や先祖祭祀，供犠などの祭儀において，特別に組織化された集団がそれを取り仕切り，専門的知識や祭儀具を占有するようになると，縄文時代の社会は仕組みを一段と複雑化させた。社会の複雑化の背景として，そのような特別に組織化された集団，すなわち結社的な集団が出現したことは，社会の階層化と複雑化に決定的な役割を果たしたといえるだろう。

結社は一つの集落単位から出発して，さらに近隣の共通氏族を巻き込み，さらに拡大して異なる氏族集団を取り込む拡大的な側面がある。Sodality と呼ぶ越境的な組織を作り上げる点で，兎角氏族内部で閉塞しがちな集団間の交流を，より広範な領域まで拡大して深める機能を併せもつことを考慮すべきである。千葉県方面をはじめ関東地方では，後期に巨大な円形の土盛り遺構などで祭儀が行われたことがうかがわれることから，単一の集落や氏族だけの集まりとは次元を異にする大規模な祭儀組織をうかがわれる。東北地方に知られる巨大な環状列石なども，基本的にそのような氏族集団の越境的な協業を前提とする組織化が行われた可能性は高い。ただし，それらの大規模遺構の実態はまだ判明していない。

まとめ

縄文時代の社会組織のなかで，生業に関わる組織，集落内の地縁的組織，親族組織などは，中期までに多くの地域で組織化されて来たに違いない。考古資料を見る限り，中期後半期から後期を迎えて宗教的で社会的な遺物や遺構が拡充する。遺構では大型住居の他に環状列石や環状木柱列遺構，配石遺構，土盛り遺構など，遺物では石棒，石剣・石刀，土偶，石偶，土面，土版，動物型土製品，土製耳飾り，手燭形土製品等の遺物がそれに当たる。それらは生業などの経済的組織とは別に，中期後半期に社会組織上に複雑化の大きな変革が開始され，後・晩期になって発達したことを物語る。社会の階層化過程に伴い社会の仕組みが複雑化を遂げた痕跡として捉えられよう。従来の学説は，それらの現象に注目して，縄文社会の宿命的な停滞と捉えたり，根拠のない社会発展論として理解してきた。後者においては，それがなぜ社会の発展として把握できるかについての理論的根拠が欠落していた。儀礼や祭祀において一人のリーダーが登場する仕組みと社会基盤の重要性を見落としてきたのである。

その背景として，親族組織および出自体系上の変革が大きな意味をもち，母系制社会などの単系出自社会の出現する過程と，トーテム信仰に基盤をもつクラン（氏族）組織の成立と連携の過程，および異なる氏族間の角逐とそれに基づく資源の排他的利用とテリトリー意識の強化，先祖祭祀と供犠，葬送儀礼の発達過程など，多くの分野で社会的変革が起こったと考えられる。さらにそれを推し進めた根源的な弾み車として，婚姻関係の再編成などが考えられる。縄文時代の結社組織も，そのような社会的変革の一環として出現したに違いない。

これらの結社を結ぶ社会というのは自然社会のなかである程度の社会の高みに達した社会だけである。狩猟採集民でも「一般的狩猟民」とされるブッシュマン社会やピグミー社会，ハッザ社会などには顕著ではない。反対に「高級狩猟民」と称される社会には大方その傾向が顕著である。仮面儀礼などは農耕社会に顕著であって狩猟採集民にはないとされてきたが，それは生業の種類によって区分されるのではなく，社会の複雑化の程度，すなわち氏族社会の成立過程と関連するように思われる。

引用参考文献

青森県教育委員会　1987 青森県埋蔵文化財報告書 113 集『上尾駮（1）遺跡 C 地区』

綾部恒雄　2010『秘密結社』講談社学術文庫

石井　寛　1994「縄文後期集落の構成に関する一試論―関東地方西部域を中心に―」『縄文時代』第 5 号　縄文時代文化研究会

市原市文化財センター　1999『千葉県市原市祇園原貝塚―上総国分寺台遺跡報告書 V』

一戸町教育委員会　1986『蒔前―岩手県蒔前遺跡出土資料の図録―』一戸町文化財調査報告書第 17 集

一戸町教育委員会　1995『山井遺跡』

E. デュルケム　2014『宗教生活の基本形態　上―オーストラリアにおけるトーテム体系』（山崎亮訳）筑摩書房

大塚和義　1975「縄文後期の仮面にみられる幻覚症状」『季刊ドルメン』7 号　JICC

大林太良　1998『仮面と神話』 小学館

埼玉県埋蔵文化財調査事業団　2014『加須市長竹遺跡 I』埼玉県埋蔵文化財調査事業団報告書第 413 集

佐々木重洋　2000『仮面パフォーマンスとの人類学』世界思想社

佐原真・勝又洋子　2002『仮面―そのパワーとメッセージ』里文出版

高橋龍三郎・井出浩正・中門亮太　2010「パプア・ニューギニアにおける民族考古学調査（6）」『史観』第 162 冊　79-100 頁

高橋龍三郎・中門亮太・平原信崇・岩井聖吾　2012「パプアニューギニアにおける民族考古学的調査（九）―クウォマ族の総合的調査―」『史観』第 168 冊

高橋龍三郎　2014「社会の複雑化」『講座　日本の考古学　縄文時代（下）』青木書店　616-651 頁

高橋龍三郎　2016「縄文後・晩期社会におけるトーテミズムの可能性について」『古代』138 号　75-141 頁

西村広経　2015「東関東における縄文時代後・晩期の竪穴住居儀礼」『東京大学考古学研究室紀要』第 29 号

能登町教育委員会　1986『石川県能登町真脇遺跡』（本編）

能登川町教育委員会　1996『正楽寺遺跡―縄文後期集落の調査―』能登川町埋蔵文化財調査報告書第 40 集

春成秀爾　2002「日本の先史仮面」『仮面　そのパワーとメッセージ』59-90頁

平原信崇・岩井聖吾　2012「2011年度セピック川流域における民族考古学的調査報告―儀礼と組織―」『パプアニューギニア民族誌から探る縄文社会』発表要旨集　三大学合公開シンポジウム

藤沼邦彦ほか　2002「青森県における縄文時代の土製仮面について」『青森県史研究』第6号　108-139頁

ミルチャ・エリアーデ　1969『聖と俗』法政大学出版局

吉田憲司　2016『仮面の世界をさぐる』臨川書店

Awakuni-Swetland, Mark 2008 *Dance lodges of the Omaha People,* University of Nebraska Press.

Bowden, R. 1983 *Yena: Art and Ceremony in a Sepik Society,* Pitt Rivers Museum, University of Oxford

Chartkoff, J. L., and Chartkoff, K. K. 1984 *The Archaeology of California,* Stanford University Press.

Dorsey, J. O. 1885 *Omaha Sociology,* Washington Government Printing Office.

Fortune, R. F. 1933 *Omaha Secret Societies,* Columbia Univerisity, Contributions to Anthropology Vol. 14.

Halpin, M. M., Seguin, M. 1990 Tsimshian Peoples: Southern Tsimshian, Coast Tsimshian, Nishga, and Gitksan, in *Handbook of North American Indians, Vol. 7 Northwest Coast.*

Kennedy, D., Boucherd, R. 1990 Nothern Coast Salish, in Northwest Coast, *Handbook of North American Indians Vol. 7,* Smithsonian Institution, Washington.

Tooker, E. 1968 Masking and Matrilineality in North America, in *American Anthroplogist* 70: 1170-1176.

Whiting, J. W. M. 1941 *Becoming a Kwoma: Teaching and Learning in a New Guinea Tribe,* Yale University Press.

福井県若狭湾岸地域における縄文時代の東西交流について

小島　秀彰

はじめに

福井県若狭湾は，日本海を南下する寒流と北上する暖流とが交差する場所で，本州の中央付近にある琵琶湖の北西約 20 km に位置している。同沿岸地域にはリアス式海岸が発達し，狭小な平地が山際に帯状に広がる特異な地形環境下にある。当地域には，縄文時代草創期から前期の鳥浜貝塚が所在し，同中期以降晩期に至るまで，各時期の遺跡が分布する。その分布密度や個々の遺跡の集落規模のうえでは，関東地方や中部地方に比肩する点はないが，出土遺物には，地理的位置を反映して多様な資料がみられる。

本稿では，若狭湾岸地域における縄文遺跡の出土資料から，東西交流の時期的変遷について整理し，当地域の特性について論じたいと思う。

1　主要遺跡の概要

若狭湾岸地域の縄文遺跡について，ここで概観する。当地域の範囲として，本稿では行政区分を優先して福井県敦賀市から同高浜町までとし，対象とする時期は縄文時代草創期（隆起線文土器期）から，晩期（突帯文土器期（長原式期））とする（表 1）。本文中で主要な遺跡について補足するが，集落とみなされるものを中心とし重要な遺物が出土した遺跡も対象とする。

櫛川鉢谷遺跡　前期中葉から中期後葉，晩期後葉の遺物が出土した。遺物は二次堆積であり，各時期が混在している（中野編 2004）。遺構は確認されていないが，黒曜石および水晶の剝片がまとまって出土していることが特筆される。

浄土寺遺跡　前期中葉から中期後葉の遺物が出土した（松井・古川 1983，網谷 2009）。遺物は採集資料であり，遺構は確認されていない。石棒が採集されていることが特筆される。

鳥浜貝塚　草創期前半から前期後葉までを主な集落形成期間とするが，さらに中期前葉から晩期後半までの土器片，後期以降の丸木舟 1 艘が出土している。本稿で対象とする遺跡群では最古に属するが，本格的な集落形成は前期中葉以降であり，住居跡，礫床土壙，貯蔵穴・ピット群，杭群は前期に属する（森川・網谷 1986）。

一方，草創期後半の杭群や，早期末から前期初頭にかけての杭群が検出されており，当該期に

表1　福井県若狭湾岸地域の縄文時代遺跡一覧

遺跡名	種別	時期																立地地形	遺物（石器）	遺物（その他）	遺構
		草創期		早期			前期			中期			後期			晩期					
		前	後	前	中	後	前	中	後	前	中	後	前	中	後	前	後				
立洞２号墳	散布地											■						丘陵頂部	石匙		
山の上１号墳	散布地											■						丘陵緩斜面	磨製石斧		
向出山古墳	古墳盛り土											■						丘陵裾部			
櫛川鉢谷遺跡	集落跡								■	■	■	■					■	丘陵裾部	石鏃・剥片（黒曜石・水晶）・打欠石錘・切目石錘・敲石・磨石・軽石石器		
木崎山南遺跡	集落跡											■						丘陵裾部			
浄土寺遺跡	集落跡							■	■	■	■	■						丘陵裾部	石鏃・石錐・磨製石斧・石錘・磨石・石皿・石棒		
今市遺跡	散布地														■			砂州・砂嘴			
竜沢寺遺跡	集落跡									■								丘陵頂部			
五十八遺跡	散布地										■	■						丘陵裾部			
タジリ遺跡	散布地										■							海岸段丘			
田井野貝塚	集落跡・貝塚			■	■		■	■	■									扇状地端部	石鏃・石槍・削器・石匙・石錐・打欠石錘・磨製石斧・磨石・石皿	骨角製尖頭器・骨角製垂飾・獣骨・貝殻・種子類・糞石	
市港遺跡	散布地				■						■	■						自然堤防・沖積低地	異形石器		
鳥浜貝塚	集落跡・貝塚	■	■	■	■	■	■	■	■	■		■	■	■	■	■	■	丘陵裾部	石鏃・石錐・石匙・削器・打欠石錘・異形石器・玦状耳飾り・打欠石錘・磨石類・石皿・磨製石斧・打製石斧・砥石・軽石石器・石皿	土器片錘・有孔円板・刺突具・骨針・髪飾り・垂飾・ヘラ状骨角器・牙製品・鹿角製品・貝製品（貝輪等）・石斧柄・弓・尖り棒・小型弓・棒・櫂・丸木舟・容器・杭・板材・加工木・漆製品・漆塗木製品・漆塗土器・縄・編物・ヒョウタン果皮・ヤシの実・獣骨・魚骨・貝殻・種子類	杭群・住居跡（竪穴）・礫床土壙・貯蔵穴
ユリ遺跡	集落跡			■					■	■	■	■	■	■	■	■	■	丘陵裾部・扇状地端部・沖積低地	磨製石斧・磨石・石皿・打欠石錘・石鏃・剥片	丸木舟・櫂	住居跡（平地）・土坑群
牛屋遺跡	散布地									■		■	■	■	■			丘陵裾部・扇状地端部・沖積低地	切目石錘・石鏃		針葉樹・広葉樹の渡し材・杭遺構
北寺遺跡	集落跡									■	■	■	■	■	■			丘陵裾部・扇状地端部・沖積低地	磨製石斧・打製石斧・石皿・磨石類・砥石・打欠石錘・切目石錘・石鏃・石匙・削器・尖頭器・剥片・異形石器・独鈷石・軽石石器・球状礫・石棒・垂飾	耳栓・滑車形耳飾・櫂・丸木弓・石刀形木製品・柄状木製品・容器・杓子・漆塗木器・編物・獣骨・魚骨・貝殻・種子類	住居跡（竪穴・平地）・貼り床・埋設土器・礫床土壙・土坑群・石囲炉・地床炉・粘土敷炉・焼土廃棄土坑・磨石配置土坑
江跨遺跡	散布地									■	■						■	自然堤防・沖積低地	磨製石斧・打欠石錘・切目石錘	枝の切断・半裁・側面の削り加工のあるスギ倒木	不定形の落ち込み（船元Ｉ式出土）
仏浦遺跡	散布地											■	■					丘陵裾部・扇状地端部・沖積低地			
田名遺跡	散布地											■	■					丘陵裾部・扇状地端部・沖積低地			
藤井遺跡	集落跡											■	■					丘陵裾部・扇状地端部・沖積低地	石鏃・磨製石斧・打欠石錘・切目石錘・磨石類・石皿・サヌカイト石核		住居跡・貼り床・石囲炉・配石遺構・埋設土器
曽根田遺跡	散布地													■			■	自然堤防・沖積低地	スクレイパー類・剥片・打製石斧・磨製石斧・磨石類・石皿類・砥石		土坑
十善の森古墳	古墳盛り土																■	河岸段丘高位端部			
外街道遺跡	包含地				■						■	■						河岸段丘中位中央部	剥片・磨製石斧・凹石		
阿納塩浜遺跡	集落跡									■	■	■	■					砂堆・浜堤	石鏃・石匙・石匙・石錐・打製石斧・磨製石斧・打欠石錘・切目石錘・異形石器・磨石類・石皿		住居跡・石囲炉
古津縄文遺跡	包含地											■						丘陵裾部・扇状地端部・沖積低地	磨製石斧・石錘		
阿納尻遺跡	集落跡							■	■	■								丘陵裾部・扇状地端部・沖積低地	石鏃・石匙・石錐・打欠石錘・磨石類・石皿・磨製石斧	クルミ・動物骨細片	
丸山河床遺跡	散布地																■	自然堤防・沖積低地			
府中石田遺跡	散布地													■			■	自然堤防・沖積低地	尖頭器・石鏃・剥片・スクレイパー・打製石斧・磨製石斧・楔形石器・切目石錘・打欠石錘・磨石・敲石・凹石・石皿・台石・砥石・石棒		
深野遺跡	散布地							■	■									沖積低地	打欠石錘		
岩の鼻遺跡	集落跡			■	■			■	■			■	■					河岸段丘低位端部	玦状耳飾・石鏃・石錐・石匙・削器・打欠石錘・切目石錘・凹石・磨石・敲石・石皿・剥片・有舌尖頭器・凹石・台石・磨製石斧・打製石斧・砥石		住居跡・集石群・焼石集石地床炉・石囲炉・土壙群・屋外埋設土器・柱穴状ピット（石込めあり）
台場遺跡	集落跡											■	■				■	丘陵裾部	石鏃・石錐・磨製石斧		
岡津遺跡	集落跡											■	■					河岸段丘低位端部	石鏃・石錐・磨製石斧・打欠石錘		土坑群
吉見浜遺跡	包含地																■	丘陵裾部			
浜禰遺跡	散布地														■			砂堆・浜堤	打製石斧・敲石		
宮留遺跡	散布地									■	■	■	■				■	砂堆・浜堤	打欠石錘・切目石錘・磨製石斧		土壙（貯蔵穴？）
長浜遺跡	散布地											■						砂堆・浜堤			
脇の前遺跡	包含地											■	■					砂堆・浜堤			
寺内川遺跡	散布地							■	■	■	■	■	■					丘陵裾部・扇状地端部・沖積低地	石鏃・石錐・掻器・異形石器・磨製石斧・打欠石錘・磨石・石皿	少量の骨片	
青法遺跡	散布地					■	■	■	■	■								沖積低地	石鏃・磨石・石錘		
立石オの鼻遺跡	集落跡											■	■					砂堆・浜堤	石鏃・磨製石斧・磨石・石皿・石棒・石錘		住居跡・粘土敷炉
神野浦遺跡	散布地											■	■					海岸段丘			

も遺跡をくり返し利用していた痕跡がある（鳥浜貝塚研究グループ編 1987）。出土遺物は，「縄文のタイムカプセル」と評されるほど，多種多用であり（森川 2002），土器，石器類だけでなく，木製品，繊維製品，漆製品，骨角歯牙貝製品，動植物遺体が豊富に出土した。学史上の遺跡であるが，出土遺物の自然科学的な分析結果も継続して蓄積されている（小島 2015）。

ユリ遺跡　早期前半，前期後葉～晩期前半までの遺物が出土するが，主な集落形成期間は，中期末葉から晩期前半までと考えられる。特筆すべき点は，後期前葉から晩期前半に属する丸木舟が9艘出土していることである（田辺編 1996，清水編 2012）。1号丸木舟から約 20 m の至近距離から，同時期ないし直前（中期末葉～後期初頭）に属する柄鏡形平地住居跡が出土している（小島編 2013，図 1）。早期～前期にかけては，南東隣に位置する鳥浜貝塚と距離が近いため，一体の遺跡として把握するほうがよい。また中期・後期については，後述する北寺遺跡・藤井遺跡と時期的に重なる部分や，遺物・遺構上の類似点が多い。

北寺遺跡　中期前葉から後期後葉の遺物が出土し，後期前葉までを主な集落形成期間とする。土器，石器類の他，少量ながら木製品，動植物遺体が出土した（田辺編 1992）。一方，遺構としては，中期前葉から後期前葉に及ぶ竪穴および平地住居跡，石囲炉，土坑群等が出土しており，屋内および屋外埋設土器が検出された（小島編 2005，図 1）。また，黒曜石剝片，石棒，石刀形木製品，丸石等が出土していることも特記される。ユリ遺跡，藤井遺跡（後述）とは，中期後葉・後期前葉に重複しており，直線距離にしてそれぞれ約 900 m，2,700 m と近い。当該期には各遺跡間に古三方湖と呼ばれる湖沼が介在していたとされ（森川 2002），丸木舟を用いた往復や，交互居住に近い集落利用があった可能性がある。

藤井遺跡　中期後葉，後期前葉の遺物が出土した。当該期と推定される住居跡，石囲炉，埋設土器および配石遺構が出土している（網谷ほか 1985）。上記ユリ遺跡，北寺遺跡と時期的に重複するだけでなく，埋設土器や石棒の出土から，性格的にも類似点がある。

曽根田遺跡　後期中葉，晩期後半の遺物が出土した。遺跡が谷部分の旧河道に伴うため，はっきりとした遺構はピット1基だけであるものの，当該期の若狭湾岸の遺跡としては貴重な報告例である。また，出土土器は突帯文土器に位置づけられ，晩期後葉から末葉に属するが，その一部が弥生時代前期にまで下って位置づけられる可能性もある（清水編 2014）。遠賀川系土器も出土している。

阿納塩浜遺跡　中期前葉から後期前葉の遺物が出土した。後期前葉に属する住居跡と石囲炉が検出されており，現在の海岸に程近い浜堤を集落として利用している（若狭考古学研究会編 1972，網谷ほか 1983）。

立石才の鼻遺跡　中期後葉から後期前葉の遺物が出土した（麻柄 1986）。中期末葉から後期初頭に属する住居跡・粘土敷炉が検出されている。

岩の鼻遺跡　早期前・中葉，前期中・後葉，中期後葉，後期前葉の遺物が出土した。早期に属する遺構として，住居跡，集石群，焼石集石群があり，前期に属する遺構として住居跡・集石群・集石・柱穴状ピット（石込めあり），中期および後期に属する遺構として地床炉・石囲炉・土壙群・屋外埋設土器がある（上野・畠中 1986，網谷 1987）。石器類も各種揃っており，有舌尖頭器が早期に，玦状耳飾りが前期に，それぞれ属する。

2　土器型式からみた東西交流

草創期　草創期の資料は今のところ，鳥浜貝塚で知られるのみである。大きくは前半（隆起線文・爪形文・押圧文土器），後半（多縄文土器）に区分できる。

前半の土器は，隆起線文土器片が5点，斜格子沈線文土器が1点確認されている。隆起線文土器は，九州から北日本まで，爪形文・押圧文土器は九州から北日本中心の広い範囲に分布する。多縄文土器は，東日本を中心に分布することから，この時期に鳥浜貝塚を利用した人たちの出自や移動・交流範囲が変化したのかもしれない。

早　期　早期は，前葉・中葉（ネガティブ押型文・ポジティブ押型文土器），後葉（条痕文土器・表裏縄文土器等）に分けられる。前者は中部・近畿地方に発生し，展開していった土器であり，本州・四国・九州と広範囲に分布する。草創期に比べて土器の地域性が拡大した時期でもあり，鳥浜貝塚や付近のユリ遺跡，岩の鼻遺跡で近畿地方の特徴をもった大川式・神宮寺式，市港遺跡では高山寺式が出土している（鳥浜貝塚研究グループ編 1979，田辺編 1996，上野・畠中 1986，網谷 1987，田辺編 1992）。後者の条痕文土器は関東から東海地方，表裏縄文土器は東北地方から北陸地方にかけて分布する土器であり，依然として東日本方面との交流があったことをうかがわせる資料である。

前　期　前期は，前葉（羽島下層I式・オセンベ系土器・繊維土器），中葉（羽島下層II式・北白川下層Ia式，Ib式，IIa式），後葉（北白川下層IIb式，IIc式，III式，大歳山式）に分けられる。前葉に属する資料は若狭湾岸の遺跡では少ないが，鳥浜貝塚では山陰系の羽島下層I式と，東海系の清水ノ上I式（オセンベ系土器）とが共伴している（鳥浜貝塚研究グループ編 1979，森川・網谷 1986）。中葉の羽島下層II式は，瀬戸内，山陰，近畿方面に分布する。続く中～後葉の北白川下層諸型式は，瀬戸内，山陰，四国，近畿，中部，北陸（一部），東海（一部）と九州を除く西日本一帯に分布する。

また，同時期の関東地方～中部地方には諸磯式土器群が分布しており，北白川下層式土器群に対応している。鳥浜貝塚でも搬入された諸磯式土器片が一定数出土しており（鳥浜貝塚研究グループ編 1979），当時の東日本方面との交流があったことを示している。

中　期　中期は，前葉（鷹島式・船元I・II式・新保式・新崎式），中葉（船元III・IV式・上山田式・古府式），後葉（大杉谷式・北白川C式・里木II式・咲畑式等）に分けられる。当該期は，分布中心が若狭湾岸地域から外れる土器型式が主流となる時期であり，大きくは，北陸系，近畿系，西日本系，東海系の土器型式がみられる。

前葉は，西日本系の船元式と北陸系の新保・新崎式とが共伴する。続く中葉の資料は若狭湾岸の遺跡では少ないが，上山田式・古府式は福井県北半の越前までが主要分布域であり，当地域の資料は模倣されたように趣きを異にしている。後葉になると，北陸系（大杉谷式），近畿系（北白川C式等），西日本系（里木II式），東海系（咲畑式等）といったより広範囲の型式群がみられるようになる。

東海系の資料には，加曽利E式との関連をうかがわせる資料もあり（網谷ほか 1983），後述するように，東日本から土器以外の文化要素が持ち込まれることと軌を一にしている。

後　期　後期は，前葉（中津式・福田 K2 式・北白川上層式1期・2期等），中葉（北白川上層式3期・一乗寺K式・元住吉山I式等），後葉（元住吉山II式・宮滝式）に分けられる。当該期は，本州の東西土器交流が盛んになる時期であり，当地域にも西日本系を主体にしつつも，東日本の要素をもつ土器群が出現する。

前葉は，西日本・近畿系の中津式〜北白川上層式2期が主体となるが，藤井遺跡では四国系の宿毛式（未公表），北寺遺跡では同じく宿毛式・松ノ木式，九州系の鐘ヶ崎式が出土している（小島編 2005）。中葉には，北白川上層式3期〜元住吉山I式を主にしつつ，堀之内2式，加曽利B1・B2式に類似した資料や，刻みを加えた縦長の棒状突起を口縁部に付した，分布範囲の広い資料が出土する（田辺編 1992）。後葉は主に西日本系の土器が出土するが，資料数が少ないので詳細は不明である。

晩　期　晩期は，前半（滋賀里I・II・IIIa式），後半（篠原式・船橋式・長原式等）に分けられる。前半はユリ遺跡や鳥浜貝塚で知られる近畿系の滋賀里式であるが，資料数は少ない。後半は，曽根田遺跡で近畿系の長原式の比較的まとまった出土があり，北陸系の浮線文土器や，東海系の樫王式類似資料も伴っている（清水編 2014）。なお，丸山河床遺跡・府中石田遺跡・曽根田遺跡等では，弥生時代前期の遠賀川系土器が出土している（森川 1992，田中編 2011，清水編 2014）。府中石田遺跡では縄文土器の系譜にある共伴土器や移行期の土器もみられることから，当地域の縄文時代から弥生時代への移行は連続的であったと解釈できる。

3　石器石材からみた東西交流

石器の蛍光X線分析による石材の産地同定は，櫛川鉢谷遺跡，鳥浜貝塚，北寺遺跡で実施されている。櫛川鉢谷遺跡では，再堆積資料なので時期が特定できないものの，黒曜石が隠岐産と同定されており，同産地の東限となっている（明治大学学術フロンティア推進事業事務局編 2011）。

鳥浜貝塚では，草創期多縄文期・前期後葉北白川下層IIc式期に属する黒曜石・サヌカイトの産地同定がなされた。黒曜石産地は，草創期・前期ともに霧ケ峰と隠岐が同定された（藁科・東村 1988，明治大学学術フロンティア推進事業事務局　前掲）。一方サヌカイト産地は，草創期多縄文期が二上山，前期には二上山，金山であった。原産地未発見の「S—A 群」と呼ばれるサヌカイトは，鳥浜貝塚の草創期にみられるが，石川県能登半島の遺跡で多用されている（藁科・東村　前掲）。

北寺遺跡では，黒曜石の産地分析がなされ（建石・小島・田中 2014），中期前葉の諏訪産および後期前葉の月山産が同定された。月山産黒曜石は，既知資料の西限の点在地にあたる。

黒曜石の産地同定結果は大変興味深く，若狭湾岸地域は隠岐産の東限と霧ケ峰産・月山産の西限にあたっている。つまり，その両原産地の「もの」と情報が交わる最前線であったということである。これに対し，二上山産サヌカイトは静岡県〜石川県，金山産サヌカイトは鳥浜貝塚が東限であり，やはり当地域が分布の最前線に近い場所にあった。石器石材の産地分析からみれば，当地域の立ち位置は，東西日本の交差地点であるといえるだろう。

4　その他の遺物からみた東西交流

土器・石器以外の遺物は，保存条件に左右されるし，汎用性が低かったり地域性を示す情報に乏しかったりすることから，分布の議論に使うことが難しい。とはいえ，形態が共通する特徴的な遺物の存在が，若狭湾岸地域と他地域との交流を示唆していることは確かである。

一例を挙げれば，縄文時代前期後葉の富山県小竹貝塚からは，鳥浜貝塚のものと製作技術上共通する木製品（膝柄の石斧柄や筒形三足容器，突起のついた丸木舟等），骨角歯牙貝製品（ヤス先や組み合わせ式釣針，各種の装身具類），漆製品（象嵌のある漆製品等），編組製品（結んだ縄等）等が出土しており，単体同士の比較では，酷似するものが数多くある（町田編 2014）。土器や石器に限らず，その他の製品においても技術的交流が盛んであった結果，少なくとも福井県と富山県を含む日本海側のエリアでは詳細な製品情報がやりとりされていた，ということだろう。

それまで当地域に分布していなかった資料が，ある時期から出現するという現象もある。例えば，石棒と埋設土器の組み合わせは，おそらく東海地方を経由して，中期末葉から後期初頭に当地域に出現する。北寺遺跡，藤井遺跡ではその両者が存在するが，屋内・屋外を問わず，埋設土器単体で出土する遺跡はさらに多い（表 1）。

石棒は「宗教的用具」であり，中期中葉段階では屋外祭祀，中期後葉以降は屋内に取り込まれた祭祀に関わりがあるとされる（山本 1987・2002）。一方，埋設土器は中期後半期以降住居内に高率で埋設され，後期前葉期にはその風習が廃れるとされる（山本 2002）。当地域の場合，両風習が東日本を中心に展開し，しばらく経ってから導入されたことが明らかである。なお，当地域で確実に住居内から出土した石棒は確認されていないが，浄土寺遺跡例は，屋外設置された集団共有の祭祀具で，中期末葉大杉谷式期である可能性が示唆されている（網谷 2009）。

一方，当地域に特異なのが，土偶の不在である。比較的広い面積が発掘調査された，中期以降晩期の集落遺跡でも，土偶は未だ発見されていない。石棒・埋設土器と土偶との利用目的の相違に起因するか，当地域に伝播する際に取捨選択が働いた可能性があるが，現在の時点では明言できない。

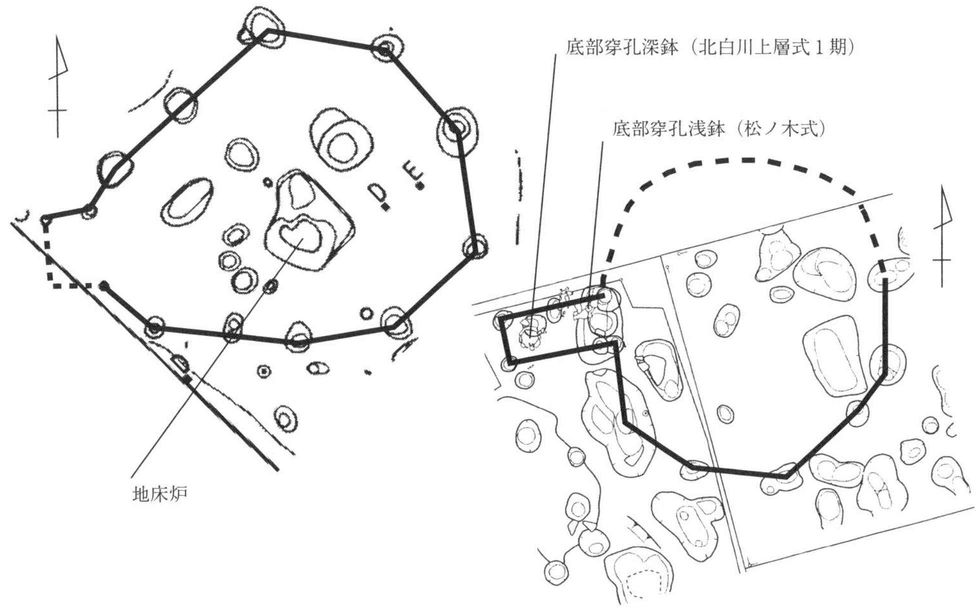

図1　ユリ遺跡（左）および北寺遺跡（右）の柄鏡形平地住居跡（小島編2005・2013を改変）

5　遺構からみた東西交流

石棒や埋設土器と同時期に若狭湾岸地域に導入されたのが，柄鏡形住居跡である。管見の限り，ユリ遺跡（中期末葉から後期初頭）と北寺遺跡（後期前葉）の2遺跡各1軒しか確認されていないが，敷石を伴わない平地住居である点が共通している。また小ピット4基で構成される張出部が，真西側に位置する点も共通する。さらに，北寺遺跡例では，張出部の内側に，底部穿孔深鉢，底部穿孔浅鉢各1基の埋設土器が付属している（図1）。

これらの住居内には，敷石および石棒等の特殊な施設・遺物は伴わず，単に東日本由来の柄鏡形態だけが導入されたとみることもできる。竪穴住居ではなく平地住居であるのは，両遺跡が山裾の緩斜面に位置し，竪穴を構築すると容易に浸水するという事情があったと推測される。

また北寺遺跡例の場合，埋設土器深鉢は北白川上層式1期，同浅鉢は松ノ木式と差異があったのも興味深い点である。穿孔した土器を正位で住居張出部に埋設する東日本由来の形態は，導入されたものの土器自体は西日本系であり，特に東日本由来を想起させる個体ではなかった。

同時期に石囲炉が当地域に導入されているが，藤井遺跡では土器敷炉，北寺遺跡や立石才の鼻遺跡では粘土敷炉の形態もある（網谷ほか1985，小島編2005，麻柄1986）。これは平地住居同様，山裾や低地に集落を設営する場合，炉内に湿気が入るのを防ぐ工夫である。ユリ遺跡のように石囲炉ではなく地床炉を使用したり（小島編2013），北寺遺跡のように早期以来の集石土壙を炉として併用したりする例（小島編 前掲）もあるので，この点は文化的な斉一性よりも実利を優先したと考えられる。

便宜上,「遺構からみた東西交流」と記したが,この時期に当地域よりも西方から導入されたと思われる遺構形態は確認できていない。強いて挙げるならば,集落形態が東日本的な環状をとらず,小規模なままで推移するという点である。環状集落は,見通しの良い台地の存在が前提であり,当地域に適地が見出しにくいことも関連していると思われるが,そもそも竪穴住居を1地点に累積させていく居住形態がとられなかった可能性がある。西田正規が指摘するように,集落適地は扇状地か沖積平野の微高地にしかないのである（西田 1985）。本稿で取り上げた遺跡のなかで,草創期から晩期のうち3時期以上の複合遺跡は,岩の鼻遺跡や鳥浜貝塚等,数ヶ所認められるが,中後期にわたる複数の住居跡群が発見された遺跡は北寺遺跡のみである。北寺遺跡の至近距離には,ユリ遺跡や藤井遺跡といった同時期の遺跡もあり,集落や集団の諸条件に合わせて移住をしながら,一地域の資源を継続的に利用していた可能性がある。

6　若狭湾沿岸地域の特性

以上,土器,石器等の遺物や,柄鏡形住居等の遺構から,若狭湾岸地域の東西交流についてみてきた。縄文時代の全時期を通じた文化的情報や製品の移動について,ここでその特徴をまとめたい。

草創期前半,隆起線文土器期に鳥浜貝塚が利用された際,おそらく前期における定住とは異なる形態で遺跡利用がなされていたと考えられる。具体的には,一季節あるいはもっと長い周期での移動生活が中心であり,出土遺物にも土器以外のものがみられない。その移動範囲は日本列島における土器の斉一性から判断すれば,少なくとも当地域に留まるものではなかったであろう。

草創期後半,多縄文期になると,鳥浜貝塚では杭群遺構や,狩猟・漁撈・採集のための石器類が出揃い,動植物遺体も出土しはじめる。遺跡の利用形態が変化した可能性があるが,具体的に論じるには資料不足である。集団の移動範囲については,多縄文土器の分布範囲からすると依然として広い状態であったと考えられる。また,鳥浜貝塚の石材産地推定からも,隠岐,霧ケ峰,二上山といった東西を股にかける広範囲であったことが裏付けられている。

早期から前期にかけて,岩の鼻遺跡や鳥浜貝塚で複数の住居跡が検出され,特に石器以外の遺物が種類・量ともに激増する。遺構の形態も貯蔵穴や集石土壙など,定住を前提にしたと考えられる施設が複数検出される。土器には地域性の萌芽があり,この時期は特に,近畿地方や山陰地方といった範囲でまとまりをもつ土器が,質・量ともに安定して出土する傾向にある。

しかし一方で,「若狭湾岸地域が分布の中心にない」土器型式が東西両方向から搬入されたり,草創期後半と同様,依然として石材は隠岐,霧ケ峰,二上山,金山等の東西の遠隔地から搬入されたりしている。前期の場合,土器・石材ともに,当地域がちょうど分布の最前線に当たっており,東西の文化情報や製品分布が,ぎりぎり届く範囲であったといえる。富山県小竹貝塚の例にもあるように,鳥浜貝塚から 170 km 程度の距離では,情報や製品の斉一性に大きな差が生じないということもわかってきた。草創期と決定的に異なるのは,前期以降は特に定住を基本にしているため，情報・製品の移動が計画的に行えた可能性がある，ということである。定期的に情報交換をすることができれば，製品の斉一性も担保することができるだろう。

中期から後期にかけて，当地域は，近畿地方を核にしつつも，周辺各地から文化情報・製品搬入が継続して行われ，なかでも中期末葉以降は，東日本からいくつかの一方的ともいえる物質文化導入があった。それは柄鏡形住居，石棒，埋設土器等であり，それまでの物質文化伝統になかったものであった。

ただし，ある程度の取捨選択は行われている。土偶の不在，柄鏡形住居内に敷石や石棒を伴わないこと，石囲炉以外の炉を存続させること，定住集落の形態が環状をとらないことなどである。これらには，当地域の地形環境や生活上の実利を優先させたと思われる点もある。一方，先述の物質文化が「一方的に」導入された大きな要因は現状では不明確で，今後の課題である。

晩期以降，当地域にも西日本から突帯文土器が導入され，大きな断絶を挟むことなく，遠賀川系土器を伴った弥生文化がもたらされた。しかし当該期の集落居住形態，生業形態等の詳細は，資料不足のため未解明である。墓制等，他地域と比肩する事例の蓄積を待ちたい。

このように，若狭湾岸地域に暮らした人々の情報交流の範囲は，縄文時代草創期～晩期において，変化しつつも常に広い状態を保っていたと考えることができる。特にその特徴として，文化情報や製品分布の最前線になっていたと考えられる時期がしばしばあり，その点が当地域の大きな特性の一つであるといえる。

おわりに

山本暉久先生の古稀記念事業が計画されたのとほぼ同時期に，同記念誌編集委員を拝命しました。その職責を果たし得たか定かではありませんが，早稲田大学在学中にいただきました学恩は決して忘れえないものです。毎週土曜日に考古学研究室で，先生を囲む輪の末席に加われたことを誇りに思います。若狭に就職した年に，「田野畑部屋」の諸先輩方と我が家を訪ねて下さったこと，程なくして昭和女子大学教授として，多数の女子大生の皆様と我が家を再訪して下さったことは，大切な思い出です。見た目もほとんどお変わりなく（と私は拝見しますが），元気に檄を飛ばす先生のお姿に，嬉しさを感じました。

お元気で古稀を迎えられましたこと，心よりお祝い申し上げます。甚だ恐縮ですが，本稿を献呈いたします。

引用文献

網谷克彦　2009「第2章　美浜の縄文時代」『わかさ美浜町誌　美浜の文化　第6巻　掘る・使う』美浜町　48-79頁

網谷克彦・大森宏　1983『阿納塩浜遺跡調査概報―昭和57年度―』小浜市教育委員会

網谷克彦・田辺常博・玉井常光　1983『田井野貝塚』三方町教育委員会

網谷克彦・田辺常博・玉井常光　1985『藤井遺跡』三方町教育委員会
網谷克彦　1987『岩の鼻遺跡II―1986年度調査概報―』福井県立若狭歴史民俗資料館
入江文敏・畠中清隆　1986『大島寺内川遺跡』大飯町教育委員会
上野　晃　1986「青法遺跡」『福井県史　資料編13　考古―本文編―』福井県　108-109頁
上野晃・畠中清隆　1986『岩の鼻遺跡―1985年度調査概報―』福井県立若狭歴史民俗資料館
小島秀彰編　2005『北寺遺跡II　発掘調査報告書』三方町教育委員会
小島秀彰編　2013『ユリ遺跡II　発掘調査報告書』若狭三方縄文博物館
小島秀彰　2015「福井県鳥浜貝塚の発掘調査と動物考古学的研究への寄与―学史の整理から―」『動物考古学』第32号　日本動物考古学会　11-24頁
清水孝之編　2012『ユリ遺跡―舞鶴若狭自動車道建設事業に伴う調査―』福井県教育庁埋蔵文化財調査センター
清水孝之編　2014『曽根田遺跡―舞鶴若狭自動車道建設事業に伴う調査―』福井県教育庁埋蔵文化財調査センター
建石徹・小島秀彰・田中祐二　2014「福井県内出土黒曜石の産地分析からみた縄文人の交換活動，行動領域」『日本動物考古学会第2回大会　プログラム・抄録集』日本動物考古学会　13頁
田中祐二編　2011『府中石田遺跡―舞鶴若狭自動車道建設事業に伴う調査―』福井県教育庁埋蔵文化財調査センター
田辺常博編　1992『市港遺跡・北寺遺跡』三方町教育委員会
田辺常博編　1996『ユリ遺跡』三方町教育委員会
鳥浜貝塚研究グループ編　1979『鳥浜貝塚―縄文前期を主とする低湿地遺跡の調査1』福井県教育委員会
鳥浜貝塚研究グループ編　1987『鳥浜貝塚―1980～1985年度調査のまとめ』福井県教育委員会・福井県立若狭歴史民俗資料館
中野拓郎編　2004『市内遺跡発掘調査報告　宮山古墳群・公文名遺跡・木崎山南遺跡・櫛川鉢谷遺跡等』敦賀市教育委員会
西田正規　1985「縄文時代の環境」『岩波講座　日本考古学2　人間と環境』岩波書店　112-164頁
麻柄一志　1986「立石遺跡」『福井県史　資料編13　考古―本文編―』福井県　110-111頁
町田賢一編　2014『小竹貝塚発掘調査報告―北陸新幹線建設に伴う埋蔵文化財発掘報告X―』（公財）富山県文化振興財団埋蔵文化財調査事務所
松井政信・古川登　1983「三方郡美浜町浄土寺遺跡出土の遺物について（その1）」『福井考古学会会誌』創刊号　5-18頁
明治大学学術フロンティア推進事業事務局編　2011『蛍光X線分析装置による黒曜石製遺物の原産地推定―基礎データ集2―』明治大学古文化財研究所
森川昌和・網谷克彦　1986「鳥浜貝塚遺跡」『福井県史　資料編13　考古―本文編―』福井県　93-105頁
森川昌和　1992「第1章　原始・古代」『小浜市史　通史編上巻』小浜市　32-272頁
森川昌和　2002『鳥浜貝塚―縄文人のタイムカプセル―』未来社
山本暉久　1987「石棒性格論」『論争・学説日本の考古学』3（縄文時代II）雄山閣出版　95-122頁
山本暉久　2002『敷石住居址の研究』六一書房
若狭考古学研究会編　1972『阿納塩浜遺跡』福井県・小浜市教育委員会
藁科哲男・東村武信　1988「石器原材の産地分析」『鎌木義昌先生古稀記念論集　考古学と関連科学』鎌木義昌先生古稀記念論文集刊行会　447-491頁

縄文時代中期の植物資源利用
—山梨県北杜市諏訪原遺跡を例にして—

佐々木由香

はじめに

山岳に囲まれた中部高地の縄文時代中期の遺跡は，ほとんどが台地ないし丘陵上に立地する。このため，遺跡周辺の古環境に関する情報は炭化物として残る種実や木材から得ることになる。昭和女子大学では2007年度から北杜市諏訪原遺跡で縄文時代中期中葉から後葉の集落跡の調査を行い，住居跡や埋設遺構などの遺構群の調査を継続してきた（山本ほか2014)。2014年からは，炭化物が目視で確認できる遺構内の土壌を回収し，水洗選別法による炭化物の回収と種実の同定を行っている。ここでは，短期間の学術調査で可能な土壌水洗方法を概説し，水洗選別によって得られた炭化種実から何がいえるのかを明らかにする。また，諏訪原遺跡の土器圧痕種実や山梨県の縄文時代の遺跡で報告されている炭化種実と比較し，諏訪原遺跡において植物資源として利用された植物を検討する。

1　分析対象と方法

諏訪原遺跡は，山梨県北杜市明野町上神取地内に所在する縄文時代中期の集落跡である（図1)。遺跡は，塩川左岸の河岸段丘面上，標高550～570 m付近に立地する。複数次にわたる調査が実施され，藤内式期から曽利V式期におよぶ拠点性の強い大規模集落跡であることが判明している（中山・佐野2014，山本ほか2014)。

炭化種実の検出を目的とした水洗試料は，2014～2015年に昭和女子大学調査区内で回収された遺構3ヶ所（住居跡PJ4住の柱穴P-9，埋設土器P2，埋設土器P3）の覆土である。

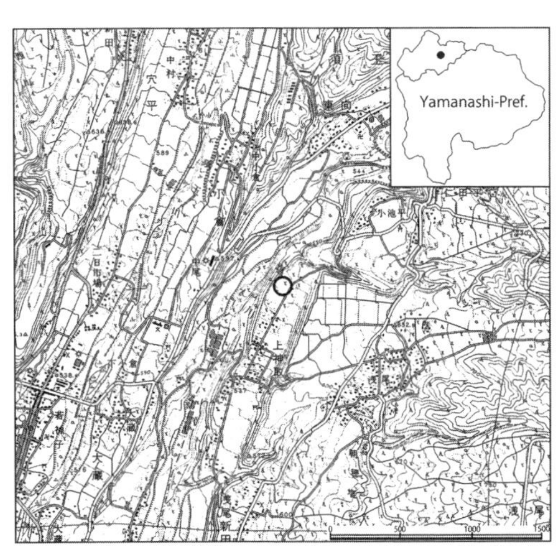

図1　諏訪原遺跡の位置（山本ほか2011より）

2　土壌の水洗方法（図2）

土壌水洗の水は，調査区脇に流れる水田の水路の水を利用した。水路は，水門によって水位が調整され，深さ数センチの水位を保って流れている。水路の管理者に使用の許可を取り，水路をベニヤ板で堰き止めた。ベニヤ板の中央上部を凹状に切り取り，そこに塩ビ管を嵌めてオーバーフローした水を塩ビ管に流すようにした。塩ビ管の先端には水切りネットをかぶせ，水路に流れる夾雑物が入らないようした。塩ビ管の末端の高さを遺跡内で出土した礫などを用いて調整し，落ち水が出るようにして，下に篩を設置した（図2-1）。篩はそのまま水路の上面に置くと水路から作業するには低いため，礫を用いて篩が乗る高さを調整し，篩の下にも落ち水が回転しながら溜まるように工夫した。

土壌は，定量分析を行うため，まず計量カップに500 ccの水を入れたのち，土壌を1,000 ccの目盛まで入れ，500 ccの体積の土壌を計量した（500 ccに満たない場合は全量）（図2-3）。水洗単位ごとに試料番号（S No.）を付した。その後，片口のバケツに移し，水を足して，バケツを回転させて浮遊物を浮かせ，ナイロン製のネットに浮遊物を流し込んだ（図2-4）。この作業を2〜3回繰り返し，浮遊物が浮かなくなったら，ナイロン製のネットの中央に浮遊物が溜まるように水の中で調整を行い，ネットをひっくり返して目の細かい水切りネットに浮遊物を移した（図2-5）。この際にネットに付いた細かい浮遊物は洗浄瓶の水を利用して移した。バケツに底に溜まった沈殿物は1.0 mm目の篩に移した。移した沈殿物を上からの落ち水と篩の下に溜めた水の両方を使って篩を回転しながら水洗し，篩の目より小さい粒径の土壌などを落とした（図2-6）。

水洗できたかどうかを確かめるために，上流側の溜水内で篩を振動させ，水が濁らないかを確かめた（図2-7）。その後，水の力を利用して篩の片側に沈殿物を寄せ，プラスチックかごに洗濯鋏で止めた農作業用の1 mm目の寒冷紗の上に沈殿物を移した（図2-8・9）。

寒冷紗の上で沈殿物がおおよそ乾燥したら，大きい礫などは廃棄し，漏斗を使ってプラスチック袋に沈殿物を移動した（図3-10）。沈殿物と浮遊物をそれぞれ収納し（図3-11），完全に乾くまで乾燥させた（図3-12）。

室内では，沈殿物を2.0 mmと1.0 mmの篩を用いて乾燥篩がけを行って，1.0 mm未満の粒径の沈殿物を落とし，大きく沈殿物を2区分した。その後，肉眼もしくは拡大鏡を使って，炭化物や遺物を抽出した（図3-13・14）。細かい炭化物が多い場合は，もう一度浮遊選別を行った。抽出した炭化物から種実を実体顕微鏡下で抽出，同定し，分類群ごとにサンプル菅やHFカプセルに収納した。

この方法は，限られた期間内に行う合宿調査の間に効率的に水洗と整理作業を行うことを主眼に置いて考案した。留意したのは，水洗作業を短時間で終わらせるため，浮遊選別後の水洗選別時に篩の上下2方向から水洗できるようにした点と，乾燥時間を短縮するため，沈殿物を篩の目と同じ1 mm目の寒冷紗で乾燥した点である。この方法で水洗作業を行うと，作業者2名で500 cc

1. 水洗装置の全景

2. 水洗装置の側面観

3. 水を入れた計量カップに土壌を入れ体積を量る

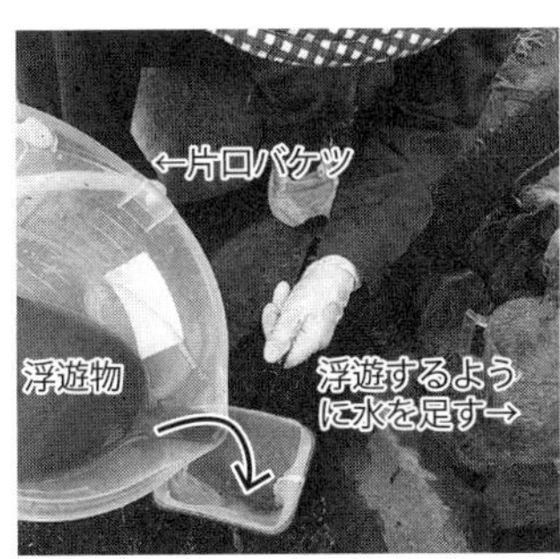

4. 浮遊物をネットで回収

5. 浮遊物を水切りネットに移す

6. 沈殿物を篩に移し水洗する

7. 溜水で洗えているかを確認

8. 水力で沈殿物を片側に寄せる

9. 寒冷紗の上に沈殿物を移し乾燥

2014～2016年合宿調査時に実施した土壌水洗方法を手順ごとに示した。1回の水洗あたり500ccを基準として定量分析を行った。

図2　諏訪原遺跡における土壌水洗方法（1）

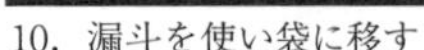

10. 漏斗を使い袋に移す

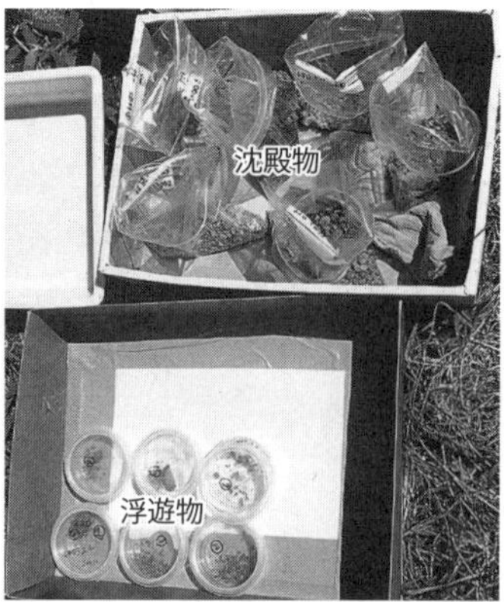

11. 浮遊物と沈殿物に分けて収納

12. 完全に乾燥するまで乾かす

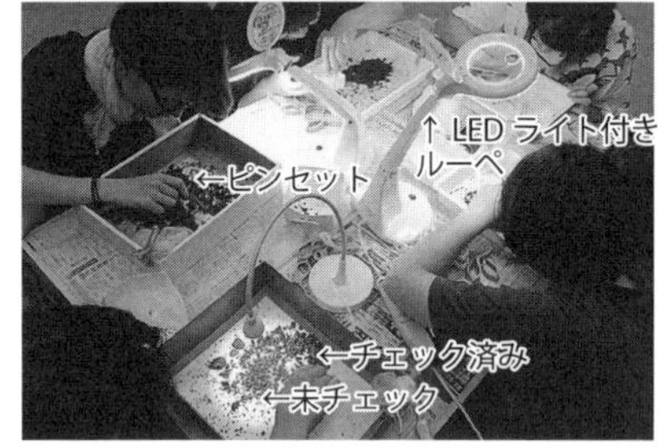

13. 2.0と1.0mmの篩で乾フルイ後に分類

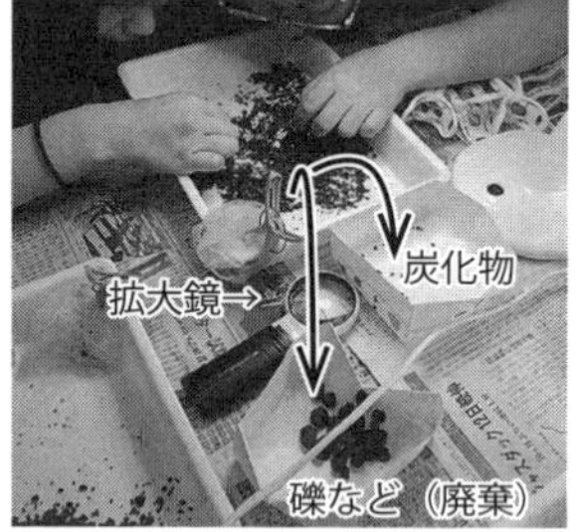

14. 炭化物と遺物を抽出

15. 炭化物のうち、炭化種実を実体顕微鏡下で抽出・同定し、分類群ごとに分類する。それぞれをサンプル管に入れ、保管する。

図３　諏訪原遺跡における土壌水洗方法（2）

図４　多機能な水場としての土壌水洗装置

の体積を水洗する時間はおよそ20分，乾燥時間は晴天で2時間程度であった。発掘調査作業と並行して土壌水洗作業ができただけでなく，溜水や落ち水で手を洗ったり，下流側で発掘調査道具を水洗したり，落ち水の間で土器を水流で水洗したりと複数の作業を同時に行うことができ，作業全体の作業の効率化を図ることができた（図4）。

3　炭化種実の同定結果

21試料から得られた炭化種実を同定した結果，木本植物のクリ炭化果実とオニグルミ炭化核，キハダ炭化種子の3分類群が見出された。科以上に同定できる識別点をもたない一群を同定不能炭化種実とした（表1・2）。これらの他に未炭化のエノキグサ属種子とウシハコベ種子，アカザ属種子，スベリヒユ属種子が得られたが，縄文時代当時の未炭化種子は残存しない立地のため，現生の種実とした。種実以外には炭化した子嚢菌が得られた。

遺構ごとの内訳は，中期中葉のPJ4号住と中期後葉の埋設土器P2からクリとオニグルミが多く，中期後葉の埋設土器P3からクリとオニグルミが多く，キハダがわずかに得られた。クリとオニグルミはいずれも1/2未満の破片であった。

以下に同定の記載を行い，図5に代表的な試料の写真を示して同定の根拠とする。

①クリ　*Castanea crenata* Sieb. et Zucc.　炭化果実　ブナ科

完形ならば側面は広卵形。表面は平滑で，細い縦筋がみられる。殻斗着痕は完形であれば果実幅と同じ程度の幅広になり，不規則で微細な丘状の突起が密にある。残存長6.7 mmm，残存幅3.7 mmと，残存長5.8 mm，残存幅4.0 mm。

②オニグルミ　*Juglans mandshurica* Maxim. var. *sachalinensis* (Komatsu) Kitam.　炭化核　クルミ科

完形ならば側面観は広卵形。表面に縦方向の縫合線があり，浅い溝と凹凸が不規則に入る。壁は緻密で硬く，ときどき空隙がある。断面は角が尖るものが多い。残存長7.2 mm，残存幅4.0 mmと，残存長9.0 mm，残存幅7.3 mm，残存長6.7 mm，残存幅7.0 mm。

③キハダ　*Phellodendron amurense* Rupr.　炭化種子　ミカン科

上面観は両凸レンズ形，側面観は三日月形。表面に亀甲状で大きさのやや揃った網目状隆線がある。壁は厚く硬い。長さ3.9 mm，幅2.6 mm。

④子嚢菌　Ascomycotetes　炭化子嚢

球形で，表面には微細な網目状隆線がある。長さ0.9 mm，幅0.9 mm。

表1　諏訪原遺跡から出土した炭化種実（1）

	調査区	01-014								
	グリッド	Y-5								
	遺構名	PJ4号住								
	柱穴名	P-9								
	試料名	S1+3+5	S2	S4	S6	S7	S8	S9	S10	S11
	水洗量（cc）	1500	200	500						
分類群	時期	縄文時代中期中葉								
クリ	炭化果実	(16)	(15)	(11)	(5)	(10)	(3)	(10)	(10)	
オニグルミ	炭化核	(45)	(28)	(34)	(19)	(5)	(13)	(31)	(37)	(13)
同定不能	炭化種実	(7)	(7)	(4)	(2)	(5)	(2)	(1)	(3)	(7)
子嚢菌	炭化子嚢		2	1	4	1				5
未炭化（現生）										
エノキグサ属	種子						1	1		
アカザ属	種子	2	1(1)			1				1
スベリヒユ属	種子		1	1						2

S1と3と5炭化種実が混ざってしまったため，合計数を記入した（括弧内は破片数）

表２　諏訪原遺跡から出土した炭化種実（2）

	調査区	01-014									
	グリッド	Y-4			X-4		Y-5				
	遺構名	埋設土器			埋設土器		PJ4 号住				
	柱穴名	P2			P3		P-9				
	遺物番号						—		西側		
	試料名	S12	S13	S14	S15	S16	S17	S18	S19	S20	S21
	水洗量（cc）	500						50	500		
分類群	時期	縄文時代中期後葉						縄文時代中期中葉			
クリ	炭化果実		(11)	(22)	(23)	(37)	(19)	(13)	(7)	(10)	(10)
オニグルミ	炭化核	(25)	(35)	(42)	(33)	(25)	(30)	(9)	(47)	(37)	(42)
キハダ	炭化種子					(1)					
同定不能	炭化種実	(9)	(3)	(2)	(4)		(1)		(3)	(5)	
子嚢菌	炭化子嚢	1									
未炭化（現生）								1			
エノキグサ属	種子					1	1			1	
ウシハコベ	種子						1				
アカザ属	種子		1	1			1				1
スベリヒユ属	種子							2			

（括弧内は破片数）

スケール 1-5：5 ㎜，6・7：1 ㎜

1. クリ炭化果実（埋設土器 P3，S16），2. クリ炭化果実（PJ4 号住，P-9，S2），3. オニグルミ炭化核（PJ4 号住，P-9，S20），4. オニグルミ炭化核（PJ4 号住，P-9，S2），5. オニグルミ炭化核（埋設土器 P2，S13），6. キハダ炭化種子（埋設土器 P3，S16），7. 子嚢菌炭化子嚢（PJ4 号住，P-9，S11）

図５　土壌水洗によって得られた炭化種実

4 考察

(1) 諏訪原遺跡の種実利用

諏訪原遺跡から出土した炭化種実は，オニグルミの核やクリの果実のように食用にされない部位と，キハダの種子のように可食もしくは利用部位とが共伴して産出したが，前者の部位が多かった。オニグルミとクリは加工時の残渣の可能性がある。キハダはアイヌの民族例では，食用だけでなく薬用にも利用される（アイヌ民族博物館 2004）。ほとんどの試料にクリとオニグルミが含まれており，遺構覆土に万遍なくクリとオニグルミが含まれていたことを示す。ただし，クリとオニグルミは破片数では多く得られたが，重量でみると1試料から得られた量は1個体分未満であった。少なくとも，堅果類としてはオニグルミとクリが頻繁に利用されていたと推定される。

諏訪原遺跡では，平成23年度の土地改良事業に伴う発掘調査から出土した土器はレプリカ法によって圧痕調査がされており，縄文時代中期中葉～後葉の土器49点から，木本植物ではミズキ核（1点）とダイズ種子（1点），ダイズ近似種種子（1点），アズキ種子（7点），アズキ近似種種子（5点），マメ科種子（4点）の，計19点の圧痕種実が確認されている（中山・佐野 2014）。中山・佐野（2014）は，検出された種子圧痕の大半がマメ科植物に集中しており，本遺跡では特にアズキの検出が際立っている点を指摘している。またマメ科植物に集中する状況は，縄文時代中期中葉から後葉（約5,000～4,500年前）にかけての茅ヶ岳山麓において，マメ科植物の利用が活発に行われていた様子を示すと考えられている。諏訪原遺跡の昭和女子大学調査区で行われた土器種実圧痕調査でも，木本植物ではコナラ属果実（1点）と堅果類果皮（2点），ミズキ核（1点），オニグルミ？核（1点）の4分類群，草本植物ではアズキ亜属種子（10点）・子葉（1点），ダイズ属種子（13点）・子葉（8点），マメ科種子（1点），シソ属果実（4点）の4分類群の，計8分類群が産出している（佐々木 2017）。

土器圧痕種実も踏まえると，諏訪原遺跡では縄文時代中期中葉から後葉にかけて，クリとオニグルミ，アズキ亜属やダイズ属のマメ類，シソ属，ミズキ，コナラ属の利用が推定される。オニグルミは，核の部分が他の種実より硬くかつ厚いため残存しやすく，炭化種実としてしばしば見出される。これに対し，クリの果実は薄いためオニグルミほど残存しない。しかし，諏訪原遺跡では2試料を除くすべての試料からクリの果実が見出された。クリは木材ではしばしば見出され，山梨県の縄文時代中期から出土する炭化材としては最も多く見出されている種である（例えば，梅之木遺跡（パリノ・サーヴェイ株式会社 2008））。残存しにくいクリの炭化果実がほとんどの試料から得られており，諏訪原遺跡ではクリが量的にも多く利用されていた可能性が考えられる。

(2) 山梨県における縄文時代の炭化種実

山梨県では縄文時代の炭化種実を同定した例は多くない。中山（2015b）と石田ほか（2016）を

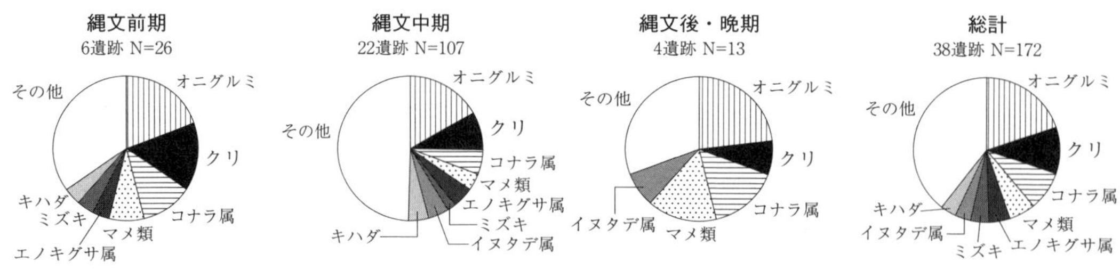

図6　山梨県における縄文時代から出土した炭化種実の出現頻度（単位：遺跡数）

元に集計すると，炭化種実が同定された時期がある程度特定できる縄文時代の遺跡数は，38遺跡である（縄文～弥生時代等は除く）。このため大きく縄文時代前期，中期，後・晩期の3時期に分けて遺跡数で炭化種実の出現頻度をみると（図6），各時期の遺跡数にばらつきはあるものの，出現頻度が最も高い分類群はオニグルミで，ほぼ全ての遺跡からの出土が確認できる。オニグルミに次いで，クリとコナラ属（コナラ，コナラ節，クヌギ節等含），マメ類（ササゲ属，マメ科等含）の出土例が多い。この4分類群の炭化種実の出現頻度は，時期を問わず山梨県の縄文時代の遺跡で共通にみられる傾向である。ただし，炭化種実が得られた時期別の遺跡数は縄文時代前期が4遺跡，中期が22遺跡，後・晩期が4遺跡と，中期がほとんどを占める。縄文時代前期では，この4分類群についでエノキグサ属（エノキグサ含）やミズキ，キハダがみられ，中期では，同じくこの3種に加えてイヌタデ属，後・晩期ではイヌタデ属のみがみられる。これらのうち，エノキグサ属の種子とイヌタデ属の果実は，黒色で炭化した状態との識別が難しい。諏訪原遺跡でもエノキグサ属の現生種子が混入していたように，現生の種実の可能性もあるため，注意が必要である。縄文時代中期では出現頻度が3遺跡以下の分類群はその他に一括したが，それにはサンショウ属（サンショウ含）やシソ属（エゴマ含），ニワトコなどの有用植物も含まれている。

炭化種実でみると，中山（2014・2015ab）などで指摘されている中部高地の土器圧痕種実で検出例が多いダイズ属やアズキ亜属などのマメ類やシソ属の検出率が堅果類よりも低い。これは，大型でなおかつ食用部位以外の殻が残りやすい堅果類と，小型で食用部位そのものであるマメ類やシソ属の残り方の違いや検出のしやすさが大きく反映していると考えられる。したがって，植物資源利用の検討には，炭化種実と土器圧痕種実双方の結果を総合して検討する必要がある。

(3) 諏訪原遺跡の縄文時代中期の植物資源利用

縄文時代中期の諏訪原遺跡から出土した炭化種実と土器圧痕種実と合わせて比較してみると，山梨県の縄文時代中期の遺跡で炭化種実として検出される上位4種であるオニグルミとクリ，コナラ属，マメ類と共通し，またミズキやキハダ，シソ属が得られており，整合的である。つまり，地域的な特徴として，これらの植物資源が選択的に利用されていたと考えられる。中山（2015b）は，縄文時代の早・前期の中部高地の内陸部ではダイズ属とアズキ亜属の2種類のマメ科植物とエゴマやシソなどのシソ科植物の利用が開始され，遅くとも中期前半には普遍的にセットとして栽培されたと推定した。能城・佐々木（2014）は，全国的な栽培植物の分布と森林資源利用を概観し，中部地方では縄文時代前期以降に「エゴマ―マメ類利用文化圏」が成立していた可能性を指摘した。栽培植物としては，エゴマやダイズ，アズキのマメ類がしばしば取り上げられるが，これらだけでは食生活を維持できず，有用植物を複合的に利用していたと考えられる。山梨県の縄文時代では，クリやオニグルミ，コナラ属に加えて，トチノキの利用も縄文時代中期初頭から確認できる（中山 2014）。また炭化鱗茎類の出土例も多く，この鱗茎の種類は縄文時代中期後葉の笛吹市前付遺跡ではヒガンバナ科（旧ユリ科）のツルボと同定された（米田・佐々木 2015）。

こうした植物利用は，縄文時代中期のすべての遺跡でみられてはいない。例えば，周辺に住居は検出されていないが，大規模な貝層が堆積している縄文時代中期の東京都中里貝塚では，オニグルミの食用利用やクリの木材利用があるものの，人間が関与した植生や複合的な植物資源利用はほとんどみられない（佐々木 2014b）。このように複合的に植物資源を利用できる空間は，長期に継続的に営まれた定住集落の周囲に成立していたと考えられる。佐々木（2014a）は，本州東半部の落葉広葉樹林帯に存在する集落では，周辺の生態系を改変して，種実や木材，編組製品といったさまざまな材料を獲得する多角的な植物資源利用がなされていると提示した。中山（2015b）では，縄文時代の植物栽培は集落周辺の人為生態系の維持・管理の結果として生まれた植物利用の一形態であると考察している。少なくとも，諏訪原遺跡のような縄文時代中期中葉から中期末葉の拠点的な集落では，クリとオニグルミ，コナラ属の堅果類，ダイズ属とアズキ亜属のマメ類とシソ属の栽培植物，ミズキやキハダなどのしょう果類がセットで採取して利用できる二次林と栽培植物が生育する植生があり，そうした利用可能な植物が多い植生は人為的な関与の元に成立していたと考えられる。

おわりに

縄文時代中期中葉から末葉の拠点的集落である諏訪原遺跡の遺構覆土で土壌水洗を行い，当時植物資源として利用されたクリやオニグルミ，キハダの炭化種実が得られた。また当遺跡で出土した土器種実圧痕でみられたマメ類やシソ属などと合わせ，山梨県の縄文時代中期で普遍的にみられる種類と一致している点を指摘した。得られた種実のうち，木本植物は木材資源としても有用な種であり，木材と種実など複数の部位が複合的に利用されていたと考えられる。これらは，山梨県内での遺跡でみると，縄文時代前期からセットで利用されており，長期継続型の集落で人為的な関与のもとに成立した植生を背景にした植物資源利用のありかたであると考えられる。

圧痕種実では堅果類の検出は少なく，炭化種実では可食部分であるマメ類やシソ属の検出率は低い。両者を合わせて遺跡ごとの植物資源利用について検討する必要がある。それには，土壌水洗作業を積極的に行い，それぞれのデータを蓄積する必要がある。

本稿の分析は，山本暉久先生に掲載の許可をいただき，文部科学省科学研究費補助金基盤研究Ａ「縄文時代前半期における森林資源利用体系の成立と植物移入の植物学的解明」（代表：能城修一）

（研究課題番号：24240109）の一部を使用して実施した。土壌水洗装置の設置にあたり，北杜市教育委員会の佐野隆氏にご助力を得，資材を提供いただいた。土壌の回収作業は山本暉久先生，小泉玲子先生のご協力を得た。土壌水洗作業は，昭和女子大学歴史文化学科が開講している環境考古学の履修生を中心に，2014～2016年の諏訪原遺跡発掘調査の参加者が主に行った。炭化種実の同定および図作製にあたってはバンダリ スダルシャン氏のご協力を得た。以上の皆様にお礼を申し上げます。

引用・参考文献

アイヌ民族博物館　2004『アイヌと自然シリーズ第3集　アイヌと植物〈樹木編〉』アイヌ民族博物館

石田糸絵・工藤雄一郎・百原新　2016「日本の遺跡出土大型植物遺体データベース」『植生史研究』24（1）　18-24頁

佐々木由香　2014a「植生と植物資源利用の地域性」阿部芳郎編『季刊考古学別冊21　縄文の資源利用と社会』雄山閣　107-114頁

佐々木由香　2014b「中里貝塚の古植生と植物資源利用からみた古環境」『ハマ貝塚と縄文社会』雄山閣　81-97頁

佐々木由香　2017「レプリカ法による土器種実圧痕の同定」『山梨県北杜市明野町上神取諏訪原遺跡発掘調査報告書1　2007-11年度調査区』昭和女子大学人間文化学部歴史文化学科　81-89頁

小畑弘己・佐々木由香・仙波靖子　2007「土器圧痕からみた縄文時代後・晩期における九州のダイズ栽培」『植生史研究』15（2）　97-114頁

佐野　隆　2014「縄文時代中期における内陸中部地方の生業と野生マメ類利用」『日韓における穀物農耕の起源』山梨県立博物館　310-317頁

中山誠二　2010『植物考古学と日本の農耕の起源』同成社

中山誠二　2014「山梨県における縄文時代の植物質食料の利用について」『日韓における穀物農耕の起源』山梨県立博物館　303-309頁

中山誠二・佐野隆　2014「山梨県諏訪原遺跡における縄文時代中期の植物圧痕」『日韓における穀物農耕の起源』山梨県立博物館　140-148頁

中山誠二　2015a「縄文時代のダイズの栽培化と種子の形態分化」『植生史研究』23（2）　33-42頁

中山誠二　2015b「中部高地における縄文時代の栽培植物と二次植生の利用」『第四紀研究』54（5）　285-298頁

能城修一・佐々木由香　2014「遺跡出土植物遺体からみた縄文時代の森林資源利用」『縄文時代の人と植物の関係史』国立歴史民俗博物館研究報告第187集　15-48頁

パリノ・サーヴェイ株式会社　2008「理化学分析報告―梅之木遺跡の現生植生調査・炭化材樹種同定・古植生復元」『梅之木遺跡Ⅶ―縄文時代中期の集落遺跡の確認調査報告書』北杜市埋蔵文化財調査報告第26集　309-320頁　図版6・7

山本暉久ほか　2011『山梨県北杜市明野町上神取　諏訪原遺跡発掘調査概報　2011年度』昭和女子大学人間文化学部歴史文化学科

山本暉久ほか　2014『山梨県北杜市明野町上神取　諏訪原遺跡発掘調査概報　2014年度』昭和女子大学人間文化学部歴史文化学科

米田恭子・佐々木由香　2015「前付遺跡から出土した炭化鱗茎の同定」『前付遺跡・大祥寺遺跡』甲府・峡東地域ごみ処理施設事務組合・笛吹市教育委員会・（公財）山梨文化財研究所　271-276頁

環状集落の消滅と堅果類の集約的利用
―クリの集約的利用モデルによる集落動態の解釈―

佐野　　隆

はじめに

縄文時代中期末葉に広域的に環状集落が消滅する（山本 1980，鈴木 1985）。その研究史は鈴木 2006，谷口 2005 などに譲るとして，要因については，山本暉久の「人口増加と食料不足」説，鈴木保彦の「環境要因」説，谷口康浩の「社会構造の変質」説などの仮説がある。

最近は，中期末葉の居住地の小規模・分散現象を，当時の縄文社会が採用した適応形態として評価する意見もある（須賀 2014）。須賀博子は，下総台地北西部の中期末葉の遺跡動態と貝塚出土のハマグリの大きさの検討から，人口と食料資源の不均衡に起因した人口減少に疑問を呈し，中期末葉に中期社会が衰退したのではなく，適応形態が変化したのだと評価する。

羽生淳子は，歴史生態学とレジリエンス理論を援用して青森県三内丸山遺跡を解釈している（羽生 2015）。レジリエンス理論とは，生態システムの通時的変化を説明するモデルであり，生態システムの変化を 1）試行期，2）安定期，3）解体期，4）再構成期に区分する。羽生は，前期後葉～中期中葉の三内丸山遺跡ではクリなどの堅果類を集約的に利用する生業形態が成立して人口増加が可能となったが，生業の集約化はシステムの脆弱化につながり，中期末葉には人口が急減して集落の廃棄につながったという仮説を提示した。

最近の研究は資源研究や生態学的視点を加味した新たな発想を提供しているが，中期末葉の環状集落の消滅に係る研究は進展していない。それは衰退の要因仮説が，現時点では実証困難なためと思われる。

縄文時代の人口は，遺跡数や住居数などを基に推計されてきた（小山 1996）。しかし遺跡数や住居数は，時代を超えて居住行動が同一であるという前提で人口の関数値になりえるだけである。大宮台地の中期集落遺跡を分析した金子直行は，見かけ上の遺跡増があることを指摘している（金子 2007）。環境変動については，4,400 calBP 前後に急激な寒冷化イベント（PG Cold-2）が発生したとみられるが（工藤 2012，横山 2014），「気候決定論」への疑義もあり（中塚 2012），4.3ｋイベントをめぐっても環境学研究者と考古学研究者のあいだでの認識のすり合わせが課題であるという[1)]。

以上のように，縄文時代の人口と環境変動の把握は，いずれもすぐに解決できそうにない課題である。そこで本論では，中期末葉の集落動向を解釈するために食料資源利用のモデルを想定し，山梨県茅ヶ岳西麓（山梨県北杜市明野町とその周辺）の遺跡の状況を解釈してみたい。茅ヶ岳西麓は筆者がフィールドとし，また山本暉久と昭和女子大学が学術調査を行っている地域である。なお未報告遺跡を取り上げることをお詫びする。

1　クリ集約的利用モデル

縄文時代のヒトと植物の関係をめぐるモデル的な枠組みは，すでに西田正規や泉拓良が明快に示している（西田 1981，泉 2014）が，ここではクリ利用に限定したモデルを設定する。縄文時代の食文化は地域ごとに多様であったとされ（南川 2014b），最近は，縄文時代におけるマメ類の利用，クリやクルミの管理も明らかになっている（小畑 2016，能城・佐々木 2014）。ミズナラ，コナラ，クヌギ，トチも茅ヶ岳西麓で獲得できるが，中期遺跡で出土する植物遺体は多くない（中山 2012，佐野 2008，佐野・大網 2012）。吉川純子は縄文時代晩期になるとクリが大形化することを遺跡出土のクリ化石から確認している（吉川 2011）。一方，西田正規は，クリは人間よりも寿命が長い木本で虫媒花であるから，現代的な園芸技術を利用しなければ品種改良できないとしている（西田前掲）。筆者は西田の考えに賛同し，中期にはクリの用意周到な管理，人為的な移植が行われ，単位面積あたりのクリ生産量が野生状態よりも向上していたが，遺伝子の変異を伴う栽培種のクリは出現していないと考えておきたい。

クリを基幹食料とした生計戦略は，クリを利用する際の課題とそれへの対策が骨子となる。課題には，1）著しい結実変動がある，2）落果期が短期間に集中する。クリは特にその傾向が顕著である，3）動物や昆虫と競合関係にある，が挙げられる。

堅果類の結実変動は著しく，クリも例外ではない（森廣 2010，新美ほか 2000）。一般に豊作年と凶作年は収穫量にして最大 100 倍ほどの開きがある。現代のクリ栽培では品種改良，施肥，日照の確保，適切な樹木更新，剪定などによって変動を最小限にする工夫を凝らしている（若山 1977）。縄文時代にあっても日照の確保の工夫，樹木更新（結実量が少ない樹木の伐採，建材利用など），無意識的な施肥（クリ林内で生活廃棄物を処理したり排泄するなど）程度の管理が講じられたと考えられる。それでも野生クリの結実変動を解消することはできず，結実変動の周期性は必ずしも規則的ではない（森廣前掲）。

結実変動にかかわらず基幹食料としての安定性を確保するために採用できる適応行為には，貯蔵すること，環境が異なる複数の採集地を確保することが有効と考えられる。

縄文時代遺跡で貯蔵穴が検出される。貯蔵穴は基本的に採集後，短期間に消費されることを前提とした貯蔵形態であると考えられている（荒川 2014，坂口 2003）。ここで問題になるのは，次の豊作年が訪れるまでの期間，食料を確保するための貯蔵である。クリの結実変動に周期性は認められないが，不作年を乗り切るために最低でも 2～3 年分の貯蔵が必要であろう。

堅果類の結実変動は広域的に同調する傾向にある（森廣前掲）が，生育環境が異なる複数の採集地を確保することで，結実変動の影響を軽減できる可能性がある[2)]。

クリは短期間に集中して落果する。コナラなどの落果期は比較的長い期間に分散するが，クリの落果期は半月程度である（森廣前掲）。クリを基幹食料として利用するなら，短期間に不作に備えた2～3年分の果実を採集しなければならない。そのためには，落果期に労働力を集約することが有効である。落果期には可能な限り多くの人が，採集と運搬，虫殺し，天日干し，貯蔵といった一連の作業に従事する必要がある。労働力を集約することは，堅果類をめぐる小動物や昆虫との競合にも有利である（新美2005）。落果から時をおかずに採集して小動物との競合に打ち克ち，クリシギゾウムシなどの昆虫を駆除することができる[3)]。分業することで作業効率が向上し，子供や老人も食料獲得に寄与することができる。

西田正規は縄文時代のクリ林の生産量を，現代の管理の行き届かないクリ園程度，10 a あたりクリ12本でクリ収量150 kg と想定した（西田前掲）。一方，新美倫子が愛知県で調査した野生クリの生産量は，1本あたり0.64 kg であり（新美ほか前掲），10 a あたり12本の場合にはわずかに7.68 kg にしかならない。縄文時代のクリについては，青森県三内丸山遺跡で集落の近くにクリの純林が想定され（吉川ほか2006），奈良県橿原市観音寺本馬遺跡では縄文時代晩期のクリ株29本が集落近くに密集し（平岩2012），遺跡出土のクリの実の大きさは縄文時代後期まで野生クリの変異幅を逸脱せず，晩期になると大形化する（吉川前掲）などの知見が得られているが，縄文時代のクリ林の生産量を推計できるデータは皆無である。ここでは西田の想定と新美が示す野生クリの生産量の中間値，約80 kg/10 a を縄文時代のクリ林の豊作年の生産量と仮定する。この仮定をもとにクリの人口支持力を推計すると，1 ha あたりクリ800 kg，可食部578 kg（新美ほか前掲）が採集でき，クリのエネルギー量を164 kcal/100 g（文部科学省2015）として947,920 kcal が獲得できる。これは，成人一人の年間必要カロリー量を540,492 kcal とすると[4)]，1.7人/年分のエネルギー量である。成人30人が集住する集落を仮定すると17.6 ha，2,112本のクリ林が必要となり，円領域に換算すると半径約237 m となる。

豊作年には不作年に備えた2～3年分程度の貯蔵も必要とされるから，さらに3倍の広さの領域でクリを採集しなければならない。支持する人口が増加するほど必要とするクリ林も拡大するが，面積が4倍になっても距離は2倍にしか増えないから，集住することで運搬コストは逓減していく。こうして30人が集住する集落で豊作年に採集しなければならないクリの量は，当年消費に加えて2年分の貯蔵量を採集する場合で29,700 kg，3年分を貯蔵するなら39,600 kg[5)]という膨大な量になり，1人が最大1,320 kg を半月，1日当たり88 kg を採集しなければならない。明治時代初頭の飛驒赤桶村では堅果類を1人が年間360 kg[6)]採集していたから，およそ4倍の採集量になる。

採集した堅果類は，当座の越冬期に利用するものは屋内，屋外の貯蔵穴や大形土器などに収納されただろう。不作年に備えた長期の貯蔵は集落内に保管されたと考えられるが，貯蔵施設は考古学的に認識しにくい。食料貯蔵は，定住性を高めることにつながる。2～3年分の貯蔵食料の量は膨大であり，それらを携えて移動することは困難であるし，非効率的である。

以上のように，クリを基幹食料として集約的に利用する生業モデルは，採集から貯蔵までの作業に労働力を集約し，分業するために集住することが効率的であることを示している。集住には，採集地の拡大に伴う運搬コストの増大をおさえる効果も期待できる。採集された膨大な量の堅果類は不作年に備えて貯蔵される必要があり，貯蔵は定住的な居住形態を促す。

不安定な結実変動への対策として貯蔵とともに複数の採集地を確保することも有効であると期待される。森廣信子は，離れた林の間で結実変動のパターンが一致することもあるし，正反対のときもあり，独自に変化しているようにみえると述べている（森廣前掲）。その結果，ある集団が複数の採集地＝居住地を利用することがあり得る。

2　茅ヶ岳西麓の縄文時代中期末葉遺跡の状況

縄文時代前期後半までの茅ヶ岳西麓は，せいぜい住居1軒が検出される程度の小規模遺跡が散見されるだけである。諸磯b式期に寺前遺跡で集住的な遺跡が出現するが前期末葉に空白期間があり，明確な居住痕跡が確認されるのは中期初頭五領ヶ台式後半からである。図1に茅ヶ岳西麓の中期遺跡分布を，表1に遺跡の継続性を示す[7)]。これらから以下の点が読み取れる。

1　中期初頭から中葉までは小規模，分散的な遺跡のあり方である。

2　中期中葉に，中期末葉まで継続する集住的居住地が形成される。

3　曽利II式期に複数の集住的居住地が近接して経営され，遺跡数が増加する。

4　曽利V式新段階から個々の住居の占地が分散するが，大局的な位置は前段階までと変わらないこと。

以上の遺跡動態をクリ集約的利用モデルに即して解釈してみたい。中期初頭から中葉の段階は，小規模な遺跡が立地を転々と変えながら短期的に経営されていた。これは集落適地の探索過程，すなわち羽生が紹介したレジリエンス理論における「試行期」の様相と理解することができる。五領ヶ台II式段階に集住傾向が認められ，次段階の様相が早くも成立しはじめている。

中期中葉から曽利IV式あるいはV式古段階までは「安定期」と理解できる。茅ヶ岳西麓では中期中葉の藤内式3段階から後代に継続する遺跡の形成が始まり，徐々に住居数が増加する。曽利式期，特に曽利II式期には多くの遺跡で住居数が増加し集住が進展したと考えられる。

曽利II式期には住居数だけでなく遺跡数も増加している。曽利II式期前後に形成が始まる遺跡は八ヶ岳南麓と茅ヶ岳西麓では一般的である（佐野 2005）。これは人口増加の結果と解釈することもできるが，クリ集約的利用モデルでは，生業の安定化のために複数の採集地を確保し，必要に応じて居住したと理解できる。曽利II式期頃から堅果類の結実変動や結実量に影響するような環境変化が生じて複数の採集地を積極的に利用した可能性も考えられる。

図2は，筆者が行った北杜市域における2013年から2015年の3ヶ年の堅果類の結実量調査のうちコナラとクリの結実変動をグラフに示したものである。短期間の調査結果で信頼度は高くはないが，結実変動の同調性が必ずしも絶対的ではないこと，茅ヶ岳西麓では豊凶差が激しい梅之木遺跡や上原遺跡は標高が高い立地条件の遺跡であり，標高が低く河岸段丘に立地する諏訪原遺

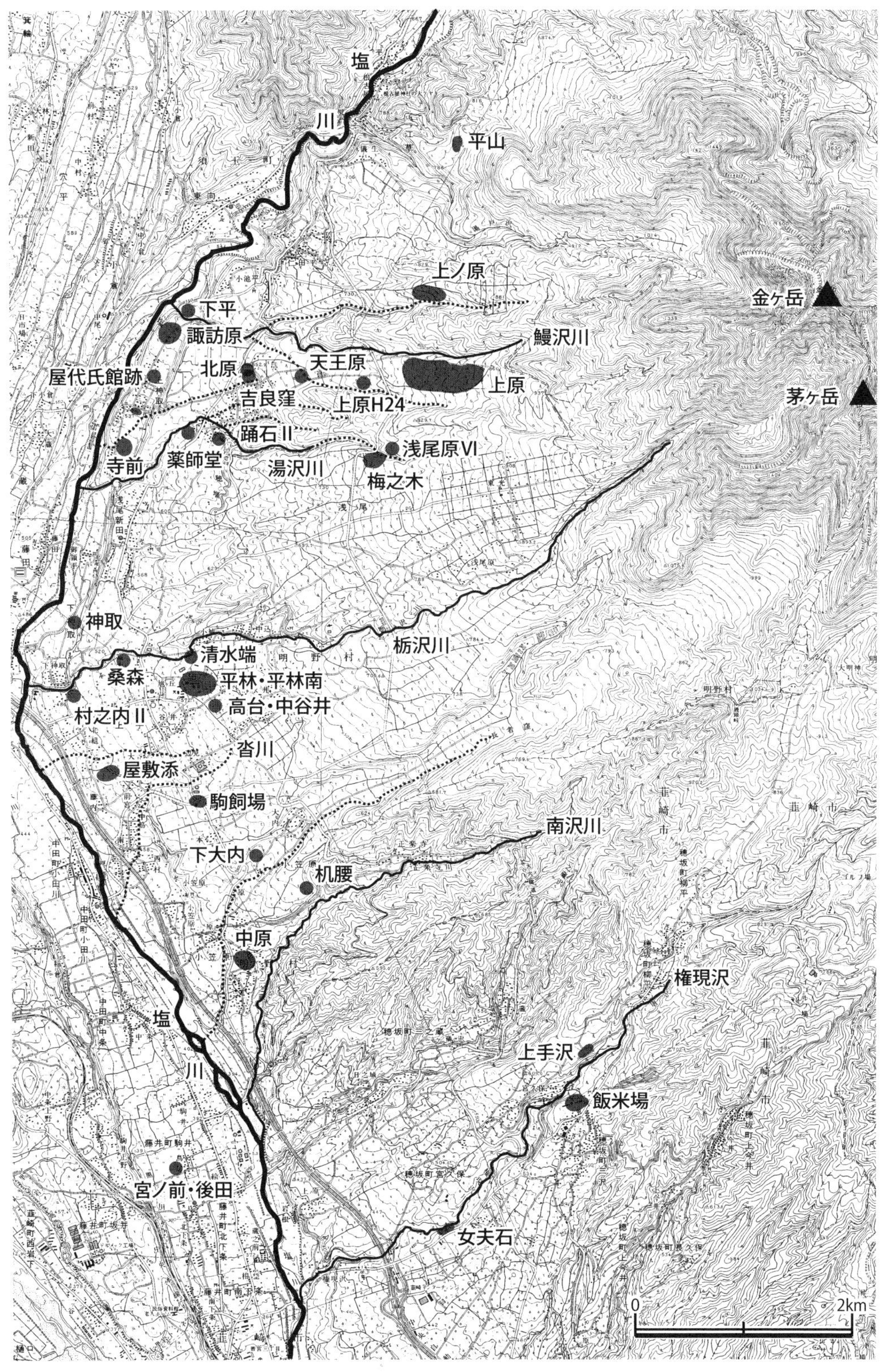

図 1　茅ヶ岳西麓の遺跡分布

表1　茅ヶ岳西麓の遺跡継続表

遺跡名	水系	中期（土器細分型式は山梨県史編年による）																									
		五領ヶ台式					狢沢式			新道式		藤内式				井戸尻式			曽利Ⅰ式		曽利	曽利	曽利Ⅳ式		曽利Ⅴ式		
		Ⅰ古	Ⅰ新	Ⅱ古	Ⅱ中	Ⅱ新	1	2	3	1	2	1	2	3	4	1	2	3	古	新	Ⅱ式	Ⅲ式	古	新	古	新	終末
実年代幅（小林2008による）		30		60			60			40		60		140		80	100		90		60	40	190		100		
宮ノ前・後田	塩川中流																			配石	2	2	4	2	3	1	1
女夫石	権現沢													土坑	1	土坑	土坑	1	土坑	土坑	2	2	1	2	5	土坑	
飯米場	権現沢																	土坑1		1		土坑			埋甕	土坑	
上手沢	権現沢															1	1	配石						土坑	1	1	土坑
下大内	南沢川																										
机腰	南沢川																										
中原	南沢川										1										1	2	2				
駒飼場	沓川																		1		2						
屋敷添	沓川		土坑		炉																			2	1	土坑	埋甕
清水端	栃沢川																								埋甕		
平林・平林南	栃沢川				土坑											1					10	土坑	5	2	2	土坑	
高台・中谷井	栃沢川																					1					
桑森	栃沢川			20～																							
村之内Ⅱ	栃沢川			炉																							
神取	栃沢川																										
踊石Ⅱ	湯沢川																										
薬師堂	湯沢川																1										
梅之木	湯沢川																	2		1	1		2	4	2		
浅尾原Ⅵ	湯沢川																										
寺前	湯沢川				1		2													掘立	3	3	4	2	8	1	1
屋代氏館跡	鰻沢湯沢川										1				1	1											
下平	鰻沢							1							1					1							
諏訪原	鰻沢									土坑	1		1		1	2	3	2	1		8	5	5	7	6	1	
吉良窪	鰻沢																										
北原	鰻沢																										
天王原	鰻沢																										
上原Ⅰ	鰻沢																				1		12	13	17	埋甕	土坑
上ノ原	鰻沢																							2	6	6	1
平山	塩川上流			1																	7	1					
郷蔵地	塩川上流																										1
塩川	塩川上流					土坑																	2	埋甕			

数字は住居数を示す

跡，寺前遺跡では変動量が比較的小さいことが読み取れる。現生樹木に認められる結実変動の傾向が縄文時代にもあり得たとするならば，複数の採集地を確保して，より多くの採集量が見込まれる地点で採集し越冬居住することが，結実変動の影響を最小限に抑制すると期待される。茅ヶ岳西麓の湯沢川水系に寺前遺跡と梅之木遺跡，鰻沢川水系に下平遺跡・諏訪原遺跡と上原遺跡・上ノ原遺跡といった集住的集落が，標高を違えながら隣接して立地するのは偶然ではなく，モデルが示す複数の採集地の確保という戦略を示している可能性がある。

曽利Ⅴ式新段階には遺跡が小規模化し，「解体期」と解釈できる。寺前遺跡（図3）は，曽利Ⅴ式新段階になると環状集落から300 m ほど離れた地点に住居が営まれている。同じ状況は上原遺跡でも看取できる（図4）。上原遺跡では後期集落もあり，曽利Ⅴ式期の住居は谷内の低地で検出される。こうした住居の占地傾向は，後期的な様相を先取りした「再構成期」の先駆とみることも可能かもしれない。

集住的居住地からせいぜい数百 m 離れて新たに住居を営むことにどのような適応的意義があったのだろうか。上原遺跡 H24 調査区では，住居1軒，土坑1基しか検出されていないが，クルミの外殻を割るのに用いたと推測される敲石が約330点，土器364個体が出土した（佐野2013）。また上原遺跡出土の曽利Ⅳ式，Ⅴ式土器にはマメ類圧痕も数多く検出され，水洗選別で炭化クルミ外殻，堅果類も回収されている。以上の状況をみる限り，生業活動に変化が生じたとは思われない。

このような「解体期」の状況は，生業活動が破綻し地域社会の崩壊につながったと単純に評価

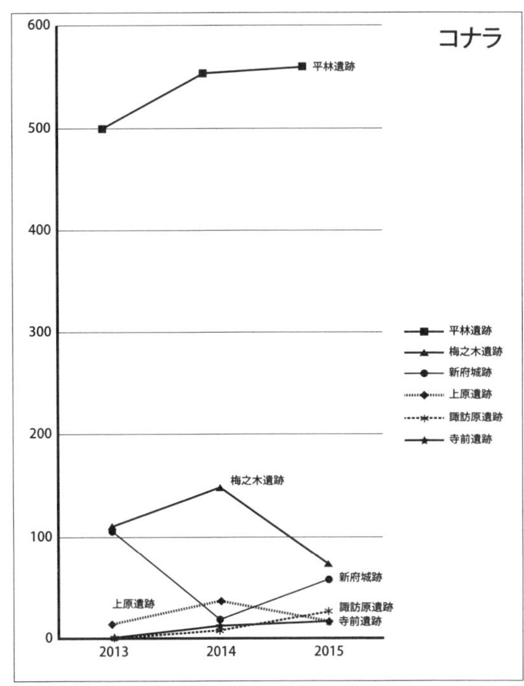

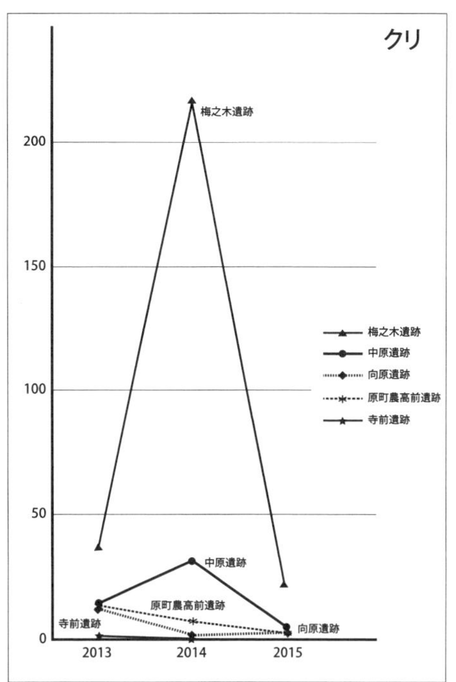

図２　茅ヶ岳西麓における堅果類の結実変動グラフ

できないことを示唆している。むしろモデルに照らしてみると，集住の必要性が失われた，と評価した方が適切である。集住による生活廃棄物の集積，建築材や燃料材の枯渇，居住者間の社会的軋轢といったデメリットが，集住して堅果類を採集し貯蔵することのメリットを上回り，生計戦略上，集住が不利になる状況が生じたと解釈するのである。

集住の必要性が失われた要因は，環状集落の消滅が広域にわたって同時的に認められることから，気候変動などの環境要因であった可能性が高い。しかし，その変化は上原遺跡が示唆するように，中期終末になっても生業活動に大きな変化が認められないことから，植生が大きく変化し，堅果類の収量が壊滅的に減少したといった劇的な変化ではなかったと予想される。おそらく堅果類の豊作—不作の予測可能性が失われて，集住—採集—貯蔵の生計戦略が有効に機能しなくなった可能性がある。環境条件に適応して成功した中期の生計システムは，環境変化が生じたとき柔軟に変形して再適応を試行したのであろう。

おわりに

クリの集約的利用のために成立した集住的な居住形態が失われたことで，社会の維持，再生産のために人と人をつなぐ新たな仕組みが必要となる。中期終末に出現する配石遺構や敷石住居は実利的機能がはっきりしないが，その構築はまさに労働集約的である。配石遺構や敷石住居は関東地方山地寄りから中部地方の内陸部に多い（山本 2010）。石材獲得環境も作用しているのだろ

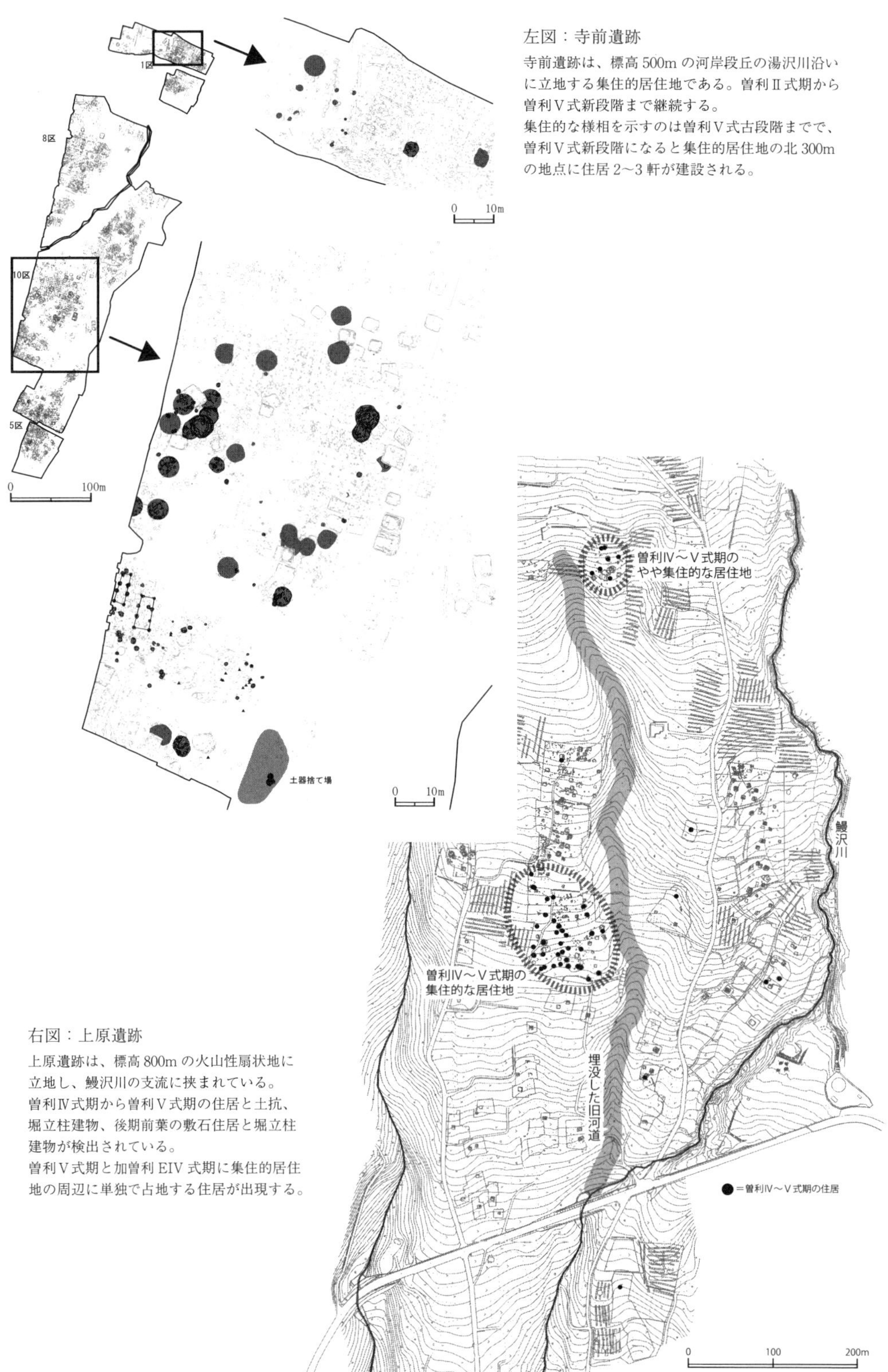
左図：寺前遺跡
寺前遺跡は、標高500mの河岸段丘の湯沢川沿いに立地する集住的居住地である。曽利Ⅱ式期から曽利Ⅴ式新段階まで継続する。
集住的な様相を示すのは曽利Ⅴ式古段階までで、曽利Ⅴ式新段階になると集住的居住地の北300mの地点に住居2～3軒が建設される。
1区
8区
10区
5区
0　100m
0　10m
土器捨て場
0　10m
曽利Ⅳ～Ⅴ式期の
やや集住的な居住地
曽利Ⅳ～Ⅴ式期の
集住的な居住地
埋没した旧河道
鰻沢川
●＝曽利Ⅳ～Ⅴ式期の住居
0　100　200m
右図：上原遺跡
上原遺跡は、標高800mの火山性扇状地に立地し、鰻沢川の支流に挟まれている。
曽利Ⅳ式期から曽利Ⅴ式期の住居と土抗、堀立柱建物、後期前葉の敷石住居と堀立柱建物が検出されている。
曽利Ⅴ式期と加曽利EIV式期に集住的居住地の周辺に単独で占地する住居が出現する。

図３　寺前遺跡・上原遺跡

うが，これら内陸地域において環境変化の影響が一層大きかったことを示唆している。堅果類の採集活動が担っていた「人を集める」役割が失われ，かわって配石遺構や敷石住居が新たに「人を集める」役割を担って出現したと考えると，そこに縄文社会の階層化を介在させなくとも説明が可能となる。茅ヶ岳西麓に再び集住的な集落が形成されるのは後期前葉のことで，中期とは違った生計システムが試行され安定化した結果と考えられる。

山本先生には，梅之木遺跡の史跡指定など公私ともにさまざまなご指導をいただいた。本稿は「こんなものは考古学ではない」と叱られそうであるが，先生が取り組んできた中期末葉の研究を地域ごとに深めるために発想の転換を提案したつもりである。仮説の実証のための作業を進めたい。末筆ながら先生のますますのご活躍をご祈念申し上げたい。

註

1）高橋龍三郎　公開シンポジウム「関東甲信越地方における中期 / 後期変動期　4.3 ka イベントに関する考古学的現象」2013 年 4 月 27 日 28 日　早稲田大学戸山キャンパスのレポート https://www.waseda.jp/flas/rilas/assets/uploads/2015/12/389677f4bdfdec92b445f89bdfd418df.pdf

2）森廣 2010 には奥多摩地域のクリの結実変動が紹介されていて，クリ個体ごとの結実変動がおおむね同調しているものの，その変動幅は一致していない様子が読み取れる。

3）井口直司は，堅果類中のゾウムシ類の幼虫は貴重なタンパク源であったとしている（井口 2012）。筆者も同感であるが，長期間貯蔵する際に食害は深刻な問題であろう。

4）小山ほか 1981 が行った岐阜県飛驒地方の食糧資源研究は，明治初年頃の飛驒地方の成人一人のエネルギー摂取量を 1,851 kcal/ 日と見積もった。さらに飛驒地方赤桶村における獲得食糧資源の状況からエネルギー量の 8 割を植物資源で獲得したと想定した（佐野・大網 2012）。

5）約 30～40 トン。容積にして 48,000 リットル，1 m 立方の浴槽 48 杯分である。

6）小山ほか 1981 が提示した『斐太後風土記』のデータによると，明治 8 年に 15 戸 89 人の人口であった飛驒赤桶村では年あたりクリ 2,000 合，トチ 40,000 合，ナラ 50,000 合，計 92,000 合（92 石）を採集し，農作物の不足を補っていた。人口の半分が採集に従事したとして，採集量は一人あたり年間約 2 石，360 kg であった。

7）表 1 中の土器編年は今福利恵 1999・2014 に従った。また各細分型式ごとの実年代幅は小林謙一 2008 を参考に設定した。

引用・参考文献

荒川隆史　2014「堅果類の保存実験から見た新潟県青田遺跡の縄文時代晩期の貯蔵穴について」『新潟県立歴史博物館研究紀要』15　新潟県立歴史博物館　1-12 頁

井口直司　2012『縄文土器ガイドブック　縄文土器の世界』新泉社

泉　拓良　2014「縄文人の食生活と植物利用」泉拓良・今村啓爾編 2014『講座日本の考古学 4　縄文時代下』青木書店　109-125 頁

今福利恵　1999「縄文時代の編年　中期」『山梨県史』山梨県　354-384 頁

今福利恵　2014『縄文土器の文様生成構造の研究』アム・プロモーション

今村啓爾　1999『縄文の実像を求めて』吉川弘文館
大塚柳太郎　2015『ヒトはこうして増えてきた　20万年の人口変遷史』新潮選書
小畑弘己　2016『タネをまく縄文人　最新科学が覆す農耕の起源』吉川弘文館
金子直行　2007「縄文中期型環状集落の解体過程からみた縄文社会―複雑系科学の視点から―」『縄紋社会をめぐるシンポジウムⅤ　縄紋社会の変動を読み解く予稿集』早稲田大学先史考古学研究所　33-48頁
工藤雄一郎　2012『旧石器・縄文時代の環境文化史　高精度放射性炭素年代測定と考古学』新泉社
小林謙一　2008「縄文土器の年代（東日本）」小林達雄編『総覧縄文土器』アム・プロモーション
小山修三　1996『縄文学への道』日本放送出版協会
小山修三・松山利夫・秋道智彌・藤野淑子・杉田繁治　1981「『斐太後風土記』による食糧資源の計量的研究」『国立民族学博物館研究報告』96巻3号　363-596頁
坂口　隆　2003『縄文時代貯蔵穴の研究』アム・プロモーション
佐々木由香　2014「縄文人の植物利用　新しい研究法からみえてきたこと」工藤雄一郎・国立歴史民俗博物館編『ここまでわかった！縄文人の植物利用』新泉社
佐野　隆　2005「曽利式期遺跡の典型について」『山梨県考古学会誌』15　山梨県考古学協会　1-24頁
佐野　隆　2008『梅之木遺跡Ⅶ』北杜市埋蔵文化財調査報告第26集　北杜市教育委員会
佐野　隆　2013「山梨県茅ヶ岳西麓にみる縄文時代中期遺跡の動態と生業」『シンポジウム山梨・茅ヶ岳山麓における縄文時代中期文化の盛衰　発表要旨・資料集』昭和女子大学文化史学会　11-29頁
佐野隆・大網信良　2012「堅果類の生産量と縄文集落―茅ヶ岳西麓の分析から―」『長野県考古学会誌』143・144号　長野県考古学会　41-50頁
サーヴィス，E・R（松園万亀雄・小川正恭訳）　1977『文化進化論―理論と応用―』社会思想社
サーリンズ，M（山内昶訳）　1984『石器時代の経済学』法政大学出版局
須賀博子　2014「居住形態と食料資源の選択と構成」阿部芳郎編『縄文の資源利用と社会』雄山閣
鈴木保彦　1985「縄文集落の衰退と配石遺構の出現」『日本史の黎明　八幡一郎先生頌寿記念論文集』六興出版
鈴木保彦　2006『縄文時代集落の研究』雄山閣
谷口康浩　2005『環状集落と縄文社会構造』学生社
中塚　武　2012「気候変動と歴史学」平川南編『環境の日本史1　日本史と環境―人と自然―』吉川弘文館
中山誠二　2012「山梨県における縄文時代の植物質食料の利用について」『長野県考古学会50周年記念プレシンポジウム縄文時代中期の植物利用を探る　予稿集』長野県考古学会縄文中期部会　101-108頁
新美倫子　2005「縄文人はクリを毎日採集したのか？」『動物考古学』22　65-72頁　動物考古学研究会
新美倫子・廣木詔三　2000「愛知県における野生クリ（Castanea crenata）の生産量に関する予備的研究（1）」『動物考古学』15号　動物考古学研究会　33-46頁
西田正規　1981「縄文時代の人間―植物関係―食料生産の出現過程―」『国立民族学博物館研究報告』6巻2号　国立民族学博物館　234-255頁
能城修一・佐々木由香　2014「遺跡出土植物遺体からみた縄文時代の森林資源利用」『縄文時代のヒトと植物の関係史　国立歴史民俗博物館研究報告』187　国立歴史民俗博物館　15-48頁
羽生淳子　2015「歴史生態学から見た長期的な文化変化と人為的生態システム　縄文時代前・中期の事例から」『第四紀研究』54（5）　第四紀学会　299-310頁

平岩欣太　2012『観音寺本馬遺跡　京奈和自動車道「御所区間」建設に伴う発掘調査報告書　本文編』橿原市埋蔵文化財調査報告第1冊　橿原市教育委員会

南川雅男　2014a「縄文人の食生活復元　同位体による研究法の再評価」泉拓良・今村啓爾編『講座日本の考古学4　縄文時代　下』青木書店

南川雅男　2014b『日本人の食性　食性分析による日本人像の探求』敬文舎

森廣信子　2010『ドングリの戦略　森の生き物たちをあやつる樹木』八坂書房

文部科学省科学技術・学術審議会資源調査分科会　2015『日本食品標準成分表2015年版（七訂）』

山本暉久　1980「縄文時代中期終末期の集落」『神奈川考古』9　神奈川考古同人会　63-97頁

山本暉久　2010『柄鏡形（敷石）住居と縄文社会』六一書房

横山祐典　2014「縄文時代の気候と海水準」阿部芳郎編『明治大学日本先史文化研究所研究成果公開シンポジウム　縄文文化の繁栄と衰退「縄文時代後晩期停滞説」の矛盾と展開』明治大学日本先史文化研究所　34-37頁

吉川純子　2011「縄文時代におけるクリ果実の大きさの変化」『植生史研究』18　57-63頁

吉川昌伸・鈴木茂・辻誠一郎・後藤香奈子・村田泰輔　2006「三内丸山遺跡の植生史と人の活動」『植生史研究』特別第2号　49-82頁

若山善三　1977『クリ・長期安定の技術と課題』社団法人農山漁村文化協会

長期継続型遺跡における初期農耕の導入の一事例
—新潟県上越市和泉 A 遺跡・籠峰遺跡—

中沢　道彦

はじめに

本稿では縄文時代前期末～弥生時代中期初頭，後期と先史時代に長期に継続する長期継続型遺跡である新潟県上越市中郷区（旧中郷村）和泉 A 遺跡・籠峰遺跡の動態を検討するとともに，レプリカ法（丑野・田川 1991）による出土土器の種実圧痕調査から和泉 A 遺跡において縄文時代晩期後葉以降にアワ，キビなどの大陸系穀物の栽培を導入する状況を示し，新潟県上越地方における初期農耕の導入時期を明らかにする。そして，明らかになった大陸系穀物の導入時期と遺跡や遺物の変化の相関性の検討，周辺地域との比較や大陸系穀物導入の背景などの諸問題を考察する。なお本稿における初期農耕という語は，弥生農耕に繋がるイネ，アワ，キビなど大陸系穀物の水田，畠栽培の初期導入を示す。

1　新潟県上越市和泉 A 遺跡・籠峰遺跡

(1) 和泉 A 遺跡・籠峰遺跡の概要

新潟県上越市中郷区は新潟県南西部の上越地方南部に位置する。妙高山麓部には縄文時代の大規模遺跡が数多く所在するが，和泉 A 遺跡および籠峰遺跡ともその代表例である。

和泉 A 遺跡は 1992～1994 年に調査が行われ，縄文時代中期末～後期初頭の大田切川火砕流堆積物層を間層とし，その下層で縄文時代前期末～中期初頭の遺構・遺物，上層から縄文時代晩期後葉～弥生時代中期初頭の土器 1,300 箱，石器 2,488 点，掘立柱建物址 5 棟，土坑 13 基，ピット 50 基，集石土坑 1 基，遺物集中地点 14 などが検出された（荒川・加藤・寺崎ほか 1999）。遺物集中地点は 14 のブロックごとに主体となる時期を異にし，上越地方の該期土器研究の基礎資料となる（図 2ab）。

籠峰遺跡は 1983～1986 年に調査が行われた。大田切川火砕堆積物の上位に展開する縄文時代後期中葉～縄文時代晩期末の長期継続型遺跡である。遺構は「石棺状配石」約 80 基，竪穴建物跡 9 棟，柱穴列 35 基以上，埋設土器 27 基が検出された。遺物は石鏃 1,115 点，石錐 234 点，磨製石斧 508 点，打製石斧 508 点，土偶 133 点，土製耳飾 1,089 点，石冠 66 点などが出土した

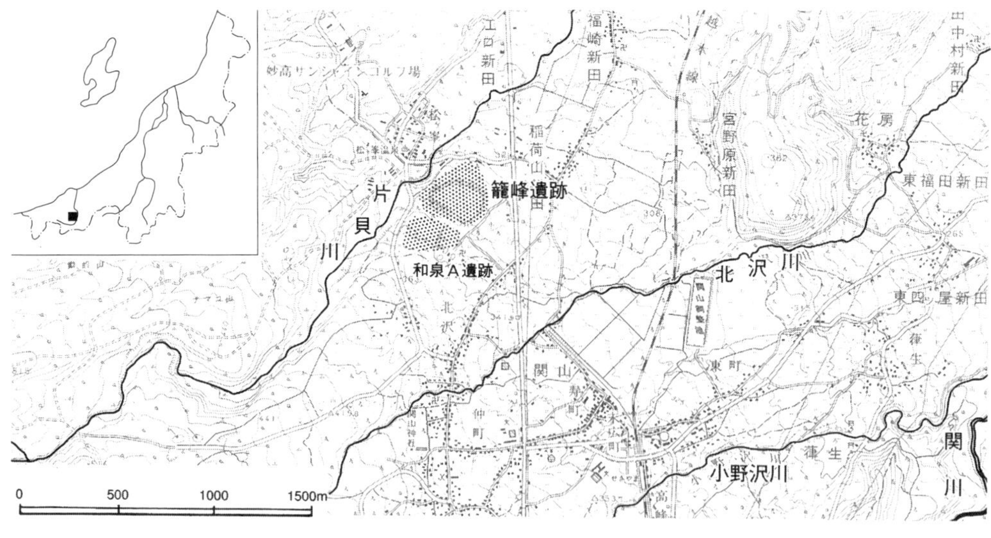

図1　和泉A遺跡・籠峰遺跡の位置

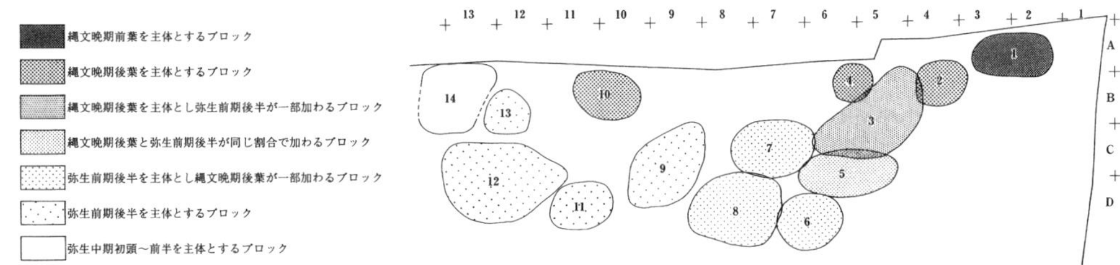

図2a　和泉A遺跡の遺物集中地点

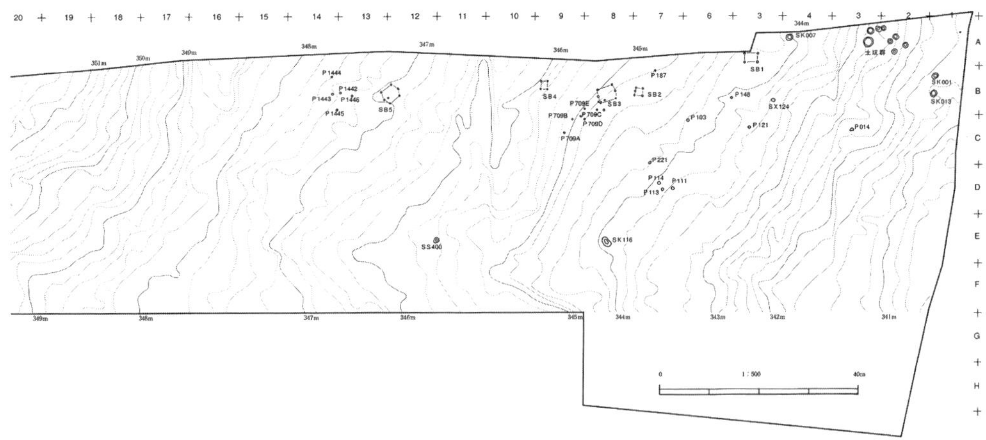

図2b　和泉A遺跡の遺構配置図

(野村ほか 1996・2000)。

両遺跡は隣接し，遺跡の連続時期や位置関係から一体的な遺跡と理解される。遺跡群全体で和泉遺跡の地区が縄文時代前期末～中期初頭，晩期後葉～弥生時代中期初頭の拠点の一つであったと考えられる。両遺跡の標高は330～340 m である。

この他，妙高山麓では「石棺状配石」4基検出，佐野II式新段階がまとまり，編年研究の基準資料になっている上越市中郷区奥の城西峯遺跡，学史上著名な妙高市葎生遺跡があり，晩期研究で重要な遺跡の所在が知られている。また上越市中郷区前原遺跡では女鳥羽川式がまとまり，地域で縄文時代晩期～弥生時代中期初頭までの連綿とした活動が確認できる。

(2) レプリカ法調査の概略

和泉A遺跡上層出土，報告書掲載の縄文時代晩期～弥生時代中期初頭土器を対象に種実圧痕をレプリカ法（丑野ほか1991）で調査した。抽出した圧痕をもつ土器132点，328ヶ所の圧痕からレプリカを作製した。資料抽出・レプリカ作製は中沢，丑野毅，濵田竜彦，石橋広和，須賀博子，別所鮎美，電顕観察は守屋亮，同定は守屋，那須浩郎，佐々木由香，百原新が行っている。正式報告は別稿で行う予定であるが，2016年5月時点の概要を述べる。現時点で晩期前半佐野式でエゴマ5点，大陸系穀物では縄文時代晩期後葉氷I式古段階でアワ1点，アワ？3点，氷I式新段階でアワ2点，氷I式新段階～弥生時代前期氷II式・緒立式でアワ2点，キビ2点，氷II式・緒立1式（一部，緒立2式の可能性あり）でアワ25点，キビ10点，ヒエ属1点，イネ？3点，時期不明でアワ2点，キビ2点を確認した（図3）。また籠峰遺跡採集1点の氷I式古段階土器を中沢がレプリカ法調査を行い，アワ？1点，雑穀の可能性がある種実2点を確認している（図4）。アワ，キビは氷I式古段階には和泉A遺跡・籠峰遺跡で栽培された可能性が極めて高い。

なお，同じ上越市中郷区に所在する奥ノ城西峯遺跡出土の佐野II式新段階を主体とする土器群および前原遺跡出土の女鳥羽川式を対象に種実圧痕の調査を行っているが，イネ，アワ，キビなど大陸系穀物の存在は判然としなかった。

比較のため，土器編年表と各地におけるイネ，アワ，キビの出現状況を示す（表1）。日本列島で最古のイネは島根県板屋III遺跡の前池式，アワは福岡県江辻遺跡，大分県石井入口遺跡の江辻SX1段階，キビは鳥取県桂見II式となる。九州北部，山陰で突帯文土器出現期に最古の大陸系穀物が存在する。西日本全体では突帯文土器群の時期にイネ，アワ，キビの栽培が導入される。

上越地方に接する中部高地では西日本に1，2型式時期が下るが，イネは長野県飯田市石行遺跡で女鳥羽川式もしくは五貫森式系，キビは長野県御社宮司遺跡の女鳥羽川式，アワは山梨県中道遺跡の離山式が最古となる。

中部高地の状況を踏まえれば，上越地方でもキビも離山式・氷I式古段階までは遡り栽培されていたと予想できる。女鳥羽川式まで遡るかの検証は課題となる。前原遺跡の女鳥羽川式および奥の城西峯遺跡の佐野II式を調査した限り，イネ，アワ，キビは確認できなかった。和泉A遺跡の弥生前期氷II式でイネ？が3点確認されている。これらは顆粒状突起をもつが穎が確認されず，イネに絞り込めなかった。東日本弥生前期でイネ栽培が拡大する状況からイネの蓋然性は高いが，確実な資料を待ちたい。

和泉A遺跡・籠峰遺跡を一体で捉えれば，大田切川火砕流堆積物上位に縄文時代後期中葉～弥生時代中期初頭と継続する拠点的な長期継続型遺跡において連綿と生業が営まれていたのだが，

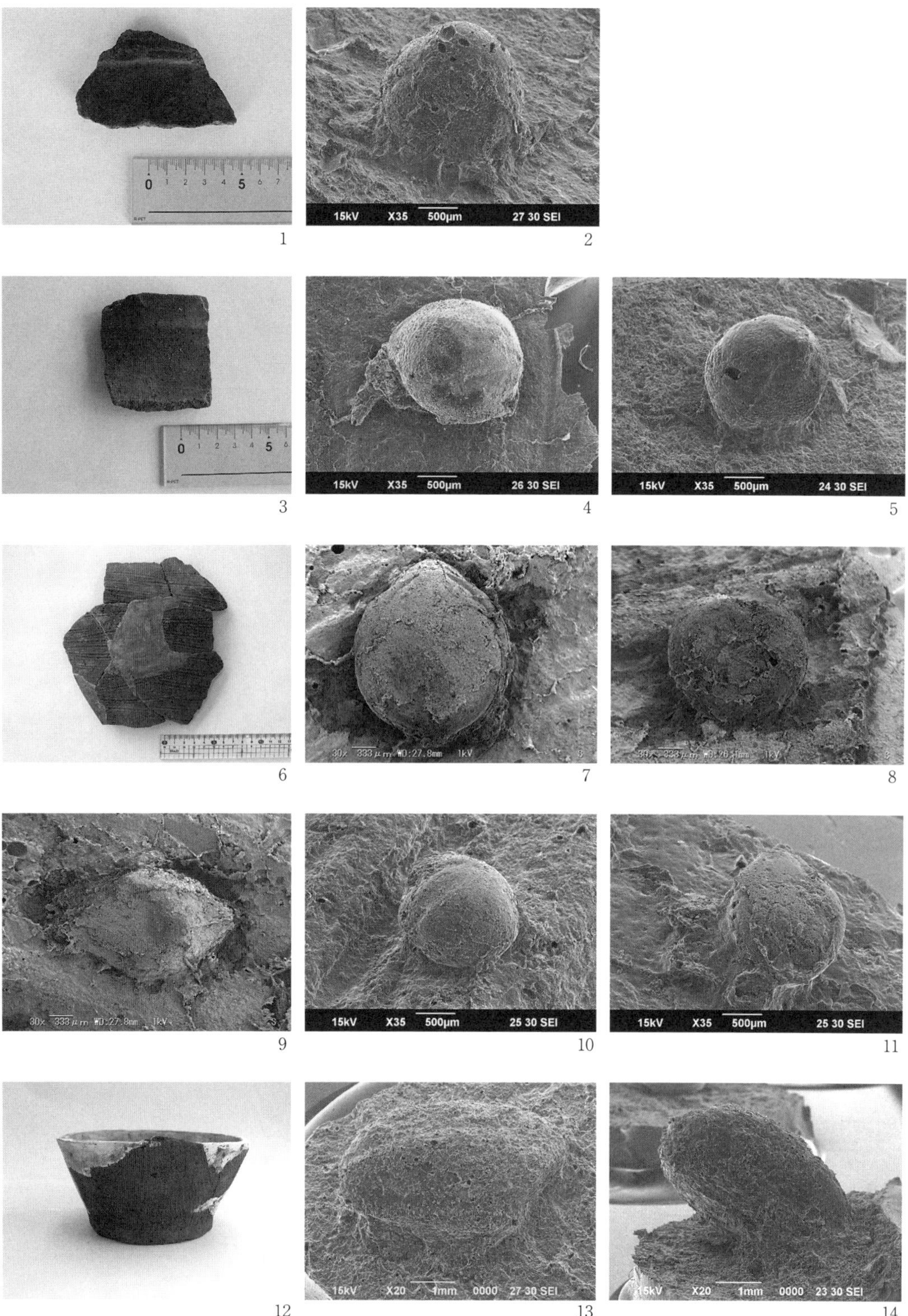

図３　新潟県和泉Ａ遺跡出土土器と走査型電子顕微鏡写真

表１　縄文晩期後半～弥生前期土器編年表と各地のイネ，アワ，キビの出現

推定年代 14CBP	九州	山陰	瀬戸内（四国含む）	近畿	北陸	東海	中部高地	関東	新潟（上越）	新潟（中下越）	東北
2800～2700	「江辻 SX1」（アワ　江辻）（アワ石井入口）	「桂見Ⅰ式」（イネ　板屋Ⅲ）	前池式	滋賀里Ⅳ式	下野式（古）	西之山式	佐野Ⅱ式（古中）	安行 3d 式・前浦式	佐野Ⅱ式（古中）	朝日式	大洞 C2 式（古）
	山の寺式／夜臼Ⅰ式（イネ　上中段）（キビ橋本一丁田）	「桂見Ⅱ式」（キビ　三田谷Ⅰ）（アワ　青木）	津島岡大式（イネ上東中嶋）（イネ　上郷）	口酒井式（イネ口酒井）	下野式（新）	五貫森式（古）	佐野Ⅱ式（新）		佐野Ⅱ式（新）	上野原式	大洞 C2 式（新）
2700～2600	夜臼Ⅱａ式	古市河原田式	沢田式（アワ　叶浦B）	船橋式（キビ宮ノ下）	長竹式（古）	五貫森式（新）（キビ　大西）（アワ　山王）	女鳥羽川式（イネ　石行）（キビ御社宮司）	桂台式・向台Ⅱ式（キビ　田原）	女鳥羽川式	鳥屋１式	大洞Ａ式（古）
2600～2500	板付Ⅰ式／夜臼Ⅱｂ式	古海式	沢田式０／津島式（キビ　三谷）	長原式／第Ⅰ様式（古）	長竹式（新）（イネ御経塚）	馬見塚式	離山式氷Ⅰ式（古）（アワ　中道）	杉田Ⅲ式・千網式	離山式氷Ⅰ式（古）（アワ　和泉Ａ）	鳥屋 2a 式	大洞Ａ式（新）
2500～2400	板付Ⅱａ・ｂ式	「前期２式」	高尾式	第Ⅰ様式（中）	柴山出村式（古）	樫王式（イネ　大西）	氷Ⅰ式（中新）	杉田Ⅲ式・千網式／荒海式（アワ　平沢道明）	氷Ⅰ式（中新）	鳥屋 2b 式	大洞 A' 式
2400～2300	板付Ⅱｃ式	「前期３式」	門田式	第Ⅰ様式（新）	柴山出村式（新）	水神平式	氷Ⅱ式	（境木）・荒海式・沖Ⅱ式（イネ　中屋敷）	氷Ⅱ式（キビ　和泉Ａ）（イネ？　和泉Ａ）	緒立式（雑穀？緒立）	砂沢式（イネ生石Ⅱ）

現時点において各地域で最古のイネ，アワ，キビデータを土器編年上に示した　2016 年 12 月現在

1

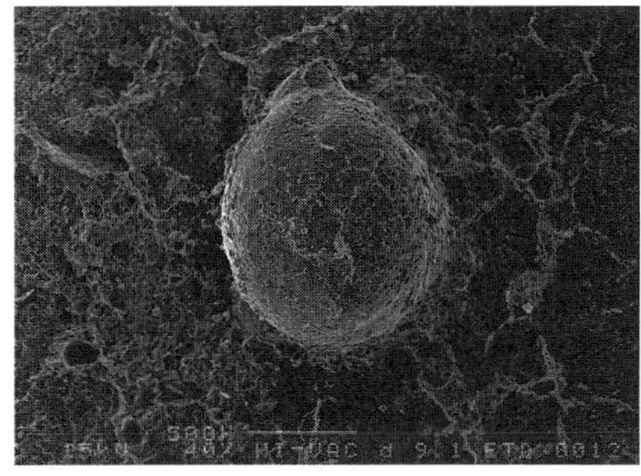
2

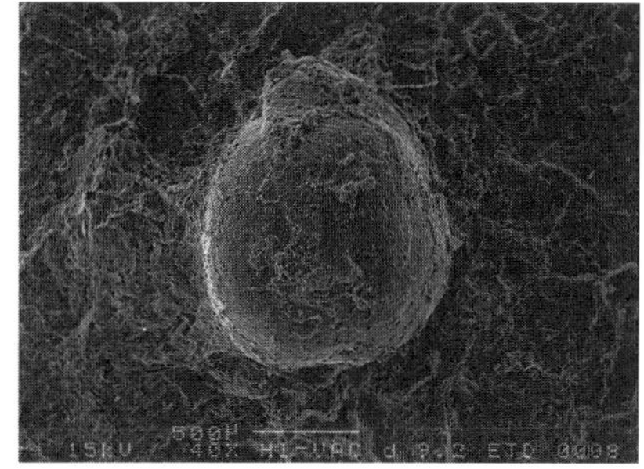
3

図４　新潟県籠峰遺跡出土土器と走査型電子顕微鏡写真

縄文晩期後葉氷Ⅰ式古段階には伝統的な生業に大陸起源のアワ，キビ栽培が加わったと評価できる。

2　和泉Ａ遺跡・籠峰遺跡から派生する問題

レプリカ法データを和泉Ａ遺跡・籠峰遺跡に戻し，派生する問題を検討する。

(1) 和泉Ａ遺跡・籠峰遺跡の継続と遺構

和泉Ａ遺跡，籠峰遺跡は遺跡の連続時期や位置関係から一体的な遺跡であるが，和泉Ａ遺跡の地区が縄文時代前期末～中期初頭，晩期後葉～弥生時代中期初頭の拠点であったと考えられる。籠峰遺跡では晩期後葉～弥生中期初頭の遺構は判然としないが，和泉Ａ遺跡では掘立柱建物址が５棟検出されている（図 2b）。型式レベルの時期の絞り込みは難しいが，該期の遺構と考えるべきだろう。調査所見ではこの他にもピット群から掘立柱建物に復元できる可能性も指摘されている。まずは和泉Ａ遺跡を集落遺跡と考えるべきだろう。和泉Ａ遺跡では時期を違えた 14 ブ

ロックの遺物集中地点が弧状に分布するが，5棟の掘立柱建物はその内側に位置する。掘立柱建物の集落域と遺物集中地点の廃棄域は隣接するが，分離する。

中部高地では長野県御社宮司遺跡や中島A遺跡の事例などから縄文晩期後葉浮線文土器群の時期には丘陵・段丘や山麓などの立地が選択，また微高地で集落域，湿地部の斜面域が廃棄域で構成されるという指摘がある（百瀬1987・1994）。一方，上越地方の和泉A遺跡では，斜面地の高位に集落域，低位が廃棄域となり，集落域と廃棄域が分離される状況は一致するが，斜面地を一体的に利用する点が異なる。

また中部高地の事例を中心に縄文晩期後葉〜弥生中期初頭の遺跡は該期の範囲に収まり，小規模化し，これを「遊動的」「不安定」と捉え，焼畑による雑穀栽培導入により移動生活の結果とする仮説もある。和泉A遺跡上層のみを捉えると遺跡継続時期は同様の範囲となる。しかし，和泉A遺跡・籠峰遺跡を一体的な遺跡としてとらえると，連綿と営まれた長期継続型遺跡において縄文時代晩期後葉〜弥生時代中期初頭の時期の拠点が和泉A遺跡の地点に移ったというのが実態だろう。和泉A遺跡の事例から，中部高地などで縄文晩期後葉〜弥生中期初頭の範囲に収まるとされた遺跡のなかにはそれ以前から継続しながら，地点を変えて該期に生活を営んでいた例もあったと考えられる。

例えば東海の静岡県山王遺跡D地区は氷Ⅰ式主体の遺跡であり，継続期間がその前後で縄文晩期後葉〜弥生前期の範囲となるが，遺跡の周辺に縄文中期後半〜後期前半の破魔射場遺跡があり，富士川西岸河岸段丘遺跡群として，長期継続型遺跡の縄文晩期後葉〜弥生前期の時期の拠点が山王遺跡D地区であったという例がある。

(2) 石器組成について

中部高地や東海ではアワ，キビ栽培が開始される晩期後葉に浮線文土器期・突帯文土器期に打製石斧が増加することが知られ，それが雑穀栽培導入によるという仮説も提案されていたが，（岡本1966，和田1982，石川1988b），筆者らはレプリカ法でその相関性を検証した。アワ，キビについては徳島県庄・蔵本遺跡，同県三谷遺跡の事例から畠栽培によるものと考えるが，中部高地や東海ではアワ，キビの畠栽培を導入するにあたり，畠の耕起に伝統的な土掘り具の打製石斧を採用し，その結果，打製石斧が増加したと考えている（中沢2011・2012ほか）[1)]。では，上越地方の状況を確認しよう。

上越地方において，佐野Ⅱ式新段階主体の奥の城西峯遺跡では石鏃4点，打製石斧3点，磨製石斧石斧2点，磨石・凹石22点，石皿1点，晩期後葉〜弥生中期初頭の和泉A遺跡上層では石鏃87点，石錐8点，石匙69点，打製石斧28点，磨製石斧20点，磨石・凹石83点，石皿3点出土する。縄文晩期後葉以降に打製石斧の増加傾向は指摘できる（表2）。和泉A遺跡では14の遺物集中地点がある。大局的には晩期後葉主体の2〜4・10ブロックでは上層では異質の分銅型打製石斧などが少数出土，弥生時代前期に縄文時代晩期後葉が若干加わる6〜8ブロックで安山岩や硬砂岩性の撥形打製石斧が多数出土，弥生時代前期主体の9・11〜13ブロックで撥形が1

表2　上越・中部高地・東海における縄文時代晩期遺跡の石器組成

遺跡名		奥の城	和泉Ａ上層	山ノ神	佐野（1次）	宮崎	宮崎2号住居	氷（1・2次）	トチガ原
所在地		新潟県	新潟県	長野県	長野県	長野県	長野県	長野県	長野県
		上越市	上越市	飯山市	山ノ内町	長野市	長野市	小諸市	大町市
立地		舌状台地	山麓	扇状地	扇状地	扇状地	扇状地	崖錐状傾斜地	沖積地
主体時期		晩期 中後葉	晩期後葉 ～ 弥生中期初頭	晩期中葉	晩期前葉	晩期全般	晩期前葉	晩期後葉 ～ 弥生前期	晩期 後葉
		佐野Ⅱ式新 段階主体	晩期後葉 ～ 弥生中期初頭	佐野Ⅰ式 ～ 佐野Ⅱ式	佐野Ⅰ式	晩期初頭 ～ 氷Ⅰ式	佐野Ⅰａ式	氷Ⅰ式 ～ 氷Ⅱ式	氷Ⅰ式 新段階
遺物名	石鏃	4	87	46	1000以上	571	34	43	4
	石錐	0	8	8	80	81	2	2	0
	石匙	0	69	0	3	3	2	0	0
	打製石斧	3	28	0	0	15	0	29	25
	磨製石斧	2	20	2	6	21	2	4	0
	磨・凹石	22	83	1	11	30	0	32	0
	石皿	1	3	2	4	2	0	0	0
	石錘	0	0	0	0	0	0	0	0

遺跡名		石行	御社宮司	経塚	うどん坂Ⅱ	荒神沢	山王	五貫森	馬見塚Ｆ地点
所在地		長野県	長野県	長野県	長野県	長野県	静岡県	愛知県	愛知県
		松本市	茅野市	岡谷市	飯島町	駒ヶ根市	富士市	豊橋市	一宮市
立地		丘陵斜面	扇状地	扇状地	河岸段丘上	河岸段丘上	丘陵	沖積地	沖積地
主体時期		晩期後葉 ～ 弥生前期	晩期後葉	晩期後葉	晩期後葉	晩期後葉	晩期後葉	晩期後葉	晩期後半
		氷Ⅰ式 新段階	氷Ⅰ式	氷Ⅰ式 新段階	氷Ⅰ式新段 階か氷Ⅱ式	氷Ⅰ式 古段階	氷Ⅰ式併行	五貫森式 新段階	五貫森式 古段階
遺物名	石鏃	238	422	20	11	21	—	10	218
	石錐	84	63	6	1	1	2		30
	石匙	2	1	0	0	0	2		2
	打製石斧	391	423	64	36	135	110	31	32
	磨製石斧	24	21	5	1	7	8	13	33
	磨・凹石	80	113	4	4	24	0		3
	石皿	2	5	0	0	0	0		
	石錘	0	1	0	0	10	0		1

五貫森遺跡と馬見塚遺跡報告の「扁平剝片石器」は打製石斧，「敲製石斧」は磨製石斧に含める。　　中沢2012を改変

点出土する。全体では弥生時代前期に特に数が増加する可能性がある。

上越地方でも中部高地，東海と同様に縄文時代晩期後葉～弥生時代前期に打製石斧が増加する。これらはアワ・キビの畠栽培に用いられたと考えられる。

(3) 土器の器種組成変化について

日本列島各地で初期農耕導入期は各地域で時期差はあるが，大型壺の出現，壺の増加，浅鉢の減少など，土器の器種組成が変化し，その相関性が指摘されている（石川1988b，阿部1995）。前述のとおり，レプリカ法による和泉Ａ遺跡出土土器の種実圧痕調査から，上越地方では氷Ⅰ式古段階にはアワ，キビの導入が判明し，弥生時代前期氷II式併行ではイネが導入された可能性がある。これらは栽培されたものと考えられる。明らかになった上越地方の大陸系穀物栽培導入

表3　上越地方の土器器種組成の変化

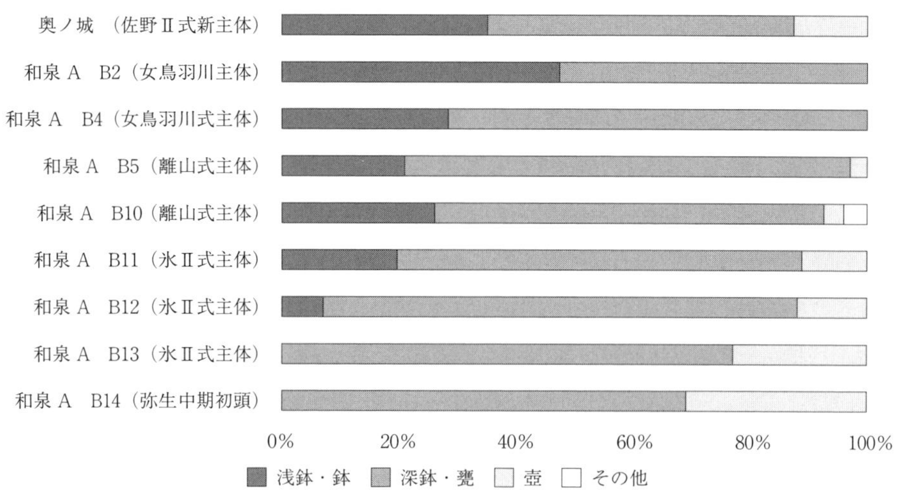

の時期と器種組成の変化の相関性を検証する。

和泉A遺跡報告では14のブロックの土器器種組成データが示されている他，同じ上越市奥の城西峯遺跡出土資料の器種を筆者らがカウントした。佐野II式新段階主体の奥の城西峯遺跡で浅鉢・鉢35.1％（99点（注口1点含む）），深鉢・鉢52.1％（147点），壺12.8％（36点）を確認し，奥の城西峯遺跡，和泉A遺跡遺物集中地点の器種組成比率を表で示した（表3）。なお，土器編年は中部高地の編年を用いている。

浅鉢の比率の変化を確認する。佐野II式新段階主体の奥の城西峯遺跡では浅鉢が35.1％，和泉A遺跡では女鳥羽川式主体とするブロック2・3・4では浅鉢がそれぞれ43％，12％，29％，離山式主体とするブロック5・10で浅鉢が21％，25％，氷II式・緒立1式を主体とするブロック11～13で浅鉢が19％，7％，0％となる。中部高地では，氷I式主体の長野県氷遺跡，御社宮司遺跡で浅鉢3割の組成が，氷I式新段階で浅鉢が1割程度に減少する。和泉A遺跡の各ブロックが氷I式各細分と対応している訳ではないが，弥生時代前期の浅鉢減少の傾向は中部高地と一致する。筆者は中部高地における縄文晩期最終末の浅鉢の減少を稲作導入による調理工程の変化（阿部1995）の結果と考えているが，新潟県上越地方の和泉A遺跡には弥生時代前期の籾圧痕の可能性がある例が3点ある。和泉A遺跡は妙高山麓に立地するが，鳥取県智頭枕田遺跡など中国山地の山間部で突帯文土器期にイネ栽培が認められる状況から，上越地方妙高山麓部の和泉A遺跡でも弥生時代前期にはイネの栽培が，アワ，キビの畠栽培とともに行われていたと推定しているが，検証は課題で残る。

最後に

和泉A遺跡・籠峰遺跡ではなぜアワ，キビ栽培を導入したのか。かなり難しい問題だが，導入の実態や背景の問題に簡単に触れる。和泉A遺跡上層では磨石・凹石83点，石皿3点が出土する。縄文時代晩期～弥生時代中期初頭のある時期まで堅果類利用が積極的に行われ，伝統的な生業に氷I式古段階でアワ・キビ栽培が加わった状況だ。和泉A遺跡・籠峰遺跡では畠などの生産遺構は検出されていない。山麓斜面の和泉A遺跡ではアワ・キビ栽培の畠は弧状に掘立住居跡が位置する集落域の上位が想定される。集落域の下位に廃棄域が位置するからだ。仮に弥生時代前期に水田による稲作が導入されたとすれば，山麓部でも河道や湧水地の湿地利用の小規模水田を想定できる。もちろん，検証は後日に期待するしかない。

例えば初期農耕導入の背景を気候変動に求めることは難しい。筆者は阪口豊の研究から縄文後晩期に寒冷化があり，甲元眞之，鈴木正博による砂層，クロスナ層の堆積と遺跡立地と気候変動との関係性の研究から弥生時代前期後半（東日本の弥生時代前期）では，「緩やかな温暖化」があるとする立場である（阪口1989，甲元2005，鈴木2007）。一方，気候の寒冷化による生業の行き詰りで初期農耕を導入したとは考えていない。和泉A遺跡上層では磨石・凹石83点，石皿3点が出土し，アワ，キビ栽培を導入した縄文晩期後葉でも堅果類利用が想定される。それらは籠峰遺跡で縄文後期中葉から継続する伝統的な生業である。導入状況としては縄文時代の多様な資源開発の一環として，列島に拡散している有用なアワ，キビ栽培を導入したのではないか。

なお気候変動は初期農耕の導入よりも，その拡散に関係性をもたないか。東日本では弥生時代前期にイネ栽培の範囲が東北北部まで拡大する。温かい長江中下流域起源と考えられるイネの東日本弥生前期の拡大と「緩やかな温暖化」とは関係性が説明できる。

本稿を草するにあたり，以下の諸氏に御教示，御協力いただいた。厚く御礼を申し上げたい。
阿部芳郎　荒川隆史　荒川知英子　石橋広和　丑野毅　佐々木由香　設楽博己　須賀博子　関原敏郎　竹林香菜　友野嵩也　那須浩郎　羽深忠司　濱田竜彦　別所鮎美　百原新　守屋亮　渡邊朋和　渡邊裕之

註

1）学史的には神田孝平，大山柏，藤森栄一の縄文中期農耕論，賀川光夫の後晩期農耕論，また最近ではレプリカ法による縄文中期土器のマメ圧痕の多数検出例から打製石斧の増加を縄文時代の畠作耕起具と捉える仮説がある。これらは，土掘り具の機能をもつ打製石斧から想定される多数の用途のなかから，畠の耕起に用いられたと証明する必要があり，また，縄文時代の畠や焼畑の存在を証明する必要がある。一方，筆者の中部高地・東海の縄文時代晩期後葉～弥生時代前期の打製石斧の増加をアワ・キビ栽培導入と結びつける見解は，徳島県庄・蔵本遺跡の畠址，同県三谷遺跡出土土器のアワ・キビ圧痕の存在から，アワ・キビ畠作を前提とし，アワ・キビ栽培において存在するはずの耕起具について，中部高地，東海では打製石斧の増加に注目した。前者の一連の仮説とは論の構築の過程が基本的に異なる。

参考引用文献

阿部芳郎　1995「縄文時代の生業―生産組織と社会構造―」『展望考古学』考古学研究会　47-55頁
荒川隆史・加藤学・寺崎裕介　1999『和泉A遺跡』新潟県埋蔵文化財調査事業団

石川日出志　1988a「土器」『季刊考古学』第23号　雄山閣　48-52頁
石川日出志　1988b「伊勢湾沿岸地方における縄文時代晩期・弥生時代の石器組成」『〈条痕文系土器〉文化をめぐる諸問題―縄文から弥生―資料編Ⅱ・研究編』愛知考古学談話会　117-124頁
丑野毅・田川裕美　1991「レプリカ法による土器圧痕の観察」『考古学と自然科学』24　日本文化財科学会　13-36頁
岡本　勇　1966「弥生文化の成立」『日本の考古学Ⅲ弥生時代』河出書房　424-441頁
甲元眞之　2005「考古学研究と環境変化」『西海考古』第6号　西海考古同人会　5-11頁
小林秀夫・百瀬長秀・和田博秋ほか　1982『長野県中央道埋蔵文化財包蔵地発掘調査報告書茅野市その5』長野県教育委員会
阪口　豊　1989『尾瀬ヶ原の自然史』中央公論社
鈴木正博　2007「「荒海海進」と鳥屋遺蹟のヤマトシジミ貝塚」『利根川』29　利根川同人　18-29頁
中郷村教育委員会編　1987『籠峯遺跡発掘調査概報』中郷村教育委員会
中沢道彦　1998「「氷Ⅰ式」の細分と構造に関する試論」『氷遺跡発掘調査資料図譜第三冊』氷遺跡発掘調査資料図譜刊行会　1-21頁
中沢道彦・丑野毅　1998「レプリカ法による縄文時代晩期土器の籾状圧痕の観察」『縄文時代』9　縄文時代文化研究会　1-28頁
中沢道彦　2011「長野県荒神沢遺跡出土縄文時代晩期後葉土器のアワ・キビ圧痕の評価に向けて」『利根川』33　利根川同人　16-26頁
中沢道彦　2012「氷Ⅰ式期におけるアワ・キビ栽培に関する試論」『古代』128　早稲田大学考古学会　71-94頁
中沢道彦　2013「レプリカ法による静岡県富士市山王遺跡出土土器の種実圧痕の調査と派生する問題」『東海縄文論集』東海縄文研究会　69-77頁
中沢道彦　2013「新潟県上越市籠峰遺跡出土氷Ⅰ式土器の種実圧痕について」『新潟考古学談話会誌』新潟考古学談話会　27-28頁
中沢道彦　2014『日本海学研究叢書　先史時代の初期農耕を考える―レプリカ法の実践から―』富山県観光・地域振興局　国際・日本海政策課
中沢道彦・羽深忠司　2015「長期継続型遺跡と初期農耕の導入―新潟県上越市和泉A遺跡・籠峯遺跡の事例―」『明治大学日本先史文化研究所研究成果公開シンポジウム　縄文文化の繁栄と衰退Ⅱ―「縄文時代後晩期停滞説」の矛盾と展開―』2　明治大学日本先史文化研究所　21-26頁
中沢道彦　2015「長野県域における縄文時代終末の初期農耕導入について」『長野県考古学会誌』151　長野県考古学会　9-23頁
中沢道彦　2016「長野県御社宮司遺跡の生業復元試論」『魂の考古学―豆谷和之さん追悼論文集―』豆谷和之さん追悼事業会　163-172頁
野村忠司ほか　1996『籠峰遺跡発掘調査報告書Ⅰ』新潟県中郷村教育委員会
野村忠司・渡邊朋和・荒川隆史　2000『籠峰遺跡発掘調査報告書Ⅱ』新潟県中郷村教育委員会
野村忠司　2015『釜蓋遺跡ガイダンス定期講座　第12回　縄文時代の上越―籠峰遺跡を中心に―』
百瀬長秀　1987「中島A遺跡」『中央自動車道長野線埋蔵文化財発掘調査報告書1』長野県埋蔵文化財センター　253-351頁
百瀬長秀　1994「浮線文期遺跡分布論」『中部高地の考古学Ⅳ』長野県考古学会　165-200頁

縄紋集落の継続・断続

小林　謙一

はじめに

縄紋集落の実態を探っていくために採られるアプローチには大きく二つの途がある。一つは，機能的な推論の積み上げであり，発掘調査のデータを通して個々の遺構の在り方から遺跡の構造を復元していく方法である。もう一つは，演繹的なアナロジーとして様々な知見を援用する推論であり，民族誌や人類学的知見，社会進化論的モデルから現代の常識論的な知見まで含めて過去の社会を推し量る手段である。実際には両者が敢然と区分されることはなく，例えば縄紋時代集落研究の大きなアドバンテージとなっている廃棄研究も，小林達雄（1965）による米島貝塚での調査所見に様々な知見を重ねていくことで「廃棄パターン論」と止揚されモデル論的な理解の枠組みとして，縄紋集落・縄紋社会を読み解くツールに利用されてきた。同時に，考古学的調査での検証を経て，パターン論としては清算されつつ廃棄研究として再構築されたと評価できる（山本1993など）。同様の道筋は「井戸尻編年」「原位置論」など，多くのケーススタディにおいて，たどった道筋であるといえる（小林2012a）。現在も，例えば安孫子昭二（2007）に代表される縄紋集落景観論や谷口康浩（2005ほか）に代表される縄紋集落の二項対立論は，時に迷走と評されるような試行錯誤を重ねつつ，調査事例のなかで検証が試みられ，いわば遺跡に問うことで実証的な検討が重ねられて，一歩ずつ過去の復元へと向かっていると期待できる。また逆に遺跡調査のなかでも仮説的なテーマが設定できなければ，考古学的事実を見出せないこともあり得る。例えば，住居跡の埋没状況を探るうえで，一次埋土・二次埋土の区分を仮説的に認識し住居覆土の分層を試みたうえで土層内容物や遺物出土状態を分析し，自然科学的手法をも加味して調査のなかで実践していかなくては，遺構の利用のされ方について実態としての把握に迫ることは難しい。そのために，遺構のライフサイクルを仮説的に設定し，遺構調査の基盤とすることを提案した（小林2004ほか）。

筆者は，努めて機能的・実証的研究を採用するものであるが，考古学的資料の特性や遺跡化に至る形成過程を勘案するならば，当然すべての情報を手にすることのできない考古学研究においては，多様な方法論を採用していくべきと考える。その手段が自然科学的方法や，遺跡形成理論，例えば全点ドット記録と遺構間接合という考古学的基礎作業を前提とした集落フェイズ設定であり，真の意味での集落の一時的景観復元であると考える。

近年，山本典幸（2016）から筆者の集落復元の方法論についての批判を受けた。山本が言うように筆者による集落分析に推定が入っている点は否定しないが，集落フェイズ設定や一時的景観の意義に対する批判には多くの点，特に「同時機能」や「景観」の定義について同意しえない批判点をもつ。本稿での目的とそぐわないため，ここでは直接反論することは避けるが，例えば筆者が行っている炭素14年代測定を援用した時間的検討についても，現時点では実証性という点で十分ではないことは認識し，検証を個別の測定例の積み重ねやウイグルマッチングなどの方法論的整備を進めつつ，集落研究の新たなツールとしての有効性を主張することで，（批判的観点も含め）研究の進展を図っていくことを念じ，筆者なりの縄紋集落復元の検討を重ねている次第である。

本稿では，トピック的な扱いになるが，上述の目的の下に，筆者を含む「新地平グループ」による南西関東地方における横切り集落論の検討結果に基づき，炭素14年代測定を基とした「新地平編年」の実年代推定を援用して，集落の継続時間および継続・断続，さらには推定される継続年数についての議論を試みたい。

1　方法と対象資料

小林2009の論文において，2007年度版の東京都の集落データの集計途中での中間的データを用い，竪穴基数（構築した竪穴数）と生活面数（連続的な居住を維持するための居住活動の単位）として10年ごとの住居数を推定した（小林2009）が，本稿でもその際の10年ごとの住居の基数に標準化する方法をとる。実際の同一時期における同時機能住居と一致するかは決定できず，推定の域を出ないが現行においては考古学的データとして最も細かい時間幅での住居把握であり，同時機能住居数の推定に最も近い数値ととらえたい。

本稿で扱う集落データは，縄紋集落の生態論（西本ほか2001）のために検討した武蔵野台地東部の縄紋中期集落の集成（小林ほか2002），2007年度に八王子市域まで集落データ集成を補完した「縄文時代中期集落（東京都内）データベース」（小林2012b）に掲載した，新地平編年31細別時期（黒尾ほか1995・小林ほか2004）による住居軒数のデータを対象とする。前稿（2009）において南西関東中期の住居数の実態を検討した際には，武蔵野台地東部を中心に，筆者が集成したデータおよび目黒区大橋遺跡のデータ（小林2002），新地平シンポジウムにおける集成データ（縄文集落研究グループ1995），大野尚子による下野谷遺跡（大野2003），武川夏樹による原山遺跡（武川2003），宇佐美哲也による弁財天池遺跡（宇佐美2006）ほか，集落調査事例を集成したものである。武蔵野台地東部（東京区部・狛江市・三鷹市・調布市）で19集落遺跡420竪穴住居跡（掘込みによる基数），武蔵野台地西部および多摩丘陵部（国立市・立川市・町田市・多摩市・稲城市・日野市・八王子市・川崎市・藤沢市）で13集落遺跡333竪穴住居跡（掘込みによる基数），合計753基の竪穴が集計された（小林2009）。

本稿で基本データとする「縄文時代中期集落データベース（東京都内）」（小林2012b）は，上記の川崎市・藤沢市は含めていない。この集落データベースには調査・報告が不十分なために住居の実態がわからず概算で記載した集落があるが，本稿では住居軒数を算出できた集落のみを対象とした。なお，集落データベース作成後も調査例は増えており，集落事例および個別の集落における住居数が増加した例があるが，ここでは2012年度版を用いる。

ただし，すべての集落データにおいて，新地平編年の時期ごとに出土土器から住居軒数を割り振ったのであって，それ以上の細かい集落動態はつかめていない。これまでにも論じてきたように，土器型式・細別時期の年代幅よりも住居の作り替えの時間幅の方が短いことは明らかである。よって，集落の一時的景観を探るためには，土器細別時期以上の細かい時間幅での集落動態の時間区分が必要である。そのために，住居ライフサイクルと遺構間接合を加味したフェイズ設定が有効であることを示してきた（小林2004ほか）が，そうした分析が可能な事例は現時点では多くはない。次節に，フェイズ設定によって細かな集落動態を明らかにしえた二つの集落をまず取り上げて，同時機能住居を推定しての一次的景観における集落の実態を探れるかをみておきたい。

2　分析　フェイズ設定による集落動態の時間幅

対象とした一つ目は目黒区大橋遺跡で，小林・大野1999および小林2016bによる分析結果を用いる。二つ目は，多摩ニュータウンNo.300遺跡（可児1994）を分析した結果（後藤・小林2016）である。

時間軸については，小林（2004・2016a）による時期別の推定年代を用いる。また，重複住居の炭素14年代測定結果（小林2004）から，一つの住居の耐用年数を10年と仮定して検討を進める。

目黒区大橋集落　大橋集落（小林ほか1998）については，これまでも取り上げてきたように，1・2次（竪穴93基117面）・3次（竪穴7基）調査による約12,000平米の台地上の発掘によって，中期集落が展開していたと予想される範囲の8割程度は確認され，加曽利E2式～4式（新地平11c期～13期）に属する100基の竪穴住居跡が検出された。遺構間接合とライフサイクルモデルを用いて同時存在住居に近いと推定し得る住居のグループを0～10フェイズ・計12段階に区分した（表1）。このうち，1・2次調査の竪穴生活面107面についてフェイズ比定を行ったが，出土土器のない1・2次の10面および情報の少ない3次調査の竪穴7基の合計17軒分の住居については帰属フェイズが不明である。そのため，あくまで便宜的な推定に過ぎないが，帰属時期不明の17軒について計12フェイズに存在する確率を等しいものと仮定し，各フェイズに平均値である1.41軒分を加算する。さらに，調査が及ばないまたは後世の攪乱などで遺存していない住居の存在の可能性を，全体からの調査比率と推定した80%から，調査で把握できなかった分として25基分（生活面数は不明であるから最低25面と捉えることとする）の住居が存在した可能性を勘案し，各フェイズに割り振って2.08軒の住居が加算される可能性を加える。両者を足すと3.49軒すなわち3～4軒が加算される可能性があると考える。あくまで仮定の値なので，各フェイズに最低3軒が加算される可能性を示すと捉え，推定住居数として各フェイズに3軒を加算する。

表1　目黒区大橋遺跡の動態（計100基124面，推定調査面積80%，時期不明17軒）

フェイズ	新地平編年	推定年数	竪穴基数	うち継続	推定住居数（+3軒）	10年ごと
0	11c2	～20	2		5	2～5
1	12a期1/2	20	6	0	9	4.5
2	12a期2/2	20	7	4	10	5
3	12b期1/5	16	8	1	11	6.9
4a	12b期2/5	16	11	3	14	8.8
4b	12b期3/5	16	8	3	11	6.9
5	12b期4/5	16	14	6	17	10.6
6	12b期5/5	16	16	5	19	11.9
7	12c期1/2	35	12	3	15	4.3
8	12c期2/2	35	13	2	16	4.6
9	13a	50	5	1	8	1.6
10	13b	50	5	0	8	1.6～8

次に，各フェイズの較正年代から推定される継続期間（ただし新地平12b期80年と推定されるフェイズ3～6は平均化して1フェイズ16年というように仮定する）と，その年数を住居の平均使用年と仮定する10年で標準化するために，推定住居軒数/推定継続期間/10年で推定存在住居数を算出する。その結果を表1の推定軒数として示す。集落の最初と最後は，推定期間の全てを居住期間とできないため，推定住居数は幅が出てしまう。集落がおおむね継続的に営まれていると考えているフェイズ2～8にかけては一定の住居が営まれていたと推定できる。当初段階のフェイズ1～2および最終段階のフェイズ7～8は同時期に4～5軒，安定的に集落が営まれていると考えられるフェイズ3～6は6～12軒，特にフェイズ5・6は10～12軒と最大数になる。

以上の集落動態を筆者が推定している新地平編年ごとの年数に換算して継続期間を求めると，大橋集落が連続的に定住集落として営まれている可能性が高いフェイズ2-8（新地平編年12a-12c期）は最大で170年，最初の段階（フェイズ2）や最後の段階（フェイズ8）が短いと考えると表1に示した推定年数のそれぞれの年数を除いて115年間の定住期間が考えられる。その前後に断続的に少数の住居で集落が営まれていると考えられ，フェイズ1からフェイズ10まで最大290年間，最初のフェイズ1と最後のフェイズ10を短く考えると最短220年間について，この地点が集落のためのセツルメントとして占地されていたと捉えられよう。

八王子市多摩ニュータウンNo. 300遺跡集落　多摩ニュータウンNo. 300遺跡（当初西側部分はNo. 139遺跡（1-10住）として調査されるが中断後にNo. 300遺跡とされた）（可児1994）は，大栗川支流太田川に向かって開口する支谷に挟まれた標高130.5 mの丘陵上に位置し，集落は東西両斜面に展開する。集落推定範囲5,000 m^{2}のうち計4,000 m^{2}の丘陵斜面の大部分が調査されている。縄紋中期後半の住居としては，住居番号が付された住居27軒が調査されている。これを大橋集落と同様の基準でみると，プランの異なる竪穴基数として29基，確認される生活面として36面

表2　多摩ニュータウン No. 300 遺跡の動態（計 29 基 36 面，推定調査面積 80%，時期不明 10 軒）

フェイズ	新地平編年	推定年数	竪穴基数	うち継続	推定住居数 (+1.5 軒)	10 年ごと
1	10c 期	～30	2		3.5	1～4
2	11a 期	30	2	1	3.5	1.2
3	11b 期 1/2	15	7	0	8.5	5.7
4	11b 期 2/2	15	6	3	7.5	5
5	11c1 期	20	3	1	4.5	2.3
6	11c2 期	20	3	1	4.5	2.3
7	12a 期	40	3	0	4.5	1.2
8	12b 期 1/2	40	4	0	5.5	1.4
9	12b 期 2/2	40	2	1	3.5	0.9
10	12c 期	～70	1	0	2.5	1～3

が数えられる。出土土器および重複関係や遺構間接合を加味して検討した結果，加曽利 E1 式～E3 式期にかけて計 10 フェイズの集落動態が設定できた（後藤・小林 2016）。このうち時期比定できなかった住居が 10 基あるため，上記と同様の基準で各フェイズに等確率で存在すると仮定すると 1 フェイズにつき 1 軒が推定値として加算される。さらに遺存状態が不良な西側斜面や調査されていない両斜面中間部に住居が存在している可能性について，調査面積の比率から調査された地点と同一程度の密度で住居が存在していると推定すると，5～6 軒の未発見の住居の存在が考えられる。最低 5 軒は存在していたとして，各フェイズに等しい確率で比定されるとすると，各フェイズに最低 0.5 軒分の存在を加算する必要があり，先の推定と合わせると 1.5 軒を加算した数値が推定存在住居となる。継続推定期間を 10 年ごとに標準化すると，1 時期を除いて少数の住居が散発的に構築されているようにみえる（表 2）。住居の改築がつながる状況から集落の継続性が高いと捉えたフェイズ 4 を中心としてフェイズ 3 は同時期に 5～6 軒，フェイズ 4 は 5 軒と推定されるが，他のフェイズは同時期に 1～3 軒程度であり，特にフェイズ 9 は 1 軒以下であるから，集落が途切れて無人を呈している段階が挟まっている可能性が高い。

多摩ニュータウン No. 300 集落は，フェイズ 3-4 は継続的に集落が営まれており，その間は最大 30 年間程度の定住集落と捉えられる。同時に前後の時期にも断絶を持ちながら比較的少数の住居で居住されており，その地点が集落を営む地として占地された期間はフェイズ 1～10 まで最大 320 年間，当初段階のフェイズ 1-10c 期が 10c 期末期で，最終段階のフェイズ 10-12c 期がその当初段階のみであると最短 220 年間となる。

以上のように，細別時期（新地平編年）ごとの住居基数，住居のライフサイクルによるフェイズごとの住居面数，時期比定不能住居をフェイズごとに割り振る，集落の調査割合を仮定し未発見住居数をフェイズごとに割り振る，といった作業を重ねることで，住居の推定数を示した。おおざっぱな傾向を示すに過ぎないが集落の動態および，その継続期間，ここでは定住集落として連続的に用いられた可能性のある期間（継続居住期間）と，断続的に空白期を挟みながら同一地点が集落地として利用された期間（占地期間）とを推定した。さまざまな仮定を含め，決して真の値とはいえないが，少なくとも傾向を探るうえで意味のない作業ではない。

3　東京都内の縄紋中期集落の継続年数

では，南西関東縄紋中期集落の継続年数について推定を試みる。対象としたのは，「縄文時代中期集落（東京都内）データベース」（小林 2012b）で集成した集落 350 遺跡のうち，ある程度（目安として 2,000 m^2）の調査面積があり集落の半分程度以上は把握されていると見込まれ，かつ検出された住居が新地平編年の時期において 3 期以上にわたって認められている，ある程度の期間継続が見込まれる集落遺跡として，60 集落について検討することとした。五領ヶ台式期のみの集落は残らず，東京区部から奥多摩にかけての勝坂 1 式後半～加曽利 E 式にかけての集落遺跡が，継続している可能性がある集落として認められた。新地平編年時期別での住居軒数（小林 2012b）をみると，比較的住居数の多い集落遺跡では，勝坂 1 式または勝坂 2 式に始まり加曽利 E4 式または後期初頭称名寺 1 式に終息する集落遺跡が多いが，検出された累積住居軒数が 30～40 軒程度の遺跡（利用された期間が短い集落）は，勝坂 2・3 式から加曽利 E1 式期，または勝坂最終末から加曽利 E2・3 式までの期間の住居がみられる例など比較的単期的な利用が予想される。それと同時に中規模としてきた集落のなかに，および前述の比較的大規模（利用された期間が長い集落）な集落遺跡のなかにも部分的に，住居が認められていない空白時期がある集落遺跡も散見される。また，今回は単独住居の遺跡や，数軒程度の住居が単期的に営まれている遺跡は除いたが，10 軒程度の住居が時期をまたいで検出されている小規模集落とされる事例は，3 時期以上に連続して住居が営まれている例が少数ながら認められ，そうした遺跡もリストアップされている。3 時期以上に連続して住居が残されている 60 遺跡中，ある程度の面積（位置する地形等にもよるがおおむね 4,000 m^2 程度）を調査し全体の住居数が予想できる遺跡が 33 遺跡で，その内訳は累積住居 10 軒未満の「小規模集落」としたものが 6 例，10～50 軒程度が累積して残されていると予想される「中規模集落」としたものが 9 例，全体で 100 軒程度以上の累積住居数が想定される「大規模集落」と仮にまとめたものが 18 例であった。

これら集落遺跡については，いうまでもなく調査の精査や調査範囲の問題もあり，縄紋中期のセツルメントの実態を正しく反映しているとは限らないが，適当な数を絞り込めたという点で妥当なサンプルと考える。また，短期的な小集落やキャンプサイトは条件設定のうえで最初からほとんど除外していることになるが，後述するように，見かけ上継続的とみえる集落のなかにも短期的な居住の時期を含んでおり，集落の実態は一様ではない。逆に，短期的と除外した集落にも，調査範囲や遺存状態の関係で，実際にはより長期にわたり住居数が多く遺存する集落もあり得るなど，エラーは含まれよう。あくまで，傾向をみるための作業と理解されたい。集落の詳細および参考文献は，小林 2012b を参照されたい。

この 60 集落について，以下の作業を行った。まず住居数については，生活面数の詳細な検討が可能な調査報告書が多くはないため，竪穴基数を基準としたが，細別時期別に検討できた場合は生活面を時期ごとに振り分けたため，厳密には算出の基準が一部で異なっており，以下では住居軒数としてやや曖昧な数と捉えておく。

新地平編年での時期比定が不能な住居について，2段階での住居数の割り振りを行った。第一に，新地平編年では時期が比定できないが，覆土中出土土器などによりおおよその土器型式時期が比定されている住居については，その型式時期から新地平編年時期に等しく存在する可能性があると考え，軒数を割り振った。その際に，すでに新地平編年で存在が確認されている住居のある時期，少なくとも土器が確認されている時期を選び，整数で割り振った。たとえば，新道式2軒と確認されている場合は，6a期1軒，6b期1軒と割り振り，勝坂2式5軒と確認されている場合で，埋設土器などから確実に新地平編年で7a期1軒，7b期2軒，8a期1軒が確認され8b期の土器は検出されている場合ならば，細別時期不明の5軒を7b期に2軒，他の時期に1軒ずつ割り振った。割り振りについては主観的な判断も含まれていることは否定できない。

次に，上面確認のみや遺存状態が不良，出土土器は皆無（または報告されない）などの理由で，まったく帰属時期が不明な住居については，機械的に確認されている住居のある細別時期数で平均化し，小数点1位までの端数で，各時期に加算した。調査面積による未確認部分の復元については，個々の集落調査を厳密に検討することはむずかしいため，ここでは未確認の住居を加算することは保留した。そのため，実際の住居数よりは少ないことが十分予想されるが，少なくとも継続期間についての検討には耐えうると判断した。

紙数の関係で，個別のデータの掲載は割愛する。縄紋中期集落遺跡の時期別の推定住居軒数および住居が営まれる時期の合計として占地期間（年：ただし前後に4時期以上間を空けている場合は除外した）とし，最初から最後までの時期の推定年数の合計を占地期間とした。そのうち各時期の推定年数を10年で標準化（推定住居軒数を推定年数/10年で除する）した場合に住居が1軒未満となる場合は，たとえ住居が連続した複数時期に存在していても住居が存在しない時間があるとみなされる，すなわち前後の時期に連続しないとみなされるので継続していないと考える（ただし継続居住の当初段階と最終段階はその時期の全てにわたるとは限らないので推定継続期間の半分の期間で計算した）。逆に複数時期にわたって推定存続時間幅を10年で標準化した場合に1軒以上の住居が確認される集落は，継続的に存続している（可能性として定住集落として継続している）とみなすことが可能である。この期間を継続期間とし，中期（新地平編年の1〜13期：なお14期まで継続する集落もあるが14期初頭段階までである場合が多いことと，年代を検討中である（小林2016c）ため算出から除いた）について時期の推定年数の合計年数で表した。なお集落によっては，途中断絶して，再び継続居住の可能性がある数値となる場合があり，それぞれ古い段階順に，継続期間1，2，3（最大3回を数えた）とした。また，集落遺跡によってほぼ全面的に調査された例と，調査範囲が限られている場合，調査区内に攪乱が多く全体がつかめない場合がある。概略ではあるが，調査面積2,000 m^2 以上で集落のある程度の範囲は調査されたと考えられる事例を主としたので，仮に検出されていない住居があり推定住居数の2倍が存在し得るとしても，10年間に標準化した場合に住居2軒が存在しないと考えられ，継続的な集落には含めないと捉えたい。将来的には集落全体が把握できる調査例を重ねて検討を進めていくべきである。

表3は，60集落について時期別の住居の存在およびその前後期と連続するか断絶するかの可能性を示す。おおむね東京都の東に位置する遺跡から西に位置する遺跡に並んでいる。時期別の継続時期としてみると，南多摩地域の西部，八王子盆地周辺に五領ヶ台式期や勝坂1式の比較的古い段階に住居が存在し，一部の集落は継続する。その後次第に東部へ住居の存在する遺跡や継続する集落が拡がり，増加していく。武蔵野台地西部では勝坂2式後半に始まる集落が多くなり，武蔵野台地東部では加曽利E式期のなかで継続する集落が多いと推測される。こうした傾向は，以前に論じた勝坂式・阿玉台式土器成立期における勝坂系の集団の拠点集落から分村された単期的集落（SO型）のうち開発に成功した集落が時期的に継続する集落（MO型集落）へと展開していく状況（小林1988）や，勝坂中葉以降に集落が多摩丘陵・武蔵野台地に河川沿いに展開していくなかで視認関係に代表されるネットワークを形成していく様相（小林ほか2002）をトレースしていると考える。

占地期間は，今回検討した60集落で最短90年，最長960年であり，平均値は545.8年となる。どのくらいの期間が多いということなく，土地によって100年〜900年間の期間にわたり一定の地点が居住地に利用されたというように捉えることができる。

60集落のうち，継続期間がないと判断された（複数時期に住居は営まれるが時期をまたいで住居が連続した時期はないと考えられた）集落遺跡が9遺跡指摘できた。逆に，24集落については断続期間を挟んで2回または3回にわたる継続期間が想定される集落であった。継続期間と推測された期間はのべ80回にのぼり，最短40年間，最長920年間と推定され，平均値は222年となった。100年間から300年間程度の継続期間と推定される場合が多いと捉えられる。安易に集落を類型化するべきではないが，見通しとして居住に用いられたセツルメントの類別として整理する。比較的住居数が多く長期的に継続（900〜300年程度）する長期的な定住集落のセツルメント，やや住居数も少ないと見込まれ間に断絶を持ちながらも長期に同一地点を占地しそのなかで30〜200年程度の継続する住居をもつ限定的な定住集落のセツルメント，占地期間が短く数十年程度の連続に限られる少数の住居が構築される短期的小規模な集落のセツルメント，比較的長期にわたり同一地点を占地するが住居は少数で期間をまたいで連続しない可能性が高い単期集落のセツルメント，今回は最初から取り上げていない1時期のみの利用，すなわち単独の住居を配する長くとも10数年程度の利用（同一地点がかなりの断絶期間をおいて再び利用されることはある）と考えられる生業活動などのために滞在する活動基地のセツルメントというようなあり方が，南西関東地方の縄紋時代中期において認め得る（小林1988で指摘した阿玉台系集団による西関東での単期的なキャンプサイトなど）。さらにセツルメント間の関係について検討していく必要がある。

表３　東京都内縄紋中期集落の継続期間・年数

No.	遺跡名	1	2	3	4	5a	5b	5c	6a	6b	7a	7b	8a	8b	9a	9b	9c	10a	10b	10c	11a	11b	11c1	11c2	12a	12b	12c	13a	13b	14	占地	継続 1	継続 2	継続 3
110	動坂																														730	80	40	
6	等々力原																														90	40		
17	大橋																														310	190		
54	三栄町																														350	140	190	
100	喜久井町																														170	100		
107	市ヶ谷甲良町																														260	0		
30	弁財天池（狛小）																														730	130	290	
45	原山																														760	630		
79	扇山																														530	150	240	
83	天祖神社東																														140	140		
86	下野谷																														880	300	90	360
116	八ヶ谷戸																														760	60	210	
118	大泉井頭																														630	0		
120	御殿前																														240	240		
134	自由学園南																														850	230	480	
136	新山																														420	290		
175	清水が丘																														410	130		
188	中山谷																														410	60		
191	貫井																														360	170		
192	貫井南																														710	170		
199	羽ヶ田上																														340	0		
200	向郷 a																														440	250		
201	向郷 b																														580	420		
202	大和田																														440	300		
204	南養寺																														590	320	60	
233	恋ヶ窪																														900	440	80	190
234	恋ヶ窪東																														960	150	290	
317	木曽森野南																														360	240		
318	木曽森野																														340	250		
323	和田・百草遺跡群																														300	150		
329	鶴川遺跡群																														660	110	50	190
331	野津田上の原																														290	100		
211	日野吹上																														860	130		
213	神明上北																														800	160	60	160
216	平山																														140	0		
222	野塩外山																														440	0		
229	大町																														870	190		
244	TNTNo.57																														250	0		
257	TNTNo.471																														390	50	260	
269	TNTNo.72・795・796																														900	450	390	
272	TNTNo.9																														800	350	390	
139	小比企向原																														920	920		
142	宇津木台 D 地区																														870	870		
147	TNTNo.939 Ⅱ・Ⅲ																														610	330	240	
148	TNTNo.300																														320	90	210	
150	TNTNo.245																														610	300	240	
151	TNTNo.341																														320	60	190	
152	TNTNo.107																														450	100	100	
155	TNTNo.520																														870	190		
157	滑坂																														710	530		
158	大原 D																														440	100	160	
159	郷田原																														390	50		
161	南八王子地区 No.11																														220	0		
280	戸吹																														560	50	190	
170	松海道																														630	0		
291	椚田第 IV																														810	230		
337	網代門口																														780	150		
140	駒木野																														730	280	420	
343	下内																														220	0		
344	下野原																														900	40	100	290

□短期的な居住　■継続する居住　TNT：多摩ニュータウン　弁財天池（狛小）：狛江第一小学校

おわりに

本稿では，南西関東地方の縄紋時代中期集落の継続・断続および，同一地点が集落に利用される期間とそのなかで住居が連続して構築され居住が継続している可能性がある期間を推測した。算出方法に推測の部分が含まれるうえ，紙数の関係で算出の数値を個別に示し得なかったが，今後改めて詳細に検討する機会を得たい。多面的に検討を重ねる必要があるが，少なくない数の集落遺跡で，細別時期ごとのなかで推定年数を勘案すると住居が連綿と構築されていて集落が継続しているとは考えられない例が含まれていることは指摘できる。一方で，特に加曽利E2式・3式期には，細別時期を10年ごとに標準化しても数軒以上の住居の存在が想定され，ある程度の規模の集落が継続的に存在していた可能性もみることができた。集落の多様なあり方に着目していきたい。

山本暉久先生には，高校生の頃から神奈川県埋蔵文化財センターでお世話になってきました。今後ともさらなるご活躍を祈念しております。本稿を草するにあたり，大野尚子氏には表作成で協力を頂きました。記して謝意を表します。

参考文献

安孫子昭二　2007「縄文中期集落の景観（4）―多摩ニュータウンNo. 939遺跡―」『渡辺誠先生古稀記念論文集　列島の考古学』II　347-358頁

宇佐美哲也　2006「狛江市弁財天池遺跡における集落景観」『セツルメント研究』5　セツルメント研究会　1-33頁

大野尚子　2003「下野谷遺跡の住居時期および変遷復元のための検討基礎資料」『セツルメント研究』4　セツルメント研究会　155-180頁

可児通宏　1994『多摩ニュータウン遺跡―No. 300遺跡―』

黒尾和久ほか　1993『はらやま』上巻・下巻　調布市原山遺跡調査会

黒尾和久・小林謙一・中山真治　1995「多摩丘陵・武蔵野台地を中心とした縄文時代中期の時期設定」『シンポジウム縄文中期集落研究の新地平』（発表要旨・資料）縄文中期集落研究グループ　1-21頁

小林謙一　1988「縄文時代中期勝坂式・阿玉台式土器成立期におけるセツルメント・システムの分析―地域文化成立過程の考古学的研究（2）―」『神奈川考古』24　神奈川考古同人会　81-109頁

小林謙一ほか　1998『大橋遺跡』目黒区大橋遺跡調査会

小林謙一　1999「縄紋時代中期集落における一時的集落景観の復元」『国立歴史民俗博物館研究報告』第82集　国立歴史民俗博物館　95-121頁

小林謙一・大野尚子　1999「目黒区大橋遺跡における一時的集落景観の復元」『セツルメント研究』1　セツルメント研究会　1-71頁

小林謙一　2002「一時的集落景観と廃棄活動―関東地方縄紋中期大橋集落の事例より―」『セツルメント研究』3　セツルメント研究会　61-100頁

小林謙一・津村宏臣・坂口隆・建石徹・西本豊弘　2002「武蔵野台地東部における縄文中期集落の分布―

縄文集落の生態論のための基礎的検討―」『セツルメント研究』3　セツルメント研究会　1-60 頁
小林謙一　2004『縄紋社会研究の新視点―炭素 14 年代測定の利用―』六一書房（2008 年新装増補版 2012 年普及版）
小林謙一・中山真治・黒尾和久　2004「多摩丘陵・武蔵野台地を中心とした縄文時代中期の時期設定（補）」『シンポジウム縄文集落研究の新地平 3―勝坂から曽利へ―』（発表要旨・資料）縄文集落研究グループ・セツルメント研究会　3-30 頁
小林謙一　2009「^{14}C 年代測定を利用した縄紋中期竪穴住居の実態の把握」『研究報告』149 集　国立歴史民俗博物館　113-133 頁
小林謙一　2011「縄紋集落における時間」『東京の遺跡』95　東京考古談話会　1-4 頁
小林謙一　2012a「縄文時代住居調査学史」『縄文研究の新地平（続々）―縄文集落調査の現在・過去・未来―』六一書房　29-57 頁
小林謙一　2012b「縄文時代中期集落（東京都内）データベースについて」『国立歴史民俗博物館研究報告』第 172 集　国立歴史民俗博物館　445-475 頁
小林謙一　2016a「新地平編年とは何か」『シンポジウム縄文研究の地平 2016―新地平編年の再構築―発表要旨』縄文研究の地平グループ・セツルメント研究会　1-10 頁
小林謙一　2016b「集落の環状化形成と時間」『考古学の地平 I―縄文社会を集落から読み解く―』六一書房
小林謙一　2016c「炭素同位体分析による居住期間・住居の寿命と生業」『縄文時代の食とすまい』ものが語る歴史シリーズ 32　同成社　131-165 頁
小林達雄　1965「住居址の埋没状態及びそれに派生する問題（住居廃絶処分の問題）」「遺物埋没状態及びそれに派生する問題（土器廃棄処分の問題）」『米島貝塚』庄和町教育委員会　12-15 頁
後藤友美・小林謙一　2016「縄紋中期集落の一時的景観―多摩ニュータウン遺跡 No. 300 について―」『セツルメント研究』8　セツルメント研究会　1-24 頁
武川夏樹　2003「調布市原山遺跡の集落景観」『セツルメント研究』4　セツルメント研究会　139-154 頁
谷口康浩　2005『環状集落と縄文社会構造』学生社
西本豊弘・津村宏臣・小林謙一・坂口隆・建石徹　2001「縄文集落の生態論（1）」『動物考古学』Vol. 17 動物考古学研究会　73-82 頁
山本暉久　1993「縄文時代における竪穴住居の廃絶と出土遺物の評価」『二十一世紀への考古学　桜井清彦先生古稀記念論文集』雄山閣　39-53 頁
山本典幸　2016「縄文集落と景観の考古学――時的集落景観論のアポリア―」『考古学の地平 I―縄文社会を集落から読み解く―』六一書房

多摩ニュータウン No. 446 遺跡 7 次調査中期後半集落の再検討

山本　孝司

はじめに

多摩ニュータウン No. 446 遺跡は，7 次にわたる調査の結果，1・2 次（1988・1989 年）では縄文時代中期前半，7 次（2006・2007 年）では中期後半の集落跡を検出した（山本ほか 2008）。両集落に関しては，多くの分析，検討が試みられ，特に安孫子昭二が精力的に研究を行っている（安孫子 2011）。氏の詳細な分析による論考については，担当・報告者として素直に敬意を表するものであるが，氏の検討結果，解釈については，すべて納得できるものではない。この機会に中期後半集落の再検討を行い，氏への論考に対する回答をしたい。

1　中期後半集落の立地との構成

多摩ニュータウン No. 446 遺跡は，東京都八王子市堀之内，京王相模原線京王堀之内駅の北東約 1 km に位置する。多摩川の支流である大栗川の左岸で樹枝状に開析されて南へ張り出す丘陵尾根部から斜面縁辺部に立地する。本遺跡の縄文時代中期前半と中期後半の集落跡は，実は谷を挟んで存在し，時期だけでなく，地理的にも全く個別の集落である。同一遺跡に異なる時期の集落跡が存在するため，安孫子は，中期後半集落について「No. 446 B 遺跡」と呼称しているが，文化財保護行政上，

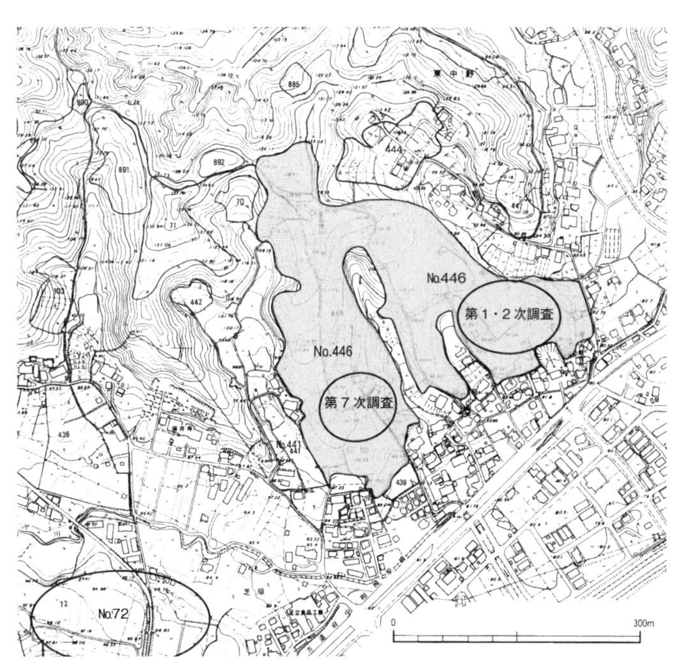

図 1　遺跡の位置（1/9,000）

遺跡地図（東京都遺跡地図）では「No. 446 B 遺跡」は存在しない。したがって，筆者は多摩ニュータウン No. 446 遺跡の中期前半集落について「No. 446 遺跡 1・2 次調査」，中期後半集落について「No. 446 遺跡 7 次調査」を付記し，区別するものとする（図 1）。

本遺跡の縄文集落との関わりで重要な遺跡は，南西約 200 m に所在する No. 72・795・796 遺跡（以下，「No. 72 遺跡」と略記）である。当遺跡は，大栗川と寺沢川に挟まれた舌状台地状の平坦面と下段の段丘面に立地する。調査は 1987 年から 1999 年まで 7 回実施し，縄文時代前期前半（住居跡 16 軒），中期全般（住居跡 275 軒）の大規模集落を確認しており，多摩ニュータウン地域の拠点集落として位置づけられている（丹野ほか 2009）（図 1）。

多摩ニュータウン No. 446 遺跡 7 次調査で確認した中期後半の集落は，集落をほぼ全面調査した結果，住居跡 18 軒，屋外埋甕 1 基，墓壙 33 基で構成され，以下の五つの特徴を有する。

① 集落の形成期間は，加曽利 E2 式期に収まり，比較的短期間である。

② 検出された住居跡は，18 軒と少ない。

③ 住居跡同士の切り合い（重複）が少ない。

④ 出土土器のなかでは，連弧文土器の占める割合が予想以上に高い。

⑤ 住居跡の分布にばらつきがある。

以上が当集落の特徴であり，集落分析において主要なキーワードとなる。つまり，集落分析において，当集落は，長期にわたる住居跡の複雑な重複・切り合いの累積，大量の遺物の累積と対峙し苦闘を経ることなく，「シンプル」に遺構・遺物の分析とその結果を得ることができる，ことが期待できそうである。果たして，思惑通りの分析過程であったのか，次項に述べたい。

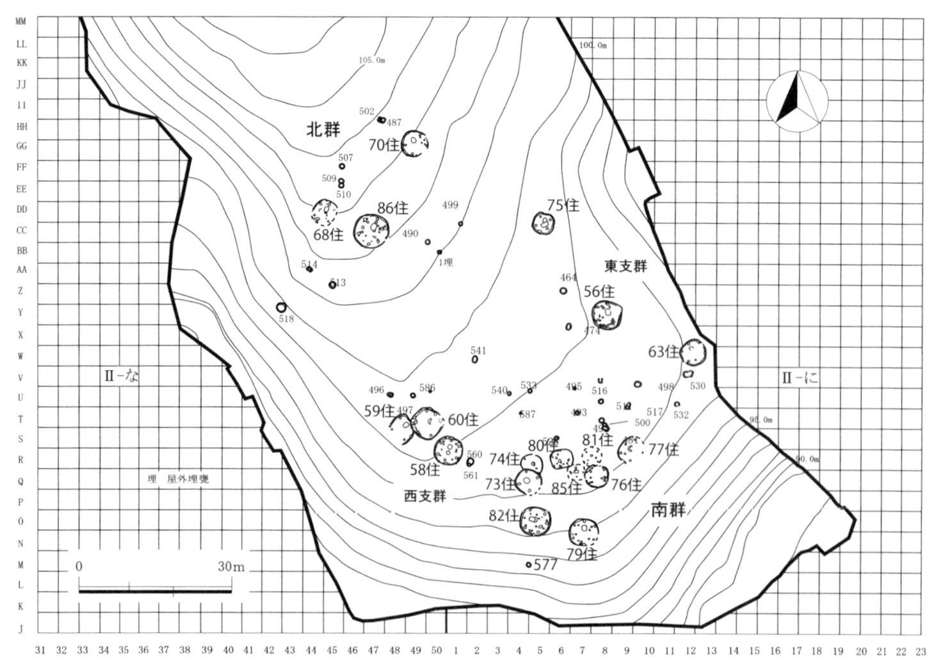

図 2　7 次調査集落における遺構配置（1/1,500）

2　調査成果による集落の分析

一般的に当集落のような小規模集落の場合，大規模集落に比べて分析が容易と予想されるが，実はシンプルゆえに困難な問題が生じる。それは，集落の基本を成す住居の帰属時期である。

本集落は，加曽利 E2 式の時間幅に 18 軒すべてが収まり，その時期特定は困難を極めた。住居跡の切り合い（重複）も少なく，住居の新旧関係をほとんど確定できない。

これらの内在する問題を踏まえて集落分析を行うには，調査成果を様々な視点から検討する必要があることはいうまでもない。そこで，調査成果を整理し，次の五つの属性に着目した。

①土器型式，②住居型式，③遺物の接合関係，④各住居の存続時期，⑤住居と墓の関係，である。これにより集落の変遷を復元し，集落構造の検討へと論を進めたい。

3　集落の分析

①土器型式　土器による詳細な時期検討のため，報告書では多摩丘陵・武蔵野台地ひいては関東西南域の縄文時代中期編年に関して，詳細な編年を提示する「新地平編年」（小林・中山・黒尾 2004・2016）を採用し，時期設定の主軸とした。新地平編年によれば，7 次調査集落は，特に加曽利 E2 式中段階（11b 期）・新段階（11c1～c2 期）が主体である。ちなみに，AMS による^{14}C 分析の較正年代によると，加曽利 E2 式は 2,860 calBC～2,760 calBC の年代幅に入り，集落は 100 年以内（主体時期はおそらく 80 年以内）の形成期間となる。

この新地平編年を基軸に，連弧文土器の変遷も考慮した。なぜなら，遺跡の出土土器は，先述のとおり連弧文土器が主体であり，住居跡の時期特定に有効な炉体土器，埋甕には一切，加曽利 E 式が用いられていなかったことによる。連弧文土器の編年については，従前の編年を深化させた永瀬史人の 4 段階編年（1・2a・2b・3 段階区分）を採用した（永瀬 2008）。これによれば，本遺跡は 1 段階のものは極端に少なく，2a・2b 段階が主体である（図 3・4）。

②住居型式　住居型式を検討したところ，以下のような所見を得た（図 5・表 1）。住居型式の主要属性である平面形態は，円形・方形・隅丸長方形・長方形の四つに分類可能であった。このなかで長方形の 80 号・85 号については，85 号が加曽利 E2 式古段階（11a 期）であり，80 号は，炉体土器から 85 号の直後に構築されたものであり，長方形タイプは古い系統と理解できる。

これに住居の付帯施設を加味し，時期的な特徴を抽出した。周溝に着目すると，円形・長方形のタイプには周溝が巡らない。なかでも，58 号は，周溝の代わりに壁際に小ピットが一定の間隔で巡る。このタイプは，加曽利 E 式前段階の勝坂式後半に多く，58 号は集落の初現期と判断された。炉跡に着目すると，石囲埋甕炉の 80 号住以外は，すべて石囲炉であった。

住居型式の検討結果からは，円形で壁柱穴が巡るタイプや長方形で石囲埋甕炉をもつ特徴的な住居型式から，隅丸方形で石囲炉をもつ住居型式へと収斂されていく変遷が理解できる。

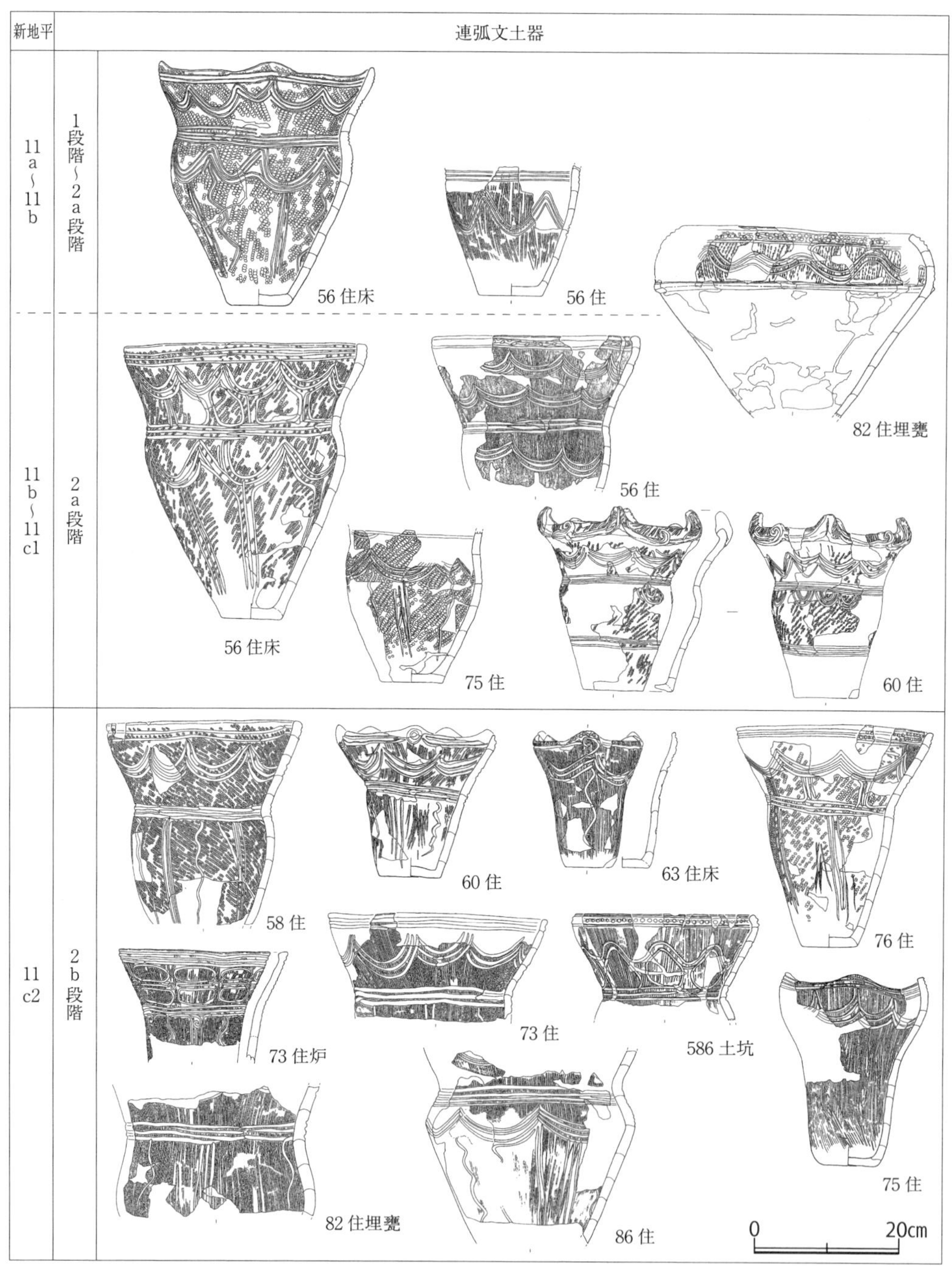

図3　No. 446遺跡7次調査における土器の変遷その1（1/10）

③遺物の接合関係　集落内での行動（ライフサイクル）を検討する際の分析手段として，遺物の接合確認は重要である。接合は，時として同一細分型式内での住居の変遷や活動の記述を可能にする。図6に今回の接合結果を示した。

土器では，まず73号住（11c期）の炉体土器と56号住（11b期）覆土第1層出土の破片が接合

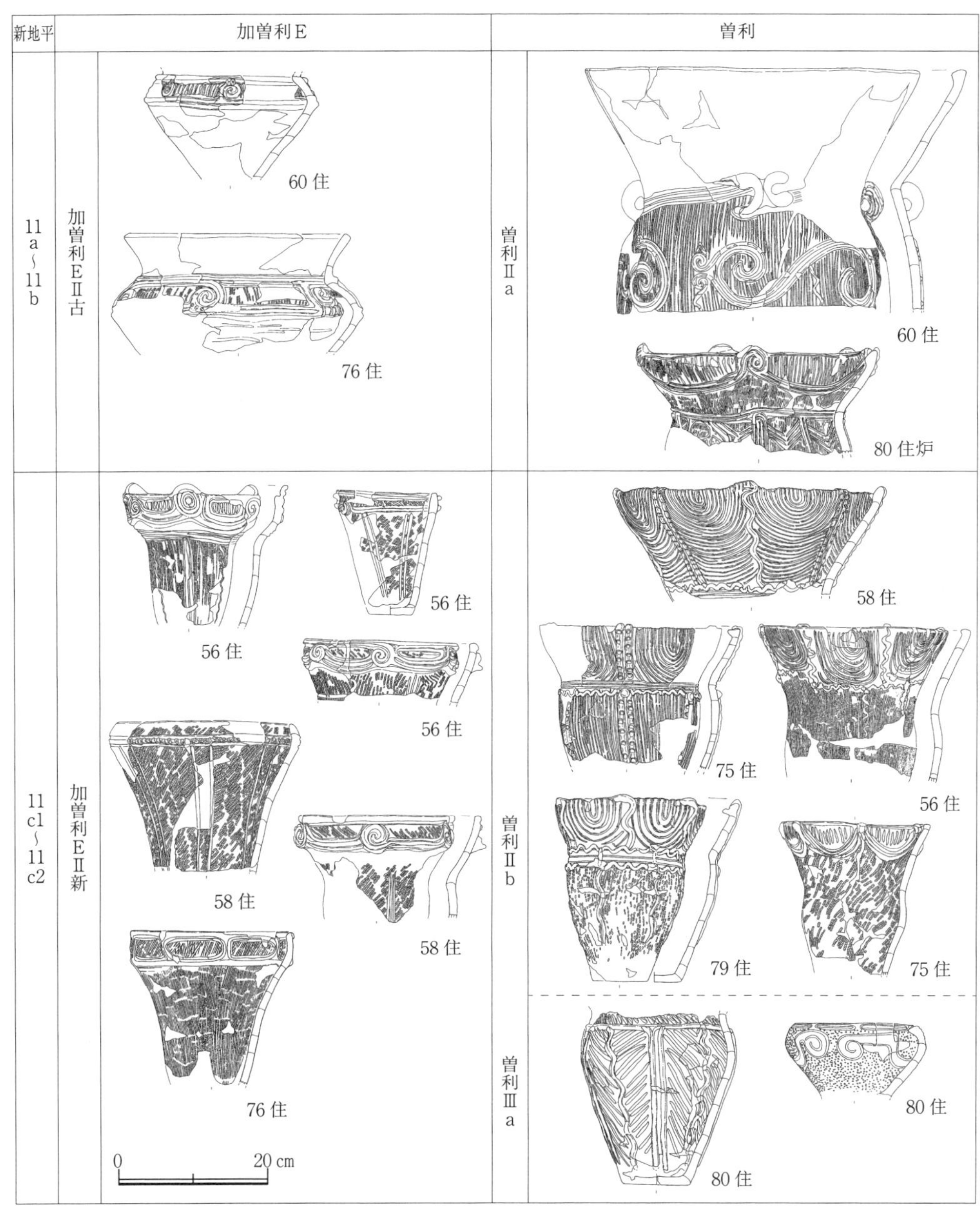

図 4　No. 446 遺跡 7 次調査における土器の変遷その 2（1/10）

し，73 号の稼働時に 56 号はすでに廃絶されていたことが理解できた。加えて，73 号の埋甕が 82 号住（11c 期）覆土の破片と接合し，すでに 82 号も機能を停止していた。また，73 号住は 74 号住（11c 期）と重複関係にあり，73 号の方が新しい。

以上を時間的に整理すると，56 → 82・74（両者の新旧は不明）→ 73 号の関係となる。新地平編年では 73・74・82 号はいずれも加曽利 E2 式新段階（11c 期）であり，遺構間接合を介在することで，同一細分型式内での変遷（時間差）を確認することができた。

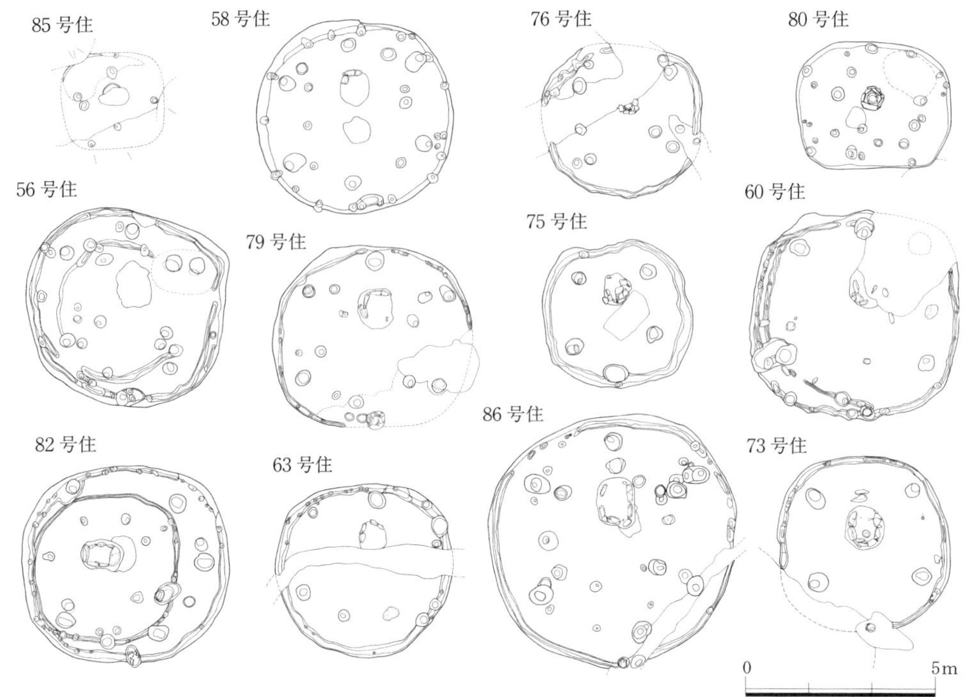

図5　7次調査集落における住居型式（1/200）

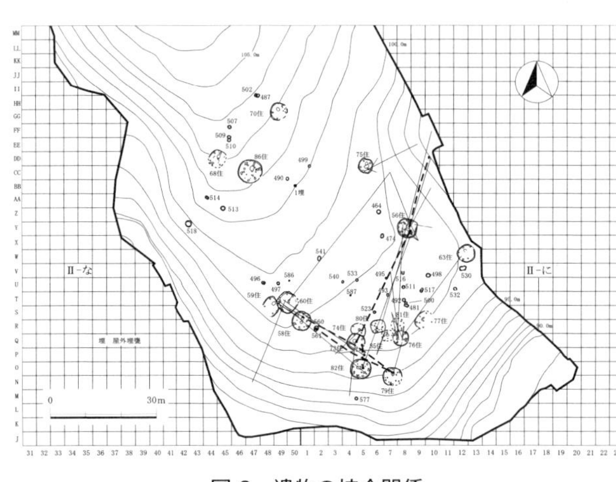

図6　遺物の接合関係

土器以外では，58号住の炉石の一部と79号住の炉石の一部が接合している。各炉跡の炉石の埋設状況をみれば，両者の新旧関係は，58号→79号が明らかである。これは，58号の使用停止あるいは廃絶直後に79号の炉の構築か住居の使用開始を想起することができる。

遺構と遺構外（包含層），遺構外同士の接合関係からは，集落東側に存在する谷の谷頭の区域および南西斜面部は「捨て場」として当時機能していたことを認識できる。

ところで，図6は，接合線が特異なあり方であることに気付く。住居跡群の南側のみに接合が認められ，北側には接合線が一切ない。この状況は，何を意味するのか。

まず，北側と捨て場との接合関係が認められないのは，北側の68・70・86号3軒の住人が二つの捨て場を利用していなかったことを示すものと解釈できる。

次に，北側と南側の住居跡等の遺構出土遺物との接合関係も確認できないことは，北側住居3軒の住人がまるで南側の住人とは無関係のようであり，南側の居住区域に活動の痕跡を残さなかったことをも示唆する現象と捉えられるのではないか。

④各住居跡の存続期間について　加曽利 E2 式期で 18 軒（安孫子によれば，全面拡張を 1 軒と数えると 24 軒）の住居跡が存在した事実は，各住居の存続（使用）時間が短期間であったことを意味する。各住居跡は，拡張・建替えがあるものとないものが存在し，住居の使用時期が均等ではない。加えて，後述する集落の変遷から，常に拡張を行う住居と行わない住居が並存する状況も一部にうかがえる（表 1）。これは，断絶せずに住居が存在し続けた状況を示すものと考えたい。例えば，住居の拡張・建替えの間は，他の住居を用意しており，拡張・建替えが終了次第，元の住居にも住むような光景を想定できないものであろうか。

この居住を継続する工夫は，後述のとおり No. 72 集落を維持することが目的といえよう。

⑤住居と墓との関係　住居跡と墓壙，換言すれば居住域と墓域の関係は，集落構造を分析する上で重要かつ基礎的な要素である。今回の調査では，合計 33 基の墓壙を認定した。

各墓壙の分布状況を鳥瞰すると，墓壙群は，例えば集落の中央部の様な一定の場所に集中するわけではなく，大きく北側と南側住居跡群の周囲にそれぞれ分布するようである（図 2）。

よって，当集落には二つの墓域が存在し，南北の住居群と対応関係にあることが指摘できる。南北で墓壙の数に極端な差が生じるのは，各群の住居の数に起因するものである。

さらに各墓域の墓の配置をみると，南側の墓壙群は住居群の内側に分布しているのに対し，北側の墓壙群は，住居の周囲に分布するという異なった状況を呈する。これは，南北では墓域に関して各々異なった規制が存在したことを示唆しているものと考える。

4　集落の変遷

以上の分析結果は表 1 のように整理でき，これによる集落変遷は，図 7 のようになる。

集落成立期の第 1 段階（加曽利 E2 式古段階，新地平 11a 前半）は，住居跡南群の 58・85 号の 2 軒である。炉石の接合関係から，58 号は 79 号使用直前まで稼働していたものと考える。

第 2 段階（加曽利 E2 式古段階，新地平 11a 後半）は，住居跡南群の 58・76（拡張前）・77 号が該当する。85 号は，その位置関係から，76 号の稼動時には機能停止と判断する。

第 3 段階（加曽利 E2 式中段階，新地平 11b）は，56（拡張前）・58・76（拡張後）・77・79・80 号の 6 軒が該当する。当段階から住居数が増加傾向に入り，新たに住居跡南群の東側にも住居が構築され（56 号），居住域の拡大が始まる。当集落の一つの画期である。

第 4 段階（加曽利 E2 式中段階，新地平 11b）は，56 号（拡張後）・59・68・70・75・79（拡張後）・80・82（縮小前）号[1]の 8 軒が該当する。当段階は，住居跡北群に居住が開始され，当集落の居住域の拡大が完了する時期である。よって，当段階も一つの画期である。

第 5 段階（加曽利 E2 式新段階，新地平 11c 前半）は，60・63・68・74・82（縮小後）・86（拡張前）号の 6 軒が該当する。当段階は，集落が安定して営まれた最後の段階である。

第 6 段階（加曽利 E2 式新段階，新地平 11c 後半）は，73 号・86 号（拡張後）の 2 軒のみが該当し，

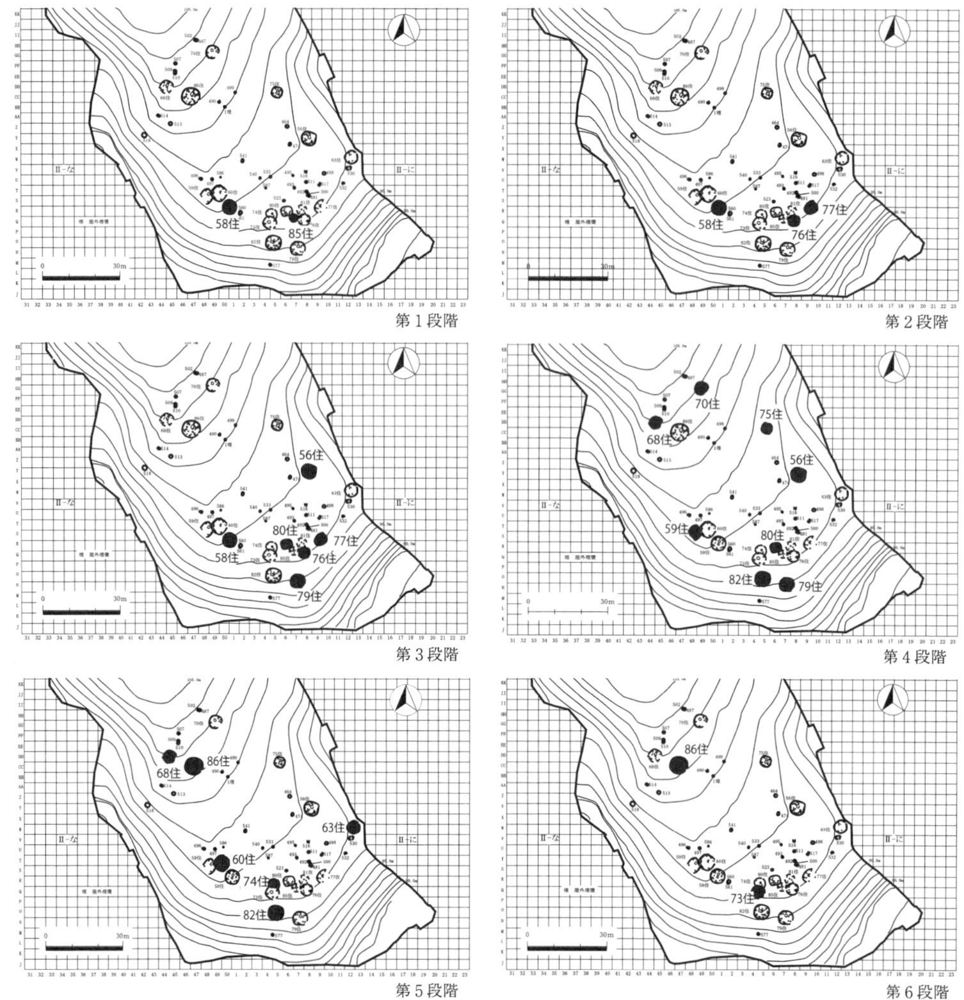

図7　No. 446遺跡7次調査集落の変遷

住居跡北群と住居跡南群に1軒ずつの住居で集落は終焉を迎える。

5　集落の構造について

上記の分析から導き出される当集落の構造について，調査担当・報告者である筆者と安孫子とでは，見解の相違が生じている。ここでは，筆者の論を通じて安孫子への回答をしたい。

環状集落か否か　筆者は，住居群は南北2群，南群は東西の2小群に分かれることから，7次調査集落は大きく南北二つの集団で構成されたものと考えた（図8）。これは安孫子も同意見であるが，筆者は，安孫子が肯定する環状集落は否定的である。理由は，まず当集落は南群西支群で成立，南群東支群へと展開し最後に北群へ進出する過程を経ており，北群が4段階と遅れて成立すること。次に，北群の集落内での（廃棄）行動，南北の墓の扱われ方の違いから，当集落は北

表 1　各住居の属性と稼動時期（山本ほか 2008 を改変）

No.	平面形態	拡張／建替	炉跡	周溝	埋甕	重複	遺構間接合	帰属時期	
								加曽利 E（新地平）	連弧文
56	隅丸長方	2（全面）	石囲 1	○	×	×	覆土 1 層 ― 76 住覆土 3 層 覆土 1 層 ― 82 住覆土	E2 中（11b）	2a
58	円	1（全面）	石囲 2	×	×	×	炉石→ 79 住炉石 覆土 2 層 ― 60 住覆土上層	E2 古～中（11a～b）	1～2a
59	隅丸方	×	石囲 1	○	×	59 → 60	×	E2 中（11b）	2a
60	隅丸方	1（一部）	石囲 1	○	○	59 → 60	覆土上層 ― 58 住覆土 2 層	E2 新（11c1）	2a
63	円	×	石囲 1	○	×	×	覆土 ― 76 住炉跡倒置	E2 新（11c）	2a～b
68	隅丸方	×	石囲 1	○	×	×	×	E2 中～新（11b～c）	2a～b
70	円	1（一部）	石囲 1	○	×	×	×	E2 中（11b）	2a
73	隅丸方	×	石囲 1	○	○	74 → 73	炉体土器← 56 住覆土 1 層 埋甕← 82 号覆土	E2 新（11c）	2b
74	（楕）円	×	石囲 1	×	×	74 → 73	×	E2 新（11c）	2a～b
75	隅丸方	×	石囲 1	○	×	×	×	E2 中（11b）	2a
76	隅丸方	1（全面）	石囲 1	○	×	85 → 76	炉跡倒置 ―覆土 覆土 3 層 ― 79 住覆土 1 層	E2 古～中（11a～b）	1～2a
77	隅丸長方	×	石囲 1	×	×	×	×	E2 古～中（11a～b）	1～2a
79	隅丸長方	1（全面）	石囲 1	×	○	×	覆土 1 層 ― 76 住覆土 3 層 覆土 2 層 ― 561 号土坑	E2 中（11b）	2a
80	長方	×	石囲埋甕 1	×	×	85 → 80・76	×	E2 中（11b）	2a
81	―	―	―	―	―	―	―	―	不明
82	隅丸長方	1（全面）	石囲 2	○	○	×	覆土 1 層 ― 56 住覆土 1 層 覆土 ― 60 住覆土 1 層	E2 中～新（11b～c）	2a～b
85	長方	×	―	×	×	85 → 80・76	×	E2 古（11a）	1
86	円	2（全面）	石囲 2	○	○	×	×	E2 新（11c）	2a～b

重複・遺構間接合の矢印は新旧関係を示す　旧→新

	第 1 段階	第 2 段階	第 3 段階	第 4 段階	第 5 段階	第 6 段階
	11a	11a	11b	11b	11c	11c
56 号住						
58 号住						
59 号住						
60 号住						
63 号住						
68 号住						
70 号住						
73 号住						
74 号住						
75 号住						
76 号住						
77 号住						
79 号住						
80 号住						
81 号住						
82 号住						
85 号住						
86 号住						

═══ 安孫子案

に対する排他的な様相が垣間見える。結果，環状のような様相をみせるが，集落の実際は，「拠点集落」「大規模環状集落」とは異なる構造，空間利用と考える。小規模集落の場合，構成員の数から「環状」の景観が果たして成立するものであろうか。安孫子が考える「互酬的関係」は存在したのであろうか。筆者は，小規模集落は必ずしも環状構造をとらない，との立場をとる。

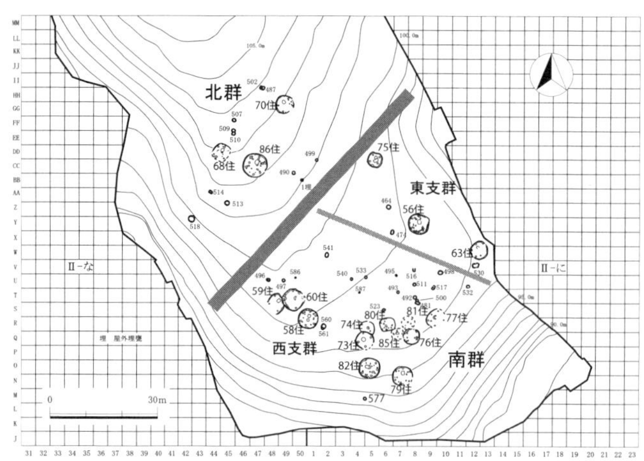

図8　No. 446 遺跡7次調査集落の区分

2棟2単位の集落展開か否か　安孫子は，集落変遷を再整理し，当集落の構造は，2棟1単位を基本とし，南群では2棟2単位で集落が展開したものと結論づける。確かに報告書では「常に拡張を行なう住居と拡張しない住居が併存する状況が窺える」と述べたが，調査成果の検討によれば変遷は必ずしも2棟1単位，まして2棟2単位とお誂え向きにはならない。安孫子は，住居の存続を長めに想定する傾向にある（表1）。

また，安孫子が住居の時期特定に住居跡覆土出土土器の型式比率を採用している点も疑問が残る。確かに加曽利2式前半段階では連弧文土器の占める割合が極端に低い傾向はあるが，覆土出土土器は廃棄の結果によるもので，当該住居の時期を必ずしも保証しない。安孫子は，2棟2単位の根拠の一つとして，型式比率から63号住を第1段階とするが，本住居跡の床面付近出土の連弧文土器は，明らかに第5段階（新地平11c2，連弧文2b段階）であり（図3）覆土出土土器の型式比率はあくまでも傾向に過ぎない。

No. 446 遺跡7次調査集落と No. 72 遺跡集落との関係　No. 446 遺跡7次調査集落は，至近距離に所在する大規模（拠点）集落の No. 72 遺跡の飽和状態解消を目的とした分村である可能性を報告書で指摘した。その根拠は，200 m という距離もあるが，577号土坑（墓）の存在にもある。No. 72 を眼下に眺める当集落の最も南西端，最も至近距離に設けられた577号は，明らかに No. 72 集落が意識され，唯一，葬送儀礼が認定できた特殊な墓である。

当集落はC14較正年代に準拠すれば，存続期間は90～80年以内と思われ，集落変遷の6段階を等分すれば，各段階は約15～13年となる。加曽利E2式最大の時間幅100年で等分しても16～17年である。住居の使用年数を仮に10年程とすれば（黒尾2010），各段階の複数の住居の存在，拡張した住居の存在を踏まえると，当集落では居住が断絶した時期を想定しがたいのである（使用年数が1～2年であれば別であるが）。

やはり，7次調査集落は，No. 72 集落の維持のために機能したものと位置づけたい。

そして，集落を立ち上げた南群の構成員は，No. 72 集落と同一集団であろう。では，南群と排他的関係にある北群の構成員の出自はどうなのか。これについては，明確な回答をできないものの，おそらく，当地に全く縁のない遠方からやって来た集団が関わっているのではないか。出土土器の相様からは，山梨方面，甲府盆地からの移入の可能性が高いものと思われる。

おわりに

安孫子は，報告書で7次調査集落と1・2次調査集落の関係性に触れていない点を批判する。2棟1単位による集落構造が両者に共通する因果関係を認めるからである。しかし，1・2次調査集落は，藤内～井戸尻Ⅰ式（新地平7b～9a期）であり，時間的に当該集落との直接の因果関係を説明しがたい。やはり，No. 72集落を介在して整理するべきと考える。No. 72の拠点集落を起点とした中期社会の在り方は，当地域独自の可能性もあろう。別の機会に述べたい（2016年5月15日稿）。

註

1）報告書では拡張と判断したが，再検討の結果，安孫子の指摘どおり縮小に訂正する。

参考文献

安孫子昭二　2011『縄文中期集落の景観』未完成考古学叢書9　アム・プロモーション
黒尾和久・小林謙一・中山真治　2004『シンポジウム縄文中期の集落研究の新地平3―勝坂から曽利へ―発表要旨　資料集』縄文中期集落研究グループ・セツルメント研究会
黒尾和久・小林謙一・中山真治　2016『シンポジウム縄文研究の地平2016-新地平編年の再構築　発表要旨』縄文研究の地平グループ・セツルメント研究会
黒尾和久　2010「3. 前原・大上地区における住居等の変遷と居住形態」『東京都あきる野市　前原・大上・北伊那』第2分冊あきる野市前原遺跡調査会
谷口康浩　2005『環状集落と縄文社会構造』学生社
丹野雅人ほか　1998～2009『多摩ニュータウン遺跡　No. 72・795・796遺跡（1～21，付図編，付図編2）』東京都埋蔵文化財センター調査報告50集
永瀬史人　2008「連弧文土器」『総覧縄文土器』アム・プロモーション
八王子市市史編集委員会　2013『新八王子市史　資料編1　原始・古代』八王子市
山本孝司ほか　2008『八王子市多摩ニュータウンNo. 441・446遺跡』東京都埋蔵文化財センター調査報告227集

紙面の関係上，主要な文献のみ記載。

印旛地域における縄文時代中期末葉から後期初頭の集落様相

小倉 和重

はじめに

千葉県の北部，下総台地の中央部に位置する印旛沼は，古代には霞ケ浦，手賀沼と一体となって，“香取の海”と呼ばれる広大な内海を形成していた。縄文時代にあっては，古鬼怒湾と呼ばれる内海が形成され，海進海退現象によって人々の動きや生業活動に大きな影響を与えていたことは，遺跡の立地や遺物，とくに貝塚出土の動物遺存体や低地遺跡の植物遺存体が示すところである。現在の印旛沼は，排水路によって繋がる西印旛沼と北印旛沼に分かれているが，本稿では西印旛沼周辺の主に中期末葉，加曽利ＥIII式～ＥIV式期の集落を対象とする。

当該期の東日本では，加曽利Ｅ式前半期にみられた大規模な環状集落が解体するといわれている。その背景には，ヒプシサーマルという地球規模の高温期が終わり冷涼・湿潤化が進む自然環境の変化がある。すなわち，気候の冷涼化によって落葉広葉樹に実る堅果類の不作やそれに伴う動物資源の枯渇が高い人口密度の維持を困難にし，人口の激減と文化の衰退を招いたとする見解である（安田1980・1998，佐々木2001）。大規模な環状集落の解体は，集落内外の緊張や精神的不安定といった問題を回避するために選択された適応戦略であったと考えると，当該期に出現する柄鏡形（敷石）住居や配石・列石，石棒祭祀の活発化は，そうした問題を払拭するための新たな観念体系が具現化された文化装置といえる。

本稿では，印旛地域を中心とする当該期の大規模集落と小規模集落を比較して集落の性格や集落間の関係について概観したうえで，環状集落の解体について考えてみたい。

1　中期環状集落の解体を考えるにあたって

千葉県中央部から茨城県南部の下総地域では，加曽利Ｅ式成立期から徐々に集落規模が拡大し，加曽利ＥII式期にかけて「下総タイプ」（谷口2005）といわれる広場を中心に土坑（貯蔵穴）群と住居群が同心円状の配列をなす定形的な環状集落が形成される[1)]。しかし，加曽利ＥIII式期になると住居と土坑の距離が狭まり，両者が塊状をなして散漫に分布することで，定形的な環状集落が崩れるという現象がみられる[2)]。そうしたなかにおいて，環状の態をなさなくとも環状集落と同等の規模を有する集落も存在することから，環状集落の解体が大規模集落の解体という単純な図式にはならない。遡って，前期末から中期前葉の阿玉台式II式には定形的な環状集落の態をなさない状況をみると，環状集落は集団の規模と集落の継続期間によって見え方が異なるという理解が成り立つ。環状集落には住居同士，あるいは住居とその他の施設の位置関係を決める原理が底流にあり，その時間的累積態を我々が環状集落として視覚的に捉えているに過ぎない。そして，この環状集落を生み出す原理こそが，親族組織や血縁関係といった社会構造に由来すると理解されている。それでは，中期末葉の環状集落の解体が社会構造の原理そのものの崩壊といえるのであろうか。

以下，印旛地域の代表的な大小の遺跡を取り上げて環状集落は解体したのか否か，若干の私見を述べてみたい。集落の大小は同時存在の住居軒数や集落の継続期間によって捉え方が異なるが，ここでは住居軒数とその平面的広がり，土器型式の継続性によって相対的に区別したに過ぎない。

2　大規模集落のありかた

佐倉市吉見台遺跡（図1）は後・晩期の土偶を多く保有する遺跡として著名であるが，中期末葉の大規模な集落でもある。当該期の住居は約80軒と見込まれるが，多くは加曽利E III式期に属する。遺跡は周囲を樹枝状に開析された南北700 m，東西500 mほどの台地に立地している。当該期の住居は北，南西，南東の3群に分かれて分布している。北群は後期以降も長期的な土地利用の痕跡が認められるのに対し，南西群と南東群は加曽利E III式期に限定されている。しかも，集落形態は南東群を除いて環状集落の態をなしている。集落の平面規模は，北群が150×90 m，南西群は径100 mである。南東群は台地平坦面が幅60 m前後と狭小であるためか，住居は列状に展開している。東西端部の住居間距離は，100 mほどである。北群と南西群，南西群と南東群の距離は，それぞれ外縁に位置する住居間相互の直線距離で約200 mである。また，北群のさらに北東側の同遺跡B地点や台地基部の同遺跡D地点でも当該期の住居が分布しているが，部分的な調査のため集落全体における位置関係は不明である。このように，同一台地上において環状集落の態をなす一群となさない一群が存在する。

佐倉市江原台遺跡は，吉見台遺跡の北約3 kmに位置する同加曽利E III式期から称名寺2式期にかけての集落であるが，加曽利E IV式期から称名寺式期が主体を占める。当該期の遺構は，南北200 mほどの範囲に分布しており，土坑と住居は近接した位置関係で塊状に分布している。土坑には形態差があり，貯蔵穴か墓穴といった用途が考えられている。また，住居に近接して炉穴が集中する箇所もある。

印西市馬込遺跡（図2）は，印旛沼の北岸に位置する加曽利E IV式〜称名寺式期の集落で，住居跡9軒と土坑95基が東側から入り込む谷を囲むように分布している。住居に重複関係が認められないことから短期間の居住が想定されているが，加曽利E IV式期の住居間距離をみると同時存在したとはいえない。加曽利E IV式期の住居は40〜60 mの距離をおいて南北2群に分かれるが，土坑は住居よりも広範囲に展開している。住居と土坑の位置関係をみると，両者が近接

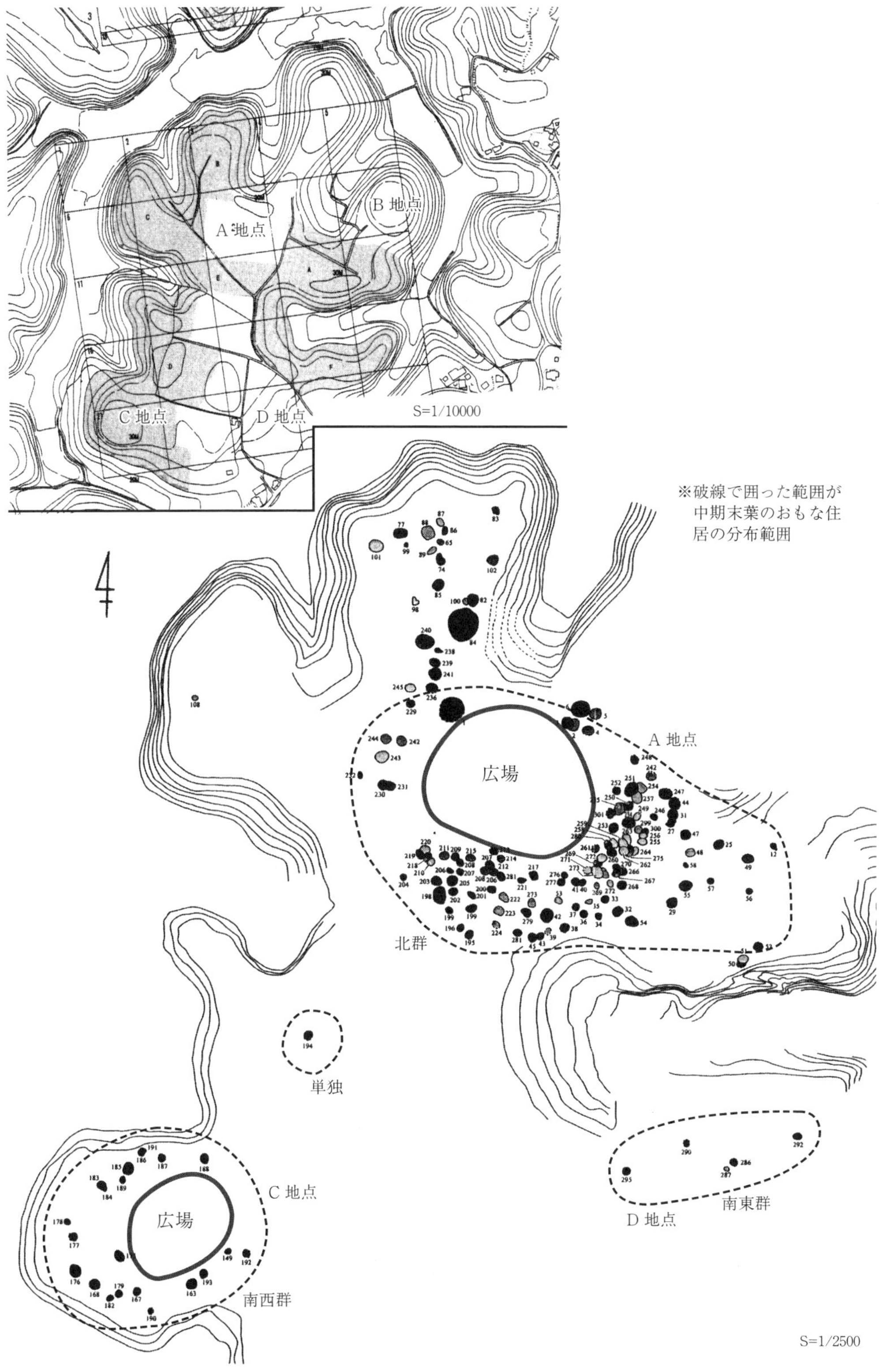

図１　吉見台遺跡地形図および縄文時代住居分布図

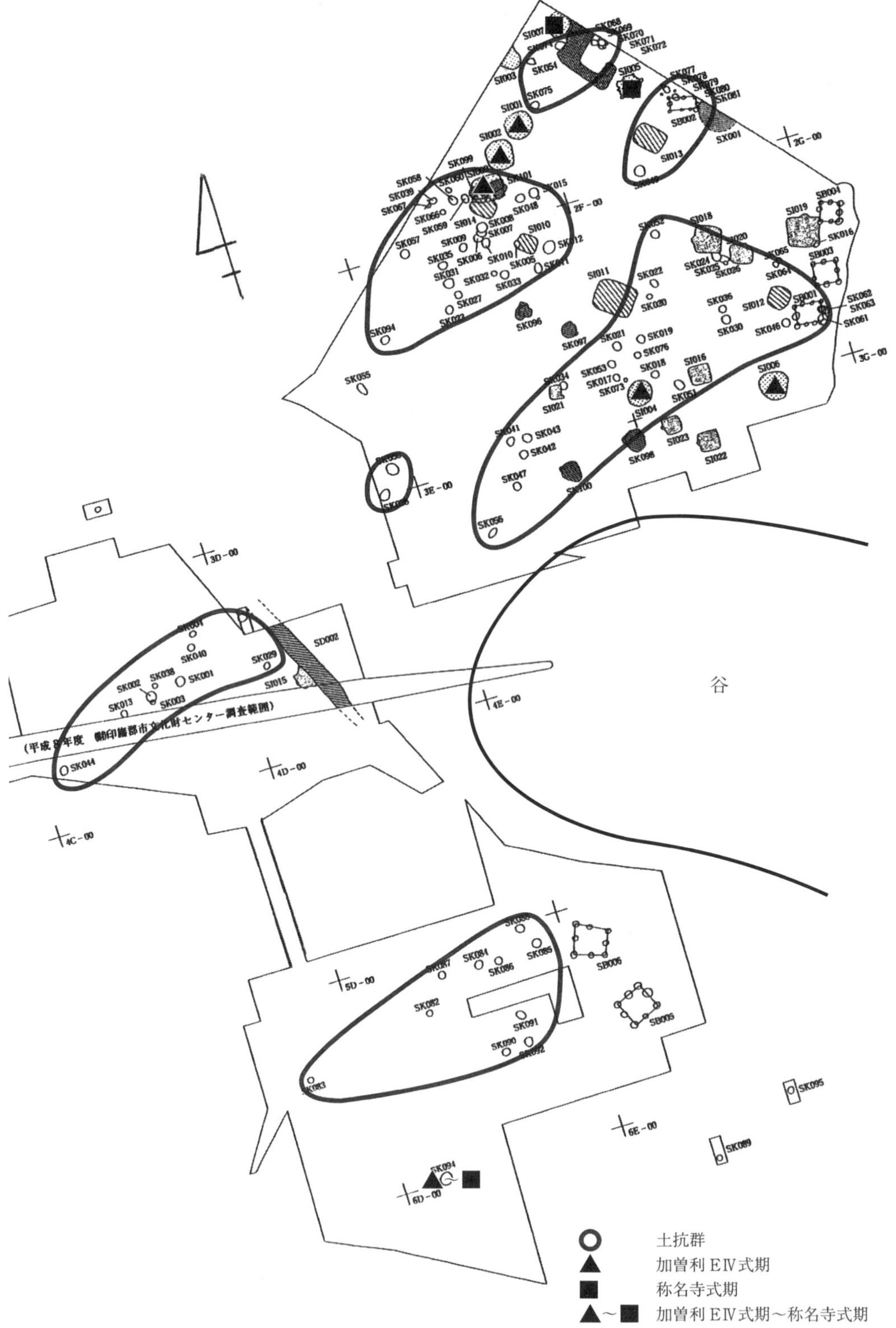

図２　馬込遺跡遺構配置図

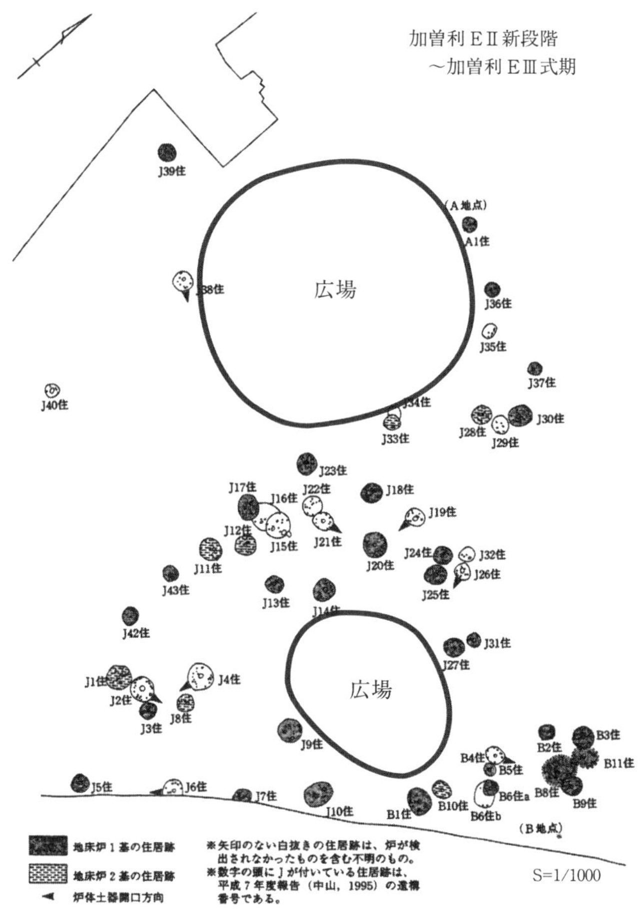

図３　墨木戸遺跡住居分布図

する部分もあれば土坑だけが群を構成する部分があるが，住居と土坑の重複関係は認められない。また，住居が分布するエリアは加曽利ＥⅣ式期も称名寺式期も変わらないのに対し，土坑は東側の谷を囲むように塊状に分布しているようにもみえる。

酒々井町墨新山・墨木戸・墨古沢南Ｉ遺跡（図３・４）は南北1.5km，東西1kmの範囲に隣接する位置関係にあって，加曽利ＥⅠ式～Ⅳ式期の住居が97軒分布している。いずれも集落の中心となる時期は加曽利ＥⅢ式期で，墨木戸遺跡では径40～50m，幅100m以上の環状集落が，墨古沢南Ｉ遺跡では径約30m程度の広場の外側に幅110m以上の環状集落がそれぞれ形成されている。いずれの遺跡においても住居は塊状に分布しており，反復居住の痕跡が認められる。また，広場は南北の２ヶ所に想定することも可能である。

この他，大規模集落の可能性がある佐倉市太田向原遺跡（図５）では，加曽利ＥⅣ式から称名寺式期の住居と土坑が近接して塊状に分布している。注目すべきは，掘立柱建物が土坑群に近接した位置関係にあることである。土坑は，加曽利Ｅ式前半期に盛行したフラスコ状土坑の系譜にある貯蔵穴とみられるが，貯蔵穴と近接する掘立柱建物の性格が問題となる。

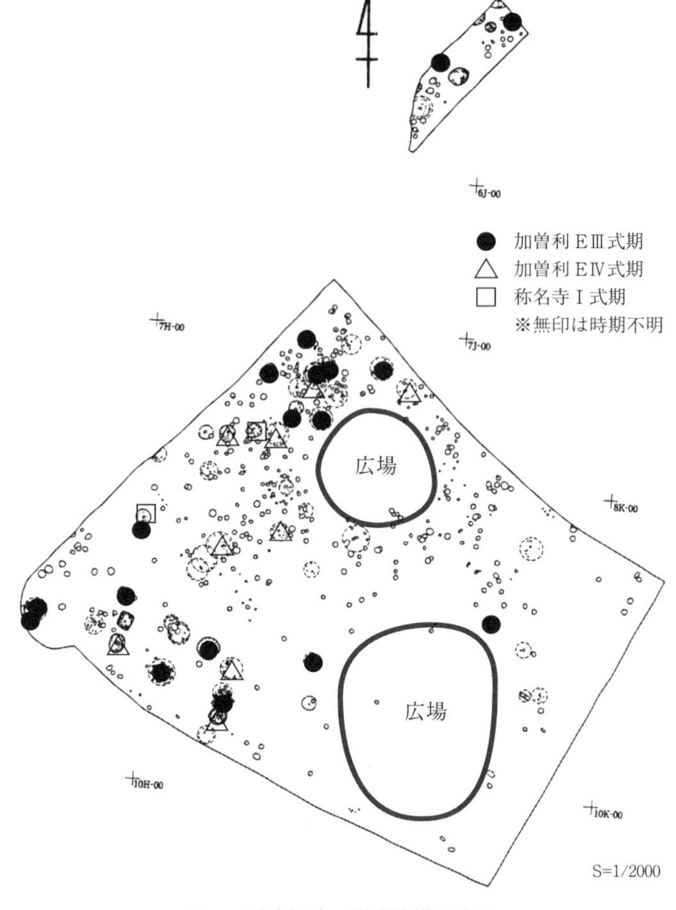

図4　墨古沢南Ⅰ遺跡遺構分布図

このように，大規模な集落においては土坑や掘立柱建物が，居住域に近接して塊状に分布している状況が認められる。また，吉見台遺跡や墨木戸遺跡，墨古沢南Ⅰ遺跡では，広場が近接する位置に2ヶ所想定できる場合がある。しかも，広場を囲む住居軒数に比例するかのように広場の規模に大小の別が認められる。

3　小規模集落のありかた

佐倉市寺崎一本松遺跡（図6）は，標高30ｍの尾根状を呈する狭小な台地平坦面に，6軒の住居からなる加曽利Ｅ III～Ｅ IV 式期の集落が展開する。住居の分布は幅70ｍ，長さ120ｍの範囲に南北2群に分かれており，両群の間には70ｍほどの空隙がある。住居規模は長径3ｍ台，5ｍ台，6ｍ台で，それぞれ小型・中型・大型と分類すると，大型のものは南群，小型のものは北群の南寄り，中型のものは北群の北寄りに偏在している。加曽利Ｅ III 式期の住居は4～5軒，加曽利Ｅ IV 式期の住居は1～2軒とみられる。尾根状の地形に立地する集落景観は，吉見台遺

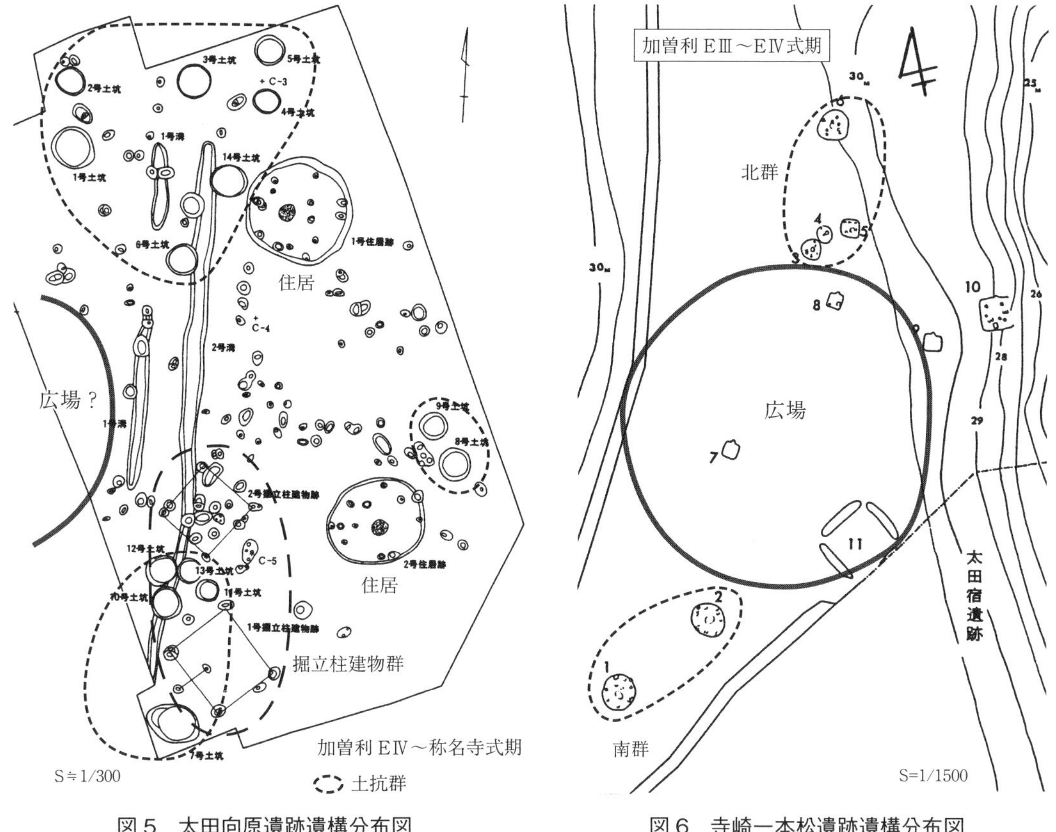

図５　太田向原遺跡遺構分布図　　図６　寺崎一本松遺跡遺構分布図

跡の南東群や君津市鹿島台遺跡（C 地区）と同様である。鹿島台遺跡では，幅 40～60 m ほどの尾根状の地形に加曽利 E II 式から III 式期の住居 12 軒からなる集落が展開する。土器型式上，仮 II・仮 IIIa・仮 IIIb の 3 期に分けられた集落変遷では，仮 II 期は 5 軒が 1 ヶ所に近接しているのに対し，仮 IIIa 式期には 4 軒，仮 IIIb 期には 3 軒がそれぞれ地形に沿って直線的に最大で 50～60 m の距離をおいて 2 大群に分かれる。寺崎一本松遺跡と鹿島台遺跡のように，一土器型式期の時間幅で併存する住居が 1 ヶ所に偏在する場合もある。

佐倉市池向遺跡（図 7）と向原遺跡（図 8）は，狭隘な谷奥部の標高 35 m ほどの同一台地上に台地の鞍部を挟んで対峙する位置関係にあり，直線距離にして 600 m ほど離れている。池向遺跡では，加曽利 E III 式から E IV 式期の住居 14 軒，土坑 4 基が検出されており，住居は谷に通じる斜面を囲むように分布している。集落の存続期間は比較的短期間とみられ，加曽利 E IV 式期の住居は E III 式期の住居の内側に分布している。住居の分布域は，E III 式期は直線距離で 280 m ほど，E IV 式期は 200 m ほどの弧状を呈する。報告では，出土土器型式の組成比によって時期比定が可能な 14 軒について，E III 式新段階主体の段階（A 期），E III 式から E IV 式をほぼ等量含む段階（B 期），E IV 式主体の段階（C 期）に分けているが，各段階の住居跡の分布をみると，B 期まではおおむね東西，南北の 2 方向に分かれ，最終段階である C 期は三つまたは四

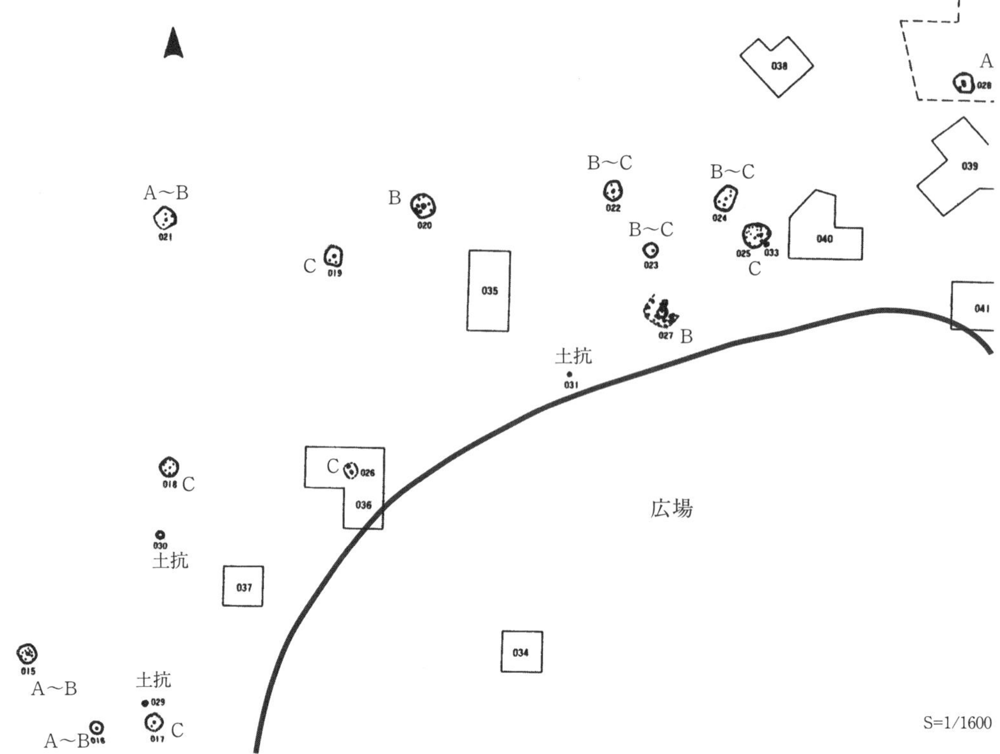

図７　池向遺跡縄文時代遺構分布図

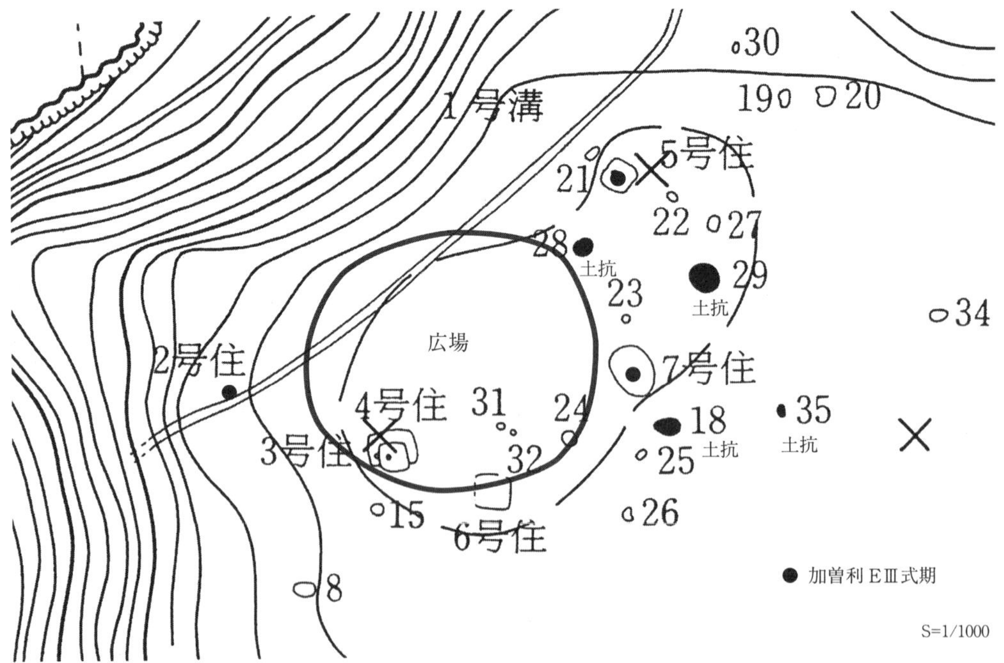

図８　向原遺跡遺構分布図（部分）

つにグルーピングすることができ，住居軒数が徐々に増加していくとともに小群化していったことがわかる。向原遺跡では，加曽利ＥⅢ式古段階の住居３軒（2・5・7号住）が，小支谷に面する台地の縁辺に相互に20ｍから50ｍの距離をおいて弧状に分布している。また，同時期とみられる土坑４基（18・28・29・35）も住居に近接して分布している。明確に加曽利Ｅ式期と比定された土坑は，小竪穴とよばれるものが３基（18・28・29）と，被熱，破砕した石棒が出土した掘り込みの浅い土坑１基（35）である。住居と土坑の位置関係は，住居２軒の方に小竪穴３基が偏在し，石棒が出土した土坑は住居や小竪穴より外側に位置している。

両遺跡間の集落規模の変遷をみると，向原遺跡にＥⅢ式古段階に３軒，池向遺跡でＥⅢ式新段階に１軒，ＥⅢからＥⅣ式移行期に１時期２～３軒，ＥⅣ式期に５軒となる。池向遺跡の最古段階に位置づけられている１軒はやや不明確ではあるが，集落の占地が向原から池向に移った時期であり，その後２～３軒で集落規模は推移し，ＥⅣ式期に増加するという傾向にある。貯蔵穴とみられる土坑の基数と住居軒数の低さは両遺跡で共通する。両遺跡は，盛んな石鏃製作痕から狩猟活動を生業の中心とする集落であると想定されている。同時存在の住居が数軒単位の小規模な集落であっても貯蔵穴を伴うことや石棒・立石祭祀が行われていたことから，単なる狩猟目的の一時的なキャンプ地ではなく，少なくとも堅果類の貯蔵を伴う通年居住の場であったと捉えることが妥当であろう。両遺跡は加曽利ＥⅢ式古段階から新段階に移行する過程で，集落の占地が南に移る。そして，同じような場所に回帰して同規模の集落を構えて石鏃製作を行うという共通点から，両遺跡は同じ系譜の集団によって形成された集落と考えられる。

4　大規模集落と小規模集落の関係性

大規模集落には，吉見台遺跡に代表されるように環状集落が隣接して二つ形成されている場合や環状集落に属さない住居が存在する。しかも，環状集落の平面規模に大小の差が認められる。一方，小規模集落の性格は大きく二つ考えられる。一つは，狩猟や漁労といった生業活動を目的とする村であり，母村である拠点集落から離れた場所に短期間営まれていた，あるいは移動を繰り返していた村である。もう一つは，大規模集落の一時的解体に伴う分村である。小規模集落の性格を考えるうえでは，個別の遺構と遺物の様相を把握し，パターン化を試みる必要がある。

たとえば，池向遺跡や向原遺跡のような小規模集落にあっても，有孔鍔付土器や石棒，屋内埋甕といった大規模集落と同様の遺物組成や遺構の特徴を有する。このことは，狩猟を目的として一時的に形成された村であっても，祭祀儀礼や風習の内容は大規模集落のそれと変わらないことを表す。一方で，鹿島台遺跡のように住居のみで構成され，貯蔵穴や墓穴，祭祀遺物を保有しない村もある。また，炉の使用頻度が低い炉や炉をもたない住居など，通年居住とはいえないような短期間の居留を示す村のように，小規模集落でも村の継続期間に長短が認められる。いずれにしても，集落形態の多様性は，集団の規模と性格，構成原理といった問題が複雑に絡みあっていると考えられる。

印旛地域においては，加曽利EⅢ～Ⅳ式期にあっても基本的には広場空間を意識した集落形態は大きく変化していない。明確に変化している点は，集落における土坑と住居の近接した位置関係である。このことは，広場を囲む土坑群，さらにその外縁に住居群という加曽利E式前半期の下総地域における定形的な配置規制が崩壊したことを示しており，大きな社会的転換点いえる。中期末葉の大規模集落は，集落の存続期間が短いことや遺構の密度が低いこと，住居と土坑が近距離で塊状を呈することが，定形的な環状集落にみられる広場空間を不明確なものとしている。しかし，小規模集落においても住居は弧状あるいは対向する位置関係に配置されており，住居間に一定の距離をおくことが確認できる。また，一土器型式期に数軒が1ヶ所にまとまる場合もあるが，これは血縁関係や出自集団の違いを反映していると考える。

最後に，山本暉久先生とのご縁は，国史跡井野長割遺跡の整備検討委員会の委員をお引き受けいただいたことに始まる。ここに先生が古稀を迎えられたことをお祝い申し上げるとともに，ここに執筆の機会を与えてくださったことに感謝します。

註

1）筆者の分析では，その集落構造原理は阿玉台Ⅲ式期にまで遡る（小倉 2011）。しかも，墓域は土坑群と同じく住居の内側に展開する。

2）環状集落の解体過程は，下総台地を代表する環状集落である松戸市子和清水遺跡の集落変遷によって説明されている（上守 2005）。

参考文献

内田儀久ほか　1979『江原台』佐倉市教育委員会
大原正義　1989『向原遺跡』千葉県文化財センター
小笠原永隆　2004『印西市馬込遺跡』千葉県文化財センター
小倉和重　1999『墨木戸遺跡（第2次）』印旛郡市文化財センター
小倉和重　2011「縄文時代中期，阿玉台式後半期の諸様相」『印旛郡市文化財センター研究紀要』8　25-100頁
上守秀明　2005「下総台地における中期中葉から後葉期の拠点集落の様相」『地域と文化の考古学Ⅰ』383-403頁
喜多圭介　1997『千葉県佐倉市太田向原遺跡発掘調査報告書』印旛郡市文化財センター
佐倉市史編さん委員会　2014『佐倉市史　考古編（資料編）』
佐々木高明　2001『縄文文化と日本人』講談社
渋谷貢ほか　1987『寺崎遺跡群発掘調査報告書』佐倉市寺崎遺跡群調査会
鈴木圭一・布施仁　2005『江原台遺跡』印旛郡市文化財センター
田川　良　2011『吉見台遺跡群発掘調査報告書Ⅰ』吉見台遺跡群調査会
谷口康浩　2005『環状集落と縄文社会構造』学生社
林田利之　1997『吉見台遺跡B地点』印旛郡市文化財センター

安井健一ほか　2006『東関東自動車道（木更津・富津線）埋蔵文化財調査報告書』5　千葉県教育振興財団

安田喜憲　1980『環境考古学事始』NHK ブックス

安田喜憲　1998『世界史のなかの縄文文化』雄山閣

横山仁・新田浩三　2005『東関東自動車道水戸線酒々井 PA 埋蔵文化財調査報告書』2　千葉県文化財センター

四柳隆ほか　1995『佐倉市池向遺跡』千葉県文化財センター

縄文早期条痕文期における炉穴の機能と定住化
―千葉県市原市天神台遺跡を中心にして―

宮崎　朝雄

はじめに

縄文時代早期の遺構としては，竪穴住居跡，竪穴状遺構，炉穴，集石，陥穴，土坑などが検出されている。なかでも炉穴は，南九州の草創期後半隆帯文〜早期前半円筒形貝殻文期，東海の早期前半押型文期，関東の早期後半条痕文期において爆発的に盛行し，前期以降には継続しない早期に最も特徴的な遺構である。各地方の炉穴は，南九州，東海が長く関東がやや短い形態，煙道付炉穴の多少など相違点もあるが，重複が多く密集する群在性や無炉の竪穴住居跡，集石との関係など類似点も多く，時期，地域の違いを超えて共通する炉穴の機能および文化の系統性も想定されるが，その関係について現状では不明といわざるを得ない。まずは，各地方における炉穴の機能と歴史的位置づけを明らかにすることが重要であろう。

関東条痕文期における炉穴の機能としては，①食料調理（飛ノ台貝塚調査分科会・杉原 1939，麻生 1959），②礫の加熱（久保・坂詰 1965），③雨天対策（戸沢・堀越 1974），④居住空間（山本 1979），⑤堅果類アク抜き（西川 1991）などが提示されてきた。①は炉部の土器出土と無炉の竪穴住居跡との相互関係，②は調理施設の集石との関係，③は地下構築の理由，④は炉穴群が卓越する遺跡状況，⑤は炉部の土器出土と植生環境から捉えられ，定型化した有炉の竪穴住居跡が主体に成る前期定住集落確立以前の移動性に富む早期条痕文期集落の特徴と位置づけられる事が多かった。しかし，炉穴と竪穴住居跡の関係や前期定住集落へつながる定住化の様相を示す遺跡が少なく，炉穴の機能および定住化について明らかになっていない。

近年，千葉県市原市天神台遺跡発掘調査報告書（忍澤ほか 2013）が刊行され，条痕文期鵜ヶ島台式〜茅山上層式における定住化の様相がうかがえる好資料が報告された。筆者らは，竪穴住居と炉穴の関係を中心に検討し，炉穴が主体で竪穴住居が伴う鵜ヶ島台式〜茅山下層式集落と大型住居が主体で炉穴が伴う茅山上層式集落を抽出し，竪穴住居と炉穴の相互関係を明示した（宮崎・金子 2015）。しかし，炉穴の機能と定住化および背景となる生業については十分に検討できず，炉穴の歴史的位置づけを含め課題として残された。本稿では，天神台遺跡を中心にして，竪穴住居跡・竪穴状遺構・炉穴・貝層の関係，炉穴の土器出土状況，石器組成・動物遺存体・貝種組成について検討し，条痕文期における炉穴の機能と定住化について明らかにしたい。

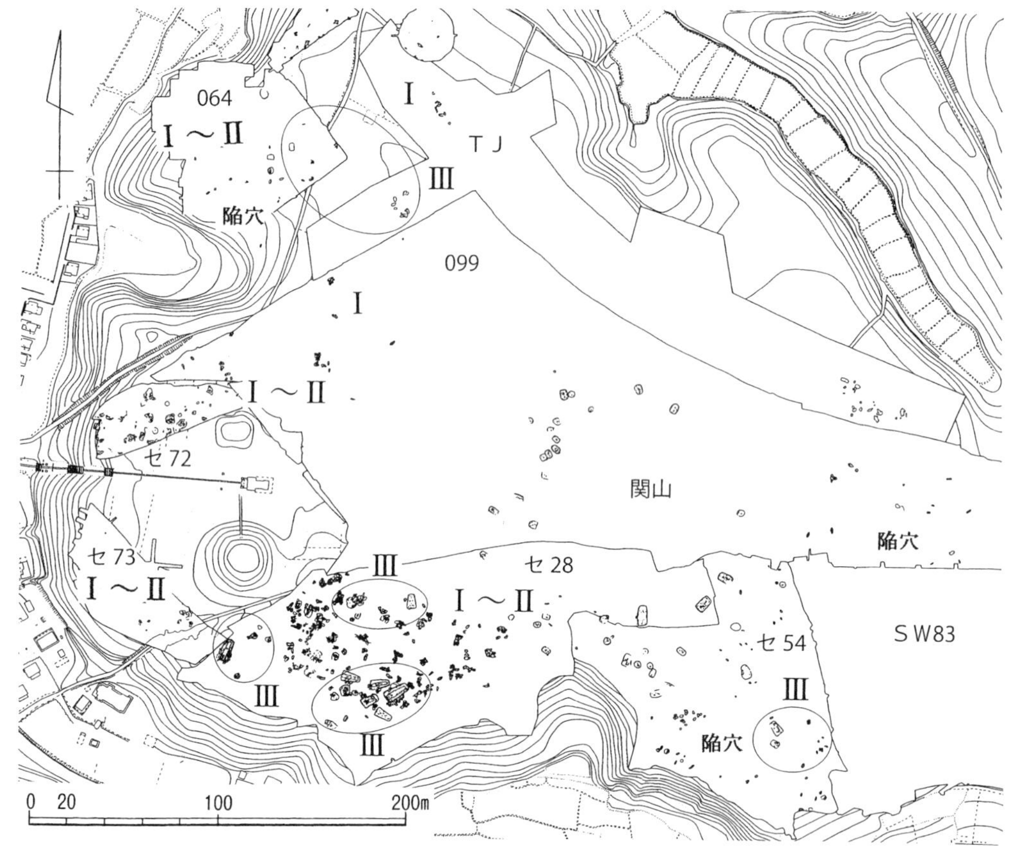

図1　天神台遺跡全体図（宮崎・金子 2015 図2を改変）（I 鵜ヶ島台，II 茅山下層，III 茅山上層）

1　竪穴住居跡・竪穴状遺構・炉穴・貝層の関係

天神台遺跡は東京湾沿岸東部に位置し，西に突き出した舌状台地上に立地している。標高は 25〜26 m。条痕文期鵜ヶ島台式〜茅山上層式の竪穴住居跡 20 軒，竪穴状遺構 13 基，炉穴 211 基，陥穴 36 基，土坑 115 基，集石 8 基，落ち込み 2 基，貝層 51 ヶ所が検出された。調査区は 064・TJ・099・セ 72・セ 73・セ 28・セ 54 の 7 ヶ所である。セ 72 に鵜ヶ島台式〜茅山下層式の竪穴住居跡，竪穴状遺構，炉穴群，セ 28 に鵜ヶ島台式〜茅山下層式の炉穴群と茅山上層式の大型住居跡群と炉穴がまとまり貝層も集中するが，鵜ヶ島台式〜茅山下層式の炉穴は台地縁辺部に沿って広く分布し，茅山上層式の竪穴住居跡と炉穴は，064，セ 54 にも分布している（図1）。竪穴住居跡，炉穴から焼礫を含む礫が多量に出土しているが，遺構として捉えられる集石は少なく，099 の鵜ヶ島台式炉穴周辺に 4 基，セ 28 の茅山上層式大型住居跡に 3 基検出されただけである。陥穴は時期不明であるが，竪穴住居跡や炉穴の集中区域と離れた 064，セ 54，099 の台地縁辺部にまとまっている。土坑も時期不明が多いが，各調査区に点在している。

51 ヶ所の貝層は，099 の鵜ヶ島台式炉穴 1 基，セ 72 の鵜ヶ島台式〜茅山下層式竪穴住居跡 1

表１　住居跡・炉穴・貝層・関係表

遺跡名	時期	竪穴住居跡	竪穴状	炉穴（燃焼面）	貝層	炉穴比率	貝層比率
新井花和田	子母口	9軒（有炉6）	2	19基（23面）	0	2（2）	
片又木	子母口	1軒（有炉1）	0	27基（46面）	0	27（46）	
今富大道	野島	0	0	46基（121面）	0	46（121）	
東間部多	野島～鵜ヶ島台	0	1基	59基（100面）	0	59（100）	
押沼大六天	鵜ヶ島台～茅山下層	0	0	48基（115面）	3ヶ所	48（115）	1/16
草苅六之台	茅山下層～茅山上層	2軒（有炉1・大型1）	0	33基（108面）	4ヶ所	17（54）	1/9
天神台	鵜ヶ島台	4軒（有炉2）	4基	102基（263面）	26ヶ所	13（33）	1/4
天神台	茅山下層	2軒	1基	19基（65面）	5ヶ所	6（21）	1/4
天神台	茅山上層	11軒（有炉1・大型8）	2基	14基（45面）	7ヶ所	1（3）	1/4
天神台	条痕文	3軒	5基	74基（103面）	13ヶ所	9（13）	1/6
天神台	上層以降	0	0	1基（1面）	0	1（1）	
天神台	不明	0	1基	2基（2面）	0	2（2）	

（炉穴比率≒炉穴／住居＋竪穴状）（貝層比率≒貝層／住居＋竪穴状＋炉穴）

軒，竪穴状遺構4基，炉穴6基，セ28の鵜ヶ島台式～茅山下層式炉穴32基，茅山上層式竪穴住居跡6軒，炉穴1基の覆土として堆積している。貝層堆積状況は，遺構床面，底面から10～30 cm浮いて，黒褐色土，褐色土の間層が入るものが大半であり，廃絶した住居跡や炉穴が埋まりはじめた凹地を生活ゴミの捨て場として利用したと推定され，竪穴住居跡・竪穴状遺構・炉穴と貝層の関係は，集落における継続性を示し定住化の様相を表すと考えられる。天神台遺跡と周辺の主な遺跡における，竪穴住居跡・竪穴状遺構と炉穴，竪穴住居跡・竪穴状遺構・炉穴と貝層の検出数の比率について，時期別に整理したものが表1である。

竪穴住居跡・竪穴状遺構と炉穴の関係では，子母口式の新井花和田遺跡は住居跡（竪穴状を含む）11軒に対して炉穴19基（炉穴比率2），片又木遺跡は住居跡1軒に対して炉穴27基（炉穴比率27）である。新井花和田遺跡（牧野2001）は，中央平坦部に有炉住居跡と炉穴がまとまる集落の定住化が認められるが，片又木遺跡（山口1984）は炉穴が卓越している。野島式の今富大道遺跡（米田1988）は，住居跡は無く炉穴46基（炉穴比率46）が検出されているだけである。野島式～鵜ヶ島台式の東間部多遺跡（西田1974）は，竪穴状遺構1基に対して炉穴59基（炉穴比率59）である。鵜ヶ島台式～茅山下層式の押沼大六天遺跡（黒沢2004）は，住居跡が無く炉穴48基（炉穴比率48）が検出されているだけである。茅山下層式～茅山上層式の草苅六之台遺跡（上守1994）は，大型住居跡1軒を含む住居跡2軒と炉穴33基が検出され，住居跡1軒に対して炉穴17基（炉穴比率17）である。

竪穴住居跡・竪穴状遺構・炉穴と貝層の関係では，子母口式～野島式の遺跡では貝層が検出されていない。鵜ヶ島台式～茅山下層式の押沼大六天遺跡は，小ブロックも含め3ヶ所検出され，貝層1ヶ所に対して住居跡・炉穴16ヶ所（貝層比率1／16）である。茅山下層式～茅山上層式の草苅六之台遺跡は貝層が4ヶ所検出され，貝層1ヶ所に対して住居跡・炉穴9ヶ所（貝層比率1／9）である。周辺の遺跡では，炉穴が主体となる集落構成に大きな変化はみられないが，少数ではあるが鵜ヶ島台式から貝層が検出されはじめ定住化の様相が現れている。

一方，天神台遺跡における竪穴住居跡・竪穴状遺構と炉穴の関係では，鵜ヶ島台式は竪穴住居跡4軒，竪穴状遺構4基，炉穴102基が検出され，竪穴住居跡・竪穴状遺構1軒に対して炉穴13基（炉穴比率13）である。茅山下層式は竪穴住居跡2軒，竪穴状遺構1基，炉穴19基が検出され，竪穴住居跡・竪穴状遺構1軒に対して炉穴6基（炉穴比率6）である。茅山上層式は，大型住居跡8軒を含む竪穴住居跡11軒，竪穴状遺構2基，炉穴14基が検出され，竪穴住居跡・竪穴状遺構1軒に対して炉穴1基（炉穴比率1）である。

竪穴住居跡・竪穴状遺構・炉穴と貝層の関係では，鵜ヶ島台式は貝層が26ヶ所検出され，貝層1ヶ所に対して竪穴住居跡・竪穴状遺構・炉穴は4ヶ所（貝層比率1／4）である。茅山下層式は貝層が5ヶ所検出され，貝層1ヶ所に対して竪穴住居跡・竪穴状遺構・炉穴は4ヶ所（貝層比率1／4）である。茅山上層式は貝層が7ヶ所検出され，貝層1ヶ所に対して竪穴住居跡・竪穴状遺構・炉穴は4ヶ所（貝層比率1／4）である。鵜ヶ島台式〜茅山上層式における貝層比率は1／4とほぼ類似し，鵜ヶ島台式〜茅山上層式を通して継続的に漁労活動が行われているが，鵜ヶ島台式の貝層は炉穴に，茅山上層式の貝層は竪穴住居跡に80％以上堆積し，生活の拠点が炉穴から竪穴住居跡へ移行するとともに定住化が促進されたと捉えられる。また，貝層の規模は形状，厚さ，混土率が多様であり一概に比較はできないが，鵜ヶ島台式の貝層と比較して茅山上層式の貝層は，1ヶ所平均がおおよそ4倍以上の規模，堆積量である。茅山上層式に至り，集中的かつ継続的な集団漁労活動が展開され，定型化した大型住居跡の構築と合わせ，安定した定住生活が確立されたと考えられる。一方，貝層比率の増加による定住化とは対照的に炉穴比率は減少し，炉穴の必要性が縮小している。漁労活動の盛行と定住化に伴う竪穴住居跡の確立が要因と思われる。

2　炉穴の土器出土状況

炉穴の土器出土状況から炉穴の機能として，炉部（燃焼面）の火力を利用して土器を用いて煮沸による食料調理と堅果類アク抜きが提示されている。天神台遺跡では，覆土から破片が少量出土しただけの炉穴が大半であるが，炉穴の機能をうかがわせる土器出土状況も少数ではあるが検出されている。完形を含む大形破片の炉穴の土器出土状況は，出土範囲が，①炉部（燃焼面），②足場（遺構中央部），③煙道部の3通り，底面・燃焼面との関係は，a底面ほぼ直上，b底面から若干（約10〜20 cm）浮いた覆土の2通りが認められ，整理すると以下のとおりである。

①-a 炉部—燃焼面直上　117号・308号・328号

①-b 炉部—燃焼面から若干浮く　225号

②-a 足場—底面直上　177号

②-b 足場—底面から若干浮く　293号・296号・354号・359号

③-a 煙道部—底面直上　241号

主な炉穴を図2に示した。①-aでは117号，308号，328号がある。117号は燃焼面2ヶ所の炉穴である。2ヶ所の燃焼面上部から鵜ヶ島台式深鉢形土器の大形破片が出土している。308号は燃焼面2ヶ所の炉穴である。東側炉部の燃焼面直上から鵜ヶ島台式深鉢形土器の大形破片，足

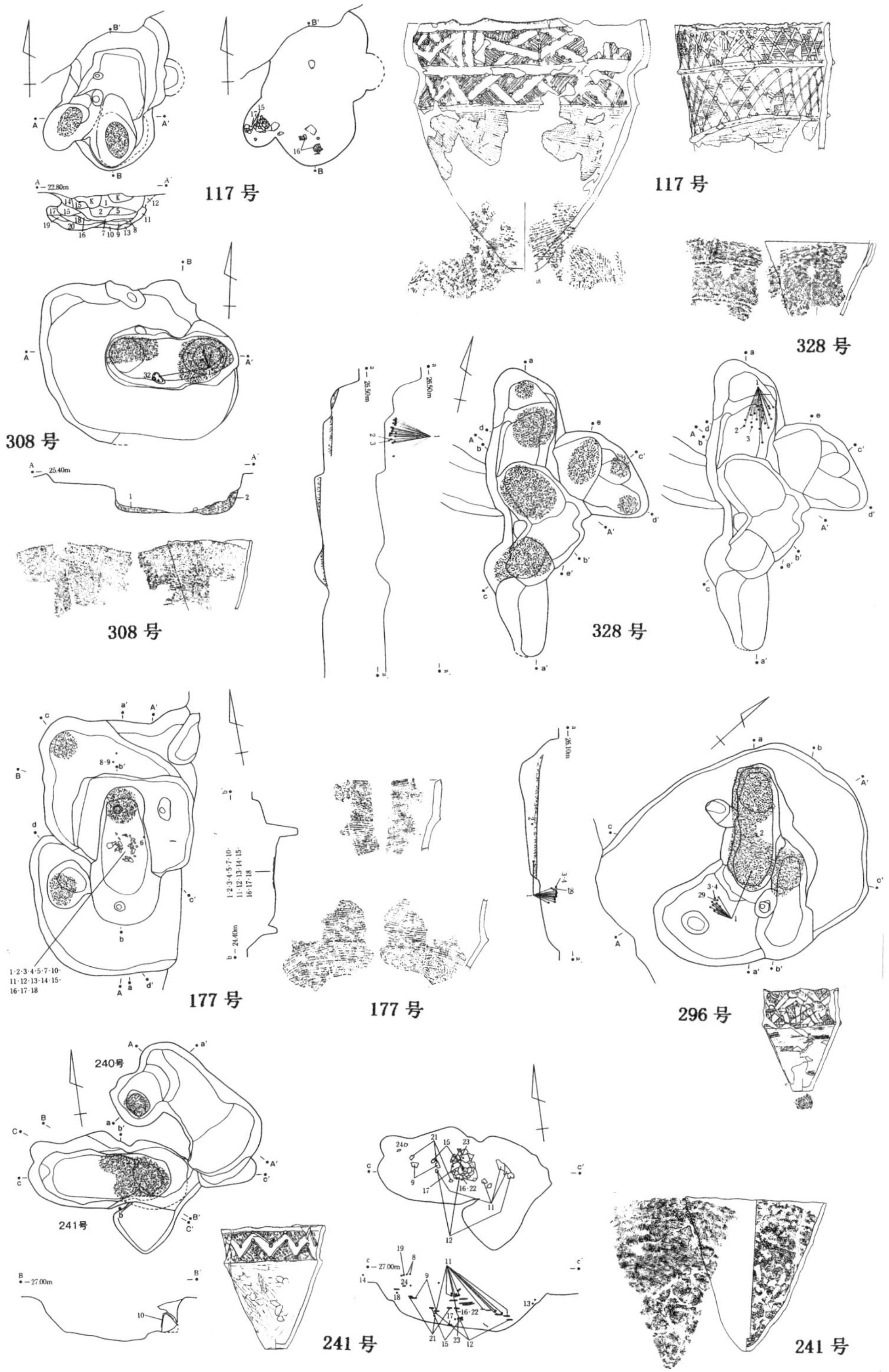

図２　炉穴土器出土状況（忍澤 2013 を基に作成）

場の底面から磨石1点が出土している。328号は燃焼面7ヶ所の炉穴である。北側炉部の燃焼面直上から，茅山下層式深鉢形土器の大形破片が出土している。②-aの177号は燃焼面が3ヶ所あり，中央の燃焼面が最終の炉穴と考えられる。中央炉穴の炉部～足場範囲の覆土上部に厚さ約45 cmの貝層が堆積し，貝層下の足場底面直上に鵜ヶ島台式深鉢形土器の大形破片が出土している。②-bの296号は燃焼面2ヶ所の炉穴である。足場と思われる場所の底面から約10～20 cm浮いて鵜ヶ島台式深鉢形土器が出土し，炉部の焼土より出土した破片1点が接合している。③-aの241号は，燃焼面1ヶ所の炉穴である。天井部・煙道の一部が残存し，煙道入口の底面に口縁部を下に向け倒立させた状態で鵜ヶ島台式深鉢形土器が出土している。また，炉部から足場の範囲に底面から約40 cm浮いて厚さ約50 cmの貝層が堆積し，貝層下部から深鉢形土器の大形破片が出土している。煙道入口の土器は，煙出口に置いた土器が落ちたとは考えられず，天井部の崩落防止あるいは煙道を塞ぐ機能停止などが想定される。

①炉部，②足場出土の深鉢形土器出土状況は，若干浮いたbも含めて炉穴使用時の状況をある程度示し，炉部の火力を利用して土器を用いて煮沸による食料調理を行ったと推定される。また，炉穴の覆土から被熱礫が出土していることから，煮沸に焼礫を利用した可能性も考えられる。堅果類アク抜きの食料加工も想定されるが，石器組成に植物加工具の敲石・磨石・凹石・石皿が含まれ，製粉と水さらしによるアク抜きも可能であり，日常生活における食料調理が中心と思われる。炉部（燃焼面）上部から深鉢形土器大形破片が出土する状況は，千葉県船橋市飛ノ台貝塚（中村2005・2006），旭市桜井平遺跡（蜂屋1998）など，貝層を伴う遺跡における鵜ヶ島台式～茅山下層式の炉穴に多い。

3　石器組成・動物遺存体・貝種組成が示す生業

(1)　石器組成

天神台遺跡では，鵜ヶ島台式～茅山上層式の竪穴住居跡，竪穴状遺構，炉穴の覆土から多種，多量の石器，剥片，および多量の被熱礫が出土している。鵜ヶ島台式～茅山下層式は炉穴から80%以上，茅山上層式は竪穴住居跡から90%以上の石器が出土している。石器の用途を特定することは難しいが，石器組成から生業を検討するために，狩猟具―石鏃・石鏃未成品・尖頭器，植物加工具―敲石・磨石・磨敲石・凹石・石皿，土掘り具―打製石斧・打製石器・ヘラ状石器，漁労具―軽石，工具―磨製石斧・砥石・石錐・掻器・彫器・削器・石刃・両極石器・楔形石器・剥片RF・剥片UF，その他―原石，石核に分類した。分類に基づいて，鵜ヶ島台式，茅山下層式，茅山上層式の炉穴，竪穴住居跡，竪穴状遺構出土を合計した出土点数と組成率，および出土剥片数と礫を整理したのが表2である。

鵜ヶ島台式では，植物加工具が43.41%を占めて最も大きく，狩猟具18.60%，工具16.28%，その他9.31%が続く。茅山下層式は，植物加工具39.47%が最も大きく，狩猟具34.21%，工

表2　石器組成表

時　期		狩猟具	植物具	土掘具	漁労具	工具	その他	石器計	剥片	礫
鵜ヶ島台	点数	24	56	6	10	21	12	129	91	6381
	組成率	18.60%	43.41%	4.65%	7.75%	16.28%	9.31%	100.00%		
茅山下層	点数	13	15	0	2	4	4	38	22	2064
	組成率	34.21%	39.47%	0	5.26%	10.53%	10.53%	100.00%		
茅山上層	点数	48	85	3	36	42	9	223	176	6882
	組成率	21.52%	38.12%	1.35%	16.14%	18.83%	4.04%	100.00%		

具10.53%，その他10.53%が続く。茅山上層式は，植物加工具38.12%が最も大きく，狩猟具21.52%，工具18.83%，漁労具16.14%が続く。いずれの時期ともに，占める割合が大きい順位は，①植物加工具，②狩猟具，③工具となり，堅果類・鱗茎類などの植物採集とシカ，イノシシなどの動物狩猟を中心とする採集狩猟経済がバランス良く営まれている。最も大きな相違は，茅山上層式における漁労具（軽石）が16.14%を占め大きく増加している点にある。軽石を用いた漁法がどのようなものかは不明だが，貝層における豊富な魚種の内容とともに，石器組成からも茅山上層式に漁労活動が一段と活発化したと捉えられる。一方，漁労具の増加とは対照的に，植物加工具の割合は鵜ヶ島台式43.41%，茅山下層式39.47%，茅山上層式38.12%と徐々に減少し，炉穴の減少と軌を一にしており，植物質食料と炉穴の機能の関連性を示唆している。

(2)　動物遺存体・貝種組成

天神台遺跡では，51ヶ所の早期貝層から約800の貝層サンプルが採取され，動物遺存体，炭化物，微小貝，土器，石器，骨角貝製品などを抽出し，貝類の分類・集計・計測と魚骨の分類を行い，集計表を基に詳細な報告と分析が行われている。

動物遺存体　脊椎動物遺体は21ヶ所で検出されている。主要な貝層における魚骨・獣骨の在り方（組成）が図として示され，注目すべき次の点が指摘されている（金子2013）。貝層形成と同時に捕獲された魚・鳥・獣類の遺体もこの場所に集積されたが，貝層により魚・鳥・獣類の内容はかなり異なる。貝層5・23・13はイワシ類主体，貝層12・15・16はクロダイ，スズキ主体で対照的である。大型住居跡に形成された貝層12・15・16は魚種が多い。獣骨は15ヶ所の貝層から得，魚類出土貝層数の約6割である。獣類ではイノシシ，シカが主体である。貝層5・23・15はシカが多く，貝層12・13はイノシシが主体的である。貝層における動物遺存体の在り方・組成図を，時期別に整理したのが図3である。上記の指摘を参考にして，時期別の様相差を検討すると次の点が捉えられる。

1　魚類では，イワシ類主体の貝層23は鵜ヶ島台式炉穴，貝層5は茅山下層式炉穴，貝層13は茅山上層式有炉小型竪穴住居跡である。一方，クロダイ，スズキ主体の貝層12・15・16は，いずれも茅山上層式大型住居跡で魚種も多い。イワシ類，クロダイ，スズキは沿岸漁業の対象魚であるが，漁労方法や漁労期に違いがあったと推定される。また，鵜ヶ島台式炉穴の貝層では，貝層22はイワシ類・クロダイ，貝層35はスズキ，貝層32はイワシ類・クロダイが主体となり

表３　貝種組成表

時期	貝層 No.	主体	ハマグリ	マガキ	マテガイ	ハイガイ	シオフキ	オキシジミ	ヤマトシジミ	アサリ	計
鵜ヶ島台	No.22	②	32.60%	48.30%	1.60%	12.20%	0.50%	4.60%	0.00%	0.00%	99.80%
鵜ヶ島台	No.23	②	31.00%	35.90%	10.40%	11.00%	7.80%	2.90%	0.40%	0.20%	99.60%
鵜ヶ島台	No.32	①	62.80%	4.10%	19.70%	1.00%	1.40%	10.70%	0.10%	0.20%	100.00%
鵜ヶ島台	No.35	②	9.80%	80.00%	0.40%	0.50%	0.80%	2.70%	0.00%	5.60%	99.80%
茅山下層	No.5	①	60.90%	2.00%	32.10%	2.00%	1.50%	1.10%	0.16%	0.10%	99.86%
茅山上層	No.12	②	42.00%	35.80%	3.20%	12.00%	3.10%	2.00%	0.60%	0.70%	99.40%
茅山上層	No.13	②	14.30%	75.20%	2.00%	6.90%	0.60%	0.70%	0.10%	0.00%	99.80%
茅山上層	No.15	②	29.60%	53.00%	0.80%	3.90%	10.60%	1.50%	0.20%	0.00%	99.60%
茅山上層	No.16	②	44.70%	38.10%	2.10%	4.10%	0.80%	3.70%	4.40%	0.00%	97.90%

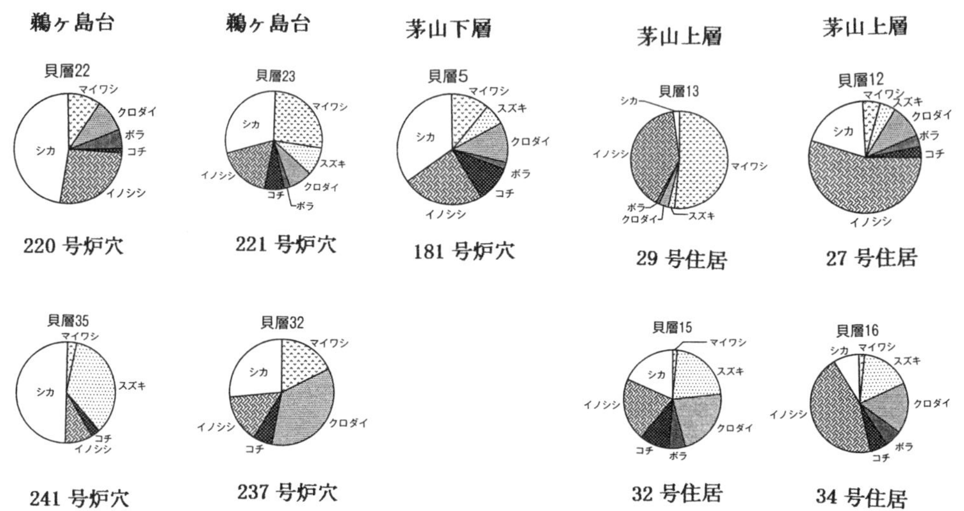

図３　動物遺存体組成（金子 2013 図 652 を基に作成）

貝層により相違があり，漁労期の違いを反映したと考えられる。鵜ヶ島台式は，漁労期にあわせて他地域に移動し，また回帰した移動性に富む定住集落が想定できる。鵜ヶ島台式〜茅山下層式には，周辺に飛ノ台貝塚や桜井平遺跡など貝塚を伴う遺跡も多い。一方，茅山上層式は，大型住居跡が示すように，集中的に大人数で集団漁労活動を行い継続的な定住生活を確立したと思われる。また，貝層 13 の 29 号住は，大型住居跡群と離れて位置し，隣接する 30 号住からの生活ゴミ捨て場と考えられ，マイワシが卓越しており，マイワシ漁に合わせた時期に主に来たとも考えられる。

２　獣類では，シカとイノシシの割合に大きな相違がみられる。鵜ヶ島台式の貝層 35，貝層 22 はシカが大きな割合を，貝層 23，貝層 32 はほぼ同じ割合を占めるが，茅山下層式の貝層 5 はイノシシの割合が若干大きくなり，茅山上層式の貝層 13・12・15・16 はいずれもイノシシの割合が大きくなっている。シカよりもイノシシはより集落周辺に多く，茅山上層式における定住集落の確立を反映していると思われる。

貝種組成　貝種組成は，①ハマグリ・マテガイ主体，②ハマグリ・マガキ主体の特徴的組成が指摘されている。表３は，動物遺存体で対象とした貝層の主な貝種組成表である。鵜ヶ島台式〜

茅山下層式の貝層は，①と②があり，①の貝層32，貝層5はハマグリが60%余を占め特に多く，②の貝層35はマガキが80%を占め突出している。鵜ヶ島台式〜茅山下層式の貝層は貝種組成に相違が大きく，貝層形成時期の季節が異なることが考えられる。一方，茅山上層式の貝層は，有炉小型住居跡貝層13のマガキ75.20%が多いが，全て②であり貝種組成が類似し，貝層形成時期の季節がほぼ同様であり一定していると考えられる。貝種組成からも，鵜ヶ島台式〜茅山下層式の集落は季節に伴う移動性がうかがえ，茅山上層式の集落は安定した定住集落が確立したと捉えられる。

おわりに

天神台遺跡を中心に炉穴の機能と定住化について検討したが，その要点をまとめると以下のとおりである。

1　竪穴住居跡・竪穴状遺構と炉穴の関係を炉穴比率，竪穴住居跡・竪穴状遺構・炉穴と貝層の関係を貝層比率として数値化し，条痕文期子母口式〜茅山上層式における変遷を検討した結果，貝層比率の増加と対照的に炉穴比率の減少が認められ，漁労活動の活発化に伴う定住化，定住集落確立と対照的に，集落における炉穴の主体性が減退し，炉穴の機能の必要性が縮小したと把握した。

2　炉穴の土器出土状況では，炉部（燃焼面）上部と足場底面上部における深鉢形土器の出土状況を提示し，使用時の状況を示すものと捉え，炉穴の機能として，炉部の火力を利用して土器を用いて煮沸による食料調理を主に行ったと推定した。また，被熱礫の出土から煮沸に焼礫を利用した可能性や，堅果類アク抜きの食料加工も想定されることを指摘した。

3　石器組成では，鵜ヶ島台式，茅山下層式，茅山上層式における占める割合が大きい順位は，1 植物加工具，2 狩猟具，3 工具と共通し，各時期とも堅果類・鱗茎類の植物食料とシカ・イノシシの動物食料を主体とする採集狩猟経済がバランス良く営まれていると捉えた。さらに，茅山上層式における漁労具（軽石）の増加から，茅山上層式に漁労活動が一段と活発化したと指摘した。また，植物加工具の占める割合減少と炉穴比率の減少が軌を一にすることから，植物質食料と炉穴の機能の関連を考えた。

4　動物遺存体の魚類では，鵜ヶ島台式の貝層は，主体の魚類がイワシ類，イワシ類とクロダイ，スズキと異なり，漁労期の相違を反映した移動による回帰を想定した。一方，茅山上層式の貝層は，主体の魚類がクロダイ，スズキと同じで魚種も多く，継続的な集団漁労活動が行われたと把握した。獣類では，鵜ヶ島台式と茅山下層式の貝層は，シカが大きな割合あるいはシカとイノシシがほぼ同じ割合を占めるが，茅山上層式の貝層はイノシシの割合が大きく，イノシシが集落周辺に多いことから，茅山上層式に定住集落が確立したと捉えた。

5　貝種組成では，鵜ヶ島台式〜茅山下層式の貝層は，主体の貝種がハマグリとマテガイ，ハマグリとマガキがあり，貝種組成にも大きな違いが認められ，貝層形成時期の季節が異なることを推定した。一方，茅山上層式の貝層は，主体の貝種が全てハマグリとマガキであり，貝層形成時期の季節がほぼ同様で一定していると捉えた。

6　以上のことから，炉穴の機能は，日常生活における食料調理が基本であるが，さらに，植物質食料との関連性から堅果類のアク抜きや煙道付炉穴による煙・熱風利用の堅果類乾燥処理（山田 2014）が考えられる[1]。しかし，定住化に伴う豊富な漁労食料の獲得により植物質食料への依存度が減少し，炉穴の機能はよりいっそう食料調理中心へと限定的になったと思われる。一方，対照的に漁労活動の活発化により定住化は促進され，集団漁労の成立と大型住居跡の構築により定住集落が確立したと捉えられる。

註

1)　天神台遺跡では，堅果類などの植物遺存体の出土は報告されていないが，静岡県元野遺跡の茅山下層式焼土内から炭化クリ・ドングリ類が出土している（瀬川 1975）。また，三重県鴻ノ木遺跡の押型文期大川式煙道付炉穴から炭化クリ・ドングリ類が出土し，土器煮沸によるアク抜きが想定された（渡辺 1998）。近年，山田猛は，民俗事例や炉穴試作実験を通して，煙道付炉穴煙出口の煙・熱風による堅果類乾燥処理を提示している（山田 2014）。しかし，炭化ドングリ類の出土例は少なく，植物質食料の保存加工については課題も多い。

引用・参考文献

麻生　優　1959「佐倉市上座貝塚発見の住居址と炉穴」『駿台史学』第 9 号

安藤雅之　2010『縄文時代早期を中心とした煙道付炉穴の研究』

忍澤成視　2013『市原市天神台遺跡 I』（財）市原市埋蔵文化財センター調査報告書第 25 集

小濵　学　2003「煙道付炉穴及び炉穴に関する一考察」『関西縄文時代の集落・墓地と生業』関西縄文論集 1　六一書房

金子浩昌　2013「第 7 節　動物遺存体」『市原市天神台遺跡 I』（財）市原市埋蔵文化財センター調査報告書第 25 集

上守秀明　1994『千原台ニュータウン VI—草刈六ノ台遺跡—（第 1 分冊）』（財）千葉県文化財センター

久保常晴・坂詰秀一　1965「町田市山崎遺跡群第 III 次調査概報」『立正大学考古学研究室小報』第 5 冊

黒沢　崇　2004『千原台ニュータウン XII—市原市押沼大六天遺跡（上層）』（財）千葉県文化財センター

瀬川裕市郎　1975『元野遺跡発掘調査報告書』沼津市文化財調査報告第 8 集

戸沢充則・堀越正行　1974「美濃輪台遺跡 A 地点（貝塚）」『市立市川博物館研究調査報告』第 1 冊

飛ノ台貝塚調査分科会　1939「下総飛ノ台貝塚調査報告」『考古学』第 10 巻 4 号　149-182 頁

中村宣弘　2005「飛ノ台貝塚検出の炉穴について—第 1・2 次調査の検出炉穴を中心に—（上）」『飛ノ台史跡公園博物館紀要』第 2 号

中村宣弘　2006「飛ノ台貝塚検出の炉穴について—第 1・2 次調査の検出炉穴を中心に—（下）」『飛ノ台史跡公園博物館紀要』第 3 号

西川博孝　1991「五　条痕土器の時代」『船橋市史　原始・古代・中世編』船橋市　78-92 頁

西田道世　1974『東間部多古墳群』上総国分寺台遺跡調査団

蜂屋孝之　1998『干潟工業団地埋蔵文化財調査報告書—干潟町諏訪山遺跡・十二殿遺跡・茄子台遺跡・桜

井平遺跡―本文編』（財）千葉県文化財センター
牧野光隆　2001『新井花和田遺跡』（財）市原市埋蔵文化財センター調査報告書第 74 集
宮崎朝雄・金子直行　2015「縄文早期条痕文期の竪穴住居と炉穴の関係」『縄文時代』26
山本暉久　1979「炉穴について」『上浜田遺跡』神奈川県埋蔵文化財調査報告 15　777-781 頁
山口直樹　1984『片又木遺跡』（財）市原市文化財センター調査報告書第 3 集
米田耕之助　1988『今富大道遺跡』（財）市原市文化財センター調査報告書第 26 集
山田　猛　2014「煙道付炉穴について」『東海地方における縄文時代早期前葉の諸問題　発表要旨集・研究論文集』東海縄文研究会　5-13 頁
渡辺　誠　1998「植物遺体について」『鴻ノ木遺跡（下層編）一般国道松坂・多気バイパス建設地内埋蔵文化財発掘調査報告書』三重県埋蔵文化財センター　197-203 頁

土坑墓に埋納された土器
―南西関東における縄文前期末から中期初頭の様相―

坪田　弘子

はじめに

関東・中部地方における前期末～中期初頭には，遺跡数が一時的に極端に減少する様相が知られ，続く勝坂式期以降に認められる遺跡数の爆発的増加と大規模かつ継続的な集落出現への「移行期」としてとらえられることが多い。一方で遺跡数の減少とは対照的に，広域にわたる活発な地域間交流が行われていたという当該期を特徴づける重要な現象も指摘されている（中山1997，今村1999など）。

こうした時期に，南西関東では土坑墓から完形や略完形の土器が出土する事例が認められ，当時の生活形態を理解するうえでの重要な検討課題であると指摘されている（金子1991）。また，神奈川県内での事例については『研究紀要2 かながわの考古学』でまとめられ，特に土坑墓から出土する倒置深鉢のあり方から当該期の墓制について言及されている（井辺1997）。しかし資料的制約もあって，前期末～中期初頭の墓制を主要なテーマとした研究はほとんど進められていないのが現状である。

そこで本稿では墓域の形成が顕著な諸磯式期と勝坂式期のはざまにあたる時期に光を当て，南西関東（神奈川，東京）における完形ないし略完形の土器を埋納する土坑墓を集成し，出土土器の器種や遺存状態，出土状態などに着目してその傾向分析を行うことで，十三菩提式期～五領ヶ台式直後段階の土器を用いた葬法の一端を明らかにしてみたいと思う。

1　土坑墓に土器を埋納する事例と各期の様相

今回の集成では，管見に触れた限りで33遺跡71例を確認することができた（表1）。各事例の時期認定を行う際には五領ヶ台式土器の編年観を今村（1985）に準拠し[1]，十三菩提式期，五領ヶ台Ⅰ式期，五領ヶ台Ⅱ式期，五領ヶ台式直後段階の4期に区分して，神奈川県と東京都で検出された事例の各時期における様相について記述を行った。また，文中の遺構名称は各報告書の記載に従い，表1の項目の分類基準については表の最末に付した凡例にて説明を加えている。

表1　南西関東における前期末～中期初頭にかけての土器を埋納する土坑墓一覧

遺跡名	所在地	遺構名	時 期	遺存状態	出土状態と層位	平面形	長径（m）	短径（m）	深さ（cm）	出土土器	共伴遺物	文 献
神奈川県												
新羽 4・5	横浜市	—	十三	B 小形深鉢 E	A-1 小形深鉢 B-1	2	—	—	—	深鉢 1 小形深鉢 1		横浜市 1990
池辺第 4	横浜市	6 土壙	五Ⅱ	B	A-2		0.77	0.72	33	深鉢 1		坂本ほか 1974
		8 土壙	五Ⅰ	B	C-2	1	0.77	—	35	深鉢 1		
		10 土壙	五Ⅰ	B	A-1	2	1.15	0.96	43	深鉢 1		
		11 土壙	五Ⅰ	B	C-2	1	1.15	1	49	深鉢 1		
石原	横浜市	43 土壙	十三	B	D-1	3	1.44	1.26	65	深鉢 1		坂本ほか 1974
		78 土壙	五Ⅱ	B	A-1	1	0.88	0.83	28	深鉢 1		
北川表の上	横浜市	13 土坑	五？	—		—	—	—	15			坂上ほか 2009
		15 土坑	十三～五	B	A	2'	0.81	0.60	33	深鉢 1		
		18 土坑	十三～五	G'	D''-2	2	1.33	0.78	24	深鉢 1		
		24 土坑	十三	C	A-1	2 ？	(0.84)	0.94	16	鉢 1		
		28 土坑	五Ⅱ	B	G-1	2	1.07	0.57	13	深鉢 1		
北川	横浜市	P80	十三	C，D	A-1	2	1.20	0.85	35	深鉢 2		坂本・山田ほか 2007
小丸	横浜市	169 土壙	五Ⅰ	B	A-3	1'	1.56	1.4	60	深鉢 1	打斧 4 点	石井 1999
		200 土壙	十三	F	C-1	1'	1	0.9	30	深鉢 1		
桜並	横浜市	15 土壙	十三	H	C-1	1'	1.2	1.1	18	深鉢 1	磨石 2	坂上ほか 1995
		28 土壙	十三	G	D-1	1	0.73	0.65	22	深鉢 1	磨石 1，台石 1	
		53 土壙	十三	F	E-1	2	0.71	0.55	16	深鉢 1		
三の丸	横浜市	E30 土壙	五	—	D-1	1	0.5	—	15	深鉢 1		伊藤ほか 1985
茅ヶ崎	横浜市	J53 土壙	十三	D	C-1	1	0.94	0.88	22	深鉢 1		小宮 2002
		J62 土壙	十三	J	C-1	1	0.96	0.92	35	深鉢 1		
		J67 土壙	十三	F	A-1	1	0.77	0.73	28	深鉢 1	大形石匙	
		J69 土壙	十三	H	E'-1	1'	0.88	0.78	27	深鉢 1	黒曜石製鉤形石器	
		J77 土壙	五Ⅱ	A'	A-1	1'	0.96	0.85	20	深鉢 1		
花見山	横浜市	A7P	十三	B	A-2	2''	0.95	0.75	42	深鉢 1		坂本・鈴木ほか 1995
		B6P	十三	B	C-1	3''	1	0.65	16	深鉢 1		
		B10P	十三	A'	C-1	2''	1.04	0.67	26	小形壺 1		
		B13P	五Ⅰ	B	C-1	2''	0.85	0.68	10	深鉢 1		
向原西	横浜市	—	十三	—	A	—	—	—	—	深鉢？		横浜市 1990
細田	横浜市	23 土壙	五Ⅱ	B	A-1	1'	1	0.95	35	深鉢 1		白石ほか 1981
		24 土壙	五Ⅱ	G	D'-1	2''	1.2	0.8	25	深鉢 1		
		25 土壙	五Ⅱ	B	C-1	2''	1.2	0.95	43	深鉢 1		
		26 土壙	五Ⅱ	B	A-1	2	1.6	1	30	深鉢 1		
		27 土壙	五Ⅱ	H	E'-1	5	2.1	1.4	20	深鉢 1		
栗谷	川崎市	P-15 号址	五Ⅱ	D	A-2	1	1.27	—	15	小形深鉢 1		増田ほか 1974
金程向原Ⅱ	川崎市	第 1 土壙	五Ⅰ	B	C-1	2''	0.65	0.45	25	深鉢 1		野中・竹場ほか 1988
山ノ神	座間市	J1 土坑	五Ⅱ	B，G''	D'-1，A-1	2	0.87	0.71	32	深鉢 2		松田・谷ほか 2004
		J7 土坑	五	H	E-1	2	1.06	0.68	18	深鉢 1		
栗原中丸	座間市	2 土壙	五Ⅱ	B	C-1	—	1.03	—	25	深鉢 1		大上ほか 1984
及川中原	厚木市	9 小竪穴	五Ⅱ	B	A-1	3''	1.06	0.76	28	深鉢 1		日野・北川 1997
大地開戸	相模原市	J43 土坑	五Ⅱ	B	A-1	2'	1.37	1.14	23	深鉢 1	黒曜石剝片 1	河野・井澤 1995
当麻第 1	相模原市	J2 土坑墓	五Ⅰ	B	A-1	1	1	0.96	37	深鉢 1	剝片 1	大塚・井関・林 2013
		J1 土器集中	五Ⅰ	B	A	—	—	—	—	深鉢 1		
		J1 屋外埋設土器	五Ⅰ	F	B-1	2	0.7	0.58	12	深鉢 1		
田名向原	相模原市	J3 土坑	真脇	B	C-2	1'	0.8	—	34	深鉢 1		迫ほか 1999
日向岡	平塚市	SK34	五Ⅱ	B	A-1	1	0.81	—	43	深鉢 1		小島ほか 1987
原口	平塚市	J166 土坑	五	E	C-1	1	0.88	0.64	30	深鉢 1	チャート剝片	長岡 2002
		J280 土坑	五	A	C-1	2	1.60	1.34	50	小形深鉢 1		
		J434 土坑	五Ⅰ	E	B-1	2''	1.32	1.06	16	深鉢 1		

遺跡名	所在地	遺構名	時期	遺存状態	出土状態と層位	平面形	長径（m）	短径（m）	深さ（cm）	出土土器	共伴遺物	文献
田中・万代	伊勢原市	J2 土坑	五Ⅱ	B	C-1	2	1.5	0.62	28	深鉢 1		恩田・井辺 2001
上坂東	伊勢原市	単独埋設土器	五直後	A'	A	—	—	—	—	深鉢 1		坂口ほか 1987
鶴巻上ノ窪	秦野市	J1 土坑	北裏ＣⅠ	A'	A-1	2	0.88	0.6	6.3	鉢 1		木村・柏木 1998
東京都												
前田耕地 2 区	秋川市	第 90 土壙	五Ⅱ	A'，浅Ｃ	C-1 浅鉢 B-1	2"	1.6	1.2	60	深鉢 2 浅鉢 1		土井 1985
前田耕地 5 区	秋川市	1 号埋甕	五Ⅱ	B	B	1	0.65	—	27	深鉢 1		加藤・橋口ほか 1979
北八王子西野	八王子市	15.R 区土壙	五Ⅱ	B	B-3	2"	1.44	1.3	76	深鉢 1		永峯ほか 1974
郷田原	八王子市	134 土坑	五Ⅱ	B	C-1	2"	1.14	0.9	15	深鉢 1		吉田ほか 1996
八王子南部No. 11	八王子市	5 土坑	五直後	A'	E-1	1"	1.86	—	28	小形深鉢 1	石匙 2	和田・戸田ほか 2001
		6 土坑	五Ⅱ	A，E	A-1	1	1.13	—	35	小形深鉢 2		
		24 土坑	五Ⅱ	F	A-1	1	0.95	—	45	深鉢 1		
椚田第Ⅳ	八王子市	SX12	五Ⅱ	B	—	—	—	—	—	深鉢 1		中西ほか 1979
		SX14	五Ⅱ	B	A-1	1 ?	0.5	—	30	深鉢 1		
		SX17	五Ⅱ	B	A-1	1'	0.84	—	32	深鉢 1		
		SX19	五Ⅱ	B	B-1	1'	0.83	—	25	深鉢 1		
神谷原	八王子市	SK25	五Ⅱ	—	—	—	—	—	—	深鉢		新藤ほか 1982
		SK27	五Ⅱ	B	—	—	—	—	—	深鉢		
		SK30	五Ⅱ	B	A-1	1'	0.65	—	35	深鉢 1		
		SK67	五Ⅱ	A	B-1	1'	1.47	1.45	15	小形深鉢 1		
		SK208	五Ⅱ～五直後	A	B-1	1'	0.76	0.72	30	浅鉢		
椚谷	八王子市	JD30 土坑	五直後	A，A'	B-1	1'	0.89	0.85	21	小形深鉢 2		田中・竹田 2009
		JD36 土坑	五直後	B	C-2	1	0.72	0.7	26	深鉢 1	礫器 1	
落越	八王子市	14 土坑	十三	A，E	F-1	2"	1.27	0.97	35	深鉢 1 小形深鉢 1		伊藤・阿部ほか 1992

時　期　十三：十三菩提式期　五：五領ヶ台式期　五Ⅰ：五領ヶ台Ⅰ式期　五Ⅱ：五領ヶ台Ⅱ式期
五直後：五領ヶ台式直後段階
遺存状態　A：完形　A'：略完形　B：胴部下半欠損　C：底部欠損　D：口縁部欠損　E：胴部上半欠損　F：胴部のみ
G：口縁部から胴部の大破片　G'：口縁部大破片　G"：胴部大破片　H：接合する破片　I：底部のみ
出土状態　A：逆位　B：正位　C：横位　D：表を上面にした大破片　D'：裏を上面にした大破片　D"：直立する大破片
層　位　1：底面あるいは底面近く　2：底面から 30 cm以上上層　3：底面から 20～30 cm上層
平面形　1：円形　2：楕円形　3：隅丸長方形　4：隅丸方形　5：不整形　'：略　"：不整

(1) 十三菩提式期の様相

十三菩提式期の事例は，神奈川県では横浜市石原，花見山，桜並，北川貝塚，茅ヶ崎貝塚，新羽 4・5，向原西，小丸，北川表の上，相模原市田名向原の 10 遺跡 20 例を数える。東京都は八王子市落越の 1 遺跡 1 例であり，9 遺跡 18 例が神奈川県横浜市港北ニュータウン地域内の早淵川南岸に分布し，地域的に偏在することがうかがえる。

まず埋納される土器の器種をみていくと，深鉢が 18 例と圧倒的多数を占め，その他の器種は北川表の上 24 号土坑で鉢，新羽 4・5 で小形深鉢，花見山 B10P で小形壺がそれぞれ 1 例ずつ認められる。土器の出土点数は各土坑墓に 1 個体が基本であるが，新羽 4・5 で深鉢 1 点と小形深鉢 1 点，北川 P80 で 2 個体の深鉢が共伴した例が認められる。土器の遺存状態は胴部下半を欠損するものが 6 例，胴部のみが 3 例，底部欠損と口縁部欠損，大形破片，接合する破片が 2 例ずつで，茅ヶ崎貝塚 J62 号土壙では胴部の一部を打ち欠いた深鉢が出土している。多くの事例が土

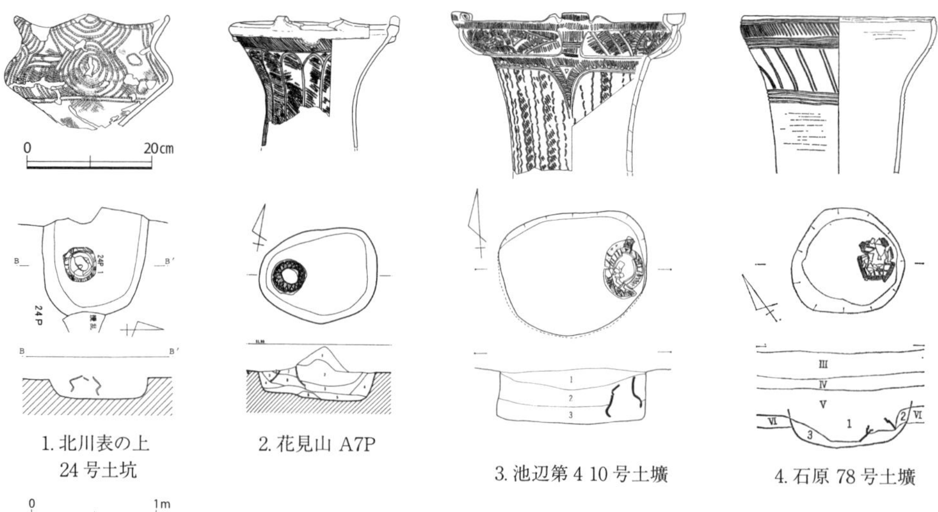

図 1　倒置土器出土土坑墓（遺構：1/60　土器：1/12）

器の一部を欠損していることから意図的な破壊行為がうかがわれるとともに，欠損部位としては胴部下半が最も多いことが注意される。唯一，略完形の状態で出土したのが花見山 B10P の小形壺で，大きさから考えても副葬された可能性が高いといえる。

出土状態は坑底の近くから横位に出土する事例が 4 遺跡 7 例を数え，逆位で出土した事例は 7 遺跡 7 例である。このうち，花見山 A7 号土壙は胴部下半を欠損する倒置深鉢が西壁際から出土し，北川表の上 24 号土坑では鉢が倒置状態で出土した（図 1-1）。両事例とも甕被葬を示す出土状態と考えられ[2]，遺体の頭部を覆うために深鉢だけでなく鉢も用いられたことがわかる。特殊な出土状態としては八王子市落越遺跡第 14 号土坑があげられ，完形深鉢の中に口縁部を欠損する大歳山式系の小形深鉢が入れ子の状態で坑底近くから出土した（図 2-5）。こうした例はきわめてまれであるが，時期はやや異なるものの平塚市原口遺跡にも五領ヶ台 II 式の横倒しの深鉢口縁部に北裏 C 式の鉢を差し込んで入れ子状にした埋設土器の事例がある（長岡 2002）[3]。また，落越例は異系統土器の埋納という点が注意されるが，田名向原 J3 号土坑では北陸系の真脇式，小丸 200 号土壙では大歳山式系の深鉢が出土しており，事例は少ないものの異系統土器の土坑墓への埋納は広域に認められる現象であったといえよう。

(2) 五領ヶ台 I 式期の様相

五領ヶ台 I 式期の事例は前段階よりも減少し，神奈川県では横浜市池辺第 4，花見山，小丸，川崎市金程向原第 II 地点，相模原市当麻第 1 地点，平塚市原口の 6 遺跡 10 例を数える。東京都では確認できず，全体の半数の 3 遺跡 5 例が横浜市港北ニュータウン地域内に分布する。

この段階では埋納される土器の器種は深鉢のみで，各土坑墓が保有する数も 1 個体に限定される。遺存状態は胴部下半欠損が 8 例と多数を占め，胴部上半欠損が原口 J434 号土坑に 1 例と胴部のみが当麻第 1 地点の J1 号屋外埋設土器に 1 例認められる。出土状態は逆位と横位がそれぞ

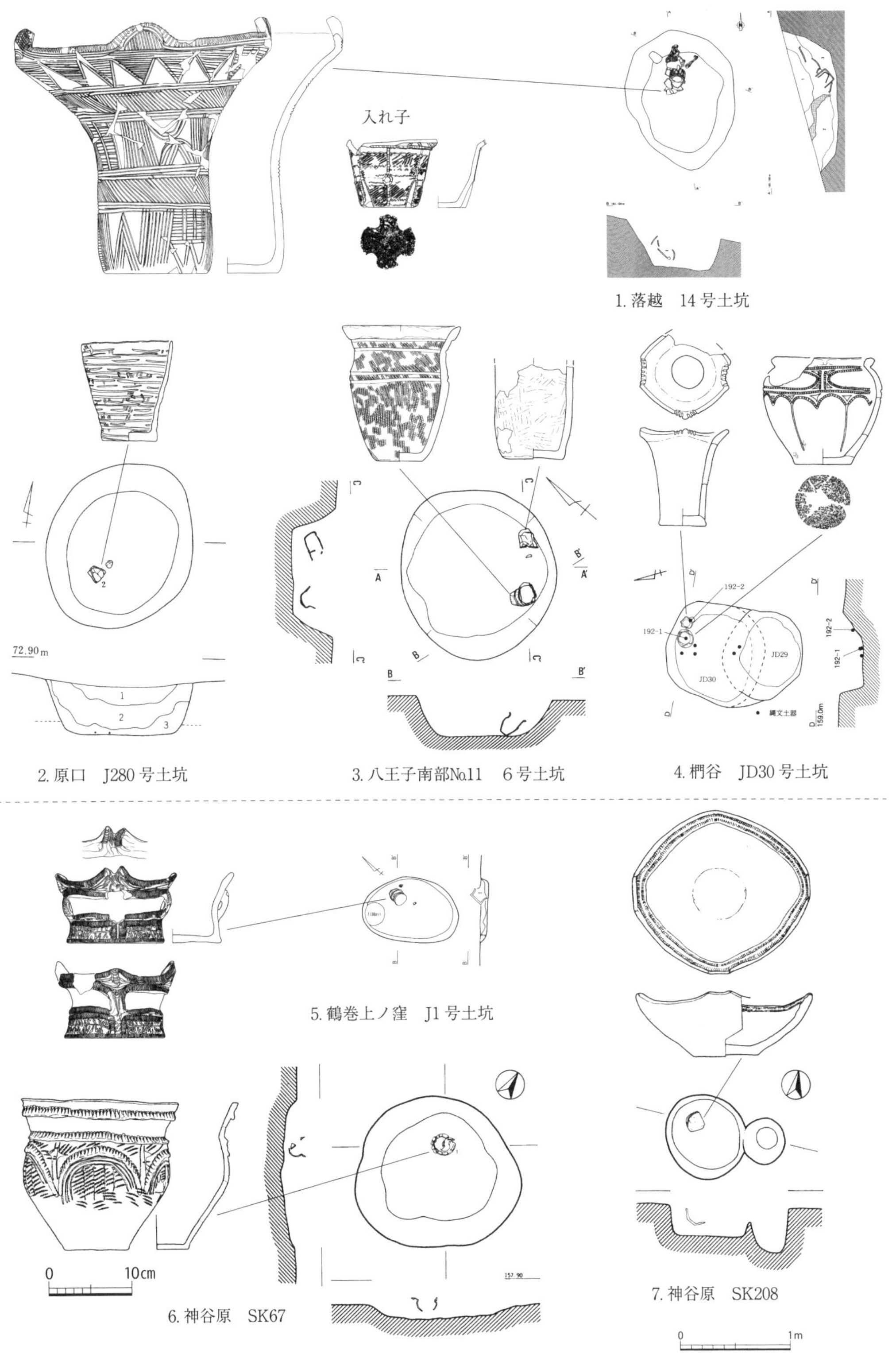

図２　小形深鉢，鉢，浅鉢を埋納した土坑墓（遺構：1/60　土器：1/8）

れ4例で正位が2例となり，逆位で坑底付近から出土している池辺第4の10号土壙（図1-3）と当麻第1地点J2号土坑墓の事例は，壁際という出土位置から推定しても甕被葬の可能性が高い。一方で同じく倒置深鉢を伴う事例の小丸169号土壙では坑底から60 cm上方の確認面から出土しており，墓上への供献土器の可能性も想定されよう。正位で出土した事例のうち，原口J434号土坑の深鉢胴部下半は現存高17.5 cm，底径9.6 cmという大きさや出土状態から推定すると副葬品の可能性が高いと考えられる。

(3) 五領ヶ台II式期の様相

五領ヶ台II式期を迎えると事例は前段階の2倍に急増し，神奈川県では横浜市石原，池辺第4，北川表の上，細田，川崎市栗谷，座間市栗原中丸，山ノ神，厚木市及川中原，平塚市日向岡，伊勢原市田中・万代，相模原市大地開戸，秦野市鶴巻上ノ窪の12遺跡16例を数える。東京都では八王子市南部No. 11，郷田原，神谷原，椚田第IV，北八王子西野，秋川市前田耕地の6遺跡14例に上り東京都の事例はこの段階が主体となる。遺跡分布は東京都では八王子市域に明らかな集中が認められ，神奈川県では横浜市域を中心とする県北東部にまとまる状況は前段階までと類するが，座間市，平塚市，伊勢原市など相模川流域の県央部からさらにその西側にも分布する様相が新たな傾向として認められる。

まず神奈川県の様相をみていくと，埋納する土器の器種は深鉢が15例を数え主体となり，その他の器種は栗谷P-15号址で小形深鉢，鶴巻上ノ窪J1号土坑で鉢が1例ずつ認められた。このうち鶴巻上ノ窪例は北裏CI式とされる東海系土器であり（図2-5），五領ヶ台I式期にみられなかった土坑墓への異系統土器の埋納が行われたことを示す重要な事例である。土器の出土点数は各土坑墓に1個体が15例で，山ノ神J1号土坑でのみ深鉢2個体が共伴している。土器の遺存状態は胴部下半欠損が12例で最も多く，口縁部欠損が栗谷に1例，略完形が鶴巻上ノ窪J1号土坑に1例で，出土状態や遺存状態からすると鶴巻上ノ窪例は副葬品であろう。

出土状態は逆位が10例，横位が3例を数え，出土層位は底面付近にほぼ限定される。石原78号土壙の例は，南東壁際に胴部下半を欠損する平縁の深鉢が逆位に埋設された甕被葬と考えられる（図1-4）。この他に裏を上面にした大破片が細田24号土壙と山ノ神に1例ずつ，同一個体の多数の破片がばらまかれたような状態が細田27号土壙に1例認められ，土器破片を用いた土器被覆葬が行われた可能性が想定される。

次に東京都の様相は，埋納される土器の器種は深鉢が13例で，小形深鉢が八王子南部No. 11の6号土坑で共伴する2例と神谷原SK67に1例の合計3例，浅鉢が前田耕地2区第90号土壙に1例認められ，神谷原SK67から出土した小形深鉢は東海系土器である。出土個体数は各土坑墓に1点が基本であるが，八王子南部No. 11の6号土坑では底面よりわずかに浮いて完形の小形深鉢1点と口縁部を欠損する小形深鉢1点が30 cmほど離れてやや傾いた状態で出土した（図2-3）。また，前田耕地2区では深鉢2点と浅鉢1点が折り重なる状態で坑底より出土し，複数個体を埋納した希少な事例として注意される。埋納土器の遺存状態は胴部下半欠損が9例と圧倒的に多く，しかもすべて深鉢である。完形のものは八王子南部 No. 11 の 6 号土坑と神谷原 SK67 に各 1 例ずつと前田耕地 2 区第 90 号土壙に 2 例あり，胴部上半欠損は八王子南部 No. 11 の 6 号土坑に 1 例となるが，前田耕地を除く 3 例はいずれも小形深鉢で副葬品の可能性が高い。

出土状態は逆位と正位が各 5 例で横位が 3 例，正位が 4 例を数え，土器の器種との関連でみると逆位と横位はすべて深鉢で，正位のものは 3 例が小形深鉢となっている。椚田第 IV では 4 基の土坑墓のうち 2 基で胴部下半を欠損する倒置深鉢が坑底より出土しており，このうち SX17 は土坑墓の規模や出土位置からも甕被葬を想定しうる。出土層位はほとんどが坑低付近で，北八王子西野 15. R 区土壙のみ坑底から 60 cm 上方の肩口より胴部下半を欠損する深鉢が出土しており，墓上での供献が行われた痕跡とも考えられる。

(4) 五領ヶ台式直後段階の様相

この時期の事例は現在までのところ少なく，神奈川県では伊勢原市上坂東の 1 遺跡 1 例，東京都では八王子市神谷原，椚谷，八王子南部 No. 11 の 3 遺跡 4 例を数えるのみである。

埋納される土器の器種は小形深鉢 3 例と深鉢 1 例，浅鉢 1 例で，土器の出土点数は各土坑墓に 1 個体が基本であるが，椚谷 JD30 号土坑では小形深鉢 2 個体の共伴が認められる（図 2-4）。土器の遺存状態は椚谷 JD36 号土坑出土の深鉢が胴部下半欠損であるほかはすべて完形ないし略完形である。

出土状態は正位が 2 例，横位が 1 例，同一個体が破片となりまとまって出土した事例が八王子南部 No. 11 の 5 号土坑に 1 例あり，他の時期に共通して主体的な逆位は認められなかった。

2　埋葬施設としての土器と副葬された土器のあり方

前項では，土坑墓に埋納される土器の諸属性と出土状態に着目し，時期ごとの傾向を探ってみた。ここではそれらをもとに十三菩提式期から五領ヶ台式直後段階にかけての埋葬にかかわる土器を用いた習俗の様相についてまとめてみたい。

十三菩提式期から五領ヶ台 II 式期にかけては土器が坑底付近から逆位で出土する例が全事例の約 3 割を占め，その器種は北川表の上遺跡 24 号土坑で鉢が認められたがそれ以外はすべて深鉢であった。これらの土器は胴部下半を欠損するという各時期に共通の遺存状態を示しており，通時的に甕被葬が行われた可能性が高い。また，十三菩提式期と五領ヶ台 I 式期には逆位とほぼ同数の横位出土例が認められ，これらについても坑底付近から出土することに加え遺存状態が胴部下半欠損と強い結びつきをもつ傾向がある。すなわち横位の事例についても遺体を土器で覆った土器被覆葬の可能性が高く，副葬品とは区別されなければならない。

神奈川県内では北川貝塚 P55 で仰臥屈葬人骨に伴って諸磯 b 式期の倒置深鉢が出土したことにより，頭部に深鉢を被せた甕被葬の埋葬法が明らかとなった。同貝塚では続く諸磯 c 式期と十三菩提式期にも倒置深鉢を出土する土坑墓が確認されており，甕被葬が前期後葉から末葉にかけて継承された葬法であったと考えられている（坂本・山田ほか 2007）。筆者が以前に行った集成では南西関東における当事例の出現期は八王子市宇津木台遺跡 SK01 の諸磯 a 式期に求められ，器種は浅鉢が選択され底部を破壊されていた（坪田 2004）。つまり，南西関東において諸磯 a・b 式段階に出現した甕被葬は，続く時期の十三菩提式期，五領ヶ台 I 式期に横浜市の早淵川流域という当該期の遺跡が集中する中核的かつ限定的な地域に伝統的埋葬法として継承保持され，五領ヶ台 II 式期に遺跡数の増加とともに神奈川県西部域や東京都八王子市周辺地域にも拡散していく様相が認められる。かつて神奈川県内の墓域の明らかな環状集落における甕被葬の事例を集成した山本は，中期中葉にも少数ながら認められるものの中期後葉段階に集中する傾向があり，さらに胴部下半ないし底部を欠損する土器の割合が最も高いということを指摘している（山本 2003）。十三菩提式期から五領ヶ台 II 式期の事例においても欠損部位が中期中葉以降と共通するなど，甕被葬は時期的な盛衰がありつつも南西関東では前期諸磯式期以降の伝統的かつ普遍的な埋葬方法であったことがうかがわれる。

次に，土坑墓に埋納された土器には，小形深鉢や鉢，浅鉢，小形壺といった深鉢以外の器種が選択される場合があり，五領ヶ台 I 式期を除く各期に事例が認められた。具体的には十三菩提式期では小形深鉢 2 例と小形壺 1 例，五領ヶ台 II 式期には小形深鉢 4 例，鉢 1 例，浅鉢 1 例，五領ヶ台直後段階には小形深鉢 3 例，浅鉢 1 例で，これらの土器は正位または横位で坑底から出土することが多いことに加え，埋葬施設として用いられた土器のように胴部下半を打ち欠いてはおらず，底部を伴う完形ないし略完形品であることを特徴とする。そして，各土坑墓に副葬される土器の数は 1 個体を基本としているため複数個体の副葬はまれなケースであったと考えられるが，五領ヶ台 I 式期を除く各時期にみられることは注意すべき現象といえる。こうした出土状態や遺存状態，大きさを考慮するならばこれらの土器は副葬品と認定するのが自然であり，器種としては小形深鉢を多く選択的に埋納したと考えることができる[4)]。また，例えば原口 J166 や J434 号土坑からは深鉢の胴部下半が出土しているが，その大きさや形状は図 2-2 に示した原口 J280 号土坑出土の小形深鉢に類似している。土坑墓から出土する深鉢胴部下半は副葬される小形深鉢を意識したものとも考えることができ，日常的に使用していた深鉢の一部を打ち欠き，副葬用として作り替える行為が行われた可能性があろう。関東・中部地方の前期中葉～後葉には副葬される土器の器種は浅鉢が主に選択されたが，少なくとも南西関東では五領ヶ台 II 式期以降に小形深鉢の副葬が主流となり，勝坂式期に続く習俗として定着していったものと推定されるのである。

また，副葬される土器には在地のものではない異系統の土器がまれに認められ，鶴巻上ノ窪では埋葬施設として用いられたとは考えにくい大きさの東海系の完形鉢が逆位で出土している。また，落越第 14 号土坑では大歳山式系の小形深鉢を在地系の深鉢に納めて入れ子の状態で出土している点が注意される。両事例とも西日本地域からの影響を受けた異系統土器であり，他の副葬土器とは異なった取り扱いを示唆する出土状態といえよう。なお，副葬された小形深鉢は底部を伴っている場合が多く，通常では遺存しない有機質の内容物を伴って埋納された可能性も今後は検討してゆく必要があろう。

おわりに

以上のように，資料的には決して充実しているとはいえない状況下ではあるものの南西関東の前期末～中期初頭における土坑墓に埋納される土器についての分析を行い，文化的衰退期と評される時期の埋葬にかかわる土器のあり方についてまとめてみた。当初は集落内における住居址と土坑墓との関係性をもとにした遺跡の類型化にも論及する予定であったが，適わなかった。稿を改めて検討したい。

最後になりましたが，山本暉久先生の古稀を心よりお祝い申し上げます。20数年前の大学講義で縄文時代文化研究に対する先生の情熱に触れたことで，私自身のその後に進む道が定まったように思います。また学問だけでなく，周囲を明るくするお人柄や優しさは当時から学生たちを魅了していたと記憶しております。今まで様々な場面で叱咤や激励，ご指導いただけたことに感謝申し上げるとともに，今後の先生のご健康を祈念申し上げます。

註

1) 今村の五領ヶ台Ia・Ib式を五領ヶ台I式期，五領ヶ台IIa・IIb・IIc式を五領ヶ台II式期，大石式，竹之下式を五領ヶ台式直後段階として時期区分した。

2) 土器で遺体を被う葬法については研究者によって異なる用語が用いられているが，ここでは広い意味での遺体を被覆する葬法には「土器被覆葬」（中村2013）の語を用い，土器で頭部を被った葬法に「甕被葬」の語を用いることとした。

3) 原口遺跡の埋設土器は合計7基検出されているが，いずれも明確な掘り込みを伴わないことから集成表中には掲載しなかった。

4) 同時期の長野県域の様相を見てみると，主に五領ヶ台II式期においては小形深鉢や小形鉢，浅鉢など，深鉢とは異なった器種や異系統の土器を選択し，場合によっては複数個体を副葬する習俗が顕著であったことがうかがわれる（会田ほか1986，鵜飼ほか1990，戸沢ほか1986）。南西関東との関連性については今後の課題である。

引用・参考文献

会田進ほか　1986「梨久保遺跡」『郷土の文化財』15　岡谷市教育委員会
伊藤郭ほか　1985「三の丸遺跡調査概報」『港北ニュータウン地域内埋蔵文化財調査報告』VI
今村啓爾　1985「五領ヶ台式土器の編年」『東京大学文学部考古学研究室紀要』第4号　93-157頁
今村啓爾　1999『縄文の実像を求めて』 吉川弘文館
石井　寛　1999「小丸遺跡」『港北ニュータウン地域内埋蔵文化財調査報告』25
伊藤玄三・阿部朝衛ほか　1992『落越遺跡I』落越遺跡調査団
井辺一徳　1997「V．縄文前期末～中期初頭の墓制」『研究紀要2　かながわの考古学』17-43頁
鵜飼幸雄ほか　1990『棚畑』茅野市教育委員会
大上周三ほか　1984「栗原中丸遺跡」『神奈川県立埋蔵文化財センター調査報告』3

大塚健一・井関文明・林雅恵　2013「当麻遺跡第1地点」『かながわ考古学財団調査報告』287
恩田勇・井辺一徳　2001「田中・万代遺跡」『かながわ考古学財団調査報告』103
加藤晋平・橋口定志ほか　1979『前田耕地 II』
金子直世　1991「縄文時代中期初頭の居住形態」『物質文化』1-21頁
木村吉行・柏木善治　1998「不弓引遺跡　鶴巻大椿遺跡　鶴巻上ノ窪遺跡　北矢名南蛇久保遺跡　北矢名矢際遺跡」『かながわ考古学財団調査報告』32
河野喜映・井澤純　1995「青野原バイパス関連遺跡」『かながわ考古学財団調査報告』5
小島弘義ほか　1987「日向岡遺跡」『平塚市埋蔵文化財シリーズ』5　平塚市教育委員会
小宮恒雄　2002「茅ヶ崎貝塚」『港北ニュータウン地域内埋蔵文化財調査報告』28
坂上克弘ほか　1995「桜並遺跡」『港北ニュータウン地域内埋蔵文化財調査報告』XVIII
坂上克弘ほか　2009「北川表の上遺跡」『港北ニュータウン地域内埋蔵文化財調査報告』42
坂口滋皓ほか　1987『比々多遺跡群（遺構編）（遺物編）』
坂本彰ほか　1974『港北ニュータウン地域内文化財調査報告』IV　横浜市埋蔵文化財調査委員会
坂本彰・鈴木重信ほか　1995「花見山遺跡」『港北ニュータウン地域内埋蔵文化財調査報告』XVI
坂本彰・山田光洋ほか　2007「北川貝塚」『港北ニュータウン地域内埋蔵文化財調査報告』39
迫和幸ほか　1999『田名塩田遺跡群』I
白石浩之ほか　1981「細田遺跡」『神奈川県埋蔵文化財調査報告』23　神奈川県教育委員会
新藤康夫ほか　1982『神谷原 II』椚田遺跡調査会
田中純男・竹田均　2009「椚谷遺跡」『東京都埋蔵文化財センター調査報告』第235集
坪田（舘）弘子　2004「縄文時代前期の墓域と土壙墓—関東・中部地方の事例から—」『縄文時代』第15号　33-70頁
土井悦枝　1985「五領ヶ台式土器を出した土壙」『東京考古』3　181-183頁
戸沢充則ほか　1986「梨久保遺跡」『郷土の文化財』15　長野県岡谷市教育委員会
長岡史起　2002「原口遺跡 III」『かながわ考古学財団調査報告』134　かながわ考古学財団
中西充ほか　1979『椚田遺跡群　1978年度調査概報』八王子市椚田遺跡調査会
永峯光一ほか　1974『北八王子西野遺跡』
中村耕作　2013「縄文土器の儀礼利用と象徴操作」『未完成考古学叢書』10
中山真治　1997「縄文中期初頭の西関東・中部高地における東海系土器—特に北裏CI式系の搬入土器をめぐって—」『東京考古』15　49-73頁
野中和夫ほか　1988「金程向原遺跡 II」『日本大学文理学部史学研究室文化財発掘調査報告書』19
日野一郎・北川吉明　1997『及川中原遺跡』国道412号線遺跡発掘調査団
増田精一ほか　1974『栗谷遺跡　川崎市多摩区生田所在遺跡の発掘調査報告』
松田光太郎・谷正秋ほか　2004「山ノ神遺跡・鷹見塚遺跡」『かながわ考古学財団調査報告』171
山本暉久　2003「墓壙内に倒置された土器」『神奈川考古』第39号　31-77頁
山本典幸　2000「縄文時代の地域生活史」『未完成考古学叢書』1
横浜市埋蔵文化財センター　1990『全遺跡調査概要』港北ニュータウン地域内埋蔵文化財調査報告 X
吉田浩明ほか　1996『南八王子地区遺跡調査報告』10 郷田原
和田哲・戸田哲也ほか　2001『南八王子地区遺跡調査報告』14

千曲川下流域における縄文時代中期の住居跡
―長野県中野市千田遺跡の中期後葉土器と住居変遷―

綿田　弘実

はじめに

『長野県史考古資料編』（長野県史刊行会 1981）によれば，長野県全体で時期が判明している縄文時代遺跡は5,850ヶ所を数える。時期別内訳は中期が3,158ヶ所54%と突出している。中期遺跡の地域別内訳は，北信290，東信556，中信585，南信1,727ヶ所であり，諏訪，上・下伊那地域が55%を占める。

千曲川中・下流域を占める北信地方では，中期末葉近くに遺跡が増加し，それ以前の調査事例は今日も少ない。そのなかで，2002年から2006年まで4ヶ年発掘調査し，2013年報告書を刊行した中野市（旧豊田村）千田遺跡は，縄文中期集落の調査事例として看過できない内容をもつ。筆者が発掘・整理を担当したが，物量の多さと整理期間から事実報告に紙面を費やし，簡略な総括にとどまった（長野県埋蔵文化財センター 2013）。本稿では千田遺跡で住居跡数が多く資料が充実した中期後葉を中心に，報告書刊行後の所見を加味し細分した土器編年に基づき，中期初頭・末葉の間に位置する竪穴住居形態と炉の変遷を跡付けたい。

1　長野県における縄文中期住居研究の現状

長野県では，宮本長二郎が縄文早～晩期住居約1,600軒を収集し分析した。中期では時期・規模が明らかな1,043棟を抽出し，面積・主柱・平面形・炉等を分析し，縄文時代全時期の住居について，関東・北海道と比較して特徴を指摘した（宮本 1980）。

住居型式については，中・南信の豊富な資料から中期後半を中心に，神村透，長谷川豊が特徴的な住居型式を指摘している。櫛原功一は千曲川上流域の小諸市郷土遺跡を含め，長野・山梨県の住居型式編年を構築した（櫛原 2010）。

炉形態の変遷は，折井敦が八ヶ岳南麓（折井 1977），小林康男が松本平（小林 1984）の状況を明らかにしている。茅野市棚畑遺跡については，中期全般にわたる住居・炉形態が詳細に分析されている（茅野市教育委員会 1990，鵜飼 2010）。

一方千曲川流域の東・北信は，加曽利 E III 式段階から敷石住居が出現する地域の一つとして山本暉久が早く注目し，中・南信の埋甕，石壇・石柱とともに研究の俎上に載せられている（山本 1976・2010)。石井寛，本橋恵美子もこの地域を取り上げている。

中期中葉の住居・炉形態の変遷は，御代田町川原田遺跡で分析されている（御代田町教育委員会 1997)。千曲市屋代遺跡群では，XIV 層で密集した五領ヶ台 II 式期住居 22 軒が検出され，周堤を巡らした住居は床面から最上部まで深さ 1.7 m を測る例が確認された。また，XII-2 層では加曽利 E III・IV 式期住居 53 軒・掘立柱建物 27 棟から構成される環状集落跡が検出され，柄鏡形敷石住居の成立過程がうかがえた（長野県埋蔵文化財センター 2000，水沢 2002)。

千曲川を下った北信地方の隣接地として新潟県へ目を転ずる。小熊博史（小熊 2003）は，中期住居を検出した 134 遺跡約 1,500 軒から時期がわかる例を対象に，県域を 6 地域・6 時期に区分して特徴や変遷を明らかにした。寺﨑裕助は中期中葉住居について，7 タイプ 13 細分の変遷・分布を追った（寺﨑 2000)。阿部昭典は「卵形住居跡」，「ベッド状遺構」，複式炉について研究を重ねている（阿部 2008)。さらに同氏は，津南町道尻手・堂平遺跡報告書，津南シンポジウムにおいても，集落・住居および炉について考察している（津南町教育委員会 2005・2006・2011，阿部 2014)。

2　遺跡の概要と土器変遷による時期区分

千田遺跡は，長野盆地と飯山盆地を介する千曲川狭窄部の左岸に位置する。千曲川に南面する 8 区は標高 326 m から 330.5 m 前後の河岸段丘上にある。上流側と下流側を千曲川に流入する沢で画された，延長約 100 m・幅約 60 m の調査範囲から，住居跡分布域の外径約 90 m の環状集落跡南側半分を検出した（図 1)。中期中葉の新道式期から末葉の加曽利 E III 式期にわたる竪穴住居跡は 53 軒を数えた。時期別の内訳は，炉跡のみの 5 軒を除き，中葉期が 9 軒，末葉期が 3 軒，その他 35 軒前後が後葉期大木 8b 式並行期に属すと推定される。

8 区上流側の 1～5・7 区では縄文時代の住居跡は検出されなかったが，遺物量は 8 区を上回る。千曲川に沿った斜面には全長 40 m 以上，護岸工事で掘削されているが最大幅約 10 m，最大層厚約 3 m の大規模な廃棄場が形成されていた。時期は加曽利 E III 式から加曽利 B2 式にわたり，遺物は中期末葉期が圧倒的に多く，後期中葉は少量である。中期末葉期には 8 区に少数の敷石住居と配石遺構などが営まれたものの，生活拠点は 4・5 区へ移動したと推定される。

8 区にはない狢沢・後沖式期の住居跡が，8 区から約 120 m 北の 12 区で検出されているため，この中期前葉土器を第 IV 群とした（図 2-1)。88 号住居跡（以下「88 住」）1 軒のみ。

中期中・後葉の土器様相が全般的に新潟県に近似し，北信地方では加曽利 E I 式期の土器が明らかではないため，千田報告では大木 8b 式並行期を後葉，それ以前を中葉期第 V 群土器とした。この時期は北信地方で土器変遷が明らかになっていない。千田遺跡でも住居跡は遺存状態が悪く，資料の一括性が不明確である。

第 V 群は第 1 類：貼付隆帯の周囲に半隆起線を充塡する土器（図 2-3・6，以下番号のみ)，第 3 類：隆線・沈線で意匠描出する縄文地文土器（2)，第 4 類：新巻類型・焼町土器（4・5・7)，第 2

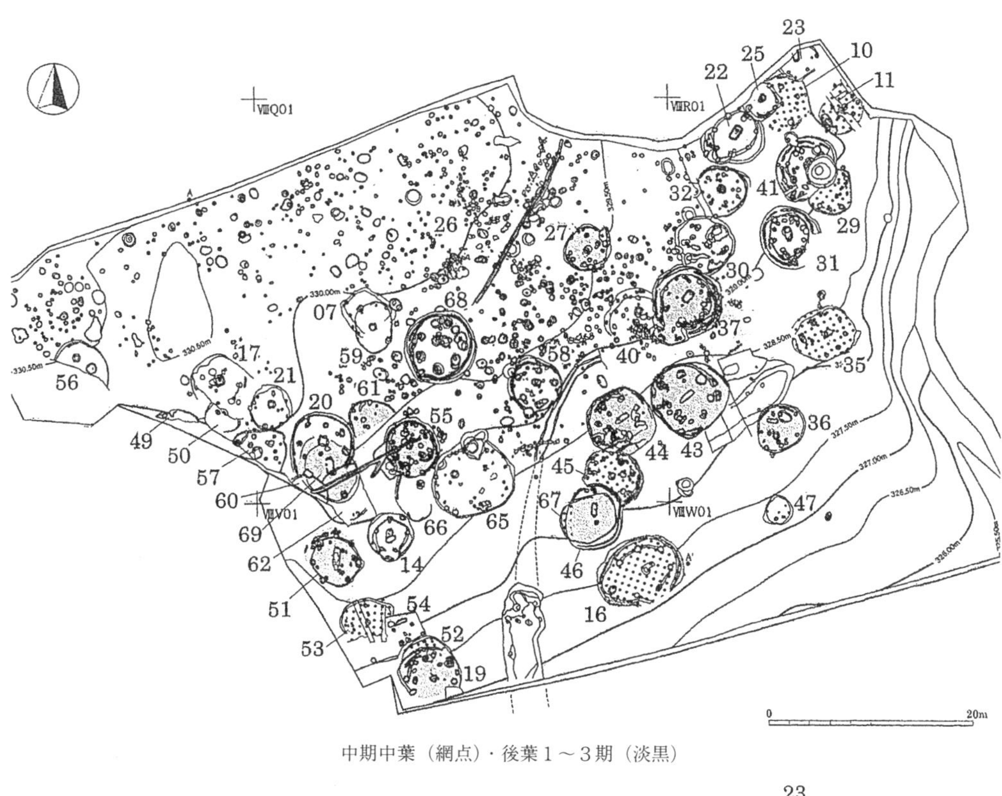

中期中葉（網点）・後葉１～３期（淡黒）

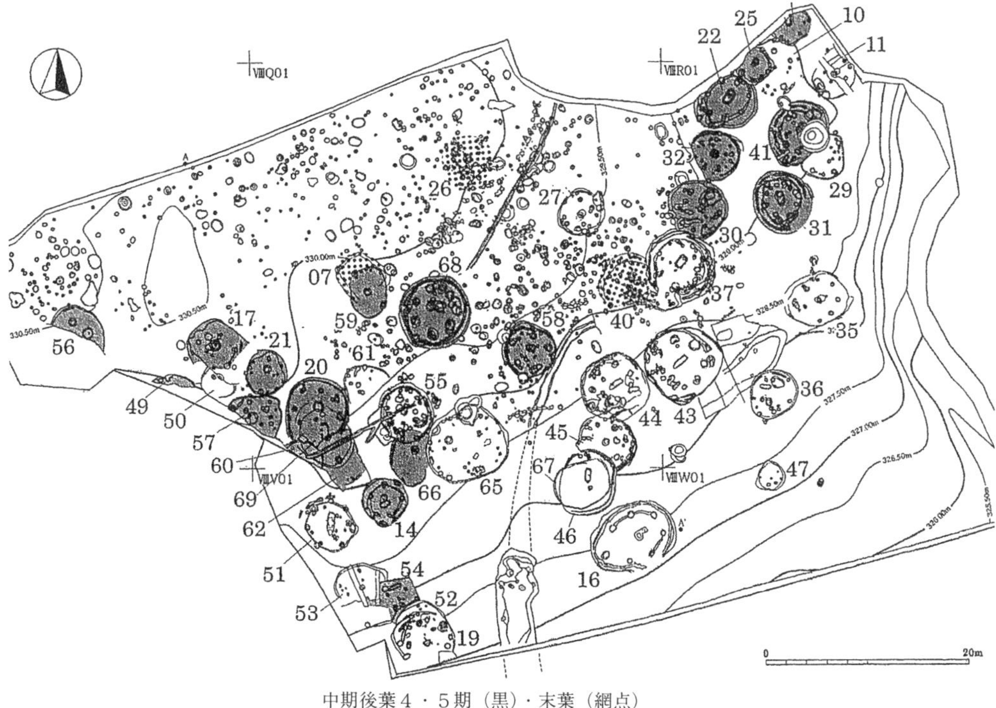

中期後葉４・５期（黒）・末葉（網点）

図１　千田遺跡８区縄文中期住居跡分布図（1：750）

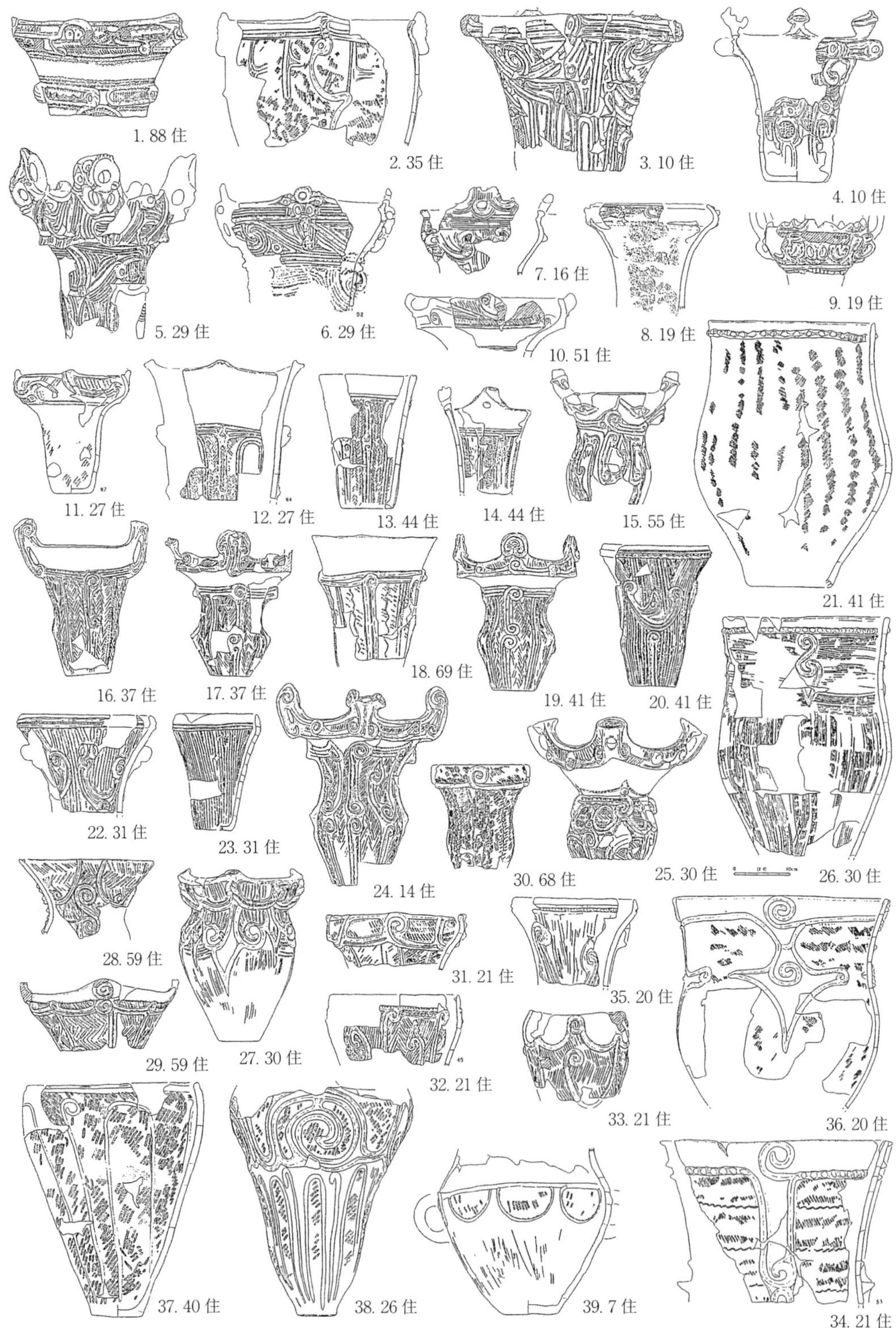

中期前葉：1，中期中葉：2～7，中期後葉1期：8・9，2期：10～14，3期：15～18，4a期：19～24，4b期：25～29，5期：30～36，中期末葉：37～39

図2　千田遺跡縄文中期住居跡出土土器（1：12）

類：火焔型・王冠型土器，第5類：大木7b・8a式系，第6類：上山田・天神山式系，第7類：新道・藤内・井戸尻式の勝坂式諸段階，曽利I式・唐草文系土器1段階の中南信系土器などを内容とする。第V群に属す住居跡は，新道式期に35・53住，藤内式期に10住，井戸尻I式期に29住，同III式〜曽利I式期に16住が帰属すると推定される。11・45・52・67住も中葉期に属す。

後葉大木8b式並行期の第VI群土器は，後半に位置する栃倉式期の資料が充実しており，次のとおり分類し時期細別した（綿田2016，図2）。

第1類：大木8b式系土器（8・10・11）キャリパー形深鉢で，a種8は口縁部に隆帯の渦巻文を配し，胴部は縄文地文に，3本沈線で規格渦巻文（水沢1996）などを描く。b種10・11は口縁部に剣先文付のクランク状隆帯，頸〜胴部まで縄文を施す。

第2類：口縁無文土器（12〜16・18）無文口縁の筒形深鉢。胴部は縦位区画し，綾杉文地文となる。a種12〜15は平口縁または小波状口縁，b種16は口縁部に橋状把手が付く。c種18は縦位区画間を縄文地文とし，沈線文を描く。

第3類：綾杉文土器（17・19・24）口縁部に橋状把手・円頭突起が付き，胴部に綾杉文を施す。a種17・19は胴部の4単位区画内にも隆帯が垂下する。縦・横隆帯の要所に渦巻文を配し腕骨文となる。b種24は頸部隆帯が断続・消失し，縦位区画間は剣先文が付く分枝腕骨文となる。

第4類：半隆起線文土器（20・22・23・35）胴上半が外反，口縁部が内屈する平縁の器形が多く，沈線・刺突列が巡る。胴部にはU字状の弧状腕骨文を配す。地文は半隆起線文のほか，縄文，条線文35がある。腕骨文下部に垂下隆帯がある20・22とないもの，意匠文がない23がある。

第5類：唐草文系土器（27〜29・32・33）頸部屈曲の深鉢27は少数，樽形深鉢が大多数を占める。横位施文の太く長い羽状沈線文が地文。口縁部に弧状隆帯が巡る33は在地的である。

第6類：加曽利E式系土器（30・31）キャリパー形深鉢の口縁部に2条隆帯で上向きの渦巻文を4単位配し，胴部は縄文施文後に平行沈線で縦位区画する。

第7類：圧痕隆帯文土器（21・26・34・36）圧痕隆帯が無文の口縁部を巡る平縁深鉢。RL縄文を縦位間隔施文する地文が圧倒的多数を占める。a種21は隆帯1条が単純に巡る。b種26は隆帯下に剣先文などが4単位付着する。c種34・36は隆帯上部に渦巻文を配し，垂下する隆帯が拡大して胴部で意匠を描く。

上記の分類に従い，実測個体を複数含む一括資料と考えられる土器群を出土した住居跡を基準として，第VI群土器を6期に区分し，帰属する住居跡を列挙する。

中期後葉1期（図2-8・9）：第1類a種（以下「1-a種」）を主体とする。19住では新段階の火焔型土器（9）が出土した。他に該当する住居跡はなく，包含層に遺物が多い。

中期後葉2期（図2-10〜14）：1-b種と2-a種が主体となる。ともに把手は未発達である。該当する住居跡には，27・43・44・51住がある。

中期後葉3期（図2-15〜18）：2-b 種と 3-a 種が主体で，橋状把手の発達が著しく多様な形態がある。2期に現れた綾杉文が，ほとんどの装飾的土器に定着し盛行期を迎える。7-a 種が確立し相当量伴う。37 住が代表例，55・69 住が帰属する。46 住も可能性が高い。

中期後葉 4a 期（図2-19〜24）：3-a 種は継続するが 3-b 種とともに把手形態が変化し，橋状部が消失して円頭突起が現れる。縦位区画隆帯に2段腕骨文が増加する。4類の出現が指標。7-a 種は継続し，条線地文が現れる。41 住が代表例，14・22・23・25・31 住が帰属する。

中期後葉 4b 期（図2-25〜29）：3・4類が共存する。30 住では7類 b 種に，5-a 種が伴う。胴部区画に横羽状沈線を施す大木 8b 式新段階 25 もみられる。同種地文の土器 28・29 を出土した 59 住もほぼ同時期と推定される。ほかに 32・57・62・66 住が帰属するであろう。

中期後葉5期（図2-30〜36）：4期までの構成が一変し 2〜4類が消滅する。20 住の条線地文の4類 35 の共伴は不確実。装飾的土器を5類 b 種・6類が占める。7類は a・b 種に替わって c 種となる。20・21・68 住を代表例に，58・17・56 住が帰属するであろう。

第 VII 群（図2-37〜39）は中期末葉期の土器である。第1類 a 種とした加曽利 E III 式の新段階である。8区の集落跡では，第 VI 群5期と断絶期が介在するものと考えられる。図示した3点は7・26・40 住の埋甕で，この3軒が帰属する全住居である。

3　縄文中期住居と炉の変遷

千田遺跡の住居跡平面形は，ほぼすべてが円形系統に属す。一部楕円形あるいは卵形とされるものを含む。長方形はみられない。炉は埋甕炉，地床炉，石組炉（石囲炉）がある。石組炉にはコ字形・楕円形・長方形・方形・多角形などの形態と，掘り込みの深浅・大小などのバラエティーがある。前項の時期区分により，住居と炉の変遷をたどる。前葉・中葉期は住居跡少数のため一括，後葉期は多数のため便宜的に 1〜3期を前半，4a・4b・5期を後半に分離する。

1）中期前・中葉期（図3-1〜5，図4-1〜6）

狢沢式期の 12 区 88 住（平面図3-1，炉跡図4-1，以下「3-1，4-1」）は約半分の検出であるが，円形で中央に埋甕炉がある。新道式期の 53 住は円形に近い平面形と推定され，埋甕炉である。同期の 35 住（3-2，4-5）は楕円形で中央に地床炉があるが，土器が抜き取られたような円形のくぼみがあり，埋甕炉の可能性もある。藤内式期の 10 住（4-2）はプラン不明ながら，深鉢2個を内外に重ねた埋甕炉である。井戸尻 I 式期の 29 住（4-3）は楕円形あるいは隅丸長方形と推定され，埋甕炉がある。同 III 式から曽利 I 式期の 16 住（3-5）は卵形と呼称するにふさわしく，主柱間に溝が巡っている。主軸上に地床炉がある。中葉期は主柱7本が多いようである。このほか時期不詳の 11 住（3-4，4-4）は平面円形で中央にくぼみがある地床炉，67 住は楕円形で地床炉，45 住（3-3，4-6）は円形，一部に小形の石が残る炉がある。前・中葉期には埋甕炉が先行し，地床炉に移行する状況がうかがえる。

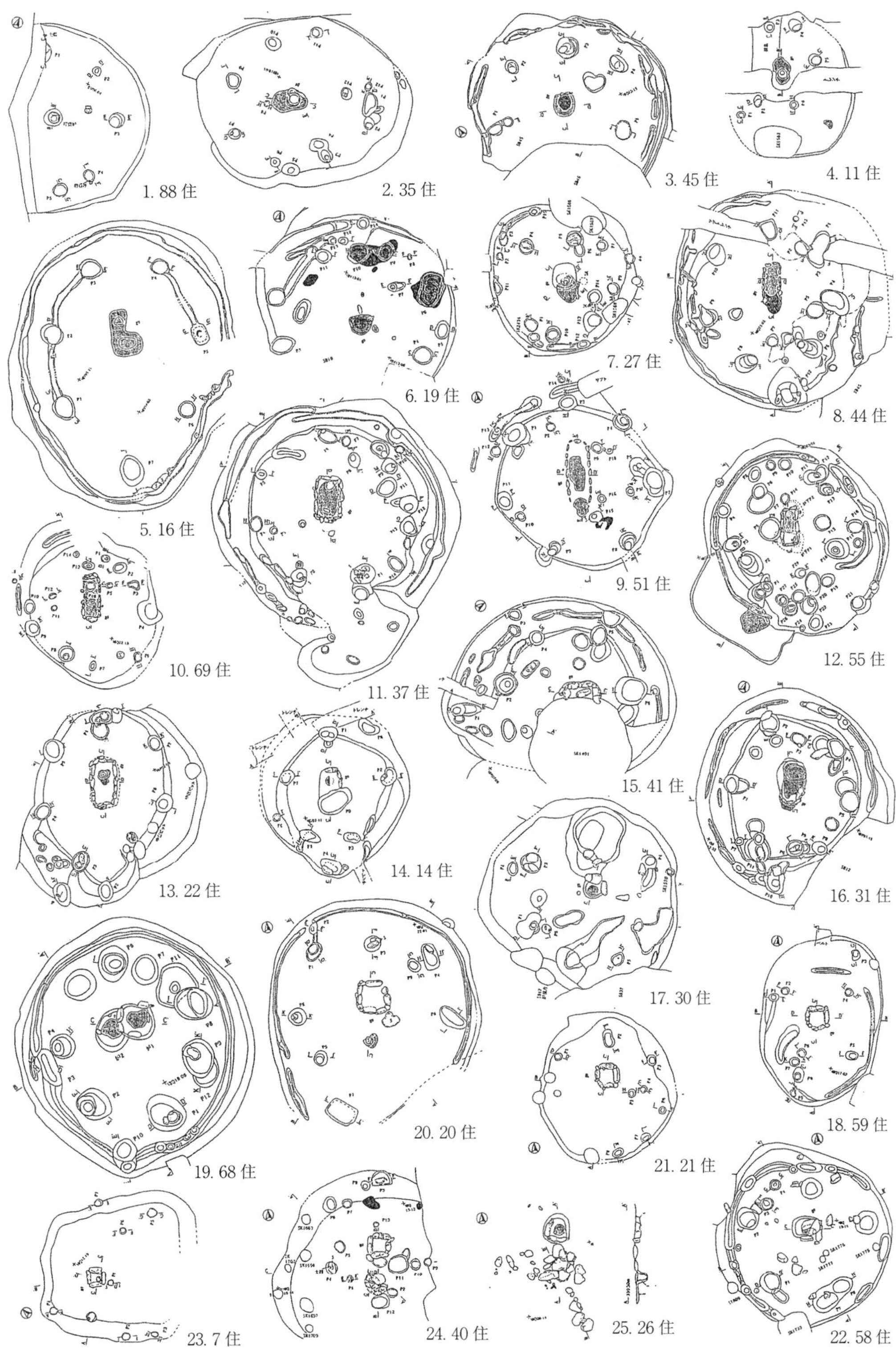

中期前葉：1，中期中葉：2～5，中期後葉1期：6，2期：7～9，3期：10～12，4a期：13～16，4b期：17・18，5期：19～22，中期末葉：23～25

図3　千田遺跡縄文中期竪穴住居跡平面図（1：200）

2）中期後葉前半（図3-6～12，図4-7～13）

後葉1期の19住（3-6）は平面円形で地床炉がある。2期では，43住（4-8）・44住（3-8, 4-9）・51住（3-9, 4-10）の3軒には長大なコ字形石組炉がある。遺存状態が悪い51住ではベッド状遺構の残存部が確認され，平面円形の43住・44住も不明瞭ながら同様と推定される。炉は扁平礫の埋設部だけを溝状に掘り込み，火床は広く赤化し床面レベルと同じ。同期の27住（3-7, 4-7）は小形の円形プランで，中央に隅丸方形の掘方をもつ炉がある。石の抜取痕がみられず，地床炉であろう。3期では，37住（3-11, 4-12）・55住（3-12, 4-13）は平面円形，69住（3-10, 4-11）は楕円形に近く，いずれもベッド状遺構を備え，長方形石組炉がある。炉は扁平礫部分を溝状に掘り込み火床が浅く，2期と共通する。2・3期とも主柱7本の例が確認できる。

3）中期後葉後半（図3-13～22，図4-14～27）

後葉4a期では22住（3-13, 4-14）・14住（3-14）・41住（3-15, 4-17）・31住（3-16, 4-15）いずれも平面円形で，ベッド状遺構を備える。炉は22住・14住，全体形が不明の23住・25住（4-16）は長方形石組炉で，22住は3期同様の構築法である。23住は炉石の外側に土器片を貼っていた。41住の炉は半分程度残るが，方形に近いものと推定され，炉底がやや深い。31住の炉は平面楕円形で大部分の礫が抜かれ，掘方が深い部分に小礫が残る。祖形的複式炉であった可能性がある。4b期では，30住（3-17, 4-21）は平面円形，59住（3-18, 4-19）は楕円形である。炉は，石を抜取られた30住・57住（4-22）・66住（4-18）が方形と推定され，59住・62住（4-20）は多角形状である。30住以外，1辺1・2個の厚みがある大形礫を用い，隙間に鶏卵大礫を詰めている。いずれの住居跡もベッド状遺構は検出されていない。5期では，68住（3-19, 4-23）・20住（3-20, 4-24）・21住（3-21, 4-25）・58住（3-22, 4-26）・17住（4-27）はいずれも平面円形である。炉は21住が多角形状，その他は方形石組炉である。炉底は深くなり，大形礫をやや傾けて設置し，鶏卵大礫を詰める構築法は継続している。17住では土器底部を埋置している。4a・4b・5期には主柱7本のほか，6・5本の例がみられる。中・南信地方で埋甕風習が盛んな中期後葉に，千田遺跡では確実な事例がない。

4）中期末葉（図3-23～25，図4-28・29）

敷石住居の40住（3-24, 4-29）・26住（3-25）と，敷石がない7住（3-23, 4-28）がある。いずれも4枚の扁平礫を垂直に設置した小形の石組炉があり，7住・40住では鶏卵大礫はみられない。7住には炉内に埋設土器がある。主柱配置は不明である。比較的炉に近い出入口方向に埋甕があり，40住・26住は炉から埋甕周辺の部分敷石と推定される。この2軒には出入口部の敷石に接するように，同時期と推定される配石遺構が構築されている。

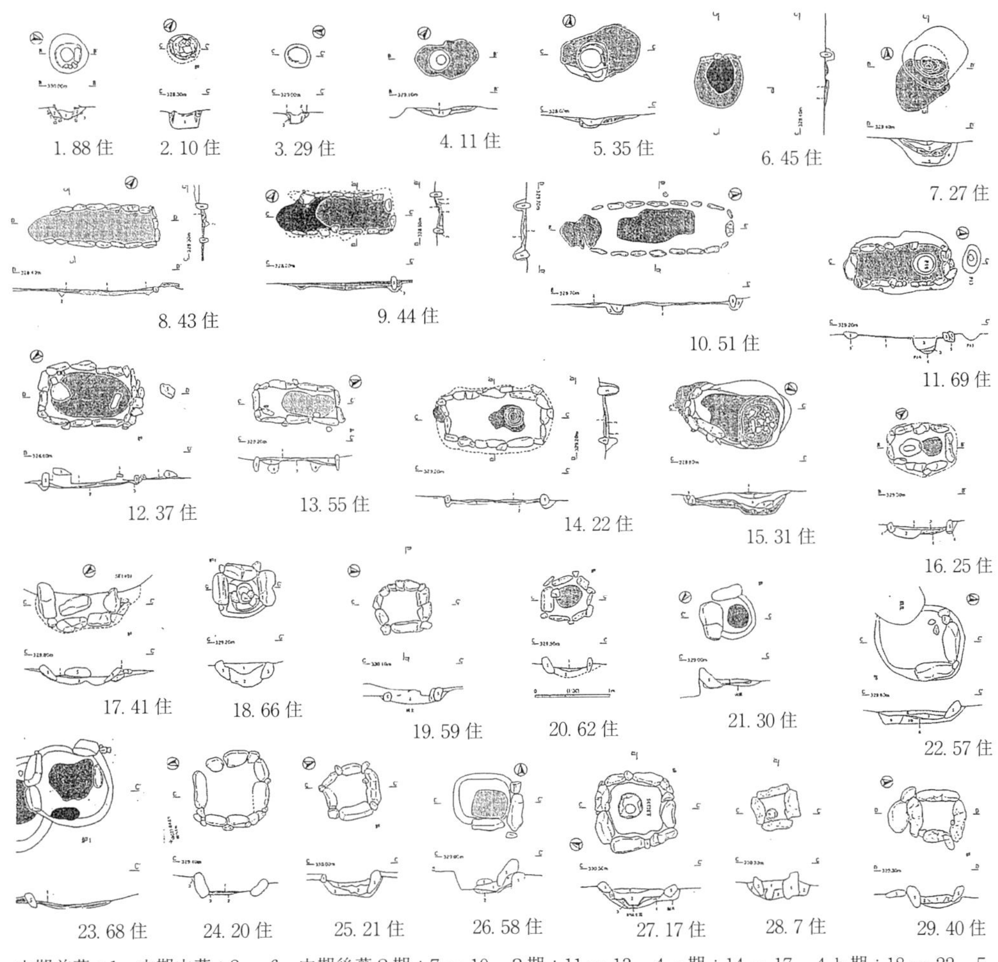

中期前葉：1，中期中葉：2 ～ 6，中期後葉２期：7 ～ 10，３期：11 ～ 13，４ａ期：14 ～ 17，４ｂ期：18 ～ 22，５期：23 ～ 27，中期末葉：28･29

図４　千田遺跡縄文中期竪穴住居跡炉跡図（1：100）

4　まとめと課題

千田遺跡８区の縄文中期住居の変遷を通覧しながら，周辺地域と比較してみる。千田遺跡では狢沢式期の埋甕炉が中葉期に継続し，地床炉が併存して井戸尻・曽利Ｉ式期に至っている。時期不詳の例を含めても石組炉は確認できず，少数ながら北信で検出された他遺跡の中葉期住居跡では認められない。後葉１期の 19 住も地床炉である。石組炉の出現は，棚畑遺跡では狢沢式期，坂北村東畑遺跡（坂北村教育委員会）と川原田遺跡では新道式期である。新潟県では狢沢・新道式並行の「前葉新段階」（小熊 2002）であり，信濃川流域では大木 8a 式新段階には方形石組炉が現れる（津南町教育委員会 2005）。

後葉２期には長大なコ字形石組炉をもつベッド状遺構を備えた住居が突然現れ，この時期以降石組炉が定着する。北信地方に石組炉が確実に出現する時期は周辺より遅れ，現状では馬高式末期の土器が主体を占める後葉２期が画期となろう。小形で装飾的な栃倉式と大形平縁の圧痕隆帯文土器（坪井類型）が組成する，北信的土器様相が顕現する３期・4a 期には，２期と近似した構築法による長方形石組炉に変化する。栃倉式が南下して唐草文系土器に影響を及ぼすと考えられているこの時期（水沢 1996，綿田 2013），棚畑・東畑・川原田遺跡ほか，各地で長方形炉の出現が指摘されている（桐原 1965，折井 1977）[1)]。唐草文系土器が伴いはじめる 4b 期，唐草文系・加曽利Ｅ式系土器が主体となり栃倉式が終焉する５期には，鶏卵大礫を詰めた方形・多角形石組炉となる。榾と呼ぶ太く長い薪の推定（桐原 1982）に説得力がある長方形炉から，方形炉への変化を指標に，4a・4b 期の間を次の画期と考える。

4b 期から５期並行期，さらに中期末葉の新潟県では，栃倉式期に複式炉が出現し，沖ノ原Ⅰ式からⅡ式古段階に展開するが（津南町教育委員会 2011，阿部 2014），北信では高山村八幡添遺跡で簡略化した１例が知られるに過ぎない（高山村教育委員会 1983）。この時期，千曲川流域では加曽利ＥⅢ・Ⅳ式の進出が顕著であり，敷石住居が出現・展開し，新潟県とは土器様相でも住居・炉形態でも袂を分かつ感がある。

千田遺跡では住居とその付属施設の経時的変化は，土器の変化にほぼ対応した変遷を示している。また信越地域に栃倉式土器分布圏が形成される３・4a・4b 期には，信濃川流域で普遍的な長方形住居，祖形的複式炉が欠落し，石組炉細部が異なる。こうした差異は，圧痕隆帯文土器分布圏の内と外との違いに対応する可能性がある。

土器型式の分布圏と，住居のような生活構成要素の分布状態を比較し，文化圏（桐原 1987），さらに人間集団の活動領域を見出すためには，本稿のような基礎的作業も必要であろう。

註

1）小林 1984 では，松本平の曽利Ⅰ式期には長方形石囲炉が特徴的な存在と指摘する。王滝村崩越遺跡１・５住，朝日村熊久保遺跡 10 住の長方形炉は，出入口方向と直交方向に長軸がある。

引用参考文献

阿部昭典　2008『縄文時代の社会変動論』未完成考古学叢書 6

阿部昭典　2014「越後地域における縄文中期末葉の複式炉の展開と集落構造」『沖ノ原式期の文化様相—縄文時代中期末葉の越後を探る—予稿集』津南町教育委員会

鵜飼幸雄　2010『シリーズ「遺跡を学ぶ」071　国宝土偶「縄文ビーナス」の誕生・棚畑遺跡』新泉社

小熊博史　2003「新潟県における縄文時代中期の住居跡—その特徴と変遷—」『シンポジウム新潟県の縄文集落（第１分冊）—中期前葉から中葉を中心に—』新潟県考古学会

折井　敦　1977「八ヶ岳南麓における縄文中期の炉形態の変遷に関する一考察」『長野県考古学会誌』28　1-17 頁

桐原　健　1965「住居と集落の変遷—特に住居阯内における火使用の問題—」『井戸尻』富士見町教育委員会

桐原　健　1982「炉から見た縄文住居の性別分割」『考古学ジャーナル』207（1988『縄文のムラと習俗』

雄山閣所収）
桐原　健　1987「炉に見られる千曲川流域の縄文中期様相」『須高』24
櫛原功一　2010「縄文中期後半の竪穴住居の変遷」『山梨県考古学協会誌』19　36-50頁
小林康男　1984「松本平における縄文時代中期後半の炉址に関する一考察」『中信考古』創刊号
坂北村教育委員会　2005『坂北村東畑遺跡』
高山村教育委員会　1983『八幡添遺跡』
茅野市教育委員会　1990『棚畑　八ヶ岳西山麓における縄文時代中期の集落遺跡』
津南町教育委員会　2005『道尻手遺跡―国営農地再編整備事業に伴う遺跡発掘調査報告書―』
津南町教育委員会　2006『火焔土器の時代―その文化を探る―』
津南町教育委員会　2011『堂平遺跡―国営農地再編整備事業に伴う遺跡発掘調査報告書―』
寺﨑裕助　2000「新潟県における縄文時代中期中葉の住居跡」『新潟考古学談話会報』21　4-15頁
寺﨑裕助　2003「第2章縄文時代」『上越市史　資料編2考古』
寺﨑裕助　2013「新潟県における中期中葉後半の様相―栃倉式を中心に―」『第26回縄文セミナー』縄文セミナーの会
栃尾市教育委員会　1961『栃倉遺跡』
長野県史刊行会　1981『長野県史考古資料編全1巻（1）遺跡地名表』
長野県埋蔵文化財センター　2000『更埴条里遺跡・屋代遺跡群（含む大境遺跡・窪河原遺跡）―縄文時代編―』
長野県埋蔵文化財センター　2013『中野市千田遺跡』
新潟県教育委員会　2004『上信越自動車道関係発掘調査報告書XII　前原遺跡・丸山遺跡』
野村忠司　2003「山屋敷I遺跡」『シンポジウム新潟県の縄文集落（第1分冊）―中期前葉から中葉を中心に―』新潟県考古学会
水沢教子　1996「大木8b式の変容（上）―東北，越後そして信濃へ―」『長野県の考古学』
水沢教子　2002「千曲川水系における柄鏡形敷石住居の成立」『長野県の考古学』II　65-92頁
宮本長二郎　1985「縄文時代の竪穴―長野県―」『信濃』III・37-5　1-21頁（1996『日本原始古代の住居建築』所収）
御代田町教育委員会　1997『塩野西遺跡群川原田遺跡―縄文編』
山本暉久　1976「敷石住居出現のもつ意味（上）・（下）」『古代文化』28-2　1-37頁，28-3　1-29頁
山本暉久　2010『柄鏡形（敷石）住居と縄文社会』六一書房
綿田弘実　2006「千曲川水系の集落構造と住居形態」公開シンポジウム『火焔土器の時代―その文化を探る―』配布資料
綿田弘実　2012「中央高地（長野県・山梨県）」『シリーズ縄文集落の多様性III　生活・生業』雄山閣
綿田弘実　2012「北信地域縄文中期遺跡の推移と特徴」『長野県考古学会誌』143・144　7-10頁
綿田弘実　2013「長野県北東部における縄文中期後葉土器群」『第26回縄文セミナー』縄文セミナーの会
綿田弘実　2013「長野県における縄文時代中期土器群の分布状況」『文化の十字路　信州』長野県考古学会
綿田弘実　2016「千曲川下流域における縄文時代中期後葉土器群」『考古学の諸相』IV立正大学考古学会

栃木県における「倒置深鉢」の様相
—那須塩原市槻沢遺跡の発掘調査事例を中心に—

後藤　信祐

はじめに

筆者は平成3〜5年度に栃木県那須塩原市に所在する縄文時代中期後半を中心とした槻沢遺跡の発掘調査を担当した。発掘調査は，諸事情から削平が予想された地区（B区）から行ったが，14軒中4軒の竪穴住居跡から胴部下半を欠いた深鉢が床面に伏せられた状態で出土した。当初，竪穴住居跡の壁の残りが良好でなかったものが多いことから，開田時の削平や耕作などで上方の底部が削られてしまったものと考えていた。しかし，調査が進むにしたがい土器の高さよりも壁が高い竪穴住居跡でも，胴部下半を欠いた深鉢が床面に伏せられた状態で出土しているものがあり，さらに土器の破断面を観察すると，胴部切断面が意識的に打ち欠いたと思われるものや，打ち欠いた後にきれいに整形されたものもあることに気付いた。このようなことから，後世の削平等により胴部下半を欠いたものもあることは否めないが，住居廃絶時に胴部下半を打ち欠いた深鉢を意図的に伏せて遺棄したものも少なくないことが予想された。

当時，本県および隣県ではこのような出土例はきわめて少なく，特に注意も払われなかった。しかし，山本暉久の中部地方から南関東を対象とした「倒置深鉢」の先行研究に触発され，その視点であらためて県内・隣県の報告書の出土状態の実測図や写真を見ていくと，槻沢遺跡以外にも竪穴住居跡の床面に胴部下半を欠いた深鉢を伏せた状態で置かれたと思われるものが，本県でも十数例確認することができた。ここでは槻沢遺跡の倒置深鉢の事例についてその特徴をまとめ，県内の事例と比較しながら若干の私見を述べてみたい。なお本稿では竪穴住居跡の床面に逆位に置かれた状態で出土した胴部下半を欠く深鉢を「倒置深鉢」として，論を進めていく[1)]。

1　山本暉久の「倒置深鉢」研究抄

竪穴住居跡の床面で検出される胴部下半を欠く倒置深鉢については，その特異な出土状態からこれまで各報文中で指摘されているものもあるが，本格的にこのような土器の出土状態について注目し論究してきたのは，山本暉久である。1976年，『神奈川考古』第1号に掲載された「住居跡内に倒置された深鉢形土器について」が最初の論文で，54遺跡68例を集成し，分布が南関東から中部山地が主体であること，時期は勝坂期（阿玉台式を含む）まで遡る資料が2例あるものの，加曽利EII式期を中心とした加曽利E期が主体であることから，埋甕の盛行期と時期が一致し，分布も類似することなどを指摘している。さらに，出土個数や出土位置については，単独出土が多いものの2〜4個の複数出土例もあり，場所を限定して出土するものではないとしている。土器の特徴は，深鉢形で胴下半部を欠くものが圧倒的で，意識的に打ち欠いたとみなされる例が多く，欠損断面が磨かれた如き状態を示すものもあることを指摘し，住居廃絶後に意図性をもって住居内に設置されたものと解釈しなければならないとしている。

一方，用途については甕被葬を含む埋葬用と石棒・石柱と関連した祭祀用の二つの対立した見解があり，山本自身は貝塚群で多く発見される甕被葬との関連が最も有力としながらも，口径20 cm以下の小さいものについては，乳幼児埋葬や洗骨を含む再葬の甕棺葬とし，埋葬用であった可能性を指摘している。そして，千葉県域の貝塚地帯にみられる廃屋墓制から，倒置深鉢の存在を介在させ内陸部の廃屋墓制とすることが可能ではないかとしている。

その後も多くの発掘調査によって，関東から中部地方で縄文時代中期の竪穴住居跡から「倒置深鉢」の報告例が増加しているが，一遺跡1〜2例の出土のものが多く，特に論究されることはなかった。山本も関連論文で若干の修正をくわえているが，2008年の『総覧 縄文土器』の「倒置深鉢」で，それまでの見解を集大成している（山本2008）。「倒置深鉢」を「ある目的のもと煮炊きに用いていた深鉢形土器を転用して倒置状態に設置したもの」の総称と定義し，関東南西部と中部山地の代表的な事例を紹介して，倒置深鉢の分布と時期については，関東・中部地方を中心とする地域に主体があること，五領ヶ台式期まで遡る事例があるものの，中期後葉期に集中する傾向があるとしている。設置場所については，同時期に盛行する埋甕のように出入口部に集中するような傾向は認められないとしながらも，圧倒的に壁際からの検出例が多く，奥壁部空間を意識したような設置場所にこだわりのあるものもあるとしている。

土器の特徴については，胴部下半を意識的に打ち欠き，破断面をきれいに整形したものが多いことを追認し，穿孔・底部欠損については日常生活で使用している土器を非日常的な特殊な仮器と認識するための行為であるとしている。設置時期については，住居廃絶後間もない時期，もしくは住居廃絶に伴い設置された可能性が高く，奥壁からの検出事例については奥壁部空間を利用した廃屋儀礼の一環として設置されたとし，「倒置深鉢」は廃屋墓葬を含めた住居廃絶に伴う儀礼的な行為の結果，住居内に遺されたものと解釈するのがふさわしいとしている。

2　梛沢遺跡の「倒置深鉢」の特徴

梛沢遺跡で倒置深鉢が検出された竪穴住居跡は，昭和52年の広域農道の発掘調査で1軒（海老原1980），平成3〜5年度の県営圃場整備の発掘調査で15軒（後藤1996）確認している。一遺跡で16軒もの倒置深鉢が出土した竪穴住居跡が確認された遺跡は寡聞にして知らない。おびただしい重複や建て替えの状況や未調査区を考えると，さらに多く存在したものと予想される。ここでは紙数の関係上，各住居跡の実測図（図1・2）を提示してその特徴のみを述べる。

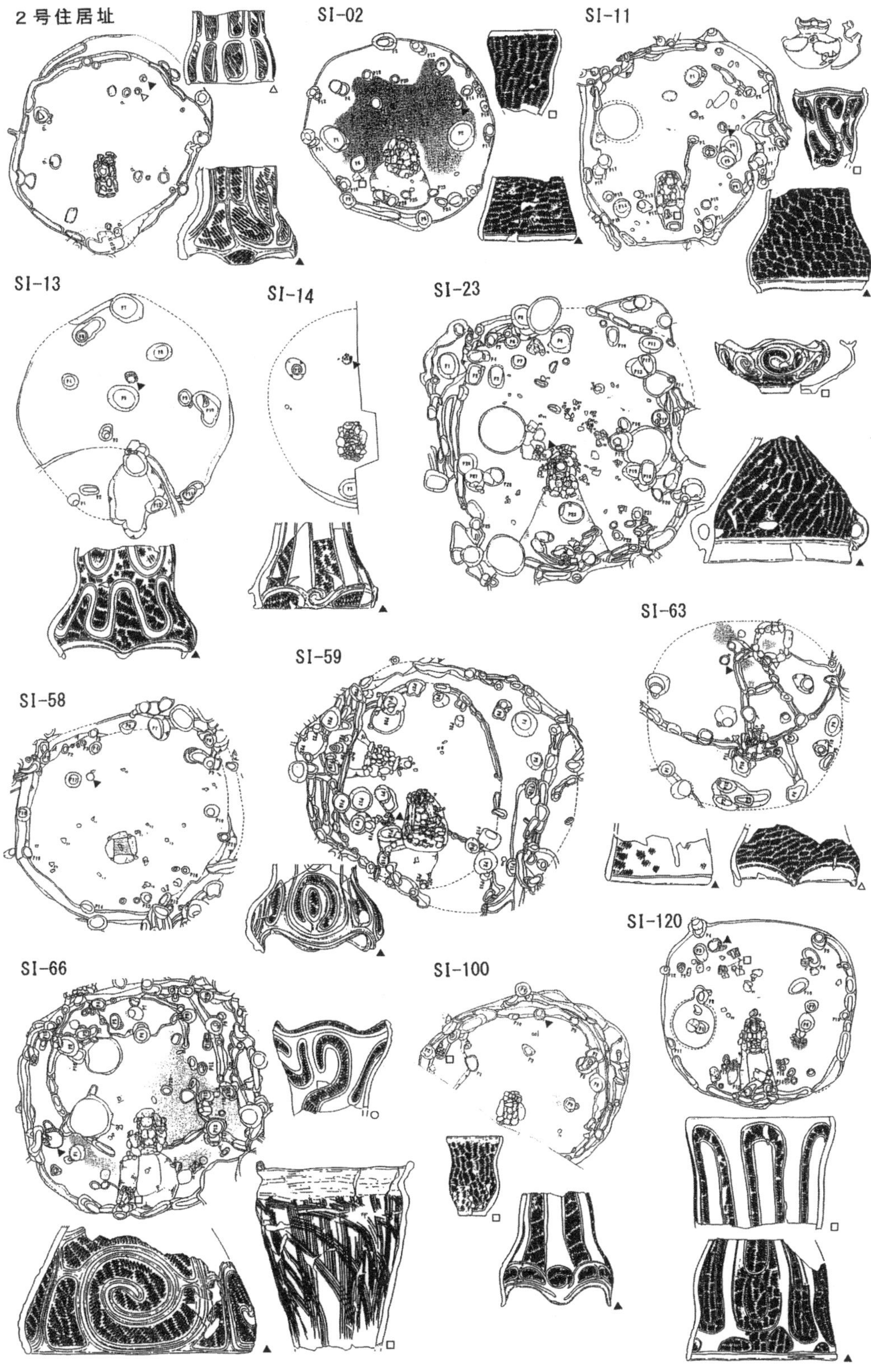

図1　槻沢遺跡の倒置深鉢（1）

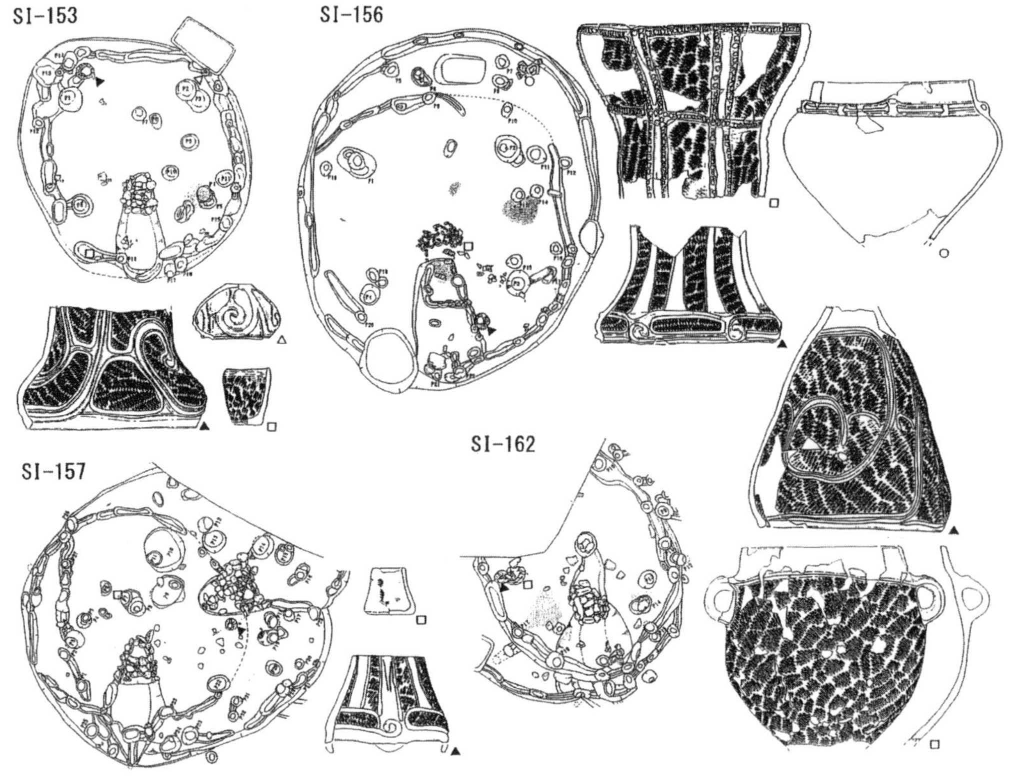

図２　槻沢遺跡の倒置深鉢（2）

(1)「倒置深鉢」の時期と使用される土器

まず，倒置深鉢が設置された住居跡の時期であるが，おおむね加曽利 E III～IV 式期（大木 9・10 式期）に限定される。SI-156 が最も古く，SI-63 が最も新しいと考えられるが，加曽利 E III 式新～E IV 式古段階（大木 9 式新～10 式古段階）の住居跡に多い。

器種については，SI-23 が両耳壺である以外は深鉢形土器である。口縁部が直線的に開くものもあるが，胴部上半に軽い括れをもち口縁が内彎気味に開くキャリパー状の深鉢が多い。また，このような深鉢については，波状口縁や把手をもつものも少なくない。土器の系統については，楕円区画と渦巻き文の口縁部文様帯と胴部懸垂文で構成される加曽利 E 系（SI-14・100・156・157），沈線で縁取られた縄文帯で文様が展開する大木系（2 号住居址・SI-59・120・162），隆帯と縄文で大柄な渦巻文などが展開する梶山類型（2 号住居址・SI-66・153），波状沈線と嵌入した磨消懸垂文がモチーフの吉井城山類型との関連が考えられるもの（SI-13），沈線または微隆起線で口縁部無文帯と胴部縄文部を区分するもの（SI-02・11・58・63）などさまざまで，一つの系統に偏ることはないようである。大きさについては，SI-66 のものが口径 46 cm と大型であるが，ほかは 15～30 cm で，20 cm 前後の小型のものが多い。口径に対し残存する器高が大きく上回るものは SI-162 のみで，口径と器高の比は 1 対 1～2 対 1 の範囲に収まる（図 3）。

切断面については，竪穴住居跡の検出面が浅かったもののなかには破断面が確認できないものもあるが，山本も指摘しているように，ほぼ水平にきれいに打ち欠いているものが少なくなく，SI-100 のように破断面をきれいに整形したものもみられる[2)]。

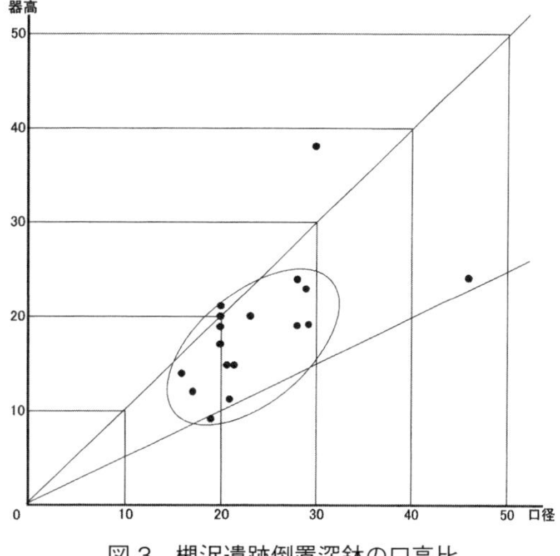

図３　槻沢遺跡倒置深鉢の口高比

(2)「倒置深鉢」の出土位置

SI-23・59・156 が炉付近から出土している以外は，おおむね竪穴住居の外区（主柱穴間を結ぶ範囲の外側）から出土している。炉の中軸線を住居の中軸線とした場合，右壁際２例（SI-11・157），左壁際２例（SI-66・162）以外は奥壁側からの出土で，炉の中軸線上に位置するもの（SI-13・14・100），奥壁側の主柱穴際（SI-56・120・153）に位置するものなどがある。出土位置についても山本が指摘しているように，壁際や奥壁部にやや多いものの，特定の場所に集中するような傾向は認められない。ただし，埋甕とは異なり出入口が予想される炉の手前の壁際からの出土はきわめて少ない。なお，２号住居址・SI-63 で２個出土している以外は単独出土である。

(3)「倒置深鉢」が設置された住居跡の供伴土器

つぎに，共伴した土器について床面直上から出土した個体資料を中心に検討する。まず，倒置深鉢同様，胴部下半を欠く深鉢が横位で潰れた状態で出土している例として SI-02・11・66・120 がある。炉前庭部，主柱穴付近からの出土である。本来倒置されたものが土圧などで横転した可能性もあるが，判断は難しい。深鉢以外の土器が出土したものとして，覆土中ではあるが SI-11 から注口土器と蓋，SI-23 の複式炉前庭部から浅鉢形土器が出土している。SI-100・153 では壁溝上，SI-157 ではピット内から縄文施文の小型土器が出土している。また，SI-153 では中軸線を挟んで奥壁際で倒置深鉢と対置するように小形の無頸壺が倒立状態で，SI-156 では奥壁際から底部を欠く赤彩の壺形土器が潰れた状態で，SI-162 では倒置深鉢に押し重なるように両耳壺形土器が出土している。

槻沢遺跡では 150 軒以上の竪穴住居跡が検出されているが，小型土器・注口土器・浅鉢や壺形土器などの器種が完形ないし準完形品が出土する例は土坑では数例あるものの竪穴住居跡では少なく，倒置深鉢が検出された住居跡に目立つ。なお，土器以外では，２号住居址・SI-11・120 で直径 20 cm 前後の丸石が出土していることも興味深い[3)]。

(4)「倒置深鉢」が設置された住居跡の特徴

倒置深鉢の時期については，加曽利 E III〜E IV 式期の竪穴住居跡多いことは先に述べたが，この時期火災住居と建て替えの住居跡が多い。槻沢遺跡では火災住居は加曽利ＥⅢ新段階に10軒確認されているが，２号住居址・SI-11・66・100・120・153・162の７軒に倒置深鉢が設置されており，その割合が高い。倒置深鉢が認められない火災住居でもミニチュア土器，石棒などが出土している。また，SI-02は埋土が骨片・骨粉を含む焼土が主体で，床面および主柱穴の埋土にも焼土層が認められることから，これらの火災住居とは異なる特殊性がうかがえる。

付設される炉跡については，土器埋設複式炉７例・石組複式炉７例・単式方形石囲炉２例である。複式炉と単式石囲炉の違いは時期差によるものであるが，複式炉では石組複式炉の住居跡の割合が多いことは注目される。また，SI-11・13・23・63・66・156の６軒で住居廃絶に伴い炉石の抜き取りや炉の破壊が認められた。

3　栃木県内の倒置深鉢

槻沢遺跡以外に栃木県内で倒置深鉢が検出された住居跡は，12遺跡17軒確認することができた（図4）。内訳は栃木市藤岡神社遺跡で４例，宇都宮市御城田遺跡と日光市仲内遺跡で２例以外は，佐野市下林遺跡，栃木市星野遺跡，小山市寺野東遺跡，宇都宮市上欠遺跡，高根沢町上の原遺跡と大野遺跡，那須烏山市荻ノ平遺跡，茂木町塙平遺跡，那須町ハッケトンヤ遺跡で１例である（図5）。このなかには，星野遺跡・上の原遺跡など出土状況の記述は明確でないが，出土状況の写真や図面から倒置深鉢と判断したものもある。また，御城田遺跡23号住居跡は東壁に重複する土坑の開口部に倒立状態で出土したとあるが，竪穴住居出土の土器とほぼ同じ時期で実測図等から住居の東壁際床面直上に逆位に置かれた深鉢と判断した。県央から県南の遺跡から多く確認されているが，槻沢遺跡の16軒が突出していることがあらためて注目される。

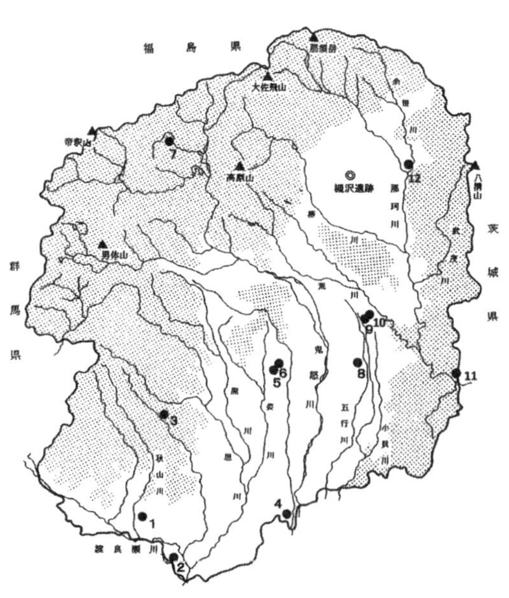

1下林遺跡　2藤岡神社遺跡　3星野遺跡　4寺野東遺跡　5上欠遺跡　6御城田遺跡　7仲内遺跡　8上の原遺跡　9大野遺跡　10荻ノ平遺跡　11塙平遺跡　12ハッケトンヤ遺跡

図４　栃木県内の倒置深鉢出土遺跡

時期は，佐野市下林遺跡の前期中葉黒浜式から茂木町塙平遺跡の後期前葉堀之内１式まで確認されているが，中期後半の加曽利Ｅ式が多い。器種は中期のものは上の原遺跡，仲内遺跡が箱状把手の付く大木8b式の深鉢である以外は，キャリパー形の加曽利Ｅ式の深鉢が多い。大きさは，加曽利Ｅ式前半のものには口径45cm以上の大型の深鉢が５例ある。口径と残存高の比が２対１以下のものが４例ある一方，寺野東遺跡・仲内遺跡のように底部付近まで残るものもある。中期後葉から後期前半については，

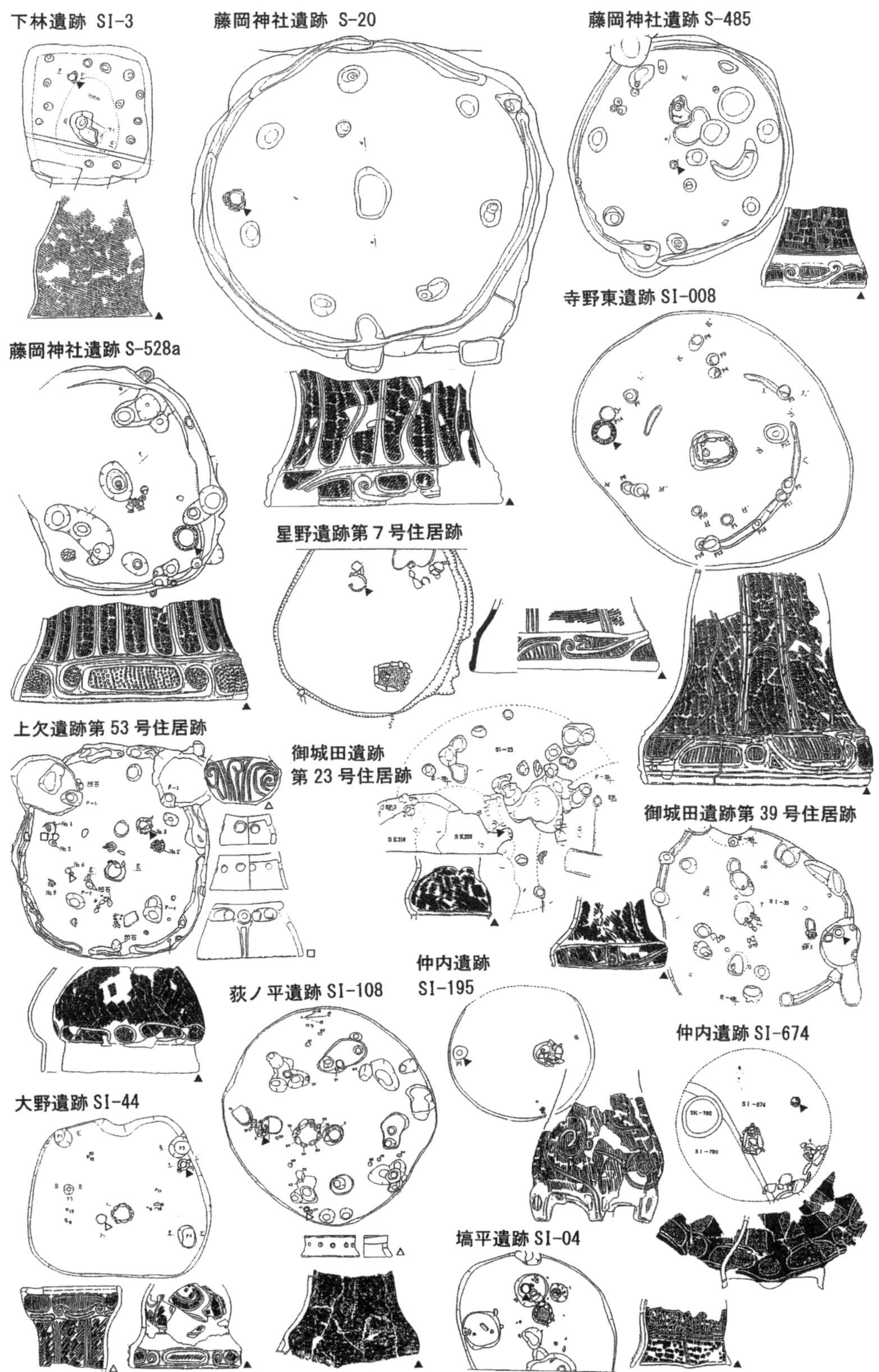

図５　栃木県内の倒置深鉢

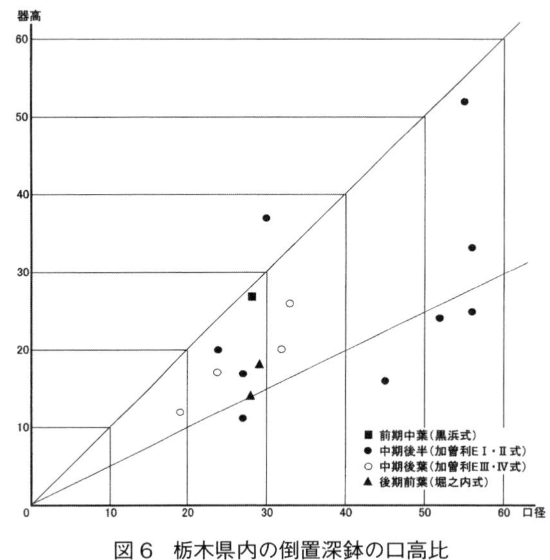

図６　栃木県内の倒置深鉢の口高比

口径 19～33 cm で残存高も口径を上回るものはなく，槻沢遺跡同様，口径と器高の比は1対1～2対1の範囲に収まる（図6）。

出土位置も，藤岡神社遺跡 S-485 のように住居中央から検出されたものもあるが，壁際からの出土が多く，一定の場所に集中する傾向は認められない。藤岡神社遺跡 S-528 で炉の軸線を挟んで倒置深鉢と対置するように壁際で大形浅鉢，大野遺跡で炉の隣に正立状態で胴部下半を欠く深鉢，上欠遺跡と荻ノ平遺跡で県内では出土例の少ない器台形土器が共伴して出土しており注目される。加曽利ＥⅡ式期の藤岡神社遺跡や寺野東遺跡では，覆土中に復元可能な深鉢が複数出土しているが，県央・県北では少ない。

なお，槻沢遺跡のような火災住居は認められず，炉石の抜き取りも藤岡神社遺跡 S-485，御城田遺跡 23 号住居跡で確認できる程度である。

4　槻沢遺跡からみた廃屋儀礼

槻沢遺跡と県内の倒置深鉢とその住居跡の特徴について述べてきた。筆者も倒置深鉢については，出土状態・共伴土器・住居跡の特徴・調査の体験等から，山本の指摘するように，一連の廃屋儀礼のなかで設置されたものと理解している。廃屋儀礼は住居の廃絶の原因，地域により異なり，さらには遺物や遺構の痕跡として残らないものもありその復元は難しい。例えば死者の出た住居が廃屋儀礼の対象であったとしても，死因・年齢・性別・出自などにより，執り行われる儀礼も異なることが予想される。槻沢遺跡で考えられる廃屋儀礼を想定する遺物は，倒置深鉢のほか，儀礼に用いられた考えられる小型土器や浅鉢・壺・注口土器などの特殊な器種のほか，丸石などの出土があげられる。また，槻沢遺跡では確認できなかったが，上欠遺跡・荻ノ平遺跡の共伴例から器台形土器も含まれよう。このほか，石棒・土偶，時期は若干新しくなるが槻沢遺跡では深鉢に付く動物意匠把手などもその可能性がある。一方遺構では，SI-31 で確認された住居内横位埋甕，中期後葉の一時期に 10 軒確認された火災住居，炉の破壊や炉石の抜き取りなどが考えられる。

それぞれについて詳述することは避けるが，丸石については中期後半に山梨県や長野県などの曽利文化圏の住居内から出土例が多いことが指摘されており（田代 1989），県内でも中期後葉になると丸石ないしはそれに類する大形礫が出土する住居跡がしばしば確認されている。一方，住居内横位埋甕については，阿武隈川上流域三春町周辺を中心に那珂川上流域にも散見される。土器棺が床面レベルを超えることから住居廃絶時に埋葬されたことは明らかで，幼児の葬送儀礼のなかで廃屋儀礼も行われたものと考える（後藤 2009）。火災住居については，この時期東北～北海道で多く確認されており，遺体を住居内に安置せず，死者の出たその住居だけを忌避の対象として火を放つ忌避的儀礼の型式が想定されている（大島 1994）。また，炉の破壊・炉石の抜き取りについては住居廃絶に伴う住居の最も重要な施設である炉を機能停止させるもので，移住の際の儀礼の一つと考えられ，この時期多くの住居跡で確認されている[4)]。

ここでは倒置深鉢を出土した住居跡にみられる廃屋儀礼に関わる可能性ある遺構・遺物のみを指摘してみたが，ほかにも石皿や石棒などの石器，住居そのものの破壊などが考えられる。さらに，遺構・遺物からは読み取ることのできない廃屋儀礼もあったことも十分予想される。

5　まとめ

槻沢遺跡の発掘調査時から気になっていた「倒置深鉢」について，山本暉久の先行研究に触発され，槻沢遺跡と栃木県内の様相についてまとめてみた。倒置深鉢の時期，出土位置，土器の特徴などはおおむね山本の先行研究を追認する結果となった。またその性格についても，出土状態・共伴土器・住居の特徴等から，山本が指摘しているように一連の廃屋儀礼のなかで設置されたものと理解している。一方，分布については，管見でも隣県の茨城県で 3 遺跡 7 例，福島県で 10 遺跡 20 例の倒置深鉢およびそれに類するものを確認している。詳細についてここで述べる余裕はないが，倒置深鉢が栃木県さらには茨城県の東部北関東から福島県中通り・浜通りまで広がることが明らかとなった。また，時期については，前期中葉の佐野市下林遺跡例や後期前葉の茂木町塙平遺跡は類例が少なく検討を要するが，中部～南関東と同様，中期後半加曽利 E 式期の範囲内におおむねおさまることが確認できた。ただ槻沢遺跡をはじめ栃木県の県央から北では加曽利 E III～E IV 式（大木 9・10 式）期の竪穴住居跡から多く検出されており，栃木県・茨城県の北部から東北南部では盛行期が中部から関東南部よりやや遅れる傾向がみられる[5)]。

これまで那須地方で中部地方から西関東に系譜が求められるものとして，土器組成として組み込まれる曽利式系土器や両耳壺，石棒や丸石，屋内埋甕などを指摘してきたが（後藤 1996・2009・2010），今回取り上げた「倒置深鉢」もその一つに加えられよう。

註

1)　ここでは竪穴住居跡の床面直上に，意識的に逆さまに置かれた胴部下半ないしは底部を欠く深鉢を取り上げる。この状態で出土した深鉢は，「伏甕」という報告例もみられる。しかし，神村透が長野県天竜川水系の上伊那・下伊那地方を中心にみられる竪穴住居の出入口部の「埋甕」と異なる位置に倒置状態で埋設された土器を，出入口部の埋甕と区別して「伏甕」と定義しており（神村 1974），混乱を避けるため床面に倒置された深鉢とは区別しておく必要があろう。ここでは山本暉久の「ある目的のもと，煮炊きに用いていた深鉢形土器を，転用して倒置状態に設置したもの」を総称した「倒置深鉢」（山本 2008）を採用するが，さらに本稿では竪穴住居跡の床面直上で胴部下半を欠くものに限定する。

2) 縄文時代中期後葉は，倒置深鉢に限らず，複式炉の埋設土器や住居床面で潰れた状態で出土する土器，覆土中から出土した破片が接合し復元された土器でも，胴部下半や底部を欠く深鉢が少なくない。このような土器は壊れたため捨てられたものもあろうが，破断面の観察から故意に煮沸や貯蔵といった本来の機能を停止させたもの，またその後の使用目的を念頭において意識的に胴部下半をきれいに打ち欠いたものもあったと考えられる。特に，那須地方の土器埋設複式炉には，胴部下半をきれいに打ち欠いたキャリパー状の深鉢を設置したものが多い。

3) 槻沢遺跡では，居住域の内側に位置する中期後葉～末葉のSX-25から，2 m間隔をおいて直径40 cmの丸石と長さ40 cmの柱状石が正立状態で出土している。中部地方の事例などから，これらは相対峙した生産活動全般に係わる祭祀の象徴と考えられ，集落内の祭祀施設と考えている。

4) 長野県茅野市棚畑遺跡では中期後葉には80％超の高い割合で炉が破壊され，完存する炉の方が特殊とみえることから，住居を移す際に炉を破壊する習俗があったとすら考えられるとしている（鵜飼1990）。

5) 福島県浜通りで大木8b式期のものが数例あるが，おおむね本県同様中期後葉～末葉を中心とする。

参考文献

青木健二　1981『芳賀高根沢工業団地内上の原遺跡発掘調査報告書』栃木県企業局

岩淵一夫　1985『上欠遺跡』栃木県教育委員会・（財）栃木県文化振興事業団

鵜飼幸雄　1990『棚畑―八ヶ岳山麓における縄文時代中期の集落遺跡―』茅野市教育委員会

江原　英　2001『寺野東遺跡』III　栃木県教育委員会・（財）とちぎ生涯学習文化財団

海老原郁雄ほか　1980『槻沢遺跡』栃木県教育委員会

大島直行　1999「縄文時代火災住居の意味」『月刊考古学ジャーナル』No.447　ニュー・サイエンス社

片根義幸　2006『仲内遺跡』栃木県教育委員会・（財）とちぎ生涯学習文化財団

神村　透　1974「埋甕と伏甕―そのちがい―」『長野県考古学会誌』第19・20号　長野県考古学会

後藤信祐　1994『塙平遺跡』I　栃木県教育委員会・（財）栃木県文化振興事業団

後藤信祐　1996『槻沢遺跡』III　栃木県教育委員会・（財）栃木県文化振興事業団

後藤信祐　2007『ハッケトンヤ遺跡』栃木県教育委員会・（財）とちぎ生涯学習文化財団

後藤信祐　2009「堂ッ原遺跡出土の両耳壺について」『氏家の歴史と文化』第8号　氏家歴史文化研究会

後藤信祐　2009「栃木県における縄文中期後半～後期前半の埋甕の様相」『野州考古学論攷―中村紀男先生追悼論集―』中村紀男先生追悼論集刊行会

後藤信祐　2010「那須の縄文時代―袋状土坑・複式炉・配石と土器棺墓のころ―」『ブックレット　那須をとらえる』1　随想舎

芹澤清八　1985～1987『御城田遺跡』（写真図版編・遺構遺物実測図編・本文編）栃木県教育委員会・（財）栃木県文化振興事業団

田代　孝　1989「縄文時代の丸石について」『山梨考古学論集』II　山梨県考古学協会

津野　仁　2002「大野遺跡」『大野遺跡・大用地遺跡』栃木県教育委員会・（財）とちぎ生涯学習文化財団

津野　仁　2003『荻ノ平遺跡』栃木県教育委員会・（財）とちぎ生涯学習文化財団

手塚達弥　1997・1999・2001『藤岡神社遺跡』（遺構編・遺物編・本文編）　栃木県教育委員会・（財）とちぎ生涯学習文化財団

林　謙作　1966「第一地点縄文時代集落の調査」『栃木市星野遺跡―第一次発掘調査報告―』栃木市教育委員会

松浦真由美・出居博　2003『四ッ道北遺跡II・下林遺跡II』佐野市教育委員会
山本暉久　1976「住居跡内に倒置された深鉢形土器について」『神奈川考古』第1号
山本暉久　2007「屋内祭祀の性格」『縄文時代の考古学』11　同成社
山本暉久　2008「倒置深鉢」『総覧　縄文土器』アム・プロモーション

住居柱脇の倒置土器

中村 耕作

1 床面倒置土器の性格をめぐる議論

1976年，山本暉久は西関東・中部を中心とした68例の住居跡出土の倒置土器（「倒置深鉢形土器」）を集成し，京葉地域の廃屋墓における人骨頭部を覆う倒置土器と同じ葬具ではないかと指摘した（山本1976）。これより先，村田文夫（高山・村田1970），渡辺誠（1971），戸田哲也（1971）も同様の指摘をしていたが，山本は広範囲の事例集成をふまえてこの見解を追認した。釣手土器や土鈴とともに「石柱・石棒祭式」に付随するものとする長崎元広（1973）の位置づけもあるが，以降はおおむねこの山本の想定が踏襲されてきている（鵜飼1990，櫛原2009ほか）。近年では，谷口康浩（2006）が，石棒と石皿・丸石などの共伴例を「再生」を祈念する生殖行為の隠喩と位置づけ，倒置土器を遺体被覆用として両者の共伴の意義を説明している。筆者もまた，釣手土器やパン状炭化物の出土状況や焼失住居のあり方を検討するなかで，一家の主の死に伴う葬送行為の一環としての供献・放火を想定した（中村2013）。

しかしながら，山本自身は，廃屋墓を東関東特有のものとして西関東の墓坑群と対比したことや（山本1991），小諸市郷土遺跡における6個の倒置土器の集積事例の検出などを経て，廃屋墓葬を含めた住居廃絶に伴う儀礼的な行為の結果と再解釈している（山本2008）。

これをふまえ，本稿では，改めて倒置土器を取り上げる。山本の妥当な結論が提示されているとはいえ，倒置土器を含めて，住居廃絶時には多様な儀礼行為が確認されており，縄文世界における「家（世帯・家屋）」のもつ社会的・観念的な重要性（大林1975，山本1985，小林1988，谷口2010ほか）を考えれば，より具体的に検討を深める必要を感じるためである。特に，倒置土器が廃屋墓に関わるものであったとすれば，従来の屋外土坑墓中心の葬墓制研究や集落研究の前提を大きく覆すこととなる。

2 廃屋墓と倒置土器

人骨が遺存しない地域において，倒置土器が遺体被覆用であった可能性を検証する手段はいくつか考えられる。詳細は別稿を予定しているが，これまでの検討の結果は以下の通りである。

まず，共伴遺物については，廃屋墓には西関東や中部高地で注目されたような釣手土器や石棒などの特殊な器物の特徴的配置などは認められなかった（中村 2016）。副葬品と認定し得たのは，草刈貝塚Ｂ区 551 号住居での浅鉢，高根木戸遺跡 26 号住居での深鉢，千鳥久保貝塚での赤彩浅鉢程度であるが，普遍的な遺物であり，副葬品としての根拠にはできない。

時期的・地域的な分布については，廃屋墓が加曽利Ｅ１式期に集中する一方，倒置土器は加曽利Ｅ２～３式期に盛行する点で異なっている。また，同じく倒置土器を用いる葬法である墓坑内の土器被覆葬は，時期は倒置土器同様の消長を示すものの，地理的範囲は東京都・神奈川県・埼玉県にほぼ限られる（中村 2015b）。

最盛期に複数の土器の様式・系統が並存する東京都と神奈川県では，住居内では連弧文土器が一定数用いられるのに対し，墓坑内では連弧文よりもむしろ「吉井城山類」や「梶山類」などの系統が用いられるという差異が確認できた（中村 2015b）。しかし，廃屋墓は口縁部渦巻文の系統にほぼ限られるものの，系統差の少ない時期ということもあり，検討しがたい。

廃屋墓と倒置土器出土住居の比較は困難であるが，これまでに倒置土器の習俗は東関東から中部高地まで広がっていること，住居内に多様な設備や器物を配置するのは西側一部地域に限られること，墓坑内土器倒置はさらに限られた習俗であったこと，などが明らかになった。相模原市上中丸遺跡 100 号住居での倒置土器下に赤彩深鉢が検出された例，松戸市中峠遺跡３次２号住居で倒置土器下から貝輪が検出された例など，確実に遺体被覆用でない事例も存在するが，こうした事例もわずかである。倒置土器の全般の用途は，遺体の痕跡が確認されないかぎり今後も明らかにすることは不可能であろう。しかし，この問題の検討を少しでも進めるため，本稿では，残された課題である住居内での配置を整理する。なお，土器被覆葬には一周しない大形土器片や細かい破片を多数用いて遺体を覆うものもあるが，以下では，口縁部や胴上半・下半が失われているものも含め，遺存部位が一周するもので，逆位で検出されたものを対象とする。長崎元広は「伏甕」の用語を用い，報告書などでも一定の用例がある。しかし，「伏甕」は神村透（1974）によって，入口部以外の倒置埋設土器を指す用語としても用いられている。山本は「倒置深鉢（形土器）」とするが，他器種も含めて，本稿では「倒置土器」と呼ぶ。

3　廃屋墓における遺体の位置

まず，廃屋墓における遺体，特に頭骨の位置を確認する。廃屋墓における遺体配置については，花輪宏（1995）が複数遺体を列状に配置するものと環状に配置するものに区分したほか，近年では住居の空間認識を論じた櫛原功一（2010）による整理がある。

櫛原は性別・年齢の明らかな中期の事例として 12 軒を取り上げ，①奥壁側，左右両側，出入り口付近があり，柱穴間・壁際が多く，中央部は少ない。②奥や左右では並行に，入り口では雑然とするものが多い。③柱穴間の場合は左は男性，右は女性，奥は男性が多いといった特徴を明らかにした。さらに，小川岳人（2001 ほか）の硬化面の分析や，石井寛（1990 ほか）による壁際の浅い掘り込みの指摘をもとに，もともとの寝所に遺体を配置したものと解釈した。

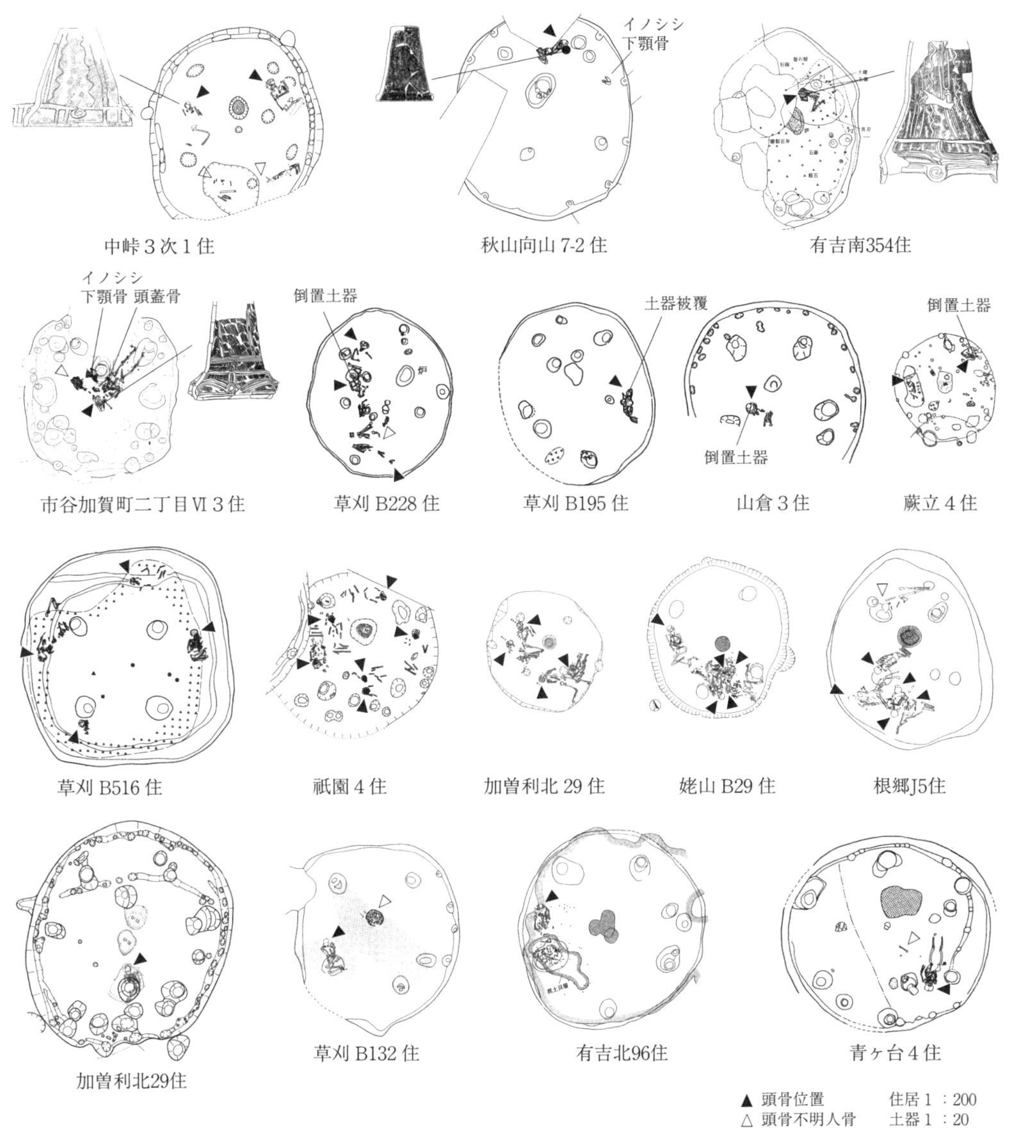

図１　廃屋墓出土人骨の頭部位置

櫛原の分析は空間認識を目的としていたため対象が限定されていたので，前稿（中村 2016）の対象資料に秋山向山遺跡例を加えた中期の廃屋墓 26 遺跡 86 軒 174 体を改めて分析した。千葉県の中期住居には石壇や埋甕などの施設が無く，入口・奥を判断しがたいが，西関東の事例をふまえ，炉が一方に偏っている場合，その方向を奥とみなした。4 本の柱穴を基準に（5~6 本柱の場合は主軸上の柱を除く）奥・右・前・左の 4 大別をさらに 3 細分し，同心円状に炉周辺・柱穴間・壁際の 3 区分を組み合わせ，36 分割して頭骨の位置を集計した。なお，意図的に頭骨が移動された可能性が高いものもあるが（中村 2016），本稿では残された骨格から頭骨の位置を復元して集計している。また，床面のほか，覆土出土例，覆土を掘り込んだ土坑出土例も含んだ。

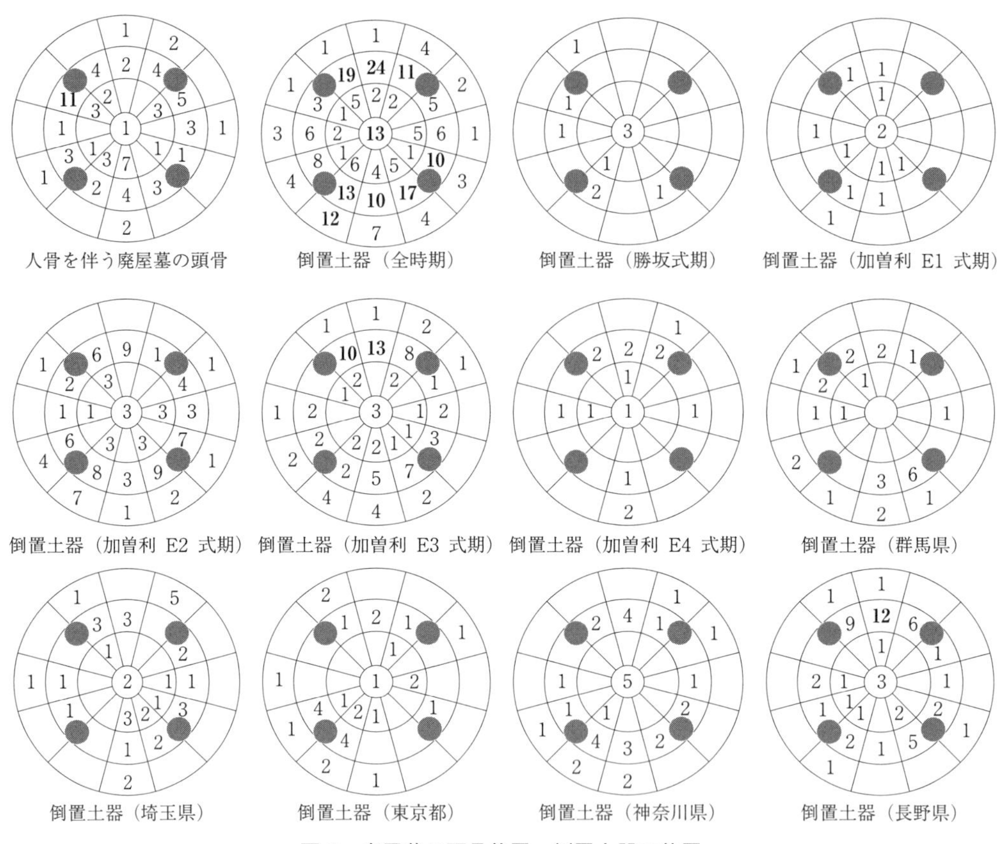

図２　廃屋墓の頭骨位置・倒置土器の位置

はじめに事例の多い加曽利Ｅ１式期の状況を確認する。大まかに４方向に区分した場合，奥14・右12・前17・左16と大差は認められない。また，同心円状に区分した場合は，炉辺34・柱間52・壁際14と柱間が多く炉辺がこれに次ぐ。右奥柱の手前側の空間に９例，炉のすぐ手前に６例が集中する一方，左奥や右前の壁際など置かれない部分も確認できる。これ以前の勝坂式期は８例のみだが，前を中心とした柱間に集中する。また，加曽利E2式期でもこの傾向は引き続いており，特に左右の壁際には配置されない。加曽利E3式期は４例のみだが，柱間に集中することは継続している。柱間に多いという櫛原の指摘を追認したことになる。壁際に少ないのは本稿の分析が頭部の位置に限定しているのに対し，櫛原は全身の位置で判断していることによると思われる。

土器を被覆した人骨の位置　廃屋墓の人骨を覆う土器のうち，倒置土器と認定し得るものは14例のみである（図１）。住居内での位置が不明な３例を除く11例のうち，６例が炉辺に位置することが目立つほかは，特定箇所への集中は確認できない。また，男女比は４：５で，全体の60：48と比べるとやや女性の比率が高い程度である。一方，鯨類骨製の装身具が伴う２体を含め，装身具着装率は35.7％で，全体の174体中14体（8.0％）と比較すると高率である。倒置土器を伴う事例は，住居内での位置としては全体の平均的なあり方を示しているが，これに加えてさらにいくつかの手間が付加されたものと位置づけられる。

柱穴脇の人骨　遺体の配置はランダムではなく一定の決まりごとに基づいている可能性は高いものの復元は困難である。そのなかで，我々にも判断可能な指標の一つが頭部に近接して柱穴が位置している事例である。詳細な位置を分析可能な110体中27体（24.5%）が該当する。柱直上の覆土中に頭部を配置する草刈貝塚Ｂ区516号住居の例もあるものの，多くは高橋龍三郎（1991）の指摘の通り，柱間に位置しながら柱穴中心に骨が置かれていないことから，柱そのものが遺存していた可能性が高い。

中峠遺跡３次１号住居では４体が発見されている。床面と貝層中の各１体は必ずしも柱との関係をうかがわせないが，その間の土層中に葬られた１号・３号の２体は右奥と右前の柱穴脇に頭骨が位置している。子和清水遺跡では，６本柱住居の床面奥の柱間に男女の遺体（頭部無し）が配置されていた。これらは，柱を起点に順次葬られたこと，床面が埋没後も柱が立っていたか，柱の位置を意識していたこと，などをうかがわせる。草刈貝塚Ｂ区516号住居は，４体が環状に配置されたもので，中央床面のＣ・Ｄ人骨→中央床面が埋まった後にベッド状の高まりに埋葬されたＡ人骨→覆土中のＢ人骨と，順次埋葬されたことが明らかな例である。これらは柱間に配置されたものではないが，Ｄ人骨は頭部，Ａ人骨は足先が柱穴脇に位置している。

姥山貝塚B29号住居（接続溝１号住居），根郷貝塚J5号住居，中峠貝塚８次１号住居は，手前部分に複数遺体が重なり合うように配置され，奥寄りに１体が配置されている点で共通するが，奥の１体は柱穴脇に頭部が位置する。有吉南貝塚354号住居は，覆土を床面レベルまで掘り込んだ墓坑内に埋葬した確実な例として（四柳 2012）重要である。墓坑は右奥に位置しており，報告書の情報からは残念ながら柱との関係性は読み取れないが，人骨や土器は柱中央を避けている。墓坑・人骨が検出できずに調査された場合には，柱穴脇の倒置土器とみなされ得る事例である。

4　床面倒置土器の位置

位置の傾向　今回，関東・甲信静の10都県の倒置土器集成を試み，157遺跡287軒310個を確認した。埼玉県に加曽利Ｅ１式期の事例が多いものの，他県では加曽利Ｅ２式期に増加し，加曽利Ｅ３式期にピークを迎える。

はじめに地域・時期を通じた全体での倒置土器の位置を確認しておく。なお，柄鏡形住居の張出部出土例は手前中央壁際に合算した（図2）。最も多いのは奥の柱間で，次いで右前および左前の柱周辺に集中している。炉辺は前中央，壁際は左前を除き，ほとんど検出されていない。炉辺・柱間・壁際の事例数は63：156：50と，半数以上は柱間である。前節で整理した廃屋墓における頭部の配置と比較すると，左奥柱周辺への集中が共通するものの，廃屋墓ではその柱の左前側に頭部が位置することが多いのに対し，右奥側に土器が配置されることが多いという差異がある。また，倒置土器の多い右前柱周辺は，廃屋墓ではほとんど頭部は検出されない箇所である。

時期別にみると，勝坂式期は柱間各所に例があり，加曽利Ｅ１式期には炉辺手前側が加わる。

事例数が増加する加曽利Ｅ２式期には，左前柱周辺，奥柱間，右前柱周辺，右奥柱周辺という順で，柱周辺の事例が増えている。５本柱の住居など奥柱間中央も柱脇に土器が置かれている例が少なくない。加曽利Ｅ３式期は奥柱間，右前柱周辺が多く，左前柱周辺，右奥柱周辺が続くが，柱間前中央にも４例がみられるようになる。主軸意識への強化（谷口 2010）と連動する可能性がある。加曽利Ｅ３式期の傾向は事例が激減する加曽利Ｅ４式期にも引き続く（一部「加曽利ＥⅤ式」を含む）。

次に地域差の有無を検討するため，一定数の事例のある５都県を集計した。群馬県は右前柱に５例が集中するものの，他の箇所にも分散している。埼玉県は左前を除くと壁際の事例が少なく，左奥と右前の柱周辺を中心とした分布を示す。東京都は左前柱周辺と奥柱間中央を中心とし，右奥にも若干の分布をもつが，他地域と比較すると集中したあり方を示す。特に右前の事例がほとんどみられないのは特徴的である。神奈川県の集中箇所は東京都と同様であるが，右前にも事例がみられる。長野県も類似した分布をしているものの，奥への集中が著しい。長崎元広は石柱に組み合うとし，近年この地域の住居内施設・器物の網羅的な分析を行った櫛原功一（2009）は「中期後半に炉裏，向かって左手隅に土器上半の輪切り状態のものを伏甕として置く事例が多数ある」とする。石壇・石柱・土壇など顕著な奥壁部施設を有する長野県の地域性を反映したものと考えられる。

柱脇の倒置土器　上記空間別の集計とは別に（主軸上を含め），柱穴に重複・隣接する事例を「柱脇」として抽出したところ 309 個中 92 個（29.8％）が該当した。位置が判断できるものの事例数の多い順に示すと，右前 21 個，左前 20 個，左奥 18 個，奥中央 12 個，右奥 10 個で，このうち奥中央の多くは長野県・神奈川県の５本柱住居の事例である。４本柱の場合は右前の事例が多く，左前・左奥が続くが，右奥は例数が少ない。加曽利Ｅ１式期～3 式期に事例が多く，この間は時期的な変化はみられない。地域差も前述の柱脇以外を含めた傾向と大差はない。

そもそも，屋内での作業・移動空間を確保するためには，器材は壁際か柱周辺に置くことが効率的である。しかし，住居廃絶時において，倒置土器や釣手土器などの呪術的・象徴的意味合いの強い器物を配置する場合には，必ずしも柱脇に置くことの合理的理由は見つからない。やはり，柱への強い意識があったことを想定すべきであろう。

複数の倒置土器を柱脇に配する住居　ここで注目したいのが，複数の倒置土器を有する住居である。配置状況を整理することで，柱を含む住居各箇所への意識や，廃屋墓における複数埋葬事例との関係の有無を検討したい。

複数個出土事例は，１ヶ所に集中するもの（7 軒）と住居内で分散するもの（10 軒）に大別可能である。前者で最も特徴的なのが小諸市郷土遺跡 24 号住居である（図 4）。奥壁部中央の柱穴脇に大きな浅鉢を正位に置き周囲に５個の倒置土器を配する。このうち１個は入れ子状となっている。村田文夫（2014）は居住時点における頭骨のみを安置した祭壇と解釈したが，山本暉久（2008）は本例を根拠の一つとして倒置土器を葬具に限る考えを改めた。長野県では奥壁部の石柱・石壇や，倒置土器あるいはその複合例は多く，その一例と位置づけられる。類例として，奥

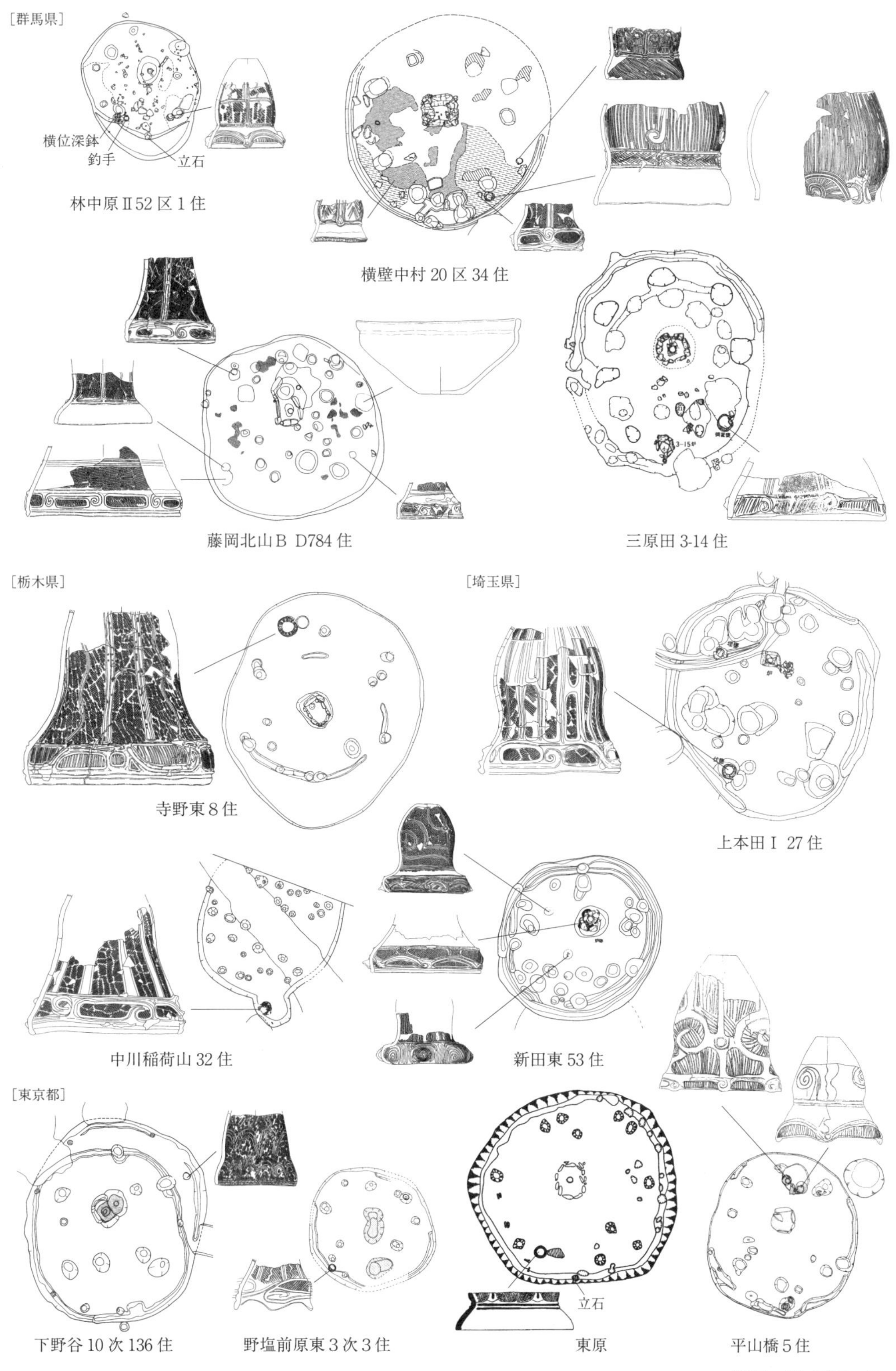

図3　倒置土器の出土位置（1）

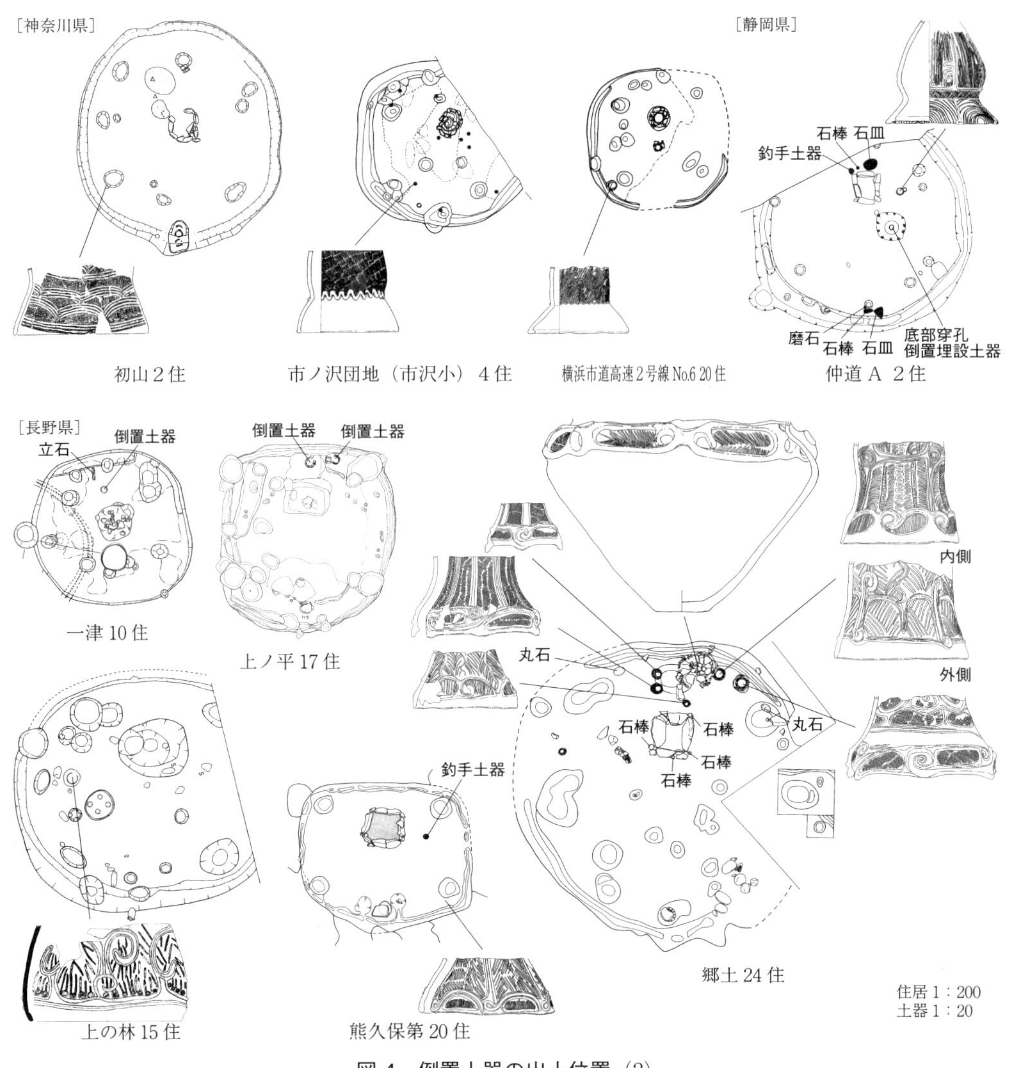

図4　倒置土器の出土位置（2）

壁部（やや左）の石柱を伴う石壇の周囲に2個を配した茅野市与助尾根遺跡7号住居があり，石壇は伴わないものの奥柱間中央に2個を配した茅野市上ノ平遺跡17号住居（図4）・相模原市寺原遺跡105号住居・八王子市平山橋遺跡5号住居など共通する配置例もある。しかし，これらは柱脇の事例ではなく，奥壁中央部への配置としての類似である。

これに対し，分散する例では，藤岡市藤岡北山B遺跡D784住居（加曽利E2式期）で，右奥に正位の浅鉢，右前に1個，左前に2個，左奥に1個の計4個の倒置深鉢という4隅に土器を配する事例が特徴的である（図3）。長野原町横壁中村遺跡34号住居（加曽利E3式期）は右前柱脇に3個，左前壁際に1個，左柱間中央に1個が配され，日高市宿東遺跡A区44号住居跡は右奥・右前の両柱脇，毛呂山町新田東遺跡53号住居（加曽利E1式期）は炉上・左柱間中央・炉前中央の3ヶ所に配置されている。一方，柱と関わらない例としては寄居町北塚屋遺跡Ⅱ25号住居での炉前中央に2個，左前壁際に1個が配置されるものがある。

なお，藤岡北山B遺跡における4隅に土器を配置する例は，草刈貝塚B区516号住居の人骨配置を想起させる。同様に，横壁中村遺跡例など1ヶ所に複数を集中させ，やや離れて単独で倒置土器を配する例は姥山貝塚例や根郷貝塚例などを，宿東遺跡の隣接する柱脇への配置は中峠遺跡例をそれぞれ想起させる。倒置土器と人骨頭部位置の配置に共通する思考があったことを示唆する事例である。

5　小結と課題

本稿では，西関東・中部高地における倒置土器が遺体頭部を覆った葬具であったとする山本暉久の旧説の検証を目的に，廃屋墓と倒置土器の住居内の配置箇所を整理した。両者ともに多様なあり方を示していたものの，左奥を中心とした主柱周辺への強い意識が共有されていたことを確認することができた。廃屋墓の検証の結論とするにはまだまだ根拠は薄いといわざるを得ないが，柱脇の倒置土器については土器被覆葬の産物である蓋然性を増したと考える。

従来，長野県の事例を中心とした分析によって奥壁部の聖性が指摘され，特に浅川滋男(2000)が左奥の重要性に注意していたが，本稿ではこれに加えて，他の柱に対しても強い意識のあったことを確認した。改めて確認すると，長野県・山梨県でも右前・左前・左奥を中心とした柱周辺に石皿・丸石が配置されている例は多く（櫛原 2009），釣手土器や壺などの床面出土土器の集成でも柱脇からの検出例は少なくない（中村 2013）。長野原町林中原II遺跡では前側の両柱脇に倒置土器と釣手土器が対称的に配置されていた（図3）。宇都宮市上欠遺跡53号住居には右奥柱脇の倒置土器の反対側に逆位の器台3点が置かれた例がある。「柱」の聖性については祖霊やトーテムの象徴や，依代としての役目をもつ独立柱をめぐって数多くの議論があり，縄文住居の場合でも奥壁部の木柱が注目されてきた（村田 1985 ほか）。しかし，上屋を支える柱への関心は，柱穴からの遺物出土例への注目（村田 1992，佐野 2008 など）を除くとわずかであった。今後の課題としておきたい。

参考文献

浅川滋男　2000「竪穴住居の空間分節」『古代史の論点2』小学館　100-130頁
石井　寛　1990「3号住居址」『山田大塚遺跡』横浜市埋蔵文化財センター　51-55頁
大林太良　1975「住居の民族学的研究」『日本古代文化の探求　家』社会思想社　11-73頁
小川岳人　2001「竪穴住居址の屋内空間―民俗・民族誌との隙間に―」『神奈川考古』37　31-49頁
神村　透　1974「埋甕と伏甕―そのちがい―」『長野県考古学会誌』19・20　17-33頁
櫛原功一　2009「縄文時代中期の竪穴住居における空間分割」『帝京大学山梨文化財研究所研究報告』13　95-110頁
櫛原功一　2010「廃屋墓・土坑墓にみる縄文人の空間認識」『帝京大学山梨文化財研究所研究報告』14　87-100頁

小林達雄　1988「縄文時代の居住空間」『國學院大學大学院紀要』19　15-48 頁
佐野　隆　2008「縄文時代の住居廃絶に関わる呪術・祭祀行為」『月刊考古学ジャーナル』578　30-34 頁
高橋龍三郎　1991「縄文時代の葬制」『原始・古代日本の墓制』同成社　48-84 頁
高山純・村田文夫　1970「川崎市宮崎字大野遺跡発掘調査報告」『川崎市文化財調査集録』5
谷口康浩　2006「石棒と石皿—象徴的生殖行為のコンテクスト—」『考古学』4　77-102 頁
谷口康浩　2010「縄文時代の竪穴家屋にみる空間分節とシンボリズム」『國學院大學伝統文化リサーチセンター研究紀要』2　(37)-(47) 頁
戸田哲也　1971「縄文時代における宗教的意識について」『下総考古学』4　8-17 頁
長崎元広　1973「八ヶ岳西南麓の縄文中期集落における共同祭式のあり方とその意義（上・下）」『信濃』24 (4)　14-35 頁・(5)　72-89 頁
中村耕作　2013『縄文土器の儀礼利用と象徴操作』アム・プロモーション
中村耕作　2015a「土器被覆葬にみる社会関係—中期後半の南関東の事例分析—」『季刊考古学』130　82-84 頁
中村耕作　2015b「縄文時代中期における住居床面／墓坑内の倒置土器」『日本考古学協会第 81 回総会研究発表要旨』190-191 頁
中村耕作　2016「廃屋墓における葬送儀礼の諸行為」『國學院大學栃木短期大学日本文化研究』1　49-76 頁
花輪　宏　1995「屋内葬考—類型と性格—」『考古学研究』42 (1)　93-108 頁
村田文夫　1985『縄文集落』ニュー・サイエンス社
村田文夫　1992「長野県棚畑遺跡縄文ムラの語り—中期集落理解に向けての断想—」『縄文時代』3　1-30 頁
村田文夫　2013「炉石・焼土の行方と頭蓋骨を祀った住まい考—長野県の縄文中期棚畑遺跡と郷土遺跡から—」『考古学論究』15　11-20 頁
山本暉久　1976「住居跡内に倒置された深鉢形土器について」『神奈川考古』1　47-64 頁
山本暉久　1985「縄文時代の廃屋葬」『古代』80　39-71 頁
山本暉久　1991「環状集落址と墓域」『古代探叢 III』早稲田大学出版部　137-178 頁
山本暉久　2003「墓壙内に倒置された土器」『神奈川考古』39　31-77 頁
山本暉久　2007「屋内祭祀の性格」『縄文時代の考古学 11』同成社　221-232 頁
山本暉久　2008「倒置深鉢」『総覧縄文土器』アム・プロモーション　1128-1133 頁
渡辺　新　2006「—市川市姥山貝塚接続溝第 1 号竪穴—5 人の死体検案」『千葉縄文研究』創刊号　11-30 頁
渡辺　誠　1971『川崎市初山遺跡第 3 次調査概報』

図版は各報告書掲載図面を加除筆した。ただし，姥山貝塚例は渡辺 2006 による。

相模川流域における屋内儀礼施設の様相
—立石（石柱）と共伴する埋甕の事例を中心として—

吉澤　宏

はじめに

相模川は富士山の北東斜面に水源をもち，山梨県内での名称は桂川といい，相模湖から下流域では相模川と名を変え，神奈川県中央部を流れて相模湾に注ぐ全長109 kmの一級河川である。当該流域での屋内儀礼施設の研究は，昭和37年に大場磐雄博士指導の下に行われた座間市所在の蟹ヶ澤遺跡の調査を嚆矢とすることができる。このとき調査された第1号住居址では立石はみられないが，奥壁部に接してピットを囲む配石と周溝，床面から埋設土器が2個体検出されたことから，長野県与助尾根遺跡第15号址に類例をもとめ「加曽利E式土器に出現することは，該期における共同体内部にこのような特異な住居址を必要とする特殊性が存在することを示すに他ならないと思われる。」と述べ，何らかの儀礼的行為が存在する可能性を示唆した。与助尾根遺跡第3次調査から13年後のことである。蟹ヶ澤遺跡の上流の相模原市緑区に所在する原東遺跡の第3次調査が，平成26年9月から翌年の3月にかけて大成エンジニアリング株式会社によって発掘調査された。筆者は同遺跡の発掘に従事したわけではないが，はからずも平成27年4月より出土品の整理作業にかかわる機会を得たおり，J1号竪穴住居址の南側出入口部附近のピット内に聳立する長さ71 cmの立石が出土しているのに目が留まり，関係する文献を渉猟したが，この流域において住居内に立石のみが検出される事例の絶対数は乏しく，そこでひるがえって筆者が近年関心をいだいた，中期中葉期から後葉期にかけて住居内に設置された，石柱・石壇，石囲い遺構，炉縁石棒，立石（石柱）と共伴する埋甕など神奈川県内のとくに相模川流域から多くはないが良好な類例が得られた。本来ならば儀礼形態上の相異がみられる屋内施設を網羅的に取り上げ検討することが望ましいが，紙幅の制約があるため，本稿では立石（石柱）と共伴する埋甕の事例を中心に検討を加え，あわせて管見に入った山梨・長野県内出土の関連資料についても少し触れてみたい。

1　相模川流域の事例

愛甲郡清川村宮ヶ瀬南（No. 2）遺跡（恩田ほか1996）　中津川流域の台地南端部に位置する南（No. 2）遺跡は一時期に1～2軒の住居を単位とする，山間部地域の遺跡である。J2号住居址（図

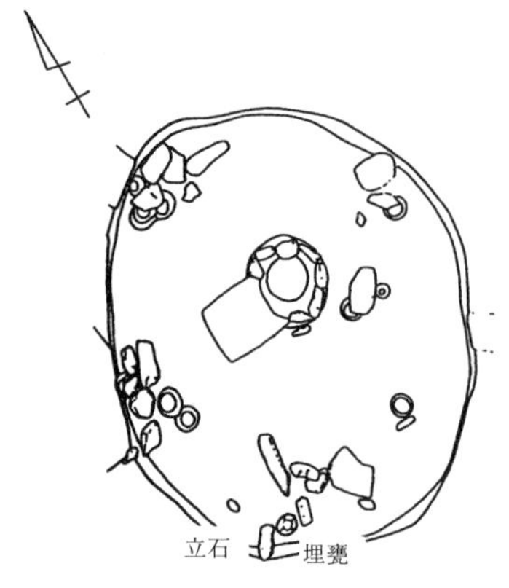

1：南（NO. 2）遺跡 J 2 号住居址

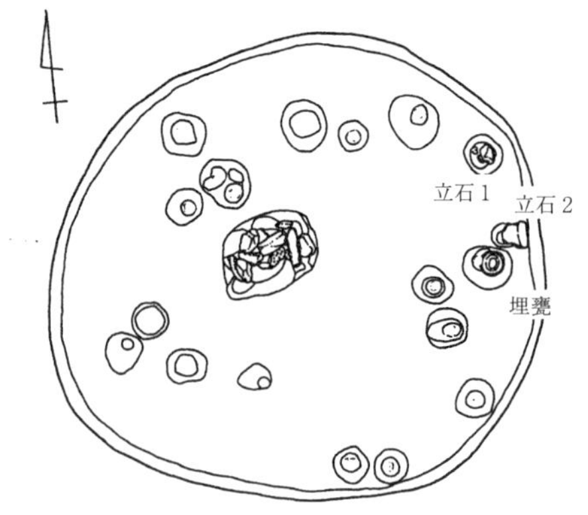

2：上中丸遺跡第 6 3 号住居址

0　2M

図 1　立石（石柱）と埋甕を有する住居址

1-1）の南西側の壁際には胴下半部の埋甕が正位に埋設されており，その埋甕に近接する西側の壁面に長さ約 40 cm の棒状礫を立て掛け，周辺には棒状礫・偏平礫・石皿半品 1 点・磨石などが配されていた。石皿の半品は J1 号住居址の半品と接合関係が認められ注目される。また，主柱穴と壁際との間には大型礫が 3～4 個程度を単位とした「置石」が伴っているのを特徴とする。時期は曽利 I～II 式期に相当しよう。

相模原市緑区中野東大沢遺跡（熊坂ほか 2011）　相模川中流右岸の津久井湖に面する河岸段丘上に立地する中野東大沢遺跡は縄文中期の集落址と考えられる。3 号住居址は少なくとも 2 回の建て替えが行われた住居址であるが，南側出入口部附近から立石と埋設土器が 2 個体検出された。立石は柱穴と重複して，深さ 32 cm のピットのなかに長さ 54 cm を測る柱状の閃緑岩をやや南に傾けて埋められ，埋設土器はいずれも正位の状態で胴下半部を欠き，そのうち現存高 23.5 cm の曽利 1 式新段階の土器の上部に，写真でみると上下が切断されたと思われる体部の棒状礫が被さっていた。その北側には現存高 21.8 cm の曽利 II 式古段階の土器を埋設しており，埋設土器には時間差があるものの，古い土器を再利用することで同一時期に用いられた可能性は充分にあるという。曽利式系統の土器を多用するのが注目される。所属時期は曽利 II 式期である。

相模原市緑区川尻中村遺跡（天野ほか 2002）　相模川上流，右岸段丘上に立地する原東遺跡の対岸に展開する川尻中村遺跡は，その位置関係から両遺跡は，密接な関連が推測される大規模な環状集落址である。第 44 号住居址は周溝が複数認められることから，何度か建て替えが行われたと判断できる。南側出入口部には浅鉢形土器を埋設したなかに胴下半部を欠損する小形の深鉢形土器を収めている。そのやや内側の床面には底部穿孔と考えられる口径約 46 cm，器高約 76 cm の曽利系の大形な倒置埋設土器を伴い，この埋設土器の北西側ピット内に柱状礫 3 本を樹立するなど，他に類例をみない特異なありかたを示す立石がある。被熱を受けているかなどの詳細は不明である。時期は曽利II式期に相当する。

相模原市南区上中丸遺跡（三ッ橋ほか 1994）　上中丸遺跡は相模川の支流である姥川と道保川に挟まれた台地上に位置する。A地区の縄文時代の遺構はほとんどが中期に属し，住居址123軒，中央に土坑群を形成する中期環状集落址である。この遺跡から立石（石柱）に埋甕を伴う明確な事例が9例報告されているのが注目される。第28号住居址の壁は不明瞭であるが，南西側から花崗岩の立石に近接する正位の埋甕が2個体，その北側から底部穿孔倒置埋設土器が1個体検出された。南西側の2個体はいずれも胴下半部を欠き，内1個体は縦半分を欠損した連弧文系土器を用いて，底部穿孔倒置埋設土器には底部中央の欠損部が部分的に磨かれているという特徴がみられた。時期は加曽利EIII式期に該当する。第34号住居址は南西側の壁を張り出させ，その内側に長さ45 cmの円柱状の立石と，底部を欠損する埋甕が3個体並び，そのうち最も内側の倒置埋設土器の上に半分程埋まった状態の礫が検出され，その附近には拳大の礫が4個並んだ状態で置かれていた。このような類例は同遺跡の50号住居址例で認められ，その南側出入口部には5個体集中する埋設土器を有し，内側の倒置埋設土器の上に5×3 cmの土器片を縦位に床面から2 cm表出させていた。両住居址とも複数の埋設土器と，倒置埋設土器の上に置くという共通した特殊性をもつことから，何らかの役割を担っていたと考えられ，報告書では目印を意識して置かれたものと解釈している。時期は加曽利EIII式期に相当する。第45号住居址は北側で1軒，南側では2軒と重複する。南西側に位置する正位の埋甕の横に25×20 cmの礫が10 cm程埋められ設置されていた。時期は加曽利EII式期に相当する。第52号住居址は南西側の周溝内に底部を打ち欠いた深鉢形土器を入れ子状に重ね，その右側に凹みを有する長さ24 cmの偏平な礫を立て，西壁側から底部を欠く倒置埋設土器が出土した。所属時期は加曽利EII式期である。第63号住居址（図1-2）の東壁際に底部を欠損する埋甕と立石が2本検出された。1本は長さ34 cmの先が細った側を埋め，他の1本は長さ33 cmの扁平礫を壁側にやや傾け樹立させていた。時期は加曽利EIII式期に該当する。第83号住居址では南側出入口部と石囲炉の中間の床面に，2個体の埋甕と立石が縦列に並んだ状態で埋設されたもので，2個体はいずれも底部を欠く正位の埋甕であるが，1個体は床面から約10 cm下位に埋められ，他の1個体の南東には頭部が丸みを帯びる長さ38×22 cmの自然石が聳立する。時期は加曽利EIII式期に相当する。第91号住居址は北側と南側が他の住居址と重複し，南側出入口部には口縁部と底部を欠く埋設土器の脇に35 cm大の隅丸方形礫を床面に配していた。時期は加曽利EIII式期に所属する。第95号住居址は北側を他の住居址と切り合い，西側は未調査であるが，平面形態は柄鏡形を呈すると推定される。南側の周溝に沿って扁平な礫が巡り，張り出し部には数個の礫と石蓋の下に数片の土器片が重なり合い，その下から胴部上半を欠く土器が検出された。しかも連結部の内側の礫の下から，ほぼ完形の連弧文系土器を用いた正位の埋甕を伴い，その東側には写真によると上・下が切断されたと思われる石柱が置かれていた。時期は加曽利EIII式期である。第120号住居址の壁は確認されていないが，西側に正位の埋甕が2個体ともに底部を欠き，両埋甕の中間よりやや外側の床面に30×24 cmの扁平礫が外傾して配置されていた。時期は加曽利EIII式期に該当する。

図２　向原中村遺跡１区第１号住居址の立石と埋甕
（山田 2003：PL. 4 より）

図３　忠生遺跡 119 号住居址の石棒と埋甕
（川口 2007：巻頭図版 7 より）

相模原市緑区向原中村遺跡・向原下村遺跡（山田ほか 2003）　相模川の左岸の段丘上に位置する向原中村遺跡は，中央に墓域をもつ直径 130 m の大規模な中期環状集落址の川尻中村遺跡の一部をなすと推定される。1 区第 1 号住居址の南壁際に正位の埋甕と立石（図 2）が近接して設置されており，埋甕はやや小型で口径 17. 8 cm，器高 26. 1 cm の深鉢形土器を正位に埋設し，その外側には胴下半部を欠く口径 24. 2 cm，現存高 19. 6 cm の正位の深鉢形土器を入れ子状態にしたもので，埋甕に近接する立石は最大幅 27 cm，最大長 41 cm，厚さ 10 cm の扁平礫の下部を 1/3 程埋めて，平坦面は石囲炉の一辺に向け配されていたという。時期は加曽利 EIII 式期に相当する。

相模原市中央区山王平遺跡（戸田ほか 1998）　相模原市と町田市の境を南流する境川の右岸に位置する山王平遺跡は中期後半に属する環状集落址である。本例の埋甕と立石の埋設位置は異なるが関連であげてみた。10 号住居址は主柱穴の位置と作りかえられている炉址から判断して，建て替えが行われたと考えられ，南側の周溝内に胴下半部を欠く連弧文系土器を正位に埋め，その左側には出入口部の施設と考えられる 2 本の小ピットが穿たれていた。中心線よりやや右にずれる奥壁部寄りのピットに長さ 50 cm を測る砂岩製の立石を有し，報告書によればピットの埋没後に設置していることから，住居廃絶後の信仰に関連する施設であろうと指摘している。時期は加曽利 EIII 式期に相当する。

町田市忠生遺跡（川口ほか 2007）　本遺跡は，A1 地点 67 号住居址から被熱で大破した超大型石棒が出土したことで，つとに著名である。同地点 119 号住居址例（図 3）の南壁は攪乱をうけ，東壁は他の住居址と重複しており，南東側の壁際とみられる位置に，胴部下位を欠く現存高 15. 2 cm，口径 23. 6 cm の深鉢形土器を正位に埋め，その埋甕に隣接して 6 面を磨く長さ 46 cm，直径 17 cm の円柱状石棒を壁側に傾け下部を 18 cm 埋めた立石がある。時期は加曽利 EIII 式期に相当する。

横浜市旭区市ノ沢団地遺跡（境ほか 1997）　相模川流域から少し距離を置くが，本稿にかかわる事例なので取り上げた。市ノ沢団地遺跡は帷子川右岸にある下末吉段丘に立地する縄文中期の集落址である。D 地区第 11 号住居址（図 4）の西側には小張り出し部を設け，壁面には口縁部と底部を欠いた残存高 22.4 cm の正位の埋甕，その周辺に石棒の剝片と炭化物が多量に散在し，炉址の北側からも大きな炭化材が検出された。埋甕と並行するように西壁際には，被熱の影響で細かく破砕・剝離した安山岩の石棒が壁側に傾き，周りには石棒の頭部・胴部片・剝片および炭化材が散乱した状態であった。破砕されたため，正確な長さは不明なものの接合した結果，長さは 66 cm を測り，表面に細かい敲打を受け，石柱状に成形され角も滑らかに仕上がっていた。時期は加曽利 EII 式期である。

図 4　市ノ沢団地遺跡第 11 号住居址の石棒と埋甕
（境 1997：巻頭図版より）

2　山梨・長野県内の事例

次に，中期後葉期を通して相模川流域の加曽利 E 式文化と活発な交流と接触があったと思われる曽利文化圏の事例と，その関連として天竜川流域の唐草文文化圏の事例についても検討する。中期後葉期の相模川流域において発達した住居内に設置される立石（石柱）と共伴する埋甕の事例は，甲信地方では，これまでのところ数例を除き明確な事例として確認することはできず，形態は異なるが埋甕の上部に掛かるように棒状礫などを故意に置いたと想定できる特徴を有するものがしばしばみられた。その主要な文献は極力収集し，おおよその傾向は掴めたので管見に触れた事例を列挙すると，以下のとおりである。

阿南町門原白須遺跡 1 号住（今村 1985）は壁沿いとピットとの間の 3 ヶ所に立石がみられ，東側壁沿いに正位の埋甕が 2 個体並び，そのうち 1 個体の埋甕の下に 4 個の石敷きが据えられている。埋甕内部には土器片を入れた上に磨石と並べて土偶の頭部が伏せて収納されていた。土偶と埋甕の結びつきは稀有な事例として興味深い。時期は唐草文 III～IV 期である。駒ヶ根市反目遺跡第 52 号住（友野ほか 1990）は南側出入口部の壁際に底部を欠いた埋甕の上部に平盤な自然石がのせられ，炉の手前床面上に丸石と西壁際に立て掛けられた石皿が注意を引く。同 106 号住は南

図5　マツバリ遺跡25号住居址の扁平石・棒状石と埋甕
（神村1995：第11図版より）

側壁際に正位の埋甕が2個体で，内側の埋甕の一部を壊して外側に埋甕を埋設しており，その上部には自然石がのせられていた。両住居址とも時期は唐草文II期である。宮田村高河原遺跡第1号住（桐原ほか1971）は出入口部を示す2ヶ所の柱穴に挟まれるように伏せた石皿と石蓋の下から，口縁を欠く正位の底部穿孔土器が検出され，その脇から高さ30 cm程の立石が壁に密着していた。時期は唐草文III期に比定される。日義村マツバリ遺跡25号住（神村1995）は方形石囲炉であるが，炉縁石はすべて抜き取られ，南西側に埋設された唐草文III期の埋甕の口縁部に掛かるように扁平石と棒状石が置かれ（図5），床面上から内外面に丹彩された小形壺と台付土器も出土していることが注目される。富士見町大畑遺跡第6号住（武藤1965）は南側出入口部の両側に安山岩の円柱状と角柱状の立石が据えられ，その右脇に倒置埋設土器を伴い，炉の南には砲弾状の立石が倒れていた。同8号住の南東側柱穴の傍らに立石がみられ，南側に大小4個からなるピット群の内側から正位の埋甕。両住居址とも時期は曽利IV式期である。富士見町曽利遺跡第27号住（武藤ほか1978）は副炉に接するかたちで石柱・石壇の施設を設け，周溝際には下半部が欠損した倒置土器を設置し，南側には長さ30 cm，径6 cmの細長い礫が壁際から倒れて正位の埋甕に掛かっていた。時期はいずれも曽利III式期である。富士見町唐渡宮遺跡第1号住（小林ほか1988）の南側出入口部には曽利IV式期の埋甕が設けられ，その上縁から壁面にもたれ掛かるような三角柱状の安山岩が見出された。高根町社口遺跡9号住（櫛原ほか1997）の南側に埋設された埋甕の中に石蓋状の平石が落ち込み，北壁に接して石皿を立て掛けた脇には磨石がセットとして置かれていた。時期は曽利III式期である。須玉町塩川遺跡1号住（保坂ほか1992）の南壁際には埋甕を正位に埋め，その上部に長さ12 cm，幅9 cmの自然礫を蓋状に配置していた。時期は曽利IV式期に相当する。同2号住の南壁際には正位に埋設された深鉢形土器を入れ子状態にして，その内部へ長さ20 cm，幅14 cmの礫が落ち込んでいた。時期は曽利V式期に相当しよう。西桂町宮の前遺跡第4号住（奈良ほか1993）の炉の近くから上面が平らな30×40 cm程の河原石が2個置かれ，南西壁際では曽利IV式期の埋甕の傍に1個の自然礫が配されていた。

ここでは山梨・長野県内の事例についてみてきたが，少ない資料から全体を判断するのは早計といえよう。だが先に触れたように当該地域では壁際に石柱を立て掛けその脇に埋甕が伴うという明確な事例は高河原遺跡第1号住，大畑遺跡第6号・8号住例のみで，埋設土器の口縁部に棒状礫などが意図的に掛かるように配置される例が圧倒的に多く，山梨・長野県内の大きな特徴といえるであろう。かかる事例について長年八ヶ岳南麓の調査に携われた小林公明は富士見町史のなかで「単なる偶然と想われず，多分に性的な意味合いがみてとれる。」（小林ほか 1991）と傾聴すべき見解を述べられている。このような事例は相模川流域では中野東大沢遺跡 3 号住でも確認することができ，地域を超えて共通した認識のうえに基づく儀礼行為が行われたと考えられる。しかし，石蓋として用いられたのか判然としないが，埋甕内部から加工されていない礫が出土する場合があり，落ち込んだのか，あるいは故意に収納したのか判断がむずかしい事例などがある。

3　若干の検討

ここまで相模川流域を中心として，山梨・長野県内を含めた事例をみてきたが，相模川流域では 8 遺跡 16 例にとどまり，山梨・長野県内の事例は 10 遺跡 13 例であった。この諸例によって屋内儀礼施設の全体像を理解することはできないが，相模川流域の事例として，注意を要するのは上中丸遺跡から集中して検出されていることである。この遺跡では屋内埋甕が 51 例報告されているが，そのうち 9 例が立石を伴いその僅少性から特別な意味が込められていたと推定できる。そしてかかる事例の 56% がこの上中丸遺跡から出土していることを考えれば，その特異性が際立つ集落址であることがわかる。また，住居内から単独で立石状の礫が検出されたのは第 71 号住居址の 1 例だけで，立石と埋甕のかかわりの強さを感じざるを得ない。さらに，立石（石柱）と埋甕が共伴する屋内施設の推移をみると加曽利 EI 式併行期に初現がみられ，加曽利 EII 式期を経て，加曽利 EIII 式期に盛行するが，その終末期は現在のところ明らかでない。この時期は，柄鏡形（敷石）住居跡の発生の問題にかかわり，張出部の基部および先端部から検出される埋設土器や石棒へと変化する軌跡が辿れるかは，今後に残された課題である。埋甕に関しては南側出入口部から南西側にかけて正位の状態で埋設される事例が多く，通常の埋甕と同様に出入口部附近の埋設位置におちつく。立石の樹立については，棒状礫あるいは石棒を壁面に立て掛け，先端は石棒の頭部を模したのか丸みを帯びた例などがあり，石棒との関連で理解すべきことである。山梨・長野県内での事例は，相模川流域の儀礼行為と根底にながれる同じ意識のもとで行われたもので，その延長線上に位置づけできる施設と考えられる。

4　初現期の問題

次に，初現期の立石（石柱）と伴出する埋甕と密接な関係が指摘できる，いわゆる「置石」の問題と壁側に立て掛けられる立石（石柱）の事例について，もう少し詳しくみてみよう。初現期の屋内儀礼施設でとくに注視したいのは，南（No. 2）遺跡 J2 号住との関連で考慮しなければならない事例として，勝坂式期の三ヶ木遺跡 J5 号住の「置石」の存在である。ここでの「置石」は柱穴と壁側との中間に扁平な礫や長楕円形の礫を 3～4 個を単位として置き，なかには外側に向けて「ハ」の字に開くものが見受けられる。続く，曽利 I～II 式期の南（No. 2）遺跡 J2 号住では三ヶ木遺跡 J5 号住と同様に複数の石柱を柱穴と壁際の間に設置するが，南側出入口部には壁面に立て掛けられた棒状礫に伴い埋甕という施設が新たに出現するのである。つまり，中期中葉期に発生することで知られている「置石」は，中期後葉期の南（No. 2）遺跡 J2 号住居内に継承されつつ，新しい儀礼施設として登場する立石（石柱）と伴出する埋甕施設と結びつき，古いものと新しいものが交錯することで，新たな屋内儀礼施設を併設した過度期の性格をもつ住居としての様相が看取できるのである。この点を視野にいれれば立石（石柱）と共伴する埋甕は「置石」という施設を行う集団の中から発生したのか，あるいは他からの影響なのか，現時点では判然としないが，いずれにせよ「置石」の性格・機能との関連で追及していく必要がある。近年この「置石」に関して，石坂茂は「棒状礫は柱にたてかけられていたと想定されており，床面に直立する石柱（立石）と類似様相が窺える。」（石坂 2014）と述べている。一方，南養寺遺跡を調査された馬橋利行によれば「置石」は特殊な例ではなく，大形礫が入手し易い地域で認められ，本来「礫」に代わるものとして有機質のものが存在していたと推定された。それにしても「置石」は，佐野隆が言及しているように相模川中流域に出現するという指摘にとどまらず，多摩川右岸の加住丘陵に所在する宇津木台遺跡 SI45A 住と同河川左岸に位置する天王台遺跡第 1 号住，そして同河川中流域左岸に展開する南養寺遺跡 19 号住・47 号住・49 号住・52 号住など多摩川流域の遺跡を挙げることができる。今後，初現期の問題は多摩川流域にも目をそそぐことで新たな問題を提起することになるだろう。

また，棒状礫や石棒を出入口部の壁面に立て掛けその脇に埋甕を埋設する事例が多く見受けられる。その典型的な例は，南（No. 2）遺跡 J2 号住，市ノ沢団地遺跡 D-11 号住，上中丸遺跡第 34 号住・63 号住・83 号住，忠生遺跡 119 号住などで確認できるが，南（No. 2）遺跡 J2 号住の場合，用いられた棒状礫の大きさは 40 cm 程で，ちなみにこの住居址の壁高は約 54 から約 68 cm を測り，当初より壁高を意識することで大きさを選択していた可能性をうかがわせている。それゆえ設置された南側あるいは南西側出入口部という場所から勘案して想像を逞しくすれば，石柱と埋甕を同時に跨ぐという行為が日常のなかで繰り返し行われたと解釈することが至当なのである。「跨ぐ」という行為は加曽利 EII 式期の市ノ沢団地遺跡 D-11 号住，加曽利 EIII 式期の上中丸遺跡 63 号住などに引き継がれたと考えられるが，複数の石柱を柱穴と壁面との間に設置する「置石」は姿を消していく。

おわりに

今回は相模川流域の中期後葉期の立石（石柱）と共伴する埋甕の事例を中心に述べ，山梨・長野県内での類似資料を概観することにとどめ，立石（石柱）と埋甕の埋設位置から判断して，同時に「跨ぐ」という行為を導き出した。それでは従来より指摘されている跨ぐ行為がどのような遺跡・遺構によって実証されるのかという問題は残るが，1996 年に調査された長野県木曽郡お玉の森遺跡10号住（図6・7）は埋甕の性格について一石を投じる興味深い事例を提供した。10号住は焼失家屋で壁に沿って壁板材が炭化して残り，床面や壁が赤く焼けていたもので，出入口部には口縁部を欠く現存高50 cmの唐草文II期の巨大な埋甕を正位に埋め，その埋甕に近接して2個の石を「ハ」の字状に埋めた「踏み石」がある。炉奥にはピットが二つ並ぶ石壇が設けられ，ピット内には炭化材が残ることで，これまで想定の域をでなかった木柱の存在が明らかになった。この「踏み石」について村田文夫は自著のなかで「女性が扁平な石に乗り跨いで前傾すると，埋甕の開口部が女性の番登（陰部）を直撃する。これほど埋甕の使途を完璧に暗示した事例は始めてである。」（村田 2010）と非常に的を射た解釈を述べられている。このように女性を対象としたであろう「踏み石」は，そこを跨ぐことによって懐胎することを願望していたと想像できよう。また，同村に所在するマツバリ遺跡18号住は南西側に石蓋をする正位の埋甕を有し，この埋甕は縄文を施文する関東の加曽利EIII式期の土器を用いて，その内部から人骨片が検出されたものの細片のため性別や年齢は不詳であるが，埋甕の性格を示す拠り所になる貴重な資料である。

図6　お玉の森遺跡10号住居址全景
（神村 1998：第13図版より）

図7　お玉の森遺跡10号住居址の踏み石の上にかがむ女性（神村 1998：第12図版より）

以上のように，立石（石柱）と共伴する埋甕はわずかな事例に過ぎず，問題の指摘にとどまった。相模川流域と山梨・長野県内の事例を確認すると，儀礼上の形態こそ異なるが，二つの儀礼に類似点なり，共通性が見出され，基本的には「跨ぐ」という行為を通じて，立石（石柱）と共伴する埋甕祭式の延長上に位置する性的な結合から生まれた屋内儀礼施設であることは明白であろう。ただ，それまで立石・石棒や埋甕が個別に機能していたものが，どのような理由から強く結び付き発生したのか明らかにできず，きわめて不十分なものとなってしまった。今後は今回取り上げられなかった相模川流域の屋内儀礼施設の諸事例について再度検討してみたい。

最後になりましたが，このたび縄文文化研究をリードしてこられた山本暉久先生が古稀を迎えられ，心からお祝い申し上げますとともに，今後益々のご活躍を祈念いたします。

今回，小論を執筆にあたり神村透・小池聡・川口正幸・佐野隆の各氏から文献や資料の提供を受け，末筆ながら記して感謝申し上げます。

引用・参考文献

青木雄大ほか　2015『原東第 3 次調査』神奈川県埋蔵文化財発掘調査報告書 36

天野賢一ほか　2002『川尻中村遺跡（第 1・2・3 分冊）』かながわ考古学財団調査報告 133

石坂茂・林克彦　2014「関東地方の縄文集落の信仰・祭祀」『縄文集落の多様性 IV』雄山閣　145-180 頁

今村善興　1985『門原白須遺跡』長野県下伊那郡阿南町教育委員会

大場磐雄・寺村光晴ほか　1966『蟹ヶ沢・鈴鹿遺跡』座間町教育委員会

恩田勇ほか　1996『宮ヶ瀬遺跡群 VIII―南（No. 2）遺跡・馬場（No. 5）遺跡』かながわ考古学財団調査報告 10

神村透ほか　1995『マツバリ遺跡』長野県木曽郡日義村教育委員会

神村　透　1998『長野県木曽郡お玉の森遺跡（第 9 次調査）』日義村教育委員会

川口正幸ほか　2007『忠生遺跡 A 地区（I）―A1 地点旧石器・縄文時代遺構編―』忠生遺跡調査会

桐原健・福沢幸一ほか　1971『長野県中央道埋蔵文化財包蔵地発掘調査報告―上伊那郡宮田地区　昭和 45 年度』長野県教育委員会

櫛原功一ほか　1997『社口遺跡第 3 次調査報告』山梨県北巨摩郡高根町教育委員会

熊坂正史・中川真人　2011『中野東大沢遺跡』（株）武蔵文化財研究所

小林公明・武藤雄六ほか　1988『唐渡宮』富士見町教育委員会

小林公明・武藤雄六ほか　1991「第二編　石器時代」『富士見町史上巻抜刷』199-473 頁

境雅仁ほか　1997『市ノ沢団地遺跡』市ノ沢団地遺跡調査団

佐野　隆　2004「縄文時代中期の住居内配石について（再論）」『時空をこえた対話―三田の考古学』慶應義塾大学民族学考古学専攻設立 25 周年記念論集　73-78 頁

友野良一・林茂樹ほか　1990『反目・遊光・殿村・小林遺跡』駒ヶ根市教育委員会

戸田哲也ほか　1998『山王平遺跡発掘調査報告書―縄文時代編―』淵野辺山王平遺跡発掘調査団

土井義夫ほか　1989『宇津木台遺跡群 XIII（上・下）』八王子市宇津木台地区遺跡調査会

奈良康史ほか　1993『宮の前遺跡発掘調査報告』西桂町教育委員会

保坂裕史・森原明廣　1992『塩川遺跡』山梨県教育委員会

三ツ橋和正ほか　1994『上中丸遺跡（上・下）』相模原市当麻・下溝遺跡群調査会

御堂島正・恩田勇　1992『三ヶ木遺跡』神奈川県立埋蔵文化財センター調査報告 26

武藤雄六　1965「長野県諏訪郡富士見町大畑遺跡第三次調査報告」『長野県考古学会誌』第 3 号

武藤雄六・小林公明ほか　1978『曽利』富士見町教育委員会

村田文夫　2010「葬と祭などの儀礼」『私版　縄文考古学入門』40-50 頁

山田仁和・阿曽正彦　2003『向原中村遺跡・向原下村遺跡』城山町川尻向原土地区画整理事業地内遺跡発掘調査団

和田哲・宮沢賢臣ほか　1990『羽村町天王台遺跡調査報告』羽村町天王台遺跡調査会

和田哲・馬橋利行ほか　1994『南養寺遺跡―VIII・IX―平成元・3 年度調査報告』国立市文化財調査報告第 35 集

竪穴住居の二つの建築仕様

—立石遺跡と清水遺跡—

櫛原 功一

1 竪穴住居の建築仕様に対する視点

本稿では，縄文中期後半の八ヶ岳西麓に位置する二つの遺跡，茅野市立石遺跡と原村清水遺跡を取り上げ，竪穴住居の4本柱穴の配置の仕方に二つの建築仕様があることを指摘する。

筆者は，縄文時代のいわゆる環状集落において，竪穴住居の柱穴配置を型式学的に捉え，それらの分布と変遷，竪穴住居の主軸方向などの視点から集落構造を検討してきた。また，竪穴住居の主柱配置を単位長（縄文尺）の倍尺数で決定する設計仕様の存在を推測するとともに（櫛原2015），多摩ニュータウンNo. 446B・939遺跡，静岡県桜畑上遺跡の分析により（櫛原2016ab），同じ建築仕様での竪穴住居の建設，もしくは柱，梁材など建築部材転用が行われた可能性を推測した。

本稿で取り上げる2遺跡については，すでに長谷川豊が検討済みで（長谷川2014・2016），「辻沢南型」の存在，5本主柱配置の変遷と炉裏の柱の変質について考察している。氏の竪穴住居プランの捉え方には独自性があり，筆者が主柱間距離を単位長の倍尺数と考えるのに対し，長谷川はプラン，柱穴配置が単位長の倍尺値を基準とする同心円をもとにした設計仕様を想定した。設計仕様に関する考え方の相違はあるものの，竪穴住居形式（型式）の動きから集落の動態解明を目指す課題設定は同じであり，単位長の想定や住居プランの重ね合せといった手法は筆者の分析法に強い影響を与えてきた。ここでは，あえて長谷川が取り上げた2遺跡を再検討することで，筆者の立場，視点を明確にしたいと考える。

2 立石遺跡

尖石遺跡の西方，約2kmに位置する尾根上の集落跡で，北西にのびた痩せ尾根上に，縄文中期後半，曽利II〜IV式期の竪穴住居跡23軒が西と東の2群に分かれてやや間延びしたように帯状に展開する集落である。長谷川は曽利II式期の5本主柱型から曽利IV式期の4本主柱型へと変遷するなかで，4本主柱型や3本主柱型の設計仕様が新たに加わるのは，外来者による持ち込みと考えた。

立石遺跡の竪穴住居（図1）を主柱本数に基づいて類型分類すると，0本類型（1軒），3本類型

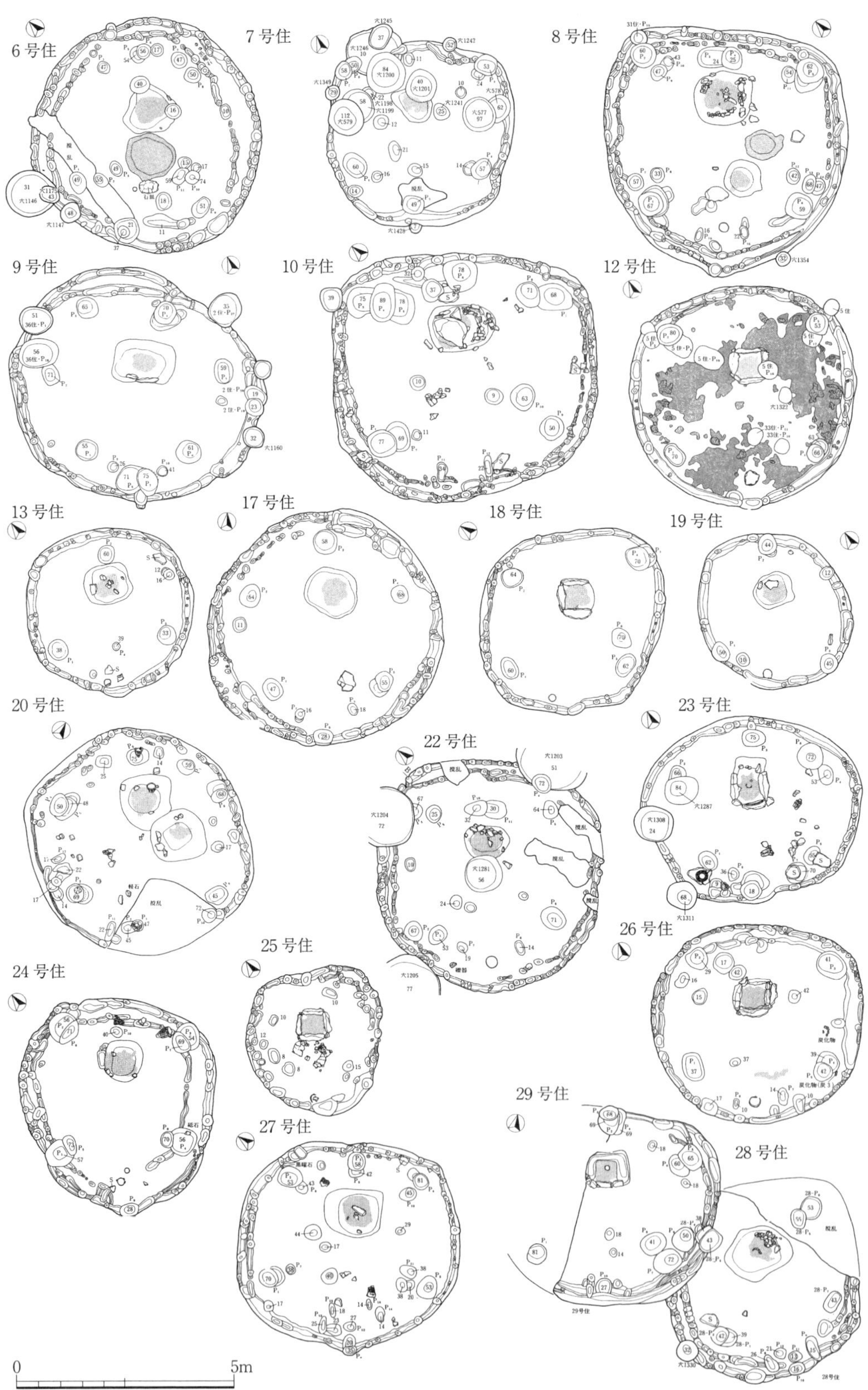

図1　立石遺跡の竪穴住居跡（S = 1/150）

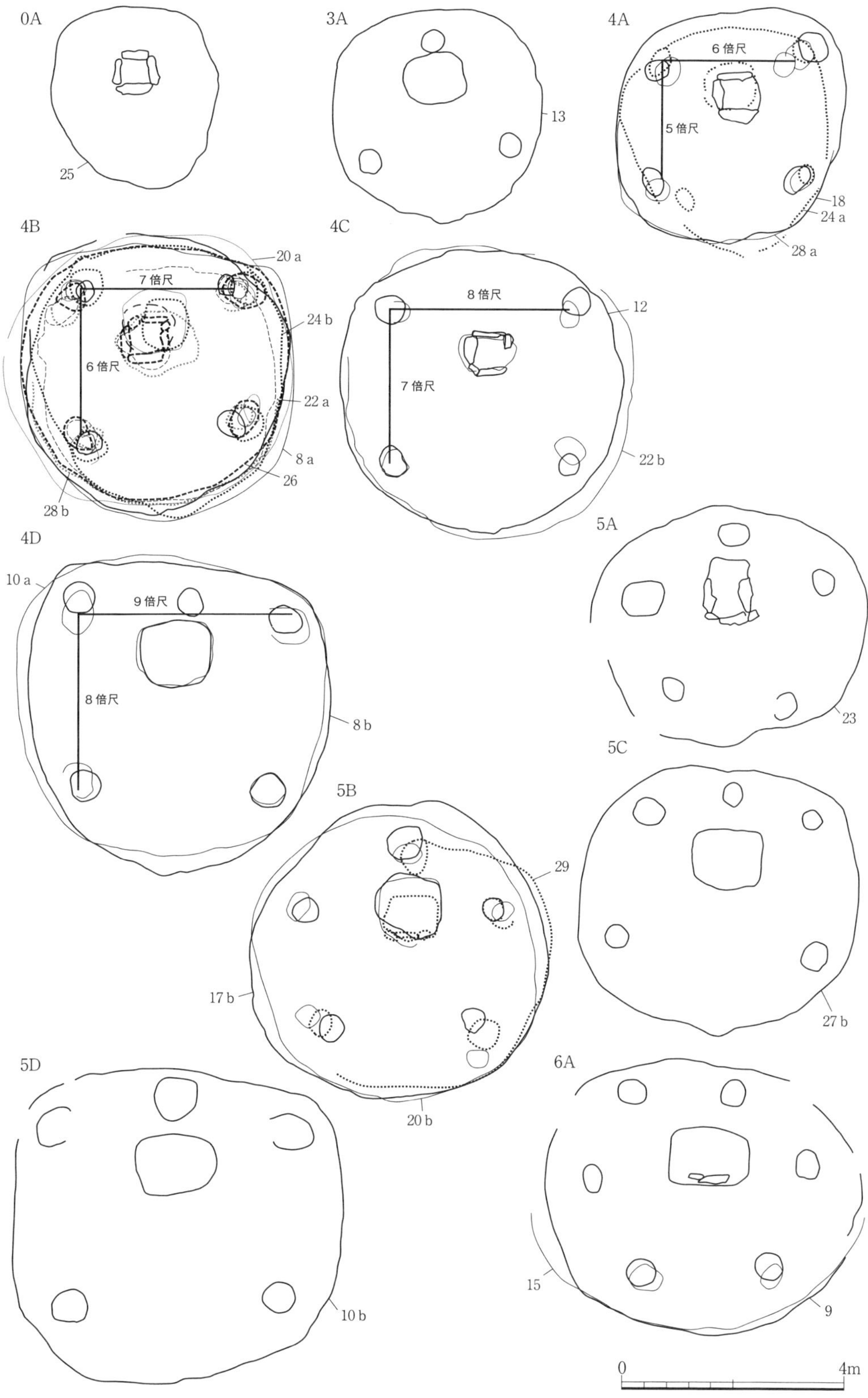

図2　立石遺跡の系（S = 1/120）

図３　立石遺跡の系別分布図

(1軒), 4本類型 (14軒), 5本類型 (6軒), 6本類型 (1軒) の5類型に大別できる。それらのプランの重ね合せにより酷似プランを抽出し，建築仕様レベルで系別に分類すると以下のようになる (住居番号のa・bは建替え順の古・新を意味する)。

立石0系 (1軒　25号住)　3×3.2m (交軸長×主軸長，以下同じ) の円形プラン。曽利IV式。

立石3A系 (1軒　13号住) 3.7×4mの円形プラン。曽利IV式。

立石4A系 (3軒　18・24a・28a号住)　3.6〜4×4mの隅丸方形，楕円形プラン。曽利III〜IV式。

立石4B系 (7軒　7・8a・20a・22a・24b・26・28b号住)　約4.8×約5mの円形プラン。曽利III〜IVb式。

立石4C系 (2軒　12・22b号住)　約5×5.2mの円形プラン。曽利IVa式。

立石4D系 (2軒　8b・10a号住)　約5.4×6.7mの隅丸方形に近いプラン。曽利III式。

立石5A系 (1軒　23号住)　4.8×4.3mの楕円形プラン。曽利II式。

立石5B系 (3軒　17b・20・29号住)　約5.2×約5.2mの円形プラン。曽利II式。

立石5C系 (1軒　27b号住)　4.8×4.8mの円形プラン。曽利IVa式。

立石5D系 (1軒　10b号住)　5.8×5.7mの隅丸方形プラン。曽利III式。

立石6A系 (1軒　9号住)　5.7×5.2mの楕円形プラン。曽利III式併行。

4本柱 (4本類型) では4系があるなかで4B系が最も多く，立石遺跡での標準的な竪穴住居の形態といえる。4本類型の主軸長は3.7mから6.7mまで規模の格差があるが，大きな竪穴住居では柱穴間距離もより広く，竪穴サイズに応じた規格性の存在がうかがえる。それらのプランは奥壁を直線的に掘り残す，長谷川のいう「辻沢南型」で，外形プランは裁頭円形，隅丸方形を呈すものが多い。時期は曽利III〜IV式期である。5本類型も同様にサイズに応じて5A系から5C系の3系があり，主軸長で4.3〜5.7mの規格差がある。各系の時期をみると，柱穴を円周上に均等的に配置する5A・5B系は曽利II式，奥壁側の柱穴が形骸化する5C・5D系は曽利III・IV式期と，時期による形態差を見出すことができる。さらに6本類型が加わるが，曽利III式の1・2軒のみである。したがって，4〜6本類型が竪穴住居の規模に応じてセット関係として存在するというより，長谷川が指摘するように5本主柱から4本主柱へと変遷する見方が支持できるとともに（長谷川 2014），4 本主柱（4 本類型）に規格性が出現したと捉えておく。

立石遺跡の 4 本類型の柱穴間距離に注目すると，主軸長側の柱穴間距離が短く，交軸長側の柱穴間距離が長い長方形配置を呈することに気付く。この 4 本の柱穴間距離を肘長由来と考えられる約 40 cm の倍尺値（縄文尺）で検討すると（櫛原 2015），4A 系の柱穴間は交軸長 6 倍尺×主軸長 5 倍尺，4B 系では 7 倍尺×6 倍尺，4C 系では 8 倍尺×7 倍尺，4D 系では 9 倍尺×約 8 倍尺となる（図 2）。つまり 4B～4E 系では交軸長を 1 倍尺分（約 40 cm）長くした長方形配置（長方形倍尺仕様）となり，それは竪穴規模に比例して交軸方向で 6～9 倍尺，主軸方向で 5～8 倍尺を組合せた 4 段階の規格性として理解できる。

集落を東区，西区と仮称し各類型の分布をみると，4 本類型は西区に 7 軒，東区に 4 軒が分布する。5 本類型では西区に 5 軒，東区に 1 軒と西区に多い。6 本類型は推定を加えると 2 軒が東区にある。さらに各類型を系別にみる。4A 系は西区内に分布し，拡張痕跡をもつ 24・28 号住はともに拡張前の古段階であり，18 号住が炉石をもち拡張痕跡がないことから，24・28 号住から 18 号住への上屋移設の可能性を推測できる。4B 系では西区に 5 軒，東区に 2 軒があり，2 軒単位で西区に 3 群，東区に 1 群が存在するようにみえる。4C 系は西区に 1 軒，東区に 1 軒があり，上屋移設を想定すると，ともに曽利 IV 式ではあるが，12 号住に炉石が完存することから 22 号住から 12 号住への流れを推定できる。4D 系は東区にのみにあり，10 号住の拡張前と 8 号住拡張後の 2 軒であることから，上屋移設を想定すると 10 号住から 8 号住への流れを推測できる。また 5B 系では西区にのみ分布する。このように東または西区の小群内に分布する 4A・4D・5B 系，両方にまたがる 4B・4C 系があり，4B 系を除くと 2 軒ないし 3 軒でまとまっているが，それらは上屋移設に伴って西から東へと移動の方向性をもつようにみえる（図 3）。なお注目されるのは，4A・4B 系が低位にあたる西区に立地し，4C 系は 4A・4B 系よりも高所に，4D 系は最も高所にあたる東区に立地することで，規格が大形なものほどより高所に立地する。またその配置は，等高線に直交する線状を呈するという特徴がある。

3　清水遺跡

八ヶ岳西南麓に位置し，立石遺跡からは直線距離で 6 km ほど南東側，山梨県寄りにある。西にのびた痩せ尾根状台地の南斜面の縁辺に長く展開する帯状集落で，3～4 小群に区別される。立石遺跡とほぼ同時期の縄文中期後半，曽利 II～IV 式期の竪穴住居跡 22 軒があり（図 4），主柱本数で 3 本類型（3 軒），4 本類型（11 軒），5 本類型（2 軒）がある。各系の様相は次の通りである。

清水 3A 系（3 軒　33・35・51 号住）　交軸長約 3.5×主軸長約 3.2 m の円形プラン。35 号住は曽利 IIb 式とみられるが，他は曽利 IV 式である。

清水 4A 系（2 軒　7・21 号住）　3.7～4.4×約 3.9 m の円形プラン。曽利 II～III 式。

清水 4B 系（5 軒　9・10・14・15・19 号住）　4.7×4.7 m の円形プラン。9・15・19 号住が曽利

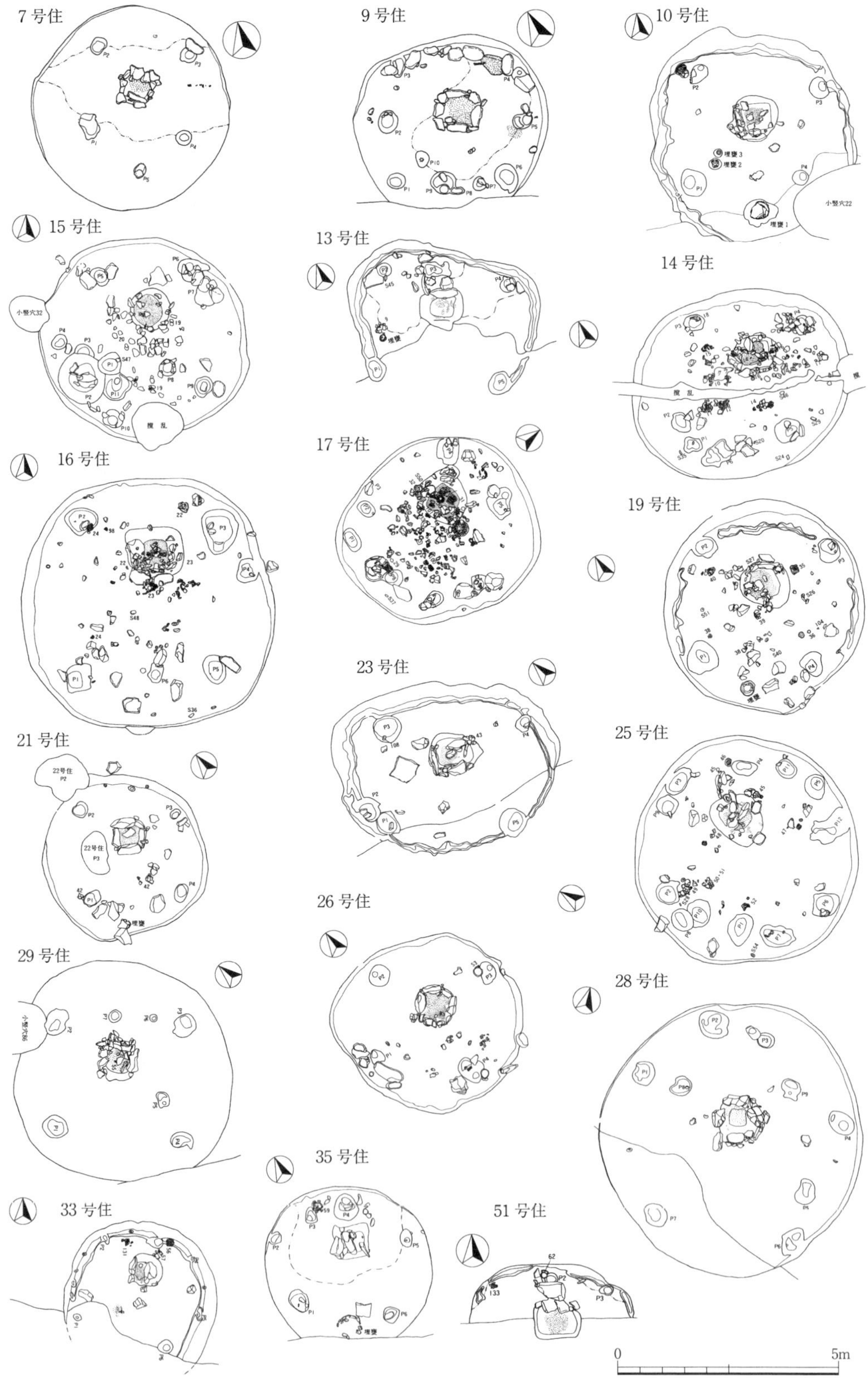

図4　清水遺跡の竪穴住居跡（S = 1/150）

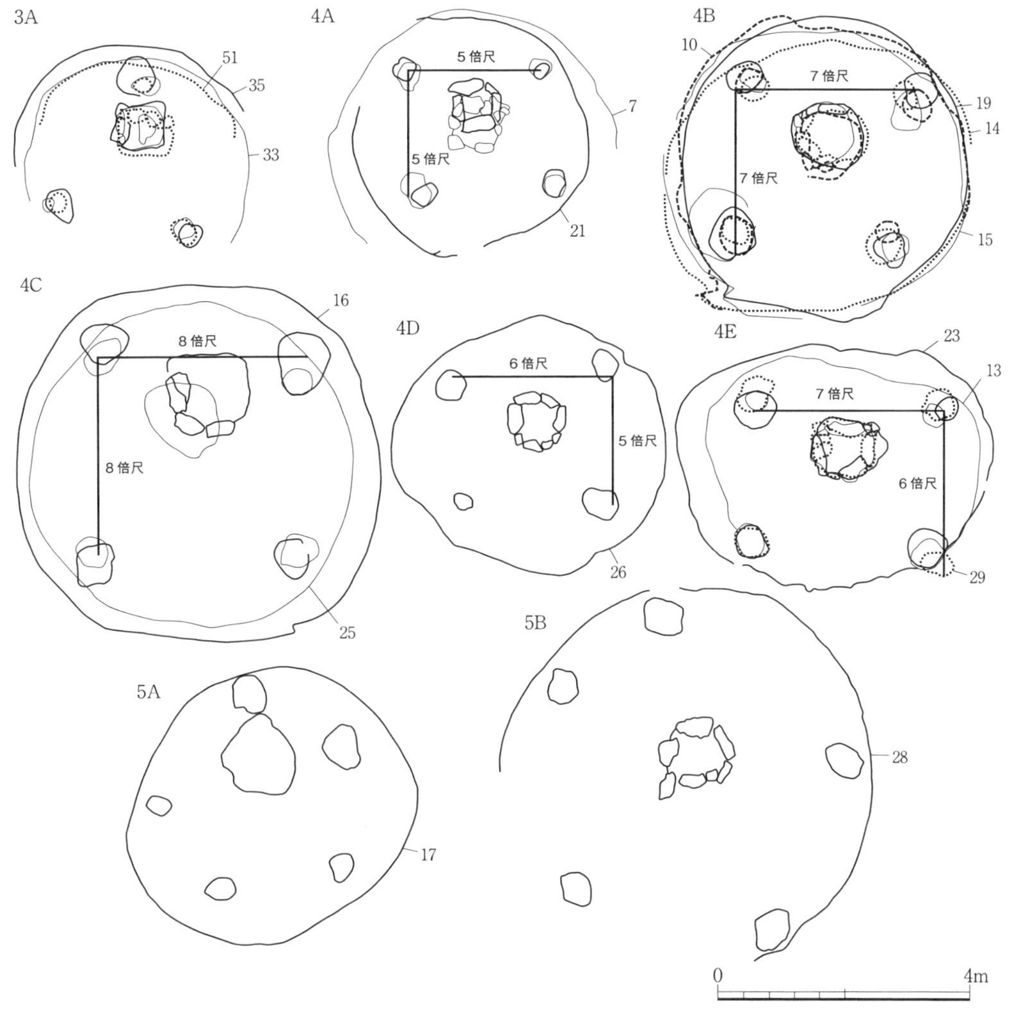

図5　清水遺跡の系（S = 1/120）

II 式，10・14 号住が曽利 III 式で，曽利 II〜III 式を主とする。

清水 4C 系（2 軒　16・25 号住）　5〜5.7×5.1〜5.6 m の円形プラン。曽利 II〜IV 式。

清水 4D 系（1 軒　26 号住）　4.3×4.0 m の円形プラン。曽利 II 式並行。

清水 4E 系（2 軒　13・23・29 号住）　4.2〜5×3.8 m の交軸長が長い隅丸方形プラン。23・29 号住が曽利 II〜III 式，13 号住が曽利 IVa 式で，II〜IV 式。

清水 5A 系（1 軒　17 号住）　4.5×4.4 m の円形プラン。曽利 II 式。

清水 5B 系（1 軒　28 号住）　5.9×6.0 m の円形プラン。曽利 III〜IVa 式。

主柱穴数は 3 本から 5 本まであり，3 本類型が 1 系，4 本類型が 4 系，5 本類型が 2 系ある。3A 系が交軸長 3.5 m と最小規模で，4・5 本類型はより大きいことから，柱穴数が増えるほど竪穴プランの規模は大きくなる。4 本類型では，4A 系，4B 系，4C 系の順に交軸長は 3.7 m から 4.7 m，5 m とプランが拡大し，3 段階の規格を見出すことができるが，なかでも 4B 系の軒数が

図６　清水遺跡の系別分布図

多く，本遺跡での標準形といえる。いずれも4本の柱穴間距離がほぼ等しい正方形を呈すが，4D・4E系は横長の長方形に柱穴配置を呈し，本遺跡にあっては異質にみえる。

清水遺跡の4本類型の柱穴配置を基準長の倍尺値とみると，4A系では5倍尺×5倍尺（交軸長×主軸長），4B系では7倍尺×7倍尺，4C系では8倍尺×8倍尺，4D系では6倍尺×5倍尺，4E系では7倍尺×6倍尺である（図5）。4A・B・C系では主軸長，交軸長の長さが同じ正方形配置（正方形倍尺仕様），4D・E系では立石遺跡と同じで，交軸長が1倍尺分主軸長よりも長い長方形配置（長方形倍尺仕様）であり，前者が主体的で，後者は客体的とも考えられる。

南斜面に沿って帯状に展開する竪穴住居群をここでは西区，中区，東区として捉え，主柱類型，系別に配置をみると，系別の群在的なあり方が認められるとともに，立石遺跡でみたように線（列）的なまとまり（動き）をみせている（図6）。まず東区の3A系3軒は，等高線に直交するように列状に分布する。4B系は中区西側に分布し，4軒が等高線に沿うように列状配置する。4C系の2軒は4B系よりも一段高い位置に，等高線に沿うように分布する。4E系の3軒は，4B系よりも一段低い位置に，やはり等高線に沿うようにして列状配置をしている。つまり3本類型と4本類型は分布域が異なるとともに，4本類型の中で標準的な系といえる4B系が中段，ひとまわり大きな4C系は上段，やや小形で異質な4E系は下段に，いずれも列状配置している。これは竪穴住居の規格性，格差を意識した意図的な分布とみておきたい。

これらの系が群在性をもち，列状配置する点については，これまでの見方と同様に同じ建築仕様が用いられた可能性とともに上屋建築材が転用された可能性を考えておくが，各系の数が2〜4軒程度と比較的少ないことから，後者の可能性が高いと考える。ここでは十分な検討ができないが，立石遺跡同様に一定の方向性をもって建築材が引き継がれたのであろう。

4　4本類型にみる二つの建築仕様

本稿では，縄文中期後半の立石遺跡の4本柱穴をもつ竪穴住居に交軸長を主軸長よりも1倍尺分長くする長方形倍尺仕様が，また清水遺跡の4本柱穴をもつ竪穴住居には正方形倍尺仕様および長方形倍尺仕様が認められることを指摘した。

この2者の建築仕様の分布域をみると，すでに検討したように駒ヶ根市辻沢南遺跡では交軸長を5〜11倍尺に設定する7サイズを確認している（櫛原 2015）。また伊那谷の高森町増野新切遺跡や中川村上ノ原遺跡でもそうした建築仕様が確認できることから，伊那谷から諏訪湖盆地域に分布主体をもつ唐草文土器圏の竪穴住居形式とみなすことができる。立石遺跡に唐草文土器圏の長方形倍尺仕様の4本類型とともに，唐草文土器圏で一般的な6本類型が存在するのも唐草文土器圏の住居形式の流入であろう。

一方，正方形倍尺仕様は山梨県北杜市原町農業高校前遺跡，韮崎市石之坪遺跡等に認められることから，曽利式圏の住居形式といえる。石之坪遺跡や北杜市鳥原平遺跡には清水遺跡と同様に両者が存在することから，長方形倍尺仕様が山梨県側にも流入していたことは確かであるが，原町農業高校前遺跡では正方形倍尺仕様が主体的であることから，八ヶ岳南麓域，曽利式土器圏の建築仕様であると考えておく。出土土器や屋内施設である埋甕の土器型式と，建築仕様との関係については，異型式土器圏からの婚入を探るうえで興味深く，例えば立石遺跡では長方形倍尺仕様の竪穴住居に曽利式土器が埋甕として用いられた事例をいくつか目にすることができ，唐草文土器圏に曽利式土器圏から婚入したとする想定も可能であろう[1)]。また逆に清水遺跡の正方形倍尺仕様の竪穴住居に曽利式土器の埋甕，唐草文土器の伏甕がある例があり（10号住居），これについては曽利式土器圏の竪穴住居への唐草文土器圏の影響を想定することができよう。

今回分析を行った立石遺跡，清水遺跡は，ともに八ヶ岳山麓に発達した痩せ尾根上の集落で，いわゆる環状集落とは異なる帯状集落である。集落は小群が帯状に連なる構造で，2〜3群程度の小群構造が認められるが，地形的制約により環状を実現することができず，分節構造を直線的に伸ばすかのように帯状化した展開がみられる。両遺跡とも帯状に展開する集落ではあるが，立石遺跡は尾根上に等高線に直交するように，4A〜D系が高低差を利用して直線的に分布領域をもつのに対し，清水遺跡では尾根斜面に，等高線に平行するように4A〜C系が平行する3本の分布領域を形成している。それらの立地をみるといずれも柱穴間の倍尺値が小さいものが低位に，大きいものが高位に位置し，住居規模の格差と立地が密接に関連した意図的な集落構造をうかがうことができる[2)]。ここでは前者を立石型帯状集落，後者を清水型帯状集落と仮称して，帯状集落（列状集落）にも環状集落同様の分節構造の存在を想定しておきたい。

山本暉久先生の古稀をお祝いし，学恩に感謝して寄稿する。私は遺構論，とくに竪穴住居とその内部施設に関心があることから，これまでに先生の論考，著作から多くの事を学んできた。これからもご指導，ご鞭撻をいただきたく，末永くご活躍されることをご祈念申し上げたい。

註

1）佐々木藤雄は八ヶ岳西麓域の埋甕について，曽利式土器周縁部にあたるとして唐草文土器を異系統埋甕と捉え，隣接地域との婚姻関係に言及した。住居形式の検討から八ヶ岳西麓地域には唐草文土器圏の建築仕様の竪穴住居が主体的といえるが，曽利式土器が埋甕として用いられる状況を，唐草文土器圏への曽利式土器圏からの婚入，婚入者による出身地の曽利式土器製作，使用と解釈ができるのではなかろうか。

2）環状集落の一例として，井戸尻式の静岡県桜畑上遺跡では分節構造の内側から外側に向かって5本類型，6本類型，7本類型の順で配置する傾向が認められた（櫛原 2016b）。柱穴本数，竪穴規模の格差による配置の違いが明瞭な事例であるが，帯状集落では高低差を利用し分節構造を帯状に展開した構造が考えられ，竪穴住居の格差を視覚的にも明示したのであろう。

引用参考文献

櫛原功一　2015「竪穴住居における縄文尺の検討」『縄文時代』26　31-50頁

櫛原功一　2016a「住居型式と集落形成」『考古学の地平Ⅰ―縄文社会を集落から読み解く―』六一書房　129-145頁

櫛原功一　2016b「縄文集落の構造分析―静岡県桜畑上遺跡の検討―」『山梨県考古学協会誌』24　5-14頁

佐々木藤雄　1981「縄文時代の通婚圏」『信濃』33-9　841-870頁

茅野市教育委員会　1994『立石遺跡　平成5年度県営圃場整備事業堀地区に伴う埋蔵文化財緊急発掘調査報告書』

長谷川豊　2014「長野県立石遺跡における縄文時代中期後葉集落の構成―竪穴住居設計仕様からの検討―」『史峰』42　新進考古学同人会　9-24頁

長谷川豊　2016「長野県清水遺跡における縄文時代中期後葉集落の構成―竪穴住居設計仕様からの検討―」『史峰』44　新進考古学同人会　21-36頁

原村教育委員会　1997『清水遺跡　平成8年度県営ほ場整備事業原村西部地区及び県営担い手育成基盤整備事業払沢地区に先立つ緊急発掘調査報告書』

柄鏡形敷石住居と再葬制の接点

谷口　康浩

1　文化景観論の視座

縄文時代中期末から後期前葉の中部・関東地方一帯で，出入口に細長い通路が取りつけられた柄鏡形住居が発達したことは周知のとおりである。床面や通路に石を敷き並べた敷石住居の出現頻度が高いことも，柄鏡形住居の顕著な特徴となっている。細長い出入口の通路も，床面への敷石も，縄文時代の他の竪穴住居にはほとんどみられない特異な構造である。なぜ，こうした特異な家屋が現れることになったのであろうか。これは柄鏡形住居の本格的な調査研究が開始した当初から現在まで問われ続けている大きな謎である。

住まいの構造や間取りは機能性だけで決められるのではなく，住人の帰属する文化に固有の信仰や世界像を象徴的に表現する一面をもっている。換言すれば，家屋の形と構造はイデオロギーや精神世界を可視化する「文化景観」の一部でもある。縄文時代の竪穴住居跡にも，象徴性を帯びた構造や空間分節が実際にみられ，当時の人々の観念・思考がさまざまな形で投影されていることがわかる。竪穴住居跡を「景観の考古学」[1)]の研究対象に位置づけ，遺構のなかに当事者たちの認知構造や観念形態を読み取る視点をもつ必要がある。

筆者はこのような考えから中期の竪穴住居跡にみられる空間分節を検討し，中期中葉以前と中期後葉以後とで主軸に対する意識や空間分節のあり方に質的な変化が生じていることを論じた(谷口 2011)。中期中葉には男女の性的原理と結びついた二元論的な空間分節が特徴的であり，屋内の左右の空間分節，石と土器による炉の種類の区別などの形でそれが表現される。ところが中期後葉になると，奥壁部に聖的空間が作り出されるとともに炉や出入口の象徴性が強められ，その結果，中期末に出現した柄鏡形敷石住居では，主軸上や出入口での空間結界と儀礼が過剰なまでに発達した。竪穴住居に現れたこうした変化が，環状集落の盛衰と並行して起こっていたことは意味深長であり，中期の社会的変化を何らかの形で反映している可能性が高い。ことに柄鏡形敷石住居にみられる結界意識の高まりと屋内儀礼の盛行は，中期末に出来した社会変動に対応して，イデオロギーの強化・再編が行われたことを示唆している。以上が前稿での考察の骨子である。

本稿では，あらためて柄鏡形敷石住居の問題を取り上げ，この特異な構造の家屋が出現したことの意味について考える。張出部のもつ象徴性に注目する点は前稿と同じだが，再葬制との関連性を分析視点に加えて考察する。筆者は柄鏡形敷石住居と再葬制との間に関連性を見出しており，一見無関係な二つの文化要素の間に，それらを生みだす共通の思想・観念形態があったと推測している。柄鏡形敷石住居の出現については，これまでにも多くの議論が積み重ねられてきたが（村田 1975，山本 1976，本橋 1995，秋田 1995，石井 1998，佐々木 2003 など），本稿では新たな切り口からの検討を試み，一つの見解を提示してみたい。

2　課題整理

柄鏡形敷石住居の研究は，特異な構造の起源や成立・変遷過程，一般住居なのか特殊な家屋なのかといった家屋の性格，中期から後期への社会変動との関連性などの課題を中心に活発な議論が交わされてきた。研究史全般については山本暉久（1999・2002），佐々木藤雄（2003）による詳細な叙述があるのでそれらに委ね，ここでは，柄鏡形住居を特徴づけている細長い出入口の通路，すなわち「張出部」または「柄部」と呼ばれる構造[2)]に絞って先行研究に示された諸見解をまとめ，追究すべき課題を整理する。研究史を回顧すると，その説明は各論者の問題関心とアプローチによってさまざまである。

最もオーソドックスなアプローチとして，柄鏡形敷石住居の出現と変遷を時空間上で整理する実証的立場からの議論がある。山本暉久は中期後葉の一部の竪穴住居にみられる石柱・石壇を敷石風習の起源と考えるとともに，屋内埋甕に伴う出入口部分の小さな張出が拡大して細長い張出部が成立すると理解した（山本 1976・2002）。出入口での祭祀空間が拡大することによって，一見飛躍的な形態変化が生じたものと論じている。構造上の起源を具体的に説明した，最も有力な見解の一つであり，柄鏡形敷石住居の理解にとって屋内儀礼祭祀の発達という問題が切り離せないことを予見させる重要な指摘となった。本橋恵美子は，埋甕を伴う配石遺構・敷石住居と，出入口の小張出をもつ潮見台型住居の要素が融合して，柄鏡形敷石住居が成立したと論じている（本橋 1995）。石井寛は柄鏡形敷石住居の出現期の様相を網羅的な資料集成をもとに検討し，加曽利 E3 式期に遡る群馬県北西部の諸事例に，敷石や張出部の構造がすでに完成した形で出現していたことを明確にした（石井 1998）。張出部が初期の段階からすでに完成形をもって存在する事実は，変化が飛躍的なものであることをあらためて強く印象づけることとなった。その理由について石井は「入口部への精神性付与の高まり」とだけ述べている。

上屋を含めた家屋構造の視点から独自の見方を提起しているのは秋田かな子である。秋田は張出部の左右にある空間に着目し，それが柄鏡形住居出現以前の家屋構造に由来するものである点を指摘する。そして，中期後葉に炉が奥壁寄りに偏って位置づけられたことにより，出入口から炉に通じる部分が特別な通路として意識されるようになったと考えている（秋田 1995）。その通路の機能が強まる半面で，張出部左右の空間が副次的なものに退化したという見方である。つまり，出入口部の小張出が肥大化して竪穴の外側に突き出たのではなく，本来竪穴内部であったところに特殊な通路が作り出されたという見解である。

一方，文化景観論と同じ問題関心から，柄鏡形敷石住居の出現の意味を考えようとした研究もある。とくに張出部のもつ象徴性に着目する見解が提示されている。

柄鏡形敷石住居における埋甕の埋設位置には強い規則性があり，住居主体部と張出部との接続部，張出部の先端，およびその両方の事例が圧倒的に多い（川名 1985，山本 1996・1997）。川名広文はこうした埋甕の位置の規則性を明らかにするとともに，その埋設姿勢にも一つの有意な傾向があることを指摘し，主体部の中心方向（炉の方向）に向けて傾斜させた斜位埋設に重要な意味があると考えた。川名は，張出部の意味について住居内空間と外界との間の過渡的，両義的空間と捉え，その通過には境界を意識させる埋甕とそこでの儀礼行為が必要であったと解釈する。埋甕の口縁部がしばしば床面から突出しているのも，それを意識的に跨ぐべきものであったからであると推測している。また，主体部と張出部の接続部に設けられるいわゆる「対ピット」も，結界を強く意識した構造となっている。川名は，対ピットが主体部の中心に向かってハの字状に狭まり掘り方が深くなる特徴に着眼し，故意に狭間を作り出しているものと解した（川名 1985）。村田文夫も対ピットの間隔が 40～50 cm で大人が辛うじて通過できる狭さである点を同様に解釈している（村田 1995）。張出部および主体部との接続部には，埋甕や対ピット以外にも，箱状石囲施設・框石（かまち）など結界標と考えられる不可思議な構造物がさまざまな形で作り出されており，張出部に境界としての象徴的意味があったことが論じられている（村田 1995，谷口 2011）。村田の持説では，張出部にて埋葬が行われた可能性の高い事例もあり，単なる通路でなかったことの一つの論拠に挙げられている（村田 1975）。

環状列石との関連性も注目されている。佐々木藤雄は，環状列石の周囲に柄鏡形住居群が展開する群馬県安中市野村遺跡の事例や，柄鏡形敷石住居の前面に弧状の列石・配石が取りつく事例に注目し，中期後葉に発生した集落内環状列石との関連性を指摘する（佐々木 2003）。柄鏡形敷石住居がその出現期に環状列石や配石遺構と密接に結びついていた点を重視し，それらが呪術性を帯びた特殊な家屋として出現した可能性を論じている。張出部の性格については，「日常的な生活の場（住居内：筆者註）と非日常的な祭儀の場（環状列石：同）をつなぐ架け橋であり，多様な呪術原理が行き来する儀礼的な通路」と解釈している。

以上，細長い張出部の起源とその意味についての諸見解を整理した。アプローチの違いによる見解の相違はあるものの，張出部の性格について重要な共通認識が形成されてきたといえる。その一つは張出部がもつ象徴性である。柄鏡形住居の張出部は単なる出入りのための通路ではなく，内外の境界として強く意識された特殊な空間であり，儀礼の痕跡が高い頻度で見出される祭儀空間でもある。中期末に出来した寒冷化に対する防寒上の仕様を兼ねていたという推測も示されてはいるが（村田 1996），境界としての象徴性や儀礼空間としての機能は，多くの研究者が認めるところである。もう一つの共通認識は，飛躍的な形態変化を伴ったその成立事情である。以前からあった敷石や埋甕などの諸要素が取り込まれたのが事実だとしても，柄鏡形敷石住居の出現が飛躍的な構造上の変化を伴ったものであったことは否定しがたい。

以上を踏まえて課題を整理すると，柄鏡形住居の歴史的性格を吟味し出現の意味を考察するためには，張出部が飛躍的に発達しそこでの儀礼的行為が盛行するに至った事情が合理的に説明されねばならない。その真相に接近するためには，現象の背後にある思想・観念の問題を棚上げにするわけにはいかず，さらに多面的な分析視点から議論を深めていく必要がある。

3　柄鏡形住居と再葬制の接点

柄鏡形敷石住居の発達が見られる中期後葉から後期初頭の関東・甲信地方では，成人骨を土器に納めた土器棺再葬墓が出現する。群馬県板倉町板倉遺跡（加曽利 E3 式期），長野県東部町中原遺跡（曽利 III 式期），埼玉県入間市坂東山遺跡（称名寺式期）などに，成人骨が残る確実な事例が知られている（設楽 1993，長沢 2008）。また，人骨を焼き土器や土壙に埋納する儀礼的行為も当該期にみられ（石川 1988，設楽 1993，花輪 2003），これも一種の再葬制と考えられる。長野県戸倉町幅田遺跡では，中期後葉に築造された環状列石の下部にある土壙から，強い火熱を受けた成人の頭蓋骨片が 11 点出土しており，別の場所で焼かれた人骨が収められたものと報じられている（金子・米山・森島 1965）。

一般に再葬制は，死者を祖先たちのいる高次の世界（他界）に送り再生させるための「通過儀礼」としての意味を帯びている[3)]。再葬制の発達は，生死の境界・過渡に対する意識が非常に強まり，葬送儀礼が複雑なプロセスをもつようになったことがその背景にあるものと理解できる。再葬制と家屋での境界儀礼という二つの現象が，ほぼ時期を同じくして現れたことはおそらく偶然ではなく，境界や移行についての共通観念が背後に存在した可能性が考えられる。

柄鏡形住居と再葬制との接点を示す事例が実際にある。ここでは東京都小金井市はけうえ遺跡 9 号・6a 号住居跡（後期初頭称名寺式期），および参考資料として東京都東久留米市新山遺跡 22 号住居跡（中期末加曽利 E4 式期）の 3 例を検討する。以下，報告書（小田・阿部・中津編 1980，新山遺跡調査団編 1981）の記録に基づいて検討する。

はけうえ遺跡 9 号住居跡（図 1-A）　隅丸方形の竪穴の壁際に 22 口のピットがめぐり，その壁柱列に沿って土器片・大形石棒破片・石皿破片・礫等の集積がみられる（いわゆる周礫）。主体部と張出部の接続部には対ピットがあり，その周辺にも土器片・礫が密集して残されている。炉と奥壁の間の床面には，長径 130 cm，短径 60 cm，深さ 40 cm の長楕円形の土壙が掘られ，埋め戻されている。これを第一土壙と仮称する。さらに，この土壙を掘り返して円形の土壙（径 50～60 cm）が作られており，胴下部を欠失する称名寺式土器が逆位に埋納されていた。このとき使用された土器と接合する同一個体の大形破片が対ピット付近の床面から出土している。最初の長楕円形土壙の範囲内の一部分を，住居の床面レベルから掘り返した状況であり，偶然の重複とは考えにくい。この円形土壙を第二土壙と仮称しよう。

第一土壙が居住時・廃絶時・廃絶後のどの時点に造られたのかは厳密に判断できない。しかし，第二土壙が造作された時点は，内部に埋納された土器の片割れが対ピット付近の床面に遺棄されていたことから，住居廃絶時または廃絶後に竪穴内で行われた儀礼的行為に近接する時点であっ

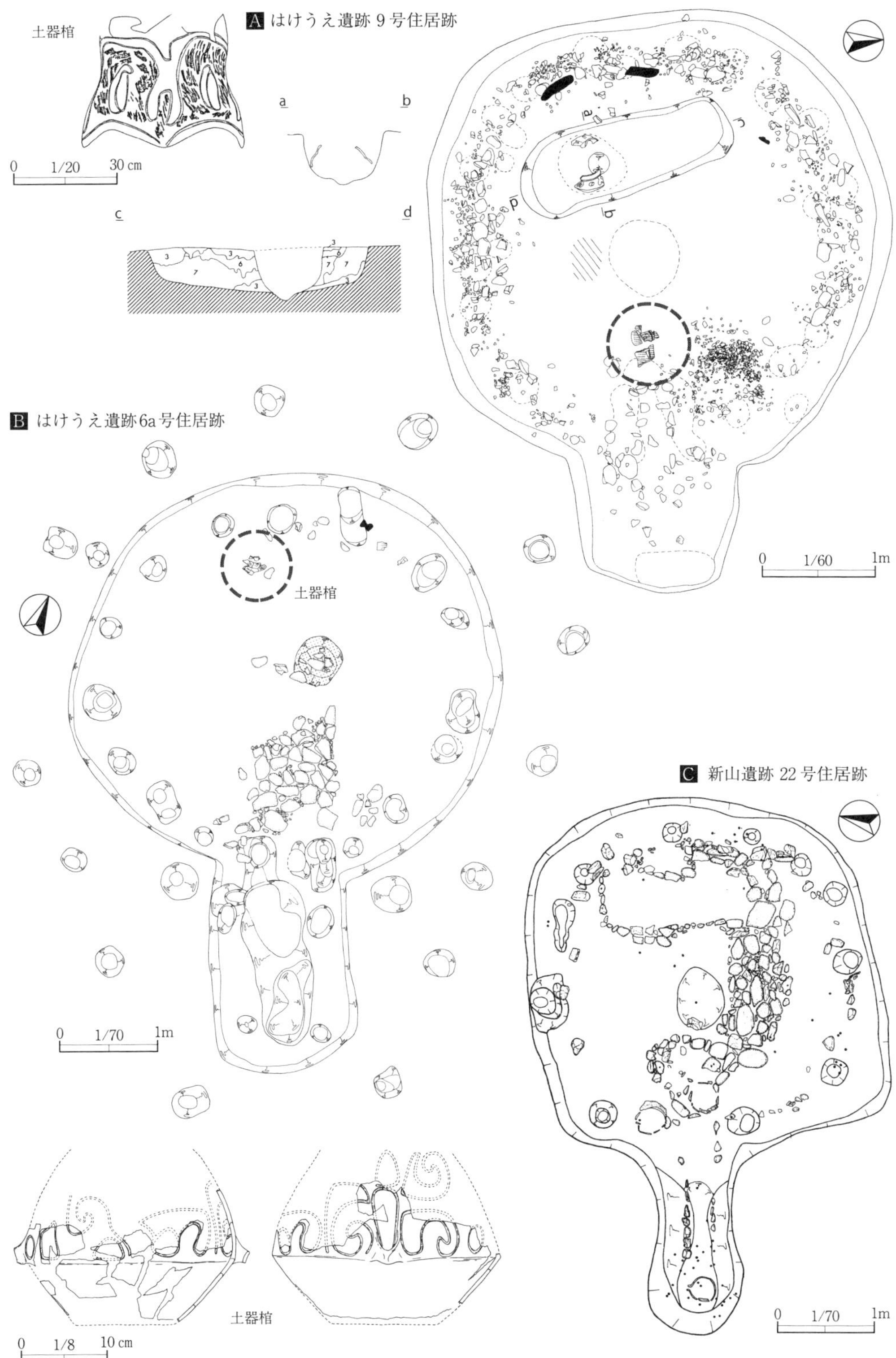

図 1　柄鏡形住居と再葬との関連性を示唆する事例
（A・B：小田・阿部・中津編 1980　C：新山遺跡調査団編 1981）

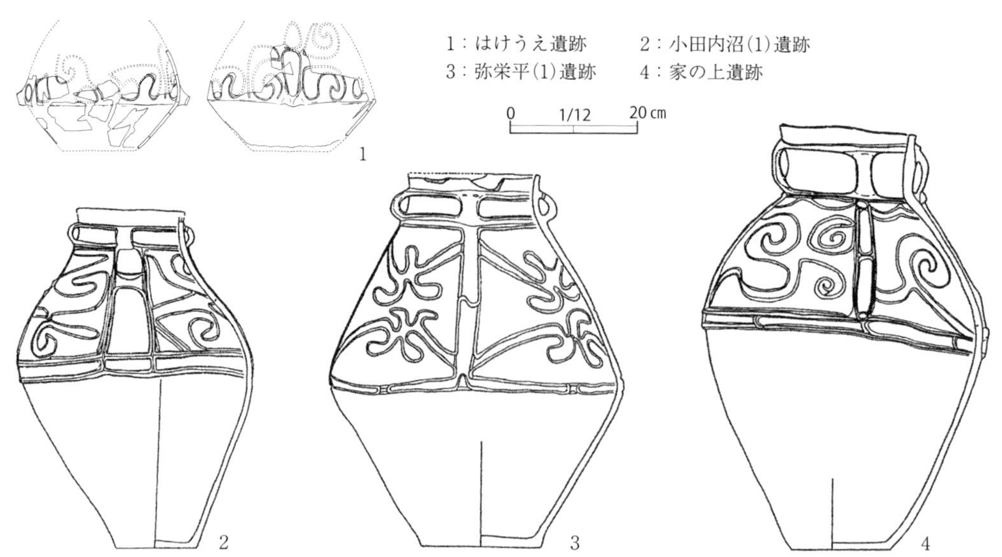

図２　東京都はけうえ遺跡 6a 号住居跡出土の壺形土器と青森県内出土の壺棺（蛍沢式期）の類例
（1：小田・阿部・中津編 1980　2〜4：葛西 2002）

たと判断できる。一連の行為の時間的経過として，①住居廃絶，②第一土壙の造作・埋め戻し，③対ピット付近での儀礼的行為，④第二土壙の造作・土器埋納，という流れが最も自然に思えるが，②〜④は時間的に逆転するかほぼ同時ということもあり得る。

奥壁近くの床面に最初に造られた第一土壙は，規模・形状・覆土から判断して土壙墓と推定し得るものであり，それを掘り返した第二土壙は二次的な改葬の可能性がある。どちらの土壙も人骨が出土した記録がなく直接的な証拠はないが，後期初頭〜前葉の関東地方には，人骨を土壙内に二次的に埋葬した例が実在する。埼玉県入間市坂東山遺跡の再葬墓（谷井・宮崎編 1973），神奈川県横浜市小丸遺跡 40 号土壙（石井編 1999），千葉県市川市権現原遺跡 P116（渡辺 2001），長野県明科町北村遺跡 SH522（樋口・平林・町田編 1993），長野県御代田町滝沢遺跡 D30 号土坑（小川編 1997）が代表的である。小丸・権現原・北村・滝沢の 4 例は人骨を焼いて土壙内に埋納したもので，行為に共通性が認められる。これらの事例からの類推となるが，本例の場合も遺体の一部を掘り出して二次的に埋葬した可能性が高いと判断する。

はけうえ遺跡 6a 号住居跡（図 1-B）　円形竪穴の壁際に 21 口のピットがめぐり，竪穴の外周に 17 口がめぐる構造となっている。主体部と張出部の接続部には対ピットが造られ，さらに張出部の掘り込みの付け根近くの両側にも深いピットがある。対ピットと炉の間に敷石が施されている。この住居跡の奥壁付近の床面から，特異な壺形土器の下半部が正位でつぶれた状態で出土している。沈線で曲線文を描くもので，称名寺式土器とは文様も作りも異なる薄手の異質な土器である。報告書には「堀之内Ｉ式期に併行する十腰内Ｉ式土器に近似した土器」との判断が示されているが（小田・阿部・中津編 1980：215 頁），今日の型式学的な知見に照らして判断すれば，十腰内Ｉ式より古い蛍沢式（葛西 2002）に最も類似する[4)]。屈曲のある器形，屈曲以下を無文とする点，縦長の区画文が，蛍沢式の特徴に一致する（図2)。また，屈曲部に付けられた紐通しの突起は，中期末の瓢箪形土器に散見されるものと類似するが，東北北部の後期初頭・前葉の土器棺用の壺形土器にもしばしば付けられる属性である。

東北北部の後期初頭〜前葉の蛍沢式期・十腰内Ⅰ式期は，土器棺再葬墓が著しく発達した時期である（葛西2002)。6a号住居跡に残されたこの壺形土器は，関東地方の後期初頭に，東北起源の土器棺再葬墓が伝えられたことを示唆する希少な事例である。なおかつ本例は，再葬土器棺が柄鏡形住居の奥壁近くに置かれていたことをうかがわせる点でも注目される。

新山遺跡22号住居跡（図1-C）　この事例では，主体部から張出部にかけて部分的に敷石が作られているが，そのレイアウトは非常に示唆に富んだものである。炉と奥壁部の間には長径180 cm，短径90 cmの長方形の石囲いが作られている。この住居跡は保存措置が講じられ床面下の発掘が行われていないため，石囲い内部の土壙の有無は不明である。サブトレンチ（詳細不明）による調査では掘り込み等は確認されなかったと記されている。石囲いの一端から炉の南辺にかけて細長く敷石が続く。炉と張出部の間には円形の石囲いが作られており，その内側に深鉢が斜位に埋設されている。張出部には二列の配石によって狭窄した通路が作り出され，先端部には注口をもつ完形の壺形土器が埋設されている。

長方形の石囲いが作られた空間は，前述のはけうえ遺跡9号で土壙が二度掘られた同じ場所であり，はけうえ遺跡6a号で土器棺の壺が置かれていた場所にあたる。この遺構の形状も，後期の関東・中部地方で盛行する配石墓や，東北北部の土器棺再葬墓に伴う一次埋葬施設の組石石棺（葛西2002）のレイアウトを彷彿とさせる。この住居跡に残る敷石は，そこを起点または終点とする導線を表現しているように見え，埋設土器や狭窄通路によって導線上にいくつもの結節点と境界が作り出されている点が注目される。

4　考　察

柄鏡形敷石住居と再葬制との関係を直截的に示す資料は多いとはいえないが，その片鱗を示す実例や状況証拠が存在することを指摘した。この事実は，「柄鏡形敷石住居とは何か」という根本的な問題の解明に向けて，二つの意味で重要な手掛りとなり得るものである。

その一つは，「時間」や「空間」の認知にかかわる高次元の問題である。再葬を行った人々，柄鏡形敷石住居を創り出した人々は，家屋への出入りも人の死も，ある状態から別の状態への変化を単純な時間的・空間的推移とはみていなかった。彼らがとくに意識し特別な意味を見出していたのは「境界」であり，それを通過するプロセスであった。柄鏡形敷石住居とは，こうした観念を物質化して可視化するものであったと理解することができよう。屋内に聖的空間を創出し，炉の機能を強化する一方，特殊な狭窄通路を作り出して境界儀礼を強化するそのあり方からは，変化や遷移に対するある種の恐れが読み取れる。それが言い過ぎなら，境界と移行に対して非常に神経質になっており，家屋への出入りから葬送儀礼にいたるまで，境界での通過儀礼を強化していたと考えることができる。

神社の境内を区切る玉垣や鳥居，古代の国境や峠での祭祀，古代から現代に続く道切りや塞の神の習俗など，境界での儀礼祭祀は古今に多くの類例がある。それらに共通する当事者たちの想いとは，神聖領域や生活圏を守り，邪悪なものの侵入を塞ぐことである。また，境界を通過することによって，異次元の存在状態に遷移するという観念も，通過儀礼の重要なテーマであった。中期末・後期初頭の縄文人もおそらく，これに似た強烈な観念を境界に対して抱いていたであろう。

柄鏡形敷石住居内に残る儀礼行為の痕跡は，それ以前の段階に比べて明らかに高い頻度で見出される。本論で取り上げた張出部・接続部での結界儀礼のほかにも，主体部や張出部で大形石棒を火にかけて破砕する行為や，家屋の廃絶時に火をかけた跡が多くの遺構に残されている。大きな社会変動と環境変化が起こったとされる中期末に柄鏡形敷石住居と再葬制が発達したのは，儀礼やイデオロギーを強化・再編することで社会的動揺を抑え，集団の存続と社会統合の維持を図ろうとした意識の表れではなかっただろうか。

もう一つの問題は，こうしたイデオロギーの強化・再編にあたって，東北地方北部の文化要素が移入された可能性があることである。中期後葉の中部・関東に出現した環状列石が後期前葉までに東北北部や北海道に伝播したことが論じられているように（佐々木 2007，阿部 2008），北上する文化要素は注目されているが，その半面，中期末・後期初頭に東北地方から南下する文化要素が柄鏡形敷石住居の生成・発達に関与した可能性は議論に上っていない。東北北部と関東・中部の間の双方向的な情報交換や文化の互換性を視野に入れて再考する必要がある。

称名寺式期の土器棺再葬墓は埼玉県坂東山遺跡に典型的な事例がある（上述）。本論で検討した東京都はけうえ遺跡の二つの事例も，柄鏡形住居内での土器棺再葬を強く示唆するものであった。これらの3例での土器棺の埋置姿勢に着目すると，深鉢を逆位に，壷形を正位に用いており，東北北部の蛍沢式・十腰内Ⅰ式期の土器棺の作法（葛西 2002）に共通する。6a 号住居出土の壺の型式とともに，東北北部の再葬制が移入されたことの証左となる。それ以前からあった焼人骨葬に加え，中期末・後期初頭に遠隔地の葬法を移入したのは，目新しくエキゾチックな文化要素を導入することでイデオロギー強化をより効果的に演出するための動きであった，と解釈しておきたい。

5　縄文社会論への展望

張出部がもつ境界としての象徴性，および土器棺再葬墓の存在を手がかりとして，柄鏡形敷石住居出現の意義を以上のように考察した。すべての柄鏡形住居跡で再葬が行われたとか，柄鏡形住居が再葬用の特殊家屋であったと主張する意図はない。張出部の結界や通過儀礼と再葬制の間には通底する思想的背景があり，そのように考えることで第2節に整理した課題を説明することができる，というのが本稿の結論である。

ただし，視点を文化景観論から社会論に移すならば，もう一つ別の問題が浮上してくる。再葬の対象となったのは，東北北部でも関東・中部でも，すべての死者ではなく，ごく少数の人物である。坂東山例は熟年期の男性1個体（小方1973），北村遺跡SH522例は高齢の男性で推定1個体（笠原1993），小丸遺跡40号土壙例は成人男性1個体（平田1999）である。権現原遺跡P116例も成人1個体（山口1987）で50歳代の男性と推定されている（渡辺2001）。一方，東北北部の土器棺再葬墓に人骨が遺存した14遺跡の例は，すべて成人骨で，男性・女性を含んでいる（葛西2002）。青森県薬師前遺跡の3号棺に納められた壮年女性は，左手首に7個のベンケイガイ製貝輪を装着し，イノシシ牙製の首飾り一連12点が棺内に納められていた（倉石村教育委員会編1998）。被葬者の特殊な地位ないし階層を連想させる一例である。

これに関連するいくつかの先行研究があらためて想起される。石井寛は，群馬県野村遺跡の柄鏡形敷石住居のなかに，後期前葉に顕在化する「核家屋」（長の家屋）と同じく「要」の位置を占めるものがすでに出現していたと指摘している（石井1998）。佐々木藤雄は，柄鏡形敷石住居と集落内環状列石との融合状態を示す成立段階のあり方に注目し，柄鏡形敷石住居のなかに特殊住居の系譜が常に内包されていたとの見解を提示している（佐々木2003）。石坂茂は，中期末に出現した環状列石のなかに大規模なものと小環状・弧状のものを区別し，前者を上位とする祭祀の階層的構造があったと論じている（石坂2002）。柄鏡形住居はおしなべて一般住居であるのか，それとも特殊家屋を含むのか。三者の論考は，柄鏡形敷石住居の史的性格を社会複雑化・階層化の中で再吟味しようとする点で，それまでの性格論争を止揚する試みといえる。再葬制の問題は一見こうした議論と関係がないようだが，そうではない。家屋の特殊化と葬制の特殊化は，ともに特別な位置づけの人物の存在を示唆する点に共通の本質を垣間見せているのである。

葬制上特別な取扱いを受ける特殊な地位の人物の登場が柄鏡形敷石住居成立の時代背景となった――この命題の当否を吟味することが，今後の研究に必要なもう一つの方向性となることを付け加えて，むすびとする。

山本暉久先生との邂逅は1983年のシンポジウム『縄文時代早期末・前期初頭の諸問題』にさかのぼる。山本先生の意欲的研究から多くの刺激を享受してきた後進の一人として，柄鏡形敷石住居に関する多大な業績に敬意を表し，本稿を寄稿させていただきたい。

はけうえ遺跡出土の壺形土器の型式同定について榎本剛治氏と葛西勵氏よりご教示を得た。図版作成では中島将太氏の手を煩わせた。関連文献の収集では川島義一氏のご助力を得た。ご好意に謝意を表する。

註

1）過去の文化景観を研究対象とする「景観の考古学」の目標の一つは，当事者たちの認知した世界・生活空間を遺構・遺跡の姿から読み取り解釈することである。景観の考古学の構想については別稿（谷口2009）にて基本的な考えをまとめたので，併せて参照を願う。

2)　柄鏡形住居の主体部から突出した出入り口の細長い通路の名称は「張出部」と「柄部」の二つが主に用いられており，統一的用語となっていない。同構造の起源や発生系統の理解の違いがその背景にある。ここでは山本暉久の用法に従い「張出部」を用いる。

3)　再葬制の論理である死と再生の観念については，別稿で関連する学説を要約した（谷口2008）。

4)　はけうえ遺跡出土の壺形土器については，東北北部の土器棺再葬墓の研究に精通する葛西勵氏および北秋田市教育委員会の榎本剛治氏に型式学的な所見を求め，文様・器形が十腰内I式以前の蛍沢期に類似すること，紐通しの突起が再葬用壺棺に散見される点についてご教示を得た。

引用文献

秋田かな子　1995「柄鏡形住居の一構造—張出部をめぐる空間処遇の理解—」『帝京大学山梨文化財研究所研究報告』6　69-95頁

阿部昭典　2008『縄文時代の社会変動論』アム・プロモーション

石井　寛　1998「柄鏡形住居址・敷石住居址の成立と展開に関する一考察」『縄文時代』9　29-56頁

石井寛編　1999『小丸遺跡』横浜市ふるさと歴史財団

石川日出志　1988「縄文・弥生時代の焼人骨」『駿台史学』74　84-110頁

石坂　茂　2002「縄文時代中期末葉の環状集落の崩壊と環状列石の出現—各時期における拠点的集落形成を視点とした地域的分析—」『群馬県埋蔵文化財調査事業団研究紀要』20　71-102頁

小方　保　1973「A地点出土の埋葬人骨」『坂東山』埼玉県教育委員会　147-155頁

小川岳夫編　1997『滝沢遺跡』御代田町教育委員会

小田静夫・阿部祥人・中津由紀子編　1980『はけうえ』国際基督教大学考古学研究センター

葛西　勵　2002『再葬土器棺墓の研究—縄文時代の洗骨葬—』「再葬土器棺墓の研究」刊行会

笠原信生　1993「人骨の形質」『中央自動車道長野線埋蔵文化財発掘調査報告書11　明科町内』長野県埋蔵文化財センター　259-443頁

金子浩昌・米山一政・森島稔　1965「長野県埴科郡戸倉町巾田遺跡調査報告その2」『長野県考古学会誌』2　1-32頁

川名広文　1985「柄鏡形住居址の埋甕にみる象徴性」『土曜考古』10　73-95頁

倉石村教育委員会編　1998『薬師前遺跡　縄文時代後期集合改葬土器棺墓調査』倉石村教育委員会

佐々木藤雄　2003「柄鏡形敷石住居址と環状列石」『異貌』21　112-129頁

佐々木藤雄　2007「海峡を渡った環状列石—重環状構造をもつ『葬祭型環状列石』の系譜と環状周堤墓—」『縄紋時代の社会考古学』163-188頁　同成社

設楽博己　1993「縄文時代の再葬」『国立歴史民俗博物館研究報告』49　7-46頁

新山遺跡調査団編　1981『新山遺跡』東久留米市教育委員会・新山遺跡調査会

谷井彪・宮崎朝雄編　1973『坂東山』埼玉県教育委員会

谷口康浩　2008「祖先祭祀の変容」『弥生時代の考古学7』同成社　183-200頁

谷口康浩　2009「縄文時代の生活空間—『集落論』から『景観の考古学』へ—」『縄文時代の考古学8』同成社　3-24頁

谷口康浩　2011「縄文時代の竪穴家屋にみる空間分節とシンボリズム」『國學院大學伝統文化リサーチセンター研究紀要』2　37-47頁

長沢昌宏　2008「土器棺（中部・関東地方）」『総覧縄文土器』アム・プロモーション　1098-1103頁

花輪　宏　2003「縄文時代の『火葬』について」『考古学雑誌』87(4)　1-31頁

樋口昇一・平林彰・町田勝則編　1993『中央自動車道長野線埋蔵文化財発掘調査報告書 11　明科町内』長野県埋蔵文化財センター

平田和明　1999「横浜市港北ニュータウン小丸遺跡出土人骨について」『小丸遺跡』横浜市ふるさと歴史財団　378-379 頁

村田文夫　1975「柄鏡形住居址考」『古代文化』27（11）　1-33 頁

村田文夫　1995「柄鏡形住居址考・その後」『季刊考古学』50　81-87 頁

村田文夫　1996「柄鏡形住居址出現期をめぐる一試論」『考古学論究』4　3-18 頁

村田文夫　2006『縄文のムラと住まい』慶友社

本橋恵美子　1995「縄文時代の柄鏡形敷石住居の発生について」『帝京大学山梨文化財研究所研究報告』6　41-68 頁

山口　敏　1987「権現原遺跡出土人骨の概要」『堀之内』252-253 頁　市川市教育委員会

山本暉久　1976「敷石住居出現のもつ意味」『古代文化』28（2）　1-37 頁，同 28（3）　1-29 頁

山本暉久　1996・97「柄鏡形（敷石）住居と埋甕祭祀」『神奈川考古』32　133-152 頁，同 33　49-83 頁

山本暉久　1999「遺構研究　敷石住居址」『縄文時代文化研究の 100 年』第 3 分冊　縄文時代文化研究会　113-130 頁

山本暉久　2002『敷石住居址の研究』六一書房

渡辺　新　2001「権現原貝塚の人骨集積から集落の人口構造を考える」『シンポジウム　縄文人と貝塚／関東における埴輪の生産と供給』学生社　65-79 頁

縄文時代における柄鏡形住居址の再検討

本橋　恵美子

はじめに

縄文時代中期の環状集落は，中期中葉から後葉まで居住域や墓域等の住み分けが集落内での規制による累積の結果として，環状の集落形態となり，中期末葉にはその規制が解かれ柄鏡形住居が出現したと考えられる。

筆者は，約30年前に柄鏡形住居址の発生というテーマでその概念規定や分布について検討し，柄鏡形住居は加曽利E4式土器分布の範囲に存在する住居形態であると結論づけた（本橋1988）。その後，発掘調査成果が蓄積され，柄鏡形住居に関する研究が増えてきた。本稿では，縄文時代中期後葉の住居規模の点から，柄鏡形住居址の再検証を行い，改めて中期後葉の住居形態や規模の点から，環状集落の出現について検討する。

1　問題の所在

時期設定は，縄文時代中期後葉の土器編年については，新地平の時期区分をおおむね踏襲する。加曽利E3式土器については，口縁部文様帯のなくなるものや逆U字状や冂の沈線による文様区画がみられるものなどを新段階とする。加曽利E4式については，LR縄文でモチーフ充填する手法を特徴する。微隆起文をもつものは新段階とする。

「敷石住居」は1940年に後藤守一によって，概念規定されている。すなわち，家の床として水平に配された住居址である（後藤1940）。また，柄鏡形住居は，柄部あるいは張り出し部をもち，竪穴の場合と掘り込みのない敷石形態がある。

山本暉久は，小張り出しをもつ住居址を柄鏡形住居のⅠ期として捉えている（山本1977・2010ほか）。しかし，筆者は1988年の拙稿で，神奈川県川崎市潮見台遺跡のJ8号住を典型とした小張り出しに埋甕をもつ住居址を「潮見台型」とし，柄鏡形住居出現前の住居形態とし，柄鏡形住居とは別の住居形態とした。潮見台型は，小張り出しの埋甕の両脇に対応するピットや溝があるものがある。また，潮見台型は，住居主体部と柄部との連結部に対応する柱穴やピット，溝が存在する特徴がある。

2　中期後葉の住居址と遺跡の検討

住居空間の名称は，原則として，炉を中心として南側を「出口部」，対応する北側を「奥壁部」とし，出入口部と柄部につながる部分は「連結部」とする（本橋 1988）。

（1）中部地方

長野県茅野市棚畑遺跡は，中期の住居址約 160 軒のうち，潮見台型の住居址は，加曽利 E2 式期が 2 軒，加曽利 E3 式期が 4 軒，加曽利 E3 新式期が 4 軒である。埋甕を小張り出し部にもつ住居址は 5 軒であり，潮見台型でも埋甕をもたないものもある。図 1-1 は，奥壁部に石棒が直立していた。南に加曽利 E2 式土器が逆位に埋設され石蓋がおかれていた。石蓋つき埋甕は他に加曽利 E3 新式期の住居址 2 軒ある。図 1-2 の長野県伊那市月見松遺跡の第 3 号住居址は，加曽利 E2 式期の潮見台型の住居址である。北に奥壁部に石壇状の配石がみられる。南に小張り出しと埋甕，対ピットがある。奥壁部の配石の脇に石棒が配されていた。図 1-3 は，長野県高森町増野新切遺跡の D8 号住居址で，やや壁がとび出た部分に埋甕があり，炉と対峙する奥壁部に配石がみられる。埋甕の両脇に 2 対のピットがあり，中央に平石が敷かれている。曽利 II 式土器が正位に埋設されていた。軟玉製の垂飾りや吊手土器が出土した。奥壁部に配石がある住居は他にも 1 軒あり，炉と対峙する位置に石蓋つきの埋甕がある。土器は正位に埋設されており，黒曜石製の剝片が入れられていた。棚畑遺跡の第 123 号住居址からは，土偶や石棒はみられなかったが，月見松遺跡や増野新切遺跡では配石を伴う住居址は，炉を中心とした住居中心部分となる主軸上に埋甕や敷石がみられる。このような住居は 1 軒あるいは 2 軒しかみられなかった。なお，潮見台型や配石をもつ住居には他の住居規模や出土遺物での特異性はみられない。

図 1-4 から 7 は長野県千曲市屋代遺跡の住居址である。屋代遺跡では，4 のように加曽利 E3 新式期に楕円形の竪穴住居址と 6 の柄鏡形敷石住居址がある。6 は圧痕文土器が埋甕として用いられていた。5 と 7 は加曽利 E4 式期の柄鏡形住居址であり，いずれも連結部と柄部先端に埋甕をもつ。これら住居址の切りあいで新旧関係を辿ると 7 の柄鏡形敷石住居址が屋代集落で最後に造られた住居址と考えることができる（本橋 2006）。

（2）北関東

図 1-8 と 9 は群馬県富岡市田篠中原遺跡は，加曽利 E3 新式期の円形の竪穴住居と敷石住居址や柄鏡形敷石住居址がみられる。9 は，加曽利 E3 新式期の敷石住居で東に埋甕をもつ。8 は，加曽利 E4 式期の柄鏡形敷石住居址で，石囲炉と柄部先端に埋甕をもつ。9 は炉辺部に石が敷かれているが，柄鏡形になる可能性がある。田篠中原遺跡では，環状列石の外側に加曽利 E4 式期の柄鏡敷石住居址や配石遺構，その外側に加曽利 E3 新式期の配石遺構や敷石住居址，竪穴住居址が分布する。環状列石の中央部分に長さが 78 cm の緑泥片岩を立てていたと考えられる配石

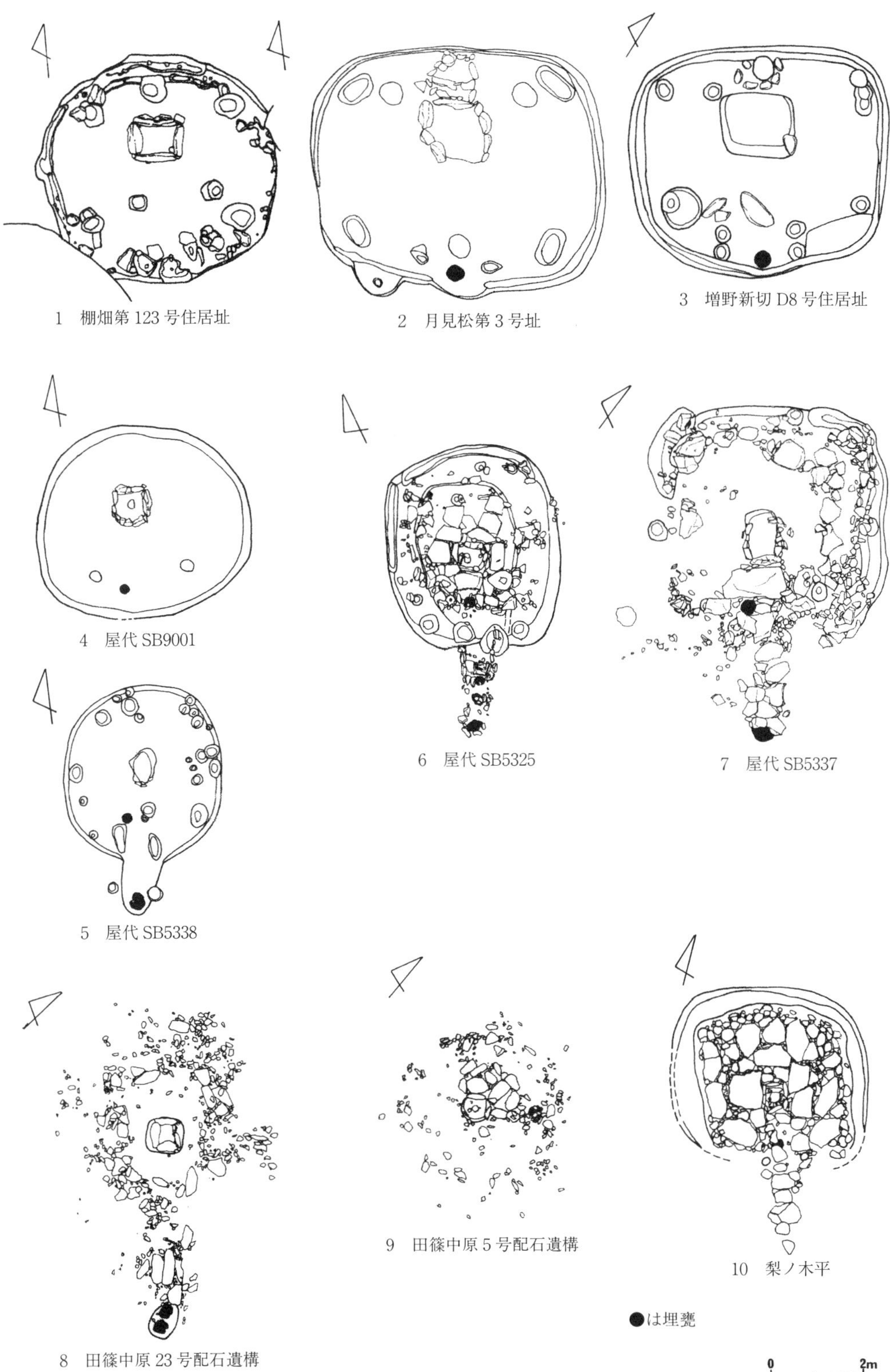

図1　中部・北関東の住居址・配石遺構

がある。

10は，群馬県みなかみ町梨の木平遺跡の加曽利E4式期の柄鏡形敷石住居址である。掘り込みは主体部のみで五角形の角に柱穴をもち，石囲の炉底には土器が敷かれていた。連結部には胴部下半の土器が埋設されていた。柱穴の外と壁には囲繞する空間がある。

(3) 南関東

図2-1と2は神奈川県山北町尾崎遺跡の潮見台型住居址である。1は加曽利E3古式期で，楕円形で南東に小張り出しをもち，埋甕と対ピットがみられる。炉を挟んで小張り出しと対峙する位置に立石がみられる。2は加曽利E3新式期で，隅丸方形に西に小張り出しと埋甕，小ピットがみられる。これも奥壁部の小張り出しと炉を挟んで対峙した位置に礫が置かれている。潮見台型は他に，加曽利E3古式期に1軒，加曽利E3新式期に1軒みられる。3と4は，相模原市大地開戸遺跡でも潮見台型は加曽利E3式期に出現する。3は，加曽利E3新式期の火災住居である。小張り出しに2基の埋甕と対ピットがみられる。小張り出し部と炉が対峙する位置にピットが存在する。4は，加曽利E3古式期で，奥壁部に配石遺構がある。これと炉を挟んで対峙する位置に小張り出しがあり，埋甕がみられる。5と6は相模原市川尻中村遺跡の事例で，5は潮見台型である。6は加曽利E2式期で，隅丸方形で周溝がない部分に埋甕がある。埋甕は曽利II式土器を用いている。7は，加曽利E4式期の柄鏡形敷石住居址で，埋甕はない。掘り方の外側に柱穴らしいピットが巡る。柄部先端が四角い石の敷かれていない空白部がある。尾崎遺跡，大地開戸遺跡，川尻中村遺跡では，潮見台型は加曽利E3古式期になって出現し，尾崎遺跡と川尻中村遺跡では加曽利E4式期に柄鏡形敷石住居が存在する。

図2-8と9は相模原市当麻遺跡である。8は加曽利E2式期の潮見台型である。対ピット等は明瞭ではないが埋甕がある。他には潮見台型はないが，9のように柄鏡形敷石住居が加曽利E4式期にみられる。9は，柄部先端に曽利V式土器の埋甕がある。川崎市潮見台遺跡は，加曽利E2式から加曽利E3式期の集落遺跡である。拙稿で小張り出しの竪穴住居址の典型と位置づけた潮見台型が2軒ある。2軒とも加曽利E2式期で，他の住居址よりやや大型である。10は隅丸方形で南の小張り出しに埋甕2基がある。11も隅丸方形に南西に小張り出しをもち，埋甕がみられる。

図3-1と2は東京都多摩市多摩ニュータウンNo. 72遺跡で，大規模な環状集落である。潮見台型は3軒，2のように潮見台型に近い住居址は3軒ある。2は，3回建て替えた加曽利E2式期の住居址である。隅丸長方形で，南の周溝のきれた部分に埋甕と対ピットをもつ。1は，加曽利E3新式期の楕円形の住居址で，西に埋甕を2基もつ。潮見台型は，いずれも加曽利E2式期であり，埋甕をもたないものが1軒ある。No. 72・796遺跡では，加曽利E4式になると柄鏡形敷石住居が出現する。

武蔵野台地では，世田谷区桜木遺跡では，潮見台型住居址はみられない。3は，南に埋甕をもつ加曽利E2式期の住居址である。4は，加曽利E2式期の五角形の住居址で南に埋甕はある。5

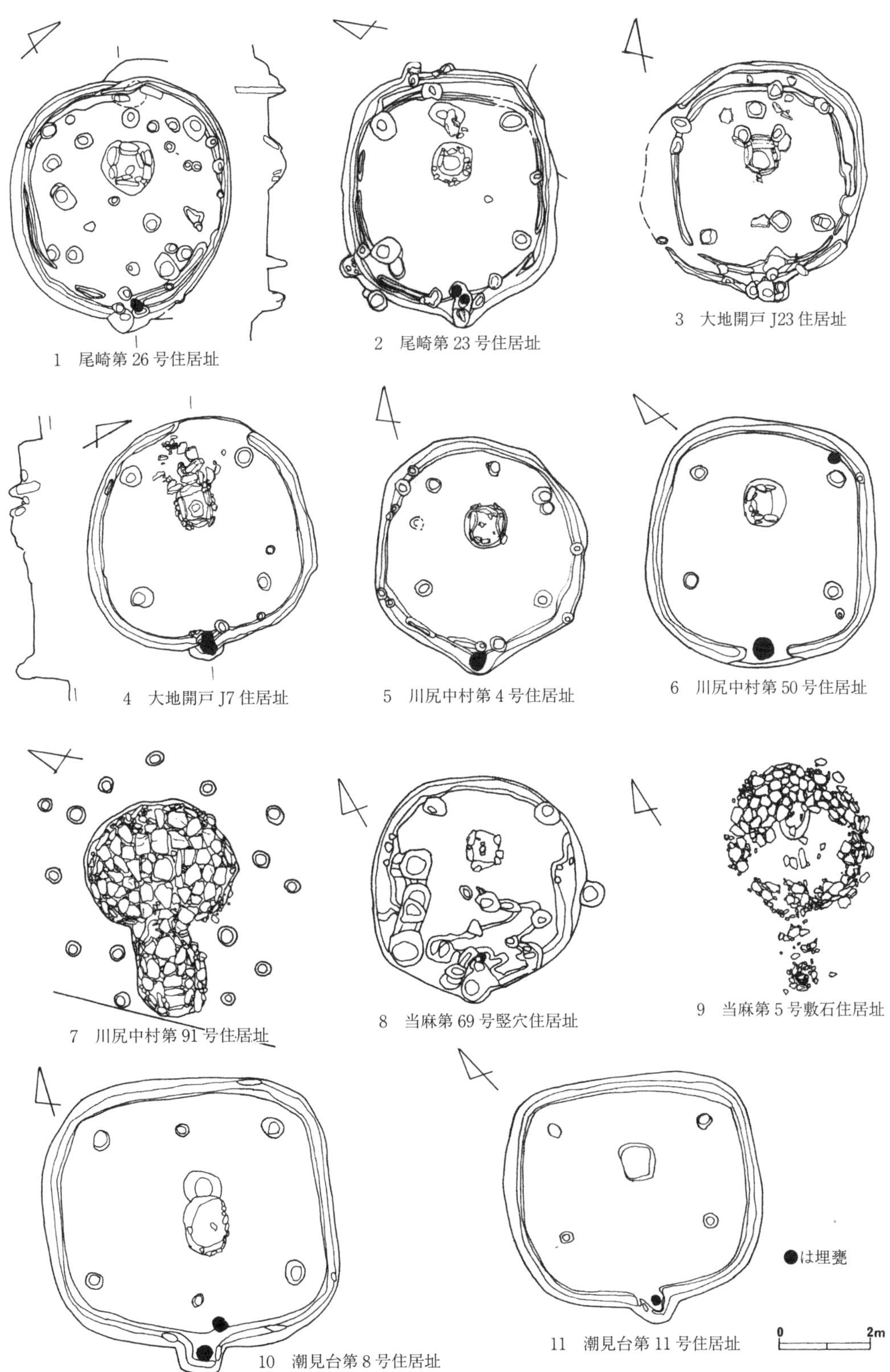

図２　南関東の潮見台型と柄鏡形住居址

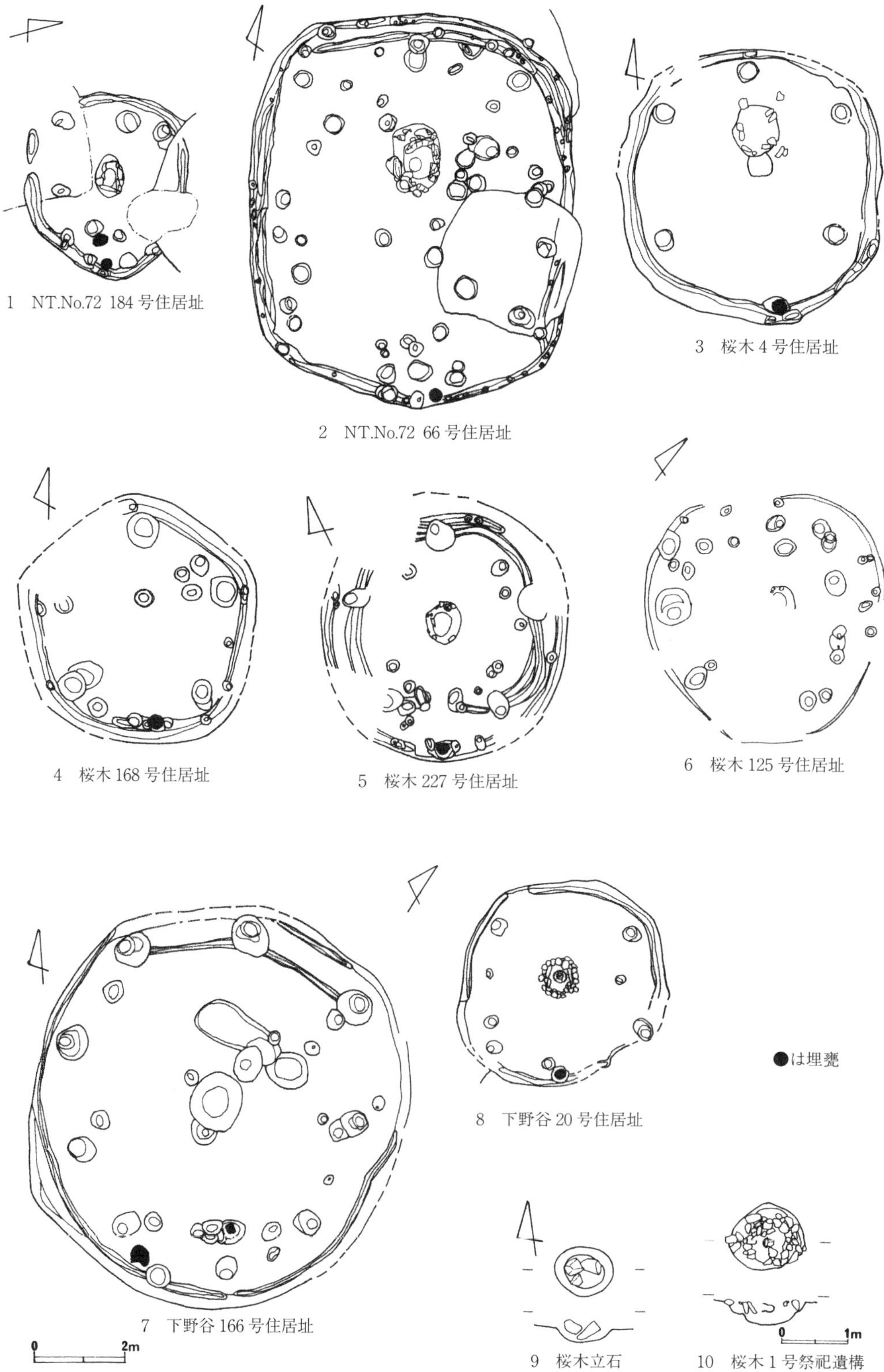

図3　南関東の住居址と配石遺構

は227号住居址で，拡張した円形の住居で南の周溝のきれている部分に埋甕をもち，対ピットがみられる。6は，遺存状態が悪いが，加曽利E4式期の楕円形住居址である。桜木遺跡では，加曽利E4式期の住居址は柄鏡形住居ではない。10は，曽利II式土器の異形土器を伴う配石遺構（1号祭祀遺構）や立石がみられる。

西東京市下野谷遺跡でも潮見台型はみられないが，7のように楕円形で南西に埋甕と両際に対応するピットがある。8は，加曽利E3新式期の楕円形の住居址で，南東に埋甕があり，二重に石で炉を囲っている。炉石の中には石棒や石皿が含まれていた（本橋2014）。加曽利E4式期には，柄鏡形住居が出現する。柄鏡形住居は敷石ではなく，主体部に小礫を配するタイプC類である（本橋1988）。

3　出現期の柄鏡形住居

加曽利E3新式期には，群馬県田篠中原遺跡や長野県屋代遺跡で柄鏡形敷石住居址は，関東山地や中部地方でも関東平野に近い地域にみられる。加曽利E4式期に武蔵野台地や多摩丘陵，相模野台地等を中心に東京湾沿岸，東北地方南部まで広く分布が拡大する。柄鏡形住居が石材の獲得できる環境であるかで，主に4種類ある。A類は，全面に石を敷く柄鏡形敷石住居。B類は，炉辺部や柄部など一部に敷石がある。C類は，主体部に小礫が巡る。D類は，敷石や配石がない柄鏡形住居とした（本橋1988）。加曽利E4式期にはすでに四種みられる。

（1）出現期　加曽利E3新式期（図4-1～3）

1は，神奈川県横浜市新羽第9遺跡の柄鏡形住居址で，詳細は不明であるが「加曽利EIII式」と報告されている。連結部と柄部先端に埋甕をもつ。主体部には周溝があり，連結部には対ピットがある。柄部の長さは約1.8mで，幅が最大で約80cmである。2は，横浜市洋光台猿田遺跡第10号住居址で，これも主体部に周溝があり，出入口部に埋甕がみられる。出入口部から連結部に対ピットがみられる。柄部の長さは主体部と柄部の付け根の部分から約1.4mである。炉は土器片石囲炉である。埋甕は無節縄文を地文にもつ逆U字のモチーフをもつ加曽利E3新式土器である。床面直上に口縁部に微隆起文をもつ加曽利E4式土器である。また，覆土には加曽利E4式土器とともに称名寺式土器が含まれていた。新羽第9遺跡の埋甕が「加曽利EIII」式土器のどのようなものか不明であるが，仮に加曽利E3新式土器とすると山本暉久の指摘のとおり「柄鏡形住居址でも古段階のもの」（山本1993：109頁）と考えられる。柄鏡形住居址では周溝をもつ点は二つの事例は共通しているが，猿田遺跡は土器の点からはやや新しいともいえる。3は東京都練馬区扇山遺跡30号住居址で，埋甕はもたない。加曽利E3新式土器の土器を利用した土器片石囲炉である。柄部は約1mで土坑状を呈する，ピットの集まりのような状態である。

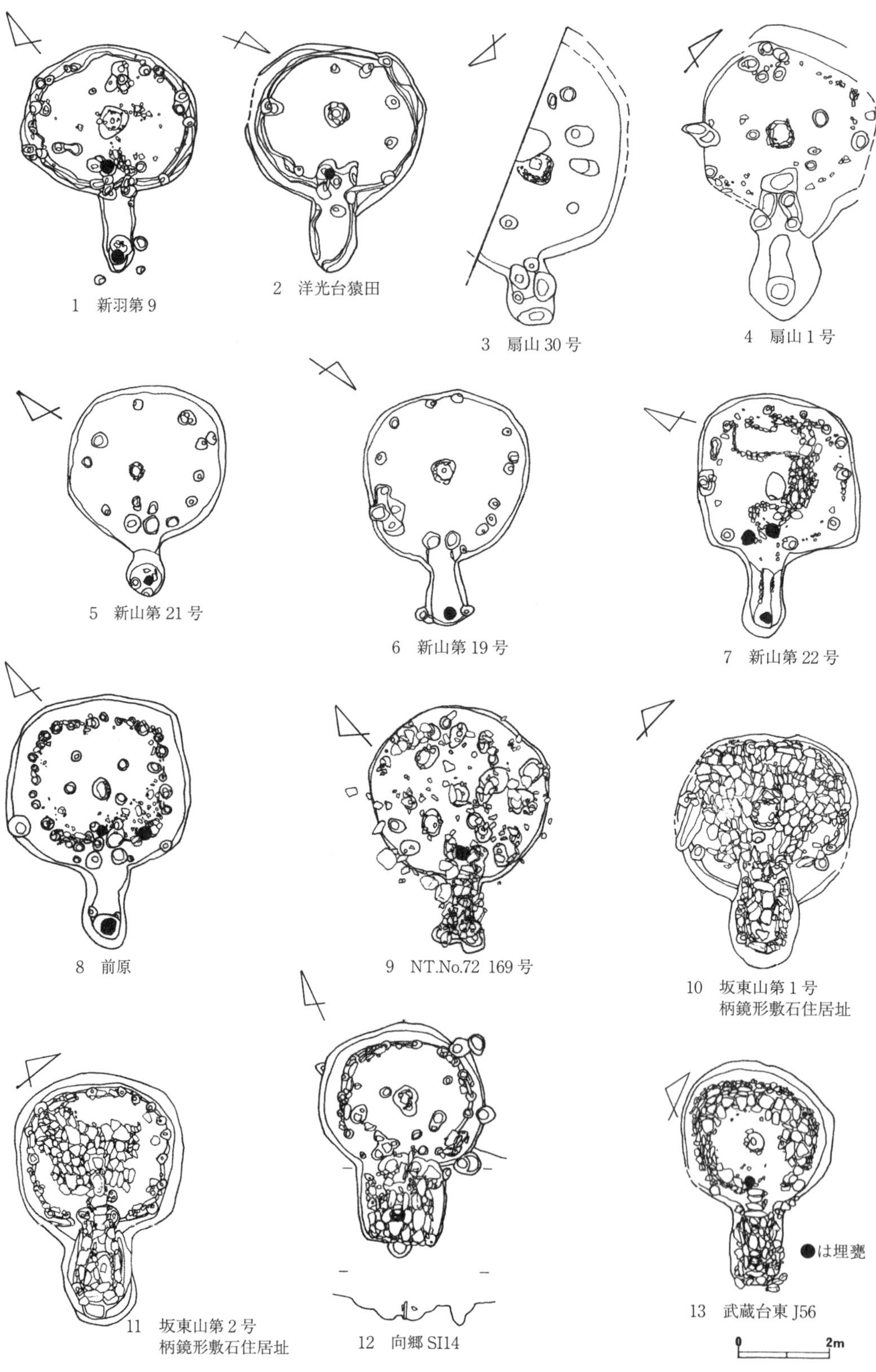
1　新羽第 9
2　洋光台猿田
3　扇山 30 号
4　扇山 1 号
5　新山第 21 号
6　新山第 19 号
7　新山第 22 号
8　前原
9　NT.No.72 169 号
10　坂東山第 1 号
柄鏡形敷石住居址
11　坂東山第 2 号
柄鏡形敷石住居址
12　向郷 SI14
13　武蔵台東 J56
●は埋甕
0
2m

図 4　南関東の柄鏡形住居址

(2) 定着期　加曽利 E4 古式期（図 4-4〜8）

柄部の先端か丸みを帯びた形態のものが，加曽利 E4 式の古段階の柄鏡形住居址にみられる。4 は，扇山遺跡 1 号住居址で，30 号住居址と同様に土器片石囲炉で，埋甕をもたない。東京都東久留米市新山遺跡では，4 軒の加曽利 E4 式の柄鏡形住居址である。2 軒は，7 の第 22 号住居址は，奥壁部に配石と炉辺部に敷石がみられる B 類であるが，配石に立石がみられた。5 と 6 は敷石や配石がみられない。いずれも柄部先端に埋甕がみられる。新山遺跡では，加曽利 E3 新式期まで円形の竪穴住居址で，潮見台型もみられない。配石遺構が 2 ヶ所みつかり，一つは加曽利 E3 新式土器の埋甕を伴う。8 は，東京都小金井市の前原遺跡で，C 類の柄鏡形住居址である。埋甕が出入口部・連結部・柄部先端にみられる。加曽利 E4 式になると柄鏡形住居は連結部に対ピットもしくは出入口部の対応する位置にピットがみられる。

(3) 拡大期　加曽利 E4 新式〜称名寺式期（図 4-9〜13）

柄鏡形住居がもっとも広がった時期で，微隆起文をもつ加曽利 E4 式土器であり，しばしば称名寺式土器を伴う。この段階の柄鏡形住居は，柄部が多くなるとともに先端が角をもつ形状に変化する。また，連結部の対ピットは複数みられる場合と対で溝状に変化をする。9 は多摩ニュータウン No. 72 遺跡の 169 号住居址で，連結部に埋甕をもち，両脇に対ピット等がある。ピットは柄部先端にもみられる。敷石は柄部に良好に残されている。10 と 11 は，埼玉県入間市坂東山遺跡の第 1 号柄鏡形敷石住居跡と第 2 号柄鏡形住居跡である。両者とも全面に石が敷かれており，明確な居住空間の識別がみられる。柄部にもピットや溝がみられる。12 は，立川市向郷遺跡 SI14 で，主体部に段状の空間が巡り，柄部の幅が約 2 m と大型化し，柄部に埋甕と敷石がみられる。1 また，連結部に立石がみられる。13 は，東京都府中市武蔵台東遺跡 J56 号住居址で，連結部と柄部先端に埋甕をもつ柄鏡形敷石住居である。武蔵台東遺跡も加曽利 E3 新式期までは円形の竪穴住居であったが，加曽利 E4 式期になると柄鏡形住居が出現する（本橋 2014)。

4　中期後葉の住居規模について

中期後葉の住居規模に着目すると，加曽利 E2 式期に大型化するものがある。図 3 の 2 は加曽利 E2 式期で，1 の加曽利 E3 新式期のものの倍以上の大きさである。また，7 は加曽利 E3 式期であるが，8 の加曽利 E3 新式のものとこれまた倍近くの規模である。図 1〜3 まで，同じ縮尺で図示したものであるが，潮見台型の図 1〜3 と図 2 の 10 と 11 は，隅丸方形で他の住居よりも大きい傾向がみられる。潮見台型や偽潮見台型をも含めて大きさをグラフで表したのが図 5 である。棚畑遺跡は中期末葉の曽利 V 式期には柄鏡形住居がみられないため，柄鏡形住居のない地域として取り上げた。他は，中部地方を除く武蔵野台地，多摩丘陵，相模台地等の遺跡を計測した。加曽利 E1（曽利 I）式期は比較的住居規模に大きな差がみられないが，加曽利 E2 式期になると大

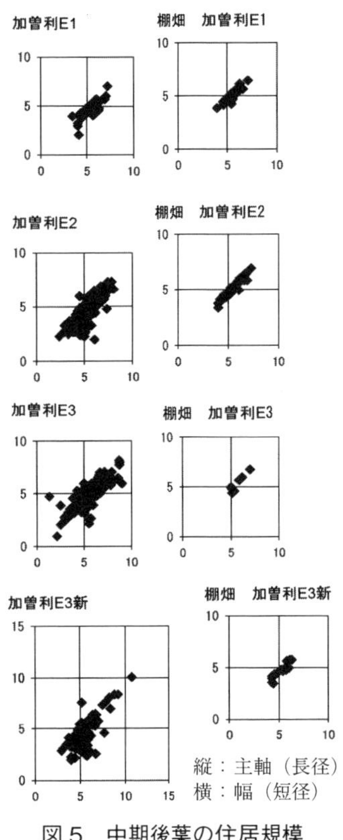

図5　中期後葉の住居規模

きさの差異が拡大する一方，棚畑遺跡では加曽利E3古式・加曽利E3新式には住居規模がまとまるようである。

5　住居構造の変化と柄鏡形住居の出現

潮見台遺跡では，潮見台型は加曽利E2式もしくは曽利II式期に存在するが，加曽利E3式期にはみられない。尾崎遺跡では加曽利E3新式期の潮見台型があり，この時期に柄鏡形敷石住居址が存在する。当麻遺跡では潮見台型は加曽利E2式期にあるが，柄鏡形敷石住居が出現するのは曽利V式期になってからである。柄鏡形住居が加曽利E4式期に出現する向郷遺跡，武蔵台東遺跡，下野谷遺跡や扇山遺跡では潮見台型はみられない。中部山地，八ケ岳山麓周辺では棚畑遺跡や月見松遺跡，増野新切遺跡のような潮見台型がみられる地域と柄鏡形住居が出現する地域とは重ならない。潮見台型と柄鏡形住居は別の系統であると考えられる。

柄鏡形住居の出現は，潮見台型や奥壁部に石壇や配石をもつ住居であきらかな住居構造，すなわち炉を中心とした奥壁部や出入口における空間分割の縄文人の意識のあらわれであり，炉を中心に左右対称の住居形態を保持した結果である。住居空間の祭祀的な意味については，先学の研究に詳しい（神村1975，山本1979・1994ほか）また，敷石住居や配石遺構，埋甕などの祭祀的な特徴がある住居形態として出現した。柄鏡形住居址は，加曽利E4式土器を伴う，一つの住居形態であることが多くの事例から，より確からしくなったと思う。縄文中期の環状集落の消滅の時期に柄鏡形住居が定着し，分布が拡大した点に，この時期の集落構造に大きな画期はあったと考えられる。縄文時代中期後葉，加曽利E2式期にみられる大型の住居址は，集落内における祭祀場としての役割があったことが想定される。一方，集落内における特定の住居址に石壇や石棒，立石等が存在することは，屋内で祭祀的な行為がなされていたと考えられる。柄鏡形住居の出現は，集落内における祭祀形態が大きく変わるだけでなく，環状集落の消失によって構造的な変化があらわれたと理解できよう。後期の配石遺構等は屋外での祭祀的な空間が集落あるいは，集落外につくられたものと考えられる。

おわりに

柄鏡形敷石住居は，祭祀的な特徴をもった住居であることは否めないが，山本の柄鏡形（敷石）住居址のI期に潮見台型を位置づけている点が，柄鏡形住居研究において混乱を招いているのではないだろうか。潮見台型の出現と柄鏡形住居の出現には空白期があり，分布地域についても重ならない。柄鏡形住居は加曽利 E3 新式期に南関東で出現した住居形態であり，加曽利 E4 式期に一挙に中部地方から東北地方南部にまで広がったが，遺跡によっては受け入れない事例があり，後期の住居にみる多様化の傾向につながるものと考えられる。住居形態の点から縄文時代中期中葉から後葉までの何らかの規制が解かれて，末葉には集落遺跡ごとの独自性の現れと考えられる。そこには，縄文時代の集落構造の大きな画期が存在するのであろう。

本稿を草するにあたり，山本暉久氏には猿田遺跡の遺物を実見させていただきました。感謝いたします。

引用参考文献

天野賢一ほか　2002『川尻中村遺跡　県道 510 号（長竹川尻線』新小倉橋新設事業に伴う調査報告 2（財）かながわ考古学財団調査報告 133』（財）かながわ考古学財団

板倉歓之ほか　2008『下野谷遺跡第 19 次調査報告書』タクトホーム株式会社　共和開発株式会社

伊東　郭　1990「新羽遺跡（ハ 9）」『全遺跡調査概要　港北ニュータウン地域内埋蔵文化財調査報告 26』（財）横浜市ふるさと歴史財団　横浜市教育委員会

鵜飼幸雄ほか　1990『棚畑』茅野市教育委員会

岡本孝之ほか　1977『尾崎遺跡　神奈川県埋蔵文化財調査報告 13』神奈川県教育委員会

小田静夫ほか　1980『はけうえ』国際基督教大学研究センター

神村　透　1975「縄文中期後半の室内祭祀遺跡（長野県瑠璃寺前遺跡）『どるめん』第 6 号

菊地　実　1990『田篠中原遺跡　関越自動車道（上越線）地域埋蔵文化財発掘調査報告書第 5 集　財団法人群馬県埋蔵文化財調査事業団調査報告第 112 集』日本道路公団　群馬県教育委員会（財）群馬県埋蔵文化財調査事業団

河野喜映ほか　1996『青野原バイパス関連遺跡　梶ヶ原遺跡・大地開戸遺跡・明日庭遺跡・長谷原遺跡・大地遺跡　かながわ考古学財団調査報告 5』（財）かながわ考古学財団

後藤守一　1940「上古時代の住居（中）B　敷石住居阯」『人類学・先史学講座』第 16 巻　雄山閣

佐伯弘晃ほか　1982『扇山遺跡―石神井台・東京医大校地縄文遺跡』東京医科大学

遮那藤麻呂ほか　1973『長野道中央道埋蔵文化財包蔵地発掘調査報告書―下伊那高森町地区その 2―昭和 47 年度』日本道路公団名古屋支社・長野県教育委員会

丹野雅人ほか　1998～2003『多摩ニュータウン遺跡―No. 72・795・796 遺跡（1）～(20）東京都埋蔵文化財センター調査報告第 50 集』東京都埋蔵文化財センター

寺田良喜ほか　2008『桜木遺跡 I』世田谷区教育委員会　桜木遺跡調査会

寺畑滋夫ほか　1999『下野谷遺跡　保谷市遺跡調査報告第 2 集』保谷市教育委員会　保谷市遺跡調査会

能登　健　1977『梨の木平遺跡』群馬県教育委員会

林茂樹ほか　1968『月見松遺跡緊急発掘調査報告書』長野県伊那市教育委員会

板東雅樹ほか　1999『武蔵国分寺西方地区武蔵台東遺跡 II』都営川越道住宅遺跡調査団・都営川越道住宅遺跡調査会

水沢教子ほか　2000『更埴条里遺跡・屋代遺跡群（含む大境遺跡・窪河原遺跡）上信越自動車道埋蔵文化

財調査報告 24―更埴市内―長野県埋蔵文化財センター発掘調査報告書 51』日本道路公団・長野県教育員会・長野県埋蔵文化財センター

本橋恵美子　1988「縄文時代における柄鏡形住居址の研究―その発生と伝播をめぐって」『信濃』第 40 巻 8・9 号

本橋恵美子　1995「縄文時代の柄鏡形敷石住居址の発生について」『帝京大学山梨考古学研究所報告第 6 集』

本橋恵美子　2006「柄鏡形住居の出現と環状集落の終焉―縄文時代中期集落形態の変化を追う」『縄文「ムラ」の考古学』雄山閣

本橋恵美子　2014「敷石住居址における居住空間の検討」『東国の考古学』六一書房

山崎丈ほか　1981『東久留米市埋蔵文化財調査報告第 8 集　新山遺跡』新山遺跡調査団

山本暉久　1976「敷石住居出現のもつ意味」『古代文化』第 28 巻 2 号・3 号

山本暉久　1993「横浜市洋光台猿田遺跡発見の柄鏡形住居址とその出土遺物」『縄文時代』4 号

山本暉久　1994「石柱・石壇をもつ住居址の性格」『日本考古学』第 1 号　日本考古学協会

山本暉久　2010『独立行政法人日本学術振興会科学研究費基礎研究（C）研究成果報告書　研究課題名　縄文時代における柄鏡形（敷石）住居址の研究』

和田哲ほか　2002『東京都立川市　向郷遺跡Ⅴ　立川市埋蔵文化財調査報告 11』立川市遺跡調査団

縄文時代の漆喰遺構
—千葉県大膳野南貝塚調査例から—

戸田　哲也

はじめに

千葉市緑区おゆみ野に所在する大膳野南貝塚は，標高 51〜48 m を測る丘陵頂部から南南西に延びるゆるい傾斜地にあり，民間開発による事前調査として，千葉市埋蔵文化財センターと筆者等を中心とする調査団により調査が行われた。調査は丘陵頂部から斜面裾部までの約2万平米を対象として，平成 21 年7月から平成 23 年6月までの2ヶ年をかけ貝塚と集落の全面を調査した。その結果，縄文時代後期前半の貝塚と同時期の竪穴住居址 93 軒，土坑 264 基などから成る環状集落跡が検出された。また縄文時代後期の遺構群に重複する形で縄文時代前期諸磯 b 式の竪穴住居址 16 軒と，土坑 113 基から成る前期の集落跡も明らかにすることができた（戸田 2012ab，戸田ほか 2014）。

本稿では縄文後期集落址の調査中に確認することができた，「漆喰」を使用した竪穴住居址の貼床，炉址，そして屋外に設けられた漆喰炉等の遺構についてそのあり方と構造について分析し，これまで灰層といわれてきた漆喰の可能性の高い類例について考察してみたい。

1　漆喰使用遺構の検出

大膳野南貝塚の調査が開始されてからほぼ1年間を要して貝層の検出と層位的掘り下げを行った。同時に近代，近世，古代に属する各種の遺構調査も行い，ようやく貝層を除去し下層に点在する住居址群個々の調査に着手したのは平成 22 年の3月以降であった。5月に入って地点貝層を伴う J34・63 号住居址の調査を開始すると，まず覆土貝層中にイボキサゴが細かく破砕された層が確認された。他の貝層中には認められない層相であった。その後覆土貝層を除去し住居床面を検出すると，ローム質土の住居床とは異なる灰白色に多少赤色（焼土化）を混じえる堅い貼床状の広がりが，炉址と思われる（炉址は漆喰充塡のうえに漆喰貼床が被覆していたため当初炉の凹みが確認できなかった）位置を中心として住居中央部に認められた（図 2）。検出当時は漆喰の使用とまでは類推することはできず，貝層が堆積した住居址であることから，貝層の影響による石灰分の固化という推測をもって調査を継続していった。

J34・63 号住居址の調査と前後して，住居址群外の地点において正位の埋設土器が列状に重複しながら埋置され，土器の内外を厚い灰白色の粘質のある土層によって被覆している遺構（後の1号屋外漆喰炉）が検出された（図5）。灰白色の土層を観察すると貝粉が混入していることが認められ，埋設土器自体が貝粉を生成あるいは保存するための施設の可能性が推測されたのである。この屋外埋設土器発見の時点で灰白色物質の科学分析を行うことを決め，パリノ・サーヴェイ株式会社と共同でこの物質の性格を究明することとした。分析結果については本報告書第III分冊（戸田ほか2014）のパリノ・サーヴェイ株式会社による自然科学分析に詳しいが，ここではその結果について述べれば，まず住居炉（J15・16号住）の2ヶ所より採取した2点と，屋外埋設土器（1・2・4号）の3ヶ所より採取した5点の計7点の灰白色物質のX線回折分析結果は，いずれも全く同じ鉱物組成を示し，主な材質として方解石（calcite）の存在が顕著であることが明らかとなった。方解石は炭酸カルシウム（$caco_3$）であり，貝殻を構成している物質でもあり，貝塚という状況からこの炭酸カルシウムは貝殻に由来する可能性が高く，実際に薄片観察においても貝殻片を確認することができたのである。またX線回折では他に生石灰（cao）も全てのサンプルから検出されており，この生石灰は炭酸カルシウムを900℃程度に加熱することによって二酸化炭素を飛ばして得られる物質であり，その生石灰に水を加えてペースト状（消石灰）にすることにより漆喰として用いることができ，時間の経過により空気中の二酸化炭素と反応して硬化し炭酸カルシウムとなるのである。

以上のように炉址中および屋外埋設土器に見られた灰白色物質は，貝殻を加熱した生石灰（漆喰の原料）と，漆喰として使用されたものが空気と反応した炭酸カルシウム（硬化した漆喰）の両者が残存していたものと考えられるに至った。このような縄文時代の遺構に使用された状態で漆喰が確認されたのは縄文時代研究史上初めての事例となるものである。

2　大膳野南貝塚における漆喰使用住居址の展開

大膳野南貝塚で発掘された中期末～後期中葉の竪穴住居址は93軒を数える。このうち出土土器により住居址の細分時期が明らかになったものは68軒であり，以下の表にその時期別住居址数と，住居址内に漆喰を使用した住居址38軒の時期を示す。

このうち土器型式による明確な細分時期が決定できなかった25軒は重複により一部残存したもの，あるいは床面が欠失しピット配列のみのもの等々が含まれているが，炉址（漆喰炉も存在），

表1

住居址の時期	住居軒数	漆喰使用	漆喰位置
加曽利EⅣ式～称名寺式古段階	5軒	なし	—
称名寺式中段階～堀之内1　式古段階	5軒	5軒	炉・床
堀之内1　式段階	47軒	25軒	炉・床
堀之内2　式段階	7軒	3軒	炉
堀之内2　式～加曽利B1・B2　式段階	4軒	なし	—
後期前葉（細別時期不明）	25軒	5軒	炉
小計	93軒	漆喰使用38軒	

床面，柱穴配置等のあり方から後期前葉期に属することはほぼ間違いないものである。

さて表1にみるように大膳野南貝塚後期集落の中心時期は堀之内1式期にあることがわかり，住居址内の炉，床に漆喰の使用が認められた住居址の合計は38軒であった。

漆喰使用住居址を時期別にみると，称名寺中段階〜堀之内1古段階では5軒中5軒の100%であり，堀之内1式段階では47軒中25軒の53%，堀之内2式段階では7軒中3軒の43%となる。これに後期前葉と考えられる細分時期の不明な25軒の住居とそのなかに含まれる5軒の漆喰使用住居址を加えると，上記のパーセンテージは多少変わることとなるが，大勢は時期認定住居址のあり方から捉えることができるであろう。

本遺跡において確認された漆喰を使用する風習は後期初頭称名寺式中段階に始まり，漆喰使用開始期の漆喰使用率は炉址において100%となる（図3・4にその典型例の写真を示した）。さらに注目される点として，床面に貼床する漆喰使用例は4例あるがそのうち3例が称名寺中段階〜堀之内1古段階に属すものであり，漆喰使用開始期ほど住居内における漆喰の使用範囲が広かったことが指摘されると同時に強い定着性をもっていたことがわかる。

続く堀之内1式期において炉中に漆喰を使用する住居址の数は最多となり風習の最盛期といえるが，住居数に対しては約半分の率となっている。また床面に漆喰貼床をする住居址は1軒のみとなり，漆喰床は称名寺式〜堀之内1古段階の方に盛期があったことがわかる。

堀之内2式段階では炉中に漆喰を使用する住居址は3軒となり，堀之内1式期に比べ大きく数を減じる。しかし堀之内2式期全体7軒に対しての割合は減少しているとはいえず，前時期とあまり変わらない定着率を保っているといえよう。

加曽利B1〜2式期に至ると大膳野南貝塚では住居内の漆喰使用例はみられなくなる。

漆喰使用住居址の分布は図1にみるように，西側の一部の存在が不明であるが，台地中央の空白部を囲むようにほぼ環状の住居址分布を示す。

93軒の全体分布図では環状形態が多少不鮮明となるが，このように堀之内1式期および前後の時期の漆喰利用住居址の分布という特長をもとにみると，かなり単純に環状の分布をみることができる。大膳野南貝塚の堀之内1式期に環状集落が形成されていたことを間接的に証明することができたといえるのである。

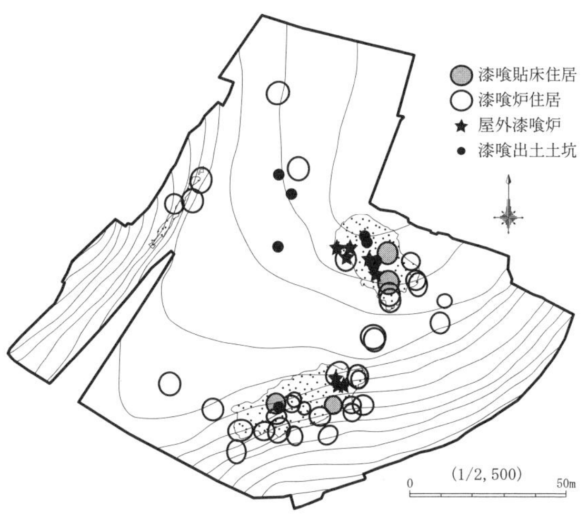

図1　大膳野南貝塚漆喰使用遺構全体分布図

つぎに漆喰を使用した別種の遺構として冒頭にも述べた屋外埋設土器遺構がある。なおこの遺構に関しては調査の後半においてX線回折結果がもたらされ，漆喰を使用していることが判明したため「屋外漆喰

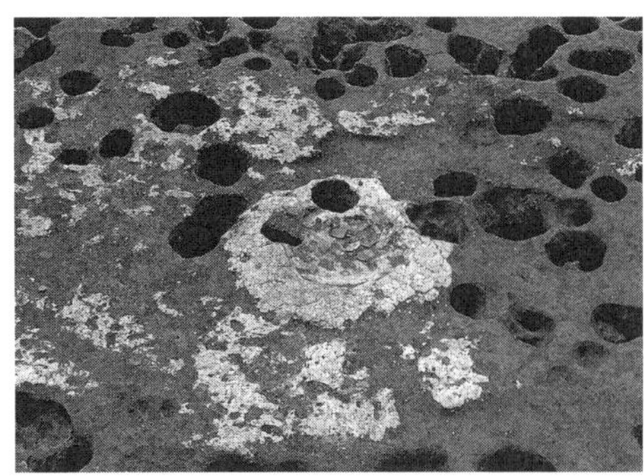

図２　大膳野南貝塚 J34 号住漆喰床

図３　大膳野南貝塚 J34 号住漆喰床（一部）と漆喰炉断面

図４　大膳野南貝塚 J104 号住漆喰炉断面

図５　大膳野南貝塚１号屋外漆喰炉

炉」と名称を変更した。

屋外漆喰炉は８基発見され，長軸 1.5〜2ｍ規模の皿状の掘り込み中に，漆喰層，焼土層，暗〜黒褐色土層が堆積するものである。さらに８基中５基には口縁部あるいは底部を欠失した略完形土器複数が埋甕のように，堆積層中に埋設され，これらの土器内部にも漆喰が堆積する。

屋外漆喰炉の時期は埋設土器全てが堀之内１式土器であり，堀之内１式期に限定されるものと考えられ，集落規模が最大となったなかで出現した現象とみることができる。

また屋外漆喰炉の分布は図１にみるように北側の東寄りに１・２号，西寄りに 3〜5 号，南側に 6〜8 号というように三つの集中域がある。漆喰炉，漆喰貼床をもつ住居址群の内側に接して作られており，環状集落構成の一部を形成しているものと捉えられるであろう。

3　漆喰炉の構造

前述したように漆喰炉をもつ住居址は 38 軒だが，図７にみるように漆喰炉が重複して作られる場合も多くそれを含めると住居内漆喰炉の数は 51 基となる。そして住居内漆喰炉の重複回数は，４回が１例，３回が４例，２回が７例というようにかなりの頻度をもっていることがわかる。このような住居内漆喰炉の重複状態は，上述した屋外漆喰炉の重複状態と共通するものであり，同様な使われ方をしたものと考えることができる。ただ，住居内漆喰炉に土器が用いられる場合は，土器片を埋め込む「土器片囲い漆喰炉」が基本であり，屋外の場合は略完形土器を埋め込む「屋外漆喰炉」となる。いずれも土器利用炉といえるものであるが炉体規模の大きさに差が生じることとなる。屋外の場合は最多例で6個体の堀之内1式略完形土器を順次埋め込んだものが存在し（図5），重複しながら長径2m規模まで漆喰を使った炉が拡張していく空間構成力がある。この点においても住居内漆喰炉との規模の差を生じている。しかし漆喰炉の構造，堆積層の形成等については屋内，屋外を比べて大きな差異はなく，炉としての使用方法と漆喰を充填していく炉の廃棄への過程は全く同じであったと認めることができる。

以下，具体的な漆喰炉の構造と，くり返し使われた堆積層の変遷をみてみたい。

図6はJ43号住居址の漆喰炉であり，炉体が重複する作り直しまでには至らない単体炉のモデルとして取りあげた。

図6①は炉を設けるための掘り方であり，径88 cm，深さ28 cmの皿状凹みとなる。

②は掘り方の底面に堆積した焼土層であり，まず地床炉として使われたことがわかる。

③はその地床炉中央部に重複する形で径50 cmを測る漆喰炉が作られるが，その構造は炉壁に漆喰を厚塗りした形で作られており，壁状の漆喰のあり方は，あたかも完形土器を埋設したかのような効果を生み出している。この炉の底面には焼土層が堆積し，炉址として使われていたことも明白である。

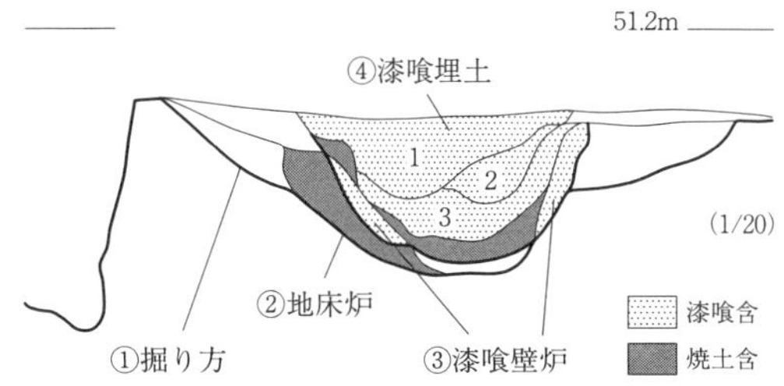

図6　大膳野南貝塚J43号住漆喰炉土層断面図

④はこの漆喰壁をもつ炉中に堆積する，漆喰を主体とする土層であるが，3層は灰白色を呈する漆喰の純層に近い土層で，充填（埋土）された可能性が高く，その上に堆積する2・1層は炭化物，焼土が混じる漆喰層であり，炉として使いながら最終的には漆喰によって完全に炉が埋められてしまった状況が捉えられる。

図7はJ16号住居址の炉址であり，大きく3回にわたって炉の位置をずらしながら重複して作り替えられていった状況をみることができ，図6にみた単体型の住居址炉に対して本遺跡のもう一つの漆喰炉の形態的特徴となる重複型のモデルとして取りあげたい。

①は3回作り替えられた炉址の最も古い段階（J16号住炉址3）の掘り方である。上層に焼土が堆積しており，地床炉として使われたことがわかる。

②は①の古い炉を切って作られた次段

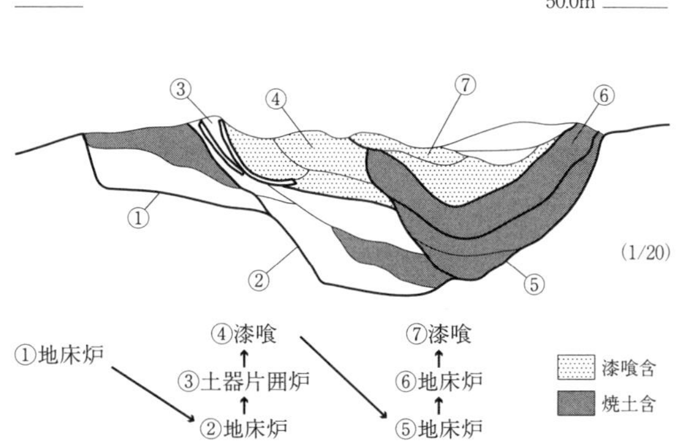

図7　大膳野南貝塚J16号住漆喰炉土層断面図

階の炉（J16号住炉址2）の掘り方である。焼土層が堆積しており深く掘り込んだ地床炉であったことがわかる。

③は下層の地床炉の上の壁に土器破片を立て重ねて漆喰を塗り固めて炉壁とし，土器片囲い漆喰炉としている。

④は土器片囲い漆喰炉上層の漆喰を主体とした層で，焼土を多量に含む。おそらく漆喰を重ね塗りながら炉として使い，最終的に焼土混り漆喰土により炉は埋められたと考えられる。

⑤は②～④の古い炉を切って作られた炉（J16号住炉址1）の掘り方で38 cmの深さがある。下層に焼土が堆積しており，この炉も始めは地床炉として使われたことがわかる。このことは3回作り替えの炉が全て地床炉として作られたことを示すものであり，炉址2と炉址1の漆喰炉は地床炉の上層に作られていることとなる。このようなあり方は上述した単体炉の図6においても同様な構造として認めることができた。住居内の炉址に認められる共通性は漆喰炉製作のうえでなんらかの手順があったことを考えさせるものであり，例えば最初に作られる地床炉は漆喰炉形成のための空炊きなど一種の準備段階であった可能性等が考慮される。

⑥は焼土を主体とする硬質の土層であり，一種の炉壁，炉底を形成する。下層の⑤の地床炉の上層に重ねて作られた地床炉と考えておきたい。

⑦は硬質の焼土層⑥の上に堆積した漆喰主体層である。漆喰炉として使われながらほぼ炉を埋める状態となり，最上層は漆喰層が覆い，炉を完全に埋めている。

4　千葉市域・市原市域にみる漆喰使用遺構の類例

ここまで述べてきたように過去における縄文時代遺跡調査の中で漆喰の存在を報告した例はない。そのような状況で漆喰と思われる調査例をさがすにあたって，当初私達も用いた土層表現としての「灰層」と記録されている報告例に注目し，また報告書中の写真記録にも注意をすることによって大膳野南貝塚で得られた調査状況と極めて類似する灰層の報告例を認めることができた。これらの類例の多くは千葉市域および市原市域に集中し，時期的にも堀之内1式期を主体とすることから漆喰としての蓋然性がより高いものといえるであろう。

千葉市矢作貝塚（清藤1981）　矢作貝塚では1980年の調査において6軒の竪穴住居址が検出され，その全ての炉中に「灰が充満」していたことが記されている。特に012号住居址では「床中央全体に約0.5～1 cmの厚さで灰が密に堆積している」ことが述べられ，この床面の状態は図8の写真にみるように漆喰貼床と捉えることができる貴重な類例となる。住居址の時期は012号を含め4軒が堀之内1式期であり，013号1軒は堀之内2式期，あと1軒は時期不明とされる。

炉中に充満する灰は漆喰であったと考えられ，したがって炉址全てが漆喰炉とみられることから漆喰使用率の高さが注目される。なお012号住に見られた漆喰床の類例は，堀之内1式期に属す漆喰床であり大膳野南貝塚例の新しい段階と同時期のものとして重要である。

市原市武士遺跡（㈶千葉県文化財センター 1998）　武士遺跡では，報告書巻頭カラー写真の387

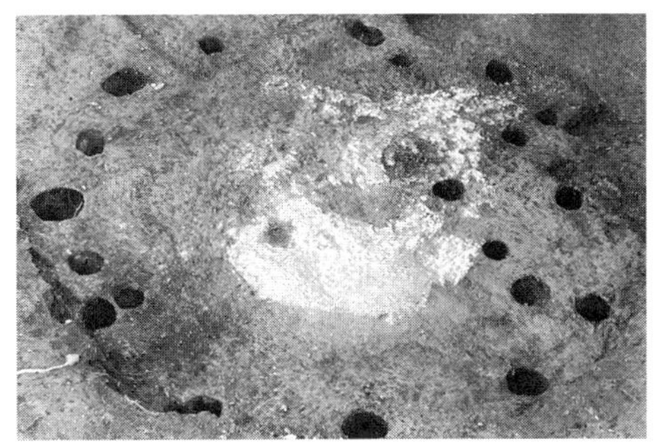

図8　矢作貝塚012号住漆喰床

図9　武士遺跡451号住漆喰炉断面

号，451号住居址炉の半截状態にみられる灰層と呼ばれたもの（図9）が大膳野南貝塚の漆喰炉と酷似している様子が明らかである。

この武士遺跡では炉址に灰層が堆積することを記述している住居址炉は実に60軒を数える。観察文では「白色の純灰層」— 416号住，「多量の灰・被熱貝を含む」— 377号住，「灰が極めて良好な状態で残存」— 389号住・430c号住などを例としてあげることができる。

これら灰層が堆積する炉（仮に灰炉と呼ぶ）の時期は堀之内1式期が42軒と灰炉全体の7割に達することも，大膳野南貝塚の漆喰炉主体時期と一致している。また武士遺跡では堀之内1式期の住居址は200軒以上発見されており，大膳野南遺跡における堀之内1式期の漆喰炉の割合が約5割であったことを考えると，武士遺跡の42軒は決して多すぎる数ではない。

一方注目されるのは加曽利E III式期とされたものが5軒あり，そのうち437号住炉址は石囲い・土器片囲い・埋甕炉であるが，炉体土器中の灰の遺存が良好と記されている。また同時期の003号住炉址では炉内最下層が「灰多量に含む粘性強」と記録されている。続く加曽利E IV式期の灰炉が2軒あり，これら加曽利E III式，IV式期の灰層とされたものは漆喰であった可能性が高く現在のところ漆喰炉の最も古い例と考えられるものである。

なお加曽利B1式期の灰炉は2軒あり，漆喰炉の新しい時期を考えるうえでの事例となるものであり，後述する後期末の事例との連関が注意されることとなる。

市原市西広貝塚（財)市原市文化財センター 2005）　西広貝塚では35軒の縄文中期末～後期末に属す竪穴住居址が調査されているが，灰炉の記述については称名寺式期1軒，堀之内1式期6軒，加曽利B3式期1軒の合計8軒であり，堀之内1式期に多く認められていることは大膳野南貝塚等のあり方と整合的である。

注意されるのは堀之内1式期の57号住居址であり，図10に示したように炉を埋めるように灰層が大量に堆積しており，さらに住居奥（東）壁寄りの床面に灰が分布していることが平面図で示されている。部分的ではあるが漆喰貼床の類例となる可能性があろう。

西広貝塚で注目されるのは加曽利B3式期に属す58号住居址炉の下層に灰層が堆積している点であり，漆喰の可能性があるとすれば前述した武士遺跡で確認された加曽利B1式期の灰炉（漆喰炉か）に後続する新しい時期の使用例となるものである。

図10　西広貝塚57号住漆喰炉断面

図11　祇園原貝塚20号住漆喰炉断面

図12　祇園原貝塚17・18号埋設土器

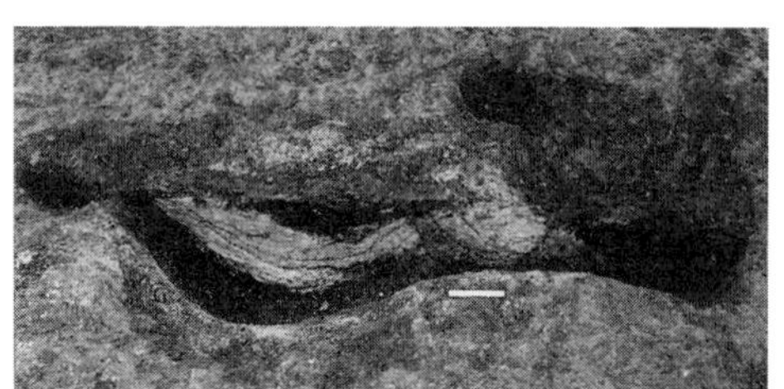

図13　石神台遺跡98J1号住漆喰炉断面

市原市祇園原貝塚（㈶市原市文化財センター 1999）　祇園原貝塚では55軒の縄文後期～晩期に属す竪穴住居址が調査されているが，灰層の記述については19軒の住居址の炉址にみられる。このうち図11に典型例を示した堀之内1式期のものは7軒，加曽利B式期のものは8軒，後期末～晩期初頭のものが2軒であり，加曽利B式以降に属す灰炉（漆喰炉か）は実に10軒という数を示す。祇園原貝塚は加曽利B式期およびそれ以降にも漆喰使用の盛行期が存在することを示唆する遺跡となるものであり，前述した西広貝塚58号住居址炉中の灰層の存在もまた祇園原貝塚でのあり方と関連することとなる。

また祇園原貝塚40号住居址は晩期初頭まで時期が下る住居址である。方形プラン住居中央の炉址最下層に「純粋な灰の厚い堆積」が認められ，漆喰の堆積であった可能性が高く，現在までのところ最も新しい時期に使用された漆喰炉の可能性がある。

さらに祇園原貝塚では堀之内1式土器の略完形品が，2～4基隣接して埋設されている遺構が検出されており，そのうち4基の土器中に灰層の堆積が確認されている。図12の出土写真からも大膳野南貝塚の屋外漆喰炉としたものと酷似していることが判る。現在のところ屋外漆喰炉の類例はこの例以外にみられず，大膳野南貝塚と近い距離関係にある祇園原貝塚が漆喰の使用という点に関して特に密接な関係があったことを示している。またこの両遺跡間のみならず，堀之内1式期における屋内漆喰炉・漆喰床の追求からは，矢作貝塚，武士遺跡，西広貝塚をふくめた千葉市，市原市域の貝塚地帯に広がる同一の文化現象を考古学的に捉えることができるのである。

なお祇園原貝塚の調査では，検出された灰層の植物珪酸体分析および材・種実の同定が行われている。灰層を燃焼の結果と想定すれば当を得た分析であったはずであるが結果として「植物に由来する組織片が認められる試料は少なかった。むしろ，貝殻に由来すると思われる白色粉が多く混入（筆者傍点）しているようであった。」とレポートされている。この指摘はおそらく正しく，貝粉に由来する漆喰であったと理解されるものといえよう。

千葉市・市原市以外の類例　図13に示したのは最近報告書が刊行された，千葉県佐原市石神台遺跡の堀之内1式期98J1号住居址の重複型の漆喰炉と考えられる断面写真である。白灰色土層の堆積が記録されている。これにより堀之内1式期の漆喰炉類例が千葉県北部においても存在することが明らかとなった（西沢編2016）。

5　後期末にみられる漆喰使用遺構

千葉県野田市野田貝塚（大賀ほか2003）　野田貝塚第17次（2001年）調査において大変興味深い灰層（おそらく漆喰層）のあり方が知られた。調査では入口部をもつ方形プランの竪穴住居址2軒（安行1式期）が検出され，1号住炉中には灰層と焼土層が互層となって厚さ50 cm以上堆積し，炉を埋めてしまっている。さらに床面上には下から炭化物層・焼土層・灰層の順を単位とする土層が2回にわたって堆積し，それぞれの構築床面上には網代痕およびアンペラ状の炭化物が遺存していた。報告書ではこの2回の炭化物層・焼土・灰を火災痕と推定し，2回建て直された住居址と考えられているが，2面の床面ともに炭化網代が全面に残されているということは，住居の火災火力から考えて疑問のあるところであり，この後に述べる上境旭台貝塚の分析も参照して，網代＋炭化物層・焼土・灰層を一つの貼床層と考え，最上層の灰層が漆喰床面であった可能性を推定したい。そして住居は建て替えではなく，床面の更新として捉えられるものであろう。

2号住の炉址では最上層に炉を埋めるような灰層の堆積が認められ，床面には1号住と同様な焼土と灰と炭化物の層が1〜2 cmの厚さで堆積しているが敷物状の痕跡はみられない。

茨城県つくば市上境旭台貝塚（(公財）茨城県教育財団2013）　野田貝塚での調査例と全く同じ状況を示すつくば市上境旭台貝塚の調査例と漆喰に関する自然科学分析が報告された。

上境旭台貝塚19号住居址では19A号住の床上に上から黄灰色層（灰層）・赤褐色層（焼土層）・黒色層（炭化物層）とされた床構築土層（報告書による表現）により19B号住が作られ，その上に同じ3種の土層による19C号住が作られている。その19C号住の床面（黄灰色灰層）直上では網代状炭化物が検出された。

19B号住炉址内には，下層に焼土層が堆積し，その上に漆喰層がやや厚く重層堆積し，最終的に浅い地床炉となる。このような炉内の堆積は前述した同じ安行1式期の野田貝塚第17次1・2号住居址と同一の堆積状況を示し，さらには大膳野南貝塚等にみた後期前葉の炉内堆積とも極めて類似するあり方を示している。ただし後期前葉の場合は炉の作り直し重複が顕著であることに大きな差が見出される。

この上境旭台貝塚では灰層のX線回折の結果，方解石（貝殻由来）とハイドロキシルアパタイト（脊椎動物骨由来）の2種類を原料とする漆喰および漆喰類似土層が生成されていたことが判明した。骨を粉砕した原料が漆喰と同様な効果（例えば固化剤として）を得られたかは今後の研究課題であるが，上境旭台貝塚19B・C号住居址の床と炉の灰白色土から方解石が検出されたことは，大膳野南貝塚の分析結果と一致しており，縄文時代後期に貝殻由来の漆喰が利用されていたことがより明確になった。

6　縄文時代における漆喰の利用と今後の問題点

ここではまず漆喰遺構の変遷をまとめておきたい。

住居内漆喰炉の出現は西広貝塚の加曽利EⅢ，Ⅳ式期となる可能性がある。続く称名寺式，堀之内1式期では，千葉市・市原市の奥東京湾東岸の貝塚域において，漆喰貼床，屋外漆喰炉も出現し，漆喰使用の中心地としての最盛期を迎える。堀之内2式期以降は住居の炉址内に残される灰層（漆喰か）として調査例は減少するが，加曽利B1式～B3式期にもみることができ，この地域において漆喰の生成と利用が継続されていたものと推定することができる。

後期末の安行1式期では上境旭台貝塚において住居炉址と床面に貝殻由来の漆喰が用いられていることが明らかとなり，特徴的な漆喰貼床が出現する。そして同時期の同様な例として野田貝塚例がある。一方祇園原貝塚では安行1式，安行2～3a式の漆喰炉が知られ，後期末葉において関東南部の広い範囲に漆喰利用が展開したとみられる。

最後に今後の研究の展望と問題点について触れておく。

漆喰の利用は前9千年紀の西アジア先土器新石器時代A期に出現し，B期に普及し，住居の床・壁に使用され，頭骨儀礼にも用いられた。今回の縄文時代例とは全く出自系統を異にするが，新石器時代の東西で用いられた技術であった。そして現代においても漆喰は，不燃，防湿（水），防虫，抗菌，消臭，明光性等々の効果が期待されている。

大膳野南貝塚では住居内炉壁に漆喰を塗ることをくり返して炉が使用され，最終的には浅い地床炉となり，さらには床面の高さまで漆喰で埋めてしまう例がみられた。炉の廃棄すなわち住居の廃棄となるのである。また漆喰を貼床にすることは敷石住居の模倣説や防湿の機能説，あるいは白色に対する特別な意識説など今後の課題とする点も多い。

一方，生石灰は貝殻をどのように燃焼させて生成したのであろうか。相当な火力と時間を必要とするようであり，筑波大学による石灰製作実験（谷口2011），伊達市若生貝塚例（青野ほか2016）等もふまえて，竪穴住居内の炉，屋外炉，あるいはそれ以外の場と，燃焼材等についても考えねばならない。そして粉砕の方法と道具類も今後の研究課題といえる。

最後になりましたが，山本暉久先生の古稀をお祝い申しあげます。神奈川の3人組として全国を旅し，縄文時代研究の新しい展開に向けて企画し，創り，飲み語りあった日々を思い出します。まだ休めません，どうぞあとしばらくの縄文人生にお付き合い下さい。

引用文献

青野友哉・西本豊弘・永谷幸人　2016「伊達市若生貝塚の貝層の形成過程と「貝灰」の成因について」『日本考古学協会第82回総会研究発表要旨』

大賀健ほか　2003『野田貝塚第17・18次発掘調査』野田市教育委員会

清藤一順　1981『千葉市矢作貝塚』㈶千葉県文化財センター

(公財) 茨城県教育財団　2013「上境旭台貝塚3」『茨城県教育財団文化財調査報告第368集』

(財) 千葉県文化財センター　1998「市原市武士遺跡2」『千葉県文化財センター調査報告第322集』

(財) 市原市文化財センター　2005「市原市西広貝塚II」『上総国分寺台遺跡調査報告XIV』

(財) 市原市文化財センター　1999「祇園原貝塚」『上総国分寺台遺跡調査報告V』

谷口陽子　2011「石灰製作実験から得られた石灰（葛生産石灰および貝灰）の特性について」『筑波大学先史学・考古学研究』第22号　筑波大学考古学フォーラム

戸田哲也　2012a「千葉市大膳野南貝塚」『季刊考古学』第118号　雄山閣

戸田哲也　2012b「大膳野南貝塚」『平成23年度千葉市遺跡発表会要旨』㈶千葉市教育財団

戸田哲也ほか　2014『大膳野南貝塚発掘調査報告書』国際文化財㈱・㈱玉川文化財研究所共同企業体

西沢弘恵編　2016『千葉県佐原市石神台遺跡調査報告書―98，00，02，04年度』東京大学教養学部文化人類学研究室

抱石葬小考

山田　康弘

はじめに

縄文時代における特徴的な葬法の一つに，抱石葬がある。この葬法が最初に確認されたのは研究史的にも古く，おそらく大正年間に行われた大阪府の国府遺跡の発掘調査においてであろう。その後，各地の遺跡においても類例が追認されており，現在では縄文時代における特徴的な一葬法として認知されている。

この葬法の最大の特徴は，被葬者の上半身，特に胸部に人頭大ほどの円礫や平石を置く点にある。それゆえに特殊な埋葬例とみなされることが多く，これまでにもそのような文脈で概説書等に取り上げられてきた。たとえば，古くは長谷部言人が「斯く残忍に近しとまで考えらるる厭抑を加へざるべからざりし動機に至つては Andree 氏が，一般蹲葬を以て，死者の再帰して，後人に害を加うるを怖れ，これを防止するにあり，と云ふの剴切なるを思ふ」（長谷部 1920）と述べており，小金井良精もこれに賛同している（小金井 1923）。また，小林行雄も抱石葬について『日本考古学概説』のなかで取り上げ（小林 1959），「屈葬の存在の上にさらに加えられた，畏怖の感情の表現であろう」と述べている。確かに 1970 年に調査された大阪府国府遺跡出土２号人骨（前期・女性）のように，埋葬姿勢が強い屈葬（筆者の分類では Aa1 となる。山田 2001a を参照のこと）であり，さらに稀有な姿勢である俯臥で埋葬されていたことをみると（水野ほか 1971，図 1），石を胸部に置くという埋葬属性が，死霊を封じる・死者を押さえ込むものと理解されてきたこともむべなるかなという気がする。しかしながら，このような抱石葬が死霊を封じるために行われたとする説については，近年堀越正行が研究史をたどりながら検討を加えており（堀越 2015），その是非についてはさらなる議論が必要であろう[1)]。

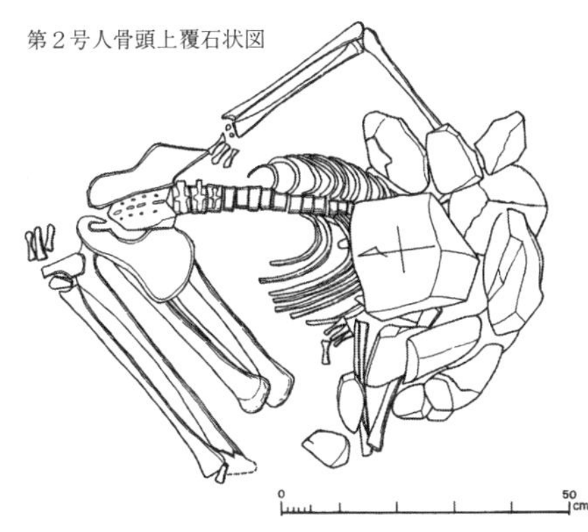

図１　大阪府国府遺跡出土の俯臥抱石葬例

人骨出土例に基づくならば，遺体の上半身部に礫を載せるという意味での抱石葬ないしその類例（これを広義の抱石葬と呼ぼう）は，前期を中心として中期や後晩期にも散見される。たとえば，福島県三貫地貝塚３

号人骨（晩期・男性）や千葉県草刈貝塚760号土坑出土人骨（中期・男性），長野県宮崎遺跡3号人骨（晩期・女性），熊本県尾田貝塚1号人骨（中期・男性），大分県大恩寺稲荷岩陰遺跡2号人骨（前期・男性），岡山県里木貝塚1969年度7号人骨（中期・不明），岡山県里木貝塚1969年度B人骨（後期・女性）等が挙げられる（以上山田2002より）。ただし，人骨が出土しなくとも土壙内における円礫の状況から抱石葬と考えられる事例は多く，また岩手県大洞貝塚出土8号人骨のように，拳ほどの大きさの石が胸部や腹部に載せられている事例などは，抱石葬と認定されずに報告されているものもあり（山田前掲），潜在的な事例は相当数に上ると思われる。その意味では，広義の抱石葬は全時期を通してみることのできる，全国的な葬法の一つということもできるだろう。

しかしながら，先に挙げた国府遺跡2号人骨のように，前期において典型的な事例が数多く確認されているのも事実であり，「屈葬で，大型の礫を胸部に置く」という特徴的な葬法の主体は，前期にあると考えてもよいだろう。これを狭義の抱石葬と呼ぶことにし，本稿で検討の対象とするのはこの狭義の抱石葬に限定し，以下煩雑さをさけるため抱石葬と記述することにする。

さてその抱石葬であるが，本葬法そのものを正面から取り上げて議論を行った論考は意外に少なく，この10年間ほどをみてもほぼ皆無という状況が続いていたが，近年富山県小竹貝塚より抱石葬の事例を複数含む多数の埋葬人骨群が出土し，この特殊な葬法についてもBio-Archaeology（骨考古学）的な観点を加えて，さらなる考察を行うことが可能となった。本稿では小竹貝塚における墓域の分析を行いつつ，抱石葬が行われた理由について若干の考察を行いたい。

1　小竹貝塚における墓域の様相

小竹貝塚は，富山県富山市呉羽町他に所在する，縄文時代前期を中心とした遺跡である。射水平野に面する呉羽丘陵の縁辺部に立地し，当時の水域に面していたと思われる。2009年から翌年にかけて行われた北陸新幹線建設工事に伴う発掘調査により，調査区のB・C地区から前期に属する埋葬人骨が72例，人骨の最小個体数としては91体が出土した（町田編2014）。前期の遺跡において，これだけの人骨が出土した事例は過去になく，その意味では考古学だけでなく，人類学的にも大変貴重な資料である。

小竹貝塚における埋葬例には，上部構造や土壙形状・規模など墓制分析に必要な埋葬属性を抽出できないものも多く含まれている。また人骨そのものの遺存状況が不良なものや，攪乱等によって他の個体が混入しているもの，後世の営力によって散乱してしまったものも多く，検討可能な論点は限られている。しかしその一方で多くの個体に対して炭素・窒素同位体比分析，mtDNA分析，年代測定などの理化学的分析が行われており，Bio-Archaeology（骨考古学）的観点からの様々な検討を可能としている。以下，報告書の記載に基づきながら検討を行うことにしよう。

報告書によれば，小竹貝塚の墓域は，大きく第Ⅰ期からⅣ期の四つの時期に分かれるとされている（表1，図2・3を参照）。出土人骨の年代測定を行った早瀬亮介らは，考古学的に決定された四つの時期と年代測定結果の関係について，次のように述べている。「Ⅰ期とⅡ期の人骨の年代を比較すると，各々に属する古い人骨の年代値がほぼ同じである。しかし各々の中で相対的に新しい人骨の年代値はI期よりもII期の方が新しい」「I，II期とIII，IV期の人骨の年代値は，重なる範囲があるものの，大きく見ればかなりの年代差がある。III期とIV期の人骨の年代値には，重なる部分が多く，年代差は明確ではない」（早瀬ほか2014，図2）。このことは，I期からIV期までの間に大きな時期的断絶はなく，むしろ重なりながらほぼ連続して墓域が形成されていたことを示しているといえよう（山田2015b）。このことは，小竹貝塚においては，全時期通じてほぼ同一の墓制が継続していたという想定を可能にする。

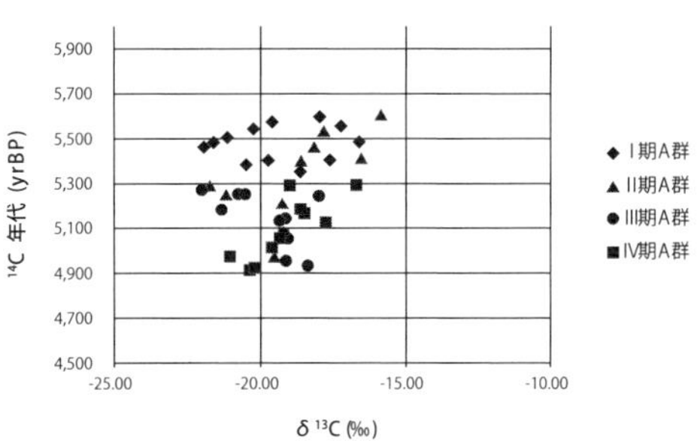

図2　各時期における人骨の年代測定値

小竹貝塚では，墓の上部構造や，それに対しての副葬品の有無は明らかとなっていない。したがって，死者の社会的な位置づけを示す可能性の高い死後付加属性・可視属性のうち，利用できるのは墓の相対的な位置関係，および頭位方向ということになる。また，これに准ずる死後付加属性としては埋葬姿勢を挙げることができるだろう。抱石葬例を絡めつつ，この点から分析をスタートさせてみよう。

2　小竹貝塚における埋葬小群と各埋葬属性のあり方

小竹貝塚出土人骨の時期別分布をみると，埋葬人骨の出土位置がいくつかの塊状を呈していることがわかる。小竹貝塚における墓域の時期的変遷を踏まえながら，分節構造の抽出を試みたのが，図3である。図中において，抽出した埋葬例の群（仮に遺体群と呼ぶ）を囲むラインが実線のものは，ほぼまとまりが確定できるもの，破線のものは調査区外へ分布が広がる可能性のあるもの，あるいは攪乱等によって本来の帰属がわからなくなったものである。ただし，ここで抽出した遺体群a〜rは，決して相互に独立していたものではなく，実は八つほどに区分される埋葬小群，ないしはその一部であったことがわかっている（山田2015b）。表2はこれらの遺体群の変遷を時期ごとにトレースし，各埋葬小群の様相を動的に示したものである。これをみると，ほぼ全時期を通して主体的に存在していたのは，埋葬小群1と3であり，なかには埋葬小群4のようにI期だけに存在し，その後は消滅してしまうものもあることがわかる。以下，主たる埋葬小群である1と3における単独・単葬例に焦点をあてて，考察を進めてみよう。

表1・2に示したように，埋葬小群1には4時期を通してのべ32体が属し，そのうち抱石葬例は5体である。時期別に抱石葬例を取り出すと，I期が42号，II期が48・64号，III期が1・14号，IV期は皆無となる。

また，埋葬小群3には25体が属し，そのうち抱石葬例は2例のみである。時期別では，I期とII期が無し，III期が41号，IV期が30号となる。いずれの埋葬小群においても，抱石葬例は

表１　埋葬小群１・３における各人骨の埋葬属性

人骨番号	性別	年齢	埋葬姿勢１	埋葬姿勢２（各関節の角度）					埋葬形態	頭位方向	装身具	副葬品	他の埋葬属性	時期	帰属遺体群	帰属埋葬小群	人類学的所見	備考等
				右肘	左肘	腰	右膝	左膝										
74	不明	1歳前後		?	?	?	?	?			なし	なし		Ⅰ	a	1	クリブラ・オルビタリアあり	攪乱を受けており，各部位は原位置にない
44	不明	10歳前後	右下側臥・屈葬	±	?	−	−	−	単独・単葬	N81W	なし	なし		Ⅰ	a	1	クリブラ・オルビタリアあり	
42	男性	老年	仰臥・屈葬	?	±	−	−	−	単独・単葬	N74W	なし	礫1	抱石葬	Ⅰ	a	1	鎖骨骨折，多くの変形症	
16	女性？	成人							合葬・複葬？					Ⅱ	g	1	左膝変形関節症疑い	部分骨合葬例の可能性あり。同位体比がサケの分布域に入る
46	男性	成人												Ⅱ	g	1		散乱骨？
61	女性	成人	右下側臥・屈葬	−	−	−	−	−	単独・単葬	N109W	なし	なし		Ⅱ	g	1	耳状面前溝あり。下顎第三大臼歯に鞍状咬耗あり。右橈骨・上腕骨に骨折痕。怪我により右前腕を使用しなかった？	
48	男性	中年	仰臥・屈葬	+	−	±	−	−	単独・単葬	N152W			抱石葬	Ⅱ	g	1	クリブラ・オルビタリアあり	
28	男性	青年	仰臥・屈葬	+	+	±	−	−	単独・単葬	N87W				Ⅱ	g	1	上顎左右第二切歯抜歯	股関節を大きく広げており，有機質の袋で包まれていた可能性もある
71	女性	老年									首飾（鳥骨製管玉19）			Ⅱ	g	1	各部位に関節症あり。耳状面前溝あり	攪乱を受けており，各部位は原位置にない
64	男性	青年	仰臥・屈葬	?	±	+	−	−	単独・単葬	N117E			抱石葬	Ⅱ	h	1	右第3中手骨に骨折あり。右手の使用が困難だったか？異常な高身長	
20	女性？	成人	右下側臥・屈葬	?	?	?	?	?	単独・単葬	N177W				Ⅱ	h	1		埋葬姿勢が報告書から判別できない
47	男性？	成人							単独・複葬					Ⅱ	h	1		
67	男性	青年	仰臥・屈葬	−	?	−	?	−	単独・単葬	N82W				Ⅱ	h	1	頭蓋や大腿骨・頸骨が除去された可能性あり	
1	男性	青年	仰臥・屈葬	−	−	−	−	−	単独・単葬	N72W			抱石葬	Ⅲ	i	1		
35	女性？	成人							単独・複葬			台石1（胸部）・ミニチュア土器1	抱石葬？	Ⅲ	i	1		土器が頭部に載せられる
34	男性	成人												Ⅲ	i	1	変形頸椎症の可能性あり	散乱骨？
37	女性	老年	左下側臥・屈葬	?	?	±	−	−	単独・単葬	（W）				Ⅲ	i	1		土壙埋土上に大型礫あり。墓標か？
38	男性	中年	仰臥・屈葬	−	?	±	?	−	単独？・単葬	N93W				Ⅲ	i	1	腰椎にリッピング。肩甲骨に骨折痕	38-3号幼児骨を伴う可能性がある。足下に少なくとも3体のイヌが埋葬される。合葬かどうかは不明
14	男性	成人	仰臥・屈葬	−	±	±	−	−	単独？・単葬	（S）	首飾（獣歯製垂飾2・貝製管玉1・骨製垂飾1）	砥石1（胸部）・磨製石斧2	抱石葬	Ⅲ	i	1		部分骨合葬例の可能性あり
36	男性	成人	仰臥・屈葬	?	?	?	?	?	単独・単葬	（E）		石錘2・石皿破片他		Ⅲ	i	1	変形頸椎症の可能性あり。肘・膝に関節症あり	イヌの骨を伴っており，本来合葬例か
63	男性	中年							単独・複葬					Ⅲ	i	1		18号人骨と一部混在か？
18	男性	老年												Ⅲ	i	1		頭蓋破片がない。散乱骨
39	女性	成人	右下側臥・屈葬	?	?	±	−	?	単独・単葬	N164W				Ⅲ	i	1		
19	男性	青年	仰臥・屈葬	+	+	±	?	?	単独？・単葬	N63W				Ⅲ	i	1		頭蓋破片がない。部分骨合葬例の可能性あり
75	男性	成人												Ⅲ？	i	1		散乱骨？埋葬小群から外す？
26	男性	青年	右下側臥・屈葬	−	+	±	−	−	単独？・単葬	N140E	首飾（獣歯製垂飾2）	石匙1		Ⅳ	m	1		部分骨合葬例の可能性あり
79	不明	10歳前後												Ⅳ	m	1		散乱骨？
31	不明	成人												Ⅳ	m	1		散乱骨？
29	女性	成人												Ⅳ	m	1		散乱骨？
27	女性	青年												Ⅳ	m	1		散乱骨？
15	男性	成人												Ⅳ	m	1		散乱骨？
33	男性	成人												Ⅳ	m	1		散乱骨？
76	男性	中年	左下側臥・屈葬	−	±	−	−	−	単独・単葬	N63W		砥石1・スクレーパー1		Ⅰ	c	3	前頭縫合あり	
77	男性	中年	仰臥・屈葬	±	−	±	−	−	単独・単葬	N85W				Ⅰ	c	3	変形頸椎症の可能性あり	
72	不明	5歳前後	仰臥・屈葬	?	+	±	−	−	単独・単葬	N72W				Ⅰ	c	3		股関節を大きく広げており，有機質の袋で包まれていた可能性もある
52														Ⅲ	j	3		散乱骨で，複葬個体が混じる
53	男性	成人												Ⅲ	j	3		攪乱を受けており，詳細は不明
41	男性	成人	仰臥・屈葬	?	?	?	?	?	単独・単葬	（N）			抱石葬	Ⅲ	j	3	外耳道骨腫が疑われる	抱いている石はかなり大きい。報告書から，四肢骨の配置判断できず
55	女性？	青年												Ⅲ	j	3	左上腕骨に人為的損傷あり	散乱骨？
65	不明	5歳前後												Ⅲ	j	3		散乱骨？
70	男性	老年	仰臥・屈葬	−	−	±	−	−	単独・単葬	N111W				Ⅲ	j	3	左大腿骨に変形治癒骨折痕あり。右大腿骨近位部に骨膜炎	
50	男性	成人	左下側臥・屈葬	−	?	−	−	−	単独・単葬	N16W		石匙1・磨製石斧1		Ⅲ	j	3	左脛骨中央部に骨腫瘍。クリブラ・オルビタリアあり	
32	男性？	成人							単独・単葬	（N）				Ⅲ	j	3		
49	不明	不明												Ⅲ	j	3		散乱骨
6	男性	成人												Ⅲ	j	3		散乱骨。頭蓋冠のみ
5														Ⅳ	o	3		複数個体を含む散乱骨
56	男性	中年							単独・単葬	（W）				Ⅳ	o	3		散乱骨？
51	男性	中年	仰臥・屈葬	−	−	−	−	−	単独・単葬	N82E				Ⅳ	o	3		
4	男性	中年												Ⅳ	o	3	左頭頂骨に人為的な穿孔の可能性	散乱骨
10	男性？	成人												Ⅳ	o	3		散乱骨？
2	男性	成人	仰臥・屈葬	−	+	±	−	−	単独・単葬	N68E				Ⅳ	o	3	変形頸椎症の可能性あり	
30	男性	青年	仰臥・屈葬	+	−	−	−	−	単独・単葬	N150W			抱石葬	Ⅳ	o	3		
22														Ⅳ	o	3		散乱骨
3	女性	青年	仰臥・屈葬	−	±	±	−	−	単独・単葬	N139W				Ⅳ	p	3	右大腿骨に人為的な損傷	
9	女性	中年	仰臥・伸展葬？	−	−	+	?	?	単独？・単葬	N71E				Ⅳ	p	3		胸部に別個体の頭蓋あり。部分骨合葬例の可能性あり。屈葬例？
8														Ⅳ	p	3		複数個体を含む散乱骨
7	男性	青年	仰臥	?	?	±	−	−	単独・単葬	?				Ⅳ	p	3	肩関節の関節症あり	試掘時に下半身？を破損する

埋葬姿勢の各関節の角度は，−が鋭角，＋が鈍角，±がほぼ直角を示している

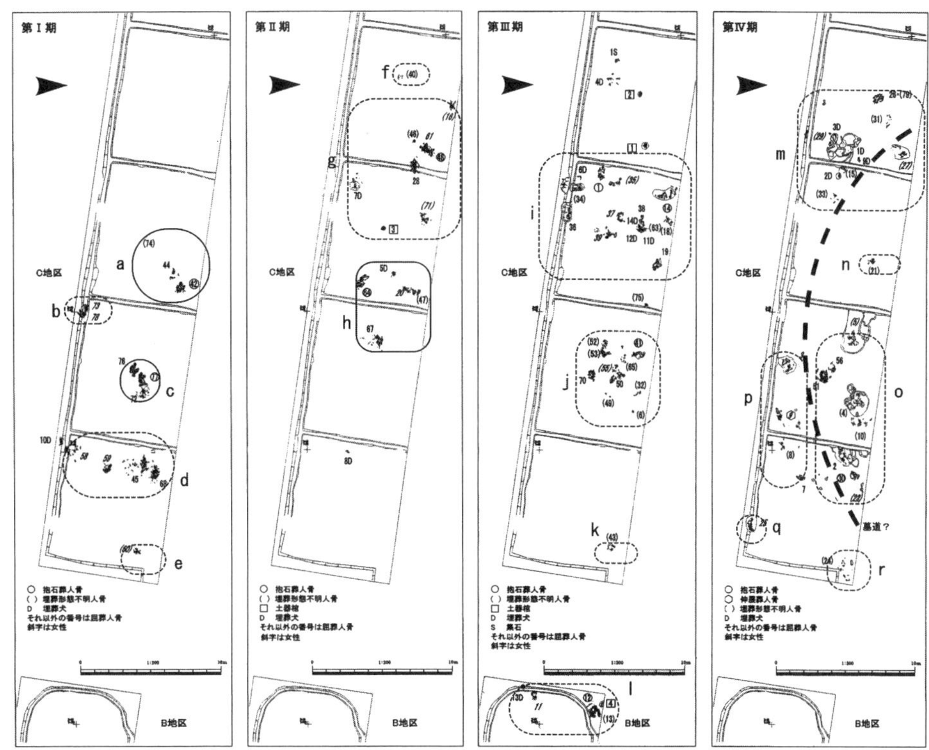

図３　墓域内における遺体群の変遷

表２　各遺体群と埋葬小群の時期別動向

	小群 1	小群 2	小群 3	小群 4	小群 5	小群 6	小群 7	小群 8
Ⅰ期	a:3	b:2	c:3	d:4	e:1			
Ⅱ期	g:6・h:4					f:1		
Ⅲ期	i:12 (11)		j:10		k:1		l:4	
Ⅳ期	m:7 (n:1)		o:8・p:4		r:1			q:1
全時期遺体数	32 (30)	2	25	4	3	1	4	1

英字小文字は遺体群，数字は遺体数

数的に少数派であることがわかる。

埋葬人骨の頭位方向については，戦前より「太陽崇拝の表れ」といわれるなど（長谷部 1920 ほか），観念的な解釈が行われてきた。その後，林謙作は 1977 年に発表した「縄文期の葬制 第II部 遺体の配列，とくに頭位方向」のなかで，頭位方向がその集団の社会構造を指し示すと解釈している（林 1977）。今や，肯定・否定も含めてオーソドックスな方法であるが（山田 2003），本稿でも埋葬小群 1 と 3 における頭位方向について，検討を行っておくことにしよう。

表 1 に基づきながら埋葬小群 1 における頭位方向をみると，19 号人骨（N63° W）から 20 号人骨（N177° W）の間，西北西から南まで範囲でほぼ全てが収まることがわかる。この埋葬小群内においては，頭位方向は西側を中心として，ある程度規制されていたとみて良いだろう。しかしながら，64 号人骨は N117° E と，他の事例とはほぼ真逆の頭位方向（逆位）をとる。この 64 号

人骨は抱石葬例であり，かつ小竹貝塚人のなかでは異常な高身長例であるなど，他の事例とはやや異なる埋葬属性をもっている。64 号人骨は，埋葬小群 1 を残した小家族集団のなかでは，少々特異な人物であった可能性が指摘できるだろう。

これに対して，埋葬小群 3 における頭位方向は，76 号人骨（N63° W）から 3 号人骨（N139° W）までの間（クラスター I），および 2 号人骨（N68° E）から 51 号人骨（N82° E）までの間（クラスター II）にまとまりがあり，双分的な様相を呈している。先の林謙作の論法でいうならば（林 1977），数のうえではクラスター I が「主」，クラスター II が「従」の関係といえるかもしれない。また，考古学的時期としては，クラスター I の方が II よりも若干先行する部分があり，本小群における頭位方向のあり方には，時間差がある可能性も指摘できるだろう。一方で，「従」と捉え得るクラスター II の方に 30 号が，そしてクラスターには属さない例外的頭位のなかに 41 号が，というように，集団内においては「非主流派」のなかに抱石葬例が含まれることは非常に興味深い。抱石葬例には，頭位方向という埋葬属性において，他の事例とは少々異なるものがあるということが指摘できよう。

次に，表 1 に表した埋葬属性から死後付加属性・不可視属性として，埋葬姿勢を取り上げよう。縄文時代における埋葬姿勢は，時期・地域によって変化することがわかっている（山田 2001b）。筆者の研究によれば，小竹貝塚の位置する北陸地方は，基本的には腰を直角以上に折り曲げ，膝を鋭角に折るという比較的きつめの「仰臥・屈葬」という姿勢を取る傾向がある。小竹貝塚出土人骨も基本的には同じ傾向を示しており，抱石葬例もその例外ではない。

埋葬小群 1 における埋葬姿勢は，全体で 32 例のうち仰臥・屈葬例が 10 例，左下側臥・屈葬例が 1 例，右下側臥・屈葬例が 4 例となる。埋葬小群 3 では，仰臥・屈葬例が 8 例，左下側臥・屈葬例が 2 例である。全体的には仰臥・屈葬で，かつ腰（脊椎と大腿骨の角度）を±，あるいは－とし，両膝（大腿骨と脛骨の角度）を共に－とする事例が多い。これは北陸地方における一般的傾向と一致する。興味深いのは，埋葬小群 1 にのみ右下側臥・屈葬例が多くみられることである。性別・年齢をみると，右下側臥・屈葬例は，女性ないし子供に限定されることがわかる。特定の埋葬小群中において，このような埋葬姿勢が頻発する背景は不明だが，この小家族集団においては，女性と子供にそのように葬られるべき事由が存在したのであろう。このことは，その集団の本来の出身者と考えられる子供の帰属を考えた場合，非常に示唆的である。

3　小竹貝塚人の社会構造

墓制について，いくつかの埋葬属性の検討を行ってきたが，それを踏まえたうえで，小竹貝塚人の社会についてもアプローチを試みたい。これについては，Bio-Archaeology（骨考古学）の観点から，生前付加属性一類である人類学的な情報を援用したいと思う。まずは，少々特殊な事例と思われる小竹貝塚出土 32 号人骨を取り上げて検討していこう。

米田穣による炭素・窒素同位体からの食性分析の結果では，32 号人骨は C3 植物に偏った，かなり特殊な食生活をしていたと推定されている（米田 2014，図 4）。また 32 号人骨は，mtDNA のハプロタイプが G2 という，小竹貝塚人のなかでは少ない（というより解析できたもののなかでは唯一の事例）タイプに属するということも，篠田謙一の分析で判明している（篠田 2014）。さらに 32 号人骨には，下顎の右第二小臼歯の，特殊な咬耗が確認されている（坂上 2014）。これより推察して，おそらく 32 号人骨の下顎前歯もエナメル質部分が大きく丸くすり減るような，特殊な咬耗をしていたと思われる。このような特殊な咬耗は，小竹貝塚人のなかでは他に 61 号人骨などにしか確認できず，稀有な事例であるといえよう。また，この種の特殊咬耗は，通常皮なめしなど，歯を道具として使用する特殊な作業を行った際に形成されるものと考えられており，早前期の縄文人骨にしばしば観察できるものである。これが今回の他の出土人骨にみられないということは，小竹貝塚人は歯を道具とするような作業をあまり行っていなかったということだろう。そのなかで，32 号人骨にこの種の特殊咬耗が観察できるということは，32 号人骨が小竹貝塚人における生活習慣とは異なった作業を行っていたことになる。

32 号人骨におけるこれらの特殊性に鑑みると，当該人骨は小竹貝塚の集落・集団においては少々特異な人物であったと考えることができよう。その場合，この人骨の埋葬属性から，どのような考察が可能であろうか。通常，骨組織は 10 年程度で入れ替わるといわれている。ということは，ある人物が他の地点から移動してきて間もない段階であれば，炭素・窒素安定同位体比は，元の居住地における食生活の状況を指し示すことになる。

このような考えをした場合，32 号人骨に対する理解の仕方も報告書とはまた異なってくるだろう。たとえば，C3 植物に偏った食生活ということでは，長野県の北村遺跡の事例など，山間部における食生活のあり方を彷彿とさせる。想像を逞しくすれば，32 号人骨は，小竹貝塚において生まれ育った人物ではなく，その出自を山間部の集落に求めることができるかもしれない。報告書では町田賢一が関東地方山間部（群馬県など）からの諸磯系の搬入土器の多さや，長野県産の黒曜石の多さを指摘しているが（町田 2014），その点は極めて示唆的である。

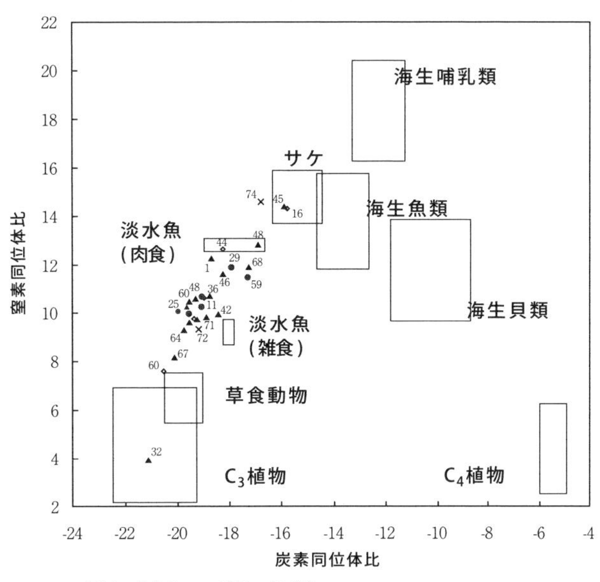

図 4　出土人骨の炭素・窒素同位体比

さて，32 号人骨は埋葬小群 3 に帰属することがわかっている。埋葬小群が筆者の理解の通り，小家族集団の歴史の一部を表すとすれば，32 号人骨は埋葬小群 3 に埋葬された小家族集団の一員であったこと考えることができる。その場合，出自の異なるものが小家族集団内に帰属する機会としては，やはり婚姻が一番自然であろう。そのように考えることが許されるならば，32 号人骨は山間部からの婚入者であった可能性が出てくる。さらにいえば，32 号人骨は乳様突起の大きさから男性であるとされており[2)]，その場合小竹貝塚人は男性が外から婚入してくるような社会構造を有していたとも想定できる。

同様に男性でありながら，「外的要素」をもつ可能性のある事例としては，28 号人骨や 41 号人骨が挙げられる。28 号人骨は上顎左右側切歯を抜歯している。縄文時代前期において，抜歯風習があった地域としては，たとえば仙台湾周辺地域が挙げられるが，この地域における抜歯型式も，上顎の側切歯抜歯である。また 28 号人骨は，その埋葬姿勢から判断して，遺体腐敗時点で股関節を大きく開くだけの空間が周囲にあったと想定でき，他の事例とは異なり，有機質の袋（たとえば皮袋など）に入れられて埋葬されたと想定される。このような事例は，他には 72 号人骨があるだけであり，特殊な葬法を採られたものであろう。これらの点を勘案すると，28 号人骨も外来者であった可能性が指摘できよう。

また 41 号人骨には外耳道骨腫が確認されている。外耳道骨腫は潜水漁撈を生業とする人々に頻発するものであり，縄文時代では三陸海岸沿岸部から仙台湾周辺がその多発地帯となっている。小竹貝塚からはサザエなどの主に潜水漁撈によって採取されたと考えられる魚介類も出土しているので，近海において同様の作業が行われていたことが想定されるものの，他のほとんどの人骨に外耳道骨腫が確認されていないことから，41 号人骨についても外来者である可能性は指摘しておいてもよいだろう。仮に本例が東北地方沿岸部からの移住者だとして，直接的な交渉をうかがうことのできる他の資料を探すと，コハク（岩手県久慈産？）や大木系の土器などが挙げられるが，これらの遠隔地交易品の存在には，通婚圏を考えるうえで意識的になっておきたい。

この他 45 号人骨は，米田穣の検討によって平均的な小竹貝塚人よりも多くの海産物を摂取する特殊な食性を有していたことがわかっている（米田 2014）。この人骨にも上顎左第二切歯に抜歯が確認できる（右側は破損で不明）。28 号人骨と同様に本例が男性であることも示唆的である。また先に述べたように 64 号人骨は頭位方向が埋葬小群内においていわゆる「逆位」であり，この人物についても主流となる集団外の人物，たとえば外来の人物であった可能性は排除できない。

上記の諸点を総合的に判断してみると，小竹貝塚人の集団は，男性が婚入してくるような社会構造を有していたと想定できよう（山田 2015b）。男性が集団内に婚入してくるような社会構造としては，母系的な社会が一番想定しやすい。この点からみて，小竹貝塚を残した集団は，妻方居住婚制を採り，母系的な社会を営んでいたと考えたい[3)]。米田穣は報告書において，男性の方が食生活の変動幅が大きいと述べているが（米田 2014），それは出自（婚入者の出身地）に起因する可能性もあるのではなかろうか。

4　小竹貝塚人における抱石葬の意味

先の頭位方向の検討でも述べたように，埋葬小群中において「従」と捉え得るクラスター，あるいはクラスターには属さない例外的頭位というように，集団内においては「非主流派」のなかに抱石葬例が含まれることは注意すべきであろう。また，表1からもわかるように，小竹貝塚の場合には単独・単葬の抱石葬例すべてが大人の男性である。全国的な視野に立った場合，小竹貝塚にみられるような性的偏りは，必ずしも普遍的なものではないようである。逆にいえば，小竹貝塚人の社会においては，男性側にそのような特殊な葬法を採らざるを得ないような理由があったと考えるべきであろう。

上述してきたように，小竹貝塚人の集団は母系的な社会をもち，ここに外から男性が婚入してくるような妻方居住婚制を採っていたことを想定すると，小竹貝塚において抱石葬が男性に限定される理由もおぼろげながら推察が可能となってくる。おそらく，外来者や他集団からの婚入者が，抱石葬の主たる対象となったことは確実だろう。これより推定して，抱石葬は自集団出身以外の者に対して，「何らかの理由」があった際に呪術的に採られた葬法であった，とするのはどうであろうか。「何らかの理由」の部分を明確にしえない点に歯がゆさを感じるが[4)]，今は抱石葬が行われた理由を，単に死者・死霊を「象徴的に」[5)]封じるといった意味だけではなく，婚入者や外来者，ストレンジャーといった人々が死亡，ないしは客死した際に執り行われた葬法であった可能性を指摘し，今後のSr同位体分析などによる追試の結果を待ちたいと思う。

おわりに

以上小竹貝塚の報告書における記載に基づきながら，当該遺跡における墓制および社会構造に言及しつつ，抱石葬が行われた理由について考察を行ってきた。どこまで実態を引き出すことができたのか少々心許ないが，現状において筆者が考え得る仮説を提示したつもりである。想像の羽を少々広げすぎた観もあり，またこれをもってすべての抱石葬という葬法が説明できるとも思わないが，それも含めて仮説の提示とし，その評価は今後の考古学的・人類学的検討に委ねたい。

註

1) ただし堀越は，縄文人が死霊を恐れていたことに関してはネガティブな見解を提出している（堀越2015）。

2) 乳様突起の大きさ等については，男女判定の基準の一つとされることも多いが，「嘘をつく」ことも多い。これについては，拙著（山田2008）をご覧いただきたい。

3) 母系的な社会であっても，その集団出身の男性全てが婚出したわけではない。狩猟採集社会では，当該者の身体的能力等の問題を含めた様々な理由により結婚できな（しな）かった男性がいた可能性は高い（山田2014）。そのような男性は，自集団出身の女性と同じような葬法で埋葬されただろう。

4) 筆者は，死霊を封じるために（狭義の）抱石葬が行われたという先賢の見解については基本的に同意するが，その一方で再生・循環的死生観をもつ縄文人は，通常において死者および死霊といったものをあまり恐れなかったとも考えているので（たとえば山田2015a），このような死霊封じはあくまでも特殊な状況下に発生したものであったと理解している。また，死者・死霊を恐れ，これを封じるに至る理由は多々存在したと考えられ，必ずしも不慮の事故による死亡や中毒死，あるいは他の理由による突然死などのような死因だけにとどまるものでもないだろう。被葬者の生前における能力，人格，業績，人間関係等に対して，埋葬者（埋葬を行う人々）側が下した評価が葬法に反映されるということは，既知の民族誌からみても十分に想像できる。この場合，被葬者の生前における評価が必ずしも低い時ばかりではなく，逆に能力などが高すぎても死者を封じるという当該葬法の対象になり得たということは想定しておくべきであろう。

5）ここで「象徴的に」とあえて付言する意味は，実際に死霊を封じる，死者を身動きできなくするとするには，遺体上に置かれた礫が少々小さいと思われる事例も存在するからである。

参考文献

小金井良精　1923「日本石器時代の埋葬状態」『人類学雑誌』38（1）　25-45頁

小林行雄　1951「縄文式時代の葬制」『日本考古学概説』創元社　75-81頁

坂上和弘・河野礼子・茂原信生・溝口優司　2014「第Ⅵ章　人骨の理化学的分析・形態分析5　形態分析」『小竹貝塚発掘調査報告書』富山県文化振興財団

篠田謙一　2014「第Ⅵ章　人骨の理化学的分析・形態分析3　DNA分析」『小竹貝塚発掘調査報告書』富山県文化振興財団

長谷部言人　1920「石器時代の蹲葬に就て」『人類学雑誌』35（1）　22-28頁

春成秀爾　1979「縄文晩期の婚後居住規定」『岡山大学法文学部学術紀要』40（史学篇）　25-63頁

林　謙作　1977「縄文期の葬制　第Ⅱ部　遺体の配列，とくに頭位方向」『考古学雑誌』63（3）　1-36頁

早瀬亮介・小原圭一　2014「第Ⅴ章　自然科学分析8　放射性炭素（AMS）年代測定」『小竹貝塚発掘調査報告書』富山県文化振興財団

堀越正行　2015「縄文死霊論小考」『唐澤考古』34　21-31頁

町田賢一　2014「遺物」『小竹貝塚発掘調査報告書』富山県文化振興財団

町田賢一編　2014『小竹貝塚発掘調査報告書』富山県文化振興財団

水野正好・堀江門也・野上丈助　1971『国府遺跡発掘調査概要』大阪府教育委員会

山田康弘　2001a「縄文人の埋葬姿勢（上）」『古代文化』53（11）　12-31頁

山田康弘　2001b「縄文人の埋葬姿勢（下）」『古代文化』53（12）　17-34頁

山田康弘　2002『人骨出土例の検討による縄文時代墓制の基礎的研究（課題番号12710215）』平成12・13年度科学研究費補助金〔奨励研究（A）〕成果研究報告書

山田康弘　2003「埋葬頭位は社会組織を表すのか―縄文時代の人骨出土例による再検討―」『立命館大学考古学論集III』341-366頁

山田康弘　2008『生と死の考古学―縄文時代の死生観―』東洋書店

山田康弘　2014『老人と子供の考古学』吉川弘文館

山田康弘　2015a『つくられた縄文時代―日本文化の原像を探る―』新潮選書

山田康弘　2015b「小竹貝塚にみる縄文墓制と社会」『海をみつめた縄文人―放生津潟とヒスイ海岸』平成27年度大阪府立弥生文化博物館秋季特別展図録　114-123頁

米田　穣　2014「第Ⅵ章　人骨の理化学的分析・形態分析4　炭素・窒素安定同位体比分析」『小竹貝塚発掘調査報告書』富山県文化振興財団

先史時代におけるモニュメント研究

阿部　昭典

はじめに

縄文時代には大規模構築物が存在することが明らかになってきているが，近年の先史考古学においてこれらは「大規模記念物」もしくは「モニュメント」と呼ばれることが多くなってきた（小林1996・2004など）。もともとは西欧考古学における「stone monument」や「megalithic monument」に由来すると考えられ，日本では「巨石記念物」などと訳されている（駒井1950）。しかし縄文研究における「モニュメント」は遺構の名称ではなく，配石遺構や環状盛土遺構，環状木柱列などを包括する「解釈概念」であり，これらの意味するところは甚だ曖昧である。以前筆者は環状列石が「モニュメント」ではないと見解を述べたことがあるが（阿部昭1998），当時は「ストーン・サークル」などと渾然一体となって定義が極めて曖昧なまま使用され，集落ではない「葬祭センター」や「祭祀の場」であるといった見方が席巻していた時期でもあった。そのため「モニュメント」という曖昧な概念で括られることで，さらなる研究の混乱への危惧を抱いたからである。

現在においても，「環状列石」の捉え方は研究者によって千差万別であり，さらに環状盛土遺構や周堤墓などとともに，漠然と「モニュメント」という概念で包括されることが多くなった。したがって，本論では「モニュメント（記念物）」の概念を整理するとともに，縄文時代の大規模構築物のなかの環状列石が，この種の概念で捉えられるのか若干の検討を加えたい。

1 「モニュメント」の定義

モニュメント（monument）は，たとえば『岩波国語辞典（第7版新版）』では，①記念碑，②記念建造物，③比喩的に後世に残る不朽の功績・作品，と定義される。一般的に，出来事（災害・戦争）や人物を記念するための碑，文化財としての記念物・遺跡，後の時代に残る人の功績や作品を意味する。しかし，先史考古学におけるモニュメントはやや意味が異なる。

欧米考古学においてモニュメントに関連する用語は，ジェームズ・ファーガソン（1872）やT・E・ピート（1912）の両著作において，「Rude stone monuments」や「rough stone monuments」という用語がすでに使用されている。また「巨石建造物（megalith monuments）」は，グリン・ダニエル（近藤訳1976）によると，ギリシア語のメガス〈megas 巨大な〉とリトス〈lithos

石〉に由来し，1840年から60年にかけて初めて使用されたようである（ダニエル 1976）。またダニエルは，考古学における「巨石建造物」は，「おもに前2,000年から前1,500年の間に巨大石材を使って建造した墓室・列石・立石・環状列石などの特殊型式の建造物に限定して使うのが慣例である」と定義している。さらに，ダニエルは，巨石建造物を1類：石室，2類：単独立石，3類：立石群の便宜的に3型式に区分している。

ゴードン・チャイルドの著書『考古学の方法』（近藤訳 1964）では，近藤義郎の訳によると，遺物に対して，monumentを「遺構」と訳している。注釈のなかで近藤は，モニュメント（monument）には，「モニュメントの位置やモニュメント相互の関係を示す包括的な概念にも，遺跡という名称が用いられている。したがってこの混乱をさけるため，完全に妥当な用語でないかもしれないが，モニュメントを遺構と訳出した」経緯が説明されている。また翻訳された文脈においても，「遺構」もしくは「構築物」以外に，現在のようなニュアンスはあまり読みとれない。

一方，ブルース・トリッガーは著書『歴史科学の考古学』（菊池・岸上訳 1991）のなかで，モニュメントについて，「部族の儀礼センターとして機能した」ことや「旧石器時代以降，集団の人口が増大し，より定住的になり，集団間の競争が激しくなるにつれて，その数を増してきたように思われる」と説明している。またトリッガー（川西訳 2001）は，『初期文明の比較考古学』のなかで「記念建造物」について触れて，「初期文明の支配者や国家は，記念建造物を他の誰よりも壮大な規模で造営することによって，自らの権力を表現した」と説明し，権力の表現の最も基本的で普遍的な方法の一つに「エネルギーの顕示的浪費 conspicuous consumption〔訳注：経済学の用語〕」があることを指摘している。

次に，コリン・レンフルーは『文明の誕生』（大貫訳 1979）において，「巨石記念碑（megalithic monument）」を，巨石墓を語るなかで「そのテリトリーのなかに位置し，その死者を受け入れる，そういった集団の恒久的な社会的中心とみることができる」と説明し，近隣のリネージやクランのあいだの協同が，交換や石室墓の建設に参加することによって推進される。一方で，社会的儀礼活動には，何らかの競争という側面があり，記念物は豪勢で，その偉容は労働とのひきかえに，牛や羊を大盤振る舞いする祭宴によって購われたことを想定している。

またレンフルーは著書『先史時代と心の進化』（小林訳・溝口監訳 2008）のなかで，記念物について「社会的および認知的意味を持つと言ってよい物質的関与プロセスが生み出した物であり，これを建設し利用することで，記憶を喚起し，不朽のものとするのである」と説明している。また，「より大きな集団志向社会も中心を必要とするのであり，巨大なヘンジは祭祀センターとして機能したほか，もしかすると親共同体への巡礼センターとしても機能していたのかもしれない」とし，テリトリーの社会的中心の役割を担っていたことを指摘している。

次第に，モニュメントには単なる遺構や建造物の意味を越えた用語として使用されるようになってきている。最近のモニュメントに関する研究では，リチャード・ブラッドレイ（1998）の著書『The significance of monuments』等がある。ブラッドレイは，ヨーロッパのモニュメントについて，長方形の建物状の構築物の分析から出現過程を考察している。このなかでは，モニュメントについての明確な定義は認められないが，これらが「象徴的中心（symbolic center）」や「世界の中心（the center of a world）」として認識されていたことが述べられている。

一方，日本の先史考古学では，1940年代になると「巨石記念物」の用語が散見されるようになるが，それ以前はcircle of stonesもしくはstone circleの訳として「環状石籬」が使用されるのみであった（渡瀬1886，阿部正1918・1919）。たとえば，大山柏（1941）は「史前巨石建造物」と題して，欧米や日本の巨石建造物について詳細にまとめている。そのなかで，題目にもなっている巨石建造物はMegalith monumentの訳で，「monument」が「記念物」ではなく「建造物」と訳されていることが注目される。また大山は，史前巨石建造物について，「未だ文化低い史前文化に在って，主として巨大な石を以て一種の記念物と認めらるるものや，墳墓乃至は門の如き，或は柵籬等の形状を造営したものを指すのである」と説明する。加えて，大山は，これらの史前巨石建造物の種類について，立石（Menhir），列石（Alignement），環状石籬（Cromlech），卓石墳（Dolmen），羨道墳（Ganggrab），門石（Trilith）に分類されることを指摘している。

1950年になると，駒井和愛により「巨石記念物」を用いた一連の論考が発表される（駒井1950・1951・1952ab）。駒井によると，巨石記念物の語源は，西欧のMegalithic Monumentsであるが，これらはフランスではメンヒル，クロムレック，ドルメンに区分され，これらはブルターニュ地方の言葉で，もとはケルト語に属するとされる（駒井1959）。またイギリスでは，ストーン・サークル（＝クロムレック）などの用語とともに，「角のあるケールン（Horned Cairn）」が用いられるという。駒井は，日本においてはこれまでドルメンとともにストーン・サークルの名が使用され，かつてストーン・サークルは「環状石籬」（渡瀬1886）と訳され，駒井も忍路三笠山，地鎮山遺跡をストーン・サークルと呼んでいたが，音江などの事例はイギリスで言う角の生えた積石塚（ケールン）にあたると説明する。秋田県大湯環状列石が有名になると，駒井もこれらを環状列石と総称することとした経緯が述べられている（駒井1959）。

これ以後，「環状列石」やより包括的な「配石遺構」の名称の普及によって，記念物の用語は影を潜めたとみられる。1980年代には『縄文文化の研究』（全10巻）が刊行され，第9巻「縄文人の精神文化」では，阿部義平（1983）が「配石」について概説している。阿部は，配石を「いわゆる配石遺構，組石遺構，敷石遺構，立石遺構，あるいは環状列石などと呼ばれる遺構の総称」と定義しており，「配石を縄文時代とその社会の最も顕著で宗教的ともいえる記念物として」理解している。

一方，塚原正典（1987）は，著書『配石遺構』のなかで，レンフルーの論を援用してモニュメントの用語を用いている。塚原は，縄文時代の配石遺構に関しても，一種のモニュメントとして捉え，規模の大きな配石遺構が「テリトリーマーカー」であり，社会の結節点である可能性を指摘している。しかし，塚原はモニュメントの定義について，明確には言及していない。

その後，再び「モニュメント」が使われるようになるのは1990年代なかばで，小林達雄（1995）が「ランドスケープ」や「自然の社会化」などの概念とともに，「モニュメント（記念物）」を用いたことが契機となる。これらの概念は，欧米考古学から援用したもので，小林達雄

(2002) は，縄文時代の配石遺構などを，記念物＝モニュメント (monument) と理解し，いくつかの特色をあげる。①規模が大きく，誰の眼にも目立つ。②膨大な人手と時間を要する。③「腹の足しにはならない」代物。さらに小林は，縄文人の世界観を目で見えるカタチに変換したものが記念物なのであり，カタチの構築作業を通して確信を強めてゆく効果が記念物の存在意義であり，社会的な機能である，と説明する。一方で，小林は，「石を並べたストーンサークルや土を盛り上げた環状土手，円形または方形の木柱列などを典型とする。とにかく規模がずば抜けて大きく，従って構築には膨大な時間と人手が投入されている。いわば腹の足しにはちっともならないものだ。実が心は，頭の足しになっていたものである。つまり投資に対する現実的な見返りを期待するのではなく，より抽象的，精神的な次元にかかわるものであったことを示唆している」と特色を説明している (小林達 2007)。

2007 年刊行の『縄文時代の考古学 11 心と信仰』では，五つのテーマのなかに「モニュメント」の項目が設定される。そのなかで，宮尾亨は，モニュメント (記念物) について，「文字をもたず，文字記録を介在せずに，それらを伝えるのに最も優れたメディアであり，同時にそれを口承伝承する舞台にもなり得る」と，記憶や歴史等の伝承という側面を強調している。また総論を担当した小杉康 (2001・2014) は，別稿でモニュメントについて，「特定の記憶を絶えず顕示した状態で同時代ないしは後世に伝達する機能を有するもの」と定義する。さらに，その特徴として，①不朽性 (あるいは耐久性)，②顕示性，③造形的象徴性の三つの特性をあげる。これらは土偶や大形石棒などの儀器にも当てはまる特性であり，モニュメントに限定されるものではない。また小杉は，大規模記念物が，分散居住するようになった複数集団の統合シンボルだけに留まらず，遠隔の地域社会が連携し合うための文化装置として作用したと解釈する。また「文化制度」として「縄文モニュメント」を捉えている。しかし，小杉の大規模記念物が分散居住における統合シンボルであるという解釈は，従来の大湯環状列石などで議論されている「葬祭センター」説 (秋元 2000・2005，佐々木 2005 ほか) とほぼ同じ捉え方である。

その他にもモニュメントについての言説はあるが，縄文研究におけるモニュメント (記念物) は，儀礼や信仰などに関わる大規模な構築物に限られた意味を帯びてきていると考えられる。これらには，環状列石，環状積石遺構，環状盛土遺構，周堤墓，環状木柱列などが含められるというのはほぼ一致した見解であるが，どのような要素をもって，モニュメントとして捉えられるのかは甚だ曖昧である。モニュメントの特徴は，①大規模で，②造営における膨大な労働力を必要とし，③協業によって構築し，④構築物は信仰や世界観に係り，⑤石や土で構築されるため腐蝕が少なく永続的である，などの特色に集約される。確かに，大規模構築物が出現する社会背景は，縄文社会を研究するうえで興味深いが，曖昧なままに解釈が先行しているようにも映る。

2　モニュメントと大規模な労働量

ここでは紙幅も限られているので，モニュメントの主な要件である，①造営における大規模な労働力，②長期的な造営行為および時代を超えた利用という点に注目して，環状列石を対象にこれらをモニュメントとして捉えることが可能なのか検討する。

環状列石では，小牧野遺跡や伊勢堂岱遺跡（図1-1），大湯環状列石に代表されるように，大規模な土木工事や多量の河原石を用いた構築物といった側面だけが注目されるが，しかし，これらは普遍的ではない。東北北部の環状列石のなかにも，鹿角市高屋館跡（柴田・小畑1990）（図1-2）や六ヶ所村大石平遺跡（遠藤・一条ほか1987），青森市稲山（1）遺跡（小野・児玉2004）のような小規模な列石の例や，青森市中平遺跡（佐々木・成田ほか2009）や西目屋村砂子瀬遺跡（中島・佐藤ほか2009），佐井村糠森遺跡（山城2004）のように，掘立柱建物跡が環状にめぐる空間構造を有して列石を伴わない事例が存在する（図1-3）。これらは，掘立柱建物跡の配列に難があるものも含まれるが，空間構造において環状列石の内部空間はこれらと同様に同じ役割を果たしていたと推測される。これらは，長期的列石造営の途上で廃絶したためであるとする解釈も成り立たないわけではないが，配石規模は遺跡の継続期間や集団規模，石材環境などよりも，むしろ個々の集団の志向によって異なるのではなかろうか。

また配石石材を運搬することも儀礼行為の一つとみなす見解もあり（児玉2007），環状列石の列石構築が儀礼行為のなかに組み込まれていた可能性は十分考えられるが，小規模列石や列石をもたない広場空間を有する集落遺跡と環状列石をもつ集落遺跡で，出土遺物の組成に大きな差異は認められないことからも，そこでの儀礼行為自体が大きく違ったとは考えがたい。また配石運搬における儀礼的側面は，周年的・長期的配石造営の解釈と関わる。しかし，これらに儀礼的側面があるとしても，すべての運搬行為に対してではなく，特定の石材や特定の日に限られていたと推測される。

このような環状列石の構成礫の運搬・構築，土地造成の労働量を過少評価するわけではないが，投下する労働量がモニュメントの要件なのであろうか。そうした場合に，たとえば同じ環状列石の範疇で捉えられる遺構でもモニュメントからは外れる例も出てくることになる。構築に係る労働量は不明な事例が多いが，小牧野遺跡の場合は斜面の削平土量は約400 m^3と推測されている（児玉2004）。今後は，具体的に構築に係るコストを数値化して，集落を構成する構築物の労働量の比較を通して，モニュメントを満たす要件を検討していく必要があるだろう。

3　モニュメント研究における「長期構築説」

(1) 長期的構築の可能性の指摘

縄文時代の環状列石や盛土遺構は，大規模であるがゆえに，長期的に作り続けられるという見方がある（小林達2005ほか）。たとえば宮尾亨（2005）は，長くとも数百年を越えない期間に形成され，配石の途切れる間隙を目安として区切ってみると，環状列石は中心に石を立てた日時計状配石遺構と平板な直線状配石遺構とから構成されていることを指摘している。また別稿で宮尾

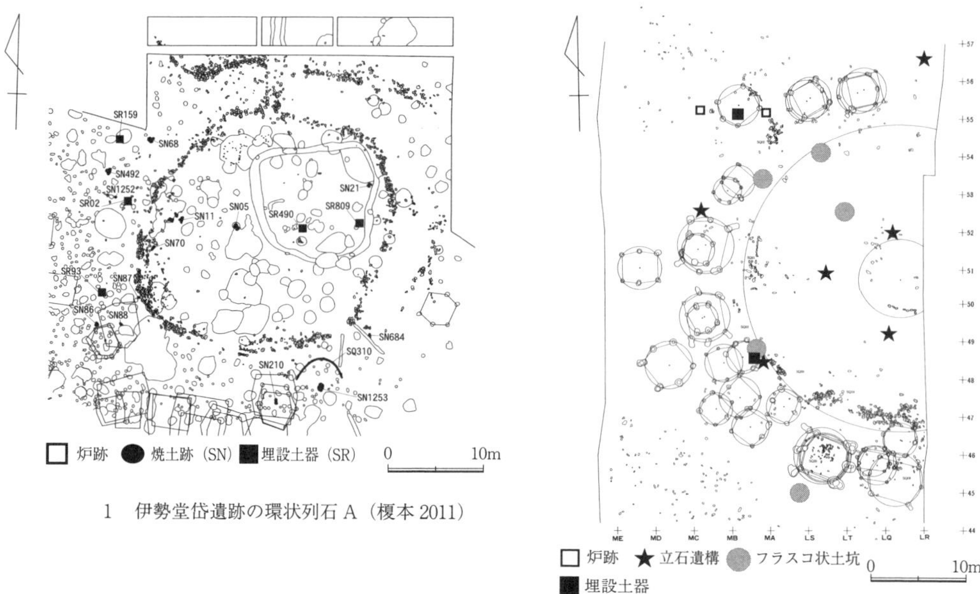

1　伊勢堂岱遺跡の環状列石A（榎本2011）

2　高屋館跡の環状列石（柴田・小畑1990）

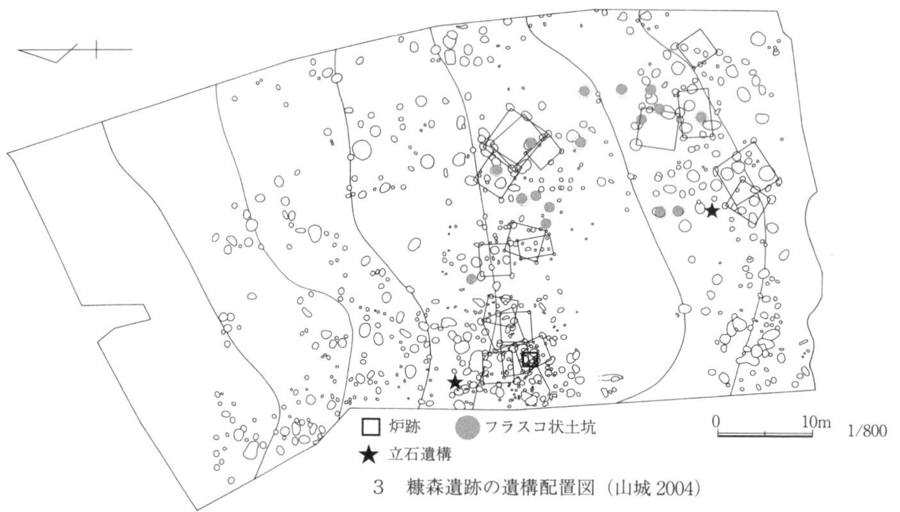

3　糠森遺跡の遺構配置図（山城2004）

図1　環状列石と広場空間

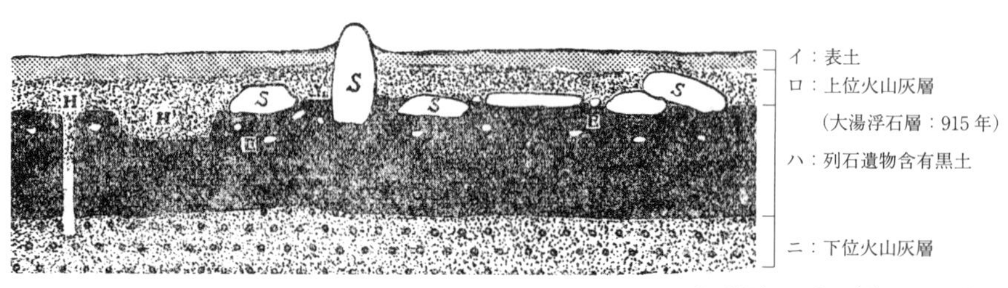

図2　大湯環状列石における堆積状況模式図（後藤・齋藤ほか1953に加筆）

(2007) は，環状列石の構築が短くて数百年，場合によっては千年近い年代幅があることを指摘し，モニュメントとしての既存の立石や列石を意識して，新しい単位配石を繰り返し構築された結果が環状列石であると説明する。このような指摘は，全てのモニュメントに当てはまるわけではないが，大規模で膨大な労働量を必要とする事例は，確かにある程度の期間をかけて継続的に構築されたことが想定されるが，果たしてこれらの構造物は，数百年にわたって構築することや，当初から意図されたカタチではなく個々の単位配石の集積の結果なのであろうか。

(2) 長期造営説についての検討

大規模な環状列石としては，北秋田市伊勢堂岱遺跡，鹿角市大湯環状列石，青森市小牧野遺跡，があげられ，伊勢堂岱遺跡のように複数の環状列石が存在する場合は，一基ずつ時間差をもって構築された可能性も想定される（榎本 2011）。いずれの環状列石も，十腰内 I 式古段階から新段階を中心に造営されたと考えられるが，十腰内 I 式期の AMS 年代測定データでは，3,750〜3,500 BP の値が示されており（國木田・吉田・児玉 2009，國木田・松崎 2014），約 250 年（較正年代では約 500 年）の時間幅と推定される。その約 500 年間継続的に構築されたという見方も可能であるが，実際に列石の構築作業が短期的なのか長期的なのか考古学的に解明するには限界がある。しかし，一つの環状列石の本体部分を何世代にもわたって数 m ずつ列石を構築したとする「長期構築説」には違和感を感じる。集落の造営と同様に，配石遺構においても，新たに列石や組石，埋葬・埋納施設が付加されたり，修繕や改変されたりすることがあっても，おそらくは数年のうちに基盤となる土地造成と環状列石本体部分が構築されたと推測される。何世代にもわたって環状列石の場を使用することがあっても，数百年にわたって数 m ずつ列石を構築していったとは考え難い。

(3) 時代を超えるモニュメント

縄文時代の遺跡のなかで，後世に地上に露出するなどの要因や地形に影響を及ぼすことから，認識される遺構が存在する。一方で，集落や貝塚や廃棄場や配石などが地名に影響を与える場合や，特別な場所として認識される場合がある。地名としては，たとえば「貝塚」や「長者屋敷」，「石倉」などがあげられる。しかし，これらはモニュメントとして知覚されたわけではなく，遺跡に包含された石や土器片などの異質性から認識された結果に過ぎない。

環状列石に関しては，青森市小牧野遺跡の環状列石では，報告者によると，大形の河原石が地表に散在していることから俗に「石神平」と呼ばれ，環状列石の中心部付近に嘉永 7 年（1854 年）の年号が刻まれた馬頭観音碑が建立されていたとされる（児玉 1996）。この空間が，後世の人々によって何らかの場所として認識されていた可能性が想定される。また，平川市太師森遺跡の環状列石では，「石の土俵で相撲をとった神様が，十和田サマの池で足を洗った」という伝説があるという（葛西 2005）。さらに，鹿角市大湯環状列石も，平安時代 915 年の火山灰が降灰したころにはまだ地表に立石などの一部が露出していた可能性が指摘されており（図 2），周囲に居住していた人々によって認識されていた可能性が指摘されている（後藤・齋藤ほか 1953，秋元・藤井ほか 2005 など)。しかし，これらはモニュメントの特質として，継続的に後世の人々に認識されてきたわけでもなく，記憶が継承されたわけでもない。単に後世の人々に「異質な場所」として認識された結果であると推察される。

おわりに

モニュメントの性格は，永続的で非常に大規模である。それゆえに時代を経ても完全に埋没することなく地上に顕在化していることから，異なる集団・文化を越えて意味を変えながら，永続的に特別な存在として扱われることが多い。環状列石などの配石遺構は，石造であるため腐植せずにより永続的に地表に残るため，造営に関わっていた人々にとってのモニュメント的側面は否定できない。しかし，縄文時代の大規模構築物は，集落の造営期間のなかで完結するものが多く，数世代にもわたる空間利用という点では，捨て場，貝塚，広場などと大きく変わらない。大湯環状列石や小牧野遺跡の日時計型組石や立石遺構のように，後の時代まで地上に露出していた可能性があるもの以外は，埋没過程で地表から視覚的に消えてしまうと推測される。モニュメントの永続性という特性は，比較的弱いといえるだろう。

さらに造営に関わる膨大な労働量の面では，配石の有無や量において遺跡差が大きい。小牧野遺跡や大湯環状列石，伊勢堂岱遺跡のように多量の石材を搬入して構築する事例には当てはまるが，その他の同時期の類似した構造の集落遺跡に普遍化することはできない。膨大な労働量という特徴では，環状列石や配石遺構全般に該当するわけではない。

以上，簡単ではあるが，解釈概念としての「モニュメント」について検討を加え，環状列石をモニュメントとして捉えられるのか検証を行った。考古学に係る「モニュメント (monument)」の用語は予想以上に古くから使用され，現在はより複合的意味を有する。縄文時代の環状列石は，狩猟採集社会における構築物であることから，規模や投下される労働量等において単純に古墳時代の前方後円墳や西欧の巨石墓・巨石遺構とは同列に扱えないのは明らかではある (河野 2008, ネスプルス 2014 など)。現状では，少なからず狩猟採集段階におけるモニュメント的構築物の萌芽，初期モニュメントとして理解できよう。さらに，これらは居住者の世界観や信仰を反映した儀礼に係る構造物であるとともに，居住域や生活領域のなかの象徴的・中心的空間であることが推測される。

この度，本論考を寄稿させていただく機会を与えていただきました，小泉玲子先生をはじめとする編集委員会の方々には感謝申し上げたい。また古稀を迎えられました山本暉久先生においては，柄鏡形 (敷石) 住居跡の研究をはじめとして，石棒や集落研究，移動論や階層化社会論への見解など，大学院生のころから研究者のお手本として，その姿勢を多く学ばせていただきました。これまでの学恩に感謝するとともに，先生のご多幸と一層のご活躍を心から祈念申し上げます。

引用・参考文献

秋元信夫　2000「大湯環状列石における遺跡の変遷」『青森県考古学』第12号　41-46頁

秋元信夫　2005『石にこめた縄文人の祈り　大湯環状列石』新泉社

阿部昭典　1998「縄文時代の環状列石」『新潟考古学談話会会報』第18号　47-67頁

阿部昭典　2008『縄文時代の社会変動論』アム・プロモーション

阿部昭典　2011「東北北部における環状列石の受容と集落構造」『古代文化』第63巻第1号　24-43頁

阿部昭典　2015『縄文の儀器と世界観』知泉書館

阿部義平　1968「配石墓の成立」『考古学雑誌』第54巻1号　77-96頁

阿部義平　1983「配石」『縄文文化の研究9　縄文人の精神文化』雄山閣　32-45頁

阿部正巳　1918「石狩國の環状石籬」『人類学雑誌』第33巻第1号　403-406頁

阿部正巳　1919「北海道に於けるツングース種族の遺蹟遺物」『人類学雑誌』第34巻第2号　43-50頁

榎本剛治　2011「環状列石造営の工程」『月刊考古学ジャーナル』No. 612　6-9頁

大湯郷土研究会　1973『特別史跡大湯環状列石発掘史全編』

大山　柏　1941「史前巨石建造物（Megalith monument）」『史前学雑誌』第13巻第1・2号　1-78頁

葛西　勵　2005「太師森遺跡」『縄文ランドスケープ』アム・プロモーション　71-75頁

河野一隆　2008「国家形成のモニュメントとしての古墳」『史林』第91巻第1号　33-66頁

國木田大・吉田邦夫・児玉大成　2009「小牧野遺跡における土器付着炭化物の14C年代測定」『青森県考古学』第17号　21-26頁

國木田大・松崎浩之　2014「第VI章第4節石倉岱遺跡出土資料14C年代測定と炭素・窒素同位体分析」『秋田県北秋田市石倉岱遺跡　2012年度発掘調査報告書』國學院大學文学部考古学研究室　111-118頁

ゴードン・チャイルド著，近藤義郎訳　1964『考古学の方法』河出書房新社

小杉　康　2001「巨大記念物の謎を探る」『新北海道の古代1旧石器・縄文文化』北海道新聞社　182-201頁

小杉　康　2013「大規模記念物と北海道縄文後期の地域社会について（予察）」『北海道考古学』第49輯　35-49頁

小杉　康　2014「葬墓祭制と大規模記念物」『講座日本の考古学4縄文時代（下）』青木書店　439-483頁

小杉康・谷口康浩・西田泰民・水ノ江和同・矢野健一編　2007『縄文時代の考古学11　心と信仰—宗教的観念と社会秩序—』同成社

児玉大成　1996「第II章第1節遺跡の位置」『小牧野遺跡発掘調査報告書』青森市教育委員会

児玉大成　2004「環状列石にみる縄文時代の土木技術」『月刊文化財』2月号　31-35頁

児玉大成　2007「雪と環状列石—石材運搬に関する一考察—」『青森県考古学』第15号　41-50頁

小林達雄編　1995『縄文時代における自然の社会化』雄山閣

小林達雄　1996『縄文人の世界』朝日選書

小林達雄　2005「縄文ランドスケープ—自然的秩序からの独立と縄文的世界の形成—」『縄文ランドスケープ』アム・プロモーション　9-19頁

小林達雄　2007「記念物　モニュメント」『考古学ハンドブック』新書館　212-213頁

駒井和愛　1950「日本に於ける巨石記念物」『考古学雑誌』第36巻2号　7-17頁

駒井和愛　1951「我が國に於ける巨石記念物（続）」『考古学雑誌』第37巻1号　29-34頁

駒井和愛　1952a「日本に於ける巨石記念物（続々）」『考古学雑誌』第38巻1号　54-64頁

駒井和愛　1952b「日本に於ける巨石記念物（続々々）」『考古学雑誌』第38巻5・6号　22-34頁

駒井和愛　1959『音江』慶友社
駒井和愛　1973『日本の巨石文化』学生社
グリン・ダニエル著，近藤義郎訳　1976『メガリス―西欧の巨石墓―』学生社
コリン・レンフルー著，大貫良夫訳　1979『文明の誕生』岩波現代選書
コリン・レンフルー著，小林朋則訳・溝口孝司監訳　2008『先史時代と心の進化』ランダムハウス講談社
佐々木藤雄　2005「環状列石初源考（上）」『長野県考古学会誌』109号
塚原正典　1987『配石遺構』考古学ライブラリー 49　ニュー・サイエンス社
鳥居龍蔵　1932「ドルメンに就て」『ドルメン』第1巻創刊号　14-19頁
長谷部言人　1919「陸前國細浦上の山貝塚の環状列石」『人類学雑誌』第34巻第5号　159-161頁
宮尾　亨　2005「配石構造物の単位と設計原理」『縄文ランドスケープ』アム・プロモーション　231-240頁
宮尾　亨　2007「環状列石の造営」『縄文時代の考古学 11 心と信仰』同成社　133-144頁
山本暉久　1999「遺構研究　配石遺構」『縄文時代』第10号（第3分冊）　151-166頁
山本暉久　2007「東日本のストーン・サークル　東日本総論」『季刊考古学』第101号　48-51頁
ロラン・ネスプルス　2014「西ヨーロッパから見た古墳時代像―原史時代大陸モニュメントとの比較を通じて―」『古墳時代の考古学 9　21世紀の古墳時代像』同成社　158-176頁
渡瀬荘三郎　1886「北海道後志國に存する環状石籬の遺蹟」『人類学会報告』第1巻第2号　30-33頁
Bradley, R. 1998 *The significance of monuments:* on the shaping of human experience in Neolithic and Bronze Age Europe, Routledge
Fergusson, J. 1872 *Rude stone Monuments:* In all Countries, Their Age and Uses, Akademische Druck-U. Vlgs.
Renfrew, C. 1981 Intorodeuction: The Megalith Builders of Western Europe in *Antiquity and Man. Essays in Honour of Glyn Daniel,* Thames and Hudson Ltd, London. 8-17.

発掘調査報告書

遠藤正夫・一条秀雄ほか　1987『大石平遺跡発掘調査報告書 III』青森県教育委員会
佐々木雅裕・成田滋彦ほか　2009『中平遺跡』青森県教育委員会
中嶋友文・佐藤純子ほか　2009『砂子瀬遺跡，水上（3）遺跡，水上（4）遺跡』青森県教育委員会
上野隆博・児玉大成ほか　1996『小牧野遺跡発掘調査報告書』青森市教育委員会
小野貴之・児玉大成　2004『稲山遺跡発掘調査報告書 V　分析・総括編』青森市教育委員会
児玉大成　2006『小牧野遺跡発掘調査報告書 IX』青森市教育委員会
柴田陽一郎・小畑巌　1990『西山地区農免農道整備事業に係る埋蔵文化財発掘調査報告書 VI　高屋館跡』秋田県教育委員会
藤井安正・秋元信夫ほか　2005『特別史跡大湯環状列石（I）』鹿角市教育委員会
榎本剛治　2011『史跡伊勢堂岱遺跡発掘調査報告書』北秋田市教育委員会
山城日登美　2004『糠森遺跡』佐井村教育委員会
後藤守一・齋藤忠ほか　1953『大湯町環状列石』文化財保護委員会

図版出典

図1　1：榎本 2011，2：柴田・小畑 1990，3：山城 2004，図2　1：後藤・齋藤ほか 1953

石器の加熱処理と小瀬ヶ沢洞窟の石器

御堂島　正

はじめに

岩石の剥離に関する性質を改善する加熱処理技術は，日本列島においても縄文時代から弥生時代にかけて存在したことが明らかになっている（御堂島 1993b・2001，早勢 2007）。珪質の岩石を適切に加熱処理すると，非加熱の状態では剥離が困難なものでも，より小さな力で長く薄い剥片を剥離することができるようになる。主に押圧剥離との関連が深く，石刃剥離や両面体の加工にも使用されている。考古学上でも民族誌上でも広く世界各地で確認されており（Hester 1972, Olausson and Larsson 1982 など），ヨーロッパやアフリカでは旧石器時代からみられる（Bordes 1969, Brown et al. 2009 など）が，日本列島の旧石器時代には今のところ確認されていない（大沼 1998）。

加熱処理は直接的には石器の製作に関わるものであるが，岩石の性質を変えて石器製作を容易にするという点からみると，石材の獲得，使用，廃棄など石器のライフヒストリー全般に影響を及ぼすものである。残念ながら，わが国ではこの分野の研究はほとんど進展していない。

本稿では，今後のわが国での研究の進展を期して，石器製作における加熱処理に関する近年の研究動向を概観し，現在のところ日本列島最古と考えられる新潟県小瀬ヶ沢洞窟の加熱処理した石器の事例について述べる。

1　その後の研究

石器の加熱処理に関する研究は，クラブトリーらによって初めて記述された（Crabtree and Butler 1964）。その後，加熱処理の効果（Mandeville and Flenniken 1974 など），民族誌の探索（Hester 1972 など），メカニズム（Griffiths et al. 1987 など），識別方法（Melcher and Zimmerman 1977 など），考古資料に関する研究（Schindler et al. 1982 など）が行われてきた。おおむね 1991 年までの研究状況についいは，別にまとめた（御堂島 1993a）ので，ここではその後の主な研究について概観する。

(1) メカニズム

なぜ加熱処理によって剥離に関する性質が改善されるのかについては，熱によって内部に微細な亀裂が生じるためという説や主要鉱物の間を埋める不純物が再結晶するためとする説などがあった。ドマンスキーとウェブ（Domanski and Webb 1992）はそれまでの諸説を検討し，微晶質シリカの再結晶説を支持した。剥離の亀裂は，非加熱の状態では強く結合した繊維状カルセドニー（鉱物学的意味での玉髄）の結晶を突破しなければならないが，加熱されると結合の弱い短い等粒状の結晶構造に変化し，容易に結晶の周囲を進むことができる。そのため，破壊靱性値は減少し，光沢をもった剥離面が形成されるとする。一方，シュミットら（Schmidt et al. 2012）はフリントにおける結晶学的・構造的変換モデルを提示した。フリントは主に短い交差するカルセドニー繊維からなり，0.7 wt% の化学的に結合した水（シラノール）と同量の分子としての水を含んでいる。200～300 ℃ 以上で加熱されるとシラノール（SiOH）は，Si-O-Si 結合と H_2O に変化する。この作用により結晶内の欠陥が修復され，ほとんどすべての岩石の開気孔（表面に通じている空隙空間）が閉じて，岩石の物理的改変（硬度の増加と破壊靱性値の減少）がもたらされるという。

(2) 識別方法

石器製作にあたって加熱処理が行われたかどうかを識別するとき，熱を受けたこと（被熱）と意図的な加熱処理とを分けて考える必要がある。被熱は，色の変化や熱によるダメージなどの観察（必ずしも確実とはいえないが），引張強度試験（Olausson and Larsson 1982）や熱ルミネッセンス法（Melcher and Zimmerman 1977）など自然科学的分析によって知ることができる。一方，それらが山火事などによる偶然の被熱ではなく，意図的な加熱処理であると判断するためには剥離に先立って行われた加熱であるという被熱履歴を知ることが必要になる。

肉眼で観察できる加熱処理の特徴として，光沢を帯びた剥離面の存在が当初から認識されており（Crabtree and Butler 1964），その重要性が指摘されている（Rowney and White 1997，Schmidt et al. 2013a など）。フリントや玉髄などの岩石では，加熱処理前に行った剥離の表面には光沢がないが，加熱処理後に行った剥離の表面は光沢を帯びる。とくに同一石器の同一面（背面または腹面）に光沢のない剥離面（加熱処理前の剥離面）と光沢を帯びた剥離面（加熱処理後の剥離面）が併存している場合，光沢の有無を直接比較でき，また石器の製作工程（剥離工程）の観察から，どの段階で熱が加わったかという被熱履歴を把握できる。例えば，多くの資料で二次加工の剥離痕跡のみに光沢が認められたとすれば，二次加工に先立って意図的な加熱処理が行われた可能性が高いといえる。しかし，実際には明瞭な光沢が確認できない岩石があり，各種の形成過程が光沢を変化させたり，類似した光沢を創り出したりすることもある。そのため，自然科学的方法により被熱を確認することが必要になる。自然科学的な分析方法としては，次のようなものが提案されている。

ドマンスキーとウェブ（Domanski and Webb 1992），ドマンスキーら（Domanski et al. 1994）は，各種の機械試験を行い，破壊靱性値の測定が最も有効であると主張した。破壊靱性値は，剥離などにおける亀裂の伝播に対する石材の抵抗力を示すものである。加熱によって破壊靱性値は急激に減少するので，信頼できる基準になるという。ただし，非破壊ではない。また，すでに提案されていた熱ルミネッセンス法と同様の原理であるが，非破壊で，しかもおおよその加熱温度も見積もることができる ESR（electron spin resonance）法が提案されている（Dunnell et al. 1994）。

ロウネイとホワイト（Rowney and White 1997）は，先史時代のオーストラリアで広く使用されたシルクリート（珪質礫岩）の加熱処理について検討した。シルクリートは主に石英粒と微晶質シリカからなり，フリント等に比べて不均質なため加熱処理の識別が難しい。実験研究の結果，SEM 観察など単一の方法では困難であるが，光沢のある剝離面と古地磁気法との組合せが非破壊で，最も信頼できる識別方法であると述べた。光沢のある剝離面は被熱履歴を示し，古地磁気法は石材の構成粒子の磁気モーメントが一定方向に整列することから，それが加熱による内部構造の変化であることを示すことができるとした。

シュミットら（Schmidt et al. 2013b）は，近赤外線分光法（near-infrared spectroscopy, NIR）による方法を提案した。NIR は，近赤外領域（波長 800～2500 nm）の光を試料に照射し，吸収された波長の度合い（吸光度）と統計処理によって成分を測定するものである。前述した，岩石に含まれる水（シラノール基の変化）に関連した吸光度のピークの減少から被熱を検出するものである。この方法は，非破壊かつ迅速（1 試料あたり 1～2 分）で，コスト効率が良く加熱温度の検出も可能であるという。これに類似したものとして，ウェイナーら（Weiner et al. 2015）は，フーリエ変換赤外分光法（FTIR）による，異なるピークに注目した方法を提案している。これも波長に対する吸光度を示す赤外スペクトラムによって解析するものであるが，完全な非破壊ではないようである。

(3) 考古資料に関する研究

近年の大きなトピックの一つに，南アフリカの中期石器時代（Middle Stone Age＝MSA）において，これまで考えられてきたよりもはるかに古い初期現生人類の様々な技術的・行動的革新が明らかになってきたことがある。例えば，石刃技術（Mcbrearty and Brooks 2000），膠着剤を用いた着柄技術（Charrié-Duhaut et al. 2013），骨器（Backwell et al. 2008），シンボリックな表現（Texier et al. 2013）などである。そのなかに加熱処理も含まれ，その出現は 164, 000 年前にまで遡り，72, 000 年前には一般的に行われていたとされる（Brown et al. 2009）。ブロンボス洞窟から出土した約 75, 000 年前の両面加工尖頭器は加熱処理と押圧剝離により製作されていた（Mourre et al. 2010）。西ヨーロッパでは上部旧石器時代ソリュートレアン期（約 2 万年前）に出現する技術がはるか以前に存在したことになる（Mourre et al. 2010）。加熱処理は，火の制御と複雑な認知機能を必要とする進化の一階梯を示すものであり，進歩した道具の存在がユーラシアへの現生人類の拡散にあたって有利にはたらいたとの評価がある（Brown et al. 2009）。

一方，シュミットら（Schmidt et al. 2013a）は，この地域の石器石材であるシルクリートが，フリントに比べて約 200℃ 高温でも，また急速な加熱でもひび割れなどの熱ダメージを生じず処理できることを見出した。そのため，加熱処理に特別な手順は必要なく，火に関わる他の活動のなかで行うことができ，初期現生人類が加熱処理に習熟していたわけではないと述べている。

一般的に，加熱処理を成功させるには，最適温度までのゆっくりとした一様の加熱と冷却が必要で，急激または適温を超えた加熱は破損のリスクを高めると考えられている。メルシエカとヒスコック（Mercieca and Hiscock 2008）はこの「ゆっくり着実（slow and steady）戦略」に対して，小さな剝片の場合には，ある程度の急激で高温の加熱でも処理できる「急速（fast）戦略」が可能であることを示した。両戦略をどのように採用するかは，石材や加熱処理の方法，経済的コンテクストを反映するものであると論じている。

他の研究例として，ポーランドで旧石器時代末から初期青銅器時代に用いられたフリントに関する研究がある（Domanski et al. 2009）。ポーランドでは加熱処理の例がほとんど知られていないが，見落とされているのではなく，石材の性質によるものだという。①良質なフリントは加熱処理が不要，②一部のフリントはカルサイトの含有量が多く熱破砕してしまう，③磨製石斧の場合，壊れやすくなる加熱処理は不適当といった理由で加熱処理がなされなかったと解釈されている。

以上のように各分野で研究の進展がみられる。識別方法としては，光沢を帯びた剝離面の観察が重要であるが，必ずしも加熱処理石器すべてに認められるものではなく様々な理由により不確実な場合も多いため，非破壊の自然科学的方法との併用が推奨されている。加熱処理は，慎重な加熱と冷却によってのみ適切に行い得るものではなく，岩石の構成成分や化学的性質，大きさ等により柔軟に行われていたようである。また加熱処理の知識はあっても，岩石の性質や石器の機能によっては用いられないこともあることも認識しておく必要がある。

2　小瀬ヶ沢洞窟の加熱処理石器

(1) 対象資料と観察方法

日本列島における石器製作時の加熱処理は，これまでのところ確実には縄文時代後期以降に確認されている（御堂島 1993b，早勢 2007）。それ以前については，おそらく縄文時代中期までは遡ると考えられた（御堂島 1993b）が，どこまで遡るかはっきりしていない。そこで，これまでに加熱処理の観点からの調査が行われていない縄文時代初頭期の石器群についてその存否を明らかにするため，新潟県小瀬ヶ沢洞窟出土資料の観察を行った。

小瀬ヶ沢洞窟は，新潟県東蒲原郡阿賀町（旧川上村）神谷に所在する縄文時代草創期の洞窟遺跡である。1958 年と 1959 年に中村孝三郎らにより発掘調査され，隆起線文系土器・爪形文系土器・多縄文系土器などとともに多量の石器類が出土した。石器類には，尖頭器，有舌尖頭器，植刃，棒状尖頭器（断面三角形錐），石鏃など定型的な石器約 1,800 点のほか，多量の剝片類がある。それらの石材としては，珪質頁岩，珪質凝灰岩，黒曜岩，鉄石英，玉髄などが用いられている（中村 1960，東蒲原郡史編さん委員会 2006，小熊 2007）。

加熱処理が行われた石器の抽出に当たっては，光沢を帯びた剝離面の存在を手がかりとした。玉髄および珪質頁岩に関する実験研究では，加熱処理後に行った剝離の表面は全体に独特の光沢を帯び，加熱処理前の鈍く光沢のない剝離面とは好対照をなす（御堂島 1993b・1998）。実験では玉髄には肉眼でも確認できる明瞭な光沢が観察できた（御堂島 1993b）が，珪質頁岩は材質によって光沢の強度が異なっていた（御堂島 1998）。今回は玉髄製と珪質頁岩製石器を中心として約 300

点の観察を行った。このほかに玉髄については剝片の観察も行った。遺物番号は東蒲原郡史（東蒲原郡史編さん委員会 2006）に示されている器種別の通し番号である。

(2) 観察結果

観察の結果，18 点の石器類に光沢が確認された（図 1〜3）。

玉髄製石器は，尖頭器 1 点（図 1-1），石鏃 7 点（図 1-2〜9），掻器 4 点（図 2-1〜8），不定形石器 1 点（図 2-9）である。このうち，石鏃 322（図 1-3），330（図 1-8），332（図 1-9）は，石器全面が光沢を帯びている。一方，尖頭器 30（図 1-1・2），石鏃 325（図 1-4），328（図 1-5），329（図 1-6・7），掻器 15（図 2-1・2），90（図 2-3・4），107（図 2-5・6），114（図 2-7・8），不定形石器 40（図 2-9）は，二次加工による剝離面が光沢を帯び，素材面には光沢がない。また剝片には熱を受けて赤化したもの（図 3-1），火はねしたもの（図 3-2）が確認された。前者は，破断面が光沢を帯びている。

珪質頁岩製石器は，掻器 3 点（図 3-3〜7）に光沢が確認された。いずれも二次加工の剝離面に光沢があり，その他にはない。このほか，鉄石英（黄）製の石鏃 2 点（図 3-8・9）は，全体が極めて強い光沢を帯びていた。鉄石英の実験は行っていないため明確ではないが，玉髄同様に加熱処理後の剝離面は光沢を帯びることが予測され，これらも加熱処理された可能性が高い。

(3) 考　察

出土石器全点からするとわずか 18 点であるが，光沢を帯びた剝離面が観察されたことから，これらの石器類は加熱処理された可能性が高いと判断される。特に同一石器上に，光沢のない面（加熱処理前の剝離面）と光沢のある面（加熱処理後の剝離面）が認められた例が複数あり，非光沢面と光沢面の直接的な比較ができた。また光沢が二次加工による剝離面に限られていたのは，石器素材が剝離された後で，かつ二次加工が施される前の段階に熱が加わったことを示すものであり，意図的な加熱処理であった蓋然性は高い。ただし，光沢が比較的明瞭なものを抽出してはいるが，実験試料よりも全般に光沢は弱かった（御堂島 1993b・1998）。その原因としては，原産地の違い等に起因する実験石材との構成成分の微妙な相違や，長期に及ぶ埋没後表面変化（PDSM）の影響によるものと推定される。このことは，より確実には自然科学的方法により被熱を確認する必要があり，他方ではこれら以外の石器が加熱処理されてないということではなく，剝離面の光沢という基準では判別が難しかったことを示している。なお，前述のように加熱処理は押圧剝離との関連が強いが，今回観察した尖頭器や石鏃等も剝離痕跡の特徴からみて押圧剝離が用いられていると考えられ，押圧剝離に先立って加熱処理が行われたものと考えられる。

以上のように，光沢を帯びた剝離面が確認された石器は少数であったが，縄文時代草創期の小瀬ヶ沢洞窟ではすでに広く石器の加熱処理が行われていた可能性が高い。また，このことから縄文時代にはその初期の段階から加熱処理が行われていた可能性が考えられる。

1　尖頭器 30　　2　尖頭器 30（部分）　　3　石鏃 322

4　石鏃 325　　5　石鏃 328　　6　石鏃 329

7　石鏃 329（部分）　　8　石鏃 330　　9　石鏃 332

石器の長さは，1：10.9 cm，3：2.2 cm，4：2.0 cm，5：2.1 cm，6：2.1 cm，8：1.8 cm，9：1.7 cm。

図1　小瀬ヶ沢洞窟出土の光沢面のある玉髄製石器（縮尺不同）

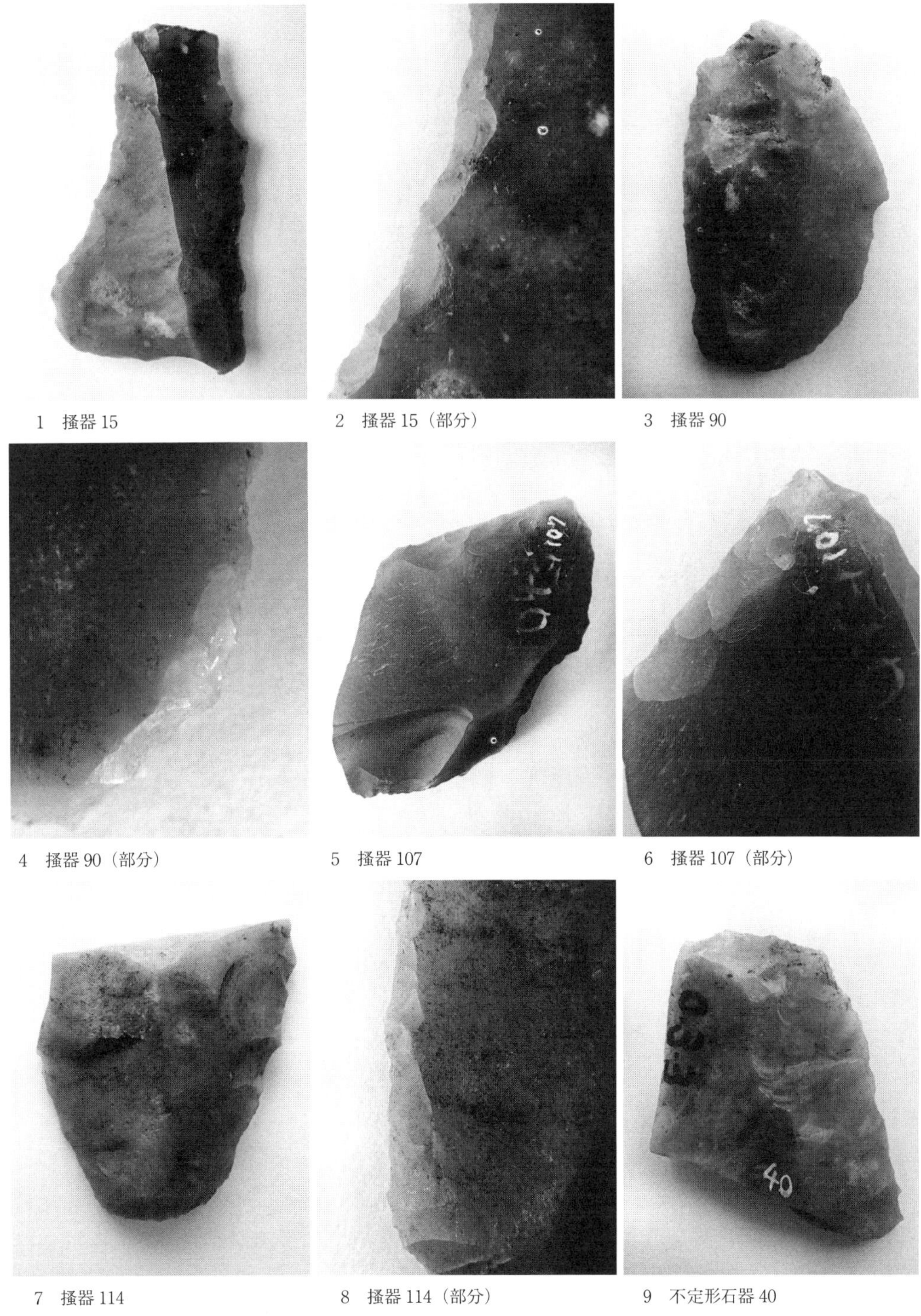

1　掻器 15

2　掻器 15（部分）

3　掻器 90

4　掻器 90（部分）

5　掻器 107

6　掻器 107（部分）

7　掻器 114

8　掻器 114（部分）

9　不定形石器 40

石器の長さは，1：4.1 cm，3：4.8 cm，5：4.1 cm，7：3.1 cm，9：4.4 cm。

図２　小瀬ヶ沢洞窟出土の光沢面のある玉髄製石器（縮尺不同）

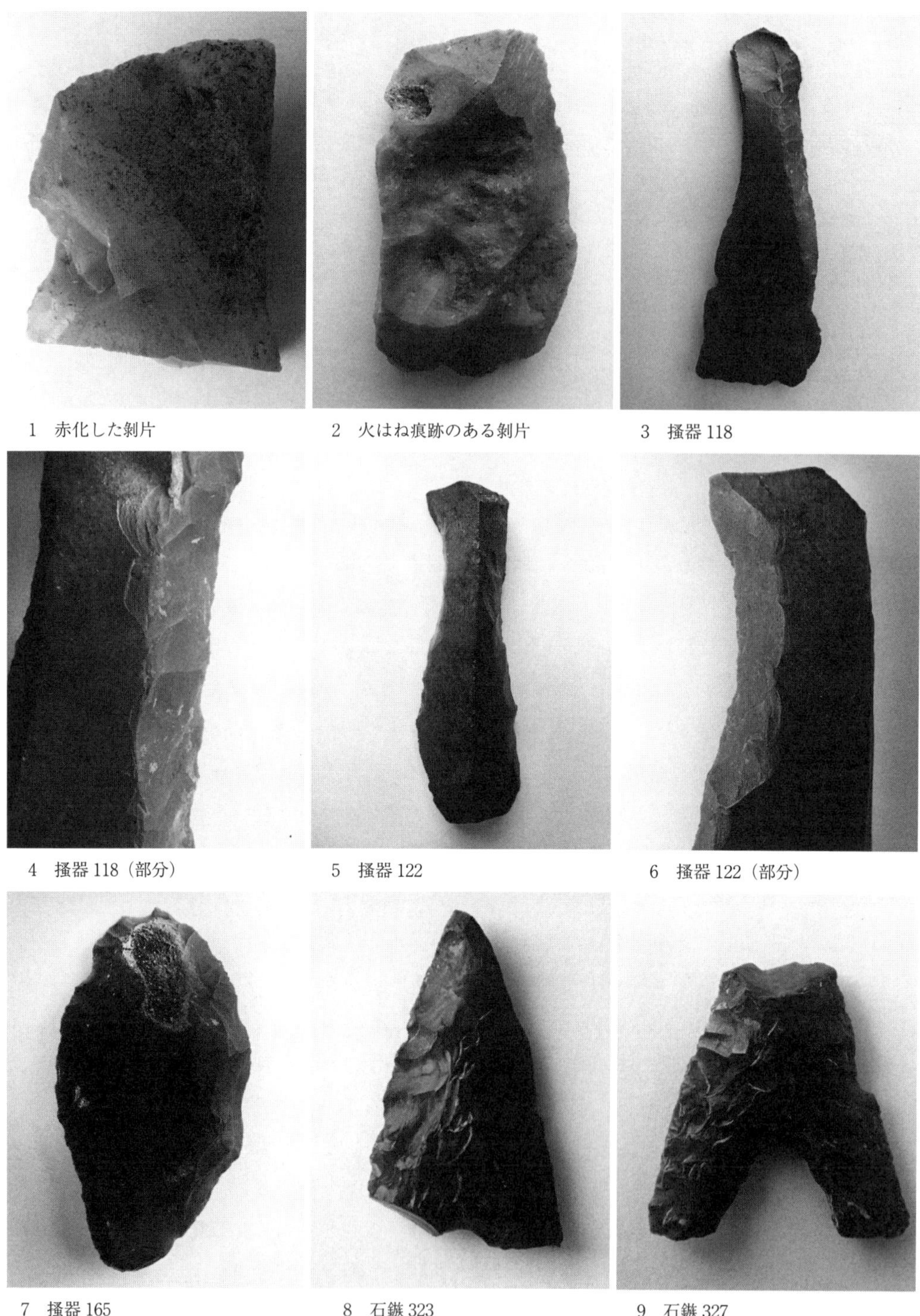

1　赤化した剥片　2　火はね痕跡のある剥片　3　掻器 118

4　掻器 118（部分）　5　掻器 122　6　掻器 122（部分）

7　掻器 165　8　石鏃 323　9　石鏃 327

1・2は玉髄，3～7は珪質頁岩，8・9は鉄石英（黄）製。石器の長さは，3：8.1 cm，5：7.0 cm，7：5.4 cm，8：2.2 cm，9：1.4 cm（剥片2点の長さ不明）。

図３　小瀬ヶ沢洞窟出土の光沢面または被熱痕跡のある石器類（縮尺不同）

おわりに

本稿では，紙幅の関係で詳述はできなかったが，石器の加熱処理に関する近年の研究動向を概観し，新潟県小瀬ヶ沢洞窟出土の縄文時代草創期の石器類について加熱処理がなされている可能性が高いことを述べた。縄文時代においてはその初期から加熱処理が行われていた可能性が高く，今後はそのことを考慮して議論が行われる必要がある。

資料観察に当たって，小熊博史氏（長岡市立科学博物館）と沢田敦氏（新潟県教育庁）には種々御協力いただいた。厚くお礼申し上げる次第である。

引用文献

大沼克彦　1998「日本旧石器時代の細石刃製作用岩石加熱処理に関する研究」『日本旧石器時代の細石刃製作用岩石加熱処理に関する研究　平成８年度〜平成９年度科学研究費補助金（萌芽的研究）研究成果報告書』5-32 頁

小熊博史　2007『縄文文化の起源をさぐる：小瀬ヶ沢・室谷洞窟』新泉社

中村孝三郎　1960（2001 復刻版）『小瀬が沢洞窟』長岡市立科学博物館

早勢加菜　2007「縄文時代における加熱処理石器製作技術の研究：新潟県域の玉髄製石器の観察を通して」『新潟考古』18　127-151 頁

東蒲原郡史編さん委員会　2006『東蒲原郡史　資料編１　原始』812 頁

御堂島正　1993a「石器製作における加熱処理」『二十一世紀への考古学』櫻井清彦先生古稀記念論文集　3-14 頁　雄山閣

御堂島正　1993b「加熱処理による石器製作：日本国内の事例と実験的研究」『考古学雑誌』79（1）　1-18 頁

御堂島正　1998「硬質頁岩の加熱処理」『日本旧石器時代の細石刃製作用岩石加熱処理に関する研究　平成８年度〜平成９年度科学研究費補助金（萌芽的研究）研究成果報告書』33-42 頁

御堂島正　2001「トラセオロジーとしての実験考古学：石器製作における加熱処理を例として」『考古学ジャーナル』479　9-12 頁

Backwell, L., d'Errico, F., Wadley L. 2008 Middle Stone Age bone tools from the Howiesons Poort Layers, Sibudu Cave, South Africa. *Journal of Archaeological Science* 35: 1566-1580.

Brown, K. S., Marean C. W., Herries A. I. R., Jacobs Z., Tribolo C., Braun D., Roberts D. L., Meyer M. C., Bernatchez, J. 2009 Fire as an engineering tool of early modern humans. *Science* 325 (5942): 859-862.

Charrié-Duhaut, A., Porraz, G., Cartwright, C., De Araujo, M., Conan, J., Poggenpoel, C., Texier, P.-J. 2013 First molecular identification of a hafting adhesive in the Late Howiesons Poort at Diepkloof Rock Shelter, Western Cape, South Africa. *Journal of Archaeological Science* 40: 3506-3518.

Crabtree, D. E., Butler, B. R. 1964 Notes on experiment in flint knapping: 1 heat treatment of silica materials. *Tebiwa* 7: 1-6.

Dunnell, R. C., McCutcheon, P. T., Ikeya, M., Toyoda, S. 1994 Heat treatment of Mill Creek and Dover Cherts on the Malden Plain, Southeast Missouri. *Journal of Archaeological Science* 21: 79-89.

Domanski, M., Webb, J. A. 1992 Effects of treatment on siliceous rocks used in prehistoric lithic technology.

Journal of Archaeological Science 19: 601–614.

Domanski, M., Webb, J. A., Boland, J. 1994 Mechanical properties of stone artifact materials and the effect of heat treatment. *Archaeometry* 36 (2): 177–208.

Domanski, M., Webb, J., Glaisher, R., Gurba, J., Libera, J., Zakoscielna, A. 2009 Heat treatment of Polish flints. *Journal of Archaeological Science* 36: 1400–1408.

Griffiths, D. R., Bergman, C. A., Clayton, C. G., Ohnuma, K., Robins G. V., Seeley, N. J. 1987 Experimental investigation of the heat treatment of flint. In Sieveking, G. De. G and M. H. Newcomer (eds.) *The Human Uses of Flint and Chert:* 43–52.

Hester, T. R. 1972 Ethnographic evidence for the thermal alteration of siliceous stone. *Tebiwa* 15: 63–65.

Mandeville, M. D., Flenniken, J. J. 1974 A comparison of the flaking qualities of Nehawka chert before and after thermal pretreatment. *Plains Anthropologist* 19: 146–148.

Mcbrearty, S., Brooks, A. S. 2000 The revolution that wasn't: a new interpretation of the origin of modern human behavior. *Journal of Human Evolution* 39: 453–563.

Melcher, C. L., Zimmerman, D. W. 1977 Thermoluminescence determination of prehistoric heat treatment of chert artifacts. *Science* 197: 1359–1362.

Mercieca, A., Hiscock, P. 2008 Experimental insights into alternative strategies of lithic heat treatment. *Journal of Archaeological Science* 35: 2634–2639.

Mourre, V., Villa, P., Henshilwood, C. S. 2010 Early use of pressure flaking on lithic artifacts at Blombos Cave, South Africa. *Science* 330 (6004): 659–662.

Olausson, D. S., Larsson, L. 1982 Testing for the presence of thermal pretreatment of flint in the Mesolithic and Neolithic of Sweden. *Journal of* Archaeological Science 9: 275–285.

Rowney, M., White, J. P. 1997 Detecting heat treatment on silcrete: experiments with Methods. *Journal of Archaeological Science* 24: 649–657.

Schindler, D. L., Hatch, J. W., Hay, C. A., Bradt, R. C. 1982 Aboriginal thermal alteration of a Central Pennsylvania jasper: analytical and behavioral implications. *American Antiquity* 47: 526–544.

Schmidt, P., Masse, S., Laurent, G., Slodczyk, A., Le Bourhis, E., Perrenoud, C., Livage, J., Fröhlich, F. 2012 Crystallographic and structural transformations of sedimentary chalcedony in flint upon heat treatment. *Journal of Archaeological Science* 39: 135–144.

Schmidt, P., Porraz, G., Slodczyk, A., Bellot-gurlet, L., Archer, W., Miller, C. E. 2013a Heat treatment in the South African Middle Stone Age: temperature induced transformations of silcrete and their technological implications. *Journal of Archaeological Science* 40: 3519–3531.

Schmidt, P., Léa, V., Sciau, PH., Fröhlich, F. 2013b Detecting and quantifying heat treatment of flint and other silica rocks: a new non-destructive method applied to heat-treated flint from the Neolithic Chassey culture, southern France. *Archaeometry* 55: 794–805.

Texier, P.-J., Porraz, G., Parkington, J., Poggenpoel, C., Rigaud, J.-P., Poggenpoel, C., Tribolo, C. 2013 The context, form and significance of the MSA engraved ostrich eggshell collection from Diepkloof Rock Shelter, Western Cape, South Africa. *Journal of Archaeological Science* 40: 3412–3431.

Weiner, S., Brumfeld, V., Marder, O., Barzilai, O. 2015 Heating of flint debitage from Upper Palaeolithic contexts at Manot Cave, Israel: changes in atomic organization due to heating using infrared spectroscopy. *Journal of Archaeological Science* 54: 45–53.

群馬県を中心とする「小形石棒状石製品」

澁 谷 昌 彦

はじめに

筆者は石棒の型式分類と編年研究（大矢 1977，澁谷 2007・2010・2011）をしてきた。そうしたなかで，「石棒の用途と型式研究」（澁谷 2011）では，小形の石棒を通常の石棒に含めて型式分類した。しかし，現在はこの石製品を通常の石棒と区別すべきと考えている。その理由は，通常の石棒と比較すると表現形態，製作技法，製作時期，大きさ，石質，分布域，出土状況などが異なっているからである。筆者はこの論文で当該石製品を従来の石棒から分離して「小形石棒状石製品」と呼ぶことにした。

本論文の目的は，群馬県とその周辺地域出土の小形石棒状石製品を集成し，時期や型式変化などを検討することにある。今後さらに当該石製品を研究してゆく所存である。

1 戸田哲也，松田光太郎の研究

この遺物の研究史は，すでに松田光太郎（松田 2004）がまとめている。先学の研究のなかで，筆者は戸田哲也，松田光太郎両氏の研究について検討する。

戸田哲也（戸田 1997）は石棒の発生について述べるなかで，この遺物を「類石棒」と呼んでいる。そして，群馬県前橋市（旧富士見村）陣馬遺跡出土の類石棒を例に，有頭部の巧妙な印刻手法は，中期初頭に出現する素朴な頭部の石棒と比べると差異が大きく，縄文石棒の型式学的祖型とみることを否定している。陣馬遺跡出土遺物（羽鳥・藤巻 1989，図 1-2）について，羽鳥，藤巻の記述に賛同し，頭部の反対側端部にある縦溝や小穴は女性象徴で両性具有を表し，この石器が特異な石器とした。また，戸田は従来の石棒と「類石棒」を明確に区別すべきと指摘している。ただ，筆者は「類石棒」が遺物名として少し漠然としていると考えている。

松田光太郎（松田 2004）は，当該石製品を「小形石棒」や「前期小形石棒」と呼んでいる。この遺物を形式分類し，1 類は単頭下膨れ形で，一端が細く，他端が丸く肥圧する，ずんぐりとした器体のもので，一端に頭部を作出したもの。1 類 a は単頭下膨れ形で頭部が頸部の括れにより作出されたもの。1 類 b は単頭下膨れ形で頭部が沈線により作出されたもの。2 類は両頭下膨れ形で一端が短く，他端が丸く肥厚する，ずんぐりとした器体のもので，両端に頭部を作出したもの。現在は確認されていない。3類は単頭短棒状形で，端部が平坦に整えられた短い棒状の器体をなし，一端に頭部を作出したもの。3類aは単頭短棒状形で，頭部が頸部の括れにより作出されたもの。3類bは単頭短棒状形で頭部が沈線により作出されたもの。4類を単頭短身扁平形で長さの短い扁平な礫の一端に，沈線を加え頭部を作出したもの。5類は単頭細棒状形で棒状礫の一端に加工を加え，頭部を作出したもの。6類は無頭棒状形で棒状の器体をなし，頭部は無いものの，端部が平坦に面取りされたものとした。また，東北地方の山形県，岩手県，秋田県で15点，関東地方北部の群馬県で16点集成しており，東北地方では大木式土器分布域に限定されるが，大木式土器の主要分布域の宮城県や福島県から見つからず，北上川中流域右岸から和賀川流域に最も集中する。関東地方北部では，群馬県内のみで出土し，利根川左岸の赤城山麓や同支流の鏑川流域にある。そして，小形石棒の特徴は長さが7～16 cm程の細身で，太さが最大径で6 cm以下と細く，手で持てる大きさである。器体は下膨れ状，棒状，短身扁平形で，頭部を括れや沈線によって表出し，その表出が一般に低調としている。

2　群馬県を中心とする小形石棒状石製品の出土状況

「小形石棒状石製品」は断面円形に近い小形棒状の石製品で，通常の石棒より短く，両端のうち一端を頭部状に彫刻し，基部から下の他端を丸く収めているものが多い。1（図1）・21（図3）は安中市行田大道北遺跡第4号住居跡（長井1989）から出土している。この住居跡は諸磯b新段階である。1は長さ7.4 cm，最大径2.4 cm，重さ18.4 g，石質珪藻土製で断面が楕円形，床面上約60 cmから出土した。頭部は鍔3段型式で，先端に縦位の線刻が付き尿口などを表し，基部の一端を楕円形に削っている。21は1から約1.4 m離れて出土した。頭部の長さ約4.5 cm，最大径2.7 cm，断面円形で，石質は珪藻土製で非常に軟質である。欠損しているが，頭部は三角錐状の先端を丸めた型式で，頭部と基部の境を削っている。この住居跡からは，型式の異なる2点が出土している。2（図1）は前橋市陣馬遺跡出土（羽鳥・藤巻1989）で，諸磯c式古段階の住居跡から出土とされる。長さ11.2 cm，直径5.2 cm，石質が灰白色凝灰岩である。頭部を鍔2段型式にして頭頂部を扁平に作り，基部から下端は丸みのある円錐形にして，端部より長さ2.5 cmの縦の浅い印刻線と，上方にくぼみ穴が二つ付く。穴の深さは下方が2.3 cm，上方が0.6 cmである。くぼみ穴と印刻線を報告者は女性象徴（羽鳥・藤巻1989）とし両性具有の表現としている。3（図1）・26（図3）は渋川市白井十二遺跡1号住居跡出土（斉藤2008）で，この諸磯c式期の住居跡から2点出土している。3は長さ11.3 cm，幅4.4 cm，厚さ4.4 cmで断面円形に作り，重量287.2 gで石質が粗粒輝石安山岩である。頭部を鍔2段型式にして頭頂部を扁平に作り，基部中間を膨らめて，下端を丸く収めている。26は住居跡の覆土より出土し，長さ9.9 cm，幅4.4 cm，厚さ3.8 cm，重量176.6 g，石質がデイサイトである。断面がほぼ円形で頭頂部を平らにし，敲打痕を付けた無頭型式であり，諸磯c式古段階である。4（図1）は前橋市芳賀遺跡出土（能登1995）で長さ11.6 cm，幅4.0 cm，厚さ3.6 cm，石質が流紋岩で断面が円形に近い。頭部

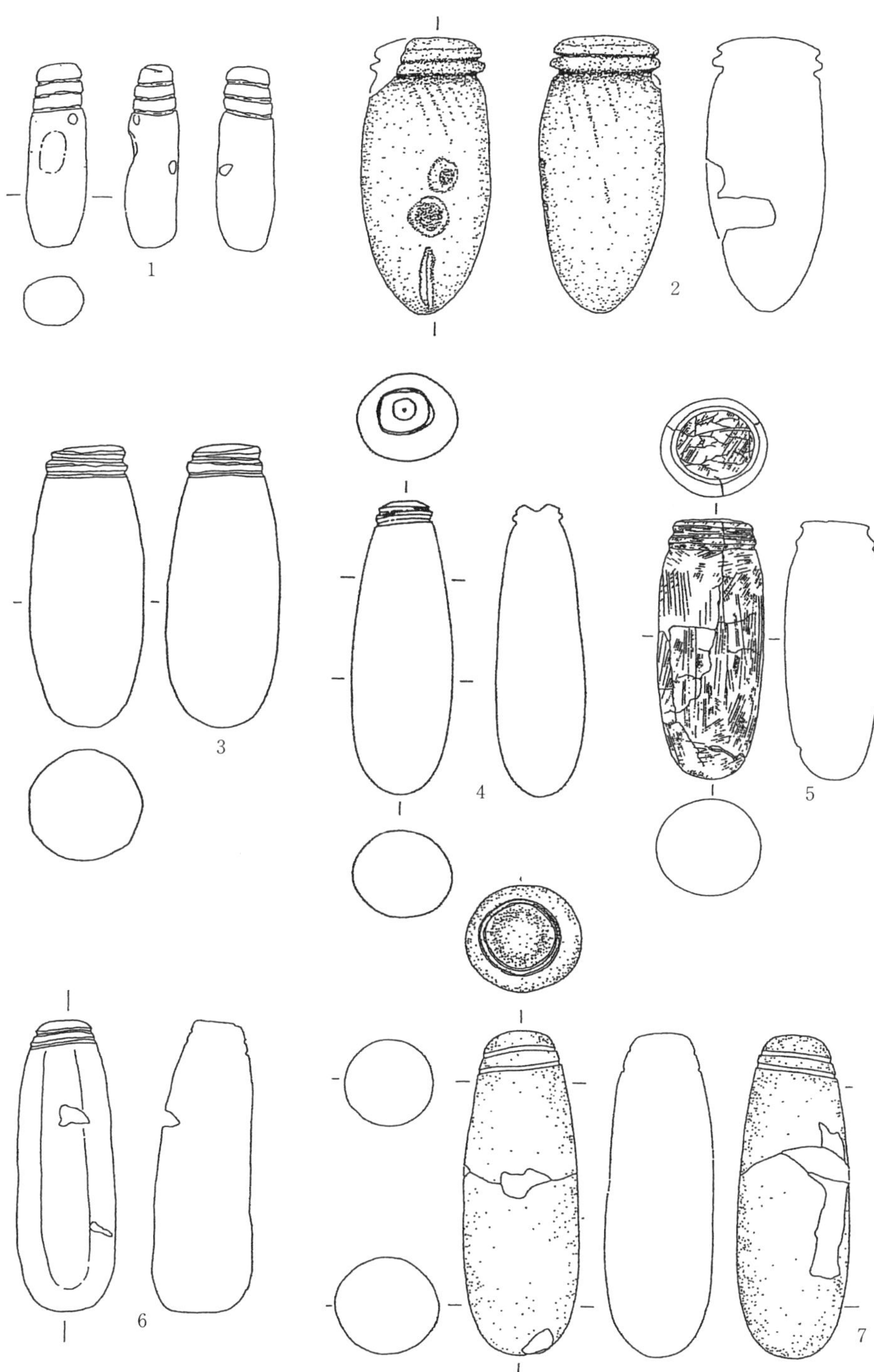

1：行田大道北遺跡 4 号住居　2：陣馬遺跡 J 2 号住居　3：白井十二遺跡 1 号住居　4：芳賀遺跡遺構外
5：宮内上ノ原遺跡 42 号住居　6：上丹生屋敷山遺跡 140 号住居　7：荒砥上ノ坊遺跡 72 号住居

図 1　小形石棒状石製品（S＝1/3）

は鍔2段型式に削り，頭頂部に径約0.4 cm，深さ約0.2 cmの尿口状の表現をしている。時期は不明である。5（図1）は埼玉県本庄市宮内上ノ原遺跡42号住居跡出土（宮田2008）である。頭頂部は扁平で頭部を鍔2段型式にしている。長さ10.4 cm，幅4.2 cm，厚さ3.8 cm，重量203.9 g，石質が凝灰岩である。住居跡は円形に近い不定形で住居跡床面上5 cmから出土している。時期は諸磯c式である。6（図1）は富岡市上丹生屋敷山遺跡YA140号住居跡（永井ほか2009）より出土している。石質が不明で長さ約11.8 cm，約幅4 cm，約厚さ3.9 cmである。頭頂部は扁平で鍔2段型式である。基部は片面を平らに削り，下端も平面的に収めている。時期は不明である。7（図1）は前橋市荒砥上ノ坊遺跡1区72号住居跡（能登1995）から出土し，石質が流紋岩質凝灰岩で長さ13.2 cm，幅4.7 cm，厚さ4.4 cm，重量173 gである。頭部は2本の刻線を付け，下端部を丸く収める型式である。この小形石棒状石製品について能登健は体部の剝離痕が自然に付いたものでなく，人為的な敲打としている。諸磯b式段階である。8（図2）は前橋市上庄司原東遺跡J4B住居跡（鳥羽1995）から出土し，石質が火山礫凝灰岩で長さ11.7 cm，幅3.9 cm，厚さ3.9 cm，断面形が円形である。頭部は鍔1段型式で下端を比較的平らに収めている。時期は不明である。9（図2）は前橋市上庄司原遺跡J2号住居跡（鳥羽1995）から出土し，頭部を鍔1段型式にしている。被熱して大きく破損しているが，長さ11.1 cm，幅4.6 cm，石質が白色凝灰岩である。時期は諸磯b式新段階である。10（図2）は安中市中野谷松原遺跡J78号住居跡（大工原ほか，1993）から出土し，長さ12.9 cm，幅3.3 cm，厚さ2.7 cmで断面形が楕円形で石質が安山岩である。頭部は横位に削り込んだ単頭型式で，下端部を幅約5.8 cmと約4.6 cmの楕円形に収めている。最大径は基部の下方部にあり，下方部が単頭笠状型式で，時期が諸磯b式中段階である。11（図2）は利根郡昭和村中棚遺跡包含層出土（黒岩1985）で長さ12.5 cm，幅5.4 cm，厚さ4.9 cm，石質が緑色凝灰岩である。頭頂部を平端にし，頭頂部から1 cm下で横位に幅2 mmの溝を削りだしている。基部の中央よりやや下に最大径があり断面形が円形に近い。下部先端を丸く収めている。12（図2）は富岡市上丹生屋敷山遺跡YA361号住居跡（永井ほか2009）より出土している。頭頂部を平らにし，頭部と基部との境に横位沈線を削り出している。基部の片面を扁平に削って断面を半円形にしており，石質は凝灰岩である。頭頂部の幅は約2.2 cm，基部の最大幅が約3.1 cmである。わずかな段や鍔が1段付いた型式で時期は不明である。13（図2）は富岡市上丹生屋敷山遺跡YA403号住居跡（永井ほか2009）より出土している。頭頂部を平らにして，周囲をわずかに削っている。下端部は丸く削って収めている。長さ約10.7 cm，頭頂部の幅2.8 cm，基部の幅4.5 cmで石質が凝灰岩，頭部はわずかな段や鍔が1段付いた型式で，基部側面を一部削って，下端部は丸く収めている。時期は諸磯c古段階である。14（図2）は高崎市水沼寺沢遺跡SKJ118（角田2013）から出土し，頭部を扁平な台形状に作り，頭頂部に尿口状の浅い凹穴を作る。長さ11.95 cm，幅5.1 cm，厚さ5.1 cm，重量155.1 g，石質は流紋岩質凝灰岩である。下端部は丸く収めており時期不明である。報告者は当該遺物を「前中原式」と「中棚式」に分けたが，この型式は成立しない。15（図2）は利根郡水上町前中原遺跡より出土（下城1982）しており，頭部を溝状に削っている。下端部が欠損しているが，報告者は打ち欠かれたよ

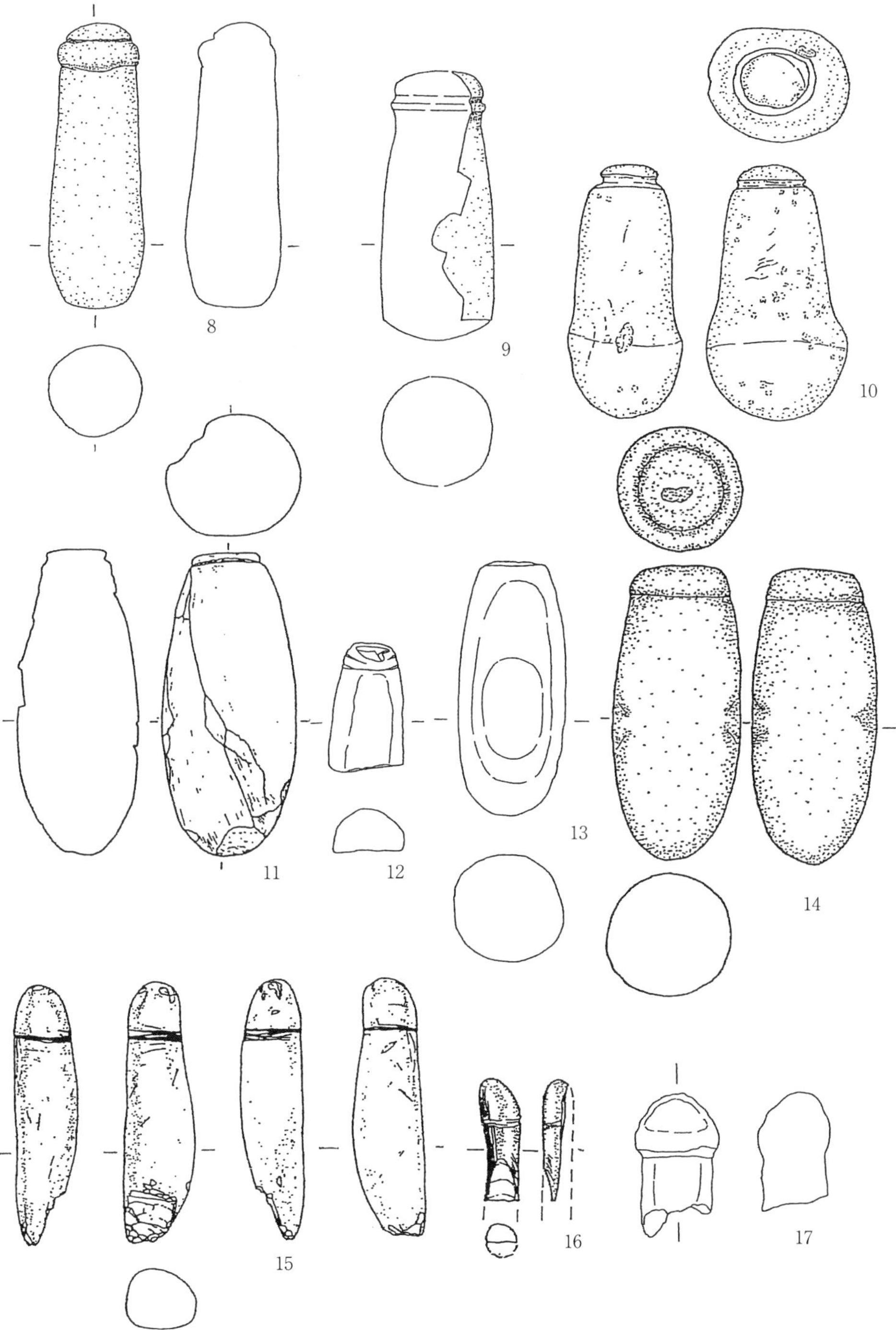

8：上庄司原東遺跡Ｊ4号住居　9：上庄司原東遺跡Ｊ2号住居　10：中野谷松原遺跡Ｊ78号住居　11：中棚遺跡遺構外　12：上丹生屋敷山遺跡361号住居　13：上丹生屋敷山遺跡403号住居　14：水沼寺沢遺跡SKＪ118　15：前中原遺跡遺構外　16：中野谷松原遺跡Ｊ56号住居　17：上丹生屋敷山遺跡232号住居

図2　小形石棒状石製品（S＝1/3）

うな痕跡としている。長さ 10.7 cm，幅 2.7 cm，基部の最大幅約 3 cm，重量 125 g，石質が頁岩で，基部の断面形は楕円形に近い。自然石を利用して頭部と基部の境を削っていると思われる。16（図 2）は，安中市中野谷松原遺跡 J56 号住居跡出土（大工原ほか 1998）で，欠損しているが，長さ約 5.2 cm，頭部幅約 1.5 cm，石質が頁岩である。頭部と基部の境を削っており，頭部が反った状況に表現している。単頭石棒で頭部三角型式に近い。時期は諸磯 b 式中段階と思われる。17（図 2）は富岡市上丹生屋敷山遺跡 YA232 号住居跡（永井ほか 2009）より出土しており，欠損している。頭部幅が約 3.3 cm と 3.0 cm で断面が楕円形で，基部の一面を平らに削っている。石質は緑泥片岩であり，頭部が先端の丸い笠形に近い型式で，時期は不明である。18・19（図 3）は富岡市上丹生屋敷山遺跡 YA284 号住居跡（永井ほか 2009）より出土している。18 は長さ約 12.5 cm，基部の最大幅約 3.3 cm，頭部と基部の境の幅 1.8 cm，頭部の長さ約 1 cm，石質が凝灰岩で下端部を丸く収めている。断面半円形で基部を平らに削っている。頭部は基部との境を横位にわずかに削って溝を付ける型式である。19 は長さ約 11.8 cm，基部の最大幅約 3.3 cm，頭部と基部の境の幅 1.9 cm，頭部の長さ約 1.1 cm，石質が凝灰岩である。最大幅が基部下方部にあり，下端部を丸く収めている。基部の断面形は円形である。頭部は 18 と同じく，基部との境を横位にわずかに削って溝を付ける型式で，2 点とも諸磯 b 新段階である。20（図 3）は長野県諏訪郡原村阿久遺跡第 72 号住居跡出土（百瀬 1982）で長さ約 11.9 cm，図先端から約 4.2 cm から 4.8 cm に幅約 0.25 cm から 0.4 cm，深さ約 0.2 cm の溝を横位に削り込んでいる。先端には敲打痕が付き，基部に直径約 0.4 cm，深さ約 0.2 cm の凹痕を付ける。断面形は円形に近い不定形である。時期は諸磯 b 式中から新段階である。この事例からも，この石製品の出土地域が広がる可能性がある。22（図 3）は安中市大下原遺跡出土（大工原ほか 1993）で，頭部と基部の境で欠損している。長さ 6.7 cm，幅 3.3 cm，厚さ 2.1 cm，石質が結晶片岩であり，扁平の自然石を利用し，頭部と基部の境を削り出していると思われる。23（図 3）は安中市中野谷松原遺跡 J80 号住居跡第 2 層（大工原ほか 1993）より出土している。頭部と基部の境で欠損しており長さ約 9.7 cm，頭部の長さ約 8.6 cm，頭部と基部の境で約幅 3 cm，頭頂部の幅約 2.4 cm で断面円形であり，石質が凝灰岩である。頭部と基部の境を幅約 4 mm 溝状に削って，頭頂部を扁平にしている。時期は諸磯 b 式中段階である。24（図 3）は安中市中野谷松原遺跡 J81 号住居跡（大工原ほか 1993）より出土しており欠損している。長さ 7.2 cm，幅 2.1 cm，厚さ 2.2 cm で断面が楕円形で，石質が結晶片岩であり，時期は諸磯式期である。25（図 3）は安中市中野谷松原遺跡 J79 号住居跡（大工原ほか 1993）より出土しており，長さ 12.9 cm，幅 3.3 cm，厚さ 2.7 cm，断面が楕円形で石質が結晶片岩である。頭頂部から約 4.6 cm 下に，幅約 0.3 cm の溝を削り，頭部と基部の境を作っている。下端部は敲打痕がついており，時期は諸磯 b 式段階である。27（図 3）は安中市中野谷松原遺跡 J68 号住居跡から出土（大工原ほか 1993）している。欠損しているが長さ 5.2 cm，幅 3.1 cm，厚さ 3.2 cm，断面円形で石質が凝灰岩である。時期は諸磯 b 式中段階である。

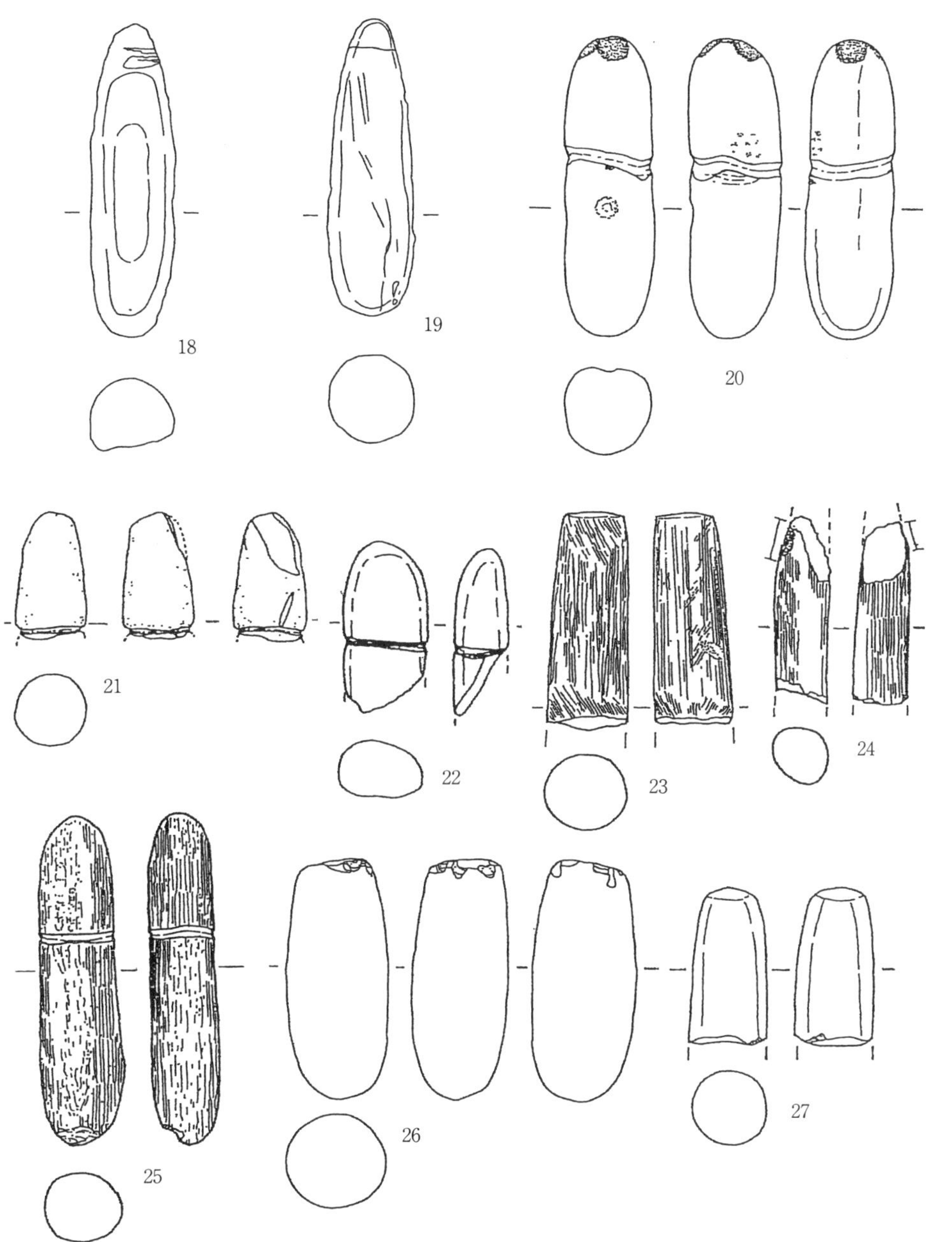

18・19：上丹生屋敷山遺跡 284 号住居　20：阿久遺跡第 72 号住居　21：行田大道北遺跡 4 B 号住居　22：大下原遺跡遺構外　23：中野谷松原遺跡 J 80 号住居　24：中野谷松原遺跡 J 81 号住居　25：中野谷松原遺跡 J 79 号住居　26：白井十二遺跡 1 号住居　27：中野谷松原遺跡 J 68 号住居

図 3　小形石棒状石製品（S＝1/3）

3　まとめ

群馬県を中心とする小形石棒状石製品の出土状況を検討してきた。この石製品も石棒と同じく種々の型式があるが，型式分類は別の機会にゆずりたい。当該石製品の時期のわかる古い資料は10・16・23・27で諸磯b式中段階で，新しい資料が3・5の諸磯c式期，2・13・26の諸磯c式古段と，比較的短い期間であることが理解でき，この点が特色でもある。分布地域は東北地方を別にして，群馬県内が中心であるが，今回新たに長野県諏訪郡原村阿久遺跡例20や埼玉県本庄市宮内上ノ原遺跡例5が加わった。今後さらに分布域が拡大する可能性がある。筆者は当該石製品の頭部と下端部の区別を，頭部状の削り出しの有る側を頭部，反対側の丸く収めた方を下端部とした。石質は不明資料も多いが，堅い石材もある一方，柔らかく加工しやすい石材を巧みに利用している。頁岩，結晶片岩，珪藻土製，流紋質凝灰岩，灰白色凝灰岩，デイサイトなど利用石材の種類が多い。石材については，専門家による等質な石質鑑定が必要である。その結果により，原石の産地や流通の問題を考えるべきであろう。

また，当該石製品が住居跡から2点出土した例がある。安中市松井田町行田大道北遺跡第4号住居例1・21や渋川市白井十二遺跡第1号住居例3・26は，当該石製品の型式が異なり，高崎市上丹生屋敷山遺跡第284号住居例18・19は同型式である。こうした状況もふまえて当該石製品の使用方法を検討すべきと思われるが，筆者はこの石製品を集団の成人儀礼などに使用したと考えている。他方では，縄文時代前期の「小形石棒状石製品」と近似する「男根状遺物」が，中国大陸からも出土（今村2001，澁谷2011）している。近似するのは，筆者の論文（澁谷2011）中に示した17の頭部を丸く笠状にした型式，12の頭頂部を平らにした型式，8の頭部が鍔状の型式である。今後，中国大陸の「男根状遺物」と縄文前期の「小形石棒状石製品」の比較検討も必要になろう。筆者は，さらに小形石棒状石製品について研究する所存である。

本論文をまとめるにあたり，戸田哲也，谷藤保彦，関根慎二，高橋清文，渋谷賢太郎の諸氏にご教示をいただいた。心から感謝している。

最後に，山本暉久先生には「石棒」の取り持つ縁などから，長くご指導をいただいている。先生のご健康と，ますますのご活躍を祈念するしだいである。

引用文献

今村佳子　2001「(2) 中国新石器時代における呪具の概要と集成」『縄文・弥生移行期の石製呪術具2』考古学資料集17　平成12年度文部科学省科学研究費補助金特定研究A　公募研究成果報告書頁小林青樹編　166-175頁

大矢（澁谷）昌彦　1977「石棒の基礎的研究」『長野県考古学会誌』第28号　長野県考古学会　18-44頁

黒岩文夫　1985「その他」『中棚遺跡』昭和村教育委員会

後藤信祐　1999「遺物研究石棒・石剣・石刀」『縄文時代』10　縄文時代文化研究会　71-82頁
斉藤　聡　2008「第6章」『白井十二遺跡』群馬県埋蔵文化財調査事業団
澁谷昌彦　2007「石棒の型式研究と石剣・石刀の問題」『列島の考古学 II―渡辺誠先生古稀記念論文集―』渡辺誠先生古稀記念論文集刊行会　383-396頁
澁谷昌彦　2010「静岡県の石棒型式」『静岡県考古学研究』第41・42号　静岡県考古学会　35-48頁
澁谷昌彦　2011「石棒の用途と型式研究」『縄文時代』第22号　縄文時代文化研究会　163-184頁
下條　正　1982「第 VII 章　前中原遺跡」『十二原遺跡・大原遺跡・前中原遺跡』群馬県教育委員会
大工原豊ほか　1993「石棒」『大下原遺跡・吉田原遺跡』安中市教育委員会
大工原豊　1996『中野谷松原遺跡―縄文時代遺構編―』安中市教育委員会
大工原豊ほか　1998『中野谷松原遺跡―縄文時代遺物本文編―』安中市教育委員会
角田真也　2010「関東における〈土版・岩版〉研究の前提―群馬県の白色凝灰岩原産地とその意味―」『國學院大學学術資料館考古学資料館紀要』第26輯　國學院大學研究開発推進機構学術資料館考古学資料館部門　97-119頁
角田真也　2013「SKJ118」『水沼寺沢遺跡』高崎市教育委員会
戸田哲也　1997「石棒研究の基礎的課題」『堅田直先生古希記念論文集』堅田直先生古稀記念論文集刊行会　91-108頁
羽鳥政彦・藤巻幸夫　1989「新発見の縄文前期の呪術具二例」『群馬文化』220　群馬県地域文化研究協議会　115-117頁
羽鳥政彦　1995「参考資料3，陣馬遺跡・上庄司原東遺跡から出土した前期小型石棒」『上百駄山遺跡・寺間遺跡・孫田遺跡』前橋市（旧富士見村）教育委員会
永井尚寿ほか　2009「V 上丹生屋敷山遺跡」『丹生地区遺跡群』富岡市教育委員会
長井正欣　1989「行田 I 遺跡出土の遺物について」『群馬文化』220　群馬県地域文化研究協議会　117-120頁
能登　健　1995「第7章　1. 縄文時代前期の石棒について」『荒砥上ノ坊遺跡 I』群馬県埋蔵文化財調査事業団
松田光太郎　2004「縄文時代前期の小形石棒に関する一考察」『古代』第116号　早稲田大学考古学会　1-17頁
宮田忠洋　2008「SI42」『宮内上ノ原遺跡 III―E 地点の調査―』本庄市教育委員会
百瀬新次　1982「住居址67」『長野県中央道埋蔵文化財包蔵地発掘調査報告書―原村その5―』長野県教育委員会

図出典文献

1・21　松井田町遺跡調査会　1997『八城二本杉東遺跡（八城遺跡）・行田大道北遺跡（行田 I 遺跡）』
3・26　群馬県埋蔵文化財調査事業団　2008『白井十二遺跡』
4・7　群馬県埋蔵文化財調査事業団　1995『荒砥上ノ坊遺跡 I』
5　本庄市教育委員会　2008『宮内上ノ原遺跡 III』
6・12・13・17～19　富岡市教育委員会　2009『丹生地区遺跡群』
2・8・9　前橋市（旧富士見村）教育委員会　1995『上百駄山遺跡・寺間遺跡・孫田遺跡』
10・16・23～25・27　安中市教育委員会　1998『中野谷松原遺跡』
11　昭和村教育委員会　1985『中棚遺跡―長井坂城跡―』

14　高崎市教育委員会　2013『水沼寺沢遺跡』
15　群馬県教育委員会　1982『十二原遺跡・大原遺跡・前中原遺跡』
20　長野県教育委員会　1982『長野県中央道埋蔵文化財包蔵地発掘調査報告書―原村その5―』
22　安中市教育委員会　1993『大下原遺跡・吉田原遺跡』

中部地方の彫刻石棒

長田 友也

1 彫刻石棒研究略史

縄文時代を代表する儀器の一つである石棒のなかに，陽刻および陰刻の技法を用いて文様を施す，いわゆる「彫刻石棒」と呼ばれる一群が存在する。「彫刻石棒」の名称は，小島俊彰によるものであり，「亀頭状の突出や鍔以外に，彫り込みや突起を造り加えたものを，この名で呼ぶ」（小島 1976：55 頁）としている。その後，名称は「鍔をもつ大型石棒」（小島 1986）と改められたが，彫刻石棒の名称は今日まで残り，多くの研究者がこの名称を用いている。

近年の石棒研究の隆盛については，これまでも幾度か触れてきた（長田 2016 ほか）が，その一部として彫刻石棒の研究も多数みられる。彫刻石棒の研究は，先にあげた小島俊彰による先駆的な研究を端緒とする。小島は，58 例を集成し 4 類に分類するとともに，縄文時代中期中葉の富山県・石川県・岐阜県北部の限られた地域に分布することを指摘し，さらには男女両生殖器が一体化された表現とする見解を示した（小島 1976）。その 10 年後には，先の 3 県に新潟県・山形県・秋田県を含めた 6 県 83 例を集成している（小島 1986）。こうした小島の研究に対しては，澁谷（大矢）昌彦による批判（大矢 1977）があるが，その澁谷も近年，石棒の型式学的検討を行っており（澁谷 2007b），福島県内の事例検討（澁谷 2007a）と静岡県内の事例検討（澁谷 2010）を加え，これらのなかで彫刻石棒についても触れている。同様の彫刻石棒の集成検討としては，吉朝則富による岐阜県飛騨地方の検討（吉朝 1995）や筆者による新潟県内の事例検討（長田 2006・2009・2013a）がある。鈴木素行は茨城県西方貝塚出土例をもとに，その来歴を検討するなかで北陸地方を主とする彫刻石棒の検討を行い，西方貝塚例が阿玉台 IV 式に伴い，北陸各地にみられる彫刻石棒より先行することを指摘している（鈴木 1999）。2010 年には國學院大學において，近年の石棒研究隆盛の契機となった『縄文人の石神』と題するシンポジウムが開催され（國學院大學考古学資料館研究室編 2010），その基礎資料集成報告としての『縄文時代の大形石棒』（谷口編 2011）が刊行されている。この集成報告のなかで石井匠は，石棒についてデザイン学的観点から分類を試み，このうちのファルス形の一部に彫刻石棒を含めて検討を行っている（石井 2011）。また筆者は，石棒の型式変遷を検討するなかで彫刻石棒についても触れ，彫刻石棒が中期初頭から中期後半に北陸地方から中部高地・関東西部を中心に展開することを示した（長田 2013b）。

以上のように，彫刻石棒は石棒の一部をなすものと認識され，その時間的・空間的展開が明ら

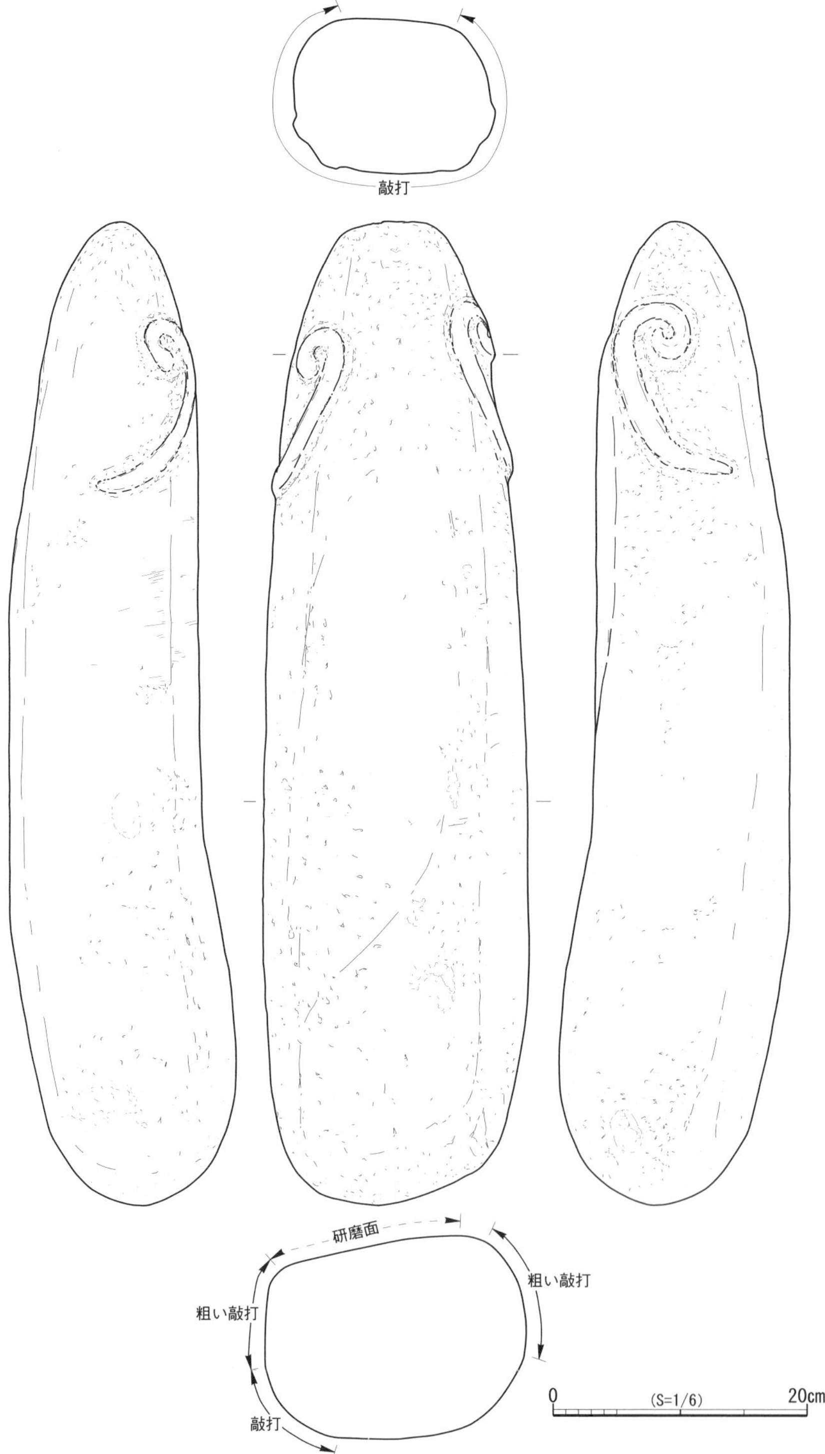

図１　石川県輪島市仁行出土石棒

かになりつつある。そこで本稿では，これら彫刻石棒の注目すべき類例を２例紹介するとともに，その時間的変遷と空間的展開について若干の私見を述べるものである。

2　石川県輪島市仁行出土“松崎家の石棒（仁行例）”

はじめに紹介する石棒は，石川県北部の能登半島中央部にあたる輪島市三井町仁行字青谷において道路工事の際に出土したものと伝えられる石棒である（高田ほか 2015，以下，仁行例，図 1）。その後，能登町において旅館業を営む松崎家の所有となり，床の間に鎮座し祀られていたものである。現在は，能登町に寄託され真脇縄文館に所蔵されている。

本資料は完形品であり，全長 77.9 cm，最大幅 20.8 cm，最大厚さ 18.0 cm，重さ 41.0 kg の安山岩製の彫刻石棒である。胴部下半を中心に残る自然礫面から，自然のやや扁平な棒状の安山岩礫を素材としたものと考えられるが，能登半島に一般的にみられる安山岩の柱状節理状のものに由来する転礫を用いたものと推測される。

全体に粗い敲打により成形されており，頭頂部および彫刻部分を中心に敲打整形が行われている。下端部の加工はほとんどなされておらず，自然の礫面を多く残す。胴部中央には平坦面がみられ，石棒自体が扁平な形状であるため，石皿や台石の可能性も考慮したが，明瞭な使用痕がみられず，また頭頂部と下端部で加工に差異があることもあり，彫刻石棒と判断した。彫刻は陽刻により正面から両側面にかけて２ヶ所に施され，胴部下半から上方向に渦巻文を施している。渦巻文は，頭頂部側から垂下しており，蕨手文とすべきであろうか。彫刻は正面および両側面からは確認できるが，裏面からは見えない位置に施されており，正面観が明らかである。

陽刻による渦巻文を施す例は，新潟県芋川原例など新潟県内にのみ散見され，石川県内では初例となろう。また渦巻文を施す例は，鍔を有するのが通例であり，鍔を含めた頭部表現が不十分な点も，本資料の特徴といえよう。時期的には，渦巻文を陽刻する点から，中期中葉の上山田・天神山式に該当するものと推測され，彫刻石棒の盛行期に位置づけられる資料と考えられよう。

3　長野県安曇野市ほうろく屋敷遺跡出土石棒

次に紹介する事例は，長野県中央部の松本盆地の北東端に位置する安曇野市ほうろく屋敷遺跡例である。同遺跡は，昭和 63 年・平成元年にかけて発掘調査が行われ，60 軒以上の竪穴住居をはじめとする多くの遺構と，コンテナ 500 箱以上もの土器を含む大量の遺物が出土している（大沢ほか 1991）。本資料は完形の長大な石棒としてよく知られており，各地で展示されたこともしばしばある。

報告書では，石棒が土壙の中に倒れ込むように倒立した状態で出土

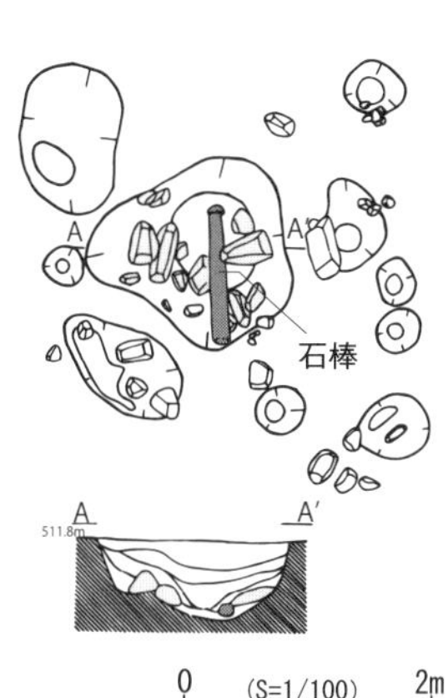

図２　ほうろく屋敷遺跡石棒出土状況（I-10 グリッド土坑 3）

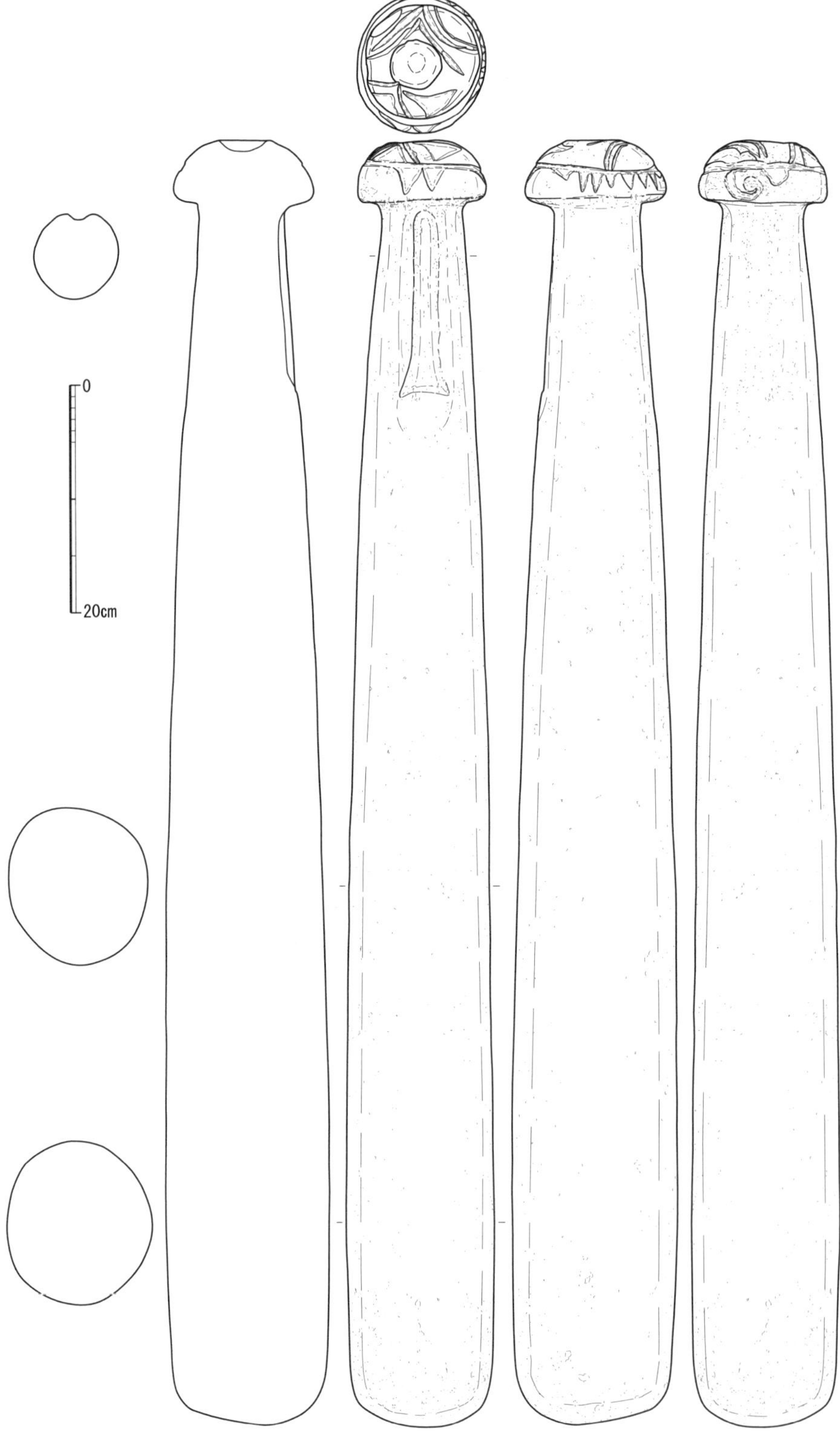

図３　ほうろく屋敷遺跡出土石棒

し，土壙の端に立てられ石で固定されたものと推測している（図2，大沢前掲）。しかし，報告書では石棒自体に関する記載はあまりなく，全形と頭頂部の写真が提示されるのみで，石棒頭部の陰刻文様については記載がない。

本資料も完形品であり，全長112.8 cm，頭部最大幅12.2 cm，頸部最小幅7.5 cm，胴部最大幅14.3 cmであり，流紋岩質凝灰岩製の石棒である（図3）。下端部を含め全体を丁寧な敲打・研磨で仕上げており，どのような素材を用いているのかは不明であるが，長大な形状であることから柱状節理を素材としている可能性も十分に考えられる。

全体形状としては，中期後半以降に盛行する笠形石棒に含まれるが，頭部および正面頸部下に陰刻による文様を施している点が本資料の大きな特徴である。頭部の中央部分には浅い溝により段が設けられ，これにより頭頂部側と頭部下側とに大きく二分されている。頭頂部には中央に径4.5 cm，深さ1.1 cmの凹みがみられ，これを取り囲むように弧線文や三角形文が施される。正面側には三角形文が交互に配され，右側のものはやや三叉文状を呈する。裏面側は二重の弧線が左右に施され，右側の弧線の中には半円形の文様が付される。頭部下側の文様は，正面・右側面・裏面に逆三角形文が不規則に横位展開する。右側面から裏面にかけては10個の逆三角形文が施され，全体では鋸歯状を呈する。裏面側の中央には，一つの逆三角形文が施され，その左側に渦巻文が浅く陰刻される。左側面には文様はみられない。頸部下は，正面側のみに陰刻が施される。頸部下に幅5 cm，長さ22 cm程度の平坦面がみられ，その中央部分にやや崩れた三叉文が上向きに陰刻される。正面頸部下の三叉文の陰刻は5～6 mm程度と浅いが，陰影による効果のため比較的明瞭に読み取れる。これに対し頭部の文様は，全体的に浅いこともあり間近で観察しない限りは判別が難しいものが多い。また文様の割り付けも不規則であり，施される文様意匠にも一貫性は読み取りにくい。

本資料周辺からは，中期後半から後期初頭にかけての土器片が散在しているが，明確な共伴関係を示すものではない。笠形石棒である点を重視すれば，本例の帰属時期を中期後半に位置づけたい。後述するように，長野県内には陰刻により弧線文・三角形文・三叉文を施す石棒が散見されるが，笠形石棒に文様が施される事例はみられない。本例の頭部に施される文様が浅く不規則である点を含め，笠形石棒に陰刻を施す特異な事例として注目される。正面頸部下に平坦面を作り三叉文を施す点などから，笠形石棒として完成した後に文様意匠を印刻した可能性も十分に考えられよう。その一方で，頭頂部に凹みを施す点は，北陸から東北地方にみられる彫刻石棒に散見され，本例が彫刻石棒の本質的な形態情報を理解している点は評価すべきである。

4　中部地方の彫刻石棒

彫刻石棒の形態分類については，小島俊彰が鍔を基本として設定した分類基準（小島1986，I～IV類）を元に，これに当てはまらない一群について別型式を設定したことがある（長田2009）。本稿においてもこの指針の下に分類を試みた。

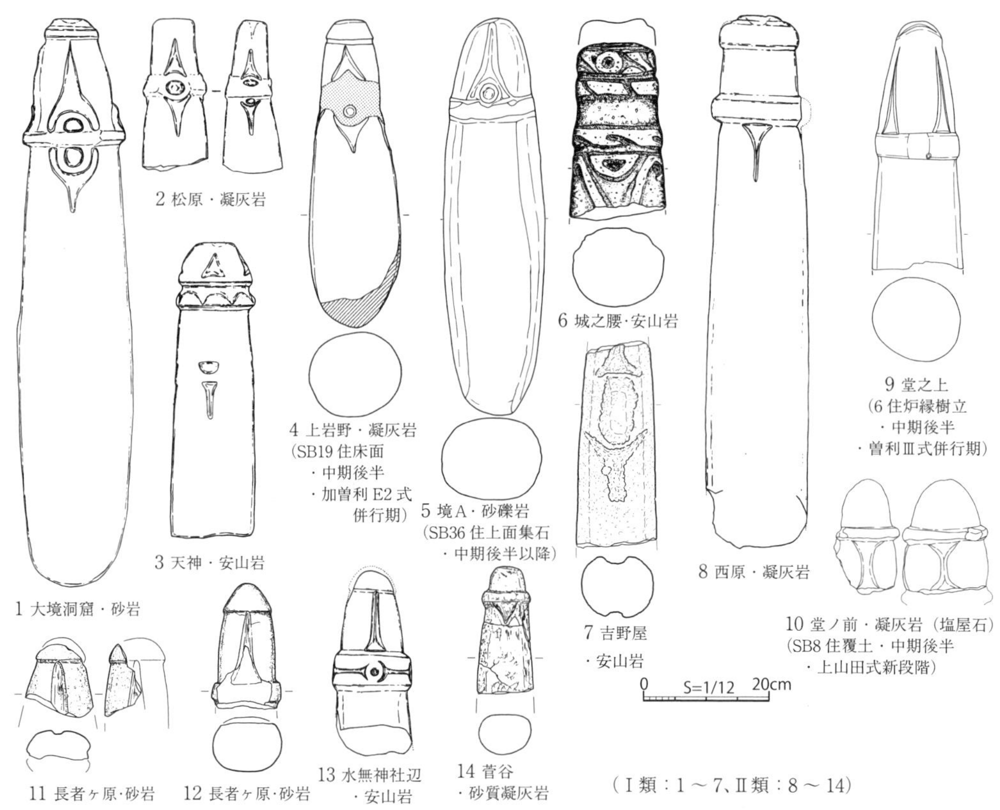

図 4　中部日本の彫刻石棒 1・陰刻文

I 類とされた陰刻により玉抱き三叉文を施すもの(図 4-1~7)は，富山県を中心に北陸西部に多いが，新潟県の中越地方においても城之腰遺跡(6)や吉野屋遺跡(7)からも破片資料が出土している。I 類の帰属時期については，岐阜県・上岩野遺跡例や富山県・境 A 遺跡例から，中期後半以降に属する可能性が考えられる。

II 類とされた陰刻により三叉文のみを施すもの(同 8~14)も富山県から岐阜県飛驒地方にかけて主体的な分布を示す。岐阜県内の堂之上遺跡例・堂ノ前遺跡例から，これらも中期後半に属する可能性が高い。

III 類とされた隆帯(陽刻)で V 状文様などを施したもの(図 5)は，文様の違いにより 3 細分されていたが，前稿において渦巻文の一群を独立させ追加した(長田 2009)。III-1 類とされた V 状隆帯をもち横位置に小円状の隆帯を加えるもの(15~24)は，小円状になるもの(15~20)と渦巻文になるもの(21~24)があり，これらは新潟県内に多くみられる。III-2 類とされた鍔の一部が V 状に下がるもの(25~30)は，富山県から新潟県にかけてみられる。III-3 類とされた鍔に接して V 状隆帯を配するもの(31~36)は，鍔が 1 段のもの(31~33)と 2 段のもの(34~36)がある。先に III-4 類としたものは，V 状隆帯から渦巻文が垂下する芋川原例(37)を代表とし，陽刻による渦巻文を配するものをあげた。はじめに紹介した仁行例(38)もここに含まれ，分布

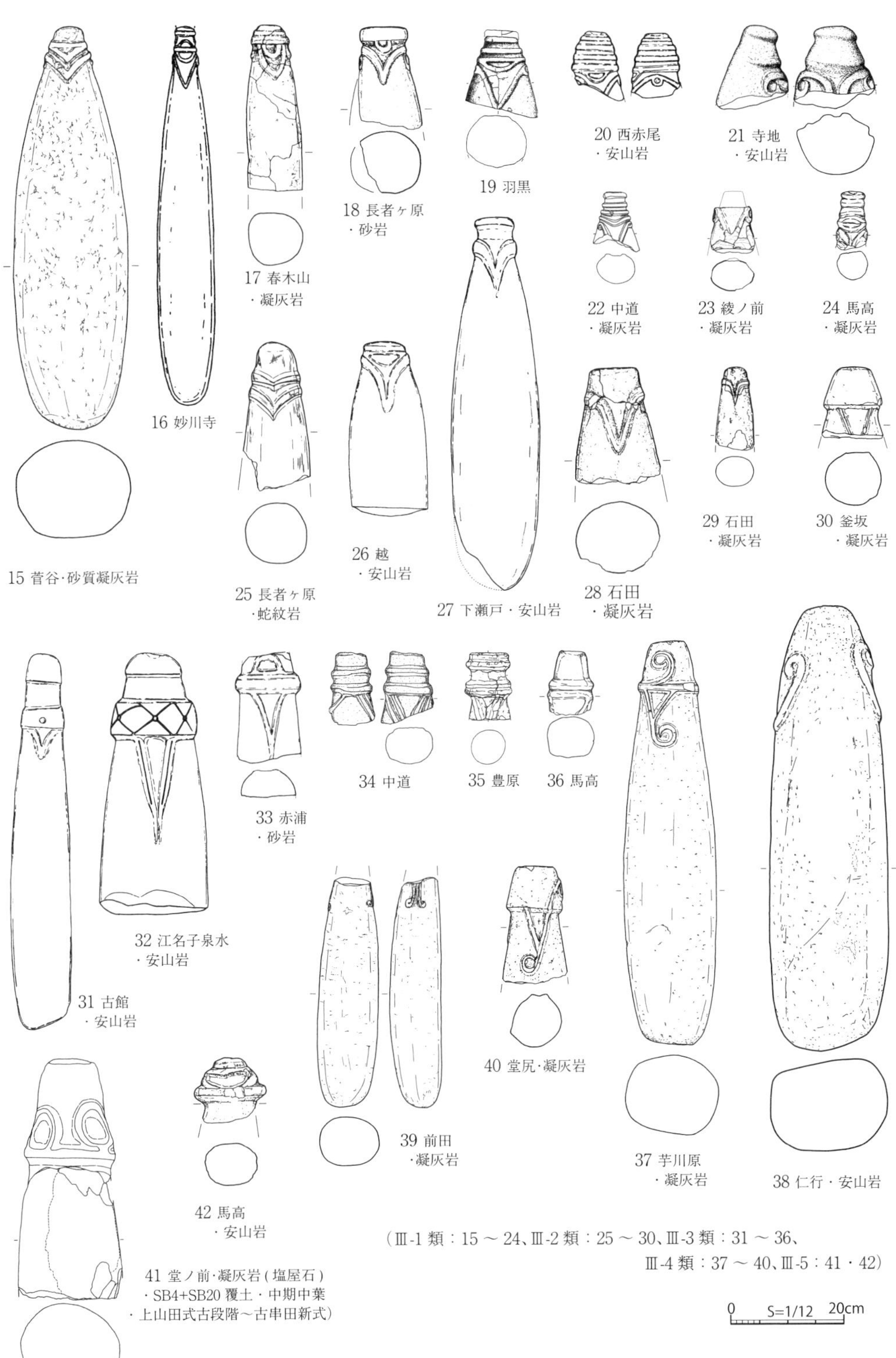

図５　中部日本の彫刻石棒２・陽刻文

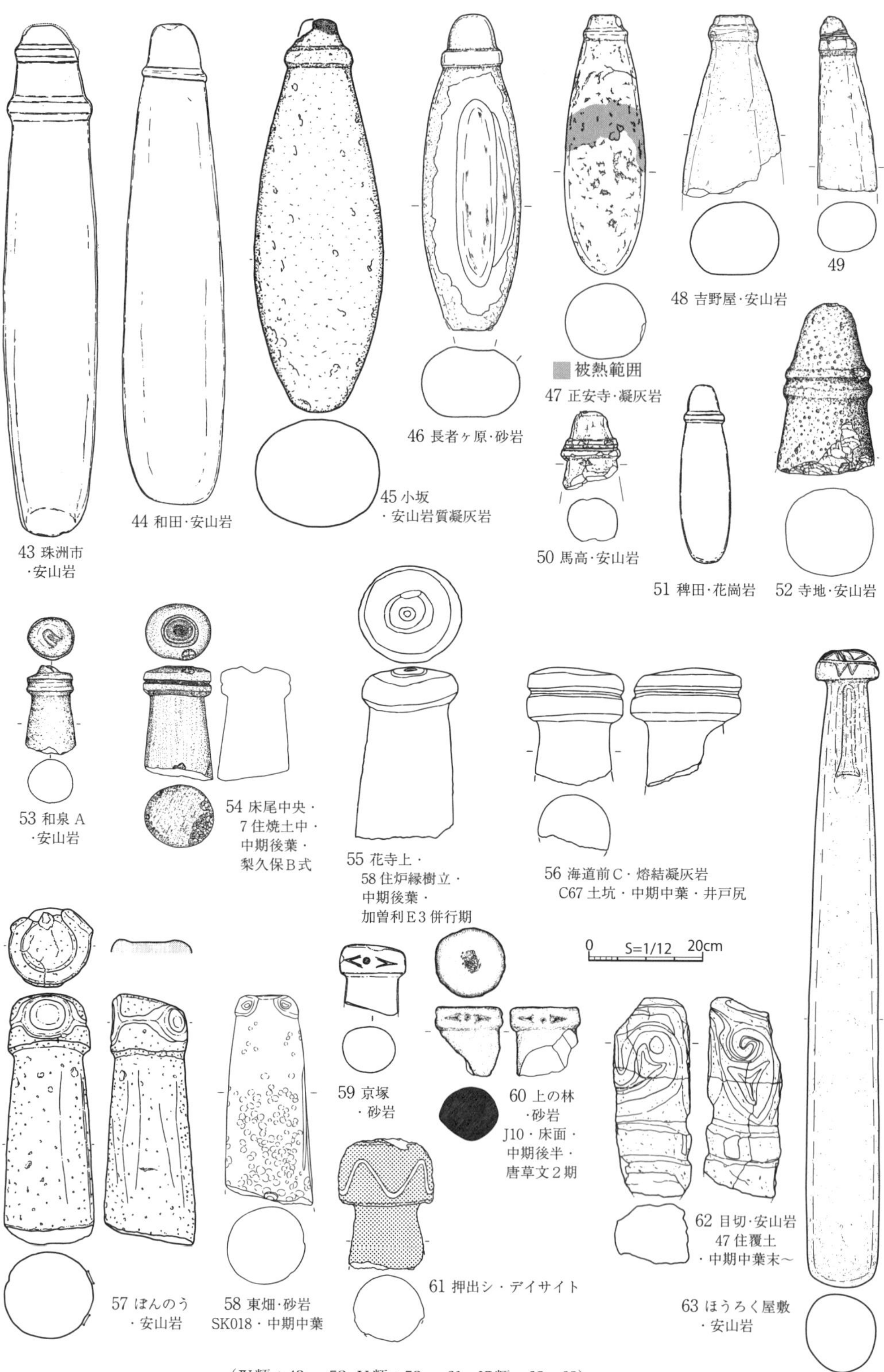

（Ⅳ類：43 〜 52、Ⅴ類：53 〜 61 、Ⅵ類：62・63）

図６　中部日本の彫刻石棒３・鍔のみ・頭部装飾

が，能登半島へ広がる点は注目されよう。III-5類としたものは，鍔の上に陽刻による円形文を配する岐阜県堂ノ前遺跡例（41）がある。新潟県馬高遺跡例（42）もこれに含まれよう。

IV類とされた鍔を有するのみのもの（図6-43〜52）は，小島も指摘するように北陸地方から東北地方日本海側を中心に散見される（小島1986）。

今回新たにV類としたもの（同53〜61）は，円筒状の頭部に文様を施す一群であり，凹線（53〜56）や陽刻・陰刻による円形文（57・58），陰刻による横位の玉抱き三叉文（59・60）や波状文（61）など多様な文様を施す。このうち和泉A遺跡例（53）は頭頂部に陽刻による渦巻文を配し，床尾中央遺跡例（54）や花寺上遺跡例（55）も同様に陽刻による円文を付しており，特徴的な一群として評価できよう。中期前半の和泉A遺跡例（53）や中期中葉の海道前C遺跡例のように比較的古い段階よりみられる。陰刻による横位文様を施すもの（59〜61）は，いずれも浅い線状痕を特徴とし，長野県・静岡県と中部地方の南部に散見される点も注意されよう。

VI類には，いずれにも当てはまらないものを含めた。目切遺跡例は，断面方形の円柱状胴部片に，陽刻・陰刻を織り交ぜながら渦巻文や三叉文を配するものである。これは，今回対象とした中部地方においては特異な例であるが，神奈川県恩名沖原遺跡や東京都忠生A遺跡などの類例がみられ，長野県から関東西部に展開する一群と考えられる。一方で，先に紹介したほうろく屋敷遺跡例（63）は，笠形石棒の頭部に陰刻による文様を施しており，特異な事例である。文様が横位展開する点を考慮すれば，先のV類に含めた陰刻による横位三叉文を施す一群との関連も考えられるが，石棒頭部形態や文様構成において大きく異なる。また頸部に付された上向きの三叉文も特徴的であり，これは小島俊彰が指摘する秋田県坂ノ上F遺跡例など東北地方に散見される凹溝をもつ石棒との関連も考えられ，頭頂部の凹みと併せ再検討すべき課題である。

以上のように，本稿において紹介した2例はいずれも特異な例として評価される一方で，既存の彫刻石棒の分布・展開に大きく見直しを迫る資料としても評価されよう。仁行例は，扁平な体部や下方から上方へ渦を巻く蕨手状であるなど特異な形態であり，陽刻による渦巻文が展開する新潟県より外れた地域での出土を象徴しているかのようである。ほうろく屋敷遺跡例は，笠形石棒に陰刻による三角形文・渦巻文を施す特異な例であり，中期末に盛行期を迎える笠形石棒に陰刻を施す点で，陰刻施文が後発する要素であることをも示していよう。それと同時に，頸部の凹み溝や頭頂部の凹みのように，東北地方に通有する要素を有している点も注意されよう。

今後は両者に通ずる類例の増加を期待するとともに，彫刻石棒全体の系統的理解を踏まえ，その精神文化的意味を検討していきたい。

本稿をなすにあたり，能登町教育委員会・髙田秀樹氏，安曇野市教育委員会・土谷和章氏には，資料見学に際し様々便宜をいただきました。また下記の方々からも様々なご教示・ご便宜をいただきました。文末ながら記して深謝の意を表します（五十音順・敬称略）。

大沢 哲　佐藤雅一　戸田哲也　中島将太　中村耕作　山本暉久　渡辺 誠

山本暉久先生の古稀の慶賀に本稿を呈上いたします。私自身の石棒研究の指針は，山本暉久先生の記念碑的論文である「石棒祭祀の変遷」（山本 1979）であり，それは現在も変わっておりません。今後もますますのご活躍とご健勝を衷心より祈念いたします。

引用・参考文献

石井　匠　2011「大形石棒の造形デザイン」『縄文時代の大形石棒―東日本地域の資料集成と基礎研究―』44-110 頁　國學院大學研究開発推進機構学術資料館

大沢哲ほか　1991『ほうろく屋敷遺跡―川西地区県営ほ場整備事業に伴う緊急発掘調査報告書―』明科町の埋蔵文化財第 3 集　明科町教育委員会

大矢昌彦　1977「石棒の基礎的研究」『長野県考古学会誌』28　18-44 頁　長野県考古学会

長田友也　2006「新潟県奥三面遺跡群出土の大型石棒―彫刻石棒を中心に―」『三面川流域の考古学』第 5 号　33-48 頁　奥三面を考える会

長田友也　2009「新潟県における石棒・石剣・石刀の変遷」『新潟県の考古学 II』227-246 頁　新潟県考古学会

長田友也　2013a「三条市内出土の石棒について」『三条考古学研究会機関誌』第 5 号　90-93 頁　三条考古学研究会

長田友也　2013b「石棒の型式学的検討」『縄文時代』第 24 号　33-57 頁　縄文時代文化研究会

長田友也　2016「後期前半の石棒―緑泥石片岩製石棒の展開―」『縄文時代』第 27 号　99-124 頁　縄文時代文化研究会

國學院大學考古学資料館研究室編　2010『縄文人の石神―大形石棒にみる祭儀行為―』「考古学資料館収蔵資料の再整理・修復および基礎研究・公開シンポジウム」発表要旨集

小島俊彰　1976「加越能飛における縄文中期の石棒」『金沢美術工芸大学　学報』第 20 号　35-56 頁　金沢美術工芸大学

小島俊彰　1986「鍔をもつ縄文中期の大型石棒」『大境』第 10 号　25-40 頁　富山考古学会

澁谷昌彦　2007a「福島県内の大形石棒」『いわき地方史研究』第 44 号　1-26 頁　いわき地方紙研究会

澁谷昌彦　2007b「石棒の型式分類と石剣・石刀の問題」『列島の考古学 II』（渡辺誠先生古希記念論文集）383-396 頁　同論集刊行会

澁谷昌彦　2010「静岡県の石棒型式」『静岡県考古学研究』No41・42　35-48 頁

鈴木素行　1999「越の旅人放浪編―西方貝塚 B 地区第 1 号住居跡の彫刻石棒について―」『婆良岐考古』21 号　29-66 頁　婆良岐考古同人会

鈴木素行　2007「まつりの道具⑦　石棒」『縄文時代の考古学』11　78-95　同成社

髙田秀樹ほか　2015『能登町の文化財』能登町教育委員会

谷口康浩ほか　2011『縄文時代の大形石棒―東日本地域の資料集成と基礎研究―』國學院大學研究開発推進機構学術資料館

山本暉久　1979「石棒祭祀の変遷（上・下）」『古代文化』31-11・12　1-41・1-24 頁　古代学協会

吉朝則富　1995「飛驒における鍔をもつ大型石棒の分布について」『飛驒と考古学　飛驒考古学会 20 周年記念会誌』283-294 頁　飛驒考古学会

※図の出典については，紙幅の都合から割愛させていただいた。ご寛恕願いたい。

列島西部における縄文晩期末大型石棒盛行の背景

中村　豊

はじめに

筆者は1998年以降，列島西部における縄文晩期末の大型石棒に関する研究，とくに結晶片岩製大型石棒の展開を通して，縄文時代から弥生時代への移行期の社会変化について考察を重ねてきた（中村1998・2001・2005・2007・2013・2014など）。近年資料が増加し，過程・背景をより詳細に示すことができるようになったため，以下，自身のフィールドである中四国地域を中心に論じていきたいと思う。

さらに，近年レプリカ法の進歩によって，縄文晩期後半におけるイネ・アワ・キビの展開があきらかになりつつある。この成果を合わせて，農耕の開始と石棒祭祀との関わりについて論じたい。

1　列島西部における大型石棒の起源と展開

(1) 第Ⅰ期：縄文中期末～後期前葉

大型石棒は，縄文中期末列島西部へ流入する（大下2001）。中四国地域では，鳥取県北栄町島遺跡，鳥取市栗谷遺跡，島根県飯南町中原遺跡，松江市夫手遺跡，大田市中尾H遺跡，津和野町大蔭遺跡各例などが相当すると考えられる。石材は砂岩，凝灰岩など多様なものが用いられている。一方，瀬戸内北岸地域では好例を欠いている。列島東部から流入してきたと考えられるが，おもに日本海側を経由して展開していったものと推察される。石材は多様であり，未製品を複数出土するような遺跡がみられないこと，分布も点在することからみて，近畿北部～北陸地域から流入，定着後，各地で必要に応じて自家生産，または小規模に流通していったものと思われる。

四国島地域では，徳島市矢野遺跡で結晶片岩製6点が出土しており，当該期の中四国地域では極めて目立っている（図1上段）。ほかに，徳島県つるぎ町貞光前田遺跡，善通寺市中村遺跡でみられ，これらも結晶片岩製である（図1上段）。一方，太平洋沿岸の南国市田村遺跡例は砂岩製である。その他，この時期に属すると思われる結晶片岩製の大型品が，遺物を伴わずに点々と単発で出土している。四国島地域の資料は有頭形と無頭形が相半ばする。近畿中南部地域方面から，おもに紀伊水道を経由して四国島東岸地域に流入し，吉野川流域を介して普及していったものと考えられる。瀬戸内北岸地域に類例がとぼしい点，香川地域の中村遺跡例が砂岩製や流紋岩製ではなく結晶片岩製である点などからみても，瀬戸内海が展開の軸とはならなかったと推察されるからである[1)]。

(2) 第II期：縄文後期中葉・後葉

続く縄文後期中葉・後葉以降は，列島の多くで刀剣形石製品が主流となって大型石棒は衰退する。中四国地域では，当該期の資料は決して多くはない。

中国地域では，当該期における大型石棒の確実なものはみられないようだ。大型石棒の使用が細々と継続していた可能性は否定できないが，刀剣形石製品の使用へ傾いていったと考えられる。広島県庄原市帝釈寄倉岩陰遺跡では，この時期に全国展開し，刀剣形石製品普及の嚆矢となった成興野型石棒が出土している。また，島根県美郷町沖丈遺跡例も当該期の小型石棒である。これらの石材は多様であり，特定遺跡で大量に生産する様相は認められない。帝釈寄倉岩陰遺跡や沖丈遺跡が内陸にみられるところからみて，刀剣形石製品は中国山地を基点に展開していったものと考えられる。

一方，四国島地域では異なった様相が認められる。中国地域同様刀剣形石製品の展開はみられる。たとえば，愛媛県宇和島市犬除遺跡，高知県四万十市大宮・宮崎遺跡では後期中葉～後葉の小型石棒がみられる。また，徳島県海陽町大里浜崎遺跡では石刀の出土が確認されている。一方で，大型石棒の継続的使用も目立っている。大宮・宮崎遺跡や徳島市庄遺跡では，結晶片岩製大型石棒が出土している（図1上段）。いずれも無頭形である。刀剣形石製品展開後も大型石棒の衰退はみられない。刀剣形石製品の石材は多様であるが，大型石棒は結晶片岩製に収斂する様相が認められる。たとえば，大宮・宮崎遺跡は太平洋側に位置し，三波川帯からはずれているが，結晶片岩製である（図1上段）。ただし，大規模な生産遺跡は認められない[2)]。

(3) 第III期：縄文後期末・晩期初頭～縄文晩期中葉

縄文後期末・晩期初頭～縄文晩期中葉は，全国的に刀剣形石製品の出土例が多くなり，大型石棒が衰退する時期に相当する。以下，中四国地域での展開をみていきたい。

中国地域では，刀剣形石製品が広く認められる。地域による偏在もみられない。島根県奥出雲町原田遺跡では，20点にも及ぶ小中型石棒・刀剣形石製品が出土している。縄文晩期末に属すると思われる4点をのぞいた，半精製・精製の小型・中型石棒や石刀が，おもに縄文晩期中葉の原田式期に属すると考えられる。ほかにも，島根県飯南町森I遺跡や森III遺跡，津和野町大蔭遺跡，山口県平生町岩田遺跡，岡山県鏡野町久田原遺跡，倉敷市舟津原遺跡など枚挙に暇がない。岡山県では，柄部に彫刻を施す橿原型石刀がみられ，近畿地域との関連が深い。石材は多様であり，各地で生産されたものと考えられる。原田遺跡では多量に出土しており，前段階よりもやや規模の拡大した生産が想定できる。大型石棒の類例はほとんどみられないが，岡山市大森遺跡において，結晶片岩製1点が出土しており注目される（図1上段）。

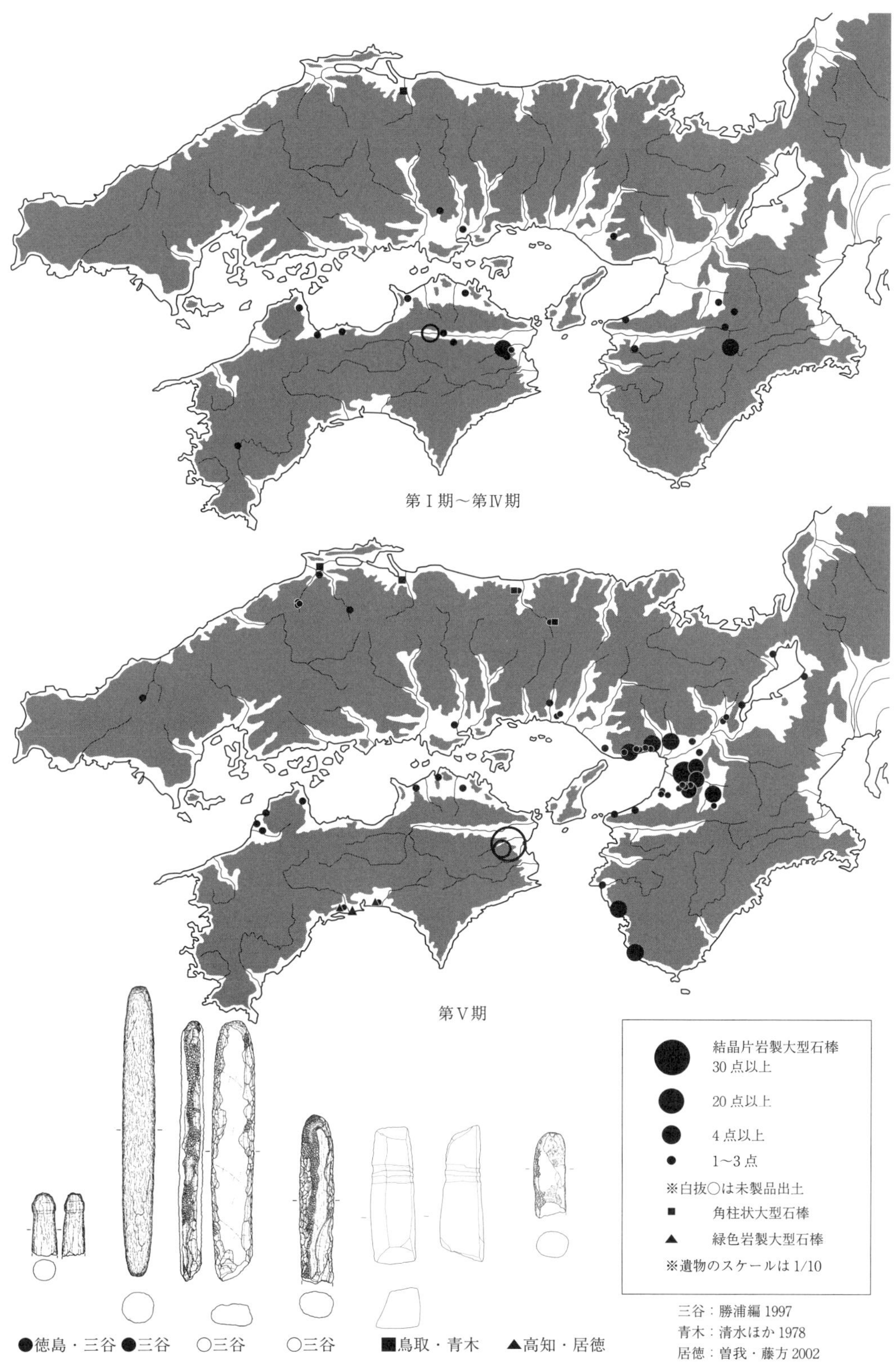

図1　結晶片岩製大型石棒と関連資料分布図

四国島地域では，刀剣形石製品，大型石棒とも継続していたと考えられるが，刀剣形石製品としては，徳島県東みよし町稲持遺跡，高知県四万十市中村貝塚をかぞえるくらいである。いずれも石刀で，中村貝塚例は橿原型石刀である。結晶片岩または緑色岩製である。一方大型石棒は西条市池の内遺跡に結晶片岩製2例をみることができる（図1上段）。生産のあり方も前段階と同様小規模である。無頭形のみみられる[3)]。

(4) 第IV期・縄文晩期後葉

縄文晩期後葉凸帯文期は，最終末とそれ以前で様相が大きく異なっている。ここでは前半期の前池式・沢田式併行期を第IV期とする。ただし，当該期に確実に絞り込める資料はあまり多くない点に注意しておきたい。すなわち，沢田式とそれ以後の土器との明確な区分は研究途上にあって，包含層や流路など出土状況に幅があると判断される事例は，すべて次の段階として扱うこととした。中四国地域ともに刀剣形石製品はみられなくなり，特殊な事例をのぞいて大型石棒のみである。

中国地域では資料に恵まれていない。当該期の近畿地域で石棒類がほとんどみられない様相と類似する。しかし，米子市青木遺跡において，角柱状で2条の沈線を施す特異な大型石棒が出土している点は注目される（図1上段・下段■）。石材は，淡茶褐色流紋岩・凝灰岩系の石材である。岡山市百間川沢田遺跡では結晶片岩製大型石棒が出土する（図1上段）。

四国島地域では比較的多くの類例が知られている。愛媛県松山市道後今市遺跡，今治市阿方遺跡，新居浜市上郷遺跡，香川県高松市東中筋遺跡，徳島県東みよし町土井遺跡，徳島市下中筋遺跡2点，同大柿遺跡などである（図1上段）。大柿遺跡では，加工痕を残す6点が出土しており，注目される（図1上段○）。前段階と比較してあきらかに資料は増加している。多量生産・遠隔地への波及前夜の様相としてとらえておきたい。石材はすべて結晶片岩である。下中筋遺跡の1点のみ有頭形で，他は無頭形である。

(5) 第V期・縄文晩期末／弥生前期初頭

縄文晩期末／弥生前期初頭は大型石棒の類例が多数みられるようになる。中四国地域では，縄文時代を通して当該期の資料がもっとも多い（図1中段）。各地で盛んに大型石棒をもちいた儀礼が行われ，それに応じてかつてない規模で生産されたものと考えられる。

中国地域では，角柱状大型石棒と結晶片岩製大型石棒が出土する（図1中段）。角柱状大型石棒は，島根県出雲市蔵小路西遺跡，米子市長砂第4遺跡，鳥取市本高弓ノ木遺跡，鳥取県智頭町智頭枕田遺跡で出土する（図1中段■）。結晶片岩製大型石棒は島根県津和野町大蔭遺跡，出雲市三田谷I遺跡，奥出雲町板屋III遺跡，原田遺跡，飯南町門遺跡，森I遺跡，本高弓ノ木遺跡，智頭枕田遺跡，岡山市津島岡大遺跡などで出土している（図1中段●）。角柱状大型石棒は，前段階の青木遺跡例からつらなるものであろう。分布は山陰地域に限られている（図1中段■）。一方結晶片岩製大型石棒は，III期の大森遺跡など中国地域においては，わずかな例外をのぞいてみられなかったもので，分布を大きく広げていることがわかる。後述のように四国島地域から瀬戸内海・中国山地[4]を介して波及してきたものであろう（図1中段●）。なお智頭枕田遺跡のみ，2点の刀剣形石製品が出土している。刀剣形石製品の展開は第III期までで終焉をむかえている。周辺地域の出土状況からみても特異な存在であり，現時点では評価を保留せざるをえない。

四国島地域では，これまでになく多くの類例が認められ，結晶片岩製が大半を占めている。徳島市三谷遺跡では，未製品2点のほか，剝片・素材を含めると30点を超える多量の資料が出土している（図1中段●・下段○●）。同名東遺跡でも未製品1点を含む4点が出土している（図1中段○）。前段階の大柿遺跡を含め，四国島東部地域の遺跡の出土数は他を圧倒し，未製品や剝片も出土している点は，大いに注目される。ほかに高松市井手東II遺跡，坂出市下川津遺跡，善通寺市龍川五条遺跡，今治市中寺州尾遺跡，松山市大渕遺跡，同別府遺跡，同北井門遺跡，土佐市居徳遺跡，南国市田村遺跡などで出土している（図1中段●）。一方，四国島南岸地域において，居徳遺跡，田村遺跡，高知市仁ノ遺跡など，緑色岩製大型石棒の小規模な展開がみられる（図1中段▲・図1下段▲）。

いずれにせよ，前段階と比べものにならないくらいの資料が各地で見出されている。三波川帯各地での小規模な生産は，前段階に引き続き行われたものと推察されるが，三谷遺跡は未製品・剝片・素材・製品合わせて出色の出土数を誇っている。三谷遺跡で多量に生産され，相応の資料が広域に展開していったと考えられる。これに刺激を受けて，緑色岩製の生産もみられるようになるのである。

2　大型石棒生産の展開と石材

以上でみたように，第I期～第III期にいたるまで，大型石棒は各地で異なる石材をもちいて，必要に応じ，小規模に生産されていたものと考えられる（図1上段）。中国地域では第II期～第III期にかけて刀剣形石製品が盛行し，大型石棒が衰退する一方で，四国島地域では大型石棒の展開が，刀剣形石製品と併行しつつも継続していったと推察される。とくに，四国島では当初から結晶片岩製が多くを占める特色をもつ。ただし，一部の例外を除いて，結晶片岩が瀬戸内海を介して展開することはない。この段階までは，大規模な生産と展開はみられなかったとみてよいだろう。

こうした流れに変化の兆しがみられるようになるのは第IV期である。山陰地域の青木遺跡では角柱状大型石棒が出土し，また四国島地域でも結晶片岩製大型石棒の出土例が，前段階と比較して目立つようになってくる（図1上段）。ただ，この段階においてもなお，大量生産はみられないし，瀬戸内海を越えた展開も決して多くはない。隣の近畿地域でも，前池式（滋賀里IV式），沢田式（口酒井期・船橋式）に伴う石棒はほとんどみられない。

結晶片岩製大型石棒は第V期になると，三谷遺跡において多量に生産されるようになる（図1中段○）。それまで未製品がみられることはまれで，1遺跡から30点を超える資料が出土することもみられなかったことから，きわめて特徴的なあり方と考えられる[5)]。「結晶片岩産出地は広くみられる」との反論をいただくこともある。実際前段階からの小規模な生産は，各地で引き続き行われたと考えられ，すべてが三谷遺跡産でないことは確実である。だからといって，以下4点の事実まで看過することはできないはずだ。

①出雲市三田谷I遺跡出土石棒から試料が採取され，地質学的分析が行われている（高須2000)。すなわち，中国山地にみられる変成度の低い片岩ではなく，三波川帯特有の変成度の高い片岩が日本海側まで持ち込まれた点が指摘されており，瀬戸内海・中国山地を介した広域展開を想定できる。

②第I期～第IV期にいたるまで，素材・未製品・剥片などを出土し，まとまった生産を示すような資料はほぼみられないのに対し，第V期の三谷遺跡ではこれらが豊富に出土している。また，三谷遺跡での出土点数は他を大きく凌駕している（図1中段○・下段○●)。

③第IV期まで，基本的に瀬戸内海をこえた展開のみられなかった結晶片岩製大型石棒が，三谷遺跡と同時代の第V期にいたって，東は島根県米原市磯山城遺跡や高島市北仰西海道遺跡から西は津和野町大蔭遺跡や松山市大渕遺跡，北は出雲市三田谷I遺跡や鳥取市本高弓ノ木遺跡から南は和歌山県すさみ町立野遺跡や南国市田村遺跡にいたる，列島西部東半地域一帯に広く展開するようになる。これは，図1上段と中段の分布図を比較すれば，一目瞭然である。

④第II期～第IV期にみられる結晶片岩製大型石棒は無頭形であるのに対し，第V期の資料には有頭形が少なからず含まれている。三谷遺跡の3点のほか，智頭枕田遺跡，岡山県瀬戸内市門田貝塚，井手東II遺跡，神戸市宇治川南遺跡，同市北青木遺跡，茨木市東奈良遺跡，長原遺跡，東大阪市池島・福万寺遺跡，八尾南遺跡，堺市船尾西遺跡，和歌山県みなべ町徳蔵遺跡，立野遺跡など，枚挙に暇がない。

以上から総合的に判断して，三谷遺跡で生産された相当数のものが，四国島内のみならず，瀬戸内海・中国山地を介して中国地域一帯に展開するようになる（図1中段)。この展開は中四国地域にとどまらず，近畿地域にも及び，大阪湾沿岸～紀伊水道沿岸地域のみならず，内陸の京都盆地・奈良盆地・琵琶湖沿岸地域にまで展開するようになる（図1中段)。また，神戸市大開遺跡，伊丹市口酒井遺跡，大阪市長原遺跡，東大阪市弓削ノ庄遺跡，池島・福万寺遺跡，大和高田市川西根成柿遺跡，徳蔵遺跡，立野遺跡のように，複数点がまとまって出土するようなケースもみられるようになるのである（図1中段)。

結晶片岩製大型石棒の広域展開とともに，山陰地域の角柱状大型石棒や四国島南岸地域の緑色岩製大型石棒などの展開もみられる。

3　結晶片岩製大型石棒の盛行と農耕の起源

本来石棒祭祀は，縄文中期に列島東部で盛行したものが，縄文中・後期の交を画期として列島西部へと展開してきたもので，縄文時代を代表する呪術具であるとされている。

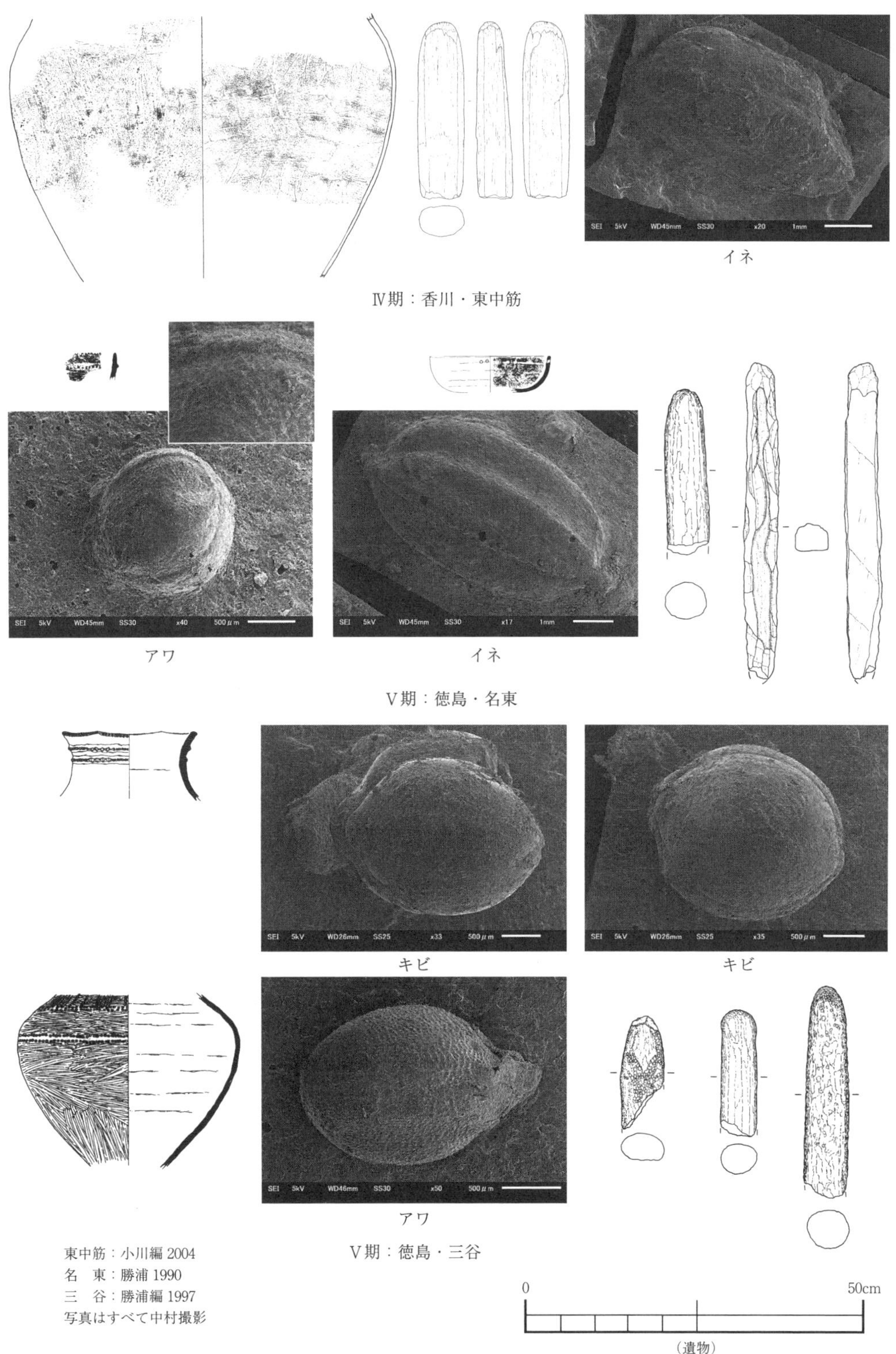

図２　大型石棒とイネ・アワ・キビとの共存

縄文中期末以降の四国島地域において，大型石棒がもっとも盛行するのは第Ⅴ期の縄文晩期末／弥生前期初頭である。ここでは，近年進捗の著しい農耕起源に関する研究を取り上げ，列島西部へのイネ・アワ・キビの展開という側面から大型石棒が盛行する歴史的背景をさぐり，考察をくわえていきたい（図2）。

(1) 農耕の起源との関連において

近年，レプリカ法の成果によって，ダイズ・アズキといったマメ科の栽培化は縄文中期以前までさかのぼる可能性が指摘されている。これらが列島西部でもみられるようになるのは後期以降である。縄文中期末以降，石棒祭祀をはじめとする諸文物が列島東部から列島西部へと展開するが，マメ科の栽培もこれらとともに普及していった可能性が考えられている（小畑 2016）。

一方，イネ・アワ・キビの利用が確実視されるようになるのは，第 III 期末・第 IV 期初頭ということになる。板屋 III 遺跡のイネ圧痕（中沢・丑野 2003），福岡県粕屋町江辻遺跡（中沢 2015）・竹田市石井入口遺跡・宮崎県佐土原町右葛ヶ迫遺跡・志布志市小迫遺跡（以上 3 例小畑 2015）のアワ圧痕などがこれに相当する[6]。続く第 IV 期・第 V 期にいたってより一般化するようになる。大型石棒の利用は，第 IV 期に盛行の萌芽がみられ，第 V 期に列島西部各地でピークをむかえる。すなわち，大型石棒祭祀の盛行と，イネ・アワ・キビの展開過程との間には時期的な共通性が認められることになる。

(2) 四国島地域における第 IV 期・第 V 期の農耕

近年，筆者がフィールドとする四国島地域においても，レプリカ法による農耕起源に関する研究が進みつつある。このうち，ダイズ・アズキの展開にかかわる第 I 期～第 III 期の調査は十分ではないため今後の課題としたい。一方，第 IV 期・第 V 期の大型石棒出土遺跡において，イネ・アワ・キビの圧痕は確認されつつある。

第 IV 期の遺跡では，上郷遺跡と東中筋遺跡において，イネの圧痕が確認されている（中村 2015，図 2 上段）。両遺跡ともに，結晶片岩製大型石棒の出土が認められる。石棒出土遺跡ではないが，高松市林・坊城遺跡（遠藤 2012，濵田 2014）や今治市叶浦 B 遺跡（中村 2015）でアワ圧痕が確認されている。

第 V 期の遺跡では，多くの類例がみられる。名東遺跡ではイネ・アワの圧痕（図 2 中段），三谷遺跡では炭化米，イネ・アワ・キビの圧痕が多数確認されている（図 2 下段）。以上，第 IV 期・第 V 期におけるイネ・アワ・キビの普及と大型石棒の盛行とが併行する点には注意すべきであろう。

4　列島西部における農耕開始と大型石棒

第 IV 期・第 V 期における北部九州玄界灘沿岸地域では，すでに灌漑水田稲作の浸透がみられる。それにともなって，とくに第Ⅴ期には，九州地域～中四国西部地域にかけて，新たな儀礼の展開もみられ，有柄式磨製石剣の波及はその一端を示しているといえる（中村 2004）。一方，イネ・アワ・キビはさらに東方まで展開していったが，灌漑水田稲作の痕跡はみつかっていない。すなわち，生産は基本的に畠作など，伝統的な生産域に取り込まれていった可能性が高いと考えられる。第Ⅴ期の後半は，遠賀川式土器と凸帯文土器が併存する。谷水を利用するなど，小規模な灌漑は開始されていたと考えられるが，地域社会を変えるまでにはいたっていない。大型石棒は，儀礼を通して地域社会を維持し，地域間を結びつける役割の一端を担っていたと想定される。イネ・アワ・キビの普及後も大型石棒は継続し，むしろ盛行する。すなわち，縄文時代を代表する呪術具とその祭祀を一つの媒体として形作られていた地域社会・地域間交流のなかに，イネ・アワ・キビの生産を取り込んでいったと考えられるのである。大型石棒が最盛期へいたる過程が，イネ・アワ・キビの波及と時期的に重なる点は注目すべきであり，直接的には縄文社会の解体につながらなかったことを示唆している。

第Ⅴ期以後，凸帯文土器はみられなくなり，弥生前期のⅠ-2様式をむかえる。遠賀川式土器であるⅠ-2様式の土器には，凸帯文土器の特徴を取り入れたものが多くみられる。中小規模の集落が点在していた状況から灌漑水田稲作経営を軸に集住化をとげる。ここに大型石棒祭祀を一つの背景に結びついていた地域社会・地域間交流は解体していくのである。

おわりに

以上，列島西部における縄文晩期末大型石棒盛行の背景をみてきた。第Ⅰ期（縄文中期末～後期前葉）～第Ⅳ期（縄文晩期後葉）まで，各地で小規模な展開にとどまっていた大型石棒であったが，第Ⅴ期にいたって，徳島市三谷遺跡で結晶片岩製大型石棒の生産が大規模化する。これらは瀬戸内海を介して，東は滋賀から西は島根，日本海沿岸地域から太平洋沿岸地域にいたる広域に波及する。また，同時に山陰地域では角柱状大型石棒，四国島南岸地域では緑色岩製大型石棒の展開もみられ，大型石棒祭祀は全盛をむかえる。

同時代の列島西部では第Ⅲ期末～第Ⅳ期初頭にかけてイネ・アワ・キビがみられるようになり，第Ⅴ期にかけて広く普及していく。列島西部東半地域における大型石棒盛行のピークとイネ・アワ・キビ普及の過程が併行している点は極めて興味深い。当該期におけるイネ・アワ・キビの展開は，玄界灘沿岸地域をのぞいて本格的な灌漑水田稲作をともなっていない。すなわち畠作などによる生産を想定できる。大型石棒祭祀を一つの媒体として結びついた地域社会・地域間交流は，大型石棒祭祀を活性化しながらこれらを受け入れていったものと推察される。

やがて，灌漑水田稲作に伴う協業を軸とする新しい地域社会・地域間交流に，既存の地域社会が加担する過程で大型石棒祭祀は終焉をむかえるのである[7)]。

註

1)　近畿地域では，奈良県川上村宮の平遺跡（ただし石柱），神戸市淡河中村遺跡などで，結晶片岩製大型石棒の出土例がある。

2)　近畿地域では，奈良県吉野町宮滝遺跡，宇陀市本郷大田下遺跡など，結晶片岩製大型石棒の出土例がある。

3)　近畿地域では，橿原遺跡で結晶片岩製大型石棒の出土例がある。

4)　中国西部地域における出土例が少なく，また山口県地域の沿岸部からの出土がみられない（図1中段●）ため，山陰地域へは中国山地を介して展開していったものと推察される。

5)　第Ⅰ期～第Ⅳ期では，近畿南部，東部瀬戸内，中部瀬戸内南岸などで，小規模な生産展開はみられたと考えられ，一部は第Ⅴ期への継続も想定できる。しかし，三谷遺跡での多量生産と広域展開を否定する材料にはなり得ない。

6)　弥生時代の開始を，「灌漑水田稲作」の定着と定義し，これに伴う凸帯文土器の段階を「弥生時代早期」とするのであれば，北部九州の玄界灘沿岸地域では第Ⅳ期の山の寺・夜臼Ⅰ式ということで，以上5例はこれをさかのぼっている。また中四国西部地域では第Ⅳ期～第Ⅴ期，中四国東部・近畿地域では第Ⅴ期～弥生前期Ⅰ-2様式期であって，5例よりも一段階程度さがることになる。5例のなかには山間部に位置する遺跡もあり，また，横刃形石器（粗製剝片石器）の展開なども考慮にいれると，イネ・アワ・キビの波及は第Ⅲ期のもう少し古い段階までさかのぼる可能性もある。

7)　灌漑水田稲作を軸とする地域社会・地域間交流が形成される弥生前期中葉以降の石棒展開を想定する「弥生石棒論」は，出土状況の検証や型式学的検討など，資料批判が十分ではない。筆者は，それらの大半は混入や再利用で，石棒としての本来の機能を果たしてはいないとみている。第Ⅴ期における大型石棒隆盛の意義を正しく理解するには，青銅器をはじめとする弥生時代前期以後の儀器とその役割を視座に含めた展望が必要で，過剰に石棒に引きずられた議論が，当該期の社会復原をめざすうえで得策とは思えない。

参考文献

遠藤英子　2012「西日本の縄文晩期から弥生前期を対象としたレプリカ法の実践―第2次調査：中国・四国地域―」『高梨学術奨励基金年報平成24年度研究成果報告』（公財）高梨学術奨励基金　46-53頁

大下　明　2001「近畿地方における大型石棒の受容と展開（上）―頭部笠状二段大型石棒の創出」『縄文・弥生移行期の石製呪術具3』文部省科学研究費報告書　9-28頁

小川賢編　2004『東中筋遺跡―第2次調査―』高松市埋蔵文化財調査報告第70集

小畑弘己　2015「植物考古学から見た九州晩期農耕論の課題」『九州縄文晩期の農耕問題を考える』九州縄文研究会　8-17頁

小畑弘己　2016『タネをまく縄文人―最新科学が覆す農耕の起源―』吉川弘文館

勝浦康守　1990『名東遺跡発掘調査概要』名東遺跡発掘調査委員会

勝浦康守編　1997『三谷遺跡』徳島市埋蔵文化財発掘調査委員会

清水真一ほか　1978『青木遺跡発掘調査報告書Ⅲ』青木遺跡発掘調査団

曽我貴行・藤方正治　2002『居徳遺跡群Ⅲ』（財）高知県文化財団埋蔵文化財センター調査報告第69集

高須　晃　2000「三田谷Ⅰ遺跡より出土した石器石材の岩石学的研究と原産地の推定」『三田谷Ⅰ遺跡Vol. 3』島根県教育委員会　97-116頁

中沢道彦・丑野毅　2003「レプリカ法による山陰地方縄文時代晩期土器の籾状圧痕の観察」『縄文時代』

14　139-153 頁
中沢道彦　2015「長野県域における縄文時代の終末と生業変化」『八ヶ岳山麓における縄文時代の終末と生業変化』明治大学日本先史文化研究所　2-9 頁
中村　豊　1998「稲作のはじまり一吉野川下流域を中心に一」『川と人間一吉野川流域史一』溪水社　79-100 頁
中村　豊　2001「近畿・瀬戸内地域における石棒の終焉一縄文から弥生一」『縄文・弥生移行期の石製呪術具 3』文部省科学研究費報告書　49-86 頁
中村　豊　2004「結晶片岩製石棒と有柄式磨製石剣」『季刊考古学』86　雄山閣　36-39 頁
中村　豊　2005「列島西部における石棒の終末一縄文晩期後半における東西交流の一断面一」『縄文時代』16　95-110 頁
中村　豊　2007「縄文一弥生移行期の大型石棒祭祀」『縄文時代の考古学 11　心と信仰一宗教的観念と社会秩序一』同成社　283-294 頁
中村　豊　2013「結晶片岩製石棒の拡散」『農耕社会成立期の山陰地方』山陰考古学研究集会　81-94 頁
中村　豊　2014「中四国地域における縄文時代精神文化について一大型石棒・刀剣形石製品を中心に一」『山陰地方の縄文社会』島根県古代文化センター研究論集　第 13 集　23-42 頁
中村　豊　2015「近畿・四国地域における農耕導入期の様相」『八ヶ岳山麓における縄文時代の終末と生業変化』明治大学日本先史文化研究所　10-15 頁
濵田竜彦　2014「山陰地方の突帯文土器と縄文時代終末期の様相」『中四国地域における縄文時代晩期後葉の歴史像』中四国縄文研究会　17-36 頁

三角形土製品の一類型について

佐藤　雅一

はじめに

新潟県を流れる信濃川流域の縄文時代中期前葉から後葉は，千石原Ⅰ式土器→馬高式土器→栃倉式土器→沖ノ原Ⅰ土器式の変遷がおおよそ整理された[1)]。特に馬高式土器は火焔類型土器と王冠類型土器が二卵性双生児のごとく存在し，他系統土器群と土器相を形成する（佐藤 2012）。その組成は，地理的位置において異なる変化が把握されてきた。また，従来馬高式土器に含まれて議論されてきた土器群が再評価され，栃倉式土器として独立したことも近年の研究動向である（佐藤 2014）。

馬高式土器→栃倉式土器は，おおむね大木 8a 式土器→大木 8b 式土器の時間幅での対比が理解されているが，栃倉式土器は現状において大木 8b 式土器中段階→新段階の時間幅で整理されている。これら土器群に伴う様々な遺物群があり，津南シンポジウムなどで取り上げられ議論されてきた経緯がある（津南町教育委員会編 2006）。

本稿では，馬高式土器→栃倉式土器→沖ノ原Ⅰ式土器をおおむねの消長時期と判断される三角形土製品を構成する一類型を取り上げ考察したい。

1　検討資料

新潟県十日町市南鐙坂 140 番地外に所在する幅上遺跡は，1990（平成 2）年に発掘調査が実施され，2007（平成 19）年に報告書が刊行された（宮内ほか 2007）。報告書によれば，三角形土製品は 36 点出土したという。

ここで取り上げる三角形土製品を図 1 に示した。大きな特徴は，縦断面の強い湾曲と頭部とも思える上部の凸部である。その基本は，三角形であり，胸部区画線を有し，そこから脇の下方向に区画線が伸びることで区画域が生まれ，刺突文が充填される。刺突文が充填される部位がもう一つある。凸部左右に付される鬟状の膨らみ部である。この鬟状の膨らみも注目する部位である。報告書では「上辺につまみ状の突起」と「下部には，縦方向に顕著なナデ痕」に注意喚起している。その法量は，高さ 58 mm，厚み 16 mm，幅 60 mm を計測する。

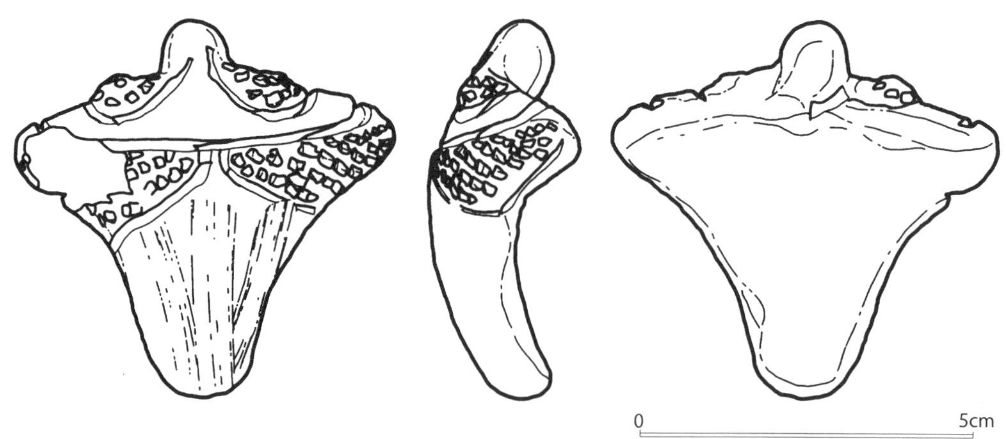

図１　幅上遺跡出土の三角形土製品

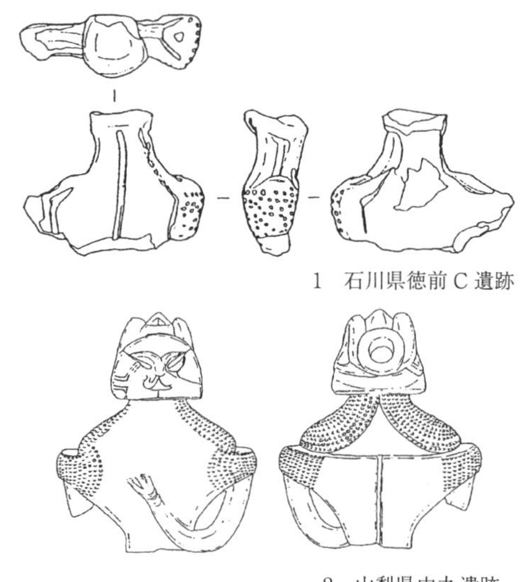

図２　肩パットを保有する土器（縮尺不同）

2　考　察

筆者は，新潟県に分布する土偶を扱い研究の視点を整理した経緯がある（佐藤 2003）。その視点は，多様な土偶類型と三角形土製品を省略土偶の類と見立て「三角形土偶」と呼び，それらの組成比を検討する必要性を説いた。そして，三角形土偶への刺突文施文部位を石川県徳前Ｃ遺跡や山梨県中丸遺跡から出土している土偶の肩パット部位との類似性を指摘した（図２）。

その後，省略土偶と位置づけた三角形土偶が変遷過程で土版化することを重視し，その総体変化が重要と考え，従来通り，三角形土製品と呼び，そのなかで三角形土偶から三角形土版への変化を捉えることとした（佐藤 2005）。

本資料を考察するため，三角形土製品の多様性と変遷試案の一部を提示する（図３）。管見資料における遡源資料を１（１類）とする[2)]。基底面が平坦で胸部区画と肩部区画が隆起線で施される。この類は管見資料中に類例はない。胸部に乳房表現のある一群がある。粘土貼り付けによる対の円文貼付を施す２（3B 類）がある。この乳房表現が上位に移動する３・４（3C 類）がある。また，沈線表現の５・６（4B 類）がある。これら 3B・3C・4B 類は，胸部における対表現と理解し，乳房を意識していると推察した。これらから変形したと推測する一群がある。それが３個の連結円形貼付文で構成される７・８（3D 類）や襟状貼付文と呼称した粘土貼付文をもつ９～12（3E 類）がある。これらを凸部化あるいは三角形から菱形への変化と考えた場合，８→10→11・12へと変遷が推測されよう。

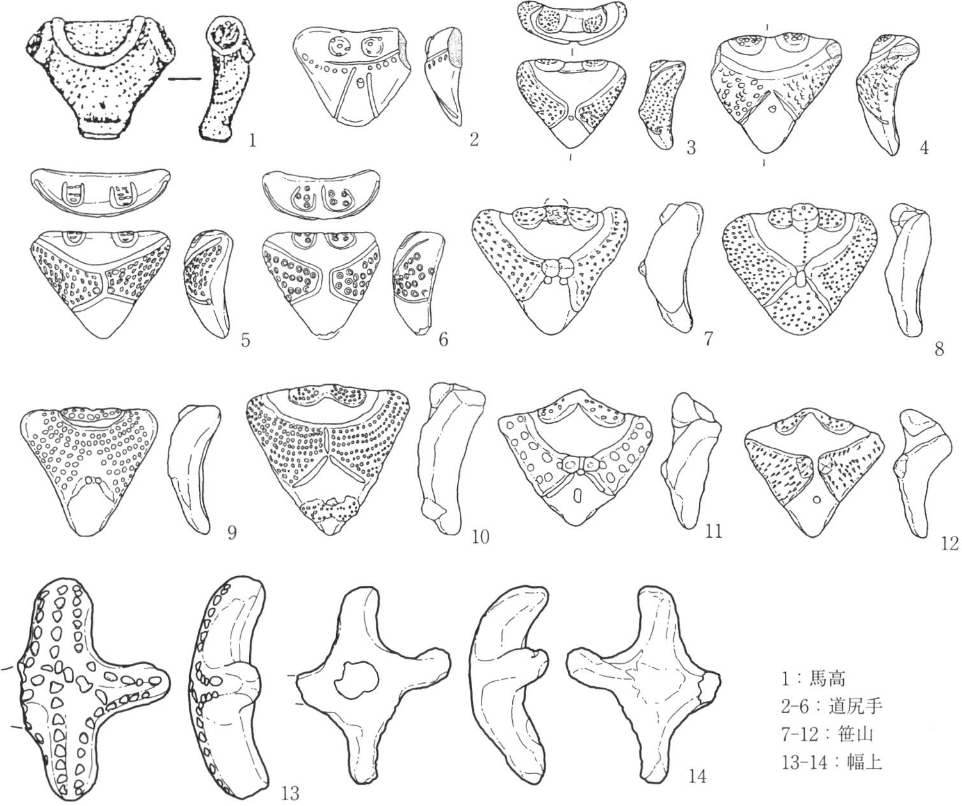

図３　多様な三角形土製品（縮尺不同）

図４　山梨県鋳物師屋遺跡（S＝1/12）

これら多様な類が１→２→３～６→７・８→９・10→11・12へと考古時間内で段階的変化として捉えられないと思われるが，少なくとも１→２～６→７～10→11・12の変遷を段階的に辿れる可能性があると考える。さらに11・12を経て，本資料に辿り着くのであろうか。さらに変容し，形骸化して13・14が生まれると推測したい。

このように刺突文を施す三角形土製品の変遷試案が提示されたが，その過程で注目される文様が襟状貼付文と呼んだ刺突文を充填する貼付文の存在である。特に図2-2で示した背面の肩部にある襞状貼付は「背面肩部にはいわゆる「うなじ文」があしらわれ（中略）その造形は「肩パット」と通称される」（瀬口 2013）という。この「うなじ文」に類似する文様が，土偶装飾付土器のなかに存在するとして瀬口眞司が山梨県鋳物師屋遺跡の事例（図４）を紹介した（瀬口 2013）。

論の展開は，「土偶―土偶装飾付土器―三角形土製品」の関係性であり，着眼点は「刺突を施すうなじ文＝襟状貼付文」である。現在，新潟県内における土偶装飾付土器は，管見資料中６点を確認した（図５）。すでに新潟県魚沼地方に土偶装飾付土器が存在し，三角形土製品と関わることを指摘した経緯がある（佐藤 2004）。

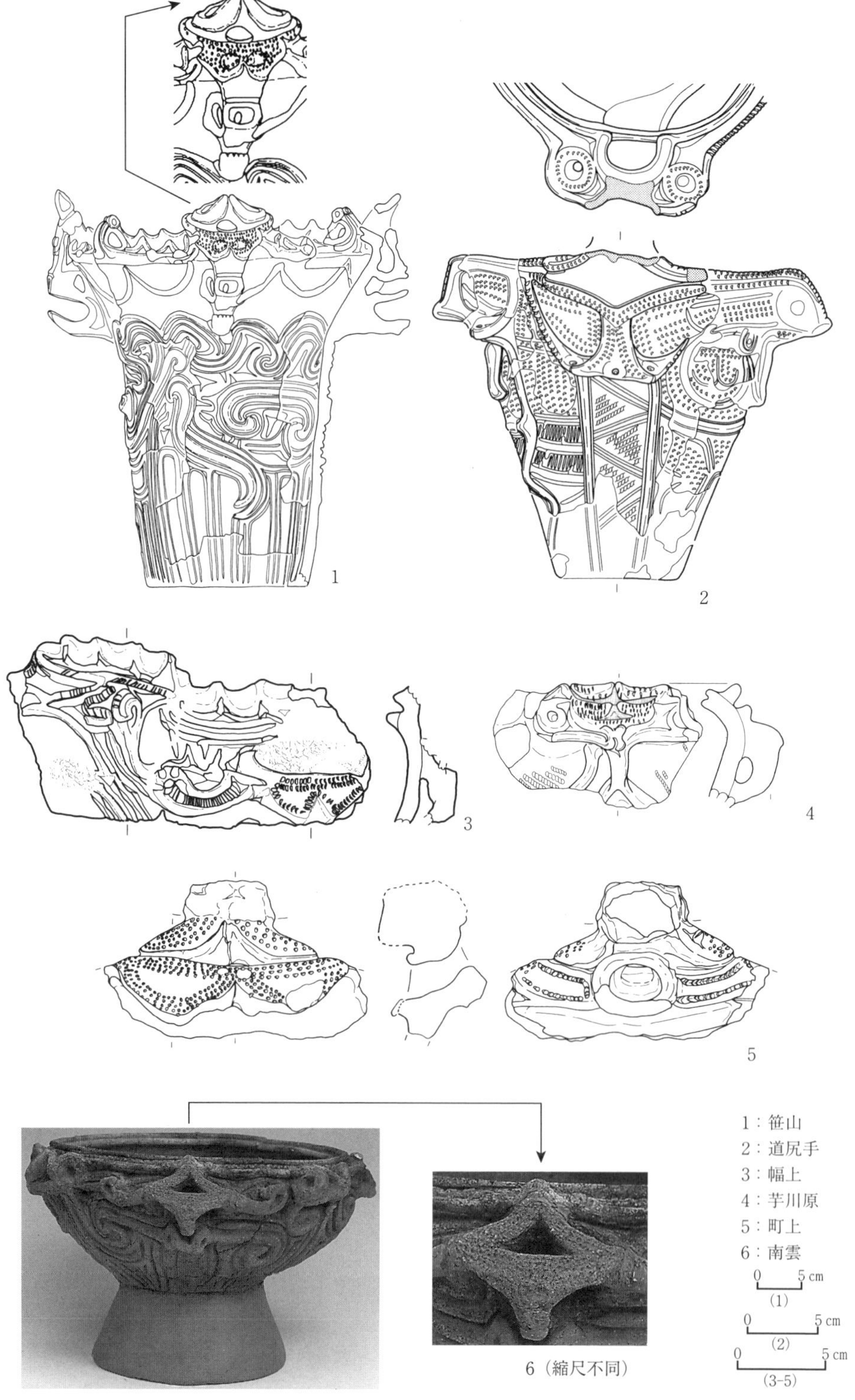

図５　土偶装飾付土器

1は十日町笹山遺跡出土の大木8a式併行期の土器である（石原ほか1988）。口縁は，大きな把手Aと小さな突起BからなるA+Bの4単位構成である。AとBとの間を鋸歯状突起が埋める。頸部は連弧状隆起線文が上位を埋めるが，地文は無く無文である。胴部と頸部の境界は，入り組み横S字状文が巡る。胴部中位は入り組み横S字状文と接するS字状文が斜位垂下し，分割した空間を対向渦巻文が配置され，さらに空間を三角印刻文などで埋めている。胴部下位は幅広い逆U字状パネル文による縦位構成で埋められる。この胴部下位の縦位構成や口縁の鋸歯状突起は，火焔類型土器[3)]に類似する。問題の三角形土製品はA把手に付され，その形態は図3の11に類似する。襟状貼付文は無文である。三角形土製品と連結した橋状把手は，頸部と胴部の境界まで伸びる。横断面図が示すように橋状把手の下端は，獣が口を開けたようにも見える形態を示す。

2は津南町道尻手遺跡出土の大木7b式並行期新段階に対比した土器である（阿部ほか2005）。対の注口部を内側に付すA把手+B把手の構成である。三角形土製品はA把手に付され，上部に破損面があることから抽象化された凸部が造形されていたと考えたい。構成的には胸部区画に連結してπ状に区画隆起線が垂下する。さらに下部器面には下位胴部・脚部に見立てた縦位の竹管文が間隔を空けて垂下する。幅広の胴部区画であり，その内部は地文縄文上に縦位鋸歯状モチーフが埋め込まれる。この胴部区画の類例は，幅を細めた状態で火焔型類型土器など多くの胴部区画で散見できる。地文縄文施文部位は少なく，広い刺突文施文部位が特徴であり，注目される。

3は十日町市幅上遺跡から出土した土器片である。その特徴から火焔類型土器の口縁部資料である（宮内ほか2007）。宮内信雄によれば「S字の粘土紐1本で骨格を形成した」左向きの鶏頭冠状突起が付していたと推測され，「三角形土製品をモデルにしたと推測できる突起が貼り付けられている」という。その貼付部位は，鋸歯状突起が付される口端部でなく，口頸部上位である。その土器の特徴から幅上第4期=大木8a式期並行時期に位置づけられている。

4は十日町市芋川原遺跡で採集された縄文地文の土器片である（佐藤2004）。内傾する口縁部の口辺部に意匠貼付文が付される。その特徴は，上段と下段に三角印刻状の彫り込みがあり，そのポジ部位端部は跳ね上がるように盛り上がる。ポジ部に刺突文が施される。その形態は，図3-11に類似する意匠貼付文であり，その下端部から橋状把手が垂下し，さらに二股に分かれて隆線化すると思われる。橋状把手上端部左右には向き合う玉抱き三叉文が配置される。

5は魚沼市町上遺跡から出土した破片資料である（相葉ほか2013）。明瞭な肩パットである「うなじ文」が整形され，上部が剥離していることから顔面が付されていたが，意図的には剝がされた可能性を推測したい。

6は十日町市南雲遺跡出土の台付土器である（十日町市史編纂室1992）。口縁辺部に菱形を呈する意匠貼付文が配置される。「うなじ文」が未発達で外形が扁平な菱形を呈する。その横端部から左右に隆起線が伸び円文とつながる。刺突文は意匠貼付文の隆起線部位に施されている。帰属時期は大木8a式併行期と推定される。

このように三角形土製品が「意匠貼付文」として土器器面に装飾されている。近年，類例が増加し，十日町市を中心とする信濃川上流域と魚野川流域の魚沼地方で確認されている。今後は，信濃川中流域に分布しないか仔細に土器片などを観察する必要がある。また，三角形土製品の意味と，同じ意味をもちつつ土器器面に装飾化されたと考えたいが，その背景を思考する必要がある。それらは，すべて斜め横から突き刺す刺突文をポジ面に施す共通点が注目される[4)]。同様な刺突文は動物土製品で散見され，それらは「猪」や「猿」(設楽編 2015) などである。

おわりに

有脚と無脚に大別される土偶の他に，信濃川流域には省略土偶としての三角形土製品がある。以前，この三角形土製品と土偶との類似性を説き (佐藤 2003)，多様な形態認識とその変化を区画文を中心に試案した。しかし，現在では区画文を基軸としながらも，三角形から三角形変容，そして菱形，十字形への形態変化を重ねて考える必要があると思っている。

ここに紹介した幅上遺跡の事例は，三角形変容段階の資料と理解したい。土器器面に埋め込まれた意匠貼付文は，道尻手資料 (2) を便宜的に古相とした場合，笹山資料 (1) や幅上資料 (3)，芋川原資料 (4)，南雲資料 (6) は，やや新しく大木 8a 式併行期に配置したい。また，町上資料 (5) は時期不明である。そして，道尻手資料や南雲資料を除いて，三角形変容段階の資料と考える。

この三角形土製品の大半が刺突文を施すものであり，土器器面に装飾される意匠貼付文も刺突を施す三角形土製品の類似と理解する。本資料も典型的な三角形土製品の変容段階の資料と理解され，さらに三角形から菱形へ，さらに十字形への形態変容が推測され，今後，変容形態から展開する意匠貼付文を土器器面で探し出す努力が必要である。同じ流域に分布する後期前葉土器である三十稲場式土器に付される 4 単位の橋状突起下端部に指状表現がある。これらも含めて，土偶と土器の関係性を探り，その機能と使用方法を考察することにより器形研究から器種研究への扉を開けたいものである。

本稿を作成するにあたり，今井哲哉さん，尾池みどりさんのご協力を頂きました。記して感謝の意を表します。

最後になりましたが，山本暉久先生が古希を迎えられましたこと衷心よりお祝い申し上げます。先生の郷里が新潟県の旧東蒲原郡と聞き，郷土の先輩として指導いただきたく思っていた矢先，黒姫洞窟遺跡に指導の手を伸ばしていただき，多くの教え子を山深い，環境の整わない調査トレンチに派遣くださいました。ありがとうございました。私自身，魚沼地方に居を移して 30 年以上が経ち，その間に多くの集落遺跡の調査を手掛け，未だそれらの総合的取りまとめができていない状態にあります。山本先生には，これからも健康に留意され，越後の縄文集落研究に指導と共に叱咤激励をいただければ幸いです。

註

1）千石原Ⅰ式を千石原式としているが，おおむねその型式変化が理解されている。

2）以下の分類は佐藤 2003 を参照。

3）前掲，註 2 の文献を参照。

4）三上は，羽根を原体とする「円形刺突文」が土偶に多く採用され，「自ずと鳥にあやかっての文様」との見方を開陳し，土偶の三本指を取り上げ，鳥の趾であり「三前趾足」形態と呼ぶという。「人類は鳥に対して，時に神との交信や使い，場合によっては化身」であり，鳥は「霊魂を天界に運ぶ存在と認識されていました」と説明している（三上 2014）。ここで意匠貼付文に施される刺突は，円形刺突ではなく，斜め横から刺すものであり，三上の示す円形刺突文とは異なる。

引用・参考文献

相葉重徳ほか　2013『一般国道 17 号浦佐バイパス関係発掘調査報告書Ⅱ　町上遺跡』（財）新潟県埋蔵文化財調査事業団

阿部昭典ほか　2005『道尻手遺跡』津南町教育委員会

石原正敏ほか　1988『笹山遺跡発掘調査報告書』十日町市教育委員会

佐藤雅一　2003「新潟県における土偶研究の視点」『新潟考古』第 14 号　新潟県考古学会

佐藤雅一　2004「中里村芋川原遺跡採集の縄文土器」『越佐補遺些』第 9 号　越佐補遺些の会

佐藤雅一　2005「第Ⅳ章第 3 節 2．b．三角形土製品」『道尻手遺跡』津南町教育委員会

佐藤雅一　2012「前田遺跡出土土器に学ぶ」『三面川の考古学』第 10 号　三面川を考える会

佐藤雅一　2014「栃倉式土器の研究課題」『新潟考古』第 25 号　新潟県考古学会

設楽博己編　2015『十二支になった動物たちの考古学』新泉社

瀬口眞司　2013「土偶とは何か―図像に残された意図から用途と役割を探る―」『紀要』26　公益財団法人滋賀県文化財保護協会

津南町教育委員会編　2006『火焔土器の時代―その文化を探る―』

津南町教育委員会編　2014『魚沼地方の先史文化』

十日町市史編纂室　1992「南雲遺跡」『十日町市史　資料編』上巻　十日町市

三上徹也　2014『縄文土偶ガイドブック―縄文土偶の世界―』新泉社

宮内信雄ほか　2007『幅上遺跡発掘調査報告書』十日町市教育委員会

群馬県出土の三角壔形土製品・三角壔形石製品

谷藤　保彦

はじめに

三角壔形土製品の研究は,「三角壔形」の名称を与えた1928年の八幡一郎による「立体土製品」(八幡 1928) に始まり, 1937年の藤森栄一・近藤勘次郎による「越後中期縄文文化馬高期における土製装飾具の発生について」(藤森・近藤 1937), その後の1980年には小林康男による「三角壔形土製品考」(小林 1980), 1983年の小島俊彰による「三角壔形土製品」(小島 1983) が研究の基をなし, 各論考において集成・分布・形状・文様・時期・用途が検討され, 論じられてきた。特に, 小林 (小林 前掲) によって示された三角壔形土製品の各面 (部位) の名称は, 現在も継承されている。また, 小島 (小島 前掲) は三角壔形土製品と同様な石製品について,「(前略) 私は, 今の時点では石冠と呼ぶことや結びつけることを躊躇する。(後略)」とし, 若干の違いはあるものの大きさや形が酷似し, 所属時期も類似点として挙げ, 三角壔形石製品の存在と石冠からの分別の必要性を示唆した。

残念ながら, 上記の集成時に出土例の知られていなかった群馬県は, 皆目, 不明地域であった。その後, 2001年の大塚昌彦による「群馬の三角壔形土製品」(大塚 2001) で, 9点の資料が集成され検討が加えられることにより, その実態が明らかとなった。

本稿では, 群馬県内でその後に増加した三角壔形土製品とともに, 小島が示唆した三角壔形石製品をも集成し, 形状・文様・時期について検討する。

1　三角壔形土製品の出土例

現段階で, 計13点の三角壔形土製品を集成できた。このうちの9点は, 先述の大塚が集成・紹介した資料である (大塚 2001)。今回, 追加できた資料には, 遺構に伴う良例も含まれる。

十二前遺跡 (図1-1)　北群馬郡榛東村十二前に所在する遺跡で, 遺構外から出土。無文のほぼ完形で, 長さ8.5 cm, 高さ5.0 cm, 幅5.2 cm, 重さ173 gを測る。正面は長方形, 側面は三角形で, 全ての面が平坦な三角柱状の5面体をなし, 長軸の中央に孔が貫通する。時期は特定できないが, その後の調査[1] (飯塚・大塚 1999, 三ツ橋ほか 2015) も含め, 中期加曽利E3式期の可能性がある。

引田遺跡（図1-2）　前橋市富士見町に所在する遺跡で，収集資料である。無文のほぼ完形で，長さ9.4 cm，高さ5.8 cm，幅6.0 cm，重さ253 g を測る。正面は中央上部に最大高をもつ隅丸長方形で，中央断面形に比べて側面はかなり小さな三角形を呈する。長軸中央に孔はないが，底面中央に円形の凹みをもつ。時期は不明。

三ツ子沢中遺跡（図1-3）　高崎市三ツ子沢町に所在する遺跡で，36号住居（柄鏡形敷石住居）の敷石上面から出土。無文の完形で，長さ8.8 cm，高さ5.6 cm，幅5.6 cm，重さ268 g を測る。正面は中央上部に最大高をもつ隅丸長方形で，側面は三角形を呈する。長軸中央に孔はない。時期は，住居出土土器から加曽利E4式期である。

長久保大畑遺跡（図1-4）　北群馬郡吉岡町大久保に所在する遺跡で，6号配石から出土。無文の欠損品で，長さ4.1 cm（残存長），高さ5.5 cm，幅5.0 cm を測る。正面は長方形を呈するようで，側面は三角形，面が平坦な三角柱状をなす。長軸中央に孔はない。時期は，配石出土土器から加曽利E4式期の可能性が高い。

三和工業団地II遺跡（図1-5）　伊勢崎市三和町に所在する遺跡で，J154号住居から出土。無文の完形で，長さ6.1 cm，高さ4.0 cm，幅4.2 cm を測る。正面は長方形，側面は三角形で，全ての面が平坦な三角柱状をなす。長軸の中央に孔が貫通する。時期は住居出土土器から加曽利E3式期。

中郷遺跡（図1-6・7）　渋川市中郷に所在する遺跡で，各住居から2点出土。6は，12区26号住居の覆土中から出土し，破片であるが無文の三角柱状を呈する。長軸中央に孔はない。時期は，住居出土土器から加曽利E3式期。7は，11区2号住居の中央床面近くから出土し，破片であるが有文の三角柱状を呈する。各面の周囲に沈線を巡らせて区画し，正面の内部に縄文が施される。底面は縄文は施さず，長軸中央に沈線をもつ。側面の稜部に刺突を施し，長軸の中央に孔が貫通する。時期は，住居出土土器から加曽利E3式期。

寺入遺跡（図2-8）　沼田市石墨町に所在する遺跡で，24号土坑の覆土中から出土。有文の完形で，両正・側面に押し引き沈線による文様が施される。長方形となる両正面には，周囲を巡るように長方形区画し，区画内に田字状となる4分割文様を描く。三角形となる両側面は，三角文様が重畳される。底面は，縁辺が高く，内側が大きく凹み，中央断面は凹基無茎石鏃様の形状を呈する。また，長軸の中央には，孔が貫通する。大きさは，長さ7.9 cm，高さ5.0 cm，幅5.0 cm，重さ188 g を測る。土坑内からの他の出土遺物はなく，時期は不明。

大平台遺跡（図2-9）　高崎市乗附町に所在する遺跡で，遺構外から出土。有文の欠損品で，正面は中央上部に最大高をもつ隅丸長方形で，中央断面形に比べて側面は小さな三角形を呈する。文様は，両正面および底面の3面に施文され，3面の周囲を巡るように沈線で長楕円形区画を施し，正面の1面のみに縄文が施される。長軸の中央には，孔が貫通する。大きさは，長さ3.4 cm（残存長），高さ4.6 cm（残存高），幅4.0 cm を測る。時期は不明。

行田大道北遺跡（図2-10）　安中市行田に所在する遺跡で，遺構外から出土。破片であるが，有文の三角柱状を呈すると思われる。文様は，各面の周囲に円形刺突が2重に施されるようであ

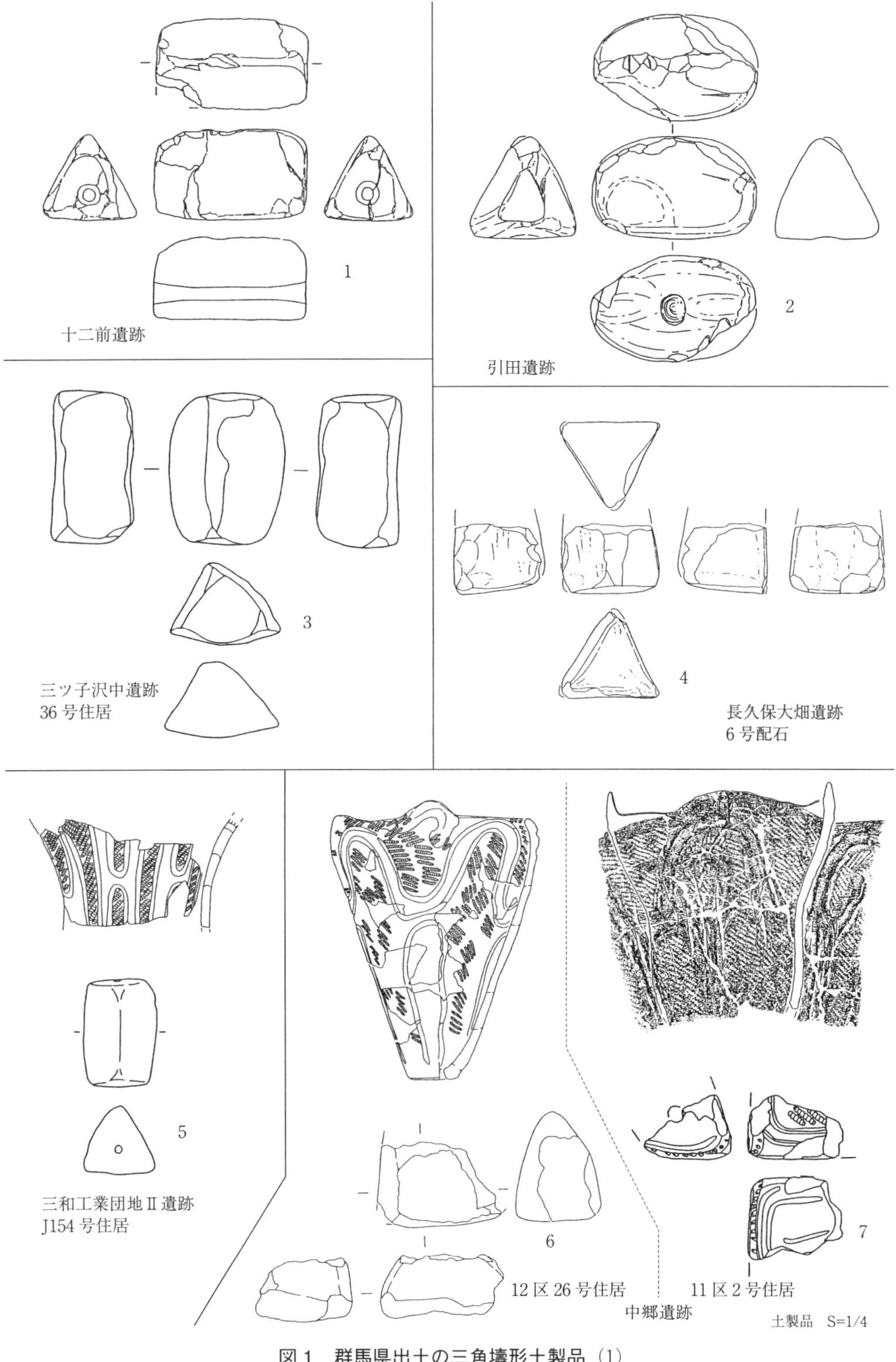

図1　群馬県出土の三角壔形土製品（1）

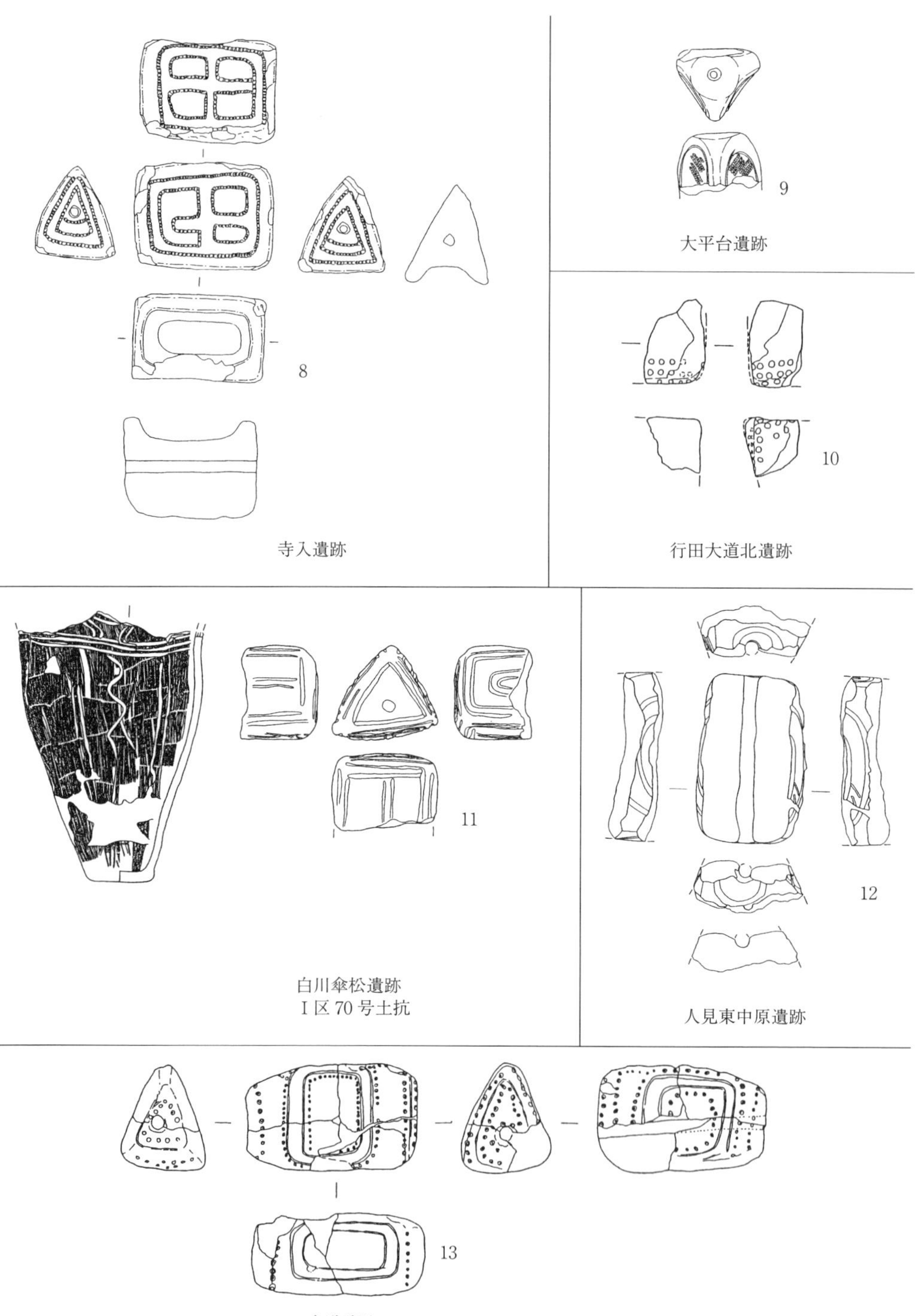

図２　群馬県出土の三角壔形土製品（2）

る。長軸中央の孔および時期は不明。

白川傘松遺跡（図2-11）　高崎市箕郷町白川に所在する遺跡で，I区70号土坑から出土。有文の欠損品で，面の平坦な三角柱状を呈する。文様は，各面の周囲に2本組の沈線を巡らせて長方形および三角形を区画し，両正面の長軸中央に複数本の沈線をもつ。底面中央には，長楕円の文様を描く。また，長軸の中央には，孔が貫通する。大きさは，長さ4.5 cm（残存長），高さ5.6 cm，幅5.2 cmを測る。時期は，土坑出土土器から加曽利E3式期。

人見東中原遺跡（図2-12）　安中市松井田町人見に所在する遺跡で，遺構外から出土。有文の欠損品で，上部と底部を欠く。面の平坦な三角柱状を呈する。文様は，両正面の2面に沈線で楕円ないし渦巻き状の文様を描き，両側面に沈線で円形の文様を描く。また，長軸の中央には，孔が貫通する。長さ9.5 cmを測る。時期は不明。

横俵遺跡群大道遺跡（図2-13）　前橋市下大屋町に所在する遺跡で，1号配石の浅い掘り込みから出土。有文のほぼ完形で，一部を欠損する。正面は片側の膨れる位置に最大高をもつ隅丸長方形で，側面は正面の窄まる側が小さく，膨れる側が大きな三角形を呈する。文様は，幅広な両正面に沈線と刺突で方形文様を二重に描き，底面は沈線で2重の長方形文様を描く。また，両側面の稜部に刺突を巡らせ，側面に刺突で三角状の文様を描く。長軸の中央には，孔が貫通する。大きさは，長さ9.6 cm，高さ5.9 cm，幅4.9 cmを測る。時期は不明。

以上，集成した13点の三角壔形土製品を概観すると，無文は6点，有文は7点で，長軸中央に孔が貫通するのは有文のものに多い。また，時期の確定できる資料は，住居出土で加曽利E3式期の3点，加曽利E4式期の1点，土坑出土で加曽利E3式期の1点，配石遺構出土は1点が加曽利E4式期の可能性をもつ。他は時期の確定は難しいものの，遺跡の内容から時期を絞ることのできる資料もある。

2　三角壔形石製品の出土例

近年，発掘調査が進められている八ツ場ダム関連の遺跡から，計10点の三角壔形石製品を集成できた。報告では，大半が石冠とされた遺物で，遺構に伴う良例が多い。

長野原一本松遺跡（図3-14～18）　長野原町長野原に所在する遺跡で，各住居から5点出土。14は，95区7号住居の覆土中から出土。完形で，長さ8.15 cm，高さ5.9 cm，幅5.1 cm，重さ370 gを測り，粗粒安山岩製。正面は長方形，底面はやや幅狭く，側面は二等辺三角形で，研磨による三角柱状をなす。無文で，長軸中央に孔はない。時期は，住居出土土器から加曽利E3式期。15は，5区74号住居（柄鏡形敷石住居）の覆土中から出土。完形で，長さ8.9 cm，高さ5.3 cm，幅2.9 cm，重さ216 gを測り，粗粒輝石安山岩製。正面は長方形，底面は幅狭く，側面は二等辺三角形で，研磨による三角柱状をなす。無文で，長軸中央に孔はない。時期は，住居出土土器から称名寺1式期。16は，5区83号住居（柄鏡形敷石住居）の覆土中から出土。完形で，長さ6.9 cm，高さ4.3 cm，幅5.3 cm，重さ61 gを測り，軽石製。正面は台形状を呈し，側面は

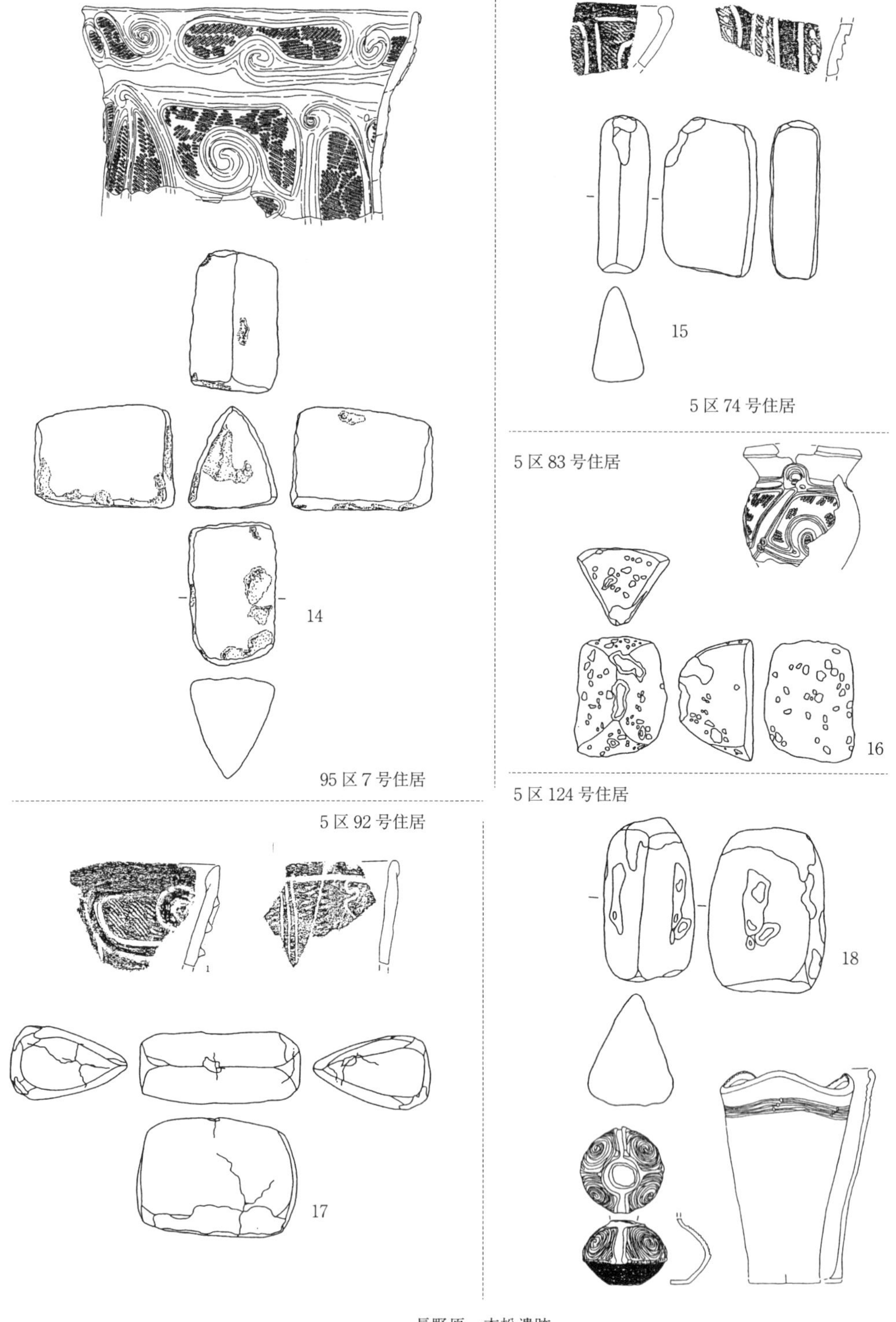

図3　群馬県出土の三角柱形石製品（1）

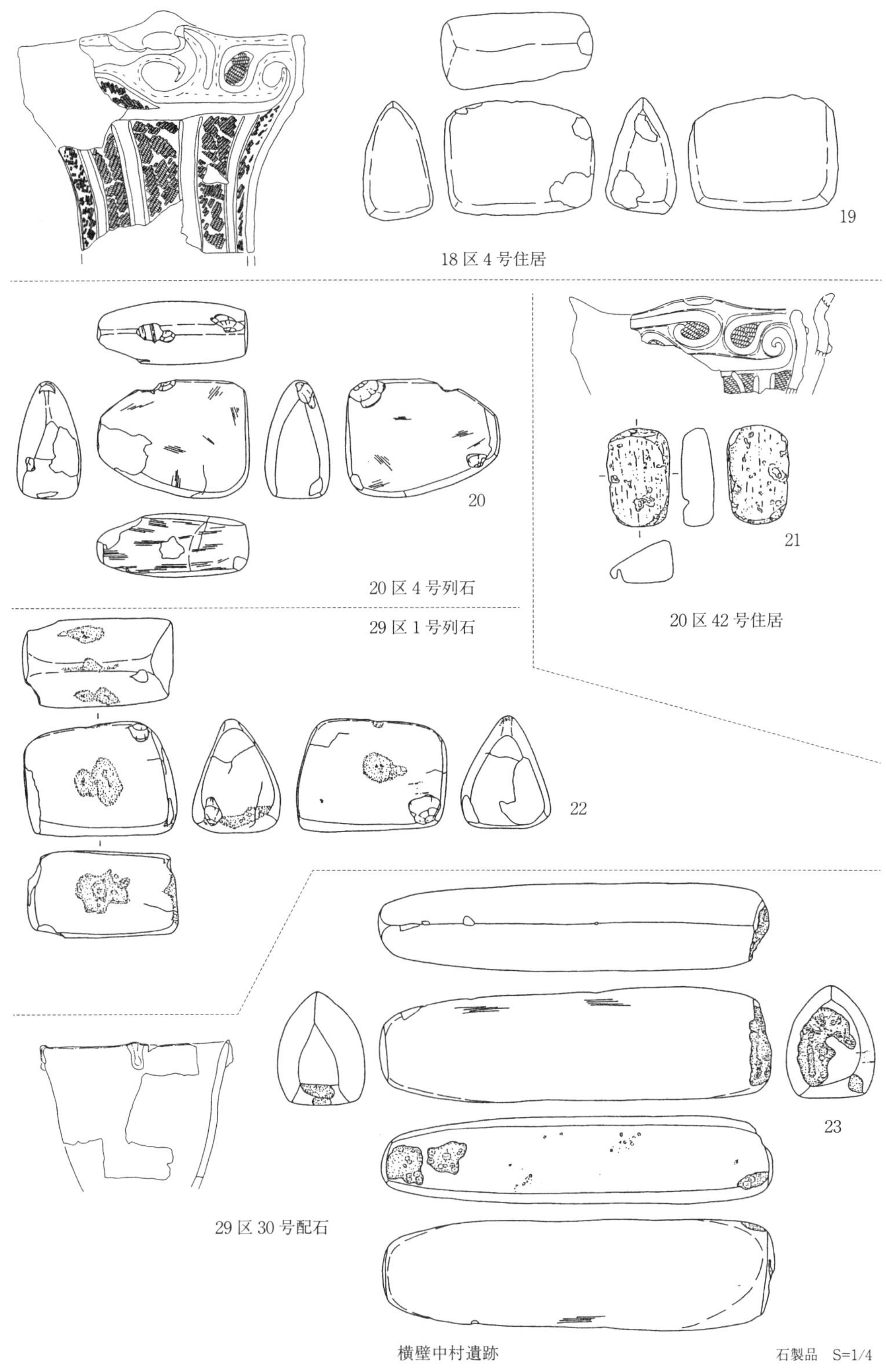

図4　群馬県出土の三角柱形石製品（2）

傾きながらも三角形で，研磨による三角柱状をなす。無文で，長軸中央に孔はなく，被熱している可能性をもつ。時期は，住居出土土器から称名寺2式期。17は，5区92号住居の床面直上から出土。完形で，長さ9.1cm，高さ6.8cm，幅4.0cm，重さ269gを測り，粗粒輝石安山岩製。正面は長方形，底面はやや幅狭く，側面は二等辺三角形で，研磨による三角柱状をなす。無文で，長軸中央に孔はなく，被熱している。時期は，住居出土土器から加曽利E3式期。18は，5区124号住居（柄鏡形敷石住居）の覆土中から出土。完形で，長さ9.5cm，高さ6.7cm，幅5.3cm，重さ460gを測り，粗粒輝石安山岩製。正面は長方形で両面中央に凹みをもち，底面はやや幅狭く，側面は二等辺三角形で側縁に敲打痕が見られ，研磨による三角柱状をなす。無文で，長軸中央に孔はない。時期は，住居出土土器から堀之内2式期。

横壁中村遺跡（図4-19～23）　長野原町横壁に所在する遺跡で，各住居等から5点出土。19は，18区4号住居（柄鏡形敷石住居）の覆土中から出土。完形で，長さ8.5cm，高さ6.6cm，幅4.0cm，重さ167.6gを測り，流紋岩製。正面は長方形，底面は幅狭く，側面は二等辺三角形で，研磨による三角柱状をなす。無文で，長軸中央に孔はない。時期は，住居出土土器から加曽利E3式期。20は，20区4号配石から出土。ほぼ完形で，長さ8.8cm，高さ5.9cm，幅3.7cm，重さ256.2gを測り，デイサイト製。正面は片側の膨れる位置に最大高をもつ隅丸長方形で，側面は正面の窄まる側が小さく，膨れる側が大きな三角形を呈し，丁寧な研磨による三角柱状をなす。無文で，長軸中央に孔はなく，底面を被熱後に斜位に再研磨し，研磨痕が顕著。配石は時期幅が長く，20の時期は不明。21は，20区42号住居の覆土中から出土。完形で，長さ7.5cm，高さ5.1cm，幅3.2cm，重さ32.9gを測り，軽石製。正面は隅丸長方形，底面は幅狭く，側面は二等辺三角形で，研磨による三角柱状をなす。無文で，長軸中央に孔はないが，頂部中央の片面に貫通しない小孔をもつ。時期は，住居出土土器から加曽利E3式期。22は，29区1号列石から出土。完形で，長さ8.6cm，高さ6.5cm，幅5.1cm，重さ439.9gを測り，粗粒輝石安山岩製。正面は長方形で，側面は三角形を呈し，研磨による三角柱状をなす。無文で，長軸中央に孔はなく，両正面および底面の3面に凹みをもつ。列石は重複する29区4号住居（称名寺2式期）より新しいが，列石内の出土土器から，22は称名寺2式期と考えられる。23は，29区30号配石から出土。完形で，長さ22.6cm，高さ6.4cm，幅4.9cm，重さ1,288.1gを測り，粗粒輝石安山岩製の大型品。正面はかなり長い隅丸気味の長方形で，側面はやや小さめな三角形を呈し，敲打成形後に丁寧な研磨による三角柱状をなすが，一部に敲打痕を残す。無文で，長軸中央に孔はない。配石は後期後葉を中心に晩期初頭までとされ，23の時期は特定しがたい。

以上，集成できた10点の三角壔形石製品を概観すると，石冠の特徴である正面下端の段はない。そして，文様をもつものはなく，正面が長方形で，底面がやや幅狭く，二等辺三角柱を呈するものが主体を占める。石材には，粗粒輝石安山岩製が5点，軽石製が2点，粗粒安山岩製・デイサイト製・流紋岩製が各1点で，加工に易い石材が選定されている。また，面に凹みを有するものも存在し，機能も多様化している。さらに，敲打痕の残存から，敲打成形→研磨という制作手順が確認できる。時期の確定できる資料は，加曽利E3式期が4点，称名寺1式期1点，称名寺２式期２点，堀之内２式期１点で，23はさらに後出のものである可能性が高い。

3　三角壔形土製品および三角柱形石製品の検討

形状の検討　土製品と石製品の形状を比較すると，正面形が長方形ないし隅丸長方形の三角柱を呈する点で大きな差はないが，石製品の場合には正面形の左右が非対称のものが多いことと，23のように極端に長いものが存在する。他地域と比較すると，８の正面長軸長が短めで，底面内側が大きく凹む形状は，新潟県馬高遺跡例（小島 1983：第４図38・39）に近似する。また，長軸中央の孔に着目すると，孔が貫通する土製品は，有文のものに多く（７点中の６点が有孔），無文に少ない（６点中の２点が有孔）傾向で，石製品では皆無である。さらに，石製品のなかには，18・22のような正面および底面に凹みをもつものが存在し，土製とは異なる機能を併せもつことが予測される。一方で，土製品である２の底面の凹みは，石製から土製へ模写したとも考えられる。

文様の検討　土製品に施文される文様は，押し引き沈線，沈線，刺突によって施される。施文される面の形状に左右されるが，面の周囲を巡るように長方形ないし三角形の区画を主に，その内部を直線的に分割するものや，12のような曲線的な文様を描くものが存在する。こうした文様は，他地域と同傾向にあるが，７・９の縄文を施文する例は特異と思われる。

時期の検討　土製品と石製品の帰属時期については先述した通りであるが，時期の特定できた土製品は中期後葉から末葉の加曽利E3・4式期であり，時期不明であっても出土遺跡の主体時期からすると，加曽利E3式期と考えられる資料は増加する。しかし，13の施文文様を見ると，他地域も含めた中期末・後期初頭期にみられる文様にも近く，後期中葉以降を主体とする遺跡に伴うのか疑問が残る。なお，古い例としては，先の馬高遺跡例に近似する８が挙げられよう。一方，石製品においても土製品の場合と同様で，中期後葉の加曽利E3式期が最も多く，後続する後期初頭の称名寺式から前葉の堀之内式，さらにそれ以降にまで存在する。

おわりに

群馬県出土の三角壔形土製品と三角壔形石製品を記してきたが，両製品の関係性は明らかであるものの，その機能・用途の言及は触れられなかった。また，時期的にも中期中葉頃に土製品がみられ，土製・石製の両製品ともに中期後葉の加曽利E3式期に盛行し，その後土製品は減少する。石製品は後期初頭以降も残るが，減少傾向にあることは同様である。ここで問題として考えておきたいことに，三角壔形土製品に替わる土製品が，後期初頭期に存在しないのかという点である。特に，群馬県は後期初頭に至っても，前代の加曽利Ｅ式の系統を引

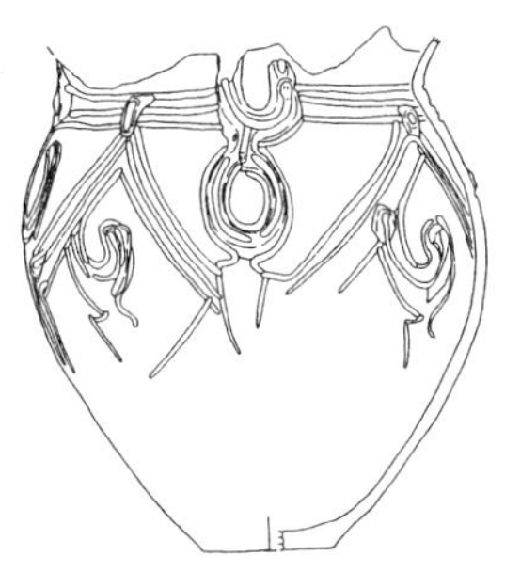

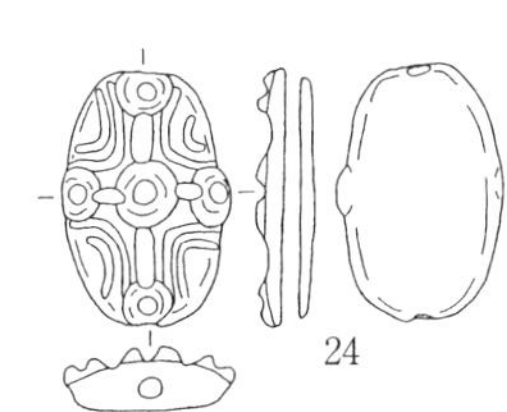

富岡清水遺跡　Ｃ区15号土抗
土製品　S=1/4

図５　後期初頭の石製品

く土器が根強く残る地域であり，視点を変えれば「土製貝輪形腕輪」（谷藤 2011）といった地域性をもった土製品が存在する地域でもある。ちなみに，図 5 に示した富岡市富岡清水遺跡出土の 24 は，後期初頭称名寺 2 式期の土製品である。その特徴は，扁平な楕円形を呈し，土器文様と同様の円形貼付文を配した文様を描き，さらに長軸上の中央に孔を貫通させる。形状は異なるが，長軸上の貫通する孔の存在や，この種の土製品が後期初頭に多い点等が挙げられ，三角壔形土製品と共通する性格の可能性をもつ土製品ではないだろうか。つまり，時間の推移のなかで，三角壔形土製品から変質した土製品の可能性を考えたい。今後の，課題である。

文末ではありますが，山本暉久先生の古稀を祝し，今後のご健康とご活躍を祈念して本稿を献呈いたします。また，この機会を与えていただきました記念論文集編集委員会，記念事業事務局の諸氏に記して感謝いたします。

註

1）平成 25・26 年に調査され，中期から後期の住居 30 軒（柄鏡形住居含む），掘立建物 7 棟，土坑多数が検出された。平成 8 年調査と合わせると，遺跡は環状集落を呈し，加曽利 E3 式期の住居が多い。

引用文献

飯塚邦守・大塚昌彦　1999『十二前遺跡』榛東村教育委員会
大塚昌彦　2001「群馬の三角壔形土製品」『群馬考古学手帳　11』群馬土器観会　41-51 頁
小島俊彰　1983「三角壔形土製品」『縄文文化の研究　9』雄山閣　128-140 頁
小林康男　1980「三角壔形土製品考」『長野県考古学会誌　37』長野県考古学会　1-18 頁
谷藤保彦　2011「関東内陸部における縄文時代中期末・後期初頭の「土製貝輪形腕輪」」『栴檀林の考古学』大竹憲治先生還暦記念論文集刊行会　43-56 頁
藤森栄一・近藤勘次郎　1937「越後中期縄文文化馬高期に於ける土製装飾具の発生について」『考古学　8-10』東京考古学会　480-488 頁
三ツ橋勝ほか　2015『十二前遺跡 II』山下工業株式会社
八幡一郎　1928「立体土製品」『考古学研究　2-3』考古学研究会　34-45 頁

図出典文献（番号は図中の番号）

1　飯塚邦守・大塚昌彦　1999『十二前遺跡』榛東村教育委員会
2　大塚昌彦　2001「群馬の三角壔形土製品」『群馬考古学手帳 11』
3　池田政志　2000『三ツ子沢中遺跡』群馬県埋蔵文化財調査事業団
4　田村公夫　2000『長久保大畑遺跡　新田入口遺跡』群馬県埋蔵文化財調査事業団
5　平田貴正・福島正史ほか　2004『三和工業団地 II 遺跡』伊勢崎市教育委員会
6・7　齋藤利昭・山口逸弘ほか　2010『中郷遺跡（2)』群馬県埋蔵文化財調査事業団
8　小池雅典　1986『寺入遺跡』沼田市教育委員会
9　下城正ほか　2010『大平台遺跡』群馬県埋蔵文化財調査事業団
10　長井正欣ほか　1997『八城二本杉東遺跡　行田大道北遺跡』松井田町遺跡調査会

11　関根愼二　1998『白川傘松遺跡』群馬県埋蔵文化財調査事業団
12　井上慎也ほか　2014『西横野東部地区遺跡群』安中市教育委員会
13　近江屋成陽　1991『横俵遺跡群 II』前橋市埋蔵文化財発掘調査団
14　山口逸弘　2008『長野原一本松遺跡（4）』群馬県埋蔵文化財調査事業団
15～18　小野和之　2009『長野原一本松遺跡（5）』群馬県埋蔵文化財調査事業団
19　池田政志　2006『横壁中村遺跡（3）』群馬県埋蔵文化財調査事業団
20　藤巻幸男・池田政志　2005『横壁中村遺跡（2）』群馬県埋蔵文化財調査事業団
21　石田真・藤巻幸男ほか　2009『横壁中村遺跡（9）』群馬県埋蔵文化財調査事業団
22　黒澤照弘・藤巻幸男ほか　2009『横壁中村遺跡（8）』群馬県埋蔵文化財調査事業団
23　石田真・藤巻幸男　2010『横壁中村遺跡（11）』群馬県埋蔵文化財調査事業団
24　谷藤保彦　2012『富岡清水遺跡　富岡城跡』群馬県埋蔵文化財調査事業団

多出遺跡から土偶の用途を考える
—東北地方・晩期以降の100点以上出土遺跡—

金子 昭彦

はじめに

日本で一番土偶の出土数が多いのは，青森県三内丸山遺跡で，約2,200点と推測される。東北地方において，その次に多いのは岩手県九年橋遺跡の686点で（稲野2000），全国第二位の山梨県釈迦堂遺跡1,117点に次いで第三位である。九年橋遺跡は，遺跡の大半を調査したと見込まれるので，遺跡全体の保有数が，ここから大きくかけ離れるとは考えにくい。逆に，その他のほとんどの遺跡は，遺跡の一部を調査した結果に過ぎず，遺跡全体の保有数を推し量ることは難しいが，本稿では“多数（おおむね100点以上）出土している”という事実にのみ注目し，論を進めていく。点数は，報告書に明記されているか，不確実なものを含めるか，大きく時期が異なるものを含めるか否か等で若干変動し，一致しない場合も多く，大きく違う（50点以上）場合には註に記すが，そうでない場合は問題としないことにする。以下の議論は，筆者の集成作業（金子2006b・2010a・2011a・2012・2014・2015・2016a）に基づいているので，紙幅の関係で，個々のデータについては，そちらを参照願いたい。原典報告書も，ここから辿れる。

1　長期継続型，短期突出型，突出型

その他に晩期以降の土偶だけで200点を超える可能性のあるのは，現在青森県是川中居遺跡だけである[1)]。100点台の遺跡は多く，青森県では，むつ市二枚橋（2），三戸町泉山遺跡だけだが，弘前市薬師遺跡も可能性が高い。岩手県では，軽米町大日向II，二戸市雨滝，盛岡市手代森，花巻市小田，安堵屋敷，北上市大橋，金附遺跡，秋田県では，地方遺跡のみである。

ところで，三内丸山遺跡と九年橋遺跡では，土偶の存続時期が大きく異なる。三内丸山遺跡では，おおむね中期前葉から後葉約500年間の累積結果である。それに対し，九年橋遺跡は，より古い土偶も数点あるが，ほとんどは晩期中葉～後葉大洞C2式～A1式期約100年間だけのものである。1年あたりにすれば九年橋遺跡の方が多くなる。三内丸山遺跡を長期継続型，九年橋遺跡を短期突出型とすると，土偶多出遺跡のほとんどは，そのどちらかに割り振ることができる。例えば，上記遺跡では，長期継続型は，是川中居遺跡，大日向II遺跡，短期突出型は，薬師遺跡，二枚橋（2）遺跡，泉山遺跡，安堵屋敷遺跡，大橋遺跡，金附遺跡が相当する。

雨滝遺跡（金子 2010a・2014），手代森遺跡（金子 2010a），小田遺跡（金子 2010a）は，大洞 BC2 式期前後が突出しているが，短期突出型とするには躊躇を覚える。手代森遺跡は，量は少ないが，後期後葉から，そして晩期末へ土偶が継続し，小田遺跡も同様の変遷傾向を示す。短期突出型に比べ，他時期の土偶の量が多く，“継続”を感じさせるからだ。雨滝遺跡は，手代森，小田遺跡とは異なり，晩期後葉へは継続しないが，後期後葉の土偶は目立つ（㈶岩手県文化振興事業団 2010：542・544・545・564 の番号の土偶）。そこで，これらを突出型とし，短期突出型と区別したい。短期突出型と突出型は，大洞 BC2 式期前後，大洞 C2～A1 式期に限られているのが興味深い。地方遺跡も突出型に近いが，やや異なり（後述），突出時期も大洞 C1～2 式期である。

2　拠点集落と半拠点集落

土偶の出土点数は，おおむね土器の出土量に比例し[2)]，短期突出型と突出型の土偶多出遺跡では，その時期の土器の量が他時期に比べ著しく多い。特殊な器種でなく，ススコゲが認められるならば，食器であり，石器など一緒に出土する他の道具組成がまた特殊でなければ，集落跡であり，土器の出土量はおおむねそこにいた延べ人数を表しているとみなしてよいのではないか。このような遺物出土状況が認められる秋田県大湯環状列石を，特殊遺跡と捉える研究者も多いが，竪穴住居跡が検出されないことから集落跡とみなすことはできないとする議論は，乱暴ではないだろうか。掘立柱建物など他の居住施設の可能性もあり，竪穴住居跡の検出は，様々な条件に左右される。晩期の竪穴住居跡は浅いものが多く，その検出は丘陵斜面以外では難しい。ここでは，上記のような遺物の出土傾向で，土器が多量に出土する遺跡を拠点集落跡とみなしたい。ただし，時期が限られる場合は半拠点集落跡とする。土偶多出遺跡は，拠点集落跡か半拠点集落跡のどちらかである。長期継続型は，拠点集落，短期突出型は，半拠点集落である。

雨滝，手代森，小田遺跡は拠点集落であるが，上記のように土偶の出土点数は大洞 BC2 式期前後に突出し，それは土器の出土量も同じである。上記の仮定が正しければ，土器の出土量が増えた時期は人口が増えた時期と捉えることができる。そうすると，大洞 BC2 式期では拠点集落に住む人を増やしてしのいだと仮定される。これに対し，大洞 C2～A1 式期には従来の拠点集落とともに新たに短期間の半拠点集落を築いたと仮定される。同じ人口増でも異なる対処の仕方を採ったということになる。

泉山遺跡は，雨滝，手代森，小田遺跡と大洞 BC2 式期前後に突出する点で共通はするが，後者は拠点集落で，前者は半拠点集落であり，集落の性格が異なる。大洞 BC2 式期にも半拠点集落が築かれる場合があったわけである。ただし，実は泉山遺跡を半拠点集落跡と言い切るのは躊躇を覚える。土器は，多く出土しているのは大洞 B2～C1 式と比較的存続期間も長い。そのうえ，後期末瘤付土器第 IV 段階からわずかながら出土しており，大洞 B1 式も比較的多い。大洞 C2 式はみえないようだが，大洞 A1 式はわずかながら出土している（青森県教育委員会 1995：第 2 分冊図 291 の 1842）。大洞 A′式古期～青木畑式期は，竪穴住居跡も検出されているが，出土土器はあまり多くない。大洞 B2～C1 式が際立って多く，大洞 C2 式期が出土していないことから，半拠点集落と判断したのである。後期末から始まって大洞 C2 式土器が出土しない拠点集落はまずないからである。秋田県虫内 I 遺跡（秋田県教育委員会 1998）では出土していないが，もっと古くからの拠点集落である。泉山遺跡の大洞 A′式古期以降は，後期末以前と同様，断続的にこの場所が使用された結果と捉え，大洞 A1 式土器にみる“他時期の土器がわずかに混入する”という状況は，他の半拠点集落でもよくみられる。

なぜ，それほど違いが明瞭でない泉山遺跡を，あえて雨滝，手代森，小田遺跡とは別の半拠点集落跡と捉えたいのかといえば，同じ多出遺跡でも土偶の内容が大きく異なるからである。泉山遺跡出土品は，一般的な当該期遮光器土偶と異なって個性が強く，いうなれば“劣品”がほとんどだからである[3)]。大洞 C2～A1 式期の短期突出型の遺跡にも劣品はみられるが，それは二枚橋⑵遺跡のように，馬淵川，北上川流域から大きく離れた，本来的な分布圏とは異なる地域に新規に出現した多出遺跡なので，合点がいく。ところが泉山遺跡は馬淵川流域にあり，本来的な分布圏の真ん中にある。そうした地域なのに，なぜ劣品なのか。はっきりとはわからないが，筆者は，その違いを集落の格の違いに求めたい。つまり，拠点集落の場合は，伝統的に地域の集積地と認知されているため，そこに製作地があったか，あるいは他の製作地から流通してきたのかはわからないが，本来的な土偶を入手することができた（金子 2001：第 II 部第 1 章）。それに対し，半拠点集落は，“新参者”であるため，本来の製作地ではないし，地域で認知されていないため流通してこない。土偶を入手するためには，自ら作るしかない。そこで，個性的な土偶が出現したのではないかと考えたいのである。

同じ半拠点集落でも，大洞 C2～A1 式期の短期突出型では事情が異なるようである。薬師，二枚橋⑵遺跡では，泉山遺跡と同様だが，九年橋，安堵屋敷，大橋遺跡では，大量に出土するにもかかわらず，優品が多い。これら三遺跡は，現在の花巻市～北上市内の近接した場所にあり，最も遠い安堵屋敷，大橋遺跡間でも 30 km 程度である。実は，これらの遺跡の周囲では拠点集落らしい遺跡がはっきりせず（金子 2001：第 I 部），三遺跡もどう捉えて良いかわからない。金子（2001）では，“遺跡の拡散化”現象の一環で，気候変動によって他地域の拠点集落の一部が廃絶し，そこから移住してきた人々による集落と考えてみた。和賀川が北上川と合流する地点に近い遺跡であり，交通の要衝であることから導いたものである。ただし，証拠はなく，今後の課題となる。なお，晩期末以降のため優品ではないが，金附遺跡も，九年橋遺跡から 5 km も離れておらず，これらの後継遺跡に相当する可能性が高い。

3　土器の出土量に比例しない地方遺跡

実は，土器の出土量に比例していない土偶多出遺跡が一つある。秋田県地方遺跡である（約 164 点）。報告書（秋田市教育委員会 1987：表 1）によれば，土器の出土量は大洞 C1 式にピークがあり，大洞 C2 式で激減することになっている。しかし，掲載土器を見る限り，これは大洞 C2 式の一部を大洞 C1 式と誤認したためと思われ，実際にはもう少し緩やかな変化になり，この点では，大洞 C1～2 式期の土偶が多いという状況（金子 2011a：60-61 頁）に符合している。ただし，大洞 BC 式土器が大洞 C2 式土器より多いという状況に変化はなく，大洞 C2 式期の土偶は多いのに大洞 BC（＝BC2）式期の土偶はほとんどない（同上）という状況と乖離している。なぜ，地方遺跡の大洞 BC2 式期の土偶は，土器の出土量に比例せず，少ないのだろうか。なお，地方遺跡の土偶は，時期を問わず“劣品”がほとんどである。

地方遺跡は，住居跡，捨て場，墓が検出され，集落構造が摑める。晩期の竪穴住居跡は 2 棟のみだが，他に掘立柱建物跡が 5 棟検出されており，これらはいずれも 1 間×1 間の単純な構成で規模も共通し，柱穴の規模も直径 50 cm 内外と小さく，検出箇所が竪穴住居跡と近接することから，竪穴住居跡の主柱穴だけが検出されたもので本来は竪穴住居跡であった可能性が高い。そうすると，検出条件は悪かったと推測され，本来はもっと住居数は多かった可能性がある。

土坑墓は 559 基検出されたが，副葬品の主体は玉類で型式編年が困難なため，ほとんどの時期は特定できない。土坑墓から出土した残りの良い土器のほとんどは大洞 C1 式だが（秋田市教育委員会 1987：第 80 図），「土器棺墓」は大洞 BC2 式である（同：第 81 図）。土坑墓から出土した小破片土器には，大洞 B1～2 式（同：第 82 図 25），大洞 C2 式（同：第 83 図 43・52・66）らしいものもあるが，ほとんどが大洞 C1 式で大洞 BC2 式が混じる程度である。土器ほど正確ではないが，土製耳飾も型式編年が可能である（金子 2009b）。1 点不明なものがあるが（同：第 85 図 26），他は全て鼓状系列で，大洞 BC2～C1 式期の可能性が高い（金子 2009b：177 頁）。これらの遺物から，土坑墓群も，土器と同様大洞 C1 式期をピークとして大洞 BC2 式～大洞 C2 式期を主体としている可能性が高い。

遺構外にも土製耳飾は出土したが，鼓状系列とネジ前系列があり（秋田市教育委員会 1987：第 177 図 234・240），ネジ前系列は，大洞 C1～2 式古期の可能性が高い（金子 2009b・2010c）。この他，地方遺跡の遺構外出土で，土器，土偶以外で型式編年できる遺物として，弧状土製品，ボタン状石製品がある。弧状土製品は，第四段階がほとんどで（秋田市教育委員会 1987：第 168 図 64～68），1 点第五段階がある（同：第 168 図 70）。第四段階は大洞 C2 式前半，第五段階は大洞 C2 式後半と推定される（金子 2009c）。ボタン状石製品（秋田市教育委員会 1987：第 177 図 229・230）は，2 点とも弱椀形で，大洞 C1 式期の可能性がある（金子 2010b）。これらは数が少ないせいか時期が偏っており，特に弧状土製品は土器の出土量のピークから外れる。

遺構内出土品も含めると，土製耳飾の鼓状系列，ボタン状石製品，土製耳飾のネジ前系列，弧状土製品と，少しずつ時期を違えている可能性がうかがわれる。腕飾の部品と考えられる弧状土製品は，344・345 号，471 号土坑墓で出土する木製腕輪の代わりとして使われるようになった可能性がある。いずれにしろ，装身具は，総体として把握していく必要がうかがわれる。

ここで，思い及んだのが，土偶の時期の偏りである。土器の出土量に比例していない大洞 BC2 式～大洞 C1 式古期には，代わりとなるものがあったのではないか。腐食しやすい消滅製素材の可能性もあるが，出土遺物のなかで匹敵する量といえば石製玉類（222 点）である。

4　土偶と石製玉類

石製玉類が土偶の代わりとなるとする直接的な証拠はない。少なくとも，土偶が装身具の一種とは考えられず，それは，東北地方では一部の例外を除いて（金子 2014：8 頁）墓から出土しないことも傍証となる（金子 2001）。また，そのため，遺跡のなかで墓しか調査しなかった場合，遺跡の中に土偶は存在するのに全く出土しないという事態も想定され，制約があるが，様々な傍証から土偶と石製玉類の関係を考えてみたい。

地方遺跡と同じ台地の反対側南端に，狸崎 A 遺跡がある。ほぼ全面調査された北側調査区では，晩期の集落跡が検出され，わずかな大洞 C2 式土器が認められるが，ほぼ大洞 A1 式期に限定され，竪穴住居跡と土坑墓 28 基が検出された。副葬品は，玉類が主体を占め，石製玉類 21（ヒスイ 10）点，C2 ネジ形（金子 2009b）耳飾 4 点などが出土している。土偶は発見されていない。立地・距離と時期から，地方遺跡の後継遺跡（移転先？）と目されるが，地方遺跡の後半の時期に土偶が多いので繋がりにくい。

地方遺跡の北北西約 12 km に上新城中学校遺跡があり，後期末～晩期末の拠点集落である。出土土器は，大洞 BC2 式と大洞 A1 式の二つのピークをもつが，土偶は圧倒的に大洞 A1 式期のものが多く（金子 2011a：59 頁），地方遺跡と同様偏る。143 基の土坑墓が検出されているが，副葬品に時期の特定できるものがなく，22 点出土した石製玉類の時期も特定できない。

地方遺跡と上新城中学校遺跡の間に，戸平川遺跡がある。晩期中葉の半拠点集落で，68 基の土坑墓が検出されているが，ほぼ円形のみで構成されている点が他と異なり，副葬品の主体が土器である点も周囲の遺跡と大きく異なる。掘立柱建物跡 5 棟のうち 4 棟は，地方遺跡と同様竪穴住居跡の主柱穴のみが検出されたものと考えられる。土坑墓 1 基から石製丸玉 2 点，遺構外から石製玉類 161 点出土し，そのうちヒスイは 11 点だそうである（秋田県教育委員会 2000：133 頁）。土偶の出土も比較的多いが（掲載 42 点），大型土偶は少なく，x 字形土偶が多数を占めるのが珍しい（金子 2014：19-20 頁）。

東北地方最多の石製玉類が出土したのは，青森県六ヶ所村上尾駮（1）遺跡 C 地区か。ヒスイ 93 点と緑色凝灰岩の玉を合わせると 766 点以上になるそうだ（福田友之 2013：497 頁）。掲載土器は，大洞 C1 式新期を主体として，大洞 C2 式，大洞 A1 式と激減する。副葬品に時期の特定できるものがほぼないので，墓および玉類の時期を特定できないが，1 点大洞 C1 式土器が墓から出土しており，おおむね掲載土器と一致すると考えるべきか。墓地を主体とするため，装身具以外の遺物は少ない。土偶は 7 点出土し大洞 C1 式期の土偶もあるが，半数は大洞 C2～A1 式期で，地方遺跡と同様掲載土器の傾向と符合しない（金子 2011a：53 頁・2016：30 頁）。

同じ下北半島でも，むつ市二枚橋（2）遺跡では，157 点以上（金子 2015：3 頁）と多数の土偶が出土している。掲載土器は，晩期では，大部分が大洞 A1 式で，わずかに大洞 C2 式といった状態であり，土偶も，一部新しくなりそうなものもあるがおおむね土器に準じている（金子 2015：

8-10頁)。土偶以外に石剣類も多い。装身具は，これらより少なく，「装身具」として一括されているので実数を把握しにくいが，石製玉類は三十数点（緑色凝灰岩主体。ヒスイ2点？)，土製玉類は二十数点出土しているようだ。土製玉類は，花弁丸玉（金子2011b）やひょうたん小玉がほとんどで（金子2006a)，大洞C2～A1式期であることは確実である。石製玉類の時期を特定するのは難しいが，その他の土・石製品と同様当該期と考えて良いのではないか。

玉類は，土偶出土数第三位でほぼ同時期の岩手県九年橋遺跡でも比較的多数出土し（金子2006a：41～42頁)，石製玉73点（石質未鑑定)，土製玉類194点だが，土偶の点数に比べれば多いとはいえない。ちなみに，ほぼ同時期で土偶が132点以上出土した岩手県安堵屋敷遺跡では玉類は全く出土せず，装身具自体が少なくC2ネジ形土製耳飾3点のみである（金子2016b：55頁)。大洞C2式前半を主体としながら時期が比較的長く（金子2016b：55頁）203点以上土偶が出土した岩手県大橋遺跡では，石製玉類十数点，土製玉類3点？出土した。九年橋遺跡から比較的近い秋田県横手市平鹿遺跡も，大洞C2～A1式期を主体とする遺跡である。SX009という大洞A1式期の捨て場から「完形品だけで総計664個の装身具が発見され」(秋田県教育委員会1983：133頁)，装身具には，碧玉製勾玉1点，凝灰岩製等丸玉75点，土製丸玉554点，土製管玉4点が含まれ，土製丸玉のほとんどは，ひょうたん小玉等の該期の特徴的な玉である。土偶は結髪土偶1点のみである。土坑墓や土器埋設遺構も検出されているが，玉類は，SK117から上述の特徴的な土製玉が14個出土しただけである。遺物の種類ごとの総計は不明で（同：134頁)，SX009以外を合計しても，掲載品は，土偶15点，石製玉類6点，土製玉類3点に留まる。土偶16点は，秋田県にしては少なくなく，土偶と土製玉類との負の相関性はないらしい。しかし，秋田県にしては大型優品の割合が高く，九年橋遺跡に近い様相を示す。

津軽地方では，青森市長森遺跡で，明確な土坑墓3基から石製玉が出土し，そのうち第1号土坑墓からは石製丸～平玉が39点出土した（石質未鑑定)。出土土器等から大洞C1式期を中心とすると推測される。土偶は，隣の調査区から大洞A′式古期の刺突文土偶1点のみである。青森市内には，朝日山(1)，(2)遺跡という，晩期では墓地を主体とする遺跡がある。副葬品は，石製玉類など時期の特定できないものがほとんどだが（金子2005：49-51頁)，朝日山(1)遺跡は，晩期前葉から中葉，(2)遺跡は，晩期中葉を主体とすると推定された（中嶋2013)。朝日山(1)遺跡には，時期の推定できる，ボタン状石製品，弧状土製品が副葬された墓があり（金子2006a：33頁)，前者は大洞BC2式期（金子2010b)，後者は大洞BC1～2式期（金子2009c）と，この推定に符合する。朝日山(1)遺跡から結髪土偶が出土しているが，墓地および石製玉類（ヒスイ多い）の時期とは異なるようだ。旧浪岡町平野遺跡は，墓地遺跡で，石製玉が19（ヒスイ2）点出土した（金子2008：3頁)。時期を特定する材料は少ないが，晩期前半で，丘陵下に立地する集落跡羽黒平(3)遺跡に対応すると推測される（工藤ほか2002：69-70頁)。羽黒平(3)遺跡からは屈折像土偶が出土している（工藤2013：図7-23)。

津軽地方は，亀ヶ岡遺跡を初めとして古くから有名な土偶が多いが，各遺跡の出土点数は多くはなく，亀ヶ岡遺跡でさえ100点に届かない。そんななか，近年多数出土したのが弘前市薬師遺跡である（青森県教育委員会 2014）。ほとんど全て大洞 C2〜A1 式期の土偶で，83 点以上出土しており（金子 2015：7-8 頁），過去の『岩木山』（岩木山刊行会 1968）時の調査も含めても，この時期にほぼ限られる（成田 2013）。そこで，出土土器は他時期もみられるが，大洞 C2〜A1 式期の様相をみていく。平成 22〜24 年の調査では，時期の特定は難しいが，晩期の土坑墓から石製丸玉が出土し，包 2-B 層を中心として，当該期の遺物が，土偶，装身具を初め大量に出土しており，緑色凝灰岩製玉の製作が確認された（青森県教育委員会 2014）。ヒスイの可能性のある玉は 1 点のみのようだ。土偶も，在地色が強い“劣品”で，土偶の製作も行われていた可能性が高い。本遺跡では，石製玉類と土偶が両立している。

50 点近くまとまって出土している津軽半島先端の宇鉄遺跡の土偶も，大洞 C2〜A1 式期がほとんどである（金子 2015）。石製玉類も，250 点以上出土しているが，凝灰岩が主体で，ヒスイは十点程度である（金子 2006a：33 頁）。土製玉類の方が少なく 40 点に満たない。本遺跡の場合も，石製玉類と土偶が両立しているが，大型遮光器土偶を除き，当該期の土偶はやはり“劣品”が多い。同じく先端に近い今津遺跡も，大洞 C2 式期の半拠点集落だが，石製玉類 6 点（ヒスイ 1 点？），土製勾玉 6 点（金子 2006a：33 頁），19 点出土した土偶は，1 点の x 字形土偶を除いて“劣品”である（金子 2011a：15 頁）。鬲状三足土器も出土しているが。

大洞 C2〜A1 式期には，津軽地方も様相が変わってくるのかと思うが，青森市源常平遺跡は，また異なる（青森県教育委員会 1978）。前述の平野遺跡と浪岡川を挟んで対峙しており直線で 1 km しか離れていない。台地の北端に，大洞 B1 式新期と大洞 A1 式期の竪穴住居があり，約 50 m 離れた台地中央に墓地があるが，時期の特定できる遺物が少なく（金子 2005：39 頁）不明である。筆者は，墓が狭い範囲に集中していること，“青玉”“赤玉”に象徴されるように副葬品に共通のパターンが認められることから，近接した時期のものと判断し，出土土器から，大洞 B1 式新期か大洞 A1 式期のどちらかで，副葬品のひょうたん小玉が大洞 C2〜A1 式期に限定されることから（金子 2006a：34 頁），大洞 A1 式期の墓地と推定した。“青玉”89（ヒスイ 7，凝灰岩主？）点，“赤玉”（ひょうたん小玉およびその変形 37 点含む）133 点出土し，“赤玉”は頁岩に赤色顔料を塗ったものとされているが（青森県教育委員会 1978：101 頁），他の遺跡の状況からは土製玉の可能性も考えられる。大洞 A1 式期の土偶は出土しておらず，この時期まで石製玉類にこだわった遺跡もあったのである。

秋田県南部の由利本庄市湯出野遺跡も，土坑墓から多量の石製玉が出土したことで有名である。例えば，28 号土坑墓の底からは，ヒスイ製勾玉 2 点，石鏃 1 点，石製丸玉約 120 個出土したらしいが，概報のため詳細は不明である（秋田県教育委員会 1978：15 頁）。時期もほとんど特定されていないようだが，一部の墓から土器と鼓状系列土製耳栓（金子 2009b）（玉と共伴例も）が出土し，大洞 BC2 式期前後と大洞 A1 式期のものがあることは確実である。土偶は，後期末〜大洞 B1 式期のもの 3 点，大洞 BC2 式期も 4 点掲載されているが，大型遮光器土偶は 1 点のみである（金子 2011a：61 頁）。本遺跡の場合は，石製丸玉と土偶の時期が重なっている可能性が高いが，土偶の数は少なく優品は 1 点のみである。秋田県横手市虫内 I 遺跡は，土器の出土量のわりに，土偶の出土点数も（金子 2011a：62 頁）[4]，石製玉の出土点数も少なく（金子 2006a：38 頁），ヒスイも 5 点しか掲載されていない。土偶は，土器に比例して晩期前半全てである。

秋田県北部の米代川流域には，大館市家ノ後遺跡，北秋田市白坂，向様田 A，D 遺跡等と，大洞 C2 式期までの拠点的な集落がみられるが，岩版等の石製品の出土量のわりに石製玉の出土は多くなく（金子 2006a：34-36 頁・2009a：14 頁），土偶も多くない（金子 2011a：57-58 頁・2014：18-19 頁）。白坂以外は，優品も少なく在地色が強いものが多くを占める。

5　小　括

下北，上北，津軽，秋田県という玉類多出圏で，石製玉がまとまって出土した遺跡を取り上げてきた。米代川流域は，石製玉の多出遺跡はないようで，岩版類の出土など，むしろ青森県東南部に近いようである。予想以上に複雑だが，傾向を探っていきたい。

まず土偶自体から。大型の優品は出土数に限りがあり，これは，ほとんどの遺跡が該当し，雨滝，手代森，小田遺跡という突出型にもあてはまる。ところが，大洞 C2〜A1 式期の北上市周辺の遺跡，安堵屋敷，九年橋，大橋，秋田県平鹿遺跡には，当てはまらず，明らかに大型優品の割合が多い。逆に，晩期前葉の半拠点集落泉山遺跡は，大型優品の割合が少ない。当該期の大型優品は，規格的で個性が少ないというものである。遠くはなれた拠点集落でわずかずつ出土する大型優品が似るのは，製作地が少なく，そこから流通して広がっていると考えるのが自然であろう（金子 2001）。拠点集落というのは，その流通のネットワークに明確に位置づけられているのであろう。それに対し，晩期前葉の半拠点集落，泉山遺跡は，そのネットワークから漏れているので，自前で製作せねばならず個性的な劣品がほとんどなのではないか。

しかし，晩期中葉を境に状況は変わり，半拠点集落でも大型の優品は一定程度みられるようになる。また，上記の北上市周辺遺跡のように，これまでの拠点集落以上に大型優品がみられる遺跡が出現する。筆者はこれまで“遺跡の拡散化現象”と述べてきたが（金子 2001），地域社会（ネットワーク）の再編があった可能性は高い。晩期後半では，晩期中葉のみ，後葉のみ，末〜弥生時代前期といった短期の半拠点集落が目立ち，これまでと異なって一定数以上の土偶があちこちにみられるようになる（金子 2015）。

大洞 C2〜A1 式期の短期突出型（半拠点集落多出）遺跡でも，北上市から遠く離れた二枚橋（2），薬師遺跡には，大型優品が非常に少なく，個性的な劣品がほとんどを占める。数はそれほど多くないが，宇鉄（金子 2015：6 頁），今津（金子 2011a：52 頁）遺跡でも同様である。再編により，同じ半拠点集落でも大型優品の数に顕著に違いが出るようになるのである。地方遺跡は，これらより古く大洞 C1 新期〜C2 式古期だが，劣品がほとんどである。これらに共通するのは，晩期前半の石製玉多出地域ということである。

この地域で石製玉が多出するのは，後期末の北海道から遅れてのことで，影響を受けている可能性が高い（池田 2000：6 頁）[5]。大洞 C2〜A1 式期には，北海道南部にも土偶が多くなり，47 点と北海道最多の聖山遺跡が出現する（金子 2012：14-16 頁）。その兆候は，大洞 C1 式新期の久根別遺跡にみられ（同：15 頁），地方遺跡と時期が重なる。地方遺跡は道南から離れるが，沿岸を伝っての直接的な交流も想定され，道南の久根別遺跡と似た土偶があり（『土偶とその情報』研究会 1996：18 頁の 5 と 46 頁の 2），地方遺跡に聖山式土器系の文様をもつ土偶も認められる（秋田市教育委員会 1987：第 170 図 94・第 171 図 110・第 172 図 122・123）。最多数の石製玉を出土した上尾駮(1) 遺跡が大洞 C1 式新期なのは，石製玉から土偶へという時代の流れを受けて全ての玉を墓に埋めたからかもしれない。土器の量の変化に比して土偶は多くなる。

石製玉を介し共通の文化圏と想定される地域が，石製玉（特にヒスイ）の減少とともに同時に土偶を多出しだすのである。両方とも流通の対象で，石製玉が流通しなくなったので土偶を入手するようになったと最初考えたが，多出するのは流通する大型優品ではない。流通ではなく，用途に共通するものがあって代わるのかもしれない。ただし，この時期でも，薬師遺跡では石製玉を自前で製作しており，単純ではないが，狸崎 A，源常平遺跡のように最後まで玉にこだわった人々もいるので，薬師遺跡では両方使われたためと考えたい。玉は装身具で身につけるものであろう。それと共通できる土偶の用途とは，“個人的な護符”が考えられる。これは，筆者が長く提唱してきた用途である（金子 2001）。ただし，石製玉多出圏から自前土偶多出圏に変化するのは，晩期中葉の地域社会再編のなかで，ヒスイに代表される流通石製玉が単に入手しにくくなったためか，信仰上の大転換なのか，その原因はまだ不明である。

註

1)　『土偶・コスモス』（羽島書店，2012 年）では，235 点となっているが，どこから出てきた数字か不明である。筆者は，近年の調査出土分も含めたもの（金子 2010a・2012・2014・2016a）を合計した結果，174 点という数字を得ている。

2)　定量的に示したいところだが，時期ごとの出土量が報告書から読み取れない場合がほとんどで，それどころか全体の出土量も明記されていない場合があり，現状では厳しい。

3)　成田滋彦は，5 km 南にある雨滝遺跡出土品と比較し，そのあまりの違いに衝撃を受けている（成田 2002）。

4)　奥羽山脈は伝統的に土偶が少なく，岩手県でも同様である。拠点集落である，八幡平市曲田 I 遺跡（金子 2010a：9 頁），西和賀町本内 II 遺跡（金子 2015：11 頁）などが相当する。三陸沿岸も少ないことから，筆者は，土偶は，狩猟漁労が主体の地域には発達せず，植物採集に生業の重みを置く文化，すなわち女性が生業の主要な担い手の地域に発達すると考えている（金子 2001）。

5)　美々 4 型動物形中空土製品の初期の分布が，北海道～東北地方日本海側に偏るのは，一つの文化圏（広域交流圏）であることを示しているのではなかろうか（金子 2001：164 頁）。

参考文献

青森県教育委員会　1978『源常平遺跡発掘調査報告書』青森県埋蔵文化財調査報告書第 39 集

青森県教育委員会　1995『泉山遺跡発掘調査報告書』青森県埋蔵文化財調査報告書第 181 集

青森県教育委員会　2014『上新岡館・薬師遺跡』青森県埋蔵文化財調査報告書第 545 集

秋田県教育委員会　1978『湯出野遺跡発掘調査概報』秋田県文化財調査報告書第53集
秋田県教育委員会　1983『平鹿遺跡発掘調査報告書』秋田県文化財調査報告書第101集
秋田県教育委員会　1998『虫内Ⅰ遺跡』秋田県文化財調査報告書第274集
秋田県教育委員会　2000『戸平川遺跡』秋田県文化財調査報告書第294集
秋田市教育委員会　1987『秋田新都市開発整備事業関係埋蔵文化財発掘調査報告書』
池田晃一　2000「埋葬に伴う石製装身具類」『月刊考古学ジャーナル』466　4-7頁
稲野裕介　2000「九年橋遺跡」『いわて未来への遺産　遺跡は語る　旧石器～古墳時代』岩手日報社出版部　73-74頁
岩木山刊行会　1968『岩木山』
(財) 岩手県文化振興事業団埋蔵文化財センター　2010『雨滝遺跡発掘調査報告書』岩手県文化振興事業団埋蔵文化財調査報告書第562集
小笠原雅行　2002「第Ⅳ章第2節5. 土偶・岩偶」『青森県史別編　三内丸山遺跡』161-178頁
金子昭彦　2001『遮光器土偶と縄文社会』ものが語る歴史4　同成社
金子昭彦　2005「東北地方北部縄文時代晩期における墓と副葬品」㈶岩手県文化振興事業団埋蔵文化財センター『紀要』XXIV　33-56頁
金子昭彦　2006a「東北地方北部における縄文晩期の『装飾品』(1)」㈶岩手県文化振興事業団埋蔵文化財センター『紀要』XXV　23-46頁
金子昭彦　2006b「土偶はどこから出土するか」『縄文時代』17　1-22頁
金子昭彦　2008「東北地方北部における縄文晩期の『装飾品』(3)」㈶岩手県文化振興事業団埋蔵文化財センター『紀要』XXVII　1-24頁
金子昭彦　2009a「東北地方北部における縄文晩期の『装飾品』(4)」㈶岩手県文化振興事業団埋蔵文化財センター『紀要』XXVIII　1-24頁
金子昭彦　2009b「縄文晩期・東北北部の土製耳飾」『縄文時代』20　159-180頁
金子昭彦　2009c「東北地方・縄文晩期における弧状土製品」『物質文化』87　23-39頁
金子昭彦　2010a「東北地方・縄文晩期の土偶 (1)」㈶岩手県文化振興事業団埋蔵文化財センター『紀要』XXIX　1-24頁
金子昭彦　2010b「北日本・縄文晩期のボタン状製品」『岩手考古学』21　43-62頁
金子昭彦　2010c「縄文晩期・東北北部の土製耳飾 (続)」『縄文時代』21　121-142頁
金子昭彦　2011a「東北地方・縄文晩期の土偶 (2)」㈶岩手県文化振興事業団埋蔵文化財センター『紀要』XXX　49-72頁
金子昭彦　2011b「北日本・縄文晩期の花弁丸玉，平玉」『縄文時代』22　141-162頁
金子昭彦　2012「東北地方・縄文晩期の土偶 (3)」(公財) 岩手県文化振興事業団埋蔵文化財センター『紀要』XXXI　1-24頁
金子昭彦　2014「東北地方・縄文晩期の土偶 (4)」(公財) 岩手県文化振興事業団埋蔵文化財センター『紀要』33　1-24頁
金子昭彦　2015「東北地方・縄文晩期の土偶 (5)」(公財) 岩手県文化振興事業団埋蔵文化財センター『紀要』34　1-24頁
金子昭彦　2016a「東北地方・縄文晩期の土偶 (6)」(公財) 岩手県文化振興事業団埋蔵文化財センター『紀要』35　21-44頁
金子昭彦　2016b「東北地方・縄文晩期の土偶関連遺物 (1)」『岩手県立博物館研究報告』33　41-58頁

工藤清泰　2013「8　羽黒平（3）遺跡」『青森県史資料編考古 2　縄文後期・晩期』362-363 頁

工藤清泰ほか　2002「平野遺跡発掘調査報告書」『平成 13 年度浪岡町文化財紀要』II　29-92 頁

『土偶とその情報』研究会　1996『土偶シンポジウム 5 宮城大会　東北・北海道の土偶 II』

中嶋友文　2013「6　朝日山（1）遺跡」「7　朝日山（2）遺跡」『青森県史資料編考古 2　縄文後期・晩期』352-361 頁

成田滋彦　2002「《会長のゴダク》土偶を持って，花の東京に行ったときの話」『ストーンサークル』5　青森遺跡踏査会（成田滋彦氏主催）1 頁

成田正彦　2013「16　薬師遺跡」『青森県史資料編考古 2　縄文後期・晩期』382-385 頁

福田友之　2013「45　上尾駮（1）遺跡」『青森県史資料編考古 2　縄文後期・晩期』494-499 頁

櫛の出土状況
—「擲櫛」の始まり—

小 林　　克

はじめに

グリム童話に「水の精（魔女）」という物語がある。泉のほとりで遊んでいた兄妹があやまって水に落ち，泉の主である水の精に捕まったあげく，ろくな食事も与えられないまま辛い仕事を強いられる。兄妹はついに逃げ出すが水の精に見つかり追われる。二人は逃げながらブラシ，櫛，鏡と次々物を投げつけ，そのそれぞれが山に変わって障碍となり二人は逃げ切ることができる（グリム兄弟編／橋本・天沼訳 2013）。19 世紀初めドイツで採録された民話の一つであり，民話学では呪的逃走譚（magic flight）としてくくられるジャンルの代表的な物語である。そしてその主要モチーフである呪的逃走は，日本でも記紀の黄泉国訪問説話に採られるなど世界中に広がり，櫛はそれら多くに共通し重要な障碍に化成する。考古学のうえでも装身具や調髪具という実際上の機能とは別の次元で特有の意味が込められ櫛が出土することがある。本稿では民俗（族）誌との関わりも考慮しつつその意味を考える。

列島で櫛の存在を考古学的に確認できるのは，今のところ石川県三引遺跡，あるいは佐賀県東名遺跡の縄紋時代早期の竪櫛からであり，以後，その竪櫛の形が古墳時代まで続く。今からおよそ７千年前から６世紀後半頃まで挿櫛として同じ形式の櫛が使われたのだが，出土状況を検討しうるほど数が増えるのはやはり縄紋時代後期以降として良いだろう。後述するようにこの頃からある出土状況が顕著になる。

1　出土状況への認識

縄紋時代後期以降，各時代の櫛の出土状況については，すでにいく人かが重要な関心を払っている。

埼玉県桶川市後谷遺跡を調査した橋本富夫は，縄紋時代の漆塗櫛が北海道と本州とで異なった出土であることに注意した。前者は一部例外を除きほぼ墓からなのに対し，後者は低湿地の包含層から出土することが多いこと，そして，その場が「祭祀あるいは生産活動など集団の関与を予想させる場」であることをあわせて指摘した（橋本 1990）。こうした指摘は東日本にとどまらず，西日本の調査報告でもされた。後晩期の鳥取県淀江町の井手胯遺跡からは弧状湾曲の棟の漆塗櫛が自然河川から出土したが，報告した西川徹は全国52遺跡をあげ北海道と本州の差に言及した。そして，後者では河川を含む低湿地からの出土が多いこと，井手胯遺跡で白木のままの櫛歯が良く残るのは，祭祀的に投棄された状態を保つからであるとした（西川1993）。

これらは1980年代に増えた各地の低湿地遺跡調査を踏まえた所見である。縄紋時代の漆塗櫛としてきわめて早い発見の青森県是川中居遺跡例が「特殊泥炭層」からの出土なのは有名だが（喜田・杉山1932，八戸市教育委員会2012），有機質遺物が残り易い保水性の高い環境で説明せず，一定の社会的行為を予想したことが重要である。結果，北海道とは違う低湿地や河川への櫛の投棄という，本州側後晩期の祭祀が浮き彫りにされたからである。

縄紋時代に続く弥生時代の竪櫛は基本的に漆塗りであることを含め，前代の形態を受け継ぐ。すでに1980年代に木下尚子により西日本の10例が集められ，不明の1例を除き，2例が甕棺・木棺など墓葬施設，6例が溝・壕ないし包含層，1例が竪穴からの出土と確認された。過半数が溝・壕・包含層など縄紋時代と共通した出土状況だった（木下1987）。

古墳時代の漆塗竪櫛の研究史は深い（羽柴1901，後藤1924）。集落から出土することもあるが，古墳の埋葬施設からの出土が一般的なことはいうまでもなく，多い場合には40～60個，時に150個もの竪櫛が撒かれることがある。このような副葬もしくは墓前の葬送儀礼は前期から中期にかけ盛行し後期には廃れてしまうが，出現時期や特徴的な出土状況から記紀伝承との関係も多く議論されてきた。近年，川村雪絵は全国300ヶ所ほどの遺跡を集成し，うち古墳以外の土壙・住居・溝・井戸からの出土が2割を占めることを示した。そして，時期的に最も早い奈良県纏向遺跡の土壙内出土例を引用し，古墳への副葬が盛行する以前，すでに櫛を用いる祭祀があった可能性を指摘した（川村1999）。限られた数とはいえ古墳以外の溝，井戸などの出土を具体に示し，古墳副葬以前の櫛の祭祀的な出土状況を明らかにしたのは，伝承に関わる祭祀・儀礼が遡る可能性を示唆した重要な指摘であった。

数は少ないが古墳からは櫛の石製模造品が出土することがある[1)]。それ自体，櫛に込められた呪性の強さと儀礼場面の象徴的な役割を顕著に示すが，時代は下りその模造品が水と関わり特異な出土状況を示す例がある。7世紀後半の埼玉県熊谷市西別府祭祀（湯殿神社裏）遺跡では，湯殿神社北側の台地縁を4mほど下った湧水池から，剣形，馬形，円盤形とともに40数点の滑石製櫛形（横櫛）が見つかった（大場・小澤1963，吉野2000・2011）。最初に報告した大場磐雄は奈良県橿原や平城宮，福岡県金栗の井戸跡の櫛出土を例に引き，「沼神水霊」の祭祀に捧げた品とした（大場 前掲）。同じ櫛形は西別府祭祀遺跡以外には西に3km弱離れた深谷市新屋敷東遺跡，本郷前東遺跡の2遺跡しかない（埼玉埋文1992）。古墳時代までの竪櫛から横櫛に変わった後も，石製模造品の形で湧水池すなわち低湿地に投棄する儀礼が局地的に伝わり続けた例である。

低地からの櫛の出土は地域を異に，さらに時代を下っても確かめられた。北海道から本州北部の9世紀から11世紀の横櫛の出土状況を検討した中田裕香は，櫛が竪穴建物のカマド廃絶時の祭祀に伴う場合と，川や溝・壕・井戸などに投棄された場合とに分かれることを明らかにした（中田2007）。前者は一部例外を含むが北海道や青森県に多く，後者は秋田県の城柵官衙および廃寺跡などに認められた。そして，11 世紀以降については，後者の分布が次第に北海道まで達する傾向がうかがわれるとし，個別の事例をあげ律令祭祀や陰陽道を構成した櫛のあり方とその北漸の状況を読み取った（中田 前掲）。

以上，櫛および櫛形の出土状況に対する認識をみた。縄紋時代や古墳時代の墓葬施設では着装状態で発見される場合がある。それは挿櫛，すなわち飾櫛としての竪櫛ならば誰しも納得できることである。しかし，各時代を通し一見，川・溝・壕・井戸などに捨てられたように見つかる例も，なんらかの祭祀ないし儀礼行為の結果と受け止められてきたことが重要である。次項では縄紋時代後晩期の具体の出土状況をみる。

2 縄紋時代後晩期の出土状況

前項冒頭，縄紋時代後晩期の櫛が，北海道と本州とではそれぞれ墓と低湿地とに分かれて出土することへの注意を述べた。図 1 はその北海道と本州北部の対照的な事例である。

上段は恵庭市カリンバ遺跡の三つの土坑墓である。117～119 号とも後期末葉から晩期初頭に属し，数 m の範囲に近接する。118 号は直径 130 cm ほどの円形坑底面の北～南西壁近くに四つの頭部痕跡（頭 1～4）が認められ，そのそれぞれに 2，1，6，1 点の漆塗櫛がある。119 号は 155 × 130 cm の坑底面，長軸端の北西壁に近く北と南に並んで二つの頭部痕跡（頭 1・2）があり，それぞれ 9，3 点，そして頭部痕跡のない南東壁近くでも 1 点の櫛が出土している。117 号は 153 × 122 cm の土坑プラン中，西壁側に玉 52 点の連珠および腕輪が見つかり，反対の東壁際からは 1 点の櫛が出土した。これらの土坑墓の櫛の出土状況で注意すべきは，118 号の頭 3（櫛 6 点），119 号の頭 1（櫛 9 点）のように多数の櫛が見つかった頭部も，櫛歯の方向からその全てが髪に挿したとはみられないこと，すなわち，遺体頭部に後から副えられた状況が観察されたことである（恵庭市教委 2003）。そして 119 号の南東壁近くの 1 点もおそらくは頭 1 の遺体の足下にあたる位置の出土で，髪に挿したものではない。さらに 117 号の 1 点も連珠や腕輪の位置からして他の土坑墓同様頭位は西に想定される。櫛はやはり足下からの出土であろう。墓の出土といえども遺体が身につけた以外の副葬があることがわかる。そして本来の装身の意味とは正反対の，異常とさえ思える足下に置かれた例のあることが重要である。

下段は晩期中葉の秋田市戸平川遺跡の土坑墓，建物跡，A～C 区の全体図および櫛が出土した C 区断面図である。戸平川遺跡では 91 基の土坑のうち，表 1 に示した 48 基が墓の可能性あり，と報告されている。いずれもほぼ円形で埋土中に礫があったり外周に柱穴が確認されたり，さらに焼土・炭化物ないしベンガラ，そして骨片を含むなどの特徴を備える。カリンバ遺跡の土坑墓と比較してもその違いは明らかだが，同時期の墓域で知られる同市上新城中学校遺跡，地方遺跡をはじめとし（秋田県教委 2000），東北各地の当該期に一般的な小判形プランの土坑墓とも大きく異なる。大きさや形状から戸平川遺跡の土坑墓に一次葬の墓がないことは確実である。一次葬には建替えを含み 5 棟確認された建物跡が関係するのだろう。土坑墓群とは配置を異にし，太いも

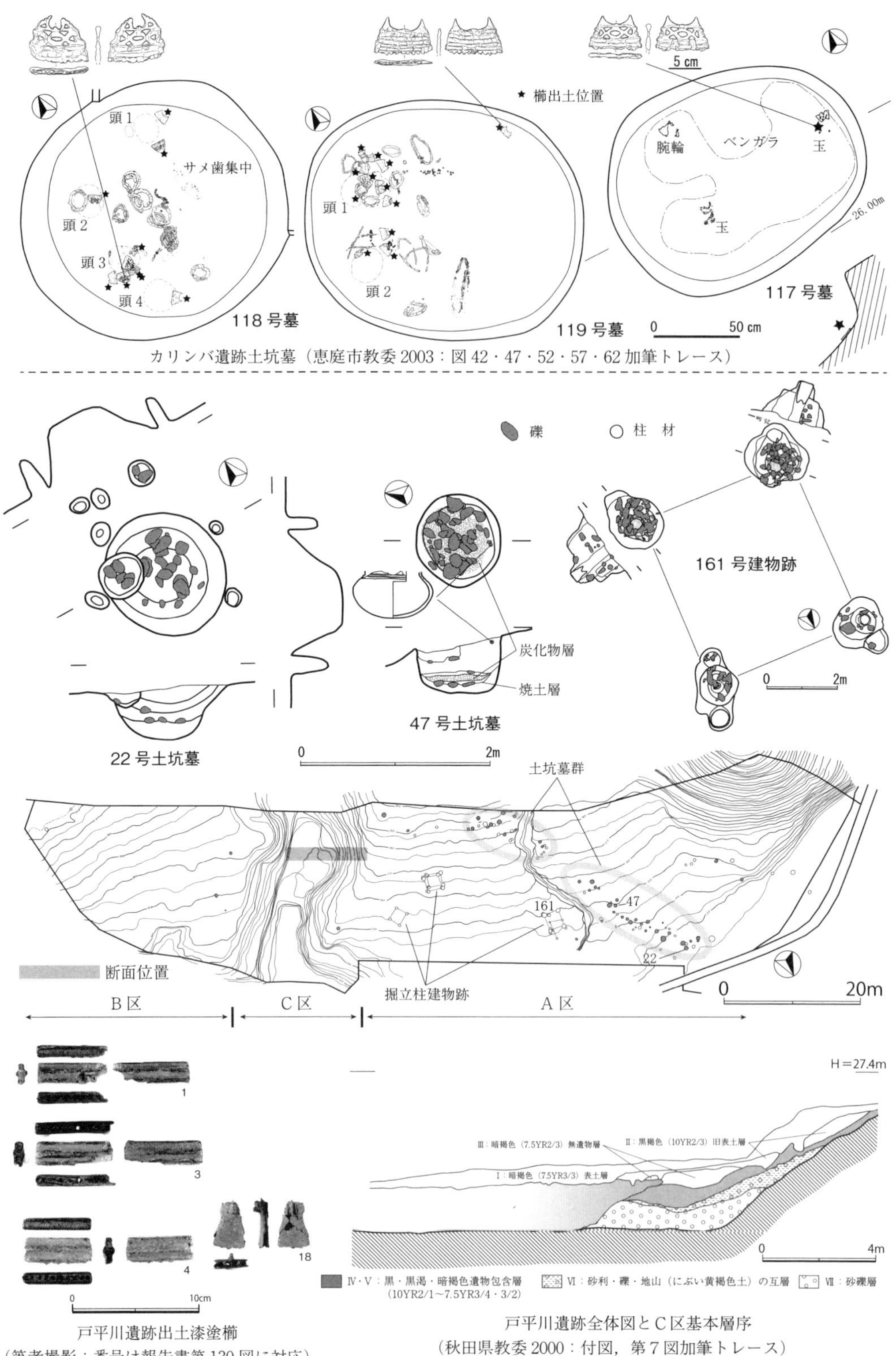

図 1　縄紋時代の櫛の出土状況　1（上：カリンバ遺跡，下：戸平川遺跡）

表1　戸平川遺跡　墓と報告された土坑一覧

土坑番号	径（cm）	深さ（cm）	断面形状	柱穴	遺物・礫・炭化物・焼土
07	100	90	袋状		凹石1・磨石1・石刀1
10	110	48	台形		
22	130	50	鍋底状	外周ピット	礫
24	160	54	鍋底状	外周ピット	剝片・礫
27	90	38	鍋底状	外周ピット	礫・炭化物層
28	80	15	浅皿状		剝片
31	160	50	鍋底状	外周ピット	剝片・炭化物層（クルミ）
32	80	20	浅皿状	内周ピット	剝片・炭化物層
33	120	75	鍋底状	外周ピット	礫・炭化物層
35	100	25	鍋底状		剝片・礫・炭化物層
36	80	15	浅皿状		礫・炭化物層
39	60	55	袋状		皿1・壺1・鉢2・炭化物層
40	80	40	鍋底状		炭化物層
44	70	30	鍋底状		剝片・炭化物混入
46	70	30	鍋底状		剝片・扁平礫1・炭化物少量混入
47	95	75	鍋底状		剝片300・広口壺1・礫・炭化物層・焼土・骨片
48	70	30	鍋底状		剝片・小型壺1・礫・炭化物層
49	60	15	浅皿状		剝片・礫
57	70	30	鍋底状		剝片・炭化物層
58	75	40	鍋底状		剝片・注口1・浅鉢2・鉢1・礫
60	110	65	袋状		剝片78・焼土・炭化物層・礫
64	90	15	浅皿状		礫
65	130	25	鍋底状		剝片19・礫・炭化物層・ベンガラ
67	90	15	浅皿状		礫
70	90	20	鍋底状		剝片12・礫
73	50	20	鍋底状		礫
75	100	20	鍋底状	外周ピット	凹石3・剝片12・礫・ベンガラ
78	120	50	鍋底状		小玉2・剝片15・石棒片1・焼土・炭化物層・礫
80	50	25	鍋底状		炭化物層
83	80	30	袋状		剝片12・広口壺1・礫・炭化物層
84	120	30	鍋底状		礫
85	120	35	鍋底状		剝片250・炭化物層
88	60	10	浅皿状		壺1・礫
90	90	15	浅皿状		浅鉢1・鉢1・深鉢1・礫
98	90	15	浅皿状		礫
99	80	20	浅皿状		礫
102	60	15	鍋底状		礫・ベンガラ
106	80	10	浅皿状		礫
107	100	10	浅皿状		剝片・礫
108	120	60	鍋底状		剝片180・礫・炭化物少量混入
113	70	60	浅皿状		礫
124	85	20	浅皿状		剝片・炭化物少量混入
126	130	70	袋状		
134	50	20	浅皿状		剝片・礫
143	80	10	浅皿状		炭化物少量混入
148	110	30	鍋底状		剝片・礫
1009	90	50	袋状		礫
1020	90	10	浅皿状		注口1・深鉢4

ので直径40 cmに達するクリ材の柱根が残る。図示した161号では根固めの礫まで詰め込まれ堅固な作りだったと推定される。土坑墓群が二次葬墓であることは報告書も推定するが，居住施設の痕跡がなく墓地として特化した遺跡であることからすれば，これら建物跡は高楼の台上葬墓のような一次葬施設の性格を与えることができよう[2)]。そして建物跡群の位置を挟み土坑墓群と反対に位置するC区の谷の湿地からは，土器・石器のほか多くの木製品や骨角製品など有機質遺物に混じり漆塗櫛18点が出土した。出土層位はⅣ・Ⅴ層でA区に近い側に集中し，報告書は葬送儀礼に伴うものと推定した。谷の西側の建物跡での一次葬に際し執り行われた儀礼が想定される。

カリンバ遺跡，戸平川遺跡ともに後期末から晩期にかけた墓域の遺跡であるが，複数の櫛が出土した遺跡をさらに南の地域でみておく。図2上段左は埼玉県桶川市後谷遺跡の漆塗櫛とその出土地点である。東南東に伸びる低い舌状台地の突端と東に隣接する旧河道が調査され，うち「河道状くぼ地」から後期後葉～晩期前葉に相当する櫛4点が出土した。「河道状くぼ地」内には杭群・杭列が複数あり底には組物を置いた土坑があって，その覆土にはトチ・クルミの果皮を多く含む腐植土が堆積する（桶川市教委2007)。報告書に示された微地形図に各櫛の出土地点を照合すると，H18区南東隅，すり鉢状に窪む部分の西側および北西側のやや高い位置で出土したことがわかる。図2上段右は石川県金沢市米泉遺跡の調査区と漆塗櫛の出土地点である。東西に長い調査区の西側に後期中葉の竪穴建物跡群と晩期前葉の炉跡群があり，その東側背後に河道跡がある。竪穴建物跡群と河道跡の間には，いずれも晩期の径5.5mほどの円形に八つの柱穴（うち七つに柱材が残る）がめぐる環状木柱列と方形プランの柱根跡が並ぶ。河道跡には大量のトチ・クルミの果皮が集中する地点がある。漆塗櫛は後期および晩期例を含むが，7点のうち6点がこの河道跡からの出土である（石川埋文1989)。図2下段は新潟県青海町寺地遺跡の配石遺構と環状木柱列の配置，および漆塗櫛の出土位置である。南側に11個体分の焼人骨を集めた径2mの炉状配石があり，その北西―南東を配石遺構が囲む。漆塗櫛は配石遺構中，北西端の積石環状配石Ⅰ周囲で二つ，南東端の弧状配石近くで一つ見つかり，さらに配石遺構の外側，北西にある環状木柱列Ⅰ内部およびⅡ周囲でそれぞれ一つずつが出土している（青梅町1987)。

カリンバ遺跡の櫛のあり方が葬送に関わるものであることはみた通りだが，戸平川遺跡を含めより南の地域でも米泉遺跡，寺地遺跡は人骨や環状木柱列によって葬送に関わるあり方を示しているといえるだろう[3)]。米泉遺跡は戸平川遺跡の谷の湿地同様，河道跡からの出土である。そして，葬送との関わりが希薄にみえる後谷遺跡も河道中の特定位置の出土であり，それが祭祀的な行為を想わせる。本州側の縄紋時代後期以降の櫛は葬送の意味を含み込みつつ，水との関わりをもって出土しているといえそうである[4)]。

ついでながら中国大陸の新石器～青銅器時代の櫛の出土状況についても一瞥しておく。図3左は山西省襄汾県陶寺遺跡の1364号土坑墓である。伸展葬の遺体右側に石鉞，右肋骨下の腹部には石瑗があり，頭蓋骨に接し石製の櫛（石梳）が見つかっている。図には他の土坑墓で出土した石製櫛の写真を示したが，白色の石材から台形の棟を削り出しその上下を張り出させ，短い20

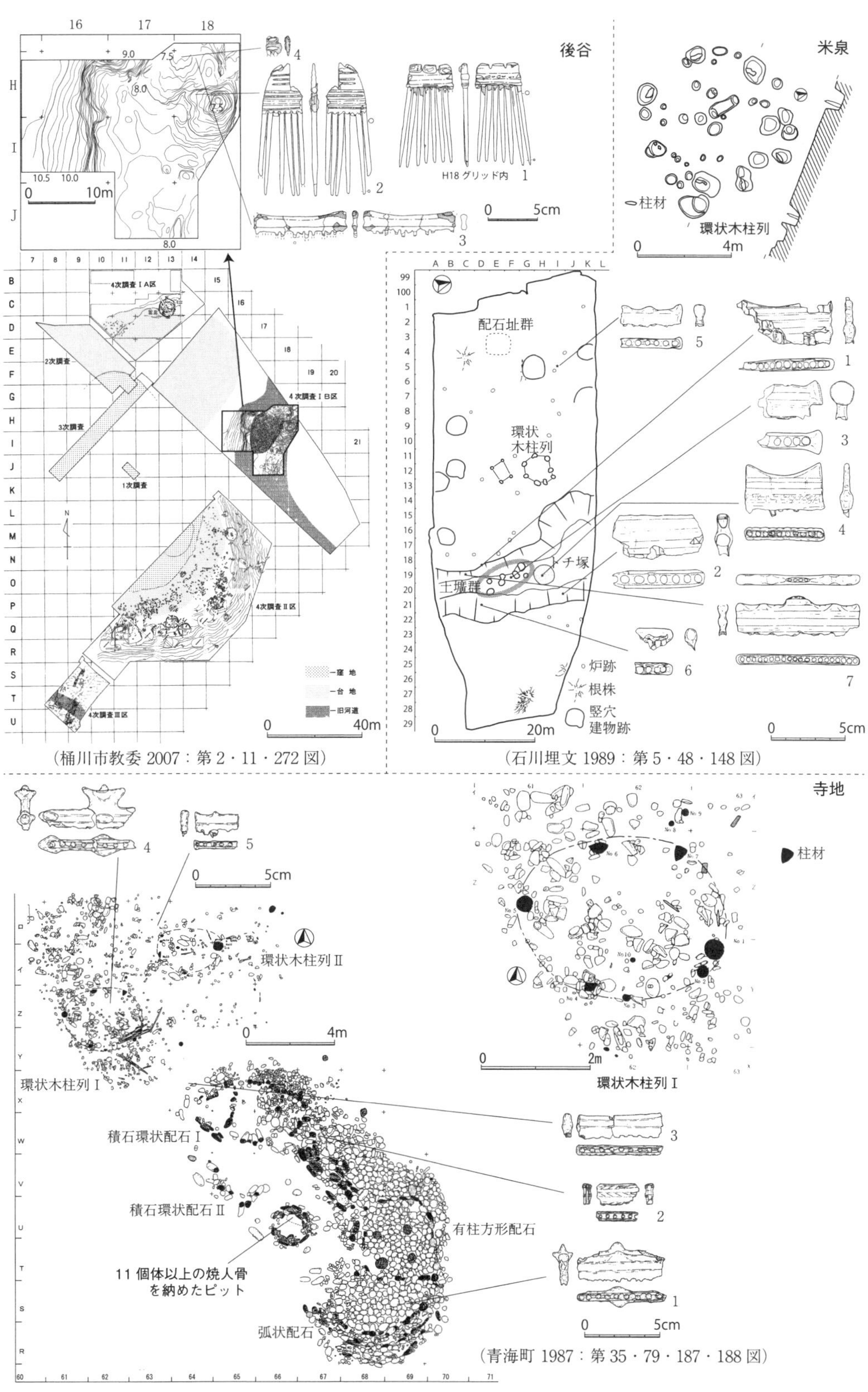

図２　縄紋時代の櫛の出土状態（上左：後谷遺跡，上右：米泉遺跡，下：寺地遺跡）

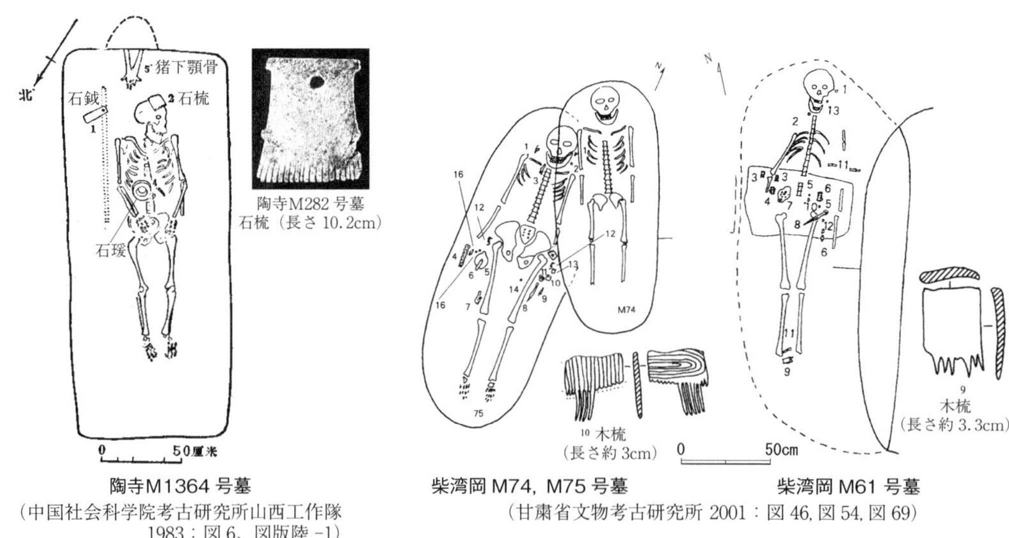

陶寺M1364号墓
（中国社会科学院考古研究所山西工作隊 1983：図6、図版陸-1）

柴湾岡M74，M75号墓　柴湾岡M61号墓
（甘粛省文物考古研究所 2001：図46，図54，図69）

図3　大陸新石器時代・青銅器時代の墓葬と櫛

本の歯を刻み出した櫛である（中国社会科学院考古研究所 1980・1983）。1364号もほぼ同様の櫛とみられるが，頭蓋骨に接してはいるが石製であり歯は短く挿櫛ないし梳櫛として通常に機能した装身具・調髪具ではない。埋葬時に遺体頭部に副えられた副葬品で，装身とは別に象徴的な意味が込められた品である。陶寺遺跡はB.P.4,500-5,000頃の廟底溝第二期よりやや新しく編年され，列島では縄紋時代中期後半頃と考えられる。図3中央および右は甘粛省永昌県柴湾岡遺跡の土坑墓ないし偏洞墓での出土状況である。すでに大陸では青銅器時代に入った沙井文化期，列島ではB.P.3,000前後の後期末頃に相当する。75号墓および61号墓で長さ3cmほどの小型の木製櫛が見つかっているが，75号墓では遺体の左手，61号墓では足下からの出土である。柴湾岡遺跡61号墓の櫛出土状況はカリンバ遺跡119号墓，117号墓と共通する（甘粛省文物考古研究所 2001）。

3 「擲櫛」の葬俗

黄泉国訪問説話は古墳時代の櫛研究ではたびたび引用されてきた説話であり，障碍の3要素（書紀では黒鬘，湯津爪櫛がそれぞれブドウ，タケノコに，最後に放尿が大河に化成，古事記では最後が桃に置き換わる）が登場する呪的逃走場面は，世界的にも知られる。そして例えば，書紀ではこのモチーフを述べつつ「今世人夜忌一片之火。又夜忌擲櫛。此其縁也」と付記する。「夜忌一片之火」は，伊弉諾が黄泉国の闇のなか湯津爪櫛の雄柱を折って火を灯し変わり果てた伊弉冉の姿を覗き見たこと，また「又夜忌擲櫛」はそのことで辱められた伊弉冉が泉津醜女らに夫を追わせ，伊弉諾は逃げながら醜女らに向け湯津爪櫛を投げたことにちなむ。そして「此其縁也」と但し書きされるように説話は単に神々の物語としてではなく，編纂時点で禁忌としてすでに実修されていたことを伝える。記紀成立の7世紀前半以前に櫛の強い呪性への信仰があり人口に膾炙してい

表2　擲櫛の葬俗

県	市町村	記述内容	文献
山　梨	北都留郡 上野原町大垣外 （現　上野原市）	「（野辺送りから帰り）家に入る時，以前はフジミの中にくしを入れておき，一々とかしてから縁側からあがった。今は塩で手を清めてから入る」	東京学芸大学民俗学研究会 1962『大垣戸の民俗　甲州上野原町調査報告』
岡　山	〔蒜山地方〕 真庭郡湯原町二川， 同郡川上村 （現　真庭市）	「湯灌が終わると塩で手を洗い，三人か四人が屋外に出て女の櫛の投げあいをする。（常には櫛の投げあいを戒めるのもこの為である。又，家でも道でも櫛が落ちていれば一度向うに蹴ってから拾う。）」	落合高校歴史研究クラブ 1956『蒜山盆地の民俗』岡山民俗学会
鳥　取	西伯耆郡大山町	「出棺を前にして，まず死者との共食が行われるところが多い……（中略）西伯耆郡大山町鑪戸では，一つの膳に全員が坐り，形ばかりの食事をする。このとき櫛を投げて全員でそれを奪い合う。それが終わると，門に張ってある注連縄を全部切り落としてから棺を出す」	坂田友宏　1979「〔鳥取県〕葬送」『中国の葬送・墓制』明玄書房
徳　島	三好郡 東・西祖谷山村 （現　三好市）	「（野辺送りから帰り家に入ると）女は髪をといたが，櫛を後手に投げて次の人に渡す。次の人もその櫛で髪をとき矢張り後手に投げ，順次にそうしてゆくのである。この村では後手に物を投げたり渡したりしてはならぬという。禁忌があるのはこれあるがためだと言う」	武田明　1955『祖谷山民俗誌』古今書院

たわけであるが，驚くことに中国・四国地方中心に表2のようにこの呪的逃走譚に関係するかのような儀礼が現代葬俗に生きている。

記述された内容からは野辺送りという異界からの復帰や，出棺前，すでに異類となった死者との接触による身の穢れを除く意味をもつことが了解される。祖谷山に伝わる後ろ手の櫛の投擲は，呪的逃走説話と通じる象徴的な所作であり，一連の葬送儀礼の最終礼として異界から現世への帰還を印象づける。また，蒜山や大山地方の死者を清め共食した後の櫛の投げ合いや争奪は，直接的な接触後の強力な遮断を意味しよう。櫛の呪性による強制的な関係断絶が象徴化された儀礼である。表に示すように類似の儀礼は山梨にもあり，本来さらに広がりをもつ葬俗だったと考えられるが，列島外にも似たような例がある。

インド北東部ミャンマー国境に近いマニプル州に住むkuki族はモンゴロイド系の少数民族である。彼らに関する19世紀後半の民族誌には結婚式の最後にThimpuなる祈禱師が新郎新婦に小さな櫛を贈るなど，櫛は神聖な意味をもつと記録される。櫛をなくすことはきわめて不幸であり夫婦は同じ櫛を使うことができるが，夫が亡くなれば櫛は遺骸に副えられ，親族らはかれら自身の櫛を壊し新調されるまで乱れた髪でうろつくのだという（E. T. Dalton 1872）。状況的には中国・四国地方，蒜山や大山地方の葬俗に近いだろう。

以上，櫛は前項，前々項にみた考古学的状況だけでなく，民俗および民族学的にも親しい者の別離，葬送儀礼での象徴的な使用が明らかである。そしてその使用される時空範囲はきわめて広汎である。

4　結びにかえて

大林太良は列島神話の起源を考えるなか記紀の呪的逃走譚を扱い，西アジアかヨーロッパに発祥し新旧大陸間を北方ルートで拡散したと考えたアメリカの人類学者，A. L. クローバーの説を

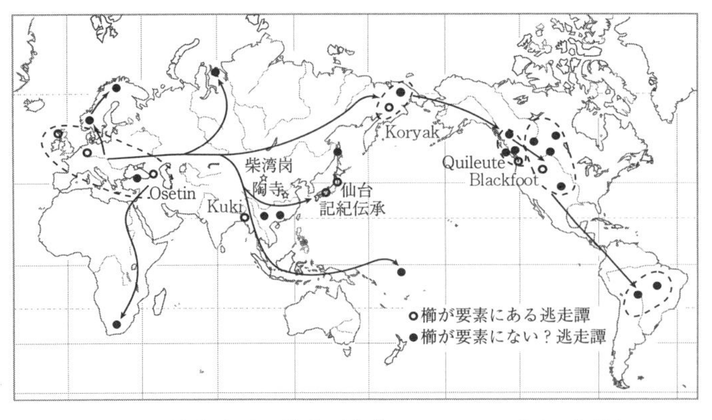

図4　呪的逃走譚の移動（大林 1961：101 頁図に加筆）

紹介した。そして，記紀では呪的逃走の世界的な基本要素，石・櫛・水が中国を経由した結果ブドウや桃に置き換わり，かつ，中国西南部の少数民族に儀礼化した習俗があることから，本来の北方ルートを外れ日本へは弥生時代に中国江南経由で伝播したと考えた（大林 1961，図4）。確かに前項でみたように，列島の現代葬俗の残存はどちらかというと西日本が中心的で，その状況は弥生文化に続く古墳文化で顕著な葬送儀礼と整合的にみえる。そして，列島外の似たような例が大林想定の中国南部ルートに近い kuki 族にある。氏の先見の明がうかがわれる。

しかし，列島に伝わる櫛を加えた呪的逃走譚は記紀だけではない。障碍の3要素とも櫛でそれぞれ山・川・穴に化成する民話「三つの櫛」が宮城県仙台地方にある（山田 1999）。また，大林の図にもあるがコリヤークの伝説「虚偽の老人」[5]にも櫛が要素に加わる（松村 1979）。考古学的状況でも，既述のとおり挿櫛とは別に死者の足下に副えた例がカリンバ遺跡，そしてほぼ同時期の大陸柴湾岡遺跡の墓に認められ，葬送儀礼に働いた櫛の呪性への信仰がすでに縄紋時代後期にあったことを疑わせる。少なくとも事例が増えた現在では，櫛に対する特別な信仰が弥生時代にはじめて列島の南西から伝わったとする考えは合わないのではないか[6]。

列島に残存した現代葬俗では出棺前と野辺送りからの復帰というように，櫛が働く場面は各地で異なる。それは儀礼がより複雑化するなかで各地それぞれにおこったことだろう。現世からの別離を意味する葬送が短期，単一の儀礼で済まされるのではなく，複雑な段階を経るよう変化する過程で地域ごと異なる段階に櫛の呪性信仰が挿入されたといえよう。本稿でみてきた考古学的状況でも戸平川遺跡のような台上葬墓を想定させる建物跡や対応した土坑墓（＝二次葬墓）という複葬的な状況に，特徴的に谷の湿地からの櫛の集中出土が認められる。米泉遺跡，寺地遺跡共通の環状木柱列，後者の複数の焼人骨の集中出土を考えると，おそらく大陸の北方的な空中葬伝統の影響のもと，北陸を含めた本州日本海沿岸の縄紋時代後晩期に複葬制の基本構造は共通して成立していたと考えられる。谷や低湿地そして河川への櫛の投棄は，その頃から組み入れられた日本海沿岸地域を中心とする本州側の「擲櫛」習俗だったのではないか。そして同じ頃北海道は本州側とは異なって，複雑化する以前の，より一次葬に近い状況のままにあった。その違いが櫛の出土状況の差異となって現れたのではないか，と考えられる。

冒頭引用のグリム童話の研究で知られる高木昌史は，旧ソ連の民話学者，ウラジミール・プロップの呪的逃走譚に関わる解説を引用する。「逃走と追跡の基本的な種類は歴史的展望に立って見ると，死者の国から生者の国への帰還をもとにして作られたものであり……（中略）……水・

川が最後の障碍物であることが多い」（高木 2015／プロップ・斎藤訳 1983）大場磐雄が西別府祭祀遺跡での櫛形の出土に「沼神水霊」をみたことは既述のとおりである。おそらく祭祀として独立するはるか以前，縄紋時代後期の本州の葬礼に，世界的な呪的逃走譚で境界となる水や川に共通した観念が組み入れられた。異界から現世への復帰を果たすため谷や低湿地そして河川に象徴的に櫛を投げ入れる儀礼がその頃に始まり，それは地域的に実修を伴う観念として続いた。われわれはそれを当該期からの櫛の出土状況にみているのである。

註

1) 大野延太郎報告の福島県本宮（大野 1903）や奈良県メスリ山古墳例（奈良県教委 1977）が著名である。石製の櫛自体は縄紋時代後期から晩期の鹿児島県奄美大島のサモト遺跡や手広遺跡（鹿児島県教委 2005：790-791・795-796 頁）にもあるが，これらは古墳時代の石製櫛と違い，むしろ本稿引用の中国山西省陶寺遺跡の石製櫛との関係が考慮されよう。

2) 戸平川遺跡の建物には後述する北陸の環状木柱列が関係するだろう。これに東北北部の環状列石を繞る建物遺構も加えると，後晩期の本州日本海沿岸東半分には点々と大型木柱遺構が分布することになるが，それはかつて民俗学で注意された特異な葬送儀礼「骨掛習俗」（最上 1952，大島 1954）に重なる。この習俗は大陸北方諸民族の葬法，「樹上葬」や「台上葬」との関係が考えられるが（江守 1989），おそらく，縄紋時代中期以降の大型木柱遺構も含め考察されるべきだろう。

3) 高橋龍三郎は，北上川流域の八天遺跡や房総半島の根田祇園原貝塚の円形ないし“かまぼこ”形の大型住居を，祖霊祭祀や通過儀礼などの呪術が執り行われた空間と推定する（高橋 2013）。これらは環状木柱列とほぼ前後する時期にあたる。東日本全体を覆い，後期後葉から晩期にかけて特殊な儀礼空間があった可能性がある。

4) 縄紋時代後期ないし晩期の櫛が溝もしくは湿地から出土する例としては，ほかにも岩手県盛岡市萪内遺跡（岩手埋文 1982），石川県金沢市中屋サワ遺跡（金沢市埋文 2010）が知られる。前者では出土地点のわかる 6 点の櫛が魞（エリ）や足跡の見つかった湿地部から，後者では 11 点の櫛が SD40 と呼ばれた溝跡から出土した。

5) 川の主である老人に捕えられた兄妹が鴉の背に乗って逃げながら，追跡する老人に向け杖，櫛，太陽を投げつける。杖は白い山に，櫛は森に，太陽は海に変わって障碍となり，老人はついに海に落ちて溺れ死ぬ，そうした筋が組み込まれる。このほか，図 4 に示すようにスコットランドやコーカサスの Osetin 族，北米北西海岸の Quileute 族，内陸の Blackfoot 族にも櫛が障碍となる呪的逃走譚が伝わる。

6) 本稿で扱った考古学的状況は，すべて大林の著作以後の確認であることを考慮する必要があるが，大林は呪的逃走譚が世界的に狩猟採集民の双分制社会が営まれた地域に残ることも合わせ指摘している。1980 年代以降，縄紋時代の櫛が低湿地から多く出土する事実のうえに再論されたならば，伝播ルートは北方により重きを置いた解釈となったであろう。

引用文献（表 2 文献を除く）

秋田県教育委員会　2000『戸平川遺跡』
石川県立埋蔵文化財センター　1989『金沢市米泉遺跡』
岩手県埋蔵文化財センター　1982『御所ダム関連遺跡発掘調査報告書―盛岡市・萪内遺跡』
恵庭市教育委員会　2003『カリンバ 3 遺跡（1）』

江守五夫　1989「人類学から見た日本海文化の諸特徴」『日本海文化を考える富山シンポジウム』
大島建彦　1954「石川県河北郡の骨掛け習俗」『日本民俗学』第2巻1号　129-132頁
大野延太郎　1903「模造の櫛について」『東京人類学会雑誌』第209号　東京人類学会　468-469頁
青海町　1987『史跡寺地遺跡』
大場磐雄・小澤国平　1963「新発見の祭祀遺跡」『史迹と美術』33（8）　史迹・美術同攷會　282-290頁
大林太良　1961『日本神話の起源』角川書店
桶川市教育委員会　2007『後谷遺跡　第4次発掘調査報告書』
鹿児島県教育委員会　2005『先史・古代の鹿児島』遺跡解説　資料編
金沢市埋蔵文化財センター　2010『中屋サワ遺跡V』
川村雪絵　1999「古墳時代の竪櫛」『国家形成期の考古学』大阪大学考古学研究室　281-306頁
喜田貞吉・杉山寿栄男　1932『日本石器時代植物性遺物圖録』刀江書院
木下尚子　1987「11装身具1．頭飾り」『弥生文化の研究　第8巻』雄山閣出版　175-181頁
グリム兄弟編（橋本孝・天沼春樹訳）　2013『グリム童話全集―子どもと家庭のむかし話―』西村書店
後藤守一　1924「漆山古墳実査報告」『考古学雑誌』第14巻第13号
埼玉県埋蔵文化財調査事業団　1992『新屋敷東・本郷前東』
高木昌史　2015『グリム童話と日本昔話』三弥井書店
高橋龍三郎　2013「縄文身体装飾の社会的意味」『縄文時代装身具の考古学』公開シンポジウム資料　59-67頁
中田裕香　2007「擦文文化期の遺跡から出土した横櫛について」『貝塚』63　物質文化研究会　23-35頁
奈良県教育委員会　1977『メスリ山古墳』奈良県史跡名勝天然記念物調査報告第35冊
西川　徹　1993「第5章第2節　井手胯遺跡出土の櫛について」『井手胯遺跡』164-172頁
橋本富夫　1990「縄文時代の櫛」『月刊文化財』No. 326　第一法規出版　19-22頁
羽柴雄輔　1901「羽前國東村山郡漆山村衛守塚の古墳」『東京人類学会雑誌』第180号　215-219頁
八戸市教育委員会　2012『史跡是川石器時代遺跡発掘調査報告書』
プロップ（斎藤君子訳）　1983『魔法昔話の起源』せりか書房
松村武雄　1979『シベリアの神話伝説』名著普及会
最上孝敬　1952「骨掛けの習俗」『民間伝承』第16巻7号　302-304頁
山田野理夫編　1999『宮城の民話』定本日本の民話3　未来社
吉野　健　2000『西別府祭祀遺跡』熊谷市教育委員会
吉野　健　2011『西別府祭祀遺跡III』熊谷市教育委員会
甘粛省文物考古研究所　2001《永昌西岗柴湾一沙井文化墓葬发掘报告》甘肃人民出版社
中国社会科学院考古研究所山西工作队・临汾地区文化局　1980 山西襄汾陶寺遗址发掘简报《考古》1980年1期　18-31頁
中国社会科学院考古研究所山西工作队・临汾地区文化局　1983 1978-1980年山西襄汾陶寺墓地发掘简报《考古》1983年1期　30-42頁
E. T. Dalton 1872 *Descriptive Ethnology of Bengal,* Culcatta
https://archive.org/details/EthnologyOfBengal 参照 2016-06-24

縄文早期鵜ガ島台式土器の成立過程について
—複雑系自発的対称性の破れから捉える土器構造変化の一理論—

金子　直行

はじめに

縄文時代早期後半の条痕文系土器群前半期の編年は，古い順に子母口式→野島式→鵜ガ島台式→茅山下層式→茅山上層式が位置づけられ，現在でも不動のものとなっている。この系統的な土器群はそれぞれ型式的特徴を強く保持するも，一連の変化の流れを辿ることのできる土器群である。それぞれの土器群は変換期において中間的な様相をもつ土器群が多くみられ，区分基準の設定が難しく研究者により異なる見解が出されることの多い型式群といえよう。

特に，野島式から鵜ガ島台式への変遷については各氏が検討しており，紙面の都合で詳しくは紹介できないが，漸位的ではあるが区画交点への円形竹管刺突文の成立を基準とする見解（関野1980），襷状文の確立を基準とする見解（佐々木1982），無文帯を挟んで上下に文様帯が独立するという見解（渡辺1993），文様変化や文様交点への刺突文および文様帯分離を総合的に判断する（野口1983，鈴木1998，井上2012）といった見解に大きくまとめることができよう。

かつて，筆者も埼玉県上尾市稲荷台遺跡の報告で，野島式から鵜ガ島台式への構造的変化について検討したことがある（金子2000a）。そこでは，野島式終末段階において区画文が左右にずれる現象が出現することや，文様帯を楔状に貫通して区画文のずれを阻止していた縦位区画文が消失し，I+II文様帝が分離独立することを以って鵜ガ島台式の成立と認識することの有効性を指摘した。また，文様交点における刺突文については，必ずしも刺突文の成立が鵜ガ島台式土器成立の基準とはならないことも暗示した。

本稿においても基本的には同様の視点で分析を行うが，上述のように中間的な要素をもつ土器群が少なからず存在することから再検討を試み，野島式から鵜ガ島台式への型式学的な画期について，また，その構造変化をもたらす原理について若干の考察を加えたいと思う。

1　野島式土器の文様帯構造

鵜ガ島台式土器への変化を検討する前に，野島式土器の文様帯構成（図1-1～9）を確認しておきたい。野島式土器は成立過程については依然として不明瞭な部分を残しているものの，子母口式やその併行型式等からの文様帯や文様構成要素を糾合して成立していることは明らかであろう

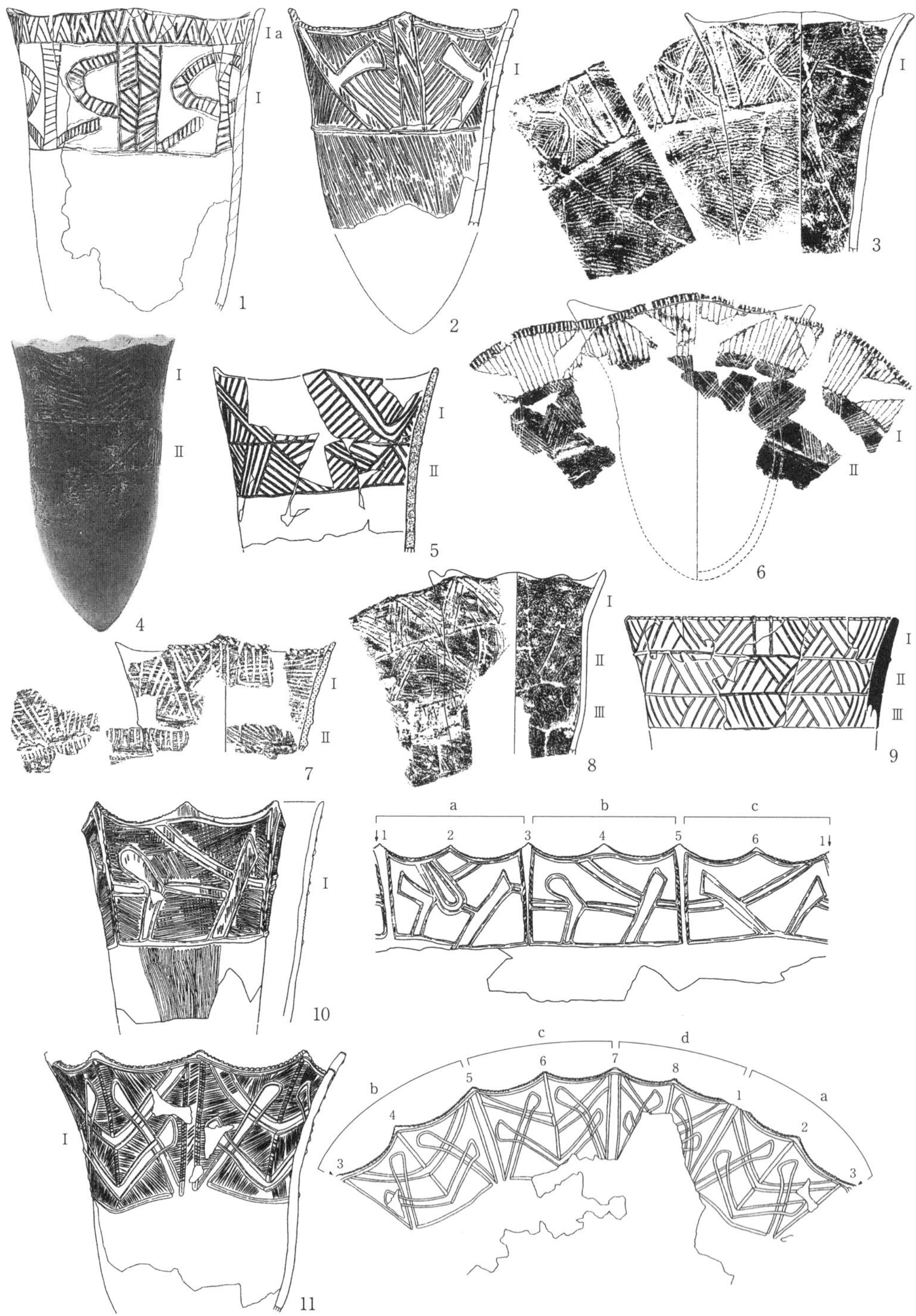

1：瀧水寺裏FP34・35（酒井 2004），2：飛ノ台FP7（中村 2005），3：広ケ谷戸稲荷越FP4（駒見 1999），4：多摩ニュータウン№845（小林 1989），5：長谷原FP13（井澤 1995），6：徳倉B（仲家 1998），7：東峰御幸畑東遺跡（宮 2004），8：東裏第8次FP1（山田 2007），9：御屋敷添（西川 1998），10：堂ヶ谷戸ⅢFPS（大槻 1988），11：杉久保蓮谷FP2（伊辺 2001）

図1　野島式土器の文様帯と文様構造

(金子 2000b・2011)。野島式土器は砲弾形を基本とした尖底深鉢土器で，口縁部に幅狭な文様帯Ia帯をもつもの(1)，幅広の文様帯I帯をもつもの(2・3)，I帯の施文域が上下に分かれてI・II帯を構成するもの(4〜7)，さらに3帯に分かれてI・II・III帯を構成するもの(8・9)が存在する。分割された施文域は，上下に接していることを原則とする。I・II帯構成の土器のなかには，異なる文様を施文する異系統併施文土器と考えられるもの(6)もある。また，I・II・III帯構成のなかには，Ia帯とI帯が折衷化しているもの(9)もある。そして，野島式には明らかに分離独立したI+II帯構成はみられないようである。

野島式の代表的なI帯構成は，集合鋸歯状文以外の土器では波頂部を基準にして2本単位の区画線で縦位分割を行い，分割内に2本区画線で襷状細区画を施すものが多い。2山で1単位を構成するものが多く，図1-10は6波状で3単位のモチーフを描き，図1-11は8山で4単位のモチーフを構成している。それぞれの単位モチーフは少しずつ異なるが，襷状や蕨手襷状を基本としたモチーフを繰り返し配置している。その意味では，文様構成は円環的等価区画配置構成となっている。

2　野島式土器終末期の文様帯と文様構造

野島式の終末段階になると，図2-1〜12の土器群のように，括れや段を有し，小さな丸底や平底の土器群が出現する。1は細長く丸平底で，2段の括れにとらわれず全面展開のI帯襷状区画文を描き，野島式の基本型が貫かれている。屈曲部を境に区画文が分かれた場合，外反する口縁部がI帯で，下部がII帯に相当する。2〜4はI帯の中央部を内屈させてI・II帯を構成するもので，追加整形の結果としての器形である。2はI帯波頂部から文様帯を貫通する縦位分割隆帯を垂下し，I・II帯に同種のモチーフを描く。3は口縁部の派底部からI帯内まで縦位分割線を垂下し，II帯に異種文様を描いている。両者ともI・II帯は密接している。

4は楕円形を呈する口縁部長辺の波底部に本来波頂部下に見られるモチーフを配置しており，器形の変化に伴って文様を置換してずらす行為がうかがえる。無文帯でI・II帯を分かつが，短辺側の波頂下に垂下する2本対の縦位分割線が楔状にI・II帯を貫通する。3は器形とI帯の文様構成が，4に類似する。7は楕円形口縁部と波底部に正面観を置く配置が3に類似する。さらに，5・6も4と同様な文様構成で，平縁と波状縁の別はあるが，蕨手襷状区画文でI・II帯の上下左右に相関するモチーフを描いている。いずれも，部分的ではあるが文様区画線上や交点に刻み状の刺突文を施している。10も無文帯でI・II帯が分帯されるが，3本の細隆起線を無文帯内まで垂下することから，貫通する縦位区画線の意識が強くうかがわれる。

8・9は段部を有するが，I・II帯が分離していないものである。8は緩い波頂部下に5と同様の幅広の縦位区画文がI・II帯を貫通して垂下し，区画内には流水文を描き，I・II帯に異種文様を配置する。9は2段括れの強い器形で，波頂部から2本対の縦位分割線がI・II帯を貫通している。11は本来無文部となるはずの同下半部の屈曲部下が，II帯を構成しているもので，3と器

1：川尻中村（天野 2002），2：多摩ニュータウン№457（川島 1982），3・11：城ノ台南（岡本 1994），4：赤羽台八幡神社地区（小林 1990），5：多摩ニュータウン№351（原川 2004），6：鳥喰東（青沼 2000），7：殿山2次4土（山崎 1991），8：稲荷前マウンドF（中島 1979），9：多聞寺前Ⅰ（清水 1982），10：野火止野塩（竹花 1983），12：天沼（赤石 1984），13：三里塚№14（中山 1971）

図2　野島式終末期の土器群

形が類似する。

12・13は平縁で括れの緩い器形であるがI・II帯を構成する。12はI・II帯間に若干の無文帯をもち，2本対の縦位分割隆起線を垂下するが，無文帯部で途切れがちとなっている。明瞭にI・II帯を貫通してはいないが，上下区画を繋げる強い意識がうかがわれる。13はI・II帯に同様なモチーフを構成するが，縦位区画の位置が若干ずれており，I・II帯で文様配置に若干のずれが生じている。12・13はI・II帯を貫通する縦位分割要素が不十分であるが，無文帯によるI・II帯の分帯が未発達なこと，文様の交点に刺突文が見られないことなどから，野島式の範疇を逸脱していないものと判断される。

以上，野島式終末期の土器群では，口縁部の楕円形化や段部の形成などの器形変化を伴って，I・II帯が未分化で文様配置のずれや交換が行われるもの，無文帯を挟むI・II帯に縦位区画文が楔状に貫通して前後左右で相関的な文様構成をもつもの，I・II帯で異種文様を描くものなどの各種の変化がみられ，円環的可変交換区画配置構成が成立するとともに，鵜ガ島台式へと移行する構造的な変化を来していることが看取される。

3　鵜ガ島台式土器初頭期の文様帯と文様構造

鵜ガ島台式（図3-1～6）では，数は少ないが野島式のIa文様帯を継承し，無文帯で分離独立したIa+I+II帯構成をもつ土器がある（1)。また，I帯構成のみのもの（2・5)，I・II帯が上下に接して相関的なモチーフを描き見かけ上のI帯を構成するもの（3)，幅広のI帯をもつもの（4)，I+II+III帯構成（IはIaの可能性もある）のもの（6）などがある。

また，I+II帯構成の土器群（図4-1～11）では，器形の大型化とともに多単位で平縁化する傾向がある（図4-3・6)。初期の段階ではI帯とII帯の縦位区画文を上下同じ位置に配するもの（1～5・10・11)，上下の区画文を半単位ずらすもの（6～9）がある。Ia帯をもつ図3-1は区画文を半単位ずらすタイプの土器である。

I+II帯で上下に区画文を揃える土器は，縦位区画を中心に上下左右の区画で襷状文を組み合わせる菱形状文を構成する（2・3・5）など，相関的な区画文を描くものが多い。

しかし，11はI帯とII帯を分ける無文帯の1ヶ所に，刺突文を伴う2本対の縦位短沈線を施文しており，3も欠損の表現でなければ無文部の左端に同様の2本沈線を施文している。これはI+II帯を貫いていた縦位区画線の名残として受け止められ，野島式から鵜ガ島台式への移行期にみられるI+II帯を繋ぎ留める意識の残存と理解される。

区画モチーフをI+II帯の同じ位置に配置する構成や上下でずらす構成は，すでに野島式終末段階にみられるものであるが，I+II帯が完全独立分離することによってI+II帯間で構成する相関的モチーフや，上下で半単位ずれるモチーフ構成が完成したものと理解される。この段階が，鵜ガ島台式の成立と認識される。

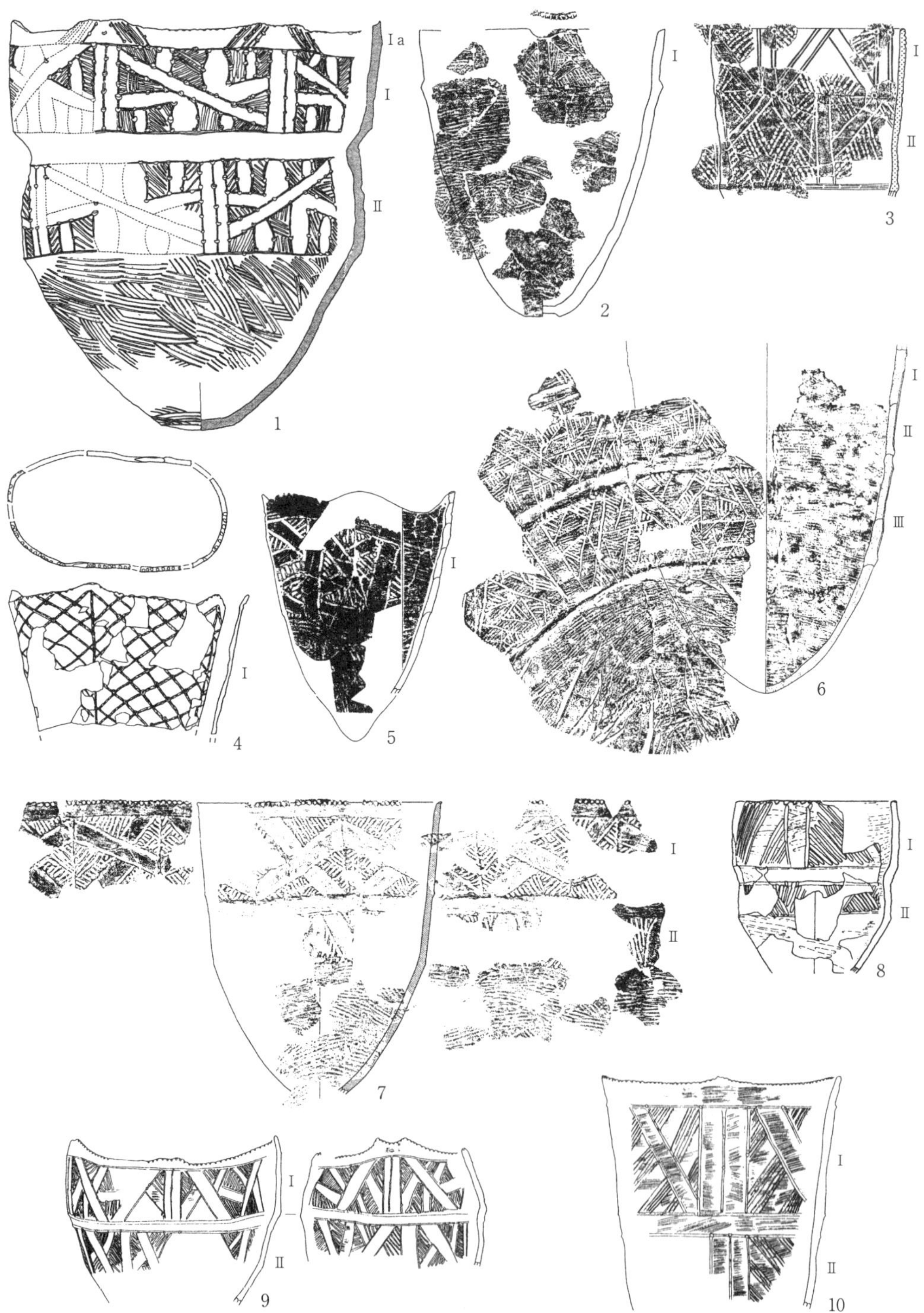

1：下鶴谷（前原1988），2：上台の山（坂上2002），3：東峰御幸畑東遺跡（宮2004），4：八寸大道上（原1989），5：多摩ニュータウン№962（原川2004），6：三輪野山第Ⅲ11住（宇佐美1988），7：新東京国際空港№7（西川1984），8：十余三稲荷峰西遺跡（宮2000），9・10：湖北台第8地区B地点FP（昼間1988）

図3　鵜ガ島台式土器の文様帯と文様構造

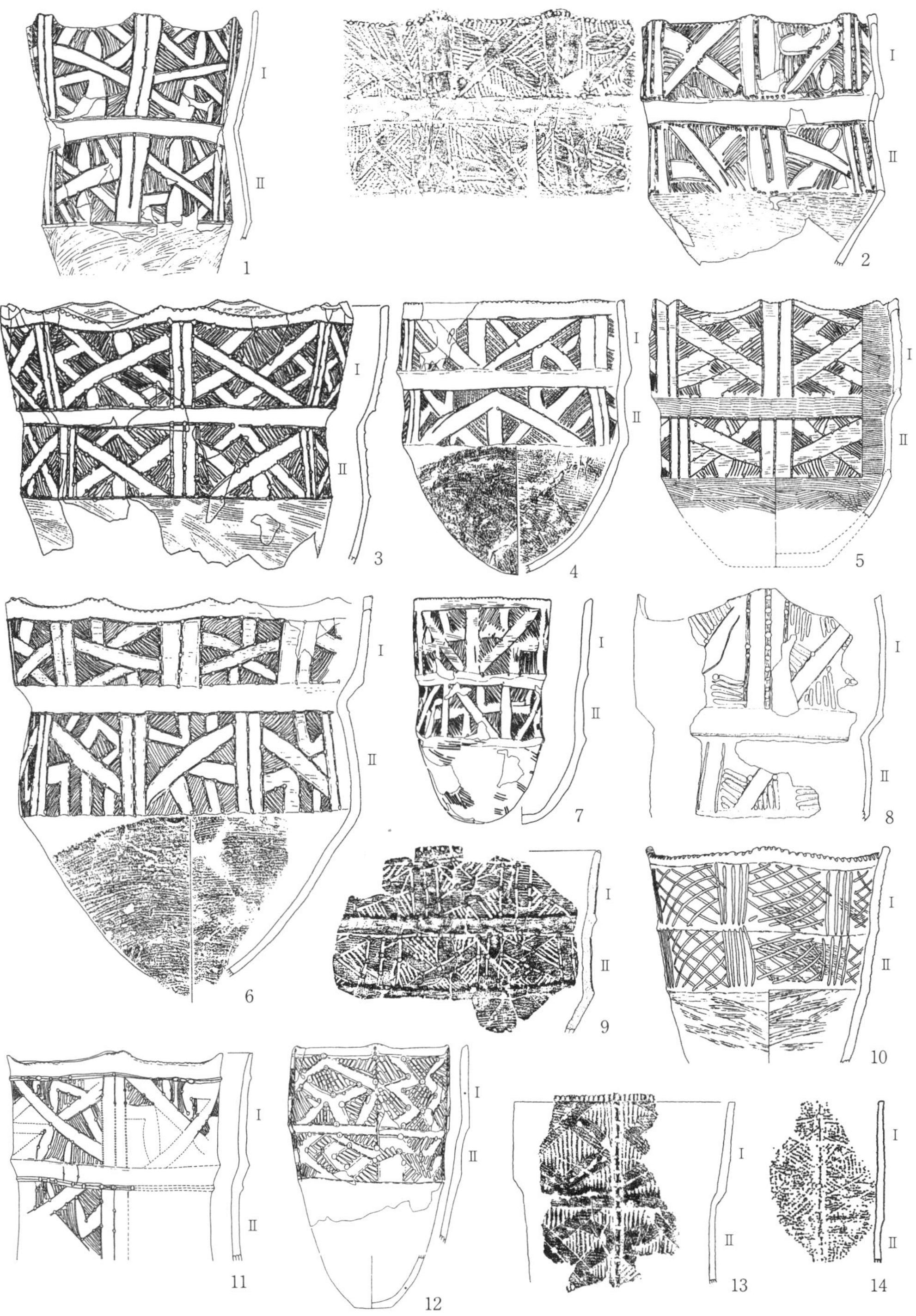

1：城ノ台南（岡本1994），2：下原（佐藤1992），3：谷向貝塚（領塚1990），4・6：多摩ニュータウンNo.72（原川1996），5：加茂ノ洞B（横山1996），7：塚田（小山1992），8：滑川・嵐山ゴルフコース（植木1997），9：三輪野山第Ⅲ11住（宇佐美1988），10：多摩ニュータウンNo.740（小島1983），11：新東京国際空港No.14（野口1983），12：村東山手20土（鶴田1999），13：広庭（宮沢1980），14：船山（林1971）

図４　鵜ガ島台式古階段の土器群

4　野島式と鵜ガ島台式の中間的様相をもつ土器群

中間的様相をもつ土器群は，具体的には図3-7～10のように文様構成が野島式に類するものや，図4-12～14のようにI+II帯を貫通する縦位区画文をもつものなどがある。

図3-7は完全に分離したI+II帯構成の平縁土器で，I帯には連続山形文をずらして重ねる襷状の連続菱形文を構成し，II帯にはI帯と少しずらしたモチーフを構成する。文様交点への刺突文は不明瞭であるが，型式学的な観点から鵜ガ島台式と認識される。8は太沈線でモチーフを描くが，同様の理由で鵜ガ島台式である。9・10は同一炉穴から出土したもので，9は口縁部が楕円形を呈する。野島式の図2-4・7と同様な正面観をもつが，I帯とII帯が完全分離し，上下で同様のモチーフをずらす構成になっている。10は上下でモチーフを揃えるが，モチーフ交点に刺突文を施している。鵜ガ島台式の初頭期における両モチーフ構成の共存関係を物語る好資料として評価される。

また，図4-12～14は円形刺突文や刻みを施す縦位区画文が，I+II帯を貫通する明らかな鵜ガ島台式土器である。野島式の縦位区画文は2～3本線で行うのを原則とすることから，12～14の縦位区画隆起線は文様帯を貫通する野島式の縦位区画の意識が継承され，文様化されて残存しているもので，野島式の縦位区画文とは性格が異なるものと判断される。しかも，この種の土器群は現在のところ，北関東や中部高地を中心とした地域に分布しており，鵜ガ島台式の地域的なタイプとなる可能性がある。これらの土器群から総合的に判断されることは，無文帯を挟んだI+II帯の完全独立分離が両者を分かつ最大の特徴であることが理解される。

5　自発的対称性の破れからみた構造変化理論

それでは，野島式から鵜ガ島台式への変化は，何を機序として引き起こされていたのであろうか。範型論的に忠実に土器が製作されるのであれば，基本的に土器は変化しないはずである。しかし，文様や土器構造は確実に変化しており，模倣の間違えや手抜きの方向性といった概念で変化の機序が説明されてきた。そこで，ここでは複雑系科学における自発的対称性の破れ[1)]（イアンほか1995，菅野2013）という視点から，野島式から鵜ガ島台式への変化を考えてみる。

まず，野島式から鵜ガ島台式への変化は，外部型式の影響から誘発されたものとは考え難い。むしろ，野島式からの系統型式内に惹起した器形の変化と，それに伴う文様の変化に要因がある。上述してきたように，①口縁部の楕円口縁化と②追加成形による2段括れ器形の成立は，③文様の固定的配置関係を崩し，④文様帯分帯を促す契機となった。加えて，⑤器形の大型化は追加成形に拍車をかけ，平縁化と文等帯の分帯化をさらに促進させた。さらに，I+II帯の完全独立を阻止してきた野島式の伝統的な楔状の縦位区画文が，④と⑤の強化により撤廃されるに至り，型式学的に鵜ガ島台式が成立したと判断されるのである。特に，②の追加成形は，括れが強くなるほどⅠ帯とⅡ帯の作り分けが進み，それぞれの文様の書き分けを促進し，Ⅰ帯とⅡ帯における文様選択の自由度を上げて行ったものと推測される。

初期の鵜ガ島台式の文様構成は，Ⅰ+Ⅱ帯を貫通する縦位区画線から解放されたものの，野島式の器面全体で文様を描く全体構成の意識を受け継ぎ，上下のⅠ+Ⅱ文様帯で襷状区画文を重ねる相関文様や，上下で同一文様を半単位ずらす構成等を引き継いでいる。

つまり，器形の変化と縦位区画文からの解放に伴いⅠ+Ⅱ帯上下左右おける文様配置の置換と転換が可能になることを契機として，鵜ガ島台式が成立したと解釈される。また，器形変化の一つである大型化は鵜ガ島台式土器の特徴でもあり，8.2 ka イベント後の気候安定化に伴う食料の量的安定供給に呼応した変化で，自然との複雑適応系の一つと捉えることが出来る。

そして，文様の図柄が対称的であるかないかというだけではなく，器形が変化することや文様の空間配置についても位置関係が入れ替わることなど，つまり円環的等価区画配置構成から円環的可変交換区画配置構成への変化を一つの対称性の崩れと捉えることができ，その要因が外的なものではなく内的な変化に起因することから，自発的な対称性の破れという概念で理解することができる。この自発的対称性の破れによって，文様のみならず，器形の変化をも含めた構造体としての土器の構造変化を説明することが可能となるのである。

収　束

自発的対称性の破れという解釈から，野島式から鵜ガ島台式への変化原理を検討してきた。土器の変化については様々な要因が考えられているが，製作者としての人の行為も全体を構成する自然界の一部として捉えることで，複雑系理論のなかに取り込むことが可能となる。自発的対称性の破れによる土器の構造的変化の理解は，土器を擬人化するものではなく，土器とその製作者である人間を含めた全てのものが，自然界と一体となり，非平衡開放系縄文社会システムのなかで変化していることを自覚的にとらえる考え方である。

土器が，物が，社会が何故変化するのかといった現象の理解については，当事者としての人間側の仕組みのみをクローズアップするのではなく，取り巻くすべての環境とそれに適応化する人間行為の総和として変化を把握して行く必要があろう。紙面の都合で細かく解説を加えられなかったが，地道に分析を続けて確実に成果を上げている考古学理論と，複雑系理論が組み合わさることによって，新たな考古学の道が開ける可能性が出てくることを指摘して擱筆したい。

註

1）対称性という概念は幾何学的なものであったが，自然科学，なかでも物理学に拡張され，力学，素粒子論など物理学の基礎理論において大変有用な役割を果たしてきた。自然界においても多くの対称性がみられるが，それらは少しずつ崩れ（破れ）ており，その崩れが自然界のあらゆる階層性や多様性を生んだ原動力になっていると考える複雑系の理論である。

参考文献

青沼道文　2000「76 鳥喰東遺跡」『千葉県の歴史　資料編　考古 1』
赤石光資　1984「天沼遺跡―第 1～3 次調査―」上尾市文化財調査報告第 4 集
天野賢一　2002「川尻中村遺跡」かながわ考古学財団調査報告 133
イアン・スチュアート　マーチン・ゴルビツキー　1995「対称性の破れが世界を創る」須田不二夫・三村和男訳　白揚舎
井澤　純　1995「長谷原遺跡」かながわ考古学財団調査報告 5
井上　賢　2012「鵜ガ島台式土器古期の様相」『考古学論攷 I』千葉大学文学部考古学研究室
井辺一徳　2001「杉久保蓮谷遺跡」かながわ考古学財団調査報告 110
植木智子　1997「滑川嵐山ゴルフコース内遺跡群」滑川嵐山ゴルフコース内遺跡群発掘調査会
宇佐美義春　1988「千葉県流山市三輪野山第 III 遺跡」流山市埋蔵文化財調査報告 Vol. 6
大槻信次　1988「堂ヶ谷戸遺跡 III」世田谷区教育委員会
岡本東三　1994「城ノ台南貝塚発掘調査報告書」千葉大学文学部考古学研究報告第 1 冊
金子直行　2000a「稲荷台遺跡」埼玉県埋蔵文化財調査事業団報告書第 239 集
金子直行　2000b「野島式土器の成立について」『土曜考古』第 24 号
金子直行　2011「絡条体圧痕文の付く野島式土器」『埼玉県埋蔵文化財調査事業団　研究紀要』第 25 号
川島雅人　1982「多摩ニュータウン No.457 遺跡」東京都埋蔵文化財調査センター調査報告第 2 集
小島正裕　1983「多摩ニュータウン No.740 遺跡」東京都埋蔵文化財調査センター調査報告第 4 集
小林重義　1990「赤羽台遺跡―八幡神社地区―」東北新幹線赤羽地区遺跡調査会
小林達雄　1989『縄文土器大観 1　草創期　早期　前期』小学館
駒見佳容子　1999「広ケ谷戸稲荷越遺跡第 4 次」浦和市遺跡調査会報告書第 263 集
小山岳夫　1992「塚田遺跡」御代田町埋蔵文化財発掘調査報告書第 18 集
酒井弘志　2004「瀧水泉寺裏遺跡」印旛郡市文化財センター発掘調査報告書第 208 集
坂上克弘　2002「上台の山遺跡」港北ニュータウン地域内埋蔵文化財調査報告 30
佐々木克典　1982「神谷原 II」八王子市椚田遺跡調査会
佐藤喜一郎　1992「(34) 栄町下原遺跡 (11-019)」財団法人印旛郡市文化財センター年報 8
清水比呂之　1982「多聞寺前遺跡 I」多聞寺前遺跡調査会
菅野礼司　2013「複雑系科学の哲学概論」本の泉社
鈴木啓介　1998「鵜ガ島台式土器への変遷」『法制考古学』第 24 集
関根哲夫　1980「鵜ガ島台式土器細分への覚書」『古代探叢』早稲田大学出版部
竹花和晴　1983「清瀬市野火止野塩遺跡発掘調査報告書」清瀬市野火止野塩遺跡発掘調査会
鶴田典昭　1999「村東山手遺跡」長野県埋蔵文化財センター発掘調査報告書 44
中島　宏　1979「入間郡日高町出土の早期縄文土器」『埼玉考古』第 18 号
中村宜弘　2005「飛ノ台貝塚を見直す　2」『飛ノ台史跡公園博物館紀要』第 2 号
仲家三千彦　1998「徳倉 B 遺跡」静岡県埋蔵文化財調査研究所調査報告第 100 集
中山吉秀　1971「三里塚」千葉県北総公社
西川修一　1998「御屋敷添遺跡」かながわ考古学財団調査報告 33
西川博孝　1984『No. 7 遺跡』新東京国際空港埋蔵文化財発掘調査報告 IV　千葉県文化財センター
野口行雄　1983『No. 14 遺跡』新東京国際空港埋蔵文化財発掘調査報告 III　千葉県文化財センター
林　茂樹　1971「船山遺跡緊急発掘調査報告書―第 I 次および第 II 次調査―」長野県駒ケ根市教育委員

会
原　雅信　1989「八寸大道上遺跡」群馬県埋蔵文化財調査事業団報告書第 91 集
原川雄二　1996「多摩ニュータウン No. 72 遺跡」東京都埋蔵文化財調査センター調査報告第 27 集
原川雄二　2004「多摩ニュータウン No. 962 遺跡」東京都埋蔵文化財調査センター調査報告第 153 集
原川雄二　2004「多摩ニュータウン No. 351 遺跡」東京都埋蔵文化財調査センター調査報告第 154 集
昼間孝次　1988「湖北台遺跡第 8 地区 B 地点」『東葛上代文化の研究』
前原　豊　1988「下鶴谷遺跡」『柳久保遺跡群 V』前橋市埋蔵文化財発掘調査団
宮　重行　2000「十余三稲荷峰西遺跡」千葉県文化財センター調査報告第 386 集
宮　重行　2004「東峰御幸畑東遺跡」千葉県文化財センター調査報告第 483 集
宮沢恒之　1980「広庭遺跡」高森町埋蔵文化財調査報告書第 2 集
山崎広幸　1991「殿山遺跡―第 2 次調査」上尾市文化財調査報告第 36 集
山田尚友　2007「東裏遺跡（第 8 次）」さいたま市遺跡調査会報告書第 56 集
横山秀昭　1996「加茂ノ洞 B 遺跡」静岡県埋蔵文化財調査研究所調査報告第 71 集
領塚正浩　1990「故野口義麿氏寄贈の鵜ガ島台式土器」平成元年度市立市川考古博物館年報第 18 号
渡辺修一　1993「千葉市地蔵山遺跡（2)」千葉県文化財センター調査報告第 224 集

草山式土器と上の坊式土器

増子　康眞

はじめに

秦野市草山遺跡の報告で関山式に伴うとみられる器壁の薄い刺突文土器が検出され，当時類例が存在しなかった系統不明の土器であり，山本暉久は報告で草山式土器と仮称して提起した（山本 1976）。30 年後に戸田哲也は平塚市万田貝殻坂貝塚の調査結果を総括し，関山式的様相を残す黒浜式最古（三枚町段階）土器が主体となりこれに上の坊式土器が組成すると述べ，また草山式土器に言及し，関山 II 式に伴う東海系刺突文土器と定義し，これが上の坊式と釈迦堂 ZIII 式に先行すると指摘した。草山式土器の位置づけに触れた最初である（戸田ほか 2007）。しかし，清水ノ上 II 式土器が上の坊式土器より古い位置にあるというこの重要な指摘は，現状では上の坊式の報告や検討において生かされていない。

この指摘に先立って愛知と岐阜では，清水ノ上 II 式に続く 2 型式＝上広覧式土器＝の存在を筆者は提起しており，上広覧式土器に有尾式土器が共伴することを指摘している（増子 1997）。また鉾ノ木 I 式の位置づけを詳細に紹介した（増子 2016）。東海西部の上掲 2 型式と上の坊式土器との関係を比較検討する作業が課題として提起されていたのであるが，後者の良好な類例が少ないゆえか研究は停滞している。加えて有尾式土器自体の細別も早くから提起されており，たとえば 1997 年には金子直行による型式系統として有尾式を含む広域での細別が公表されていた（金子 1989）。前期中葉における刺突文土器群が遠江以西と駿豆地域で異なる組成をもって推移しており，東部の側を代表する上の坊式土器の様相と，西部地域の上広覧式・鉾ノ木 I 式土器との関係についての検討は不可避であり，ここでテーマに取り上げ言及する。

本論では拓本は 1/4 に統一し，実測図は 1/5 と 1/6 がある。それぞれ明記した遺跡の報告書から引用している。これらは引用文献に示す。ただし図 4 下段の清水ノ上資料は（山下 1996）による。

1　上の坊式土器の概観

上の坊式土器は伊豆・上の坊遺跡報告で 1939 年に提起された（江藤ほか 1939）。その報告で 1 類に類別された，刺突列を横帯状に施文する薄手の深鉢である（図 1-1，江藤ほか 1939）。岡本勇

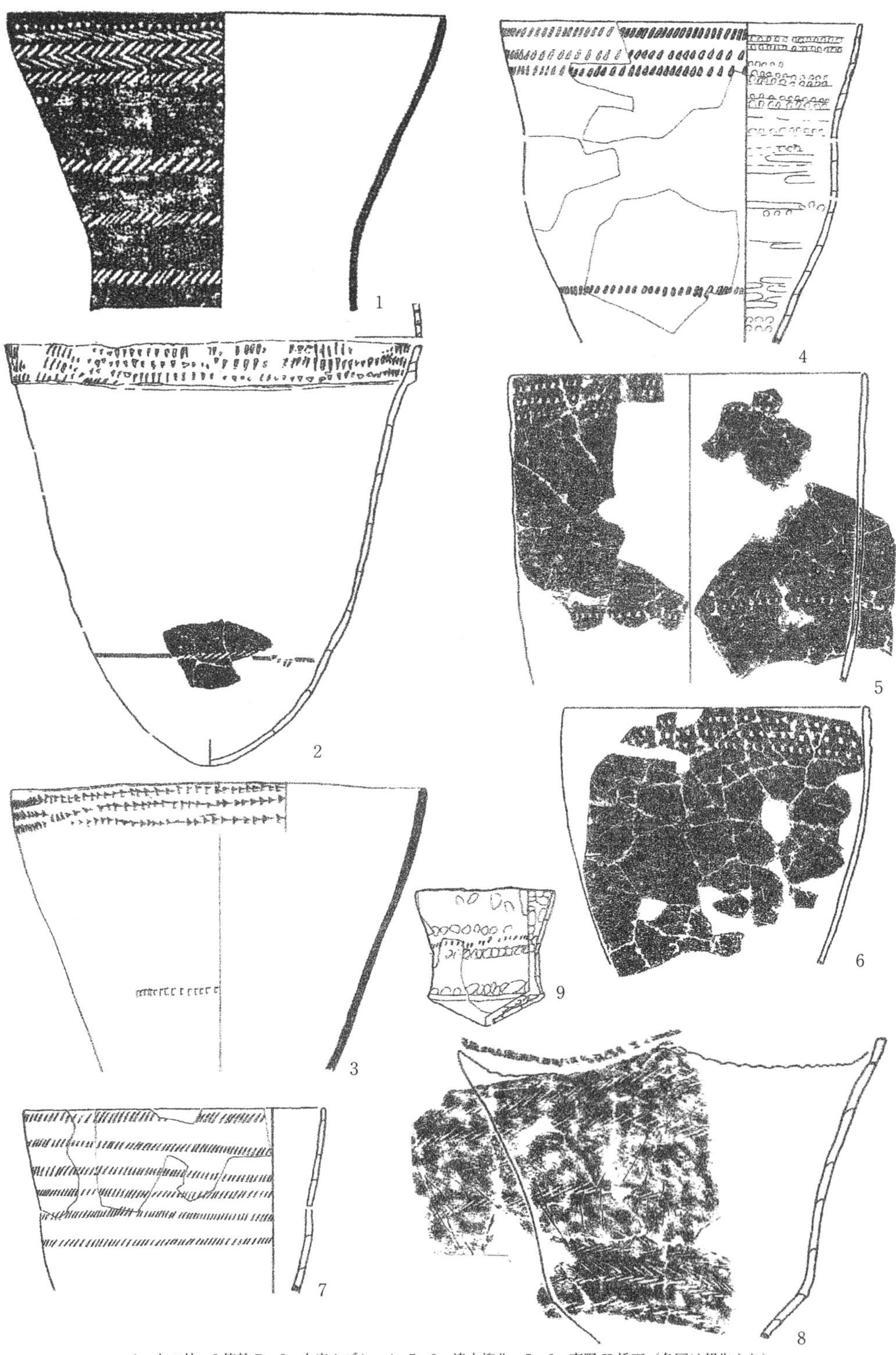

1　上の坊　2箕輪Ｂ　3　大室クズレ　4・7～9　清水柳北　5・6　東野Ⅱ橋下（各図は報告より）

図１　上の坊式土器の器形集成

は茅ヶ崎市西方貝塚の調査において黒浜式土器に共伴する上の坊式土器の存在を指摘され（岡本1974），その編年的位置が判明した。

駿豆地域で上の坊式の完形土器は富士宮市箕輪Ｂ遺跡の一住居址で確認された尖底深鉢がある（図1-2・図2-1～9，馬飼野1993）。一括性ある複数の住居址資料群が報告された長泉町中見代遺跡等の情報（廣瀬・渡辺2001）に着目した澁谷昌彦は駿豆を中心とする地域の上の坊式土器を検討し，関東の関山II式・黒浜式，甲信系の神ノ木式・有尾式，地域本来の伝統である木島Ｘ式の共伴に言及し，上の坊式の継続がやや長期にわたることを示唆した。しかし二つの点で論究がやや不足していると考える。第1は上の坊式土器の在り方＝その定型的あるいは一般的な組成の規定がされなかったこと。第2は隣接地域との関係への言及で，東海西部の型式との関係認定に誤りがあることは否めない（澁谷2002）。後述において事実関係を指摘する。

翌年に戸田哲也は小田原市羽根尾貝塚の調査に基づき，関山—黒浜式土器を主体とし20～40％の「上の坊式」土器を伴う様相を明示した（戸田ほか2003）。さらに平塚市万田貝殻坂貝塚の調査結果から，前述したように黒浜式三枚町段階に上の坊式が存在すること，その先行する様相を草山式に求めこれが清水ノ上II式と密接な関係にあることを指摘した（戸田ほか2007）。なお本貝塚には草山式が存在する（図4-16・17）。

上の坊式土器の分布の中心地とみなされる駿豆地域の情報は前出の澁谷論文で検討されたが，それ以降に第二東名道路関係等の調査結果が静岡県埋蔵文化財センターから刊行されており，数遺跡に上の坊式土器が報告されているが，清水ノ上II式・上の坊式土器として一括される以上の言及はない。

静岡県西部・遠州灘沿岸域の当該期に属する星の糞遺跡は，前期のほぼ全期間継続しており厳密な分離は難しいが，塩屋式末の市場段階と下吉井式類似土器が各1点，清水ノ上II式2片（同報告19図7，図版14右下）が古く，上広覧式を主体とする組成に上の坊式に比定できる土器が共伴したと推定される（渡辺1999）。以上の概観から上の坊式の主たる分布圏が駿河と伊豆にあることが確かめられる。

2　上の坊式土器の組成

上の坊式土器は型式としてどのような組成を有するのか，詳細な個別土器の型式比定は澁谷（2002）に委ねるが，簡素化してみればほぼ単純と推定される長泉町中見代4住（図2-14～30）では，縄文のみ施文される土器12片・薄手の刺突文土器12片・厚手の有尾式類似土器2例・無文土器1片・有尾式の土着的な刺突文土器2点（口縁部のみ計数化）。東野II橋下13号では，縄文のみ5片・薄手の刺突文11点・無文1片。同じく17号は縄文のみ3片・薄手の刺突文5片・やや厚い刺突文2片・無文2片となる（廣瀬・渡辺2001）。富士宮市箕輪Ｂ遺跡竪穴では縄文のみ5片・薄手の刺突文4点と報告された（馬飼野1993）。

上の坊式土器の組成は，縄文のみ施文の厚手土器系統と，薄手の刺突文土器系統の組み合わせ

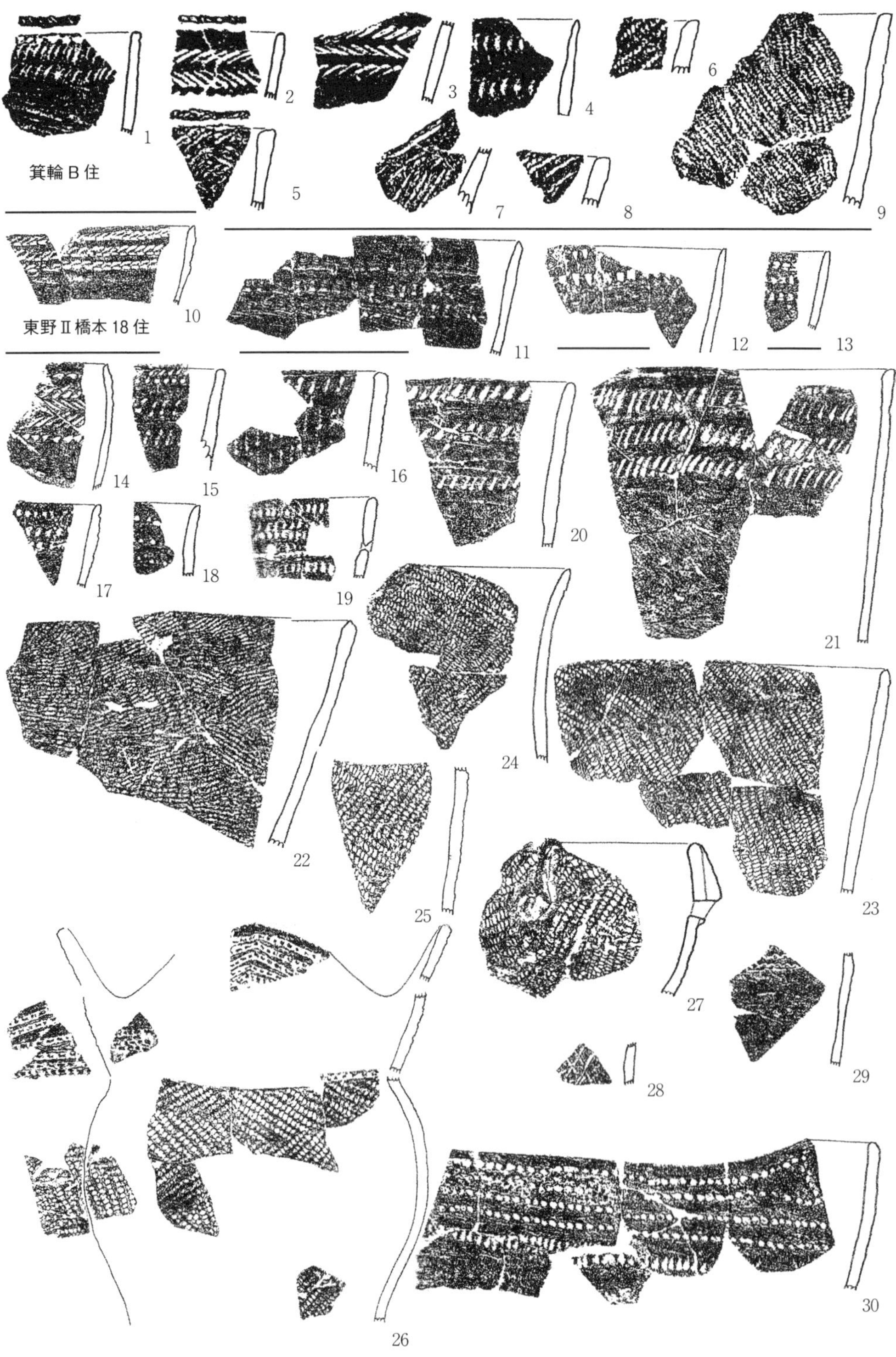

図２　上の坊式古段階の土器

が共通する。両者はほぼ同量を占めて組成し，わずかな無文土器と含繊維の黒浜式・有尾式土器が客体としてあり，その土着的模倣土器も存在する。なお主体の一方である縄文施文土器は単斜施文と羽状施文があり，繊維を含むことは少ない。これを山梨の釈迦堂 ZIII 式に比定する指摘もあるが，これも搬入土器とすれば，駿豆地域の上の坊式土器の在地土器は刺突文のみとなる。だがこの縄文のみの土器の実態は粗製土器であり，上の坊式の不可欠な構成要素と筆者は認識している。

以下は戸田哲也に負うところが大きいが，相模では秦野市草山遺跡に関山 II 式，小田原市羽根尾 3C 区 1 号貝塚では関山式末，平塚市万田貝殻坂は主体の黒浜式三枚町段階に区分されるという。これらに上の坊式系土器が加わり，繊維を含む有尾式系と釈迦堂 ZIII 式縄文土器の共伴が指摘されている。ちなみに草山遺跡では関山式 787 片に草山式が 129 片で全体の 14% を占めている。また駿豆地域と相模は舟利用による沿岸経由の活発な交流があったことが強調されている（戸田 2008）。

上の坊式に平行する時期に薄手刺突文土器を共有する東海西部沿海地域では，刺突文原体として貝殻片を多用し，また縄文施文土器は地域独自の土器組成にまれである（増子 1997）。これが駿豆地域の上の坊式土器群との最大の相違点となっている。この事実は上の坊式文化が単純に刺突文土器を東海西部から受容したのではなく，その成立段階以降も当然に独自な在り方を堅持する型式系統圏を保持し，定説とは異なり清水ノ上 II 式との距離は大きい。この前提に依拠して以下に上の坊式土器の生成と変化を探る。

3　上の坊式土器の類別と変遷

上の坊式土器の主体となる刺突文土器の器形を図 1 に集成する。上の坊式遺跡の 1 は砲弾形深鉢の口端直下に刺突点列・右傾刺突・羽状刺突文・左傾刺突列で口縁部文様を形成し，胴央以下に 3 列の左傾刺突列を施す。箕輪 B の 2 は口縁部文様帯下端を肥厚し区画して鋭く小さい刺突による 3 段の刺突帯を施文する。胴央の下部に左傾刺突列があり尖底部にいたる。

①この 2 例の文様構成の属性として，上の坊式の指標といえる点刺突列を伴う羽状ないし綾杉状刺突列＋多段の胴部刺突列の組合せを a（図 2-1〜4・10・14・15），口縁部の疑似肥厚区画帯と鋭い縦の刺突を備える例を b とする。

②図 1-3 は口縁部文様に 3 段の不定な鋭く小さい刺突列と，胴下部に別な原体の半月形刺突 1 列を描く。これは草山遺跡の図 4-14 との関連を強く示しており，上の坊式土器が草山式土器を母体として生成したことを明示している。

③口縁部に 1〜3 段の刺突列を施文する図 1-4〜6 は上の坊式全期間を通して数も多く主体となる土器でこれを c とする。草山式から上の坊式の深鉢のほとんどに共通して，胴央附近に 1 列の同じ原体の刺突列を置くのが定型的である。この文様配置は愛知の清水ノ上 II 式土器に盛行するが，後続する上広覧式ではごく少なく，鉾ノ木 I 式では衰退し存在しないのが普

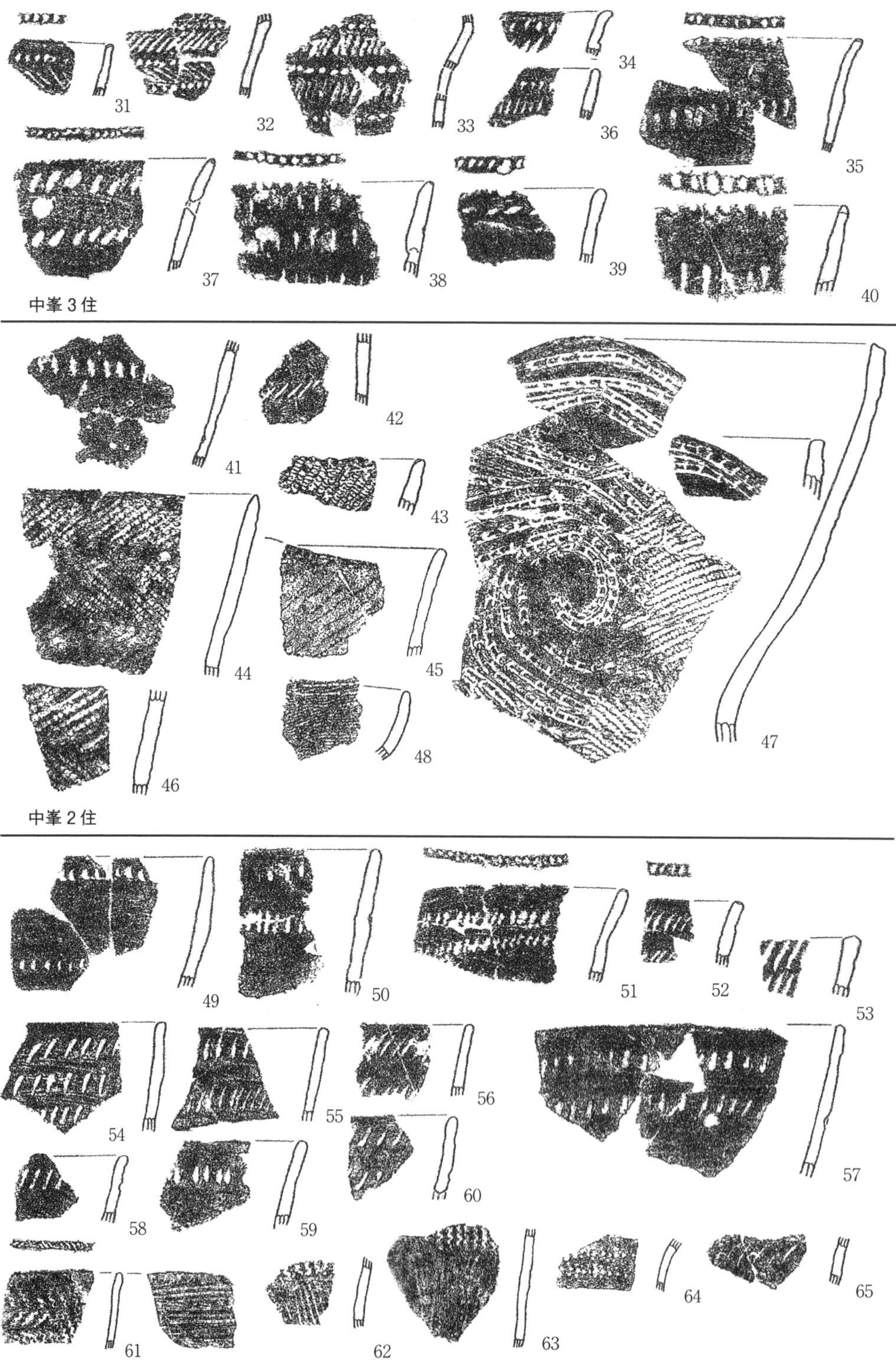

図3　上の坊式古・新段階の土器

通で，上の坊式の停滞性ないし独自性として分別の指標となる。

7・8は口縁から胴央にかけて6段の刺突列を描き，これは1の多段施文法の継承と推定されるが，これも東海西部には存在しない上の坊式特有な属性である。

④器形からの分類であるが，8・9は胴部から尖底部に鋭く屈曲して稜線を形成する特異な形であり，多くはないが破片資料から東野II橋下12号と17号住および中峯3号住に存在が推定され，かつそれらは稜線上の胴部に加飾されている上の坊式独自な器形である。

以上を総括していえば，上の坊式土器は上記類別による①＋②＋③＋④を備える古段階。③が寡占化する新段階に大別できると推定される。

・古段階の類例として図2の組成と，複合住居址の中峯3住の一部が相当する（図3-31〜40)。主たるcの刺突文系土器は点状刺突をヘラ刺突と同様に多用しているのが特徴である。幅狭な疑似肥厚口縁の図2-10は清水ノ上II式の施文法に類似しており，同じくcにある先端がささくれ立つ薄いヘラ状原体を押引状に刺突する11・15も古い要素と推定する。

・新段階は図3-41〜65が相当する。当該段階と推測される資料は多いが一括での組成の把握が困難であった。cの刺突の長さが増して大形になり刺突間隔も疎放となる。定型的な3段の刺突列（図3-54）が1ないし2段に省略される例49〜51が増加する。①と②のモチーフは不鮮明となりcが寡占的な存在と推測される。

上の坊式土器を古新に二分する仮説を示した。以下では古段階を上の坊古式：新段階を上の坊新式土器と仮称するが，以上の変遷は形式論的な配置ではある。しかし，それぞれ住居址一括資料のみから組成の特定をはかったことで有意であること，型式論的な位置づけは以下の共伴資料で補うことにした。

有尾式との関係

上の坊式には黒浜―有尾式系土器を伴う。1997年の第10回水上縄文セミナー「前期中葉の諸様相」はこの時期を焦点に討議されたが，有尾式は2〜4型式，多数意見は3型式細別論が有力であったと筆者は聞いた。これに基づき関係を検討する。

1　上の坊古式図1-1とともに報告された大形菱形文土器は有尾式最古段階という認識が共有されている。中見代4住（図2-26）は胴部との境界の区画帯が認められ，胴部縄文はやや乱れるが重菱形施文の意図がみられる。口縁部の爪形文列は整っており有尾式の中段階に比定できる。

2　胴部文様帯と区画される，口縁部文様帯菱形文区画内に付加される埼玉県甘粕原2住の蕨手文が，上の坊新式の中峯2住（図3-47）では蕨手文は菱形文区画の下へ移動し，口縁部区画帯が崩壊して胴部縄文帯と融合する。金子1989によれば甘粕原2住例はIIｂ期とされ，当然に中峯例はこれに後続する有尾式終末段階か，さらに遅れる位置にあると思われる。

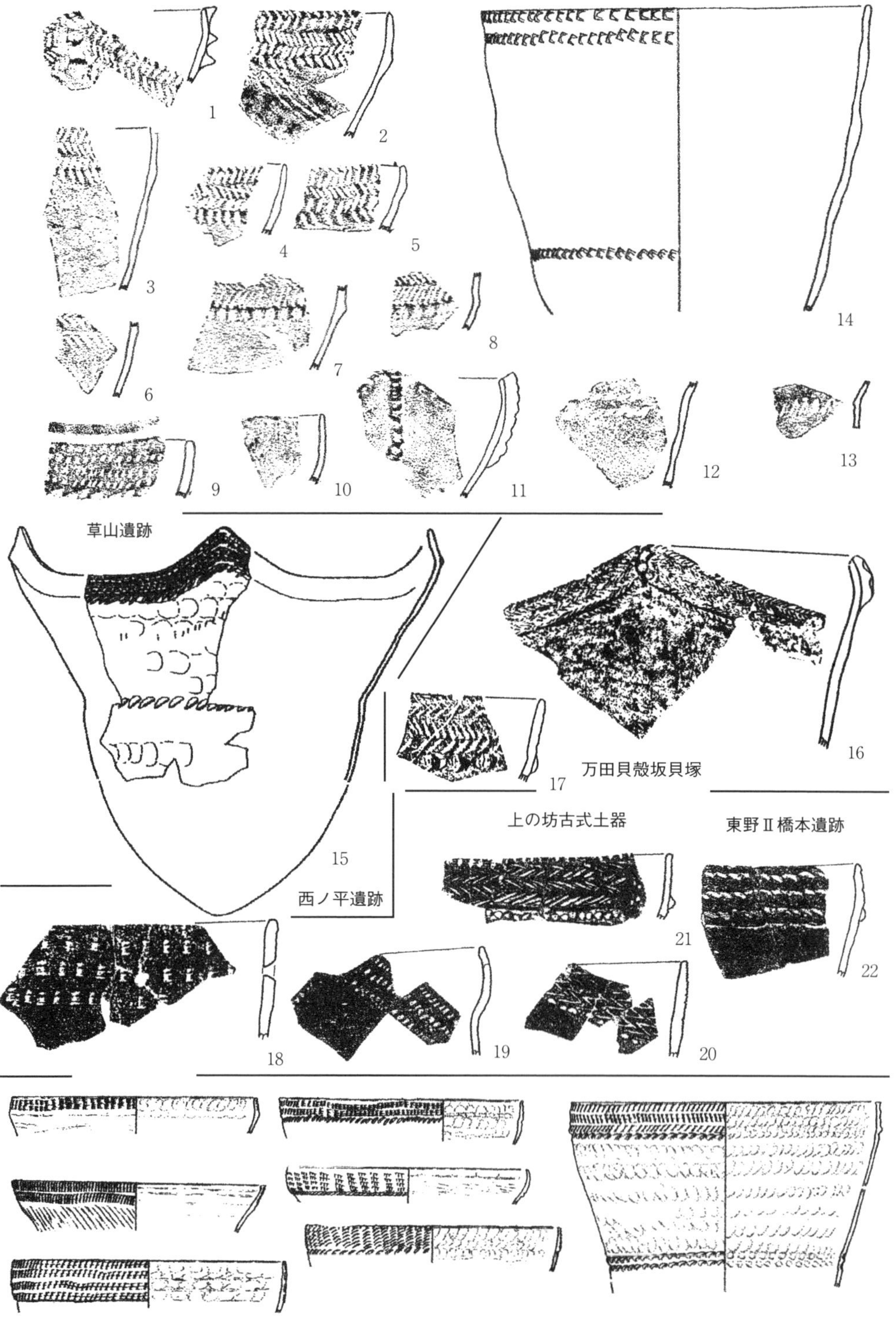

図４　草山式土器と清水ノ上Ⅱ式土器

東海西部との関係

・上の坊式土器には東海西部系貝殻刺突文土器の共伴は有尾式より少ない。時期の特定できる上の坊古式に共伴する例は，中見代4住の口端部を欠く図2-29の貝殻線状刺突を横位二条施す例がある。これは上広覧式の精製土器である。28を渋谷は独自の木島X式に比定したが，上広覧式土器には精製の半截管状沈線の格子目文土器が一定量安定的に存在し（坂野・増子1998：54頁），異なる型式の混在ではないと考える。

・上の坊新式では特定できる共伴例はないが，新段階土器が主体となる中峯遺跡の包含層には6片があり（勝又1997），薄い器壁で口端を刻み口縁部に羽状貝殻刺突文をもつ図3-61は内面に条痕がある。上広覧式では内面の調整は平滑になされ，条痕が残るのは次段階の鉾ノ木Ⅰ式に多く本例を鉾ノ木Ⅰ式土器と判断した。

同じく条痕地器面に貝殻縁辺縦位刺突の62・63，64は同じ肋条ある割られた貝縁辺刺突，65は二枚貝原体の爪形文と推定した。これらは鉾ノ木Ⅰ式土器である。包含層の主体である上の坊新式に伴う可能性が高い。

・上の坊新式土器が衰滅するのはいつか。羽根尾貝塚では3C区遺物集中区第1面の57点の土器が図示されるが，報告では若干の諸磯a式を交える黒浜式土器が主体になるとされる。これに共伴する客体土器は筆者の観察によれば，上の坊新式（報告89図54）貝殻片刺突の鉾ノ木Ⅰ式（同55）北白川下層Ⅰ式（同57）各1片が存在するが有尾式はない（戸田ほか2003）。これは上の坊式の終末段階を推測できる一つの情報である。

澁谷2002は長野県阿久33住（報告書図129-1907）土器を上の坊式に比定するが，これは原体が貝片の2段の刺突列文の土器であり，鉾ノ木Ⅰ式とするのが正しい。阿久33住の主体の無繊維縄文平底深鉢と共伴するのは黒浜式土器で，明確な有尾式は存在せず黒浜式後半期の組成であろう。

以上の2例を参照すると，上の坊式土器は有尾式土器を伴わない黒浜式の新しい段階でほぼ消滅するようである。

なお，上の坊古式土器に関して羽根尾貝塚の黒浜式三枚町段階に伴うのは図1-1と類似する資料が優勢である。それは図4-18～22が多く存在しながらcの図1-4・5の刺突文のみの土器は少ない東野Ⅱ橋下や清水柳北遺跡の包含層の一部と，図2に示す一群の間に微妙な差があり細別を模索した。現状でも上の坊遺跡の有尾式は最古である。その検証のための一括遺構に伴う資料が得られていない。ぎりぎりが有尾式中段階を伴う中峯の重複する3号住であった。遺物集中区などでも差異が把握できれば上の坊古式の細別は可能であろうと考える。

4　草山式と清水ノ上Ⅱ式土器

草山式土器が東海西部の清水ノ上Ⅱ式土器と共通項があるのは事実だが，単純に搬入された土器と考えるべきではないと考える。清水ノ上では波状口縁深鉢がなく，飛驒・堂之上18住の神ノ木式に伴う清水ノ上II式にも存しない（戸田1997）。図4-1・11の波頂から突帯を垂下する手法は16と共通するが，この成形法は先行する石塚下層式以来の伝統で東海東部に偏在する。また草山に多い図4-1〜8の羽状・綾杉状刺突文も上の坊古式（20〜21）へつながり盛行するが，清水ノ上II式では表現が稚拙で数も少ない。草山にはない短い刺突を斜行ないし縦位に重ねる施文が特徴的で違いが目立つ（図4下，中央中と下）。15はささくれ立つ薄いヘラ状原体を密接押引状に刺突する波状口縁土器で，この同じ原体施文は疎放化した18に，波状のつくりは19・20へ受け継がれる新しい手法である。2・4・9・16・17の口縁の疑似肥厚のつくりは21へ継がれるが，22は肥厚部の刻目を省略する。これらの変化を総合して，私見でいえば図4-1〜17までを草山式の範疇＝清水ノ上II式平行，上の坊式直前段階の型式組成＝とみなすのが適切と考える。

以上から想定されるのは，東海全域に共通する石塚下層式─木島III式（池谷1985）の技術的基盤上に，刺突文主体の草山式と清水ノ上II式の文様体系が出現する。これが他地域からの波及によるものか自律的生成かはまだわからないが，東海東西地域で独自な型式伝統を育んだ結果であろう。清水ノ上II式：草山式のどちらかが一方的に侵入したという状況にはない。以上が筆者の現在の認識である。西ノ平遺跡（15）の情報は谷藤保彦より頂戴した。引用の実測図も同氏によるもので明記して謝意を表する。波状口縁のつくりは清水ノ上II式には存在しない製作法であり，草山式土器圏との関連を示すのであろう。

草山遺跡が山本暉久によって報告された1976年は，偶然にも東海西部の縄文前期土器にかんする決定的な二つの研究が発表されている学史上で重要な年でもある。ともに愛知県の清水ノ上貝塚（磯部・山下1976）では清水ノ上I式とII式土器の編年上の位置がほぼ確立し，鉾ノ木貝塚（増子1976）では前期最初頭の塩屋式新と上ノ山Z式が層位的に確認された。1980年までに関東で茅山上層式以降の土器群が相次ぎ知見にのぼり，この地域的・時期的編年関係を明確にするため，東海編年を軸とする関東甲信各地域での対比と体系化を図るべく『縄文時代早期末・前期初頭の諸問題』シンポ（神奈川考古同人会縄文研究グループ1983）が鈴木保彦・山本暉久・戸田哲也の3氏を核とする神奈川考古同人会主催で決行された。これを機縁に縄文時代研究会が発足し山本先生の特徴である緻密なご研究に学ぶ機会を頂戴している。このたび古稀記念論集を編むとのことで，感謝をこめて本稿を呈上させていただいた次第である。

引用・参照文献

秋本真澄ほか　1992『東大室クズレ遺跡』『研究報告14』加藤学園考古学研究所

池谷信之　1985『平沼吹上遺跡』沼津市教育委員会

礒部幸男・山下勝年　1976『清水ノ上貝塚』南知多町教育委員会

馬飼野行雄　1993「4．箕輪B遺跡」『富士宮市の遺跡』『富士宮市文化財調査報告書第16集』富士宮市教育委員会

江藤千萬樹・佐藤民雄・河辺寿栄　1939「伊豆伊東町上の坊石器時代遺跡調査報告」『考古学』10巻8号

岡本　勇　1974「西方貝塚の謎」『神奈川県史研究 23』神奈川県史編纂委員会
勝又直人　1997『中峯遺跡』『静岡県埋蔵文化財調査研究所報告第 88 集』静岡県埋蔵文化財調査研究所
金子直行　1989「縄文前期中葉における大形菱形文系土器群の成立と展開」『埼玉考古 25 号』
神村　透　1988『田中洞』王滝村教育委員会
澁谷昌彦　2002「上の坊式土器と有尾式土器について」『東海の路―平野吾郎先生還暦記念―』「東海の路」刊行会
関野哲男　1989『清水柳北遺跡発掘調査報告書その 1』沼津市教育委員会
戸田哲也　1997『堂之上遺跡』久々野町教育委員会
戸田哲也ほか　2003『羽根尾貝塚』玉川文化財研究所
戸田哲也ほか　2007『万田貝殻坂貝塚』平塚市・玉川文化財研究所
戸田哲也　2008「土器型式と集団関係」『総覧縄文土器』アム・プロモーション
長谷川福次　1998『北橘村村内遺跡 VI』『北橘村埋蔵文化財調査報告書第 24 集』北橘村教育委員会
坂野俊哉・増子康眞　1998「第 3 部上広覧遺跡」『上村川下流域の考古学的調査』恵那土地改良事務所：上矢作町教育委員会
廣瀬高文・渡辺康弘　2001『木戸遺跡・中見代遺跡・東野 II 橋下遺跡』長泉町教育委員会
増子康眞　1976「名古屋市鳴海町鉾ノ木貝塚の研究」『古代人 32』名古屋考古学会
増子康眞　1997「東海地方西部における縄文前期中葉土器群の成立過程」『縄文時代 8』縄文時代文化研究会
増子康眞　2016「東海西部の縄文土器型式カタログ（1）―前期刺突文系統土器」『伊勢湾考古 25』知多古文化研究会
山下勝年　1996「清水ノ上 I 式・同 II 式土器について」『知多古文化研究 10 号』知多古文化研究会
山本暉久　1976『草山遺跡』『神奈川県埋蔵文化財調査報告 11』神奈川県教育委員会
渡辺　誠　1999『星の糞遺跡発掘調査報告書』御前崎町教育委員会

中九州における曽畑式土器の細分

松田光太郎

はじめに

縄文文化を東アジアのなかに位置づけて考察する際，曽畑式土器の研究は重要である。それは，いうまでもなく，曽畑式土器が韓国の櫛目文土器と類似し，両者の関係性がうかがえるからである。

曽畑式土器と櫛目文土器の関係の指摘は1935年（三森1935b）に遡り，両者の関連を認める見解（江坂1976，木村（幾）1989）と否定的な見解（佐藤1963，坂田1979，中村（愿）1982）が出され，近年は影響の時期とその中身が議論されている（水ノ江1988，李1996，倉元2013，古澤2013）。この議論の深化には両地の土器の適切な細分と併行関係の確定が求められるわけであるが，それでは曽畑式土器の細分は確立しているのだろうか。現在まで曽畑式土器は多くの細分が示されている（杉村1962，乙益1965，江坂1967，中村（友）1977，田中1982，中村（愿）前掲，水ノ江1990，桒畑1987，木村（幾）前掲，堂込2008）。それらは変化の方向性では共通点がみられるものの，細分の線引きや土器個体の位置づけには研究者間で少なからぬ差異があり，その差の解消作業が必要といえる。

その作業は出土状況に照らした細分案の検証という形で行われる必要がある。それは昭和初期に提示され今なお編年の基本になっている山内清男の編年表（山内1937）が，出土状況に基づいて構築されていることをみれば理解できよう。本論は解消作業の前提として，曽畑貝塚の存在する熊本県を取り上げ，出土状況に基づき細分をすると，どのような細分になるかを提示する。

1　曽畑式土器の編年研究史

曽畑式土器の発見と位置づけ　曽畑式土器の学界への登場は熊本県宇土市曽畑貝塚の報告に始まる。本貝塚は古くから文献に登場し（若林1890），1918年中山平次郎による資料紹介，1923年の清野謙次の発掘がある（中山1918，清野1925）。

またこれと前後して宇土市轟貝塚が1919年京都帝国大学により調査された（浜田ほか1920）。朝鮮半島では，藤田亮策が，同半島の有文土器をユーラシア北部の土器の一種として櫛目文土器と呼び（藤田1930），釜山市東三洞貝塚や瀛仙町貝塚の櫛目文土器が報告された（横山1933，及川

1933)。このなかで横山将三郎は櫛目文土器の関東・東北地方の縄文土器への系統的伝搬を，及川民次郎は隆起文土器に南九州の縄文土器の影響を想定した。こうした見解には山内による批判があったが（山内 1939），櫛目文土器を具体的に紹介した点は意義があった。

こうしたなか，京都帝国大学調査の轟貝塚出土土器を分析した三森定男は土器を第一～五類に分類したうえ，第五類を「細形刻文土器」と呼称し，東三洞貝塚・瀛仙町貝塚出土土器との類似性を指摘した（三森 1935ab）。また 1935 年，小林久雄は三森の「細形刻文」について曽畑式土器と呼称し，曽畑式土器を阿高式土器より後出する中期に位置づけた[1)]（小林 1935）。しかし 1939 年，小林は曽畑式土器を轟式・阿高式同様前期に位置づけ，曽畑式土器の類縁を東三洞貝塚・瀛仙町貝塚出土土器に求めた（小林 1939）。同じ頃，細形刻文土器に対し，鹿児島県大口市日勝山遺跡出土土器（木村（幹）1936）に因み日勝山式土器という型式名も使用されたが（寺師 1936，三森 1938），この型式名は定着しなかった。また 1937 年山内は全国の縄文土器編年表を発表し（山内 1937），九州では前期に轟式，中期に曽畑式・阿高式・出水式が置かれた。

その後 1952 年江坂輝弥は，曽畑式土器が尖底を有するため，早期に属する可能性を指摘し（江坂 1952），乙益重隆は小林の見解を踏襲し曽畑式土器を前期に位置づけた（乙益 1954）。

1955 年，松尾禎作は佐賀県唐津市西唐津海底遺跡出土土器を紹介し，「朝鮮の土器にソックリだ」という有光教一の発言を引用し，櫛目文土器の特徴を有するという見解を示した（松尾 1955）。また 1956 年藤田も同遺跡出土土器が櫛目文土器と全く同性質であると述べ，九州に櫛目文土器の系統を引く土器が存在すると指摘した（藤田 1956）。

翌 1957 年松本雅明による轟貝塚の発掘が行われ，轟 A～D 式土器が提唱され（松本・富樫 1961），1959 年江坂は曽畑貝塚を発掘した（江坂 1959）。そしてその後，『日本の考古学 II』（乙益 1965）をはじめとして，曽畑式土器が前期，かつ轟式（轟 B 式）以降への位置づけが定まる。これは押型文土器や轟（B）式土器の上層から曽畑式土器が出土した曽畑貝塚の調査成果（江坂ほか 2011）が大きかったと思われる[2)]。

曽畑式土器の細分研究　杉村彰一は 1962 年曽畑式土器を第一期：西唐津海底遺跡出土土器，第二期：曽畑貝塚出土土器，第三期：日勝山遺跡出土土器に 3 分した（杉村 1962）。西唐津海底遺跡出土土器を古くしたのは曽畑式土器の祖形と目した櫛目文土器と同一の土器が存在すると認識したこと，日勝山遺跡の土器を新しくしたのは文様に乱れが生じ曲線化したと評価したことによると思われる。

乙益は 1965 年『日本の考古学 II』のなかで，杉村の 3 細分を継承した。そして第一類は「文様構成に整然とした規律」があり，第二類は「文様構成にみだれを生じ」，第三類は「綾杉文や横走する平行線が，弧線あるいは曲線化する」とした（乙益 1965）。一方賀川光夫・坂田邦洋氏は 1964 年，熊本県長洲町ヒイデン海底遺跡の押型文土器の検討から，曽畑式土器が押型文に由来する説を発表した（賀川・坂田 1964）。これは曽畑式土器の直前に押型文土器が位置づけられない以上，無理な説で，杉村の批判を受けた（杉村 1965）[3)]。

1967 年江坂は乙益の 3 細分に変更を加えた。西唐津海底遺跡出土土器に含まれる刺突文土器や隆線文の付いた刺突文土器を曽畑１式とし，杉村が第一期に位置づけた同遺跡出土土器や宇土市馬場出土土器を刺突文の存在や文様の整然さから曽畑２式にし，曽畑貝塚出土土器を曽畑３式土器とした。杉村・乙益とは異なる３細分が示され，文様の乱れの他に，刺突文の有無が細分視点に加えられた（江坂 1967）。

その後，先行する轟Ｂ式土器と曽畑式土器の間を埋める研究が進展した。モア. A. と吉崎昌一は長崎県松浦市姫神社遺跡の発掘を行い，曽畑式土器包含層（f 層）およびその下層（c・e 層）で出土した沈線文・刺突文土器を西唐津式[4]と呼び，轟式と曽畑式の間に位置づけた（Mohr and Yoshizaki 1973）。この沈線文・刺突文土器は佐賀県唐津市菜畑遺跡や長崎県長崎市深堀遺跡でも曽畑式土器包含層より下位から出土し，野口・阿多タイプ（中村（愿）1982），プロト曽畑式（田島 1982），深堀遺跡第 III 群土器（渡辺 1984），中間土器群（深堀Ｉ式→ II 式→野口式）（水ノ江 1988），西唐津式土器（水ノ江 1993）などと呼称された。

曽畑式土器の細分案の提示も相次いだ。1972 年の福岡県芦屋町山鹿貝塚調査報告書での，曽畑式の文様が乱れた山鹿 IV の報告（前川ほか 1972）を受け，1977 年，中村友博は独自の変遷観から曽畑式土器５細分を提示した。しかし十分な根拠は示されなかった（中村（友）1977）[5]。また田中良之は口縁部に刺突文をもつものを曽畑式土器第１段階，沈線文をもつものを第２段階とし，第３段階では地域差が顕在化し，北部九州では山鹿 IV に代表される「くずれ曽畑」，中九州では佐賀県小城市竜王遺跡上層出土土器が相当するとした（田中 1982）[6]。さらに同年，中村愿は，刺突文に着目し曽畑式土器３細分を提示し，曽畑Ｉ式土器は口縁部に刺突文をもつもの（長崎県五島市江湖貝塚例），同 II 式土器は口縁部に短沈線文をもつもの（曽畑貝塚例），同 III 式土器は口縁部に刺突文や短沈線文をもたないものとした（中村（愿）1982）。

他方水ノ江和同は 1987・1990 年，文様の整然さに代わる指標として文様の割り付けに着目し，区画→充塡施文をとる段階を曽畑Ｉ式（そのうち内面が無文・刺突文からなるものを古段階，内面に沈線が加わるものを新段階），区画→充塡施文が解体する段階を曽畑 II 式（そのうち口縁部に刺突文をもつものを古段階，もたないものを新段階）とし，後続段階として北部九州に曽畑 III 式古段階→新段階，中九州に轟Ｄ式→轟Ｃ式→尾田式という変遷を想定した（水ノ江 1987・1990）。また桒畑光博は 1987 年，水ノ江に準拠して南九州の曽畑式土器をＩ～III 期に分け，1993 年には III 期を曽畑式土器に後続する段階に変更した（桒畑 1987・1993）[7]。その後木村幾多郎は曽畑式土器をＩ～

表１　曽畑式土器編年対比

杉村 1962	乙益 1965	江坂 1967	中村（友） 1977	田中 1982	中村（愿） 1982	水ノ江 1987・1990	木村（幾） 1989	桒畑 1993	堂込 2008	本論
		曽畑１式								
			曽畑Ⅱ式			曽畑Ⅰ式（古）			曽畑Ⅰ期	
曽畑一期	曽畑一類	曽畑２式	曽畑Ⅰ式	曽畑１段階	曽畑Ⅰ式	曽畑Ⅰ式（新）	曽畑Ⅰ期	曽畑Ⅰ期	曽畑Ⅱ期	曽畑１段階（古）
			曽畑Ⅲ式			曽畑Ⅱ式（古）	曽畑Ⅱ期			曽畑１段階（新）
曽畑二期	曽畑二類				曽畑Ⅱ式				曽畑Ⅲ期	
		曽畑３式	曽畑Ⅳ式	曽畑２段階		曽畑Ⅱ式（新）	曽畑Ⅲ期	曽畑Ⅱ期	曽畑Ⅳ期	曽畑２段階
曽畑三期	曽畑三類				曽畑Ⅲ式				曽畑Ⅴ期	
			曽畑Ⅴ式	曽畑３段階		轟D/曽畑Ⅲ	曽畑Ⅳ期		曽畑Ⅵ期	轟D

IV 期，堂込秀人はI〜VI 期に分けた。両氏とも江湖貝塚資料をII 期に位置づけたのが他氏と異なり，轟C・D 式土器は其々IV 期，VI 期に位置づけた（木村（幾）1989，堂込 2008）。また山崎真治は竜王上層→曽畑III 式→轟C・D 式という変遷観を提示した（山崎（真）2007）。

以上各研究者の細分を対比したのが表1である。日勝山遺跡出土土器の編年的位置づけは変わったが，杉村・乙益や江坂が指摘した整然とした文様をもつものや刺突文をもつものを古く位置づける変遷観は今も根底にあるため，大まかな土器変遷観は異なっていない。しかし着目点や画期の基準が研究者により異なり，細分線引きの共有化ははかれていない。本論は各研究者の細分基準の有意性を検証し，共通認識された土器編年の確立の一歩としたい。

2　曽畑式土器の細分

本論では，曽畑式土器を，曽畑貝塚等で出土する「細形刻文」[8)]を有する土器とし，その成立段階からその崩壊段階までを扱うことにする。また曽畑式土器の特徴として，平行する単沈線を器面に隙間なく描く「平行する単沈線充填の原則」を挙げることができる。したがって本論では野口遺跡第 Va〜c 類土器（富永ほか 1981）が主体をなす段階は曽畑式土器には含めない。

こうした特徴をもつ曽畑式土器を，遺跡での出土状況から検討し，類似した組成をもつ出土事例を，想定される変遷順に配列し，以下のように段階名を付した。段階の数字は杉村（杉村 1962）や中村愿（中村（愿）1982）・田中（田中 1982）の名称に近いものとした。

第1段階前半（図 1-1〜7）　口縁部に刺突文列，以下に数条（2〜4 条程度）単位の平行する長い単沈線で横位区画を行い，区画内に平行する単沈線で折帯文（複合鋸歯文）を描出したもの（図 1-1〜5）。区画内文様は等幅をなし，複数帯のものが主体をなす。口縁内面に刺突文列がある。この特徴をもつ土器が熊本市石の本遺跡出土土器（同 1〜7）（池田 2001）に単独でまとまっている。野口遺跡第 Va 類に近似し，沈線充填が進んだ細単沈線による横位弧線文の土器（同 6・7）もあり，木村幾多郎も指摘したように（木村（幾）1989），こうした土器は残存する可能性がある。

第1段階後半（図 1-8〜20）　口縁部に刺突文列，以下に平行する単沈線で横位区画を行い，区画内に平行する斜線・縦線・横線で折帯文（同 18・19）や菱形（X 字）の文様（同 8）を描いている。縦線・縦位文様の出現で特徴づけられ，それに関連して横位区画内の文様が幅広いものが出現し，異幅化したり，単帯のものが増加する。胴部下半は縦位に途切れ位置が並ぶ短横線（同 8）が幅広い範囲に施文され，長い単沈線による下端横位区画はなくなる。また刺突文列以下を同様の横線のみで埋めたものもある（同 9）。横線が横位弧状をなすもの（同 10）は前段階の同 7・8 の系譜かもしれない[9)]。口縁内面に刺突文列や単沈線（横線）がある。曽畑貝塚貯蔵穴出土土器（江本ほか 1988）（同 8〜20）に上述の特徴をもつ土器だけがまとまって出土している。

第2段階（図 2・3-1〜5）　口縁部に横線または横線地鋸歯文（図 2-1）を描き，以下に平行する単沈線で横線文（同 3・4），縦線文（同 6），縦横文（同 1），縦位矢羽根状文（同 5），菱形文（同 9）などを描く。横線地鋸歯文は折帯文を構成する斜線が横線を切り込むことで成立したと思われ，

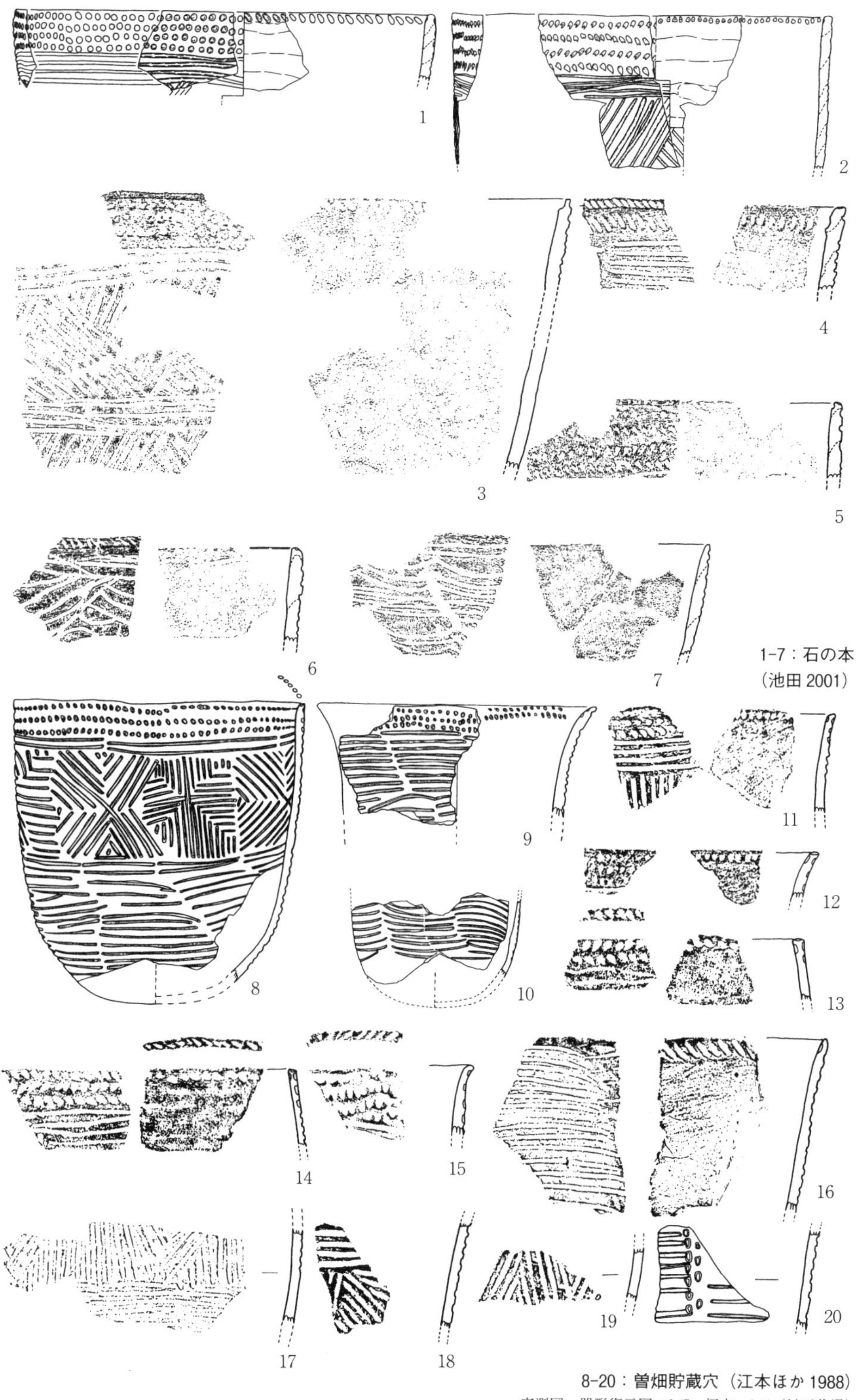

図１　中九州における曽畑式土器（1）

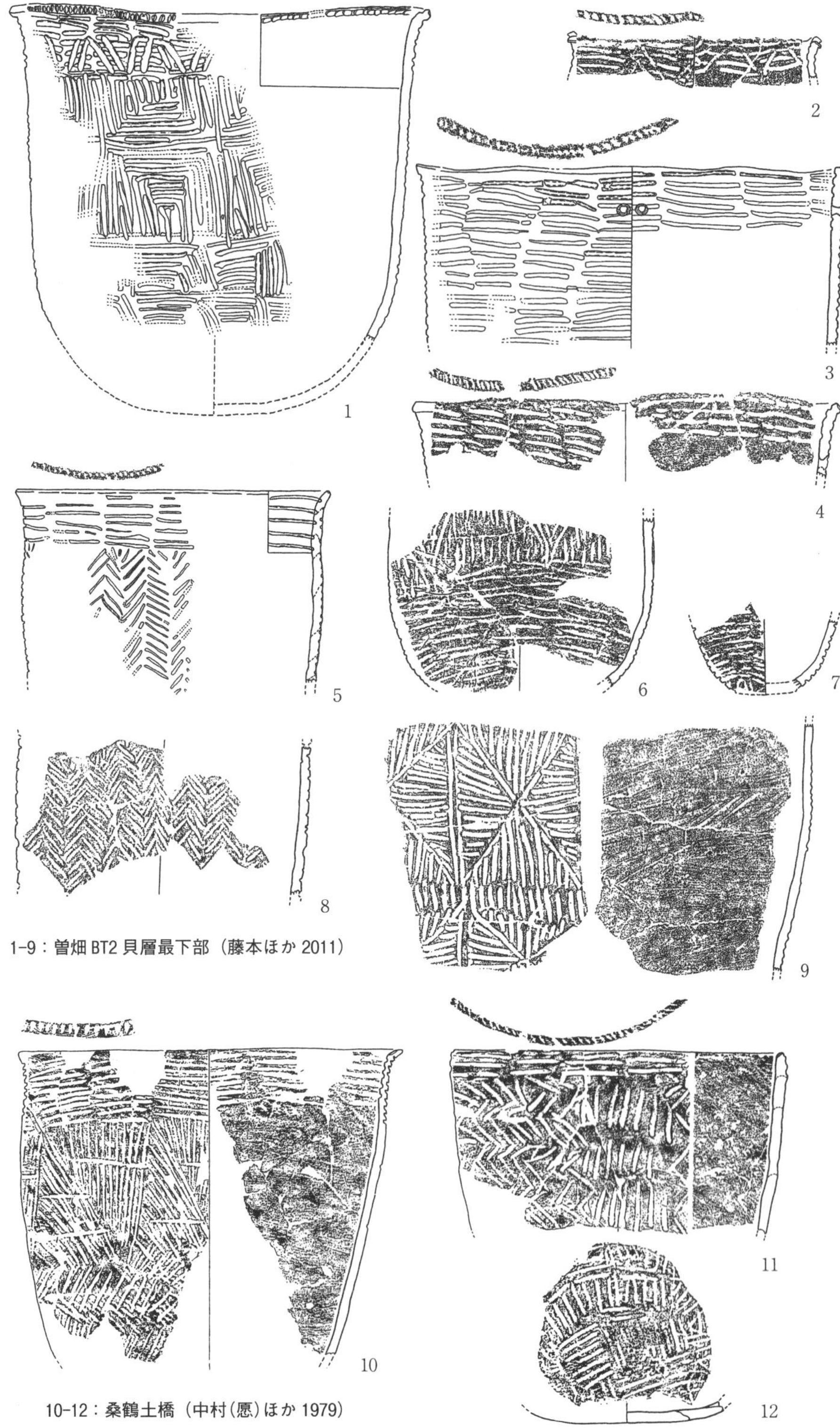

図２　中九州における曽畑式土器（2）

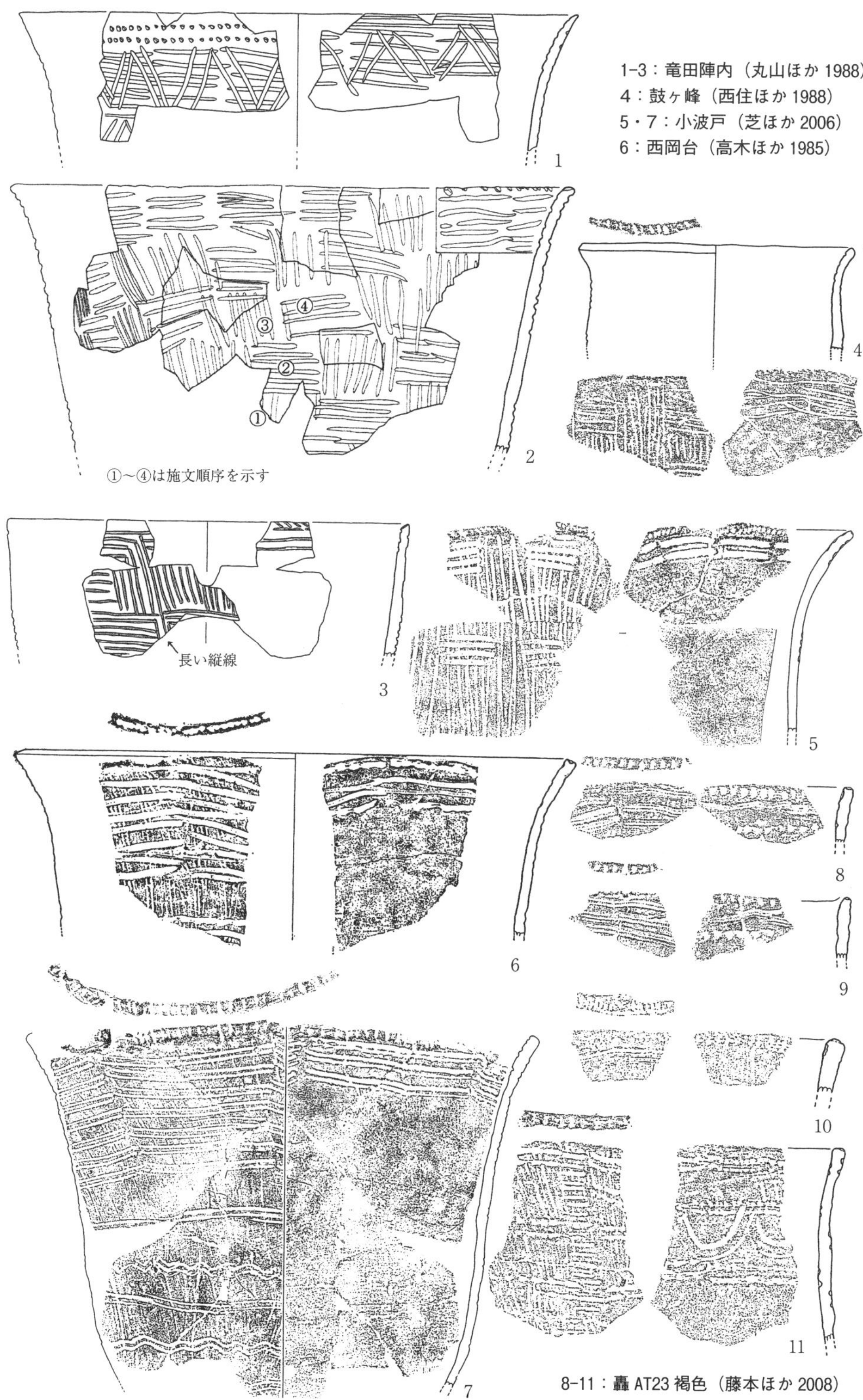

図３　中九州における曽畑式土器（3）

西北九州では前段階の例（江湖貝塚例）（坂田1973）があるが，中九州では本段階に急増する。口縁内面に沈線文様がある（同2〜5）。数条単位の平行する長い単沈線による横位区画はなく，横線は口縁部の横線も含め短横線化する。江坂による曽畑貝塚Aトレンチ1区・Bトレンチ第2貝層最下部出土土器（藤本ほか2011）（同1〜9）では刺突文列がない土器からなり，刺突文列のない段階が存在すると思われる。刺突文列は図3-1のように残るものもあるが，口唇部の刻みや器面の短斜沈線に収斂したり，羽状をなすものは矢羽根状文に変わったりして急速に減退したのだろう。

また前段階の土器も混じるが西原村桑鶴土橋遺跡出土土器（中村（愿）ほか1979）をみると，折帯文や横位矢羽根状文もある（図2-10・11）。曽畑式土器は横線地鋸歯文を除くと沈線の交差は少ないが，縦横文の中には下位から上位へ描く土器があり，その中には横線を縦線の上に重ねたものがある（図3-2）。また縦線が横線より長く伸びたものがあり（図3-3・4），図2-10は縦長斜線からなる折帯文上に短横線を重ねている。こうした変化の延長上に，本段階新相として想定できる縦位単沈線地に単沈線による短横線をもつ土器（図3-5）がある[10]。

轟D式土器（図3-6〜11）　縦位条痕文地を主体に，口頸部に主として平行沈線文で横線文を幅広く描いたもの。横位波状文も共存する（同7）。口縁内面には沈線文・刺突文・押引文がある。前段階新相土器の縦位単沈線地文が縦位条痕地文に，単沈線による短横線が平行沈線文による横線文に変化して成立する。縦位地文が貝殻条痕ではなく，竹管によるものもの，地文が省略されたものがある。また横線文を貝殻条線で施文したもの，竹管刺突で描出したものもある。縦位条痕文地に単沈線文で横線文を描いた土器（同6）は前段階土器との中間に位置づけられるが，条痕文地横線文を重視して本式土器と考えた。松本らによる轟D式土器および轟C式土器の一部（松本・富樫1961）で，田中が轟C・D式土器，水ノ江や池田朋生が轟D式土器と呼ぶものである（田中1979，水ノ江1990，池田1998）。江坂1966年発掘の轟貝塚Aトレンチ23区褐色土層に単純にまとまっている（同8〜11）（藤本ほか2008）。条痕地縦位沈線をもつ土器（田中氏の曽畑式土器第3段階）（田中1982）は天草市大矢遺跡（山崎2007）などで出土するものの，客体的である。

3　まとめ

曽畑式土器を，口縁部に刺突文列がある第1段階と，それが衰退し口縁部に横線地鋸歯文や横線文が多用される第2段階に分け，第1段階前半は数条平行する長い単沈線による横位下端区画があるもの，後半はないものとした。また第2段階の中九州では主体的な文様として縦横文があり，そうしたものなどから轟D式土器が成立すると述べた。先行研究との関係では，中九州においては刺突文列の有無は細分指標としてある程度有効であること，第2段階は将来細分の可能性はあるが，現状では細分できず，新相を抽出するにとどまることを考えた。また曽畑式土器は当初より中九州にも存在し，従来の説（水ノ江1990）のような，曽畑式土器の出現が西北九州に比べ中九州では遅れるということはないことを述べておきたい[11]。

山本暉久先生には早稲田大学およびかながわ考古学財団において大変お世話になりました。

また本論の作成に際し，資料見学等で熊本大学文学部の木下尚子先生，小畑弘己先生，杉井健先生，熊本県教育委員会および同水上公誠氏，熊本市の師富国博氏には便宜をはかっていただきました。また杉村彰一氏には数々のご教示を頂きました。記して感謝の意を表します。

註

1）これは阿高式土器と同時期と考えていた轟式土器の上位に曽畑式土器が出土した熊本県宇城市宮島貝塚での層位的出土事例を重視してのことのようであった。

2）中村（愿）は江坂調査の曽畑貝塚ではII式の下にI式が検出されたと言う（中村（愿）1982）。江坂発掘の再整理報告（藤本ほか 2011）では，刺突をもつ土器（中村氏のI式）は第二貝層，貝層下褐色土に各2点報告されているが，両層では曽畑II式土器が多く出土しており，上述の変化は確認できない。

3）押型文起源説については，その後坂田氏自ら撤回している（坂田 1980）。

4）同論文のなかで Proto-Sobata（プロト曽畑式）の名称も一時使用していたことが書かれている。

5）中村（友）の曽畑I式（江湖貝塚出土土器）→曽畑II式（長崎県佐世保市下本山岩陰出土土器）は先行する野口遺跡出土土器（富永ほか 1981）などからの繫がりを考慮すると肯定できない。

6）田中は同論文のなかで，第3段階がさらに2小期に細分される見解も述べている。

7）同論文では，杉村が着目した日勝山遺跡出土土器の資料紹介をし，当該土器は曽畑式土器のなかでも新しい時期のものではないと指摘した。

8）通常太さ 1.5～4 mm 前後の単沈線をさす。ちなみに阿高式土器の単沈線文は 4～11 mm 前後ある。

9）水ノ江や倉元も曽畑式の弧線文を野口，西唐津式に系譜を求めている（水ノ江ほか 1990，倉元 2013）。

10）水ノ江も轟D式の地文祖形として，曽畑式土器の折帯文を挙げている（水ノ江ほか 1990）。

11）南九州についても曽畑I期が存在することを桒畑が指摘している（桒畑 1987・1993）。

引用・参考文献

池田朋生　1998「縄文時代前期末～中期初頭における土器の展開」『肥後考古』11　肥後考古学会　103-11 頁

池田朋生　2001『石の本遺跡群 III』熊本県文化財調査報告書 194　熊本県教育委員会

江坂輝弥　1952「縄文式文化について（12）前期・中期」『歴史評論』6（1）　民主主義科学者協会　76-80 頁

江坂輝弥　1959「曽畑貝塚の発掘調査（1）～（4）」『熊本日日新聞』11 月　熊本日日新聞社

江坂輝弥　1967「縄文土器―九州編（6）」『考古学ジャーナル』15　ニュー・サイエンス社　7-10 頁

江坂輝弥　1976「朝鮮半島櫛目文土器と西北九州縄文文化前期の曽畑式土器文化との関連性について」『考古学ジャーナル』128　ニュー・サイエンス社　8-9 頁

江坂輝弥ほか　2011「曽畑貝塚発掘調査の成果」『曽畑貝塚―慶應義塾大学資料再整理報告』宇土市教育委員会

江本直ほか　1988『曽畑』熊本県文化財調査報告 100　熊本県教育委員会

及川民次郎　1933「朝鮮牧の島東三洞貝塚」『考古学』4（5）　東京考古学会　139-148 頁

乙益重隆　1954『肥後上代文化史』日本談義社
乙益重隆　1965「九州西北部」『日本の考古学Ⅱ　縄文時代』河出書房新社
賀川光夫・坂田邦洋　1964「曽畑式土器に対する一考察」『九州考古学』22　九州考古学会　2-5頁
木村幾多郎　1989「曽畑式土器様式」『縄文土器大観1　草創期・早期・前期』小学館
木村幹夫　1936「薩摩国伊佐郡日勝山土器について」『考古学』7（9）　東京考古学会　429-432頁
倉元慎平　2013「曽畑式土器の成立過程」『曽畑式土器とその前後を考える』九州縄文研究会　9-18頁
桒畑光博　1987「南九州における曽畑式系土器群の動態とその背景」『鹿大考古』6　18-36頁
桒畑光博　1993「南九州の曽畑式土器とその前後」『考古学ジャーナル』365　ニュー・サイエンス社　9-14頁
小林久雄　1935「肥後縄文土器編年の概要」『考古学評論』1（2）　東京考古学会　30-49頁
小林久雄　1939「九州の縄文土器」『人類学先史学講座11』雄山閣　56-100頁
清野謙次　1925『日本原人の研究』岡書院
坂田邦洋　1973『曽畑式土器に関する研究―江湖貝塚』縄文文化研究会
坂田邦洋　1979『対馬越高尾崎における縄文前期文化の研究』広雅堂書店
坂田邦洋　1980「九州の縄文早・前期土器の編年」『史学論叢』11　別府大学史学研究会　121-174頁
佐藤達夫　1963「朝鮮有紋土器の変遷」『考古学雑誌』48（3）　考古学会　14-31頁
芝康次郎ほか　2006「小波戸遺跡発掘調査報告」『上天草市史大矢野町編資料集2』上天草市
杉村彰一　1962「曽畑式土器文化に関する一考察」『熊大史学』23　熊本史学会　28-35頁
杉村彰一　1965「曽畑式土器論考」『九州考古学』24　九州考古学会　1-7頁
高木恭二ほか　1985『西岡台貝塚』宇土市埋蔵文化財調査報告書12　宇土市教育委員会
田島龍太　1982『菜畑』唐津市
田中良之　1979「中期阿高式系土器の研究」『古文化談叢』6　九州古文化研究会　1-52頁
田中良之　1982「曽畑式土器の展開」『末盧国』六興出版　71-85頁
寺師見国　1936「北薩（伊佐郡）地方の縄文土器」『史前学雑誌』8（6）　史前学会　290-308頁
堂込秀人　2008「曽畑式土器」『総覧縄文土器』アム・プロモーション　336-343頁
富永直樹ほか　1981『久留米東バイパス関係埋蔵文化財調査報告』久留米市教育委員会
中村　愿　1982「曽畑式土器」『縄文文化の研究3―縄文土器I』雄山閣　224-235頁
中村愿ほか　1979『桑鶴土橋遺跡（2）』熊本大学文学部考古学研究室
中村友博　1977『神田遺跡　76』山口県埋蔵文化財調査報告書36　山口県教育委員会
中村友博　1993「曽畑式土器の紋様変遷について」『論苑考古学』天山舎　189-221頁
中山平次郎　1918「肥後国宇土郡花園村岩古層字曽畑貝塚の土器」『考古学雑誌』8（5）　考古学会　15-30頁
西住欣一郎ほか　1988『鼓ヶ峰遺跡』熊本県文化財調査報告96　熊本県教育委員会
浜田耕作ほか　1920「肥後国宇土郡轟村宮荘貝塚発掘報告」『京都帝国大学文学部考古学研究報告5』
藤田亮策　1930「櫛目文土器の分布に就きて」『青丘学叢』2　青丘学会　107-122頁
藤田亮策　1956「外国文化との関係」『図説日本文化史大系1　縄文・弥生・古墳時代』小学館
藤本貴仁ほか　2008『轟貝塚―慶應義塾大学資料再整理報告』宇土市教育委員会
藤本貴仁ほか　2011『曽畑貝塚―慶應義塾大学資料再整理報告』宇土市教育委員会
古澤義久　2013「韓半島の新石器時代土器と西唐津式・曽畑式土器」『曽畑式土器とその前後を考える』九州縄文研究会　51-62頁

前川威洋ほか　1972『山鹿貝塚』山鹿貝塚調査団

松尾禎作　1955「佐賀県唐津市西唐津海底遺跡」『日本考古学年報』4　日本考古学協会　96・97頁

松本雅明・富樫卯三郎　1961「轟式土器の編年」『考古学雑誌』47（3）　日本考古学会　1-26頁

丸山真治ほか　1988『竜田陣内遺跡』熊本県文化財調査報告98　熊本県教育委員会

水ノ江和同　1987「西北九州における曽畑式土器の諸様相」『考古学と地域文化』同志社大学　57-73頁

水ノ江和同　1988「曽畑式土器の出現」『古代学研究』117　古代学研究会　13-38頁

水ノ江和同　1990「中・南九州の曽畑式土器」『肥後考古』7　肥後考古学会　27-59頁

水ノ江和同　1993「北部九州の曽畑式土器」『考古学ジャーナル』365　ニュー・サイエンス社　5-8頁

水ノ江和同ほか　1990『伊木力遺跡』同志社大学文学部文化学科

三森定男　1935a「肥後轟貝塚の土器について―覚書」『考古学』6（2）　東京考古学会　88-97頁

三森定男　1935b「肥後轟貝塚の土器について―続編」『考古学』6（5）　東京考古学会　235-239頁

三森定男　1938「先史時代の西部日本（上）」『人類学先史学講座1』雄山閣　143-197頁

山崎真治　2007「曽畑式土器の終焉」『古文化談叢』57　九州古文化研究会　1-38頁

山崎純男　2007『大矢遺跡』天草市文化財調査報告書1　天草市教育委員会

山内清男　1937「縄紋土器型式の細別と大別」『先史考古学』1（1）　先史考古学会　29-32頁

山内清男　1939『日本遠古之文化　補注付』先史考古学会

横山将三郎　1933「釜山絶影島東三洞貝塚調査報告」『史前学雑誌』5（4）　史前学会　1-49頁

若林勝邦　1890「肥後旅行記」『東京人類学会雑誌』5（49）　東京人類学会　191-196頁

渡辺康行　1984『長崎市立深堀小学校校舎増築に伴う埋蔵文化財緊急発掘調査報告』長崎市教育委員会

李　相均　1996「韓国南岸の瀛仙洞式と西北九州の西唐津式土器の諸様相」『考古学雑誌』81（1）　83-117頁

Mohr, A., Yoshizaki, M. 1973 Cultural Sequence in Western Kyushu. Asian Perspective XVI (2) The University Press of Hawaii, 125-132.

諸磯式後半期にみられる微隆起線施文土器

関根 愼二

はじめに

本稿でとりあげる微隆起線施文土器は，諸磯ｂ式中段階から諸磯ｃ式土器の時期にみられる土器である。この土器は，無文地の器面に指頭やヘラ等の工具により表面を削り整形して，その間に粘土が盛り上がるように微隆起線が付けられる特徴をもつ土器である。この微隆起線施文土器を蜆ヶ森式土器と関連づけたのは，神保植松遺跡出土の土器資料のなかに微隆起線をもつ土器が認められてからである[1)]。蜆ヶ森式土器の特徴である微隆起線が施文されることから，諸磯式土器のなかに取り入れられた蜆ヶ森式土器と考えるようになった。その後，群馬県内で出土する微隆起線施文土器を蜆ヶ森式土器の影響を受けた土器として，認識するようになった。

近年の発掘調査により，富山県小竹貝塚では，蜆ヶ森式土器に伴って諸磯ｂ式土器の深鉢や有孔浅鉢が出土していることが確認されている。反面，諸磯式土器を主体とする関東では，西から搬入された土器として北白川下層式土器の出土例を報告されることはあっても，蜆ヶ森式土器については，その認識度の低さから報告される例は少ない。土器型式間の相互影響関係を考えるとき，土器の移動が一方方向とは考えにくいことから，諸磯式土器様式圏にある微隆起線施文土器と蜆ヶ森式土器の影響関係について検討してみたい。

1　蜆ヶ森式土器と微隆起線をもつ土器の比較

小島（2008）によると，蜆ヶ森Ⅱ式の特徴は「Ⅱ式古段階は，摘み上げているか判断できない細い粘土紐で貼付したもの。Ⅱ式新段階は，ヘラなどの工具や指で地肌から極細の隆線を引き起こしたものや痕跡も仄かな無文調整土器である。その他に輪積み痕を残す土器がある。全時期を通して胴部の縄文は，基本的に羽状縄文である」としている。諸磯式土器に伴って出土する微隆起線の土器も「擦痕による整形，ナデによる整形と微隆起線」の土器である。

はじめに，諸磯式に伴う微隆起線施文土器と，蜆ヶ森Ⅱ式土器の微隆起線との差異について写真と実測・拓本図により検討してみよう（図１・２）。

１は，富山県富山市小竹貝塚資料である（町田 2014）。編集者による観察では「ヨコナデ→波状微隆起線文，胴部非結束羽状縄文」となっている。写真図版や実測図を見ると，蜆ヶ森Ⅱ式の

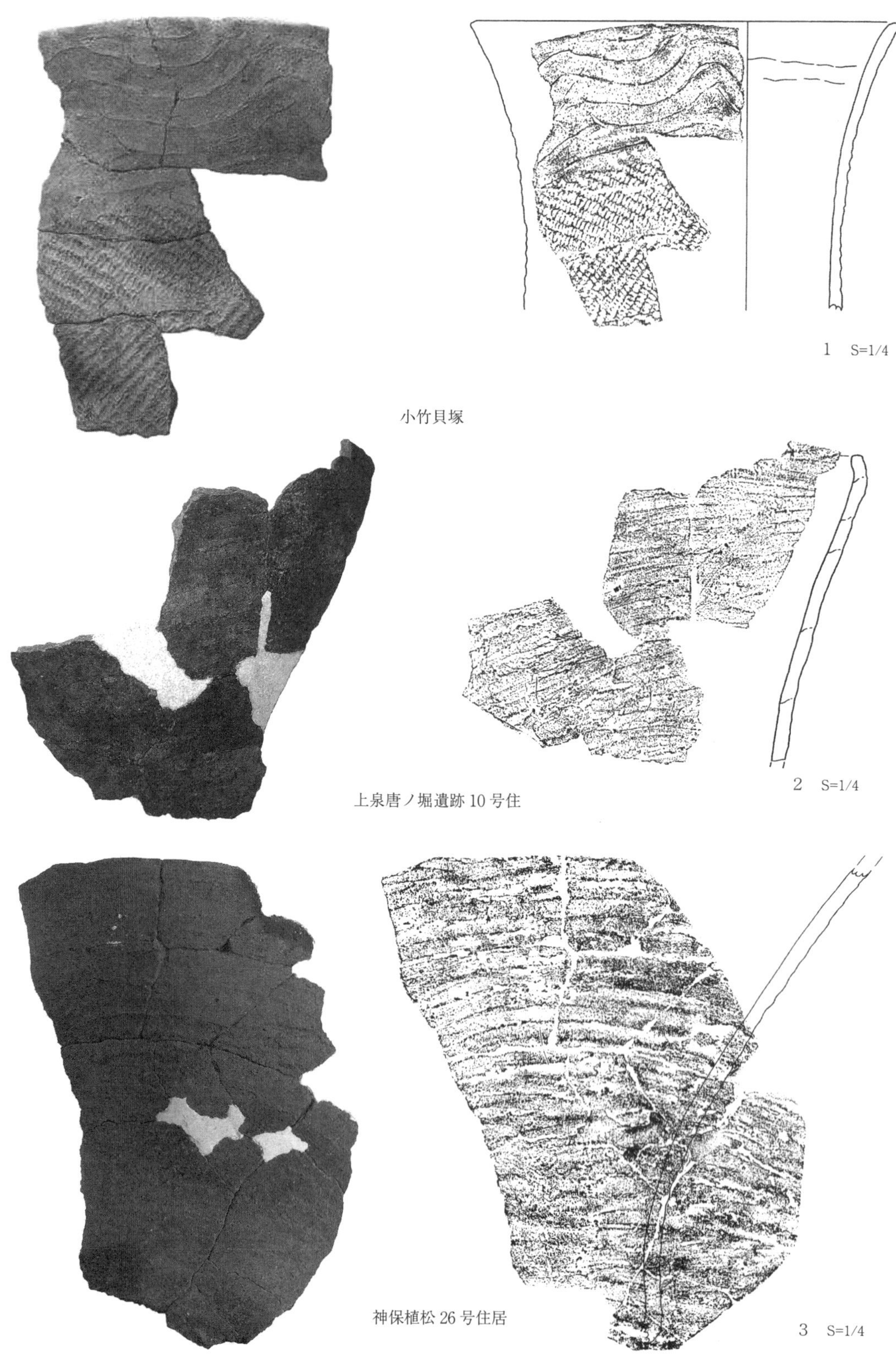

図1 微隆起線施文の土器1

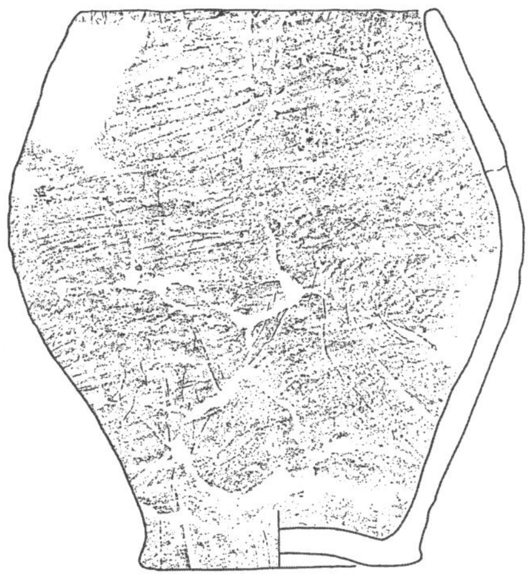

上泉唐ノ堀 57 号土坑　4　S=1/5

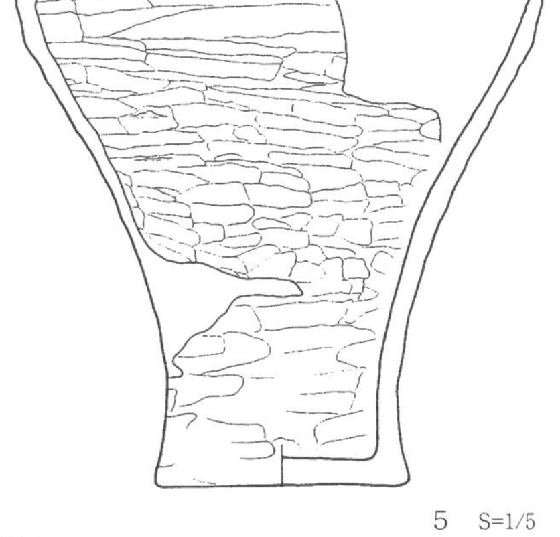

5　S=1/5
白井十二遺跡 3 号住居

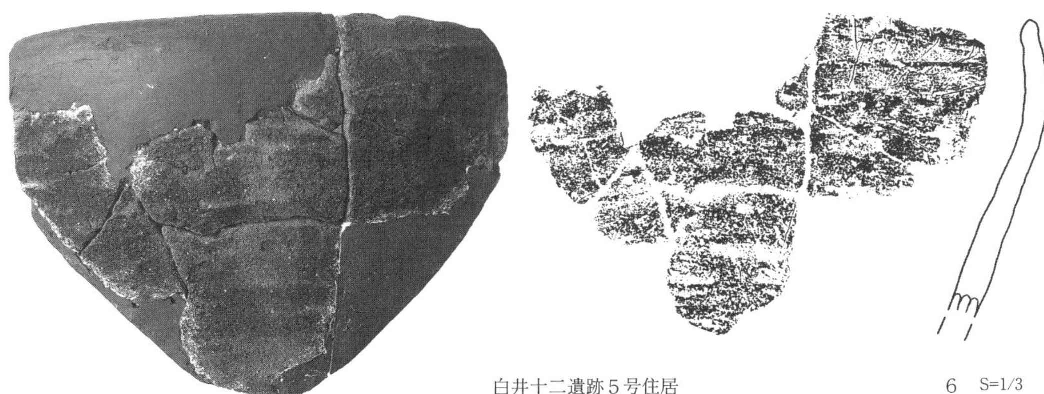

白井十二遺跡 5 号住居　6　S=1/3

図2　微隆起線施文の土器 2

新段階の微隆起線の特徴であるヘラによる整形，指で地肌から極細の隆線を引き起こした様子を示している。また，微隆起線が波状に施文されており，横位に施文するだけの単純なものではなく文様意匠の工夫がみられる。微隆起線間の幅が同じ縮尺で示した微隆起線施文土器2・3と比べ広くなっているのがわかる。胴部に羽状縄文が施文されることで，口縁部文様帯と胴部文様帯を意識して分けていることが明確である。

2は上泉唐ノ堀遺跡（関口 2010）資料。幅の狭い施文具（約 8 mm）により，内外面ともナデ整形される。器表面は，胎土に小礫等を含み，ナデによる擦痕が顕著に見られる。微隆起は，外面のナデとナデの間に作り出されているが，小竹貝塚資料の微隆起線程はっきりしたものではなく，ナデを強く行い器表面を削るように微隆起が表現されるように見える。微隆起線の施文方向は，口縁部ではほぼ横位方向に施文され，口縁部屈曲以下の頸部で若干施文角度を変えている。施文方向を変えることで，口縁部と胴部の文様帯を意識しているように見える。

3は神保植松遺跡（谷藤 1991）資料。2と比較して，より幅の広い工具（約 10 mm）で横位のナデを行い，2と同様の微隆起線を作り出している。器形は，底部から緩く外反して広がる。上半部が欠損しているが，おそらく5と同様の器形になると思われる。口縁部が欠損しているため口縁部の施文が不明であるが，2と同様に口縁部まで微隆起線が施文されると考えられる。

4は上泉唐ノ堀遺跡（関口 2010）資料。器面全体に，LR の縄文が地文として施文される。外面は，5～6 mm 位の工具によるナデにより，凹凸の間に微隆起線が作られる。特に，胴上半部に多く見られ，同下半部に地文の縄文が残すことで，口縁部と胴部の文様帯を意識して分けている。内面は，外面と同じ工具によるナデで凹凸が見られるが微隆起線は作られない。

5は白井十二遺跡（齋藤 2008）。外面は，幅 10 mm 位の幅の狭い工具により3と同様に横位のナデあるいは，ケズリにより微隆起線を作り出している。ケズリの単位が，3が長く続くのに比べやや短めで，土師器のヘラケズリのように見える。内面は同じ工具による横や斜め方向に凹凸が見られるが，微隆起線は無い。図では口縁表現になっているが，輪積みの部分で土器が分離したことによる擬口縁であることから，3の神保植松例と似た器形になると思われる。

6は白井十二遺跡住居出土土器。内外面ともに幅広（12 mm）のナデを横位に行い，外面にはナデ間に微隆起を作り出す。ナデの断面形が，1から5までの資料では，微隆起線間の器面が比較的平坦であるのに対して，この資料は，ナデの断面が波状になる。

小竹貝塚出土蜆ヶ森Ⅱ式の微隆起線は，口縁部文様体の中を幅広に器面を削り微隆起線を引き起こしたように作り出している。このため微隆起線は長く途切れること無く施文され，渦巻きや波状などの文様を描き出している。胴部文様帯は，羽状縄文を施文して口縁部文様体と分けている。これに比べて，諸磯式土器の微隆起線は，土器の整形段階にナデやケズリを強く行うことで整形の間に粘土が集まり，微隆起線になるように作り出している。そのため，微隆起線は途切れがちになり短く，整形の方向である横位や斜位方向にに直線的になっている。また，口縁部と胴部で整形の密度や方向を変えることで，口縁部と胴部の文様帯を意識したように分けている。

諸磯様式の微隆起線は，表面に短く横位や斜位方向に途切れがちに作られるため，無文土器として捉えられることが多かった。資料を提示していないが，諸磯式土器の微隆起線をもたない無文土器の表面を詳細に観察すると，微隆起線土器[2)]と異なる整形である。これらのことから，諸磯式土器の微隆起線施文土器は，作意的に土器の表面に作り出された文様と考えられる。

2　諸磯式土器に伴う微隆起線土器資料

微隆起線施文土器は，諸磯式のなかでどのような分布範囲にあるのか，諸磯式土器に伴って出土する微隆起線施文土器の類例をみてみよう。

微隆起線をもつ資料を集成するに当たり，前項で確認した特徴を考慮して，報告書に掲載されている写真・実測図・拓本・観察表を利用して集成を行った（図3・4）。

群馬県

広面遺跡（図3-7）（羽鳥 1994）　J5号住居出土。横位の擦痕（ナデ調整）をもつ土器で，擦痕（ナデ調整）の間に微細な隆起をもつ。同じ遺構からは，諸磯b新～諸磯c段階の土器が出土している。

上泉唐ノ堀遺跡（図3-8～10）（関口 2010）　2と同じ10号住居出土の土器。横位のナデにより，微隆起線を作り出している。微隆起線間の幅は6～7 mmと狭い。内面にもナデ整形が行われているが，微隆起線は認められない。同じ遺構から出土している諸磯式土器と比較して，胎土に小礫が入り粗い作りになっている。また，色調も諸磯式土器が赤褐色や橙色系統であるが，にぶい黄土色や黒みを帯びた色調である。諸磯b中2段階から新段階の土器が共伴している。

大上遺跡（図3-11）（橋本 2008）　III-9号住出土。微隆起線は，はっきり確認できないが，ヘラによる横位方向のナデ整形が顕著に見られる。器面は粗く，小礫多く含み上泉唐の堀遺跡資料と似る。この他にも数点，微隆起線をもつ土器が出土している。口縁に棒状の粘土添付があることから，諸磯c古段階の土器である。

上丹生屋敷山遺跡（図3-12・13）（腰塚 2009）　12は，115号住居，13は，415号住居出土。両者とも器面全面に横位のナデ整形がみられ，整形の間に微隆起線が認められる。13は，ナデの単位が短く，微隆起線が横位に長く続かず途切れ途切れになる。12はナデが長く続き横位の微隆起線が胴部を巡るように見える。12の微隆起線間は6～7 mm，13は10 mmとやや広くなっている。12は諸磯b新段階，13は諸磯b中段階の土器が同じ遺構から出土している。

白井十二遺跡（図3-14）（齋藤 2008）　5号住居出土。器形は，底部から外側に広がり，口縁部で「く」の字状に屈曲する。器面全体をナデ整形している。屈曲部から上の口縁部では，幅の狭い工具による横位のナデ整形を丁寧に行い光沢をもち，ナデ間に拓本では表現されない位のわずかな高まりを作り出す。胴部は，口縁部に比べやや幅広にナデを行い，口縁部と胴部で整形による差異がみられる。整形の差異や器形からも口縁部と胴部を意識していることがわかる。器形から諸磯b中2段階の土器である。

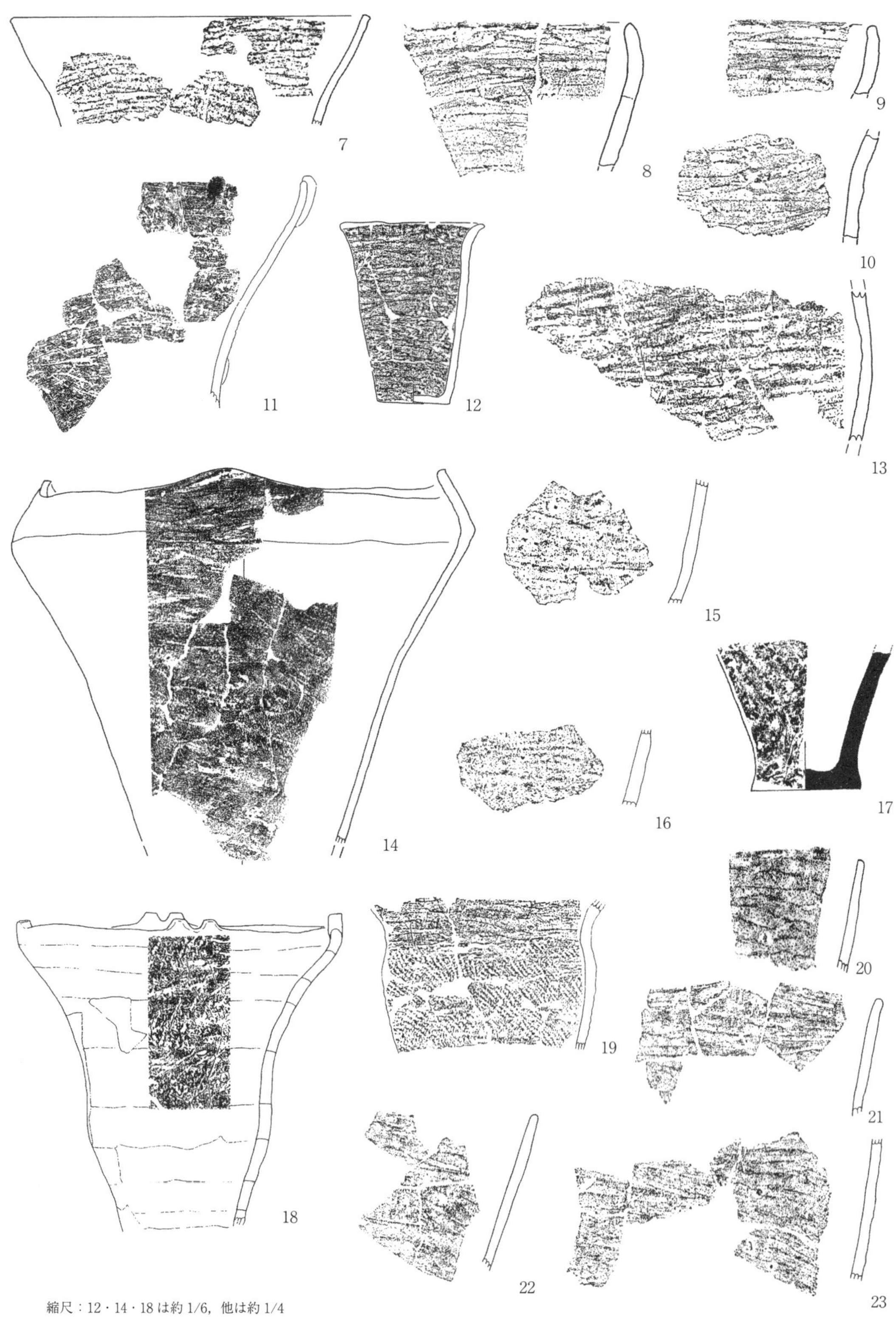

縮尺：12・14・18は約1/6，他は約1/4

図３　微隆起線施文の土器３

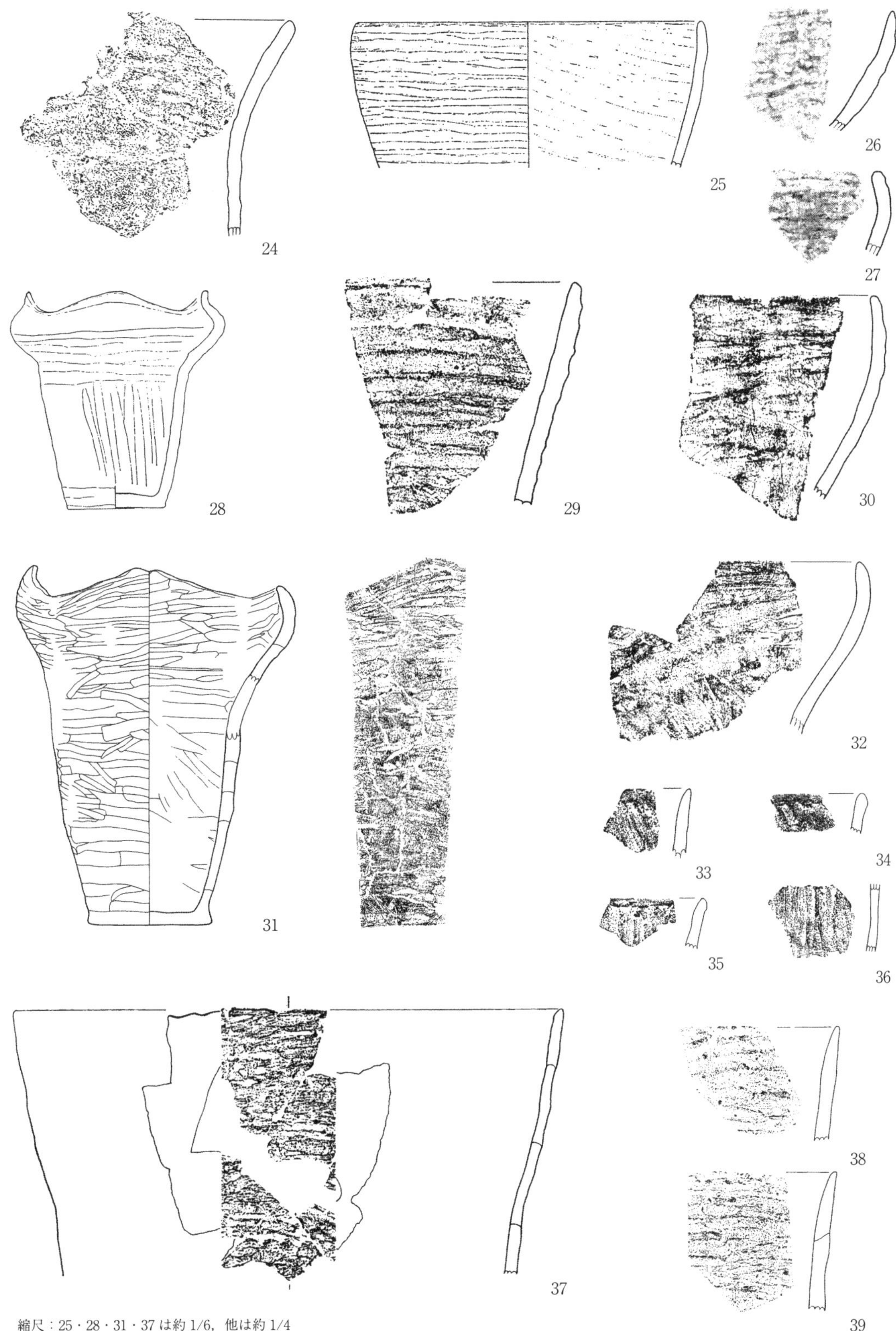

縮尺：25・28・31・37 は約 1/6，他は約 1/4

図４　微隆起線施文の土器４

長野県

下島遺跡（図 3-15・16）（小松 1995）　報告者は観察で，「器面調整の痕跡が明確に残るものも見られる」としている。横位の器面整形により微隆起線が見られる。無文の土器も出土しているが，整形による微隆起線が見られないものもある。同じ遺構からは前期末の土器が出土している。

丸山遺跡（図 3-17）（宮坂 1974）　報告よると「一見後期土器の底脚部に似ている。厚さは 9 mm で，胎土に微細な雲母を含み，焼成は良好である。土器表面の凹凸が多く，手こね風の作りである。これらの色調焼成から前期後半に属するものと思われる」としている。拓本図の観察では，斜め方向に凹凸が見える。6 の土器と同様に，器面の断面が波状になる土器である。

松原遺跡（図 3-20～23）（上田 1998）　SB3030（住居）出土土器。報告者によると，「指頭あるいはヘラ状工具等で無文の器面をなぞり，「しわ」状の微隆線文を形成させている土器で，波状口縁を呈し，胴部にまで同様の手法で施文されている。これと同様な手法・文様が型式のメルクマールとなる蜆ヶ森式と比較すると，文様の整然さ，胴部に縄文施文がない点など相違点がみられるが，むしろ，北陸地方に分布の主体をもつ蜆ヶ森土器の影響が色濃く反映された土器と積極的に評価したい。」として，蜆ヶ森式土器の影響を受けた土器と報告されている。同じ遺構から，諸磯 c 式・下島式土器が出土している。

山梨県

天神遺跡（図 3-18・19）（新津 1994）　18 は，40 号住居出土。報告では，縄文系で輪積み痕が顕著な深鉢形土器としている。写真・拓本図等からは，微隆起線が見えないがまばらに縄文が見え，その上からナデ整形が行われている。諸磯 b 中 2 段階以降の土器である。19 は，38 号住居出土。報告では，頸部無文となっているが，拓本図からの観察では，横位のナデ整形による微隆起線が見える。胴部は RL の斜行縄文が施文される。諸磯 b 後半の土器と思われる。

埼玉県

沖田 I 遺跡（図 4-24）（木戸 1998）　9 号住居出土。報告では，「横位の粗い擦痕状の整形が施され，縄文は施文されていない。輪積み痕が残る」と説明している。諸磯 b 中 2 段階の土器が伴って出土している。拓本の観察では，擦痕状の整形の間に微隆起線の高まりが見える。

上南原遺跡（図 4-25）（市川 1982）　3 号住居出土。報告では，「器面は無文で，ヘラ状工具により削られた荒い面を作り出している。内面も同様に荒れている。器形は平口縁で，口縁部は内湾気味の形態を示している。胎土は荒く，片岩が目立つ。」としている。実測図では，横位に微隆起線が巡っているように見える。写真では，ナデの断面が波状になり，わずかに微隆起線があるように見える。諸磯 b 中 2 段階の土器と伴っている。

裏山遺跡（図 4-26・27）（齋藤 1985）　1 号住居出土。報告では，無文土器としているが，拓本図の観察では，横位のナデと微隆起線が見られる。他にも 3 号住居から同様の資料が出土している。諸磯 b 中 2 段階以降の遺物と伴って出土している。

東光寺裏遺跡（図 4-28・29）（中島 1980）　28 は，19 号土坑出土。報告によると，「口縁部ヨコ，胴部タテ方向のヘラ削り整形」としている。写真の観察では，胴部でヘラケズリ間に微隆起線がわずかに見られる。口縁部は細いヘラケズリにより整形されているが，微隆起線は確認できない。口縁部と胴部の文様帯を意識して整形方向を変えるのは，14 の資料と同様の例である。器形などから諸磯 b 中 2 段階と思われる。29 は，報告では，無文の深鉢で表面に凹凸が残るとしている。写真・拓本図から観察すると，ナデの断面が波状になり，凸部が微隆起線になっている。諸磯 b 中 2 段階の土器と伴っている。同様の資料が，7 号住居 16 にある。

東京都

七社神社前遺跡（図 4-30）（黒済 1988）　遺構外出土。無文の口縁部。拓本図・写真による観察では，口縁部を横位方向，胴部を縦位方向にナデ整形を行い，微隆起線を作り出している。同様の資料が，6 号住居から諸磯 b 中 2 段階の土器と供伴して出土している。

四つ葉地区遺跡（図 4-31・32）（山村 1998）　1 号住居出土。同様の資料は，本住居から数点出土しているが，代表的な 2 点を図示した。31 は，上部を指頭による整形痕，下部はヘラ状工具による調整がそのまま残る。32 は，拓本図からの観察になるが，口縁部を横位に，頸部を斜位方向に整形して微隆起線を作り出している。31 の微隆起線をもつ土器は，整形の密度や方向を変えることで，口縁部と胴部の文様帯を意識した構造になっており，14 や 28 の土器と共通する。器形などの特徴から，諸磯 b 中 2 段階になると思われる。

伊皿子貝塚（図 4-33～36）（羽生 1981）　報告書の観察では，「外面は縦方向のナデによって調整されたの口縁部に限って横方向のナデによってさらに調整される。内面は，口縁部では横方向，胴部では縦方向のナデによる調整がされる」としている。拓本図からは，ナデの間に微隆起線が確認される。本遺跡からは，諸磯 b 式後半段階が多く出土している。

二宮遺跡（図 4-37～39）（村井 1978）　7 号住居出土。写真図版・拓本図からの観察では，ヘラ状工具による横位のナデ整形で微隆起線が作られる。諸磯 b 式土器が出土している。

諸磯式土器の微隆起線をもつ土器を集成し観察した。その結果，3・5 の土器や 14・28・31 のキャリパー形土器の整形や微隆起線の類似性を考えると，文様をもたない無文土器がたまたま焼成され作られたのではなく，意図した形で微隆起線施文土器が作られたと考えられる。

3　まとめ

神保植松出土の微隆起線土器の特徴から，諸磯式土器様式圏のなかに取り入れられた蜆ヶ森 II 式土器と認定したのであるが，今回の観察で微隆起線の施文方法や文様構成において，蜆ヶ森式とは異なる様相を示したのであるが，両者の関係性について次のように考える。この時期の諸磯式土器は，口縁部文様帯に波状文や渦巻文様を描くことをもくろんでいる。この口縁部に文様を描くということに関して，蜆ヶ森 II 式土器は，微隆起線を使用して文様を描き，諸磯式土器と同じ効果を表現している。施文具や施文方法を違えているが，波状文や渦巻文の文様効果は似せている。一方で，蜆ヶ森II式にある微隆起線という施文効果を表現するために，土器表面を削りだし微隆起線を作り出す手法を諸磯式土器が取り入れている[3)]。

蜆ヶ森式土器は諸磯式土器の口縁部文様意匠を取り入れ，諸磯式土器は，蜆ヶ森式土器の微隆起線意匠を取り入れることで，諸磯式土器と蜆ヶ森式土器の型式間相互の交渉関係を垣間見ることが出来るのではないだろうか。

山本暉久先生とは，縄文時代研究会を通じてのお付き合いから始まりました。研究会主催の遺跡・遺物の見学会，その夜の懇親会等々充実した空間・時間を共有させていただき考古学を続けることができました。感謝いたします。

註

1)　神保植松出土の土器を編集担当の谷藤保彦氏と検討し，蜆ヶ森II式そのものではないが微隆起線の特徴から蜆ヶ森式土器の影響を受けた土器と考えた。

2)　文様帯間の無文部も含め，基本的には諸磯式土器の無文部分は，ミガキなどで平滑に作られている。

3)　小林（2002）は，土器文様における三角関係について文様と施文具と施文法の関係を説明している。

出典・引用・参考文献

市川　修　1982『上南原遺跡II』埼玉県埋蔵文化財調査事業団　31・32頁，19図
上田典男　1998『松原遺跡』長野県埋蔵文化財センター　245・476-480頁，189図
木戸春夫　1998『沖田I／沖田II／沖田III』埼玉県埋蔵文化財調査事業団　20・24頁，13図
黒済和彦　1988『七社神社前遺跡I』東京都北区教育委員会　207-209頁，139図
腰塚徳司　2009『丹生地区遺跡群』富岡市教育委員会　301・333頁，119・151図
小島俊彰　2008「蜆ヶ森式土器」『総覧　縄文土器』アム・プロモーション　298-303頁
小林達雄　2002「縄文土器の生態」『縄文土器の研究』学生社　161-163頁
小松　学　1995『下島（梓川高校敷地内）遺跡』長野県東筑摩郡波田町教育委員会　7-11頁，7図
齋藤　聡　2008『白井十二遺跡』群馬県埋蔵文化財調査事業団　79・108頁，53・82図
斉藤祐司　1985『裏山遺跡』入間市教育委員会　23頁，17図
関口博幸　2010『上泉唐ノ堀遺跡』群馬県埋蔵文化財調査事業団　63・153頁，41・119図
谷藤保彦　1991『神保植松』群馬県埋蔵文化財調査事業団　28-34頁，21図
中島　宏　1980『伊勢塚・東光寺裏遺跡』埼玉県教育委員会　119・123・129頁，77・81図
新津　健　1994『天神遺跡』山梨県教育委員会　72-75頁，71・75図
橋本　淳　2008『大上遺跡II』群馬県埋蔵文化財調査事業団　125頁，106図
羽鳥政彦　1994『広面遺跡』群馬県勢多郡富士見町教育委員会　38頁，27図
羽生淳子　1981『伊皿子貝塚遺跡』港区伊皿子貝塚遺跡調査会　29・30・50-59頁，15図
町田賢一　2014『小竹貝塚発掘調査報告書』富山県文化振興財団埋蔵文化財調事務所　318頁，230図
宮坂虎次　1974『丸山遺跡』茅野市教育委員会　18-20頁，14図
村井美子　1978『二宮遺跡1976』秋川市教育委員会　31・53・69頁，25・40図
山村貴輝　1998『板橋区四葉地区遺跡・平成9年度』板橋区四葉遺跡調査会　189-195頁，図3-75

勝坂式と大木式
—型式間の関係性探求序章—

細田　　勝

はじめに

縄文時代中期後半の関東地方では，勝坂式の終末期に加曽利Ｅ式土器が成立し，やがて隆盛を迎える。加曽利Ｅ式土器は勝坂式を母体に，大木式土器の関与によって成立したと考えられているが，両型式はいつ頃から関係を深めていったのか，その理由とは何であったのであろうか。本稿では，関東とその周辺の縄文時代中期中葉期の土器群の関係性について考察し，以上の問題についての解明の一助とすることを目的とする。

関東南西域出土の大木式土器

関東南西域では，勝坂式後半の井戸尻Ｉ式期頃[1)]に，勝坂式に伴って大木式と考えられる土器が出土している。図1-1の埼玉県桶川市諏訪野遺跡第14号住居跡（渡辺2014），同図2の富士見市唐沢遺跡（小出ほか1975）第1号住居跡，同図3の東京都井の頭池Ｂ地点第324号住居跡（関沢ほか1981），同図4の多摩ニュータウンNo72・795・796遺跡（丹野ほか2005）等がある。諏訪野例はキャリパー状の口縁部で，口唇部に幅狭い無文部をもつ。口縁部には3条1単位の曲線的な隆線文様が描かれている。唐沢例は口縁部が強く開き，短い胴部をもつ台付鉢である。口縁部文様は，隆線と竹管文により口縁部下端区画から上方に伸び，連孤状の一端が渦巻き状となる。井の頭池Ｂ地点例は，強く開く口縁部と，口唇部に突起をもつ。口唇部に対向する大小2単位の突起が付され，肥厚した口唇上には押圧が施されている。多摩ニュータウン例は，器形からみて鉢形土器と想定される。口唇上にはＳ字状を基調とした立体的な突起が付される。口縁部文様は突起から垂下し横方向に伸び，端部が渦巻き状となる。

いずれも在地の勝坂式土器とは一見して容貌が異なっており，北関東から東北地方南部に分布

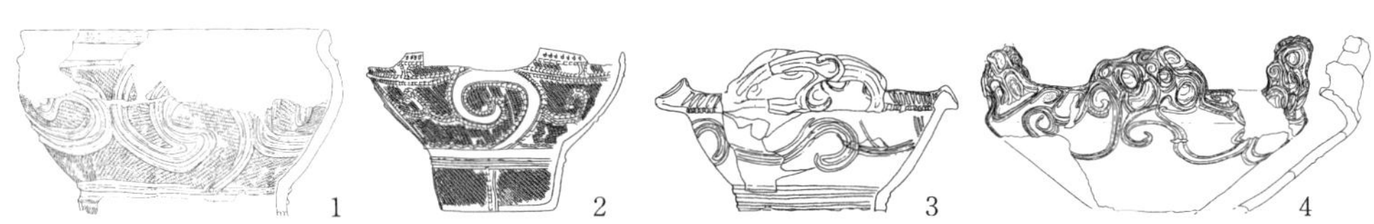

図1　関東南西域出土の大木式土器

域をもつ大木式土器に比定されている。一例として，図 2-7 に白河市南堀切遺跡（根元 1984）第 5 号住居跡出土土器を示した。口縁部が強く開き，口唇上に突起をもつ深鉢形土器で，口縁部と胴部の文様帯が区画されているが，文様は口縁部から胴部に垂下する。口縁部の形態に，唐沢例や井の頭例との共通点がうかがえる。

筆者は以前に，球形ないしは強く張る口縁部に円筒形の胴部をもち，横 S 字状の文様をもつ図 2-1 の坊山遺跡（海老原 1976）出土土器を「坊山類型」[2)] として取り上げ，大木式と勝坂式との関係について若干の分析を行った（細田 2010）。その結果，関東地方では勝坂式の後半期から大木式との関係を強める傾向があり，坊山類型の存在によって両者の連携が図られている可能性を指摘した。ここでは若干視点を変え，大木式土器の側からみた勝坂式との関係について若干の考察を試みたい。

A 類土器

図 2-1～6 の A 類土器は，球形ないしは湾曲の強い口縁部に無文の口唇部と，円筒形の胴部からなる深鉢形で，口縁部に横 S 字文の文様をもつ土器である。栃木県坊山遺跡出土土器から，「坊山類型」と仮称した。一般的には大木式土器として扱われているが，果たして大木式の系統的変遷のなかでその出自が追えるだろうか。

大木式土器については，宮城県小梁川遺跡（相原ほか 1986）の豊富な資料をもとに，型式変遷が示されている。同遺跡では大木 6 式から 7b 式までの資料が多い。宮城県長者原貝塚（阿部・遊佐 1978），藤浜貝塚（加藤 1982），福島県桑名邸遺跡（石本ほか 1990）や七郎内 C 遺跡（松本ほか 1982），妙音寺遺跡（押山ほか 1995）等では小梁川遺跡に後続する資料が出土している。

これらの遺跡出土資料を通覧してみても，A 類は大木式の系統的変遷から成立したものではなく，他型式との相互関連から起源を求める必要がある。

A 類に特徴的な器形には，勝坂式との関係性が浮かび上がる。一例として図 3-1 の丸山遺跡第 2 号住居跡（石塚 2003）例をみてみよう。丸山例は口縁部に文様をもつが，胴部は地文のみである。この他にも同様の器形をもつ土器が散見される。文様施文の位置や文様の種類などバラエティーが多いが，単純に横 S 字文を施文した例はない。

図 2-1 は坊山遺跡出土土器である。口縁部には 4 単位の横 S 字文が施文され，沈線によって連結されている。同様の例は坊山遺跡以外にも，見眼遺跡（羽鳥 1986），弁天池遺跡（辰巳ほか 1976），大畑貝塚（馬目ほか 1975）などがあり，勝坂式分布圏を超えて，関東北部から東北地方南部に広がっている点が注目される。また，口縁部が強く開く図 2-8 の島田 V 遺跡（江原ほか 2006）第 106 号住居跡などの深鉢形土器にも，同様の文様構成がみられる点に注目しておきたい。

それでは，何故に球形の口縁部に 4 単位横 S 字文が施文されるのであろうか。勝坂式には横 S 字状の文様要素は存在するが，単純な繰り返しは行わない。4 単位構成を採用する例はあるが，文様を異にする組み合わせからなり，横 S 字状文は文様の一部でしかない。A 類の器形は勝坂

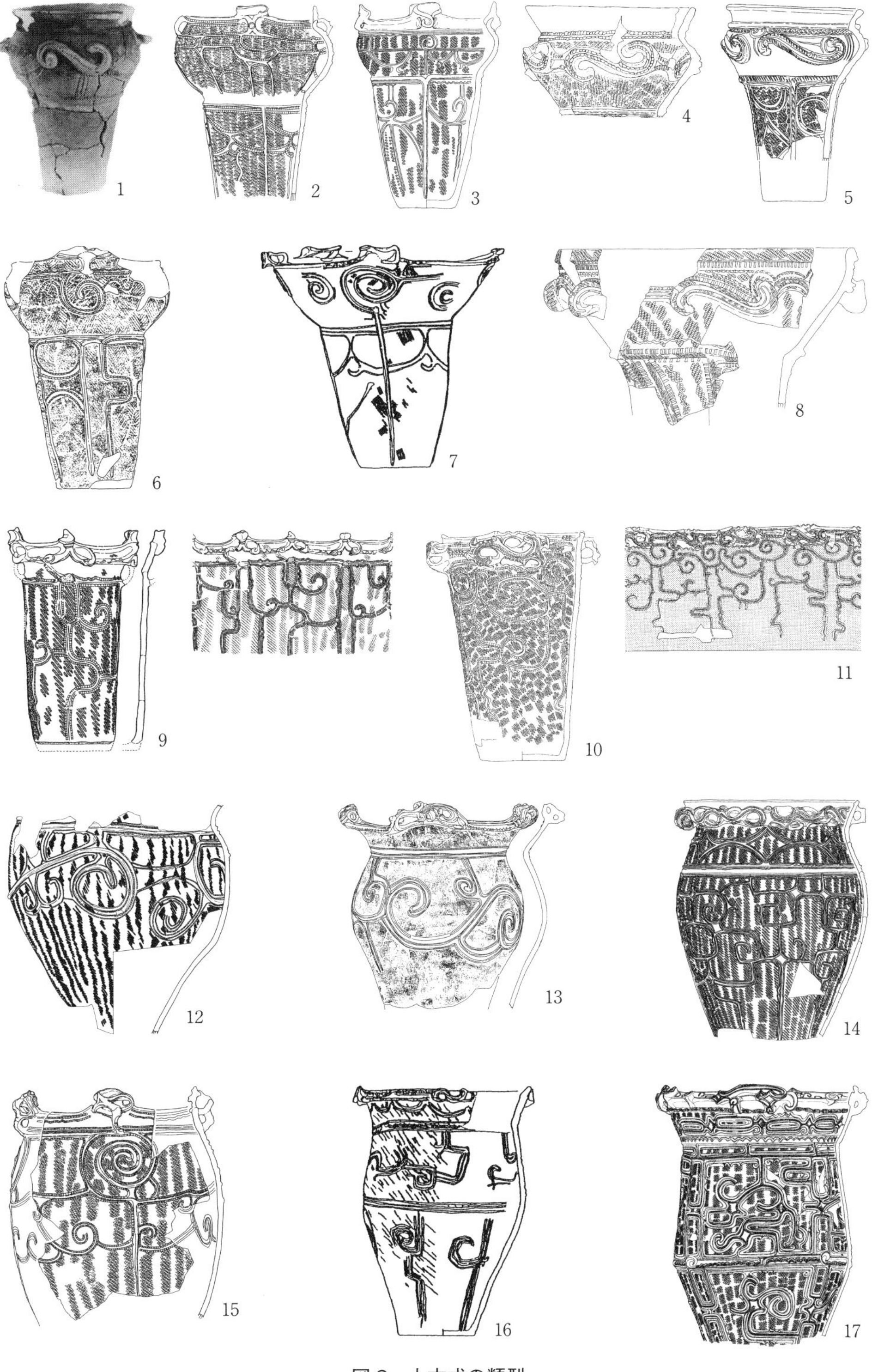

図２　大木式の類型

式に多く存在することから，勝坂式の器形と横S字の文様要素を借用する一方，大木式に伝統的な4単位の文様構成原理を採用することによって成立した土器と考えられ，勝坂式土器型式圏外でもその存在意義が認められたものと推定される。

図2-1に近い口縁部の形状をもちながら，口唇無文部をもたないか極端に幅狭く，口縁部に横S字状以外の文様を施す土器が，東北南部から北関東地域にかけての地域で出土している。図2-2・3にそれらの一例を挙げた。口縁部文様にはこれといった決まりがないようにも見受けられる。口唇に無文部や幅狭い文様帯をもち，4単位の小突起によって口縁部と連結される点が特徴である。2の口縁部文様は，後述する桑名邸遺跡出土土器の胴部文様の構成にも類するように思われる。一方で，3の口縁部文様は，大木式の伝統的な文様である対孤状の文様構成に系統的な連続性が求められると考えられる。これらの土器には，胴部にも文様が施される点が特徴的である。縦区画の懸垂隆帯間に，対孤状もしくはX状のモチーフが描かれている。胴部を垂下する明瞭な4単位区画は，勝坂式ではまれであるが，日立諏訪遺跡（鈴木1980）第6群I・II類の胴部には，懸垂隆帯間に対孤状やX状のモチーフが描かれることから，これらの土器との型式学的な連続性をたどることができそうである[3)]。一方，図2-4の原遺跡13号住居跡下層出土土器（村田1997），同図5の堀東遺跡第1号集石（金子ほか2000）例などは，口縁部の張り出しがキャリパー形で，球形の口縁部とは異なることや，無文部の幅が狭いものがあるなど，やや勝坂式に傾斜したあり方を示している。

ここで興味深い例を見てみよう。図2-6に示した小鍋前遺跡第142号土壙出土土器（塚原ほか2008）である。本例は，球形状の口縁部をもつ土器で，口縁部には突起下に渦巻き状のモチーフが描かれている。胴部の文様構成が特徴的で，縦の懸垂隆帯の一部がクランク状に屈曲して垂下している[4)]。一方，大木式土器の文様構成，特に胴部の構成は縦で，クランク状となる文様構成は大木式には系統的にも認められないものである。あえて系統関係を求めるとすれば，勝坂式以外には考えられないであろう。勝坂式では，隆帯により骨格となる文様間に，沈線による様々な充填文様が密に施されることによって，空間の無い器面を構成することが最も大きな特徴で，隆帯には一端がクランク状に描かれるものがある。小鍋前遺跡例では，器面を充填する沈線文様がないことから，懸垂隆帯の一部に，勝坂式の骨格となる文様のみを借用しているものと考えられる。しかしながら，このような文様構成の借用の仕方は，大木式の専売特許というわけではない。勝坂式に平行する東関東の土器として阿玉台式が著名であるが，谷井も指摘するように（谷井1994），この土器型式も勝坂式の文様要素の借用を盛んに行っている。一例を挙げれば，図3-5の清水が丘遺跡第17号住居跡出土土器（早川ほか1985）にその例を見ることができるであろう。大木式は縦の懸垂文を志向しており，その構成が許容される範囲で勝坂式の文様要素を取り込んでいたと考えられる[5)]。一方，阿玉台式は隆帯や竹管文の形状，地文をもたないなど勝坂式への傾斜が強いことが大木式との差異として認められる。

B 類土器

大木式土器には，口縁部がキャリパー形の深鉢が存在し，口縁部に対孤状や鋸歯状のモチーフが描かれた土器が知られている。小梁川遺跡の出土資料と型式学的検討によれば，第 III 群から第 IV 群に位置づけられる。福島県では八景腰巻遺跡（目黒ほか 1975）第 5 号土壙出土土器が小梁川遺跡第 IV 群に平行すると考えられる。この例では，口唇部に 4 単位の突起が施され，口縁部は 8 単位の対孤状モチーフが描かれるものと推定される。またモチーフは同一文様が繰り返されている点や，隆線両側に原体の押圧が施されている点が特徴である。これに対して，南堀切例には，上記のような文様構成をもった土器が見当たらない。このことから，八景腰巻遺跡や小梁川遺跡第 IV 群はそれ以前の時間的位置づけ[6)]が与えられる。

口縁が強く開く深鉢形土器を B 類とした。冒頭で触れた井の頭池遺跡 B 地点出土土器や，唐沢遺跡出土土器の口縁部，図 2-7 の福島県南堀切遺跡出土土器，同図 8 の島田 V 遺跡出土土器などがこの種の土器に分類されよう。A 類と異なり，胴部は円柱状ではないものもあり，口唇部にも幅広い無文部をもつ例はないようである[7)]。口縁部文様は様々で，島田 V 遺跡例のように，横 S 字文が 4 単位に配置されるものや，南堀切例のように，端部渦巻き文から懸垂される例や，井の頭遺跡 B 地点例のように，連続した文様構成となる例などもあり，文様構成には様々なバラエティーが存在するようである。大木式には，口縁部から胴部文様体を貫通する文様構成はもたない。一方で，勝坂式には口縁部文から胴部文様帯を貫通する文様構成をもつものが，少ないながらも存在することから，南堀切例のような文様構成は，勝坂式からの影響と考えることができよう。しかし，井の頭遺跡 B 地点例のような口縁部文様は大木式の伝統からははずれるもので，文様構成や描き方は勝坂式に近いように思われる。

このように，B 類は器形的には大木式に伝統を有しながらも，文様構成なかんずく口縁部の文様構成に関しては，地域的な伝統を受け継ぎつつも，その要素が勝坂式から借用されている可能性が存在すると考えられる。

C 類土器

大木式土器には，円筒状の胴部をもち，幅狭い口縁部に突起が付され，立体的な構成になっている土器がみられる。ここではこの種の土器を C 類とした。資料を瞥見すると，A 類や B 類と同様に，栃木県や福島県などの北関東から南東北に多いようである。

図 2-9～10 に C 類を示した。いずれも幅の狭い口縁部に 4 単位の突起や把手をもつが，妙音寺例や堂平 B 遺跡例のように，口唇上の大小の突起が対向して配されている点が特徴的で，このような突起配置は，A・B 類にもしばしば認められる。

C 類は，胴部に文様をもつ例が多いように思われるが，文様構成にはある共通性が存在するようで，胴上端の区画線に接して平行する隆線が垂下するが，一部が「J」字状であったり，クランク状に屈曲するなどの構成をとっている。

大木式の文様構成をみても，曲線的なあるいはクランク状となる文様構成は系統的に存在しないとみるべきであろう。

勝坂式土器は様々な形式で構成されていることは周知の通りである。いままで取り上げた大木8a式古段階に平行する勝坂式は，井戸尻Ⅰ式段階と考えられるが，胴部に一帯の文様構成をとる土器は限られている。そのうちのいわゆるパネル装飾文の土器を見てみよう。一例として，図3-3の多摩ニュータウンNo46遺跡（我孫子ほか1969）例を取り上げてみよう。この土器は，隆帯で骨組みとなる文様が描かれ，隆帯間には空間を埋め尽くすように，沈線文が充塡されている。隆帯宇文様に注目すると，器面を垂下する懸垂隆帯や，端部が渦巻き状となる文様などがあり，隆帯のみを抽出すると大木式に描かれた文様との類似性が存在することに気付くであろう。このことからみると，大木7b式と8a古段階にみられる文様構成の乖離と，大木8a式の文様構成の在り方は，勝坂式の関与を無視しては成立しえないと考えられる。これは，阿玉台式と勝坂式との文様構成上の関連性とも通じる点[8)]であろう。

この類型でも横S字状の突起が発達しており，立体的な構成となるものも存在する。一方，阿玉台式ではこのような突起を採用する例はない。勝坂式でも突起が発達する例は多く，大突起が1ヶ所もしくは大小の突起が対に付される傾向があるが，横S字を基本とした立体的な突起を志向する傾向は希薄なようである。

このように，C類も勝坂式との関係を保つことにより成立した存在であることが明らかである。

D類土器

大木8a式には，上記の土器群に加えて，口唇部がすぼまり，胴中位に最大径をもつ樽形に近い土器が目立つようになる。ここではこの種の土器をD類としておこう。D類には胴部が一帯構成のものと二帯構成のものがある。さらに前者には文様が横展開を意図したものと，縦構成を意図したものとの差異が認められている。

まず，胴部一帯で横の文様構成の土器をみてみよう。図2-12の湯坂遺跡（海老原1979）出土資料は口頸部が失われているが，丸みをもった胴中位に最大径があり，胴部上端区画線に接して，横S字文を基調とした文様が横位に廻っている。文様は隆線で描かれ，両側には幅狭い竹管文が並走しているほか，横S字文同士を連結しており，槻木沢遺跡（海老原ほか1980）出土土器の幅狭い口唇部や，A類の口縁部の横S字文の連結にも同様の手法が認められる。

湯坂遺跡例に近い文様構成をもつ土器に，同図13の小鍋前遺跡出土土器がある。口頸部が直線的に開き，口唇部に横S字を基調とした立体的な突起が付されている。胴部は中位に最大径があり，2ないし3本隆線による文様が描かれ，竹管文は付随しない。

次に，縦構成の土器についてみてみよう。桑名邸遺跡や七郎内C遺跡で良好な資料が出土し

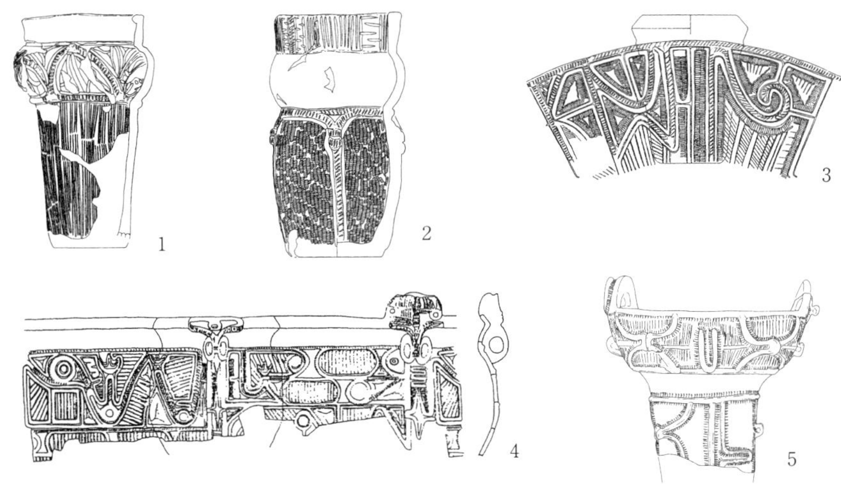

図３　大木式と関連する勝坂式・阿玉台式

ている。図 2-14 の桑名邸遺跡例では，口唇部に横 S 字の突起が付され，口頸部には対孤状の文様が描かれている。胴部文様は横に伸びるクランク状や端部が渦巻き状となる文様から，懸垂文が垂下する構成をとるようである。一方，図 2-15 の七郎内 C 遺跡例では，上部が渦巻き状となる懸垂文が器面を垂下し，懸垂文間が横構成の文様で連結されていることから，文様構成には坊山類型と近似した構成が認められる。

次に，胴部が二帯構成となる土器をみてみよう。事例として，図 2-16 の南堀切例と，図 2-17 の小梁川遺跡例を取り上げた。いずれの資料も胴最大径の部分で分帯されており，南堀切遺跡例には，上半部にクランク状に垂下する文様が，下半部には端部が渦巻き状やクランク状となる懸垂文が描かれている。

小梁川遺跡例は他とは大きく様相が異なっている。胴部横帯内が縦に区画され，それぞれの区画内には，横 S 字やクランク状などを組み合わせた文様構成となっており，いわばそれぞれの横帯内に設けられた立区画内が独立した文様構成をとっているとみなせる。南堀切，小梁川遺跡例ともに口唇部に横 S 字文基調の突起が付されている点は共通している。

D 類の土器様相は以上である。湯坂遺跡や小鍋前遺跡での共伴資料から，この種の土器が出土する時期は，阿玉台 III 式段階と考えられる。阿玉台 II 式平行期の日立諏訪遺跡とは土器様相が大きく異なっていることや，小梁川遺跡の分析による第 IV 群と第 V 群以降の土器の変化を併せみれば，大木式土器は，阿玉台 III 式平行期，関東西部では井戸尻 I 式期にその様相が大きく変化していると考えられる。

今までみてきたように，D 類も大木 7b 式とされる土器から系統的に変遷を辿ることが難しいと考えられる。それでは，大木 8a 式古段階に至りその文様構成を変えた要因は何であったのだろうか。すでに，A〜C 類と勝坂式との文様構成の類似性について瞥見した。ここでも同様の視点に立って，勝坂式との関係性について探ってみよう。

ここでは勝坂式のなかで樽形の器形をもち，胴部が分帯される土器を中心に分析してみよう。一例として，図3-4の塩尻市小段遺跡（樋口ほか2011）例を取り上げてみよう。小段遺跡例は胴下部が欠損しているが，胴部最大径辺りに横位の隆帯が廻り，二帯構成となるらしい。口唇無文部に対向する大小の把手をもち，把手から垂下する隆帯で器面が大きく2単位に分割されている。文様要素は鋸歯文や楕円区画文などで，各区画内で文様構成が異なっている。二帯構成の土器は比較的多いが，胴下部が解放されるものは少なく，隆帯によって区画され，各帯は閉塞されている例が一般的である。

胴部が二帯構成となる勝坂式は多いが，通常は下段が閉塞され，大木式にみられるように解放される例はあまり見受けられない。二段構成を有する土器でありながらも，型式間での構成には隔たりがある。これは勝坂式と阿玉台式にも通ずる差異である。このようにみると，下端解放の構成や，骨格となる文様は伝統的に大木式にありながら，二段構成という勝坂式の文様帯や，勝坂式の文様要素を借用し組み込むことにより成立しているとみなすことができる。

収　束

大木式と勝坂式との関係について簡単に触れてきた。今まで述べたように，大木式は7b式段階と8a式古段階とでは，その様相が大きく異なっており，その差異を生み出す背景に，勝坂式が介在した可能性について簡単に触れてきた。この時期は，勝坂式でいうところの井戸尻Ⅰ式期に平行する。この段階では関東西部の勝坂式にも変化が現れ，口縁部に文様が集中する一方，胴部が地文のみの土器が多くなる傾向がうかがえる。井の頭遺跡B地点，多摩ニュータウン遺跡，唐沢遺跡，行司免遺跡（植木1988）例などの，大木式系といわれる土器が散見される時期とも一致する段階といえる。勝坂式は，大木式へ影響を与え，大木式からも影響を受け入れる一方で，突起を発達させ，終末期にはより勝坂式らしい立体装飾豊かな土器を生み出してもいる。しかし，大木式の影響が勝坂式内部に静かに進行し，やがて加曽利E式土器を生み出す素地は，すでに井戸尻Ⅰ式期に始まっていたといえる。一方，大木式土器は勝坂式の文様構成や文様要素の借用など，勝坂式との関係性を強めるが，加曽利E式の様な簡素な土器を生み出す方向には進まなかった。

勝坂と大木両土器型式圏では，集落の在り方やその構造などにも大きな相違がある。井戸尻Ⅰ式平行期に限れば，大木式と勝坂式はその関係性を強めていったが，土器の搬入や模倣にみられるように，器形・文様から制作技法を含めて，自己の型式内で，いわば価値体系を共有する場合とは異なり，各々の型式が伝統を重視しつつ，構造の一部を受容する関係であったと考えられる。関東と南東北の広域にみられるそのような型式を超えた関係には，地域を超えた広範な婚姻関係などが存在したのだろうか。後続する時期も含め課題は多い。今後も検討を続けたい。なお，坊山遺跡出土土器については，栃木県立博物館から掲載許可をいただいた。また，東北地方の文献については，多賀城市教育委員会の石川俊英氏にご教示いただいた。記して感謝申し上げます。

註

1)　勝坂式の細分案は，谷井・細田ほか 1982 に従っている。
2)　ここでは球形ないしはそれに近い口縁部と無文の口唇部，円筒形の胴部をもつ器形に限定したい。
3)　このようなモチーフは，大木式に伝統的なものと考えられ，大木 6 式を経て 7a 式に認められる。小梁川遺跡ではこの種の文様をもつ土器が少ないことから，大木式内部での系統性に把握できない部分がある。堀東遺跡出土土器の胴部には，懸垂隆帯間に沈線文のモチーフが描かれている。モチーフの一部には孤線と鋸歯状の沈線が描かれており，七郎内 C 遺跡例などとの関連性が考えられる。
4)　クランク状に屈曲した胴部の隆帯文は，御霊前遺跡 SK-387 や三輪仲町遺跡 SK-212 出土土器にも認められる。
5)　丸山遺跡第 2 号住居跡出土土器にみられるように，勝坂式土器には，縦区画と対孤状の文様で構成される土器がある。これらは大木式からの影響を受けたものとは考えられないであろうか。
6)　南堀切類型や坊山類型が出土する一括資料をみると，阿玉台 III 式土器が伴っていることから，八景腰巻遺跡例は阿玉台 II 式に平行する時期と考えられる。土器は異なるが，日立諏訪遺跡第 6 群に第 5 群 V 類の一部が伴うものと考えられよう。
7)　南堀切類型の大きく開く口縁部は特徴的である。大木式や勝坂式の深鉢形土器にはみられないが，大木式の浅鉢や鉢形土器にはしばしば認められる形状である。唐沢遺跡例は，大木式の鉢形土器に勝坂式の台部を付けた器形の可能性がある。
8)　阿玉台式では太い隆帯や幅広い爪形文に勝坂式との共通性が認められる。大木式は文様構成は類似するが，隆帯の幅や隆帯側の竹管文は勝坂式とは異なる。大木式では隆帯幅が狭く，竹管文は側面圧痕の伝統を引き継ぎ幅が狭い点が特徴である。また，阿玉台式，大木式ともに主文様間の充塡文様は存在しないが，阿玉台式では無文地，大木式では主に縦回転の縄文地と，土器製作上の差異が明確である。

引用・参考文献

我孫子昭二ほか　1969「多摩ニュータウン No46 遺跡の発掘調査」『多摩ニュータウン遺跡調査報告 VII』多摩ニュータウン遺跡調査会
阿部恵・遊佐五郎　1978『長者原貝塚』南方町文化財調査報告書第 1 集　南方町教育委員会
相原淳一ほか　1986『小梁川遺跡遺物包含層土器編』宮城県文化財調査報告書第 117 集　宮城県教育委員会
石塚和則　1997『宮地遺跡』埼玉県狭山市教育委員会
石塚和則　2003『丸山遺跡』埼玉県狭山市教育委員会
石本弘ほか　1990『桑名邸遺跡（第 2 次)』福島県文化財調査報告書第 226 集　財団法人福島県文化センター
植木　弘　1988『行司免遺跡―本文編―』埼玉県比企郡嵐山町教育委員会
江原美奈子ほか　2006『島田遺跡 V』上三川町埋蔵文化財御調査報告第 33 集　上三川町教育委員会
海老原郁夫　1970「坊山遺跡第二次発掘調査概報」『県高教研高校社会科紀要』
海老原郁夫　1976「坊山遺跡」『栃木県史　資料編考古 1』栃木県史編さん委員会
海老原郁夫　1979『湯坂遺跡』栃木県考古学会
海老原郁雄ほか　1980『槻木沢遺跡』栃木県埋蔵文化財調査報告第 34 集　栃木県教育委員会
海老原郁雄　1994「北関東の大木式土器」『縄文文化の研究 4』雄山閣出版株式会社
押山雄三ほか　1995『妙音寺遺跡（第 1 次)』郡山市教育委員会　財団法人郡山市埋蔵文化財発掘調査事業団

加藤道男　1982「藤浜貝塚」『宮城県文化財発掘調査略報』宮城県教育委員会

加藤孝・後藤勝彦　1975「登米郡南方町青島貝塚発掘調査報告」『南方町史　資料編』宮城県南方町

金子直行ほか　2000『堀東／城西 II』埼玉県埋蔵文化財調査事業団報告書第 257 集　財団法人埼玉県埋蔵文化財調査事業団

桐生直彦・山崎和己　1986『和田・百草遺跡群』多摩市文化財調査報告 10 集　多摩都市計画道路事業会 1・3・1 号線関連遺跡調査会

工藤健吾ほか　1996『妙音寺遺跡（第 2 次）』郡山市教育委員会　財団法人郡山市埋蔵文化財発掘調査団

小出輝夫ほか　1975「唐沢遺跡」『富士見市文化財報告　第 9 集』富士見市教育委員会

榊原幸男ほか　1985『堂平 B 遺跡』玉川村文化財調査報告書第 2 集　福島県玉川村教育委員会

進藤敏雄ほか　2000『御霊前遺跡』栃木県埋蔵文化財調査報告第 236 集　財団法人栃木県文化振興事業団埋蔵文化財センター

鈴木裕芳ほか　1980『諏訪遺跡発掘調査報告書』日立市教育委員会

関沢英一ほか　1981『井の頭池遺跡群 B 地点発掘調査報告』三鷹市埋蔵文化財報告第 6 集　三鷹市遺跡調査会

田中和之ほか　2005『宿浦遺跡・宿上遺跡・天神前遺跡・宿下遺跡』埼玉県蓮田市教育委員会

辰巳四郎ほか　1976『芳賀町弁天池遺跡（第二次調査）』宇都宮大学考古学研究会

谷井彪・細田勝ほか　1982「縄文中期土器の再編」『埼玉県埋蔵文化財調査事業団研究紀要 2』財団法人埼玉県埋蔵文化財調査事業団

谷井　彪　1994「勝坂式土器」『縄文文化の研究』4　雄山閣出版株式会社　72-83 頁

丹野雅人ほか　2005『多摩ニュータウン遺跡 No72・795・796 遺跡（21）』東京都埋蔵文化財センター調査報告書第 50 集　東京都埋蔵文化財センター

塚原孝一ほか　1994『小鍋前遺跡』栃木県埋蔵文化財調査報告第 313 集　財団法人栃木県生涯学習文化財団埋蔵文化財センター

中島雄一ほか　1996『妙音寺遺跡（第 2 次）』財団法人郡山市埋蔵文化財発掘調査事業団　郡山市教育委員会

丹羽　茂　1994「大木式土器」『縄文文化の研究 4』雄山閣出版株式会社

根本信孝　1984『南堀切 IV』白河市教育委員会

橋本澄朗　上野修一　1984『はなひらく縄文文化』第 7 回企画展資料　栃木県立博物館

羽鳥政彦　1986『田中田遺跡　窪谷戸遺跡　見眼遺跡』群馬県富士見村教育委員会

早川泉ほか　1985『清水が丘遺跡』府中市遺跡調査会

樋口誠司ほか　2011『藤内』長野県富士見町教育委員会

細田　勝　2010「勝坂式の変容と大木式との関係」『比較考古学の地平』

松本茂ほか　1982『七郎内 C・D 遺跡』福島県文化財調査報告書第 108 集　財団法人福島県文化センター

松本茂ほか　1991『法正尻遺跡』福島県文化財調査報告書第 243 集　財団法人福島県文化センター

馬目順一ほか　1975『大畑貝塚調査報告』福島県いわき市教育委員会

村田章人　1997『原／谷畑』埼玉県埋蔵文化財調査事業団報告書第 179 集　財団法人埼玉県埋蔵文化財調査事業団

目黒吉明ほか　1975『八景腰巻遺跡』福島県文化財調査報告書第 47 集　福島県教育委員会　日本道路公団

渡辺清志　2014『諏訪野遺跡 I』埼玉県埋蔵文化財調査事業団報告書第 410 集　公益財団法人埼玉県埋蔵文化財調査事業団

神奈川県相模原市内における勝坂式土器の様相

—標識遺跡のジレンマ—

領 家　玲 美

はじめに

縄文時代中期中葉に出現した勝坂式土器は，神奈川県の県央北部に位置する相模原市南区磯部字勝坂1780番外に所在する勝坂遺跡を標識遺跡とする土器である。ある夏休みに学生が大山柏に土器を見せたことをきっかけとし，後に山内清男により形式名として確立され現在に至る。勝坂遺跡は地元に愛され守られてきたが，やがて世の中の情勢同様開発の波が訪れる。そこで遺跡内に複数のトレンチを入れ，調査を行った。結果，やはり多くの遺構が存在することが判明し，勝坂遺跡を残すための運動が起こり，昭和49年に国指定史跡として保存されることが決まった。それから約40年の時を経て勝坂遺跡は整備され，平成22年4月1日に史跡公園としてオープンした。それからは地元の方や市内小中学生はもちろんのこと，市外からもお客様を迎える機会も多くなり，勝坂遺跡の説明をする機会も増えた。しかしそこでいつも困ることがある。それは勝坂式土器の説明と，集落で出土した土器の説明がマッチしないことである。「この遺跡で多量に発見されたので，勝坂式土器といいます」というには躊躇する。なぜなら調査すればするほど南北に分かれた縄文時代中期後半に主体をもつ集落であることがよくわかるからである。遺跡公園には博物館施設は伴わないが，管理棟の中に土器などの展示スペースを設けている。ここに遺跡公園内に復元した竪穴住居址出土の縄文土器を展示するわけだが，完形の勝坂式土器は並んでいない。破片は少しあるが格好がつく土器は皆同じ「厚手式」の加曽利E式土器や曽利式土器なのだ。勝坂式土器の名前の由来の遺跡ですと説明されたお客様は当然，「これが勝坂式土器」と思うのだ。そして「いやこれは違うのです。これは千葉の方の……」とさらに説明をしなければばらない。疑問符が相手の頭に浮かぶのが目に見える。これでは申し訳ないので，勝坂近隣の磯部山谷遺跡から出土したという勝坂式土器を別ケースに並べて展示しているが，これぞ勝坂式土器という優品が見当たらない。本遺跡より北へ2kmの所に下溝遺跡群という勝坂式土器文化（以下，勝坂文化）のみで形成された環状集落や，勝坂文化を主体とした大規模集落が区画整理で確認されており，そこに勝坂遺跡と名前がついていればよかったのに……と考えてしまう。これが標識遺跡のジレンマである。誤解のないように言うが，全く出土しないわけではもちろんない。集落内に主体的にみられるようなおびただしい量や典型的な人面表現をもつ土器が見当たらないだけである。標識土器型式名をもつ他の遺跡では考えられない悩みかもしれない。

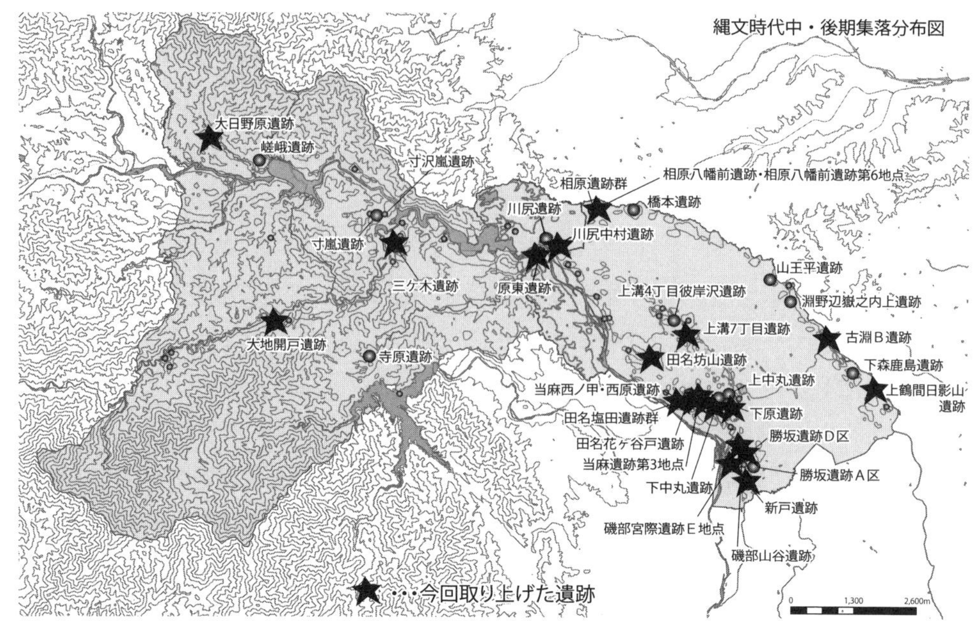

図１　相模原市勝坂式土器文化期の遺跡分布図（縄文時代分布図（文化財保護課）を加工）

そこで，ここでは改めて相模原市内の勝坂文化の拠点や広がりを土器の分布から探ることを目的としたい。近年，開発に伴う調査事例も多く増え，検証対象が増加した。なお，検討範囲は地域単位とし，集落間の川の運搬作用を利用した関係等に鑑み，各水系で考察していく。また，勝坂式土器は縄文時代プロジェクトチームが６期に細分した変遷図を示しており（縄文時代研究グループ 1999），このいわゆる神奈川編年（1999）に依拠し，土器の細別を行った。ここでは大きく４分類に分けて図示した。今回取り扱った遺跡は，完形または略完形の個体が出土した遺跡を対象とし，破片のみ出土する遺跡は対象としていない。

1　勝坂式土器の水系別分布・時期別編年について

相模原市内には，相模川の支流など複数の川が流れ，その川に沿って遺跡が広がっている（図１参照）。ここでは，町田市との境の川である境川，山梨へ行くと桂川と呼ばれる厚木市との境の川，相模川，市内西部，津久井町方面を東西に走る道志川，相模川の支流である姥川や鳩川，八瀬川沿いに確認された遺跡から勝坂文化が確認できる遺跡を追った。境川水系では縄文時代の遺跡の広がりが希薄ななか，中期には集落が営まれる動きがある。また，神奈川県内で中期の集落が形成された後，一回文化層が途切れるが，相模原市内では後期にも引き続き継続して集落が形成されているという特徴がある（山本 2012）。これらの遺跡から，相模原市内勝坂式土器編年表を作成し，まとめることを試みた（図２・３参照）。この年表を通し，勝坂式土器の遺跡の広がりを改めて見つめ直したい。なお，編年表で取り上げた遺跡名は文末に番号ごとに記載した。

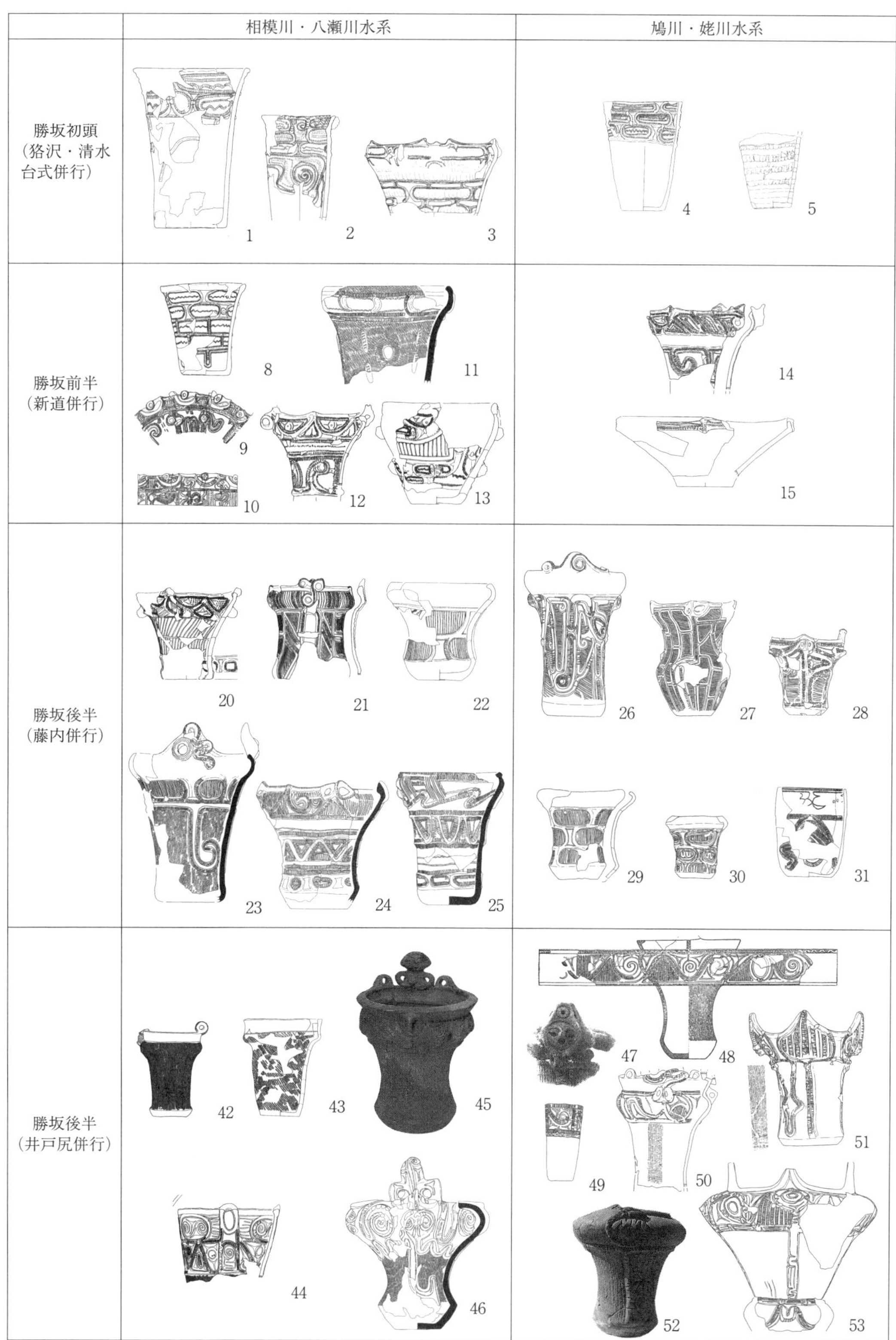

図２　相模原市内勝坂式土器編年表（1）

	境川水系	道志川水系
勝坂初頭（狢沢・清水台式併行）		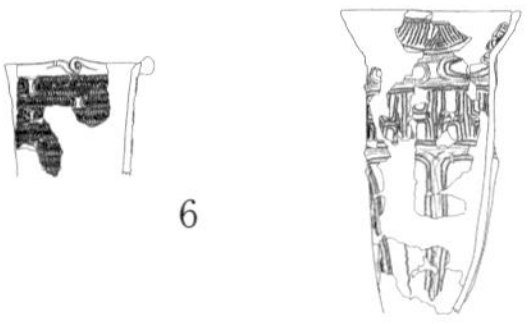 6　7
勝坂前半（新道併行）	 16　17	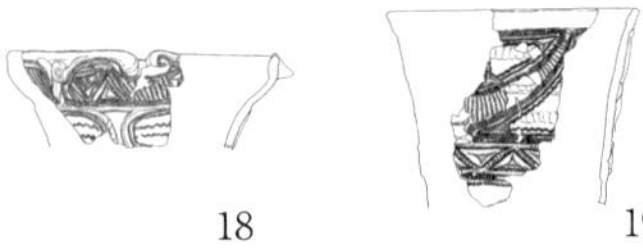 18　19
勝坂後半（藤内併行）	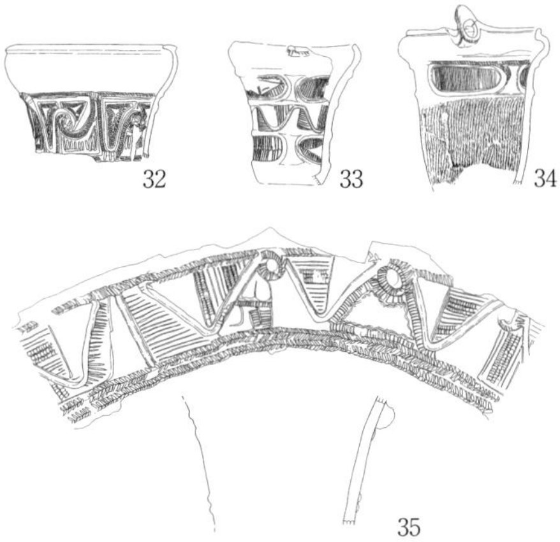 32　33　34　35	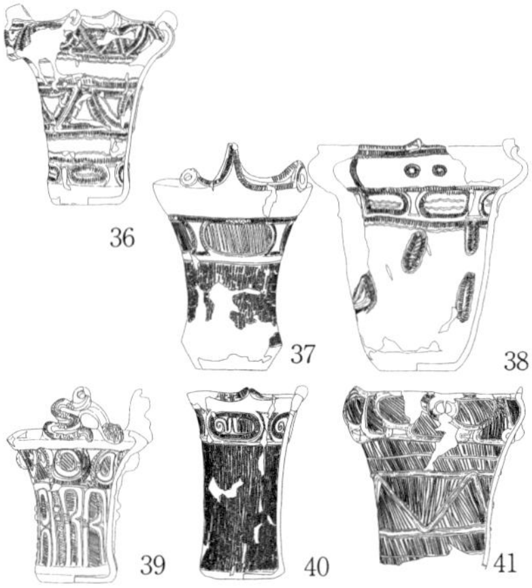 36　37　38　39　40　41
勝坂後半（井戸尻併行）	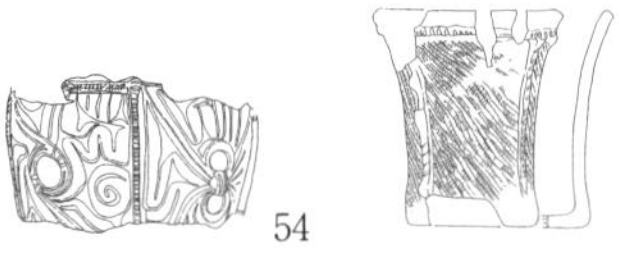 54　55	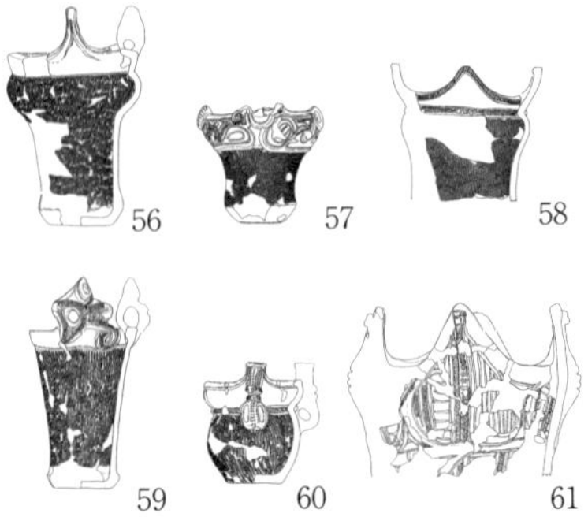 56　57　58　59　60　61

図3　相模原市内勝坂式土器編年表（2）

(1) 勝坂式土器文化初頭（狢沢・清水台式土器併行）

勝坂式土器の古段階である。主に石皿や磨石に最適な玄武岩が拾える水系である相模川沿いの遺跡で確認されている。その場合，中期初頭の五領ヶ台式土器や阿玉台式土器を伴う小規模集落を展開しており，中期後半の土器片をわずかにしか伴っていないのが特徴である。田名塩田遺跡群調整池2地区では，清水台式土器の多くの住居址と土坑群が見つかっている（図2-1〜3）。また，1の土器の内面では，近年の調査により二つのマメ類の痕跡がみられるなど興味深い発見もあった（中山・佐野 2015）。川を北西に遡ると，弥生時代で名を馳せる三ヶ木遺跡ではあるが，同時期の住居址が確認されており，土器も見つかっている（6・7）。7は同時期の土器にしてはサイズが大きい。勝坂後半期まで継続する集落である。相模川を南に進み，勝坂遺跡の低地部と相模川支流の鳩川を挟んで西側向かいには磯部宮際遺跡 A〜E 地点が広がる。そのうち E 地点からは，五領ヶ台式，阿玉台式，勝坂式期の遺構と包含層が確認されている。包含層内には，早期押型文系土器群もみられ，古くからの生活利用が想定できる。ここでは，勝坂遺跡の台地上に展開する中期後半の土器片はほぼ確認されない。土坑内には狢沢式土器や同式の土器（5）あるいは阿玉台 Ib 式期の土器（5）と，石皿が2個出土しており，土器の出土状態は倒置と横位であり2人分の土坑墓とも考えられる。このあたりでは堂々と勝坂式土器文化が展開していると説明できる遺跡である。その他の水系では，現段階で明確な集落は見つかっていない。

(2) 勝坂式土器文化前半（新道併行）

この時期もまた，相模川沿いを中心として展開している。中期初頭より継続して田名地域で勝坂文化の広がりが見られ（8），当麻遺跡第3地点（9・10），田名坊山遺跡第4地点（12・13）へと展開する。田名堀ノ内遺跡でも小片が確認できる。川尻中村遺跡でも集落の形成初期にあたる時期となる（11）。鳩川水系では勝坂後半の次期に主体を置く遺跡となる下溝遺跡群の下原遺跡で，本時期から集落の形成が始まる（14）。上溝7丁目遺跡では遺構外ではあるものの，浅鉢の破片が複数確認されている（15）。また，境川沿いの旧石器時代に大きく展開した古淵B遺跡では，本時期の土坑が1基確認された（16）。境川沿いでは縄文時代の遺跡が確認されていなかったのだが，ここへ来て土坑，相原遺跡群の一部で最近調査された相原八幡前遺跡第6地点で炉体土器に使用された同時期の住居址が見つかっていることは興味深い（17）。道志川水系の三ヶ木遺跡では，継続して同じ住居址に土器が廃棄され，三角押引き文を多用した土器と抽象文の描かれた土器が出現している（18・19）。

(3) 勝坂式土器後半（藤内併行）

姥川左岸の段丘上にある下溝遺跡群と総称される遺跡として下原遺跡 A 地区（26〜30），下中丸遺跡 B 地区，上中丸遺跡 A・下原遺跡 B 地区がある。特に下原遺跡 A 地区は集落形成時期が勝坂式期にのみ集中し，その後の継続をみない。この遺跡内はある程度の時間差がみられるため，人々の動きが読み取れる可能性の高い集落群遺跡である。この時期になると，勝坂文化のなかでも最盛期にあたるため，どの水系でも集落の一端が確認できる。勝坂文化の浸透の希薄な境川水系でも，北の相原八幡前遺跡（33～35）や南の上鶴間（32）でも同じような土器がみられることが近年の調査でわかってきた。道志川水系は三ヶ木遺跡での集落に加え，大地開戸遺跡（36～41）という環状集落が出現する。この辺りの土器の様相は一見似ているのだが，39 など雰囲気とパネル文の配置の仕方に独自の世界がみられるものがある。川尻中村遺跡でもそうだが，多少肉厚な作りに加え，25 の口縁部文様帯など独自のデザインがみられる。下溝遺跡群のようにどの土器も同じ規格で作られていない。根本的に解決をみない土器の産地，供給ルートの問題を含め，検討していく必要がある。

(4) 勝坂式土器後半（井戸尻併行）

この時期になると，縄文地文で装飾のあまりない簡素化した土器が（42・43・55・58）と，一つ大きな装飾把手を付けるもの（46・59），土偶装飾付き土器（45・47）などのスタイルが存在する。また，大ぶりで把手を四つ付けたタイプの土器も作られる（53）。相模川・鳩川水系では依然継続的な文化層を示しており，中期後半の土器文化を経て縄文時代後期の文化が展開する。道志川水系では，中期後半期にて集落の終わりを迎える。境川水系ではこの後，中期後半加曽利Ｅ式初頭段階から形成される大規模集落が山王平遺跡や橋本遺跡で展開するが，その形成は勝坂文化期には遡らない。

ここまで，勝坂式土器の段階を追って，水系ごとの勝坂式土器文化の広がりをみてきた。勝坂式土器の文様は多様で，同じ規格のものは少ないが，そのなかでもほぼ同じ文様構成をもち作られた土器が水系の違いがあっても見受けられた。また，似たような文様を意識してはいるのだろうが，独自の規格で土器を作成している雰囲気も否めない。このような比較検討材料を細かく検証していくことで，やがて「土器・ロード」に繋がっていくことを信じ，細かく継続していきたい。

おわりに

勝坂式土器はどこが標識遺跡かと問われ，すぐに神奈川県相模原市と浮かぶ人は何人いるであろうか。筆者自身も学生の頃，勝坂式土器に出会い，その造形のユニークさ，特にペン先押し引き文に魅了されたものの，どこにその拠点的な遺跡があるのか思い描くに至らなかった。勝坂，勝坂とつぶやいていたら，相模原市教育委員会にたどり着いていた。あの日，「先生，非常勤で勤めることになりました！」と暉先生の研究室のドアを開けると，先生はどなたかと電話の終わりかけであった。そして受話器を置かれ，「うん，わたくしも相模原市史の編集をすることになった。よろしく。」と言われた。なんとまた偶然の続くこと。勝坂式土器と暉先生と相模原市の出会いの連鎖である。

今回は相模原市内での勝坂式土器を取り上げ，水系を「土器・ロード」に見立てた編年を試みた。大きな相違点はやはり相模川水系と境川水系である。境川水系には，続く加曽利Ｅ式初頭からの集落がみられるが，勝坂期からの集落は圧倒的に少なく，相原遺跡群にみられるのみである。石器も川により手に入りやすいかどうかで材料に違いが出るように，土器もまたその傾向がみられるはずである。また，神奈川県内では後期に続く集落は少ないが，相模原市内では礫を多用する，「配石集落」とも呼べる後期にも引き続き集落が継続していく（山本2012）。この事例はなにが違うのかなど，まだまだ縄文集落の課題は多く残る。相模原市内の事例で今後も研究を続けていきたい。

本稿に限らずいつもながら山本暉久先生には様々なご教示・ご便宜をいただきました。文末ながら深く感謝いたします。暉先生には今後も筆の続く限り，様々な事例を検証し続けていただきたいと心より願っております。

引用・参考文献

河本雅人　2006『相模川・桂川流域の縄文時代―川に結ばれた先人の暮らし―』相模原市立博物館

縄文時代研究プロジェクトチーム　1999「神奈川における縄文時代文化の変遷Ｖ―中期中葉期　勝坂式土器文化期の様相その２　土器編年案―」『研究紀要４　かながわの考古学』かながわ考古資料刊行会

中山誠二・佐野隆　2015「ツルマメ（Glycine max subsp. soja）を混入した縄文土器―相模原市勝坂遺跡等の種子圧痕―」山梨県立博物館研究紀要　第９集　山梨県立博物館

山本暉久　2012「第３章　縄文時代」『相模原市史　考古編』相模原市

なお，遺跡の報告書については，紙面の都合上割愛した。

以下に図２・３掲載の各土器の出土遺跡名を記した。

田名塩田遺跡群調整池２地区　1～3，8，磯部宮際遺跡Ｅ地点　4，5，三ヶ木遺跡　6，7，18，19，59～61，当麻遺跡第３地点　9，10，43，川尻中村遺跡　11，24，25，46，田名坊山遺跡第４地点　12，13，20，下原遺跡　14，26～30，50，51，53，上溝７丁目遺跡　15，古淵Ｂ遺跡 16，相原八幡前遺跡第６地点　17，田名花ヶ谷戸遺跡 21，42，44，当麻・亀ノ甲西原遺跡　22，原東遺跡　23，新戸遺跡　31，上鶴間日影山遺跡　32，54，相原八幡前遺跡　33～35，55，大地開戸遺跡　36～41，56～58，大日野原遺跡　45，勝坂遺跡　47，48，下中丸遺跡 49，磯部山谷遺跡　52　※図は各遺跡の報告書等から引用。

半球顔面把手
—縄文球形論への手がかり—

新津　　健

はじめに

縄文時代にも「球」の形状が意識された遺物がみられる。機能上結果的にこのような形になる場合とか形態そのものが意味をなす場合など，「球」の形状が求められる理由はいくつかあろう。例えば，球形タイプの土鈴は手の平にて窪めた二つの半球を合体させて球形を作り出すという製作上の便宜とともに振って鳴らすという機能に相応しい形状であり，さらには「中空の球形」にも大きな意味がありそうである。一方丸石についてはその形状自体に意味があると思われ，数多くの石のなかから選択されて住居や墓等に配されている事例も目に付く。

このような「球」が意識されたのではないのかと疑われる造形は，土器装飾にも認められる。これらは完全な球というよりか「半球」としての造形である。このような半球表現は中期中葉の中部高地から関東西部に発達する「顔面把手付土器」装飾の範疇に組み込まれる造形であり，「目鼻口を欠く」(小野 2004)，「のっぺらぼう」(田中 2006) とも表現される「顔面」が，まずこれにあたる。八王子市椚田遺跡例や長野県北垣外遺跡例などが典型であり，頭髪部分に始まり，その頂部から後頭部にかけての蛇等の装飾も含め，全体形状は全くもって目鼻口を有する「顔面装飾 (把手)」と共通する。もっとも，目鼻口の有無にかかわらず顔面を製作する工程では中空の半球がベースになる。問題は両者が造形される意味にある。単に省略されたというのではなく，半球形として表現される意味は何だったのだろうか。

実はこのような椚田や北垣外例以外にも，さらに「球形」が意識された土器装飾がある。例えば山梨県釈迦堂遺跡野呂原地区出土の四単位把手深鉢形土器を飾る半球形状の造形もその一つである。島亨は，「得体の知れぬ動物頭部の口が丸いふくらみをくわえているように見える」と表現し，さらには「たま」から「卵」「卵胎性の子」の出産へとイメージを膨らませた。加えて，「この造形が土でなく石ならば」「『丸石道祖神』の丸石のようでもあり」ととらえた (島 2007)。「目鼻口を欠く顔面」についても島は，まず頭部から現われる生まれ出る子供という見方から赤子の頭部表現としている。田中基も椚田例から「出産シーンとしては (中略) リアルな描写」と表現した (田中 2006)。島や田中の考察は図像学をとおして組み立てられた装飾全体からの解釈であり，縄文造形を考えるうえで非常に大きな手掛かりとなる。

甲府盆地から八ヶ岳山麓にはこの野呂原例に類似した「半球」造形の例がいくつか知られてい

る。本稿ではこれらを観察し，出土状況を加味しながら球形およびそれを取り巻く造形の意味を考えてみる。最終的には縄文人と球形の関わりを探る手がかりを求めてみたい。

1　四単位塔状把手深鉢の半球造形

(1) 山梨県釈迦堂遺跡野呂原地区例（山梨県教育委員会ほか 1987b）

胴がくびれて口縁が大きく開き，四単位の塔状把手が発達する屈折底の深鉢形土器（図1）。把手間外径は46 cmと大きいが，くびれ部以下は欠損しているため器高は不明。野呂原地区19号住居の「炉石に載るかたちで出土」と報告されている（図5）。写真からみるとあたかも炉の空間部を塞ぐかのように口縁部を下にして置かれた感がある。しかも半球装飾部分がよく見えるというのも興味深い。四単位塔状把手を有する井戸尻II式土器で，半球造形は相対する二つの把手のそれぞれ外側に付く。この半球には全く目鼻口はつけられていない[1)]。この把手を正面からみると二つに分かれた隆帯の間に，直径6 cmの半球が造形されている。二本の隆帯は半球の上部で一体となってその上にはヘビの口のような立体文様が載っている。広がった二本の隆帯の間から吐き出される半球といった感がある。表裏二つの半球造形はほとんど同じといってよい。この塔状把手は内部が空洞となっており，口縁側を向く箇所には直径5 cmの円孔が開けられている。さらに同じ把手の反対側（外側）にも円孔が開けられており，やはり中空となっている半球はこの孔を覆うかのように取り付けられている（図6）。土器の口縁を上から見ると，この半球が付く塔状把手は口縁側に広がりをもった円錐様の筒型をなしている（図2）。この形状はこれまで筆者がイノシシ造形としてきた造形に類似している（新津 2007）。つまり土器の内側を向く円孔箇所が吻端であり，尻の下方に半球が付けられたことになる（図3・4）。厳密にいうと，半球に覆われてしまってはいるもののその内側の孔が尻ということになる（図6）。この塔状把手を半球側からみるとその頂部にはヘビの口が載っているように見える。ヘビの身体はそのままイノシシのタテガミとなっている。全体的には内側を向いたイノシシと外側を向いたヘビの合体様相をなしているといえようか（図2～4）。

こうしてみると，イノシシの尻側から半球が顔を出しかかっている状況と考えてよいのではないか。それが土器口縁に相対峙して表裏2ヶ所に造形されているのだが，その塔状把手間の残りの二つの把手には半球はみられず，そこには一本の隆帯が立ち上がっているだけであり，上部の「ヘビの口」もない。ただし側面から見ると「ヘビの口」が閉じたまま上を向いているような造形である（図1）。

塔状把手についてはすでに藤森栄一が「塔状四顔面把手」と呼び，顔面という捉え方をしている（藤森 1967）。顔面把手付き土器の集成を行った渡辺誠・吉本洋子は，この野呂原例を人面装飾付深鉢IV A類（外を向く顔面）に分類した（渡辺・吉本 1999）。小野正文も「4単位の把手に2ヶ所外向きに付けられるものも，半球の周りの装飾は頭頂部のヘビなど人面装飾としての特徴を

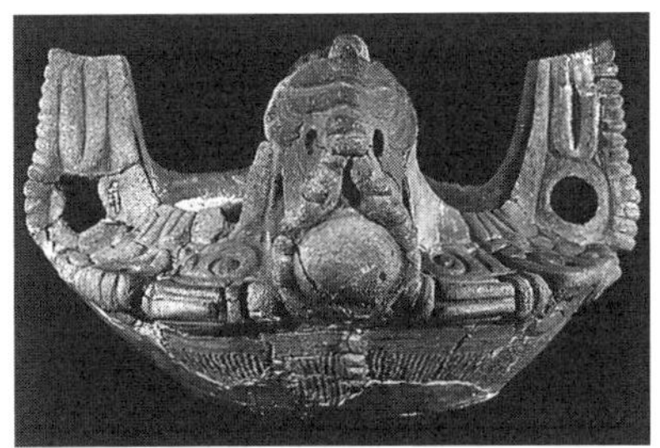
図1　野呂原19号土器

図2　同上面から

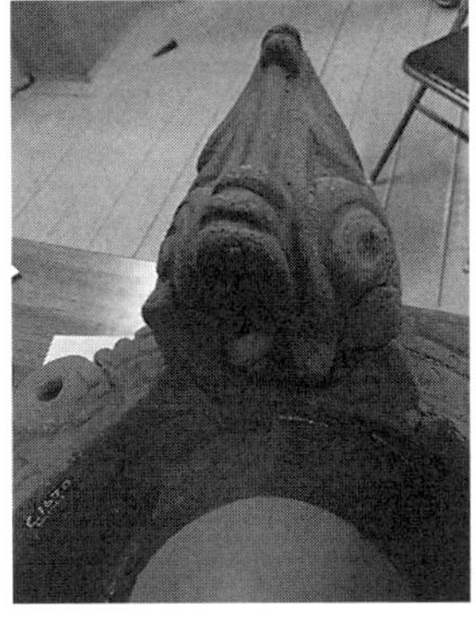
図3　同把手内側から

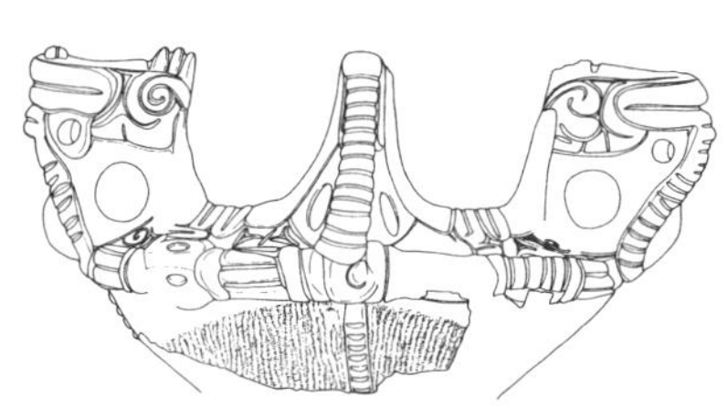
図4　同実測図

図5　同出土状況

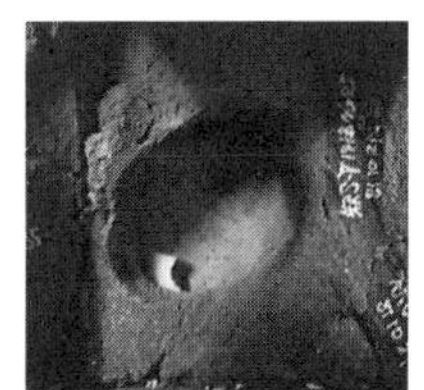
図6　同内面の孔

持っている」として人面装飾付土器の範疇に入れている（小野 2004）。野呂原例は特に球形としての造形が際立っている。住居の炉を塞ぐかのような出土状態も気になる。

なお，この野呂原例によく類似した破片が北杜市甲ツ原遺跡から出土している（図15）。破片であることから中空の半球を中空の把手（イノシシ尻部分）に取り付けた様子が観察できる。

(2)　都留市九鬼II遺跡例（山梨県教育委員会ほか 1996）

102 cm×71 cm，深さ 68 cm の鍋底状土坑覆土上部から出土。胴下半を欠くものの，正位の状態で埋設されていた（図10）。口径 17 cm，最大径 32 cm，推定高 37 cm を測る。

四単位塔状把手深鉢に類する器種であるが，塔状把手は相対した2ヶ所にだけ付けられており，塔状把手間にはヘビ頭部を思わせる一段低い突起が付けられている。塔状把手の外側下部に直径4 cm 程の半球造形（中空）がみられるが，片方の半球中央には直径5 mm 程の円孔が貫通し，あたかも口を開いたかのようである（図7）。さらに半球上部には眉のような弧線がある。これらの

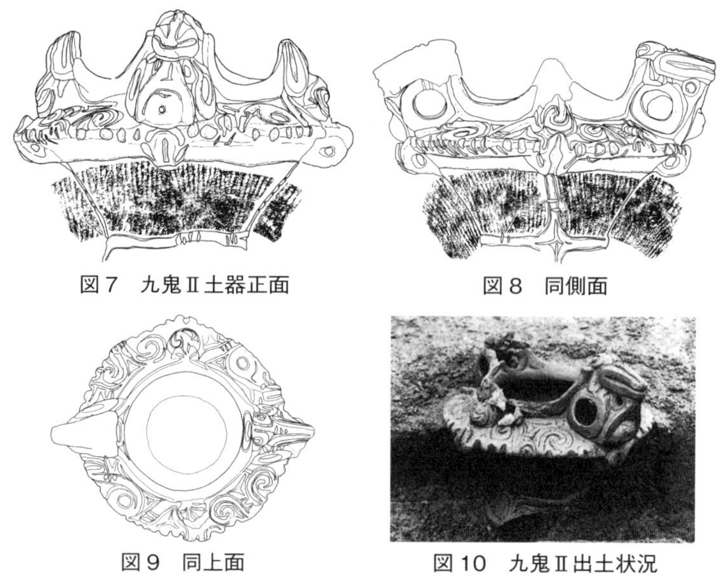
図7　九鬼Ⅱ土器正面　図8　同側面
図9　同上面　図10　九鬼Ⅱ出土状況

ことから顔が意識されたことは間違いない。半球の両側を包む隆帯は上部で合体し，三叉文を伴った三角帽子のような通常の顔面把手頭部と共通する。さらに最上部には蛇頭装飾が載っている。これを側面から見ると鎌首を持ち上げたヘビの胴部から半球（顔面）が顔を出すといった感じであり，正面から見てもこのような造形感がある（図7・8）。ただし口縁の上部から俯瞰すると，蛇頭全体の形状は口縁側が広くなった紡錘形をなしており（図9），その端には直径5 cm ほどの円孔がある（図9）。この形状はイノシシの体部を表現した可能性を考えた野呂原例と類似している。やはり土器の内側を向いたイノシシとその背に乗った外側を向くヘビ頭部という造形が浮かび上がってくる。一方，反対側の塔状把手に付けられた半球には口や眉はみられず，単なるのっぺらぼうである。ただし半球を取り巻く造形には三叉文も見られ全体に顔面把手と共通する。上部の蛇体装飾箇所は破損しているが同様の装飾であったと思われる。

以上の観察からすると，口および眉のあるなしに関わらず顔面が意識された造形とみてよいだろう。ただし口の有無に差がある二つの半球は単に省略されてそのような形状になったのではなく，それぞれ意図的に造形されたものと考えたい。つまり二つの状態が時間差をもって表現されているのではないだろうか。塔状把手全体の形状をみると，これまでも島や田中の指摘にあるような「頭部から生まれるという出産イメージ」をそこにみることができるのであり，相対した塔状把手には顔面が生まれてくる時間差があらわされているように思われてならない。なお土坑覆土上部に正位で埋められという出土状態にも注目したい。二つのシーンを表す半球（顔面）が意識されながら埋設されたのではないか。

(3) 山梨県笛吹市一の沢遺跡例（山梨県教育委員会ほか 1986）

100 cm×110 cm，深さ 60 cm の土坑中から出土。ここからは器形がわかる 4 個体の土器が出土している。この内の1個に半球造形が付けられている。最大径63 cm，器高59 cmという大型土器であり，小さな底部にくらべて把手部分が大きく不安定感があり「頭でっかちな印象」と報告されている。相対した2個の把手に付く半球造形の位置は野呂原例と同じであるが球の両側に広がっていた隆帯はより側面側に低く付けられている（図11）。把手上部は2ヶ所とも欠損していることから，最上部にヘビが載っていたかどうかはわからない。半球が付かない残りの2本の把手には目のような円環それにヘビの口のような装飾が縦に重なっており，トーテムポールのような印象がある。

図11　一の沢土器

図12　同出土状況

4個体がこの土坑中に重ねられて埋納され，さらに石で囲まれたような出土状況が報告されている。写真からみると，まず最も大きい土器（半球付）を横たえて埋納し，胴下半を欠く深鉢および小型深鉢をその脇に立て，最後にもう一つの塔状把手土器をこれまでの土器の上に横たえたようにもうかがわれる。重なってはいるものの，最初におかれた最大の土器についてはその塔状把手部分は土器群の最上部に位置している。破損が激しいため観察することはできないが，丁度上を向いているあたりに「半球」造形の箇所があったものと思われる（図12）。4個体が埋納されるにあたっても「半球」が意識された可能性がありうる。

(4)　釈迦堂遺跡三口神平地区例（山梨県教育委員会ほか 1987a）

三口神平地区は釈迦堂集落の中心をなすとみられる地区であり，ここの土器棄て場から発見された土器である（図13）。これは胴下部の多くと口縁突起部を欠く破片であるが，顔面1ヶ所がかろうじて残っている。これまで紹介したものはいずれも把手部に半球ないし顔がつくものであるが，本例はこれらとは異なり把手直下の「く」字状に広がった最大径部の下から顔が湧き出してくるような感じである。しかし，顔面の直上に中空の塔状把手が付けられていたことが残存部からみてとれることから，構成上はこれまでみた三例と同じ流れのなかに位置づけられる。違いは，イノシシとみた塔状突起の尻部からではなくその下方から顔が現われてくるといった表現で

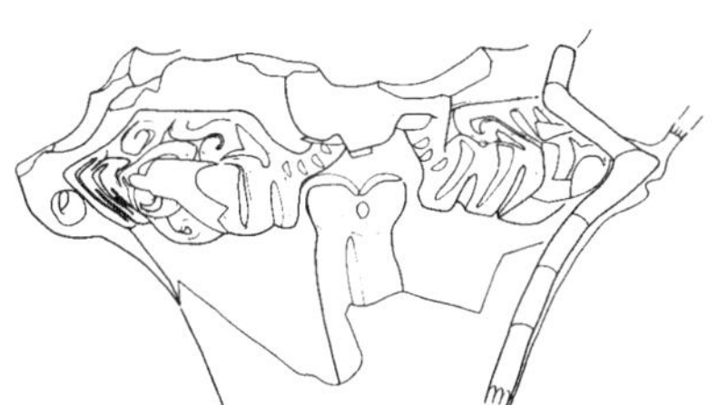

図13　釈迦堂遺跡三口神平土器

図14　同顔面部分

ある。つまり顔面は中空の把手部分につくのではなく，土器本体の器壁に直接貼り付けられることになる。塔状把手の詳細は不明。

顔面は直径5.5 cmの半球で表現されており，沈線による三日月状の眉と直径8 mm程の円孔で表された口とがみられる（図14）。口の穴は貫通していないことから，半球は中空ではないのかもしれないが，造形上は九鬼II遺跡例の片方と類似する。隣の把手箇所には顔面が見られないことから顔面は対になっていたものと思われるが，反対側顔面の状況は不明。

(5)　四単位塔状把手半球造形のまとめ

野呂原，九鬼II，一の沢例ともに「目鼻口」がないだけで，中空の半球顔面造形およびそれを取り巻く隆帯を含む頭部全体の形状は，「目鼻口」がある顔面把手と共通する。特に九鬼IIの片方には眉および口の表現があり，顔面把手により近い造形となっている。なお，一の沢遺跡例では半球を取り巻く隆帯が低くしかも側面にあることから，半球が大きく見える。

塔状把手についても，内側を向くイノシシ造形の尻部分に半球が取り付けられるといった造形が考えられた。中空のイノシシ体部末端にやはり中空の半球が取り付くのである。したがってイノシシ造形の尻部分から半球が現われてくるといった感覚がうかがわれることになる。加えてイノシシの体部は側面ないし後部からみるとヘビ頭部造形にもなっており，イノシシとヘビとの合体が塔状把手の全体ともとらえられよう。

目鼻口表現がない理由を島や田中は，顔面が現われる直前の状況を示唆したが，さらにいえば生まれ出てくる顔面の時間軸がここに表現されているものととらえたい。特に九鬼II遺跡例では一方の把手に目鼻口のない半球が造形される一方，他方の把手には口と細い両目とが刻まれた初々しい顔がみられる。まさに時間経過表現ではないか。

釈迦堂遺跡三口神平例にも，九鬼II例の顔面と同様な目・眉が表現されていることから，顔面の取り付く位置は異なるが，両者とも同類型と考えられ，反対側には目鼻口の無い半球が表現されていた可能性がある。

これらに加え，顔面把手土器には外を向いた目鼻口がしっかりと表現された顔面の土器も少なからず

図15　甲ツ原遺跡土器

図16　釈迦堂遺跡三口神平グリッド土器

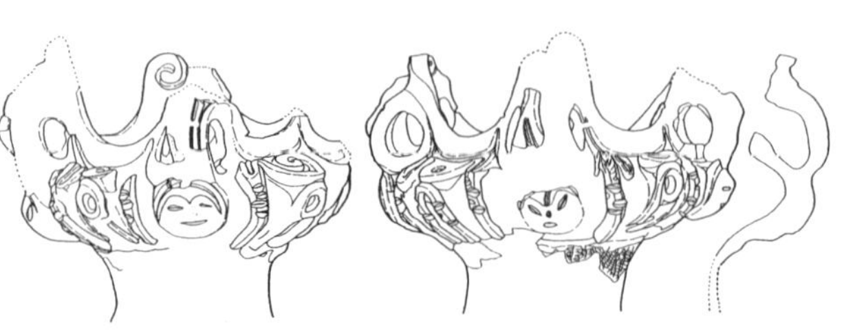

図17　後呂遺跡土器

存在する。この中に口縁ではなく大形把手直下に完全な顔面が付いている釈迦堂遺跡三口神平地区グリッド出土土器や甲府市後呂遺跡例も知られている（図16・17）。これらをまとめると次のような段階に整理できる。

1　半球2ヶ所ともに目鼻口を欠く～釈迦堂野呂原地区，一の沢，甲ツ原

2　目鼻口なし＋眉・口～九鬼II，釈迦堂三口神平地区土器捨て場

3　完全な顔面～釈迦堂遺跡三口神平地区グリッド，後呂

造形上の時間軸でとらえると，1→2→3という過程の土器が存在することになる。

2　樽状胴部深鉢の半球造形

(1)　北杜市原町農業高校前遺跡例（山梨県教育委員会 2005）

環状集落南西箇所に位置する56号住居の貯蔵穴とされる土坑中から出土。7本主柱の住居とすると，その柱穴の1本を切っていることから，住居廃棄後に設けられた土坑出土の土器であろう。袋状をなす土坑の覆土中位（底面から20 cm上）に顔面部を上に向け（正面にして）横倒しにされた状態で埋設されていた（図19）。まさにお腹を正面にして仰向けに埋められた土器という感がする。覆土はロームブロックを含む暗褐色土が一層であることから，報告者は人為的な埋戻しとともに祭祀的な要素の強い遺構と考えている。

土器は底部の一部を欠くもののほぼ完形であり，口径18.5 cm，器高37.5 cm，最大径は胴部中位にあり約27 cmを測る。頸部にて括れるものの最大径を胴部にもつ樽状の器形が特徴でもある（図18）。平らな口縁に内側を向く顔面把手が1個付いており，正面からみると腹部が異常に膨らんだ女性の身体を表したようでもある。ただし顔面には「目鼻口」の表現はなく，すこしばかり尖った半球造形である。頭部表現は向かって左側が急傾斜で立ち上がっており左右対称とはならない。耳にあたる箇所の円孔もない。全体の形状としては蛇身把手にも似ている。

さらにこの土器の特徴は胴部の装飾にある。顔面が向く側を正面とするとそこには半円錐形の立体装飾がつけられ，すぐ下には円文がある。筆者はこれをイノシシ表現と考え，円文から生まれ這い上がっていく造形と考えた（新津2007）が，上部から両側に垂れ下がりながら両端にて伸び上がる腕のような隆帯を加えると，人体文ともいえるような奇怪な造形となっている[2)]。胴部

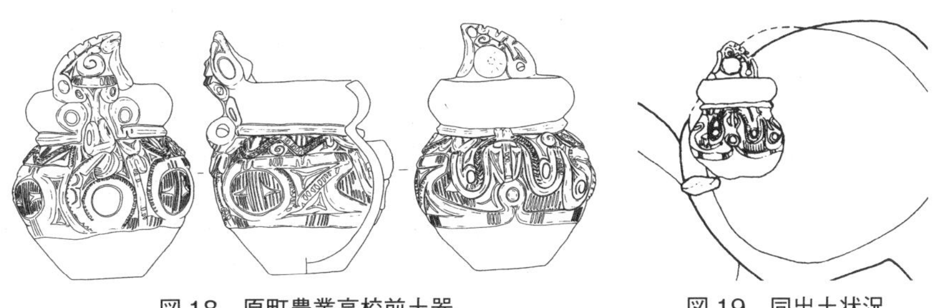

図18　原町農業高校前土器　　図19　同出土状況

反対側にはやはり円文を囲みながら起き上っていくヘビ文様が描かれており，これも土器の体部から生まれ出るヘビとみた。この場所は顔面把手の後頭部真下にあたっており，土器頸部のくびれに付けられた双環や顔面把手後頭部，さらには腕のような隆帯等とも一体となって，ここにも奇怪な造形が生み出されている。

このように正面・背面共に不思議なうごめきをもった生命体が息づいており，その頂点に目鼻口のない半球がこれまた未完成のような頭頂部を伴っているのだ。土器の用途からみると，胴部最大径の箇所を境にして下部は赤く焼け，上部には黒く煤が付着し特に口縁からの吹きこぼれが垂れ下がっている箇所もあり，やはり火にかけられて煮炊きに用いられたことがわかる。内部にも黒くオコゲ状の斑点も残っている。実際に煮炊きされたこの土器が，土坑中に正面を上にして横たえられていたことも意味あることであろう。造形の解読とともに後で考えることにしよう。

(2)　北杜市甲ツ原遺跡（山梨県教育委員会ほか 1998）

これもまた（1）に類した造形の土器である。（1）程の胴張りではないものの意味合いは全く同じであろう。欠けてはいるものの同様の顔面把手（目鼻口のない）であったと思われ，剝離痕からみても片側のみ耳の箇所に円孔が付く頭部を持った顔面把手と推測できる。ただし，胴体のイノシシとヘビの造形は位置が全く逆になり，正面にヘビ，背面にイノシシとなっている（図 20）。これについて小野は「イノシシとヘビとの互換性」で説明するとともに，イノシシ造形の尻にぶら下がった風船形の貼り付け文について「土偶の尻」「人体文の臀部」に類似し，女性のイメージと重なるという重要な観察を行った（小野 2002）。（1）よりもさらに具体感ある造形で，イノシシ装飾については吻端の円文や耳の表現などがリアルであり，ヘビ装飾も立体的である。イノシシ，ヘビともに伸び上がった腕の表現を伴っており，やはり土器頸部の双環と一体となっているとすれば，一層人格化された生物造形ということになる。

ところで土器の使用痕については（1）例の被熱痕や炭化物付着とは異なっている。本例では内外面ともに炭化物付着はなく，全体に赤みがかった器壁である。全体に内外ともによく磨かれており，特にイノシシからぶら下がる尻状造形の表面は光沢が残っている。内面底部直上の器壁には赤い輪状の筋が認められる。さらに注目すべきは土器正面は口縁から胴体部までが赤化し細

図 20　甲ツ原遺跡土器

かいヒビや剝落が観察できた。この部分が強い火を受けた可能性があり，意図的に焼かれたのかもしれない。ヘビがうねる土器正面腹部ということも気になる。

70 cm×62 cm，深さ 50 cm の袋状土坑からの出土である。この土坑は住居が密集する区域にあり，袋状であることも含め，(1) 例と共通する。

(3)　長野県富士見町下原遺跡

片側円孔の頭部に目鼻口のない小さめの半球がつく顔面把手であり，胴部造形との組み合わせは甲ツ原例と同じである。立体的ながらイノシシ装飾はこれまでみた二遺跡例とは少し異なっている（図 21-1）。両腕についても上部の双環から直接垂れ下がっており，これらの一体感が強く表現されているようだ。さらに注目すべきは，イノシシ装飾最下部に半球に似た造形がみられることである。この箇所は原町例では隆帯と沈線による円文，甲ツ原では尻のような風船形貼付文が表現されていたところである。下原の半球は上端が平にそぎ落とされており，完全な球ではない（図 21-2）。そぎ落としの角度は土偶の尻に似ており，この点は甲ツ原例に通ずる。しかし全体の形状を観察すると平らな吻端を上にしたイノシシ造形の可能性がある。つまりイノシシが顔を出しはじめたという見方である。しかし上方にあるイノシシについては，胴体部分が破損していることから詳細は不明である。全体的には甲ツ原例に類するのかもしれない。一方，正面胴体装飾については，(1) (2) 程のリアルなヘビ造形ではない。双環の下部に小さいながら渦巻きが見られるが，これがヘビ文であろう（図 21-1）。ただし前二例と異なり，尾から頭にかけては左巻となっている。腕の表現も異なっている。この土器は墓坑出土であり，潰れた状態ながら把手の半球を上にして出土したことを井戸尻考古館小松隆史氏からご教示戴いた。

(4)　三例にみる造形の展開と意味

三例に共通する点は，胴部が張った樽状の器形で，目鼻口のない顔面把手，胴体にイノシシお

図 21-1　下原遺跡土器：表裏

図 21-2　同部分

よびヘビの造形が加わることである。ここではイノシシ造形に注目してみたい。筆者はイノシシという表現で考えているが，これについては蛙像（田中基：田中 2006），首なし人体文（小杉康：小杉 2007），イノシシ（小野正文：小野 2002 ほか）などこれまでにも意欲的な解読が行われている。筆者がイノシシとした理由は，まず上の平遺跡のヘビと対峙する造形との類似からである。上の平例は，半円筒形の体部，一孔で表現された吻端，目および耳，タテガミ表現などの造形である。上の平例はさらに埼玉県富士見市羽沢，東京都清瀬市野塩前原と共通し一つの体系をなす造形であり，これをモデルとすると吻端とみなされる円形ないし半円形を有する半筒状造形（半円錐）がイノシシを表したものと考えたのである（新津 2003・2007）。細部を観察すると目，耳，タテガミが隆帯や沈線で付けられる。

こうした造形の一類型にこれまでみた（1）〜（3）も位置づけられる。ただし体部としてイノシシがベースになるものの双環文・両手表現・尻部への添付装飾等が加わり，さらに展開した造形となっていることにも注意したい。これら造形の要素を図像学的見地から総合的にとらえた田中基は，全体として神話世界での物語構造を読み解いている（田中 2006）。そのなかでも特に注目したいのは下原遺跡の目鼻口を欠く顔面把手をイノシシ像の側面とみなし左目から太陽，右目から月神が出現する造形と考えたことである（図 21 参照）。つまり半球はイノシシの目から生まれる太陽という見方である。確かに下原の半球は「玉抱き三叉文」様をなしており，目の表現にも通ずる。またこの土器の胴部にある双環突起や筆者がイノシシ胴体とした半円錐形のふくらみ，そして両手両足造形も含め蛙像としている。蛙像の背中から顔が生まれ出てくる造形は，すでに小林公明が北杜市御所前遺跡の土器にて説明しているとおりである（小林 1991）。この下原例にみる半球がつく把手はこれまでみてきたとおり，原町農業高校前や甲ツ原例に共通しよう。田中のイノシシと見た捉え方は魅力的である。ただし，この造形は蛇体装飾にも類似しており，イノシシとヘビとの合体造形ということもありうる。

なお，これらの「顔面把手」は梻田例や北垣外例と比べてみると，頭頂部が左に偏っているものの右半分は全く同じ構成といってよい。違いは左側がえぐられてあたかもイノシシあるいはヘビが口を開けているかのような造形になっていることである。つまり頭部（頭髪）が完全ではないことにも通ずるのではないか。顔面にまだ目鼻口がなく，しかも頭部も十分ではないことは，さきにみた四単位塔状把手土器の半球形顔面と同じなのだ。やはり完全な顔として誕生する以前の状態がここに表されているという，時間軸での一過程を物語っている造形と考えてみたい。そうした場合，土器胴部にあるイノシシおよびヘビも生まれたばかりの状態が表現されている可能性がある。原町農業高校前例のイノシシはその直下にある円文から生まれ這い上がる状態を示し，反対側のヘビも中央の円文から這い上がってくる状態ではないか。豊満な樽形土器の腹部中央からの誕生に相応しい造形ともいえ，下原の胴下半の半球形もイノシシが生まれはじめた状態を示したともいえる。甲ツ原例を参考にすると，身体に続いて尻が現われてきた状態なのかもしれない。これらの動きのなかで，やがて目鼻口をもった完全な顔面〜女神が誕生し，食べ物を生み出す能力ができあがっていくといった一連の物語が展開していくのではないだろうか。いくつかの同類の土器を並べることによって，物語の始まりから終わりまで一貫する可能性がでてきた。平安末以降盛行する「絵巻物」同様の効果が複数の土器からもたらされたことも考える必要はある。あるいは語り部がワンシーンを示しながら絵巻を語ったのかもしれない。

3　球としての意味と課題

最後に「球」の意味にふれてみよう。上記でみた土器の出土状況のうち，特に三口神平例に注意したい。ここでは住居の炉を塞ぐかのような状態でさかさまに置かれていた。出土状態写真をみると半球顔面がしっかり確認できる（図5）。実測図を参照すると半球側が奥壁側にあるようで，住居あるいは炉の廃棄にあたって土器が被せられた可能性が高い。炉の廃棄行為といえば，北杜市社口遺跡31号住居（曽利1式期）にて石囲み炉の中に丸石が置かれ，炉を完全に塞いでいた例がある。材質は異なるといえ「球」によって塞がれる点で共通する可能性がある。茅野市棚畑遺跡98号（後葉II期）では，炉ではないものの一つの柱穴内に丸石が詰まっており，飯田市辻沢南遺跡12号（唐草文III期）では柱穴に落ちかかる状況で丸石が出土している。入口部埋甕上に丸石が置かれていた例もある（辻沢南81号：唐草文III期）。小諸市郷土遺跡24号（加曽利EII式期）では奥壁際に伏甕群と丸石が置かれ，北杜市郷蔵地遺跡1号（加曽利E IV式期）では伏甕，石棒，三角壔土製品とともに丸石がみられた。晩期の金生遺跡では配石遺構内に丸石が多く含まれている（新津2014）。

時期や地域は異なるものの，「球」造形は継続する。炉を覆う土器や丸石が置かれたことなどからは炉の使用が終了したことを意味する。ここに「球」があることの意味は何だろう。目鼻口のない顔面は生まれ出てくる新しい命を意味していた。炉に被せ，柱穴を埋め，住居に置く「球」もまた廃棄の次に来る新しい命を期待した祈りを意味するものではないだろうか。

半球造形の土器が土坑から出土する例も目立つ。九鬼II遺跡例は二つのシーンを表す半球（顔面）が意識されたうえで埋設された可能性が認められた。一の沢例では半球造形箇所は上を向いて埋められており，ここにも「半球」が意識された可能性はありえよう。

樽形顔面把手土器についても同様であり，原町農業高校前例では住居内の袋状土坑中から顔面部を上に向けた状態で埋設されていた。甲ツ原例も袋状土坑からの出土であり，下原例も墓坑から半球部分が上を向いた状態で出土している。

半球箇所あるいは顔面箇所が遺構の上方を向いて，あるいは人目にふれる方向が意識されて埋設ないし置かれた可能性がうかがわれるのだ。やはりそこには生まれ来る生命力という意識があったのではないか。縄文人にとっての「球」意識の一つをこのような事例に求めたい。

今回は土器造形にみる「半球」例を紹介し，その文様の構成を考えてきた。球の意味についてはさらに多くの類例から探る必要があるが紙面の都合もあり，今後の課題としたい。

本稿をまとめるにあたり，資料に関して次の方々や機関のお世話になりました。文末ですが感

謝の意を表します。（敬称略）一瀬一浩，小野正文，小林健二，小松隆史，副島蔵人，樋口誠司，八巻與志夫，井戸尻考古館，釈迦堂遺跡博物館，山梨県立考古博物館

註

1）片方の半球面には種子圧痕状の窪みが大小 2 個確認できる。今後の精査に期待したい。

2）人体文としての構造とすると新道式期の土偶装飾付土器からの展開が考えられるが，これについては別稿でふれたい。

引用文献

猪股喜彦　2000「第 15 号住居跡出土の No.25 及び No.26 とされる 2 つの人面装飾付土器について」『供養寺遺跡・後呂遺跡』中道町埋蔵文化財発掘調査報告書第 4 集　182-184 頁

小野正文　2002「物語性文様について」『土器から探る縄文社会』山梨県考古学協会　56-70 頁

小野正文　2004『縄文の女神―人面装飾付土器の世界―』山梨県立考古博物館

小杉　康　2007「物語性文様―縄文中期の人獣土器論」『縄文時代の考古学』11　233-255 頁

小林公明　1991「新石器時代中期の民俗と文化」『富士見町史』上巻　215-442 頁

島　亨　2007「「生まれること」の図像素描―図像表出の文法抽出に向けて」『山麓考古』20　277-335 頁

田中　基　2006『縄文のメドゥーサ』現代書館

新津　健　2003「上の平遺跡出土の動物装飾付土器とその周辺」『研究紀要』19 山梨県立考古博物館ほか　63-74 頁

新津　健　2007「土器を飾る猪」『研究紀要』23 山梨県立考古博物館ほか　1-14 頁

新津　健　2014「中部地方の縄文集落の信仰・祭祀」『信仰・祭祀』雄山閣　201-232 頁

藤森栄一　1967『井戸尻遺跡』中央公論美術出版

山梨県教育委員会ほか　1986『一の沢西・村上・後呂・浜井場遺跡』山梨県埋蔵文化財センター調査報告第 16 集

山梨県教育委員会ほか　1987a『釈迦堂』II　三口神平地区　山梨県埋蔵文化財センター調査報告第 21 集

山梨県教育委員会ほか　1987b『釈迦堂』III　野呂原地区　山梨県埋蔵文化財センター調査報告第 22 集

山梨県教育委員会ほか　1996『九鬼 II 遺跡』山梨県埋蔵文化財センター調査報告第 118 集

山梨県教育委員会ほか　1998『甲ツ原遺跡』IV　山梨県埋蔵文化財センター調査報告第 145 集

山梨県教育委員会　2005『原町農業高校前遺跡（第 2 次）』山梨県埋蔵文化財センター調査報告第 221 集

渡辺誠・吉本洋子　1999「人面・土偶装飾付深鉢形土器の基礎的研究（追補）」『日本考古学』8　51-85 頁

図出典・所蔵・提供

図 1～3・6・14・16：釈迦堂遺跡博物館所蔵・提供

図 4・5・7～13・18・19：報告書より

図 15：山梨県立考古博物館所蔵・提供

図 17：猪股 2000 より

図 20：北杜市教育委員会提供

図 21：井戸尻考古館所蔵（1：山梨県立考古博物館提供，2：井戸尻考古館提供）

縄文時代中期の浅鉢形土器のあり方
—神奈川県秦野市鶴巻上ノ窪遺跡出土の浅鉢形土器を事例に—

井出 浩正

はじめに

縄文時代にはさまざまな器形がある。特に縄文時代中期は器形が多様化し，浅鉢形土器（以下浅鉢と略記）や注口土器をはじめ，その後の縄文文化に継続的に引き継がれ細別化される器形が多い。その意味においては，中期はさまざまな器形の土器を利用する生活文化が本格的に浸透，展開してゆく時期とも評価できよう。

縄文土器の編年や分布等の諸研究は，これまで深鉢形土器（以下深鉢と略記）に主眼が置かれ，先学達の研究によってその大綱が示されている。近年，縄文時代各期におけるより広範な器形を対象とする研究の土台が準備されつつあり，中期においては浅鉢に関する共同集成がなされたことは記憶に新しい（縄文セミナーの会 2014）。

筆者は中期の浅鉢形土器（以下浅鉢と略記）について，北関東地方や東関東地方を中心とする阿玉台式土器に伴う遺構出土の浅鉢に言及したことがある（井出 2008・2013）。そのなかで，阿玉台III式期，阿玉台IV式期の遺構出土の浅鉢の事例が少ないことを指摘した。

そこで本稿では土坑から阿玉台IV式期に比定される浅鉢が検出された神奈川県秦野市鶴巻上ノ窪遺跡出土事例を新たに取り上げ，事例の拡充を図るとともに，分布の中心地域から離れ，客体的に搬入された浅鉢のあり方について私見を述べたい。

1　神奈川県秦野市鶴巻上ノ窪遺跡 J15 号土坑出土の浅鉢

秦野市は神奈川県西北部に位置する。鶴巻上ノ窪遺跡は相模川沖積平野の西北端にある鶴巻台地にある中期中葉の遺構が主要を占める集落跡である。

J15 号土坑は，確認面の長径が 96.5 cm，短径が 85.5 cm の不整楕円形を呈し，勝坂式期の深鉢の胴部破片とともに，阿玉台IV式期の略完形の浅鉢が共伴している（図 1）。調査報告書によれば，この土坑の覆土は 1 層のみからなり，浅鉢は伏せたような状況で，また両者とも土坑底面ではなく覆土中から検出されており，当該遺構が土壙的な意味合いをもつものと推測されている。

1 は口唇がわずかに外反し，口縁が緩やかに内湾する平縁の浅鉢である（以下 J15 号土坑出土浅鉢と記載）。口縁部には隆線による 4 単位の楕円形区画文が配され，区画内の隆線脇に複列の沈線

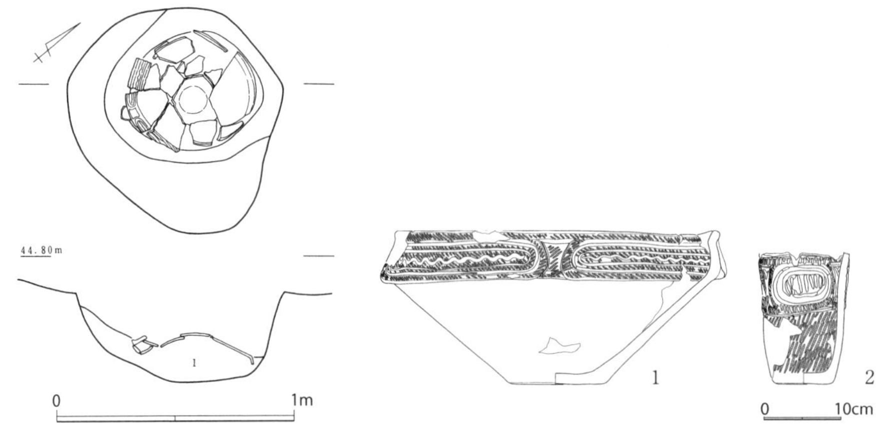

図1　神奈川県秦野市鶴巻上野窪遺跡 J15 土坑および出土土器

文がめぐる。区画内のほぼ中央には波状の沈線文が描かれている。口縁部隆線上および楕円形区画文内には単節縄文 RL が施されているが，4 単位ある楕円形区画文の接点付近の縄文は施文方向が異なり，区画内とは異なる施文意匠を呈している。隆線脇の複列の沈線文や区画内の波状沈線文などは阿玉台 IV 式土器の型式特徴と合致する。後述する寺野東遺跡 SI504 出土の浅鉢と類似しており，J15 号土坑出土浅鉢が阿玉台 IV 式期に比定できると考える。

一方，2 は口縁部を欠いているが筒形の深鉢と推測される。胴部は 2 本の隆帯がめぐり 3 単位の楕円形区画文が配されている。区画内は太く粗い沈線によって楕円形や縦位の文様が描かれ，隆帯上には刻目が連続的に施されている。胴下半は単節縄文 RL が施されている。報告書では勝坂 3 式期と判断されているが，文様構成や文様要素を踏まえ，勝坂 2 式（新地平 8b 期）から勝坂 3 式（新地平 9a 期）としておきたい。

2　阿玉台式期の類例

勝坂式期および阿玉台式期の浅鉢は器形や文様によって分類されているが，それぞれ器形の外面や内面に赤彩が施される場合があり，多様な様相を示している（中山 2005，松島・山口 2006）。本稿では口縁部に文様帯を有する「有文浅鉢」と口縁部に文様帯をもたない「無文浅鉢」に便宜上分けることとする[1)]。

阿玉台式期の浅鉢のうち，口縁部に文様帯を有する浅鉢は，阿玉台 Ia 式期にすでに存在し，以後，阿玉台 Ib 式期から阿玉台 II 式期に多出するが，阿玉台 III 式期以降は低調となる。特に阿玉台 III 式期以降は阿玉台式土器の分布の中心となる北関東地方，東関東地方を含め遺構出土の事例は少ない。

栃木県小山市寺野東遺跡 SI504 は「“阿玉台 IV 式期の特異な住居跡”例」と報告されている。報告書の住居跡土層断面によれば，1 層が覆土，4 層上面と 4 層下地山面までが床面とされている。図 2 は垂直分布図に対応する土器を 1 層と 4 層に分けてまとめたものである（井出 2013 より

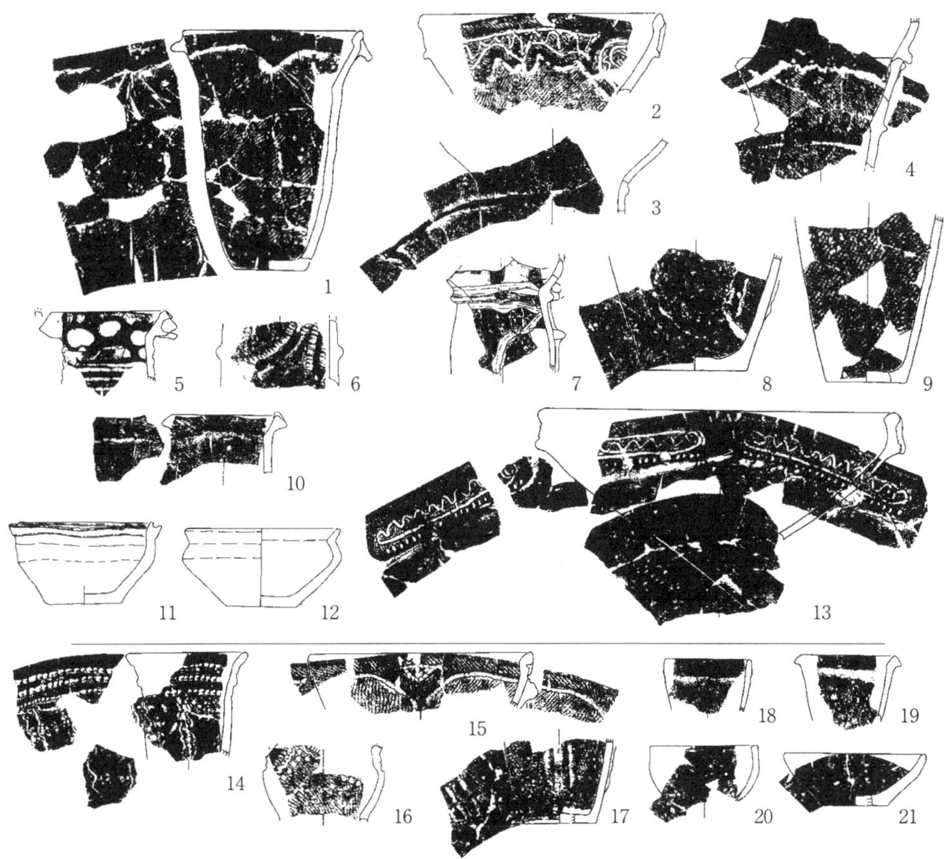

1〜21：寺野東 SI504（1〜13：1 層出土，14〜21：4 層出土）

図 2　阿玉台 IV 式土器に伴う浅鉢（井出 2013 より）

掲載）。文様要素から 1 層が阿玉台 IV 式期，4 層が阿玉台 III 式期の様相を示していることが肯首されるであろう。

13 は 1 層から出土した器形がうかがえる浅鉢破片である。口唇がわずかに外反し口縁は緩やかに内湾する。口縁部には楕円形区画文が配され，隆線脇に沈線がめぐるが下方には連続する刻目が認められる。また，区画内には不規則な波状の沈線文が施されており，口縁部には単節縄文 RL，また楕円形区画内には方向を違えて同様の縄文が施されている。文様要素から阿玉台 IV 式期に比定されるほか，共伴資料からも当該期に属すると判断してよいと考える。先に取り上げた J15 号土坑出土浅鉢と比べると，器形や文様構成，文様要素において共通する点が多いことがわかる。J15 号土坑出土浅鉢を阿玉台 IV 式期に比定する判断材料とすることができよう。

3　勝坂式期の類例

神奈川県域や隣接する東京都多摩地域などを対象に，当該土坑出土の勝坂式期とほぼ同段階の遺構と J15 号土坑出土浅鉢の類例を抽出する。対象としたのは，神奈川県厚木市飯山上ノ原遺跡，相模原市当麻遺跡，東京都八王子市滑坂遺跡，日の出町岳の上遺跡である。いずれも詳しい出土状況は不明であり，一定の時間幅を有する一括出土資料群として扱う。

飯山上ノ原遺跡第2号住居址は，住居址中央の覆土内の中層から土器の多くが検出されている。図3-1は口唇がわずかに外反し口縁部が屈曲する平縁の浅鉢である。口縁部に隆帯による楕円形の区画文が配され，隆帯脇や区画文の接合付近に一列の「幅の狭い角押文」[2)]がめぐる。区画内の中央には波状の沈線文が描かれている。1は床面より15 cm，2は床面より10 cm浮いた状態で横位に検出されている。2と3はいずれも円筒形の深鉢。幅広で扁平な隆帯による交互刺突文や隆帯上の大振りな刻目などの特徴から勝坂3式土器（新地平9a～9b期）に比定されよう。地文が縄文のみの4・5も同段階の所産と考えておきたい。

滑坂遺跡住居SI22は図3の7が石囲埋甕炉の炉体土器である以外，詳しい出土状況が不明である。6は口唇がわずかに外反し口縁が内湾する平縁の浅鉢である。口縁部に楕円形の区画文が配され，区画内に「幅の狭い角押文」がめぐらされ，区画内中央に複列の波状の沈線文が描かれている。7・8は幅広の扁平な隆帯によって口縁部が区画され，隆帯上は目の粗い刻目や大振りな交互刺突文が施される。区画内は半肉彫状の曲線や沈線文，三叉文が描かれ，胴部下半は縄文のみである。また，9・10は底部付近でソロバン玉状に屈曲し，7や8に共通する文様が描かれている。勝坂3式（新地平9b期）と判断できよう。

滑坂遺跡住居SI30においても同様の浅鉢が検出されている。12は口唇が外反し口縁が緩やかに内湾する。口縁部の楕円形の区画文内や隆帯脇に「幅の狭い角押文」，また楕円形の区画文内に波状の沈線文が施されている。13は口唇に連続的な刻みを有し直立ぎみに口縁が外に開く。口縁部の楕円形の区画文内に「幅の狭い角押文」がめぐらされる。14は筒形，15はキャリパー形の深鉢の胴部破片である。扁平な隆帯上に交互刺突文や爪形文が施され，胴部下半は縄文のみである。勝坂3式土器（新地平9a期）に比定される。

当麻遺跡第19号竪穴住居址では16～25が覆土上層に投げ込まれた状態で検出され，浅鉢は2点出土している。そのうち16は口唇がわずかに外反し口縁が内湾する平縁の浅鉢である。口縁部は4単位の楕円形の区画文が配され，区画内は大振りな爪形や断面三角形状の角押文が施され，区画内の中央には波状の沈線文が描かれる。18は円筒形を呈し隆帯と沈線で崩れた人体文が表されている。19・20・22は扁平な隆帯と区画内に半肉彫状の曲線や三叉文が施されている。25は縄文のみの円筒形の深鉢である。いずれも勝坂3式（新地平9a～9b期）に比定されよう。

岳の上遺跡住居SB5では，土器の多くが住居跡中央の覆土から出土しており，「かなり極端な集中性を示しており，一括投棄されている感がつよい」と報告されている。図4-1は口唇がわずかに外反し口縁が緩やかに内湾する。口縁部は隆線によって楕円形状の区画文が配されているが，区画文の下端中央で逆V字状に盛り上がっており，あたかも楕円形区画文に三角状の区画文が入り込んだ意匠を呈する。区画内は隆線に沿って「幅の狭い角押文」と区画内の中央付近には波状の沈線文が施されている。また口縁部には地文に単節縄文RLが施されている。

2・3はともにキャリパー形の深鉢で頸部に楕円形区画文が配されている。どちらも胴部を大

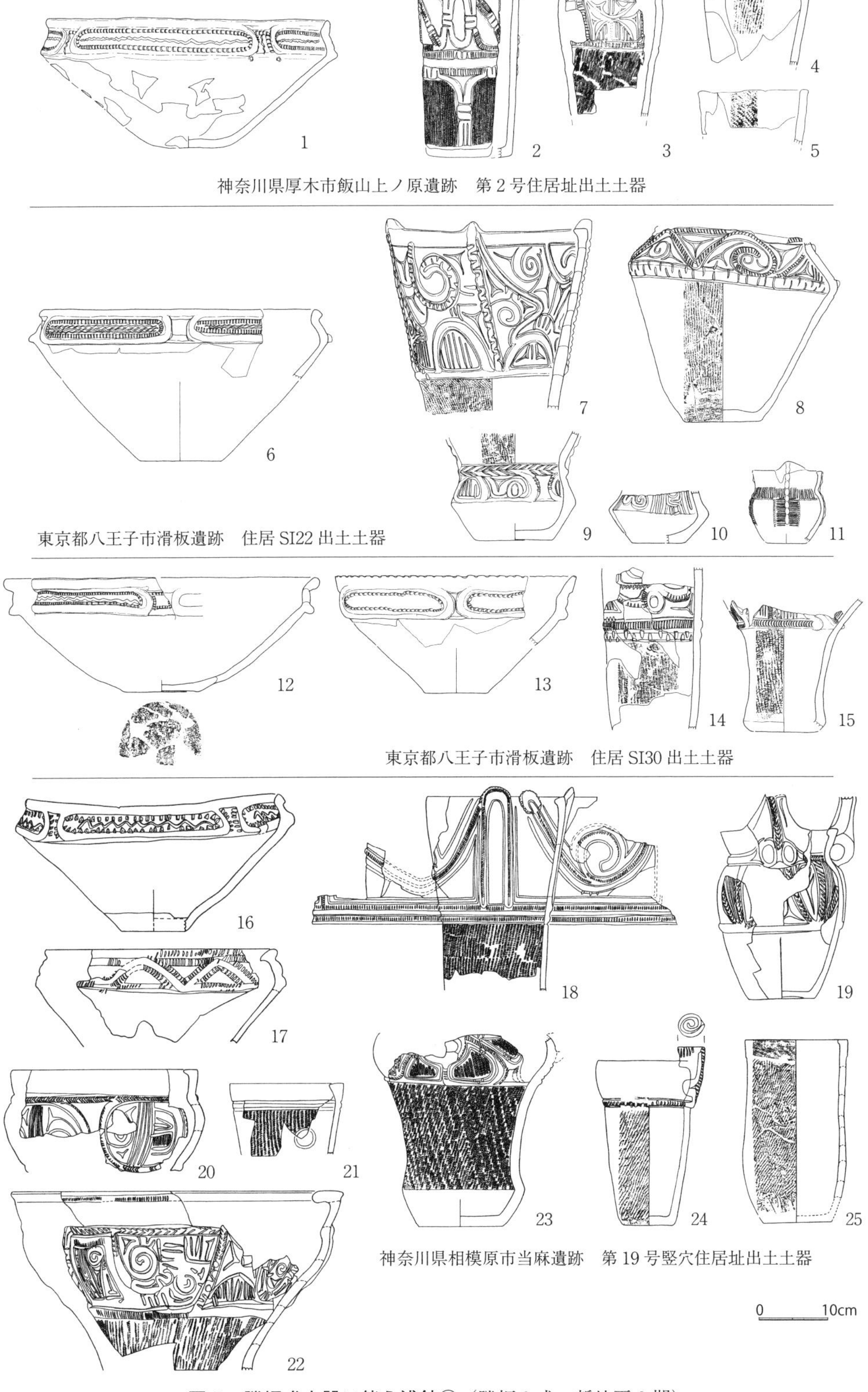

図3　勝坂式土器に伴う浅鉢①（勝坂3式・新地平9期）

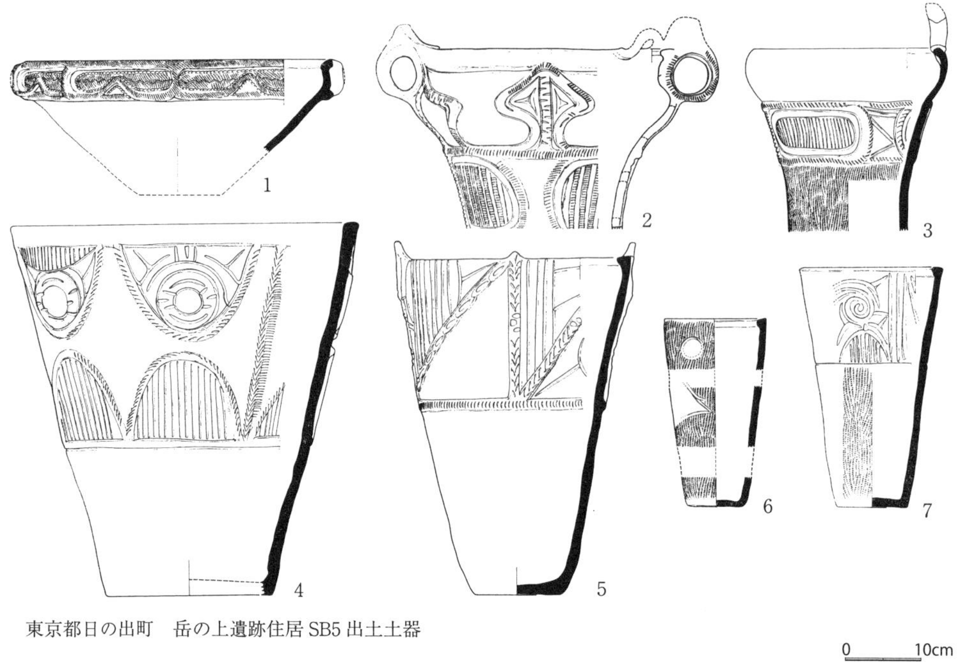

図４　勝坂式土器に伴う浅鉢②（勝坂３式・新地平９期）

部分欠くが，地文縄文の屈曲底を呈すると推測される。２は石囲埋甕炉の炉体土器である。4～7は筒形や筒形に類似する深鉢である。４や７には人体文が表されているが，円形や曲線状の隆帯で文様が描かれており，４に比べて７は簡素な表現である。２は隆帯上やその脇，また楕円形区画文内に細かな刻み目や爪形文が認められるが，それ以外は刻み目も粗く大振りな交互刺突文などで構成され，隆帯脇や単独の沈線のなぞりも粗い。２は勝坂２式（新地平 8b 期），それ以外は勝坂３式（新地平 9a 期）と考えられる。

4　小　結

(1) 阿玉台Ⅳ式期の浅鉢と勝坂３式期の浅鉢の関係

寺野東遺跡 SI504 出土の阿玉台Ⅳ式期の浅鉢と，器形や口縁部の文様構成，文様要素等の比較から，J15 号土坑出土浅鉢が阿玉台Ⅳ式期の所産であることがわかった。既述のように，阿玉台Ⅳ式期の遺構出土の浅鉢は様相が捉えにくい状況にある。特に口縁部に文様を有する浅鉢が遺構内で共伴する事例は稀少であること，また，阿玉台式土器の中心的な分布圏外における出土事例であることを踏まえると，J15 号土坑出土浅鉢が極めて重要な資料であるといえよう。

また，J15 号土坑で共伴した勝坂式土器から接近した。J15 号土坑出土の勝坂式土器を器形や文様要素から勝坂２式～同３式（新地平 8b 式期～9a 式期）と判断し，同様段階に比定される遺構出土事例のうち，浅鉢を共伴した事例を抽出した。いずれの事例においても，浅鉢の器形や口縁部の文様構成，その文様意匠において酷似することが注目される。一方，文様要素においては，J15号土坑出土浅鉢が隆線脇に複列の沈線文が施され，口縁部区画内に縄文を有するといった阿玉台IV式期の典型的な型式特徴が認められるが，勝坂式期の浅鉢は「幅の狭い角押文」が取り入れられ，地文もほとんど縄文を有さないという点で異なる。

口縁部に楕円形区画文を有する浅鉢は阿玉台式，勝坂式のいずれも初期段階から両者に認められる。本例のように文様要素以外において近似する点は，両者の浅鉢がそれぞれの伝統内で器形や文様構成などを踏襲しながら変遷してきたことを示す。しかし一方で，両者が相互に型式情報を共有・影響を与えつつ，自集団の浅鉢に取り込んだり，変容させていたとも評価できるのではないだろうか。

(2)「幅の狭い角押文」を有する浅鉢について

次に，共伴した勝坂式期の深鉢と浅鉢に着目すると，それぞれの文様要素に大きな違いがあることが注目される。すなわち，今回抽出した深鉢は勝坂式の終末期の特徴である，なぞりの太い沈線や爪形文，交互刺突文を用いた大振りな文様構成であるのに対し，浅鉢はその文様要素として「幅の狭い角押文」を用いている。「幅の狭い角押文」のみに着目すれば，同段階の深鉢に比べて明らかに古相の文様要素を用いており，型式学的に隔たりがある。また，岳の上遺跡SB5出土浅鉢のように，「幅の狭い角押文」を用いつつ，地文に縄文を有する浅鉢が存在することも注意すべきであろう。今回扱った事例では，地文に縄文を有する浅鉢はこの岳の上遺跡の事例のみであった。他に多摩ニュータウンNo. 72・795・796遺跡の遺構外出土で同様の浅鉢破片が出土しているが，勝坂式期を通じてこうした浅鉢はごくまれであると推定される。千葉県柏市根郷貝塚J-5号住居跡からも類例の出土があり，勝坂3式（新地平9a期）や阿玉台IV式並行の深鉢と共伴している。両者の交流を踏まえた同段階の東関東において一定数存在していることがうかがえる。

ただし，今回扱った事例は出土状況が詳細に記載された資料ばかりではなく，より厳密な共伴関係を有する事例の蓄積を図る必要がある。しかしその一方で，同段階の深鉢と施文具が一致しない浅鉢が共伴することを指摘しておきたい。この違いが深鉢と浅鉢の作風の違いに由来するものなのか，それとも深鉢と浅鉢の製作者集団の違いによるものなのか，あるいはさらに異なる由来によるものであるか，より具体的に検討する必要がある。

(3) 土坑内で共伴する深鉢と浅鉢のあり方

阿玉台式土器と勝坂式土器が遺構内で共伴する事例はこれまで先学達によって指摘され，それぞれの分布圏内における「搬入土器」や「異系統土器」として扱われてきた[3)]。阿玉台式土器と勝坂式土器は，両者の成立直前段階からすでに共伴し，その初期段階から住居跡や土坑内で共伴することは確実である。特に阿玉台Ia式～同II式期においては，単独土坑や埋甕，特殊土坑等

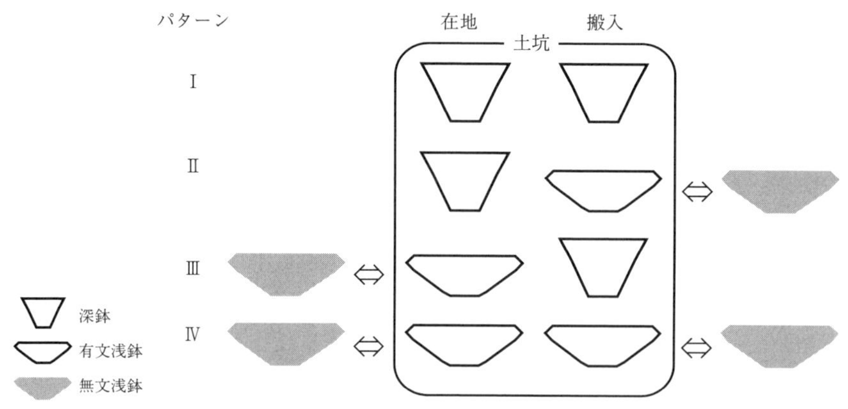

図5　土坑内で共伴する在地土器と搬入土器

において共伴するほか，阿玉台 Ib 式期では同一住居跡内で両者が埋甕炉として共有されている事例などがある。

しかしながら，これまで深鉢と深鉢の関係性を評価する一方で，深鉢と浅鉢の共伴事例の吟味は必ずしも十分ではない。J15 号土坑出土浅鉢は，勝坂式土器の中心的な分布圏に異系統である阿玉台式土器が搬入されたこと，そして深鉢と浅鉢が土坑内で共伴した点などが特徴的であるといえる。深鉢と同様に浅鉢が異系統土器として扱われ，その文脈において土坑に埋納されたと考えるべきであろう。

図5は土坑内で共伴する在地土器と搬入土器のパターンを表したものである。I は土坑内で在地の深鉢と搬入された深鉢が共伴，II は在地の深鉢と搬入された浅鉢が共伴，III は在地の浅鉢と搬入された深鉢が共伴，IV は在地，搬入ともに浅鉢が共伴したパターンである。I は中期において最も多く認められるパターンといえるだろう。II は本稿で扱った J15 号土坑が該当する。注意すべきは，II～IV パターンのうち「有文」浅鉢が「無文」浅鉢に置き換わる場合が想定されることである。無文浅鉢は文様要素などの判断基準が少ないため，在地土器とするか，搬入土器とするか判断しづらい場合がある。そのため，「無文」浅鉢の判断次第では，上記のパターンを含め土坑内で共伴した現象に対する解釈が異なるため，慎重な判断が求められる。そのうえで，III，IV は今後在地土器と搬入土器のあり方を示す新たな事例を抽出できる可能性が高いと思われる。

これまで深鉢と浅鉢が共伴する事例においては，ともすれば深鉢に対する副次的な容器として浅鉢が判断される傾向にあったが，土坑内共伴の異系統の浅鉢に対し注意深く再検討する必要がある。また，こうした現象は今回扱った阿玉台式土器と勝坂式土器のみに限られることではなく，大木式土器を含めその他の隣接する土器型式にも当てはまることが予想される。いわば在地の土器とそうではない土器が土坑内で共伴する事例は，縄文時代中期の社会の「素地」として広く受け入れられていたとすべきであり，各地における他集団との交流のあり方や，社会構造そのものに関与する事象といえるであろう。

中期の浅鉢が深鉢に比べて異なる型式間をまたいで広範に分布し，かつ深鉢に比べて存続期間が長いことは多くの研究者に認識されているといえる。筆者はその背景に，浅鉢が必ずしも深鉢と同調しない，流動的かつ伝統的な流通材として扱われていた可能性を指摘しておきたい。深鉢と浅鉢の扱われ方の相違の背景を含め，土坑内出土事例の観点から検討することによって両者の機能差を抽出することが可能となると考える。資料の集成を踏まえ別稿を持ちたい。

おわりに

私にとって山本暉久先生は縄文時代研究の巨人である。柱穴の覆土観察による移動居住を想定した住居跡の建て替え論，埋甕論，敷石住居跡の網羅的な事例研究をはじめ，先生の偉業は尽きない。そのような山本先生に，私はこれまで早稲田大学考古学会はじめ，諸々のシンポジウム等でお声がけいただき，筆者が縄文時代文化研究会に入るきっかけまで頂戴した。いつも山本先生はさりげなく，暖かく見守ってくださっていたように思う。今日まで何ら学恩をお返しすることなく過ごしてしまったことを猛省するとともに，本稿がそのご恩返しの端緒となれば，これに勝る喜びはない。

註

1）縄文セミナーの会による共同集成では，器形や文様によってさまざまに分類している。本稿では簡便に分類するため，口縁部文様のあり方によって作業を進めるうえで「有文」浅鉢と「無文」浅鉢と呼称した。

2）勝坂式土器の編年の際，新地平編年では勝坂式初期に該当する5期の文様要素に「幅狭角押文」を呼称している。本稿で扱う「幅の狭い角押文」は施文技法においては類似するが，5期の角押文とは施文具の幅や緻密具合等で異なる。9期に用いられる角押文と区別するため便宜的に用いた呼称であり，改めて適切な名称を提示したいと考えている。

3）在地土器と異系統土器の土坑内共伴については，山口逸弘による先駆的な研究が示されている（山口1999）。

引用・参考文献

【論文等】

井出浩正　2008「常総における阿玉台II式土器の様相」『生産の考古学II』33-58頁

井出浩正　2013「縄文時代中期中葉における浅鉢形土器―阿玉台式土器に伴う浅鉢の様相―」『史観』第168冊　79-102頁

犬塚俊雄　1982「(3) 根郷貝塚」『鎌ヶ谷市史』上巻　611-626頁

黒尾和久・小林謙一・中山真治　1995「多摩丘陵・武蔵野台地を中心とした縄文時代中期の時期設定」『縄文中期集落研究の新地平』1-21頁

下総考古学研究会　1985『下総考古学』8

下総考古学研究会　2004『下総考古学』18
縄文セミナーの会　2014『縄文中期浅鉢形土器の諸様相』第27回縄文セミナー　縄文セミナーの会
末木　建　1979「縄文時代前中期浅鉢形土器研究序論」『奈和』第17号　8-27頁
鈴木徳雄　2008「浅鉢」『総覧　縄文土器』1049-1054頁
谷井　彪　1988「阿玉台式土器様式」『縄文土器大観』2（中期1）　308-312頁
塚本師也　2008「阿玉台式土器」『総覧　縄文土器』384-391頁
中山真治　2005「縄文時代中期の彩色された浅鉢についての覚え書き―関東地方西南部の中期資料を中心に―」『東京考古』23号　35-54頁
中山真治　2016「基調報告2：勝坂式―勝坂式の編年と細分―」『シンポジウム　縄文研究の地平2016―新地平編年の再構築―発表要旨』33-46頁
西村正衛　1972「阿玉台式土器編年的研究の概要―利根川下流域を中心として―」『文学研究科紀要』第18輯　73-103頁
西村正衛　1984「19.阿玉台式土器の編年」『石器時代における利根川下流域の研究―貝塚を中心として―』早稲田大学出版部　471-479頁
松島榮治・山口逸弘　2006「赤彩浅鉢について―嬬恋村今井東平遺跡の資料から―」『研究紀要』24　2-10頁
山口逸弘　1999「土壙出土土器の選択性―中期土壙の2個体の共伴例から―」『縄文土器論集』237-258頁
山口逸弘　2000「浅鉢形土器との対話―赤城山西麓の縄文時代中期中葉資料から―」『赤城村歴史資料館紀要』第2集　1-7頁

【発掘調査報告書等】

神奈川県教育委員会　1977『当麻遺跡・上依知遺跡』（神奈川県埋蔵文化財調査報告12）
国道412号線遺跡発掘調査団　1995『飯山上ノ原遺跡』
財団法人かながわ考古学財団　1998『不弓引遺跡（No. 21・22）・鶴巻大椿遺跡（No. 23）・鶴巻上ノ窪遺跡（No. 25上）・北矢名南蛇久保遺跡（No. 25下）・北矢名矢際遺跡（No. 26）』（かながわ考古学財団調査報告32）
財団法人東京都教育文化財団・東京都埋蔵文化財センター　1998『多摩ニュータウン遺跡No. 72・795・796遺跡（5）』（東京都埋蔵文化財センター調査報告第50集）
東京都西多摩郡日の出村文化財保護委員会　1972『岳の上遺跡』
栃木県教育委員会・（財）とちぎ生涯学習文化財団　2001『寺野東遺跡III』（栃木県埋蔵文化財調査報告書第250集）
八王子市南部地区遺跡調査会　1988『南八王子地区遺跡調査報告4　滑坂遺跡』

縄文中期曽利式土器における面貌の展開

小野　正文

はじめに

縄文土器における人面装飾は，前期末の十三菩提式土器からみられ，中期前半の勝坂式土器にもっとも多くみられるが，急激に衰退してしまう。中期後半の曽利式土器においては，釣手土器にはしばしばみられるが，深鉢形土器や甕形土器にはほとんどみられない。後晩期には数を減らし，山梨県地域ではほとんどみられない。この人面装飾付土器については，多くの研究（吉本・渡辺 1994・1999，中山 2000）があるが，それと同じように施文され，かつて「みみずく把手付土器」とよばれたものについては研究（小林 2001）が少なく，同じように施文される人面風なものについては，まったく研究がない。

そこで，この人面風のものまでも一括して面貌とよび，その特徴を分析している。例えば，面貌の分析により，「サンショウウオ文」とか「抽象文」とかよばれる文様は人面装飾突起とともに施文されることはなく，双環装飾突起と親和性が高いことが指摘でき（小野 2010），この文様の意味についても分析の一助とすることができるのである。

そこで，本論はまず，九兵衛尾根型文を提唱してそこから派生する人面とそれ以外の面貌についても触れていく。

1　九兵衛尾根型文の提唱

図1のように面貌の分類をしてきた（小野 2008）。基本的に1類Aとした人面を除いて，ほとんどがシングルとダブルの関係にあり，時には違う面貌が半分ずつ組み合わさることもあることに気付いた。さらに，この面貌の分析から発展させて，「九兵衛尾根型文」を提唱している。それは，面貌から両腕が伸び，片方の手先が蛇頭になるものである。その基となった土器は，長野県富士見町の九兵衛尾根遺跡で出土したものであり，井戸尻考古館に展示され，筆者も長い間みてきたものである。残念ながら左手先が欠損しているが，多くの事例からその手は3本指と思われる。

この九兵衛尾根遺跡の事例では人面であるが，蛇頭の手先をもつ様々な面貌が展開することに気付かされる。これらは，右手先が蛇頭なのか，左手先が蛇頭なのか，両手が蛇頭の例は今のと

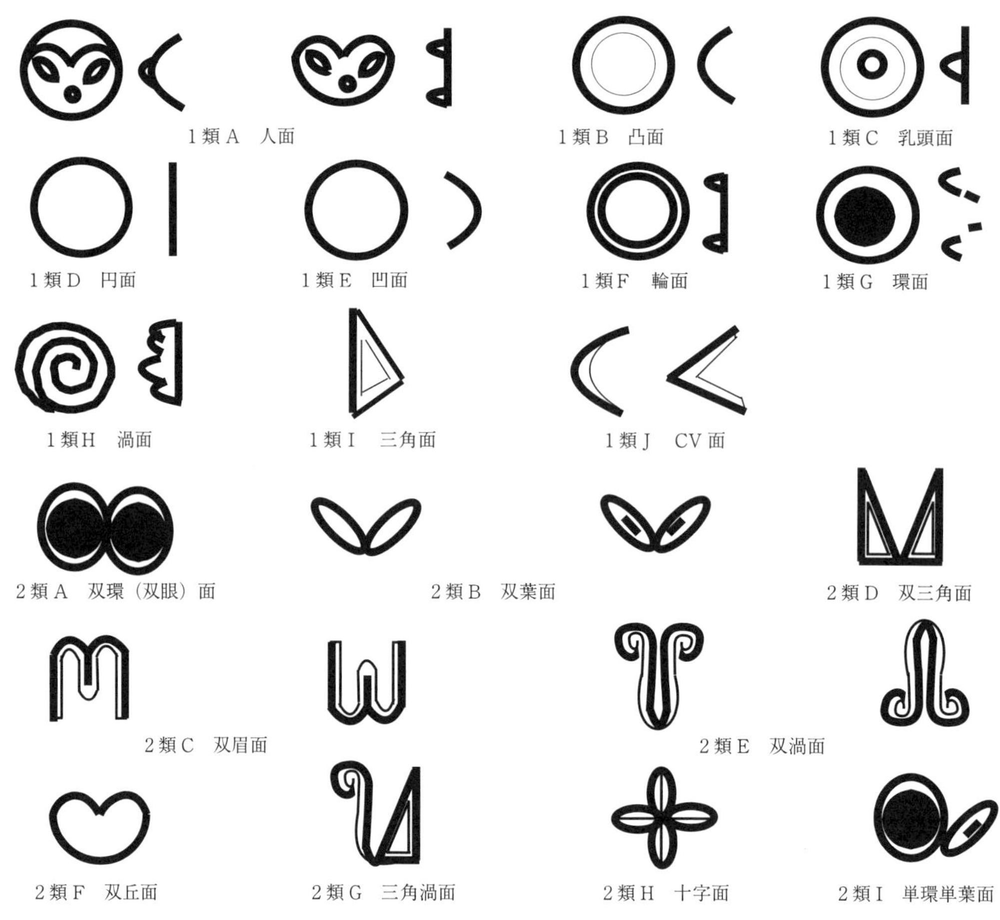

図1　面貌模式図

ころみていないが，両手が手というのもあり，細別ができるが，ここでは一括して九兵衛尾根型文とすることとしている。

例えば，長野県茅野市の梨ノ木遺跡106住（茅野市教育員会2002）の人面装飾付土器（図2-1）である。口縁部に人面装飾が突起して，体部に隆帯で表現される1類Fの輪面の九兵衛尾根型文が見られる。裏面も同様である。この視点に立てば，藤森英二が精力的に分析してきた蛇体把手土器（藤森2006）の屈折した口辺部にも，またいわゆる多喜窪タイプの土器の屈折した口辺部にもしばしばみられる。

山梨県笛吹市一の沢遺跡の蛇体把手土器（山梨県教育委員会1989）の口辺部には，1類Cの半球状の乳頭面の右腕の先が蛇頭となり，左腕先が三本指の手となっている。この半球状の乳頭面は，山梨県甲州市天神遺跡（甲州市教育員会ほか2008）にも好例がみられる。一の沢遺跡の蛇頭の変化から，埼玉県富士見市羽沢遺跡の「ムササビ型土器」（土肥編2007）[1)]とよばれる双環装飾の頭上の帆状の突起に施された隆帯が蛇頭であることが理解される（小野2015）。土器を観察した折の印象ではなく，縄文土器文様の分析から，現代人がどのように認識するのではなく，縄文人が何

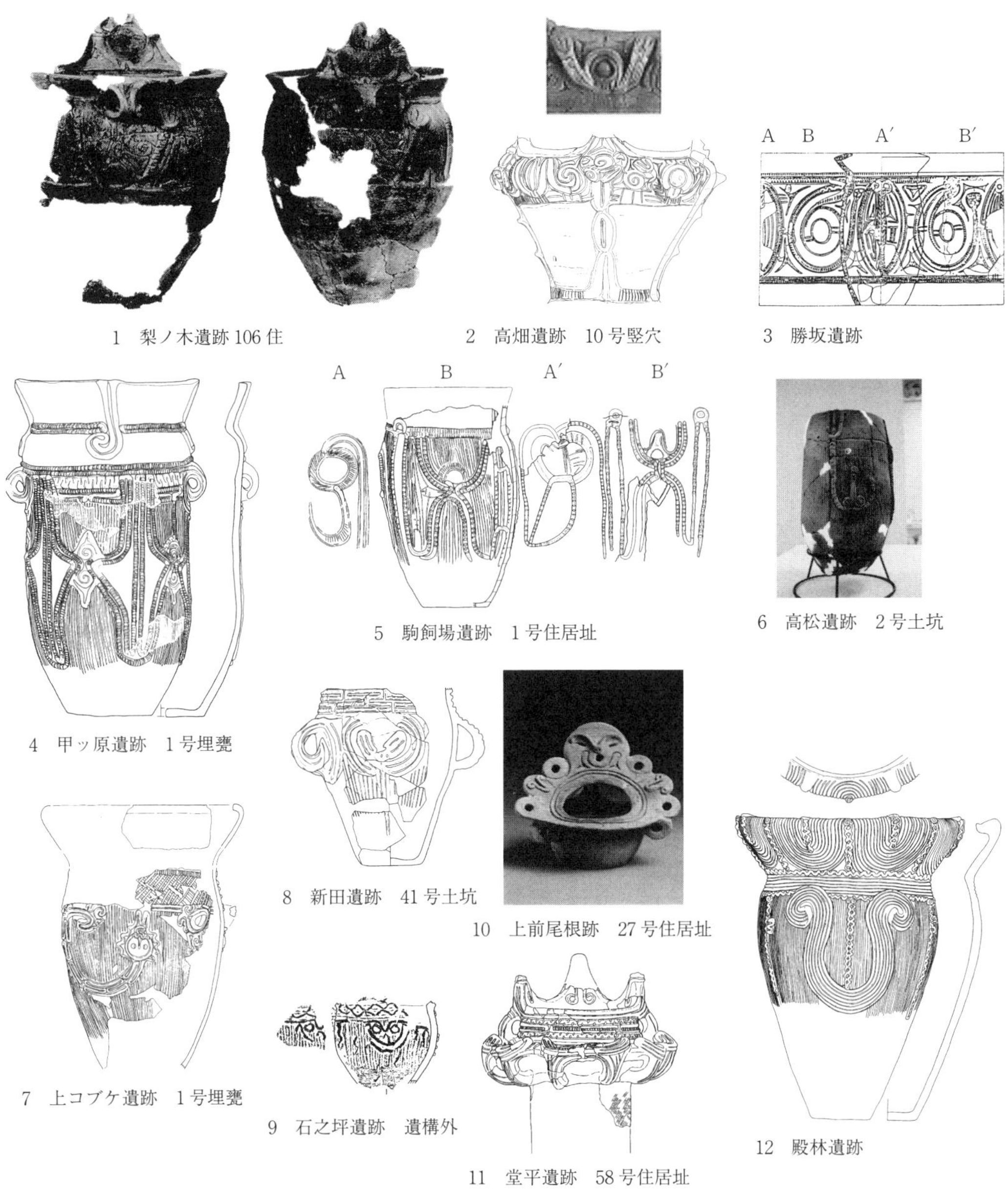

1 茅野市教育員会 2002　第 109 図　2 山梨市教育員会 1989　第 56 図　3 大山柏 1972　4 山梨県教育委員会 1998　第 118 図　5 北杜市教育委員会 2006　第 6 図　6 北杜市教育委員会許可（未発表資料）　7 山梨県教育員会 2014　第 69 図　8 韮崎教育委員会 1996　41 図　9 韮崎教育員会 2001　第 495 図　10 原村歴史民俗資料館絵はがき　11 津南町教育員会 2011　第 254 図　12 今福利恵 1998

図２　曽利式土器の九兵衛尾根型文（縮尺不同）

を表現しようとしたかを分析していく必要があると思っている。

また，最も古典的な神奈川県勝坂遺跡（大山 1927）の円筒形の土器は，その当初の報告から展開図（図 2-3）が示され，勝坂式土器研究の基本となっている。この土器は 4 単位の文様が施されるが，研究史上の記号では A，B，A'，B' のように表される。A は楕円蛙文であるが，説明が本論から逸脱するので省略する。Bがこの九兵衛尾根型文である。両腕が文様全体として楕円形になっている。真中が沈線で描かれた1類Dの円面で，右手先が蛇頭となり，左手先は3本指の表現はまったく失われている。

また，この九兵衛尾根型文を中心に施文したのが，山梨県山梨市高畑遺跡（山梨市教育委員会ほか2005）の屈折底の深鉢型土器（図2-2）である。こちらは右腕の先が4本指になっており，蛇頭もやや変形して面影を残している程度である。この蛇頭と三本指は変化が激しく，同時期の井戸尻式土器のメルクマールとされた櫛歯文も実は，この九兵衛尾根型文の変形なのである。中心となる面貌が失われ，腕先の蛇頭も三本指の手も著しく変化して，面影を残すもの，まったく失われたものまである。ただし，曽利式土器に至っても面影を残すものもある。

2　曽利式土器の九兵衛尾根型文

まず，曽利式土器の中の人面を概観して，九兵衛尾根型文を詳述したい。最も典型的な人面は，釣手土器の中によく残っており，著名な長野県伊那市御殿場遺跡例（伊那市教育員会1967）があるが，少し注意すると鼻孔が一つであることに気が付く。深鉢型土器では山梨県甲府市の後呂遺跡第15号住居址出土の水煙把手（中道町教育委員会ほか2000）の中に，人面が見られる。山梨県北杜市甲ッ原遺跡の深鉢形土器は環面＋蛇装飾に対峙する猪装飾が付く土器である。この環面はよく見ると，人面装飾によくみられる耳孔を沈線で描いているように思える。

こうした面貌の展開は勝坂式段階では埼玉県西原大塚遺跡の人面装飾＋蛇装飾に対峙する蛇装飾（山梨県立考古博物館2002）や山梨県上野原遺跡の双環装飾＋蛇装飾と対峙する猪装飾（山梨県立考古博物館 前掲書）などにみられる。

曽利式土器のなかの九兵衛尾根型文は，甲ッ原遺跡（山梨県教育員会ほか1998）の大形深鉢形土器（図2-4）である。単独の底部欠損の埋甕で，二つ土器が重なっていたという稀有な出土例である。これは，U字形をした2本線の刻み目隆帯が上下に反転して施文され，Uの字の底の部分に隆帯による輪面がみられるもので，頭頂部に三角形がみられるのは，梨ノ木遺跡の九兵衛尾根型文と非常によく似ている。反転した下にも同じような輪面が見られる。しばしば反転した下の輪面は失われ，全体を人体文とみなす見解も示されているが，もともとは，九兵衛尾根型文が上下に反転して施文されるものである。この甲ッ原遺跡例では，蛇頭と手が失われている。

この甲ッ原遺跡例とよく似たのが山梨県北杜市駒場遺跡（北杜市教育委員会2006）平成3年度1号住居址出土の大形深鉢形土器（図2-5）である。便宜上左から，A，B，A'，B'とすると，このBが甲ッ原遺跡の九兵衛尾根型文に類似する。下部の面貌はまったく失われているが，上部の面貌は隆帯で描かれる輪面であるが，面貌の縁取りが二重となり，刻み目までほどこされ，頭部には三角形がある。下部に面貌がないことから，全体として人体文のような印象を受ける。B'の上部の面貌は頭頂部が三角形の隆帯となっている。下部の面貌は隆帯による三角形となっており，双三角は面貌であろうと思われるが，この単三角が面貌であるか，頭頂部の三角形のみが残ったものか判断に苦しむ。次にAは輪面に装飾を施したものである。A'は双丘面に近いもので，面貌の意識が残っているものと判断される。

次に北杜市高松遺跡の深鉢形土器（図2-6）は九兵衛尾根型文の展開のなかでは欠かせない資料である[2)]。まず出土状態が注目される。2号土坑から塔状突起をもつ井戸尻式土器と伴出している。井戸尻式と曽利式の伴出関係はよくあるが，これほど特定できる出土状況はすくない。

左手先の三本指はしっかり残され，右手先の蛇頭も意識されている。粘土紐のU字形の両腕の中に，2類Eの双渦面が粘土紐で表されている。この双渦面は上向きと下向きがあり，どのような違いなのかははっきりしない。ただ，五領ヶ台式土器から連綿と続く文様なので注意を要する。

九兵衛尾根型文も順次変化して，本来の原則から逸脱した資料がいくつかみられる。山梨県山梨市上コブケ遺跡（山梨県教育委員会2014）出土大形深鉢形土器（図2-7）は頸部粘土紐を格子状に重ねるもので，おそらく曽利II式の古い部分に属すると思われる。U字形の頸部下のX字状突起から垂れ下がり，カーブして体部中央まで競りあがる。なんとこの先端に人面装飾が付く。この人面装飾は口をもたないことから，1類Aの変形であるが，頭頂部の粘土紐は蛇頭装飾を思わせる。

次に山梨県韮崎市新田遺跡（韮崎市教育員会ほか1996）と同市石之坪遺跡（韮崎市教育員会ほか2001）例（図2-8・9）は，九兵衛尾根型文の腕は失われ，人面の意識がけが残ったものと思われる。

3　曽利式土器のなかの双渦面の展開

先に，高松遺跡の九兵衛尾根型文は面貌が双渦面であることを説明した。この双渦面は長野県原村の上前尾根遺跡（平出1980）の釣手土器（図2-10）にみられる。釣手土器のブリッジの頂部に1類Aの人面があり，その両脇に双渦面がある。釣手土器は一般にブリッジに同じ文様を三つ施文するのを原則とすることから，この双渦面が面貌であることが明白である。

昨年，山梨県立考古博物館の2015年の特別展で公開された新潟県津南町堂平遺跡（津南町教育委員会2011）の深鉢型土器（図2-11）は，頸部に立体的な渦巻文をもち，口縁部に突起が3個付くものである。この中央の突起に双渦面が施され，両脇の突起には双渦面が半分ずつ施文される。つまり単渦面である。2類の面貌はシングルとダブルがあり，しばしば別々の面貌が組み合わされることや，シングルで施文されることもあることを端的に示している。この双渦面が広い地域に施文され，しかも施文の原則が一致していることは驚きである。

さきに，九兵衛尾根型文の展開のなかで，曽利式土器の体部に面貌が展開される事例をみてきたが，この双渦面も同様である。まず，甲州市殿林遺跡出土土器（図2-12）は筆者が小学生のころ発見され，見聞したので取り分け親しみのある土器である。口縁部に重弧文が8単位展開し，体部に双渦面が3単位施文される。欠損部がないことや，造形的美しさから重要文化財に指定されている。体部に3単位の面貌は他に例がないと思われる。森和敏（森1977）や今福利恵（今福1998）による考察もあるが，面貌という見解はない。

次に甲ッ原遺跡A-7号土坑からは，先に示した環面の頂部に蛇装飾が付き，猪と対峙する土器ともに大形深鉢形土器の体部下半が出土している。この土器には，双渦面が2段にわたってみられる。その横の文様は輪面の九兵衛尾根型文の変形と理解される。

4　まとめ

以上，九兵衛尾根型文を提唱して，面貌の展開をみてきた。曽利式土器の面貌は，それ以前の面貌が突起に施文されることが多かったが，曽利式土器の大形深鉢形土器では，殿林遺跡，甲ッ原遺跡，駒場遺跡，高松遺跡のいずれの例も，土器の体部に面貌が施文されることを大きな特徴としている。しかも曽利III式以降は釣手土器を除いてまったく面貌の展開がみられない。

曽利式土器では水煙文土器を除いて，突起が付くことはほとんどなくなり，それと同時に面貌が土器の体部に施文されるようになる。やがて，面貌はほとんど施文されることがなくなる傾向が見て取れる。特に双渦面に注目すると，長野県茅野市棚畑遺跡49号住居址出土の埋甕である唐草文土器の大形深鉢形土器の各部分や著名な長野県岡谷市花上寺遺跡の有孔鍔付土器などにみられる。

今後，さらに分析を進めていかなければならないが，双渦面とした2類Eは，抽象文とは親和性が高く，1類Aの人面とは相いれない傾向がある。これは，個々の面貌に強い制約があったものと理解される。

註

1）富士見市のホームページでも紹介されている。

2）北杜市高松遺跡出土土器については，整理途上であるので，同市教育委員会から掲載許可を戴いた。なお，山梨県立考古博物館の図録『埋められた財宝』（2008）の8頁に出土状況の写真がある。

参考文献

伊那市教育員会　1967『御殿場遺跡緊急発掘調査概報』

今福利恵　1998「塩山市殿林遺跡出土の重要文化財深鉢形土器」『山梨考古学資料集I』52-53頁

大山　柏　1927『神奈川縣下新磯村字勝坂遺物包含地調査報告』

小野正文　2008「物語性文様―勝坂式土器様式を中心として」『総覧　縄文土器』アム・プロモーション　1178-1184頁

小野正文　2010「物語性文様2」『研究紀要26』山梨県立考古博物館・山梨県埋蔵文化財センター　1-7頁

小野正文　2015「縄文土器文様の物語性」『土器から読む縄文世界』山梨県埋蔵文化財センター　1-5頁

甲州市教育員会ほか　2008『天神堂遺跡』甲州市文化財調査報告書第2集

小林公明　2001「眼を戴く土器」『山麓考古』19　77-120頁
茅野市教育員会　2002『梨ノ木遺跡―担い手育成基盤整備事業豊平地区に伴う埋蔵文化財調査報告書―』
津南町教育委員会　2011「堂平遺跡」津南町文化財調査報告書第59輯
土肥孝編　2007『日本の美術―縄文中期―』至文堂
中道町教育委員会ほか　2000『供養寺遺跡・後呂遺跡―東八代広域斎場建設事業に伴う埋蔵文化財発掘調査報告書』中道町埋蔵文化財発掘調査報告書
中山真治　2000「顔面把手付土器小考―勝坂式後半の顔面装飾が付く土器について―」『東京考古』18　1-13頁
韮崎市教育員会ほか　1996『新田遺跡―主要地方道韮崎櫛形豊富線（旭バイパス）建設に伴う発掘調査報告書』
韮崎市教育員会ほか　2001『石之坪遺跡（西地区）―県営圃場整備事業に伴う埋蔵文化財発掘調査報告書』
平出一治　1980「原村上前尾根遺跡出土の顔面付釣手土器」『長野県考古学会誌』36　口絵解説
藤森英二　2006「縄文時代中期中葉後半における，ある土器の系譜―尖石遺跡遺跡蛇体把手付土器の系譜―」『長野県考古学会誌』118　長野県考古学会　118-136頁
北杜市教育委員会　2006『駒飼場遺跡　平林遺跡』
森　和敏　1977「塩山市上萩原殿林遺跡出土の縄文土器」『甲斐路』30　山梨郷土研究会　39-42頁
山梨県教育委員会　1989『一の沢西遺跡調査報告書　村上遺跡　後呂遺跡　浜井場遺跡』山梨県埋蔵文化財センター調査報告書第42集山梨県埋蔵文化財センター調査報告書第16集
山梨県教育委員会　2014『上コブケ遺跡』山梨県埋蔵文化財センター調査報告書第296集
山梨県教育員会ほか　1998「甲ッ原遺跡Ⅳ（第1次・2次・3次・6次・7次調査）――般県道須玉・八ヶ岳公園線建設に伴う発掘調査」山梨県埋蔵文化財センター調査報告書第145集
山梨県立考古博物館　2002『第22回特別展図録　縄文の女神―人面装飾付土器の世界』
山梨市教育委員会ほか　2005『高畑遺跡―JAフルーツ山梨加納岩統一共選所建設に伴う発掘調査報告書』山梨市文化財調査報告書第8集
吉本洋子・渡辺誠　1994「人面・土偶装飾付土器の基礎的研究」『日本考古学』1号　230-257頁
吉本洋子・渡辺誠　1999「人面・土偶装飾付土器の基礎的研究（追補）」『日本考古学』8号　51-86頁

堀之内式１式後半における十腰内系土器の関与について
―神奈川県伊勢原市東大竹・山王塚（八幡台）遺跡１号敷石住居址出土土器の再検討―

鯉渕　義紀

はじめに

神奈川県伊勢原市東大竹・山王塚（八幡台）遺跡は伊勢原市東大竹字山王塚1370-3番地外に所在し，マンション建設に先立ち，1990年7月2日～10月17日にかけて発掘調査された遺跡である。付近には1934年に「伊勢原八幡台石器時代住居跡」として国史跡となっている敷石住居址2軒が公園内に現状保存され，その後の調査でも敷石住居址が確認されるなど縄文時代後期の敷石住居址を主体とする集落が展開していると想定される集落遺跡である。しかしながら発掘調査の報告例が少なく，遺跡群の実態がいまひとつ不明瞭な地域でもある。そうしたなかで本地点では，縄文時代後期の堀之内式期～加曽利Ｂ式期の遺構群が確認され，敷石住居址のほかに掘立柱建物址，土坑墓群が検出されており，該期の集落構造を知るうえでも興味深い遺跡である1)。なかでも敷石住居址からは，覆土中から床面にかけて縄文時代後期の遺物が大量に出土し，「床面上5cmの石囲炉の周辺」で在地系の堀之内１式の朝顔形深鉢と十腰内系土器が出土している（諏訪間1992，秋田1994）。

伊勢原市内の縄文時代後期堀之内式期の遺跡では北東北地方に分布の主体をもつ十腰内１式に類似する文様をもつ十腰内系土器の関与が疑われる土器が散見されており2)，また，十腰内式土器に類する文様が描かれる在地系の土器も顕著に認められる。こうした地域的な特性に鑑み，東大竹・山王塚（八幡台）遺跡の出土資料を再検討し，堀之内１式後半期における東北地方北半部の関与について考えてみたい。

1　伊勢原市八幡台遺跡１号敷石住居址出土土器の概要（図1）

１号敷石住居址の炉の周囲から出土した土器は，４個体あり，ほぼ完形のものと，「体上位から下半にかけて縄文のみが施される深鉢の大形破片」3)である。

１はほぼ完形の十腰内系土器の深鉢である。器形は口縁部が外傾するキャリパー形を呈し，胴部上位が張り出している。口縁部は欠損している部分もあるが，６単位の波状口縁を呈するものと考えられる。口縁部の文様は，沈線によって画された肉彫状の半隆起帯によって描かれ，隆帯上にはRL単節縄文が施文されている。文様モチーフは方形状の区画文の左右に長方形区画文を

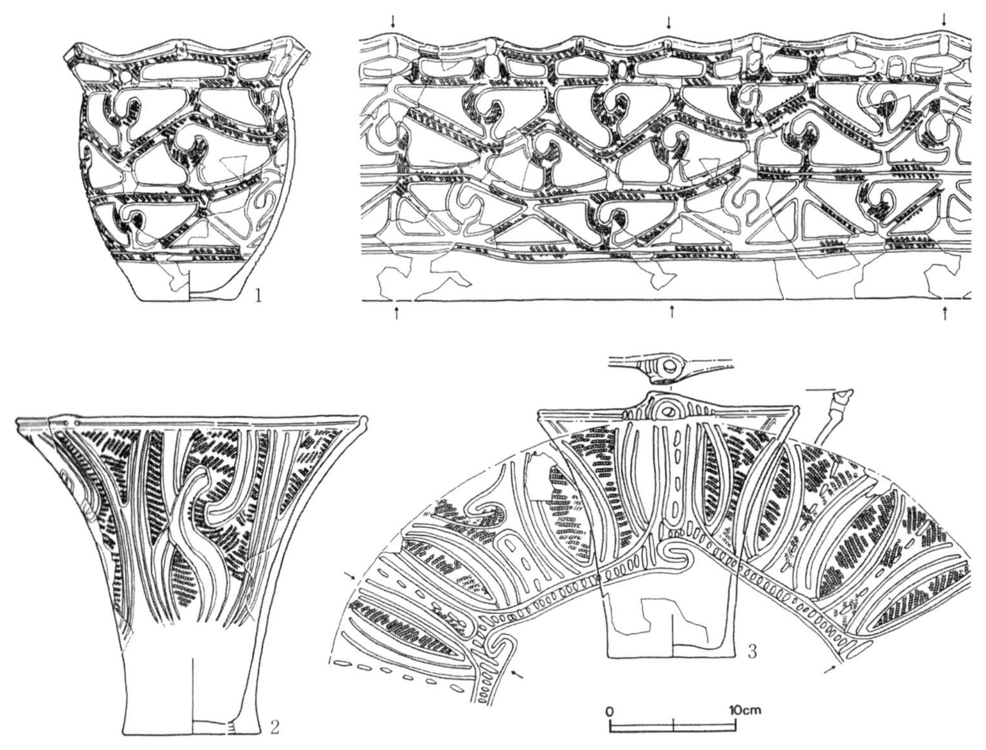

図1　東大竹・山王塚（八幡台）遺跡1号敷石住居址出土土器（S＝1/6）
（秋田 1994：第4図より）

配する，いわゆる眼鏡状文を単位として4単位がめぐるが，必ずしも方形状区画文が波状口縁の頂部下に配置されず，波頂部下に方形状区画文が配置されるのは1単位おきとなり，口縁部上面からはほぼ対向する位置になっている。波頂部には棒状の貼付文が付されている。胴部文様は文様描線を3本単位の沈線で施すことを基本とし，やや弛緩した三角状文が横位に2段展開する。三角状文区画内には懸垂する小さな逆J字状のモチーフ，いわゆる「波頭文」が描かれ，モチーフの下端は入組み状となって三角形文の底辺部に接続する。三角形文は頂点を上位に配したものと下位に配したものを連続させて横位に展開するものを単位として2段施文されている。全体の色調は暗茶褐色を呈し，焼成は良好だが，胎土は在地系の土器と比べると異質であり，砂粒を多く含んで，北東北地方の土器の胎土に類似する。

2・3は堀之内1式に比定されると考えられる朝顔形深鉢である。2はI文様帯として堀之内1式のメルクマールとされる刺突と沈線による文様がめぐり，II文様帯が3本単位の縦位の弧状文が施文され，地紋としてLR単節縄文が施文されている。

3は口縁部に1単位の環状突起をもち，環状部を縁取るように沈線がめぐり，これらの文様を単位文として口縁部にはI文様帯として沈線がめぐっている。胴部文様は短沈線による列点文を充填したU字状文によって縦位区画を構成し，文様下端は横位沈線によって区画し，U字状懸垂文下には入組状のモチーフが配される。さらに，横位沈線とU字状懸垂文を同質化するように大U字状文が，縁取るように施文され，空白部に短沈線による刺突文が充塡されて，2単位の区画文を構成する。区画内には列点文，入組文，列点を充塡したU字状懸垂文などによる区切り文と2〜3本の対弧状文が施文され，空白部にはLR単節縄文が施文されている。焼成はやや不良で，色調は淡褐色を呈し，胎土は細砂粒を含み，在地において標準的な胎質をもっている。

2　異系統土器の位置づけ

以上のように同一遺構内において東北地方北半部に分布の主体をもつ十腰内系土器と在地の堀之内式土器が至近の関係で出土したことは，東北地方北半部と関東地方の交差編年を考えるうえでも興味深いが，出土した十腰内系土器の編年的位置づけについて東北地方の研究成果をもとに跡づけてみたい。

十腰内式土器は磯崎正彦によって十腰内遺跡出土土器をもとに第Ⅰ群〜第Ⅵ群に型式分類され，このうち「第Ⅰ群」は型式まで止揚され，さらに細分できる可能性が示唆された。十腰内1式土器の細分は，葛西勵，本間宏，成田滋彦，鈴木克彦らによって進められ，文様要素により2〜3細分されているが，文様要素の複雑性と地域的偏差が大きく，研究者間で見解の一致をみていない状況である。また，成田は，それまで不明であった後期初頭の土器型式について蛍沢遺跡出土土器をもとに三角形文，方形文が特徴的な土器群を「蛍沢式」として型式設定され，本間により型式内容が整理されたが，のちに本間はこれを撤回し，「沖附2式」，「弥栄平2式」に分離し，設定者の成田との間で見解の一致をみていない。このため，鈴木は該期の土器群について新たに馬立Ⅰ遺跡のGⅡf2-1住居跡の一括性の高い出土資料をもとに「馬立式」を設定し，さらに三角文よりも方形文が優越する薬師前遺跡の合葬甕棺例をもとに「薬師前式」を設定した。

このように十腰内1式とその前段階の土器群は，時期差と地域偏差が微妙に絡んで，未だ見解の一致をみない問題点が多いが，ここではそれらの問題に深入りすることは避け，後期初頭土器については，「馬立式」，「薬師前式」の型式内容をもとに土器の理解を進めたいと思う。

ここで，再度東大竹・山王塚（八幡台）遺跡出土の十腰内系土器について確認しておきたい。

①器形は6単位の波状口縁を呈し，口縁部が外傾し，胴部上位がやや膨らむ深鉢形を呈する。

②口縁部文様は比較的しっかりとした沈線で縁取られたやや細い隆帯で文様が描かれ，隆帯上には縄文が施文される。

③胴部文様は三角形文の2帯構成で，胴部下半まで施文され，三角形文内に波頭文が懸垂するのを基本とするが，単純に2本単位の磨消縄文が垂下する場合もある。

④胴部文様は3本単位の沈線で描かれることを基本とし，沈線内には縄文が施文され，3本単位の磨消縄文となっている。

⑤2段の三角形文のうち，下段の三角形文斜辺については2本単位の磨消縄文となっているが，縄文の充塡は限定的で，無文部も認められる。

以上の6点が特徴として観察され，これらの特徴に類似する東北地方北半部の土器型式として

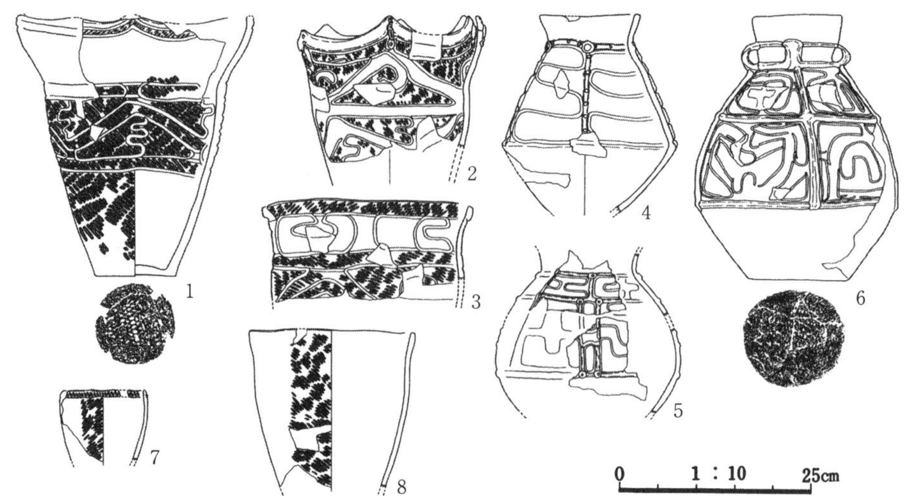

図２　岩手県二戸市馬立Ｉ遺跡（GⅡf 2-1 住居跡床面共伴土器）（馬立式）（S＝1/10）
（鈴木 2001：図 15 を一部改変）

は「十腰内１式」の直前型式である「馬立式」と相似すると考える。

「馬立式」の基準資料である馬立Ⅰ遺跡 GⅡf 2-1 住居跡出土資料を概観すると，深鉢形土器と壺形土器で構成され，深鉢形土器は 4〜6 単位の波状口縁をもつものも多く，胴部文様は多帯化して胴部下位まで施文される例が認められる。しかし，口縁部文様帯は狭い縄文帯のみのものや膨隆するだけのものなどに限られ，あまり文様帯の発達が認められない。こうした「馬立式」の型式内容に類似する点として①・③があげられよう。②については「馬立式」よりもやや新しい様相，④・⑤についてはさらに新しい「十腰内１式」で盛行する要素と考えられ，「馬立式」の要素と「十腰内１式」の様相を兼ね備えた「同床異夢」[4)]の土器とすることができよう。以上のことから東大竹・山王塚（八幡台）遺跡出土の十腰内系土器は，薬師前式〜十腰内 1a 式段階の土器と考えられる。

それでは，こうした異系統土器と共伴した堀之内式土器について全く異系統土器による関与が認められないか次項で検討してみる。

3　横浜市都筑区原出口遺跡 20 号住居址出土土器との比較

十腰内系土器と共伴した堀之内１式土器の朝顔形深鉢はいずれも文様要素に弧線文を用いられる土器であり，3 は縦位文様の下端を横位区画していることから堀之内１式の後半段階の土器と認められるものである。しかし，3 本単位の沈線によって文様が描かれることや刺突文の多用など本来の堀之内１式の文様施文方法からは異質な感じを受ける。そこで南三十稲場式土器の関与がうかがえるとされる横浜市都筑区原出口遺跡 20 号住居址出土土器と比較し，他地域の関与の可能性についてみてみよう。

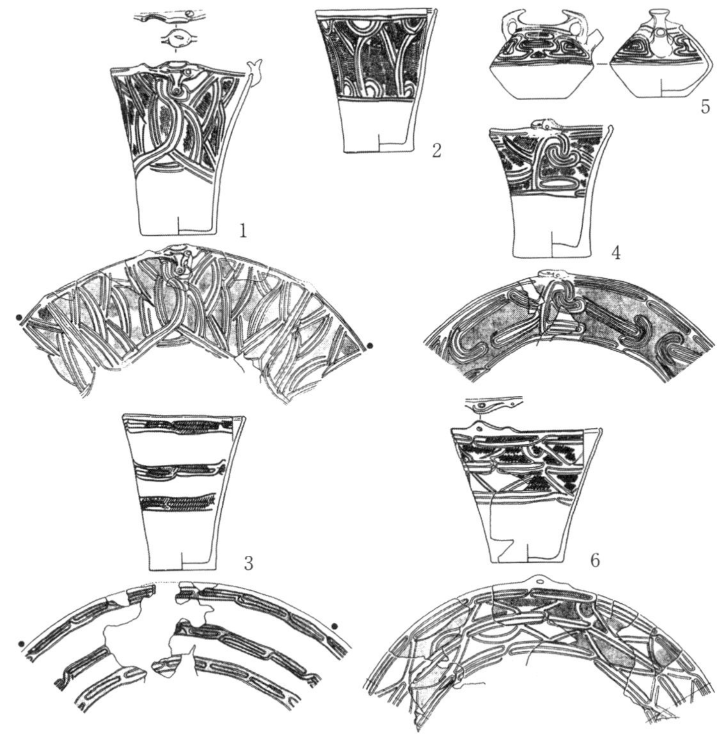

図3　原出口遺跡20号住居址出土土器（S＝1/10）（石井1995：第233図より）

原出口遺跡は谷本川と恩田川が合流する北側台地上に立地し，付近に所在する川和向原遺跡とともに後期の集落が検出されている。そのなかで20号住居址は舌状台地先端部に占地して21号住居址と重複しており，集落のなかでも突出した位置にある。

遺物は覆土から床面にかけて大量に出土しているが，出土遺物のなかには関東西南部に通有の下北原類型の深鉢に混じって文様構成がやや異質な小型の朝顔形深鉢が存在する（図3）。すなわち，堀之内1式に特徴的な縦位区画懸垂文をもたない土器群が組成の一端に含まれており，このうち図3-3・6は東北地方北半部の十腰内系土器，2は新潟地方の南三十稲場式土器の関与を受けた可能性が報告者によって示唆されている（石井1995）。

なかでも興味深いのは十腰内系土器の関与を受けたとされる土器は，十腰内1式土器の三角形文系列の模倣もしくは，簡略によってII文様帯を構成している点である。これは，三角形文系列の十腰内系土器が招来したと考えられる東大竹・山王塚（八幡台）例と土器の移動の方向性が一致しており，より在地化して事例として原出口遺跡20号住居址出土資料が評価できるものと考えられ，十腰内系土器が伊勢原市などの内陸地から沿岸地域に拡散したとの予察をもつものである。そして，それらとともに南三十稲場式土器の関与を受けたとされる3本単位の沈線によって文様表出を行い，その両端に弧線文を付す土器が出土しており，起源のことなる異系統土器が併存しているのである。

これに対して東大竹・山王塚（八幡台）例においても図1-2のように３本単位の沈線によって文様表出を行っている土器があり，縦位懸垂文の異体形とみることも無論可能であるが，より在地化の進んだ形態として理解することもできる。また，図1-3のように通常堀之内式の口縁部把手が3〜4単位を取るのに対して，１単位の把手を取り，II文様帯もおおまかに２単位に分けられる文様構成をもつこともその出自を異質なものに感じさせる。

このように一見南関東西南部の特徴を有すると考えられる堀之内１式の朝顔形深鉢のなかにも異質な部分が認められ，その出自が一系性のものでないことが看取されるのである。

以上のようにみてきた場合，両遺跡の差異は，東北地方北半部の関与の時間差を示す階梯ととらえることもでき，新潟県地方の南三十稲場式土器の流通・伝播ルートに乗りながら東北地方北半部の土器も南関東西南部に招来し，沿岸地域に拡散したという図式が考えられるのである。

おわりに

以上のように東大竹・山王塚（八幡台）遺跡１号敷石住居址出土の十腰内系土器と堀之内１式の朝顔形深鉢のセットは胎質の観察から搬入品と考えられる東北地方北半部の土器と新潟県地方の関与を消化した在地の土器の同時性を捉え得る資料であり，南関東西南部の堀之内１式後半期における他地域の関与を考えるうえで，とても興味深い視点を提供している。今回，類似する組成を示す横浜市都筑区原出口遺跡20号住居址例との比較により南三十稲場式土器の関与と東北地方北半部の十腰内系土器の関与に時間差が認められることを雑駁ながら検討し，異系統の土器の文様要素が在地系の土器に取り込まれ，同質化していく過程に他地域の関与の時間差を認めてみた。すなわち，東大竹・山王塚（八幡台）例では搬入品である可能性がある段階と認められるのに対して，原出口例では十腰内系土器の文様が朝顔形深鉢に転写，あるいは簡略化された文様で施文され，より在地化が進んだ段階と認識できることから，それを時間差と考え，両地域の文化の受容の過程が土器の文様に反映されているとみたのである。伊勢原市池端椿山遺跡でも十腰内系土器の三角文系列の三角文内に波頭文，入組み文をもつ文様がＣ群[5]の鉢形土器に転写されており，南関東西南部の内陸部でも沿岸部とは異なった形での在地化が進む様相が看取される。また，南関東西南部ではＣ群土器に東北地方のいわゆる「大湯式」[6]に類似する文様が施文されるものも散見され，資料の集成・検討が必要な課題と考える。

なお，本稿に用いた挿図は，報告書から引用させていただいた。一部加除筆を行った部分がある。その点，御寛恕を願うとともに，深く感謝する次第である。

最後になってしまいましたが，山本暉久先生には退官を迎えられ，おめでとうございます。長い間お疲れ様でした。私が，初めて山本先生にお見かけしたのは，神奈川県平塚市原口遺跡の整理に参加する機会があり，今はなくなってしまったが，整理作業が行われていた財団法人かながわ考古学財団の二俣川整理室においてでありました。その後，用田遺跡整理に参加した際には，宴席ではありましたが，親しく接する機会を得ました。その縁で，山本先生が昭和女子大学の教授に就任する際にも「山本暉久さんを囲む会」に呼んでいただき，退官に際してもこうした形でかかわることができて感慨深いものがあります。

残念ながら調査のなかで直接教示を受けることはありませんでしたが，なにかと気にかけて下さり，事あるごとに報告書など参考図書をいただき，感謝に堪えません。今後もさらなるご活躍を祈念しまして，筆を擱かせていただきます。

註

1) 正式報告が刊行されていないため，詳細は不明だが，公表されている遺構分布図をみる限りにおいては堀之内式期の敷石住居址とほぼ該期と考えられる掘立柱建物址によって構成される集落が加曽利B式期に解体して土壙墓を主体とする墓域に変遷している様相が理解される。

2) 伊勢原市池端・椿山遺跡では敷石住居址から在地系の堀之内1式土器とともに，いわゆる小仙塚類型の鉢形土器の器面に十腰内系の文様が描かれた土器が出土している。このほか伊勢原市内の該期の遺跡では，他地域にくらべて横位に展開する文様が優越しており，異質である。

3) 今回，伊勢原市教育委員会のご好意のもと，東大竹・山王塚（八幡台）遺跡1号敷石住居址の出土土器について実験させていただいたが，縄文が施文されている大形破片の土器と図1-2の在地系の堀之内式土器は実見できなかった。なお，実測図は秋田1994掲載のものを引用させていただいた。記して感謝します。

4) 異系統の土器文様を一つの土器に施文されているものを「同床異夢」の土器と呼称し，同一土器内に共存する文様は同時共伴関係，もしくは連続した時間の関係にあると理解されている。（鈴木1998）

5) 石井寛氏の堀之内1式の分類による（石井1993）。

6) いわゆる「大湯式」は十腰内1～2式の地方型式とされ，関東の堀之内2式～加曽利B式に併行するとされるが，「大湯式」の古い部分の文様と南関東西南部の内陸地域でみられる在地化した堀之内1式のCIII群土器の間には入組文が横位に施文されるという共通性が認められる。

参考文献

秋田かな子　1994「八幡台遺跡出土の縄文時代後期土器について」『東海史学』第29号　27-35頁

阿部芳郎　1990「北陸北半地域における後期前葉土器型式の再検討—三十稲場式，南三十稲場式の構成と変遷—」『信濃』第42巻第10号　57-73頁

石井　寛　1993「1．堀之内1式期土器群に関する問題」『牛ヶ谷遺跡　華蔵台南遺跡　港北ニュータウン地域内埋蔵文化財調査報告XIV』財団法人横浜市ふるさと歴史財団　271-289頁

石井　寛　1995『川和向原遺跡　原出口遺跡　港北ニュータウン地域内埋蔵文化財調査報告XIX』財団法人横浜市ふるさと歴史財団

石野　瑛　1934「相模國八幡臺石器時代住居阯群調査報告」『史前学雑誌』第6巻第1号　1-14頁

磯崎正彦　1968「十腰内遺跡」『岩木山　岩木山麓古代遺跡発掘調査報告書』316-388頁

小川岳人・井辺一徳　2004『池端・椿山遺跡　かながわ考古学財団調査報告165』財団法人かながわ考古学財団

金子昭彦　1995「十腰内I式と大湯式における形式としての諸問題—細分，組成，併行型式の問題—」『岩手考古学』第7号　1-30頁

鈴木克彦　1998「東北地方北部における十腰内式土器様式の編年学的研究4」『縄文時代』第9号

81-117 頁
鈴木克彦　2001『北日本の縄文後期土器編年の研究』雄山閣
鈴木克彦　2002「十腰内１式土器の細別に係る型式科学的研究―秋田県萱刈沢遺跡 III 群土器の波状文と十腰内 1b 式の類型―」『岩手考古学』第 14 号　1-44 頁
諏訪間伸　1992「1．東大竹・山王塚（八幡台）遺跡」『文化財ノート』第２集　30-48 頁
千葉毅・高山理美　2014「東北地方北部における縄文時代後期初頭から前葉土器編年研究の現状と課題―青森県安部遺跡出土土器の理解のために―」『縄文時代』第 25 号　91-116 頁

「地域型式」の狭間に生じた「時空間」の間隙
—縄紋時代後期前・中葉の北陸“西部域”を題材に—

木下 哲夫

緒 言

縄紋時代では，列島における「東西文化の回廊地帯」とみなされもした「北陸」に在って，なかんずくその“西部域”[1]はかつて“手取以南は別地域”とも俗称されたほど，土器様相が「北陸の核域」とみなされる，いわゆる“中枢部”と異なることがまま有る。その主たる要因が「何処に在りや」と考えあぐね，結局は「縄紋土器型式の地域概念」が相克するに起因すると思い至る。爾来，それらへの対処に腐心してきた。これら事象が現出する要因の一端なりとひもとくべく，改めて2013年に試行錯誤したのが（木下 2013ab）である。

その一篇（木下 2013b）は，「気屋式」以降に至り資料の稀薄と目された該域の後期中葉を題材に，およそ「折衷地域に於ける“型式の実在性”」について模索したものである。一体，「越前の土器相には，如何なる概念を保有する型式名が冠せられるのであろうか」，と自らに問うことにより，「“地域土器型式”に於ける系列単位の系統性について再考」（木下 2013b）せんとした。これについて，「2013年の縄文時代学界動向」「土器型式編年論　後期」（『縄文時代』）に，「北陸西部（福井平野）における後期中葉の「地域土器型式」に「曾万布式」という新型式の設定が可能となった」（古谷 2014）というような論評がなされる。ここに設定可能と目された「新型式」の，分布する「地域」と帰属する「時間」を収斂すべき「時空上」の帰趨やいかに。

かねて，「九学会能登調査委員会の先史班長であった山内博士によって，その大綱が定められた」と喧伝された，いわゆる「北陸縄文土器編年」が，反面「混乱と停滞を繰り返していると研究者から批判されている」とも述懐されてしまった側面をも有したのはなぜであろう。改めてかくいうは，かつて「後期の初名乗はあがったかと互に冗談口をたゝいている」（高堀 1955）といわしめたほど，「気屋式」以後の標準資料が模索されつつ，容易にその間隙は充当されなかったからである。後年に至り，ようやく「横北式土器設定を考え」られた該期は，紆余曲折を経ながら結局は「取りあえず無名のままにとどめ」られ，「加曽利B1式並行土器」といった「北陸唯一の無名型式」（高堀 1986）と呼称される帰結を招来した。これには，帰属時期が前後する可能性が考えられたりもした，「波並西の上資料」（石川県教委 1976）・「赤浦資料」（七尾市教委 1977）・「上田うまばち資料」（押水町教委 1983）など，既出資料を取巻く諸事情が複雑に絡み合う。

もう一篇（木下 2013a）では，「北陸」に「気屋と万行の交錯」・「万行式再見」をして「複系の

「万行式」と単系の「気屋Ⅱ式」が錯綜する」様を，対峙する「堀之内2式相当期の越前」から「併行期の越前は，略縁帯紋系資料の類例が抽出され」る状況に鑑み，双方の「北陸内部に於ける小地域圏相互の様相が乖離する状況」（木下 2013a）の解析を目論んだ。これについて，「北陸中枢部（能登半島とその基部）」における論考の，「気屋式新段階とされる万行資料を堀之内2式併行に位置づけている」（古谷 2014）と評される。

そもそも（木下 2013b）は，“北陸域”の「越前」に「桑飼下資料」（平安博 1975）との類似が注視されていた「曽万布資料」（福井県埋文 2008）を主たる対象としたものであり，（木下 2013a）はそれに往時同一域内で時間的に先行すると考えられていた「上河北資料」（福井県教委 1979）との連携に，齟齬が生じていた要因を探るべく行った試論であった。

この二篇を顧みれば，いわゆる「北陸域の周縁（西部）」と概括されてきた「越前（敦賀を除く嶺北地域）」における「縄紋土器型式の地域圏が及ぶ範囲は如何に」という命題を追い求めた過程を，繰り返し辿った雑駁な疑義の羅列に過ぎない。かつて，当該域の地域性について，「中核地域外とされる縄文僻地」（木下 1991）と，戯言を述べたりもしたが。さりながら，“縄紋土器型式学”における基本的な概念規定を各々の地域に立ちかえり構築せんとするならば，こうした「命題」に今一度対峙し直さなければならないのは自明の理となる。折しも，「東西」のみならず「南北」に連携・乖離する地域間関係の一端を（木下 2015）に小考した。ここに，以前なした試論との重複をも顧みず再考してみたい。諸事情を御賢察のうえ，何卒諒とされたい。

『曾万布型』検出前後（昭和50年頃）の認識

往時「曽万布資料」の帰属時期は，「能登周辺域」における“気屋”と“酒見”に生じた間隙に，おおむね「越前」で対応するように考えた。そして，「曽万布 3」（福井県埋文 2008）を「曾万布型系列」の“プロト・タイプ”とみなし，その特質を「3単位の波状口縁部と胴部が膨れ，頸部は括れて口縁部が内湾する器形を呈し，波状口縁部と胴部に磨消縄文による文様帯を保持する土器」と概括，「3単位波状口縁深鉢型精製土器（以下3波状深鉢）」（木下 1994）と称した。

「丹後」には，逸早く「近畿地方後期中葉の土器様式として，桑飼下式」が「提唱」される。その「主体となる精製深鉢土器は，深鉢5である」と目され，当該資料が保持する“器形”と“紋様帯上下二帯分離構成”にその主体性を看取する。図4の桑飼下 72-1（平安博 1975）に表象[2]されるのであろうか。こうした精製深鉢が，「東海地方の愛知県西尾市八王寺貝塚出土土器ときわめて類似」しているとともに，「曽万布資料」の「精製土器もまた，桑飼下式の深鉢5ときわめて類似」（渡辺 1975）すると認識された。

一旦，視座を「越前」に戻す。山間部「奥越域」の「鹿谷本郷資料」（勝山市教委 1977）が，「曽万布資料」よりやや後出の“酒見”相当と目された。かねがね「酒見式」は，“器種”ごとそれぞれに「東北地方と近畿・東海地方の二系統からなる複合土器型式」（木下 1991）とする構成が予想されていた。「鹿谷本郷資料」の「後期中葉後半に属する」「本郷Ⅰ期の土器群」は，表採資料に従来より“酒見・井口Ⅰ式”にも認められていた，いわゆる“東海系”とみなされる図1の鹿谷本郷48の「口縁部に刺突を加えた縦長の瘤をはりつけた」資料が含まれ，他に「加曽利B式の直接的な影響を想起させる」資料も混じるものの，「畿内の元住吉Ⅰ式に類縁性を感じさせる一群」の存在が取分け意識される。

翻って図1の鹿谷本郷43は“精製様”を呈し，“東日本”的風合いを醸し出す。さらに図1の鹿谷本郷41には「波状深鉢で竹管等で垂下するルーズな渦巻状文が描かれ」，東西に輻輳する系統に並列する「ローカル色の強いと考えられる在地系の一群」(勝山市教委1977) に含められた。これを「羽状条線を垂下させるという後出的様相との関連が考えられた」(木下1991) 資料とみなした。この資料を仔細に見れば，口縁上側部に沿った断続する1・2条の“描線”を「基線」として波頂部から蛇行・垂下，屈曲部ごとに「副線」が左右交互に入れ替わりながら添えられるものの連続しない。木下 (1994) に考究した「曾万布型系列」の“プロト・タイプ”とみなした「曽万布72-3」の「巴S字紋」，はたまた「バケツ形列」の「収束」と解した「曽万布73-6」の「下位蛇行部は基線に副線」という，いずれの“描出”に符合するかが理解の分岐点となるであろう。標識資料において同一器種の“系統”が輻輳し，保持した時間軸が乖離，そこに「精粗の別」「東西・在地系統の同一域における複列」といった様相が現出する。そうした状況を理解しようとする際，「型式設定」が提案された冒頭から持ち越された歪みが後に顕在化した。

一方，「南加賀」に「横北資料」の「第Ⅰ群土器」を「加曽利BI式併行と考え」，その「特徴的な蛇行状文や渦巻文はかなりローカル色の強い文様」(石川県教委1977) と認識，「山陰の加曽利B1式並行期の桑飼下式と密接な関係を有する」ように注視される。以前にも「型式設定」を模索したという，「西日本から伝播したと推測される，加曽利B1式系要素からなる」一群を，「南加賀以西，福井県嶺北にひろがる」分布域に，「横北式として設定したい」(高堀1986) と再びの提案がなされた。そもそも，「横北資料」の図1の横北58-1は「昭和31年3月県立大聖寺高校地歴クラブと横北町青年団が発掘した際の出土品」が，(石川県教委1977) に再掲された資料中にある。該期の示標に度々“蛇行線”・“渦巻紋”が意識，繰り返し強調されるのは，かねてこれら資料の存在が強く意識[3]されていたためであろうか。

「横北資料」にある“渦巻紋”は「横北58-1」の下端“描線”の行方が詳らかでないものの，図1横北40-20は下端が伸長し“S字”に巻込む可能性があり，図1の横北40-17頂部突起下位の“渦”は「一重」にてその下位に“半円弧線”が重ねられる。この類例を図4八王子採58 (西尾市教委2009) に求めたであろう“描出”法は，「愛知県などの東海地方の土器とも関連が深いことが指摘されている」(石川県教委1977) とされる。詳らかにはならない「横北58-1」“渦巻”下端“描線”の行方が，「桑飼下72-1」“渦巻”上端が反転する“描出”に相応する可能性も考えられる。ならば，図1桑飼下71-7にある“蛇行紋”は，「桑飼下72-1」共々「2本組沈線末端が連結して併合する施紋法も，加曽利B式の区切紋に連携」(木下2013b)，図1横北26-10に「新潟県三宮貝塚出土品にも類品がある」(石川県教委1977) と指摘された“類似相”にも連なる。

「曾万布型」示標の一つとした「沈線末端」の“鉤状処理”は，後に「真脇資料」・「図1第16

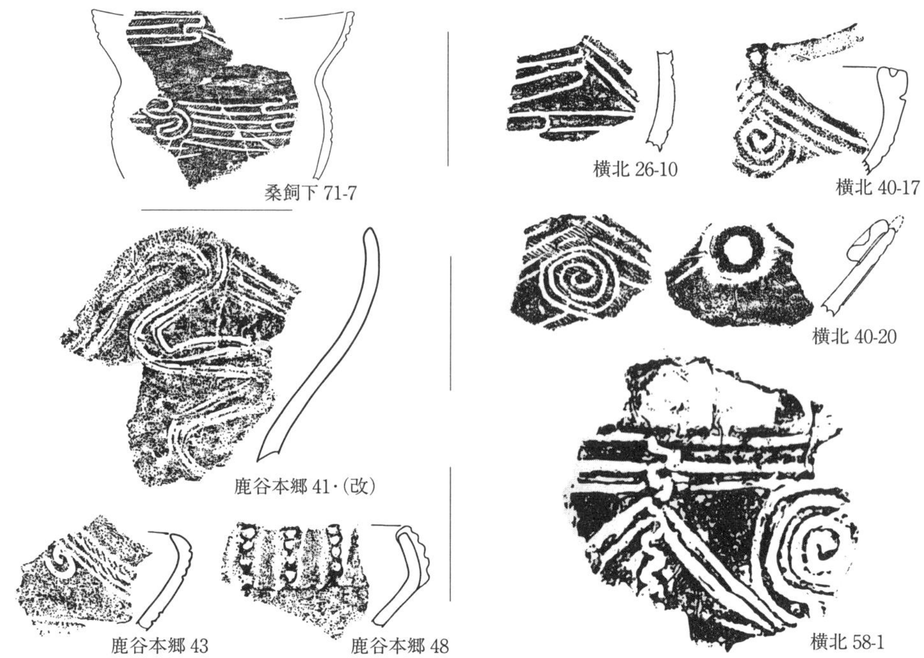

桑飼下：平安博 1975，鹿谷本郷：勝山市教委 1977，横北：石川県教委 1977

図１　往時（昭和 50 年頃）の『曾万布』対照識別史料

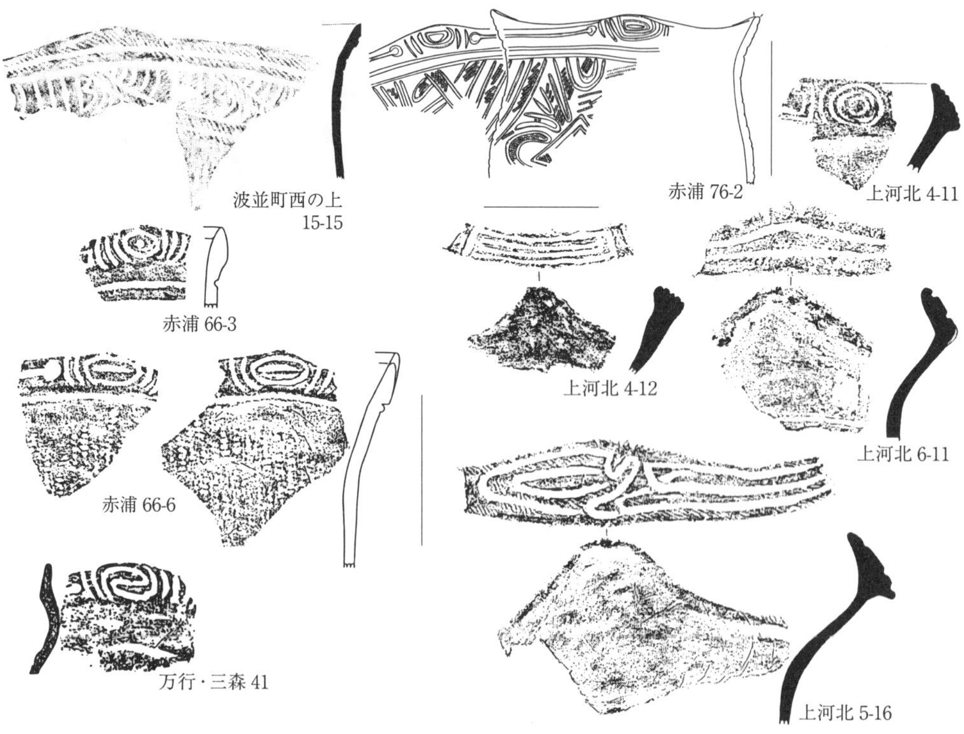

波並西の上：石川県教委 1976，赤浦：七尾市教委 1977，万行：三森 1935，上河北：福井県教委 1979

図２　“北陸域”の「縁帯文」系資料二態

群土器　加曽利 B1 式並行期　1」掲載の「沈線下端を「つ」の字状に曲げる」（米沢 1986）手法の識別へと連なる。「横北 58-1」の“蛇行紋”は，“変曲部”で切り返され引き直される。もしこの切り返しが食い違うなら，“対向弧線紋”の“描出”と等しい効果と生む。こうして，「横北 58-1」に併存した“渦巻紋”と“蛇行紋”は，「同時性をもつ」（石川県教委 1977）との認識のみならず，“北陸域”縁辺から「東海」までを覆う「広汎な地域間連携」を暗示する。

「3 波状深鉢」成立前夜

図 1 左上の桑飼下 71-7 は，渡辺（1975）が提唱した「桑飼下式」の「第 4 群磨消縄文系深鉢 D」に包括され，「沈線文系」の同類とともに「深鉢 5」の「典型」であり，「口縁部に蛇行文，胴部に S 字状磨消縄文と蛇行文がみられ」（平安博 1975）る資料と解説された。この「桑飼下式」は，「かつて北白川上層式や稲口式と呼ばれた一群の土器」を再編したうち，「北白川上層式 3 期」として「舞鶴市桑飼下遺跡の主たる土器」も含められる。こうして収斂された「北白川上層式」の，「いわゆる縁帯文土器と呼ばれる深鉢 A は東日本に類例の少ない西日本的な深鉢」（泉 1981）に主眼を置けば，「第 4 群磨消縄文系深鉢 A」と分類されたのは，「桑飼下 71-7」に「瀬戸内の津雲 A・彦崎 KI 式」（平安博 1975）とみなされた「桑飼下 68-3」を併せ，「下尾井 245」（北山村教委 1979）[4]も「深鉢 A 類」例に掲載された。

一方，こうした「瀬戸内・近畿」に対峙し，未だ途上にある“北陸域”の「縁帯紋系資料」の帰趨はいかに。「Ib 式終末から気屋 II 式にかけての様相には不明な点が多い」（米沢 1989）と苦慮される“気屋の終焉”に際し，図 2 の波並西の上 15-15（石川県教委 1976）に見られる口縁上端“外反器形”の出現が予測された。資料は頸部上端を 2 条の回線で画し，回線下位の頸部に“磨消縄紋”を施し，その下位胴部の縦位の“縄”は「原体」が換えられる。変化の過程に関連が予測された，図 2 の赤浦 76-2（七尾市教委 1977）の胴部“磨消縄紋”はその下半に及び，回線上位には「4 波頂」の“縁帯紋様”が描かれる。この資料は「表採土器」であったようだ。七尾市教委（1977）には，「貝塚崩壊土出土土器」中にも“縁帯紋様”を保持する資料が認められる。図 2 の赤浦 66-3・6 の“縁帯紋様”も「赤浦 76-2」に近しいものの，“縁帯”部はやや「肥厚」気味と観察されようか。「赤浦 66-6」の回線下の胴側に施された縦位の“縄”は，“気屋”特有と見受けられる。かねて，“気屋”「後継」と目された“万行”の図 2 の万行・三森 41 は，「万行と氣屋の形式學的交錯を證する」（三森 1935）[5]現れと解された。“縁帯”の“頂紋”は“一筆描”され，回線との間に“無紋帯”を保持する様が「赤浦 66-6」とは相異する。

該期に相応する「近畿」の「北白川上層式 2 期」には，「深鉢 A 類」に並列する「深鉢 D は堀之内 II 式そのものが主体を占める」（泉 1981）ものとみなされ，「赤浦 66-3」は「山内考古資料」・「万行」の「深鉢 Bd は堀ノ内 II 式系」（米沢 1993）と理解された資料に「相同」である。さりながら，以前「能登出土の紐線文土器」（木下 1993）に抽出したように，当該資料は稀少で，「赤浦 61-5」（木下 1993 の第 1 図 25 に再掲）さえも「紐線」の多条化に後出性がうかがえる。こうした「能登地方から細片で少量出土している」（米沢 1993）状況認識には，「万行」・「鉢 A」が加わるに過ぎない。

「深鉢 A・D 類」の稀少性に起因して，該当資料の抽出に苦慮する「能登」に比し，「越前」は「上河北資料」に「北白川上層式２期」における「深鉢 A・D 類」並列の“近似相”を示す。とりわけ，「北白川上層式・深鉢 A 類」相応とみなされる図２の上河北 4-11（福井県教委 1979）の「肥厚型」は，「瀬戸内」へと連なる“津雲”を「髣髴」させる。

「越前」の該期遺跡は，「浜島遺跡例が古く鳴鹿手島遺跡例が新しい傾向を示し，上河北遺跡例は両者の中間的な傾向を示している」と考えられていた。確かに，「上河北 4-11」の“縁帯紋”は「赤浦 66-3」に近しい。さりながら，図２の上河北 4-12 の口縁形態は，「鳴鹿手島 65-1」に見る「第 13 群土器で主体」の「断面三角形に内方へ肥厚させる例」（工藤 1988）が「三重・伊賀」に，図２の上河北 6-11 は「逆 L 字形」の「往々にして波状口縁となる例（大阪・縄手，＊筆者附記）」（岡田 2010）に「相同」で，おおむね「北白川上層式２期」の「深鉢 A 類」に相当する。図２の上河北 5-16 の「T 字形」に拡張する屈曲する口縁に施される“波頂紋”は，左右に「非対称」を呈する。「曲線的な沈線による弧線文・三角文で文様構成」（工藤 1988）されるのを“東海系”と目するは，「鳴鹿手島」の「第５群土器」に含められた「鳴鹿手島 43-2」に付される左上がり“大形突起”の態様に等しかろう。正しく，「堀之内Ⅱ式並行土器　蜆塚遺跡出土」（久永 1969）の「第３図７」に対する認識へと連なる。

こうして，該期に「能登」と北陸“西部域”の乖離が先鋭化　反面ややもすれば等閑視されていた「東海」との連携が改めて注視される。

“器形”と“紋様帯”の相関

泉（1981）は「北白川上層式３期」に，「桑飼下式」「深鉢 5」の「桑飼下 71-7」と「深鉢 3」の「桑飼下 68-3」を併置，「3 期であらたに登場する内湾口縁の深鉢 A」が「器形の出自は確かでない」ものの，「東海地方西部起源と考え」（泉 1981）た。そして，「3 単位波状口縁磨消縄文深鉢は，福井県に好例が多い」（泉 1989）と認識，「曽万布 3」を「北白川上層式３期」に出現する「3 波状内湾口縁深鉢」例に示し，「東海西部や北陸西部・山陰東部にも分布する」（千葉 2008）と解説される。近時，“3 波状深鉢”の出現と“結節縄文”・“沈線内刺突”要素の有無をもって，「北白川上層式の３細別」（千葉 2014）が想定される趨勢もある。さりながら，「設定当初の狭義の内容」と，“3 波状深鉢”をも含む「広義の内容」（岡田 2008）に鑑み，「「北白川上層式」の名を冠するべきではないのかもしれない」（岡田 2010）[6]という疑義が表明されもした。「桑飼下資料」の地域性を「何処」に求め得るか[7]が“鍵”と思料する。

「縁帯文土器４期」（千葉 2008）“鉢”例の図３の曽万布 9（福井県埋文 2008）と同型資料を，「八王子 III-2 層」と層位が判断（松井 2015）された既出資料「八王子採 96」（西尾市教委 2009）に見る。近しい資料に「八王子古式」（増子 2010）の「馬ノ平 3」（豊田市史 2013）（“渦”単位はおおむね

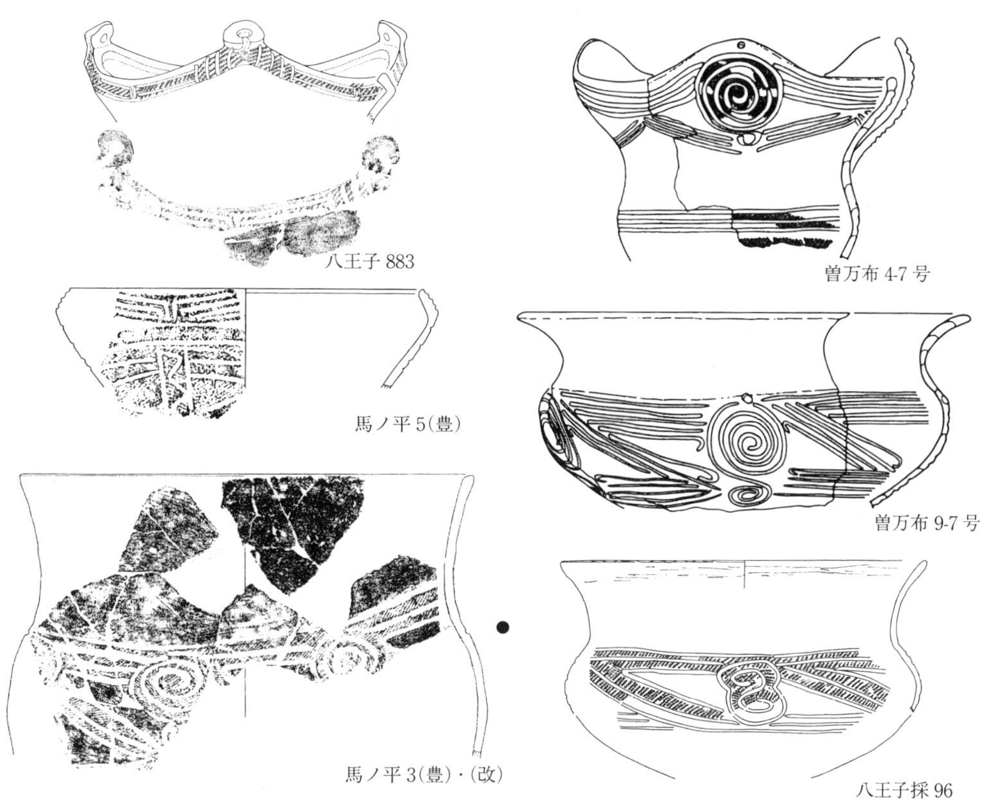

八王子：西尾市教委 2001・2009，馬ノ平：豊田市史 2013，曽万布：福井県埋文 2008

図３　“単位紋”の「相同」とその施紋部位

「9」と想定）と併存する「馬ノ平 5」の屈折部位“紋様描出”法は，「八王子貝塚 III-2 層独自様相」（百瀬 2013）とみなされた「屈曲縁深鉢」・「八王子 883」（西尾市教委 2001）に連携する。「曽万布 9」・“胴紋”と「曽万布 4」・“波頂紋”の「相同」は，“単位紋”「I・II 紋様帯交換」の現れと解され，「東海」の「屈曲縁」継続と「北陸」の“内彎縁”出現に両地域は乖離する。拡張される“波頂紋”と“胴紋”の「相同」例とみなせられる「加賀」・「馬替 23」（金沢市教委 1993）の如く，「相同」は「越前」より，むしろ「加賀」に目立つであろうか。「出自の系譜」が問われる。

「曽万布」検出冒頭から注視した「胴部紋様帯上位に観察される段」（福井県埋文 2008）は，「桑飼下 72-1」“胴部紋様帯”上端の“隆帯”に等しく，「“紋様帯”識別意識の反映」ではあるまいか。「押し引き状の列文」の「八王子 749」（西尾市教委 2001），「不連続の短線列」の図 4 の八王子採 58（西尾市教委 2009）も，「八王子 III-2 層」資料に変更・判断（松井 2015）された。

具現化の例は，「近畿」の“主紋様”上下配置に“ズレ”が看取される「松原内湖 102-359」（滋賀県教委 1993）に，「越前」では「複数の器種間ないし系列間」（山本 2005）の所産ともされた「大関西鯉 3」や，「第 12 群土器」と分類の「鳴鹿手島 63-2」[8]が確認される。

かねて，「東海」特有の“紋様”と目されていた「対向弧線紋」を，図 4 の曽万布 1（福井県埋

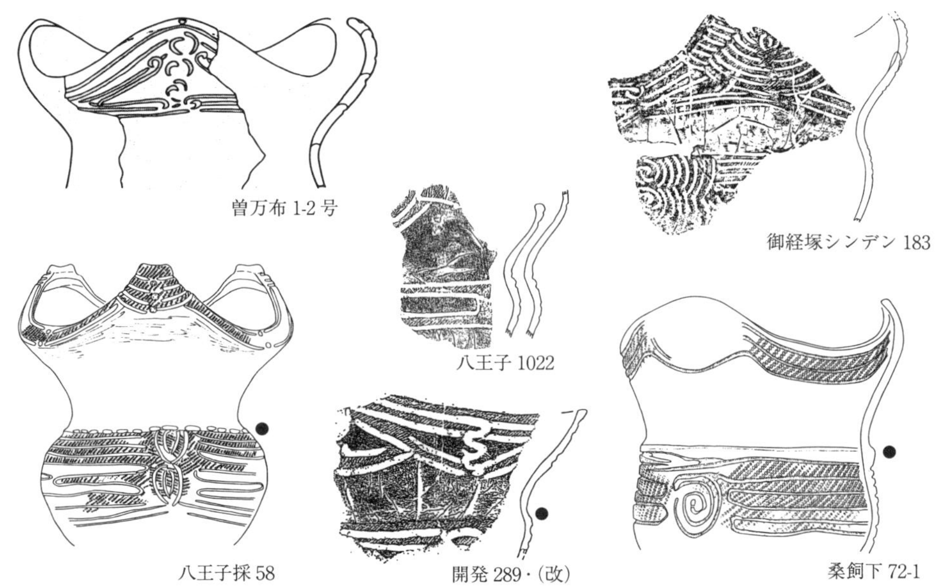

八王子：西尾市教委 2001・2009，開発：福井市教委 2012，曽万布：福井県埋文 2008，
御経塚シンデン：野々市町教委 2001，桑飼下：平安博 1975

図４ “器形” と “紋様帯” 構成にみる「列島表裏」の地域間連携

文 2008）の “波頂” 垂下に見て，類例は「鳴鹿手島 59-1」・「下尾井 245」へと連なる。「馬ノ平 3」の “渦巻” 左側外線は「後ナゾリ」され，等しく “施紋効果” が意識されている。波頂部「多重半弧線」は，「馬替 29」に「上下二連」をなし「東海」の「屈曲縁深鉢」口縁に類似，拡張型を図 4 の御経塚シンデン 183（野々市町教委 2001）とみなせば，「桑飼下 72-1」との連携も視野に，「八王子貝塚 III-2 層独自様相」・「波縁二帯構成直立深鉢」（百瀬 2013）成立の “系譜” を考える。「八王子貝塚 III-2 層中間様相」・「屈曲縁深鉢」の図 4 の八王子 1022（西尾市教委 2001）と，図 4 の開発 289（福井市教委 2012）の連携についてもまた注意されよう。こうして「北陸」“西部域” に設定可能と目された「新型式」に，各 “波状縁” 態様の “出自” を巡る「列島表裏」の “地域間連携” を問う。

許された紙数に，後段は略「提議」の列挙に止まった。諸事情を御賢察のうえ，御寛如を請う。図版の縮尺は，実測図 1／6，拓本 1／4 を基本とし，作成には九千房英之氏から多大な援助を受けた。記して謝意を表する。

山本暉久先生が目出度く古稀を迎えられる。本論が，「21 世紀」と銘打つ「献呈」に相応しいか，戴いた学恩に報いられたのか，甚だ躊躇するが，改めて御礼申し上げる次第である。

註

1）縄紋文化の地域性を推し測るに，“列島” の「東西文化の交流という視点で，北陸の地域性をとらえ」，中核たる「能登半島は東西の接触点にあたる」（高堀 1965）とみなされた。“西部域”は「西日本」に開いた窓口となる。本稿は，「手取川・越美山地・木ノ芽山嶺をその限界」（工藤 1985）と既定された地域を視座として，その周辺域を俯瞰したい。

2)「桑飼下 72-1」は，口縁部“波頂紋”の様態が詳らかでないものの，「胴部上半の磨消縄文のモティーフ」に「渦巻文」（平安博 1975）と解説された。

3)「昭和 31 年 3 月」出土資料に，「能登調査」直後からの視線が以後も継続し，「従来南加賀地方の縄文後期の資料は少なく不明な点が多かった」（石川県教委 1977）認識と相俟って，稀少性を謳われた空白期充塡の意欲が現れたものとみられよう。

4) 泉（1981）に「北白川上層式 3 期　深鉢 A 類」の例とされた「下尾井 245」は，「『和歌山県北山村下尾井遺跡発掘調査概報』1978」を引用，文末に「土器の掲載を許可」へ謝意の文言も記述される。しかるに当該資料は，（北山村教委 1979）に「桑飼下遺跡出土の磨消縄文系第 4 群土器」相当とされ，「北白川上層式 3 期」に比定された「後期中葉 a 群」と別類の，「東日本系」の「蜆塚 III 式併行」・「後期中葉 b 群」と分類，「西日本系」の「一乗寺 K 式併行」・「後期中葉 d 群」と並列・報告された。ここに生じた認識の齟齬はいかに。

5)「第二圖　加賀氣屋遺蹟縄文土器」に掲載された「圖 40 41 42 43 は万行出土」にして，「氣屋資料は凡て久保清氏の所蔵」（三森 1935）との記述がある。「41 42」資料は，「拓本集の中」から「氣屋式土器の分布」（久保・高堀 1951）例に再録される。さりながら，「能登地方に於ける気屋式とそれに続く時期に関する文化相について暗中模索の程度ながら幾つかの資料を得た」（高堀 1952）なかには「41」の類例をみない。後に，「第 7 図　石川県気屋遺跡の土器（三森定男『石川県の縄文式土器』による）」（藤森　1956）に，資料番号が消去され再掲された。

6) 岡田（2010）論考は「2005 年 8 月受理」と後記され，岡田（2008）認識との前後関係も考えさせられる。要約されるなかに，“出自”と“断絶”の，はたまた「後継型式」との“系譜”も併せて。

7)「近畿」の「北白川上層式」（泉 1981）に収斂された「桑飼下資料」は，「北陸」から「曽万布資料」との“類似”に併せ，「山陰」の「桑飼下式」・「西日本から伝播した」「加曽利 B1 式系要素」（高堀 1986）と，地域性を錯綜してみなす「視線」が送られる。

8)「第 12 群土器」は，「有文深鉢形土器」に含められたが，「壺器形に近い平縁の土器」と分別された。“器形”はむしろ「馬ノ平 3」に類似するか，の印象を受ける。

引用文献

石川県教育委員会　1976『能都町・波並西の上遺跡発掘調査報告書』

石川県教育委員会　1977『加賀市横北遺跡発掘調査報告書』（奥付「昭和 51 年 3 月　発行）

泉　拓良　1981「近畿地方の土器」『縄文文化の研究 4　縄文土器 II』166-175 頁

泉　拓良　1989「縁帯文土器様式」『縄文土器大観 4　後期　晩期　続縄文』273-276 頁

岡田憲一　2008「近畿・中国・四国地方」『縄文時代の考古学』2　180-197 頁

岡田憲一　2010「II 各地域の土器編年　5. 近畿 3. 縁帯文土器群」『西日本の縄文土器　後期』200-208 頁

押水町教育委員会　1983『上田うまばち遺跡』

勝山市教育委員会　1977『鹿谷本郷遺跡』

金沢市教育委員会　1993『金沢市馬替遺跡』

北山村教育委員会　1979『和歌山県北山村下尾井遺跡』

木下哲夫　1991「酒見式について」『縄文時代』2　155-164 頁

木下哲夫　1993「気屋式以後（1）」『先史考古学研究』4　55-82 頁
木下哲夫　1994「土器の動き・人の動き　3 単位波状口縁深鉢型土器」『季刊考古学』48　71-73 頁
木下哲夫　2013a「気屋式土器の終焉」『公開シンポジウム関東甲信越地方における中期／後期変動期　4・3ka イベントに関する考古学現象③』81-91 頁
木下哲夫　2013b「北陸西部域に於ける波状口縁深鉢の展開」『縄文時代』24　85-96 頁
木下哲夫　2015「北陸西部域から「八王子式」を考える―「百瀬層位所見」を視座として―」『東海縄文研究会　第 12 回研究会（愛知 4）資料集　八王子式土器』41-52 頁
工藤俊樹　1985「第 5 章　右近次郎遺跡出土中期後葉土器群の検討」『右近次郎遺跡 II』171-198 頁
工藤俊樹　1988「第 7 章　縄文時代後期前葉土器群の検討」『鳴鹿手島遺跡』239-271 頁
久保清・高堀勝喜　1951「河北郡宇ノ気町気屋遺跡」『石川考古學研究會々誌』3　14-23 頁
滋賀県教育委員会　1993『松原内湖遺跡発掘調査報告書』I
高堀勝喜　1952「七尾市万行の遺蹟」『石川考古学研究會々誌』4　41-44 頁（「奥付」昭和 26 年）
高堀勝喜　1955「第 1 篇　第 2 章　第 1 節　先史文化」『能登』自然・文化・社会　34-47 頁
高堀勝喜　1965「II　縄文文化の発展と地域性　4. 北陸」『日本の考古学』II　縄文時代　133-151 頁
高堀勝喜　1986「24　北陸の縄文土器編年」『石川県能都町眞脇遺跡』194-210 頁
千葉　豊　2008「第 II 部　様式各節〈後期〉縁帯文土器」『総覧　縄文土器』642-649 頁
千葉　豊　2014「比叡山西南麓遺跡群における縄文後期土器群の様相」『一乗寺向畑町遺跡出土縄文時代資料―考察編―』23-32 頁
新修豊田市史編さん専門委員会編　2013「112 馬ノ平遺跡」『新修豊田市史　資料編　考古 I』652-659 頁
七尾市教育委員会　1977『赤浦遺跡』
西尾市教育委員会　2001『八王子貝塚 II―縄文時代後期中葉前半編―』
西尾市教育委員会　2009『縄文時代採集資料―八王子貝塚・貝ス居山遺跡・五砂山遺跡―』
野々市町教育委員会　2001『御経塚シンデン遺跡・御経塚シンデン古墳群』
久永春男　1969「縄文後期文化　中部地方」『新版考古学講座』3　先史文化　231-248 頁
福井県教育委員会　1979『上河北遺跡』
福井県教育庁埋蔵文化財調査センター　2008『曽万布遺跡』
福井市教育委員会　2012『開発遺跡』発掘調査報告書 I
藤森榮一　1956「III　各地域の縄文式土器　中部」『日本考古学講座』3　縄文文化　151-172 頁
古谷　渉　2014「2013 年の縄文時代学界動向「土器型式編年論　後期」」『縄文時代』25　171-173 頁
平安博物館　1975『京都府舞鶴市桑飼下遺跡発掘調査報告書』
増子康眞　2010「東海西部の縄文後期中葉型式群の形成と終末」『古代人』69　8-29 頁
松井直樹　2015「八王子貝塚の八王子式土器について」『東海縄文研究会　第 12 回研究会（愛知 4）資料集　八王子式土器』1-18 頁
三森定男　1935「石川縣の縄文土器」『日本先史土器論　考古學評論』1（2）　83-93 頁
百瀬長秀　2013「八王子貝塚層位資料」『三河考古』23　1-57 頁
山本典幸　2005「第 4 章　第 1 節　縄文土器」『坂井大関西鯉地区遺跡群』41-48 頁
米沢義光　1986「16　第 16 群土器　加曽利 B1 式並行期」『石川県能都町真脇遺跡』170-172 頁
米沢義光　1989「気屋式土器様式」『縄文土器大観 4　後期　晩期　続縄文』270-272 頁
米沢義光　1993「II　能登調査関係資料（7）万行遺跡」『能登縄文資料』50-62 頁
渡辺　誠　1975「4. 桑飼下式の提唱」『京都府舞鶴市桑飼下遺跡発掘調査報告書』118-121 頁

東北中部の二つの環状集落
—西海渕遺跡と西田遺跡の墓壙群の比較—

小林 圭一

はじめに

東北中部[1)]に位置する西海渕(さいかいぶち)遺跡（山形県村山市大字富並字西海渕）と西田遺跡（岩手県紫波郡紫波町犬渕字西田）は，集落の中心に集団墓地を配した環状集落の典型として著名である。いずれも大木式土器分布圏に属した縄文時代中期中葉[2)]の集落跡で，直線距離で約 130 km 離れている。特に西田遺跡は定型的な集落構成から「縄文モデルムラ」（小林達 1996：125 頁）と称され，縄文社会を考えるうえで最も好適な事例として，研究の俎上に載る機会が多い遺跡である。一方西海渕遺跡は，縦長の建物を放射状に配置した集落構成から，「羽越タイプ」（谷口 2005：64-65 頁）の象徴として研究者の注目を集めていたが，報告書の分析が不十分であったため，検討の機会に恵まれてこなかったのが実情である。本稿では西海渕遺跡の集落の紹介を通して西田遺跡の墓壙群との対比を試み，東北中部における縄文中期の社会構造の一端を垣間見てみたい。

1　山形県西海渕遺跡の集落構成

西海渕遺跡は，尾花沢盆地の南西端を流下し最上川へ注ぐ富並川左岸の段丘に立地する（最上川合流点から 1.8 km 上流）。発掘調査は圃場整備事業に伴って山形県教育委員会により，1990 年（第 1 次調査）と 1991 年（第 2 次調査）の 2 ヶ年にわたり実施された（阿部・黒坂 1991・1992）。集落は遺構が希薄な中央エリアから外周に向かって，墓壙群→土坑群→大型竪穴住居群の 4 重の同心円で構成されており，一部未調査区域を残すものの，その広がりは直径約 120 m の環状を呈している（図 1）。集落中央の直径 15～17 m の範囲は遺構密度が希薄で，その外側の内径 15～17 m，外径 30～35 m の範囲には約 150 基の墓壙が環状に集中する。さらに墓壙群の外環部から幅 10～15 m 付近には土坑のおびただしい集中がみられ，集落空間の外周に当たる内径約 80 m，外径約 120 m の環状の範囲には，50 棟以上の竪穴住居跡が集中的に分布する。

(1) 西海渕遺跡の竪穴住居跡

集落構成の主体をなす大型竪穴住居跡は，長軸 10～15 m，幅 3.5～4 m の長方形ないしは楕円形の長大な平面形で，少なくとも 26 棟を確認することができた（図 1）。いずれも個々のプラン

図１　西海渕遺跡の集落構成（小林 2012：図３より）

上での建て替えが頻繁に認められるのに対し，大型住居同士の重複はまれで，住居長軸線が放射状に配列されており，出土した土器から大半は大木8b式前半に位置づけられる。

またこの区域には，直径6〜7mの円形または楕円形プランの竪穴住居跡が少なくとも20棟（未調査のC区の10棟を含めると30棟）が検出されたが，その多くは長方形大型竪穴住居跡を壊して構築されている。主柱穴は4〜5基程度で，床面の隅に寄って長径1.2〜2m，短径1〜1.5mの石組炉をもち，出土土器から大木8b式後半〜9式前半に位置づけられる。

環状集落の形成は大木8b式前半の大型竪穴住居の構築に始まり，大木8b式後半の円形・楕円形竪穴住居の構築を経て，集落構造に働いていた規制が崩れはじめる大木9式前半に集落として終焉を迎えており，集団墓地を取り囲む集落構成はすでに形成時にレイアウトされていたと考えられる。また大型住居廃絶後も居住区画が円形・楕円形住居に継承されており，これらの住居の顕著な重複・拡張の痕跡は，同一区画で建替が繰り返された累積的結果を反映したものだろう。

(2) 西海渕遺跡の土坑群

検出された土坑は墓壙群外環部から幅10〜15m付近におびただしい集中が認められる。これらを主体的に構成しているのは，集落の北半では直径80〜100cmの円形プランで，壁が底面から垂直に立ち上がるビーカー状の土坑である。南半では直径50〜60cmの小型のビーカー状・袋状土坑と小ピットである。底径1m，深さ80cmを超える大型のフラスコ状土坑は，土坑群から住居群外まで広く分布している。これらの土坑の多くは貯蔵穴と推定され，出土遺物から大木8b〜9式前半の所産とみられている。

(3) 西海渕遺跡の墓壙群

検出された墓壙は長径1.5〜1.8m，短径1m程の楕円形または小判形の平面形を呈しており，底面は平坦に作出され，底面の周囲には幅10〜20cmの溝を巡らせた例が多くみられる。検出面からの掘り込みは一般に浅く，遺物の出土はまれであるが，SM426から手形付土製品が出土している。墓壙同士は重複が著しく，正確な数量をカウントすることは困難であるが，分布状況から5〜7単位の小群に分割される（図2）。すなわち東群と西群に大きく二分され，さらに東群は2単位の小群（A・B群），西群は3単位の小群（C・D・F群）に区分することが可能だろう。A群は25基以上，B群は30基以上，C群は32基以上，D群は16基以上，E群は39基以上で，墓壙の合計は142基以上となり，東群は55基以上，西群は87基以上と不均衡が生じている。

西海渕遺跡の墓壙は長軸方向に対する一定の規則性が弱く，放射状に並んだり円周方向を向いたものが混在するが，SM426を含むA群では，長軸方向に求心性をもって放射状に並ぶ例が多く認められる。長期にわたって一定の場所に埋葬が繰り返されたことが，多数の墓壙が重複して切り合う結果となっており，埋葬小群が数世代にわたり踏襲されていたことが暗示される。しかし墓壙群で抽出された分節単位とその外周を取り巻く大型竪穴住居群との間には，明確な対応関係を指摘することはできない。

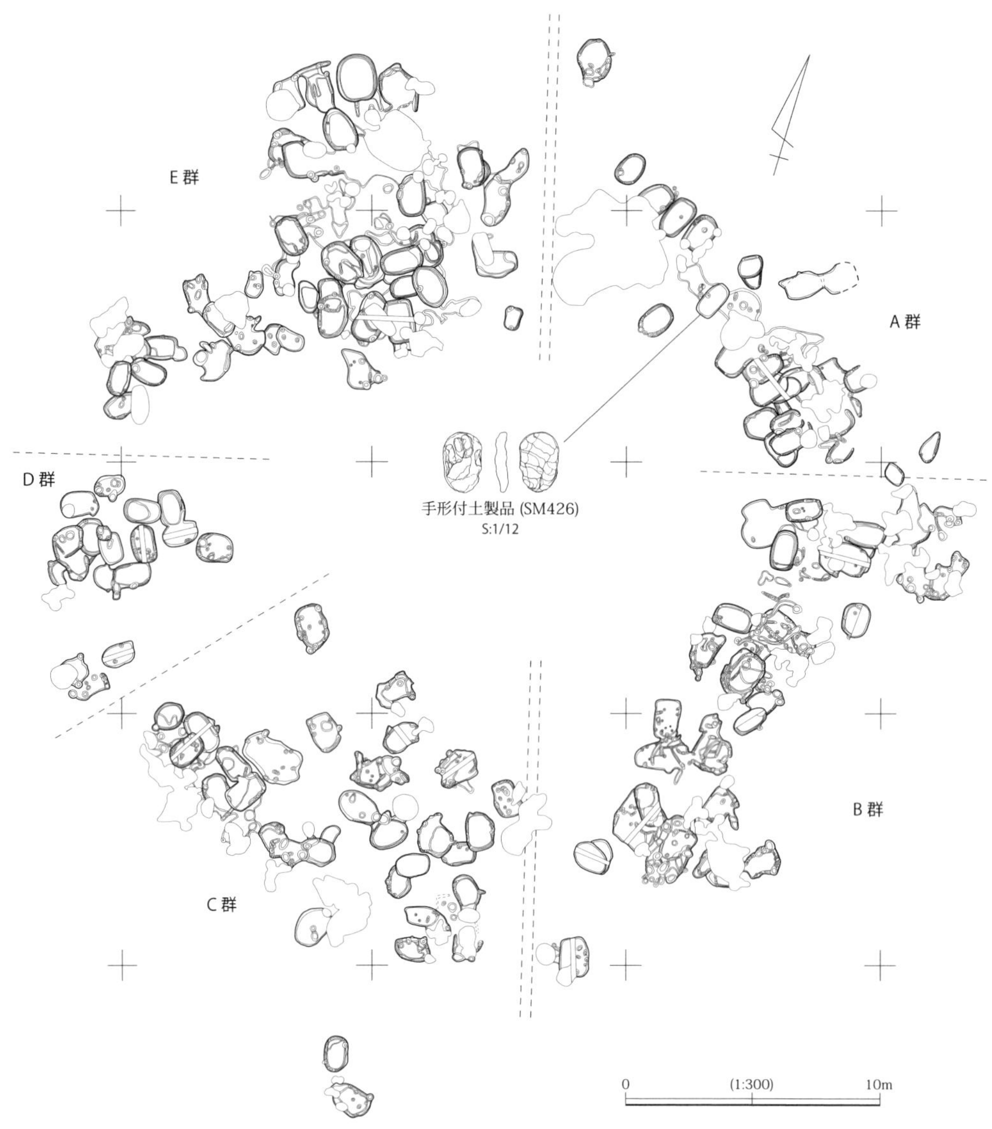

図２　西海渕遺跡墓壙群配置図（小林 2012：図７より）

(4) 西海渕遺跡の中央エリア

同心円状に分布する各遺構群の中心部分に当たる直径 15〜17 m の範囲には，遺構密度の希薄な区域がある。このエリアは周辺に比べると表土や黒色土層の堆積が薄く，地山面が高い。地山面付近には凝灰岩の風化礫が多量に含まれており，削平を受けた可能性も否めないが，この付近の遺構は確認面から深さ 10〜20 cm 程度の小ピットのみである。なおエリアの北部には直径 6 m の範囲に環状に巡るピット群が検出されている（図１）。北西の墓壙群に接する区域に相当するが，その構造からは恒常的な施設とは認めがたいと報告されている（阿部・黒坂 1991：43 頁）。

2　岩手県西田遺跡の集落構成

西田遺跡は北上盆地の北部，大木式土器分布圏と円筒式土器分布圏の接触地域に当たる岩手県紫波町南端の独立丘陵（北上川から1.3km西方）に立地する（図3)。発掘調査は東北新幹線建設に伴い県教委により1975～77年に実施された（佐々木ほか1980)。環状集落は丘陵の北端に構築され，竪穴住居35棟（大木8a式期14棟・同8b式期18棟)，墓壙192基，柱穴状土坑約1,450基（掘立柱建物53棟)，貯蔵穴129基が検出されたが，集落は墓壙群と掘立柱建物群の同心円状の構成を基本として，内帯（墓壙群）→墓壙群→掘立柱建物群→竪穴住居群・貯蔵穴群の4重の同心円で構成される（図3)。東・西側の住居群の様相は明確でないが，集落は直径120mの円周で収束しており，中央の直径30m内には墓壙が求心性をもって放射状に並び，その外周の直径35～60mの範囲には掘立柱建物群，さらに外周には貯蔵穴群と竪穴住居群が混在する。集落の形成は前期末葉大木6式に始まるが，中期中葉大木8a式期には上記した環状集落としての完成された姿を示し，続く大木8b式期には住居が集落の内側に迫り，掘立柱建物群や貯蔵穴群を壊すように構築され，集落構成に働いていた規制が崩れはじめ，同式をもって集落として終息する。

(1) 西田遺跡の墓壙群

検出された墓壙は192基を数え，遺跡の中心に占地している。東西にやや長い環状を呈し，外径28～31m，内径12～19mの範囲に178基の墓壙が集中して配されており，墓域中心部の内帯には14基の墓壙が北側と南側の2列に配列されている（図4)。墓壙はほとんどが小判形を呈しており，長軸方向を墓域の中心部を向いて放射状に並んでいる。その長軸方向には一定のまとまりがみられ，方位によって環状帯の178基の墓壙は8単位の小群（A～H群）に区分される。小群は全貌が明確でないA群を除くと，13～32基の墓壙で構成されており，内帯に占地する墓壙も長軸方向で対応関係が指摘される[3)]。小群内では墓壙同士が重複するものの整然と配列されており，隣接する埋葬区とは余り重複せず，埋葬区の形成には厳格な区分原理が存していたと推定される。墓壙が求心性を有していることは，埋葬頭位の方向を規制していたことを示しており，頭位が集落の外側または内側のいずれかを向いていたことになるであろう。

墓壙の底面は舟底形ないし平底を呈しており，平面形の長軸は1.2～1.4mが半数近くを占め，1.5m以上は27基に過ぎない。検出面からの深さは10～30cmと浅く，覆土はほとんどが単層からなっている。墓壙から出土した副葬品はG群のGF561ピットからのヒスイ製大珠のみで，副葬品から墓壙の構築時期を特定することはできないが，遺構検出面上からは大木6～8b式土器が出土し，その内の9割が大木8a式土器で占められることから，墓壙の造営時期は大木8a式期と推定されている。しかし後続する大木8b式の住居も墓域を取り囲むように主軸方向を集落の中心に向けており，炉も中央寄りに片寄って構築される傾向にある。このことは大木8b式期においても墓域が維持され，環状の規制を受けていたことを示しているといえるだろう。環状構

図３　岩手県西田遺跡全体図（小林 2012：図 27 より）

図４　岩手県西田遺跡の墓壙群・掘立柱建物群配置図（小林 2012：図 29 より）

成は大木 8a～8b 式にかけて形成・維持されており，墓壙も同じ時間幅で構築されていた可能性も否定できない。集落中心の内帯では 14 基の墓壙が検出されたが，これらを取り巻く墓壙群との長軸方向の類似性から，密接な対応関係が指摘されている。内帯では長軸方向の内側の底面がやや高くなっており，長軸 2 m 超の墓壙（D 群：GB562 ピット）や深さ 40 cm 超の墓壙（G 群：GC562 ピット）が存在することから，内帯の被葬者は各小群を代表し，集落内で特別な配慮を受けていたと推定される。なお内帯付近と E 群にある円形土坑は，大木 6 式の貯蔵穴である。

(2) 西田遺跡の掘立柱建物群

掘立柱建物は墓壙群の外環部にほぼ接するように，10～15 m 幅の環状帯で構成される（図 4）。柱穴は柱痕が明瞭に観察され，掘方は直径 50～70 cm，深さ 55～75 cm が一般的で，4～9 基の柱穴を一つの単位として，方形ないしは亀甲形となる柱穴列で構成されており，長辺長が 3～8 m の掘立柱状の構造物であったと推定されている。柱穴同士の重複は顕著であるが，形状・規模・深さに柱穴列ごとの規格性が認められ，想定される掘立柱建物の総数は 53 棟を数える。

掘立柱建物は長軸ないしは短軸方向に厳格な規格性が看取され，数棟単位でまとまりを有することから，a～j 群までの 10 群に区分することが可能である。それらは墓壙群の埋葬小群に対応しており，あらかじめ分割された区画の集合体としての様相を呈している。一つの墓壙群のブロックに対し，二つの掘立柱建物の小群が対応することになり，調査区外を含めると 16 の小群で構成された可能性が考えられる。1 小群当たり 3～9 棟で構成され，8 群からなる墓壙群の埋葬小群に対応させると，掘立柱建物は 10 棟以上が一つの単位となる。構築時期については，遺構検出面上や柱穴内から出土した遺物が大木 8a 式土器で占められ，また柱穴が大木 8b 式期の住居跡に切られていることから，墓壙群と同様に大木 8a 式期に形成されたと考えられている。

3　西海渕遺跡と西田遺跡の墓壙群の比較

西海渕遺跡と西田遺跡の墓壙群を主体に概観したが，前者では少なくとも 5 単位，後者では 8 単位の埋葬小群を抽出することができた（表 1）。埋葬区画は集落形成時にすでに設定されており，その集合体としての様相をそれぞれうかがわせるが，居住域がその規制をどれだけ受けていたのか明確にすることはできない。ただし大型竪穴住居群（西海渕遺跡）や掘立柱建物群（西田遺跡）の構築が終了した後も，居住区画内に住居が繰り返し構築されており，同一の出自集団による居住区画が踏襲され，その間も墓域は営まれていたと考えられる。環状集落では通常全体を大きく二分する構造（二大群の構造）が認められる（谷口 2005：90 頁）。西海渕遺跡では墓壙群が東西に二分され，西田遺跡では内帯の墓壙群が南北に二分される。しかし前者では大型竪穴住居群を明確に二分することが叶わず，後者ではその外環の墓壙群の埋葬小群が対応しない。「二大群の構造」原理を両遺跡の集落全体に適合させるには，なお検討を要すると思われる。

西海渕遺跡の墓壙は埋葬小群内での重複が著しい。対して西田遺跡では重複がみられるものの，整然と配列される。墓域の形成期間は前者が長く，後者が短かった可能性も否めないが，前者は埋葬頭位の規制が緩く，後者には強く作用していたと考えられる。しかし西海渕遺跡の一部の小群（A群）にも求心性は認められる。両遺跡で埋葬小群が抽出されたということは，死者がその集落のなかに安置され死後も集団の一部として祀られていたことを意味しており，埋葬小群が血縁原理により組織された出自集団であった可能性が指示される（谷口2005：108頁）。

表1　西海渕・西田遺跡の墓壙群の比較

	西海渕遺跡	西田遺跡
時期	大木8b式期主体 （大木8b～9式）	大木8a式期主体 （大木8a～8b式）
総数	約150基 （142基以上）	192基 （内帯：14基／外帯178基）
規模	外径：30～35 m 内径：15～17 m	外径：28～31 m 内径：12～19 m
形状	楕円形・小判形 長軸 1.5～1.8 m	小判形 長軸：1.2～1.4 m
底面	平底／底面に周溝	平底・舟底形
特徴	重複顕著 求心性希薄	重複僅少 求心性顕著
小群数	5単位？	8単位
副葬品	手形付土製品	ヒスイ製大珠

また両遺跡では副葬品の僅少さが共通する。西海渕遺跡は手形付土製品，西田遺跡はヒスイ製大珠がそれぞれ1点出土したのみである。150～200基の墓壙が検出されたにもかかわらず，特別な施設も存在せず，墓壙自体に差異は見出せない。後・晩期に比べると，社会の階層化があまり進展していなかった可能性も考えられる。ただし西田遺跡の内帯の在り方は，被葬者に対する特別な配慮をうかがうことができる。

西海渕遺跡の墓壙は楕円形や小判形で，底面は平底を呈し，周溝を巡らした例が多く認められる。壁面に木材の板を張り付けた木棺墓であった可能性が考えられる。それに対し西田遺跡では小判形で，底面が舟底を呈する例が多い。また西海渕遺跡の墓壙の長軸は1.5 m以上，西田遺跡では1.5 m以下が多数を占めることから，長野県安曇野市北村遺跡（平林ほか1996：62頁）を例に引くならば，前者では伸展葬，後者では屈葬が優勢であった可能性も考えられる[4)]。

西田遺跡の掘立柱建物群は，中期中葉としては特殊な遺構となっている。その性格は配列状況から，墓壙群と密接な対応関係が暗示される。直接共伴した遺物がなく，火の使用痕跡もほとんど認められないことから，「殯宮」のような埋葬儀礼に関連した施設であったと想定されている。しかし神聖な共同の食料貯蔵施設と捉える見解（佐々木2009）や，大型柱穴の建物を一時的な施設とみなすことに否定的な意見（石井1999）も提出されている。その性格は未明のままであるが，東北北部の後期前半の環状列石の外環部に見られる掘立柱建物群は，西田遺跡の掘立柱建物群が継承されたものと理解するべきであろう。

4　まとめ

西海渕遺跡と西田遺跡の墓壙群を比較し，両遺跡とも集落の内部に空間的な分節構造が確認された。埋葬小群が存在し維持されていたことは，血縁関係を基軸として墓域が営まれていたと推定され，集団墓地・祭祀場としての機能をもった特殊な遺跡だったと評価することができる。

両遺跡とも定住性の高い遺跡のため，石鏃等の狩猟具の出土量は極端に少なく，磨石・凹石・石皿等の植物質食料の調理具類が多く出土している。また集落内には貯蔵施設であるフラスコ状土坑も多く構築されており，集落において植物質食料の調理・加工が活発に行われていた様相がうかがえる。上記から，植物質食料に大きく依存した生業活動が中期社会の存立基盤になっていたことが推定され，両遺跡は通年居住された集落であるとともに，一定期間周囲の遺跡から集住し，共同作業や祭祀等が執り行われていた可能性が指摘される。したがって西海渕遺跡の大型竪穴住居は通常の居住施設であり，また植物質食料の調理・加工の施設でもあったと考えられる。

註

1) 「東北中部」は北緯 40 度以南（厳密には北緯 39 度 45 分付近の秋田市—盛岡市—宮古市を結んだラインより南側）から山形・宮城県にかけた地域が該当する。大木式土器分布圏の北部地域で，宮城県の阿武隈川下流域と山形県の最上川上流域（置賜地方）は，東北中部と南部の接触地域に当たり，東北南部に含まれる公算が高いであろう。

2) 本稿では東北地方の慣用に倣い，大木 7a 式を中期初頭，同 7b 式を中期前葉，同 8a・8b 式を中期中葉，同 9 式を中期後葉，同 10 式を中期末葉と区分した。したがって大木 7b 式に対応した勝坂式を中期中葉とする関東地方の編年区分とは，差異が存している。

3) 西田遺跡で検出された墓壙の総数は 192 基と報告され，A 群 7 基，B 群 29 基，C 群 24 基，D 群 31 基，E 群 32 基，F 群 25 基，G 群 17 基，H 群 13 基の計 178 基の墓壙と，内帯の 14 基の墓壙から構成される。うち A・B・H 群はまだ調査区域外に広がっており，総数は 200 基以上になると推定される。

4) 多数の人骨が遺存した縄文後期の北村遺跡では，墓壙において長径 150 cm 前後が成人の屈葬と伸展葬の境界であると指摘されている（平林ほか 1996：62 頁）。

引用文献

阿部明彦・黒坂雅人　1991『西海渕遺跡第 1 次発掘調査報告書』山形県埋蔵文化財調査報告書第 164 集　山形県教育委員会（2006 年刊行）

阿部明彦・黒坂雅人　1992『西海渕遺跡第 2 次発掘調査報告書』山形県埋蔵文化財調査報告書第 174 集　山形県教育委員会（2006 年刊行）

石井　寛　1999「遺構研究　掘立柱建物跡」『縄文時代』第 10 号（特集縄文時代文化研究の 100 年）第 3 分冊　縄文時代文化研究会　139-150 頁

小林圭一　2012「富並川流域における縄文時代の遺跡動態」『東北地方における環境・生業・技術に関する歴史動態的総合研究　研究成果報告書 I』東北芸術工科大学東北文化研究センター　125-198 頁

小林圭一　2013「西海渕遺跡と西田遺跡の墓壙群について」『年報—平成 24 年度—』山形県埋蔵文化財センター　58-65 頁

小林達雄　1996『縄文人の世界』朝日選書 557　朝日新聞社

佐々木藤雄　2009「環状列石と縄文社会」『東北地方における環境・生業・技術に関する歴史動態的総合研究　平成 20 年度研究成果報告書』東北芸術工科大学東北文化研究センター　104-121 頁

佐々木勝ほか　1980『東北新幹線関係埋蔵文化財調査報告書—VII—（西田遺跡）』岩手県文化財調査報告書第 51 集　岩手県教育委員会・日本国有鉄道盛岡工事局

谷口康浩　2005『環状集落と縄文社会構造』学生社

平林彰ほか　1996『中央自動車道長野線埋蔵文化財発掘調査報告書 11—明科町内—北村遺跡』長野県埋蔵文化財センター発掘調査報告書 14　長野県埋蔵文化財センター

弥生時代の河川利用
—河川水利と漁撈に関する神奈川県内の事例—

池田　　治

はじめに

弥生時代は，日本列島（九州島・四国島・本州島）に水田稲作が導入された時代である。水田稲作は朝鮮半島を経由してまず九州北西部へ，当初から灌漑技術を伴った完成された形で入ってきた。その後，九州地方から四国地方・中国地方，近畿地方，東海地方を経て，関東地方へは弥生時代中期の中頃に伝わったと考えられる。しかしながら，水田稲作が弥生時代（弥生文化）の主要な食料獲得手段とされるものの，狩猟，漁撈，採集などの方法による食料獲得が必要とされなくなったわけではなく，引き続き一定の比重を占めていたことも明らかにされてきている。これらの食料獲得手段のうち漁撈については，外海での海面漁撈と河川や湖沼における内水面漁撈とに分けられる。漁撈活動についての研究は，これまで漁撈具の研究を通して考察されてきた。これは，漁撈具（の一部）は遺物として出土するのに対して，漁撈関連の遺構の調査報告例がほとんどないことが反映されているものと思われる。遺構の性格上，低地遺跡に対象が限定されるという制約が大きいためであろう。このほか人工遺物の研究以外には，自然科学分析による海獣魚骨等の分析に基づく考察が行われている。

弥生時代の漁撈に関してこれまでどのように把握され解説されてきているのか，簡略ではあるが，研究概説書により状況を確認しておくこととする。

1986年の『岩波講座 日本考古学』で田中義昭は，「漁業の展開と捕採活動」の項において，「弥生時代以降の食料生産における漁業の展開は，縄文時代以来の在来的漁法と水田農業とともに招来された漁法との一体化，農業社会の発展に伴う専業化といった経過を辿ったと考えられる」とし，弥生時代の拠点型集落として山口県綾羅木郷遺跡，島根県西川津遺跡，大阪府池上遺跡，大阪府亀井遺跡，大阪府山賀遺跡などを例に挙げ，出土した動物遺存体や堅果類の種類から，河川河口付近や潟湖岸に臨む拠点型集落は「田主畑（畠）・漁・狩・採従」の総合的な食料生産体制が作り上げられていることを推定している（田中義 1986）。

1988年の『弥生文化の研究』で和田晴吾は，「弥生文化は，日本列島最初の水稲農耕文化であるとともに，その中に農耕社会を背景とする最初の漁撈文化をも包括していた。そして，この漁撈文化は，縄文時代の長い伝統の上に，稲作農耕とともに伝わった新しい漁撈文化を加え，弥生時代に固有の文化を生みだ」したと弥生時代の漁撈を位置づけている（和田 1988）。

この1988年には朝日遺跡で検出された「ヤナ状遺構」が紹介され，1991年に報告書が刊行されている（田中禎1988，石黒1991）。

1996年の『考古学による日本歴史』で大野左千夫は，「弥生・古墳時代の漁業」の章で漁具，漁法，漁民について解説し，このなかで漁具の一つとしてヤナを挙げ，遺構として残り得る数少ない施設としている。また小型の定置網漁やヤナなどによる漁業を農民漁業として専業的な海民漁業に対置し，受け身型の漁法と位置づけている（大野1996）。

このように，朝日遺跡の「ヤナ状遺構」の報告以前は，漁撈遺構については取り上げる事例がなかったことが実状である。また朝日遺跡以降も弥生時代の漁撈施設の遺構調査事例は，ほとんど増えていない状況にある。これは，低地が調査対象とならなければ発見される機会がない種類の遺構であるためであろう。

一方，遺構単体だけを比較すると朝日遺跡の「ヤナ状遺構」と類似する形状の遺構として，「しがらみ状遺構」がある。この名称は機能を示すものではなく，形状に基づく名称であるため，その遺構が漁撈施設か水利施設，護岸施設であるかの区別は，構造で判断できる場合と周辺状況と併せて機能を推定することによって初めて判断できる場合とがある。

本稿では，神奈川県内の遺跡から弥生集落の調査とともに河川跡が発見され調査された4遺跡

1　逗子市池子遺跡群　　2　茅ヶ崎市七堂伽藍跡
3　海老名市河原口坊中遺跡　　4　小田原市中里遺跡

図1　遺跡の位置

を紹介し，漁撈施設や水利施設が調査された事例のうち，漁撈施設と推定される一例について検討を行うこととする。

1　弥生集落と河川跡の調査事例

神奈川県内の弥生時代遺跡で，集落とともに河川跡が発見され調査された主な事例は，逗子市池子遺跡群，茅ヶ崎市七堂伽藍跡，海老名市河原口坊中遺跡，小田原市中里遺跡がある。小田原市中里遺跡は弥生時代中期中葉の河川跡があり，逗子市池子遺跡群は弥生時代中期後半の河川跡が，茅ヶ崎市七堂伽藍跡では弥生時代後期の河川跡が，河原口坊中遺跡では弥生時代中期から後期の河川跡が発見されていて，それぞれ集落と同じ時期の土器，石器，木製品などが出土している。この4遺跡のうち逗子市池子遺跡群と海老名市河原口坊中遺跡では河川の中に「しがらみ状遺構」が構築されていて，小田原市中里遺跡では河川から分岐する区画溝が作られている。茅ヶ崎市七堂伽藍跡では河川に関連した遺構は発見されていないものの，4遺跡中3遺跡で河川を積極的に利用していることが知られている。

以下に各遺跡の事例の概要を，報告書を元に示す。

池子遺跡群 No. 1-A 東地点　池子遺跡群は逗子市池子米軍提供用地内に所在し，三浦半島の付け根付近の丘陵地内を西流して相模湾へ注ぐ池子川の両岸に分布する遺跡群であり，当該期の遺跡は樹枝状に開析された谷戸の低地に立地している。このうちの No. 1-A 地点・No. 1-A 東地点・No. 1-A 南地点で弥生時代中期後半の旧河道が発見され，大きく蛇行する河道跡とそれに合流・分岐する河道跡とがあり，また河道から枝分かれする溝状遺構も認められている。このうちの No. 1-A 東地点で「しがらみ状遺構」が構築されている。このほかに3地点合わせて弥生時代中期後半から後期の竪穴住居跡12軒，掘立柱建物跡5棟，溝状遺構5本，方形周溝墓1基などが発見されている。溝状遺構のうち第33号溝状遺構は，蛇行している旧河道をショートカットして繋ぐように掘られていて，この溝が分岐する部分の旧河道内に「しがらみ状遺構」が構築されている。この「しがらみ状遺構」は，河川から溝への分水のための施設と思われるが，溝の先が同一の河川に接続していることから，溝の役割は灌漑用とは異なるものであろう。

茅ヶ崎市七堂伽藍跡　茅ヶ崎市下寺尾に所在し，高座丘陵西側の台地から沖積地へ降りたところの微高地に立地している。小出川河川改修事業に伴う発掘調査で，弥生時代後期から古墳時代前期の竪穴住居跡6軒，方形周溝墓1基と，小出川の旧河道が調査されている。旧河道に伴う水利・漁撈関係の遺構は発見されていない。河道跡から，集落と同じ時期の弥生時代後期～古墳時代前期の土器や木製品が出土している。

河原口坊中遺跡（図2）　河原口坊中遺跡は海老名市河原口に所在し，神奈川県の県央部を南流して相模湾へ注ぐ相模川の左岸の自然堤防上に立地している。遺跡は相模川に中津川と小鮎川が合流する三川合流地点の東岸にあり，相模川河口からの距離は約17 km，現在の標高は21～22 mほどである。

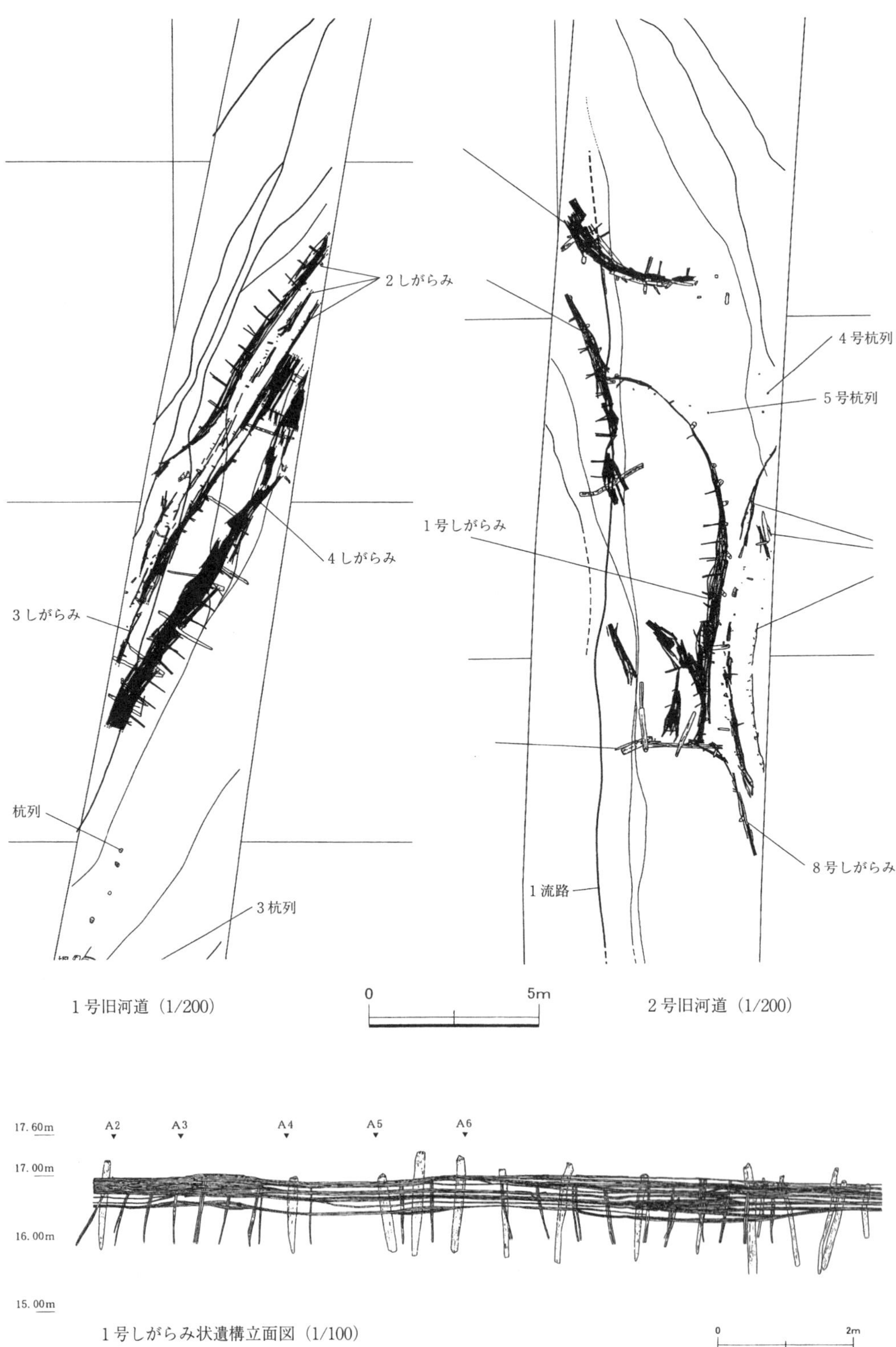

図2　河原口坊中遺跡のしがらみ状遺構（池田ほか2015を改変）

この遺跡は主に弥生時代中期後半から古墳時代前期を中心とした大規模な集落遺跡で，これまで6次に亘る発掘調査が行われている。当該時期の主な遺構は，竪穴住居跡533軒，掘立柱建物跡7棟，方形周溝墓17基があり，その他に溝状遺構，土坑，ピットなどがある。また弥生時代の河川の跡が8ヶ所で発見され，集落の中を大きく蛇行して流れていたことが復元されている。そのうちの2ヶ所では，川跡の中に「しがらみ状遺構」や杭列が構築されていた。「しがらみ状遺構」が発見された2ヶ所の河川跡は，北側を1号旧河道，南側を2号旧河道として調査されている[1)]が，蛇行する一つの河川跡と考えられている。「しがらみ状遺構」は合計14列が発見されていて，1号旧河道では河道の水流方向に沿う方向に作られているのに対して，2号旧河道では水流方向に沿うように直線的に構築されているものと，水流方向とは無関係に弧を描くように構築されている部分とがあり，組み合って一つの構造物となっていることが把握されている。この「しがらみ状遺構」は，現在の簗（ヤナ）や魞（エリ）のような漁撈施設であろうと推定している。

中里遺跡　小田原市中里に所在し，神奈川県西部の足柄平野にある。酒匂川と森戸川に挟まれた沖積微高地に立地し，現在の海岸から約1.9km，標高10mほどである。弥生時代中期中葉（中里期）の大集落である。1号旧河道と1号区画溝に囲まれた範囲に，竪穴住居址102軒，掘立柱建物址73棟，井戸址6基，土坑882基が発見された。同時期の外来土器として，畿内系，東海系，中部系，北関東系，南東北地方系などがある。畿内系土器は100個体近くあり，集団での移動により持ち込まれた可能性が高いという。

集落の北側を流れる1号旧河道が環濠の役割をもつと推定されていて，集落の東側は1号区画溝が掘削され，1号旧河道に接続させている。1・2号旧河道からは，土器や木製品が出土しているが，区画溝以外には河道を利用した施設は発見されていない。

ちなみに，弥生時代中期中葉の集落の他に，弥生時代後期から古墳時代前期の平地式建物を主体とする環濠集落も発見されている。

2　検　討

弥生時代の集落とともに河川跡が調査された4遺跡を紹介した。そのうちの2遺跡では河川に伴う遺構が発見されている。池子遺跡群では「しがらみ状遺構」は分水するための堰と考えられ，水利施設に区分される。もう一つの河原口坊中遺跡で発見された「しがらみ状遺構」は，ヤナやエリの類いの遺構[2)]と推定され，漁撈施設と考えられている。

ここでは河原口坊中遺跡で発見された「しがらみ状遺構」の構造を検討して，さらに他遺跡の事例との比較をとおしてより限定した機能の推定を試みることとする。

河原口坊中遺跡の「しがらみ状遺構」は，第2次調査地点の弥生時代河道跡で発見され，最大深度約5mの河道が半分ほど埋まった時点の河道中層のシルト層に構築されていて，河道検出面からの深さは約1mである。河道の堆積層は，下層が粗砂・砂・シルトからなり著しく水流があったと判断されるのに対して，中層はシルトで，水の流れがないか極めて緩やかであったと

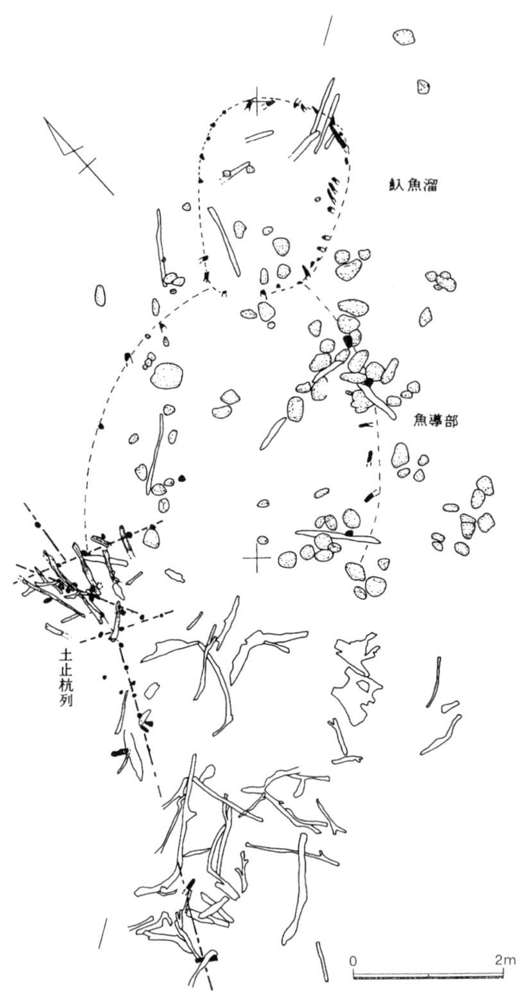

図３　岩手県莉内遺跡の魞（工藤 1982 を改変）

推定される。「しがらみ状遺構」が埋没している土質は構築層と同様のシルトである。このような土質であるため，構築された時点の河道底は明確ではないが，倒壊した「しがらみ状遺構」があるので，およその河道底が把握される。「しがらみ状遺構」の構築・使用時期は，同層位から出土している土器から，弥生時代後期と判断される。「しがらみ状遺構」は，ほぼ作られた状態で立ったまま埋没しているものや，構築されたその場所で横倒しになっているもの，千切れて元の位置から遊離してしまったものなど，様々な状態で発見されている。この遺跡で発見された「しがらみ状遺構」は，竹状の素材[3]を用いて，2〜3 本を 1 単位として縦材と横材を柵状に組んで作られている。縦材は 60 cm ほどの間隔で基本的には 2 本を 1 単位として立てられ，3 本 1 単位を基本とする横材が 1 単位ごとに，縦材を交互に縫うように組み上げられている。組み上げられた横材の高さは，60 cm ほどが残っていた。

またこれらの「しがらみ状遺構」本体に沿って杭列が伴っているのであるが，注意すべき点は，竹状素材を組んだ「しがらみ」は杭列に絡めて作られているのではなく，杭列と「しがらみ状遺構」本体とは少し間隔を空けて並行して設置されているという点である。杭列は「しがらみ状遺構」本体より河道の壁側（外側）に設置されていて，1 号旧河道のしがらみ状遺構では，2・3 号しがらみ状遺構は「しがらみ状遺構」本体の西側，4 号しがらみ状遺構は「しがらみ状遺構」本体の東側に杭列が伴っている。2 号旧河道のしがらみ状遺構では，接続して組み合う 1 号しがらみ状遺構と 11 号しがらみ状遺構は，両者の「しがらみ状遺構」本体の東側（河道の壁寄り側）に杭列が並行している。

1 号旧河道にある 2〜4 号しがらみ状遺構は，河道の流れ方向に沿って直線的に並行して合計 6 列が構築されている[4]が，2・3 号しがらみ状遺構と 4 号しがらみ状遺構とにみられる対称性は，対称な 2 者が対になる関係であることを示しているものと考えられ，互いに杭列を外側に伴う関係の並行する 2 列の「しがらみ状遺構」が 1 組の構造物を構成していると理解される。一方，2 号旧河道にある 1・10・11 号しがらみ状遺構の配置は，2 者が接続して弧状配置をなす 1・10 号しがらみ状遺構と，直線的に構築され1号しがらみ状遺構と途中接続している11号しがらみ状遺構とにより，袋状の配置が構成されていることに大きな特徴がある。加えて河道の方向に沿って直線的に構築されている11号しがらみ状遺構は，その西側に，1号旧河道の「しがらみ状遺構」にみられた構成と同様の並行して対になる「しがらみ状遺構」1列を想定することが妥当であり，これが10号しがらみ状遺構の西端に接続する位置関係にあるものと推定する。このように推定した2号旧河道にある「しがらみ状遺構」の推定復元図は，図5に示したとおりである[5)]。

1号旧河道のしがらみ状遺構と2号旧河道のしがらみ状遺構とが一連のものかどうか確証はないが，同じ層位に作られている同様の作りの施設であるので，同じ用途の遺構と類推することに大過ないと考えられる。

さて，このように推定復元した場合，河原口坊中遺跡の「しがらみ状遺構」はどのような遺構であると考えられるであろうか。河道中に構築されている遺構であるので，水利施設，護岸施設，漁撈施設などが考えられるが，河道の肩よりも深い位置に構築されているので，河道の水流を堰き止めて分水するような水利施設と考えることは難しい。河道の方向と並行して作られていることから，護岸施設や土止め施設の可能性が考えられるが，構築素材が軟質で土止め等の荷重に耐えられる構造ではないこと，「立ったまま埋没していた状態のものがあるにも関わらず，押さえる対象の堆積層が確認されないこと等から，護岸施設や土止め施設などと考えることは難しいと考えられる。したがって消去法ではあるが，漁撈施設が最も可能性が高いものと考えられる。

では漁撈施設として位置づける場合，どのような事例があるであろうか。弥生時代の漁撈施設とされる遺構の調査例は数少なく，愛知県名古屋市朝日遺跡の「ヤナ状遺構」が弥生時代後期の事例として挙げられるばかりである（図4）。この遺構は弥生時代後期の溝状遺構SD21の中で検出され，7m程離れて設置されたヤナaとヤナbとの二つの施設で構成されている。ヤナa・bとされる施設はそれぞれ幅3mほどの大きさで，幅6mほどの溝状遺構の中に水流方向に直交するように構築されている。単独では池子遺跡群の「しがらみ状遺構」のような構造に近い。河原口坊中遺跡の「しがらみ状遺構」とは，構造や構築方法が大きく異なるものである。

この他の漁撈施設の例としては，時代が少し異なるが，縄文時代中期ないし晩期，または古墳時代前期の例がいくつか知られている。北海道石狩市の石狩紅葉山（いしかりもみじやま）49号遺跡，岩手県盛岡市の萪内（しだない）遺跡，福岡県北九州市の貫川（ぬきがわ）遺跡，滋賀県東近江市の斗西（とのにし）遺跡，奈良県橿原市の観音寺本馬（かんのんじほんま）遺跡などでは，漁撈施設と推定される遺構が河川内から発見されている。

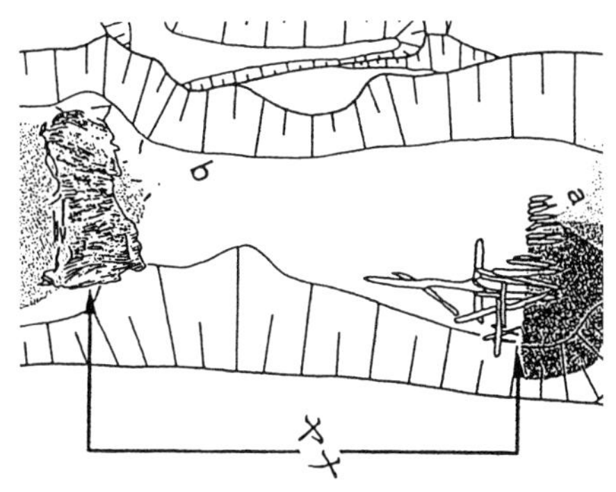

図4　愛知県朝日遺跡（石黒ほか1991を改変 1/200）

石狩紅葉山49号遺跡は，北海道石狩市花川に所在する。縄文時代中期に形成された発寒川旧流路の蛇行部分から，魞と推定される遺構が発見されている。この遺構は「杭列」と「柵」とからなり，「柵」は魞の部品と考えられていて，「杭列」に何かしらの方法で

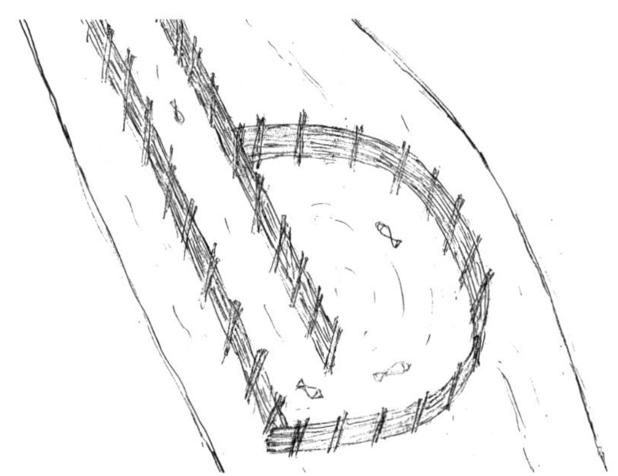

図5　河原口坊中遺跡「しがらみ状遺構」の推定復元図（池田2016を改変）

取り付けられて，両者が一体で機能するものと捉えられている。平面的な配置形状は河原口坊中遺跡とは異なるが，杭列と柵が一体で機能する関係は河原口坊中遺跡と同様であり，機能時の実態を今に残している貴重な事例である。

萪内遺跡は，岩手県盛岡市繋字萪内川原ほかに所在する。昭和51年度の第1次調査において低位面の旧河道跡で発見された木杭列遺構を，杭の配置から魞の構造に近い遺構と判断されている（図3）。割材の木杭を打ち込んだ杭列により，楕円形の魚溜部と上流側に開いた弧状を呈する魚導部（進入部）とが作られている。大きさは魚溜部が2.7m×2.0mの楕円形，魚導部が上流側の開口部の幅が3.7m，魚溜部接続部分までの長さが3.5mほどである。接続部分が最も狭くなって幅0.4mほどである。縄文時代後期～晩期と考えられている。

貫川遺跡は，福岡県北九州市小倉南区大字貫に所在する。貫川の河川改修工事に伴い，昭和60年度実施の第1次調査の第3地点の調査において，縄文時代晩期以前とされる漁撈施設の魞が発見されている。魞は魚導部と魚溜部および護岸部からなっていて，直径2mに杭を廻らせた魚導部と直径1.5mに杭を廻らせた魚溜部とがあり，両者を結ぶ長さ1.5mの2列の杭列で構成されている。またこの他にも，平成4年度実施の第10次調査第1地点において，縄文時代晩期前半以前の同様の遺構が発見されている。

さらにこの遺跡では，貫川西地区第2次調査第2地点で，古墳時代前期までの時期の漁獲施設が発見されている。河川の流れに直交する形で杭を打って列となし，杭と杭の間に小枝を渡して桟としてその上に桜の樹皮で覆う施設が2ヶ所（Ⅰ・Ⅱ群）検出されていて，これを魚導部と推定している。魚溜部は，直径10cmの丸木杭を半径1.35mで廻らして魚導部側を空けている。この施設は簗や魞などの漁獲施設と考えられているが，魞よりも愛知県朝日遺跡のヤナ状遺構の方に類似すると思われる。

斗西遺跡は，滋賀県東近江市（旧能登川町）神郷に所在する。古墳時代前期の河川跡を横断する杭列にヨシを編んだ簀が立て掛けられたヤナが設置され，その約11m上流に杭と横木で堰が作られていて，朝日遺跡と同様の構造となっている。

観音寺本馬遺跡は，奈良県橿原市観音寺町地内に所在する。Ⅳ区とされる調査区で発見された環状杭列SX130が，定置式の漁撈施設の可能性が考えられている。縄文時代晩期中葉の流路NR110の中央部の河床面で検出され，杭列が直径1.6～1.8mの環状に廻っていて，その内側にも杭が一部打ち込まれている。杭列の間隔は上流側がやや広くなっているため，上流側に開口部が設置されていたと考えられている。

このように縄文時代から古墳時代前期の漁撈施設と考えられている遺構は，事例数は少ないものの，東北地方から九州地方の広い範囲で発見されていて，主に定置式漁撈施設の簗や魞に類するものと推定されている。杭列として発見される場合がほとんどであり，杭列に付属する施設や部品が発見されている例は，朝日遺跡，斗西遺跡，石狩紅葉山49号遺跡，河原口坊中遺跡の4遺跡だけである。

これらの報告事例を参考にすると，河原口坊中遺跡の「しがらみ状遺構」は，2本の直線的に並行する「しがらみ状遺構」が魚を誘導する魚導部に該当し，「しがらみ状遺構」の組合せによって袋状を呈する部分が誘い込んだ魚を溜めて補獲する魚溜部に相当する構造と考えられる。

おわりに

神奈川県内の事例に限定した検討ではあるが，弥生時代の河川利用の事例のなかから，漁撈施設と推定される新たな事例として河原口坊中遺跡の「しがらみ状遺構」を挙げ，形態について，類似例との比較による検討を加えた。その結果，「ヤナ状遺構」とされる愛知県朝日遺跡の事例とは異なるものであり，縄文時代の例ではあるが，魞（エリ）と推定されている岩手県萪内遺跡のタイプに類する遺構と考えられることを示した。規模や地域，時代の違いはあるが，構造の類似性から定置式漁撈施設の一例と考えられ，数少ない弥生時代の漁撈施設として貴重な事例と評価できる。

山本暉久さんには，私が（財）かながわ考古学財団に採用されてから山本さんが昭和女子大学へ転出されるまでの間，大変お世話になりました。またその後も，縄文時代の遺跡調査の折に現地でご指導いただいております。古稀を迎えられましてもなお，変わらずご指導お願いいたします。

註

1）しがらみ状遺構が発見されたのは，第2次調査の調査地点だけである。

2）植田文雄はエリとヤナの概念規定について，水産史・民俗誌・文献史料に基づいて検討を行い，用語としてエリとヤナは形態による違いではなく，設置される環境（止水域か流水域か）によるものであると整理した（植田2007）。本稿では，各事例の分類名称は報告書に準拠することとする。

3）竹状素材は，分析の結果，「タケ亜科」，「竹笹類」と分類されているものである。

4）2号しがらみ状遺構はA～Cの3列，4号しがらみ状遺構はA・Bの2列があるので，2～4号しがらみ状遺構と総称した場合，合計6列となる。

5）池田2016では水流方向を図示しているが，本文中に記したように埋没土がシルトであることから，ほとんど水流がなかった環境にあったと考えられるので，本稿では削除した。

引用・参考文献

池田　治　2016「河原口坊中遺跡」『発掘された日本列島2016』共同通信社

植田文雄　2007「内水面定置漁具の考古学的検討―エリとヤナの概念規定をめぐって―」『列島の考古学II』渡辺誠先生古稀記念論文集刊行会
大野左千夫　1996「7　弥生・古墳時代の漁業」『考古学による日本歴史 16　産業Ⅰ　狩猟・漁業・農業』雄山閣
大沼芳幸　2012「漁撈遺跡から見える自然・人・共生―滋賀県大津市関津遺跡出土ヤナの分析から―」『人間文化　滋賀県立大学人間文化学部研究報告』30 号　滋賀県立大学人間文化学部
金田禎之　1994『日本漁具・漁法図説（増補改訂版）』成山堂書店
第 7 回東日本埋蔵文化財研究会山梨大会実行委員会・山梨県考古学協会編　1998『治水・利水遺跡を考える』
田中義昭　1986「3　弥生時代以降の食料生産」『岩波講座日本考古学　3　生産と流通』岩波書店
樋泉岳二　2009「3　生業の伝統と変容　③縄文文化的漁撈生活と弥生文化的漁撈活動」『弥生時代の考古学 5　食料の獲得と生産』同成社
山崎　健　2010「「低湿地」という景観と資源環境」『伊勢湾岸弥生社会シンポジウム・中期篇　大規模集落と弥生社会』伊勢湾岸弥生社会シンポジウムプロジェクト
和田晴吾　1988「6 狩・漁　2. 漁撈」『弥生文化の研究　第 2 巻　生業』雄山閣

発掘調査報告書（事例報告に関連するもの）

【池子遺跡群 No. 1-A 地点，No, 1-A 東地点，No, 1-A 南地点】
山本暉久ほか　1999a『池子遺跡群 IX』かながわ考古学財団調査報告 45
山本暉久ほか　1999b『池子遺跡群 X』かながわ考古学財団調査報告 46
【七堂伽藍跡】
小川岳人ほか　2008『小出川河川改修地業関連遺跡群 II』かながわ考古学財団調査報告 224
【河原口坊中遺跡】
池田治ほか　2015『河原口坊中遺跡　第 2 次調査』かながわ考古学財団調査報告 307
【中里遺跡】
戸田哲也ほか　2015『中里遺跡発掘調査報告書』玉川文化財研究所
【参考資料】
石黒立人ほか　1991『朝日遺跡 I』愛知県埋蔵文化財センター調査報告書第 30 集
石橋孝夫ほか　2005『石狩紅葉山 49 号遺跡発掘調査報告書』北海道石狩市教育委員会
植田文雄　1988『能登川町埋蔵文化財調査報告書　第 10 集―斗西遺跡―』
工藤利幸　1982『御所ダム建設関連遺跡発掘調査報告書　盛岡市　萪内遺跡（I)』岩手県埋文センター文化財調査報告書第 32 集
田中禎子　1988「愛知県朝日遺跡のヤナ」『季刊考古学』第 25 号　雄山閣
平岩欣太　2012『観音寺本馬遺跡』橿原市埋蔵文化財調査報告　第 1 冊
前田義人ほか　1988『貫川遺跡 1』北九州市埋蔵文化財調査報告書第 73 集
前田義人　1989『貫川遺跡 2』北九州市埋蔵文化財調査報告書第 85 集
前田義人　1990『貫川遺跡 3』北九州市埋蔵文化財調査報告書第 92 集
前田義人　1995『貫川遺跡 10』北九州市埋蔵文化財調査報告書第 170 集

弥生時代の環状柱穴列について

田村　良照

はじめに

弥生時代後期を中心とした時期の集落址のなかに，小柱穴が円形に巡る特異な遺構が存在する。横浜市赤田遺跡群の調査で検出され，「環状小穴列」という名称で報告された事例が初見である（渡辺1988）。その後，神奈川県内で類例が次第に増えて５例を数えるにいたったことから，平成27年に「環状柱穴列の性格について」という論題で湘南考古学同好会会報に寄稿した。しかし地域誌で発行部数も限られているため十分に周知されず，また分析も不十分との叱責もいただいたゆえ，再考を決意した次第である。また本稿を草するにあたって，南関東に限った範囲で報告書を検索したところ，千葉県にも類例の存在することを確認したが紙数の都合上，他県の事例紹介は後日の機会にはたすことにしたい。

1　事例の紹介

神奈川県内の分布状況をみると，横浜市北部の早渕川流域に３例，藤沢市南部に１例，そして三浦半島西岸に１例が確認でき，目下のところ県東部に偏っている（図1）。つぎにこれらの遺跡について報告書の刊行された順に紹介してみたい。

赤田地区遺跡群 No. 15 遺跡（図2）　横浜市北部を東西に流れる鶴見川水系にあって，その支流の早渕川上流域には東西約 1.3 km にも及ぶ赤田谷戸が存在するが，この谷戸に面した一帯を赤田遺跡群と呼称している。赤田 No. 15 遺跡は赤田谷戸の西側丘陵上に位置する縄文，弥生時代の複合遺跡で，弥生後期朝光寺原式の集落を主体としている（渡辺

図１　環状柱穴列の分布

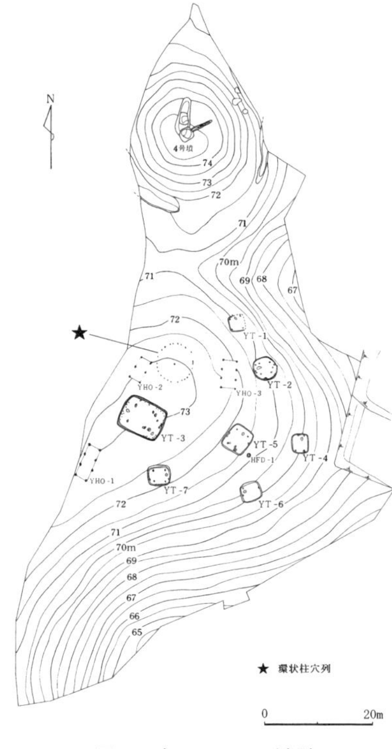

図2　赤田 No. 15 遺跡

1988）。分布状況をみると，最高所に長軸 8.4 m を測る大型住居址が位置し，その周りに掘立柱建物址が配され，さらにそれらを囲繞するように小規模の住居址が展開しているように見受けられる。西側隣接地は未調査地であり，集落がこの部分に広がることは疑いない。

環状柱穴列は大型住居址や掘立柱建物址に近接した所に位置する。径 12～29 cm，深さ 9～64 cm の小ピット 25 本が直径約 7 m の正円に巡り，その中心に径 30 cm，深さ 68 cm を測る他よりも一回り大きなピット 1 本が存在する。

観福寺北遺跡群関耕地遺跡（図 3）　横浜市北部の早渕川上流域右岸の丘陵先端部に形成された縄文時代から中世にかけての複合遺跡である。この遺跡群は南から観福寺裏遺跡（北原・齋藤 1986），観福寺北遺跡（平子・鹿島 1989）および関耕地遺跡（田村 1997）の三遺跡が南北に並び，調査成果から本来は一つの遺跡であることが判明している。時期的には圧倒的に弥生時代の集落址が主体をなし，中期宮ノ台式の住居址 53 軒以上，後期朝光寺原式の住居址 70 軒以上を数え，どちらもこの流域の拠点集落であったと考えられている。とりわけ後期の集落は長軸 9 m 超の大型住居址が 6 軒存在し，最も大きな 6 号住居址は長軸 15.2 m×短軸 10.5 m を測る朝光寺原式では最大規模の竪穴住居址である。

環状柱穴列は北端に位置する関耕地遺跡で発見された。一部は調査区外に及び，また約 3 分の 1 は耕作によって失われていたが，径 17～40 cm，深さ 6～60 cm のピットが直径約 16 m の規模で 2 列に並んで巡る。遺物がまったく出土しなかったため時期・性格は不明とされたが，住居址の比較的希薄な箇所に存在し，弥生中期の住居址 1 軒とは重複しているが，後期の住居址とは切り合っていない。したがって弥生後期の集落に帰属する公算が大きい。

佐島の丘遺跡群高原遺跡（図 4）　三浦半島西岸の小和田湾に面した標高 70 m ほどの丘陵上に高原，高原北，唐池，一本松，上ノ山 A，深田および深田横穴などの遺跡が一つの谷戸を囲繞するように分布することから，それらを総称して「佐島の丘遺跡群」という名称が与えられた（横山ほか 2003）。

環状柱穴列の発見された高原遺跡は縄文，弥生，古墳，近世の複合遺跡であるが，縄文時代と近世の遺構は微々たるもので，圧倒的に主体をなすのは弥生後期～古墳前期の大集落址である。この時期の遺構は丘陵尾根を挟んで北西側に隣接する高原北遺跡でも多数検出され，両遺跡をあわせると竪穴住居址 309 軒以上，方形周溝墓 1 基，環濠を含む溝 7 条などが該当する。三浦半島では最大規模を誇り，県下でもこれほど大規模な集落址の調査例は少ない。

環状柱穴列は調査区北西端の竪穴住居址が希薄な場所において検出され，本遺跡で唯一発見さ

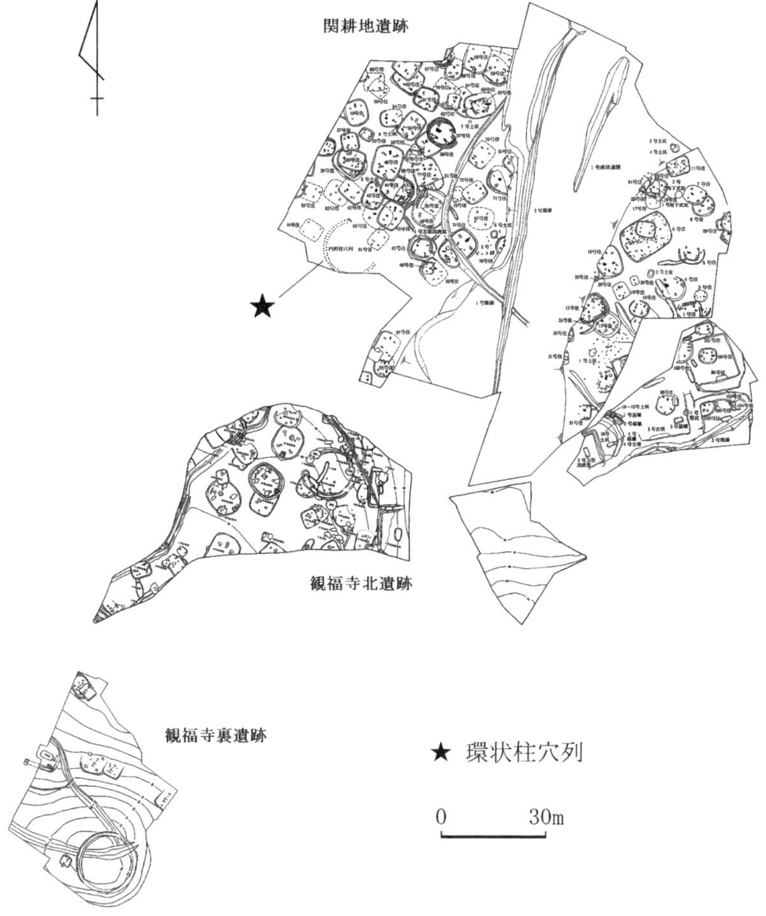

図３　観福寺北遺跡群

れた１号方形周溝墓および 213 号住居址と重複し両者に切られている。径 20～37 cm，深さ 11～59 cm のピット 16 本が直径約 5.8 m の円形に巡り，斜面下方にあったとみられる数本は流出したと考えられている。また帰属時期について，ピット内から縄文後期と弥生後期の土器片数点が出土したものの，弥生土器は 213 号住居址に伴うと考え，環状柱穴列を縄文後期の遺構と認定している。

御幣山遺跡第６・７地点（図５）　藤沢市域を南下して相模湾にそそぐ柏尾川左岸の標高 20～30 m の台地上に立地している。これまでに８回の調査が実施され，先土器，縄文，弥生，古墳，中近世の複合遺跡であることが判明しているが，とくに弥生後期～古墳前期の大集落址および後北条氏関連の御幣山砦とそれに関連する遺構群の存在が注目されている。

集落址の中心部とみられる第７地点と隣接する第６地点で，竪穴住居址 47 軒，掘立柱建物址２棟，方形周溝墓１基などが発見された。環状柱穴列は北東隅に位置し，２号掘立柱建物址と重複しているが，新旧関係は不明とされている。径 17～33 cm，深さ 14～44 cm の小柱穴 21 本と補助穴２本が直径 7.45 m のほぼ正円形に並び，さらに東側内部に小柱穴２本が存在する。

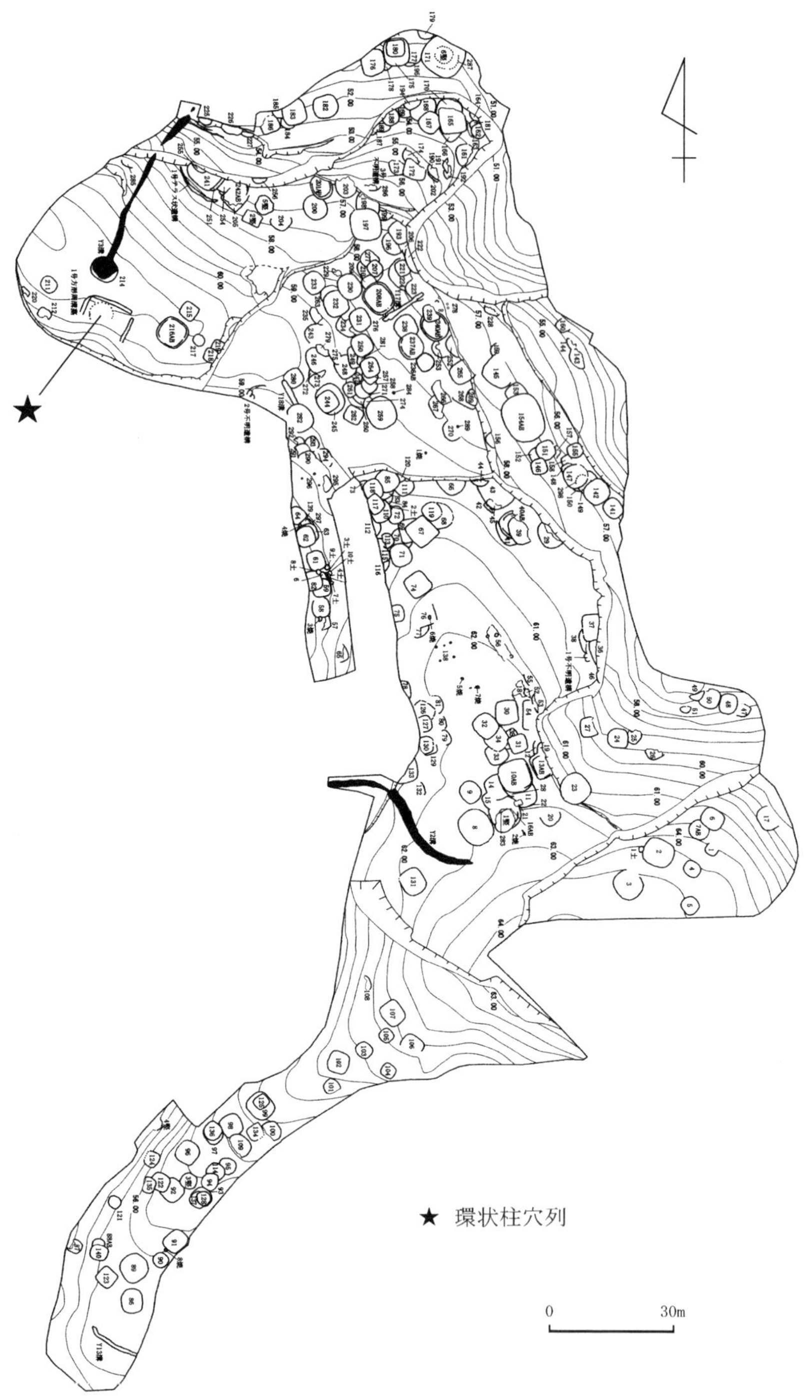

図４　高原遺跡

報告書では1号掘立柱建物址という名称を付しているが，「上屋構造を支えるには柱穴群は明らかに脆弱と思われ，基本的には柱列による柵などの囲繞施設を想定するのが穏当であろう」として構造について踏み込んだ見解を述べている。さらに時期に関しても，「具体的な所産時期は特定できないが，覆土様相や付近での住居址などの遺構の分布状況（空間構成）を考え合わせて，ここでは弥生後期～古墳前期の範囲で考えることにしたい」とし，集落に付属する施設であることを匂わせている（押木 2008）。

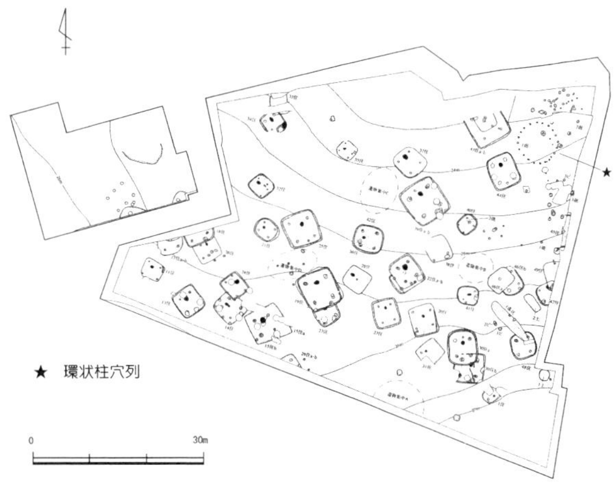

図5　御幣山第6・7地点

北川表の上遺跡（図6）　横浜市北部の鶴見川水系にあって，その一支流である早渕川中流域右岸の台地上に立地している。前述の赤田遺跡群や観福寺北遺跡群と同流域に分布する遺跡である。台地上のほぼ全域が調査され，先土器，縄文（早・前・中期），弥生後期～古墳前期，古墳後期，奈良・平安時代など多岐にわたる複合遺跡であることが判明した。その主体をなすのは朝光寺原式の集団によって営まれた弥生後期～古墳前期の集落址で，竪穴住居址 83 軒，掘立柱建物址 9 棟，方形周溝墓 5 基，円形周溝墓 1 基などが発見され，早渕川流域の拠点集落の一つと考えられている（古屋 2009）。この台地は独立丘陵状を呈しているので，集落の存続期間，構成さらには盛衰など多様な情報を内包した資料性の高い遺跡といえる。

台地中央部に大型住居址や掘立柱建物址を含む集落の本体が分布し，集落と隔絶した北東隅と南東隅に方形周溝墓が築かれ，問題の環状柱穴列は北東隅に竪穴住居址 2 軒，方形周溝墓 3 基とともに存在する。径約 25 cm，深さ約 40 cm の柱穴が直径 3.02～3.32 m の略円形に規則的に穿たれている。報告書では壁が失われ，柱穴 8 本のみが残された縄文時代の住居址とされているが，2 軒検出された縄文前期～中期前葉の住居址とは似て非なることは一目瞭然であり，遺物の出土もないので，時期の比定にいささか無理がある。

2　属性の分析

a）立　地　環状柱穴列の発見された遺跡は，全貌のつかめない赤田 No. 15 遺跡（以下「赤田遺跡」）を除くと，いずれも台地上に営まれた大規模な拠点集落であることが判明している。赤田遺跡も大型住居址の周りに掘立柱建物址群が分布する状況から，小規模集落とは思えない。したがって大規模集落に付属する建造物と考えてよいだろう。

つぎに集落内における占地であるが，赤田遺跡，関耕地遺跡と御幣山遺跡第 7 地点（以下「御

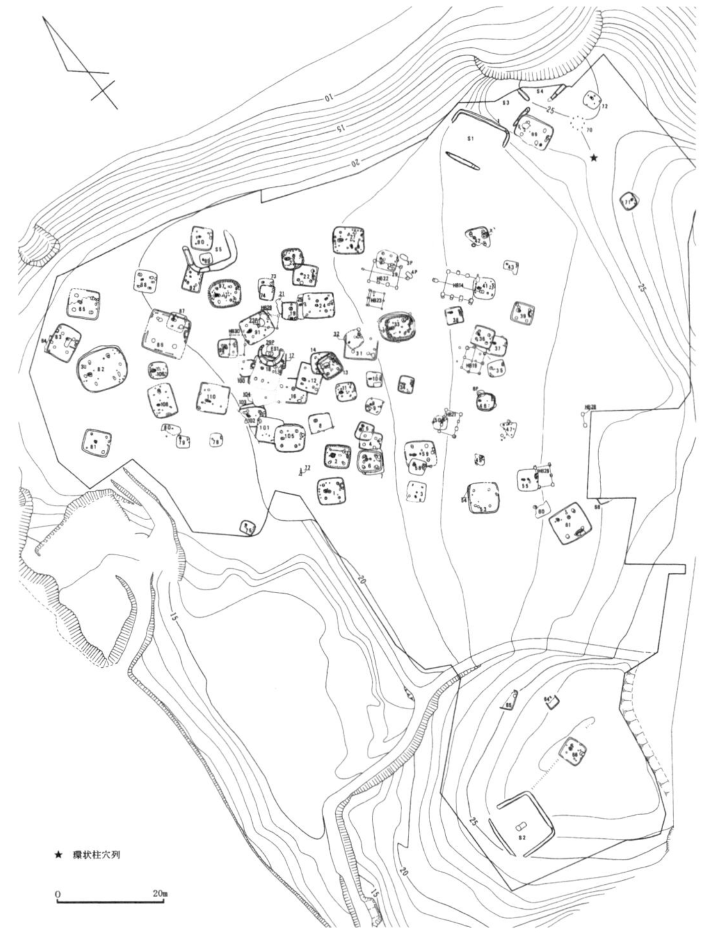

図６　北川表の上遺跡

幣山遺跡」）の場合，首長の住む大型住居址や倉庫とみられる掘立柱建物址の近くにわざわざ専有の空間を設けて構築している。一方，高原遺跡と北川表の上遺跡では集落から隔絶した所に配置され，集落の首長墓とみられる方形周溝墓と近接もしくは重複している。このように選地のあり方には少なくとも二様態のあることがわかる。

b）構　造　一定規模の柱穴が，ほぼ等間隔に平面正円形に並ぶことを基本とする。誤認しやすい例としては，柱穴が集中した箇所で不揃いなものがたまたま円形に巡ることがあるが，その場合は疑ってかかる必要がある。まず規模については，関耕地遺跡が最大で直径 16 m，最小は北川表の上遺跡（以下「北川遺跡」）の直径約 3.3 m であり，かなりの較差があるようだが，赤田遺跡，高原遺跡，御幣山遺跡は直径 5.8～7.45 m であることから，関耕地遺跡と北川表の上遺跡の事例は例外的なのかもしれない。

柱穴の径は各事例によって異なり，関耕地遺跡で最大径 40 cm，赤田遺跡で最大深度 64 cm を確認しているので，それなりに太い柱が穿たれていたと推察される。それでは柱穴は掘り方を有

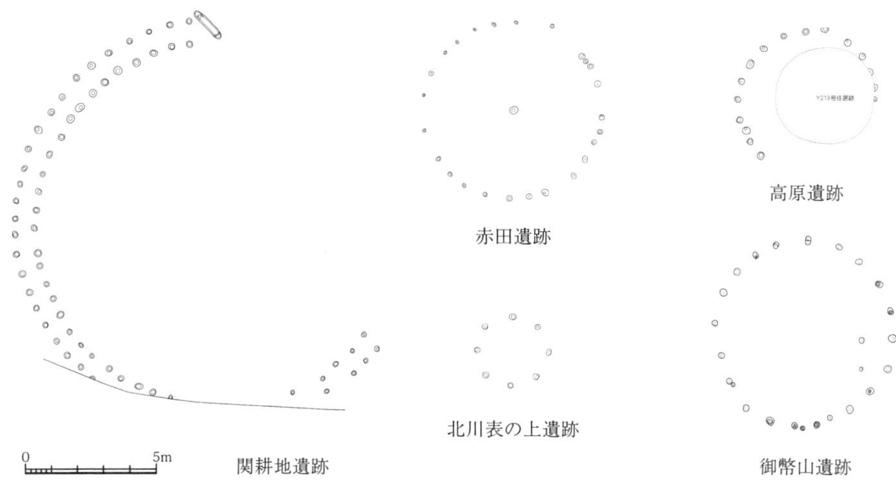

図７　環状柱穴列一覧

していたのか，あるいは垂木状のものが打ち込まれたのであろうか。垂木を打ち込む場合，径20 cm 以上あるとかなりの労力を必要とし，地面が硬い悪条件では 60 cm 以上も打ち込むのは困難である。御幣山遺跡では底が硬化している柱穴を確認しているので，この場合は掘り方を有していた公算が大きい。しかしたとえ本来の規模ではないとしても，径 10～15 cm の掘り方を用意するのも逆に小さ過ぎて大変である。したがって垂木を打ち込んだ可能性も捨てきれない。現時点では掘り方と打ち込みのどちらもありうると考えておきたい。

つぎに全体の形状と付属施設についてはどうであろうか。まず形態的には，柱穴列が二重に巡る関耕地遺跡は例外で，一列のものが基本構造とみられる。付属施設らしきものは赤田遺跡と御幣山遺跡で検出されている。赤田遺跡では中心にやや太めの柱穴１本が穿たれ，御幣山遺跡には入り口施設あるいは何かを吊り下げるための柱を想起させる一対の小穴が存在する。このように平面形態や付属施設の有無などにバラエティーがうかがえる。

c）時　期　この環状柱穴列は出土遺物も少なく，とくに決め手を欠くため平面形からの印象で，壁や床面さらには炉址の失われた縄文時代の住居址として報告される傾向がある。事実，縄文前期～中期前葉の竪穴住居址２軒が検出されている北川表の上遺跡では，縄文の竪穴住居址の痕跡としているが，比較するとまったく異質であることがわかる。高原遺跡でも，柱穴内から縄文土器片とともに弥生土器片が出土しているにもかかわらず縄文後期の遺構としている。またこの高原遺跡では前述のように，環状柱穴列と方形周溝墓，弥生後期の竪穴住居址が重複しており，帰属時期を絞り込む格好の資料を提供している。

赤田遺跡と関耕地遺跡では出土遺物が皆無なため時期不明としているが，両者とも遺構の分布状況と切合い関係から弥生後期の集落に伴うとみてよかろう。さらに御幣山遺跡は報告書で，覆土様相と周囲の遺構分布状況から弥生後期～古墳時代前期の集落に伴う囲繞施設と断じている。

このように帰属時期については報告者の視点によって大きく左右されるようであるが，縄文中

図８　江華島遺跡のイラスト（絵：本田一矢）

期に盛行する円形基調の竪穴住居址からの先入観が強く，苦慮した末に縄文時代の所産としてお茶を濁す傾向がうかがえる。しかしいずれの遺跡も，その実態は弥生後期のなかに収まりそうだ。

d）性　格　さて時期については弥生時代後期に帰属する蓋然性が高くなったが，それでは具体的にどういった構造物を想定し得るのであろうか。弥生時代の遺構というと，竪穴住居址，高床倉庫，貯蔵施設，井戸，溝（環濠），墓などが知られ，叢書類をひもとくとそのような遺構の解説が定番になっている。しかし環状柱穴列はそのどれにも該当しそうもない。前述のように，上屋を伴わない囲繞施設である可能性が高いからである。とするとまず想起するのは家畜の飼育施設である。

図８は韓国の江華島支石墓遺跡をイラスト化してみたもので，集落の空閑地に円形の柵列を設けてブタもしくはイノシシが飼育されている。構造的には円形柱穴列と大変よく似ており，時期的な齟齬もない。1988年に大分県下郡桑苗遺跡でブタの骨が確認されて以来，西日本各地の弥生時代遺跡でブタやイノシシの骨が出土し，神奈川県でも逗子市池子遺跡で弥生時代のイノシシの骨が多数発見されている。また御幣山遺跡の環状柱穴列について岡本孝之はウリボウ（猪の子）の飼育施設を想像するとした（岡本 2011）。こうした状況や見解を鵜呑みにして，前稿（田村 2015）ではイノシシもしくはブタの飼育施設と結論づけてしまったが，浅慮であったかもしれない。というのはつぎのような理由からである。

北川表の上遺跡では集落本体から離れた台地北東隅に方形周溝墓３基，竪穴住居址２軒と環状柱穴列が接するように分布しており，２号方形周溝墓と69号住居址は重複している。おそらくこの場所が墓域化する以前に竪穴住居址や環状柱穴列が存在したものと推察される。しかし竪穴住居址はともかくとして家畜の飼育施設の存在したような不浄な場所に，首長墓とみられる方形周溝墓を築くのだろうかという疑問が生じたのである。さらに高原遺跡では，方形周溝墓と環状柱穴列が重複している。首長墓を築くような神聖な場所にふさわしい囲繞施設とはいったい何なのか。

金関恕は『魏書』韓伝の馬韓の条から，弥生後期と同時代の朝鮮半島南部には「蘇塗（ソト）」という祭場が存在していたことを紹介している（金関 1996）。要約すると，蘇塗とは集落から離れた聖浄な森に空地を拓き，円形ないし方形区画の一方または両側に通廊のついた形で，鳥竿を立て男女１対の木彫像が置かれた。また祭場には大木を立てて，鈴や鼓（銅鐸）をぶら下げ，それで祖霊をうやまうためのまつりをする。端的にいうならば，豊穣を願った農耕祭祀の場であったという。

高原遺跡や北川表の上遺跡の環状柱穴列が，集落から離れた所にあり，そこは後に首長墓が築かれるような聖域であることが理解できる。一方，赤田遺跡，関耕地遺跡，御幣山遺跡では集落内の大型住居址や掘立柱建物址（高床倉庫）に近いところにあるが，この点について金関は，「祭場には高床建物の神祠も設けられ，祖霊像は秋の収穫物や種籾とともに高床建物に納められた。そして争乱の時期ともなれば，祭場の位置も，防備を固めた集落内に移されたであろう。」とし，通常のあり方と非常時のそれを示唆されている。また赤田遺跡では中心に何かの目的で柱１本を立てた形跡があり，御幣山遺跡では何かを吊るすためともみてとれる一対の柱穴が検出されている。つまり蘇塗の姿・実体については想像の域を出るものではないが，五垣状の施設をもっていたとすれば，環状柱穴列はこうした構造物の痕跡とも考えられる。

以上のように，環状柱穴列の性格については目下のところ①家畜の飼育施設，②祭場の二つを想定している。

おわりに

発掘調査の新知見はときに歴史を書きかえる。そこに考古学の醍醐味があり，多くの人が魅了されるゆえんである。実は，環状柱穴列もそうした遺構になれば面白いと考え，前稿では短絡的に論述してしまい，及川良彦氏から手厳しい批評をいただいた。仕切り直しのつもりで執筆した第二弾であったが，事例がまだ少ない現状では踏み込んだ分類も尚早とみて各遺跡の紹介にとどめ，性格については①家畜の飼育施設，②祭場などを候補として挙げてみた。研究者諸兄のご意見をいただければ幸甚である。

山本暉久先生には長くお世話になっておりますが，先生からいただいた「青雲の志」というお言葉は感銘的でした。最後にお聞きしますが，先生の青雲の志はまだ健在ですか。

2016 年 4 月 7 日　擱筆

引用参考文献

大塚初重　2003『「弥生時代」の時間』学生社
岡本孝之　2011「II 弥生時代の人々の暮らし　2. 弥生時代の遺構と生活の場」『大地に刻まれた藤沢の歴史 III―弥生時代―』藤沢市教育委員会
押木弘巳　2008『御幣山遺跡第 7 地点』（有）鎌倉遺跡調査会
北原實徳・斉藤啓子　1986『観福寺裏遺跡』日本窯業史研究所
工楽善通　1990「銅鐸のまつり」『弥生人とまつり』六興出版
田村良照　1997『観福寺北遺跡群関耕地遺跡』玉川文化財研究所
西本豊弘・姉崎智子　1999「IV. No. 1―A 南地点の動物遺体」『池子遺跡群 IX』（財）かながわ考古学財団
西本豊弘　2008「ブタと日本人」『人と動物の考古学Ⅰ　動物の考古学』吉川弘文館
平子順一・鹿島保宏　1989『観福寺北遺跡・新羽貝塚』横浜市埋蔵文化財調査委員会
福岡市教育委員会　2003『雀居遺跡』9（別冊）
古屋紀之ほか　2009『北川表の上遺跡』港北ニュータウン地域内埋蔵文化財調査報告 42
横山太郎　2003『佐島の丘遺跡群高原遺跡・高原北遺跡』佐島の丘埋蔵文化財発掘調査団
渡辺　務　1994『横浜市緑区赤田地区遺跡群　集落編 I』日本窯業史研究所
金関　恕　1996「1 総論」『弥生文化の研究 8　―祭と墓と装い―』雄山閣

相模野台地とその周辺地域における富士玄武岩の利用（2）
—弥生時代の環状石器について—

鈴木　次郎

はじめに

富士玄武岩は富士山の火山活動により噴出した熔岩であり，神奈川県域においては相模川や酒匂川に河川礫として所在する。相模川河床礫の岩種別個体数量比では，富士玄武岩礫は6～9%[1)]と決して多くはないが，色調が黒っぽく礫面が多孔質の特徴をもつことから河床礫の多数を占める緑色凝灰岩類や砂岩など他の石材とは識別が容易で簡単に採取できる石材である。相模野台地とその周辺地域では，旧石器時代から弥生時代まで様々な石器に利用されており，旧石器時代の磨石状礫については別稿（鈴木 2017）において検討を行った。本稿においては，近年相模川沿岸の弥生時代遺跡から多量に出土した環状石器と凹み石について分析を行い，派生する問題点について検討する。なお，富士玄武岩の物理的特性や所在状況などについては，前記別稿において述べているので参照していただきたい。また，富士玄武岩は，過去には（多孔質）安山岩と記載された報告書が多いことや，富士玄武岩そのものが箱根産の多孔質安山岩と区別が付けがたいことから，報告書の引用等では多孔質安山岩を含めて取り扱うことにする。

1　環状石器の生産遺跡　河原口坊中遺跡・中野桜野遺跡

河原口坊中遺跡（加藤ほか 2014，池田ほか 2015）と中野桜野遺跡（阿部ほか 2009）は，ともに神奈川県海老名市の相模川東岸に位置する。河原口坊中遺跡は，対岸の中津川・小鮎川との合流点に向かって大きく張り出した自然堤防上に立地する近世から弥生時代に及ぶ複合遺跡で，標高は21～22 m，河床面との比高差は5～6 m を測る。また，中野桜野遺跡は，河原口坊中遺跡の4 km 南方（下流）のやはり自然堤防上に立地する近世から弥生時代に及ぶ複合遺跡で，標高は14～15 m，河床面との比高差は5 m を測る。

両遺跡は，ともに弥生時代から集落が形成され，弥生時代の遺構内外から豊富な石器群が出土している。表1は，両遺跡（河原口坊中遺跡は第1次調査地点と第2次調査地点）と神奈川県内の代表的な弥生時代遺跡である秦野市砂田台遺跡（宍戸ほか 1989），逗子市池子遺跡群 No. 1-A 地点（山本・谷口ほか 1999），折本西原遺跡（石井ほか 1980）の5遺跡6地点のおもな石器の出土数量を示したものである。砂田台遺跡は丹沢南麓の台地上に立地する集落遺跡，池子遺跡群 No. 1-A 地

表1　各遺跡の主要石器の数量

	河原口坊中遺跡第1次調査	河原口坊中遺跡第2次調査	中野桜野遺	砂田台遺跡	池子遺跡群No.1A地点	折本西原遺跡
磨製石斧（未成品を含む）	63	85	43	144	35	53
打製石斧	1	13	9	18		9
磨石・敲石類（石槌を含む）	58	362	123	126	114	43
凹み石	143	281	76	3	22	
環状石器（軽石製品を含む）	35	85	26		2	1
石錘（「環状石錘」を除外）		5	12		8	
石鏃		3		13		8
磨製石鏃		1		6	1	
砥石	54	61	52	106	42	21
大型砥石・石皿・台石	3	4	5	26	4	5

点は三浦半島の相模湾に近い低湿地遺跡，折本西原遺跡は鶴見川北岸の下末吉台地に立地する集落遺跡で，それぞれ遺跡の位置や立地する地形などの違いはあるものの，磨製石斧（未成品を含む），磨石・敲石類，砥石といった弥生時代中期後半に特徴的にみられる石器は，河原口坊中・中野桜野両遺跡を含め各遺跡とも多量に出土している。これに対して，環状石器と凹み石は，河原口坊中・中野桜野両遺跡では多量に出土しているのに対して，砂田台・池子・折本西原各遺跡ではまったく出土していないか，わずかに出土しているだけである。弥生時代中期後半の集落遺跡では，むしろ砂田台・池子・折本西原各遺跡にみられる石器組成が一般的なあり方で，河原口坊中・中野桜野両遺跡の石器組成こそが特異なあり方といえる。次に，表2は，河原口坊中・中野桜野両遺跡の環状石器と凹み石に磨石・敲石を加えた4種類の石器の石材構成を示したものである。まず弥生時代の遺跡に共通してみられる磨石・敲石類の石材をみてみる。磨石は，形態の違いによって植物質食糧の加工具としての用途や砥石のように磨製石器の研磨を行う加工具としての用途が想定され，富士玄武岩・緑色凝灰岩類・砂岩類の3種類の石材が一定量使用されている。また敲石は，植物質食糧の加工具としての用途よりも，むしろ石器製作具や木材加工を含む各種の加工具としての用途が想定され，打撃に耐えうる岩質の緑色凝灰岩類を中心に砂岩やホルンフェルスなどの石材が使用されている。これに対して，環状石器と凹み石の石材構成は大きく異なる。環状石器は，両遺跡各地点ともそれぞれ1点を除いて富士玄武岩を石材としており，凹み石

表2　河原口坊中・中野桜野両遺跡における各石器の石材構成（%）

		富士玄武岩	閃緑岩類	緑色凝灰岩類	砂岩類	ホルンフェルス	その他	合　計
河原口坊中遺跡第1次調査	環状石器	34（97.1）					1（2.9）	35（100）
	凹み石	136（95.1）	2（1.4）	2（1.4）	1（0.7）		2（1.4）	143（100）
	磨石	4（28.6）		4（28.6）	3（21.4）	1（7.1）	2（14.3）	14（100）
	敲石	4（8.7）	6（13.0）	29（63.0）	5（10.9）	1（2.2）	1（2.2）	46（100）
河原口坊中遺跡第2次調査	環状石器	84（98.8）					1（1.2）	85（100）
	凹み石	273（97.1）		7（2.5）			1（0.4）	281（100）
	磨石	28（25.2）	2（1.8）	43（38.8）	19（17.1）	2（1.8）	17（15.3）	111（100）
	敲石	10（4.0）	14（5.6）	146（58.2）	41（16.3）	18（7.2）	22（8.8）	251（100）
中野桜野遺跡	環状石器	25（96.2）					1（3.8）	26（100）
	凹み石	74（97.4）		1（1.3）			1（1.3）	76（100）
	磨石	38（50.0）	4（5.3）	26（34.2）	4（5.3）	2（2.6）	2（2.6）	76（100）
	敲石	2（4.3）	1（2.1）	34（72.3）	4（8.5）	4（8.5）	2（4.3）	47（100）

凹み石・磨石・敲石の複合石器は，凹み石，磨石，敲石の順に優先して器種名を付した。また，敲石は石槌（ハンマー）を含む。
網掛は50%をこえる石材

は，他の石材を少数使用しているものの，やはり90％以上が富士玄武岩を石材とする。このように，「環状石器と凹み石＝富士玄武岩」という図式がみとめられ，このことが富士玄武岩礫の石材産地である相模川に近接した河原口坊中・中野桜野両遺跡の石器組成のあり方と結びついていると考えられる。こうした遺跡としては，他には小田原市三ツ俣遺跡（市川ほか 1986）が指摘される。三ツ俣遺跡では，環状石器 9 点，凹み石 39 点が出土しており，環状石器すべてと凹み石 31 点が多孔質安山岩（残り 8 点は粘板岩）を石材としている。三ツ俣遺跡から南に約 500 m 隔てた海岸では，酒匂川から流出した富士玄武岩礫や箱根産の多孔質安山岩礫が採取でき，三ツ俣遺跡も富士玄武岩や多孔質安山岩の石材産地に立地した遺跡と位置づけられる可能性がある。

このように，河原口坊中・中野桜野両遺跡や三ツ俣遺跡は，石材産地に立地する環状石器の生産遺跡の可能性が高いと考えられる。

2　環状石器の形態的特徴

環状石器は，平面形状が円形を基本とし，中心の円孔部が貫通してドーナツ状を呈する石器であり，過去には環状石錘と呼ばれたこともある（市川ほか 1986）。河原口坊中・中野桜野両遺跡では，環状石器は合計 146 点出土しており，石材は 3 点を除き富士玄武岩を使用している。

まず遺存状態をみると，両遺跡合計 146 点（個体）のうち大半が破損品で，完形品は 40 点と全体の 27％ 余りにすぎない。このほか破損品が接合して完形になったものが 8 点みられ，こうした遺存状態のあり方は生産遺跡の特徴をよく現している。また，後述するように，凹み石の中には，環状石器の未成品つまり中央の円孔部がまだ貫通していない段階の石器が多く存在することから，未成品を含めた環状石器の点数はさらに多いことになる。

全体の平面形はやや歪んだ不整円形を含む円形のものが大半で，最大径（長径）がそれに直交する幅の 1.3 倍をこえる楕円形のものがわずかに 2 点みられるだけである。ただし，整った円形のものはけっして多くはなく，不整円形が多い。また中央の円孔部（貫通孔）も円形を呈する。

大きさ（法量）については，計測可能な 102 点の最大径は，最小 4.1 cm から最大 12.3 cm までみられ，その平均値は 8.0 cm である。そして直交する幅の平均値は 7.7 cm（最大径の 96.3％）で，平面形が円形を基本とすることを数値的に裏付けている。厚さは，123 点計測可能であり，最小 1.6 cm から最大 6.7 cm までみられ，平均値は 3.5 cm である。一部には扁平な石器もあるが，大半が分厚いドーナツ状を示す。重量は，破損品の接合を含む完形品（柄付きを除く）47 点の計測値をみると，最小 55 g から最大 423 g までみられ，平均値は 213 g である。そして，この石器最大の特徴である中央円孔部の貫通孔の直径は，計測可能な 92 点の計測値では，最小 0.7 cm から最大 3.4 cm までみられ，平均値は 1.9 cm である。これらの計測値をもとに，大きさを最大径 7 cm 未満（おおよそ 150 g 未満）の小型（図 1-1・2），7～10 cm（おおよそ 150～300 g）の中型（図 1-3・4），10 cm をこえる（おおよそ 300 g 以上）の大型（図 1-5・6）に区分すると，区分可能な 133 点の内訳は，小型 47 点，中型 65 点，大型 21 点である。

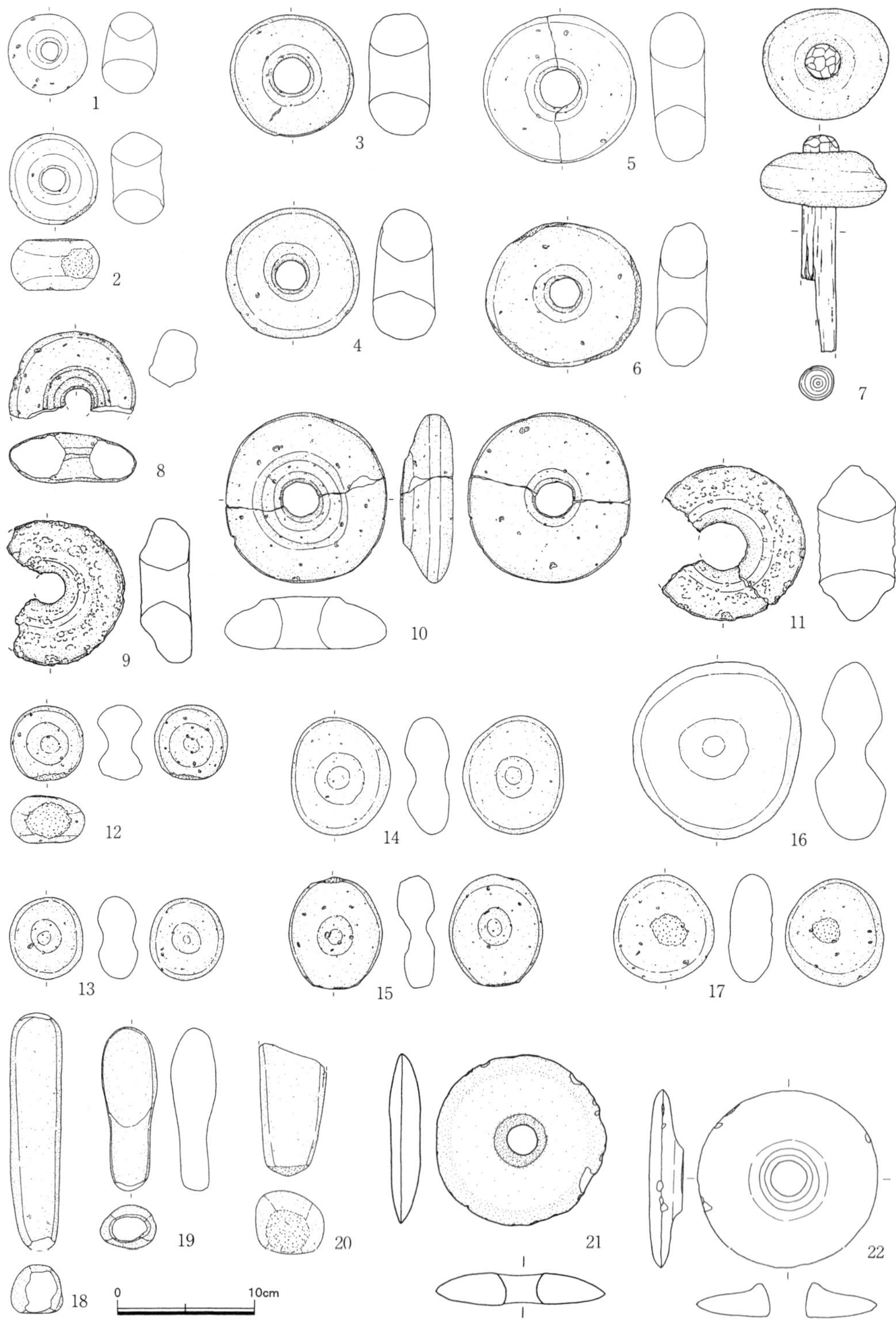

1〜8・10・12〜20：海老名市河原口坊中遺跡第2次調査（池田ほか 2015），9・11：海老名市中野桜野遺跡（阿部ほか 2009），21：川崎市梶ヶ谷神明社上遺跡（村田ほか 1994），22：横須賀市矢ノ津坂遺跡（新開・吉田 2006）

図1　環状石器とその関連資料[2)]

器面の整形は，全面を研磨調整によって仕上げているものは少なく，多くは周縁部を中心に敲打調整や研磨調整がみとめられ，表裏面の一部あるいは大半に素材礫の礫面をそのまま残している。このことは，出土した環状石器の多くが未成品の状態であることを示していると考えられる。中央の円孔部は，表裏面と接する位置では敲打痕がみられるが，内面は両面からの揉み錐状の研磨調整によって円形に穿孔され貫通孔が作出されている。そして，中心壁面に「く」の字状の稜線を残すものと，さらに研磨調整によって中心部の稜線を取り去り，「）（」状に整形したものがみられ，工程的には前者は加工途上の段階のものである。また，器面整形で特筆されるのは，両遺跡で4例（図1-8～11）あるだけであるが，円孔部の周囲に幅1cm前後の隆帯を作出している石器がみとめられ，やはり数量的には少数であるが，周辺部をやや薄く作出して断面形が凸レンズ状を呈するものがみられる（図1-10・11など）。

このほか，河原口坊中遺跡第2次調査地点からは，柄が装着された状態の環状石器が1点出土している（図1-7）。この石器は，器面全体が研磨調整によって整形されているが，径9.0cm×7.9cmの不整円形を呈し，多くの環状石器と同じくドーナツ状を呈する。柄は，直径2.4～2.5cmを呈するイヌガヤの芯持ち丸木で，15.5cmの長さで折れており全長は不明である。この資料は，環状石器が中心部の貫通孔に柄を装着して使用したことを示す注目すべき資料である。

3　凹み石の形態的特徴

凹み石は平面形状が円形や楕円形を基本とする河原礫を素材とし，片面もしくは両面に敲打や研磨等による凹みがみられる石器である。大きさ・形状・凹みの状態などは多様で，用途の異なる複数の石器を含むと考えられる。河原口坊中・中野桜野両遺跡からは，合計500点出土しており，うち483点が富士玄武岩を石材とする。ここでは河原口坊中遺跡第2次調査出土の図化された凹み石213点について大きさによって区分し，それぞれの特徴をみてみる。内訳は，長径7cm未満（おおよそ150g未満）の小型（図1-12・13）が43点，長径7～10cm（おおよそ150～300g）の中型（図1-14・15・17）が41点，長径10～15cm（おおよそ300g～1kg）の大型（図1-16）が41点，長径15cm以上（おおよそ1kg以上）の特大が14点，区分不可の破損品が74点である。破損品の大半は残存部の大きさと重量から中型と想定されることから，中型の長径7～10cm，重量100～300gを標準的な大きさとしながらもバラツキの大きな石器といえる。

小型と中型では，平面形状は楕円形30点，円形29点，不整円形25点で，円形を基本とするものが楕円形を上回る。凹みは両面58点，片面26点で，両面に凹みがみとめられるものが多い。その大きさは直径2～3cmのものが大半で，浅い凹みでは敲打痕の集中として観察され，深い凹みでは壁面・底面に研磨痕が観察される。なお小型の最小は，長径4.0cm，重量20gを測る。

大型の平面形状は，楕円形19点，長楕円形2点，円形8点，不整円形12点であり，楕円形を基本とするものと円形を基本とするものがほぼ同数みとめられる。凹みは，両面23点，片面18点であり，大きく深い凹みがみられるものも数例みとめられる。

特大は，長径 25 cm，重量 3, 365 g を最大とし，平面形状は楕円形 13 点，長楕円形 1 点で円形や不整円形はみとめられない。長径とともに厚さも大きく，直径 5 cm をこえる大きく深い凹みがみられるものが多い。凹みは両面にみられるものと片面のみにみられるものがあり，浅い凹みは敲打痕の集中として観察されるが，深い凹みの壁面をみると，敲打痕による小さな凹凸が連続・反復した敲打によって形成されたものと，磨り面として観察され磨石などによって形成されたものの両者がみとめられる。

以上の観察結果から，この石器の用途を検討すると，第一は，凹みが磨り面として観察される小型や中型を中心に大型の一部を含む凹み石（図 1-12〜16）で，環状石器の円孔部の穿孔が途中の未成品である可能性が高く，数量的には凹み石の過半数を占めている。平面形状が楕円形を呈するものが多いことは，整形途上の未成品のためと考えられる。凹みの穿孔具としては，端部が円錐状・球面状を呈する棒状磨石（図 1-18〜20）を使用したと想定される。第二は，敲打痕の集中による凹みをもつ中型を中心とした凹み石（図 1-17）で，しばしば器面に磨痕がみとめられ，その一部は縄文時代の凹石・磨石と同じく堅果類の殻割りなど植物質食糧の加工（殻割りと製粉）に使用された可能性がある。しかし，この凹み石のなかには，第一の凹み石つまり環状石器の未成品の初期段階のものが多く含まれると考えられる。というのは，環状石器の円孔部の穿孔は，はじめから棒状磨石を使用するのではなく，最初は敲石による敲打によって浅い凹みを作出し，その後に棒状磨石で穴を深く開ける工程が想定されるためである。また，器面の磨痕は環状石器にも共通してみとめられる。このため，植物質食糧の加工具としての凹み石はけっして多くはないと考えられる。第三は，数はごく少ないが敲打痕の集中による浅い凹みをもつ特大で，堅果類の殻割りなどの台石として第二の凹み石と一緒に使用された可能性が考えられる。第四は，凹みが大きくしかも深い磨り面として観察される特大で，やはり数量は多くないが，一種の石皿（石臼）として使用されたことが考えられる。この凹み石に対応する石器としては，多量に出土している棒状の敲石や磨石の一部が想定される。このように，中型・小型を中心に大型の一部を含む凹み石の大半は環状石器の未成品と考えられる。

4　環状石器の製作工程

磨製石斧など磨製石器は，通常，素材の粗割→剝離調整→敲打調整→研磨調整という工程によって製作される。粗割は，素材礫の半割などで次の剝離調整の作業量を減じるための工程であり，剝離調整によって目的とする石器の形状を整えている。敲打調整は，剝離調整では困難な部分的な厚さの減小や次の研磨調整の効率を図るために小さな凹凸面を作出し，最後の研磨調整によって仕上げを行っている。そして，環状石斧など環状の石器では，剝離調整以降のある段階で穿孔作業によって孔を貫通させている。埼玉県小敷田遺跡（中村 1991）や岩手県大渡野遺跡（相原 1979）にみられる環状石斧の多くは，円形に近い扁平な礫を素材とするため粗割は不要であり，周縁部からの剝離調整により形状を整えるとともに刃部を作出し，敲打調整・研磨調整によって整形しており，円孔部の貫通孔はその過程で作出されている。

これに対して，河原口坊中・中野桜野両遺跡の環状石器は，やはりやや扁平な円形もしくは楕円形を呈する富士玄武岩の川原礫を素材としているが，粗割と剝離調整を行わずに製作されている。つまり素材の礫は，大きさ・形状とも完成品の石器に近い礫を選択し，敲打調整と研磨調整のみによって形状を整え，器面の仕上げを行っている。このため，両遺跡からは富士玄武岩製の剝片類はまったく出土していない。そして，中央の円孔部は，両面とも敲打調整によって浅い凹みを作出した後，棒状磨石を揉錐器として穿孔し貫通孔を作出している。貫通孔は両面から穿孔しており，貫通孔内面の中央に「く」の字状に稜が残るため，最後に研磨調整によって稜を取り去って仕上げている。こうした円孔部の穿孔作業は，環状石器の円孔部内面や凹み石の凹み部壁面の状態と，穿孔作業に使用したと推定される棒状磨石の存在から想定したものであるが，同様の石器は，大阪府池上遺跡でも環状石器の穿孔具として報告されている（石神ほか 1978）。このように，富士玄武岩製の環状石器は，他の石材を用いた刃部を有する環状石斧に比較して労力をかけずに効率的に製作されている。富士玄武岩は，多孔質安山岩とともに緑色凝灰岩類やホルンフェルス・砂岩など剝片石器や磨製石斧などに多用される石材に比較して緻密さに欠け，軟質で変形を伴う加工がしやすいという物理的特性をもっている[2)]。一方，緻密さに欠ける特性のため，縁辺を薄くする剝離調整には適していない。河原口坊中・中野桜野両遺跡では，富士玄武岩のこうした物理的特性に着目して刃部をもたない環状石器の石材に利用したものと考えられる。

5　環状石器をめぐる問題

これまで河原口坊中・中野桜野両遺跡から多量に出土した環状石器と凹み石について検討を行った。そして，両遺跡では富士玄武岩を石材とする環状石器を多量に生産しており，凹み石の多くはまだ中央円孔部の貫通孔が開いていない環状石器の未成品である可能性が高いことを指摘した。それでは，環状石器とはいかなるものであろうか。河原口坊中・中野桜野両遺跡の調査以前には，環状石器は，小田原市三ツ俣遺跡から貫通孔のある完成品 9 点と，未成品とされた凹み石 39 点が出土し，環状石錘として報告されたが[3)]（市川ほか 1986），以前より県内各地で単発的に出土している（岡本 2000）。縄文時代から弥生時代に引き継がれた呪術的な石器を精力的に追求してきた岡本孝之は，当初は，環状石器を漁撈具（環状石錘）として捉えていたが（岡本 1999），その後，呪術具である環状石斧の一類型として捉え直している（岡本 2000・2007）。ここで，あらためて河原口坊中・中野桜野両遺跡から出土した環状石器の形態的な特徴をまとめると，

①形状は，大半が円形ないし不整円形を呈し，部厚く刃部をもたないドーナツ形を呈する。

②大きさは，多くが長径 7～10 cm（平均 8 cm）で，重量は 200 g 前後（平均 212 g）を呈する。

③中央円孔部の貫通孔は，径 2 cm 前後（平均 1.9 cm）の円形を呈する。

④少数ではあるが，片面ないし両面の中央円孔部周囲に隆帯を作出したものがある。

⑤やはり少数であるが，周辺部をやや薄く作出し断面形が凸レンズ状を呈するものがある。

⑥わずか１例ではあるが，中央円孔部の貫通孔に木製の柄が装着されたものがある。

ということが指摘される。このなかで，④に示した中央円孔部周囲に隆帯を作出した例は，刃部をもつ環状石斧にもあり（図1-22），岡本は，隆帯の高さによって環状石斧のⅣ類・Ⅴ類と分類している（岡本2007）。なお，三ツ俣遺跡の中央円孔部が貫通していない未成品のなかにも④・⑤の類例が各１例存在する。これらの点から，環状石器は，⑥の資料にみられるように，中央円孔部に木製の柄を装着して使用した石器で，環状石斧の一種と理解される。ちなみに，井藤徹は，弥生時代の環状石斧を考察するなかで，民族資料の参考例として関西大学所蔵「南洋土人製作」とされる木製の柄に装着された環状石斧５点の写真を引用・紹介しているが，扁平で刃部を作出した環状石斧４点とともに，部厚く刃部をもたない環状石器（傍点筆者）も１点みとめられる（井藤1986）。また，河原口坊中遺跡第２次調査では富士玄武岩製の多頭石斧が１点出土しているが，この石器も刃部は作出されていない。

環状石器を含む環状石斧の時空的な位置づけに関しては，岡本孝之は，これらの石器を包括して橋場型石器としてとらえて列島各地の集成研究を行っており，東北地方や中部地方では縄文時代早期から各時期にみられ，それが弥生時代に引き継がれたものとしている（岡本2001・2004）。しかし，関東地方においては，縄文時代後期以前の出土例はなく，晩期以降弥生時代に盛行した石器としている（岡本2000）。神奈川県内の状況も同様で，岡本2000では，多頭石斧等を除き24点をとりあげているが，そのうち刃部をもつ環状石斧は７点にすぎず，刃部をもたない環状石器は三ツ俣遺跡の８点を含み17点を数える。その後の類例増加は，河原口坊中・中野桜野両遺跡以外では，刃部をもつ環状石斧が逗子市池子遺跡群No. 1-A地点（谷口ほか1999）と横須賀市矢ノ津坂遺跡（新開・吉田2006，図1-22）の２点，刃部をもたない環状石器が池子遺跡群No. 1-A地点２点，寒川町No. 66遺跡・倉見才戸遺跡（木村・鈴木1996），寒川町宮山中里遺跡１区（市川ほか2004），横浜市旭区白根町出土例[4]，秦野市平沢同明遺跡（戸田・中山ほか2012）２点，厚木市宮の里遺跡[5]の合計９点が知られ，そのうち平沢同明遺跡出土品が最も古く縄文晩期から弥生時代の移行期に位置づけられる。これらの神奈川県内出土資料の石材をみると，刃部をもたない環状石器は，三殿台遺跡例が輝緑岩であるのを除き大半が多孔質安山岩や富士玄武岩を用いており，河原口坊中・中野桜野両遺跡や三ツ俣遺跡と共通している。これに対して，刃部をもつ環状石斧は，多孔質安山岩や富士玄武岩はほとんど使用されておらず，緑色凝灰岩類を中心に多様な石材を使用している。こうした石材の差は，刃部の有無と一体の関係であり，石材のもつ特性を反映したものであることは前述したとおりである。刃部の有無（＝石材の違い）以外の環状石器と環状石斧の違いについては，環状石斧では直径10 cmをこえる大型のものが多いのに対して，環状石器は直径10 cm未満のより小型のものが多いことが指摘される。こうした違いが何を示すのかは今後の課題である。また，環状石器の用途については，柄の装着例から敲石として使用したことも検討する必要があるが，未成品の一部を除いて縁辺部に顕著な敲打痕がみとめられないことと，何よりも石材の材質が軟質で緻密さを欠き，しかも中央円孔部の存在から敲打作業には適さず，岡本の指摘するように祭祀用の石器と考えられる。

これまで，河原口坊中・中野桜野両遺跡や三ツ俣遺跡については，富士玄武岩や多孔質安山岩の石材産地に立地した環状石器の生産遺跡としてとらえうる可能性を述べてきたが，そうであれば製品の供給先があるはずである。河原口坊中・中野桜野両遺跡からの製品の供給先としては，もう一つの石材産地である箱根や酒匂川にちかい足柄平野以外の神奈川県東部〜中央部が想定されるが，現時点では，これらの地域での弥生時代の環状石器の出土遺跡は，逗子市池子遺跡群，横浜市大口台遺跡（安藤・鹿島 1992）・旭区白根町，寒川町 No. 66 遺跡・倉見才戸遺跡・宮山中里遺跡，厚木市子ノ神遺跡（望月 1978）・宮の里遺跡，秦野市砂田台遺跡の 9 遺跡があり，さらに東京都多摩 N. T. No. 345 遺跡（千田 1998）も含められる。しかし，砂田台遺跡例と倉見才戸遺跡の 1 点は中央の円孔部が貫通していない未成品であり，両遺跡は必ずしも製品の供給先とは考えられない。生産遺跡以外の遺跡との流通関係については今後の課題である。

おわりに

多孔質安山岩は，東日本各地において縄文時代の石皿や磨石の石材として利用されているが，同質の岩質をもつ富士玄武岩（熔岩礫）も地域を限定して同様に利用されており，旧石器時代の磨石状礫や弥生時代の環状石器など特定の石器石材としても利用されている。本稿は，紙面の関係から環状石器に限定し，石材利用という視点から論じたものである。本稿で対象とした河原口坊中・中野桜野両遺跡については，環状石器の生産遺跡として位置づけたが，肝心の富士玄武岩と多孔質安山岩の区別が明確にできないという現状から流通関係については詳細な検討はできなかった。また，環状石器を含む環状石斧については，岡本孝之先生が橋場型石器として全国規模で集成・検討を行ってその性格を論じており，本稿では先生の成果を利用させていただいた。

最後に，山本暉久先生には，私が神奈川県教育委員会に入庁して以来，職場および考古学研究の先輩として多方面にわたってご指導いただいた。先生の古稀を祝福するとともに，これまでの学恩に感謝申し上げます。また，本稿を草するにあたり，ご教示・ご協力いただいた新井悟・池田治・佐藤健二・服部隆博・武内啓悟の諸氏にお礼申し上げます。

註

1） 相模原市地形・地質調査会（町田ほか 1986）によれば，相模川現河床礫の個体数量比では富士玄武岩が 6〜9% を占めている（座間入谷 6.4%，高田橋 8.8%，小倉橋 7.4%）。

2） 上本進二・御堂島正等によれば，緻密さの指標となる空隙率（%）は，硬質細粒凝灰岩・黒色頁岩・硬質砂岩（0.4〜0.6）などでは低い（緻密さが高い）のに対して，富士玄武岩（15.6）は凝灰質泥岩（軟質凝灰岩，16.4）とともにその数値が高い（緻密さが低い）。また，使用等による表面の磨耗・損傷度合いの指標となる一軸圧縮強度（kgf／m^2）は，硬質細粒凝灰岩（2190）・黒色頁岩（2200）など剥片石器の石材が高い数値を示すのに対して，富士玄武岩（410）は凝灰質泥岩（850）・石英閃緑岩（900）とともに強度が低く，傷つきやすい特性をもつとしている（上本・御堂島・松岡 1990）。

3） 同遺跡において石錘と認定した根拠は，未成品の凹み石の両側端部を打ち欠いて紐掛けとした石器があることと，同一遺構から有頭石錘が一緒に出土したことをあげており，さらに三ツ俣遺跡を含めこの石器の出土遺跡の多くが海岸や河川に近いことから漁撈具として捉えたものである。しかし，環状石器の貫通孔を錘の紐掛けと考えるには器体の大きさ（重量）に対して孔が大きく，しかも器体の中心に開ける必要はないと考えられる。藤沢市若尾山遺跡（桜井 1989）から出土した有孔石錘をみると卵形を呈する器体の端部に穿孔され，貫通孔の直径は数 mm と細いものである。

4)　神奈川県立歴史博物館で実見。

5)　厚木市郷土資料館で実見。発掘調査報告書には掲載・記載なし。

引用・参考文献

相原康二　1979「大渡野遺跡」『東北縦貫自動車道関係埋蔵文化財調査報告書　II』岩手県文化財調査報告書 32

阿部友寿ほか　2009『中野桜野遺跡』かながわ考古学財団調査報告 231

安藤広道・鹿島保宏　1992『大口台遺跡発掘調査報告書』横浜市埋蔵文化財センター

池田治ほか　2015『河原口坊中遺跡　第 2 次調査』かながわ考古学財団調査報告 307

石井寛ほか　1980『折本西原遺跡』横浜市埋蔵文化財調査委員会

石神幸子ほか　1978『池上遺跡　石器編』（財）大阪文化財センター

市川正史ほか　1986『三ツ俣遺跡』神奈川県立埋蔵文化財センター調査報告 13

市川正史ほか　2004『宮山中里遺跡・宮山台畑遺跡』かながわ考古学財団調査報告 170

井藤　徹　1986「環状石斧」『弥生文化の研究』第 9 巻　雄山閣出版　66-70 頁

上本進二・御堂島正・松岡憲知　1990「石器石材の物理的性質（予察）」旧石器考古学 40　41-44 頁

岡本孝之　1999「第 4 章　平塚の弥生時代」『平塚市史』11 上（別編考古（1））　311-487 頁

岡本孝之　2000「関東の環状石器」西相模考古 9　29-55 頁

岡本孝之　2001「東北の橋場型石器（環状石器）」西相模考古 10　29-54 頁

岡本孝之　2007「第 5 章　弥生時代」『大磯町史』10（別編　考古）　259-384 頁

加藤久美ほか　2014『河原口坊中遺跡　第 1 次調査』かながわ考古学財団調査報告 304

木村勇・鈴木保彦　1996『寒川町史　別編　考古』寒川町

日下部善己　1983「環状石斧」『縄文文化の研究』第 7 巻　雄山閣出版　182-195 頁

桜井準也　1989「第 3 節　弥生～古墳時代の石器群について」『神奈川県藤沢市若尾山（藤沢市 No. 36）遺跡発掘調査報告書　考察・写真図版編』東国歴史考古学研究所調査研究報告 16

宍戸信悟ほか　1989『砂田台遺跡 I』神奈川県立埋蔵文化財センター調査報告 20

新開基史・吉田政行　2006『高尾横穴墓群　矢ノ津坂遺跡』かながわ考古学財団調査報告 198

鈴木次郎　2017「相模野台地とその周辺地域における富士玄武岩の利用（1）―旧石器時代の磨石状礫について―」『旧石器時代の知恵と技術の考古学』雄山閣（投稿中）

千田利明　1998『多摩ニュータウン遺跡　先行調査報告 7』東京都埋蔵文化財センター調査報告 48

戸田哲也・中山豊ほか　2013『神奈川県秦野市平沢同明遺跡 9301 他』秦野市教育委員会

中村倉司　1991『小敷田遺跡』埼玉県埋蔵文化財調査事業団報告書 95

町田洋ほか　1986『相模原の地形・地質調査報告書（第 3 報）』相模原市地形・地質調査会

持田春吉・村田文夫　1994『川崎市高津区梶ヶ谷神明社上遺跡（第 2 次）発掘調査報告書』

望月幹夫　1978『子ノ神遺跡』厚木市教育委員会

山本暉久・谷口肇ほか　1999『池子遺跡群 X　No. 1-A 地点』かながわ考古学財団調査報告 46

池子遺跡群における弥生中期木製品生産について

谷口　肇

はじめに

池子遺跡群は，神奈川県の南東，三浦半島の西側の付け根（相模湾側）にあたる逗子市に所在する。周辺は，隣接する鎌倉，葉山も含めて，三浦層群と称される凝灰岩から成る丘陵部とそれを開析した谷戸および相模湾に面した狭い平地部という地形が連続するが，池子遺跡群は，現逗子市街地の北東，平地部が丘陵部に接する箇所から谷戸内に立地する。現在の逗子海岸から2kmほど内陸側にあたるが，かつての海岸線は，より遺跡に近かったものと思われる（図1)。

米軍住宅建設に伴って実施された発掘調査の結果，主に弥生時代以降各時代の遺物・遺構が豊富に発見され，特に最も南側（海側），丘陵部前面の平地部の調査区であるNo. 1-A地点（隣接するNo. 1-A東，No. 1-A南の両地点含む）より，弥生時代中期後半，「宮ノ台式」期の旧河道（および集落）の調査成果は特筆される。微高地上の集落の残存状態は良好ではなかったが，集落を取り巻くように検出された旧河道からは，極めて大量の土器をはじめ，木製品，骨角器など有機質遺物を含む多種多様な遺物が豊富に出土した（かながわ考古学財団1999ab)。

今回，本稿を献呈する山本暉久先生は，神奈川県立埋蔵文化財センターから財団法人かながわ考古学財団勤務時代に同遺跡の調査を担当され，筆者もサブ担当として大変お世話になった。本稿では，山本先生にとっても思い出深い池子遺跡群弥生中期の木製品生産について，報告書ではまとめきれなかった製作の問題を検討したい。

1　問題点の所在

池子遺跡群No. 1-A地点で検出された弥生時代中期の旧河道（隣接する2地点の旧河道と同じ）は，微高地が縄文時代晩期頃より開析されはじめ，徐々に形成されたものである。旧河道の最下層からは，縄文晩期終末から弥生中期初頭の土器が散発的に出土し，中期中葉頃には，土器の出土が漸増するが，中期後葉「宮ノ台式土器」の時期となると前述のように爆発的な遺物出土量となる。周囲の微高地部分に存在したと思われる肝心の集落が後世の削平により断片的な残存状態ではあるが，東方と南方に分岐した旧河道の内側の微高地上に「宮ノ台期」のほぼ全般を通じて，規模の大きな集落が存在したことは確実であり，そこに居住した人々が旧河道に遺物を残した主

図1　池子遺跡群の位置

体となったと考えられる。そして「宮ノ台期」の末頃，旧河道は急激に埋没し，その機能を終える。埋没後の上面からは，弥生後期初頭の「久ヶ原式」相当土器が散発的に出土するため，旧河道の出土遺物は「宮ノ台期」にほぼ限定できる。

本稿で取り扱う木製品は，旧河道を特徴づける出土遺物であり，東地点・南地点も含めて図化したものだけで522点が出土していて，現在でも一遺跡での出土量では神奈川県内で最大である。それらの特徴は，前項で触れたとおり種別に関わらず製作途中の未製品が多いことであるが，このことは，「水漬け」を繰り返しながら河道付近で木製品の製作が当時実際に行われていたことを示す。これらの未製品は，当時の木製品の製作技法や製作工程を考察するうえで大変重要な資料であるが，報告書では，そのあたりの検討が不十分となり，その後，弥生集落の変遷（谷口 2004）および河道内における木製品の未製品の分布状況（谷口 2009）について検討を試みたが，製作の問題は課題として残されたままであった。

今回，与えられた紙面のなかで池子弥生木製品の製作状況の全体を検討する余裕はないが，出土した農具のなかでも主体となる「直柄広鍬」を取り上げ，その製作方法について考察を試みる。

2　直柄広鍬について

「直柄広鍬」の名称および部分の呼称等については，上原真人の研究（上原 1991）および同氏が編集した奈良国立文化財研究所の集成（奈良国立文化財研究所 1993）における記述に基本的に従う。それによると，「直柄鍬」とは「身に柄孔をあけて棒状の柄の頭部をさしこむ」鍬であり，また，鍬身の形態において「通常の刃部をもつ鍬」である「平鍬」の下位分類として，刃部幅が15 cm 以上となるものを「広鍬」（15 cm 以下は「狭鍬」）とするため，「直柄広鍬」という呼び方になる。実際に弥生時代の鍬として最もポピュラーな形態がこの直柄広鍬である。

3　池子遺跡群弥生中期旧河道出土の直柄広鍬について

池子遺跡群の弥生時代中期旧河道から出土し図化できた木製品は，前述のとおり合計522点にのぼったが，図2〜5および表1に示した52点が直柄広鍬になる。それらのうち，完成して使用されていた製品が断片資料を含めて18点であるのに対し，未製品が34点と約2/3を占める。これは，前稿で検討した旧河道出土の全ての未製品資料228点のうち，原材類107点を除いた形態の判明する121点でみると，27.3%となり，未製品の7点に1点が直柄広鍬になる。ほかの鍬・鍬類や杵類を含めた農具関係未製品75点でみると，半数近くを占める。これは未製品全体でみても，農具未製品でみても最も多い種別であり，河道周辺における木製品製作活動は，直柄広鍬の製作を基本としていたといえる。なお，完成品とした資料は，おそらく使用によると思われる破損品がほとんどである。なお，全ての資料において，木取りは柾目であり，樹種はアカガシ亜属である（鈴木三男・能代修一両氏の同定による）。時期区分は筆者による旧河道出土「宮ノ台式土器」の5段階細分案に準拠した。前項同様，今回も出土層位および各資料の近接出土土器を再検討して細分時期の設定を改めて行った。その結果，幅をもたせると1期1点，2期最大14点（うち未製品9点），3期最大31点，4期最大28点，5期最大5点となり，やはり3〜4期が製作の最盛期であることがうかがえる。未製品の形態では，4連が1点，4連分の長さの資料1点，3連が1点，2連が3点，2連分の資料1点，そのほかは全て1個体ずつの資料である。

4　製作方法の分析について

池子遺跡群における「宮ノ台期」直柄広鍬の製作方法をこれらの製品・未製品を材料として検討するにあたり，各資料の左右のどちらが木表側になるのかに着目する。木表（きおもて）とは木の表皮側のことであり，芯の側を木裏（きうら）という（図6）。前述のように旧河道出土直柄広鍬の木取りは，全て柾目の縦木取りである。原木から伐採した丸太を上から見て輪切りにしたミカンの房状に中心から放射状に分割した縦長の「ミカン割材」を原材とするため，製品の縦方向が原木の幹の方向に一致することになる。つまり，鍬の左右の側面の一方が木表側になり，もう一方が木裏側になるわけである。これを実際の製品から判断するには年輪を観察すればよいが，やはり厚みがないと観察が困難になるので，刃部のみの薄い断片資料では判定は難しい。そもそも樋上昇も指摘するように「アカガシ亜属」は年輪が非常に見えにくく，むしろ芯から表皮側に向かって放射状に伸びる「放射組織」の方が肉眼では明確であるので（樋上2012），まずは放射組織が収斂する方向を木裏（芯）側と仮定したうえで，さらに観察を加えて判断するという方法をとった。

そのような観察結果を表1の「木表」欄に記載した1)。左・右は，製品に向かっての方向である。まず唯一の4連未製品である18を見ると，鍬の向きを正位として図のように上下を定めた場合，ミカン割材の木表側を右側にして厚みのある右半部を削り，木裏側の左半部に4枚分の広鍬の輪郭を削り出す。おそらく平らな地面にミカン割材を置き，それをまたぐような姿勢で加工を始めたと思われるが，見下ろした際に厚い木表側を右側としてそのまま広鍬の上下方向を決めたため，このような製作方法になったものと思われる。これは製作者の利き手（右利き）とも関係する可能性も考慮される。右手に手斧のような加工用の横斧を持って作業する場合，対象物の加工部分を自分から見て右側になるように配置することは自然な行為だからである。これは，2

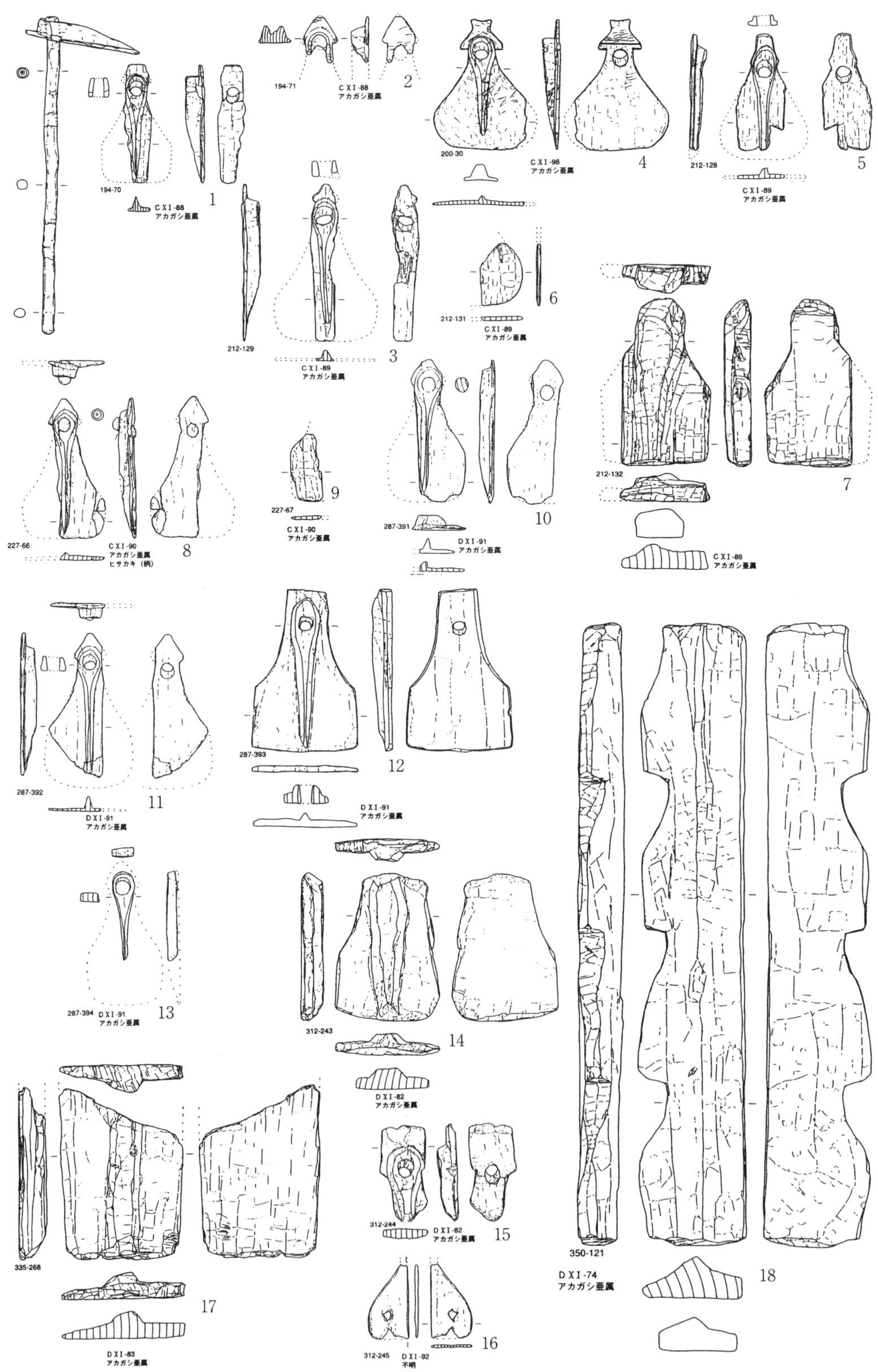

図２　池子遺跡群弥生旧河道出土直柄広鍬集成（1）（S＝1/16，以下同）

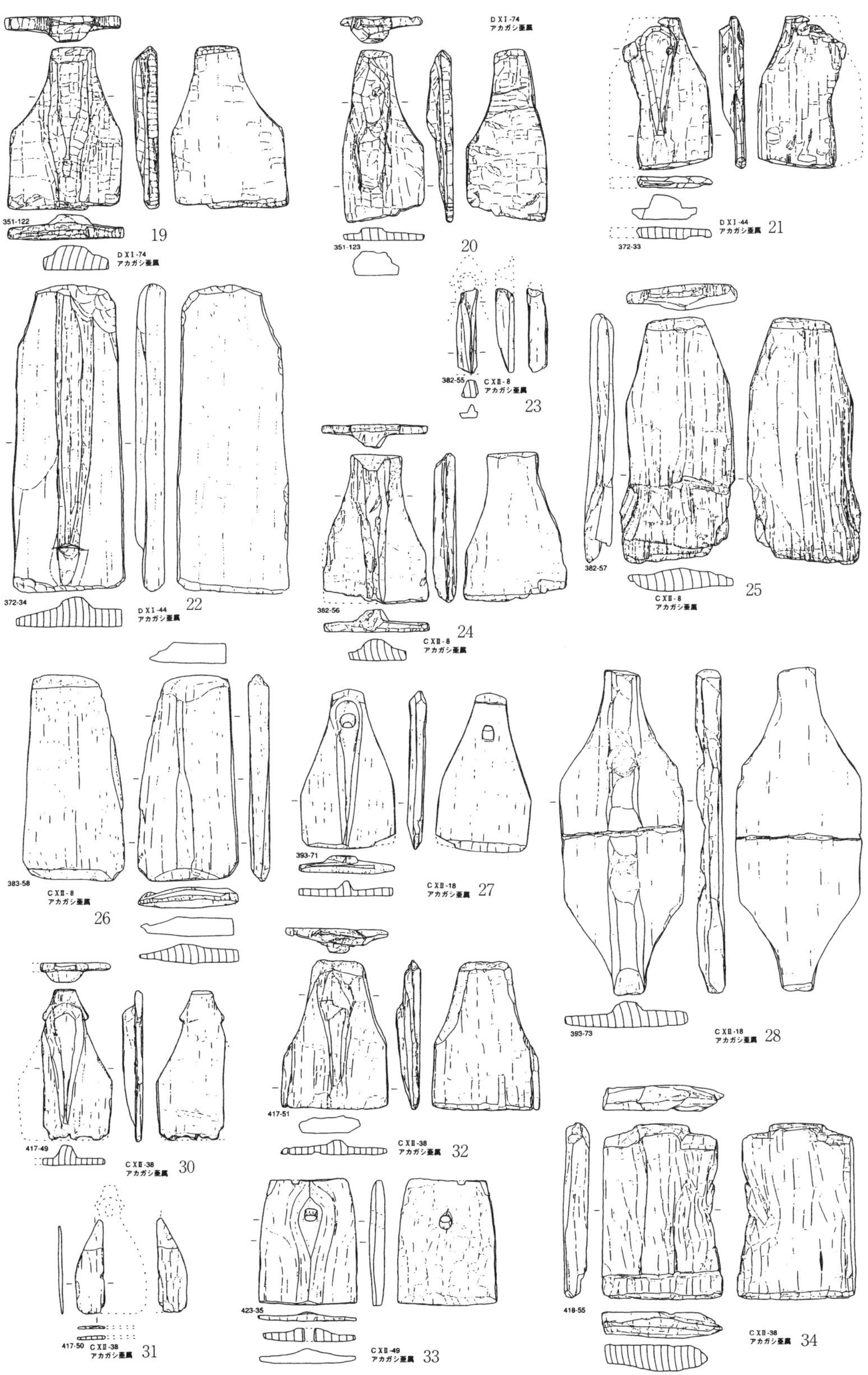

図３　池子遺跡群弥生旧河道出土直柄広鍬集成（2）

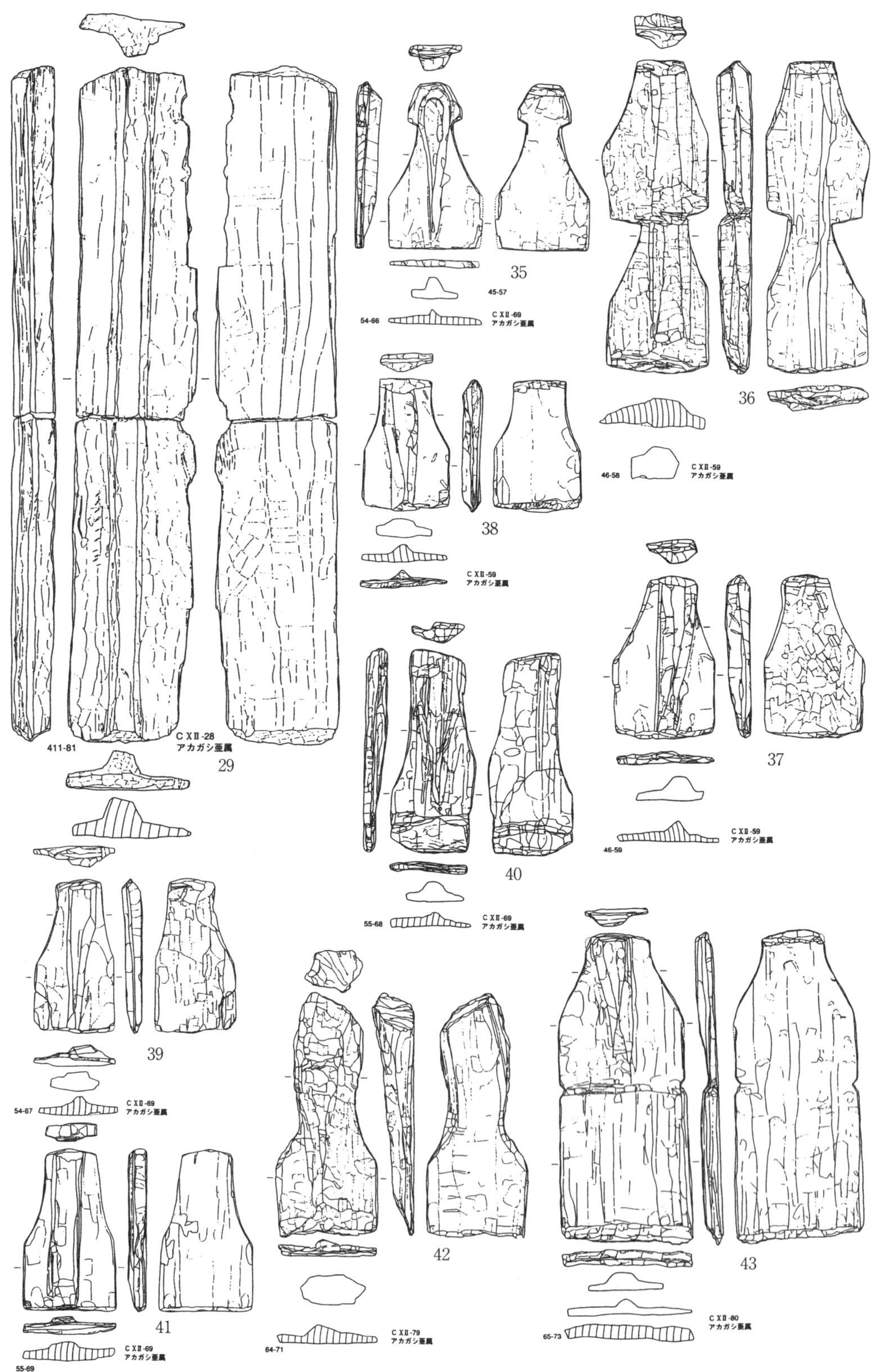

図４　池子遺跡群弥生旧河道出土直柄広鍬集成（3）

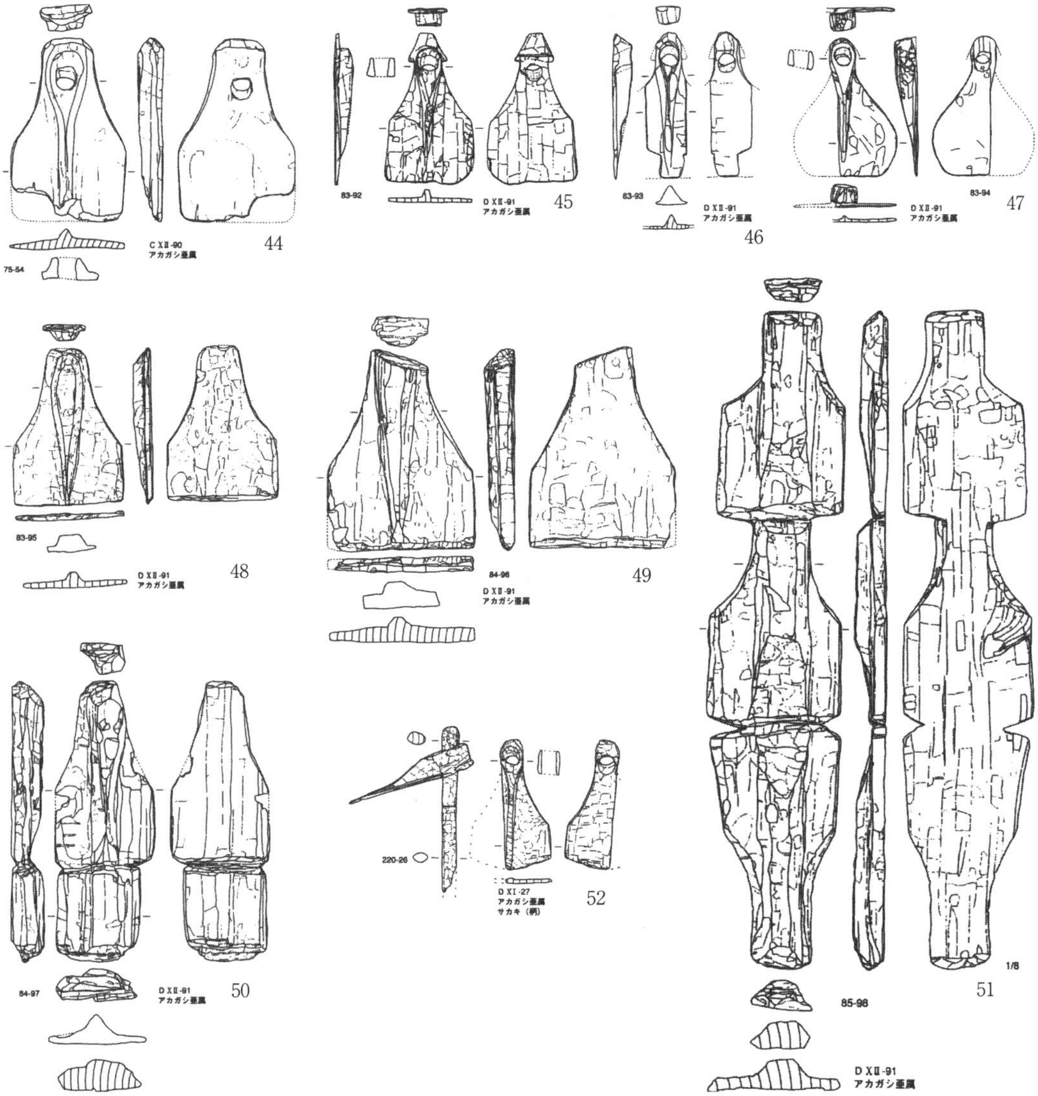

図５　池子遺跡群弥生旧河道出土直柄広鍬集成（4）

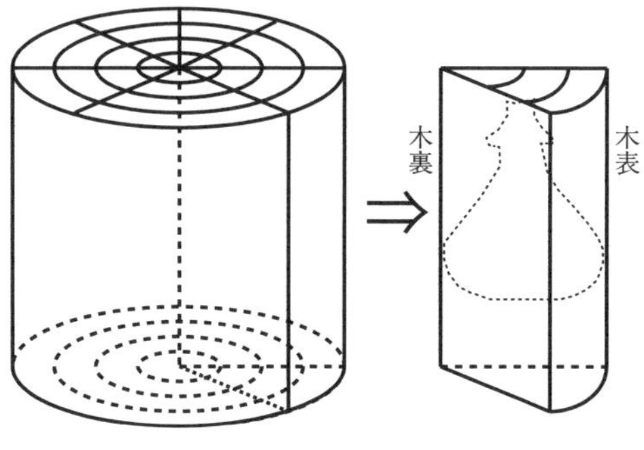

図６　ミカン割材の木表と木裏

枚分の大きさで中央の隆起を削り出し，上部より輪郭を削り出しはじめた段階の 22 についても同様であり，図の上下の向きで加工していたと想定されるが，この場合も木表が右側になる。

この観点からほかの複数同時製作の未製品を見ると，実質的に 3 連の 36 と 37 は（3 連の下 1 枚を外した状態で出土，上下端で接合）は，木表を右側にして 3 枚とも正位で製作している。しかし，同じ 3 連の 51 は，図での上 2 枚に対して下 1 枚が逆位（向かい合わせ）に製作されていて，結果として，上 2 枚は木表が右側，逆向きの下 1 枚は製品となった際，木表が左側になる。これは，下 2 枚を向かい合わせで製作する方が，特に下 1 枚の頭部加工がより容易になるからか，あるいは製作時の足元スペース確保のためとも推測できる。次に 2 連の 28 を見ると刃部向かい合わせで製作されているが，これが 3 連あるいは 4 連の製品を分割したものなのかは判断できない。

以上の検討より，18 や 36 のようにミカン割材の木表側を自分から見て右にするように置いて，その向きを広鍬の上下方向と決めて連続で製作すると，できあがった広鍬は全て木表側が右側になる。また，3 連の 51 のように製作すると，木表右と木表左の割合は 2：1，さらには 28 のように向かい合わせの 2 連で製作すると，両者の割合は 1：1 になる。

そこで実際に 1 枚ものの未製品および完成品を含めて，木表が左右どちらかになるのか，時期も考慮して表 1 より集計した結果を表 2 に示した（不明 5 点を除く）。先の連続製作の状況から，また，木表が右になる場合が多くなると予想していたが，若干木表右製品が多い程度で，意外に左右に大きな差は認められなかった。18 などはバラバラにすると 4 枚の木表右製品になるので，これを 4 点とカウントしても，全体としては木表右の場合が多少優勢になる程度である。これは細分した時期ごとにみてもほとんど変わらず，時期によって木表右製品と木表左製品の数に大きな差が生じるといった傾向は認められない。また，先述のアカガシ亜属の年輪故の筆者の誤認も考慮するにしても極端に変動することはないと思われる。

以上の結果をみると，池子では，「宮ノ台期」を通じて，直柄広鍬については，木表右製品と木表左製品の製作量にそれほど差がなかったことになる。ところで，池子「宮ノ台期」の木製品製作技術の大部分，特に農具関係は，おそらく東海地方から直接移植され，発展したものである。東海地方の同時期の木製品製作様相をみると，当初より直柄広鍬の複数枚連続製作の技法がみられ，池子にもそのまま伝わったと想定される。したがって，広鍬の製作の基本は連続製作であると仮定した場合，分析結果を数字どおりに解釈すると，前述の 28 のような 2 連向かい合わせの製作法がメインであったとなりかねないが，全てがこの方法で作成されたわけでもなく，資料は少ないものの，3 枚以上連続製作の場合，木表右側が優勢になる。

ここで興味深い資料が 29 である。これは，広鍬 4～5 枚分にはなろう長大なミカン割材の中央を隆起部として凸状に一気に削り出したものである。この状態では，表 1 で「不定」としたように出来上がった製品の木表の左右は判断できないが，仮にこの長さのまま連続で製作する場合，特にこの段階で水漬けするなど間を置いてから，輪郭の削り出しといった製作を再開する場合，木表側を左右どちらにするかはその時の製作者次第となる。また 17 のように，長大な 29 のような資料から 1 枚分を切り離して，1 枚ものとして製作する場合でも同様である。1 枚の未製品で，

表１　池子遺跡群弥生旧河道出土直柄広鍬一覧（番号は図と同じ）

No.	挿図 No.	出土グリッド	製作段階	残存状況	木表	出土層位	段階	備考
1	194-70	C-XI-88	完成	左右刃部欠	右	中層	3	頭部台形，握り付き
2	194-71		完成	頭部断片	左	最下層	2～3	頭部三角形
3	200-30	C-XI-98	完成	完形	右	下層	3	頭部台形
4	212-128	C-XI-89・99	完成	刃部欠	右	中層	4	頭部方形
5	212-129		完成	左右刃部欠	左？	下層	3	頭部三角形
6	212-131		完成	刃部断片	不明	中層	3～4	
7	212-132		未製品	左刃部欠	右	中層	3～4	輪郭・隆起削り出し段階
8	227-66	C-XI-90	完成	左刃部欠	右	下層	3	頭部三角形，握り頭部付き
9	227-67		完成	刃部断片	不明	上層	4	
10	287-391	D-XI-91	完成	左刃部欠	右	上層	3	頭部三角形，握り頭部付き
11	287-392		完成	右刃部欠	左	上層	3	頭部三角形
12	287-393		未製品	完形	左	最下層	2	最終段階
13	287-394		完成	隆起部断片	右？	最下層	2	
14	312-243	D-XI-82・92	未製品	完形	左	上層	3～4	輪郭・隆起削り出し段階
15	312-244		未製品	頭部のみ	右？	中層	3	柄孔空けた段階で破損？
16	312-245		完成	刃部断片	不明	下層	2	
17	335-268	D-XI-83・93	未製品	一端欠	不定	上層	3～4	隆起削り出し段階
18	350-121	D-XI-73	未製品	完形	右	上層	4～5	4 連，片側のみ輪郭削り出し
19	351-122		未製品	完形	右	中層	4	輪郭・隆起削り出し段階
20	351-123		未製品	左刃部欠	左	上層	4～5	輪郭・隆起削り出し段階
21	372-33	D-XI-43・44	未製品	右刃部欠	左	上層	4	輪郭・隆起削り出し段階
22	372-34		未製品	完形	右	中層	3～4	2 枚分，隆起と一部隆起削り出し
23	382-55	C-XII-7・8（以下南流路）	完成	隆起部破片	不明	中層	4	
24	382-56		未製品	完形	右	中層	4	輪郭・隆起削り出し段階
25	382-57		未製品	完形	右	中層	4	輪郭削り出し，刃部残材あり
26	383-58		未製品	完形	右	中層	4	輪郭粗削り
27	393-71	C-XII-17・18	未製品	完形	右	中層	4	最終段階（頭部・刃縁加工残す）
28	393-73		未製品	完形	不定	下層	2～3	2 連，刃部合わせ
29	411-81	C-XII-28	未製品	完形	不定	下層	2～3	4～5 枚分，隆起削り出し
30	417-49	C-XII-38	未製品	片側欠	左	上層	4～5	頭部台形，隆起削り出し
31	417-50		完成？	刃部断片	不明	下層	2～3	
32	417-51		未製品	完形	右	下層	2～3	輪郭・隆起粗削り
33	418-55		未製品	完形	左	上層	3～4	1 枚分板切断段階
34	423-35	C-XII-48・49	未製品	完形	右	上層	3～4	隆起粗削り，柄孔穿孔
35	45-57	C-XII-59（以下南地点）	未製品	完形	左	下層	2～3	輪郭・隆起粗削り
36	46-58		未製品	完形	右	中層	3～4	2 連，輪郭・隆起粗削り
37	46-59		未製品	完形	右	中層	3～4	輪郭・隆起粗削り
38	54-66	C-XII-69・70	未製品	完形	左	上層	3～4	輪郭・隆起・頭部削り出し
39	54-67		未製品	完形	右	中層	3	輪郭・隆起粗削り
40	55-68		未製品	完形	左	下層	2～3	輪郭・隆起粗削り，刃部残材あり
41	55-69		未製品	完形	左	中層	3	輪郭・隆起粗削り
42	64-71	C-XII-79・80	未製品	完形	左	中層	3～4	輪郭・隆起粗削り，頭部残材あり
43	65-73		未製品	完形	左	下層	3	2 連（一方未成形），輪郭・隆起粗削り
44	75-54	C-XII-89・90	未製品	完形	左	最下層	1～2	輪郭・隆起削り出し，柄孔穿孔
45	83-92	C-XII-100 D-XII-91	完成	完形	右	中層	4	頭部台形
46	83-93		完成	左右刃部欠	左	中層	4	頭部半円形？
47	83-94		完成	左刃部欠	左	中層	4	頭部半円形？
48	83-95		未製品	完形	右	下層	2～3	輪郭・隆起削り出し
49	84-96		未製品	完形	左	下層	2～3	輪郭・隆起削り出し
50	84-97		未製品	完形	左	上層	4～5	小型鍬？との 2 連，輪郭・隆起粗削り
51	85-98		未製品	完形	右	上層	4～5	3 連，輪郭・隆起粗削り
52	220-26	東地点	完成	左刃部欠	左？	しがらみ	2～3	柄付き，しがらみ直下出土

隆起が直線状に削り出されている 41 などは，そのような製作方法によるものと思われる。1 枚ものとしての製作で右利きの製作者が木表側を右に置いてから，わざわざ逆位に製作すること（完成時は木表左）もあったかもしれないし，また左利きの製作者も考慮する必要もあるが，筆者としては，長大な柾目板から複数枚の直柄広鍬を合理的に迅速に製作しようとして考案された 29 に見られるような製作技法に由来する「ファジー」な要素が木表左右の拮抗する現象の要因の一つではないか，と考えたい。ただし，以上の解釈によって，29 のような段階までの製作者とそれ以後の製作者が別であるといったような，製作上の役割分担や組織化といった問題にまで言及できるかについては，筆者の能力を超えているので，今回は不明としたい。

なお，29 の時期は 2～3 期と比較的古く，宮ノ台期の前半段階からこの隆起部先行削り出しの技法が採用されていたことは明確で，同時期の 28 や 3～4 期の 36・37 もこの技法がうかがえるが，一方で先に触れた 4 連の 18 は，4～5 期と新しい（最終段階の可能性あり）。この 18 は，ミカン割材の木表側を粗く成形してから隆起の削り出しではなく，いきなり輪郭加工を始めている。この 29 および 36・37 から 18 への変遷に経年による技術の弛緩がうかがえるようで興味深い。

最後に今回改めて資料を検討した際に認識できた製作上の特徴をいくつか挙げておきたい。

・ミカン割材の名残なのか，隆起上面は木裏側に若干傾斜するものが多い。

・隆起左右側面の傾斜は木表側がきつく，木裏側が緩くなる傾向にある。これは厚い木表側から隆起を削り出す際に斧刃を垂直に近くなるように当てているためかもしれない。

・特に未製品段階では，刃部は木裏側が木表側に比較して薄くなり，また，微妙に幅が広くなる。これもミカン割材の名残ともいえる。

表２　木表左右の集計

状態	時期	右	左	不定
完成品	2	1		
	2～3		3	
	3	4	2	
	3～4			
	4	2	2	
	4～5			
	小計	7	7	
未製品	2		1	
	2～3	2	3	2
	3	2	2	
	3～4	6	4	1
	4	4	1	
	4～5	2	3	
	小計	16	14	3
合計		23	21	3
総計		47		

おわりに

以上，池子弥生旧河道出土木製品，中でも直柄広鍬を取り上げて，製作方法，技法を検討してきた。例によって筆者の能力不足により，広範な地域の資料との比較研究などには至らなかったが，報告書刊行後に筆者に課せられた長年の宿題の一部でも果たすものになればと思う。

ところで，先述のように山本先生は，かつて池子遺跡群No.1-A地点の調査を担当されていたが，実は旧河道調査着手後，最初に「直柄広鍬」を発見した人物なのである（先生は感激のあまり，「クワが出たぞ！」と絶叫したとのこと）。そのような先生に本稿を謹んで奉る次第。

註

1）　報告書の遺物観察表には，「木表」の項目はなく，断面図に模式的な年輪を記入することで表現したが，今回改めて検討した結果，変更したものもある。なお，番号は報告書掲載順である。

参考文献

上原真人　1991「農具の変遷（鍬と鋤）」『季刊考古学』第37号　雄山閣
かながわ考古学財団　1999a『池子遺跡群IX　No.1-A東地点・No.1-A南地点』同財団調査報告45
財団法人かながわ考古学財団　1999b『池子遺跡群X　No.1-A地点』同財団：調査報告46
谷口　肇　1999「第3節　No.1-A地点の出土遺物について」『池子遺跡群X　No.1-A地点』
谷口　肇　2004「逗子市池子遺跡群の弥生時代集落について」『考古論叢　神奈河』第12集
谷口　肇　2009「池子遺跡群における弥生時代木製品について」『木・ひと・文化』
奈良国立文化財研究所　1993『木器集成図録　近畿原始編』同研究所史料第三十六冊
樋上　昇　2012『出土木製品の保存と対応』考古学研究調査ハンドブック④　同成社

弥生時代中期後半における方形周溝墓出土土器群の検討
――成田市押畑子の神遺跡の事例から――

小倉 淳一

はじめに

関東地方の弥生時代集落遺跡には方形周溝墓を伴う例が多い。神奈川県大塚・歳勝土遺跡（坂上・坂本編 1975，武井編 1991，岡本ほか 1994）において環濠集落に伴う方形周溝墓群の存在が明らかとなって以来，集落に隣接する墓群が居住者の集団墓地として位置づけられ，発見例も増加してその認識は定着している。

筆者が近年検討を進めている印旛沼周辺地域の中期集落遺跡群についても，方形周溝墓を伴う例はよく知られており，なかには 10 基以上の方形周溝墓が発見されるものもみられる[1)]。当地域の弥生時代社会を解明するためには，これらを含めた総合的な検討が必要であるが，調査事例は増加しているものの，方形周溝墓からの出土資料が比較的少ないこともあって，活発な議論が展開されているとはいいがたい。

筆者は同地域の遺跡群の展開過程を素描する過程において，成田市押畑子の神遺跡（斉藤・末武 1988）の方形周溝墓の出土土器から遺跡の時期を判断し，根木名川流域の集落遺跡群の動向にも言及した（小倉 2014）。しかしながら紙幅の都合もあり，出土土器に関する詳細な検討を果たすことはできず，概略のみの記述にとどめざるを得なかった。同遺跡の資料性は高く，出土土器と出土状態に関する諸点をまとめておくことは，同地域における今後の弥生時代遺跡群の検討に資するものと考えている。本稿では同遺跡の出土土器を宮ノ台式土器の編年的枠組みのなかであらためて検討し，同一の方形周溝墓内から出土する複数の時期の土器の姿を析出するとともに，それらの資料の性格について論じることとしたい。

1　押畑子の神遺跡と方形周溝墓出土土器

(1) 遺跡・遺構の概要

押畑子の神遺跡は根木名川とその支流の小橋川の合流点に近い標高約 27 m の台地上に位置しており，1987 年に台地縁辺部の発掘調査が実施されている（斉藤・末武 1988）。その際，弥生時代の遺構として中期後半に相当する住居址 1 軒，方形周溝墓 1 基，後期の住居址 1 軒が検出されている[2)]。

1号方形周溝墓とされる遺構（図1）はコ字状に配置された3条の溝（E溝・W溝2・N溝）と，その西側に存在する1条の溝によって構成されるが，西側の溝（W溝1）は別の方形周溝墓の溝と考えてよいだろう。南側の溝がないものの，中期における隅の切れる方形周溝墓の類型として，関東地方では一般的なものである。溝はやや不整形に配置される。調査地点の西側に周溝墓群が続くものとみられ，台地縁辺部に展開する墓域と，台地中央部に広がる集落によって構成される遺跡と考えられる。

報文によると，1号方形周溝墓の規模は溝を含めて東西7.6mを測るが，台状部は3号住居址の構築によって失われ主体部の確認ができない。溝の断面形はE溝とW溝1が箱形を呈し，N溝とW溝2が船形でそれぞれ類似しており，覆土の状態はE溝とN溝とが類似している。N溝覆土中位には長80cm，幅35cm，厚15cm程度のシジミの貝層[3)]が形成されている。

出土土器については，報文において調査者が宮ノ台式土器新段階と記しているが，当地域における宮ノ台式土器の編年的検討の進展は1990年代を迎えてからのことであり（小倉1993・1996，黒沢1997），報告書刊行時点では十分な細分には至っていない。

(2) 土器の出土状態

図1は報告者が作成した資料の分布図を再編集したものである。平面分布（①）で明らかなようにE溝の中央部やや南寄りから1および2の破片が集中的に出土した。3〜5は単体で出土したようである。垂直分布（②）では1〜4の破片の多くが溝下部（底面より5〜10cm）に集中しており，1の破片の一部は最上位付近から，5およびN溝に破片が多く分布する18の破片の一部が溝の中位にあたる位置（底面より20ないし30cm）から出土している。W溝1からは壺形土器6および甕形土器7の一部の破片が，平面図上では近接して，垂直分布上では6が中位（底面より20cm）から，7が最上位付近（底面より45cm）から出土している。また，7の破片はW溝2の下位および中位（底面より5〜20cm）からも出土している。W溝2からは8の破片が中位（底面より15cm）でまとまって出土している。N溝からは最も多くの土器が出土している。平面分布上では溝中央部から東部にかけての貝層の存在する付近に多くの破片がみられ，垂直分布上では溝中部から上部にかけて（底面より30〜40cmを中心として）やや幅をもって分布しているが，層位的な細分は困難であろう[4)]。15はN溝からのほかに，W溝2からも一括した破片の出土をみている。

(3) 各溝出土土器の特徴

以上の出土状態からわかるように，1号方形周溝墓からは台付壺形土器を含む壺形土器，甕形土器，高坏形土器が出土している。そのうち実測して報告されているものは44個体にのぼる。なかには足洗式系統の土器もみられるが，主体となるのは宮ノ台式系統の土器である。また，報告書には底部や脚台部のみの破片も提示され，さらに出土した溝ごとに129点の拓影図が掲載さ

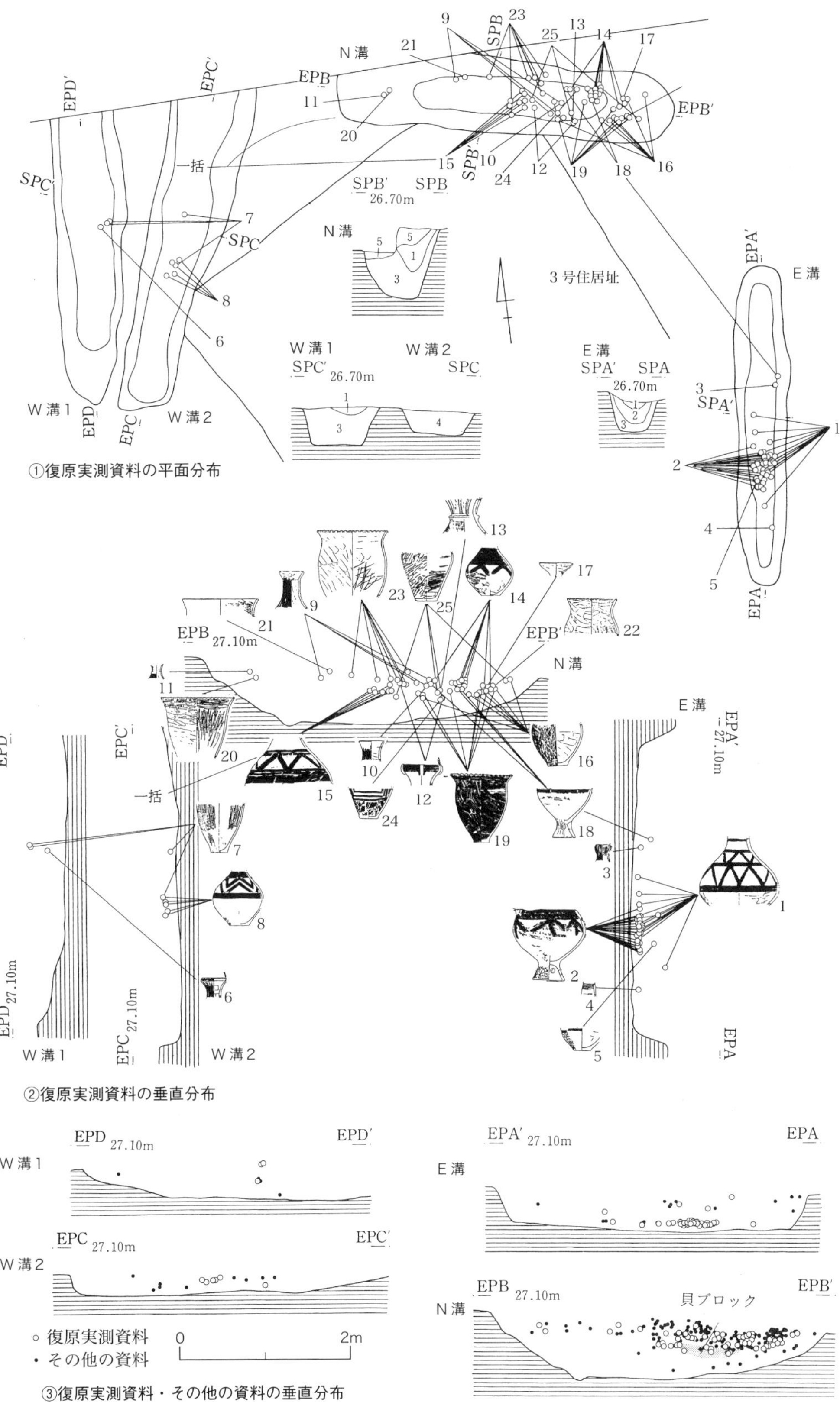

図1　押畑子の神遺跡1号方形周溝墓と遺物の出土位置（斉藤・末武1988：第24・25図を改変）

表1　押畑子の神遺跡1号方形周溝墓出土壺形土器・台付壺形土器の属性

No.	出土溝	装飾要素							調整技法				溝底面からの出土高（cm）
		刺突文	櫛描文	沈線文	斜縄文	羽状縄文	浮文	赤彩	刷毛目	ナデ	ヘラナデ	ヘラミガキ	
1	E溝				●			○	○			●	+5～10
2	E溝	○		○	●			○	○			●	+5～10
3	E溝						○				○	●	+10
4	E溝		○							○			+10
5	E溝				●			○				●	+30
6	W溝1				●					○		●	+20
8	W溝2		○		●		○	○				●	+15
9	N溝										○	●	+40～50
10	N溝							○			○	●	+40
11	N溝		○		●							●	+40
12	N溝	○				●	○	○		○		●	+20～40
13	N溝						○	○	○	○			+30
14	N溝		○	○		●		○	○			●	+30
15	N溝・W溝2					●			○			●	+40（N溝）
16	N溝								○			●	+25

れているものの，これらの遺構内の出土位置については詳細な報告がなされておらず，図1に示した出土状態との対応関係を示すことはできない。なお，報文においては必ずしも各溝を単位とした遺物の記載はなされていないため，本稿では出土した土器を溝ごとに提示し（図2），分析の中心として特に壺形土器の諸属性をまとめた（表1）。これにもとづいて各溝から共通して出土している壺形土器の特徴を概観しよう。

壺形土器の文様要素は沈線文，櫛描文，刺突文，縄文のほかに，棒状浮文や円形浮文などの貼付文がみられる。櫛描文や沈線文は縄文帯の区画に用いられるものもあり，櫛描文施文土器はE溝・W溝2・N溝から出土している。縄文を施文する土器については，E溝・W溝出土土器では斜縄文施文のものがすべてを占め（1・2・5・6・8），N溝では斜縄文施文土器（11）[5]よりも羽状縄文を施文するものが多数を占める（12・14・15）。また，溝内から複数固体が出土しているE溝・N溝出土土器の器面調整を比較すると，刷毛目調整・ナデ調整・ヘラナデ調整のいずれも認められ，そのうえでヘラミガキ調整を加えるものが圧倒的である。W溝出土土器もヘラミガキ調整のもので占められる（6・8）。E・W・Nいずれの溝からも赤彩の施された壺形土器が出土しており，図示した15点のうち8点がこれに相当することから，出現頻度はかなり高い。

表にはまとめなかったが，甕形土器について付言しておく。甕形土器はN溝からの出土が大半で，主体を占める口縁部押捺波状の土器には，刷毛目調整を施すもの（19）もあるが，ヘラナデやヘラケズリによって整形し，ヘラミガキ調整を加えるものが多くみられる（7・20・22・23）。その他は口唇部に縄文を施文するもの（21）も存在する。

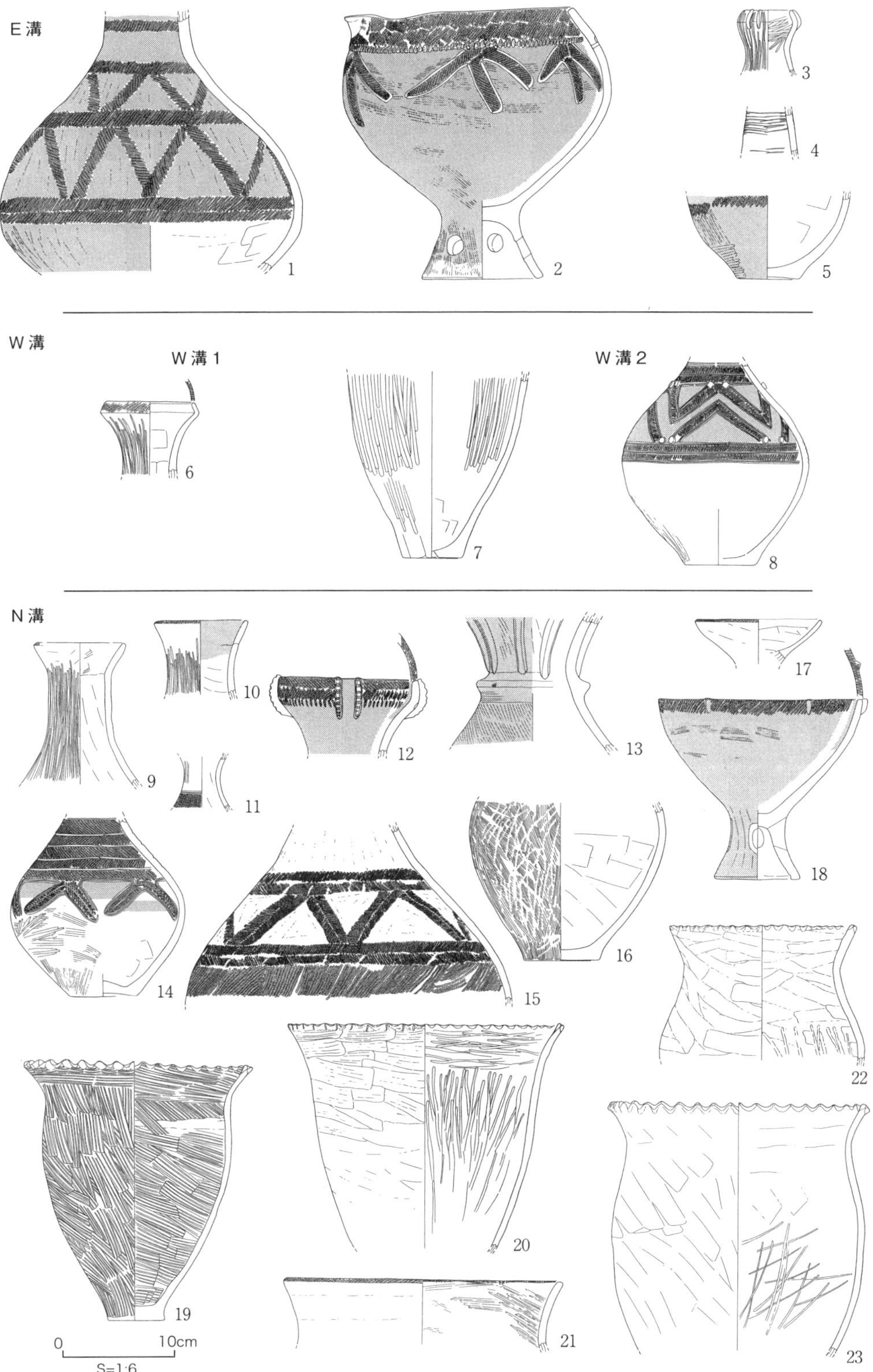

図2　押畑子の神遺跡第1号方形周溝墓出土土器（斉藤・末武 1988：第26～28図より作成）

2 出土土器の編年的位置

これら出土土器の編年的位置づけを検討しよう。先述の土器出土状態と，壺形土器が示す諸特徴との間には相関関係がありそうである。

まず，壺形土器は出土する溝によって主体となる縄文要素に大きな違いをみせる。E 溝およびW 溝出土土器には斜縄文が施文され羽状縄文がみられないのに対して，N 溝からは羽状縄文が施される土器が多出する。溝を単位として資料群を分離できる可能性が高い。

次に，E 溝の斜縄文施文土器は溝底面により近く，底面から 5～10 cm の位置を中心として出土するのに対して，N 溝の羽状縄文が中心となる土器は底面から 30～40 cm の溝上部を中心として出土する。また，図 1 ③では復原実測資料の分布状態を確認するため，破片等を中心とするその他の資料と記号を分けて提示したが，両者の分布には興味深い違いが認められる。E 溝では中・上部にもある程度の数の破片等が出土し，N 溝ではより底面に近く，E 溝の復原実測資料の出土レベルとほぼ等しい位置から少数の破片等が出土するのである。両溝の堆積状態は類似していると報告されていることもあり，多少の攪乱や遺物の人為的移動が存在するとしても，両溝の下部に分布する資料は比較的古く，上部の資料は比較的新しいと考えることが可能であろう。特に N 溝で主体となる資料は E 溝の復原実測資料よりも新しいといえるのではないか。なお，W 溝 2 はこれらとはやや異なる堆積状況を示すが，底面から 15 cm の位置から出土した土器は斜縄文構成をとり，E 溝の復原実測資料との共通性をより強く有している。

さらに，壺形土器の最終的な調整技法はヘラミガキによるものが圧倒的である。これは個体差が大きいものの甕形土器にもある程度認められる傾向である。また，壺形土器には赤彩するものが多い。

以上のような特徴は，東京湾東岸地域の宮ノ台式土器編年に対比する際に，新段階の土器群の特徴に合致するものである。筆者の編年（小倉 1996）にもとづけば，E 溝出土資料は大崎台遺跡第 144 号住居址（柿沼 1985），城の腰第 092 号住居址（菊池ほか 1979）など ETIIb 期に位置づけた土器との類似を指摘することができよう。どちらも斜縄文を主体に施文し，ヘラミガキ調整が施される。特に無区画の斜縄文によって山形文を含む構成を示す壺形土器は城の腰遺跡出土例との類似が顕著である。

一方，N 溝出土土器は大崎台遺跡第 431 号住居址に代表される ETIII 期に相当するものと捉えられよう。羽状縄文を主体としてヘラミガキ調整が卓越する壺形土器は宮ノ台式土器の最終末に位置づけられる。羽状縄文の施文帯が重畳する構成を有する土器が含まれることも東京湾東岸域を中心に広く認められる特徴である。これらのことから，押畑子の神遺跡 1 号方形周溝墓出土土器は，宮ノ台式期後半の ETIIb 期・III 期に相当するものが，それぞれ E 溝下部・N 溝上部を中心に時期差をもって検出されたものであるといえよう。

3　溝内出土資料の性格

方形周溝墓からの時期を違えた土器の出土という現象は，何を示しているのだろうか。

最も単純に考えれば，複数回にわたる廃棄行為がくり返された結果とみることが可能である。弥生時代の環濠や方形周溝墓の溝は比較的早く埋没する例があることが知られており，直径20 m を超える大型の方形周溝墓であっても長期的に維持されることは少なく，世代を超えて継続するとは考えにくいものがある（安藤1996）。周溝は自然堆積によっても埋没するが，廃棄行為によって人為的に埋没するものとも考えることができる。一方，土器の供献行為を問題にすれば，墓上での供献祭祀が断続的に行われた結果であるという解釈が成り立つ可能性は残される。時期を違えてマウンド上に供えられた器物が溝に転落する機会がそれぞれあったとすれば，墓域に対する意識や祖先に対する継続的な祭祀が継続していたと主張することも可能かもしれない。また，本例では部分的な調査にとどまっているため周辺の墓が不明確である。可能性はかなり低いが，隣接する新造の墓に供献された土器がN溝に転落ないし流れ込んだ，あるいは隣の溝に廃棄された可能性も皆無とはいえない[6)]。

本例の出土状態を再確認してみると，N溝の中位に貝層（貝ブロック）が形成され，その周辺および上部から多数の破片が検出されていることが注目される。また，貝層内部からシカ，イノシシの臼歯と顎骨，四肢骨等がわずかに検出されている。調査者は周溝内の貝層検出例として市原市菊間遺跡2号方形周溝墓（斎木ほか1974）の事例を挙げ，溝内に貝層が形成されること，貝層内やその上部からほとんどの土器が出土していることについて本例との類似を指摘するが，同時に菊間遺跡における貝層の堆積量がはるかに多いこと，貝の種類や多様性が本例と異なること，卜骨や加工痕を有する骨および骨鏃など骨角器の存否に本例との違いがあることを指摘している。さらに，本例の出土土器に全体をうかがえるものはわずかで，完存しているものもほとんどない。調査者は，小破片も多く，それらが底面よりかなり浮いた状態で，なおかつ異なる溝から同一個体の破片が出土していることについて「意識的なものとさえ感じられるが，単なる廃棄とも考えられ，断定は出来ない」（斉藤・末武1988：50頁）と慎重な態度を示す。

今回提示した土器をいま一度確認してみると，確かにほとんどの土器は破片で全形を復原できるものは少ない。また，破片も1ヶ所にまとまるのではなく，同一溝内のやや広い範囲に分布したり，破片の一部が別溝に分布するなど，二次的な移動も考慮する必要がある。しかしながら，そのなかで比較的まとまった形で溝底部近くに出土し，ほぼ完存する壺形土器がある。E溝出土の台付壺形土器（図2-2）である。この土器は無頸壺の口縁部を片口状に成形しており，台部に3ヶ所の円形透孔を有するなど，かなり特異な形状を呈する。断定することはできないが，構築直後の方形周溝墓に供えられた，もしくは当初から墓に伴った土器として可能性があるとすれば，今のところこの土器を措いてほかにない。当初，墳丘上に置かれていたかどうかは判断できないが，周溝の埋没過程において下部に埋もれ，同時期にその他の土器も廃棄され，E溝内に残されたと考えることは一応可能である。

N溝出土土器はそれよりさらに後，溝に半ばまで土が堆積し，貝層が形成される前後から破片として残されるものが多い[7)]。この貝層から特殊な遺物や祭祀・埋葬に関わる関係性を暗示するような状態で遺物群が出土することはなく，特別な意図の下で貝層が形成されたと積極的な根拠をもって主張することはできそうにない。また，完形の壺形土器を伴わず，溝の上部を中心にある程度の上下差をもって，破片を中心とした土器の出土状態が認められることは，ある時点からこの溝が継続的かつ日常的な廃棄場所の一つとなっていたことを示しているように思われる。

以上をまとめると，ETIIb期に構築された1号方形周溝墓が埋没していく過程において，当初設置されていた台付壺形土器などが溝内に転落したか，もしくはある程度の時間幅のなかで廃棄された土器がE溝下部を中心に堆積し，ETIII期に至ってなお埋まりきっていないN溝内に生活残滓として貝殻・獣骨や土器破片を含む廃棄物を継続的に投棄していったと考えておくことが，最も妥当性が高い。ただし，E溝下部出土の台付壺形土器が実際に方形周溝墓に伴うものかどうかについては推定の域を出ない。

おわりに

本稿においては印旛沼周辺地域の方形周溝墓研究に良好な資料を提供した押畑子の神遺跡1号方形周溝墓の出土土器を時期別に細分し，溝内における出土状態から方形周溝墓構築当初に供えられた可能性のあるものと，溝埋没中に投棄された可能性のあるものが認められることを論じた。小さな実例かもしれないが，本例は印旛沼東岸地域の宮ノ台式期遺跡群の展開を考えるうえで鍵となるものである。最大限の報告をなすべく，実測資料に対する詳細な出土位置図を残された報告者に敬意を表するものである。

印旛沼周辺地域では宮ノ台式土器の終焉後にいわゆる久ヶ原式土器には移行せずに東関東系の土器が優占するようになる。本例では宮ノ台式期最終末段階の土器が周溝内に残されているわけであるが，根木名川流域の宮ノ台式期の終焉と方形周溝墓における土器出土状態の関係を物語る良好な事例は少なく，今のところ周溝に対する意識や扱いがいかなるものであったのかを確認する糸口は見出せない。今回は一般的な廃棄活動の枠内で現象を捉えたが，今後これを中期最終末の東京湾岸系土器文化の退潮という文脈で見直す必要も出てくるかもしれない。

また，今回方形周溝墓内の出土土器を扱ったのは，大崎台遺跡を中心とする印旛沼南岸域における今後の検討を見据えたことにもよる。特に大崎台遺跡の大型方形周溝墓から出土する土器群をどのように解釈するか，環濠出土土器との関係をどう整理するかなど課題が山積しているが，複数期にわたる土器を出土する遺構に対する解釈の事例として，本例を参考に論を進めていくことはできるだろう。

なお，本稿では方形周溝墓から出土する足洗式土器系統の土器との関係には言及することができなかった。髙花宏行が指摘するように（髙花 2003），根木名川流域の関戸谷津ノ台遺跡などの異系統弥生土器を主体とする文化の接触地点としての検討は，印旛沼周辺地域の弥生社会を考えるうえで喫緊の課題となっている。他日を期すこととしたい。

山本暉久先生には2010年に開催した法政考古学会講演会において長年にわたるご研究の成果をご披露いただき，その際に敷石住居址の分析や縄文時代住居址の実習発掘についてご紹介いただいた。一つの竪穴住居址を数年かけて調査され，調査現場で学生を育成しておられる姿に感銘を受け，単独の遺構の解釈を企図して取り組んだのが本稿である。遺構の分析を大切にしておられる先生の姿勢にこれからも学んでいきたいと考えている。先生の古稀をお祝いするとともに，ますますのご健勝とご活躍を祈念する次第である。

註

1) 印旛沼西岸域の八千代市栗谷遺跡では宮ノ台式期の方形周溝墓11基（宮沢編 2004），南岸域に相当する佐倉市臼井屋敷跡遺跡では26基（林田編 1996，竹内・阿部編 2006，木村編 2007），環濠集落として著名な大崎台遺跡に近接する同市寺崎向原遺跡では43基（渋谷ほか 1987），同市六崎貴舟台遺跡では17基（大澤編 1989，米倉 2010，宮 1999，高橋編 2001）が検出されている。

2) なお，発掘調査報告書では「押畑子の神城跡」と呼称されているが，『千葉県史』資料編では弥生時代の遺跡として「押畑子の神遺跡」の名称で記述されており（髙花 2003），本稿ではそれに従う。

3) 本稿の図1③に示したように，報文においては「貝ブロック」と呼称されている（斉藤・末武 1988）。

4) N溝西側の一部は古墳時代前期に構築された3号住居址によって失われている。

5) 図2-11の土器も縄文施文部で欠損しているため，本来は羽状縄文を構成していた可能性もある。なお，報文中ではこの土器は「E溝より出土」と記されているが，出土状態図上ではN溝中より出土したものとして示されており，矛盾が生じている。本稿では図面上の表現を優先して示しておく。

6) 土器を用いた溝内埋葬の可能性も指摘しうるが，合口等の使用形態を想定できる土器の出土状態は報告されておらず，本稿では土器棺の存在を積極的に想定することはできない。

7) N溝からは口縁部および胴部の一部を欠くがほぼ完形に近い甕形土器（図2-19）が出土している。この土器はE溝の台付壺形土器に比べてやや広い範囲に破片が分散している。土器棺のような使用状況は考えにくく，祭祀的に使用されたと捉えることも躊躇される。また，高坏形土器（図2-18）も比較的残りのよい資料ではあるが，胴部中位から上位を約2分の1欠失している。これら2点の土器はN溝での出土レベルで約10cmの差をもつとされ，一度の廃棄行為によって残されたものと断定することはできそうにない。

引用・参考文献

安藤広道　1996「大形方形周溝墓から見た南関東弥生時代中期社会」『みずほ』第18号　48-57頁

大澤孝編　1989『千葉県佐倉市六崎貴舟台遺跡発掘調査報告書　六崎貴舟台地区宅地造成予定地内埋蔵文化財調査　財団法人印旛郡市文化財センター発掘調査報告書第28集』財団法人印旛郡市文化財センター

岡本勇ほか　1994『港北ニュータウン地域内埋蔵文化財調査報告 XV　大塚遺跡 II』財団法人横浜市ふるさと歴史財団

小倉淳一　1993「千葉県佐倉市大崎台遺跡の宮ノ台式土器について」『法政考古学』第 20 集記念論文集　135-152 頁
小倉淳一　1996「東京湾東岸地域の宮ノ台式土器」『史館』第 27 号　32-69 頁
小倉淳一　2014「印旛沼周辺地域の宮ノ台式土器出土遺跡の変遷―壺形土器を中心として―」『法政考古学』第 40 集記念論文集　61-82 頁
柿沼修平ほか　1985『大崎台遺跡発掘調査報告』I　佐倉市大崎台 B 地区遺跡調査会
柿沼修平ほか　1986『大崎台遺跡発掘調査報告』II　佐倉市大崎台 B 地区遺跡調査会
柿沼修平ほか　1987『大崎台遺跡発掘調査報告』III　佐倉市大崎台 B 地区遺跡調査会
菊池真太郎ほか　1979『千葉市城の腰遺跡・西屋敷遺跡』財団法人千葉県文化財センター
木村寛之編　2007『臼井屋敷跡遺跡（第 10 次）―臼井屋敷宅地造成に伴う埋蔵文化財調査―財団法人印旛郡市文化財センター発掘調査報告書第 252 集』日東建設株式会社・財団法人印旛郡市文化財センター
黒沢　浩　1997「房総宮ノ台式土器考―房総における宮ノ台式土器の枠組み―」『史館』第 29 号　20-66 頁
斎木勝ほか　1974『市原市菊間遺跡』千葉県都市部・千葉県都市公社
斉藤主税・末武直則　1988『押畑子の神城跡発掘調査報告書　印旛郡市文化財センター発掘調査報告書第 24 集』財団法人印旛郡市文化財センター
坂上克弘・坂本彰編　1975『港北ニュータウン地域内埋蔵文化財調査報告 V　歳勝土遺跡』横浜市埋蔵文化財調査委員会
渋谷興平ほか　1987『寺崎遺跡群発掘調査報告書』佐倉市寺崎遺跡群調査会
高橋誠編　2001『千葉県佐倉市六崎貴舟台遺跡（第 8 次）財団法人印旛郡市文化財センター発掘調査報告書第 175 集』財団法人印旛郡市文化財センター
髙花宏行　2003「81 押畑子の神遺跡」『千葉県の歴史　資料編　考古 2（弥生・古墳時代）』千葉県・千葉県史料研究財団　263-264 頁
武井則道編　1991『港北ニュータウン地域内埋蔵文化財調査報告 XII　大塚遺跡』横浜市埋蔵文化財センター
竹内順一・阿部有花編　2006『千葉県佐倉市臼井屋敷跡遺跡 II―市道 I-32 号線（吉見工区）埋蔵文化財調査―財団法人印旛郡市文化財センター発掘調査報告書第 234 集』佐倉市・財団法人印旛郡市文化財センター
林田利行編　1996『千葉県佐倉市臼井屋敷跡遺跡―市道 I-32 号線（吉見工区）埋蔵文化財調査委託―財団法人印旛郡市文化財センター発掘調査報告書第 107 集』佐倉市・財団法人印旛郡市文化財センター
宮　文子　1999『千葉県佐倉市六崎貴舟台遺跡（第 7 次）―佐倉市石川分譲住宅建設に伴う埋蔵文化財調査―財団法人印旛郡市文化財センター発掘調査報告書第 155 集』財団法人印旛郡市文化財センター
宮澤久史編　2004『千葉県八千代市栗谷遺跡　(仮称）八千代カルチャータウン開発事業関連埋蔵文化財調査報告書 I』八千代市遺跡調査会
米倉貴之　2010『千葉県佐倉市城次郎丸遺跡（第 6 次）・六崎貴舟台遺跡（第 6 次）―不特定遺跡発掘調査助成事業―』佐倉市教育委員会

池子遺跡群の方墳について

西川　修一

はじめに

池子遺跡群は神奈川県逗子市に所在する。三浦半島の基部，相模湾から湾入する逗子湾に注ぐ池子川を遡った低地部に展開する遺跡である。米軍住宅建設にかかる事前調査により，縄文時代～近現代に至る膨大な遺構・遺物が調査報告されている（図1）。

1989年に人事異動で県立高校の教諭から，県立埋蔵文化財文化財センターに移った私が最初に配属されたのが池子の調査であった。昭和から平成へと移る頃，すでに30年近くも前のことであるが，この時が初めての「行政調査」への参加であり，「米軍住宅建設の反対運動」が展開する間，騒然としたなかでの調査の日々は，わからないことだらけの毎日だった。

そんななか，後に弥生時代中期・宮ノ台式期の旧河道から大量の木製品等が発見され，注目を浴びることとなったNo.1-A遺跡の本格調査が始まった。未だ遺跡内容が詳らかでない段階の年度当初，遺跡南端で排水用溝の掘削に立ち会っていた私の目に飛び込んできたのは，厚く堆積した現代の廃棄物などの攪乱層を掘り下げていた重機のバケットに引っ掛かった「木屑」だった。いやそれは「木屑」ではなかった，宮ノ台式土器片と一緒に姿を現した弥生時代の木製品だった。厚い攪乱層の下に洪水層にパックされた弥生時代の層序が残されていた。弥生時代中期の河道の一部が確認された瞬間である。この日を境に，池子での日々は激変した。その後，膨大な出土資料により，東日本でも有数の低地遺跡として著名になった池子遺跡群の調査成果については，大冊の調査報告書の数々のとおり，膨大な検出遺構・出土品とともに，多大な研究成果がおさめられている（山本1999cほか）。

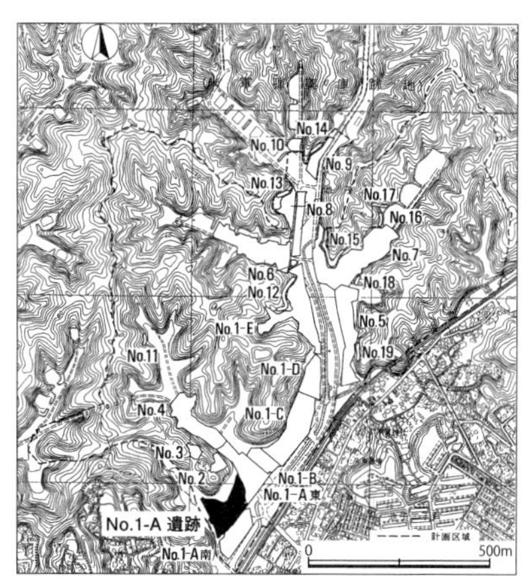

図1　池子遺跡群　全体図

私は1年間しか池子遺跡群の調査に係らなかった。弥生時代中期の木製品等について，本腰を入れて調査研究する「覚悟」はなかったことも一因である。再び逗子市域に足繁く通うようになったのは，県文化財保護課（当時）勤務時代，逗子市・葉山町で前期古墳である長柄桜山古墳群が発見された1999年以降である。この間，自ら調査に携わった池子遺跡群No.1-A遺跡の「方形周溝墓群」（ここでは以下，方墳と記す）についてはずっと気にかかっていた。それは低地に展開した集落としての池子遺跡群，そこから彼我の間に展望される丘陵上に営まれた大型前方後円墳である長柄桜山古墳群の関係性についての問題である。長柄桜山１号・２号墳の造営に前後する時期，池子遺跡群においては列島東部有数の西日本系譜の外来系要素が濃厚な点はすでに指摘している（西川 2003）が，「方形周溝墓群（方墳）」については，遺存状態が良くないことも起因してか，単に弥生時代以来の「伝統的な墓制」として理解されているのか，あまり注目されていない。三浦半島の「後進性として理解」しようという「志向」もあるかもしれない（西川 2015）。

本稿は当時の調査担当者の一人として，池子遺跡群の古墳時代前期の様相の一端についての素描である。論点としては，池子遺跡群 No. 1-A 遺跡等の古墳時代初頭における「群在する方形墳」には列島西部からの新たな文化的要素が濃厚に認められ，これらは前代の「方形周溝墓の伝統」の枠内だけでは理解できない点，また古墳時代を通じて，前方部などの「付帯施設」をもち群在する低墳丘墓群には，社会のより基層的なレベルにおいて共有されていた「文化的な装置」としての機能が通底していた可能性である。

1　No. 1-A 遺跡等の方墳群の概要

池子遺跡群は逗子市北郊の丘陵地を開析する樹枝状の谷戸低地を中心営まれた遺跡群であり，No. 1 遺跡から 19 遺跡までの番号，さらにアルファベットによる枝番号が振られ遺跡名としている。No. 1-A 遺跡は調査対象地の南西部に当たる。鏡片・有稜柳葉銅鏃が有頭石錘や大量の土器とともに出土した古墳時代前期の特異な竪穴状遺構が営まれた遺跡である No. 2 遺跡（枡渕ほか 1994）の丘陵南側，直下の狭い平坦地に位置する（図 1）。この平坦地は池子川が南方に流れを変える箇所の右岸にわずかに開けた「平場」である。No. 1-A 遺跡の方墳群は池子川の旧河道に岬状にせり出した箇所に位置しているが，削平が著しく遺存状態はひじょうに悪い。確認された周溝の平面形もところどころ途切れており，全体像を明確にすることはできない。ここでは調査された１号から８号の「方形周溝墓」のうち，西側に展開する２・４・５〜７号５基の連接する

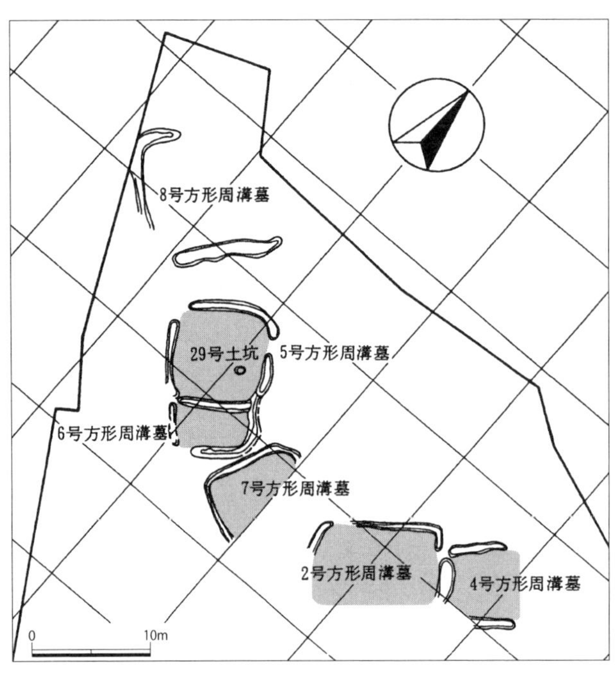

図２　No. 1-A 遺跡　方墳群（西半部）

方墳群を取り上げる（図2・山本ほか1999a）。なおNo. 1-A遺跡の調査区西側隣接地にあたる桟敷戸遺跡（若松ほか2000）で15基の方形周溝墓，またNo. 1-A南遺跡（山本ほか1999b）でも弥生中期後半・宮ノ台期の方形周溝墓が確認されているが，本稿で取り上げる古墳時代前期の方墳群とは時間的なヒアタスが大きく，直接的な系譜関係はたどることはできないと理解される[1)]。

No. 1-A遺跡西側の5基のうち，2号と4号および5号と6号は周溝の1辺を共有し，「8字」形に連接している。また7号も6号と接している。またここでは図示していないが，東側に距離をおいて営まれている1・3号も周溝は共有していないが連接している。

調査によって確認された周溝の深度はごくわずかしかない。また墳丘部にどれだけの盛り土があったかも不詳である。遺跡群全体で埋葬主体が検出されていないものが大半であり，どのような棺構造であったのもわからない。ただし周溝からの出土土器は遺存率がよく，略完形の個体が数多く出土している。これらは数代にわたり，増設・連結して，または先行する墳墓に新たな方形の周溝を穿つことによって改築された結果，カタチ作られたものなのだろうか。ここでは方墳とそれに「付随する施設」という視点で検討し，これらは古墳時代的な「新たな規範」に基づく方形墳として分析しよう。

2　出土土器からみた池子遺跡群の列島西部の要素

これらの方墳群から出土した土器は，大破片もしくは略完形で周溝各所から検出されている（図3）。その様相を概観すると，まず無文大型壺（図4-1・9）と折返口縁のシンプルな壺（図4-4・5・図5-3・7・8・10），元屋敷型の高坏（図4-2・図5-6）などの組み合わせを基本とし，ほとんどは焼成後に底部を打ち欠いて穿孔しており，ひじょうに斉一的なセットを呈している。南関東の伝統的様相である壺群は「定型化」しており，それに加え近畿系の土器様相が目立った存在である。なかでも2号の西側周溝内に設置されていた3個体の土器を組み合わせた土器棺（図4-6・7・8）は，その出土状態から壺胴部下半を「身」(8)として，庄内系甕(6)を蓋，別個体の壺胴部(7)を打ち欠いて「腹巻状」に接合部に巻いた形が復元された特殊なものである。なかでも蓋の甕(6)は庄内甕そのものではないが，内面のヘラケズリや口縁部屈曲，倒卵形の底部形態など，その制作技法の

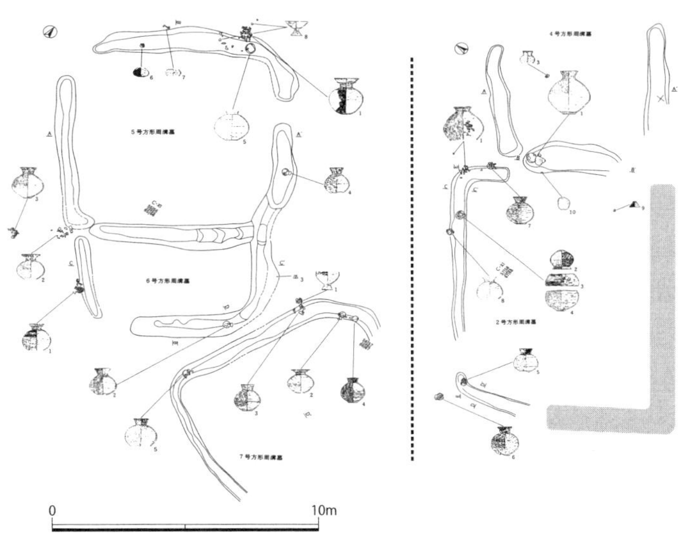

図3　No. 1-A遺跡　方墳群の土器出土状態

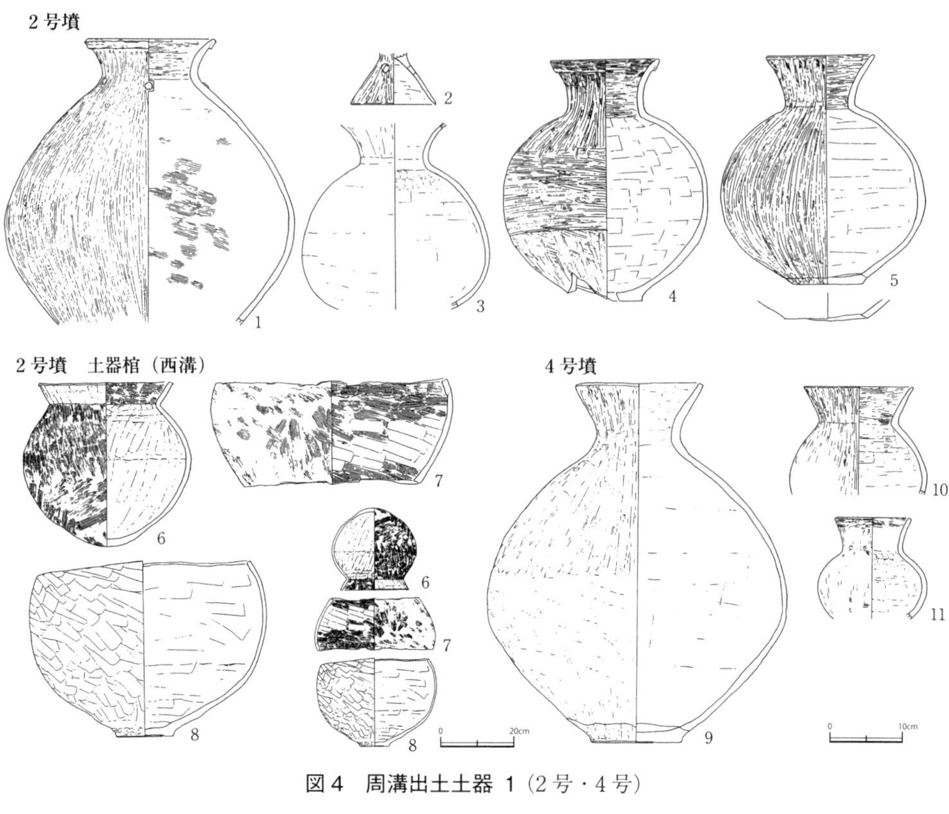

図4　周溝出土土器 1（2号・4号）

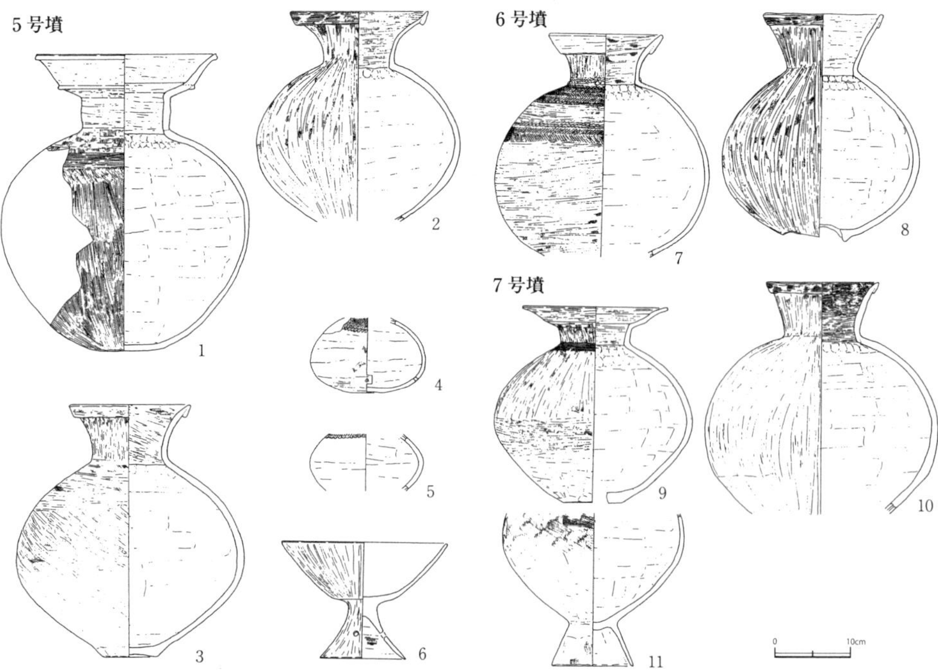

図5　周溝出土土器 2（5号・6号・7号）

伝習なくしては理解できないものである。おそらくは河内型タイプの庄内甕の制作技法を「習得した手」による製品と考えられる。

二重口縁壺が2個体出土しているが，5号のものは搬入品の布留系二重口縁壺で，精製されたつくりで肩部に独特のヨコミガキによる帯状調整痕を施している（図5-1）。やや長胴気味で丸底のつくりは，近畿地方でもより西方の山陰系の要素を濃厚に帯びていると理解される。7号の二重口縁壺（図5-9）も精製されたもので搬入品であろう。東京湾岸地域の伝統的な文様構成をもっている6号の装飾壺（図5-7）は，結節文で区画された二条の文様帯を肩部に施しているがすでに胴部が球胴化・硬直化しており，このタイプの装飾壺としては最新段階に当該するものである。また縄文を施した小型壺（図5-4・5）は精製品である。

これらの出土土器の様相を総合し，編年的な位置を求めると，2015年に開催された西相模考古学研究会によるシンポジウムの編年基準（古屋編2015）における，「4期最新段階～5期」にかけての時期と位置づけることができる。およその併行関係は「相模4―北川谷5期新―草刈1式―漆町7～8群―廻間III式古段階―布留式最古段階」前後に位置づけられ，古墳時代出現期新段階～古墳時代前期前半に相当する造営期間が想定される。

これらの「方墳」は一定の時間幅のなかで連続的に構築されていると理解されがちであるが，個別の伴出土器からその構築順の前後関係を判断することは難しい。むしろ土器様相からは「ほぼ同時期」に構築されたものとの判断が穏当であろう。具体的には2号の構築後に「次世代」の葬儀を契機として4号の周溝が付設された可能性や，5号の構築後に次世代墓として6号や7号周溝が構築された確証を得ることはできない。むしろ2号と4号は相前後してほぼ同時期に構築されたか，2号構築の後，4号の周溝が連接・改造された際に何らかの祭儀が執り行われ，土器が埋置された可能性が高い。それは5号と6号・7号の周溝構築についても同様である。つまりこれらの土器型式の異同が認識できない程度の短時間のうちに構築され，かつ連接した施設として新たに周溝が付設されるなどして改変・増設された墳墓群と理解される。それは世代を重ねて累々と連接，構築されているのではなく，ほぼ「同時代の集団」の「社会的な関係」を示していると考えることが穏当である。集団関係を反映した「何らかの社会システム」の一側面が「土地に刻まれて表現」されているものと理解される。

これは池子遺跡群の方墳群が，弥生時代以来の方形周溝墓の「伝統的な仕法」のみからは理解できないことを示している。これらの墳墓で用いられた土器の様相を見る限り，列島西部の影響が濃厚であったことは想像に難くない。そのルーツを限定することはかなわないが，近畿地方でもより西方（河内など）の要素が感じられる。新たな情報に即した墓制のあり方として，当該の墳墓群は理解されよう。

池子遺跡群においては，近畿地方の土器様相が際立って目立つことは，すでに論じたところである（西川2003）が，主だったものを拾い上げても列島西部の各地からもたらされた土器が目立っている（図6）。なかでも注目されるのが，北部九州系壺（図6-3）である。破片からの復元資料ではあるが，その特徴から下大隈式～西新式併行期であると考えられ，常松幹雄の集成的な検

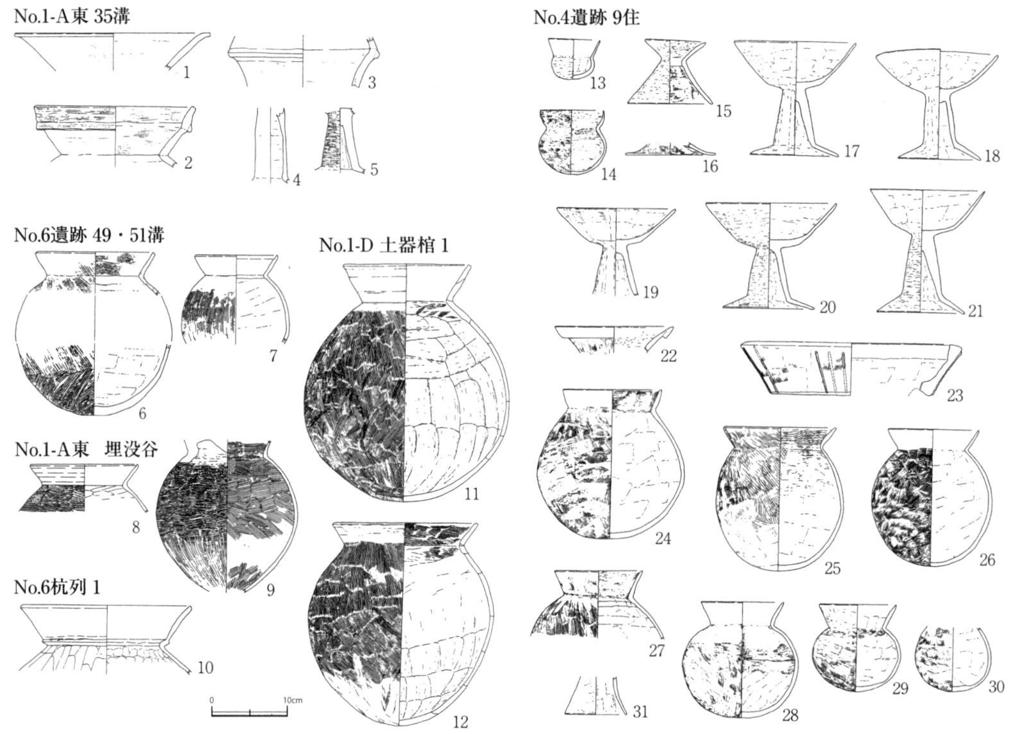

図６　池子遺跡群の近畿系・北部九州系土器

討（常松 2013）を参照すると，太平洋側では最東限に当たると推定される。当該期の県内出土土器としても最遠隔地からの影響下にあると考えられる。また朝顔形埴輪の破片とされる資料（図6-1）も注目され，隣接する桟敷戸遺跡で出土しているとされる円筒埴輪片も含めて，集落出土品としては出色の資料である。図６には主な資料を集めているが，ヨコミガキ調整の布留系高坏や小型坩などの小型精製器種，丸底の布留系甕などの頻出は池子遺跡群の南半部，特に No. 1-A 遺跡周辺に目立っている。

3　方墳群と「付帯施設」について

このように西日本各地から多くの情報・器物がもたらされている池子遺跡群の「方形の墳墓群」の形成は，弥生時代以来の方形周溝墓の伝統の「遺存」のみでは理解できない。これらの方墳群においては，列島西部からの頻繁な交通関係のもと，前代からの伝統の踏襲のみならず，「新たな墓制原理」が敷衍されていたことを確認しておきたい。それは単に方形墳の連接・累積したものではない。付帯する施設しての「区画」が改築・増設されていることが顕著な特徴としてあげられよう。

当該期に顕在化する方墳や方形周溝墓の改築・増設や，多数が列状に群在する様相については，墓道の存在や群構成の構造理念をめぐって多くの研究蓄積がある（藤井 2006・福田 2016 ほか）。なかでも福田聖は方墳群（方形周溝墓）の累積性について，家族墓として「世代を跨ぐような築造ではなく，同世代の累代墓である」（福田 2002）であることを強調している。

また柿沼幹夫は武蔵地域北半部の方墳群を分析し，群在する方墳群にあって有力墳に前方部として定型化していない「付帯施設」が存在することを指摘している（柿沼 2014）。

この点に関連して，市原市草刈遺跡群における「方墳の群構成原理」の復原（白井 1988）は注目される（図7）。ここでは前方後方形の A1 墓が契機となって累々と連接する造墓が進められたと推定されているが，A10 墓に付設する周溝として A11 が想定される墓道と連接している。A11 はあたかも前方部のような「付帯施設」であり，池子遺跡群でのあり方に酷似している。

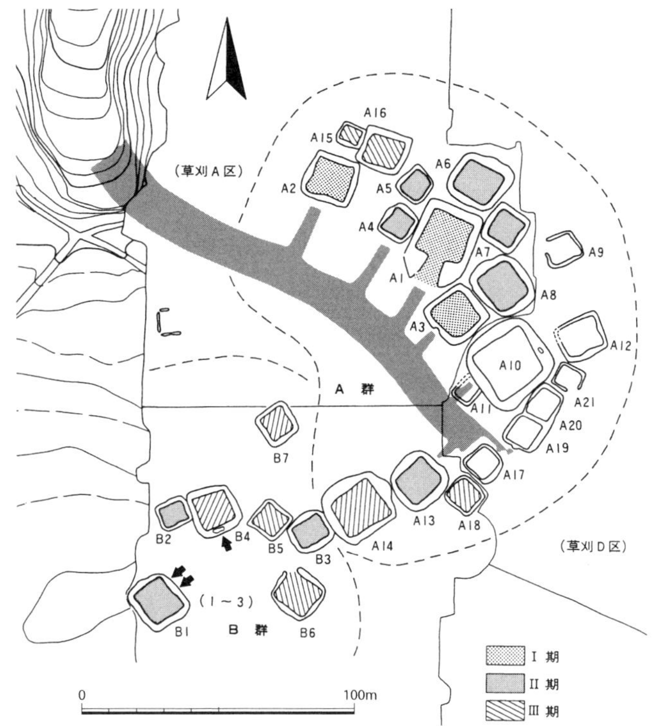

図7　市原市草刈遺跡群の方墳群の構成（白井 1988 を改図）

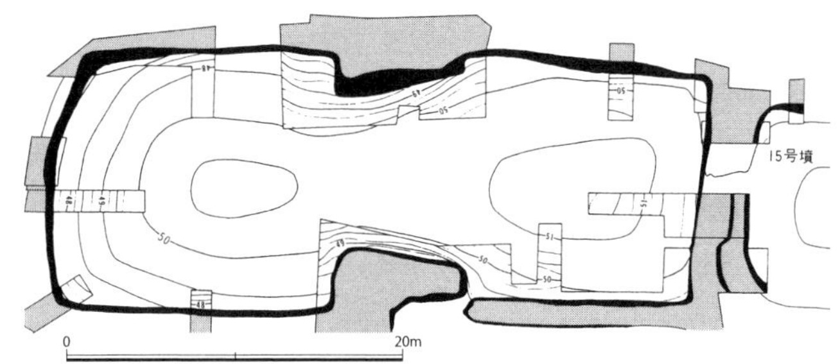

図8　横浜市稲荷前 16 号墳の周溝（岡本ほか 1986 を改図）

また「特殊な前方後方形」墳として類例に乏しく，孤立的な存在である横浜市青葉区稲荷前 16 号墳・15 号墳の「特異な平面形」も，方墳とそれに付随する施設とするとスムーズに理解できる（図8）。

前方部の一部を掘り残す，ないしは新たに拡張・連結する方形区画を有するなど，主丘に対する付帯施設に対する「こだわり」，「模索」と思われる遺構の痕跡はまだまだ数多くの類例をあげることが可能である。

これらに導かれ池子遺跡群の方墳群にたち返ると，2 号周溝の付帯施設としての 4 号周溝，5 号周溝の付帯施設として 6 号周溝の可能性が指摘できる（図2）。これが増築・改修の結果なのか，それとも当初の設計なのかは不詳ではあるが，いずれにしても規模の拡張・改変を含め，「付帯施設」として理解できそうである。前方後方形を含めた群構成には「新たな時代の情報」が組み込まれていると理解されよう。

まとめと展望

弥生時代終末〜古墳時代開始期の方墳群では，従来の「方形周溝墓の伝統」に加え，新たな作法・仕法に基づく「原理」が模索されていたと予想される。それは社会集団の変質に伴う新たな集団関係の「表現型」の発現であった可能性が高い。そのあり方は当時の社会的分節の「ある側面」を照らし出していると理解される。資料的な限界が大きく，古墳時代の親族構成原理（田中 2008）との関係などは不詳であるが，社会集団の変質に伴う「新たな紐帯」が模索されつつあり，たとえ擬制的であろうと，社会組織を維持していくための「装置」として，目に見えるカタチで「墓のあり方」が機能していたことは想像に難くない。

福田聖はこれらの小規模で群集する方形墳は，古墳時代になって出現する定型化した高塚古墳としての首長墓と排他的に存在するモノではなく，いわば時代の新しい要素を取り入れて存続し，さらに初期群集墳へと続くとしている（福田 2015）。筆者も「方形周溝墓」は古墳時代になって収斂していくのではなく，新しい理念を取り入れつつ，集落で生活を営む人々のレベルでも引き続き機能していたと考える。政治的モニュメントとしての首長墓としての高塚墳墓とは別次元の「脈略」が息づいていたはずである。北條芳隆は首長墓には２系統の前方後（方）円墳群が存在するとし，「複線的な理解」を提示（北條 2000）しているが，さらに多層のレイヤーを古墳時代の墓制に用意する必要があろう。

今回の検討では，いまだ十分な説明ができていないが，古墳時代とは新たに生まれつつある「氏族」など擬制的な「血縁関係の存続理念」が「視覚的に追認」されるよう「墳墓」によって

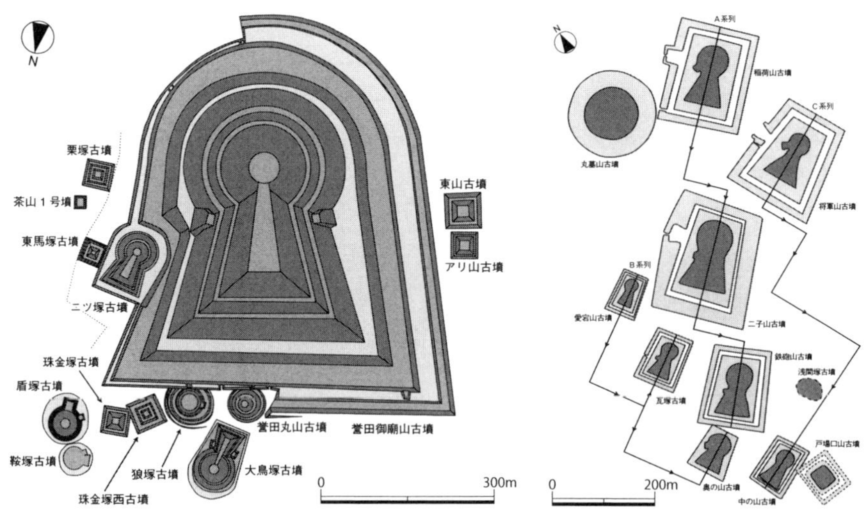

図９　大型古墳群の群構成　古市・誉田御廟山古墳と埼玉古墳群（田中 2013・高橋 2005 を改図）

「土地に刻まれた時代」であったと考える。

それは列島を代表する大型古墳である古市古墳群・誉田御廟山古墳を取り巻く「衛星」のごとく連接する大小の諸墳や，東国有数の古墳群である埼玉古墳群が「周溝墓」と同じく「群構成で貫徹」されていることからも類推される（図9）。このような最先端の知識・技術体系をもってして築造された当代有数の大古墳群ですら，「今に至る理念・関係性」を「眼で見えるカタチ」で「土地に刻まざるを得なかった時代」だったのである。そこには「文字による情報管理」が敷衍される社会組織理念とは次元の異なったプリミティブな社会システムを垣間見ることができよう。規模は壮大でも，時代に通底した「理念」は覆い隠すことはできていない。

池子遺跡群の方墳群にも，確実に古墳時代としての「新しい思考」が脈打っていると考える。これがこの遺構群を「方墳」と考えるゆえんである。「方墳」と理解するのは，古墳時代だからではない，それでは思考法が逆転している。古墳時代を規定する一側面として，理念的な同族関係やそれに係る記憶が「土地に刻まれた時代」であったという理解を示しておこう。

山本暉久氏の古稀記念論文集に寄稿するにあたり，何を取り上げるべきかと考えたが，一緒に掘った池子遺跡群の資料が思い浮かんだ。筆者は早大の後輩ではあるが，学生時代には面識がなかった。しかし池子での担当以来，まさに「兄貴分の大先輩」として公私ともにお世話になり続けである。考古学徒として，また公務員としての心構えについてもたくさんのことを教わった。これからもどうかお元気で。拙考とはいえ何とか義理を果たせたが，入稿が遅延して編集に係わった方々にはたいへん迷惑をおかけしたことをお詫びします。

註

1）別途調査された西側隣接の桟敷戸遺跡では15基の方形周溝墓のうち6号方形周溝墓のみが弥生時代終末～古墳時代前期とされている（若松ほか 2000）。伴出土器が乏しい方形周溝墓もあり，当該の方墳群が小支谷を隔てた西側にも展開する可能性がある。また池子遺跡群における膨大な発掘調査資料のなかには，性格不詳の溝も多数存在するし，孤立的な土器棺などの墳墓遺構も数多く散在する。ここで取り上げたNo. 1-A遺跡の方墳群が全てでないことを確認するとともに，同様の様相がひろく「池子谷戸」に展開した集落に普遍的な存在であり，それらが西方からの情報のもと営まれた「新たな墓制」だったことを確認しておく。

参考・引用文献

伊藤敏行　1993「方形周溝墓の「拡張」」『学芸研究紀要』第10集　15-28頁　東京都教育委員会

太田文雄　1994「石揚遺跡」『千葉県文化財センター調査報告』第255集　千葉県文化財センター

大村　直　1992「古代東国の基盤」『新版　古代の日本』⑧関東　95-104頁　角川書店

岡本勇ほか　1986『古代のよこはま』横浜市港北ニュータウン埋蔵文化財調査団

小澤佳憲　2008「集落と集団1—九州—」『弥生時代の考古学』8　17-35頁　同成社

柿沼幹夫　2014「荒川中下流域における古墳時代前期前半の付帯施設を有する墳墓」『埼玉考古』第49号　1-36頁　埼玉考古学会

白井久美子　1988「市原市草刈遺跡の方墳」『研究連絡誌』第22号　9-16頁　千葉県文化財センター
高橋一夫　2005『鉄剣銘—115文字の謎に迫る・埼玉古墳群—』シリーズ「遺跡を学ぶ」016　新泉社
田中晋作　2015『古市古墳群の解明へ　盾塚・鞍塚・殊金塚』シリーズ「遺跡を学ぶ」105　新泉社
田中新史　2000『上総市原台の光芒—市原古墳群調査と上総国分寺台調査団—』市原古墳群刊行会
田中良之　2008『骨が語る古代の家族』歴史文化ライブラリー252　吉川弘文館
谷口　肇　2004「逗子市池子遺跡群の弥生時代集落について」『考古論叢　神奈河』第12集　47-70頁　神奈川県考古学会
常松幹雄　2013「弥生土器の東漸」『弥生時代政治社会構造論』101-115頁　雄山閣
西川修一　2003「関東地方における古墳出現期～前期の近畿系土器」『初期古墳と大和の考古学』272-281頁　学生社
西川修一　2015「洞穴遺跡にみる海洋民の様相」『海浜型前方後円墳の時代』110-138頁　同成社
古屋紀之編　2015『列島東部における弥生後期の変革—久ヶ原・弥生町期の現在と未来—』考古学リーダー24　六一書房
長谷川厚ほか　1999「池子遺跡群VIII　No. 3地点，No. 4地点，No. 11地点」『かながわ考古学財団調査報告』44
土生田純之　2010「始祖墓としての古墳」『古文化談叢』第65集　59-73頁　九州古文化研究会
福田　聖　2000『方形周溝墓の再発見』ものが語る歴史シリーズ③　同成社
福田　聖　2002「方形周溝墓における土器使用と群構成」『原始・古代日本の祭祀』148-188頁　同成社
福田　聖　2015「関東地方における古墳時代の方形周溝墓」『考古学ジャーナル』No. 674　13-16頁　ニュー・サイエンス社
福田　聖　2016「周溝内埋葬の再検討」『古代』第139号　137-156頁　早稲田大学考古学会
藤井　整　2001「近畿地方の弥生土器棺墓」『古代文化』第53巻第2号　13-25頁　古代学協会
藤井　整　2006「予定されていなかった被葬者—周溝内埋葬の評価と埋葬メンバーシップ—」『京都府埋蔵文化財論集』第5集　325-336頁　京都府埋蔵文化財調査研究センター
北條芳隆　2000「前方後円墳と倭王権」『古墳時代像を見なおす—成立過程と社会変革—』77-135頁　青木書店
桝渕規彰ほか　1994「池子遺跡群I　No. 2地点」『神奈川県立埋蔵文化財センター調査報告』27
桝渕規彰ほか　1995「池子遺跡群II　No. 1-D地点」『かながわ考古学財団調査報告』3
桝渕規彰ほか　1996「池子遺跡群III　No. 1-C地点」『かながわ考古学財団調査報告』11
桝渕規彰ほか　1998「池子遺跡群VI　No. 5地点・No. 19地点」『かながわ考古学財団調査報告』36
山本暉久ほか　1997「池子遺跡群IV　No. 6地点・No. 7地点東地区・No. 7地点西地区・No. 15・16・17地点」『かながわ考古学財団調査報告』26
山本暉久ほか　1999a「池子遺跡群X　No. 1-A地点」『かながわ考古学財団調査報告』46
山本暉久ほか　1999b「池子遺跡群IX　No. 1-A東地点・No. 1-A南地点」『かながわ考古学財団調査報告』45
山本暉久ほか　1999c『池子遺跡群　総集編』かながわ考古学財団
義江明子　2009「鉄剣銘「上祖」考　氏族系譜よりみた王統譜形成への一視角」『国立歴史民族博物館研究報告』第153集　49-77頁
若松美智子ほか　2000「神奈川県逗子市　池子桟敷戸遺跡（逗子市No. 100）発掘調査報告書」『東国歴史考古学研究所調査研究報告』第26集　東国歴史考古学研究所

古墳出土巴形銅器の系譜と成立

岩本　崇

はじめに

弥生・古墳時代に巴形銅器とよばれる特異な形状をもつ青銅器が存在することは古くより知られ，たびたび研究の俎上にのせられてきた。その主たる研究視角は，特異な形状に着目した分類と変遷，用途や起源の追究にあり（後藤 1920，森本 1929，鈴木 1959，宇佐・西谷 1959 ほか），古墳出土例は日韓交渉を実証する資料としても注目されている（申 1991，小田 1993 ほか）。

ところが，先行研究においてしばしば留意されながらも，大きく進展のみられない論点として，弥生時代と古墳時代の巴形銅器の関係をいかに評価するかという問題がある。両者は形態的特徴から明確に区別でき，分布と時期の断絶から系譜をまったく異にするとみるのが定説であった（森本 1929)。そのいっぽうで，座の形状（柳田 1986），棒状鈕と鋳型構造（赤塚 2008）の共通性から，連続性をみとめる立場も表明されている。もちろん連続性をみとめる場合には，定説の根拠となっている空間的・時間的な断絶をどのように理解すべきかが問題となる。断絶の背景について，「地域性を帯びた」独自のデザインをもつ青銅器が，質的転換を遂げるなかで倭王権によって古墳副葬品として選択されたとする脈絡から理解しようとする考えが示されたが（赤塚 2004a：213 頁），それ以上この論点が追究されることはなかった。

こうした点をふまえて，本稿では古墳出土巴形銅器の系譜を探り，その出現の背景に迫ることを目的とする。とくに，製作技術に着目しながら，古墳出土巴形銅器と弥生系巴形銅器[1)]のそれぞれの特質を把握することを通して，古墳出土巴形銅器の成立について論ずることとしたい。

1　古墳出土巴形銅器の特質

古墳出土巴形銅器については，いくつかの論点について私見を述べたことがある（岩本 2013ab)。ここではそれをふまえて，その遺物としての特質を整理する。

形　態　古墳出土巴形銅器の検討は，基本的な形態の共通性が高いあまりに，視点が細部に向きがちなところがある。具体的には，座径指数といった全体に占める座の比率（宇佐・西谷 1959)，脚の振り方向（山本 1997，田中 2000）などの着眼点があり，細部の違いをさまざまな現象と結びつけようとしたが，相違点の生じた要因を説明するには至っていない。

そのなかにあって，脚の振り方向の偏在性（山本 1997，田中 2000），形態の細部に至るまで共通する「群」の存在（土屋 2013）が，同一古墳にみられるという指摘は重要な意義をもつ。共伴資料に細部の共通性が顕著である点を，巴形銅器の副葬時のまとまりが製作単位をある程度反映する可能性と結びつけうるからである。

また，形態による体系的分類が困難なほど全体として強い共通性をもつ点こそは，古墳出土巴形銅器の実態を端的に示す重要な特徴である。古墳出土巴形銅器にみる「四脚円錐座」という形態を共通性の高いものとし（図 1），時期的にも限定できる点を指摘したことがある（岩本 2013b）。たいして，静岡県松林山古墳から出土した先端に丸みを帯びた円錐座の巴形銅器 3 点は，五脚で

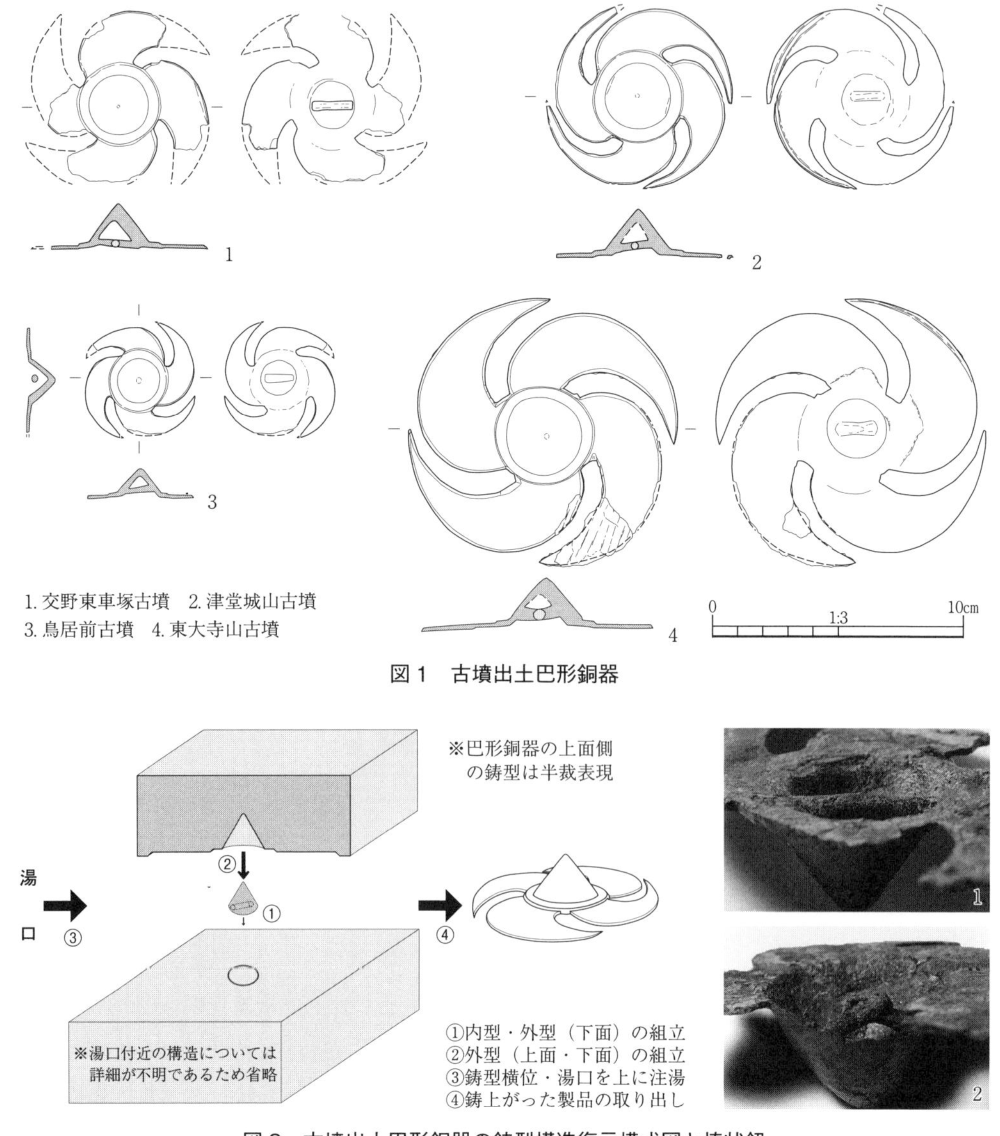

図 1　古墳出土巴形銅器

図 2　古墳出土巴形銅器の鋳型構造復元模式図と棒状鈕

あるなど古墳出土巴形銅器としては異例といえる（図4-3）。座基部付近の段差も古墳出土例は明瞭であるのが通例だが，松林山例ははっきりしない。立体的な座のない山口県赤妻古墳例も特殊例である。ほかとの相違点が著しい点でこれらを単なる例外としてあつかうことが多いが，その形態がもつ意味を積極的に説明する必要があると考える。

製作技術　古墳出土巴形銅器の製作技術については，復元的な検討を試みたことがある（岩本2013a）。鋳型は，外型が製品の上下方向に二分割される。座内面の凹みをつくるための内型は製品の下面側の笵に組み込まれ，形状の大部分を製品の上面側の笵に彫り込む構造に復元できる。座内面にある断面円形の棒状鈕は，下面側の笵に組み込まれた内型を穿孔して中空にし，鋳造される（図2）。ほとんどの例では棒状鈕がほぼ水平となるように内型を穿孔するが（図2-1），先に特異な形態と指摘した松林山例は横からみるとV字形に交差するように穿孔する（図2-2）。赤妻例も立体的な鈕のない形式であり，やはり製作技術が異なる事例となる。

小　結　古墳出土巴形銅器の基本的な特徴は，棒状鈕をもつ四脚円錐座形式と総括できる。その製作技術は，二分割した外型の片面にのみ製品上面となる部分を彫り込み，もう一方の外型に棒状鈕となる部分を穿孔した内型を設置するものである。

こうした基本形から逸脱した，形態と製作技術の両面において異なる特徴をもつ例も存在する。それらについては，これまで単に例外的な資料として処理してきたところがあり，その存在の背景を積極的に説明してきたわけではない。しかし，こうした特異な資料こそ，古墳出土巴形銅器の系譜を考える有力な手がかりをもつと考える。

2　古墳出土巴形銅器の系譜

つぎに，古墳出土巴形銅器の系譜を探るために，先行して存在する弥生系巴形銅器に関連資料を求めることとする。

(1) 弥生系巴形銅器と古墳出土巴形銅器

弥生系巴形銅器を通覧してまず気付くのが，古墳出土例の基本形式となる四脚の確実な事例が存在しない点である（図3）。五～八脚までがまんべんなくみとめられる。つまり，四脚という古墳出土例の基本的要素は，その出現に至って新規に採用されたのである。古墳出土例と弥生系巴形銅器を識別する指標の一つである座形状も，扁平座（図3-1・2），半球座（図3-3・5～7），截頭円錐座（図3-4・8・9）がそれぞれ一定数あるが，円錐座は出土地の明らかな例にはみられない。

鈕は瘤状鈕（図3-1～4），橋状鈕（図3-5），棒状鈕（図3-6～10）に区分でき，それぞれ九州から中四国西部，中四国東部から近畿，東海以東に分布の偏在性を示す。古墳出土例は東海以東に顕著な棒状鈕である（赤塚2004b）。それゆえ，古墳出土巴形銅器の系譜は東海地方の弥生系巴形銅器に系譜が求められている（赤塚2008）。

古墳出土巴形銅器の大多数がもつ基本的特徴は，弥生系巴形銅器にはみとめられず，系譜関係は棒状鈕にみる共通性をいかに評価するのかという点が鍵となる。古墳出土巴形銅器と弥生系巴形銅器の具体的な関係性を論ずるためには，棒状鈕の詳細な比較検討が必要なのである。

(2) 巴形銅器の棒状鈕

それでは，弥生系巴形銅器の棒状鈕と，古墳出土巴形銅器の棒状鈕を比較するために，それぞれの具体例をもとに特徴を整理する。

弥生系巴形銅器の棒状鈕　弥生系巴形銅器の棒状鈕は，座基部付近ではなく，やや高い位置にある（図3-6～10)。内型の基部より高い位置から両面穿孔し，これを鋳造する。

大まかな共通点があるいっぽう，違いも指摘できる。注目したいのは，内型への穿孔方法にみる二者である。すなわち，下方に向かって両面穿孔するために鈕の中ほどが強く屈曲するもの(図3-6～8)，水平に近く両面穿孔するために鈕の中ほどに段差がほとんど生じないもの（図3-9・10)，という二者である。「く」の字に屈曲する鈕を棒状鈕１類，座の基部より高い位置に鈕がある例で，かつ明瞭な屈曲のない鈕を棒状鈕２類とする。棒状鈕１類には岡山県谷尻遺跡と長野県上平遺跡，茨城県一本松遺跡例があり，棒状鈕２類には愛知県朝日遺跡例と岐阜県荒尾南遺跡例がある。

古墳出土巴形銅器の棒状鈕　つづいて同様の視点から，古墳出土巴形銅器の棒状鈕を検討する。弥生系巴形銅器とは異なって，古墳出土巴形銅器の棒状鈕は，座の基部付近の低い位置に水平に近く鋳造される例がほとんどである。低い位置にあるため，「く」の字に強く屈曲する例はみられない。穿孔位置が１類よりも基部に近いという違いを重視して，棒状鈕３類とする。

いっぽうで，古墳出土品のなかに，棒状鈕１・２類もごくわずかに存在する。静岡県松林山古墳例は棒状鈕１類とみられ，神奈川県真土大塚山古墳例は棒状鈕２類となる（図4-3・5)。

瘤状鈕・橋状鈕から棒状鈕へ　弥生系巴形銅器の鈕形態は，地域性を反映するという指摘（小田1974，後藤1986，赤塚2004b）があるいっぽう，技術的な観点から瘤状鈕・橋状鈕→棒状鈕という出現順序も一定程度説明しうる。瘤状鈕と橋状鈕は内型を彫り込み，そこに鈕孔となる棒状の中子を設置して鋳造する点で共通し，棒状鈕はそれらより鋳型の部品数を省略したものとみなしうるからである。弥生系巴形銅器のなかでも扁平座の佐賀県東宮裾遺跡例は，弥生小形仿製鏡との文様の共通性からも，最古相に位置づけうる（柳田1986，高橋1994，田尻2008)。東宮裾例に近似する資料に熊本県五丁中原遺跡例がある。基本的にはのちに継続しない扁平座をもつ点からも，これらは弥生系巴形銅器の初期の事例とみてよいだろう。東宮裾例が瘤状鈕，五丁中原例が橋状鈕である点から，瘤状鈕と橋状鈕は弥生系巴形銅器の創出期に併存する可能性を考えうる。ただし，橋状鈕は少なくとも古墳時代前期初頭までは継続して採用されるようであり，鈕形態をもってただちに時期比定が可能なわけではない。

棒状鈕の諸類型　それでは，棒状鈕の諸類型の差はいかなる背景にもとづくのであろうか。

棒状鈕３類は弥生系巴形銅器にはなく，古墳出土例にみられることから，鈕の穿孔位置が内型への基部付近の低い部分となる点は時期的に後出するものと考える。

1
2
3
4
5
6
7
8
9
10
1. 東宮裾遺跡　2. 五丁中原遺跡　3. 桜馬場遺跡
4. 森広遺跡　5. 宮平遺跡　6. 谷尻遺跡
7. 一本松遺跡　8. 上平遺跡　9. 朝日遺跡
10. 荒尾南遺跡
0
1:3
10cm

図３　弥生系巴形銅器

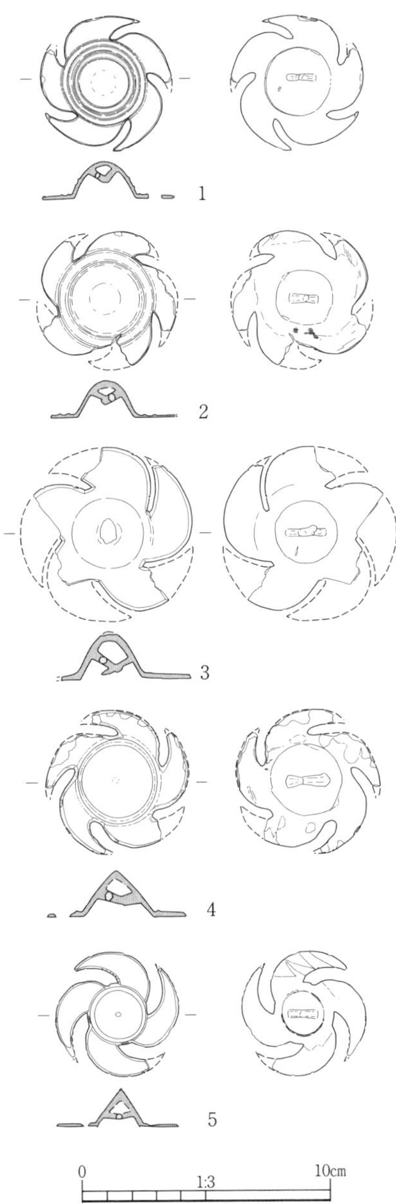

1, 4. 伝香川県　2. 出土地不詳（天理参考館）
3. 松林山古墳　5. 真土大塚山古墳

図４　古墳出土巴形銅器の定型過程

棒状鈕１類には，鈕の断面形が方形となる点から，橋状鈕との関連がうかがわせる谷尻例がある（図3-6)。橋状鈕は，座内面を鋳造するための内型に溝を彫り，溝に直交して中子を渡して鋳造する。そのため，鈕上部はごく狭い空間しかない。たいして，谷尻例は鈕上部の空間が広く，座内面に内型を設置した痕跡もみとめられず，その鈕を鋳造する方法は橋状鈕とは異なる。谷尻例の存在は，棒状鈕１類が先行して出現した可能性とともに，棒状鈕を東日本の地域性（赤塚 2004b）のみで説明しうるわけではないことをも示す。

棒状鈕としては，数量的な点も考慮すると，内型基部の高い位置に穿孔する１・２類から，内型基部付近の低い位置に穿孔する３類へとほぼ刷新されるとみることが可能であり，出現時期としては１類から２類，さらには３類へとおおよそ時期的な変化を示すと考える。

(3) 古墳出土巴形銅器の系譜

これまでの検討から，古墳出土巴形銅器のなかでも，形態的および技術的特徴においてきわめて例外的であるのが松林山例であり，それに準ずるのが赤妻例や真土大塚山例となる。

ここで，古墳出土巴形銅器のなかでも例外的としたこれら資料の位置づけを探るうえで，注目すべき類例を確認しておきたい（図4)。現状では出土地の明確でない資料しかないが，円錐座先端の丸みや棒状鈕１・２類など，これらは例外的とした古墳出土巴形銅器との共通点をもつ数少ない事例である。いずれも五脚円錐座であり，基部付近に段差ではなく円圏をめぐらす。棒状鈕１類の例は松林山例に（図4-1〜3)，棒状鈕２類の例は真土大塚山例にそれぞれ共通する部分がある（図4-4・5)。

これらの特徴のなかでもとくに注目されるのは，装飾として円圏をめぐらす点である。円圏は弥生系巴形銅器の截頭円錐座にみられる段差表現をモチーフとし，簡略化したものである可能性が高い。同様に，古墳出土例にみる基部の段差表現も，本来的には東日本の弥生系巴形銅器ではなく，むしろ九州地方に分布する弥生系巴形銅器に由来するとみられる。赤妻古墳例にみる扁平座も，九州地方の弥生系巴形銅器の扁平座（図3-1・2）に関連づければ，その存在を比較的説明しやすくなる。古墳出土巴形銅器の意匠は，九州地方の弥生系巴形銅器にその起源を見出すことができるのである。

3　古墳出土巴形銅器の成立

古墳出土巴形銅器の成立は，弥生系巴形銅器における単一の系譜で理解できるわけではない。古墳出土巴形銅器の諸要素には，それぞれ異なる系譜を想定すべき点をここまでのところで明らかにした。以下ではさらに議論を重ねて，古墳出土巴形銅器の成立背景を考察する（図5）。

弥生系巴形銅器の断絶　古墳出土巴形銅器と近似する棒状鈕をもつ弥生系巴形銅器は，東日本に分布する。ただし，これらは棒状鈕をもつ点では共通するが，ほかの技術的特徴も含めると個別の資料ごとの多様さが際立つ。朝日遺跡例は上面の外型だけでなく，下面の外型にも脚となる部分の形状を加工する。一本松遺跡例も座形状を上面の外型，脚全体を下面の外型に加工する。また，上平遺跡例は鈕が大きく下方へ突出する特異な事例であり，ほかとは下側の鋳型の構造が異なる。荒尾南遺跡例は以上の事例とは異なる特徴をもち，東日本の弥生系巴形銅器といっても鋳型構造といったみえにくい要素まで含めると，製作技術には異なる点が多い[2)]。東日本の弥生系巴形銅器は，まとまりとしては共通点より相違点のほうが目立つのである。

とすれば，棒状鈕という限定的な要素だけをもって，古墳出土巴形銅器の系譜を東日本の弥生系巴形銅器に求めることは困難といえよう。むしろ，古墳出土巴形銅器につながる鋳型構造をもつ例がきわめて少ない点に留意すべきである。したがって，古墳出土巴形銅器の製作技術にみる強い画一性を考慮するならば，その系譜は連続的にとらえうるのではなく，技術的に断絶があったとみるのが資料の実態に即しているだろう。

これまでのところで述べてきたように，弥生巴形銅器から古墳出土巴形銅器への系譜については，かならずしも技術と意匠が一体となって引き継がれたと理解できるわけではない。いいかえれば，技術的にも意匠としても，弥生巴形銅器から古墳出土巴形銅器にはいったん断絶があった

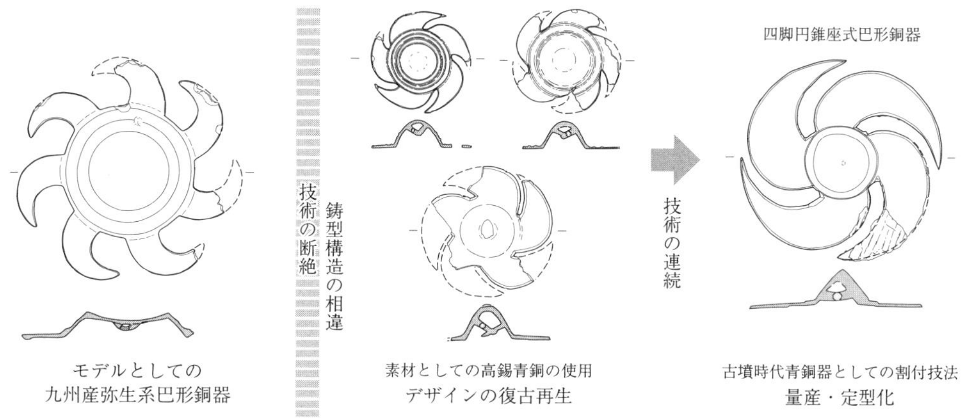

図5　古墳出土巴形銅器の成立過程（縮尺1：4）

とみるのが妥当なのである。技術と意匠にスムーズな連続性がみとめられない点は，弥生系巴形銅器と古墳出土巴形銅器の年代的な断絶ともむしろ整合するといえよう。

弥生系巴形銅器は，弥生時代後期初頭と考えられる佐賀県東宮裾遺跡例を初源とし（柳田1986，高橋1994），佐賀県桜馬場遺跡例の後期前半新段階以降に盛行したものとみられる（仁田坂ほか2008，蒲原2009）。その下限は，岡山県谷尻遺跡例や鳥取県乙亥正屋敷廻遺跡例にみる純銅に近いと想定される銅質や鋳上がりに，同様のあり方を示す重圏文鏡などとの関係をふまえて弥生時代終末期ないし古墳時代前期初頭としうる。これら純銅に近いとされる例は，赤みを帯びた銅質に加えて，融点が低いために生じたとみられる湯回り不良が顕著である。分析例が少なくなお検討を要するが，青銅素材の供給状況の変化などがその背景にあった可能性を指摘したい。そして，青銅素材の供給状況の変化によってもっとも生産に大きな影響を受けたのは銅鐸などの大型青銅器である。弥生系青銅器の製作終焉と青銅器の小型化の背景には，素材の供給・入手といった生産を維持するうえでの根本的な問題を想定できるのである。いずれにせよこれ以降の弥生系巴形銅器はいまのところ未確認であることからここで断絶し，つぎに現れるのがある程度高い錫分を含む青銅素材を使用した古墳出土巴形銅器であると考える[3)]。

古墳出土巴形銅器の成立　弥生系巴形銅器の断絶がありながらも，古墳出土巴形銅器の意匠は九州地方の弥生系巴形銅器に系譜を求めうる。そこには弥生系巴形銅器のなかでも，大型の優品をもつ九州地方の製品への強いこだわりが看取される。ここに，古墳出土巴形銅器の成立背景として，九州地方の弥生系巴形銅器を復古する指向性があったとする仮説を提示したい。

古墳出土巴形銅器が副葬品として加わる古墳時代前期後半新段階には，青銅器生産の画期がみとめられる。具体的には，銅鏡に対置式神獣鏡系などをはじめ新たな系列群が出現する（福永1999，林2002）。銅鏃にも大型化や有樋式など特殊形式の出現をはじめとした，さまざまな変革を見出せる（松木1992，高田2013）。また，銅釧が品目として新たに加わる（岩本2015）。これらの変化は時期的な一致をみせ，なかでも銅鏃にみる新たな意匠，銅釧や巴形銅器という新規品目の出現は，弥生時代青銅器との関連性で説明しうる一体をなす画期と評価でき，弥生系青銅器の復活という指向性が強くうかがわれる。

古墳出土巴形銅器の定型化　そのいっぽう，弥生系巴形銅器にはない四脚を古墳出土巴形銅器の基本形態とするのは，古墳時代前期仿製鏡をはじめそのほかの青銅器にも駆使される計画的な割付方式の採用と関連する可能性がある（岩本2014a）。巴形銅器の場合は，整然とした割付ではないため注意を要するが，四分割という平面分割技法を採用した背景には量産という目的を想定できる。この古墳出土巴形銅器の「四脚円錐座」形式の出現こそ，定型化と説明するのがふさわしいのである。棒状鈕３類の採用も，１・２類と比べて，両面穿孔による貫通のさせやすさという技術的な利点にもとづくと理解できる。いいかえれば，五脚である点，棒状鈕１・２類である点から，松林山例や真土大塚山例は，定型化に先立つ古墳出土巴形銅器の成立期の試作品的な位置づけの可能な資料と評価できるであろう。

おわりに

本稿では，古墳出土巴形銅器の系譜と成立背景を，先行する弥生系巴形銅器との関係から考察した。細部におよぶ比較検討の結果，双方に生産面における連続性はみとめられず，弥生系巴形銅器がいったん断絶したのち，新たに古墳出土巴形銅器が成立したことを指摘した。さらに，意匠の共通性から九州地方の弥生系巴形銅器をモデルに復古するという指向性が，古墳出土巴形銅器の成立にみとめられるとする大胆な仮説を提示した。

古墳出土巴形銅器の成立は，銅鏡や銅鏃の変化，銅釧の出現とも連動した日本列島における青銅器生産の画期と評価しうる点も重要である。成立背景として想定した復古という運動は，銅鏃や銅釧にも指摘できる。古墳時代前期後半新段階にあたる一定の時期に生ずる諸変化から，これらの青銅器にみる相互の関連性の強さがうかがわれる点も示唆的であるといえよう。ただ，問題となるのは，復古される器物そのものが実際に長期保有・伝世され，再生の対象となったのかという点である。系譜がいったん途切れたにもかかわらず，復古再生されるメカニズムについてはなお検討が必要である。この点の解明は今後の課題としておきたい。

古墳時代前期後半新段階における復古指向の高まりと，その対象の一つが九州地方の弥生系青銅器であったことの理由についてはさまざまな解釈が可能である。該期は列島諸地域に定型化した前方後円墳が広域展開する時期でもあり，九州地方にもその影響は強く発現する（岩本 2014b）。三角縁神獣鏡の分布が九州に密となるのも該期の現象の一つである。そこには，対韓半島交渉の比重増大という東アジア情勢の影響が垣間みえる。すなわち，青銅器生産に代表される器物の生産システムはもとより，対韓半島交渉の活発化をうけて列島諸地域の集団関係が変質をとげつつあった大規模な社会変動を，古墳出土巴形銅器の成立背景として考えたい。新たな東アジア情勢の展開により相対的な九州地方の重要性が高まったことが，九州地方の弥生系青銅器を復古する基層観念となったと解することもあながち荒唐無稽ではないであろう。

本稿の執筆にあたり，以下の多くの方々，機関よりご高配を頂戴しました（敬称略・五十音順）。末筆となりましたが，記して御礼申し上げます。ありがとうございました。

伊奈和彦　上田睦　尾川伸弘　加藤一郎　児玉卓文　近藤正枝　品川欣也　高橋章司　田島龍太　立谷聡明　蓼沼香未由　谷仲俊雄　土屋隆史　中原斉　仁田坂聡　林田好子　藤崎高志　藤田三郎　東中川忠美　古谷毅　細川金也　松井潔　美浦雄二　三木弘　愛知県埋蔵文化財調査センター　石岡市教育委員会　上田市立信濃国分寺資料館　大洗町教育委員会　大阪府教育委員会　岡山県古代吉備文化財センター　交野市教育委員会　唐津市教育委員会　岐阜県文化財保護センター　京都府立山城郷土資料館　宮内庁書陵部　熊本市教育委員会　佐賀県立博物館　滋賀県立安土城考古博物館　高松市歴史資料館　田原本町教育委員会　天理大学附属天理参考館　東京国立博物館　鳥取県埋蔵文化財センター　湯梨浜町教育委員会

註

1)　弥生時代に製作がはじまる巴形銅器の下限年代は，古墳時代前期初頭まで引き下げて考えざるを得ない。田尻義了が同様の理解を示しており，製作は別としても廃棄年代が古墳時代に至る点を強調する（田尻 2008）。しかし，筆者は後述するように，製作年代が古墳時代前期初頭に下る例が存在すると考えている。したがって，弥生時代の巴形銅器に直接的な系譜をもつ例を，弥生系巴形銅器と呼称する。

2)　巴形銅器の形態を製品の上側に相当する外型によって鋳造する構造は，岐阜県荒尾南遺跡例のほか，岡山県谷尻遺跡例，鳥取県長瀬高浜遺跡例，鳥取県乙亥正屋敷廻遺跡例にある。この鋳型構造の位置づけについては，資料が少ないためはっきりしないが，地域性ではなく時期によるところが多いと推察する。いずれも，古墳時代前期初頭に時期比定が可能な資料である。

3)　したがって，青銅器生産としては，弥生末ないし古墳初頭のとくに合金としての青銅素材の入手途絶と，その後に成立する高錫青銅器の生産という二つの画期を短期間に迎えることとなる。

引用文献

赤塚次郎　2004a「東日本としての青銅器生産」『山中式の成立と解体』伊勢湾岸における弥生時代後期を巡る諸問題　第 11 回東海考古学フォーラム三重大会　207-222 頁

赤塚次郎　2004b「弥生後期巴形銅器の研究」『地域と古文化』「地域と古文化」刊行会　315-326 頁

赤塚次郎　2008「弥生後期筒状・巴形銅器について」『考古学ジャーナル』570　6-10 頁

岩本　崇　2013a「古墳出土巴形銅器の製作技術」『技術と交流の考古学』同成社　158-171 頁

岩本　崇　2013b「さまざまな青銅器」『古墳時代の考古学』4　同成社　72-84 頁

岩本　崇　2014a「青銅器の製作技術からみた芝ヶ原古墳出土銅釧の意義」『芝ヶ原古墳発掘調査・整備報告書』城陽市教育委員会　46-49 頁

岩本　崇　2014b「前方後円墳の広域展開と日本海を媒介とした交流の諸相」『倭の五王と出雲豪族　ヤマト王権を支えた出雲』島根県立古代出雲歴史博物館　33-39 頁

岩本　崇　2015「古墳時代青銅器生産の画期と副葬」『中四研だより』35　5-6 頁

宇佐晋一・西谷正　1959「巴形銅器と双脚輪状文の起源について」『古代学研究』20　1-9 頁

小田富士雄　1974「日本で生まれた青銅器」『古代史発掘』5　講談社　137-149 頁

小田富士雄　1993「古墳文化期における日韓交渉—倭と百済・伽耶・新羅—」『伽耶と古代東アジア』新人物往来社　71-100 頁

蒲原宏行　2009「桜馬場「宝器内蔵甕棺」の相対年代」『地域の考古学　佐田茂先生佐賀大学退任記念論文集』佐田茂先生論文集刊行会　23-48 頁

後藤　直　1986「巴形銅器」『弥生文化の研究』6　雄山閣　146-151 頁

後藤守一　1920「巴形銅器　銅鏃について（7）」『考古学雑誌』11（3）　28-169 頁

申　敬澈　1991「金海大成洞古墳群第一次発掘調査の成果」『考古学ジャーナル』330　16-19 頁

鈴木恒男　1959「巴形銅器—その一—」『國學院雑誌』60（1・2）　20-30 頁

高橋　徹　1994「桜馬場遺跡および井原鑓溝遺跡の研究」『古文化談叢』32　53-99 頁

高田健一　2013「銅鏃」『古墳時代の考古学』4　同成社　53-62 頁

田尻義了　2008「九州大学筑紫地区出土巴形銅器鋳型の位置づけ—巴形銅器の分類と製作技法の検討—」『九州と東アジア—九州大学考古学研究室 50 周年記念論文集—』九州大学考古学研究室 50 周年記念論文集刊行会　201-216 頁

田中晋作　2000「巴形銅器について」『古代学研究』151　1-13 頁

土屋隆史　2013「津堂城山古墳出土巴形銅器の意義」『津堂城山古墳―古市古墳群の調査研究報Ⅳ―』藤井寺市教育委員会　283-295頁

仁田坂聡ほか編　2008『桜馬場遺跡―重要遺跡確認調査概要報告書―』唐津市教育委員会

林　正憲　2002「古墳時代前期倭鏡における２つの鏡群」『考古学研究』49（2）　88-107頁

福永伸哉　1999「古墳時代前期における神獣鏡製作の管理」『国家形成期の考古学―大阪大学考古学研究室10周年記念論集―』大阪大学考古学研究室　263-280頁

松木武彦　1992「銅鏃の終焉―長法寺南原古墳出土の銅鏃をめぐって―」『長法寺南原古墳の研究』大阪大学文学部考古学研究室　101-116頁

森本六爾　1929「巴形銅器考」『三宅博士古稀祝賀記念論文集』岡書院　515-531頁

柳田康雄　1986「青銅器の創作と終焉」『九州考古学』60　21-40頁

山本圭二　1997「9　巴形銅器」『行者塚古墳発掘調査概報』加古川市教育委員会　98-100頁

挿図出典

図1　1・2・4：東京国立博物館蔵，3：京都府立山城郷土資料館蔵。

図2　模式図：岩本作成，1：交野市教育委員会蔵（交野東車塚古墳），2：東京国立博物館蔵（松林山古墳）。

図3　1：佐賀県立博物館蔵，2：熊本市教育委員会蔵，3：唐津市教育委員会蔵，4：東京国立博物館蔵，5：岡山県古代吉備文化財センター蔵，6：愛知県埋蔵文化財調査センター蔵，7：岐阜県文化財保護センター蔵，8：大洗町教育委員会蔵，9：上田市立信濃国分寺資料館蔵。

図4　1・4：高松市歴史資料館蔵，2：天理大学附属天理参考館蔵，3：東京国立博物館蔵。

図5　岩本作成。

同型鏡にみる銅鏡の伝世について

水野 敏典

はじめに

古墳時代前期前半の奈良県上牧久渡3号墳において，画文帯神獣鏡が出土し，これが古墳時代中期の和泉黄金塚東槨出土の画文帯神獣鏡と同型鏡であることを確認した（上牧町 2015）。同型鏡の出土例が古墳時代前期に遡り，これほど時期差をもって出土することは極めて珍しい。

日本文化財科学会における三次元形状計測データによる鏡径の収縮の有無の研究発表を踏まえて（水野ほか 2015），ここでは考古学的な問題点に絞って，銅鏡の伝世について考えてみたい。

1　出土古墳

①上牧久渡3号墳　奈良県上牧町に所在する。馬見丘陵の中西部端に位置し，西に葛下川とその東岸の平坦地を一望できる丘陵の先端で確認された。墳丘は，古墳時代後期後半に築造された4号墳が南側に重複する位置に築造されたため，細部は不明であるが，復元すると一辺15mほどの方形を基調とした墳丘とみられる。北側の崩れた丘陵部分に小さい前方部をもつ前方後方墳となる可能性もある。埋葬施設は，木棺直葬で，3基が確認されている。開発に伴う上牧町教育委員会による第1次調査において埋葬施設の一部を壊し，画文帯神獣鏡と鉄器の一部の出土状況は記録できなかったが，遺構の保存を前提とした第2次調査を通して，3号墳の第1主体部から画文帯神獣鏡と鉄器の大部分は出土したものと判断している[1)]。副葬品としては，銅鏡の他に鉄鏃と槍等が出土した。鉄鏃は，両鎬造りの定角式で，銅鏃を模した腸抉をもつ有茎柳葉式が出土しており（水野 2013），槍も刃関双孔をもつものを改造したものを含み，古墳時代前期でも古相の様相をもつ。奈良盆地の前期古墳は盆地東南部に集中し，上牧町周辺では，これまで前期古墳は確認されていなかった。類例は広陵町の黒石10号墓などに限られており，画文帯神獣鏡と古墳時代の鉄器群の出土は，盆地内の東南部以外の地域に前期前半の古墳がみられないとする従来の理解に見直しを迫る資料である。

②和泉黄金塚古墳東槨　大阪府和泉市に所在する全長94mの前方後円墳である。粘土槨などの埋葬施設3基を確認している。いずれの埋葬施設も非常に豊富な副葬品をもつが，石釧，鍬形石など前期的な遺物とともに帯金式の甲冑が出土しており，築造時期は古墳時代中期である。こ

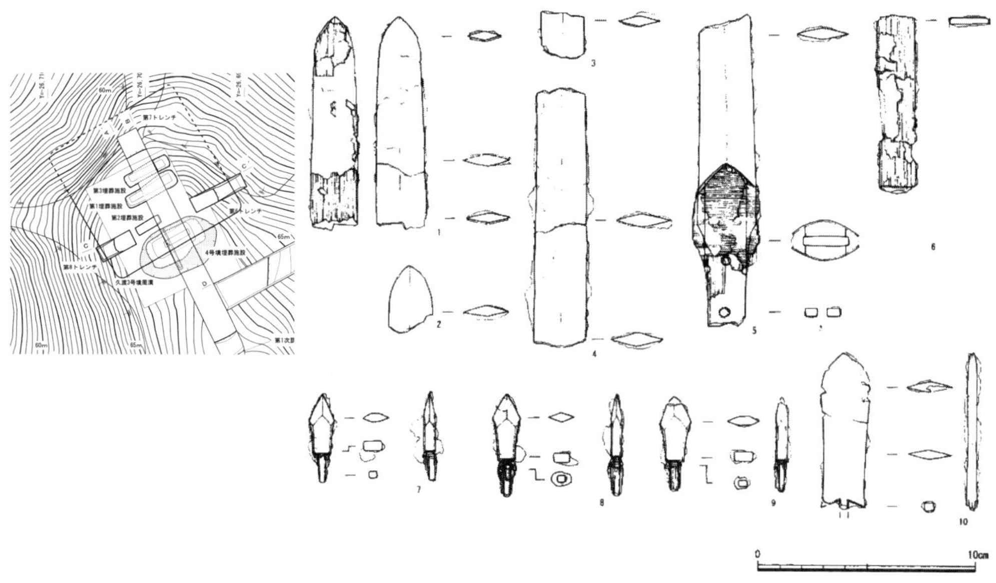

図1　上牧久渡3号墳（上牧町 2015）

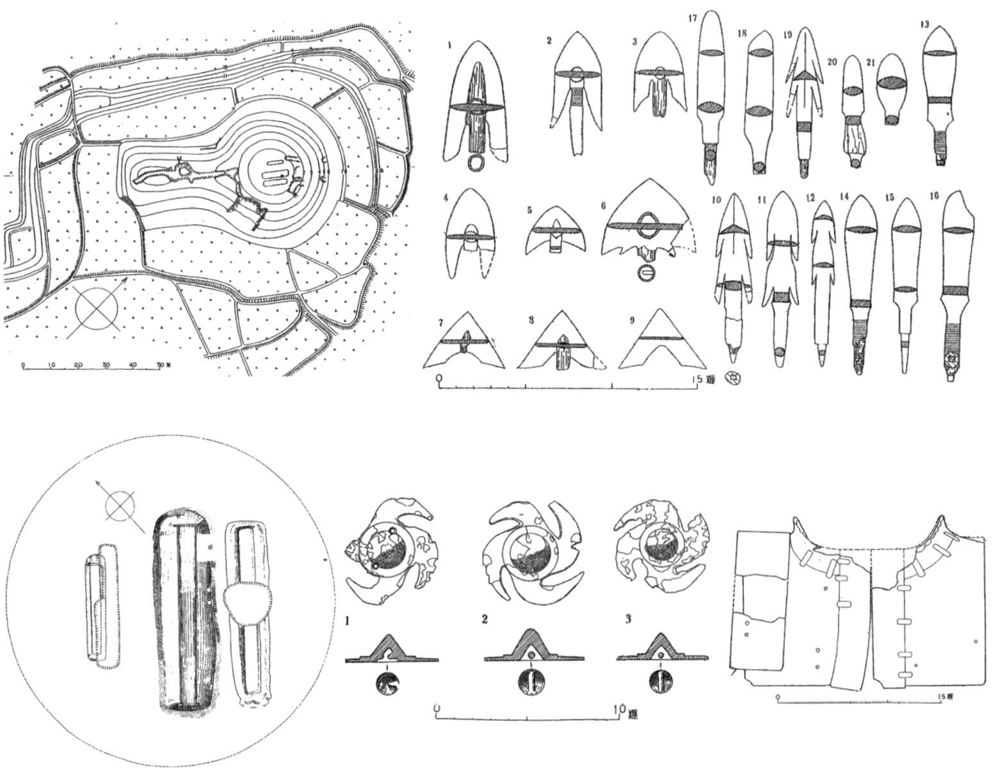

図2　和泉黄金塚古墳東槨（末永ほか 1954）

の中央槨からは，「景初三（239）年」銘をもつ画文帯神獣鏡の出土が特に有名である。東槨からも，三角縁神獣鏡や刀剣類，農工具類とともに帯金式甲冑や短頸鏃が出土しており，中期前半の埋葬施設として理解できる。そのなかに上牧久渡３号墳鏡と同一文様をもつ画文帯神獣鏡がある。

2　画文帯神獣鏡の比較（図 2）

上牧久渡３号墳鏡（以下，上牧鏡）は，直径 14.2 cm で，大きく二つに割れているが，全体に遺存状況は良好で，伯牙弾琴図や西王母，東王父などの図像が明瞭に鋳上がっている。それに対して，和泉黄金塚古墳東槨出土の画文帯神獣鏡（以下，黄金塚東槨鏡）も，遺存状況は比較的良好であるが，やや付着物が多く，細かく割れたため接合による歪みがあり，報告では直径 14.4 cm となっている。いわゆる後漢鏡に分類されるが，画文帯と半円方格帯の境をなす圏線が，幅広で菱雲文をもつ特異な文様構成であり，その点では新相となる可能性があると考えている。

２面とも，三次元計測を行っているが，黄金塚東槨鏡では付着物があり，全体に薄くノイズが入っている[2)]。

鏡背には，工人が意図した文様以外にも鋳型表面の傷が鋳造されることがあり，これを笵傷と呼んでいる。笵傷は，２面とも極めて少なく，精良な鋳上がりである。しかし，詳細にみると，環状乳の刻み目は，上牧鏡に確認できるが，黄金塚東槨鏡になく（笵傷 1），差異はある。半円方格帯には共通する傷も確認できるが（笵傷 2），半円の花文には黄金塚東槨鏡に傷があり，上牧鏡にないものがある（笵傷 3）。また，画文帯の鳥形に仙人が乗る図像に上牧鏡に笵傷があり，黄金塚東槨鏡にないものもあった（笵傷 5）。他にも笵傷はあるが，付着物等で双方が確認できる場所は限られている。これを整理したものが表２である。相互に共有しない笵傷をもつことから，同じ鋳型での量産を行う同笵技法ではなく，原鏡から踏み返して鋳型を量産する同型技法が使用されたものと考えている。

このとき，２面の関係が，原鏡に対して同じ世代のいわゆる兄弟鏡となるのか，世代の異なる鏡となるかを確認するために（図 6），三次元計測データを利用し，収縮の有無を確認した（水野ほか 2015）。

三次元計測は，計測点の座標を記録し，高密度の点群として対象の形状を記録する技術である。踏み返して複製した鋳型は，複製過程での乾燥・焼成の際に収縮変形が起きる場合があり，鏡径収縮の有無は，技法の識別にも有効である（水野 2010）。ただし，鏡径収縮の値が小さいため，作業の誤差を避けるためにも，可能な限り長い２点間距離を必要とするが，黄金塚東槨鏡が割れていたため，２点間の設定は割れた部分を避けて，方格や神像の目などを目印に a～e を設定した。同一文様の銅鏡といってもモノとしては別であり，完全に同一箇所は設定できない。結果として，銅鏡収縮の確認を目的として２点間距離を比較するには短すぎ，加えて和泉黄金塚東槨鏡に付着物とノイズがあることから計測値は一定の傾向を見出す程度の精度に留まり，２面に明確な鏡径収縮は，確認できなかった。

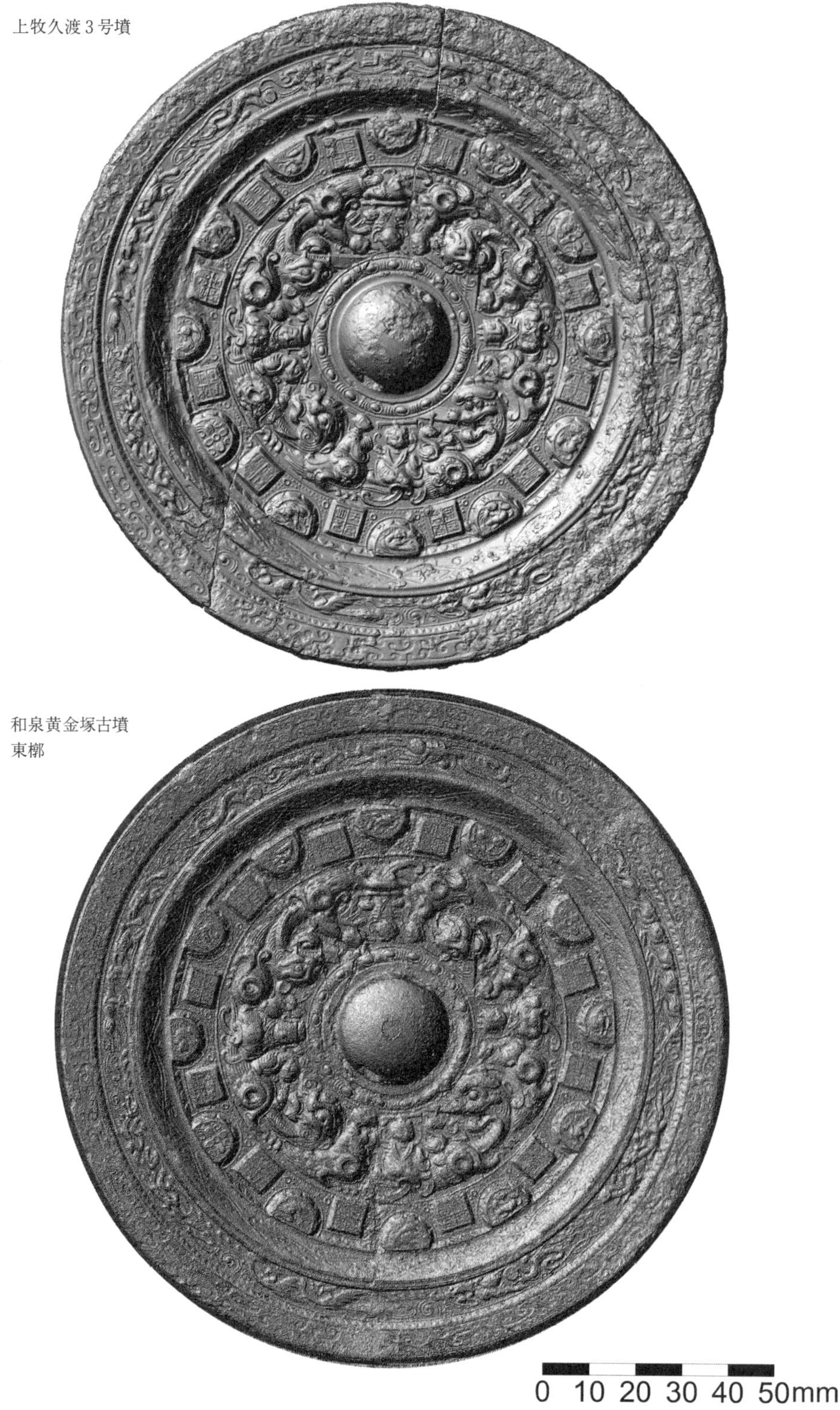

図３　画文帯環状乳神獣鏡（上牧町 2015，橿考研 2005）

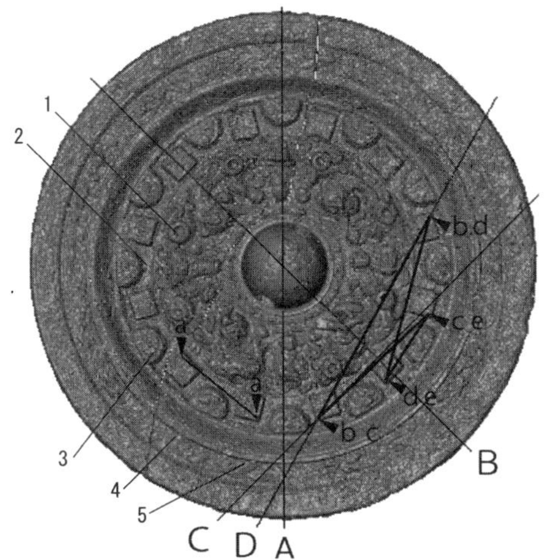

図４　笵傷および断面位置図
（水野ほか 2015）

表１　２点間距離

	上牧久渡 ３号墳鏡	和泉黄金塚 東槨鏡
a	27.30	27.36
b	65.14	65.07
c	48.01	48.05
d	48.03	48.04
e	22.24	22.24

（単位 mm）

表２　笵傷一覧

	1	2	3	4	5
上牧久渡３号墳鏡	×	○	×	○	○
和泉黄金塚東槨鏡	○	○	○	○	×

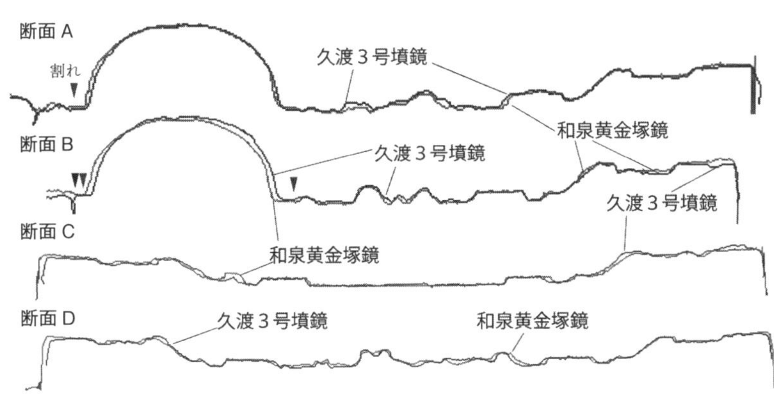

図５　断面図比較（水野ほか 2015）

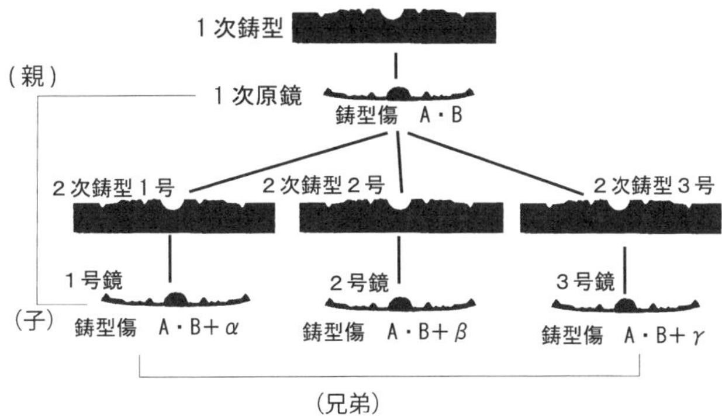

図６　同型技法による量産モデルと笵傷（水野ほか 2015）

2面の銅鏡は，笵傷の観察と合わせて，同じ原鏡から同型技法によって量産された可能性が高いことが判明した。しかし，同型技法は原鏡となる製品さえあれば，製作場所や時代が異なっても複製を製作することが可能であり，それだけでは製作工房を限定することはできない。そこで，同型技法の使用の際に，製作工房や工人の違いが出やすい箇所として，鈕の形状と，鈕孔方向と，鈕孔の形状に注目した[3)]。文様に対しての鈕孔方向は，データ上でも一致し（図3），鈕の形状は，Aラインでの断面で示したように，鈕径はもちろん，頂部がやや窪むところまで断面形は一致した（図8）。さらに鈕孔は，やや扁平な方形でやや上方が広く，孔の縁を丁寧に丸めるなど2面の鈕孔形状は酷似する。以上の3点から，上牧久渡鏡と和泉黄金塚東槨鏡は，別の時代に別な場所で製作されたのではなく，同一工房での連続的な製作によるものである可能性が高いと考える。

3　銅鏡の伝世のあり方について

同一工房で近接した時期に2面が製作された可能性が高いとすると，時期の離れた古墳からの出土をどのように考えるべきであろうか。これまでも中国鏡の製作時期と古墳への副葬時期が離れる例は数多く，むしろ一般的であった。このとき，製作された銅鏡が，日本の古墳に副葬されるまで，何処に所在していたのかは不明であった。その問題の典型が紀年銘鏡であったが，いわゆる倭の領域への搬入時期をどのように考えるべきか，その議論の材料に全く欠けていた。つまり，長く中国で伝世していた銅鏡を，副葬前に日本に搬入し，ほどなく副葬したと考えるのか，製作からあまり時間をおかずに倭の領域に持ち込んで長期使用・保管した後に，古墳副葬品としたのか，議論する手がかりに欠けていた（図11）。

今回の上牧久渡3号墳の出土鏡は，この議論にあらたな手がかりを提供すると考える。古墳時代の実年代観は，個々の研究者により意見の相違はあるものの，上牧久渡3号墳は，古墳時代前期でも古相とみられ，古墳時代中期前半の和泉黄金塚古墳との時期差は，百年近くにおよぶ可能性がある。同一工房での連作鏡が，かなりの時間差をもって，それぞれの古墳副葬の少し前に日本へ搬入されたとみるのか，あるいは同一時期に倭の領域に搬入されて，1面はほどなく副葬されて，もう1面は長期に保管・使用されてから副葬されたとみるのか，ということである（図9）。

A案は，一方の銅鏡が中国内で消費されることなく遺存し，なおかつ倭の領域に持ち込まれなければならず，この状況が成立する条件は厳しいように思う。これは，中国鏡の入手が，対外交渉による下賜品に限定されるのか，私貿易などの通商レベルでの長距離交易品としての中国鏡が含まれるのかでも，様相の異なる可能性があり，今後検討する必要がある。また，舶載三角縁神獣鏡の特鋳説に立つ場合でも，三角縁神獣鏡の「同笵鏡」が時期を異にして倭の領域に搬入される事は，想定していなかったように思う。

上牧久渡3号墳鏡と黄金塚東槨鏡にみる，古墳時代前期に遡る「同型鏡」の存在は，今のところ例外的なものであるが，同一の契機で搬入されたものが，時期の異なる古墳に副葬されたとするB案の蓋然性が高いと考えている。しかしながら，今回の一例だけでは，蓋然性は示せても

上牧久渡3号墳鏡

和泉黄金塚東槨鏡

図7　鈕孔形状

図8　断面A全体比較（水野ほか 2015）

A案

鏡							
上牧久渡3号墳鏡	製作		搬入		副葬		
和泉黄金塚東槨鏡	製作	中国内伝世				搬入	副葬

B案

鏡						
上牧久渡3号墳鏡	製作		搬入		副葬	
和泉黄金塚東槨鏡	製作		搬入	日本列島内伝世		副葬

図9　「同型鏡」の製作から副葬までのモデル

図10　和泉黄金塚古墳中央槨　景初三年銘画文帯神獣鏡（橿考研 2005）

	鏡					
①	和泉黄金塚中央槨鏡	製作	中国内伝世		搬入	副葬
②	和泉黄金塚中央槨鏡	製作	搬入	日本列島内伝世		副葬

図11　和泉黄金塚古墳中央槨鏡の製作から副葬までのモデル

何かが決定されるものではない。あくまでも従来から想定されていた倭の領域内，もしくはヤマト政権における中国鏡の長期保管，伝世について可能性を議論する材料を得たのみと考える。

また，同じ和泉黄金塚古墳でも中央粘土槨に「景初三年」銘をもつ画文帯神獣鏡がある（図10）。画文帯神獣鏡としては笵傷が多く，獣毛表現などに歪みがあり，時期は不明であるが踏み返しを経ている可能性もありえるとも考えていた。和泉黄金塚古墳東槨鏡に，倭の領域における長期伝世の可能性が出てきたとしても，古墳出土の中国鏡に普遍化できるものではなく，やはり銅鏡の観察，文様構成，銘文等の個別検討を経ての解釈が必要である。

今回は，時期の離れた古墳から出土した，同一文様をもつ2面の画文帯神獣鏡の分析を行い，笵傷と明確な鏡径収縮がないことから，同世代の同型鏡の可能性が高いことを指摘した。さらに，鈕孔方向の一致と鈕孔形態の酷似から同一工房での近接時期の製作と考え，2面の画文帯神獣鏡に対して，倭の領域での長短の伝世の蓋然性について考察した。

註

1）筆者も第2次調査に参加し，（上牧町 2015）の上牧久渡3・4号墳の報告を行っている。

2）和泉黄金塚古墳出土鏡は，マツオ製マーキュリーJで計測，上牧久渡3号墳鏡は，GOM社 ATOS Compact Scan で計測した。計測仕様の詳細は，橿考研 2005と水野 2010を参照のこと。

3）辻田 2015においても，同型鏡における鈕孔の形状の共通性に注目している。

和泉黄金塚古墳東槨出土画文帯神獣鏡（J-36931-25），和泉黄金塚古墳「景初三年」銘画文帯神獣鏡（J-36931-54）は，東京国立博物館所蔵である。上牧久渡3号墳出土画文帯神獣鏡は上牧町の所蔵である。

銅鏡の三次元計測調査にあたり，以下の機関と個人の協力を受けた。

東京国立博物館　上牧町教育委員会　樋口隆康　古谷毅　関川尚功　石橋忠治　増永光令　奥山誠義　柳田明進　勝川若菜

参考文献

上牧町教育委員会　2015『上牧久渡古墳群発掘調査報告書』上牧町文化財調査報告　第2集

末永雅雄・島田暁・森浩一　1954『和泉黄金塚古墳』日本考古學報告第5冊　東京堂出版

辻田淳一郎　2015「同型鏡群の鈕孔製作技術—画文帯環状乳神獣鏡Aを中心に—」九州大学大学院人文科学研究院『史淵』第152輯

奈良県立橿原考古学研究所　2005『三次元デジタル・アーカイブを活用した古鏡の総合的研究』橿原考古学研究所研究成果報告第8冊（『古鏡総覧』学生社）

水野敏典　2010「三次元形状計測を応用した画文帯神獣鏡「同型鏡」の検討」『考古資料における三次元デジタルアーカイブの活用と展開』基盤研究A科研報告書　課題番号 18202025

水野敏典　2013「鉄鏃」『古墳時代の考古学4　副葬品の型式と編年』同成社

水野敏典・奥山誠義・北井利幸・柳田明進・古谷毅　2015「三次元計測からみた上牧久渡3号墳出土の画文帯神獣鏡」 2015『日本文化財科学会第32回大会要旨集』日本文化財科学会

武刕南多摩・中和田横穴墓群副葬武器の様相

池上　悟

はじめに

東京都多摩市に所在する中和田横穴墓群は，多摩川の支流である大栗川左岸の台地南斜面に展開した横穴墓群であり，昭和20年代の三木文雄による調査により5基の横穴墓が調査されて所在が明確になった（三木1956）。また昭和40年代には，周辺の厚生荘病院内横穴墓が調査されて横穴墓群の広がりが想定されるに至った（永峯1965）。

昭和51年には日蓮宗寺院の都区内からの移転に伴う事前調査が立正大学考古学研究室によって実施され，新たに14基の横穴墓の所在が明確になり，このうちの11基が発掘調査されている（坂詰・池上1976）。

中和田横穴墓群が展開する台地南側斜面上の台地縁辺には，日野市万蔵院台古墳群が位置している。『日野市史』編纂に伴う調査が昭和48・49年に行われ，河原石を石材として用いた3基の横穴式石室を構築した古墳の存在が明確になっている。

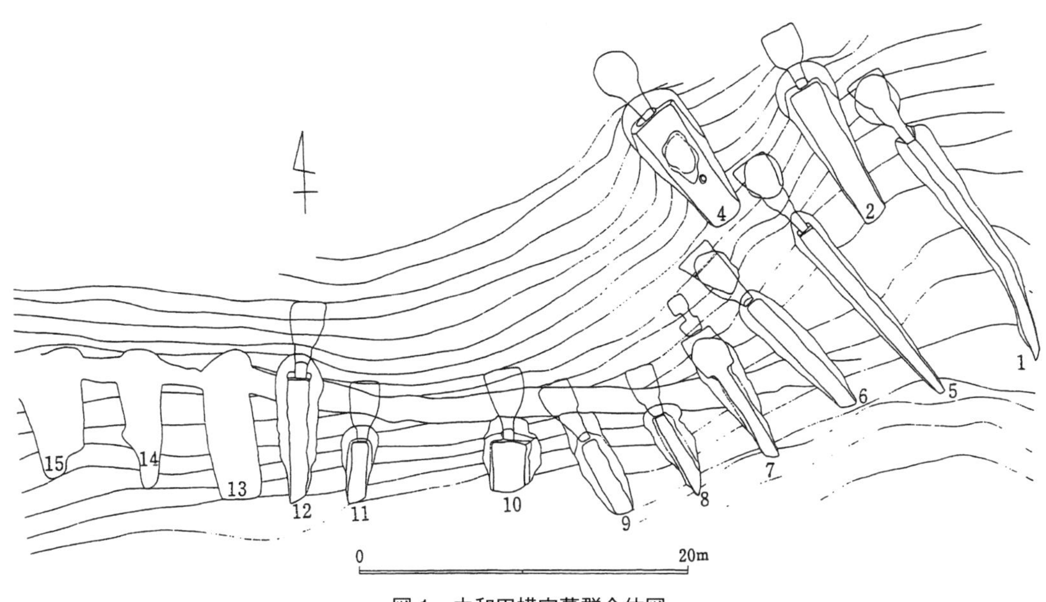

図1　中和田横穴墓群全体図

2号墳は片袖型式石室を構築した6世紀末頃の築造であり，台地縁辺の斜面に墓道を開けている。3号墳石室は，入口から一段下がって玄室床面を設置した片側壁面に緩やかな胴張り様相を保持した狭長な石室であり，7世紀初頭頃の年代が想定される。

1号墳は完全に土壙内に石室を構築した地下式構造のものであり，玄室両側壁には明確な胴張り様相を保持した単室構造の石室である。出土の武器類から，7世紀前半代の構築と考えられるものである（池上1984）。

確認された14基の横穴墓群は，台地の南側斜面に幅65mにわたって展開しており，東側斜面が緩やかであるのに対して，西側に従って傾斜がきつくなっていた。このため東側に掘削された横穴墓の墓前域は長く，相対的に西側に掘削された横穴墓の墓前域は短くなっていた。

横穴墓群は，個別横穴墓の占地によって東西の2支群に分かたれ，それぞれの支群も小群を形成している。個別横穴墓構造と出土遺物を勘案すると，近接する2〜4基の横穴墓により識別される小群は，個別造営主体の累代的な形成に従ったものではなく，同時期に複数の横穴墓が掘削されたものと判断された。7世紀の前半から後半代にかけて，おおきくは3段階として変遷したものと想定される（池上2004）。

14基の横穴墓のうち，埋葬された人骨が良好に確認されたのは，7号墓の改葬人骨，9号墓の集積された人骨と伸展葬された人骨の2体，10号墓の並行する伸展葬2体，11号墓からは伸展葬1体と隅に集積された1体，12号から伸展葬2体であり，2号・4号・8号からは骨片として確認できたのみである。

副葬品としての武器類は，7号墓から直刀1本，9号墓から直刀2本，刀子2本，鉄鏃14本，12号墓から直刀2本，刀子4本，鉄鏃16本が確認されている。

このうち9号墓出土の14本の鉄鏃は片刃箭式，12号墓出土の16本の鉄鏃は腸抉平根式のものである。これらの鉄鏃については，南武蔵の後期古墳出土鉄鏃を総括するおりに紹介したところである（池上1997）。

本稿では，昭和51年の調査により中和田横穴墓群から出土した武器のうち直刀を紹介し，その意義について論究したい。

1　中和田横穴墓群出土直刀の様相

中和田横穴墓から出土した直刀は，3横穴墓から5本の出土を確認できる。7号墓から1本，9号から2本，12号墓から2本の総計5本である。

1は7号墓から改葬人骨に伴って出土したものであり，全長688mmを測る2円孔鍔を伴うものである。刃長575mm，関刃幅34mm，先端幅25mmを測るものであり，両関で峰はふくらを呈する。長さ113mmの茎の先端は斜めに直線状を呈しており，目釘は茎の中央部の一ヶ所である。刃部の棟の厚さは5〜7mmであり，両刃造りである。鞘は伴っていないが，刃部中央にわずかに木質が認められる。鍔は幅42mm，長さ64mmの倒卵形を呈するものであり，上部に

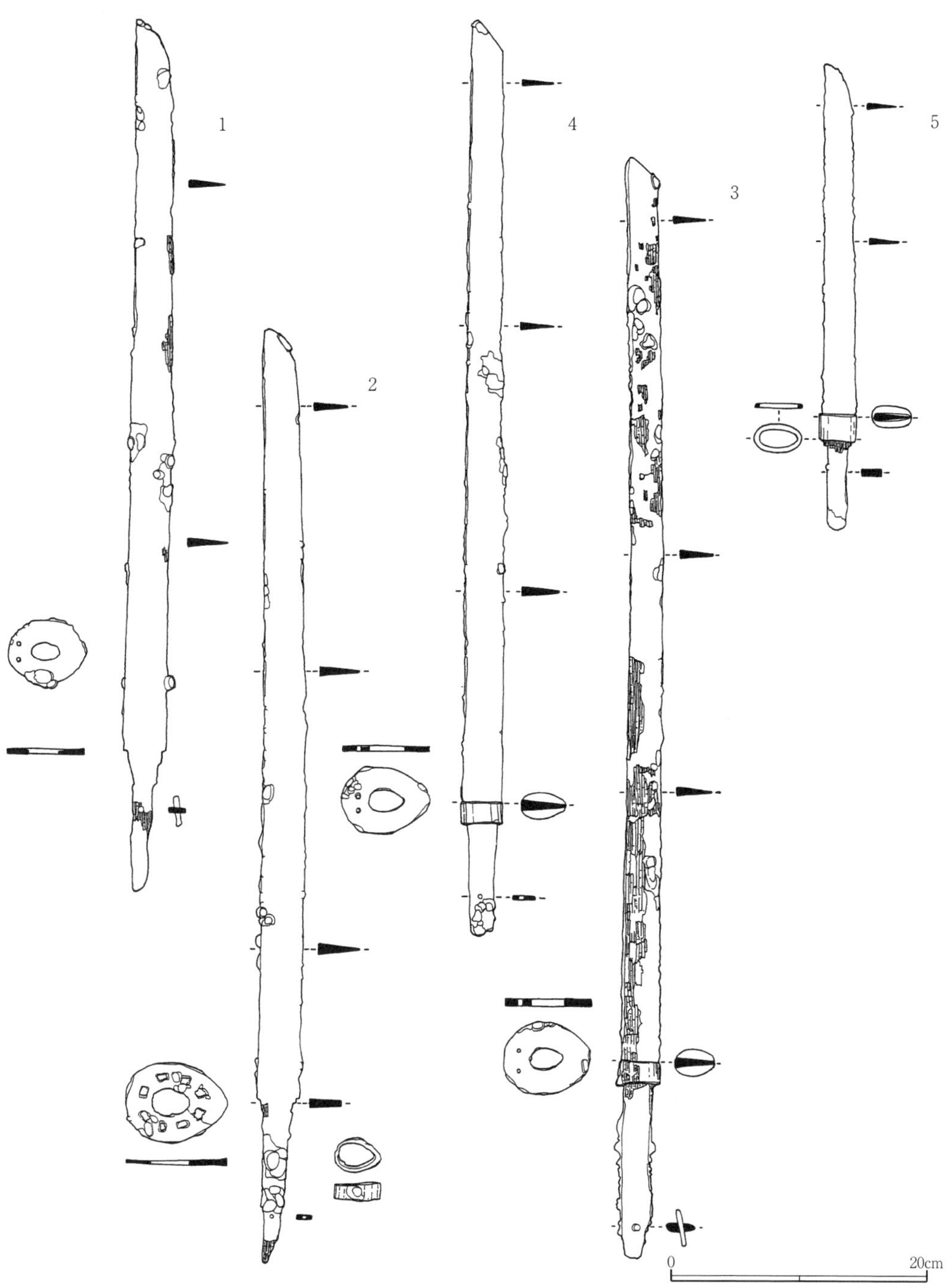

図２　中和田横穴墓群出土の直刀

径 2 mm ほどの 2 孔を穿つ特徴的なものである。厚さは上が薄く下が厚い 3～5 mm であり，中央部の円孔は幅 15 mm，長さ 23 mm を測る。

2 は南側に開口する 9 号墓の玄室内東壁に沿って，伸展葬された被葬者に副って 3 の直刀とともに出土したものである。全長 735 mm を測るものであり，8 方孔鍔を伴っている。刃長 605 mm，関刃幅 34 mm，先端刃幅 24 mm を測る，両関で峰はふくらを呈するものである。刃の厚さは関部分で 6 mm，先端部で 5 mm である。刀部表面には木質はほとんど遺存していない。茎長は 130 mm を測り，先端の尖った抉り尻を呈している。目釘孔は茎の先端近くに 1 孔を穿ったものであり，先端部には木質の遺存を確認することができる。分離して幅 14 mm，長さ 36 mm の鎺が確認される。鍔は幅 64 mm，長さ 78 mm の倒卵形を呈する大形のものであり，厚さは 3～6 mm，中央の円孔は幅 22 mm，長さ 28 mm を測る。周囲に穿たれた 8 ヶ所の方孔は 6×8 mm ほどの大きさである。古相を呈する直刀と確認することができる。

3 は 9 号墓から出土した全長 864mm を測る，2 円孔鍔を伴う直刀である。刃長 710 mm，関刃幅 30 mm，先端幅 24 mm で，両関で鲕峰を呈するものである。両関部には幅 16 mm の鎺を伴っており，刃の厚さは関部分で 6 mm，先端部で 5 mm である。刃部には多く木質の遺存が確認でき，半ばを覆うほどである。茎長は 154 mm であり，幅 22 mm ほどの均一な先端部が丸く収束して，この部分に 1 ヶ所の目釘が遺存している。

伴って出土した鍔は，幅 56 mm，長さ 68 mm の倒卵形を呈するものであり，上部には径 3 mm ほどの 2 円孔を穿っている。厚さ 5～6 mm，中央部の円孔は幅 16 mm，長さ 25 mm の大きさである。総体として細長い形状を呈する直刀である。

4 は 12 号墓から出土した全長 718 mm を測る，2 円孔鍔を伴う直刀である。刃長 614 mm，関刃幅 30 mm，先端刃幅 24 mm で，両関で鲕峰を呈するものである。刃の厚さは関部分で 6 mm，先端部分で 4 mm であり，関部分には幅 16 mm の鎺が遺している。茎長は 104 mm を測り，先端に向かって幅を減じて先端を丸く仕上げている。目釘は先端近くに 1ヶ所施すものであるが，釘は遺存しておらず径 3 mm の小孔が確認できる。伴って出土した鍔は，幅 55 mm，長さ 68 mm の倒卵形を呈する厚さ 4 mm のものであり，中央には幅 18 mm，長さ 27 mm の円孔を穿っている。上部中央には径 3 mm の小円孔を 2ヶ所穿っているが，中央の円孔と比較すると一方に片寄って点が確認できる。

5 は，12 号墓から出土した全長 365 mm を測る小直刀である。刃長は 273 mm，関部分の刃幅 28 mm，先端部分の幅 22 mm であり，両関で峰はふくらを呈している。刃の厚さは 4～6 mm であり，先端に従って薄く仕上げられている。関部には幅 20 mm の鎺が伴っており，柄の木質が遺存している。茎は幅 16 mm，長さ 90 mm であり，先端部を丸くする。

2　2 円孔鍔を伴う直刀

以上に紹介した中和田横穴墓群出土直刀 5 本のうち，1 本は 12 号墓から出土した小直刀であり，残る4本が通常規模の直刀である。このうち峰がふくらを呈する直刀が2本，鲕峰が2本となり，茎の形状では，両関中細隅抉尻が1本，両関中細栗尻が1本，両関直栗尻が2本である。(臼杵 1984)

これら4本の直刀を峰と茎の形状の組合せで分類すると，①両関中細隅抉尻＋ふくら峰～2，②両関中細栗尻＋ふくら峰～1，③両関直栗尻＋鲕峰～3・4，に区分することができる。

またこれら4本の直刀に伴出した鍔は，8方孔鍔が1個に対して残りの3本には上部に小孔を穿った2円孔鍔が伴っている。鍔は，峰と茎の組合せ分類に対応しており，①には8方孔鍔，②・③には2円孔鍔が伴っている。

すなわち，ここに確認できた区分は，先行研究を参酌すると，ほぼ年代的な推移として確認することができるものである。

ここに確認できる最大の特徴は，武蔵南多摩の地に集中して確認される2円孔鍔を伴う3本の直刀の存在である。特殊例としての2円孔鍔を伴う直刀を総括したのは，平成9年の折原洋一の論考であり（折原 1997），房総半島の中央部の下総東部に集中する様相が明らかにされている。ここで確認できる類例の分布を確認しておきたい。

2円孔鍔を伴う直刀は，関東地方を中心に東北地方南部に及ぶ分布を示している。宮城県では桜小路18号墓，大年山1号墓，亀井囲20号墓の3基の横穴墓，福島県では弘法山1号墓と白河観音山3号墓，栃木県では藤井38号墳，群馬県では高崎市若田町出土品，埼玉県では田木山1号墳からの出土が知られる。

千葉県では，千葉市東南部地区の生実古墳群の小金沢7・8号墳，ムコアラク10号墳，六通金山1号墳の4例，上総北部地区では胡麻手台16号墳，台の内古墳，森台19号墳，山田宝馬16号墳，鷺ノ山A2号墓の5例，佐倉周辺地区では野中5号墳，清水12号墳の2例，下総北東部地区では阿玉台A6号墳から出土しており，総計12例を数えることができる神奈川県では横浜市の熊ケ谷横穴墓群から1例確認でき，これに中和田横穴墓群の3例が追加されることになる。

表1　円孔鍔を伴う直刀出土古墳

宮城県	
桜小路18墓群	
大年寺山1号墓	象嵌鍔
亀井囲20号墓	
福島県	
弘法山1号墓	
白川観音山3号墓	
弘法山1号墓	10円孔鍔
駒板新田11号墓	上1円孔鍔
栃木県	
藤井38号墳	
黒袴台29号墳	12円孔鍔
群馬県	
高崎市・若田町	
奈良18号墳	8円孔鍔
茨城県	
武者塚古墳	8円孔鍔
武者塚古墳	10円孔鍔
埼玉県	
田木山1号墳	
御手長山古墳	上下4円孔鍔
千葉県	
小金沢7号墳	
小金沢8号墳	
ムコアラク10号墳	
六通金山1号墳	
胡摩手台16号	
台の内古墳	
森台19号墳	
山田宝馬67号墳	
鷺ノ山A2号墓	
神明神社裏6号墳	横1円孔鍔
戸張作9号墳	横1円孔鍔
野中5号墳	
清水12号墳	
栗野1号墳	上1円孔鍔
竜角寺101号墳	9円孔鍔
阿玉台北A6号墳	
阿玉台北B1号墳	13円孔鍔
東京	
中和田7号墓	
中和田12号墓	
中和田12号墓	
神奈川県	
熊ケ谷横穴墓群	
松輪坪井7号墓	上3円孔鍔

宮城県から神奈川県に及ぶ範囲で確認される2円孔鍔を伴う直刀は合計24例であり，このうちの半数の12例が房総地域の中央部に集中分布する点を確認することができる。

この上部に2円孔を穿った鍔を基本とする変容形も，少数例を確認することができる。福島県・駒板新田11号墓からは上部1円孔鍔，埼玉県・御手長山古墳からは上下に4円孔を穿った

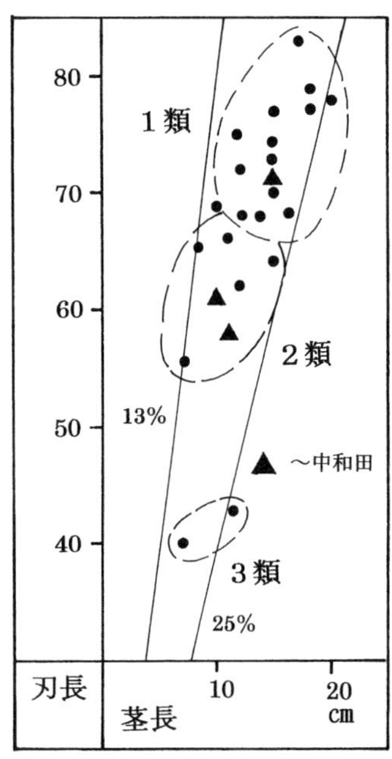

図3　円孔鍔を伴う直刀集成図

鍔，千葉県・粟野1号墳からは上部1円孔鍔，神明神社裏6号墳と戸張作9号墳からは横に1円孔を穿った鍔，神奈川県・松輪坪井7号墓からは上部3円孔鍔が出土している。

さらに鍔の周囲全面に一般的な方孔ではなく，円孔を穿つ類例もまた，同巧製品として認識できよう。これらは，福島県・弘法山1号墓から上2円孔鍔を伴う直刀に伴出して，鍔の周囲に10円孔を配置する鍔を伴う直刀が出土している。また栃木県・黒袴台29号墳からは12円孔鍔を伴う直刀が出土しており，この刀の関近くには小孔を穿つ刃関孔刀である。さらに群馬県・奈良18号墳からは8円孔鍔を伴う直刀，茨城県南部の武者塚古墳からは8円孔鍔と10円孔鍔を伴う直刀が出土している。

この種の直刀が集中する千葉県では，龍角寺101号墳から9円孔鍔，上2円孔鍔を伴う直刀が出土している阿玉台古墳群中のB1号墳からは，9円孔鍔を伴う直刀が出土している。これらを含めると，総計37例が現在確認されている。

直刀に伴う鍔は，6ないしは8個の方孔を穿つものが基本となっており，少数の変形鍔が地域を限定して分布するものは，地方において製作されたものと考えられている（豊島2001・2010）。

ここに確認できる少数の円孔を穿った類例も，地方製作として考えることができるものであり，37例中17例が分布する千葉県，とくに千葉市・東南部古墳群を中心とする生産，分布状況を重視することができる。

これら円孔鍔を伴う直刀が出土した古墳の築造年年代は，陶邑TK209期を最古として7世紀前半代を主体とするものと考えることができる。中和田横穴墓群出土の3例は，1が茎と峰の形状により相対的に古い様相を示しており，3と4が茎の幅が均一な直，峰は直線を呈する鰤峰であり，新期の所産を示している。

9号墓の2本の直刀は，一般的な8方孔鍔を伴う直刀と2円孔鍔を伴う直刀であり，明確な所産時期の違いを示している。9号墓からは2体の人骨が検出されており，一体の人骨は北西隅に集積されており，1体は東壁沿いに伸展葬されている。この伸展葬に副って2本の直刀が出土しており，古相を呈する8方孔鍔を伴う直刀は先に埋葬された集積された人骨に伴って副葬されたものと思われる。

9号墓からは直刀とともに鉄鏃が14本出土している。若干の形状の違いを呈するものの，全て片刃箭型式の鉄鏃であり，鏃身の関部が不明瞭となった段階の端刃片刃箭型式の鉄鏃であり，7世紀中葉以降の年代が想定されるものである。

12号墓からも16本の鉄鏃が出土しているが，これらは腸抉平根式のものであり，7世紀の中葉頃の年代が考えられる。

中和田横穴墓群における直刀の年代は，共伴した鉄鏃の様相を勘案して想定すると，2の8方孔鍔を伴う直刀が7世紀前半代，1の古相の2円孔鍔を伴う直刀も7世紀前半代，3の2円孔鍔を伴う直刀が7世紀の中葉，4の2円孔鍔を伴う直刀が7世紀の中葉以降に被葬者に伴って副葬されたものと想定される。

2円孔鍔を伴う直刀の大きさは，全長を確認できた27例を集成すると，大きく3区分できる。茎長は，刃長の13～25%の範囲にあり，1類は刃長が68～83 cm，茎長12～20 cmの大形，2類は刃長56～66 cm，茎長7～15 cmの中形，3類は刃長が40，43 cm，茎長7，11 cmの小形の区分が確認できる。このうち中和田横穴墓群から出土した類例は，3が1類，1と4が2類となる。

ここに確認できる特徴的な上2円孔鍔を伴う直刀以外に，直刀の関の近くに小孔を穿った刃関孔刀の東国における分布も，千葉市・東南部古墳群を一つの重要な分布の中枢として考えことができる（池上2011）。

刃関孔を有する直刀は，古墳時代にあって東北地方から九州地方まで分布するが，東国においては，東北地方の宮城・福島県下の横穴墓から7例，群馬県・25，栃木県・12，茨城県・8，埼玉県・10，千葉県・19，東京都・10，神奈川県・8例の合計99例の出土が確認できる。

これらのうち千葉県出土例の割合は19%であり，群馬県出土例の25%には及ばない。分布から判断すると，北関東地域は群馬県における製作，南関東地域は千葉県における製作によるものかとも考えられる。

刃身の関近くに小孔を穿つ意義については，必ずしも明確にはなっていない。刀身を鞘におさめた段階では機能を発揮することはできず，孔の周囲に象嵌により文様を刻む例の存在を考慮して何らかの装飾を施すための孔と考えることができるものである。

柄頭に様々な金銅装の装飾を造作した装飾大刀は，在地の有力古墳から出土しており，これらとの共伴関係，出土古墳の検討からは，刃関孔大刀は装飾大刀の末端に位置づけられ地域内で機能したものと想定できるものである。

特徴的な上2円孔鍔を伴う直刀の分布が千葉県を中心とした分布を示すことからは，同時期に無窓鍔，小形化した喰出鍔も存在する点を勘案すると，鍔上部の2円孔の機能としては刃関孔に類する点も想定することができよう。

3　中和田横穴墓群出土直刀の意義

中和田横穴墓群は，武蔵・南多摩，東京都多摩市の，多摩川の支流である大栗川の下流域左岸の台地南斜面に展開しており，総数は50基以上と想定することができる。斜面上部には，万蔵院台古墳群が位置しており，大栗川の対岸には在地首長墓である稲荷塚古墳と臼井塚古墳，河原石を用いて横穴式石室を構築した古墳からなる塚原古墳群が位置している。すなわち中和田横穴墓群は，当該地区における有力者集団の墳墓の一つとして造営されたものと考えられる存在である。

多摩川上流域における古墳時代終末期の様相は，7 世紀初頭に周溝内径 40 m 規模の調布狐塚古墳が，狭長な無袖型式の横穴式石室を埋葬施設として構築されており，特徴的な副葬品として刃関孔大刀を伴っている。

多摩川上流域には刃関孔大刀が八王子・昭島地区から日野・多摩・府中地区，対岸の川崎市域にかけて 11 本が分布しており，調布狐塚古墳が配布の中枢を占めたものと想定することができる（池上 2015）。

この刃関孔大刀の多摩川上流域への供給源を，南関東における分布の中枢をなす房総半島中央部と想定したところである。この点は，中和田横穴墓群出土の 3 本の 2 円孔鍔を伴う直刀を房総半島中央部の製作と想定できる時に，一層の首肯性を与えるものとすることができよう。

次いで 7 世紀前半代の在地首長墓は，径 39 m 規模の円墳である八王子・北大谷古墳に移っている。当該地域最大規模の全長 10 m の泥岩を用いた横穴式石室を構築しており，奥室の両側壁は顕著に外に張り出す胴張り様相を保持している。

この北大谷古墳と同時期に，大栗川下流域地区の首長墓として多摩・稲荷塚古墳が構築されている。周溝内径は 38 m 規模の円墳であるが，周溝は角張っており多角形墳の可能性が考えられている。墳丘と周溝との間には平坦面を有しており，東国の終末期古墳に確認できる $1:\sqrt{2}$ 企画による築造と考えられる（池上 2013）。稲荷塚古墳の埋葬施設は全長 770 cm の胴張り横穴式石室であり，当該地域の首長墓に共通する泥岩を用いている。

この地区における首長墓は，継続して臼井塚古墳が調査されている。埋葬施設は泥岩を用いた単室構造の全長 500 cm の胴張り石室であり，周溝は確認されていない。

この 7 世紀前半から中葉にかけて造営された 2 基の在地首長墓の下に，河原石を石材として用いた横穴式石室を構築した高塚古墳群と，台地斜面に横穴を穿って埋葬施設した横穴墓が，有力集団の墳墓として一定の規制に従って造営されている。

多摩川上流域における泥岩使用の胴張り石室と，河原石を使用した無袖石室の系譜は，北武蔵からの影響と考えられている。河原石を使用した石室は，地区首長墓としての胴張り石室の影響を受けて，胴張化している。

多摩川上流域における横穴墓は，八王子・大和田横穴墓群中の例が 6 世紀末葉以降の多摩丘陵に波及した東海系統の横穴墓と認識される以外は，7 世紀前半代に現出した胴張り石室を規範形する構造を呈するものである。

すなわち，多摩川上流域においては，被葬者の階層に従った異なる埋葬施設のすべてが在地首長墓の構造的影響を強く受けている状況を確認できる。

このような状況下における埋葬施設に副葬された武器の様相は，特徴的な刃関孔大刀と 2 円孔鍔を伴う直刀をもってすれば，埋葬施設で関連が想起される北武蔵地区ではなく，千葉市・東南部古墳群を中心とする房総半島中央部からの供給状況を確認される。

千葉市・東南部古墳群は，前方後円墳体制最末期に台頭した有力集団により造営された古墳群であり切石を用いた横穴式石室を埋葬施設としている。この古墳群に多く副葬された特徴的な直刀は広く周辺地域にも分布しており，鉄鏃ではより限定された範囲への供給状況が想定される(池上 2016)。

一般に群集墳には多くの武器が副葬されており，緊迫した社会状況を反映したものと理解されてきた。特定集団が武装する要因は，当然に周辺に敵対する集団の存在が想定されるところである。特定集団は地域内の有力首長層と連繫を強化する類型と，直接に地域外の有力勢力との連携を推進した類型が考えられる。地域の覇権をめぐっての両者の相克が想起されるところであるが，房総半島中央部勢力の当該地域への進出の背景には，優勢な中央勢力の存在が考えられ，武器の周辺地域への供給を通じて地区勢力の懐柔政策が遂行されたものと考えられる。

山本暉久先生には，横浜市の文化財審議委員会でご一緒させていただいた。長く神奈川県で埋蔵文化財担当者として活躍され，その当時に横浜市熊ケ谷，熊ケ谷東横穴墓群の調査でお世話になった。古稀は，いまや稀ではない。先生には今後もご活躍され，後進を指導されることを願いたい。

引用参考文献

池上　悟　1984「万蔵院台古墳群」『日野市史史料集』考古資料編　日野市史編さん委員会
池上　悟　1997「南武蔵における後期古墳出土の鉄鏃」『多知波奈考古』第 2 号　橘考古学会
池上　悟　2004『日本横穴墓の形成と展開』雄山閣
池上　悟　2011「東国後期古墳出土大刀の様相」『立正大学大学院紀要』第 27 号
池上　悟　2013「終末期古墳の築造企画」『文化財の保護』第 45 号　東京都教育委員会
池上　悟　2015「古墳時代」『新八王子市史』八王子市
池上　悟　2016「後期古墳出土の鉄鏃について」『考古学論究』第 17 号　立正大学考古学会
臼杵　勲　1984「古墳時代の鉄刀について」『日本古代文化研究』創刊号　PHALANX　古墳文化研究会
折原洋一　1997「房総半島における有窓（孔）鍔について」『生産の考古学』同成社
坂詰秀一・池上悟　1976「東京都多摩市中和田横穴墓群の調査」『考古学ジャーナル』第 130 号　ニュー・サイエンス社
豊島直博　2001「古墳時代後期における直刀の生産と流通」『考古学研究』第 48 巻第 2 号
豊島直博　2010『鉄製武器の流通と初期国家形成』塙書房
永峯光一　1965「多摩市厚生荘病院内横穴」『文化財の保護』第 6 号　東京都教育委員会
三木文雄　1956「多摩村の古墳及び横穴」『東京都文化財調査報告書』第 3 号　東京都教育委員会

相模国府の紡錘車と製糸活動の一端

大上 周三

はじめに

1999年に神奈川県下の紡錘車を集成，考察した堀田孝博は，鉄製紡錘車を中心に論を展開した。そのなかで，相模国府における出土について，8世紀に入ると平塚市四之宮下郷周辺に密集域が現れ，この密集域に鉄製紡錘車が目立つことは注意すべきで，9・10世紀においても，鉄製紡錘車の出土量は，他地域を圧倒し四之宮下郷周辺に密集している。鉄製紡錘車出現の背景を考えるうえで官衙に関連の深い地域に卓越するのは示唆的であると述べている（堀田1999）。

先ごろ相模に限るが，堀田集成以降の新資料を追加集成したので，ここでは相模国府の紡錘車の出土数の推移，分布状況を通観したうえで，相模国府における製糸活動の一端を推考することにする。

ところで，2000年から2005年の財団法人かながわ考古学財団による湘南新道関連遺跡（対象遺跡は平塚市六ノ域遺跡，大会原遺跡，坪ノ内遺跡）の発掘調査で発見された南北棟の長大な掘立柱建物（以下，「掘立」）が相模国府の国庁脇殿の蓋然性が高いことから，『和名類聚抄』記載の「大住国府」が平塚市の四之宮地域に存在したことは確実視される。ただ，この国府を景観的に特徴づける国府域については唯一明石新の言及があるだけで，国府の範囲は定まっているとはいえない。今後，議論を尽くして詰めていく必要がある。ここでは，明石が設定した北は真土大塚山古墳の南の東西に延びる後背湿地，南は平塚八幡宮の北の東西に延びる「下田川低地」の北側，西はパイロット線付近，東は相模川の氾濫などにより砂州・砂丘が切れる範囲，つまり大字名の四之宮，真土，八幡，中原の東西約2 km，南北約800 mの範囲に所在する遺跡群（明石2003a）[1]と大会原遺跡を合わせた18遺跡を対象とする。なお俎上に載せる年代は，古代をより際立たせるため，前代の古墳時代後期の6〜7世紀も取上げ，終わりは平安時代末期の12世紀までとする。

1 集成結果

堀田集成の44点を基礎に今回64点を上積みし都合108点を集成した。これは相模全体の2割強を占める数である。材質別の内訳は，石製51点，鉄製42点，土製4点，土器転用8点，材質不詳3点で，石製が最も多く，次いで鉄製の順となる。両者合わせて全体の9割弱を占める。時

表1　時期別材質別出土数

	6世紀	7世紀	8世紀	9世紀	10世紀	11世紀	12世紀	不明	計
石　製		1	13	13	4		1	19	51
鉄　製			6	10	5	3	1	17	42
土　製		1	2	1					4
土器転用				2				6	8
不詳			2					1	3
計		2	23	26	9	3	2	43	108

期別の出土数は，古墳時代後期の6世紀は確認されていない。7世紀は2点（石製1，土製1），8世紀は23点（石製13，鉄製6，土製2，材質不詳2），9世紀は26点（石製13，鉄製10，土製1，土器転用2），10世紀は9点（石製4，鉄製5），11世紀は3点（鉄製3），12世紀は2点（石製1，鉄製1），時期不明43点（石製19，鉄製17，土器転用6，材質不詳1）となっている（表1）。

以上のように，古墳時代後期の7世紀は石製，土製が若干みられるだけで，鉄製は確認されていない。8世紀になると7世紀に比べ10倍以上と出土数は激増する。この現象の要因となるのが石製と鉄製で，石製は前代の1点から13点に急増し，新たに登場した鉄製は6点を数える。主体は過半数を占める石製である。また，少数（2点）ながら土製もみられる。9世紀は出土数のピークを迎える。石製の数は8世紀と変わらないが，鉄製はさらに増え（10点），鉄製の占める割合は4割弱に達するが，石製を超えることはない。加えて土器転用も確認され，紡錘車の材質は多様化する。10世紀になると出土数は激減し，材質も石製と鉄製の2者となり，両者の比率は相半ばする。以降，平安時代末の12世紀にかけて出土数は減少を続ける。この推移は相模国全体の在り方とおおむね同じである。

この紡錘車の古墳時代後期の7世紀から奈良時代の8世紀への激増，そして，9世紀のピーク，さらには，後述する偏在性という現象は，単に8世紀前半の国府成立とその後の国府居住・滞在者に伴う竪穴建物（以下，「竪穴」）・掘立数の推移，言い換えるなら，自給用の製糸活動のあり様に比例したものとの解釈もありうるが，それよりも，国府成立とその後の国衙行政，つまり，律令地方支配の動向に伴う手工業生産としての製糸活動の一端を映したものといえよう。

遺跡別の出土状況は次のようになっている。北東端に位置する湘南新道関連遺跡（坪ノ内遺跡，六ノ域遺跡）から5点，北東に位置する湘南新道関連遺跡（大会原遺跡，六ノ域遺跡）から17点，大会原遺跡（188）から1点，同じく北東に位置する六ノ域遺跡（191）から15点，東部に位置する高林寺遺跡（192）から8点，北部に位置する諏訪前A遺跡（206）から11点，中央にあって古代東海道が通る諏訪前B遺跡（208）から1点，北部に位置する七ノ域遺跡（207）から4点，中央から南部にかけて位置する天神前遺跡（204）から10点，中央に位置する山王B遺跡（213）から3点，中央から南部にかけて位置し天神前遺跡の西隣に位置する神明久保遺跡（215）から29点，西端にあって古代東海道が通る構之内遺跡（214）から3点，南西端に位置する天摩遺跡（216）から1点が出土している。残る北東から東部にかけて位置する坪ノ内遺跡（189），中央東部に位置する高林寺寺院遺跡（4），南東端に位置する稲荷前A遺跡（205），南東に位置する稲荷

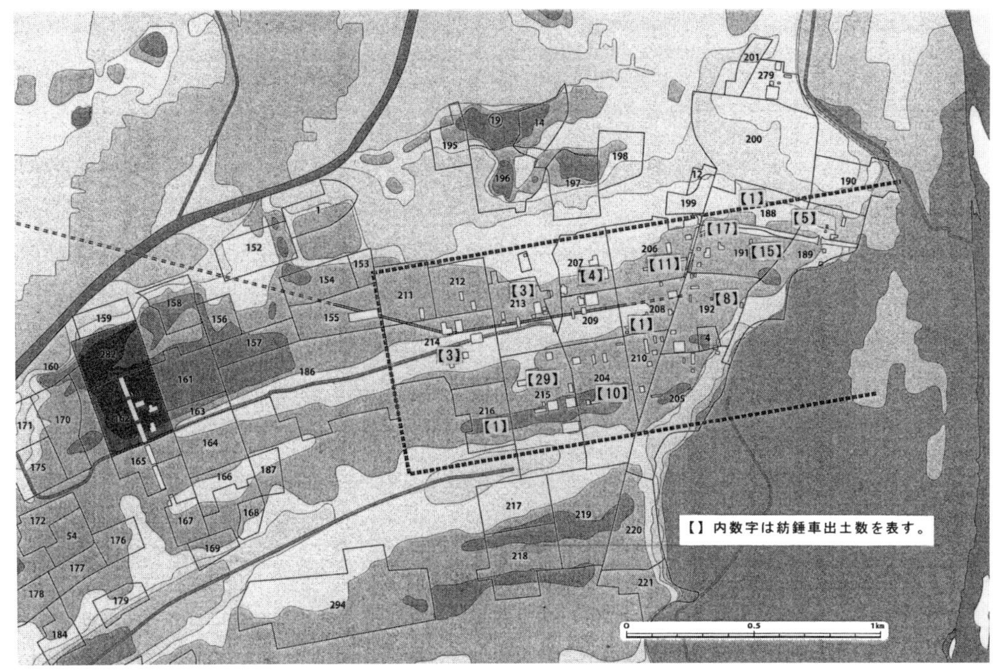

図１　国府域紡錘車出土数（平塚市博物館 2010 を改変）

前Ｂ遺跡（210），中央にあって古代東海道が通る山王Ａ遺跡（209），北西端に位置する梶谷原Ａ遺跡（211）と梶谷原Ｂ遺跡（212）からの出土はなかった（図１）。以上のように紡錘車は国府内の各遺跡から均等に出土するのではなく，遺跡によって出土に差があり，偏在している。この較差は各遺跡における調査次数や調査面積の多寡に依ることも考えられるが，調査面積 100 m^2 当たりの出土数をみると，10 点以上を出土している湘南新道関連遺跡（大会原遺跡，六ノ域遺跡），六ノ域遺跡，諏訪前Ａ遺跡，天神前遺跡，神明久保遺跡は 0.2〜0.5 個と出土が多く，調査次数や調査面積とは別の要因による可能性が考えられる。

2　紡錘車の偏在性と遺跡の性格

まず，遺跡ごとの紡錘車出土の在り方（表２）と，伴出遺物についてみることにする。伴出遺物については本稿に関係する鍛冶関連遺物に限定する。

湘南新道関連遺跡（坪ノ内遺跡，六ノ域遺跡）から５点の鉄製が出土している。３点が 11 世紀の竪穴から出土しているが，うち，９号竪穴から出土した２点は，ほぼ同形，同寸法の紡輪で銹着している。共に紡茎を欠く。金属製品１点が出土している。13 号竪穴からは 20〜50 g の範囲で鉄滓が出土している。

湘南新道関連遺跡（大会原遺跡，六ノ域遺跡）から石製８点，鉄製８点，土製１点の計 17 点が出土している。時期別では８世紀に石製１点，鉄製２点，土製１点，９世紀に石製１点，鉄製２点，10 世紀に鉄製１点が出土している。石製，鉄製は数量および時期ごとの出土に大きな隔た

表2　遺跡別出土数

遺　跡　名	材　質	6C	7C	8C	9C	10C	11C	12C	不明	小計	総計
湘南新道関連（坪ノ内遺跡，六ノ域遺跡）	鉄　製						3		2	5	5
湘南新道関連（大会原遺跡，六ノ域遺跡）	石　製			1	1				6	8	17
	鉄　製			2	2	1			3	8	
	土　製			1						1	
大会原遺跡	石　製			1						1	1
六ノ域遺跡	石　製			2	2	1			2	7	15
	鉄　製			1	1	2			3	7	
	不　詳			1						1	
高林寺遺跡	石　製			1		1		1	1	4	8
	鉄　製							1	1	2	
	不　詳			1					1	2	
諏訪前A遺跡	石　製		1	1		1				3	11
	鉄　製			2	1				2	5	
	土　製			1	1					2	
	土器転用								1	1	
諏訪前B遺跡	鉄　製			1						1	1
七ノ域遺跡	石　製				1					1	4
	鉄　製				2				1	3	
天神前遺跡	石　製			6	1					7	10
	鉄　製				1	1			1	3	
山王B遺跡	石　製								1	1	3
	鉄　製				1					1	
	土器転用								1	1	
神明久保遺跡	石　製			1	6	1			9	17	29
	鉄　製				1	1			4	6	
	土器転用				2				4	6	
構之内遺跡	石　製				2					2	3
	鉄　製				1					1	
天摩遺跡	土　製		1							1	1
計		0	2	23	26	9	3	2	43	108	108

りはなく，平均的に出土している。9世紀前半の13号竪穴出土の鉄製紡輪は孔が未貫通である。石製のうち9世紀の30号竪穴からは椀形滓1点が，鉄製のうち8世紀の18号竪穴からは羽口1点が，9世紀の34号竪穴からは羽口1点，椀形滓1点が出土している。

大会原遺跡から8世紀前半の第3地点2号掘立から石製1点が出土している。

六ノ域遺跡から石製7点，鉄製7点，材質不詳1点の15点が出土している。時期別では8世紀に石製2点，鉄製1点，9世紀に石製2点，鉄製1点，10世紀に石製1点，鉄製2点が出土している。両者に数量および時期ごとの出土に大きな隔たりはなく，平均的に出土している。六ノ域遺跡では紡錘車に鍛冶関連遺物が伴出した遺構はない。

高林寺遺跡から石製4点，鉄製2点，材質不詳2点の計8点が出土している。時期別では8世紀，10世紀に石製1点，12世紀に石製1点，鉄製1点が出土している。石製の出土がまさっている。石製のうち10世紀の四之宮下郷1区1号竪穴からは鉄滓1点，12世紀の1号井戸からは鉄滓1点，時期不詳の1号溝からは鉄滓2点が，鉄製のうち時期不詳の四之宮下郷1区3号溝からは鉄滓40点が，材質不詳で8世紀の16号竪穴からは鉄滓が伴出している。

諏訪前A遺跡から石製3点，鉄製5点，土製2点，土器転用1点の計11点が出土している。時期別では7世紀に石製1点，8世紀に石製1点，鉄製2点，土製1点，9世紀に鉄製1点，土製1点，10世紀に石製1点が出土している。鉄製の出土がまさり，土製の出土も目立つ。鉄製のうち9世紀の四之宮下郷3区3号竪穴からは鉄滓17点，土製のうち9世紀の四之宮下郷3区2号竪穴からは鉄滓が，転用土器が出土した時期不詳の四之宮下郷4区38号竪穴からは鉄滓1点が伴出している。

諏訪前B遺跡からは8世紀の第3地区13号竪穴から鉄製1点が出土している。

七ノ域遺跡から石製1点，鉄製3点の計4点が出土している。七ノ域遺跡では紡錘車に鍛冶関連遺物が伴出した遺構はない。

天神前遺跡からは石製7点，鉄製3点の計10点が出土している。時期別では8世紀に石製6点，9世紀に石製1点，鉄製1点，10世紀に鉄製1点が出土している。石製が鉄製に比べまさり，とりわけ8世紀に石製が6点と集中しており注目される。石製のうち8世紀の9号竪穴からは羽口1点が，鉄製のうち9世紀の第7地点20号竪穴からは羽口1点が伴出している。

山王B遺跡から石製1点，鉄製1点，土器転用1点の計3点が出土している。このうち，鉄製は9世紀の第6地点1号竪穴からの出土である。

神明久保遺跡からは石製17点，鉄製6点，土器転用6点の計29点と国府域で最多の出土を誇る。時期別では8世紀に石製1点，9世紀に石製6点，鉄製1点，土器転用2点，10世紀に石製1点，鉄製1点が出土している。神明久保遺跡でも石製が大きくまさり，9世紀の遺構から多く出土している。石製，鉄製各1点は孔が貫通していない。また，土器転用の2点も穿孔途中で孔は貫通していないなど使用前段階を示唆する注目すべき資料が含まれている。このほか，紡錘車の未製品とみなすことも可能な円盤状土製品が5点出土している。石製のうち8世紀の第1地区A15号竪穴からは鉄滓7点，9世紀の第3地区27号竪穴からは鉄滓20点，鋺形滓1点，第3地区32号竪穴からは鉄滓4点，第3地区84号竪穴からは鉄滓4点，鋺形滓1点，第9地区7号竪穴からは金床石1点，鉄滓4点，第9地区8号竪穴からは金床石1点，羽口2点，鉄滓24点，時期不詳の第3地区87号竪穴からは鉄滓2点，9地区16号溝からは金床石4点，坩堝転用土器1点が，石製1点と鉄製2点を出土した時期不詳の第1地区A4号竪穴からは鉄滓116点が，石製1点と土器転用2点を出土した9世紀の第9地区4号竪穴からは金床石1点，坩堝転用土器2点，羽口3点，鉄滓22点が，鉄製のうち9世紀の第1地区A2号竪穴からは羽口2点，鉄滓73点が伴出している。

構之内遺跡からは9世紀の石製2点，鉄製1点の計3点，天摩遺跡からは7世紀の土製1点が出土している。構之内遺跡，天摩遺跡では紡錘車に鍛冶関連遺物が伴出した遺構はない。

これらのうち，湘南新道関連遺跡（大会原遺跡，六ノ域遺跡），高林寺遺跡，天神前遺跡出土の石製，諏訪前A遺跡出土の土製，土器転用，神明久保遺跡の石製，土器転用と各種鍛冶関連遺物との共伴，また，湘南新道関連遺跡（大会原遺跡，六ノ域遺跡），神明久保遺跡出土の未穿孔で未製品の石製，鉄製，土器転用の存在は，紡錘車本来の目的で使用された（される）ことをうかがわせるものといえよう。

上記遺跡については，明石，柏木，依田により検出遺構や出土遺物から，次のように評されている。湘南新道関連遺跡（坪ノ内遺跡，六ノ域遺跡）は，7 世紀後半〜8 世紀初頭から 11 世紀後半の大型掘立，大型鍛冶工房，竪穴などが検出され，遺物は銅片，鉄滓（椀形滓を含む），鍛造剥片，粒状滓，羽口，緑釉陶器，灰釉陶器，金属製品，石製品，瓦などが出土している。特に，8 世紀前半から 8 世紀後葉ないしは 9 世紀前葉には国庁が存在，国庁廃絶後の 9 世紀前葉には「国厨」墨書土器がみられ，そして，11 世紀には国衙の大型連房式鍛冶工房が存在した。その他，9 世紀，11 世紀前半の鍛冶工房も検出されている（柏木ほか 2009）。国府中枢域と考えられる。

湘南新道関連遺跡（大会原遺跡，六ノ域遺跡）は，国庁西方近くに位置し，7 世紀後半から 11 世紀初頭の竪穴，掘立，9 世紀前葉の鍛冶工房等や 10 世紀前半を中心とする大型鍛冶工房が検出され，多数の鉄滓，坩堝，金床石，粒状滓，鍛造剥片等の鍛冶関連遺物や緑釉陶器，奈良三彩，青磁，白磁，腰帯具，漆状物質付着土器等が出土している。このことから，9〜10 世紀の長期にわたり鉄の精錬，鍛造・鋳造製品の製造，銅の溶解作業のほか，漆関連作業が行われ，また，国衙の中枢を担う国司館等の主要施設が存在した可能性が指摘されている（柏木ほか 2007，依田ほか 2007・2009）。

六ノ域遺跡のうち，特に第 3・4 地区は，7 世紀後半から 10 世紀にかけての掘立が集中し，腰帯具，緑釉陶器，硯，墨書土器など官衙に特有な遺物が豊富に出土していることから，国衙行政の諸事務を分掌した曹司が存在したとしている（明石 2003b）。

高林寺遺跡は，8 世紀末〜古代末の竪穴等が多く検出されている。特に，古代末のものが一定数みられると指摘している。その他，第 4 地区では 8〜10 世紀の官衙鍛冶工房の存在を多数の鉄製品の出土から想定し，第 7 地区でも鍛冶工房が検出されている（明石 2003b）。

諏訪前 A 遺跡は，7 世紀から 11 世紀にかけての遺構が検出され，官衙的色彩の濃い遺物が多く出土していることから，曹司群や下級官吏の居住域があったとしている（明石 2003b）。

砂丘から砂丘間凹地に立地する諏訪前 B 遺跡は，竪穴，掘立もみられるが，溝や井戸が卓越することから，居住域としての利用のほか生産域として利用されたとしている（明石 2003b）。

七ノ域遺跡は，区画溝や大型の掘立から曹司群，一方，竪穴の存在から官吏や工人などの居住空間が存在したとしている（明石 2003b）。

天神前遺跡は，鍛冶工房の検出や羽口，鉄滓，金床石，砥石，取瓶，鉄製分銅，金槌や多種の鉄製品，銅製品が出土していることから，8 世紀から 9 世紀にかけての官衙鍛冶工房の一角であったとしている（明石 2003b）。

山王 B 遺跡は，古代東海道に面する遺跡で，鍛冶工房，大型の掘立などが検出され，施釉陶器が出土していることから，9 世紀後半を主体とする官営鍛冶工房に関連する曹司が存在したとしている（明石 2003b）。

神明久保遺跡は，多種多様な金属製品と鉄滓の出土から，9〜10 世紀にかけて鉄の鋼精錬から加工作業までの作業が行われた官衙鍛冶工房の一角にあたる。掘立は製品の帳簿や管理，鋼の素材や木炭などの調達の役割を担った中心的な建物で，第1・3・9地区の溝状遺構によって区画された竪穴は作業場（工房）や，工人達の居住空間の場としている（明石 2003b）。

3　国府の製糸活動の一端

堀田が国府に鉄製が集中すると指摘するように，事実，鉄製の2割強が国府域から出土しており，その集中は認められる。しかしながら，紡錘車全体を見た場合にはまた違った一面がみえてくる。材質別で出土数をみると，10・11世紀こそ鉄製は石製を凌ぐが，他の時期は石製がまさり，全体でも42点の鉄製に対し石製は51点と石製の優位は動かない。遺跡ごとにみても湘南新道関連遺跡（大会原遺跡，六ノ域遺跡）と六ノ域遺跡は石製と鉄製は同数だが，高林寺遺跡，天神前遺跡，神明久保遺跡は石製が鉄製を大きく凌駕している。また，少数ながら土製や土器転用もみられることから，国府の製糸活動においては鉄製も使用されたが，鉄製偏重というのではなく，石製も重用され，時に土製や土器転用もそれなりの役割を果たした状況がうかがえる。

紡錘車の出土数，出土率が高いという特徴をもつ湘南新道関連遺跡（大会原遺跡，六ノ域遺跡），六ノ域遺跡，高林寺遺跡，諏訪前A遺跡，天神前遺跡，神明久保遺跡に注目すると，そこでの製糸活動の一端が垣間見えるように思われる。例えば，石製に鉄滓，あるいは椀形滓が伴出した例は湘南新道関連遺跡（大会原遺跡，六ノ域遺跡），高林寺遺跡，神明久保遺跡第1地区，同第3地区の竪穴，石製に鉄滓，金床石と羽口が伴出した例は神明久保遺跡第9地区の竪穴，石製に羽口が伴出した例は天神前遺跡の竪穴である。石製と鉄製に鉄滓が伴出した例は神明久保遺跡第1地区の竪穴，石製と土器転用に鉄滓，羽口，金床石，坩堝用土器が伴出した例は神明久保遺跡第9地区の竪穴である。また，鉄製に鍛冶関連遺物（鉄滓，椀形滓，羽口）が伴出した例は，湘南新道関連遺跡（大会原遺跡，六ノ域遺跡），湘南新道関連遺跡（坪ノ内遺跡，六ノ域遺跡），神明久保遺跡第1地区，諏訪前A遺跡（四之宮下郷3区），天神前遺跡第7区の竪穴である。鍛冶関連遺物を伴出している湘南新道関連遺跡（大会原遺跡，六ノ域遺跡），高林寺遺跡，天神前遺跡，神明久保遺跡は鍛冶工房跡も検出されており，盛期は異なるものの鍛冶工房で鉄精錬や鉄製品製造が行われていた遺跡との評価が下されている。鉄製の場合は鍛冶工房で製作された紡錘車，あるいは修理，廃品再利用のため鍛冶工房の存在した遺跡に集められたものとの解釈もできるが，鉄製だけでなく石製や土器転用も一定数存在しているのである。とりわけ，神明久保遺跡では29点出土の紡錘車のうち石製17点，転用土器6点が，天神前遺跡では10点出土の紡錘車のうち石製7点が出土しているのである。そのほか，土製紡錘車の未製品とみなすこともできる土製円盤状製品も出土しているのである。このことは，鍛冶工房付近で各材質の紡錘車を用いて製糸がなされていたとするのが自然であろう。つまり，鍛冶工房の近くに製糸，さらには製織を行う工房も存在していたと考えられるのである。さらに，湘南新道関連遺跡（大会原遺跡，六ノ域遺跡）では，漆状物質が付着した土器片も数点認められており，漆を扱った工房の存在が予測されている（依田ほか2007)。こうしたことを勘案すると，これらの遺跡では官営による製鉄部門を中心に製糸・製織部門，遺跡によっては漆工部門を一地区に配置し，武器，武具を含む何らかの鉄素材の製品を協業で完成させていたと推察される。これらはまさに国衙による律令的生産体制の一端を表したものといえよう。その一方で，これらの遺跡以外においても紡錘車が各種遺構から出土していることから，そこに起居した一般人や傜丁，兵士らも自家用に製糸を行っていたものと思われる。

おわりに

相模国府域の紡錘車を通観した結果，国府成立，国衙行政の動向に比して紡錘車の出土も変化する。ただ，その出土のあり方は域内均等ではなく，いくつかの遺跡に偏ることが明らかになった。そのなかの湘南新道関連遺跡（大会原遺跡，六ノ域遺跡），天神前遺跡，神明久保遺跡などは，製鉄のほか製糸，遺跡によっては漆を扱う手工業も存在し，それらが協業するという国衙の生産体制がとられていた可能性を示した。

国府における紡織については，綾・羅・錦などの高級絹織物生産が行われたことは資史料から明らかになっているが，それ以外の紡織活動についてはほとんど明らかになっていない。相模国府や武蔵国府ではそれぞれの在地に比し紡錘車の出土は多いと指摘されており，製糸活動が盛んに行われたことはまちがいない。今後はどういった性格の布のための製糸なのか，また，調絁・布を生産する国衙工房も存在した（山中1994）との指摘もあり，これに関係する紡織生産体制はどのようなものなのかといった課題に取り組みたい。

註

1）明石が想定する国府域に含まれる遺跡は坪ノ内遺跡，六ノ域遺跡，高林寺遺跡，高林寺寺院遺跡，稲荷前A遺跡，諏訪前A遺跡，諏訪前B遺跡，稲荷前B遺跡，七ノ域遺跡，山王A遺跡，天神前遺跡，山王B遺跡，神明久保遺跡，梶谷原A遺跡，梶谷原B遺跡，構之内遺跡，天摩遺跡の17遺跡である。

引用・参考文献

明石　新　2003a「第三節　相模国府と古代寺院」『平塚市史11下　別編考古（2）』平塚市
明石　新　2003b「第四節　奈良・平安時代の主要な遺跡　官衙関連遺跡」『平塚市史11下　別編考古（2）』平塚市
柏木善治ほか　2007『湘南新道関連遺跡III』（かながわ考古学財団調査報告210）（財）かながわ考古学財団
柏木善治ほか　2009『湘南新道関連遺跡IV』（かながわ考古学財団調査報告243）（財）かながわ考古学財団
平塚市博物館　2010『検証　相模国府―古代都市復元への挑戦―』
堀田孝博　1999「古代における鉄製紡錘車普及の意義について」『神奈川考古第35号』神奈川考古同人会
山中敏史　1994「曹司・館の構造と機能」『古代地方官衙遺跡の研究』塙書房
依田亮一ほか　2007『湘南新道関連遺跡I』（かながわ考古学財団調査報告208）（財）かながわ考古学財団
依田亮一ほか　2009『湘南新道関連遺跡II』（かながわ考古学財団調査報告242）（財）かながわ考古学財団

川崎市麻生区の旧都筑郡地域における古代の遺跡とその様相について

栗田　一生

はじめに

川崎市は，神奈川県の北東部に位置しており，面積は神奈川県の約6％にあたる144.35 km^{2}である（図1）。地形は，北西部の多摩丘陵，南東部の多摩川とその沖積低地，臨海部の埋立地で形成され，北西部の丘陵地帯は谷戸が幾筋にも入り込み，複雑な地形をつくり出しているが，その地域を除いて起伏は少なく，比較的平坦な地形である。

現在の川崎市域は，古代には大部分の範囲が武蔵国橘樹郡であったと推測され，川崎市高津区千年から宮前区野川には，古代橘樹郡の役所跡や寺院跡である橘樹官衙遺跡群が所在し，2015（平成27）年3月10日には川崎市初の国史跡に指定された（図2）。しかし，川崎市北西部に位置する麻生区は，その大部分が橘樹郡ではなく都筑郡に属していたと考えられている。ちなみに川崎市は，市域全域が旧武蔵国で，市域に旧相模国に属した地域をもたない神奈川県内唯一の市町村である。

前述した橘樹官衙遺跡群の国史跡指定に際し，筆者は橘樹郡衙跡および影向寺遺跡における過去の調査成果を再度検討し，橘樹官衙遺跡群の総括報告書［古代編］を作成したが（栗田ほか2013），その検討のなかで，川崎市域における古代の様相を明らかにするには，旧橘樹郡地域だけでなく，旧都筑郡地域についても合わせて検討する必要があると感じたことから，旧都筑郡地域における過去の発掘調査成果などの再確認・再検討を進めてきた。そうした作業のなかで，旧都筑郡地域における発掘調査で出土した資料などから，いくつかの可能性が推測されたことから，近年実施された発掘調査成果とともに，これまで当該地域における発掘調査で得られた成果等をもとに，川崎市域の旧都筑郡地域における古代の様相について考えてみたい。

1　古代の郡境と交通路

古代律令国家体制においては，全国に国―郡―里（後に国―郡―郷）という地方行政組織が置かれるとともに，それらの地方行政組織と中央（都）をつなぐ交通網等が整備された。古代律令国家体制によって整備された地方行政組織である国や郡は，律令国家体制が事実上崩壊した10世紀以降，その行政的な機能は失われていったが，近代初頭に至るまで，地域にとって欠かすこと

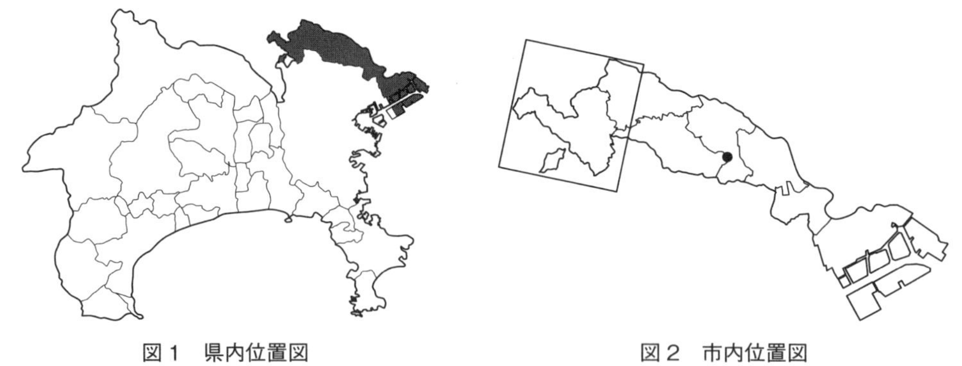

図１　県内位置図　　　　　図２　市内位置図

のできない行政的な地理区分として用いられたため，現在でもおおむねその領域を推測することができる。

現在の川崎市域は，その多くの地域が旧橘樹郡であったと推定されるが，麻生区の約2/3は旧都筑郡であるとともに，多摩区の一部は江戸時代や明治時代以前まで旧多磨郡であった地域もみられる。

川崎市麻生区の旧都筑郡地域は，旧村名でいうところの万福寺・上麻生・下麻生・古沢・五力田・片平・栗木・黒川・王禅寺・早野・岡上である。これらの地域は，古代の都筑郡衙に比定されている長者原遺跡（横浜市青葉区荏田西）から武蔵国府（東京都府中市）へと向かうルート上にあたるとともに，東側の橘樹郡，北側の多磨郡に接する，郡境地域であった。そのため，この地域の古代の遺跡は，武蔵国府と都筑郡とを結んでいたと推測される道に面した丘陵上に多く分布している（図3）。

2　旧都筑郡地域における古代の遺跡

①古沢都古東遺跡（図3①，図4）　古沢都古東遺跡は，川崎市麻生区古沢字都古に所在しており，総合病院建設事業に伴い，2009（平成21）～2010（平成22）年に発掘調査が実施された。また，公道の移設に伴い，2010（平成22）年10月に川崎市教育委員会が追加調査を実施した。調査の結果，第1地点で平安時代（9世紀前葉～10世紀初頭）の竪穴建物15軒，掘立柱建物2棟などが検出されるとともに，墨書土器等が出土した（渡辺2011，栗田・渡辺2015）。

②山口台遺跡群上台遺跡（図3②，図5）　山口台遺跡群上台遺跡は，川崎市麻生区上麻生4丁目地内に所在しており，山口台土地区画整理事業に伴い1983（昭和58）～1984（昭和59）年に発掘調査が実施された。調査面積は約13,400 m^2である。調査の結果，縄文時代，古代，中・近世の遺構・遺物が確認されており，そのうち古代については，8世紀前葉～11世紀初頭の竪穴建物26軒，掘立柱建物17棟等が検出された（大川・北原1987）。

③上麻生日光台遺跡（図3③，図6）　上麻生日光台遺跡は，川崎市麻生区上麻生5丁目地内に所在しており，2005（平成17）～2012（平成24）年度に5回の発掘調査が実施されている。これま

図３　遺跡分布図および旧郡境図

での調査面積は約 5,680 m^2 である。調査の結果，縄文時代中期中葉～後葉，奈良・平安時代の遺構・遺物が発見された。そのうち古代については，8 世紀中葉～11 世紀中葉の竪穴建物 17 軒，掘立柱建物 28 棟等が確認された（宮重・渡辺 2007，河合・北平・御代・小森 2007，中山・坪田・御代 2007，小池・栗田・副島・浅賀 2013，浅賀・平ほか 2016）。

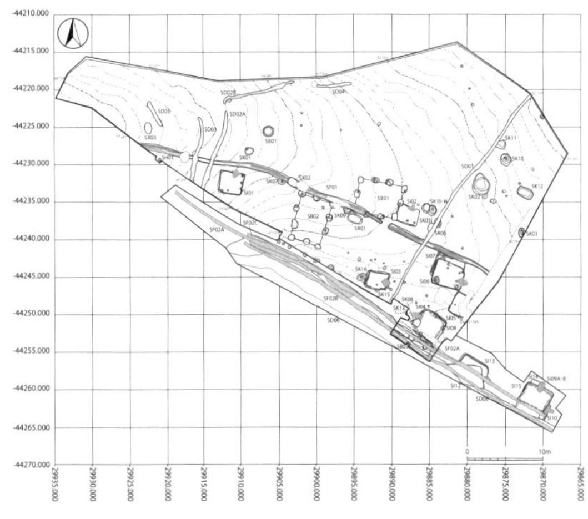

図４　古沢都古東遺跡　第１地点・追加調査遺構配置図

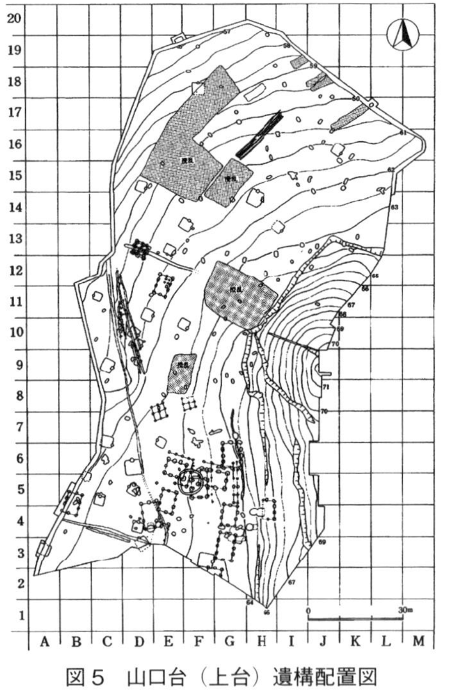

図５　山口台（上台）遺構配置図

④上麻生大ヶ谷戸遺跡（図３④）　上麻生大ヶ谷戸遺跡は，川崎市麻生区上麻生５丁目地内に所在しており，民間開発事業等に伴い 1985（昭和 60）年および 1994（平成 6）年に発掘調査が実施されている。調査面積は合計 655.9 m^2 である。調査の結果，縄文時代や古代の遺構・遺物が確認され，そのうち古代については，8 世紀前葉～10 世紀初頭の竪穴建物 7 軒および 11 世紀～中世初頭の土坑 3 基が確認された（呉地・河合 1986，林原・宮井・椎名 1997）。

⑤万福寺遺跡群百合ヶ丘 No.1 遺跡（図３⑤）　万福寺遺跡群百合ヶ丘 No.1 遺跡は，川崎市麻生区万福寺 4 丁目地内に所在しており，万福寺土地区画整理事業に伴い 2001（平成 13）～2002（平成 14）年に発掘調査が実施された。調査面積は約 4,500 m^2 である。調査の結果，縄文時代，古代，近世以降の遺構・遺物等が確認されており，そのうち古代については，8 世紀末葉～11 世紀初頭の竪穴建物 6 軒が検出された（原田・北原・今泉 2005）。

⑥万福寺遺跡群百合ヶ丘 No.3 遺跡（図３⑥）　万福寺遺跡群百合ヶ丘 No.3 遺跡は，川崎市麻生区万福寺 4 丁目地内に所在しており，万福寺土地区画整理事業に伴い 2002（平成 14）年に発掘調査が実施された。調査面積は約 2,700 m^2 である。調査の結果，縄文時代，古代，中世，近世以降の遺構・遺物が確認されており，そのうち古代については，8 世紀末葉～10 世紀の竪穴建物 2 軒が検出された（原田・北原・今泉 2005）。

⑦万福寺遺跡群百合ヶ丘 No.4 遺跡（図３⑦）　万福寺遺跡群百合ヶ丘 No.4 遺跡は，川崎市麻生区万福寺 5 丁目地内に所在しており，万福寺土地区画整理事業に伴い 2001（平成 13）～2002（平成 14）年に発掘調査が実施された。調査面積は約 1,600 m^2 である。調査の結果，縄文時代や古代

の遺構・遺物が確認された。そのうち古代については，8 世紀末葉～9 世紀後葉の竪穴建物 3 軒が検出されるとともに，多彩釉陶器や緑釉陶器等が出土している（原田・北原・今泉 2005）。

⑧五力田東遺跡（図 3 ⑧）　五力田東遺跡は，川崎市麻生区五力田 2 丁目地内に所在しており，柿生第 1 土地区画整理事業に伴い 1974（昭和 49）年に発掘調査が実施された。調査面積は約 1,180 m^2 である。調査の結果，縄文時代や古代の遺構・遺物が確認された。そのうち古代については，9 世紀後葉～10 世紀前葉の竪穴建物 1 軒が検出された（増田・松浦・岡部 1974）。

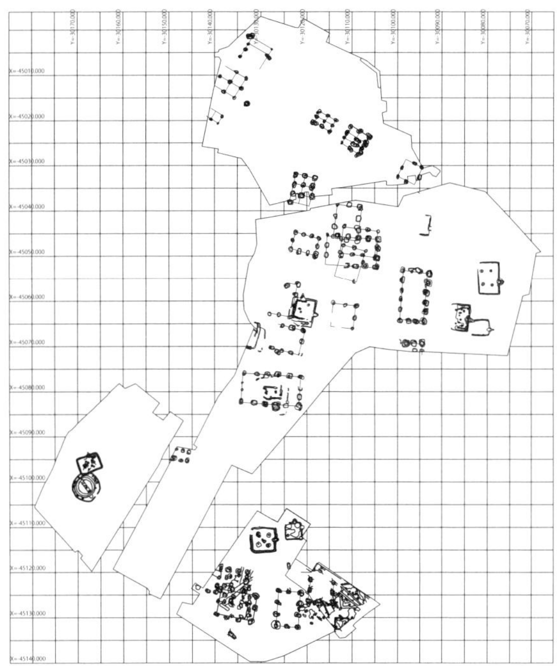

図 6　上麻生日光台

⑨五力田遺跡（図 3 ⑨）　五力田遺跡は，川崎市麻生区白鳥 4 丁目地内に所在しており，五力田土地区画整理事業に伴い 1987（昭和 62）年 7 月～1988（昭和 63）年に第 1～3 地区で発掘調査が実施された。調査面積は約 1,500 m^2 である。調査の結果，縄文時代，古代，中・近世の遺構・遺物が確認され，そのうち古代については，第 3 地区で 10 世紀の竪穴建物 1 軒が検出された（増田・関根・秋田・福田 1989）。

⑩黒川地区遺跡群宮添遺跡（図 3 ⑩，図 7）　黒川地区遺跡群宮添遺跡は，川崎市麻生区はるひ野 1 丁目地内に所在しており，黒川特定土地区画整理事業に伴い，1986（昭和 61）～1991（平成 3）年および 1993（平成 5）年に発掘調査が実施された。調査面積は約 19,400 m^2 である。調査の結果，縄文時代，平安時代，近世以降，近代（戦跡遺跡）の遺構・遺物が確認されている。そのうち平安時代の遺構としては，竪穴建物 33 軒，掘立柱建物跡 2 棟，竪穴状遺構 5 基，土坑 14 基などが検出された（玉口・大坪ほか 1995）。

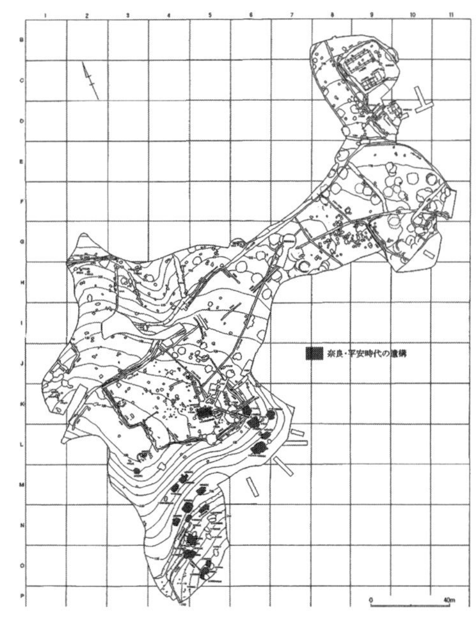

図 7　宮添遺構配置図

⑩黒川地区遺跡群 No.10 遺跡（図 3 ⑩）　黒川地区遺跡群 No.10 遺跡は，川崎市麻生区はるひ野 1 丁目地内に所在しており，上記の宮添遺跡から南東側へ一段下がった丘陵斜面部に立地している。

黒川特定土地区画整理事業に伴い1986（昭和61）～1987（昭和62）年および1989（平成元）年まで発掘調査が実施された。調査面積は約2,200 m^{2}である。調査の結果，主として奈良・平安時代，近世以降の遺構・遺物が発見されている。奈良・平安時代の遺構としては，竪穴建物跡3軒が発見された（玉口・大坪ほか1995）。

⑪早野上ノ原遺跡（はやのうえのはら）（図3⑪）　早野上ノ原遺跡は，川崎市麻生区早野字上ノ原地内に所在しており，市の早野聖地公園整備事業に伴い2007（平成19）～2009（平成21）年度に計3回の発掘調査が実施された。これまでの調査面積は計5,443 m^{2}である。調査の結果，旧石器時代～近世までの遺構・遺物が確認され，そのうち古代については，8世紀後葉～10世紀の竪穴建物8軒，掘立柱建物6棟が検出された。また，古代の竪穴建物から布目瓦が出土している（大坪ほか2013）。

⑫岡上丸山遺跡（おかがみまるやま）（図3⑫）　岡上丸山遺跡は，川崎市麻生区岡上字に所在し，市立岡上小学校建設事業に伴い1985（昭和60）～1986（昭和61）年に発掘調査が実施された。調査面積は約3,000 m^{2}である。調査の結果，縄文時代，古墳時代，古代の遺構・遺物が確認された。そのうち古代については，重複が激しく詳細は不明であるが，8世紀初頭～9世紀の竪穴建物約50軒が検出された（竹石・澤田・野中ほか1989）。「岡上」と記された墨書土器が出土しており，岡上という地名が古代にまで遡ることを示す貴重な資料である。

⑬岡上栗畑遺跡（おかがみくりばたけ）**・岡上-4遺跡**［岡上廃寺推定地］（図3⑬）　岡上栗畑遺跡・岡上-4遺跡は，川崎市麻生区岡上字栗畑に所在しており，民間開発事業に伴い1996（平成8）～2015（平成27）年度に計3回の発掘調査が実施された。これまでの調査面積は約2,668 m^{2}である。調査の結果，縄文時代や古代の遺構・遺物が検出され，そのうち古代については，8世紀初頭～10世紀の竪穴建物20軒以上，掘立柱建物4棟が検出された（呉地1998，呉地・河合・北平・中山2001）。竪穴建物や周辺から大量の布目瓦が出土するとともに，「寺」と記された墨書土器が出土していることから，当該地に古代の瓦葺寺院もしくは仏堂が存在した可能性が高いと考えられている。

3　旧都筑郡地域の古代遺跡から出土した墨書土器の検討

(1)「山口」・「山」・「口」と記された墨書土器

前述した旧都筑郡地域で発見されている古代の遺跡からは，土師器・須恵器等が多数出土しているが，そのなかに多くはないものの墨書土器が含まれている。いうまでもないが，墨書土器は古代の人々が土師器や須恵器に文字や記号等を書いたものであり，文献には記録されていない当時の様相を知るうえで貴重な資料であるが，当該地域から出土した墨書土器のなかで特に注目されるものとして「山口」・「山」・「口」という墨書土器がある。

旧都筑郡地域の遺跡のうち，上麻生日光台遺跡からは「山口」が2点，「山」が5点，「口」が2点，合計9点の墨書土器が出土しており，「山口」という墨書土器が出土していることから，「山」と「口」も「山口」を表していると考えられる（図8-1～9）。上麻生日光台遺跡第I地区の

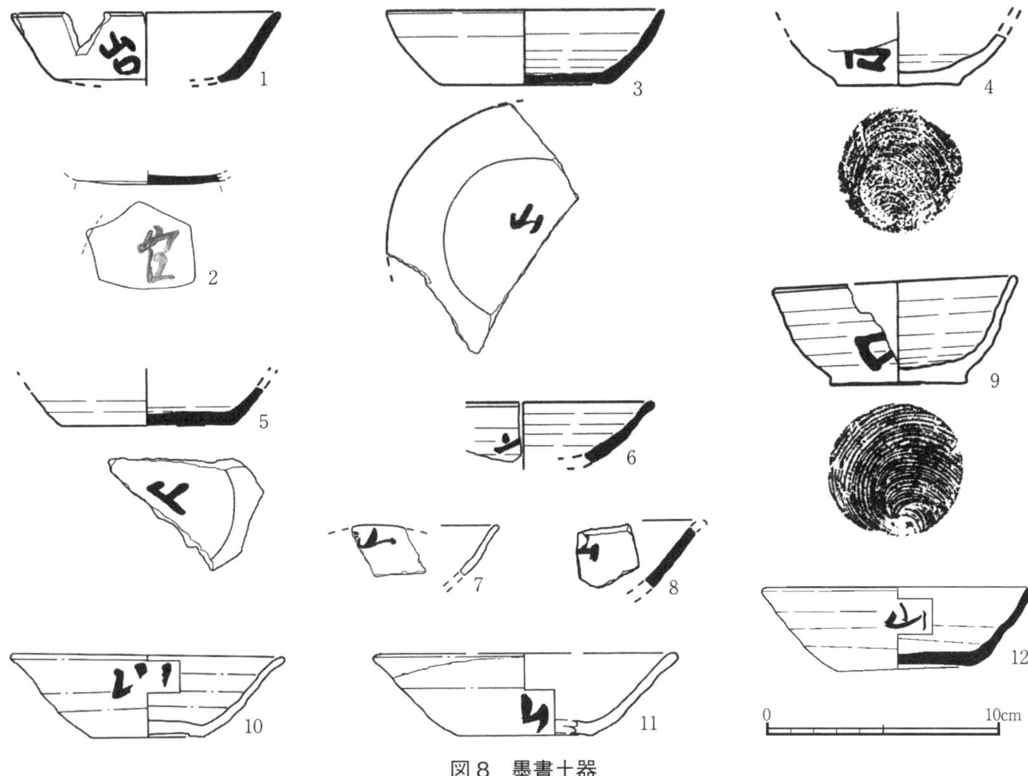

図８　墨書土器

調査を担当した渡辺務は，記された「山口」は，遺跡北側の谷戸から北側地域の地名が「山口台」であるとともに，山口台遺跡群上台遺跡においても「山」と書かれた墨書土器が出土していることから，「山口」は古代から続く地名であるとした（宮重・渡辺 2007）（図 8-10・11）。

また，上麻生日光台遺跡の北西側約 1.2 km に位置する古沢都古東遺跡の調査を担当した渡辺昭一は，古沢都古東遺跡からも「山」と記された墨書土器が出土していることから（図 8-12），渡辺務の考えを発展させ，「山口」が古代に遡る地名であるとともに，同じ文字が書かれた墨書土器が出土している範囲が，古代都筑郡内に存在した里（郷）や水田の共同開発・経営を行っていた集団に相当する可能性を指摘している（渡辺 2011）。

前述のとおり，両氏の見解は「山口」が地名を表しているというものであるが，この「山口」が地名であった場合，古代都筑郡内の郷名等にはみられず，古代・中世の文献等への記載も皆無であることから，ある一定程度の広がりをもつ地名ではなく，通称に近いものであったと推測される。近世後期に編纂された『新編武蔵風土記稿』の都筑郡上麻生村では，小字名として「山口」が載っていることから，おそらく古代においても，近世同様，この地域の限定された場所を示すものであったと考えられる。

(2) 境界の地としての旧都筑郡地域

前述したように，現在の小田急線新百合ヶ丘駅～柿生駅にかけての丘陵上の遺跡から「山口」

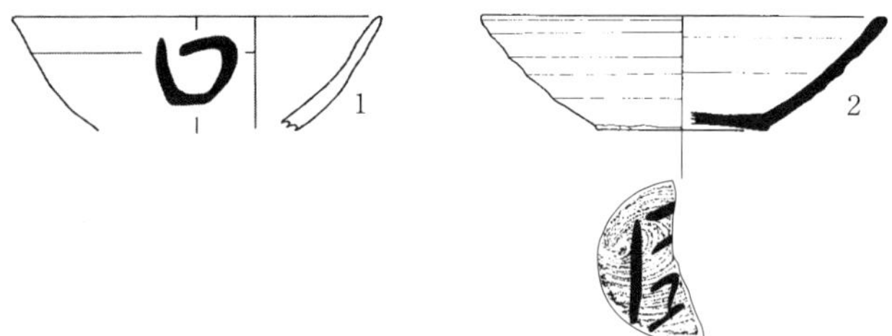

図９　黒川地区 No. 10 遺跡１号住居址（左）・古沢都古東第１地点 SI09A（右）

と記された墨書土器が多く出土しているが，川崎市の旧都筑郡地域の一つである麻生区はるひ野（旧麻生区黒川）に所在した黒川地区遺跡群 No. 10 遺跡においても，「口」と書かれた墨書土器が出土している（図 9-1，玉口・大坪ほか 1995 より）。ただし，小田急線沿いで出土した「口」のみ書かれた墨書土器は，本来「山口」と書かれていたものが割れて，「口」のみ残存していると考えられるのに対して，黒川地区の「口」と書かれた墨書土器は，記された位置から上に文字が続くのは困難であり，おそらく当初より「口」一文字の墨書であると推定される。よって，「山口」を用いた小田急線沿線地区との関連を示すものではないと想定されるが，旧都筑郡地域の別々の場所で，同じ「口」と記された墨書土器が出土していることに注目してみた。

そこで，それぞれの遺跡が立地する場所を改めて確認すると，黒川地区は多磨郡，小田急線沿線地区は橘樹郡と接する境界の地域であったことがわかる（図 3）。古来より日本では，何かと何かを区切る＝堺（境）や人・モノが出入りする場所を明確化するために，そこを「口」あるいは「～口」と呼ぶ例が多い。この歴史的事実を参考にすれば，旧都筑郡地域の二つの地区で「口」と書かれた墨書土器が出土するのは，それぞれの地区が，多磨郡と都筑郡，橘樹郡と都筑郡と接する郡境であると認識されていたためと考えられる。

それを裏付けるものとして，古沢都古東遺跡の第１地点から出土した墨書土器が挙げられる（図 9-2）。この墨書土器は，市教委が追加調査を実施した４区の 9A 号住居跡から出土した須恵器坏であり，約 1/2 が欠損しているため文字を確実に判読できないが，確認できる部分から推測すると，「厨」と書かれている可能性が高い。厨は役所や寺院等の公的な施設の厨房施設であるが，公的な行事や饗宴の場によって移動することもあるため，この墨書が厨であれば，当該地域で厨が置かれるような行事が行われたことが想定できる。では厨が置かれる行事とは何があるのかを検討すると，国司が国内の各郡を回り，郡から郡へ移動する際，郡境で饗宴が開かれていたと考えられていることから，厨が置かれた「山口」と呼ばれた小田急線沿線地区は，まさに郡境の地であったことを表しており，しかも，饗宴を開くことができる施設を有していた地域であったことも推測できるのである。

(3) 郡境の守護

古代では，こうした郡境等，境界にあたる地域において，境界を守護するため神仏の加護を求めた例は多い。小田急線沿線地区で出土する「山口」という呼称は，「口」という単なる境界という意味以上に，古代においては異界と日常を隔てる山，信仰の対象となってきた山の出入口として，地名や神社等の名前にみられる（牧田 2010）。現在，小田急線沿線地区にその名を表すような神聖な山や神社等はみられないが，山口台遺跡群上台遺跡では，12号住居（HT-12）から仏教的色彩の強い，体部に稜をもつ須恵器稜碗が出土しているとともに，有力者の居宅である可能性が高い三面に廂を有する6号掘立柱建物（HO-6）等も確認されており，直接的な資料は発見されていないが，集落内で仏事を行っていた可能性や，有力者の居宅が仏堂的な施設として利用されていたことも想定されている。この上台遺跡とその南側に位置する上麻生日光台遺跡は，大型の掘立柱建物が規則的に配置され，一般的な集落とは異なる様相を有することから，郡境を守る拠点として位置づけられていたものと推測される。そして推測に推測を重ねれば，境界を守護するための仏事を行うことで，ここが仏が住まう土地という認識をもたれ，上台遺跡が所在する地を日常社会とは異なる異界の地＝山であると捉え，その境界の出入口であるこの地を「山口」と呼ぶようになったのではないかと考えられるのである。

さらに，多磨郡との境界に位置し，「口」と記された墨書土器が出土している黒川地区No. 10遺跡においても，西側に隣接する宮添遺跡から「寺」と書かれた墨書土器が出土しているとともに，高台に建てられた掘立柱建物（1・2号掘立柱建物）周囲から瓦塔片が発見されていることから，この建物が瓦塔を祀った仏堂であったことが想定されており，やはり境界の地を守護すべく仏の力を借りていた可能性をうかがわせる状況といえる。

4　おわりに

本稿では，川崎市内の旧都筑郡地域における古代の様相について考えてみた。そして，古代において川崎市北西部位置するこの地域が，旧都筑郡の北端部にあたる境界の地，また東海道や都筑郡と武蔵国府とを結ぶ交通路として，古代都筑郡のなかで重要視されていた可能性を推測した。今後も，新たな資料の蓄積を図るとともに，他地域の事例等も参考に，旧都筑郡地域における古代の様相を検討し，さらには，旧橘樹郡の様相も合わせ，川崎市域における古代の様相の解明を目指していきたい。

最後になりましたが，日頃より大変お世話になっている山本先生の古稀をお慶びを申し上げるとともに，今後の益々の御活躍をお祈りいたします。

引用・参考文献

浅賀貴広・平自由ほか　2016『上麻生日光台遺跡第V地区』㈱盤古堂

大川清・北原實徳　1987『山口台遺跡群』山口台遺跡群発掘調査団

大坪宣雄ほか　2013『早野上ノ原遺跡―第1次～第3次発掘調査概要報告書―』川崎市建設緑政局・有限会社吾妻考古学研究所

河合英夫・北平朗久・御代七重・小森明美　2007『上麻生日光台遺跡第II地区』玉川文化財研究所

栗田一生・渡辺昭一　2015『古沢都古東遺跡第1地点追加調査概要報告』川崎市教育委員会

呉地英夫・河合英夫　1986『大ヶ谷戸遺跡』大ヶ谷戸遺跡発掘調査団

小池聡・栗田一生・副島蔵人・浅賀貴広　2015『上麻生日光台遺跡第IV地区』㈱盤古堂

杉本靖子・渡辺昭一　2011『古沢都古東遺跡第1・2地点―新百合ヶ丘総合病院建設に伴う埋蔵文化財発掘調査概要報告書―』医療法人社団三成会・有限会社吾妻考古学研究所
竹石健二・澤田大多郎・野中和夫ほか　1989『岡上丸山遺跡』川崎市教育委員会
玉口時雄・大坪宣雄ほか　1995『黒川地区遺跡群報告書VII』住宅・都市整備公団・黒川地区遺跡調査団
中山豊・坪田弘子・御代七重　2007『上麻生日光台遺跡第III地区』玉川文化財研究所
林原利明・宮井香・椎名和生　1997『上麻生大ヶ谷戸遺跡』上麻生大ヶ谷戸遺跡発掘調査団
原田昌幸・北原實德・今泉克巳　2005『万福寺遺跡群』有明文化財研究所・万福寺遺跡群発掘調査団
牧田　忍　2010「古代日本の〈山口〉の意味」『日本大学大学院総合社会情報研究科紀要』No. 11　217-226頁
増田精一・関根孝夫・秋田かな子・福田礼子　1989『五力田遺跡』五力田地区埋蔵文化財発掘調査団
増田精一・松浦宥一郎・岡部利和　1974『多摩―多摩線沿線地区埋蔵文化財発掘調査報告―』多摩線沿線地区埋蔵文化財発掘調査委員会
宮重俊一・渡辺務　2007『上麻生日光台遺跡』麻生区役所建設センター・日本窯業史研究所

鎌倉・極楽寺旧境内出土瓦の検討
—和泉産瓦搬入の背景についての一考察—

小林　康幸

はじめに

神奈川県鎌倉市極楽寺に所在する霊鷲山極楽寺は，執権北条重時が忍性を開山に招き創建した真言律宗の名刹である。その創建は『極楽寺縁起』により正元元（1259）年と伝えられており，忍性が入寺した文永四（1267）年頃におおむね伽藍の整備が完成したと考えられている。現在の極楽寺は閑静な趣の寺院でその境内は周囲の宅地化が進んだことにより往時に比べると面積的に小さくなっているが，中世における極楽寺が49の子院を擁する大伽藍であったことは極楽寺に伝わる伽藍絵図によって良く知られている。絵図は「往古絵図」と「中古絵図」の二つがあり，江戸時代中期頃（18世紀後半）に製作されたもので描かれている伽藍の様子は絵図製作時点の様子ではなく，中世における極楽寺盛時の状況であると考えられている。

寺院遺跡の解明には出土瓦の考古学的な研究が重要な手法の一つであり，本稿では極楽寺旧境内の発掘調査で出土した和泉産瓦に注目して，鎌倉への和泉産瓦搬入について考察を行う。

1　極楽寺旧境内における発掘調査と出土瓦の概要

極楽寺旧境内における発掘調査のうち，一定量の瓦が出土した発掘調査は，鎌倉市立稲村ヶ崎小学校改築に伴う発掘調査（以下，「小学校地点」），江ノ島電鉄車両検修施設新築に伴う発掘調査（以下，「車両検修施設地点」），さらに江ノ島電鉄操車場改築に伴う発掘調査（以下，「操車場地点」）の3地点である。各調査地点における瓦の系統（産地）別の出土状況は表1のとおりである。

小学校地点の発掘調査は，現在の極楽寺の北側の場所で1977年から1979年にかけて実施され，極楽寺創建から元亀三（1572）年まで存在したとみられる凝灰岩の切石を用いた壇正積基壇の遺構が発見され，方丈華厳院の遺構に該当すると考えられている（鎌倉市教育委員会1980）。この調査では合計2,788点の瓦が出土し13世紀後半から14世紀前半の瓦と考えられている。主体となる軒瓦は三巴文鐙瓦と剣頭文宇瓦である。調査報告書が刊行された当時，鎌倉の瓦研究者は和泉産瓦の存在について全く認識がなかったが，現時点で改めて出土瓦中の和泉産瓦を確認してみると，わずかに1点ではあるが連珠文宇瓦を見出すことができる。

車両検修施設地点の発掘調査は前述の小学校地点から南に約100m，また現在の極楽寺山門か

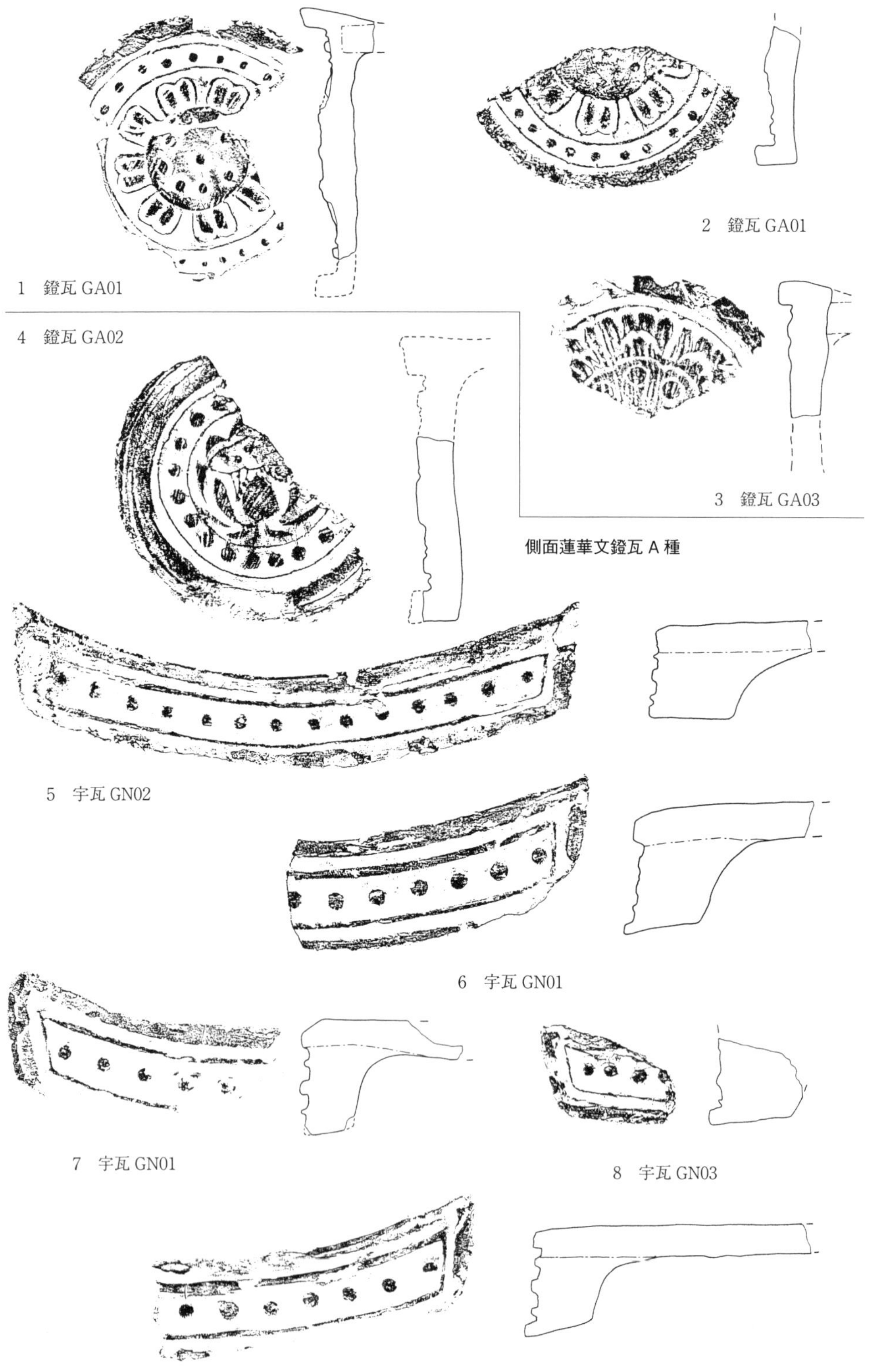

図１　鎌倉・極楽寺旧境内出土の瓦

らは南西に約60 mの場所で1992年に実施され，13世紀末から14世紀初頭にかけての土坑や柱穴等の遺構が発見されている。（極楽寺中心伽藍跡群発掘調査団・東国歴史考古学研究所1999）。この調査では合計348点の瓦が出土しており，そのうち321点（全体比92.2%）を和泉産瓦が占めている。和泉産瓦には山崎信二の編年により12世紀後半から13世紀前半の年代（中世I期：1180～1210）と13世紀前半から後半にかけての年代（中世II期：1210～1260）が与えられている。連珠文宇瓦GN01～03は瓦当部の製作技法が顎貼り付け技法によるものであり，顎部の断面形態はいわゆる段顎である。極楽寺出土の剣頭文宇瓦のほとんどが瓦当貼り付け技法で作られていることと明確な差異を示す連珠文宇瓦の顕著な特徴である。

操車場地点の発掘調査は前述の車両検修施設地点から北東に約40 m離れた場所で1994年に実施され，13世紀後半の掘立柱建物等の遺構と13世紀末から14世紀前半の区画・基壇の遺構が発見されている。この調査では合計4,524点の瓦が出土しており，そのうち4,294点（全体比94.9%）を和泉産瓦が占めている（極楽寺中心伽藍跡群発掘調査団1998）（図1参照）。

2　極楽寺出土瓦についての既往の検討

鎌倉で和泉産瓦の存在を最初に認識したのは原廣志であり，それは1998年のことである。原は操車場地点の出土瓦の整理を行った際に，「表面が灰黒～黒褐色の墨色系で内部が灰白色を呈し，いぶし焼風である。胎土に長石と思われる鉱物質のやや大きな粒の混じるものである」，「しかも鐙瓦中に京都壬生寺出土品と類似した珍しい文様の蓮華文（GA02）があり宇瓦は連珠文が多く」，「女瓦に隅落（狭端面側の隅を軽いケズリで面取り）の成形を加えたものなど」の特徴を指摘した（原1998）。さらに「胎土中に混じえた砂（鉱物質）の量の多さに違いがみられる点（生地を作る段階で粘土と砂の量の配合差）に注目して三種類に大別してみた」としており，その胎土の特徴は次の三つである。

A 胎土に白色粒の鉱物質をあまり混じえない精土で，焼成は良好で焼き締まっているもので硬質な製品が多い。

B 胎土に混じえた砂は，鉱物質の白色粒がやや大きな粒で比較的多くみられる一群で，焼成はきわめて良好で硬質な焼き上りを示す製品がほとんどである。

C 胎土の粗悪な一群，鉱物質の大きな白色粒を含んだ砂を多量に混じえたもので，焼成は良好だが砂の配合が多すぎて焼き締まらず，割れ口に触れると脆い感じである。

AとBの特徴を示す瓦はそれぞれ2,528点（全体比56%），1,760点（全体比39%）で，Cの瓦は230点（全体比5%）である。鐙瓦のうち八葉複弁蓮華文鐙瓦GA01ではAが2点，Bが1点，側面蓮華文鐙瓦GA02ではBが1点である。また宝相華文鐙瓦GA03ではAとBが各1点である。連珠文宇瓦GN01ではAが6点，Bが3点，Cが1点で，GN02ではAが1点，Bが4点，Cが1点で，GN03ではAが1点である。丸瓦ではAが491点，Bが282点，Cが22点である，平瓦はAが2,023点，Bが1,464点，Cが205点である。原は瓦の胎土の特徴とその点数を明

表1　極楽寺旧境内における地点別・系統（産地）別の瓦出土状況

地　点　名	瓦の種類	鎌倉系統の瓦（在地産）						和泉産の瓦						合計	和泉産の瓦の全体比率
	胎土分類	鐙瓦	宇瓦	丸瓦	平瓦	その他	小計	鐙瓦	宇瓦	丸瓦	平瓦	その他	小計		
小学校地点		150	166	717	1,739	15	2,787	0	1	0	0	0	1	2,788	僅少
操車場地点	（胎土A）	0	0	0	0	0	0	6	8	491	2,023	0	2,528	2,528	
	（胎土B）	0	0	0	0	0	0	6	8	282	1,464	0	1,760	1,760	
	（胎土C）	1	2	22	205	0	230	5	1	0	0	0	6	236	
	（小計）	1	2	22	205	0	230	17	17	773	3,487	0	4,294	4,524	94.90%
車両検収施設地点		0	4	7	15	1	27	1	1	97	222	0	321	348	92.20%

らかにしたが，この時点ではまだ壬生寺系の瓦という名称も使用せず，瓦が和泉産であることにも触れていない。

私は胎土がAとBの瓦はほぼ確実に和泉産瓦であろうと考えているが，連珠文宇瓦のなかにわずか2点ではあるが胎土がCの瓦が存在し，丸瓦，平瓦にも一定量Cが含まれているため，Cの瓦の生産地が和泉以外であるとは断定し難いが，表1では在地産の瓦として扱っている。

山崎は1997年に極楽寺旧境内出土の瓦を実見するとともに，壬生寺境内の出土瓦についても調査を行って両者を比較照合した結果，側面蓮華文鐙瓦の同一箇所に笵傷のあることからこれらを同笵瓦と認定するとともに，胎土も酷似することを確認している。同文の瓦は石清水八幡宮でも出土していることから，この時点で山崎は「京都産の瓦が鎌倉に運ばれたものと理解してよいだろう」との見解を示しており，意外にもこの段階で和泉産の瓦を「京都産の瓦」とみているのである（山崎1997）。

車両検修施設地点の出土瓦の整理を行った原は，極楽寺旧境内で出土している瓦と胎土・焼成の異なる一群の瓦について，「ここでは便宜上，壬生寺系という表現の仮称に止めておきたい。」としながら，初めて「壬生寺系」という名称を使用した（原1999）。この「壬生寺系」という名称は「鎌倉系」に対比して設定されたもので，側面蓮華文鐙瓦（GA02）が京都壬生寺境内の出土瓦と同文であることを根拠としている。原自身が和泉産瓦という用語を初めて使用するのは2006年に開催された極楽寺シンポジウムでの発表を待つことになる。

山崎は全国の中世瓦を通観し，その成果を『中世瓦の研究』としてまとめている（山崎2000）。まず和泉産の瓦について，

1 京都の壬生寺境内から出土する瓦の多くは大阪府堺市域で生産された和泉産瓦であり，堺市域を中心に多くの同文・同笵関係が確認できる。

2 側面蓮華文鐙瓦と組み合う連珠文宇瓦の顎部の形態から年代の細分が可能である。

3 側面蓮華文鐙瓦の瓦当文様は3種（A種・B種・C種）に分類でき，それぞれと組み合う連珠文宇瓦を明らかにすることで，3種の側面蓮華文鐙瓦についても時期差を見出すことができる。

と述べている。1の同文・同笵関係の瓦の分布に関しては，和泉国の日置荘遺跡，家原寺町遺跡，大仙遺跡（いずれも大阪府堺市），八下遺跡（大阪府美原町），檀波羅密寺，（大阪府泉佐野市），

表２　極楽寺旧境内出土軒瓦の同笵・同文関係一覧表

<table>
<tr><th>種　類</th><th>型　式
（原 1998）</th><th>文様の細分
（山崎 2000）</th><th>図</th><th>出土遺跡（旧国名）</th><th>生　産　地</th><th>山崎編年による年代</th></tr>
<tr><td rowspan="5">鐙　瓦
（軒丸瓦）</td><td>GA01</td><td></td><td>図 2-1</td><td>四天王寺（摂津）</td><td>和泉産
（もしくは摂津産）</td><td>中世Ⅰ期
（極楽寺　前身寺院）</td></tr>
<tr><td rowspan="3">GA02</td><td>A 種</td><td>図 1-4
図 2-3
図 3-5
図 3-6
図 3-8</td><td>極楽寺旧境内（相模）
壬生寺境内（山城）
家原寺町遺跡（和泉）
近殿神社（相模）
若江寺（河内）</td><td>和泉産</td><td>中世Ⅱ期</td></tr>
<tr><td>B 種</td><td>図 3-1
図 3-2
図 3-7</td><td>日置荘遺跡（和泉）
大仙遺跡（和泉）
八下遺跡（和泉）</td><td>和泉産</td><td>中世Ⅱ期</td></tr>
<tr><td>C 種</td><td>図 2-5
図 3-9</td><td>石清水八幡宮（山城）
檀波羅密寺（和泉）</td><td>和泉産</td><td>中世Ⅱ期</td></tr>
<tr><td>GA03</td><td></td><td>図 2-2</td><td>法勝寺</td><td>和泉産</td><td>中世Ⅰ期
（極楽寺　前身寺院）</td></tr>
<tr><td rowspan="3">宇　瓦
（軒平瓦）</td><td>GN01</td><td></td><td rowspan="3">図 1-5-9
図 2-4
図 2-6
図 3-3</td><td rowspan="3">極楽寺旧境内遺跡（相模）
壬生寺境内（山城）
石清水八幡宮（山城）
日置荘遺跡（和泉）</td><td rowspan="3">和泉産</td><td rowspan="3">中世Ⅱ期</td></tr>
<tr><td>GN02</td><td></td></tr>
<tr><td>GN03</td><td></td></tr>
</table>

鐙瓦 GA04～07 および宇瓦 GN04 は本表から除外している。

河内国の若江寺（大阪府東大阪市）などの摂河泉地域に集中することや山城国の壬生寺境内（京都市：平安京域内），石清水八幡宮（京都府八幡市），そして紀伊国の広八幡神社（和歌山県広川町），相模国の極楽寺（神奈川県鎌倉市），近殿神社（神奈川県横須賀市）で出土している状況を明らかにしている（表 2，図 2・3 参照）。

3 に述べられている 3 種の側面蓮華文鐙瓦の時期差については，B 種は A 種から 10～20 年程度後出になり，また C 種は B 種から 10～20 年程度後出になるとし，年代の変遷についてかなり細分することが可能であると論じている。

さらに山崎は鎌倉の極楽寺旧境内出土の瓦について，次のように述べている。

1 操車場地点で出土した八葉複弁蓮華文鐙瓦 GA01 は四天王寺出土瓦と同文で，また宝相華文鐙瓦 GA03 は法勝寺跡出土瓦と同文であり，その年代は中世Ⅰ期（1180～1210）の瓦というよりもむしろ 1100 年代の瓦であり，1180 年を遡る可能性が高い。必然的に中世Ⅰ期の年代は極楽寺の創建年代を遡ることから，操車場地点出土の八葉複弁蓮華文鐙瓦や宝相華文鐙瓦は「極楽寺前身寺院の瓦（1）」と位置づけられる。

2 壬生寺境内出土瓦と同笵の側面蓮華文鐙瓦 GA02 も中世Ⅱ期（1210～1260）の和泉産の瓦で，その年代はⅡ期のうちでも早い段階（1210～1220）に絞り込むことができる。側面蓮華文鐙瓦もまた「極楽寺前身寺院の瓦（2）」に位置づけられる。

山崎が瓦の分析から導き出した極楽寺前身寺院という存在や瓦の年代を鎌倉ではにわかに受け入れることができず，後に原が異なる見解を述べることになる。私も現時点で八葉複弁蓮華文鐙瓦 GA01 および宝相華文鐙瓦 GA03 はもとより側面蓮華文鐙瓦 GA02 についても，山崎の年代観には否定的な立場である。「極楽寺前身寺院」に相当する遺構が確認されていない以上，極楽寺創建を遡るとされる年代の瓦からその使用先を論じるのは時期尚早である。私は側面蓮華文鐙瓦

GA02を極楽寺創建期の瓦として捉え，その年代を山崎よりも40年程度新しい1260年代の瓦と考えている。

極楽寺旧境内出土の側面蓮華文鐙瓦および連珠文宇瓦と同文（同笵を含む）の瓦を原が設定した型式分類と山崎による瓦当文様の細分および年代観に基づいて整理したのが表2である。

2006年，原は極楽寺シンポジウムでの発表「極楽寺地区出土の瓦とその変遷」で初めて「和泉産」という表現をしている（原2006）。

原は自身が「壬生寺系」とした瓦を「大阪や京都を中心とした寺院に展開しており，畿内から鎌倉方面へ供給された瓦」としており，直接的に「和泉産」とは表現していない。また山崎が八葉複弁蓮華文鐙瓦GA01，側面蓮華文鐙瓦GA02，そして宝相華文鐙瓦GA03のすべてを極楽寺前身寺院の瓦としたことに対し，「軒先瓦の瓦当文様の分析だけでは二時期に年代確定することは困難であった。」と前置きしたうえで，「想像の域をでないが，極楽寺出土の中世第I期瓦は生産地で一時期の使用ではなく，ある一定期間にわたり使われ続けた范型か，または瓦屋に保管され後に再び中世第II期瓦前半の段階で使用された可能性も考えられないであろうか。」と述べている。多少解りにくい表現であるが，原自身は，①和泉で在地寺院に瓦が供給された時期，②和泉の在地寺院に瓦を供給した後に一定期間を経てから製作した同笵瓦が鎌倉に供給された時期，という2時期の識別は困難であるとしながらも極楽寺出土の壬生寺系瓦（GA02）を中世II期前半の瓦とみているのである。原は発表要旨の最後に「先述したように京都壬生寺をはじめ，畿内における寺院間の同范・同文関係からB・C地点の主要瓦は13世紀中頃以前に遡る。すなわち，忍性が住持した極楽寺の前身堂舎（寺院か）の屋根に和泉・河内産瓦が葺かれ，京畿中央の繫がりが想定されるからである。」と述べ，改めて山崎の中世II期前半（13世紀中頃以前）という年代については肯定している。ただし，山崎の「極楽寺前身寺院」という概念を越えて，「忍性住持した極楽寺の前身寺院」と表現していることには違和感を覚えざるをえない。山崎は瓦の年代が極楽寺の創建年代を遡るからこそ「極楽寺前身寺院」と述べたのである。

以上が先学諸氏によって展開されてきた極楽寺出土瓦に関する既往の検討である。こうした検討をふまえたうえで次に極楽寺への和泉産瓦搬入の背景を考察することとしたい。

3　極楽寺への和泉産瓦搬入の背景

従来の研究では和泉産瓦を除いた極楽寺の瓦を13世紀後半から14世紀前半の瓦という捉え方で，やや時間幅をもって位置づけてきた感が否めない。私自身もかつて関東地方における中世瓦の様相を考察した際に，いくつかの先行研究に影響を受けて「東国律宗系の瓦」という類型を設け，極楽寺の瓦を13世紀末から14世紀中頃の瓦と考えた（小林1989）。

極楽寺は創建期の伽藍完成（文永四（1267）年）からわずか8年後の建治元（1275）年に大火に遭い伽藍が焼失している。三巴文鐙瓦や剣頭文宇瓦などの軒瓦を主体とする鎌倉系（在地産）の瓦はこれまで極楽寺創建期の瓦と考えられてきた（原1986・1997・2006）。その根拠は鎌倉系の瓦の多くが火災によって二次的に火を受けた瓦であり，この火災が建治元年の大火か徳治三(1308)年の火災と考えられたからである。

発掘調査の成果から，極楽寺旧境内の出土瓦は明らかに調査地点によって様相が異なっており，現境内地西側一帯には和泉産瓦の出土が多く，対照的に現境内地北側一帯には鎌倉系の瓦が多く出土している。瓦の瓦当文様や焼成状態を見る限り，側面蓮華文鐙瓦をはじめとする和泉産の瓦は，三巴文鐙瓦や剣頭文宇瓦などの軒瓦を主体とする鎌倉系の瓦と比べると確かに古式の瓦として認識できる特徴を有している。同笵瓦の存在から瓦の製作年代と使用年代を区別して考えれば，和泉産の瓦と在地産の瓦の両者をともに極楽寺創建期の瓦であると考えることが可能である。極楽寺創建期の伽藍造営事情はまだまだ明らかにはなっていない点が多い。盛時には子院を含めて多くの堂舎が存在した極楽寺においては，同じ瓦葺の堂舎であっても在地産の瓦を葺いた建物と和泉産の瓦を葺いた建物が同時期に存在していたことは想像に難くない。堂舎によって葺かれた瓦が異なれば，調査地点によって瓦が異なった様相を示すことは不自然ではない。鎌倉における13世紀後半という時期は極楽寺だけでなく，建長寺の創建や永福寺の弘安年間修理などをはじめ多くの寺院で創建や修理が行われた時期である。瓦の需要拡大に応えるため，複数の産地から同時に瓦の搬入を行う必要があったと考えられる。

寺院造営の事情はそれに財政的支援を行った開基（檀越，檀那）の存在から説明される場合と，造営を宗教者の立場から企画・推進した開山（僧侶）の存在から説明される場合の二つに大別できる。これまで極楽寺への和泉産瓦搬入に関しては，山崎も原も前者を念頭に考察を述べている。山崎は「近殿神社の地は，鎌倉御家人三浦氏の本拠地であり，宝治元（1247）年の戦いによって，三浦氏一門は北条氏によって滅ぼされる。近殿神社の瓦が三浦氏全盛期のものとして，宝治元年以前にあるのではないかと考えるのが素直である」，「三浦氏の所領がどれほどであったか不明であるが，1200年から1230年の頃に本拠相模の他，河内・和泉・紀伊等の守護職を帯していた」と述べている（山崎 2000）。原は「ちなみに近殿神社の所在する大矢部地区は，鎌倉幕府の有力御家人三浦氏の本拠地に比定されている地域である」と述べている（原 2006）。両氏はともに極楽寺と近殿神社の瓦に同笵関係があり，その産地が和泉であることを理由に挙げて近殿神社の檀越階層にあたる三浦氏支援によって極楽寺への和泉産瓦の搬入が成立したことを考察している。

私はむしろ後者を念頭に，寺院造営の財政的支援者は瓦の産地や採用する瓦当文様といった細かなことを決定していないと考えている。寺院造営に際しての資材（瓦・材木・石材）や装置（仏像・仏具・経典・諸什器）の調達，職人（瓦工・番匠・石工・仏師）の手配といった具体的な段取りを担ったのは，宗教者として寺作りにかかわった僧侶であると常々考えている。これは極楽寺の創建においても例外ではなかったであろう。鎌倉で瓦の需要が拡大した13世紀後半，極楽寺の創建における和泉産瓦の搬入には，かつて和泉国において寺院造営の経験を有する忍性や律宗系瓦工の関与が背景にあったのではないだろうか。

山崎が明らかにしたように堺市を中心とする大阪府南部には極楽寺の側面蓮華文鐙瓦GA02と同笵・同文の瓦の出土地が多い。この地域は忍性が関東下向以前に寺院の造営などに関わった地

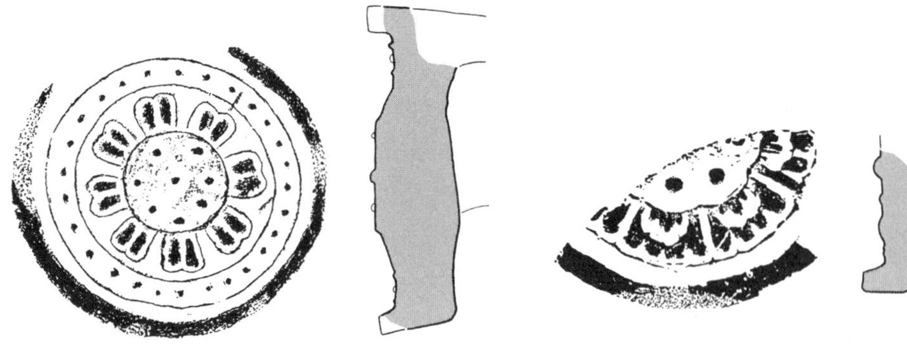

1　四天王寺（鐙瓦 GA01 と同文）

2　法勝寺跡（鐙瓦 GA03 と同文）

3　壬生寺
側面蓮華文鐙瓦Ａ種

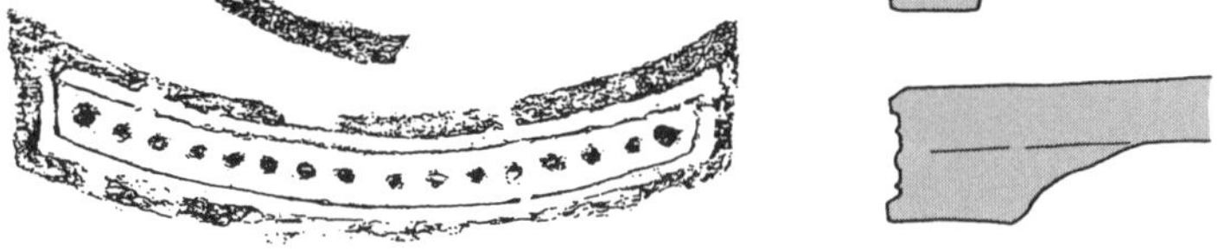

4　壬生寺

5　石清水八幡宮
側面蓮華文鐙瓦Ｃ種

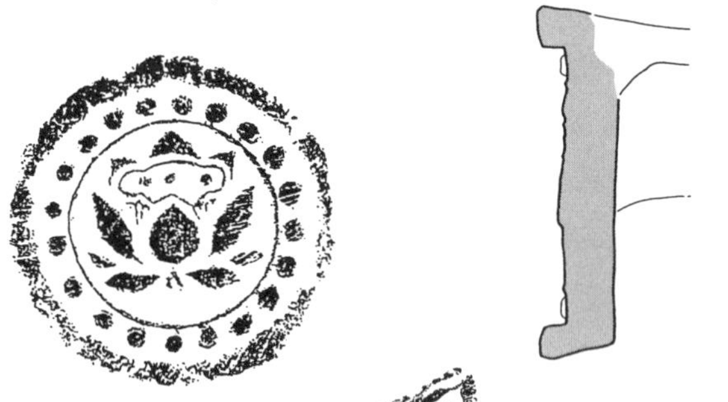

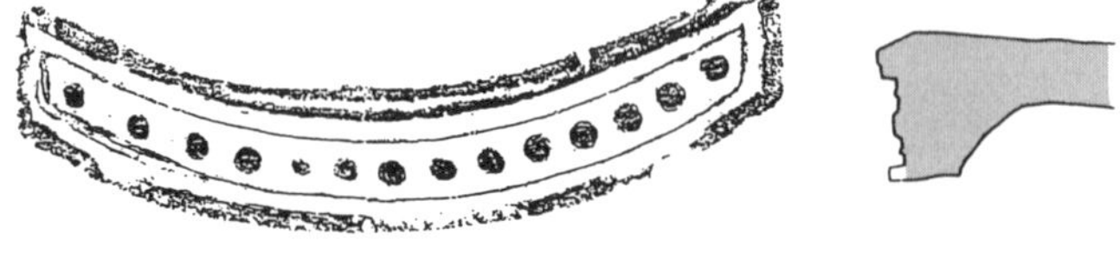

6　石清水八幡宮

図２　鎌倉・極楽寺出土瓦と同文の鐙瓦・宇瓦（1）

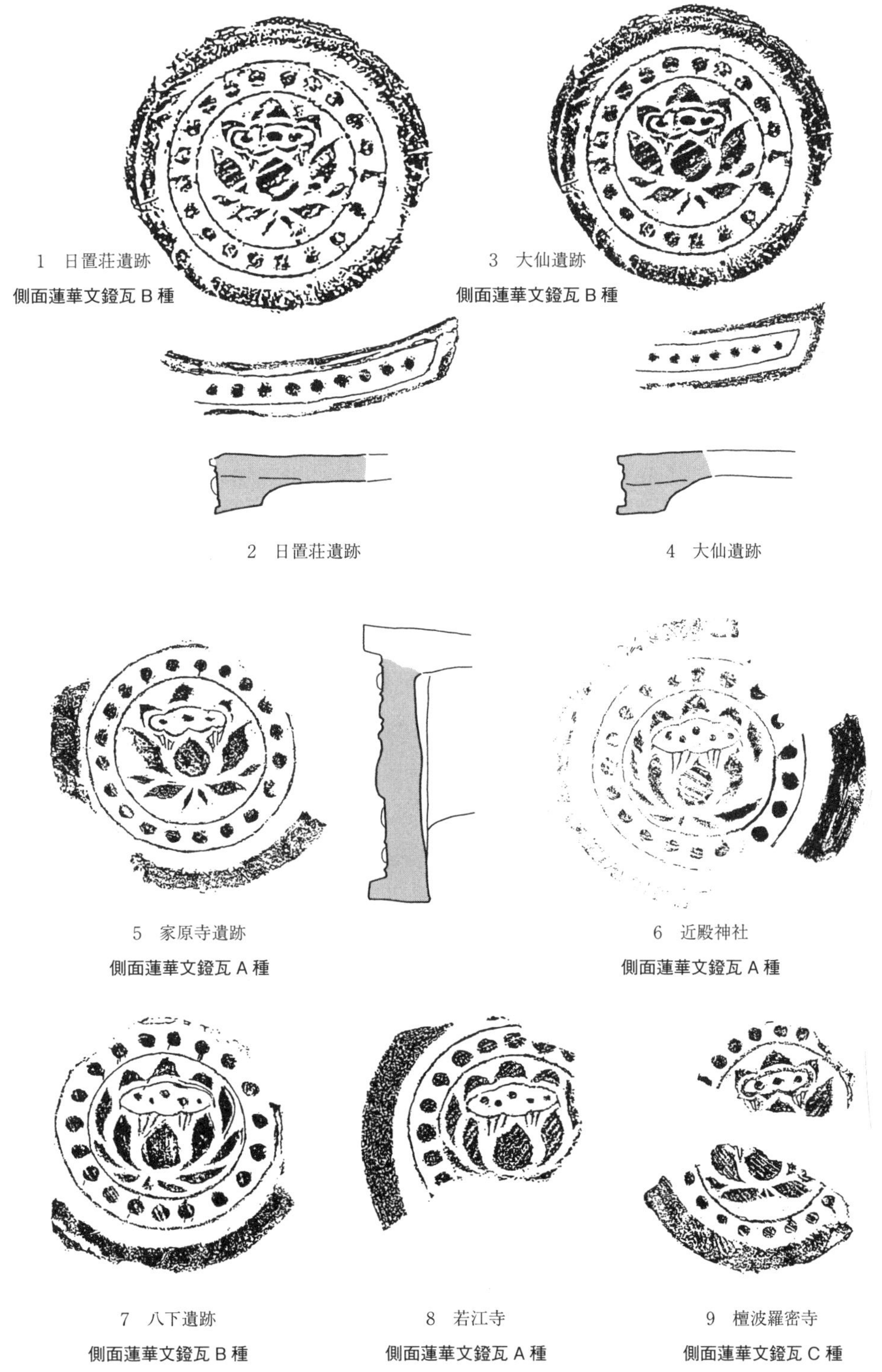

図３　鎌倉・極楽寺出土瓦と同文の鐙瓦・宇瓦（2）

域であり，それ以前の時代から忍性の師である叡尊や律宗教団に連なる技術者集団が活躍した地域ともいわれている。忍性は寛元三（1245）年に家原寺（えばらじ）（大阪府堺市：和泉国）で別受戒をうけている。この家原寺付近の遺跡（家原寺町遺跡）で側面蓮華文鐙瓦（図3-5）が出土していることは非常に象徴的な事例として捉えておきたい。忍性が北条氏の求めに応じて常陸国の筑波から鎌倉に入り極楽寺創建に手腕を発揮した前提には，和泉国における寺院造営の経験があったからと考えられる。

おわりに

発掘調査の成果に基づき極楽寺旧境内で出土している和泉産瓦の様相を明らかにし，その年代や鎌倉への搬入の背景について予察的ではあるが若干の考察を述べた。

極楽寺旧境内で出土した和泉産の側面蓮華文鐙瓦も連珠文宇瓦もその出土点数はわずかな点数にとどまっている。車両検修施設地点の北側には発掘調査を実施していない土地がかなり大きく広がっている。極楽寺旧境内の瓦については将来の発掘調査によって寺院遺構が具体的に解明されることに期待を寄せ，出土瓦のさらなる増加を待って再考を期したい。

本稿の執筆にあたって市本芳三氏から有益なご教示をいただき，狭川真一氏からは壬生寺境内の調査報告書をご提供いただいた。両氏に対し記して感謝を申しあげます。

最後になりましたが山本暉久先生の古稀を心からお祝いを申しあげます。

引用・参考文献

市本芳三　1993「摂河泉における古代末・中世瓦の様相」『研究紀要』Vol. 1　大阪文化財センター

市本芳三　1995「日置荘遺跡出土瓦の分析」『日置荘遺跡』大阪府教育委員会・大阪文化財センター

市本芳三　2001「大阪地域の平安時代後期瓦の様相」『中世寺院の幕開け』摂河泉古代寺院研究会

市本芳三　2002「摂河泉の中世瓦の様相」『シンポジウム中世瓦の研究（発表要旨）』帝塚山大学考古学研究所

市本芳三　2006「摂河泉の平安時代から鎌倉時代の軒瓦の様相」『大阪府文化財センター研究調査報告』第4集

極楽寺旧境内遺跡発掘調査団・鎌倉市教育委員会　1980『極楽寺旧境内遺跡』

極楽寺中心伽藍跡群発掘調査団　1998『極楽寺旧境内遺跡―江ノ島電鉄株式会社極楽寺地区改良計画に伴う発掘調査報告書―』

極楽寺中心伽藍跡群発掘調査団・東国歴史考古学研究所　1999『極楽寺中心伽藍跡群遺跡―極楽寺三丁目298番1外地点―』

小林康幸　1989「関東地方における中世瓦の一様相」『神奈川考古』第25号　神奈川考古同人会

小林康幸　2015「鎌倉・建長寺出土瓦の検討」『神奈川考古』第52号　神奈川考古同人会

斉木秀雄　2006「極楽寺地区の発掘調査」『シンポジウム中世都市鎌倉と極楽寺予稿集』中世鎌倉研究会

財団法人元興寺文化財研究所・宗教法人壬生寺　2011『平安京左京五条一坊二町（壬生寺境内）老人ホーム（ウェルエイジ壬生）建設に伴う発掘調査報告書―』

瀬田哲夫　1994「極楽寺中心伽藍遺跡出土の軒丸瓦」『鎌倉考古』No. 32　鎌倉考古学研究所
原　廣志　1986「鎌倉における瓦の様式」『佛教藝術』164号
原　廣志　1997「東国出土の中世瓦」『浄土庭園と寺院（永福寺創建800年記念シンポジウム）』鎌倉市教育委員会
原　廣志　1998「第4章　まとめと考察，（附）出土瓦について」『極楽寺旧境内遺跡―江ノ島電鉄株式会社極楽寺地区改良計画に伴う発掘調査報告書―』極楽寺中心伽藍跡群発掘調査団
原　廣志　1999「第5章　出土遺物（瓦）について」『極楽寺中心伽藍跡群遺跡―極楽寺三丁目298番1外地点―』極楽寺中心伽藍跡群発掘調査団・東国歴史考古学研究所
原　廣志　2006「極楽寺地区出土の瓦とその変遷」『シンポジウム中世都市鎌倉と極楽寺予稿集』中世鎌倉研究会
山崎信二　1997「中世同笵軒瓦の調査」『奈良国立文化財研究所年報1997-1』
山崎信二　2000『中世瓦の研究』（奈良国立文化財研究所学報第59冊）
横須賀考古学会　1990『神奈川の中世瓦集成図録』

追記

脱稿後，紀伊国には広八幡神社以外にも側面蓮華文鐙瓦の出土例があることを確認した。和歌山県有田市の円満寺出土瓦は極楽寺旧境内出土の鐙瓦GA02と同文の瓦であり，山崎分類のB種に該当すると考えられる。詳しくは下記に掲げた河内一浩の論文を参照されたい。

河内一浩　1998「吉備・観音寺の甍雑考」『紀伊考古学研究』創刊号　紀伊考古学研究会

横浜外国人居留地の様相
―山下居留地遺跡の外国商館の足跡―

天野　賢一

はじめに

外国人居留地は，1858（安政5）年の日米修好通商条約など欧米5ヶ国との条約により，1859（安政6）年の開港から1899（明治32）年に発効し，日米通商航海条約によって廃止されるまで約40年間にわたって存続した制度である。江戸幕府は，安政年間に，1858年に日米修好通商条約を結び，イギリス，フランス，ロシア，オランダと修好条約を締結した。「安政の五カ国条約」と呼ばれるものである。条約では，東京（築地）・大阪（川口）の開市，そして函館・神奈川・長崎・兵庫・新潟の5港を開港し，外国人の居住と貿易を認めた。

その開港場の一つとなる「神奈川」では，各国は東海道神奈川宿およびその近郊に所在する寺院を当初の領事館などとし彼らの滞在施設にあてたが，幕府の意向で神奈川宿の対岸にあたる横浜村に居留地を建設し，実質的に東海道街道筋からの距離を保つことに成功している。近世の横浜村では対岸に神奈川宿を望む砂嘴上に形成された半農半漁の漁村であったが，その後急速に成長し，現在に至っている。

これまでの間，考古学的な発掘調査はほとんど行われず，その具体的な様相は不明であったが，2007年に行われた山下居留地遺跡の発掘調査によって，その実像の一端が明らかとなった。この文明開化の震源地ともいえる横浜居留地では，幕末以降，歴史の舞台となっており，これまでに多数の文献資料を基軸とした多岐にわたる研究およびその成果が蓄積されているが，その一端を考古学的な手法で実証できたことは，極めて大きな成果といえよう。遺跡の特徴は，近代の象徴でもある煉瓦による様々な機能を有する遺構群と，国内外問わずその来歴を有する様々な出土品の数々は枚挙に暇が無いほどである。

今回はこの山下居留地遺跡に所在していた外国商館に焦点をあて，土地利用の変遷と貿易商人など具体的な人物像を辿って行きたい。

横浜居留地の概略

開港にあたって外国人は，居留地と呼ばれる開港場の一定区域に限って商取引を行い，邸宅を構えることが認められている。横浜居留地は，国内最大規模を誇る外国人居留地で，山下（関内）地区および山手地区にあり，特に現在の横浜市中区山下町一帯は日本の近代化に大きな役割を果たした外国商館が多数建設された区域である。その繁栄の様子は文献や古写真・地図など様々な形で記録されている。これら開港から発展してきた市街地は，1866（慶応2）年の横浜大火により大きな被害を受ける。伝統的な木造建造物で構成された居留地および日本人町は一体を灰燼と化した。その後，近代の都市計画により防火帯の機能を有する日本大通りや現在の横浜公園である洋式公園が整備される。その後の建物は，一定の防火機能を有する煉瓦造り・石造りなどによる西洋建築が街並みの主体を占め，異国情緒豊かな都市が築かれた。しかし1923年（大正12）の関東大震災により首都東京とともに甚大な被害がもたらされた。地震に脆弱な煉瓦造りや切石造りの建築であったため，居留地のほとんどの建物が倒壊し，再び壊滅的な打撃を受けている。

震災後の帝都復興事業の一環として，横浜においても復興事業による区画整理が行われ，主な街路は震災前の位置を踏襲しつつ，現在の姿にほぼ近い市街地の区画が形成されている。横浜市は1927（昭和2）年に第三次市域拡張を実施し，50万都市となる「大横浜」が誕生することになる。復興事業は6年後の1929（昭和4）年に完成して，1935（昭和10）年に「復興記念大横浜博覧会」を開催するに至っている。その後，よりいっそうの発展を築きつつあった横浜であるが第二次世界大戦に突入し，空襲によりさらにもう一度，一面の焼け野原となり，戦後も進駐軍による接収などが行われていた。このように開港以降の横浜は大火・震災，そして空襲といった壊滅的な打撃を受けながら，その度ごとに，復興してきた経緯がある。

山下居留地遺跡

発掘調査で明らかにされた当時の地番は48番地・53番地～55番地と駿河町通と命名された街路の一部である。その地番に該当する外国商館について概観する。

48番地　幕末～明治初期においてリンダウ商会とフレーザー商会の二つの記録がある。菊苑老人による著作である1863（文久3）年に刊行された「横浜奇談」は諸国国旗や横浜居留地における外国人の風習，西洋文化との比較などが記された文献（菊苑老人 1863）である。巻末には外国人商館番付および人名が一覧で序列して記載されているが，48番地では人名や商館名の記載は認められない。記載されている110個所の地番のうち68個所の地番では国名・人名の記載があり，例えば45番～48番までと，ある程度がまとまりをもって連続し，国名・人名の記載が無い部分が表記されていることから，宅地として未整備や開発途上の段階，または建物の建築中であった可能性が想定される。また1867年にイギリス人ジョン・ブラックによる創刊の海外向け新聞であるジャパン・ガゼット誌は，1910年に「ジャパン・ガゼット横浜50年史」を発行している。それによると1862年～1863年当時の居留地商館と住宅が列記されている。48番地では，1860年代初頭にイギリス系貿易会社であるフレーザー商会（Fraser & Co.）が記載されており（クラーク 1910），前述の文献記載内容と相違する点がある。「50年史」という半世紀経過した時点で

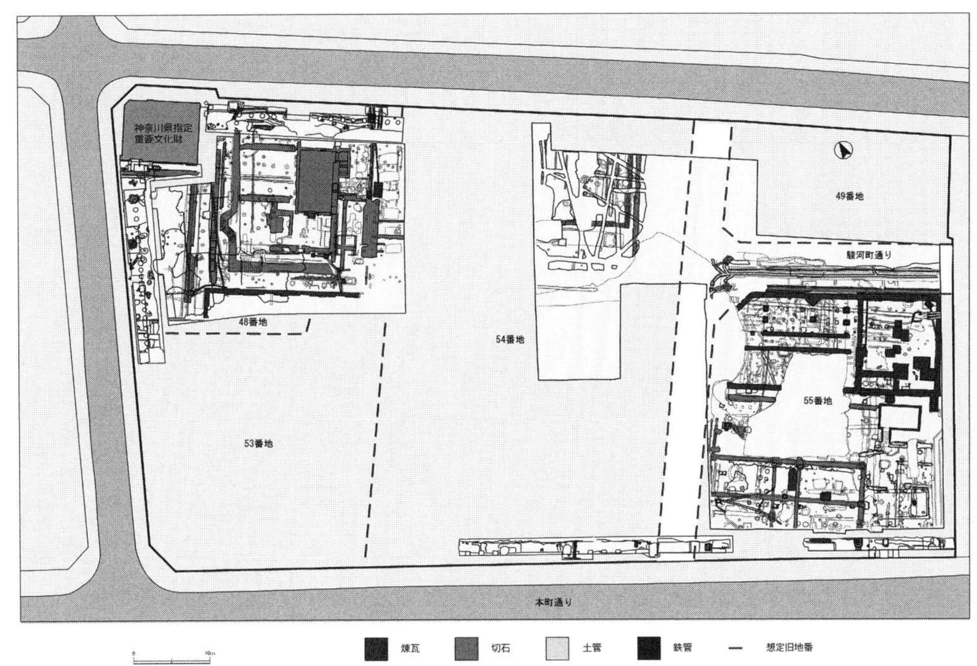

図１　山下居留地遺跡全体図（天野 2009，縮尺＝1/1000）

の記載内容の信頼性も考慮する必要もあるが，1860 年代初頭には，フレーザー商会が存在していた可能性が高いものと考えられる。このフレーザー商会には，1867（慶応 3）年頃に来日した製茶検査人のモリソン（James Pender Mollison）が入社している。経緯の詳細は明らかでないが，1884（明治 17）年頃にモリソン商会（Mollison & Co.）となっており，経営をフレーザーから譲渡されている可能性がある。

モリソン商会（横浜開港資料館編 1998）は，本職であった製茶貿易の他，ダイナマイトを輸入して鉱山業の発展に貢献していることで著名な商館である。当時普及していた銅版画は，1886 年刊行の佐々木茂市による「日本絵入商人録」に代表されるよう多数残されているが，横浜の商館の繁栄を示す銅版画の一つとして 48 番地所在のモリソン商会が精緻な表現で社屋などの様子が描かれている。モリソンは関東大震災で被災するまでの間に，横浜外国人商業会議所会頭・横浜文芸音楽協会会長・クリケットクラブ部長などを歴任し（クラーク 1910），横浜居留地での最古参となる重鎮であったようである。

その他に 48 番地では，スイス領事であったルドルフ・リンダウ（Rudolph Lindau）の経営するリンダウ商会が 1864（元治元）年～1869（明治 2）年 5 年間ほど経営した会社の記録がある（クラーク 1910）。このリンダウ商会の経営者であるルドルフ・リンダウ（Rudolph Lindau）は，プロシア生まれの外交官でスイス領事を担い，エメ・アンベール団長が率いるスイス通商使節団の事前に，スイス通商調査派遣隊の隊長として 1859（安政）年来日している（リンダウ 1864）。帰国後も小説家として活動しており文献資料など多くの記録がある（ラーン 1996）。

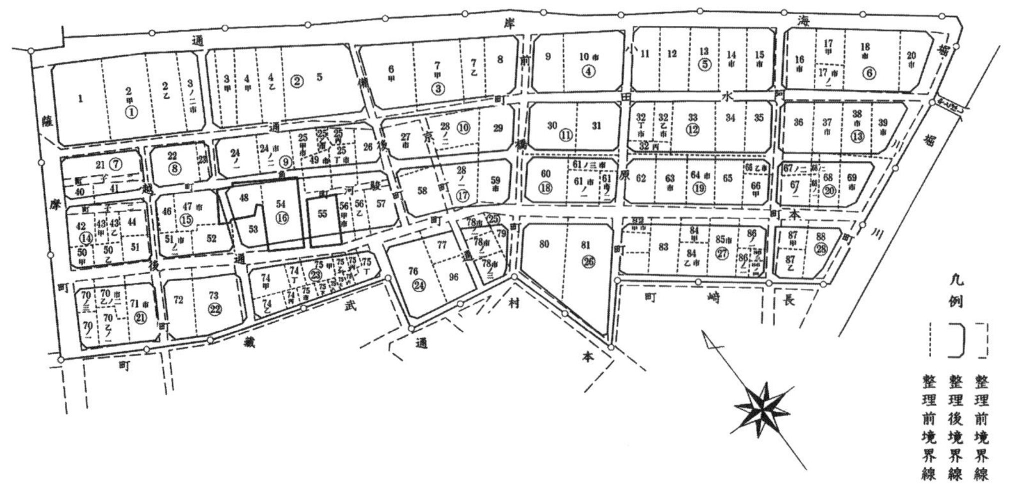

図２　関東大震災後の山下町区画整理図（黒枠が 48 番地・54 番地・55 番地）

また 1897（明治 30）年頃では，新 48 番地に貿易商社のカール・ブレマー社（Carl Bremer & Co.）の存在記録（寺岡 1981）がある。「新 48 番地」とは新に加わったのか，入れ替わったかなど，その由来は明らかでないが，モリソン商会の社屋または一つの地番に，ある時期には複数の会社が入居または並存していた場合や別の建物の存在が考えられる。

54 番地　前述の幕末期文献である「横浜奇談」（菊苑老人 1862）でが，54 番に英ベール・亜ストインズの記載があり，イギリス人およびアメリカ人による商館が存在していたと考えられるが，詳細は不明である。

横浜開港と同時に開業したクニフラー商会（Louis Kniffler）は，現在のイリス商会の前身となった商館である。クニフラー商会・イリス商会の経緯や詳細は向井 1959 で，特に黎明期の商館の様子が，ラーン 1996 では横浜居留地で活躍したドイツ商館の動向が，橘川 2009 では，クニフラー商会の設立から現在までの経緯が紹介され，多くの研究成果がある。

クニフラー商会の共同経営者であったマルティン・ヘルマン・ギルデマイスター（Martin Hermann Gildemeister）の書簡は，商館の具体的な活動の詳細が把握できる。商館の所在地は当初の 77 番地から 1863 年頃に 54 番地に移転したとの記載や社員ヴェーバーの回顧には「店はメインストリートにあって，切石で囲まれた広い中庭に住居と倉庫が建っていた（後略）」（生熊 1991）とあり，当初の商館の様子を彷彿させるものである。

前述のとおり木造建造物が主体を占めていた当初の居留地では，江戸市中と同様に火災が大小含めて頻繁に発生している。クニフラー商会が 54 番地への移転直後にあたる 1863（文久 3）年に出火し，社屋焼失の記事がジャパン・ヘラルドに掲載されている。クニフラー商会はその後，1880（明治 13）年に共同経営者であったカール・イリス（C. Illies）によってイリス商会に名称変更され，継承して現在に至る日独貿易の老舗となっている。商館自体は文久年間から火災や震災で被災しているが，幕末期から長期間にわたって戦後まで何らかの形で継続して54番地に存在していたようである。

1907（明治40）年竣工の新社屋はドイツ人建築家ゲオルク・デ・ラランデ（青木2009）によるもので，写真やスケッチなどが多数残る。新社屋竣工以前の旧社屋や倉庫など複数の写真資料も残り，商館の母屋が石造建築から煉瓦建築へ変遷していることが把握できる。残念ながら煉瓦造りの新社屋は関東大震災で倒壊（青木2009）している。

D.ラランデによるイリス商会社屋は，ドイツ語圏のアール・ヌーボー様式であるユーゲント・シュティル（青春様式）の代表的な作品の一つとなるもので，発掘調査によって，その地下構造の一部が明らかとなっている。建物の軀体構造は煉瓦で，床面にはドイツタイルが敷かれている状態で発見されており，当時のタイル施工の良好な事例となるものである。このタイルについては，裏面に「Villeroy & Boch Mettlach」の刻印があり，現在でも操業を続けるドイツの伝統ある陶磁器メーカーであるビレロイ＆ボッホ社のメットラー工場製であると特定されている。本国のアーカイブには図葉見本が現存し，1905年頃製造のものであることやタイルの文様パターンを見本帳で把握することができた。これらタイルは乾式象嵌プレスタイルと呼ばれ，文様は各色の原料を象嵌しているため色落ちがなく床面に適している。文様と形態から大別して14種が認められ，見本帳に基づくパターンでは，170 mmの正方形を主体とするゴチック風の主文様タイルと，複数の縁取り用タイルで構成されるゴチック風パターン，表面に溝が加工され，テラスなどの屋外や浴室などの水周りに適しているもので構成される，曲線的な文様構成で，ユーゲントシュティル（アール・ヌーヴォー調）の時代を反映したモダン風のパターン，六角形の紅白タイルを市松文様に配しているものと，3種のパターンが観られ，それぞれ適した間取りのなかで使用されていたと考えられる。1905年頃の見本帳に掲載されたタイルがわずか2年後となる1907年竣工の建築に使用されていたことが特筆すべき点の一つであり，ドイツ商館は，ドイツ人建築士による設計で，タイルといった建築部材までもが最新のドイツ製であり，まさしくドイツ尽くしであるといえよう。

55番地　幕末期から比較的多くの商館の所在が確認でき，複雑な状況を呈している。「珍国五カ国横浜ばなし」（南草松伯1862）では，55番マキトメン，「横浜奇談」（菊苑老人1862）では，55番マキタスル，「横浜みやげ」（伊勢屋1864）では，55番マキタスルなどと記載され，呼称ニュアンスが若干相違するが，同一のものを表現しているものと考えられる。クラーク1910では，1864年ごろに設立された商会で，55番ジャーヴィ・ソーバーンの記載がある。これら商館の所在地変遷は，横浜開港資料館編1998で住所録により具体的な動きが捉えられている。55番地を経由して移動していく商館は「ブッシュ，シュラーブ商会Busch, Schraub & Co.ドイツ系貿易商社」所在地No.55（1871年～），「ミークルジョン社Meiklejohne & Co.アメリカ系印刷所・新聞社」所在地No.55（1877年），「ワーゲン兄弟商会Wagen Freresスイス系輸入商社」所在地No.55（1878年～），「コッキング商会Cocking & Co.イギリス系貿易商社」所在地No.55（1886～1896年），「ヒーリング商会Healing & Co.イギリス系機械輸入商社」所在地No.55（1898年～），「ジャパン・

表1　山下居留地遺跡の土地利用変遷

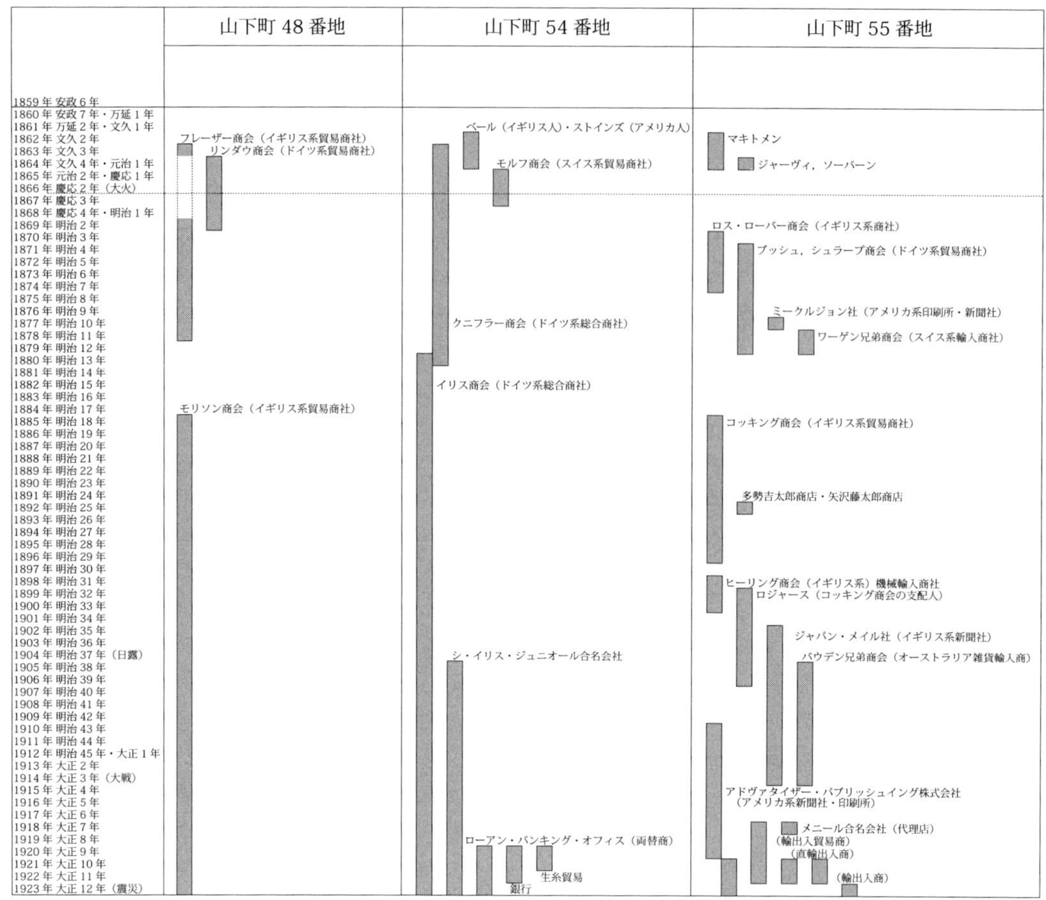

メイル社 he Japan Mail Office イギリス系新聞社」所在地 No.55（1902 年～），さらに 1881（明治 14）年の横浜商人録にはアンナント商会（Aunand & Co.）などが挙げられ多数の商館の足跡がある。これらは同時期に 55 番地に所在している場合も多く認められることなどから，組織形態的には個別に独立しているが，物理的な場所は，55 番地の敷地内に一定部分を共有した形で活動が行われていたと事も考えられる。

55 番地を代表する商館の主ともいえるサムエル・コッキング（SamuelCocking）は，1869（明治 2）年の来日以降，1871 年頃にコッキング＆シングルトン（Cocking & Singleton）を設立し，後の 1875（明治 8）年頃にコッキング商会（Cocking & Co.）として独立している。コッキング商会は居留地内で比較的頻繁に移転しているが，55 番地には 1885（明治 18）年頃～1886（明治 29）年頃まで所在している（横浜開港資料館 1998）。薄荷を製造していたことから「薄荷屋敷」と呼ばれていたことは著名であり，銅板画にその社屋の様子が克明に表現されている。雑貨商としての活動であるが，機械・薬品・医療器具・写真機材等を輸入し，薄荷と百合根を輸出している。特に鉄砲百合を欧州に紹介したことが著名である。このように百合根貿易史（鈴木 1971）や，取扱い商品のカタログが残っていることで，その多彩な活動の一端が把握できる。1884（明治17）年頃には当時東洋随一を誇る蒸気機関による温室を備える植物園（現在のサムエル・コッキング苑）を江ノ島に造っている。居留地内でも配電事業など多彩な活動を行っており，その分野は多岐にわたる。55番地にはコッキング商会の後継者も含めて，以降も複数の商館が所在しており，商館の具体的な変遷は明らかでないが，極めて複雑な様相が戦前まで継続しているものと思われる。

まとめ

今回は山下居留地遺跡での発掘調査が行われた48番地・54番地・55番地に所在していた外国商館の足跡を辿る事を試みてきた。関係する史料を網羅的に把握することに努めてきたが，詳細な点で未だ不十分な点も否めないが，その一端を捉えることはできたと思われる。それぞれ振り返ると，48番地は，幕末期の文久年間にフレーザー商会・リンダウ商会の2社が併行関係で存在し，1869（明治2）年までにリンダウ商会は撤収している。フレーザー商会は1883（明治16）年にモリソン商会が継承している。1897（明治30）年前後にはカール・ブレマー社と何らかの関わりをもつが，1923（大正12）年の関東大震災で被災するに至っている。54番地は，幕末期にベール，モルフ，クニフラー商会と複数の商館が登場するが，クニフラー商会は1880（明治13）年にイリス商会が継承し，関東大震災に至っている。55番地は，幕末期にマキトメン，ジャーヴィ・ソーバーン，明治初期ではロス・ローバー商会など4社，明治中期以降ではコッキング商会，ヒーリング商会，ロジャース，ジャパン・メイル社が一部重複する形で段階的に消長するが，全体的には断続的であり，未把握の商館の存在が考えられる。

今回対象とした範囲では，いずれの番地においても幕末期では複数の商館が短期的に所在する傾向がある。そして1866（慶応2）年横浜大火を契機として様相が変わることから，開港当初の木造建造物を主体とした小規模な店舗での営業であったものが，大火後の復興により寄り安定した煉瓦造り・切石造りによる西洋建築に変遷していったものと考えられる。また居留地全体を観ると各商館は一定の場所で継続的に活動するのではなく，居留地内で頻繁に転居している様子がうかがえ，一つの地番に複数の商館が所在していることも多く，現代のオフィスビルのような様相であったことが推察され，事業規模や経営状況によって頻繁に転居していることも把握できた。

今回は調査該当番地における土地利用の状況についての概略を示したが，居留地においては文献資料などにより多くの情報が残っていること，当該する特定の番地のみではその商館の活動は捉えきれないこと，商館や当該人物の活動は多岐にわたる分野に及んでいることなど，これらを多角的に捉えていく必要があることも痛感した。

そしてこれら商館や人物については，日本の近代化に大きくかかわっている場合が多く，これまでに蓄積された近代史研究の成果を踏まえたうえで，今後の研究を進展させていき，総合的に理解・把握していく必要があることを確認してまとめとしたい。

引用・参考文献

青木祐介ほか　2009「横浜建築家列伝」横浜都市発展記念館

天野賢一　2010「山下居留地遺跡」『かながわ考古学財団調査報告』258　財団法人かながわ考古学財団

アレクサンダー・クラーク　1910「横浜の移り変わりについての興味あることなど」『ジャパン・ガゼット横浜50年史』ジャパン・ガゼット（横浜市広報センター　1982「全訳ジャパン・ガゼット横浜50年史」『市民グラフヨコハマ』No. 41　横浜市）

生熊文編訳　1991「ギルデマイスターの手紙」有隣堂

伊勢屋幸吉　1864「横浜みやげ」

岩壁義光　1989「横浜絵地図」有隣堂

菊苑老人　1862頃「みなとのはなし横浜奇談」錦港堂

橘川武郎　2009「イリス150年―黎明期の記憶」イリス商会

草間俊郎　1999「ヨコハマ洋食文化事始め」雄山閣

神戸市立博物館　1999「神戸・横浜“開化物語”図録」居留地変換100周年記念特別展　神戸市立博物館

サミュエル・コッキング　1910「日本にやって来たある流浪人の哲学」『ジャパン・ガゼット横浜50年史』ジャパン・ガゼット（横浜市広報センター　1982「全訳ジャパン・ガゼット横浜50年史」『市民グラフヨコハマ』No.41　横浜市）

鈴木一郎　1971「日本ユリ根貿易の歴史」鈴木一郎

ディルク・ファン・デア・ラーン　1996「幕末・明治初期の横浜ドイツ商社」『横浜居留地と異文化交流』横浜開港資料館・横浜居留地研究会編

寺岡寿一　1981「明治初期の在留外人」『明治初期歴史文献資料集』第3集　寺岡書洞

南草庵松伯　1862「珍国五カ国横浜ばなし」杵屋米八

向井　晃　1959「イリス商会」『横浜居留地の諸相』K. Molsen, C. Illies & Co., 1859-1959 Hamburg 1950（日本語訳『イリス商会創業百年史』）

横浜開港資料館編　1998「居留地人物・商館小辞典」『図説横浜外国人居留地』有隣堂

横浜開港資料館編　1998「明治初期居留地借地リスト」『図説横浜外国人居留地』有隣堂

横浜開港資料館編　2007「慶應2年の大火と山手居留地」『図説横浜外国人居留地』有隣堂

横浜美術館　2009「イリス150周年―近代日本と共に歩み続ける或るドイツ商社の歴史展」横浜美術館

The Japan Herald 1863. 12

ルドルフ・リンダウ　1864「スイス領事の見た幕末日本」（藤本英夫訳　1986「訳者あとがき」新人物往来社）

John, R. B., 1880 *Young Japan. Yokohama and Yedo*. Trubner & Co.（ジョン・ブラック著　ねず・まさし，小池晴子訳　1970「ヤング・ジャパン」横浜と江戸　東洋文庫156・166・176　平凡社）

五領ヶ台遺跡・広川城跡覚書

柏木 善治

はじめに

大正時代から調査が行われた五領ヶ台遺跡は，神奈川県内では貝塚調査の先駆けであり，縄文土器の標識遺跡ともなった。1972（昭和47）年に国史跡に指定され，その後，縄文時代の貝塚に限らず弥生時代，古墳時代，続く奈良・平安時代にも集落が形成され，さらに同台地上には広川城跡もあり，複数の時代に渡る重層的な遺跡として知られている。また，現代では桜も華やかな史跡公園として市民に親しまれている。

遺跡は平塚市広川に立地し（図1），金目川が秦野盆地から東流し，相模湾へ向けて南へ流れを変える右岸洪積台地上に立地している。台地は南から伸びる舌状地形で，最高地点の標高は34.2m，水田面との比高差は20mほどである。

発見から90年が経過し，指定以後40年以上の月日が経った。その間，周囲の宅地化も進み，発掘調査も行われてきた。それら成果も俯瞰し，著名な貝塚であることや標識遺跡というキーワードだけではない遺跡の全体像をみて，五領ヶ台という遺跡のこれまでの調査成果と，そこにみられる特徴についてまとめていきたい。

1　発掘調査歴

(1) 五領ヶ台貝塚（五領ヶ台遺跡：No. 20）

五領ヶ台貝塚は，五領ヶ台遺跡に内包される貝塚であるが，貝塚に特化した調査と研究があることから，それぞれ項を立てて記していく。調査は石野瑛・森照吉の踏査から始まった。

1925（大正14）年7月24日に石野瑛・森照吉による踏査が行われた。石野集成の「森照吉氏蒐集相模中部考古資料目録」（石野1941）には，採集年月日には大正15年11月27日，昭和2年2月28日，昭和6年10月29日，昭和11年3月22日と数次にわたる土器，石器，獣・魚骨，貝，鹿角などの採集が記される。大正15年には須恵器を採集していることも注目される。森から石野に寄せられた遺史蹟踏査慫慂に関する葉書は900余枚（月平均4枚）にも達したという。

第1地点　1925（大正14）年12月6日

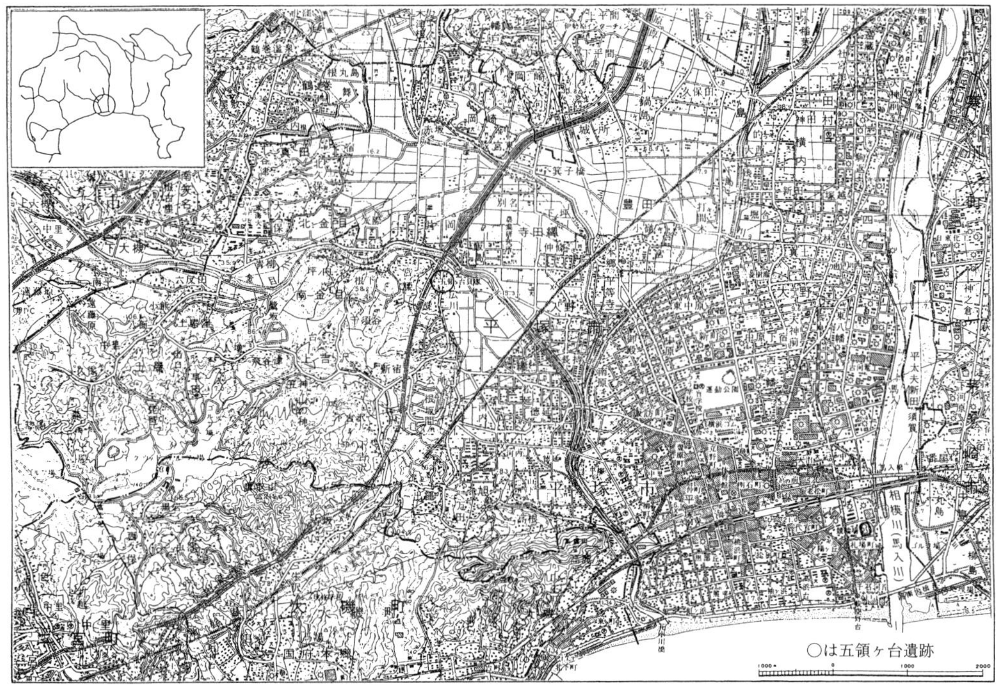

図1　五領ヶ台遺跡（五領ヶ台貝塚）と広川城跡の位置（平塚市教育委員会 1995）

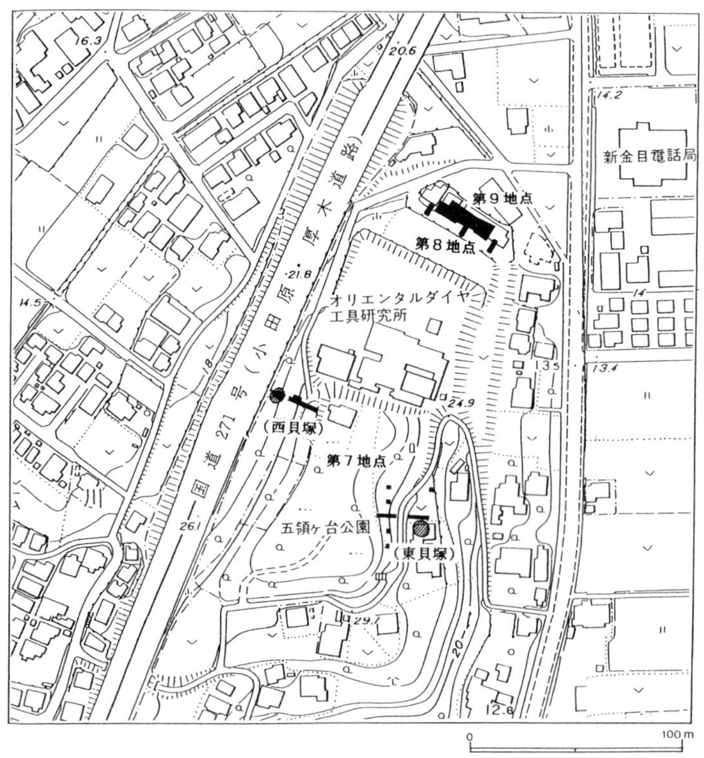

図2　五領ヶ台遺跡の調査地点（平塚市教育委員会 1995）

石野瑛・森照吉が丘陵の西方斜面の西貝塚で，「東西約三間，南北約二十間，即ち二畝許りの畑地のうち中部北寄り四米四方」の範囲で発掘調査を実施（図2)。地表下 45 cm に確認された貝層の最大厚は約 1.2～1.3 m で，黒曜石とともに縄文時代中期の土器片が出土した。

第 2 地点　1926（大正15）年 2 月 14 日

西村真次が西貝塚を発掘調査。獣骨・魚骨および，凹 1，黒曜石多数，土器破片などが出土した。この調査で西貝塚の範囲がおよそ 20 m^2 の規模であることが確認された。

第 3 地点　1931（昭和6）年～1932（昭和 7）

八幡一郎・三森定男等により，東貝塚の一部を発掘調査。この調査資料に準拠して，1937（昭和 12）年に山内清男が縄文時代中期初頭に「五領ヶ台式土器」を設定した（図3)。

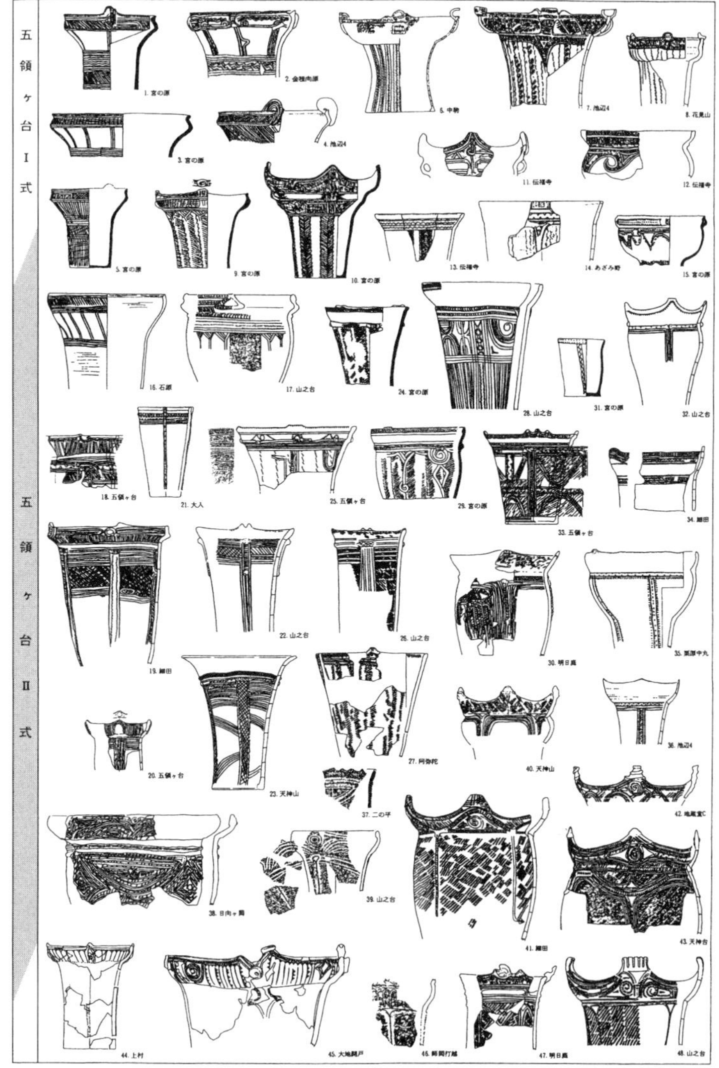

図３　五領ヶ台式土器の新たな編年（縄文時代研究プロジェクト 1997）

第 4 地点　1936（昭和 11）年 3 月 22 日

石野瑛が東貝塚（B 地点）の発掘調査を実施。長さ 4 m の L 字形のトレンチを設定し，畑地から 30 cm で貝層に達し，浅いところでは 5 cm で貝殻が露出したという。人骨や骨針・獣骨・魚骨・土器・石器類が出土し，石錘の多いことが注目された。貝層はハマグリ・シジミ等で構成され，他に比してこの二種類が多かった。これまでの調査から縄文時代中期～後期の遺跡であり，台地上の東と西の 2 地点に貝塚が存在し，東側の方が西側より古いと指摘している。

第 5 地点　1941（昭和 16）年 4 月 8 日　A・C 貝塚の試掘

第 6 地点　1941（昭和 16）年 10 月 25～27 日　再度 A 貝塚[1)]

江坂輝弥・甲野勇・吉田格等が森照吉の協力により発掘調査を実施。西貝塚に1ヶ所，東貝塚に2ヶ所のトレンチを設定し，主に東貝塚の調査を行っている。貝塚は東西斜面に形成された小規模貝塚で，貝はダンペイキサゴを中心とした外洋性貝類が多く，狩猟よりも海産物採集に生活の中心があったと指摘されている。集落は台地上にあると想定され，五領ヶ台式，勝坂式，加曽利Ｅ式期までの存続とみなされた。

第1～6地点は，現在と地形・地目が多少異なっていることや，資料が戦災で焼失するなど，調査地点や内容が詳細不明となってしまったものが多い（平塚市教育委員会 1995）。

第7地点　1965（昭和40）年8月3日からの10日間　西貝塚

1969（昭和44）年3月21日～24日　東貝塚

日野一郎・岡本勇・小川裕久等が遺跡範囲確認調査を実施。従来から知られていた東・西貝塚のほか，台地上平坦部にも小規模な貝塚を確認したが，加曽利Ｅ式期の痕跡程度の遺存のみとされた。西貝塚のトレンチでは，土器がダンペイキサゴを主体とする貝層の上層と下層で様相が異なることが指摘されている。貝層の下からは田戸下層式，茅山式，関山式が出土し，貝層直上に五領ヶ台上層式，貝層中や直下から五領ヶ台式，貝層上の黒土からは弥生土器や土師器・須恵器が数点出土している。また，東貝塚では貝層範囲の北限が確認されている。

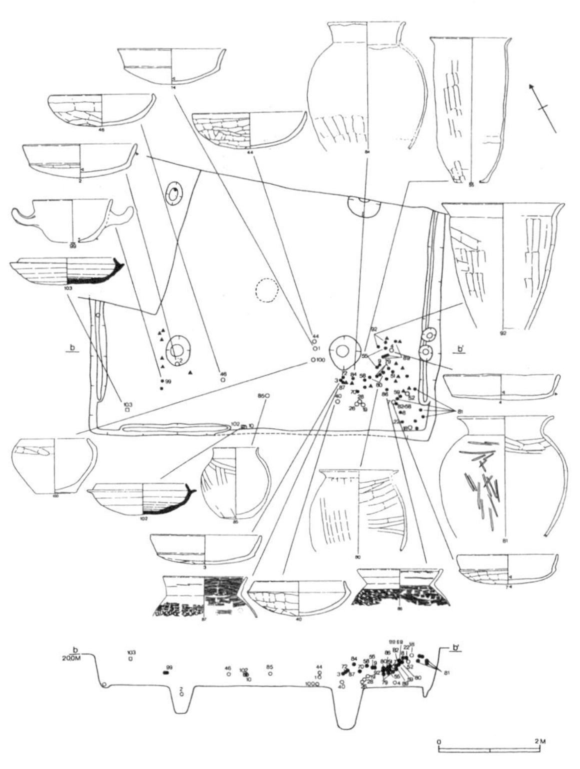

図4　五領ヶ台遺跡第9地点2号住居出土土器（平塚市教育委員会 1995）

(2) 五領ヶ台遺跡

第8地点　1990（平成2）年5月21～25日　平塚市遺跡調査会　遺跡範囲詳細分布調査

5本のトレンチ調査で，弥生時代中期と古墳時代後期に帰属する遺構・遺物が検出された。

第9地点　1990（平成2）年5月28日～6月21日　平塚市遺跡調査会　本調査

第8地点と同月，引き続き調査が行われた。竪穴住居は弥生時代中期後半が4軒，古墳時代後期が3軒発見された。報告書の5号住居は，遺構の年代が不明とされている。縄文時代以外の遺構が発見されたのは，この一連の調査が初めてである。古墳時代後期では，1号住居が7世紀前葉とされ，須恵器坏蓋，坏身などが出土した。2号住居は6世紀後葉で，ガラス小玉，銅釧のほか，須恵器坏蓋，坏身，駿東型の甕，比企型の坏なども出土している（図4）。3号住居は7世紀前葉～中葉とされ，2号→1号→3号という新旧関係がある。2号住居は出土土器が多く，この時期の土器の指標ともなる資料である。

平塚市域では台地上に展開する竪穴住居の発見例は少ないが，五領ヶ台には他にも多くの住居が存在している可能性もある。

第10地点　1998（平成10）年9月9・10日　平塚市教育委員会　試掘調査（図5）

古代の溝状遺構やピットなどが発見されている。中世～近世前期の段切遺構もあり，広川城関連の遺構という評価もある。

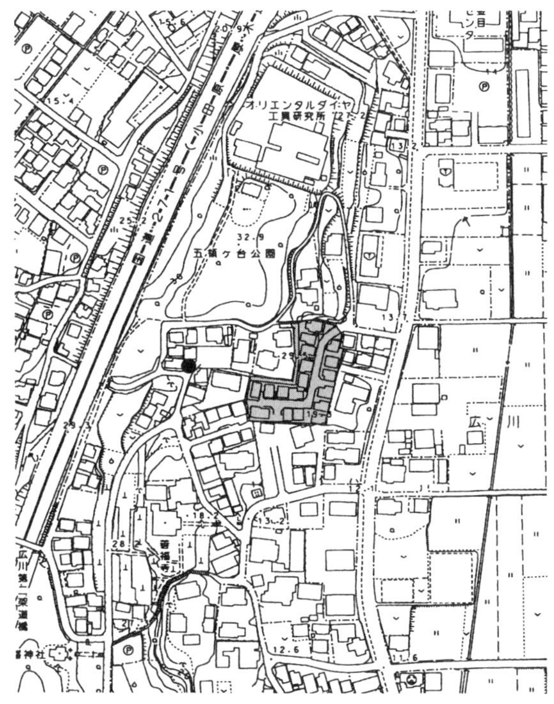

図5　五領ヶ台遺跡第10地点（右）と広川城跡第1・2地点（左）（平塚市教育委員会2014に一部加筆）

（3）広川城跡

広川城跡が最も遺跡の範囲が広く，その範囲に内包されるように五領ヶ台遺跡があるといった位置関係になる。

『新編相模国風土記稿』には，巻之四十九村里部大住郡巻之八廣川村古城蹟に，「村北，字五領臺にあり，今畑となる，鎌倉權五郎景政の城蹟と云傳ふ」と記されている（蘆田編1998）。

鎌倉景政は鎌倉周辺を領して，居所は藤沢の村岡東とも鎌倉の由比ガ浜ともいわれる。後三年の役（1083～1087年）における逸話で，右目を射られながらも奮闘した逸話が，『奥州後三年記』にあるという。また，12世紀初頭に大庭御厨を開発して伊勢神宮に寄進したとされる。相模国風土記稿は天保年間（1841：天保12年）成立とされ，19世紀に11世紀末の偉人の城跡と伝えられていたことも興味深い。鎌倉党の象徴としての記述であろうか。

鎌倉党の拠点は大庭御厨を中心とした高座郡・鎌倉郡が中心とされるが，大住郡域の豊田や広川といった地も含まれていたようだ。広川城跡は鎌倉党（広川氏）の城館址の伝承とされている（栗山2012）。そのほか，布施三河守康貞が広川五領ヶ台に砦を築いたという伝承もある（平塚市教育委員会1982）。

城跡としての遺構で明確なものはないが，版築遺構が確認されているという（栗山2012）。広川城跡第1・2地点では，中世～近世の段切り状遺構があり，中・近世の陶器が出土している。また，五領ヶ台遺跡第10地点でも段切遺構があり，中世～近世とされて広川城関連の遺構ともみなされている。

2006（平成18）年4月18日〜5月9日　広川城跡第1・2地点

8〜9世紀にかかる竪穴住居が重複しながら5軒と，ピットなどが発見された。そのうちの1軒は煙道に土師器甕が連接されていた。中世〜近世では段切り状遺構がある。そのほか，遺物では縄文土器（中期初頭〜前半），弥生土器（中・後期）なども出土している。

2　五領ヶ台遺跡と広川城跡の調査成果

平塚市域の平野部は，海岸線に並行するように砂丘列がある（森1993）。縄文時代中期の海岸線はいわゆる下田川低地（森の第4列と5列の間の砂丘間凹地）で，現在の海岸線から約3km内陸にあったとされる。台地の五領ヶ台遺跡が形成されていた頃の金田周辺一帯は，入海的な景観であったという。弥生時代中期には内陸1.5km前後（現東海道線付近）に汀線があったとされ，その後，現在の海岸線まで2000年の間に砂丘列が形成された。

五領ヶ台貝塚では，つごう7回の調査がされた。調査成果を列記すると次のようになる。

前期中葉の関山式期の資料と五領ヶ台式から勝坂式期が集落の中心的な時期といえ，遺構は焼土層の検出はあるものの，住居などは発見されていない。遺物には人骨・獣骨・骨角器・垂飾品・石器類があり，なかでも石錘の出土量が多く，黒曜石は神津島産が多いという。貝層下部の包含層から田戸下層式・茅山式・関山式・十三菩提式土器が出土しており，縄文時代早期後半からの痕跡があるが，一部，加曽利B式土器もあることから後期までの継続もうかがえる。

東貝塚と西貝塚は，五領ヶ台式土器を主体的に出土し，他の貝塚は勝坂式以降加曽利E式期を前後する時期に形成されたとみなされる。東貝塚は東西8m，南北12mと推定され，貝層の最大厚は約80cm，西貝塚は東西約6m，南北約8mで，貝層最大厚は1.3mの規模であるが，これまでの調査でほぼ消滅している。

クジラやイルカ，アシカの骨片が多く，魚類も一定数あるが，陸生動物の骨が少ない。貝類はダンペイキサゴがほとんどで，現代の相模湾には生息しない貝類も多く発見されている。

縄文時代には，貝や骨を集積することから，さらなる恵みを得るために再生を願っていた。海獣類の骨や，神津島産の黒曜石からは，汀線付近だけでなく遠海までの海洋性をそなえた，海との深いつながりがあったとみなせる。

弥生時代には竪穴住居が発見されている。第9地点の4・5・6・8号住居は，弥生時代中期後半で，この時期は市内でも遺跡数が増大する。低地部分の砂丘域では最盛期となり，台地上にも展開する。弥生時代中期後半（宮ノ台式期）は市域における弥生時代文化の確立期と評価されている（岡本1999）。

古墳時代後期の五領ヶ台は，市域では台地上における希少な調査例といえる。2号住居は土器が多く出土し，6世紀後葉という時期を定める指標の資料となる。市域では7世紀代には砂丘上にも集落が展開し，8世紀前半までその傾向が続く。

奈良・平安時代は台地南方に下る緩斜面で，重複する5軒の住居が発見されている。砂丘域の市域東部に古代相模国府が形成されるが，国府域外縁の集落の一端が知られることとなった。中世以降には広川城の伝承があるが，発掘調査による関連遺構等の検出は現在のところは希薄である。そのようななか，平成23年度に平塚市博物館で開催された特別展「平塚と相模の城館」においてこの時期の様相が深く研究された。今後の調査研究の継続が期待される。

3　まとめ

遺跡は台地上に立地し，縄文時代，弥生時代，古墳時代，奈良・平安時代，中世以降と，古くは縄文時代早期後半から痕跡がうかがえるという，複数時代に渡る重層的な遺跡であった。貝塚と集落，城館という種別をそなえ，調査成果からみる特徴として次のことが挙げられる。

一つは数次の調査から貝層の規模が判明し，形成時期が五領ヶ台II式を中心とするであろうこと。また，海獣骨などが陸生動物に比して卓越し，外洋性貝類が多いことから，海洋性をそなえていたことがうかがえる。また，五領ヶ台式土器は遠く福井県勝山市の杉原遺跡でも発見されており，神津島産の黒曜石を併せ考えれば，交流・交易の広域展開という一面も見出せる。

いま一つは，森照吉が踏査で大正15年に須恵器を採集したが，その後60数余年を経て平成2年に初めて縄文時代以外の遺構が発見され，弥生，古墳，奈良・平安時代と，細かくみれば断続的ながらも長期に居住が行われていたことが判明したことである。なかでも，第9地点の2号住居出土遺物は，6世紀後葉の視準となる資料である。

これからも続くであろう五領ヶ台遺跡，広川城跡の発掘及び調査研究の通過点として，このような特徴をあげてここで筆をおく。

おわりに

五領ヶ台式土器は，奉職して初めて編集に携った報告書で，縄文土器の編年などに取組んだ思い出深い土器である（図6）。木村さん，浅野さん，小林さんはじめ，多くの方にお世話になり刊行できた。それまで関東地方の縄文土器には，ほとんど触ったことがなかったが，造形の美しさや精緻さに魅かれたことを思い出す。山本暉久先生は，報告書作成当時，上司であり，縄文時代研究の大家であった。刊行後に言われた「よくまとめた」という言葉を今でも覚えている。刊行までの緊張が解きほぐされた瞬間であった。これからも私たち後進への御指導を賜れたら幸いです。

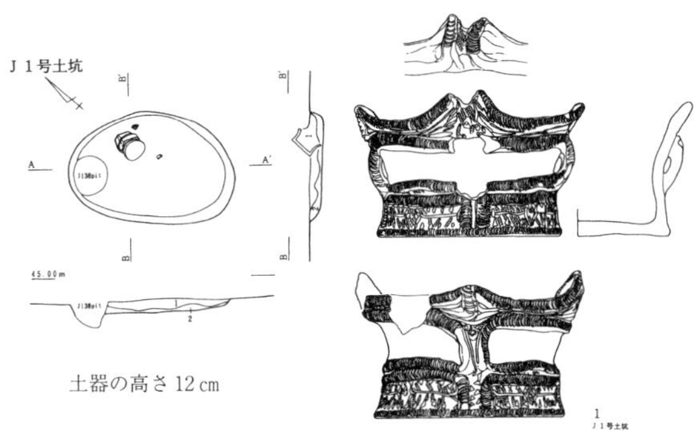

図6　鶴巻上ノ窪遺跡 J1 号土坑と出土土器（財団法人かながわ考古学財団 1998）

註

1)　昭和16年の江坂等による発掘のA・C貝塚は，石野瑛が報告した東貝塚（B地点）・西貝塚（A地点）とみなされるが，細部の位置が不明で地点の統一ができない。

引用参考文献

蘆田伊人編集校訂（圭室文雄補訂）　1998『第日本地誌体系21　新編相模国風土記稿』（第二版）第3巻　雄山閣

石野　瑛　1933「神奈川県内に於ける石器時代遺跡概観」『神奈川県史蹟名勝天然記念物調査報告書』第1輯　1-14頁

石野　瑛　1941「相模国中郡金目村五領ヶ台貝塚調査記」『神奈川県史蹟名勝天然記念物調査報告書』第9輯　19-52頁

岡本孝之　1999「第4章第3節弥生時代の展開」『平塚市史』11上別編考古（1）　350-363頁

栗山雄揮　2012『平成23年度春季特別展「平塚と相模の城館」』平塚市博物館

財団法人かながわ考古学財団　1998「鶴巻上ノ窪遺跡（No.25上）ほか」『かながわ考古学財団調査報告』32　116-117頁

縄文時代研究プロジェクト　1997「神奈川県における縄文時代文化の変遷Ⅳ　前期終末・中期初頭―十三菩提式～五領ヶ台式期の様相―」『研究紀要』2　神奈川県立埋蔵文化財センター・（財）かながわ考古学財団

玉川文化財研究所　2003『神奈川県小田原市　羽根尾貝塚』

日野一郎・岡本勇・小川裕久　1966「五領ヶ台（西）貝塚の調査」『小田原・厚木道路埋蔵文化財調査概報』13-16頁

平塚市　1990『平塚市史』9通史編　古代・中世・近世　52・83・84頁

平塚市・玉川文化財研究所　2007『神奈川県平塚市　万田貝殻坂貝塚（万田遺跡第9地点）発掘調査報告書』

平塚市教育委員会　1992「五領ヶ台遺跡隣接地・広川城跡」『平塚市埋蔵文化財緊急調査報告書』5　13-22頁

平塚市教育委員会　1995「五領ヶ台遺跡第9地点」『平塚市埋蔵文化財調査報告書』第12集

平塚市教育委員会　2009「広川城跡／高林寺遺跡」『平塚市埋蔵文化財緊急調査報告書』13　1-42頁

平塚市教育委員会　2014「H10-20　五領ヶ台遺跡・広川城跡」『平塚市試掘・確認調査報告書』1　56-59頁

平塚市教育委員会・平塚市観光協会　1982「広川城址」『中世平塚の城と館』53-54頁

平塚市博物館市史編さん担当　1999「五領ヶ台貝塚／五領ヶ台遺跡」『平塚市史』11上別編考古（1）　198-214・684-695頁

平塚市文化財保護委員会編　1970「特集　平塚市広川　五領ヶ台貝塚調査報告」『平塚市文化財調査報告書』第9集

松島義章　2010「神奈川県における縄文時代の自然環境―貝類群集からみた縄文海進―」『考古論叢神奈河』第18集　1-33頁

森　慎一　1993「平塚市域における相模沖積低地の微地形」『自然と文化』第16号　平塚市博物館研究報告　45-59頁

平塚市史記載の五領ヶ台貝塚に関係する逐次刊行物など

石野　瑛　1925「最近発見された相模国中郡の遺跡遺物」『考古学雑誌』第16巻第7号
石野　瑛　1926「中郡五領ヶ台貝塚の発掘」『武相考古』
石野　瑛　1935「相模国中郡金目村五領ヶ台貝塚の発掘」『考古集録』2
江坂輝弥・直良信夫　1941「相模国五領ヶ台貝塚調査予報」『古代文化』第12巻第10号
江坂輝弥　1949「相模五領ヶ台貝塚調査報告」『考古学集刊』第3冊
岡本　勇　1969「五領ヶ台上層式土器についての覚え書」『貝塚』3　物質文化研究会
金子浩昌　1973「五領ヶ台貝塚から出土した動物遺存体」『自然と文化』第1号　平塚市博物館
鈴木正男　1973「五領ヶ台遺跡の黒曜石の分析」『自然と文化』第1号　平塚市博物館
田尻貞治　1973「平塚市五領ヶ台遺跡花粉分析調査」『自然と文化』第1号　平塚市博物館
福田依子　1989「五領ヶ台貝塚出土土器の再検討」『自然と文化』第12号　平塚市博物館
三森定男　1990「考古太平記（六）」『古代文化』第42巻第10号
山内清男　1937「縄文土器の細別と大別」『先史考古学』第1巻第1号

中国新石器時代の大汶口遺跡出土骨・牙雕刻物考
—特に骨雕筒・象牙雕筒・象牙琮を中心に—

大竹　憲治

1　緒　言

大汶口遺跡は，山東省宇陽県堡頭村を流れる大汶河の南岸に占地する中国新石器時代（BC 4000～2500年）を代表する133基からなる墓址群である。すでに筆者は，大汶口遺跡の墓坑内に猪（豚）頭を供献した事例（大竹 2015），墓坑内に構築された埋葬施設（葬具）の様式（大竹 2016a），被葬者（埋葬人骨）に副葬した玉鏟・石鏟の形態様式分類と用途（大竹 2016bc）について拙論を開陳してきた。

本稿では，かかる拙論に加え，大汶口遺跡の15基の墓坑内に副葬してあった骨・牙雕刻物33点（1点の種別不明）のうち，遺物実測図や出土状況が把握できる骨雕筒・象牙雕筒・象牙琮に的を絞り吟味したい。

2　大汶口遺跡における骨雕筒・象牙雕筒・象牙琮の出土状況概観

『大汶口』報文（山東省文物管理処・済南市博物館 1974）によると，本墓址群出土の骨・牙雕刻物は，骨雕筒16点，牙雕筒10点，象牙琮7点である。これらのなかには，単独出土の場合や象牙雕筒と象牙琮が共伴する13号墓・59号墓の事例，骨雕筒と象牙雕筒が共伴する117号墓の事例もある。ここでは，それらを踏まえ，概観する。

1) 大汶口4号墓骨雕筒の出土状況（図1-1）

4号墓は長方形を呈す墓坑（長軸2.76 m×短軸0.67 m×深さ0.48 m）をもつ。被葬者（埋葬人骨）は単人葬で性別不明ながら成年（成人）である。骨雕筒は左前腕骨と左骨盤，背骨に囲まれた部分より出土している。本骨雕筒は三角筒で，上端部に3条，中段部に8条，下端部に3条の弦線文（平行状文）の彫刻がある。このうち三角筒の3面に弦線文が見られるのは上端部の3条弦線文で，中段部の8条と下端部3条の弦線文が2面半（図1-1C面）にわたり彫刻してある。さらに本骨雕筒には1側面に四つの穿孔（図1-1C面）があり，二つの側面の上端部・下端部の弦線文と中段部の弦線文間にはそれぞれ盲孔が5ヶ所（図1-1a面・b面）見られ，松緑石の象嵌を施している。本骨雕筒は高さ7.7 cmを測り，所産期は大汶口晩期（BC3000～2500年）である。

2) 大汶口 10 号墓象牙雕筒・骨雕筒の出土状況（図 1-8・図 2-19）

10 号墓は，長方形を呈す大型墓坑（長軸 4.2 m×短軸 3.6 m×深さ 0.36 m）で，副葬品が多数あり，埋葬施設（葬具）の造営がある。被葬者（埋葬人骨）は女性成年（成人），頭部が若干左側を向くが，仰臥伸展葬である。副葬してあった象牙雕筒は，埋葬人骨の頭部から北東に 0.8 m の地点から出土している。本象牙雕筒（図 1-8）は，高さ 14 cm 内外，上端部に 4 条の弦線文（平行状文），中段部にも 4 条，下端部に 5 条の弦線文が施してある。さらに 5 対の小穿孔（計 10 穿孔）が見られ，補修孔と思われる。骨雕筒（図 2-19）は，埋葬人骨の右大腿骨と右脛骨の境付近から出土しており，臼形で上半分が無文帯，下端部に 5 条の弦線文が陽刻してある。正式な実測図は公表されていないが，高さ 7 cm 内外を想定している。象牙雕筒と骨雕筒を副葬した 10 号墓の所産期は，大汶口晩期（BC3000～2500 年）である。

3) 大汶口 13 号墓象牙雕筒・象牙琮の出土状況（図 1-7・9・10・13 遺物番号 16・17・付 4）

13 号墓は，長方形を呈す大型墓坑（長軸 3.4 m×短軸 1.9 m×深さ 1.47 m）で，被葬者（埋葬人骨）は，男女 2 体の成年（成人）である。これは合葬墓であり，男女ともに仰臥伸展葬であった。象牙雕筒（図 1-7・13 遺物番号付 4）は，合葬された男女の頭部間の中間地点に副葬してある實足鼎（図 1-13 遺物番号 12）の直下より出土している。本象牙雕筒（図 1-7）は，円筒形で上端部から下端部まで等間隔で 6 条の弦線文（平行状文）が陽刻してある。さらに，陽刻してある 6 条の弦線文の間に 2 条 1 組の穿孔が 5 組（穿孔計 10 孔）ある。

象牙琮は，13 号墓左側に埋葬された男性成年（成人）の埋葬人骨の胸部から肩部にかけ 2 点（図 1-9・10・13 遺物番号 16・17）出土している。象牙琮 2 点ともに円形を呈し，中央部に大きな穿孔がある。実測図が公表された事例（図 1-9・13 遺物番号 17）は，外径 12.8 cm，内径 6 cm 内外を測る。13 号墓の所産期は，大汶口早期（BC4000～3500 年）である。

4) 大汶口 17 号墓象牙雕筒の出土状況（図 1-5）

17 号墓は，長方形呈す墓坑（長軸 2.75 m×短軸 0.9 m×深さ 0.43 m）で，被葬者（埋葬人骨）の性別は不明ながら成年（成人）である。墓坑平面図の公表がないため，象牙雕筒の出土状況は把握できない。本象牙雕筒（図 1-5）は，円筒形で臼状を呈し，中央部に 4 条の弦線文（平行状文）の陽刻があり，高さ 4.8 cm，直径（外径）5 cm，中心部小孔幅（内径）1.5 cm 内外を測る。象牙雕筒が出土した 17 号墓の所産期は，大汶口晩期（BC3000～2500 年）である。

5) 大汶口 25 号墓骨雕筒の出土状況（図 1-2，図 3 遺物番号 52～56）

25 号墓は，長方形を呈す大型墓坑（長軸 3.44 m×短軸 2.12 m×深さ 0.7 m）である。被葬者（埋葬人骨）は，性別不明ながら成年（成人）で頭部が右側を向くいわゆる伸展葬である。骨雕筒が 5 点出土しており，副葬された位置を瞥見すると，まず遺物実測図が公表された骨雕筒（図 1-2，

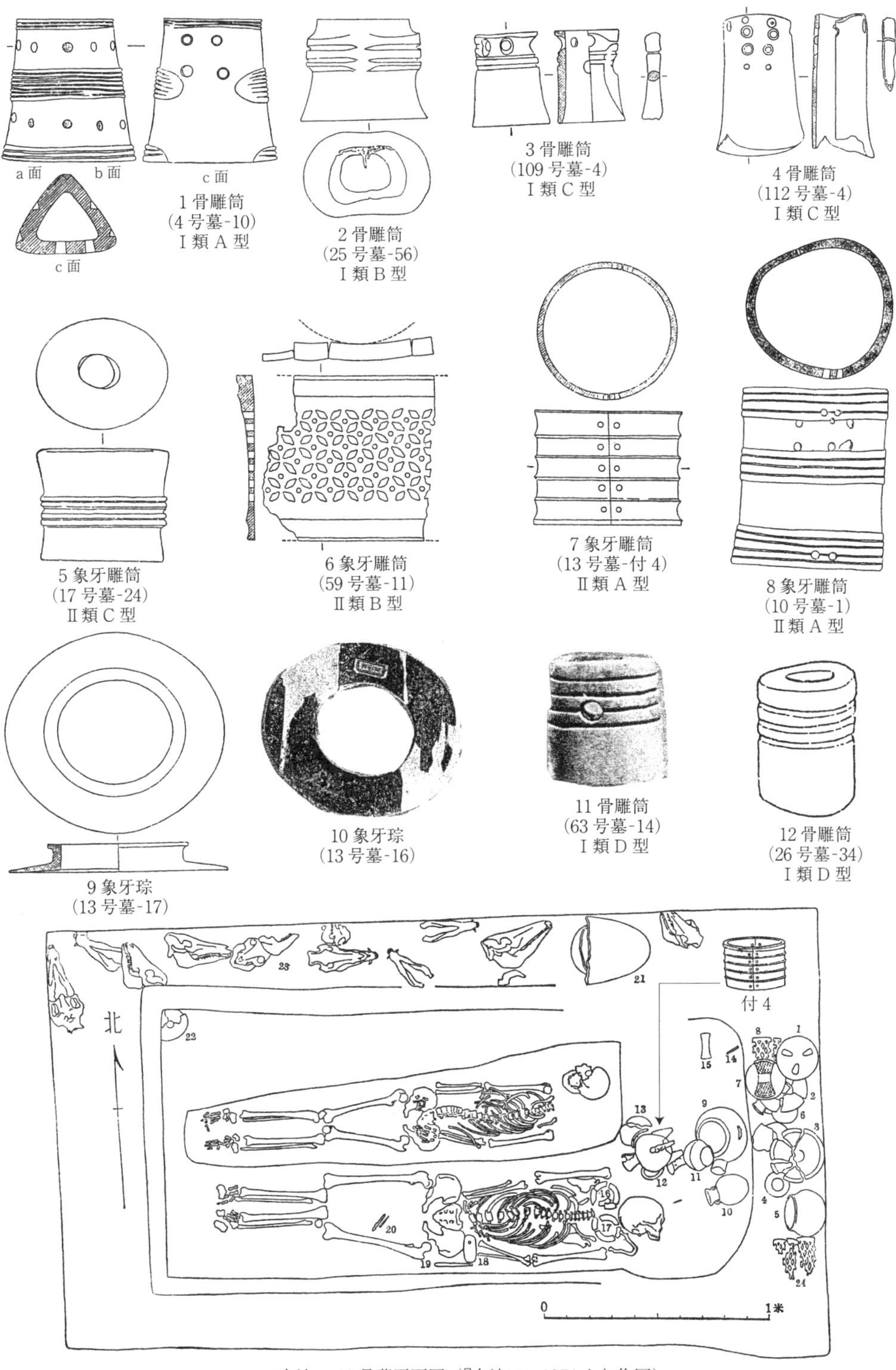

図 1　大汶口遺跡の骨・象牙雕筒・象牙琮出土状況と関連資料

図２　大汶口10号墓における骨雕筒出土状況（山東省文物管理処ほか 1974 より作図）

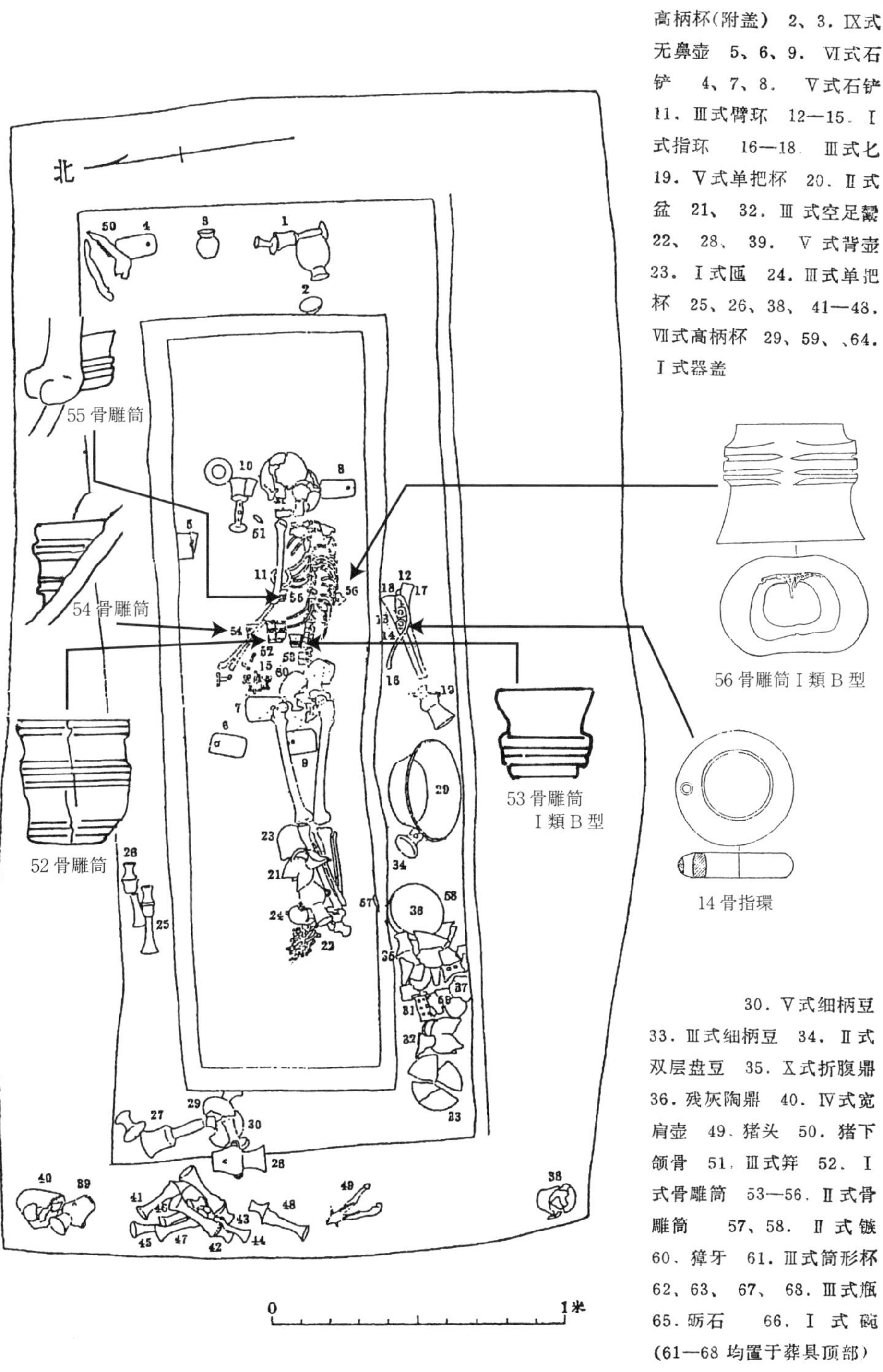

図３　大汶口 25 号墓における骨雕筒出土状況（山東省文物管理処ほか 1974）

図3遺物番号56）は，被葬者の左胸骨の中ほど付近から検出されている。本骨雕筒は臼状で断面が楕円形を呈し，雕筒上部に3条の弦線文が陽刻してある。ただし，弦線文が中央部で断絶する意匠構成をとる。このタイプに酷似するのが，被葬者の背骨下端検出の骨雕筒（図3遺物番号53），左前腕付近検出の骨雕筒（図3遺物番号54），左上腕骨下端検出の骨雕筒（図3遺物番号56）の3例である。さらに左胸骨と左前腕骨の中間部から検出された骨雕筒（図3遺物番号52）の意匠構成は，3条にわたり弦線文が陽刻してある10号墓出土の象牙雕筒（図1-8，図2遺物番号1）に類似する。25号墓の所産期は，大汶口晩期（BC3000～2500年）である。

6）大汶口26号墓骨雕筒・象牙琮の出土状況（図1-12）

26号墓は長方形を呈す墓坑（長軸2.16 m×短軸0.82 m×深さ不明）で，被葬者（埋葬人骨）は性別不明ながら成年（成人）である。葬法は仰臥伸展葬で，骨雕筒2点と象牙琮3点が副葬されていた。遺物実測図が公表されていないためサイズは把握できない。ここでは略図のある骨雕筒（図1-12）の事例と遺構平面図に記載された象牙琮の出土状況について述べる。骨雕筒2点のうち1点は左右の大腿骨下端の中央部から検出されており，円筒形を呈し，3条の弦線文（平行状文）が陽刻してある。もう1点はほぼ同じ様式の骨雕筒で，頭部より東側に20 cm付近から検出されたものである。象牙琮3点の出土位置は2点が頭部左右，1点が頭部から東側に60 cmの地点である。26号墓の所産期は，大汶口晩期（BC3000～2500年）で，埋葬施設（葬具）をもつ。

7）大汶口59号墓象牙雕筒・象牙琮の出土状況（図1-6）

59号墓は，長方形を呈す墓坑（長軸2.92 m×短軸0.97 m×深さ不明）で，被葬者（埋葬人骨）は成年（成人）男性である。遺構平面図は公表されていないが，遺物実測図のある象牙雕筒（図1-6）は，円筒形で器面全体に花文が配置してある。本花文象牙雕筒は，写真図版をよく見ると，右骨盤から右前腕骨の外側から検出されたことがわかる。なお，象牙琮2点の形態と出土状況については把握できない。59号墓の所産期は，大汶口早期（BC4000～3500年）である。

8）大汶口63号墓骨雕筒の出土状況（図1-11）

63号墓は，長方形を呈す墓坑（長軸2.53 m×短軸0.66 m×深さ0.63 m）で，被葬者（埋葬人骨）は性別不明ながら成年（成人）である。葬法は，仰臥伸展葬である。骨雕筒の出土位置は，骨盤の右側であるが，出土状況を示す遺構平面図や遺物実測図は公表されていない。本骨雕筒は，写真図版（図1-11）を見ると，楕円筒形で上部に横位の4条の弦線文（平行状文）が陽刻してある。63号墓の所産期は，大汶口早期（BC4000～3500年）である。

9）大汶口109号墓骨雕筒の出土状況（図1-3）

109号墓は，長方形を呈す墓坑（長軸2.16 m×短軸0.71 m×深さ0.83 m）で，被葬者（埋葬人骨）は成年（成人）男性である。葬法は，左側を向いた伸展葬で，骨雕筒は右腰部付近より検出された。遺構平面図は公表されていないが，写真図版から出土状況が把握できる。本骨雕筒は，釣鐘状を呈し，上部に3条の弦線文（平行状文）が陽刻されている。文様間には二つの穿孔があり，高さ5.4 cmを測る。109号墓の所産期は，大汶口早期（BC4000～3500年）である。

10）大汶口112号墓骨雕筒の出土状況（図1-4）

112号墓は，長方形を呈す墓坑（長軸2.18 m×短軸 m×深さ1.26 m）で，被葬者（埋葬人骨）は成年（成人）男性である。骨雕筒の出土位置は，被葬者の左腰部（左骨盤）付近である。本骨雕筒（図1-4）は，釣鐘状を呈し，上部に四つの穿孔と盲孔がある。高さは8.4 cm内外を測る。かかる骨雕筒が副葬された112号墓の所産期は，大汶口早期（BC4000～3500年）である。

3　骨雕筒・象牙雕筒の形態分類

大汶口遺跡の骨雕筒と象牙雕筒の形態（様式）には類似点が多い。『大汶口』報文では，骨雕筒を3様式（I式・II式・III式），象牙雕筒を2様式（I式・II式）にそれぞれ分類している。小稿では，骨と象牙の材質の差異を基準に前者の骨雕筒をI類，後者の象牙雕筒をII類とし，改めて分類する。なお，象牙琮については，公表資料が少ないため形態分類ができない。

1）I類（図1-1～4・11・12）

骨雕筒を一括する。4型（A型・B型・C型・D型）に細分する。

I類A型　本類型は断面が三角形を呈す3面体の骨雕筒で，うち2面に弦線文（平行状文）の陽刻や松緑石を象嵌した（図1-1a面・b面）意匠構成がある。4号墓の事例（図1-1）が相当する。

I類B型　本類型は，断面が楕円形を呈す臼状の骨雕筒で，弦線文（平行状文）が陽刻された意匠構成をもつ。25号墓の事例（図1-2）や10号墓の事例（図2遺物番号19）が相当する。

I類C型　本類型は，断面が楕円形を呈す釣鐘状の骨雕筒で，弦線文（平行状文）や穿孔による意匠構成をもつ。109号墓・112号墓の事例（図1-3・4）が相当する。

I類D型　本類型は，断面が楕円形を呈す寸胴状の骨雕筒である。弦線文（平行状文）主体の意匠構成をもつ。63号墓・26号墓（図1-11・12）が相当する。

2）II類（図1-5～8）

象牙雕筒を一括する。3型（A型・B型・C型）に細分する。

II類A型　本類型は，断面が円形もしくは楕円形を呈し，寸胴状となる。材質が象牙ということもあり，器壁を薄く仕上げている。意匠構成は弦線文（平行状文）を主体としており，13号墓・10号墓の事例（図1-7・8）が相当する。

II類B型　本類型は，A型とほぼ同じ形態であり，『大汶口』報文でもA型とともに象牙雕筒I式と分類されている。ただし，器面全体に花文が彫刻されているため，A型とは区別した。59

号墓の事例（図1-6）が相当する。

II類C型　本類型は，断面が円形を呈し，寸胴状となり，外見上はA型に近い。ただし，器壁が厚く，形態的には骨雕筒I類D型に酷似する。17号墓の事例（図1-5）が相当する。

4　結語に代えて

以上，大汶口遺跡の墓坑に副葬されていた骨雕筒・象牙雕筒・象牙琮の出土状況を観察し，骨雕筒・象牙雕筒については形態分類をした。ここでは，それらをまとめて結語に代える。

骨雕筒（I類）について　骨雕筒（I類）は4型に分類したが，骨という材質上の特性から，象牙素材のものよりも全体的に小ぶりである。ただし，4号墓出土のI類A型の事例（図1-1）は，松緑石の象嵌技法によって作られており，大汶口文化最盛期（大汶口晩期）のものとして注目される。また，25号墓からは，I類B型の資料が4点（図1-2，図3遺物番号53〜55）副葬されており，かかる性別不明の被葬者の人物像は，大汶口における首長者層の男性であった可能性が高い。

象牙雕筒（II類）について　象牙雕筒（II類）は3型に分類したが，これも材質上の特性からか大ぶりなものが製作されている。13号墓（図1-7）や59号墓（図1-6）の事例は，特に細工技法が精緻である。13号墓は，大汶口早期（BC4000〜3500年）の所産であるが，象牙琮も共伴していることから，男女合葬の被葬者二人は，首長者層夫妻と想定される。

象牙琮について　象牙琮については，公表されている資料が少ないため形態分類はできなかった。『大汶口』報文においても分類はしていない。ただし，その出土状況には特徴があり，13号墓の2点は左右胸部から肩部にかけて，26号墓の3点のうち2点は頭部左右から検出されている。かかる象牙琮は，後代の商・周の玉琮のルーツと考えられるが，四川省成都市金沙遺跡出土の十節玉琮（成都金沙遺址博物館2006）などは，むしろ，大汶口4号墓の骨雕筒（図1-1）や10号墓の象牙雕筒（図1-8）にルーツが求められるかもしれない。

末筆ながら，山本暉久先生の古稀の慶寿に際し，本稿を献呈させていただきます。

引用参考文献

山東省文物管理処・済南博物館　1974『大汶口』文物出版社
成都金沙遺址博物館　2006『金沙遺址』五洲伝播出版社
大竹憲治　2015「中国新石器時代の墓坑に供献された猪（豚）頭考」『平地学同好会会報』29　145-154頁
大竹憲治　2016a「中国新石器時代墓坑埋葬施設（葬具）における二，三の様式」『潮流』43　21-32頁
大竹憲治　2016b「中国新石器時代の大汶口遺跡出土石鏟・玉鏟考」『日本玉文化研究』2　165-174頁
大竹憲治　2016c「中国新石器時代の大汶口遺跡出土石鏟・玉鏟再考」『史峰』44　14-20頁

トルファン地域における張氏の墓域構造
—アスターナ古墳群を中心に—

後藤　　健

はじめに

トルファンは古来よりシルクロード東西交渉の要衝であった。漢代には車師の王庭が交河におかれた。五胡十六国から北朝にかけて河西地方の豪族が不安定な状況を逃れて移住し，涼の時期に高昌郡となる。その後且渠氏・闞氏・張氏・馬氏などの諸氏による政権が目まぐるしく移り変わるが，497年に麴嘉を王として麴氏高昌国が立つ。その後640年に麴氏高昌国が唐に滅ぼされ西州が設置されるまで，9代143年間の地方政権が興隆していた。

高昌郡から唐西州期にかけて，トルファンでは斜坡墓道墓と呼ばれる構造の墓が群集して構築される。塋域と呼ばれる石囲いの区画内に列をなし，墓道に設置された墓表・墓誌から塋域は姓が共通する同族集団の墓地であることが判明している。塋域内の墓数は一定ではないが，墓表・墓誌の年代から奥の墓が古くて手前が新しく，また左から右に向かって順に新しく構築することが多く，例外はあるがこうした原則のもとに墓が構築されている（岡崎1980，岡内2000，倪2007）。

麴氏高昌国の王族は河西地方に本拠があった麴氏であるが，文字記録の分析より，金城麴氏と西平麴氏の勢力が存在し（王1992，董2008），そのうち王や高級官僚は金城麴氏の一族であるとされている。また，この麴氏に匹敵する勢力となっていくのが敦煌張氏であり，敦煌張氏と金城麴氏が婚姻関係を結び，結果的に王族の領域に侵入するほどの勢力として台頭し，特定の家系への固定化がなされたと考えられている（白須1979）。

高昌国の都城である高昌故城に隣接するアスターナ古墳群は基本的に中央官僚の墓地，交河故

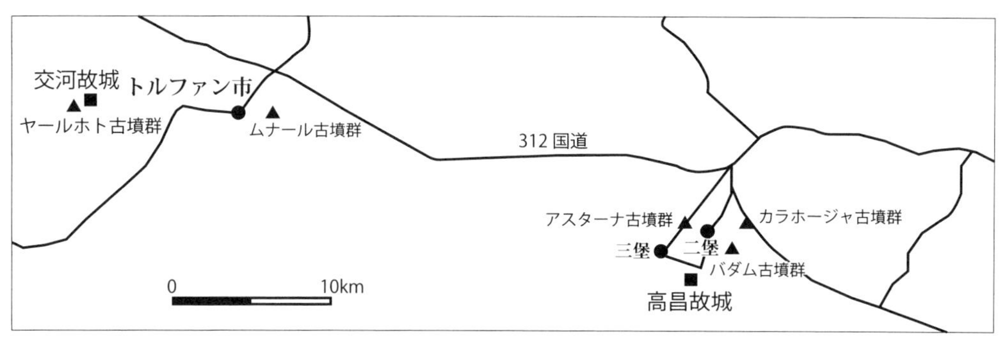

図1　トルファンの高昌～唐西州期の墓地

城に隣接するヤールホト古墳群は交河の地方官僚の墓地であることも明らかにされている（白須1979）。アスターナ古墳群はトルファン市東方の三堡に，その北方の二堡にカラホージャ古墳群が位置する（図1）。麴氏高昌国の王および金城麴氏の墓はアスターナ古墳群に構築された可能性が高いが，現在でも夫人を除くと金城麴氏の墓の位置は明確ではなく，別の地に構築されたのかもしれないが不明である。一方，張氏の墓表・墓誌はトルファンでも最も出土量が多く，アスターナ，カラホージャ，ヤールホト，バダム，ムナールなどの古墳群（図1）から出土しており，発掘調査が実施された高昌国から唐西州期の墓地ではほぼすべての地点から出土していることになる。このうち，アスターナ古墳群での出土例が最多である。

近年刊行された文物地図集では，アスターナ古墳群の東のエリアをI区，道路を挟んだ西側をII区としている（国家文物局編2012）。アスターナはスタインや大谷探検隊などによって発掘が行われ，スタインは調査時に全域の概念図を作製しているが（Stein 1928），文物地図集と比較すると現在はかなり破壊が進んでおり，消失してしまった墓も多いようである。スタインの調査後も新疆ウイグル自治区博物館などが複数回の調査を実施し（新疆維吾爾自治区博物館1972，新疆維吾爾自治区博物館・西北大学歴史系考古専業1975，新疆文物編集部編2000），散発的ではあるが近年まで継続して調査が実施されている。調査成果について基本的な情報は公表されているが，墓地全体の状況を詳細に確認できるような状態では公表されていない。

張氏の墓については詳細な分析が白須によって行われているが（白須1979），当時公表されている限定された資料では，墓地における墓の相互関係があまり考慮されていない。そこでアスターナ古墳群のなかで最も多くの墓誌が出土しているI区の張氏の墓を中心に，現在公表されている資料から可能な限り墓の分布状況を復元し[1)]，出土した墓表・墓誌の情報（表1）を合わせて，張氏の墓の構築状況について検証を行った。

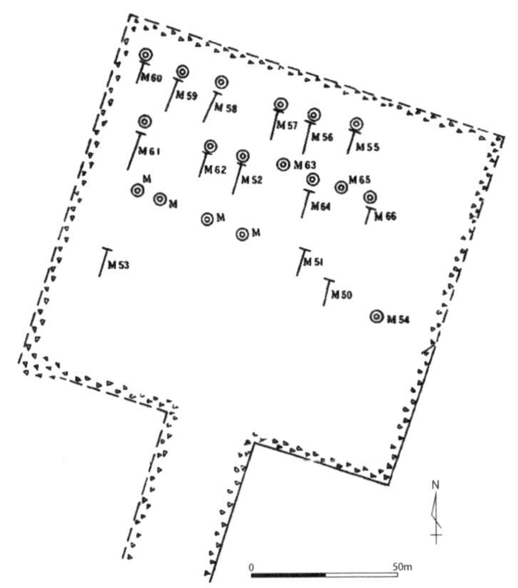

図2　カラホージャ古墳群張氏墓域（新疆文物編集部編2000分布図を一部改変）

1　カラホージャ古墳群の張氏塋域

アスターナ古墳群に隣接するカラホージャ古墳群には大規模な塋域があり，そこからは5方の墓表が出土している。墓表からは敦煌張氏の塋域であることは明らかであるので検討対象とした。塋域内には21基の墓があり，およそ4列に配列して構築されている（図2）。墓道の向きは南西方向である。第1列左奥に位置する75TKM60は張興明と夫人楊氏の合葬墓，第2列中央付近の69TKM52は張幼達と夫人宗氏の合葬墓である。卒年は記されていないが，張興明は西涼期，張幼達は後涼期の可能性が示唆され（白須1979），張幼達がやや遡ると考えられる。

表1　アスターナ，カラホージャ古墳群における敦煌張氏に関わる墓

墓域	墓番号	男性名	群望・本貫	埋葬年	年齢	女性名	群望	埋葬年	年齢	官職
カラホージャ	69TKM52	張幼達	敦煌			宋氏				龍譲将軍，散騎常侍
	75TKM60	張興明	敦煌			楊氏				折衝将軍，新城太守
	69TKM54	張文智	敦煌	537		馬氏	扶風			加威遠将軍，折衝将軍，楊威将軍，建威将軍，録事參軍，司馬，領吏部事，補王府左長史，県令，民部郎，中吏部郎中
						鞏氏	張掖			
	69TKM51	張孝貞	敦煌	537		索氏		564		民部參軍，殿中中郎
	69TKM50	張徳准	敦煌	565						北聴左右
B	72TAM169	張遁		558						殿中将軍，凌江将軍，王国侍郎，屯田司馬
	72TAM170	張洪		562		焦氏		543		明威将軍，虎威将軍，広武将軍，振武将軍，財官校尉，侍郎，洿林令，倉部郎中
	73TAM522	張務忠				高氏		555		侍郎
	73TAM517	張毅		597		孟氏		591		郎将，殿中将軍，諮議參軍，倉部司馬
	73TAM519	張隆悦				麴文姿		642	27	
	73TAM520	碑児		607						
	72TAM171	□□□				麴氏		642		
A1	69TAM114	張務忠	敦煌	607		高氏		550		殿中将軍，寧朔将軍，侍郎，洿林令，長史，庫部中郎，綰曹郎中
	69TAM110	張沂子				高氏		607	27	戸曹司馬
						高台暈		638	50	
	73TAM113	張順	敦煌	613	81	馬氏	扶風	590		殿中将軍，凌江将軍，［王国］侍郎，民部・庫部・祝部三曹郎中
						麴玉娥		617		
	69TAM112	張武嵩		620		氾氏		612		田曹司馬
	73TAM115	張曙子			67					
	73TAM116	張弘震		621		孟氏		614		侍郎，祀部司馬，祀部長史
	69TAM111	張子慶		640	75	妻		648	79	将
A2	72TAM199	張阿質	敦煌	620		麴氏		601		殿中将軍，平漠将軍，［王国］侍郎，洿林令，倉部・庫部・主客三曹郎中
	72TAM200	張仲慶		620	63	焦氏		612		凌江将軍，広威将軍，侍郎，東宮諮議參軍，洿林令，長史，綰曹郎中
	73TAM503	張鼻児	敦煌	620		麴阿蕤	金城	612	48	建義将軍，田地郡省事，侍郎，都綰曹郎中
	Ast.i.6	張伯玉	敦煌	632	73					侍郎，諮義參軍
	73TAM197	張難陁		642	75	孟氏		598		
	Ast.i.4	張叔慶				麴太明		608	38	
	Ast.i.4	張延衡		646	82	麴氏		646	52	凌江将軍，騎都尉，侍郎，門下校郎，洿林令，祀部長史，倉部郎中
	73TAM504	張善哲		635	74	麴法台		642	66	侍郎，稟議郎
	73TAM221	張團児		653						東宮府門子弟将，洛州音符隊正，曉騎尉，微事郎，交河県尉
A3	72TAM205			620						
	72TAM204			632						
	73TAM206	張雄	南陽白水	633	50	麴氏		689	82	威遂将軍，左衛大将軍，護軍大将軍，吏部侍郎，都官郎中，南平太守
	73TAM208	張元峻		653	44					教郎将軍，西州白石府校尉
	72TAM209	張善和	白水	658	27					安西都護府參軍事，士曹參軍
	72TAM203	張安吉	函谷関西	669	21					州学生
	72TAM201	張君行母		674	90					
	72TAM202	張氏	南陽白水	677	87	麴姜		664	32	折衝府校尉，田地司馬
A4	73TAM505	張定和								
	73TAM512	張富琳	白水	693	58					上柱国
	73TAM501	張懐寂	南陽白水	694	62					吏部侍郎，都督府司馬，上柱国
	73TAM225	張令端		(703)						遊撃将軍，沙州豆盧軍子総管，西州岸頭府果毅都尉，上柱国
	73TAM508	張詮	南陽白水	703	78					上柱国
	72TAM230	張禮臣	南陽白水	703	38					遊撃将軍，上柱国
A5	72TAM188	張公				麴仙妃	金城	715		昭武校尉，沙州子亭鎮将
	72TAM190	張大岌				焦氏		715		
	72TAM194	張行倫	南陽	719	86					延州司馬
	73TAM192	張大良		724						翊衛
	73TAM189			(722)						
	73TAM229			(723)						
Aその他	72TAM187	張氏		(744)						上柱国
	73TAM210					猷夫人		(763)		
	73TAM214	張君				麴勝		665	18	西州岸頭府果毅息
	72TAM218	張彦								伊吾軍副史，折衝都尉，遊撃将軍，上柱国
	72TAM193			(唐天宝)						
	73TAM226			(723)						
	73TAM227			(唐)						
	72TAM216			(751)						
	69TAM117	張歓				麴連	金城	683	87	吏部侍郎
	73TAM511	張智積				麴慈音		700	39	上柱国
	73TAM222			(695)						
	73TAM223			(唐開元)						
	73TAM507	崔延武		(680)						
	73TAM506	張無価		(769)						遊撃将軍，上柱国
	73TAM224			(唐西州)						
	73TAM510			(唐)						
	73TAM509	張運感				妻		738		沙州故西関鎮将

※ TKM はカラホージャ古墳群，TAM はアスターナ古墳群の調査済みの墓に付けられる番号表記で，Ast はスタインの調査による墓である。表の B はアスターナ古墳群の墓域 B，A は墓域 A で数字は列番号を示す。それ以外は列をなさない墓である。埋葬年において () を付したものは墓から出土した衣物疏や各種文書の最も新しい年代を示したものであり，埋葬年とはいえないが，およその年代の参考のために記入してある。

第３列の右端に張孝貞と索氏夫人の合葬墓（69TKM51），張徳准墓（69TKM56），張文智と扶風馬氏・張掖鞏氏の合葬墓（69TKM54）が左から右へ隣合って構築されている。

この塋域は高昌郡から麴氏高昌国初期にかけての敦煌張氏の墓地として構築されたものである。奥より最前列が墓の構築年は新しいが，必ずしも整然と年代順に並ぶとはいいがたい。またそれぞれの張氏が直系の親族関係かどうかは明らかにはしえないが，同族であることは疑いがない。

張幼達は北魏の従三品相当の高い地位についており，また張文智は従三品という麴氏高昌国の非常に高い地位にまで至っている。その他の 16 基の墓の被葬者の官職などはうかがいしれないが，この塋域に埋葬された敦煌張氏一族は麴氏高昌以前から高位の官職を得ることのできる地位にあった一族であることが推定される。

2　アスターナ古墳群の張氏墓域

アスターナ古墳群では張氏の墓表・墓誌が多数出土しており，その墓はおよそ四つのまとまりがある。いずれも塋域の囲みが存在していないようであり，破壊されてしまったことも考えられるが，ヤールホト古墳群をはじめとする他の墓地でも塋域の囲みがない墓は存在しており，もとより存在していなかった可能性もある。本稿では塋域の存在しない墓のまとまりを墓域と呼んでおく。この張氏の墓域のうち，アスターナⅠ区北側には二つの張氏墓域が存在する。そのうち北を張氏墓域Ａ，南を張氏墓域Ｂと仮称しておく（図３）。張氏墓域Ｂは 12 基からなると推定される。張氏墓域Ａはやや線引きが難しいところもあるが，およそ 67 基の墓からなり，トルファンの同時期の墓地でも密集度の非常に高い墓域である。

墓域Ａの被葬者は敦煌張氏で本貫地は基本的に南陽白水である。墓域Ｂについては明記した例がみえない。被葬者の卒年から墓域Ｂが墓域Ａよりも若干先行するようである。

(1) 張氏墓域Ｂの構造

張氏墓域Ｂの墓は墓道方向は西北であり，４列ほどの列をなす（図３）。第１列は M186 のみで被葬者は不明。第２列は 558 年卒の張遁（M169）と 562 年卒の張洪（M170）の墓が隣合う。

第３列は墓が４基で，被葬者は張毅（M517）のみ判明しており，卒年は 597 年である。第４列はやや複雑である。５基の墓が並び，そのうち張隆悦（M519），碑児（M520），張務忠の妻高氏（M522）となる。M171 については「妻麴氏」で配偶者の名については読み取れない。ほかの墓とはやや離れ，墓道方向にも若干ずれがあるため，墓域からは独立しているのかもしれないが，アスターナ古墳群で麴氏との婚姻関係が認められるのは現状ほぼ張氏であるため，この麴氏の配偶者も張氏の可能性は高い。張隆悦の墓では妻の麴文姿の墓誌のみが出土し，卒年が 642 年だが，張隆悦自身については不明である。碑児は 604 年卒で，M171 の妻麴氏は 642 年卒である。第３列の墓よりも新しいのは確実である。

問題となるのは M522 の張武忠妻高氏である。556 年卒でこの列に埋葬されるには原則的にはやや古すぎる。張武忠自体は607年埋葬だが，その墓は張氏墓域A（M114）にあり，トルファン地区の墓ではほかにみられない現象である。M522は副葬品が見つかっていない「空墓」で，この高氏は張武忠の第2夫人であり，先にM522に埋葬されたあと改めてM114に合葬され，墓誌だけが残ったと推測されている（呉1981）。そうだとすると，6年差で張武忠に関係する墓が異なる墓域に何らかの理由で別に二つ作られたが，最終的には墓域Aの墓に統一されたことになる。夫人の墓だけを別に作るという行為はほかにもあるかもしれないが確認できていない。だとしても，墓の配置からは墓域Bに含まれることは確実だが，年代的に原則から大きく離れた位置に構築されている現象の解釈は困難である。

(2) 張氏墓域Aの構造

張氏墓域Aは他の塋域・墓域と比較しても出土文書や墓表・墓誌の量が多い。M114の550年が最も古く，M506の769年が最も新しくなり，200年近くにわたり唐西州の崩壊近くまで構築され続けたことになる。墓道方向は東南向きで張氏墓域Bとはほぼ正反対になる。またカラホージャ古墳群の張氏塋域は西南向きなので，墓道方向はすべて違うことになる。

配列はやや雑然としているが，奥から前に向かって最低5列を推定することができよう（図3）。第3列までは比較的明確で，第4列，第5列も列状になっているよう見受けられるが，特に第4列はやや散漫な配置になっている。第3列までは麴氏高昌国のうちに亡くなったものの墓，第4列以降は唐西州期に亡くなったものの墓が主体になっていると大まかに分けられよう。

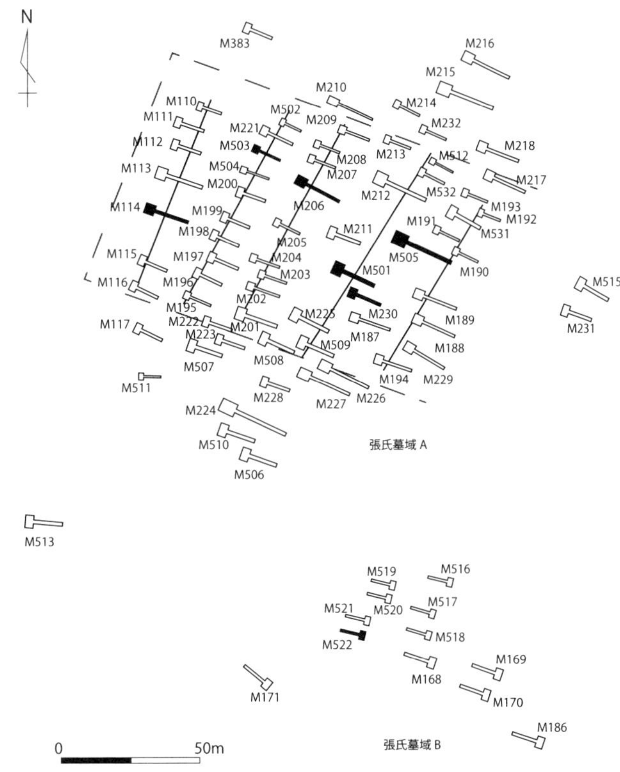

図3　アスターナ古墳群I区張氏墓域の構造
（推定される列を実線で示す。黒塗りは張武忠の家系）

それぞれの列についてみてみると，第1列はM110からM116まで明確に列をなし，すべての墓から墓表が出ている。張曙子（M115）は卒年が不明である。張沂子（M110）は夫人の卒年が30年ほど早いため，墓が構築された年代としては他の墓と大差ないであろう。張子慶（M111）のみが他の墓と比べやや新しいが，全体としては比較的近い時期に構築されている。張武忠（M114）とそれに隣接する張順（M113）が古く，そこから左右に拡張していったさまが見て取れる。

第２列はM195～200，M221，M502～504がほぼ直線的に列をなす。M195，M196，M198，M502については被葬者は不明である。断定するにはなお問題があるが，スタインの報告と対照すると，位置的にM198はAst. i. 6（張白玉），M502はAst. i. 4（張叔慶の墓を改葬した張延衝の墓）である可能性が高い[2)]。その前提でみると，年代的にはややばらつきがあり，夫人の卒年のほうが早い例が多いので，墓の構築年という点では第１列と大きな差はない墓もあるが，男性側の生年でみれば多数が550～560年代の10年間に生まれたほぼ同世代で，それを優先して新たな列に墓を構築したとも考えられる。この列では中央が早いということはなく，周囲に向かって広がっていったわけではないようである。

第３列では被葬者の生年がほぼ不明なので卒年でみるしかないが，全体として第２列よりは新しい墓が集中する。中央部の張安吉（M204），被葬者不明（M205），張雄（M206）は麴氏高昌期だが，外側は唐西州期の埋葬でより新しい。

第４列は張懐寂（M501），張富琳（M512）墓を軸とする列といえるが，第３列までほどは明確な列とはならない。卒年でいえば700年前後のものが多いといえる。

第５列のさらに前方にはM231，M515の２基の墓があるが，やや距離が離れており，墓誌なども出土していないため張氏の墓かどうかは確定できない。ここではこの第５列までを張氏墓域ととらえておく。最前列であるが，第４列との間にはさらに１列存在しているとみてもよいかもしれない。しかし第３列までは，以前の列の墓の墓道と新しく築く墓の墳丘が位置的に重ならないように距離を置く配置であったが，第４列以降はそれぞれの墳丘がより近接して構築されるようになっている。卒年では720年前後のものが集中しているが，生年についてはほとんど不明である。第４～５列間ではM187の張氏墓から墓誌が出土しているが，卒年は不明である。同墓出土の文書の下限年代は744年なので，埋葬もその後と考えられるが，そうすると第５列よりもかなり新しくなるので，のちに列を無視して増築されたものであろう。

墓の構造については比較的破壊が激しく公表資料も不十分であるが，注目されるのは第５列の墓はほとんどが天井を掘り込むタイプの墓道で，そこにも共通性がみられる。

このように横に列をなす配置と墓の年代からみると，生年と卒年がすべての墓で判明しているわけではないが，おおよそ同列は生年としては近い同世代で，列が変わると数十年の開きがある墓がまとまっていると推定される。被葬者の卒年よりも同世代か否かが優先されるのかもしれないが，生年の情報は卒年よりもはるかに少ないため，そこまでの断定はできない。

やや整然とした配列と年代の近さのまとまりを考えると，墓域Ａには本来塋域が存在したかのような方形に近い配列をとっていたことが想定される。その想定ラインを破線で図３に示したが，その外側に存在する墓は，それぞれの列に近い場合でもかなり卒年に差がある。北側も南側も同様で，750年前後の墓が多い。墓道に天井を設ける墓も少ないようであり，第５列までのやや規則的なあり方と，それ以降とでは一定の差が認められる。墓地のスペースを考えると前方にさらに列を構築しても問題はなかったと思われるが，そうではなく左右に広がる形で新しく墓が構築されている。しかしそれらの被葬者は基本的にはやはり南陽白水を本貫地としており，何らかの理由で唐の西州支配後100年を経て，ある程度厳密であった墓の構築原理が緩み，本来あったであろう墓域の枠を超えて墓を構築するようになったと考えられる。

3　アスターナ・カラホージャ古墳群の敦煌張氏の家系と墓の配置

墓域Aから出土した張氏の墓表・墓誌には直接の親子関係の系譜を記したものが数例ある。すでに復元されているが（白須1979，宋1991，王1992），その系譜を再度整理し，墓地の構造と照らし合わせておきたい。数世代にわたって直接の親子関係を復元できる例はいくつかあるが，最も詳細に述べられているのは張武忠の家系である。張武忠以前には遡れないが，その子の世代については張雄とその夫人の墓誌（M206），張懐寂墓誌（M501），張禮臣墓誌（M230）などから，

張武忠（M114）→張端（張鼻児）（M503）→張雄（M206）→張定和（M505）・張懐寂（M501）→張禮臣（M230）→張献琛（墓不明）・張献誠（墓不明）

と復元でき，それぞれの墓もほぼ確定できている。

また張雄墓誌と張公妻麴仙妃墓誌（M188）から張雄の妻麴氏（永安太郡君）と麴仙妃は同一の家系であり，

麴願→麴明→麴悦・永安太郡君（M206）→麴達→麴仙妃（M188）

と復元できる。麴仙妃は金城麴氏と明記されており，その家系に連なる麴氏も高位の官職をもつ人物ばかりである。王族に連なる金城麴氏の家系との婚姻関係が明らかである。そして張武忠の娘は高昌王麴伯雅の夫人張太公であることも明らかにされており（岡崎1982，王1992），金城麴氏でも高位の家系と張武忠の家系が相互に婚姻関係によって結びついていることがわかる。

墓誌が出土した墓をみると，第1列，張武忠から第2列張鼻児へはやや左前の離れた箇所に構築される。その息子張雄は第3列，張鼻児の墓のすぐ右前に構築されている。張雄の息子は2人であるが，兄の張定和は第4列からややずれて少し距離があいたほぼ正面，弟の張懐寂は間にM211を挟むものの，第4列に張雄墓からみて右前に構築されている。そして張禮臣は張懐寂墓の右前すぐに隣接して構築されている。

名前が不明だが，張雄夫人の直系の麴仙妃を夫人とする張公（M188）は張禮臣墓のほぼ正面，第5列に位置する。耳室が付属し墓道に天井を二つ設けるという墓の構造も張禮臣墓と共通し，張氏墓域Aではほかにはこうした構造の墓は確認されていない。第5列のほかの墓は墓道の天井が一つで，唐墓の場合は本来天井の数は被葬者のランクに比例するため（傅1998），墓の配置や配偶者の系譜を考えても，この張公が張武忠の家系に関係が深い人物であると考えられる。断定は難しいが，張禮臣の子張献琛・張献誠のいずれかである可能性も捨てきれない。

張定和と張懐寂兄弟は，間にやや空間があるものの隣接していると考えることができる。張定和は若くして亡くなっているが，位置としては張懐寂よりもやや前列寄りとなる。いずれにしても近い位置に埋葬されていることは確かである。

隣接する張武忠と張順，張禮臣と張令瑞（M225）は兄弟関係との指摘がある（施2001，銭2007）。確定は困難だが，卒年が近く，墓の位置関係も張定和・張懐寂兄弟とほぼ同様であるので，非常に近い間柄であったのであろう。そうすると墓域Bの張遁と張洪も直系の親族かもしれない。

張武忠の家系でいえば，張鼻児の夫人も麴氏である。夫人の系譜については情報がないが金城麴氏と明記されており，麴願の家系の麴氏である可能性は高い。M118の張公が仮に張禮臣の子であるとするなら，張武忠の家系の夫人は麴願の家系から迎えることになっていたと推定することもできよう。張定和，張懐寂，張禮臣は夫人の情報はないが，麴氏であったと推定される。

そのほかに，張善和（M209），張富琳（M512）の墓誌からは，

　張（折）仁（張仲慶？，M200）→張（太）隆（墓不明）→張善和（M209）・張富琳（M512）

と復元できる。

張仲慶の墓は第2列で，張鼻児の左2個隣である。その子の張隆は墓誌が発見されていない。張隆の息子は二人で，兄の張善和は第3列，弟の張富琳は第4列と第5列の間であり，位置的には正面やや左寄りで間にM213が存在するが，かなり近接しているとはいえる。張仲慶と張善和の墓は，張武忠と張鼻児の位置関係とほぼ同じである。この家系の兄弟の位置は張定和・張懐寂兄弟とは差があるが，卒年に35年差があるため，その影響を受けているのかもしれない。

さらに張詮（M508）の墓誌から，

　張悊（墓不明）→張默（墓不明）→張詮（M508）

と復元できるが，張詮の前2代の墓は不明である。しかし，張君行母墓（M201）と張詮墓の墓誌の対比から，張君行母は張詮の母親張默夫人である可能性が高い。張詮の墓は張行君母の墓の右前に隣接しており，張懐寂・張禮臣親子と同じパターンである。このことからもこの2人が直系の親子関係である可能性は高いといえよう。

それ以外では張行倫（M194），張氏（M202），張相歓（Ast. 010）などの墓誌にも異なる張氏の家系が確認でき，張歓（M117），張君（M214），張智積（M511）などには夫人の麴氏の家系に関する記載があるものの，それらの墓や有機的な関連については不明である。

配偶者をみると，第1列張順が後妻として麴玉娥を娶っている。また張務忠は墓の被葬者が1男4女であり，高氏2名以外は麴氏と推定されている。第2列では夫人のほとんどは麴氏で，それ以降は夫人が不明な場合も多いが，やはり麴氏が卓越する。墓域Bでは，墓域Aの第3列の卒年とほぼ同じである4列目の張氏の夫人は麴氏である。

唐西州になると麴氏高昌国の豪族の上層部を中央に拉致するという分断政策がとられるが，651年の阿史那賀魯の反乱を契機に中央豪族を帰還させ，旧王国の門閥の再編成を企てることで安定化を図ったとされる（白須1979）。麴氏はその後没落したようであるが，敦煌張氏は墓域Aにおいて最も新しい墓の被葬者である張無価（M506）でも上柱国という高位の官職についており，西州の支配が崩壊する末期近くまでその勢力を保っていたと考えられる。

より細かくみると，墓域Aの敦煌張氏の成員は，第1列から第2列にかけて侍郎→洿林令→長史→郎中という経歴によって王族麴氏に匹敵する高い地位を得，それが麴氏との婚姻関係を深

めることで確固たるものとなったのであろう。その頂点となるのは第３列の張雄であるが，その後の麴氏高昌国の滅亡によってその状況はいったんリセットされたようであり，第３列では張雄以外の人物の官職はさほど高くない。しかし第４列になると，唐の政策転換により，張雄の家系を中心に南陽を本貫地とする敦煌張氏はそれなりの官職を与えらえられ，第４列はほとんどが上柱国となっている。さらにこうした横の列におさまらず，左右に拡張して作られる墓にも同様に上柱国の人物の墓が構築される。しかし第５列に至っては官職的にはみるべきもなく，高位のものは塋域想定ラインの外側にほぼ限られる。西州の身分秩序は則天武后期の社会変動の所産によって大きく変動したとされる（白須 1992）。そうした状況がこの張氏墓域にも反映されていると考えることができよう。想像をたくましくすれば，出自を共有するトルファンの敦煌張氏のなかにあって，本流といえる張武忠を中心とした家系は西州後期には力を失い，別の家系の張氏が勢力を増したことで，それまでの墓地構築の原則が崩壊したとみてもよいのではないだろうか。

アスターナ張氏墓域Ｂについては張武忠夫人の墓が構築される点からやはり敦煌張氏の墓域である可能性が高く，その官職も張洪が侍郎→洿林令→郎中という墓域Ａの張氏と同様の経歴を辿っていることからも，直系ではないとしても近い関係の有力な同族であるといえよう。カラホージャ張氏塋域については直接的な関係を示唆する証拠はないが，アスターナ張氏墓域Ａおよび B と何らかの関係はあるのではないかと推定できる。

おわりに

アスターナ古墳群の敦煌張氏の墓の分布と埋葬される人物の情報を結びつけることで，いくつかの新たな事実を明らかにすることができた。トルファンの集団墓地における塋域，墓域内での墓の構築原理としては奥が古く，前が新しい。しかし各列内でいえば，生年，卒年でみても右から左，左から右と必ずしも順に並んでいるわけではない。

張武忠の家系は５世代にわたる直系の親子関係が確定し，かつその埋葬されている墓が確認されている点で稀有な例である。張武忠の家系は，この張氏墓域Ａのほぼ中央に配され，それぞれ異なる列に墓が作られる。第２列が世代的にほぼ同じであることから考えると，張氏墓域Ａの列の違いは親子間の世代差によるものといえる。張氏墓域Ａはアスターナ古墳群でも密集度の高い墓域であるので，他のすべての塋域・墓域がそうした直系の親子関係によって構築されているかどうかは，情報不足のために確定は不可能である。しかし，同族のなかでも血縁的に近い関係のものが隣接して埋葬されることは確実であろう。そして現状では不明であるが，当時はおそらく何らかの形で個人の墓を識別できるようになっていたのであろう。

墓に関しては墓自体の構造や規模，副葬品なども含めて検討するべきであるが，資料が未報告な墓が多いため今回は断念した。今後さらにトルファン盆地の同時代の墓を検討し，全体的な墓地のあり方についての復元をしていきたいと考えている。

末尾ながら，山本暉久先生の古稀を心よりお祝い申し上げるとともに，今後のますますのご活躍を祈念いたします。

註

1)　アスターナ，カラホージャ古墳群については新疆文物2000年第3-4期において13次にわたる発掘墓のデータと分布図が掲載されている。しかし，分布図には墓の一部しか掲載されていない。そこでその図にスタインが示した分布図，雑誌文物の1972年と1975年に掲載された分布図，文物地図集新疆維吾爾自治区分冊に掲載の分布図を合わせ，衛星写真を利用して微調整を行い，アスターナI区の張氏の墓の全体的な分布を復元した。大きな齟齬はないと思われるが，いずれ正式な報告書が刊行されれば，それによって確認を行う必要はあろう。またこの図は墓道方向を明確にするため墓は模式的に示しており，規模などについては必ずしも正確ではない。

2)　この墓域でのスタインが調査した墓は新疆文物2000年第3-4期でも特定されていない。Ast. i. 4では1つの墓から3名分の墓誌が出土している。M502の被葬者は3体と報告されており，墓誌のない延叔慶が埋葬されず夫人だけが埋葬されたとすれば，その状況と合致するため可能性は高いと考えられる。

参考引用文献

王　素　1992「吐魯番出土〈某氏残族譜〉初探」『新疆文物』第1期

岡内三眞　2000「交河故城ヤールホト城南区古墳群と墓表・墓誌」『早稲田大学大学院文学研究科紀要』46　第4分冊

岡崎　敬　1980『増補　東西交渉の考古学』平凡社

施　新栄　2001「也談高昌麴氏之郡望―与王素先生商榷」『西域研究』第3期

銭　伯泉　2007「敦煌遺書S. 2838《維摩詰経》的題記研究」『敦煌研究』1期

宋　暁梅　1991「麴氏高昌国張氏之仕官―張氏家族研究之一―」『西北民族研究』第2期

倪　潤安　2007「麴氏高昌国至唐西州時期墓葬初論」『西域文史』第2輯　科学出版社

侯　燦　1984「高昌官制研究」『文史』22

侯燦・呉美琳　2003『吐魯番出土磚誌集注』巴蜀書社

呉　震　1981「麴氏高昌国史索隠―从張雄夫婦墓志談起」『文物』第1期

国家文物局主編　2012『中国文物地図集　新疆維吾爾自治区分冊』文物出版社

白須浄眞　1979「高昌門閥社会の研究―張氏を通じてみたその構造の一端―」『史学雑誌』88

白須浄眞　1990「アスターナカラホージャ古墳群の墳墓と墓表・墓誌とその編年」『東洋史苑』34・35

白須浄眞　1992「トゥルファン古墳群の編年とトゥルファン支配者層の編年―麴氏高昌国の支配者層と西州の在地支配者層―」『東方学』84

新疆維吾爾自治区博物館　1972「吐魯番県阿斯塔那―哈拉和卓古墓群清理簡報」『文物』第1期

新疆維吾爾自治区博物館・西北大学歴史系考古専業　1975「吐魯番県阿斯塔那古墓群発掘簡報」『文物』第7期

新疆文物編集部編　2000『新疆文物』第3-4期

傅　熹年　1998「唐代隧道型墓的形制結構构和所反映出的地上宮室」『傅熹年建筑史論文集』文物出版社

Sir Aurel Stein1928 *Innermost Asia: detailed report of explorations in Central Asia, Kan-su and eastern Iran, carried out and described under the orders of H. M. Indian government,* Clarendon Press

丸瓦とヤシとパンダナス

大脇　　潔

はじめに―屋根も裏から見るのが大切―

2015年8月21日から12月6日までの108日間，第88回ピースボート（オーシャン＝ドリーム号・3万5千トン）で地球一周甍紀行の夢を果たした。

これまで様々な屋根を追って各地を歩き，いくつかの事実と二三の仮説にたどりついた（大脇2008・2012・2013)。しかし，広い海の彼方に甍の波は無限に続く。

そんな時，目に留まったのがピースボートのポスター。こうして横浜を旅立ち，フィリピン・シンガポール・インド・メキシコ・ベリーズ・ペルー・タヒチ・サモアなど，大航海時代以降，植民地となった地域をめぐり，また今まであまり訪れたことがない年中真夏の，自然のめぐみを生かした屋根景観を観察することができた。瓦以前は，手近な天然素材の中から，入手しやすい材料を選び人々は屋根を葺いてきたのだ。

距離にして30,993海里（57,399 km)，スエズ・パナマ両運河を経て20ヶ国23寄港地をめぐり，大森貝塚を発掘したモースが125年前に唱えた「植民地に宗主国の瓦が分布する」という説（Morse 1892）の正しさを，スペインの旧植民地であるフィリピン・セブ島の丸瓦葺きで追認するとともに，そのなかにV字瓦葺きというローカルカラーが存在することもこの目でみた。また，ヤシや，パンダナスというタコノキ属の葉，あるいはマチュピチュ遺跡の「イチュ」と呼ばれるイネ科の草で葺いた屋根を手にとってみることもできた。そう，ヤシやパンダナス葺きの屋根も，外見だけでは見分けにくいが，近づき，屋根裏を見上げて初めて素材と葺き方の違いがわかるのだ。以下，こうした観察結果に2013年に訪れたインドネシアでの見聞を加え，その到達点と明らかになった課題について紹介する。

1　丸瓦葺きのローカルカラー

セブ島（フィリピン）のマゼラン・クロス

アジアで唯一のカトリックの国，フィリピンのセブ島で訪れたのがマゼラン・クロス記念堂。フィリピンは1565～1898年の間，スペインの植民地（のち米国）であった。そのきっかけを作ったのは，大航海時代の探検家，フェルディナンド・マゼランである。彼は1521年に船団を率いてマゼラン海峡を発見し，太平洋を横断してセブ島に上陸。武力でスペインへの服属と朝貢，そしてキリスト教への改宗を要求した。その時，領主の洗礼用に立てた木の十字架をマゼラン＝クロスと呼び，その保護のため1894年に建てられたという記念堂の，断面が三角形を呈するＶ字瓦葺きが，モース説の正しさと地方色の存在を物語る。

Ｖ字瓦葺きは，マレー半島からシンガポールに分布するローマ式丸瓦葺きのローカルカラーと想定してきたが（大脇2012），フィリピンもその分布圏に属すことが明らかになった。ローマ式丸瓦葺きは，もともとの分布地と考えられる北緯44度以南の地中海沿岸諸国からスイス・デンマークへ広がり，それにスペイン・ポルトガルの植民地であった中南米諸国に広く分布する。

そのルーツは，平瓦と丸瓦の２種類の瓦で葺くローマ式本瓦葺きまで遡り，その簡略形式と推定できる。ただし，その始まりが，いつどこで，どのようにして起きたのかはまだ謎に包まれている。また，丸瓦とＶ字瓦の境目をどこに引くかも難しい。記念堂の棟を覆う瓦は大きめの丸瓦だが，その他の瓦は丸みを帯びてはいるがＶ字形，あるいは三角形といったほうがいい。セブ市内で見学した古民家の瓦の葺き方も同じであった。後述するシンガポールのＶ字瓦は，もう少し角が強く，かつ小型である。なお，ローマ式本瓦葺きから生み出されたもう一つの民家用の簡略形式に左桟瓦（少数派の右桟瓦も含む）がある。その起源もまだはっきりせず，およそ1300年から1500年頃という大まかな年代[1)]が与えられているにすぎない。

ローマ式丸瓦の作り方は，凸型台を使用する一枚作りである。中国起源の丸瓦が円筒形をまず作り，それを２分割するので，その横断面形が円弧の一部を描くのとは異なり，ひしゃげた半円形やゆるい三角形を呈するものが多い。今回もイタリアやスペインで，三角形に近い丸瓦を見かけた。ただし，Ｖ字形を意識したと思われるものはない。それに対してこのセブ島の例は，丸瓦よりＶ字瓦と呼んだ方が的確である。そこで，この一群の瓦は疑似三角形から三角形へと変化したと推定し，この手の瓦をその横断面形にちなんでＶ字瓦葺きと呼んできたのである。

丸瓦葺きとＶ字瓦葺きの違いをもう少し詳しく知るために，両者の製作技法について検討してみよう。ローマ式丸瓦の作り方に関して，筆者は島田さん・大井さん・梶原さん，そしてNHKから情報を与えられた。

① 島田情報とは，元同僚の島田敏男さん（現文化庁）が，ローマ文化財修復国際センターの建造物保存コースの研修に参加した際に訪れた，修復用の瓦を伝統技法で作っている工房で撮影した数枚の写真。

② 大井情報とは，メキシコを中心に活躍した考古学者大井邦明さんが愛知県高浜市のかわら美術館に寄贈した丸瓦と，その作り方を描いたスケッチである。この情報は，当時の学芸員天野卓哉さんから教えられた。

③ NHK情報とは，2009年５月４日放映の「BS世界のドキュメンタリー，瓦と砂金～働く子供たちの13年後～」の録画。児童労働を強いられながらも必死に生きる二人の少年が瓦を作る，ペルーのピニパンパ村の話。

④ 梶原情報とは，名古屋大学梶原義実さんによる現地調査の報告「エルサルバドル共和国に

おけるスペイン瓦の生産について」[2)]である（梶原 2011：47-64 頁）。

さて，以上にその他の断片的な情報を加えると，①イタリアのローマ式丸瓦と，②③④の中南米の丸瓦の形状と製作技法は，基本的に一致する。一方，フィリピンからマレーシア・シンガポールにかけて分布するV字瓦の製作技法に関する情報は，まだ得ていない。しかし，その凹面の痕跡を一目みればわかるように，基本的にはまったく同じ技法で作られていると推定できる。ただ形だけが異なるのであり，凸型台の横断面形が三角形により近いだけなのである。

V字瓦のルーツも，マゼラン・クロス記念堂の屋根が象徴するように，やはりスペインに求められるのであろう。しかし，スペインの植民地の中で，なぜこの地域だけがV字瓦に変化し，かつ小型化したのかという疑問が残る。その解決は，今後の発掘調査で変化の過程が明らかになるのをまつしかないが，その横断面形から思いつくのは，型から抜き乾燥させる際，つぶれやすい半円形より合掌形の方が安定していること，またV字形瓦のほうが，屋根上の山と谷がより深くなり，短時間豪雨の多い地域には有利と思われ，そのために変化したという推測である。

シンガポールのV字瓦葺き―屋根景観は歴史を反映する―

シンガポールは，1511 年からポルトガル，1641 年からのオランダを経て，1824 年からイギリスの植民地になった（1965 年に独立）。発展に伴い，中国やインド・インドネシアからの労働力が必要になり，人口も急激に増えた。こうして今日の繁栄を築いた都市国家シンガポールのリトルインディアやチャイナタウンには，1840 年代以降に建設された二階建ての商店が軒を連ねているが，その屋根の多くはV字瓦葺きである。市内で見かけた屋根は，このV字式瓦葺きに，フランス瓦葺き，左桟瓦葺き，右桟瓦葺き，金属製波板葺き，緑釉をかけた中国式本瓦葺き（軒平瓦は滴水），金箔を貼った日本式本瓦葺き（瓦当紋様は山田寺式）を加えた7種類である。この国の歴史と現状を表すかのように国際色豊かであり，悪くいえば雑然とした屋根景観ということになり，旧宗主国の街や村の屋根材が，せいぜい 2～3 種類に限られるのと好対照をなす。屋根景観はその地域の歴史を映しだす証人なのだ。

サンミゲル島（ポルトガル）でみた丸瓦葺きのもうひとつの地方色

大西洋に入って船は大きく揺れた。その大西洋に浮かぶポルトガル領アゾレス諸島の一つ，サンミゲル島のポンタ・デルガタの港町で丸瓦葺きのもう一つのローカルカラーを見つけた。

ここの屋根には，平たい丸瓦を交互に重ねた丸瓦葺きがある。また軒の隅に日本の雁振瓦のように飛び出し，その先端が三葉形をなす飾り瓦もある。また日本の螻羽瓦のように，切妻屋根の端に長い丸瓦を並べる葺き方もみた。スエズ運河通航後，どこでもおなじ丸瓦葺きばかり眺めてきた私の目に，こうした屋根はとても新鮮にみえた。もちろん，ごく普通の丸瓦葺きの建物も多いが，これもV字瓦葺きとおなじような丸瓦葺きの地方色の一つなのであろう。ただし，確かめなければいけない課題がある。一つは，まだ訪れたことがないポルトガル本国にも，こうした瓦があるのかどうか？　普通の丸瓦葺きと，平べったい丸瓦葺きの違いがなぜ生まれたか？　などである。これを解決するためには，ポルトガルと，その旧植民地に行くしかない。

コトル（モンテネグロ）の石灰岩の板石葺き

世界遺産コトルの街を背後の岩山に築かれた城壁から眺めると，そのほとんどが橙色の丸瓦葺きだった。ただし，二つの教会の屋根だけが白い。そこで街に戻り，辿り着いた教会の屋根は，厚さ5cmほどの石灰岩の板石葺きであった。聖メリ教会は1221年，聖アンナ教会は12世紀末～13世紀初期の建設だという。その他にも，この街最大の聖トリフォン大聖堂が1166年，聖ルーカ教会が1195年に建てられているので，12～13世紀頃のコトルが活気に満ちていたことは確かだ。板石葺きの屋根が，これらの教会の創建当初まで遡るものであれば，コトルの屋根景観は現在と異なっていた可能性が高い。以下は，ヨーロッパの他の都市などからの類推を含むが，初めはカヤや板などの植物性素材を使った建物が多かったが，やがて教会などに板石を使うようになり，最後に民家に丸瓦葺きが普及するというプロセスが浮かんでくる。

シチリア島の丸瓦を利用した雨樋カナローン（Canalon）

パレルモ港からアグリジェントのギリシャ神殿を訪ねた。その途中でみかけたのが，軒先の雨を受け止めるカナローン。壁の途中に，丸瓦を斜めに並べて漆喰や金具で固定し，伝い落ちる雨水をすべて貯水する仕掛けである。スペインの東，900km離れた地中海に浮かぶメノルカ島の民家にもカナローンが張り巡らされているとか（板倉2004）。そこに，夏乾燥する地中海性気候ならではの工夫がみえてくる。

アヴィニョン（フランス）でみた丸瓦を使った持ち送り庇

マルセイユから，世界遺産法王庁（1309～1377年）のあるアヴィニョンへ向かった。ここで目に留まったのは，軒先の持ち送りに丸瓦を数段使った例である。建築史の教科書によれば，軒蛇腹（cornice，コーニス）の一種になるのであろう。

今回の旅では，軒先に波のような陰影を作りだすこの持ち送り庇を，アヴィニョン（3～4段），アテネ（2段），ジブラルタル（2段），サンミゲル島（1段）でみた。文献やインターネットによると，フランスのアルルで2段，同エクス・アン・プロヴァンスで2段，スペイン東南部のムルシア地方のリコーテとモラタージュで2段（板倉2004），ポルトガルのセルパで1段（山崎1992），これ以外にも，地中海を中心にまだ多いのだろう。その分布を探ることも新たな楽しみとなった。

2　ヤシの葉葺きの分類[3)]

タヒチで印象に残るのは，海沿いにひろがるココヤシの林だ。ヤシ科は約250属，3,500種類もあり，葉の形から，羽根形feather palm（羽状葉）と，扇形fan palm（掌状葉）の2種類に分けられている。ココヤシは羽状葉，樹皮の繊維を箒や縄などに使うシュロは掌状葉になる。

屋根に使うことが多いのは，羽状葉ではサゴヤシ[4]・ニッパヤシ[5]・ナツメヤシ・ココヤシなど，掌状葉ではSabal yapaやロンタルヤシ（和名オウギヤシ・ウチワヤシ，英名パルミラヤシ），グバンヤシ（和名タラバヤシ）などがある。なお，葉以外ではサトウヤシの葉柄の付け根の樹皮(ijuk，シュロ皮に似る）の，黒い強靱な繊維を屋根葺き材に使う例がインドネシアのバリ島やスマトラ島にある（藤井1998)。最上級の屋根材で手入れすれば60年近くもつという。

今回の見聞にいくつかの情報を総合すると，ヤシの葉を利用した屋根の葺き方は，葉の形とその小葉の扱い方でとりあえず以下のように分類できそうである。なお，地域によっては，幹や葉柄も壁や屋根の建築材料になることはいうまでもない。

羽状葉のヤシの葉を葺く

今回はフィリピンとアラブ首長国連邦，カタール，パナマ，フランス領ポリネシアのタヒチ島とボラボラ島，それにサモア独立国で，羽状葉のヤシの葉を使った屋根を観察した。

羽状葉は，A何もせずそのまま葺き重ねる。B小葉をどちらか一方に折り曲げ葺き重ねる。C折り曲げて四つ目編みにして葺き重ねる（青柳1991：177-186頁，杉本1985)。D片方の小葉を切り捨て，もう一方の小葉だけで葺き重ねる（高野2015：16-19頁)。Eニッパヤシやサゴヤシの小葉を葉柄から切り離し，軸に縫い付けてパネルを作り，そのパネルを垂木や木舞に縛り付けて葺き重ねる。Fナツメヤシの切り離した小葉を細く裂いて編んだマットを屋根に葺く（大脇2013)。という六つの葺き方に少なくとも分けられそうである。

タヒチとボラボラ島では，ココヤシの小葉を一方に折り曲げ，四つ目編みしたC手法を見た。タヒチでは，5～10枚おきに小葉の先端を結んでパネルの端が乱れないようにした例がある(Orliac 2000：32-36)。

ミクロネシア・中央カロリン諸島のサタワル島では，近所の家が雨漏りしはじめたら，村の男たちが一人10枚の屋根葺き用のココヤシの葉を集め「葉のすくない先端を切り落とし，長さ1.5mほどに整えたあと，葉芯を中心にひろがった葉を，一方に折りまげて，格子状にからめるように編んでいく」と，C手法を説明する（中村1984：44-45頁)。編むのは女性が分担し，10人ほどの若い男が屋根に登り，下から投げられるヤシの葉のパネルを15cm間隔で葺き上げる。これで当分雨漏りはしないが，1～2年ごとに葺き替える必要がある。

ニッパヤシの小葉を使ったE手法を，フィリピンのセブ島とサモアでみた。セブ島ではパネル一枚が1ペソ，一棟に1,000枚必要とのこと。壁のない家，ファレで知られるサモアの例は，長さ約90cm，幅7cmの小葉をほぼ半分に折って軸に巻き付け，蔓などから作った紐で縫い刺して長さ1.5mほどのパネルを作ったものである。ベトナム南部にも，ほぼ同じ大きさのパネルを使った例が分布する（奈良文化財研究所2013・2014)。

砂漠の中にオアシス・シティを築いたアラブ首長国連邦のドバイとカタールのドーハでは，ナツメヤシの葉柄を壁や天井に使った風通しのよい住居が伝統的な夏の住まいであり，その屋根にナツメヤシの羽状葉をA手法で折り曲げたものが使われていた。雑な葺き方だったが，この時期ほとんど雨が降らないのでこれで十分なのであろう。

掌状葉のヤシの葉を葺く

メキシコとベリーズで，掌状葉のヤシを用いた屋根をいくつかみた。帰国後もなかなか名前がわからず苦労したが，様々な情報からようやく辿り着いたのが，ユカタン半島原産のSabal yapaというヤシ[6)]。成長すると，高さ12 m，幹の太さ0.3 mになるという。

Sabal yapaは，マヤ族の間での呼び方Huanoをとって Huano palmとも呼ばれる。古くからマヤ族の住まいに葺かれてきたのであろう。またSabal yapaは，育毛やトイレの悩みに効くという，あのノコギリヤシに品種も原産地も近いらしい。フロリダでは原住民がノコギリヤシの葉を屋根に使うことがあったという情報も得た（Simpson 1956）。

Sabal yapaは小葉がほぼ360度全開する。その葉柄を少し残して切り，小葉を扇子を閉じるように全部折り畳み，その葉先を二股に分けて木舞に引っ掛け，木舞の間隔を調節して下の葉を上の葉が覆うようにして葺きあげる。なお，タイ北部山岳地帯の少数民族の村にもよく似た葺き方があるという（宮澤・林 1990，ロンタルヤシか）。

以上の情報をまとめると，掌状葉は，A何もせずそのまま葺き重ねる。B小葉を折り畳み木舞に連続して掛けて屋根を葺く。E小葉を一枚一枚切り取り，軸に縫い付けてパネルを作り，そのパネルを垂木や木舞に縛り付けて葺く，という三つの手法に分けられそうである。

3　パンダナスの葉を葺く

今回，先の天然素材集成（大脇 2012）で見落としていたパンダナス葺きの屋根を，タヒチ島とボラボラ島でみることができたのは収穫だった。と同時に，私が知らない屋根材がまだまだ多いことを思い知らされた。パンダナスとは聞きなれない植物であるが，その気根（支柱根）をタコの足のように伸ばし，自立することからの命名であるタコノキ属の細長い葉を，幹から引き剝がして屋根に使うのである。

タコノキ属は約600種類がアジア・アフリカ・環太平洋の熱帯地方に分布し，トカラ列島以南の琉球・小笠原諸島の海岸沿いに群生する「アダン」もその一種である。パンダナス葺きの屋根の分布は，マレー東部からミクロネシアに及ぶという（Oliver 1997：230）。琉球でも，舟小屋などにアダンの葉を使ったらしいが，今のところ確認できないでいる。

タコノキ属の葉（長さ2 m）は，ヤシと同様その成長につれて下の方から枯れて垂れ下がる。これを剝がして使うわけであるが，その英名screw pineからわかるように，葉が捩じれるのでそのままでは使えず，下ごしらえが必要になる。ゆでて海水にさらし，柔らかくかつ漂白し，杭に葉を巻き付けて強くしごいて葉を伸ばす。こうして一定の幅と長さ，柔軟さと強度を兼ね備えた葉が様々な用途に用いられる。工程の多さはその外観にも表れ，一般にヤシの葉葺きより内外面ともに整った美しさと強さがある。こうして広げた葉を，一枚一枚その幅の半分を重ね，骨製の針で穴をあけながら紐や竹ひごで軸（長さ2m，ココヤシの葉の中肋を使う場合もある）に縫い付けてパネルを作る。こうして作ったパネルを垂木と木舞に縛り葺きあげていく。

中央ポリネシアに位置するクック諸島プカプカ環礁では，軸（長さ60～70cm，パンダナスの根を二つに裁断し，乾燥後に丸く整形したもの）にパンダナスの葉を刺し縫いする際に使う，ブタの左脛骨を利用した錐が採集されている（高杉1998：574-575頁）。パネルはここではトンガとおなじくpolaと呼ばれる。一般的な家の屋根には100～200枚ほどのパネルを使い，耐用年限は3～5年。昔はココヤシの葉を屋根に葺き，パンダナスを使う方法は，同諸島南部グループの主島ラトロンガから，キリスト教宣教師によって伝えられたという。なお，高杉報告には，ギルバート諸島のタマナ島とタラワ環礁のパンダナスの屋根葺きも紹介されている。パンダナスの葉の用途は，その繊維で編んだマットを使った丸木舟の帆や，バスケットや髪飾りなどの装飾品ときわめて広い。タヒチ・パペーテの市場では，こうした工芸品の材料となる加工済みの葉をロールにして売っていた。

サモアでは，パンダナスの葉を細く裂いて編んだゴザ「ファインマット」を，ユネスコの無形文化遺産一覧表に登録すべく準備中だという（石村2015：18-19頁）。このファインマットは，通常のものが幅10mmほどであるのに対し，2mm以下の細いものをつかう場合もあり，その製作には数か月から1年かかり，伝統文化の中での婚礼や葬儀における大規模な儀礼交換（ファアラベラベ）の不可欠な交換財として重要視されているという。インドネシアのスンバ島にもパンダナスの葉を裂いて編んだマットがある（小池ほか2011：31-47頁）。ただし，この地域の民家は，地元で「アランアラン」と呼ぶチガヤのパネルで屋根を葺いており，パンダナスは使わない。

アランアラン葺き

アランアランは，レストランやカフェに南国風を演出する恰好の材料として輸入されている。その一例を紹介すると，長さ189cm，太さ1.8×1cmの竹を細く割った軸に，長さ約110cmのチガヤを半分に折り曲げて巻き付け，1.5cmほどの間隔を置いて幅5mm，厚さ1mmほどに薄く裂いた竹ひごで結んだものである（結び目の数は151）。パネルの大きさは189×55cmになる。わが国のカヤ葺きとは異なり，アランアランはパネルにして重ねるのが最大の違い。パネルを密に重ねれば，屋根もかなり厚くなる。この世界最強の雑草，チガヤで葺いた民家も広く分布する。今回もメキシコのチチェン・イツァ遺跡周辺でよくみかけた。地元ではパラッパと呼ぶ。カンボジアでは，南はニッパヤシ，北はチガヤ葺きが多い。

ヤシとパンダナスの葉，どちらが先に屋根に使われたか？

この議論を進化論風に考えると，ヤシ羽状葉そのまま利用が一番古く，小葉折り返し，小葉折り返し編み，小葉切り離しパネル編みとなるのだろう。掌状葉の場合も，小葉そのまま利用がまずあり，小葉折り曲げが続き，小葉切り離し編みとなるのであろう。文脈をこのように辿ると，パンダナスの利用は，ヤシの葉の利用方法の最終段階になって登場したということになる。もちろん，それぞれの品種の分布や，住まいの構造，建築技術の違いによって規定される側面も多く，一概にいえないことは百も承知の上での話である。

4　マチュ・ピチュ遺跡のイチュ葺き

今回のピースボートに乗ることを決めたのは，マチュ・ピチュがコースに入っていたからだ。その情報はそれこそゴマンとあり，「イチュ」というイネ科の草で葺いた復元屋根の写真もみたことがある。しかし，イチュとはどんな草なのか，そして，それをどうやって葺くのかを知るには現地へ行くしかない。

イチュはアンデス高原に群生し民家の屋根もこれで葺く。4,000 m をこえる高地とジャングルを移動して生活する，クスコ南東のケロ村の家もイチュ葺きである（関野 1984：94–95 頁）。ただ1本の太さが2 mm 前後，長さ約 90 cm と短く，日本のカヤ葺きやアランアランとくらべてもかなり繊細な感じがする。マチュ・ピチュ周辺にイチュは生えておらず，遠い高原地帯から険しい道を運ばざるを得ない。遺跡のはるか下を流れるウルバンバ川は，大アマゾンの支流であり，流域には亜熱帯地方の植物が繁茂している。遺跡の玄関口であるアグアスカリエンテス駅の近くでは，ヤシの葉葺きの家もみかけた。ケロ村のジャングルの家（高度 1,500～2,000 m）も，アマゾン上流域のインディオの家とおなじヤシの葉葺きだという（関野 1984：91–92 頁）。おなじくワナトヤ川流域のマチゲンガ族のシェルターのような家は，ロンタルヤシの葉をそのまま葺いたA手法だ（川島 1990：121 頁）。だから，マチュ・ピチュ（老いた峰）遺跡の家も本当はヤシの葉葺きだった，という可能性も絶無ではない。でも，それを言い出すには月の神殿があるワイナ・ピチュ（若い峰）から跳び下りるくらいの勇気がいる。

マチュ・ピチュの建物の多くは，石積みの切妻壁の上に棟木と軒桁を渡し，垂木を架けて木舞を密に配り，その上にイチュを葺く。この壁に工夫があり，棟木と軒桁を受ける窪みが壁の構築と同時に行われている。また切妻壁の外面にも，これまた垂木を蔓で縛って固定する枘を造り出した石材を壁に組み込んでいる。以上は写真をみればわかる構造である。これ以外に，すべての建物ではないが，切妻壁の側面に2ヶ所，穴をあけた石材を少し突出させ，母屋の材を縛って固定する工夫もみられる。大型の切石を用いた神殿などの建物にも，同様の施設があった。肝心のイチュの葺き方は，基本的には，細い蔓などで垂木に縛り付けるだけのようであった。

プカラ牛と十字架

ペルーの民家の屋根の大半は，宗主国スペインと同じ丸瓦葺きである。車窓からクスコ周辺の屋根を眺めていて気づいたのが，大棟上の牛二頭と十字架や壺・瓶の飾りである。調べると通称プカラ牛（Toro de Pucara）。プカラはこの焼物の産地の名でトロは牛。強い動物の代表である雌雄の牛は勤勉を，梯子を掛けた十字架は信仰の証，壺は水につながり火除けを，瓶の中のチチャ酒は魔除けのためという。鬼瓦や琉球のシーサーにもつながるが，その飾る位置などから，中国雲南省大理市から麗江市の間の旅でみた瓦猫（ワーマオ）を真っ先に思い出した（大脇 2003）。

まとめにかえて～流れ寄る椰子の実一つ～甍波～無限～

今回も，様々な文献とインターネット情報の助けを借り，乏しい知見の裏付けを得ながらまとめることができた。植物性の材料で葺いた屋根については，国立民族学博物館を中心に調査が進められ，かなり詳細な情報がもたらされており心強い。今回も大いに参考になった。ところが，瓦葺きの屋根に関する情報となると，一転，曖昧となり，瓦調査研究の遅れが浮き彫りになる。また，植物性の屋根についても未調査地域の情報が空白のままとなる。

またいくつかの課題の存在も明らかになった。丸瓦葺きのローカルカラーをさらに明らかにする旅が必要なこと。また今回明らかになったヤシの葉葺きの各手法の分布と，ヤシそのものの分布の比較，各手法の現地での名称や伝承などを手がかりとした伝播経路の推定などである。こうした調査と検討をさらに重ね，筆者の年来の課題であるA世界各地の屋根景観の網羅とその変遷過程，B世界の瓦分類表改訂版の提示，C世界の屋根素材一覧表と，それぞれに必要な分布図の作成にむけてさらなる歩みを続けていければと念じている。

註

1）　デンマーク・コペンハーゲンのデンマーク国立博物館などでの展示に基づく。

2）　なお④の報告で，梶原さんはローマ式丸瓦をスペイン瓦と呼ぶ。宗主国の瓦が，中南米の旧植民地に分布するという理解に基づく名称なのであろうが，地中海沿岸など，スペインの旧植民地以外の地域にもこの瓦が広く分布し，そうした地域でスペイン瓦という名称を使うのは躊躇される。そもそも，スペインではこの瓦葺きをそのルーツにちなんでアラビア瓦と呼ぶのだからさらにややこしい（板倉 2004）。また「エルサルバドルで使用される瓦は，平瓦のみで丸瓦はなく，日本の平瓦より曲率の大きい瓦を上下交互に組み合わせることで屋根を葺きあげている」と説明する。たしかにそういう見方もでき，これを私の分類に当てはめると「平瓦葺き」ということになる。しかし，ローマ式丸瓦葺きの成立過程を推定すると，この見方は妥当であろうか。証明されたわけではないものの，ローマ式丸瓦葺きはローマ式本瓦葺きの平瓦を省略した葺き方と思われるからである。

3）　ヤシの葉葺きに関しては，http://www.sumai.org/asia/atap.htm が大変参考になった。

4）　サゴヤシに関しては，http://pencil.exblog.jp/2553088，を参照した。

5）　ニッパヤシに関しては，http://t2mary.blog.so-net.ne.jp/2009-01-25，
http://navisebu.com/travel/recommemded-articles-/1330-bohol-ecotour.htm，
http://4trvel.jp/travelogue/10105635 を参照した。

6）　Sabal yapa に関しては，http://www.palmpedia.net/wiki/Sabal-yapa，
http://www.geocities.jp/dameningen7/botanical-park-xcaret.htm，
http://myhagisan,la.coocan.jp/ryokou/MexicoTP/html を参照した。

参考文献

青柳まちこ　1991『トンガの文化と社会』三一書房

石村　智　2015「サモアにおける無形文化遺産の現状と展望」『奈良文化財研究所紀要　2015』
板倉元幸　2004『スペインの民家探訪』ART BOX インターナショナル
大脇　潔　2003「雲南甍紀行II　聞き取り調査の結果と若干の考察—雲南の土と牛と「弖」と—」『帝塚山大学考古学研究所研究報告』5　41頁
大脇　潔　2008「インド・東南アジア甍夢紀行」『東南アジアの生活と文化I：住まいと瓦』東南アジア考古学会研究報告6　13-24頁
大脇　潔　2012「世界の瓦—研究の一里塚（いちりづか）—」『古代』第129・130合併号
大脇　潔　2013「アフリカ・ヴァナキュラー建築・甍夢紀行—狩猟採集民と牧畜民の住まいを中心に—」『永遠に生きる』吉村作治先生古稀記念論文集
梶原義実　2011「エルサルバドル共和国におけるスペイン瓦の生産について」『名古屋大学文学部研究論集』史学57
川島宙次　1990『世界の民家　住まいの創造』121頁14図　相模書房
小池誠・佐藤浩司・西山マルセーロ　2011「インドネシア，スンバ島の家づくり　ウンガ村慣習家屋再建プロジェクト報告」『竹中大工道具館研究紀要』第22号
笹岡正俊　2006「サゴヤシを保有することの意味—セラム島高地のサゴ食民のモノグラフ—」『東南アジア研究』44-2
ジーン・ルイ・サケット（本田ひとみ訳）2007『タヒチ　ハンドブック』
杉本尚次　1985「トレス海峡地域の集落と住居」『国立民族学博物館研究報告』7（1）
関野吉晴　1984「インカの伝統を残すケロ村」『季刊民族学』29号　監修国立民族学博物館
高杉博章　1998「錐と針—太平洋諸島の屋根葺き道具」『時の絆』石附喜三男先生を偲ぶ本刊行委員会
高野　潤　2015『アマゾン森の貌』16-19頁　新潮社
豊田剛己・岡崎正規　2003「フィリピン，セブ島のサゴヤシ—生育地と利用法—」『Sagopalm. jp』Vol. 11　18-20
中村基衛　1984「ココヤシのある暮らし」『季刊民族学』28号　監修国立民族学博物館
奈良文化財研究所　2013『ベトナム社会主義共和国　ドンナイ省　フーホイ村集落調査報告書』
奈良文化財研究所　2014『ベトナム社会主義共和国　ティエンザン省　カイベー村集落調査報告書』
藤井　明　1998「住まい方の文化」『生産研究』50巻10号　東京大学生産技術研究所
宮澤智士・林良彦　1990「ユカタン半島の民家」『普請研究』第33号　普請帳研究会
山崎　脩　1992『ヨーロッパの窓辺』エクステリア　シリーズ4　京都書院
Orliac, C. 2000 *Fare et habitat à Tahiti,* Collection Architectures traditionnelles Editions Parenthèses Marseille, France
Morse, E. S. 1892 On the Older Forms of Terra-cotta Roofing-tiles, *Bulletin of the Essex Institute,* Vol. 24: 1-72（翻訳 大脇潔・佐々木憲一・山本ジェームズ　2012「古式の焼物製屋根瓦について」『古代』129・130）
Oliver, P.（ed）1997 *Encyclopedia of Vernacular Architecture of the World,* Cambridge
Simpson, J. C. 1956. *A provisional Gazetteer of Florida Place-Names of Indian Derivation.* Tallahassee: Florida Geological Survey.

西アジア新石器時代の土器・土製容器とヒトの移動性

小高 敬寛

はじめに

20世紀前半にV. G.チャイルドが提唱した新石器革命（Neolithic Revolution）は，後氷期における獲得経済から生産経済への移行が引き金となって，短期間のあいだに定住化，土器製作，紡織技術その他の革新が連鎖的に生じたという考え方であった（チャイルド 1951）。だが，生産経済への移行も含めて，これらの諸革新は最終氷期最寒冷期以後に生じた新しい環境に対する人類の適応の結果であり，その試行錯誤は完新世に入っても数千年ものあいだ続いたとする考え方が一般化して久しい。そうした過程は新石器化（Neolithization）と呼ばれ，北半球の中緯度にあたるいくつかの地域では世界に先駆けて進行した。生産経済は伴わないが，同じ時期に多くの革新を経て日本列島が縄文時代へと移るのも，広い意味では新石器化の例の一つにあげられるだろう。

なかでもモデルケースとしてよくとりあげられるのが，西アジア，とりわけレヴァント地方と呼ばれる地中海の東岸である。アレレード亜間氷期にあたる終末期旧石器時代後葉のナトゥーフ文化期前期から定住化が始まり，ヤンガー・ドリアス期のナトゥーフ文化期後期を経て，先土器新石器時代A期からB期にかけて生産経済へと移行したこの地方では，前8千年紀後半，先土器新石器時代B期後期に面積が10 haを超えるような突出した規模の遺跡が残される。巨大集落（mega-site）と呼ばれるこれらの遺跡は，地域における社会・経済の中心地と目されており（たとえば小高 2005a），新石器化の終盤を彩る事象の一つとして集落編成の階層化を物語る。そして，次の後期新石器時代に入ると，かつて新石器革命の一要素とされ，現在でもいわゆる新石器パッケージ（Neolithic Package）の構成要素にあげられる，土器の製作が開始される。その年代は前7千年紀前半と考えられており，巨大集落が衰退し集落編成の再編が始まりだす時期と重なる。新石器の崩壊（Neolithic Collapse）ともいわれる，新石器化の最終局面とみなされる事象である。

本稿では，北レヴァント地方の巨大集落，テル・エル＝ケルク（Tell el-Kerkh）遺跡の事例をもとに，そのような時代背景のなか出現した土器の歴史的脈絡について，ヒトの移動性に着目しながら論じてみる。新石器化過程における数々の重層的な文化変化について，相互の関係性を読み解く一つの視座を示してみたい。

1 「巨大集落」テル・エル＝ケルク遺跡

テル・エル＝ケルク遺跡は，シリア・アラブ共和国北西部のルージュ盆地に位置するテル（遺丘）型遺跡である（図1）。1992年に筑波大学（代表：岩崎卓也）による試掘調査が行われた後，1997年から断続的な発掘調査を同大学（代表：常木晃）とシリア文化財博物館総局（代表：J. ハイダール）が合同で実施してきた。2011年以降は現地の政情不安により調査を中断しているが，この遺跡が地域で抜きん出た存在であったことは，それまでの調査成果からでも十分に示すことができる。

遺跡の北西端で発掘された，地山直上の最下層は先土器新石器時代B期前期に遡る（Tsuneki et al. 2006）。西アジアで明らかな栽培型の植物が初めて確認できる時期にあたり，テル・エル＝ケルク遺跡からも世界最古級の栽培型のマメが見つかった（Tanno and Wilcox 2006）。北レヴァント地方のユーフラテス川より西側において，テル型遺跡すなわち定住集落としてこれほど古い遺跡は他に見当たらないが，ユーフラテス川中流域や南レヴァント地方の諸遺跡と並ぶ，新石器化の先端地であったことを物語る。

遺跡の平面規模は，その後の先土器新石器時代B期後期に最大となったと推測され，16 ha以上と見積もられている（常木 2003：36頁）。以降，後期新石器時代までの文化堆積は，三つの遺丘から成るテル・エル＝ケルク遺跡の広い範囲で確認できる。発掘調査はこれらの時代を主な標的として進められ，同時代の他遺跡と比べて実に多様な遺物が出土した。たとえば，トルコ産黒曜石の石核にはまれにみる大型品が含まれ（Maeda 2003），メソポタミア方面から搬入されたサマッラ土器片は知られる限りで最西端の出土例である（Odaka 2003）。スタンプ印章は150点以上，封

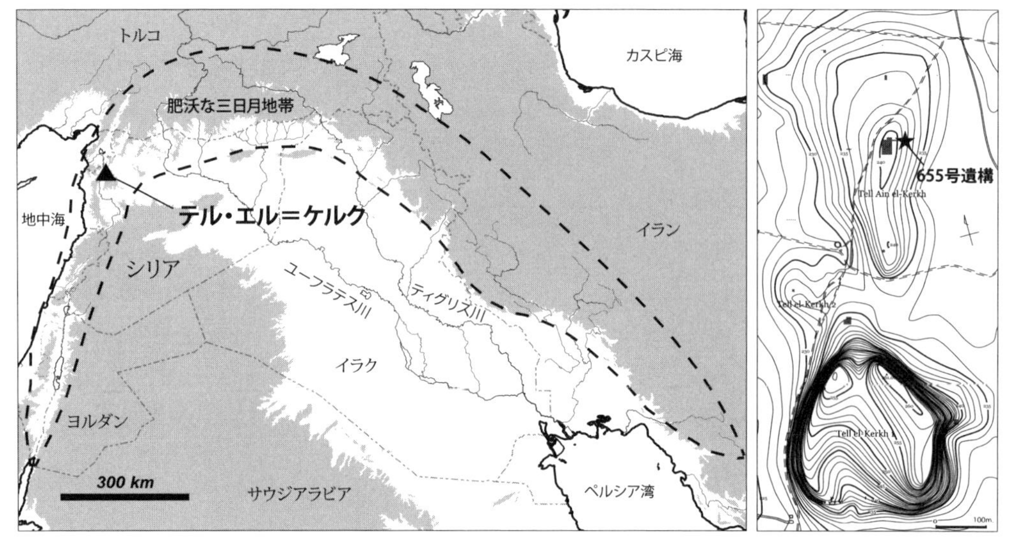

図1　テル・エル＝ケルク遺跡と655号遺構の位置

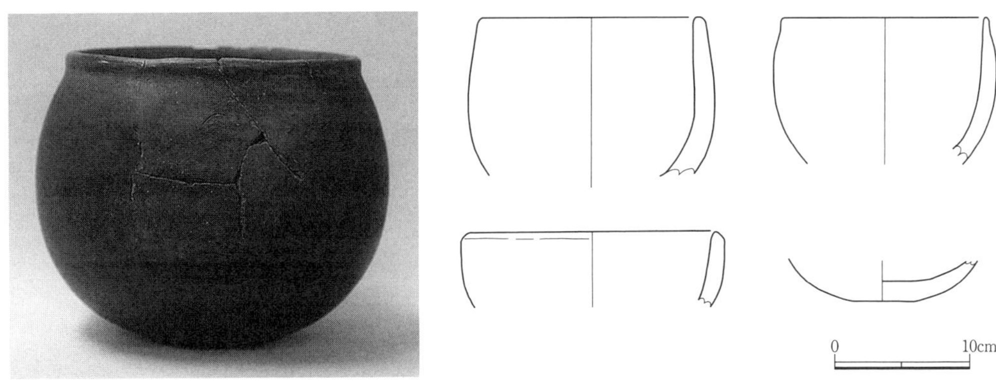

図２　ケルク土器（実測図はMiyake2003より再トレース）

泥は6点出土しているが，これらは西アジアでも最古級の例であり，古くから組織的な物資管理が実践されていたらしい（Tsuneki 2011：87）。実用品とは思えない流麗な大型の短剣形石器（dagger）や，歴史時代には威信財として知られるいわゆる棍棒頭（mace-head）が出土しているので（Tsuneki et al. 2007），それを司るようなリーダー格の人物が存在した可能性すら無ではない。少なくとも，特殊な工芸技術に通じた者はいたようで，職業分化の兆しをみることができる。トルコ石を模して作られた牙製のビーズなどはその最たる証左であろう（Taniguchi et al. 2002）。これと並んでテル・エル＝ケルク遺跡における工芸技術の卓越性を示すのが，当地域最古の土器の存在である（Tsuneki and Miyake 1996）。ケルク土器（Kerkh Ware）と命名されたこの土器は，口径15 cm内外と小型で，器壁が内彎する平底の鉢形器形を呈する。胎土には多量の鉱物粒が混和されており，暗褐色や暗灰色の器面は軽いミガキまたは丁寧なナデで調整され，一切の装飾が認められない（図2）。こうした特徴の多くはシリア北部からトルコ南東部にかけての最古の土器と共通であり（小高 2005b），初期鉱物混和土器（Early Mineral Ware）と総称される土器の一種に位置づけられる（Nieuwenhuyse et al. 2010）。

2　先土器新石器時代の倉庫址

さらに，2008年の発掘調査では，印章や封泥と並んで組織的な物資管理を示唆する建物址の発見があった（図3）。655号遺構と名づけられたこの建物址は，いまだ理化学的な年代測定結果が得られていないものの，層位学的な所見と共伴遺物からケルク土器に先行する時期，先土器新石器時代B期後期のものと推定される。幅狭いトレンチ内で見つかったため発掘区域はわずか11 m^{2}ほどに止まるが，被熱しており極めて良好な状態で遺存していた。検出された四つの部屋のうち，3部屋には14基もの土製容器が稠密に並べられており，文字通り足の踏み場もない状況であった。残りの1部屋も狭小で出入口がなく，床にプラスターが貼られていたことから，いずれも何らかの物資を収めておくための部屋であったと想像できる。したがって，この建築全体が物資の貯蔵に特化した倉庫であった可能性が高い。

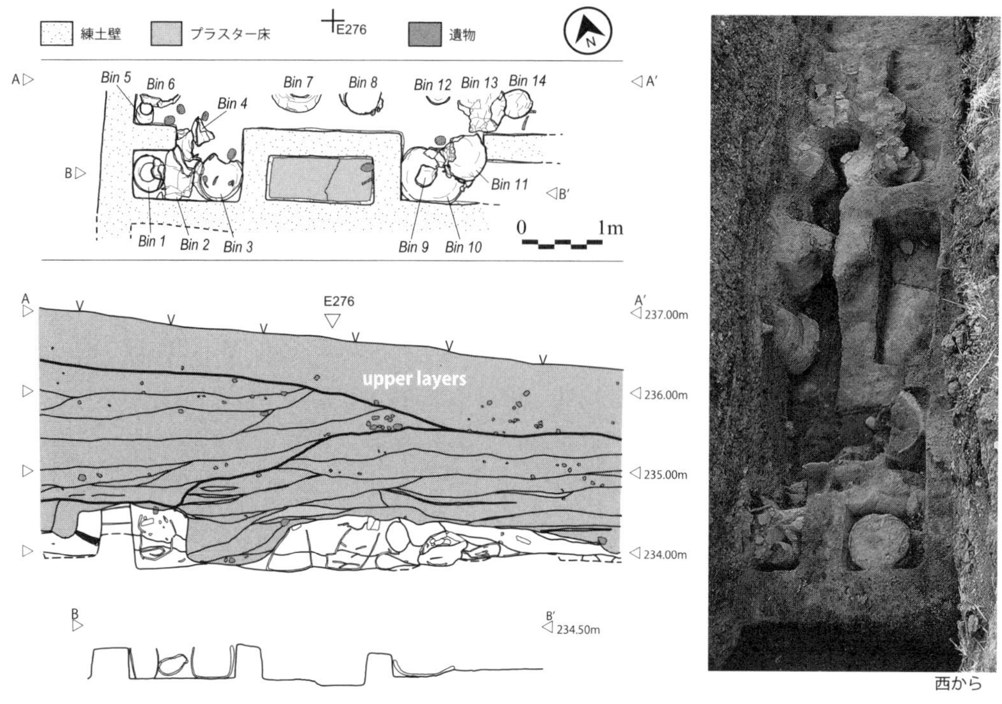

図３　テル・エル＝ケルク遺跡 655 号遺構

レヴァント地方の貯蔵設備は，ナトゥーフ文化期における定住性の高まりとともに顕在化する。ただし，それから先土器新石器時代までの貯蔵設備は，基本的に一般の住居内に付属する小規模なものであった。たとえば，先土器新石器時代に散見される土製ないしプラスター製の据付式容器（bin）は，同じ室内に複数みつかることがまれであり，たとえそうであってもせいぜい３基までにとどまる。これらは，世帯単位で使われた私的な貯蔵設備と解釈できるだろう。例外としてあげられるのが，ユーフラテス川中流域のムレイビト（Mureybit）遺跡やジェルフ・エル＝アフマル（Jerf el-Ahmar）遺跡で検出された，いわゆる公共的建築の内部にある小部屋群である（Cauvin 1977, Stordeur 2000）。これらは貯蔵空間とも解釈され，集団規模で物資を貯蔵・管理していた形跡かもしれない。ただし，建物の中心は儀礼などが執り行われたと思しき広い部屋であり，小部屋はそれを取り巻く形で配されている。こうした公共的建築が，一義的に倉庫として建てられたとは考えづらい。

かたやテル・エル＝ケルク遺跡 655 号遺構は，少なくとも発掘範囲をみるかぎり，貯蔵空間のみで構成された純然たる倉庫である。しかも，一世帯の利用には過剰な規模であり，公共的性格を想定して然るべきだろう。後期新石器時代には，ウンム・ダバギヤ（Umm Dabaghiyah）遺跡やテル・サビ・アビヤド（Tell Sabi Abyad）遺跡で同規模かそれ以上の貯蔵設備が知られており，いずれも集団規模での組織的な物資流通や管理が示唆されている（Kirkbride 1974, Akkermans and Duistermaat 1997）。これに先立つ先土器新石器時代から，とりわけテル・エル＝ケルク遺跡のような巨大集落では，超世帯的な物資管理機構が発達していた証左になるだろう（小高 2009）。

3　倉庫址の土製容器と最古の土器

655号遺構の内部を埋め尽くしていた土製容器は，厚さ2〜3 cmの非常に脆く粗い胎土で形づくられており，おそらく元来は未焼成のまま設置されていたと思われる。多くは径45〜65 cmの樽形を呈すが，例外的に径20〜25 cmの管形のものや，径80 cm以上の大型のものもあった。胎土は明褐色だが，表面は鈍黄色の泥で上塗りされており，肉眼では建物じたいの壁の上塗りと同じくみえる（図4）。

これらの土製容器は可動式ではなく，建物の一部として据えつけられた貯蔵設備と考えられる。未焼成の大型品なので持ち運びが困難であろうこと，器面が建物の壁体表面と同様に仕上げられていること，そして1基のみながら底部を欠く例の存在することが，その根拠である（図4-2）。なお，倉庫の床面からは大型の磨製石器が多数出土したが，これらは上方より視認しづらい，容器の脇や隙間に配されていた（図4-3）。道具として収められていたというよりも，容器を安定して据えつけるための材として再利用されていたとみられる。

据付式である点は，未焼成のまま使われていたことと並んで，同じく粘土からつくられた容器である土器との違いを決定づけている。ケルク土器は，同じトレンチ内でも655号遺構より一つ上層から出土するが，655号遺構の土製容器とはまったく似つかず，器形，胎土，色調，表面調整その他，あらゆる属性を大きく違える。かつて，最古の土器は先土器新石器時代以来の土製容器を製作技術上の基盤としたのではないかと推察する向きもあったが（たとえば三宅1995），テル・エル＝ケルク遺跡出土の双方からその証拠となりそうな共通の属性は見出せない。目下，単純な鉢形器形の初期鉱物混和土器には多様かつ複合的な機能を想定しうるが，サイズの小ささからみて貯蔵の機能だけは考えづらい，というのが研究者間での共通理解である[1)]。一方，土製容器は明らかに貯蔵の機能を果たしており，製作の意図がまるで異なるのだから，同じ技術的系譜に連なる必然性はないのだろう。

また，焼成されていること，そしてサイズが小さいことは，土製容器にはない可搬性を土器に与えている。ふつう，貯蔵以外の土器の機能には，運搬，供膳，調理などがあげられ，初期鉱物

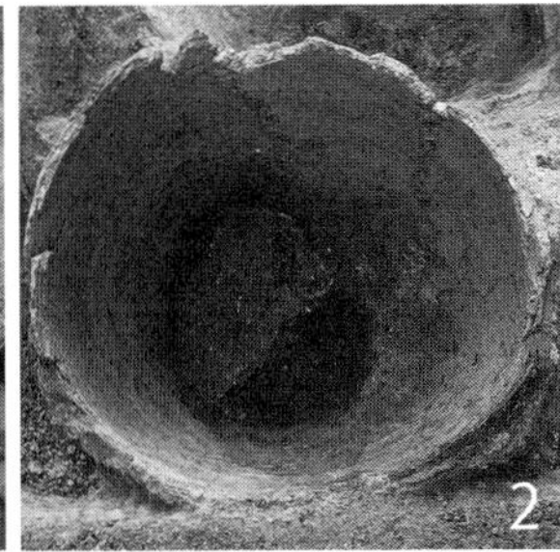

図4　テル・エル＝ケルク遺跡655号遺構の土製据付式容器（1・2）と磨製石器（3）

混和土器はこれら幅広い用途に使われたと思われるが，運搬や供膳は可搬性があってこそ果たせる機能である。調理機能は必ずしも可搬性を必要とはしないが，鍋やフライパンをみれば一目瞭然なように，備えていれば極めて有用である。したがって，ケルク土器を含む初期鉱物混和土器にとって，可搬性があることは本質的な要件であったに違いない。なお，レヴァント地方の初期鉱物混和土器に後続する土器には，把手や突帯といった摑み持つための部位が頻繁に付けられるが，それは可搬性の確保が肝要との認識を引き継いだためと考えられる（小高 2015）。

4　土器と移動性

だが，一般に土器の主原料である粘土は重く，たとえ焼き締めたとしても割れやすいので，遊動生活での利用に不向きとされる。したがって，土器が遊動的狩猟採集民のあいだで使われることは世界的にもまれであり（Schmandt-Besserat 1974：11・1977：29），その登場は定住性の高まり，ひいては定住化を一要素とする新石器化と関連づけられてきた。事実，他の多くの地域と同様，レヴァント地方の土器製作は定住的な農耕牧畜集落で始まったわけである。にもかかわらず，移動性ひいては遊動生活との関係を想起させるような，可搬性こそが最古の土器の本質的要件であるという解釈は，新石器化の歴史的脈絡のなかで整合性をもつのだろうか。

西アジア遊牧民の民族誌を参照してみると，種類は限定的ながらも土器を携えていることが珍しくないし（たとえば Cribb 1991：75-79），土器でなくとも金属製・ガラス製のうつわや磁器といった，かつての土器の代替と思しき器物を所有していることがわかる（Hole 1978：149）。つまり，新石器化以前の遊動的狩猟採集民はともかく，定住的な農耕牧畜集落の存在を前提として登場した遊牧民については，遊動生活者だからといって土器の使用と無縁なわけではない。

先述したように，西アジアの土器は新石器化の最終局面で出現した。とりわけ，初期鉱物混和土器の分布範囲は，新石器化の中核地である肥沃な三日月地帯（Fertile Crescent）のほぼ中央にあたる。もし，初期の土器が可搬性を本質的な要件として登場したのであれば，それは完成した農耕牧畜社会において，人々の移動性の向上に寄与したのではなかろうか。

新石器化の終盤，先土器新石器時代 B 期後期には，生産経済の確立や人間集団の肥大化によって，社会・経済・技術など多面的な文化変化があった。巨大集落の成立はその一面といえる。続く後期新石器時代もまた，その延長線上に想定しうる環境圧や人口圧を背景として，新石器の崩壊が起きた変動の時代である。これらの変化には，生業戦略の多角化が含まれる可能性があり（Voigt 1983：322-324 参照），少なくとも遊牧という生業の誕生をこの時代に比定する研究者は多い（たとえば Oates and Oates 1976：101-102，Köhler-Rollefson 1992）。新石器化は，人々の居住形態を遊動から定住へと一律的に方向づけて終わったわけでなく，最終的には生業戦略の選択幅を広げ，狩猟採集に依存しない新しい遊動生活のありかたを選択可能にしたのである。同じタイミングで最古の土器が登場するのは，決して偶然とはいえないだろう。

また，西アジア新石器時代の土器と移動性を考えるにあたっては，後期新石器時代後半の前 7

千年紀末から前6千年紀における，精巧で規格性の高いサマッラ土器やハラフ土器といった精製彩文土器の登場とそれらの広範な拡散も特筆に値する。新石器の崩壊により，農耕牧畜集落は縮小・分散すると同時に，肥沃な三日月地帯を越えて広がり，降水量の乏しいステップ，さらにはメソポタミア低地といった新天地の開発が進んだ。精製彩文土器の拡散は，その足跡と一致する。すべての場合でヒトの移住を伴うわけではなかろうが，土器が盛んに搬出入されていたことは，テル・エル＝ケルク遺跡出土のサマッラ土器片からも明白である。あるいは，土器の情報だけが伝わっていった可能性を考慮しても，地域間の交流や往来が活性化したことは確実であろう。なかでも，ハラフ土器を示準とするハラフ文化は，その建築様式，経済活動の多様性，物流網と物資管理機構の発達などから，しばしば移動性の高い生活様式であったこととが指摘される（たとえば常木 2004）。ハラフ土器の優美な彩文文様は，構成員が共有する象徴として人間集団の維持に寄与していたとの説もあるが（Verhoeven 2002），構成員が流動するなか，象徴を託す媒体に土器が選ばれた理由の一つは，可搬性にあったとも考えられる（小高 2012：11頁）。

5　移動性と貯蔵活動

これまで，新石器化の末にみられる人々の移動性の高まりが，土器の登場や発展と連動していた可能性を論じてきた。では，土器出現の直前から存在するものの，製作技術上の関連性はないとみられる土製据付式容器は，この時代における移動性の高まりとも無縁なのだろうか。

据付式容器を含む貯蔵設備は，定住性の高まりとともに現われたのち，新石器化の終盤には集団規模で組織的に使われはじめた。それは銅石器時代に顕著となる，公共的な物資管理機構の先駆を成したに違いない。さらには，大規模貯蔵設備を伴う神殿が，信仰のみならず経済や政治の核にもなって，やがて都市の成立へと向かう。

「貯蔵は定住生活を生み出し，定住生活は貯蔵を前提とする。どちらが先かは鶏と卵の関係」（Testart 1982：524）というように，実際に貯蔵設備は定住性の高まりとともに顕在化したのだから，貯蔵活動が伝統的に遊動生活よりも定住生活との関連で論じられてきたのは当然である。しかし，土器の場合と同様，定住的な農耕牧畜集落の存在を前提とした，狩猟採集に依存しない新しい遊動生活との関係はどうだろうか。

遊牧民（あるいは移牧民）と大規模な貯蔵活動との密接な関係を指摘する研究例は，決して少なくない。たとえば，テル・サビ・アビヤド遺跡でみつかった後期新石器時代の組織的な貯蔵の証拠は，遊牧民によって所有・管理されていた物資のためと解釈されている（Akkermans and Duistermaat 1997）。現代の西アジアで知られている定住民（特に都市民）と遊牧民との経済的な相互依存関係からもわかるように，集落（都市）における物資の集積と貯蔵は，遊牧民にとって不可欠な生活基盤である（松井 2001）。また，やはり現代西アジアの山間農村をみれば，集落に恒久的な家屋を構えながらも，家畜放牧のため季節的に高所へと移動する農民が珍しくない（たとえば紺谷ほか 2013：22-23頁）。新石器時代にも，栽培植物と家畜動物を手中にした人々がそうした移牧を行っていた可能性は高い。

さらに，大規模な物流には，当然ながら相応の貯蔵を伴う物資管理が前提となる。後期新石器時代の倉庫が見つかったウンム・ダバギヤ遺跡は，通常の農耕牧畜集落ではなく，オナガー猟と交易の基地であったと解釈されている（Kirkbride 1974）。獲物は消費地まで運ばれていったはずであり，その運搬に従事していた遊動生活者が存在していたことになる。

こうした事例は，定住生活下で促進された貯蔵活動の発展を物語るだけでなく，集落における貯蔵活動の発展が，新しい生業戦略に基づく遊動生活を実現させていたことを示している。

まとめ

テル・エル＝ケルク遺跡から得られた先土器新石器時代の土製容器と当地最古の土器を観察したところ，両者に製作技術上，あるいは機能的な関連性はまったくといってよいほど見出されなかった。それは，土製容器が据付式の貯蔵設備であった一方，土器の本質的な要件が可搬性にあったという違いに依拠すると考えられる。

しかし，可動式容器である土器も，土製容器などを使った貯蔵活動も，新石器化の終盤における生産経済の成熟や人間集団の肥大化，そしてその延長線上にあった新石器の崩壊という変動の時代に，同じ社会・経済的脈絡のなかで発展していったようである。これらは双方とも，目まぐるしい変化の一端である生業戦略の多角化に関連し，人々の移動性の向上に寄与したという点で共通するからだ。テル・エル＝ケルク遺跡のような巨大集落は，新石器化の先端地であったが故に，この時代の変動に対して機敏に反応する必然性が高かったに違いない。したがって，土器製作の開始や公共的な物資の管理・貯蔵活動の証拠が，他の遺跡と比べてもいち早く確認できるのだろう。遊牧（移牧）や交易といった新しい遊動的な生業形態が生み出された背景には，こうした物質文化の発展が存在していたと考えられる。

そして，新石器化の時代が終わり，結果としてもたらされた生業の多角化が，後の複雑社会や都市化を支える重要な基盤となったことは，もはや詳しく述べるまでもない。西アジアにおける土器製作の始まりは，東アジアに比べて年代がかなり遅れることもあって，かつてのように新石器化の核を成す工芸技術上の大革新としては語られることがまれになりつつある。だが，一般にはより馴染みの薄い土製容器とともに，また違った意味でも新石器化過程における重層的な文化変化の一部として，現代まで紡がれた人類の歴史に刻み込まれているのではなかろうか。

なお，テル・エル＝ケルク遺跡の調査成果は現在も整理・分析中である。本稿の内容は一調査団員の暫定的見解であり，調査団としての公式見解ではないことを申し添えておく。また，本稿は2013年1月，ヨルダン・死海にて開催されたThe 7th World Archaeological Congress（WAC-7）での発表内容（Odaka 2013）をもとに，さらなる検討を加えて書き起こした。作成にあたっては，日本学術振興会科学研究費補助金（課題番号24101004，26870644）の助成を受けた。

註

1）2009年10月，筑波大学で開催された国際シンポジウム *The Emergence of Pottery in West Asia: the Search for the Origin of Pyrotechnology*（Tsuneki ed. 2009）席上にて議論した末，7ヶ国からの出席者すべてが一致した見解である。シンポジウムには初期鉱物混和土器について研究するほとんどの専門家が参加した。その後，初期鉱物混和土器の出土事例は増加していない。

引用文献

小髙敬寛　2005a「西アジア新石器時代の巨大集落―テル・エル・ケルク遺跡の事例から―」『社会考古学の試み』115-130頁　同成社

小髙敬寛　2005b「西アジアにおける最初期の土器について―普及過程と用途にかんする一試論―」『オリエント』47（2）　46-63頁

小髙敬寛　2009「西アジア新石器時代の倉庫址―テル・エル＝ケルク遺跡の事例―」『農耕と都市の発生―西アジア考古学最前線―』47-60頁　同成社

小髙敬寛　2012「西アジア先史土器の装飾美―その源泉・展開・意味」『うつわとこころ　フォルムとデザイン』6-13頁　岡山市立オリエント美術館

小髙敬寛　2015「西アジアの初期の土器にみられる突帯―テル・エル＝ケルク遺跡出土資料からの一考察―」『オリエント』58（1）　1-14頁

紺谷亮一・小髙敬寛・須藤寛史・早川裕弌・山口雄治・F. クラックオウル・K. エムレ・S. エゼル・G. オズトゥルク 2013「トルコ共和国カイセリ県遺跡調査プロジェクト（KAYAP）第5次調査（2012年）概報」『岡山市立オリエント美術館研究紀要』27　15-42頁

チャイルド，G.　1951『文明の起源』上・下　岩波新書66・69　岩波書店

常木　晃　2003「新石器時代の巨大集落―テル・エル・ケルク遺跡2002年度調査―」『平成14年度　今よみがえる古代オリエント　第10回西アジア発掘調査報告会報告集』31-36頁　日本西アジア考古学会

常木　晃　2004『ハラフ文化の研究―西アジア先史時代への新視角―』同成社

松井　健　2001『遊牧という文化　移動の生活戦略』歴史文化ライブラリー109　吉川弘文館

三宅　裕　1995「土器の誕生」『文明の原点を探る―新石器時代の西アジア―』97-115頁　同成社

Akkermans, P. M. M. G. and Duistermaat, K. 1997 Of Storage and Nomads: the Sealings from Late Neolithic Sabi Abyad, Syria. *Paléorient* 22 (2): 17-44.

Cauvin, J. 1977 Les fouilles de Mureybet (1971-1974) et leur signification pour les origines de la sédentarisation au Proche-Orient. *Annual of the American Schools of Oriental Research* 44: 19-48.

Cribb, R. 1991 *Nomads in Archaeology*. Cambridge University Press, Cambridge.

Hole, F. 1978 Pastoral Nomadism in Western Iran. In Gould, R. A. ed., *Explorations in Ethnoarchaeology*, pp. 127-167. University of New Mexico Press, Albuquerque.

Kirkbride, D. 1974 Umm Dabaghiyah: a Trading Outpost? *Iraq* 36: 85-92.

Köhler-Rollefson, I. 1992 A Model for the Development of Nomadic Pastoralism on the Transjordanian Plateau. In Bar-Yosef, O. and Khazanov, A. eds., *Pastoralism in the Levant: Archaeological Materials in Anthropological Perspectives*, pp. 11-18. Monographs in World Archaeology 10, Prehistory Press, Madison.

Maeda, O. 2003 A Large Obsidian Core from Tell el-Kerkh, Northwest Syria. *Neo-Lithics* 3/01: 1-3.

Miyake, Y. 2003 Pottery. In Iwasaki, T. and Tsuneki, A. eds., *Archaeology of the Rouj Basin: a Regional Study of the Transition from Village to City in Northwest Syria,* Vol. I, pp. 119–141. Al-Shark 2, Department of Archaeology, University of Tsukuba.

Nieuwenhuyse, O. P., Akkermans, P. M. M. G. and van der Plicht, J. 2010 Not So Coarse, nor Always Plain: the Earliest Pottery of Syria. *Antiquity* 84: 71–85.

Oates, D. and Oates, J. 1976 *The Rise of Civilization.* Elsevier Phaidon, New York.

Odaka, T. 2003 Fine Painted Wares in the Neolithic Northern Levant: the Earliest Evidence from Tell Ain el-Kerkh, the Rouj Basin. *Orient-Express* 2003 (3): 80–81.

Odaka, T. 2013 Storage and Portability: the Neolithic Clay Vessels from Tell el-Kerkh, NW Syria. Paper presented at *the 7th World Archaeological Congress.* King Hussein Bin Talal Convention Centre, The Dead Sea.

Schmandt-Besserat, D. 1974 The Use of Clay before Pottery in the Zagros. *Expedition* 16 (2): 11–17.

Schmandt-Besserat, D. 1977 The Earliest Uses of Clay in Syria. *Expedition* 19 (3): 28–42.

Stordeur, D. 2000 New Discoveries in Architecture and Symbolism at Jerf el Ahmar (Syria), 1997–1999. *Neo-Lithics* 1/00: 1–4.

Taniguchi, Y., Hirao, Y., Shimadzu, Y. and Tsuneki, A. 2002 The First Fake? Imitation Turquoise Beads Recovered from a Syrian Neolithic Site, Tell el-Kerkh. *Studies in Conservation* 47: 175–183.

Tanno, K. and Wilcox, G. 2006 The Origins of *Cicer Arietinum* L. and Vicia Faba L.: Early Finds from Tell el-Kerkh, North-west Syria, Late 10th Millennium BP. *Vegetation History and Archaeobotany* 15 (3): 197–204.

Testart, A. 1982 The Significance of Food Storage among Hunter-Gatherers: Residence Patterns, Population Densities, and Social Inequalities. *Current Anthropology* 23 (5): 523–537.

Tsuneki, A. (ed.) 2009 *International Symposium on the Emergence of Pottery in West Asia: the Search for the Origin of Pyrotechnology. Presentation Summaries.* Department of Archaeology, University of Tsukuba.

Tsuneki, A. 2011 A Glimpse of Human Life from the Neolithic Cemetery at Tell el-Kerkh, Northwest Syria. *Documenta Praehistorica* 38: 83–95.

Tsuneki, A., Arimura, M., Maeda, O., Tanno, K. and Anezaki, T. 2006 The Early PPNB in the North Levant: a New Perspective from Tell Ain el-Kerkh, Northwest Syria. *Paléorient* 32 (1): 47–71.

Tsuneki, A., Hydar, J., Odaka, T. and Hasegawa, A. 2007 *A Decade of Excavations at Tell el-Kerkh, 1997–2006.* Department of Archaeology, University of Tsukuba.

Tsuneki, A. and Miyake, Y. 1996 The Earliest Pottery Sequence of the Levant: New Data from Tell el-Kerkh 2, Northern Syria. *Paléorient* 22 (1): 109–123.

Verhoeven, M. 2002 Transformations of Society: the Changing Role of Ritual and Symbolism in the PPNB and the PN in the Levant, Syria and South-East Anatolia. *Paléorient* 28 (1): 5–14.

Voigt, M. M. 1983 *Hajji Firuz Tepe, Iran: the Neolithic Settlement.* The University Museum, University of Pennsylvania, Philadelphia.

古代エジプト中王国時代の記念物にみる母系出自の伝統
—第13王朝の王位継承を検証—

齋藤　久美子

はじめに

他の者を凌ぐ王の姿や碑文に記された王権観からは，古代エジプトは強固な父系社会にみえる。一方古代エジプトは，1861年にバッハオーフェンが出版した『母権論』において母権制（女性支配）[1]の具体例として論じられ（バッハオーフェン 1991），また，かつて第18王朝初期には王は前王と正妃の息子であっても，前王と正妃の娘 “hiress” と結婚することで初めて王位の正統性が認められたとする王位の女系継承説（hiress theory）が唱えられたこともあった[2]。母権制はもとより，母系制や女系による王位継承も否定されてきたが[3]，こうした説が生まれるきっかけとなった女性ファラオの存在，王家における兄弟姉妹婚，比較的高かったとされる女性の地位[4]など，母系制を思わせる特徴がみられることも事実である。父系に基づく王位継承と官僚機構をもちながら，なぜこのような特徴が生まれたのであろうか。

理由の一つとして，やはり母系制が存在していた可能性が考えられる。エジプトはアフリカ大陸北西部に位置し，絶えず南方の地域と交流をもっていた。アフリカは古来母系社会が多く存在してきた地域である。エジプトに接するヌビア地方では，メロエ期（紀元前300年頃から紀元後350年）は母系制であったと考えられており（Kahn 2005：145 註25），それに先立つナパタ期（紀元前747年頃から紀元前300年頃）については父系制か母系制かで意見が分かれている（Kahn 2005：143-158）。筆者は親族名称の分析からヌビア人の王による第25王朝の王位は母系継承であったと考えている（齋藤 2014，Saito 2015）。先王朝時代下ヌビアのAグループの墓では，女性のほうが男性よりも副葬品の数が多くヴァリエーションも豊富であり，合葬では，女性と子ども，男同士の組み合わせが多く，女性と子どもがともに暮らす母系の伝統をもつ社会組織を反映したものではないかとの指摘がある（Nordström 1996：36）。王朝成立期に，国境を境にすべての氏族が母系と父系にきっちりと分かれていたとは考えにくく，エジプトの領域内にも母系氏族が散在していた可能性はある。

王朝期，王位は父系で継承されたことが明らかな例が多数ある。行政上の様々な職も父から息子へ引き継がれていた例が知られている。古代エジプトの図像は，父系の官僚制を反映して，女性の男性に対する従属的な立場を示すように様式化されていた（齋藤 2011）。地方の官僚は，王朝により作られた家父長制を概念化した様式にならって，記念物を作成した。こうして，現在観察できる記念物に記された碑文や図像は，当時のエジプトが父系社会であったことを示しているものが多い。しかし，父系制による支配の結果，文化のあらゆる側面が完全に父系制に移行するとは限らない。現代でも，父系制と母系制が折り合いを付けながら併存している社会がある。インドネシアのミナンカバウ族がそうである。ミナンカバウ族は本来母系社会であったが，イスラーム化されたことで，父系のイスラーム法と伝統的な母系制に基づく慣習法（アダット）の両方が機能している（加藤 1980）。同様に，一見すると父系社会と思われる古代エジプト王朝期においても，母系制の伝統を維持していた氏族が存在していたのかもしれない。エジプト学において一度は否定された母系制ではあるが，父系制か母系制かの二者択一ではなく，併存の可能性をいまいちど検討してみるべきであろう。

こうした観点から見直すと，中王国時代，特に後期の第 13 王朝の記念物には，母系制を思わせる要素が確認できるものがある。本稿では，中王国時代の出自表記やステラの構図は母系出自を示すと考えられること，また，王母を重視した図像は王位が母系で継承された時期があった可能性を示すことを論じてみたい。

1　第 13 王朝の王位継承

中王国時代後期[5]第 13 王朝時代は約 150 年ほど続き，少なくとも 57 人の王が確認されている（Ryholt 1997 : 69-73）。平均すると一人の王の治世年は 3 年以下となり，この統治期間の短さから，王位継承は，循環継承（“a circulating succession”）(Quirke 1991: 138）や，兄弟継承[6]（“a fratrilineal/fraternal succession”）(Bennett 1995 : 31）であったといわれている。どちらも首長継承をその息子に限定せず，父系集団内の二つ以上の系統から交代で首長継承者を出す，つまり，それぞれの系統が順番に代表者を出し，王位を継承するシステムである（中根 2002 : 138-139 頁）。兄弟やイトコの間で王位を継承していくため，年少者は兄や従兄の死後即位することになり，即位時に高齢となっている場合が多く，統治期間が短くなる。

父系に基づく循環継承や兄弟継承では，直前ではなくても，父親が以前王であった場合が多いが[7]，第 13 王朝中頃に続いて即位したセベクヘテプ 3 世，ネフェルヘテプ 1 世，サハトホル，セベクヘテプ 4 世，セベクヘテプ 5 世は，父親が王ではないことを記念物やスカラベ型印章に記すことで公にしている（Ryholt 1997 : 284-285）。セベクヘテプ 3 世からセベクヘテプ 5 世の治世の間に作られたスカラベ型印章は，王名と王母の名前が記されたものと，王名と王の父の名前が記されたものとがある。王の父は「神の父」とのみ書かれており，王ではなかったことを隠していない。このタイプの印章は，“genealogical seal”（家系を示す印章）と呼ばれている（Ryholt 1997 : 34-37）。父親が王ではない理由は，王権を簒奪したためと考えられているが（Ryholt 1997 : 285），彼らの治世は記念物も多く，第 13 王朝の中でも安定していた時期であり，王権が不安定な時期とは考えにくい（Franke 2013 : 9）。ネフェルヘテプ 1 世，サハトホル，セベクヘテプ 4 世は明らかな兄弟間の継承の例であるが，父だけでなく祖父や曽祖父が王であった証拠もなく，父系の循環継承や兄弟継承とする説には疑問が残る。

そこで候補に挙がるのが，母系継承である。王位の循環継承または兄弟継承の根拠である，短い統治期間と兄弟間での王位継承は，どちらも母系継承の特徴でもある。母系継承では，最年長の男性が首長となり[8]，同世代の弟や兄弟と同等とみなされる母方平行イトコ[9]へと首長位が継承されたのち，首長の姉妹の息子（首長の甥）が首長になり，世代が移る[10]。兄弟や母方平行イトコの間で，年長者が順番に即位していくため，それぞれの統治期間が短くなる。第13王朝時代に王位の母系継承が行われていた可能性も考えてみるべきであろう。

2　中王国時代の出自表記

中王国時代，名前の後に *ms*(*t*).*n* または *ỉr*(*t*).*n*（～によって生まれた）に続き母親の名前を記すことが広く行われていた（以下，生母表記）[11]。この習慣は第6王朝末のものが数例知られ（Moreno García 2005：226 註62），中王国時代の例が多数知られるが，新王国時代にはみられなくなった（Robins 1979：199）。*ỉr*(*t*).*n* によって父親の名前が記されることもあるが，多くが母親の名前である（Robins 1979：198）。父ではなく母の名が記される理由は，一夫多妻婚において半キョウダイ[12]を区別するためであると考えられている（Trigger 1968：51，Franke 1983：328）。また，相続は父系を通じて行われるが，特に宗教の領域において母系の祖先への言及がみられ，母子関係を記す目的は，永遠の再生を保証するためであったとする説もある（Postel 2009：353）。このように，*ms*(*t*).*n* または *ỉr*(*t*).*n* による生母の表記は，父系出自の枠組みのなかで解釈されてきた。

第6王朝の例に，父親とともに複数の妻が言及されているため，母親を区別したと思われるものがある（Moreno García 2005：226 註62）。しかし，父親が言及されず，母親の名前のみが記されることがある。父系制であれば，まず，父親が誰かを示し，母親の名は副次的に記されるはずである。中王国時代に限り，圧倒的に母親が言及される背景を考えなくてはならない。メロエ期のヌビアは母系制と考えられているが，葬祭関連のテキストにおいて，死者の名前の後ろに母親の名前のみ，あるいは母親に続いて父親の名前を記しているものが，父親の名のみ，あるいは父親に続いて母親の名を記すものより3倍も多いと報告されている（Hintze 1999：230-231）。中王国時代の生母表記も，出自を母系でたどる母系制の影響とは考えられないであろうか。

そこで，ステラの人物構成を観察してみると，母系制を思わせる構成があることに気が付いた。父系制の家族構成では，主体者[13]のほかに，両親，妻，キョウダイ，子どもたちが描かれる。古代エジプトの美術様式には，人物の優位を表す規則があった。原則的に，同じ向きで描かれている人物では，前方の人ほど優位にある。一つの場面で右向きの人物と左向きの人物がいた場合は，右向きの人物が優位にある。上下の段に分かれている場合は，上段に描かれる人物が優位にある[14]。父系制では両親が描かれる場合，父親のほうが母親より優位にある。妻，キョウダイ，子どもたちのなかでは，後継者を産む妻が優位にある。

一方，以下のような場合，母系制を思わせる。①母親は描かれるが，父親が描かれない。②両

図１　CGC20043（35×23 cm）（Simpson1974：pl. 24 よりトレース図作成）

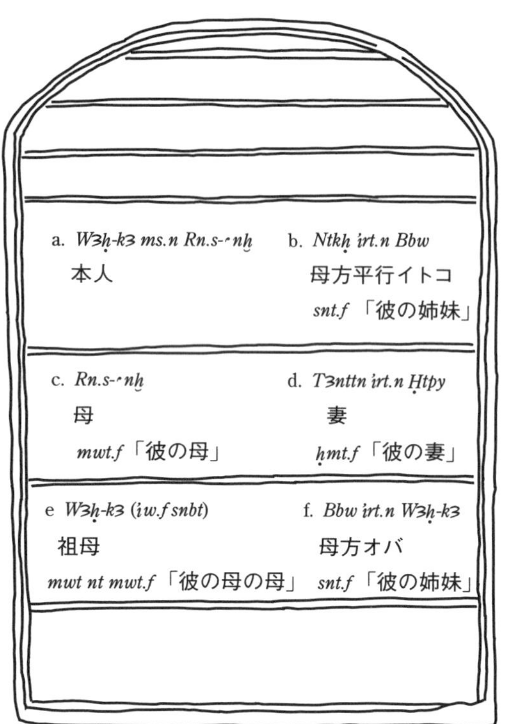

図２　CGC20043 の人物構成（1 行目名前＋生母表記，2 行目続柄，3 行目親族名称）

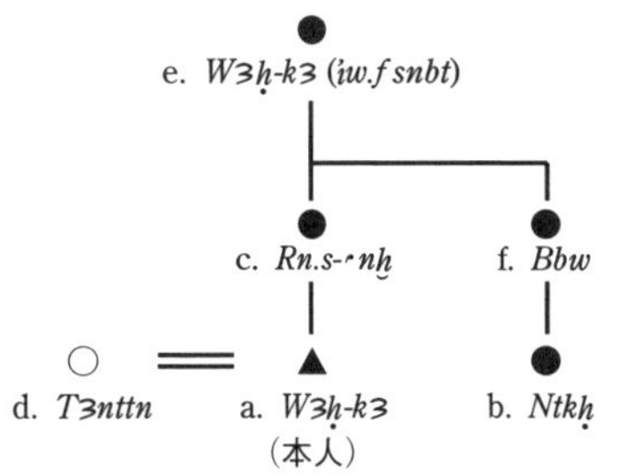

図３　CGC20043 の家系図

親が描かれる場合，母親のほうが父親より優位にある。③妻は描かれないが，キョウダイや母方平行イトコが描かれる。④姉妹または女性の母方平行イトコと妻が描かれる場合，姉妹または女性の母方平行イトコのほうが妻より優位にある。

①と②は，父親よりも母親が重視されていることから，母系制と考えられる。③と④を母系制と考える理由は，母系制では夫婦間よりもキョウダイ間の繋がりの方が強いためである。母系制では，財産の権利を継承する「母から娘」へというラインと，財産の管理・運営権を継承する「母の兄弟」から「姉妹の息子」へというラインの併存がみられ，夫婦よりもキョウダイ間の依存が強い（中根 2002：86-87 頁）。男性からみれば，自分の後を継ぐのは自分の息子ではなく姉妹の息子であり，女性からみれば，日常生活で頼りになるのは夫ではなく兄弟なのである。また，母系制では，母方平行イトコは本人と同じ母系リネージに属し，本人に姉妹がいない場合は，出自を継承するのは母方平行イトコの子どもとなるため，母方平行イトコとの繋がりも強い。したがって，特に，妻に比べ姉妹や母方平行イトコが優位にある理由は，父系制では説明が難しいが，母系制では容易に説明できる。

具体例を挙げると，アビュドス出土のステラ（CGC20043：図 1）では，上段に主体者と，母方

図４　アビュドス出土のステラ部分（上２段）（Ayrton et al. 1904: pl. XIII よりトレース図作成）

平行イトコの女性，中段に母，妻，下段に祖母，母方オバが描かれている（図２）。妻以外は，母系リネージの成員である。全ての人物に生母表記がみられ，母系出自認識の高さがうかがわれる。上段に描かれた女性は，「彼の姉妹（*snt.f*）」と記されているが，母親の名が異なることから完全なキョウダイではない。異母キョウダイの可能性はあるが，*snt* はイトコやオバなど傍系親族にも用いられる（Franke 1983：162，Robins 1979：202-203）。下段右側の女性は，生母表記から，主体者の祖母の娘（母方オバ）と考えられ，上段の女性は生母表記からこの母方オバの娘と考えられる。以上のことから，上段の女性は母方平行イトコと推測される（図３）。母方平行イトコが妻よりも優位である理由は，まず，主体者には姉妹がおらず，母系の出自を引き継ぐ者としてこのイトコを描いたことが考えられる。あるいは，この母方平行イトコが一族の本家の後継者であったためと解釈できる。主体者の祖母が一族の本家の後継者であり，祖母の娘のうち主体者の母ではなく，オバが本家を継いだとすると，次はオバの娘（母方平行イトコ）が本家を継ぐことになる。一族の出自を後世へとつないでいくのは，この平行イトコの子どもたちであるため，妻よりも重要となる。

アビュドス出土のステラ（図４）の人物構成も，このステラの主体者である上段左から２番目の男性の母系親族が顕著である。このステラの最上位は上段左端の女性であるが，描かれているその他の人物から上段左から２番目の男性が主体者であることがわかる。左端の女性は主体者の妻であるが，王母の称号をもつことから最上位の位置を占めている[15)]。主体者の妻は王母であるのに，主体者が王ではないことがまず母系制を示しているといえる。人称代名詞が誰を指しているのかわからないため主体者との親族関係が特定できない人物もいるが，上段を左から見ていくと，妻，主体者，娘，母，妹，息子または妹の息子[16)]となり，父親が描かれていない。２段目には，左端から息子または妹の息子，娘が２人，母方のオバ，母方のオジが描かれている（右より

2名は不明)。図には示していないこのステラの下段にも主体者の父親は描かれていない。

このステラでは登場人物全員に生母表記がみられ，2段目右から2番目と3番目の男性の生母表記は特に念入りである。2番目の人物は，「レンセネブ，デディの息子，デディが産んだ者（*rnsnb s3 ḏdy ms.n ḏdy*)」，3番目の人物は「セベクネケト，ハピの息子，ハピが産んだ者（*Sbk-nḫt s3 Ḥ3py ms.n Ḥ3py*）と記されている。父親が不明な状態で，母親の名前を2回記す行為からは，母系出自へのこだわりが感じられる。

このように，中王国時代のステラの構図を詳細に観察すると，母系リネージの成員が多くみられ，母や祖母を描くことで自らの母系出自を記録しているように思われるものがある。生母表記を用い母系リネージ成員を重視したステラを作った人々は，国が定めた父系の官僚制にのっとり官僚の職は父系で世襲していたとしても，自らのアイデンティティーとしての出自は母系で認識していたと考えらえる。

3　王母の描かれ方

次に，王位継承の鍵を握る，王母の描かれ方をみていきたい。図5は，アスワン南部セヘル島出土の供物台に彫られていたレリーフで，セベクヘテプ3世がアヌキスとサティスと向き合った姿が描かれている。現在所在不明であり，トレース図でのみ知られている（Macadam 1951：Pl. IV-2)。両脇に王の親族が描かれており，左側上段の男性は碑文が記されていないため関係は不明[17]，中段は王の母，下段は王母の娘である。右側上段には王の父，中段と下段には王の兄弟が描かれている[18]。王の母は「王の母（*mwt nswt*)」，王の父は「神の父（*it nṯr*)」と記されている。左右対称の構図ではあるものの全体として見れば，優位とされている右向きになる左側に王母が描かれ，王の父が右側に左向きに描かれていることから，父親よりも母親が優位に扱われているといえる。

また，父親はシンプルな腰布を身に付けているだけであるが，母親は中王国時代末以降王妃が用いるようになった2枚のハヤブサの羽から成る冠をかぶっている（Robins 2008：124-125)。ひと目みただけで，王母は王家の人間であることがわかるが，父親は王家の人間であるかどうかわからない。

図4においても，王母が上段左端で優位である右方向を向いており，王の父は左を向いている。服装を見ても，母親は2枚のハヤブサの羽から成る冠と王妃を象徴するハゲワシの頭飾り[19]を被っているが，父親は王家の人間であることを表すものは何も身に付けていない。図4の王母が誰の母であるかは不明であるが，セベクヘテプ3世の母と同名であることから同じ一族であった可能性が考えられる。このように，王母を明らかに王家の人として描き，父よりも優位とする描き方は，母系制を表したものと思われる。

図５　セベクヘテプ３世の供物台（Macadam1951: Pl. IV-2 よりトレース図作成）

4　第 13 王朝の王位は母系継承といえるのか

生母表記や王母の描き方は，第 13 王朝は一時期，特にセベクヘテプ 3 世からセベクヘテプ 5 世の間母系制であった可能性を示している。しかしその間，王母の娘が次の王母となったことが明らかな例はない。セベクヘテプ 3 世の母イウヘティブには，レンセネブという名の娘がおり，前出のセベクヘテプ 3 世のセヘル出土の供物台では，王母の下に，優位である右を向いて描かれている（図 5）。構図において占める位置は彼女が重要な人物であることを示しており，次期王母候補と思われるが，次のネフェルヘテプ 1 世，サハトホル，セベクヘテプ 4 世兄弟の母は別の女性である。彼らの母はケミという名で，ケミの母は不明である。レンセネブに息子が生まれず，王母イウヘティブのもうひとりの娘であるケミが王母位を継いだ可能性が考えられる。続くセベクヘテプ 5 世の母はネブヘテピという名の女性で，その母がケミであれば母系制の証拠となったが，ネブヘテピの母が誰かは不明である。

アビュドス出土のステラ（図 4）にみられた王母イウヘティブの母はセンウセルトという女性であるが，王母の称号が記されていない。王母ではなかった場合，センウセルトの姉妹が王母で，王母に娘が生まれなかったか，王母の娘に息子が生まれなかったため，同じ母系リネージに属するセンウセルトの娘イウヘティブが王母位を継いだと考えられる。

母系制では王母位をもつ女性（生まれた息子が王になる資格をもつ女性）に息子が産まれなければ王母位は姉妹や母方平行イトコ（母の姉妹の娘）に移る。また，息子が王になり王母になったものの娘がいなかった場合や，娘が息子を産まなかった場合も，王母位は姪（姉妹の娘）に移る。

王母位が王母の姪に移ってもその息子は母系リネージの成員であり，王位は母系で継承されているといえる。複数の側室をもつことで父子相続が可能となる父系制に比べ，一人の女性が必ず男子を出産するとは限らないため，母系制はより多様な王位継承パターンを採ることになる。王母の娘が次の王母となったことが明らかな例はないが，王母位の姉妹や姪への譲渡を考えれば，セベクヘテプ3世からセベクヘテプ5世まで王位が母系で継承された可能性は皆無とはいえない。

おわりに

第13王朝の特徴は，①王の統治期間が短い，②兄弟の間で王位継承がみられる，③父や祖父が王ではなく，父系の祖先に王がいることが確認できない王がいる，④王母が重視される，である。循環継承・兄弟継承は①と②を説明できるが，母系継承であれば，①から④すべてに当てはまる。中王国時代も王位や官僚の職は父系で継承されている場合が多い。しかし，生母表記や母系リネージを重視したステラの構図からは，官僚の職に関しては父系制を採用したものの，母系出自の伝統を残していた氏族が存在したことがうかがわれた。父系制への移行の度合いは氏族によりばらつきがあり，なかには，出自だけでなく職の継承も母系を維持していた氏族が残っていた可能性がある。第13王朝時代には，そうした母系氏族が王権を握った時期があり，それがセベクヘテプ3世からセベクヘテプ5世の治世であったのではないであろうか。

中王国時代に生母表記や母系の人物構成が多くみられた経緯は次のようなものと推測される。もともと，記念物を作ることができたのは社会の上層部の人々であった。古王国時代，地方には母系氏族が存在していたかもしれないが，記念物を作ることができたとしても，父系の王家の様式にならい，母系出自を記念物に記すことはなかった。第一中間期に入り，王家の影響力が弱くなったことで，母系氏族がもともともっていた母系出自を示すために名の後に生母の名を付ける習慣を，記念物に記しはじめた。中王国時代の王の名前には生母表記を伴ったものが少数ながらあり[20]，王家ももとは母系氏族であったのかもしれない。王位に就いたことで古王国時代の前例にならい王位は父系で継承するようになったが，母系出自を否定することなく，時には生母表記を用いることがあった。王家の親族である母系氏族からも多くの官僚が登用され，高い地位と財力を手に入れた彼らによって，生母表記を伴った母系の人物構成のステラが多く作られた。しかし，新王国時代になり，再び父系氏族が王権を握り，母系氏族は失墜し，記念物を作らなくなったか，あるいは王家の父系の様式に則るようになった。

このように，母系伝統の存在を考慮すれば，このほかの事象も再解釈することが可能となるかもしれない。エジプト全土，全時代を通じて，親族構造は一様であったと考えるのではなく，多様性に着目することで新たな古代エジプト像が得られることは間違いない。

註

1）母権制とは，女性が政治的権力を独占している社会である。一方，母系制では，子どもはすべて母のリネージに属し，財産は母から娘へと相続されるが，女性は家長としての権限をもたず，通例，政治的な役職は男性が務める。財産の管理運営は男性が当たり，この管理運営権はその男性の姉妹の息子によって継承される。社会人類学による科学的調査により，実際に母権制である社会はこれまで報告されていない（中根 2002：83-89 頁）。

2) 王位の女系継承が述べられている例および反証は，Robins の論考（1983）を参照されたい。

3) Trigger は，「初期のエジプト学者は，当時の進化論の影響から，エジプト社会における双系的な親族構造と女性の高い地位を，母系制であると愚かにも誤って判断した」と母系制を否定した（Trigger 1968：51)。王位の女系継承も Robins (1983) の論考以降，否定されたものとされている。

4) 女性の地位が高かったとする説と，それに対する女性の地位の高さを強調しすぎているとする反論については，拙稿（齋藤 2011：91-93 頁）を参照されたい。

5) 本稿では中王国時代後期を，第 12 王朝センウセルト 3 世から第 13 王朝末までの期間を意味するものとして用いる（Grajetzki 2013：2，Quirke 1990：1-3)。第 13 王朝の王の名は，ラメセス朝時代に作られたアビュドスとサッカーラにある王名表には記されていないことから，イチタゥイを拠点とする第 13 王朝と，すでにデルタ北東部を支配していたカナーン出身の王による第 14 王朝により，当時エジプトは分割統治されていたと考える Ryholt は，第 13 王朝を第 2 中間期に含めている（1997：311)。しかし，第 12 王朝センウセルト 3 世から第 13 王朝にかけては，文化的・政治的に連続性がみられ，第 13 王朝がデルタ地方の支配権を失ったのは第 13 王朝末と考えた場合，第 13 王朝は中王国時代に含まれる (Grajetzki 2013：2，Franke 2013：8，Quirke 1990：2)。本稿においては，主に参照したアビュドス出土のステラが様式や内容だけから第 12 王朝末と第 13 王朝のものを区別することが難しいこともあり，第 12 王朝末から第 13 王朝にかけての文化的連続性を重視した用語を用いることにした。

6) fraternal succession と fratrilineal succession は，研究者によりどちらかが選ばれ，同じ意味で使われている。Goody は，兄弟を排除して，首長権を父から一人の息子が継承する vertical system に対し，兄弟を排除せず，兄弟間で継承するシステムを horizontal または fraternal を呼んだ（Goody 1966：35)。

Bennet (1995) は両方の表現を用いているが，fraternal succession は具体的な実の兄弟間の継承を指す場合に，fratrilineal succession は，兄弟，オジと甥，イトコの間の継承も含む，世代を超えた継承システムを指す場合に使用しているようである。兄弟継承には世代交代の方法にいくつかのヴァリエーションがあるが（Goody 1966：fig. 2)，エジプト学やヌビア学では，クシュ王朝（第 25 王朝）の王位継承を兄弟継承として論じた Macadam にならい（1949：125)，世代が替わる時には，長兄の息子にのみ王位継承権があり，弟たちの息子には王位継承権がないものを兄弟継承としている（Bennett 1995：29, Kahn 2005：143)。これは，Goody による fraternal succession の分類の collateral elimination に相当する（Goody 1966：fig. 2-*b*ii)。本稿では，世代交代法のヴァリエーションは考えずに，兄弟やイトコの間で首長位を継承した後に，父系で次世代に継承権が移るという意味で，兄弟継承という語を用いる。世代交代を含む継承システムとしてではなく，兄弟の間で王位が継承された具体例は「兄弟間の継承」と記す。

7) Goody による分類の circulation with full dynastic eligibility では，実の父が首長ではなくても，父系リネージに属する祖先，つまり祖父や曽祖父に首長がいれば，首長継承権があるとみなされる（Goody 1966：fig. 2-*b*iv)。

8) 母系社会で最年長の男性が首長となる民族例として，トロブリアント（Schneider & Gough 1961：238)，ナーヤル（Schneider & Gough 1961：307)，ミナンカバウ（Kato 1982：45-46）がある。

9) イロクォイ型またはクロウ型親族名称を用いる母系社会では，母親とその姉妹は同一名称で呼ばれるため（どちらも「母」），母親を同じくする実のキョウダイだけでなく，母の姉妹の子どもたち（イトコ）もキョウダイと同じ名称で呼ばれる。イトコも「母」の子どもであるため，キョウダイと同等とみなされるためである（Haviland et. al 2008：245-246）。

10）「甥継承」とも呼ばれる（中根 2002：144-145）。

11）*ir*(*t*).*n* は母を示すだけでなく，*ir*(*t*).*n* で父を示し，*ms*(*t*).*n* で母を示すというように使い分ける例もある（Obsomer 1993：192-195）。

12）本稿では，男女の区別無く兄弟と姉妹を併せて言及する場合「キョウダイ」と表記する。

13）本稿においては，場面を構成する人物の人間関係を考える際，その場面の主要人物を主体者と記し，主体者からみた人間関係を考える。

14）上段の左向きの人物と，下段の右向きの人物では，どちらが優位であるかの判断は難しい。それぞれの例で，人間関係を観察する必要がある。

15）この王母が誰の母親であるのかは判明していない。

16）妻と妹が同名であるため，どちらか判断できない。生母の名前に付く女性の決定詞にウラエウスが付いていれば，王母の称号がなくても王母であると考えれば息子である。生母に王母の称号が無いため，決定詞のウラエウスは間違いか写し間違えと考えると妹の息子になる。

17）左上の男性は，王母より優位であるため，母系制であれば王母の兄弟か一族の創設者など功績のある祖先などが考えられる。

18）中段のセネブは「彼の息子（*sꜣ.f*），王の息子（*sꜣ nswt*）」と記されているが，他の資料でセネブはセベクヘテプ3世の父メンチュヘテプの息子であることがわかっているため，ここでは「彼」は上に描かれたメンチュヘテプのことである（Ryholt 1997：223）。「王の息子」と記されているが，実際は王の兄弟である。下段のカカウも同様である。次に即位したネフェルヘテプ1世の兄弟サハトホルとセベクヘテプ4世も，王の兄弟であるのに「王の息子」と記されている（Ryholt 1997：226-227）。

19）ハゲワシの頭飾りは，第4王朝時代には王母のみが身に付けていたが，第6王朝ペピ2世の治世からは王の妻に広まり，その後は王妃を表す最も重要な象徴となった（Robins 2008：120-121）。

20）王ではなかったが第11王朝の創始者と思われるアンテフは，センウセルト1世が彼に捧げた彫像に「アンテフ，イクイの産んだ者」と記されている（Baker 2008：142）。センウセルト1世の時代までアンテフの名が生母の名前とセットで伝承されており，なおかつ，センウセルト1世が生母表記の使用に抵抗がなかったことを示している。他にも，第11王朝アンテフ2世（Roth 2001：182, Abb. 87），メンチュヘテプ4世（Roth 2001：198, Abb. 93），第12王朝センウセルト1世（Roth 2001：221, Abb. 94a-b）が生母表記を用いている（ただし，センウセルト1世は父王の名も併記している）。王による生母表記は中王国時代以外にはみられない特徴である（Roth 2001：222）。

引用文献

加藤　剛　1980「矛と盾？：ミナンカバウ社会にみるイスラームと母系制の関係について」『東南アジア研究』18巻2号　222-256頁

齋藤久美子　2011「可視化された女性の劣位：古代エジプト美術に見るジェンダー表現」『エジプト学研究』第17号　89-98頁

齋藤久美子　2014「古代エジプト第25王朝の王位母系継承を考える：親族名称に基づく新提案」『オリエント』第56巻第2号　53-64頁

中根千枝　2002『社会人類学：アジア諸社会の考察』講談社学術文庫

バッハオーフェン , J. J. 1991『母権論』岡道男　河上倫逸監訳　みすず書房（原著　J. J. Bachofen, *Das Mutterrecht: eine Untersuchung über die Gynaikokratie der alten Welt nach ihrer religiösen und rechtlichen Natur,* Verlag von Krais und Hoffmann, Stuttgart 1861）

Ayrton, E. R., C. T. Currelly and A. E. P. Weigall 1904 *Abydos* III. Egypt Exploration Society, London.

Baker, D. D. 2008 *The Encyclopedia of the Pharaohs* Vol. I : *Predynastic to the Twentieth Dynasty* (*3300–1069 BC*). Stacey International, London.

Bennett, C. 1995 The Structure of the Seventeenth Dynasty. *Göttinger Miszellen* 149: 25–32.

Franke, D. 1983 *Altägyptische Verwandtschaftsbezeichnungen im Mittleren Reich.* Verlag Brog GmbH, Hamburg.

Franke, D. 2013 *Egyptian Stelae in the British Museum from the 13th to 17th Dynasties,* Vol. I, Fascicle 1: *Descriptions.* M. Marée (ed.) The British Museum Press, London.

Goody, J. 1966 (2010 reissued) Introduction. in J. Goody (ed.) *Succession to High Office.* Cambridge University Press, New York: 1–56.

Grajetzki, W. 2013 The Late Middle Kingdom. in *UCLA Encyclopedia of Egyptology.* http://escholarship. org/uc/item/3gk7274p 参照 2015-11-17.

Haviland, W. A. et. al 2008 *Cultural Anthropology: The Human Challenge.* Twelfth Edition. Wadsworth/Thomson Learning, Belmont.

Hintze, F. 1999 Meroitische Verwandtschaftsbezeichnungen. in S. Wenig (ed.) *Studien zum antiken Sudan: Akten der 7. Internationalen Tagung für meroitishtische Forschungen von 14. bis 19. September 1992 in Gosen bei Berlin.* Meroitica 15. Harrassowitz Verlag, Wiesbaden: 230–238.

Kahn, D. 2005 The Royal Succession in the 25th Dynasty. *Mitteilungen der Sudanarchäologischen Gesellschaft zu Berlin e. V.* 16: 143–163.

Kato, T. 1982 (2007 reissued) *Matriliny and Migration: Evolving Minangkabau Traditions in Indonesia.* Equinox Publishing, Jakarta, Kuala Lumpur.

Macadam, M. F. L. 1949 *Temples of Kawa* I: *The Inscriptions.* Oxford University Press, London.

Macadam, M. F. L. 1951 A Royal Family of the Thirteenth Dynasty. *Journal of Egyptian Archaeology* 37: 20–28, pls. IV, VI.

Moreno García, J. C. 2005 Élites provinciales, transformations sociales et idéologie à la fin de l'Ancien Empire et à la Première Période Intermédiaire. in L. Pantalacci, C. Berger-El-Naggar (eds.) *Des Néferkarê aux Montouhotep. Travaux archéologiques en cours sur la fin de la Vie dynastie et la Première Période Intermédiaire.* TMO 40. Maison de l'Orient, Lyon: 215–228.

Nordström, H.-Å. 1996 The Nubian A-Group: Ranking Funerary Remains. *Norwegian Archaeological Review* 29-1: 17–39.

Obsomer, C. 1993 *ḏi.f prt-ḫrw* et la filiation *ms(t).n/ir(t).n* comme critères de datation dans les textes du Moyen Empire. in C. Cannuyer, J.-M. Kruchten (eds.) *Individu, société et spiritualité dans l'Egypte pharaonique et copte. Mélanges égyptologiques offerts au Professeur Aristide Théodoridès.* Ath, Bruxelles, Mons: 163–200.

Postel, L. 2009 Quand réapparaît la forme *ms(w).n* Réflexions sur la formule de filiation maternelle à la fin du Moyen Empire. in I. Régen, F. Servajean (eds.) *Verba manent. Recueil d'études dédiées à Dimitri Meeks par ses collègues et amis.* Université Paul Valèry, Montpellier: 331–354.

Quirke, S. 1990 *The Administration of Egypt in the Late Middle Kingdom*. SIA Publishing, New Malden.

Quirke, S. 1991 Royal Power in the 13th Dynasty. in S. Quirke (ed.) *Middle Kingdom Studies*. SIA Publishing, New Malden: 123-139.

Robins, G. 1979 The Relationships specified by Egyptian Kinship Terms of the Middle and New Kingdom. *Chronique d'Égypte* 54: 197-217.

Robins, G. 1983 A Critical Examination of the Theory that the Right to the Throne of Ancient Egypt passed through the Female Line in the 18th Dynasty. *Göttinger Miszellen* 62: 67-77.

Robins, G. 2008 Ideal Beauty and Divine Attributes. in C. Ziegler (ed.) *Queens of Egypt from Hetepheres to Cleopatra*. Grimaldi Forum, Monaco: 118-130.

Roth, S. 2001 *Die Königsmütter de Alten Ägypten von der Frühzeit bis zum Ende der 12. Dynastie*. Ägypten und Altes Testament 46. Harrassowitz Verlag, Wiesbaden.

Ryholt, K. S. B. 1997 *The Political Situation in Egypt during the Second Intermediate Period c. 1800-1550 B.C.* Carsten Niebuhr Institute Publications 20. Museum Tusculanum Press, Copenhagen.

Saito, K. 2015 The Matrilineal Royal Succession in the Empire of Kush: A New Proposal Identifying the Kinship Terminology in the 25th and Napatan Dynasties as that of Iroquois/Crow. *Mitteilungen der Sudanarchäologischen Gesellschaft zu Berlin e. V.* 26: 233-244.

Schneider, D. M. and K. Gough (eds.) 1961 *Matrilineal Kinship*. University of California Press, Berkeley.

Trigger, B. G. 1968 *Beyond History: The Methods of Prehistory*. Studies in Anthropological Method. Holt, Rinehart and Winston, New York and London.

エジプト，アル＝コーカ地区ウセルハト墓（TT 47）出土の葬送用コーンについて

近藤　二郎

はじめに

早稲田大学のエジプトにおける調査・研究の歴史は，1966年から67年にかけて実施されたナイル川流域の古代遺跡を対象としたジェネラル・サーベイにはじまる。その後，1971年12月からエジプト南部のルクソール対岸（西岸）に位置するマルカタ南遺跡において，考古学的発掘調査を開始した。マルカタ南遺跡は，ディール・アル＝シャルウィート（Deir al-Shalwit）と呼ばれるイシス神殿を中心とするものであった。早稲田大学は，イシス神殿の北東約100 mに位置する建物址，約2,500～2,600 m^{2}を1971～74年にかけて発掘調査をしている。壁体基礎部の切り合い関係と日乾煉瓦の規格等で，日乾煉瓦建物は，3時期に大別される。出土遺物からも，これらの建物址は，後1世紀半ば～後2世紀半ばを活動の中心とし，後3世後半に至るまで存続していたと考えられる（早稲田大学エジプト学研究所編 2005）。このように後2世紀のローマ支配時代を中心とする調査であったが，第3次調査時の1974年1月に，イシス神殿の北250 mほどに位置する「魚の丘」で異国の捕虜と中央で結ばれた弓が交互に描かれた彩色階段が発見された。その後の発掘調査で，この遺構は，新王国第18王朝時代のアメンヘテプ3世（在位：前1390～前1350年頃）が造営したものであることが判明した。マルカタ南遺跡での発掘調査が，1981年1月に終了したが，続いて「魚の丘」から出土した彩画片の比較研究を目的として，ルクソール西岸のクルナ村で新王国時代の岩窟墓調査が開始された。最初に選ばれた岩窟墓は，アル＝コーカ（al-Khokha）地区に位置する第241号墓であった。その後，シェイク・アブド・アル＝クルナ（Shaikh Abd al-Qurna）地区の第318号墓を中心とする墓群（第128・129・317号墓）の調査が行われ，この調査が実施されていた1984年12月からクルナ村墓群の比較調査を開始した。比較調査では，主として「魚の丘」と同時代のアメンヘテプ3世時代前後の墓がリスト・アップされた。

1984年12月～1988年12月までに，第8号墓（アメンヘテプ2世～アメンヘテプ3世治世），第38号墓（トトメス4世治世），第48号墓（アメンヘテプ3世治世），第50号墓（ホルエムヘブ王治世），第54号墓（トトメス4世～アメンヘテプ3世治世），第57号墓（アメンヘテプ3世治世），第58号墓（アメンヘテプ3世治世），第63号墓（トトメス4世治世），第64号墓（トトメス4世治世），第66号墓（トトメス4世治世），第74号墓（トトメス4世治世），第78号墓（トトメス3世～アメンヘテプ3世治世），第89号墓（アメンヘテプ3世治世），第90号墓（トトメス4世～アメンヘテプ3世治世），第91

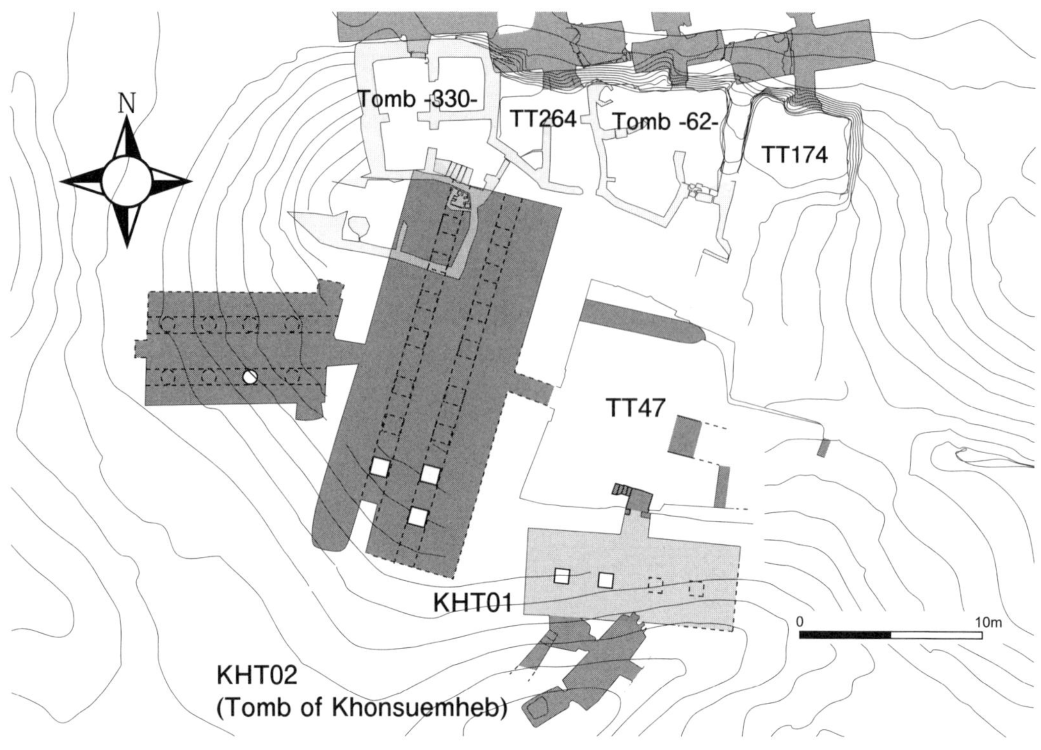

図1　ウセルハト墓（第47号墓）と周辺の墓群平面図

号墓（トトメス4世〜アメンヘテプ3世治世），第107号墓（アメンヘテプ3世治世），第120号墓（アメンヘテプ3世治世），第139号墓（アメンヘテプ3世治世），第147号墓（トトメス4世治世），第151号墓（トトメス4世治世），第181号墓（アメンヘテプ3世〜4世治世），第201号墓（トトメス4世〜アメンヘテプ3世治世），第253号墓（アメンヘテプ3世治世？），第295号墓（トトメス4世〜アメンヘテプ3世？治世）の24基の岩窟墓の比較調査が実施された。これら24基の岩窟墓に1981年12月から1982年1月に調査された第39号墓（トトメス3世治世）を加えて計25基の岩窟墓の調査報告書が刊行されている（Sakurai et al. 2005）。

この比較調査の段階でリスト・アップされたなかで，アメンヘテプ3世治世の重要な岩窟墓でありながら，見学できなかったものに第47号墓があった。この岩窟墓は，アメンヘテプ3世治世末期の高官ウセルハトのもので，完全に砂礫によって埋められてしまっているため見学することが不可能であることが判明していた。比較調査から20年ほどが経過した2007年12月から第47号（ウセルハトの墓）の調査を開始した。

1　第47号墓（ウセルハト墓）の調査

第47号墓の調査は，2007年12月に開始し，現在でも継続して調査を実施している。第47号墓の調査に関しては，概報やいくつかの報告（近藤ほか2016），論考などで記しているため本稿では，調査で出土した葬送用コーン（funerary cones）を対象として述べることとする。葬送用コーンとは，円錐形の素焼きのもので，円形の底部に，墓の被葬者の名前と称号が押印され，新王国第18王朝時代を中心として，一部は第25・26王朝時代にも製作されている。この葬送用コーンは，テーベ西岸に造営された岩窟墓に特徴的なものであり，テーベ西岸地域以外では，テーベの影響力があったヌビアにしか例がない遺物である。

第47号墓は，アル＝コーカ地区の谷状に窪んだ低地に位置しているため分厚い堆積土で覆われている。テーベ西岸から出土の葬送用コーンに関しては，1957年にDaviesとMacadamにより，オックスフォードから *A Corpus of Inscribed Egyptian Funerary Cones,* Part 1, Platesとして刊行されているが，名称からも明らかなように図版篇だけであった。この集成から約60年が経過したが，Part 2は刊行されなかった。DaviesとMacadamによるPart 1は，極めて優れたレファレンスであり，葬送用コーンの底部に押印された印影は，全て実物大であり，現在でも葬送用コーンを同定する際に最も有益な図版であるといえる。

2007年12月から約10年間にわたり，アル＝コーカ地区のウセルハト墓（第47号墓）を中心とする場所で膨大な量の堆積砂礫の除去を実施したことで，非常にたくさんの葬送用コーンが，これまでに出土している。砂礫の除去作業で発見された葬送用コーンのなかで，底部に刻された銘文を判読したところ，これまでに表1に示した47種類の葬送用コーンの存在が明らかになっている。

2　調査で出土した葬送用コーン

底部に押印された銘文を判読することで，47種類，161個の葬送用コーンの所有者を明らかにすることができた。調査の中心に位置するウセルハト墓（第47号墓）の被葬者であるウセルハトの葬送用コーンであるD. & M. 406が，これまでに56個発見されているが，出土した葬送用コーンの詳細なチェックを行うことで，今後，D. & M. 406の数は増加すると考えられる。

第8次調査で，ウセルハト墓（第47号墓）の前庭部北側で検出された日乾煉瓦造の壁体には，ウセルハトの葬送用コーンであるD. & M. 406が嵌め込まれた状態で発見されたものである。この日乾煉瓦造壁体は，すでにH・カーターによっても報告されている（Carter 1903：177）。全長は，東西7 m，厚さ1.5 mである。壁体を構成する日乾煉瓦は，長さ約24 cm，幅約12 cmである。壁体は，日乾煉瓦の長手面と小口面が列ごとに交互に積まれ，泥モルタルで接着されていた。

壁体からは，五つのウセルハトの葬送用コーン（D. & M. 407）が原位置で検出された（図2）。これらの葬送コーンは，水平に嵌め込まれた状態で発見されている。それぞれのコーンの間隔は，壁体西側から151 cm，55～56 cm，76～77 cm，53 cm，52.5 cmを測る。いうまでもなく，約52.5 cmは，古代エジプト尺である1キュービットであり，古代の尺度により嵌め込まれた可能性が高い。なお，No. 5の葬送コーンの西側にも二つの穴が約53 cmの間隔で開いており，もともと，それらの位置にも葬送コーンがあったと考えられる。ルクソール西岸において葬送コーン

表1　調査で出土した葬送用コーン

D. & M.	名　前	TT番号	数	備　考
2	Nakhtmin		1	
4	Didu		1	
13	Nentawaeref		5	
15	Heby		2	
20	Padiamennebnesuttawy		1	
22	Didu		1	
24	Didu		2	
31	Es	Kampp -62-	4	
36	Itju		1	
73	Amenemipet		1	
87	Nakhtmin		2	
91	Nakhtmin		1	
103	Aakheperka		1	
109	Min	TT 109	3	
113	Nakhtmin		3	
117	Pawah		1	
*132（133）	Ramose	TT 55	1	D. & M. 132とはやや異なる
173	Sennetjer		1	
189	Djehutynefer		2	
206	Menkheper		2	
208	Nebmehyt		1	
221	Pauriten		1	
231	Amenemheb	TT 85	1	
235	Nakht	TT 397	1	
267	Paheqaemsasen		9	
308＋340	Ureshu+Henut		3	2種類を押印
324	Paheqaemsasen		2	
356	Amenemipet		1	
357	Mentju		3	
362	Mentjuenhutnetjer	TT 51	5	
372	Aakheperkaraseneb	TT 197	1	
391	Basa	TT 47	1	
406	Userhat	TT 34	56	
418	Mentjuemhat		1	
423	Sennefer		1	
452	Meryremetjuef	TT 34	2	
486	Mentjuemhat		1	
489	Roma		1	
513	Abemusekhet		1	
530	Maiuaset		1	
547	Heritephutamen		1	
553	Nebamen	TT 179	7	
558	Nebamen		3	
562	Pyia	TT 295	2	
576	Paroy		1	
619/A08	Hemy		18	D. & M.にない新コーン

No.1

No.2

No.3

No.4

No.5

図２　ウセルハト墓（第 47 号墓）の前庭部北側で検出された日乾煉瓦造の壁体に嵌め込まれた葬送用コーン（D. & M. 406）

が原位置で発見されたのは，知られている限りでは，3例目となる（Reeves and Ryan 1987：47-49）。先の2例については，葬送コーンの銘文が報告されていないか，もしくは銘文がないものであり，本調査における発見は，銘文のある葬送コーンが初めて原位置で発見されたという点で重要な発見である。原位置で発見されている点では極めて重要なものであるが，何故このような形で，全体のなかで少量の葬送用コーンだけが装飾されたのかは，今後の検討が必要である。

表1のなかで，特筆すべき葬送用コーンに関してD. & M.の順番に紹介していきたい。まず，D. & M. 13は，Nentawaerefのものであるが，5個検出されていることから，彼の墓は，ウセルハト墓（第47号墓）付近に存在していると考えられる。

葬送用コーンD. & M. 31は，Esのものであり，4個発見されている。このEsの墓は，ウセルハト墓の北側に位置する-62-号墓である。-62-号墓と数字の両側にハイフンを入れる表記は，未登録墓に対してKamppが付した番号である（Kampp 2004）。

D. & M.*132は，新王国第18王朝アメンヘテプ3世〜同4世にかけて宰相であったラーメス（ラモーゼ）のものである。シェイク・アブド・アル＝クルナ（Shaikh Abd al-Qurna）地区にある第55号墓の被葬者である。彼は，アメンヘテプ4世（後のアクエンアテン王）が，都をテーベからアマルナに遷都した時に王とともに，テーベからアマルナに移ったため，テーベ西岸の第55号墓は，未完成のまま放棄された。私たちの調査で発見されたラーメス（ラモーゼ）の葬送用コーンは，これまで判明しているものとは少し違っている。この葬送用コーンは，これまで知られているラーメスのもの（D. & M. 132）と類似しているが，D. & M. 132の2番目の両手を挙げて跪く人物が，両手を挙げて立っている人物になっており，これまで知られていない新しいタイプの葬送用コーンであると考えられる。

D. & M. 267は，Paheqaemsasenの葬送用コーンであるが，これまで9個も発見されており，Paheqaemsasenの岩窟墓が，この付近に存在することは確実と思われる。

D. & M. 372は，Aakheperkarasenebのもので，この葬送用コーンの所有者は，第51号墓（ウセルハト墓）の元来の被葬者と考えられる人物である。

D. & M. 308とD. & M. 340は，別々の2種類の葬送用コーンであるが，これら二つのものは，ともに隅が丸い細長い形の印影をもつもので，他のものとは異なり二つが横並びに並べて押印されているものである。Ureshu（D. & M. 308）と彼の妻Henut（D. & M. 340）のものであり，一つの葬送用コーンに2個ずつ押印されたものが3個が発見されている。

表1の最後に示した619／A08の葬送用コーンは，Davies & Macadomの集成にはない新しいタイプの葬送用コーンである。この葬送用コーンは，ウセルハト墓（第47号墓）の東側に位置する第257号墓から発見されている（Mostafa 1995）が，表1にあるように発掘調査によって新たに18個のHemyの葬送用コーンが発見されている。18個という数は，ウセルハトの56個を除くと最も多い数である。この数からいえることは，葬送用コーン619／A08の所有者であるHemyの墓は，確実に調査地付近に存在していると断定できるため，今後の調査が期待される。また，出土したHemyの葬送用コーンを集成することで，現在，ややあいまいなところの残る，名前

と称号が確定できると思われる（Vivo and Costa 1998）。

まとめ

以上が，テーベ西岸アル＝コーカ地区から出土した葬送用コーンの概要である。これまでテーベ西岸で発見されている葬送用コーンとその所有者の岩窟墓との同定は，葬送用コーンに刻された名前と称号とをたよりとして同じ名前，同じ称号から同定が提示されてきた。しかしながら，アル＝コーカ地区にあるウセルハト墓（第 47 号墓）の発掘調査を実施した結果，ウセルハト墓の造営されている谷状を呈する場所では，未だ調査も行われていない数多くの未発見墓が厚い堆積の下に埋もれている可能性が非常に高いことが明らかになってきた。そのため，単に同一の名前と称号という理由だけで葬送用コーンと岩窟墓とを結びつけることは，大いに危険であるとの結論を得た。今後は葬送用コーンが発見された場所やその数などを詳細に検討することで岩窟墓を同定していくことが必要であろう。

本研究は，科研費，基盤（A）研究代表者：近藤二郎，研究課題「エジプト，ルクソール西岸の新王国時代 岩窟墓の形成と発展に関する調査研究」・15H02610 の助成を受けた。明記して感謝したい。

文献

近藤二郎ほか　2016「第 8 次ルクソール西岸アル＝コーカ地区調査概報」『エジプト学研究』22 号　日本エジプト学会　113-148 頁

早稲田大学エジプト学研究所編　2005『マルカタ南〔V〕―イシス神殿北建物址―』アケト

Carter, H. 1903 “Report of Work done in Upper Egypt (1902-1903)”, *Annales du Service des Antiquités de l'Égypte* (ASAE), Vol. 4, pp. 171-180

Davies, N. de G., Macadam, M. F. L. 1957 *A Corpus of Inscribed Egyptian Funerary Cones,* Part 1, Plates, Oxford

Kampp, F. 1996 *Die Thebanische Nekropole,* Mainz

Mostafa, M. F. 1995 *Das Grab des Neferhotep und des Meh (TT 257),* Theben VIII, Mainz am Rhein, p. 76, tafel XVIII.

Reeves, C. N., Ryan, D. P. 1987 “Inscribed Egyptian Funerary Cones in Situ: an Early Observation by Henry Salt”, *Varia Aegyptiaca* vol. 3, no. 1, pp. 47-49.

Sakurai, K., Yoshimura, S., Kondo, J. 1988 *Comparative Studies of Noble Tombs in Theban Necropolis,* Tokyo

Vivó, J., Costa, S. 1998 “Funerary Cones unattested in Davies and Macadam (Annex I),” *Bulletin de la Société d' Égyptologie de Genève* 22, #A. 08

Zenihiro, K. 2009 *The Complete Funerary Cones,* Tokyo

パナマにおけるクナ族とエンベラ族の観光戦略と先住民文化の現在

寺崎　秀一郎

はじめに

世界経済が停滞するなか，観光産業は注目を集めている分野であろう。世界旅行ツーリズム協議会（World Travel & Tourism Council n. d.）の調査によれば，観光産業にかかわる経済規模は世界のGDP中9.8%に相当する7兆170.3億米ドルにのぼり，2016年は3.5%，その後4.0%の成長が予想され，10年後の2026年にはGDP全体の10.8%，10兆986.5億米ドルに達する見込みである。さらに重要なのは雇用創出という点で，関連産業を含めた観光産業にかかわる就業人口は世界全体では2億8357万8千人，2026年には3億7千204万人と予想されている。これは就業人口全体の9.5%（2015年）から11%（2026年）まで伸長するということである（ibid.）。たとえば，日本においても2006年に観光立国推進基本法が制定され，2008年には国土交通省の外局として観光庁が設置された。「力強い経済を取り戻すための重要な成長分野」（国土交通省 n. d.）と位置づけられている。観光産業は裾野が広く，雇用の促進という経済波及効果だけではなく，「持続可能な開発」という意味で先進国，開発途上国を問わず注力されている。観光産業と考古学分野の関係についてはすでに別稿で言及したこともあるが（寺崎 2009・2010），ラテンアメリカ地域においては，考古学的過去，すなわち，先スペイン期から現代まで植民地経験を経て，先住民文化の連続と断絶が交錯している。こうした現状を考慮すると，考古学ツーリズムの延長線上に現代の先住民文化ツーリズムもまた射程に入れる必要性があるだろう。これは文化資源をめぐる今日的課題である。植民地支配以来後景化し，疎外されてきた先住民文化がツーリズムにおける新たなコンテンツとして注目され，単に消費されるだけではなく，先住民自身による「気づき」を通じて，文化資源の保護，活用，継承が試みられ，アイデンティティの再構築の場ともなっている（Goertzen 2001，Little 2004）。そこで，本稿では2016年1月14日から23日までの期間行った現地調査[1)]を中心に中米パナマ共和国における先住民文化ツーリズムの現況をもとに考察を進めることにしたい。

1　パナマ共和国について

パナマ共和国は北アメリカと南アメリカ大陸を結ぶ中央アメリカ最南端に位置し，北東はコス

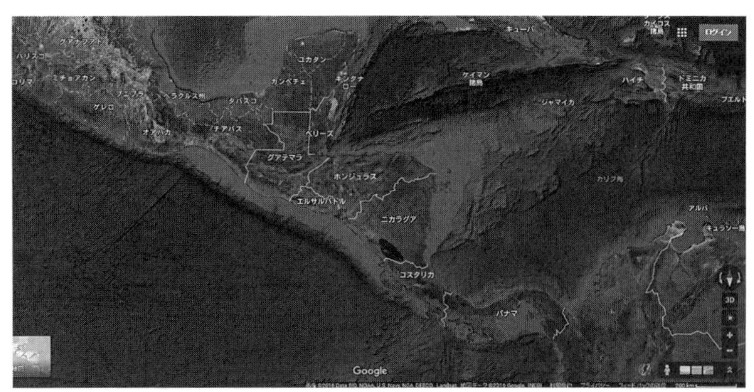

図１　パナマと周辺地域

タリカ，南西はコロンビアに挟まれ，北はカリブ海，南は太平洋に面している（図 1）。国土面積は 75,517 km^2，人口約 387 万人，首都はパナマシティである。公用語はスペイン語で識字率は 91% に達しており，グアテマラ 56%，ベリーズ 70%，ホンジュラス 73%，エルサルバドル 72%，ニカラグア 66%，コスタリカ 95% という他の中米諸国と比較しても高い比率を示している（National Geographic Society 1999）。経済面においては，米ドルが流通し[2]，主要な産業は，パナマ運河の運営やコロン・フリーゾーンにおける国際貿易，2016 年 4 月に流出し話題となった「パナマ文書」からもわかるように国際金融なども重要な地位を占めている。他のラテンアメリカ諸国同様，宗教面ではキリスト教徒（カトリック）が多く，16 世紀に始まるスペインによる植民地化の過程での混血化やパナマ運河建設に際しての労働者流入などの結果，多様な人種構成を示す（混血 70%，先住民 7% ほか）こともパナマ共和国の特徴といえるだろう（外務省 n. d.）。

国土面積は前述の通りであるが，西からは東に向かってチリキ山脈，タバサラ山脈，サン・ブラス山脈が連なり，その大部分は山地であり，バルー（チリキ）山をはじめ 3,000 m 級の山々もあり，これらが分水嶺となり，短い河川が太平洋，カリブ海に注ぐことになる。低緯度地帯にあるため，亜熱帯性気候を示し，降雨量も多いところでは 4,000 mm に達する。標高差のある地形と豊かな降水量は熱帯雨林を形成し，多様な動植物相を育んだ。現在は国土全体の約 30% が国立公園として保護されている。一方で，こうした自然環境は農業生産には必ずしも適していないが（国本 2004a），パナマにみられる生物多様性はエコツーリズムのコンテンツとして有望で，多くの観光客を集めており，パナマ政府もまた観光客誘致には力を入れている。

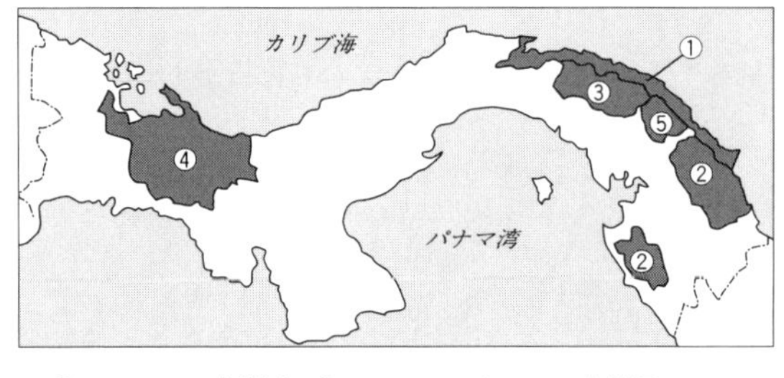

①クナヤーラ自治区　②エンベラ・オウナン自治区
③マドゥンガンディ自治区　④ノーベ・ブグレー自治区
⑤ワルガンディ自治区

図２　先住民自治区の分布（国本 2004b 図 25）

文化史という点からみれば，パナマはメソアメリカと南アメリカを結ぶ「中間領域」に相当する。先スペイン期，中間領域の両側では高度に発達した社会が形成されたことはよく知られているが，この中間領域では首長制段階を越えるようなものは現れなかった（関 2008）。ただし，金製品の出土で知られる中部のコクレ文化（紀元 250 年～16 世紀頃）（Williams 2012）や土偶や彩文土器で有名な西部のチリキ文化（紀元

800～1500年頃）など，隣接領域との交流の痕跡は確認できる。これらの先住民社会は他のラテンアメリカ地域同様，西洋との接触以来，端的には先住民人口の激減にみられるように苦難の歴史を歩むことになる。しかしながら，後述するようにいくつかの先住民集団はコマルカ（comarca）と呼ばれる自治区を獲得するに至った（図2）。

2　クナ族のリゾート観光

ホルヘ・モラレス・ゴメスによれば，クナ族[3)]は言語的にはチブチャ語グループに属し，日常と儀礼の場面では言葉を使い分けているという。人口はパナマに4万人[4)]の他，コロンビアに約500人居住している（Gómez n. d.）。パナマ国内ではサン・ブラス諸島に39集落，本土に9集落がある（Olson 1991：106）。彼らは元々コロンビアのアトラト川下流域に居住しており，その後，拡散したものである。17世紀には後述するエンベラ族との間に土地問題をめぐり紛争も起きている。1850年からコロンビアのボリバル県とアンティオキア県の間で起きた紛争から避難した人々の植民が始まるとクナ族はサン・ブラス諸島などに移動することになった（Gómez n. d.）。その後，1915～1925年にはパナマ政府に対して大規模な反乱を起こすが，政府がクナ族を学校に収容しようとしたことに端を発する，という（Olson 1991：107）。その結果，1938年にパナマの先住民集団としては，最初の自治権を獲得し，1953年に正式にコマルカ・クナヤーラ（クナヤーラ自治区）を獲得するに至った（国本 2004b：265頁）。このように植民地体制とその後の歴史の中で故地を離れざるをえなかったクナ族を有名にしているのは，モラ（mora）と呼ばれる民族手芸である。これは，クナ族の女性の伝統衣装であり，ブラウスの腹面と背面に刺繍を施した飾り布のことで，意匠はバリエーションに富み，その色彩の豊かさから人気を集めている（図3）。モラはコマルカ内だけではなく，都市部に出てきた民族衣装をまとったクナ族の女性によって，国内の至るところ（露天・土産物店）でその製作場面に遭遇することができる（図4）。ステレオタイプとしてのクナ族の伝統文化はこのように他者からの視線に晒され，消費されているといえるだろう。

図3　モラを纏ったクナの女性（コマルカ・クナヤーラ，ニガ・カントゥレにて）（筆者撮影）

図4　クナ族女性のモラの露店（世界遺産カスコ・アンティグオにて）（筆者撮影）

モラの他に，クナ族文化に触れるものとして挙げられるのが，サン・ブラス諸島ツアーであろう。そのコンテンツを考えれば，厳密にはクナ族文化ではなく，クナ族の居住地を訪ねるツ

図５　コマルカ・クナヤーラ入口のコントロール：外国人はパスポートの提示を求められる（筆者撮影）

図６　典型的なサン・ブラス諸島の風景（筆者撮影）

アーである。目的地はカリブ海に浮かぶ約350の島々である。サン・ブラス諸島ツアーはパナマではメジャーなツアーで，町中の旅行代理店やパナマ最大のショッピングモールであるアウトブルックモール内にもブースが出店している。サン・ブラス諸島を訪れるには，コマルカ・クナヤーラに入らなければならず，その際には「入国税」を徴収されたり（図5），本土から島々へ渡るには，ツアー・オペレーター兼船長が必要となるため，個人ベースというよりもパッケージ旅行が一般的である。料金はバラツキがあるようだが，パナマシティからの日帰りツアー[5)]で１人あたり100～180米ドル（バルボア）である。ツアー・オペレーターはパナマシティから最寄りの港[6)]まではクナ族以外の人もいるが，島々へ案内するのはクナ族の男性たちである。つまり，サン・ブラス諸島ツアーはクナ族男性の雇用を創出しているという側面もある。パナマシティ発の標準的なスケジュールは次の通りである。まず，早朝（午前5時頃）にパナマシティを出発し，サン・ブラス山脈を越え，約2～3時間で港に到着。そこから，1時間強，船外機付きボート（定員20名程度）に乗り，目的の島へ向かう。乗客は複数のグループが乗り合わせることになるが，国籍，年齢，性別は多様である。オペレーター同士で乗客を融通しあうこともある。そして，数時間ビーチで過ごした後，往路と同じ経路で出発地まで戻るが，到着は午後6～7時頃になる。同じスケジュールで数十隻のボートが港を出入りするため，その様子はある意味壮観ですらある。こうしたツアー参加者の最大の関心・目的は青い海と空，そしてカリブ海に浮かぶ小島という典型的なビーチリゾート[7)]（図6）であり，住人であるところのクナ族の人々とのふれあいはほとんどなく，求められてもいない。確かに島では定番のモラの実演販売も行われているが，訪問者（観光客）にとっては，副業的に冷たい飲み物を販売している物売りといった感覚，あるいは背景に溶け込み，見えない存在であろう。サン・ブラス諸島ツアーは完全にそのロケーションに特化したリゾート観光なのである。

3　エンベラ族の文化観光

エンベラ族[8)]の故地はコロンビア太平洋岸とされているが，現在ではコロンビアだけではなく，パナマ，エクアドルにまでその分布が広がっている。チョコ語の系統でオウナン族との類似性が指摘されたが（Ulloa n. d.），現在では両者が言語的には異なるとされている（国本 2004b）。しかし，いずれにせよ，広く分布するエンベラ族の間では，言語や宇宙観，熱帯農業，社会構造などの点において共通性をもつ。エンベラ族の拡散について，「常に新しい狩り場，耕作地を求めて移動し，そこで新たな共同体を作る偉大なる探検家たち」と評する向きもあるが（Mendizábal y Theodossopoulos 2012），単に人口圧が高まり，拡散を余儀なくされたのではなく，植民地支配と近代化という文脈のなかで理解されなければならない。エンベラ族は 20 世紀初頭にはダリエン地方まで進出したと考えられるが，彼らのなかで大きな変化が起きるのは 1950 年代で，ダリエン地方からチャグレス川流域への移動が起きたのもこの頃である。その背景として貨幣経済の浸透やキリスト教系ミッションの活動，さらには，当時の政治・社会状況なども複合的に考慮する必要があるだろう。密林の民も確実に世界と繋がっているのである。しかし，一方で，エンベラ族が熱帯雨林における農耕に古くから適応していたため，そうした自然環境の残存する地域への移住が成功したともいえる。また，チャグレス川流域がエンベラ族の移住後に国立公園に指定された（1985 年）ことにより，この地のエンベラ族は従来の生業様式，すなわち，焼畑と狩猟を継続することが難しくなった。その結果として，新たな生活の糧として，後述する文化観光へと舵を切ることを余儀なくされた，という側面も見逃してはならないだろう。なお，エンベラ族のコマルカの設置は，クナヤーラに次いで二番目，1983 年のことであるが，これはダリエンにあり，チャグレス川流域とは関係がない。

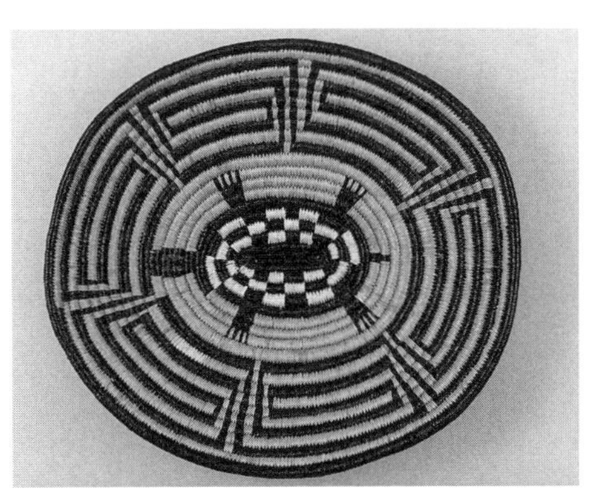

図 7　エンベラ族の民族工芸品（編み皿）

クナ族のモラ同様，エンベラ族の場合，チュンガという繊維で編んだかごや皿の類が民族工芸品として国内外でよく知られている（図 7）。米国 Amazon をはじめ，インターネット上の通販サイトで多くの作品をみつけることができる。同様にタグア（tagua：アメリカゾウゲヤシの実）からヤドクガエル，トリ，チョウなどを削り出し，彩色したものも有名である[9]（図 8）。これら物質文化に帰属するものだけではなく，エンベラ族の場合，その集落を訪ねる文化観光が大きな目玉となっている。こちらもサン・ブラス諸島ツアーと同じく知名度の高いツアーである。

図 8　エンベラ族の民族工芸品（タグア）
（左：未加工のタグア，右：ヤドクガエル）

まずは，クナ族の例と同様に一般的なスケジュールについて説明する。エンベラ族の文化観光も集落とのコンタクトの問題があるため，個人ではなくパッケージツアーとなることを断っておくが，エンベ

図９　エンベラ族の集落へ向かう観光客の一団（筆者撮影）

図10　トゥシポノ集落（筆者撮影）

図11　歓迎の演奏（筆者撮影）

図12　カシーケによるレクチャー：民族工芸についての説明（筆者撮影）

ラ族が居住するチャグレス川流域は首都パナマシティからさほど遠くないため，車で約１時間〜1時間半の行程となる。そのため，出発は午前７時前後で，チャグレス川が注ぐアルファフエラ湖（Lago Alfajuela）に面したコロトゥ（Corotú）に向かう。ここでは，エンベラ族の船外機付きカヌーが観光客を待ち受けており，彼らの操船で集落を訪問することになる（図9)。今回はトゥシポノ（Tusipono）集落（図10）を訪れたが，アルファフエラ湖畔には他にパララ・プル（Parará-Purú），エンベラ・ドルア（Emberá-Drúa）という二つの集落が同じく観光客を受け入れている。集落に着くと民族衣装に身を包んだ男女の出迎えがあり，タンボール（太鼓の一種），横笛などによる歓迎の演奏がある（図11)。ここから，まず集落内で軽食を取りながらカシーケによるエンベラの歴史や文化についてのレクチャーを受け（図12)，その後，カヌーと徒歩で小一時間ほどチャグレス川を遡上したところにある滝を訪れる，もしくは，その逆のコースがある。これは単に観光客の人数や到着時間による違いである。そして，最後にエンベラ族によるダンスの披露と彼らの工芸品の即売があり，午後の早い時間には観光客は全員帰途につくことになる。一日に数グループ，合計100人ほどの観光客が訪れるという。この内容で料金は一人100米ドルほどである。このエンベラ族集落を訪れるツアーの特徴は２点である。まず，このツアーはスタディ・ツアーと呼ばれる形態であるため，参加者のモチベーションは高く，さまざまな質問がカシーケや村民に向かってなされ，彼らと観光客との間にインタラクティブな関係が構築される[10]。第2に，この「民族村」で披露される演奏，ダンス，そして，彼らが身につけている衣装に至るまで，近年，創造された，あるいは改良されたものである，ということである。いわゆるオーセンティシティという観点から，この現実をどのように理解すべきであろうか。

4　静と動―二つの観光戦略と先住民文化の現在

本稿で取り上げた2例はともにパナマ国内外で人気の高いコンテンツでありながら，対照的な事例ということができるだろう。まず，クナ族の場合，表層的に彼らの伝統文化と切り離されたものとして捉えることは誤りであろう。観光客，すなわち，ゲストにとっての主な関心・目的は長年にわたって培われたホスト側にとっての文化的景観でもある。それが資源として現在のクナ族社会を経済的に潤していることも事実である。コマルカ・クナヤーラの入り口で徴収される「入国税」はクナ族の子どもたちの教育，集落のインフラ整備にも振り分けられるというが，それだけには留まらない。今回の調査のインフォーマントでもあるオペレーターのB. H. 氏，D. B. 氏[11]はともに一度は都市に働きに出て，多民族国家パナマの成員としての経験を積み，その後，諸事情により故郷に回帰してきた。彼らにとっての外の世界での経験は，彼ら自身の伝統文化に対する新たな「気づき」を喚起させるものだったという。B. H. 氏，D. B. 氏は島ではなく，クナクナとも呼ばれる本土出身者であるが，彼らの中での伝統的権威はその民族的知識の豊富さゆえに選ばれ，その知識は今からでも学ぶことができると語った。同じ場を共有しながら，ゲストとホストの間では異なる位相の経験が生まれているということであろう。特にクナ族側のそれは閉じた系のなかで再生産・継承されているように見受けられる。コマルカ・クナヤーラの旗（図13）が彼らの歩んできた歴史や文化を表象している[12]にもかかわらず，それについては非クナ族には語られないこともそうした一面を物語っている。

クナ族の観光戦略が「静」であるとするならば，エンベラ族のそれは動的であるといえよう。たとえば，古典的チュンガは2色構成で幾何学模様が基本であるが，観光の現場における需要に応えるため多色になり，意匠もバリエーションを増している。製作者であるエンベラ族の女性は子どもの頃にまず，母親から手ほどきを受けるが，その後，より高い技術を身につけたければ，上手な女性の元で学び，さらに意匠についてはオリジナルの要素を加えていくことに制約はない。一方で，彼らは土器製作とその使用をかなり前に止めたということであるが，それは彼らがプラスチック製品やガラス・金属製品を容易に入手することができるようになったためである。つまり，ニーズが失われることによっ

図13　コマルカ・クナヤーラの旗（ニガ・カントゥレにて）（筆者撮影）

図 14　エンベラ族女性の前飾り（筆者撮影）

て，伝統技術そのものが消失したのである。チュンガの例は時代に対応しつつ，伝統技術の生き残りを図るとともに彼らの文化の開放性を示す一例であろう。また，「創作ダンス」も彼らセルフ・プロデュース能力の高さを示している。エンベラ族の「民族村」はかつての植民地博覧会での見世物（たとえば，モルトン 2002，吉見 2001）とは異なり，主体的に「観光のまなざし」を引き受けているのである。また，エンベラ族の女性の前掛けにはセント硬貨を連ねた飾りが用いられているが，この飾りは世代を超えて継承される（図 14）。筆者の実見した範囲ではもっとも古い硬貨の年代は 1951 年であり，エンベラ族の間に貨幣経済が浸透してきた時期と一致する。彼女たちはこの飾りの継承を通じて，民族の記憶を内面化していくのである。

おわりに

本稿の冒頭において，考古学ツーリズムの延長線上に現代の先住民文化ツーリズムもまた射程に入れる必要性について指摘した。クナ族，エンベラ族の事例からはリビング・ヘリテージとして当事者ばかりでなく，それを取り巻く世界がどのように向き合うのかということが問われていることを改めて確認できたように思う。当然のことながら，先住民文化観光はよいことばかりではなく，さまざまな問題を抱えていることも事実である[13)]。これからそれらをいかにして超越していくのかが課題である。

エンベラ族の民族工芸品の撮影については，早稲田大学會津八一記念博物館の平原信崇氏，早稲田大学大学院の川村悠太氏，井上早季氏に協力いただきました。ここに記して感謝いたします。

註

1)　この調査は早稲田大学の特別研究期間制度を活用して行ったものである。

2)　正式な法定通貨単位はバルボアであるが，1 バルボア＝1 米ドル（固定レート）で，バルボア紙幣は存在せず米ドルがそのまま流通している。硬貨については，1 米ドル（バルボア）＝100 センターボとなるが，バルボア硬貨と米セント硬貨が併用されている。なお，バルボアというのは，パナマ地峡を横断したことで知られるバスコ・ヌニェス・デ・バルボア（Vasco Nuñes de Balboa）に因む。

3)　クナの表記は Kuna/Cuna。ほかにも Chucuna，Tule，Mandinga，Bayano，Chepo，Chucunaque，Chuunake, Caiman，Yulé といった呼称がある（Olson 1991：106）。いずれも「人間」を意味する（Gómez n. d.）。

4)　2000 年の国勢調査では 61, 707 人というデータが示されている（国本 2004b：206 頁）。

5)　宿泊が可能なコースも用意されているが，宿泊施設（バンガロー等）がある島はインフラや島そのものの大きさの問題もあり必ずしも多くはない。

6)　今回，筆者はニガ・カントゥレ（Niga Kantule）という港を利用したが，同様の観光客を島に運ぶ港が海岸線沿いに複数存在する。

7)　アクティビティという面では非常に素朴であるが，絵はがきのような風景，そして，緩やかな時間という意味で忙しい現代人が「非日常」を経験する場であり，「観光のまなざし」（アーリ 2006）に合致する。

8)　エンベラ（Emberá）族は Northern Chocó，Empera，Emberak などとしても知られる。他にも Chocó，Katío，Chamí などの呼称でも知られているが，これはその居住地の違いを反映したものである。またクナ（Kuna/Cuna）同様，エンベラ（Emberá）とその別称もまた「人間」を意味する（Olson 1991：118）。

9)　タグアの工芸品はパナマに限らず，ペルーやエクアドルのものも知られているが，エンベラ族のタグアは単なるアクセサリーではなく，写実性が高いというところに特徴がある。

10)　カシーケは公用語スペイン語を用いるが，スペイン語を解さない観光客のためにツアーオペレーターが通訳をおこなう。

11)　彼らはともに先住民に典型的な容貌をもちながら，イギリス系の姓を名乗っているが，これはクナ族がかつてイギリス船舶の船員や食料の補給に従事してきた事実に連なるもので，彼らの存在そのものがクナ族のエスノヒストリーを物語るものでもある。

12)　赤は 1915～25 年の反乱で流された血，黄色はコマルカ・クナヤーラで産出する金，緑は彼らの暮らす土地の豊饒性を表している。

13)　たとえば，クナ族の場合，Pereiro (2012) などを参照のこと。

引用文献

外務省 n. d. パナマ共和国基礎データ（オンライン）
http://www.mofa.go.jp/mofaj/area/panama/data.html　参照 2015-12-15

国本伊代　2004a「第 1 章　国土」『パナマを知るための 55 章』明石書店　14-17 頁

国本伊代　2004b「第 55 章　パナマの先住民」『パナマを知るための 55 章』明石書店　264-267 頁

国土交通省 n. d. 観光庁について（オンライン）
http://www.mlit.go.jp/kankocho/kankorikkoku/index.html　参照 2016-01-17

ジョン・アーリ　2006 (1995)『観光のまなざし』法政大学出版局

関　雄二　2008 (1995)「中間領域の古代美術　パナマ・コロンビア・エクアドル」『世界美術大全集　第 1 巻　先史美術と中南米美術』小学館　201-228 頁

寺崎秀一郎　2009「考古学ツーリズムの未来」『共生の文化研究』3　愛知県立大学　多文化共生研究所　97-102 頁

寺崎秀一郎　2010「過去との共生―考古資源の保存と活用―」『比較考古学の新地平』六一書房　1088-1098 頁

パトリシア・モルトン　2002『パリ植民地博覧会―オリエンタリズムの欲望と表象』ブリュッケ

吉見俊哉　2001 (1992)『博覧会の政治学』中公新書

Goertzen, Chris 2001 Crafts, Tourism, and Traditional Life in Chiapas, *Selling the Indian: Commercializing & Approcpiating American Indian Cultures* (eds. Meyer, Carter Jones and Diana Royer), pp236-269. The University of Arizona Press, Tucson.

Gómez, Jorge Morales n. d. *Gropo Indigena Los Cuna.*（オンライン）
http://www.banrepcultural.org./blaavirtural/antoropologia/amerindi/cuna.htm　参照 2016-02-03

Little, Walter E. 2004 *Maya in the Market Place: Tourism, Globalization, and Cultural Identity.* University of Texas Press, Austin.

Mendizábal, Tomás y Dimitrios Theodossopoulos 2012 The Emberá, tourism and indigenous archaeology: "rediscovering" the past in EaseternPanama. *Memoirs,* No. 18.（オンライン）
http://rcientificas.uninorte.edu.co/index.php/memorias/article/viewArticle/4589/3834　参照 2016-02-03

National Geographic Society 1999 *The National Geographic Desk Reference.* National Geographic Society, Washington, D. C.

Ulloa, Elisa Astrid n. d. *Grupo Indigena Embera.*（オンライン）
http://www.banrepcultural.org/blaavirtual/geografia/geograf/embera1.htm　参照 2016-02-03

Olson, James S. 1991 *The Indians of Central and South America.* Greenwood Press, New York.

Pereiro, Xerardo (Coord.) 2012 *Los Turistore Kunas: Antropología del Turismo Etonico en Panamá.* Universitat de les Illes Balears.（オンライン）
http://inawinapi.com/live_site/wp-content/uploads/2013/03/Los-Turistores-Kunas-Antropologia-del-turismo-etnico-en-Panama.pdf　参照 2016-02-03

Willilams, Ann R. 2012 Panama's Nata Chief, *National Geographic January, 2012*（オンライン）
http://ngm.nationalgeographic.com/2012/01/nata-chiefs/williams-text　参照 2016-03-20

World Travel & Tourism Council *Travel & Tourism Impact 2016 World Report*（オンライン）
http://www.wttc.org/-/media/files/reports/economic-impact-research/regions-2016/world2016. ashx 参照 2016-07-01

韓国・昌寧古墳群の出土品「鉄道貨車二台分」は「事実」か?「伝説」か?

—『韓国の失われた文化財』出版を機に省察する—

黒尾　和久

2015年末に『韓国の失われた文化財 増補日帝期文化財被害資料』(黄壽永編ほか 2016)が刊行された。本の帯には「日本による侵略・強制占領期に行われた，韓国文化財の略奪と毀損に関する日本の学者の論文，関連記事，公文書などを収録した『日帝期文化財被害資料』(1973年，黄壽永博士編)の増補改訂版。韓国文化財の返還は，過去・現在を貫き，未来に向けて解くべき課題である」と記されている。韓国文化財返還が，日本・韓国両国，両国民にとって「過去・現在を貫き，未来に向けて解くべき課題」であるという主張は，本当にその通りだと思う。本書を手にした日本人考古学者は,「文化財返還」をキーワードに20世紀の負債を抱えたままにある「21世紀考古学の現在」を深く認識すべきであろう。

本書の刊行経緯については，五十嵐彰の書評に要領よくまとめられている(五十嵐 2016)。私自身は，本書の特長を，朝鮮半島を日本が植民地支配した時期の朝鮮半島の文化財被害の実態を,「日本の学者」が日本語で書いた文章を切り取り，編集していることに尽きると考えている。同時代を生きた日本人による証言集となっていることがじつに意義深い。しかし，1973年にガリ版刷で出版された原本は,「日本の学者」等の証言は朝鮮語に翻訳されており，部数も限られていた。原書の日本語翻訳への呼びかけ(岡本 1977 → 1985)もあったが，達成されることはなく，日本人による証言集である内容の重大さを，私も含めてだが，戦後生まれの日本人考古学者は永らく知らないままでいたのではないか。21世紀の日本考古学の進路を展望するうえで，遅まきながら「日本考古学史研究の課題」(黒尾 2007)を自覚する立場にあり，本書が刊行された意義はやはり計り知れなく重い。

この事実を知ってしまった私は，あなたは，どうするべきなのだろう？　本稿は,『韓国の失われた文化財』を媒介にして，自らの歴史認識について省察を行う，その一里塚である。

『韓国の失われた文化財』の刊行を知った私には，一つ気にかかっていたことがあり，本書を入手して，まず開いたのが「42 遺蹟の破壊と古墳墓の盗掘」(148頁)の項目であった。

そこには梅原末治『朝鮮古代の文化』(梅原 1946)の一節が,「「二，古蹟調査事業の経過」「一体，半島に於ける遺蹟の破壊，殊に古墳墓の盗掘は早く日露戦争後，高麗青磁を副葬した開城を中心とする規模の小さなものから始まり，大正に入って慶尚北道善山附近を首とする洛東江流域の遺蹟の濫掘となり，大正十二，三年には楽浪古墳群の大規模な盗掘を見るに至った。……それは殊に近年に於いて著しく，宇垣総督をして総督政治の一汚点であると歎ぜしめる程になって来た。……谷井済一の昌寧校洞約百基の出土品は馬車二〇台，貨車二両に至った。」（報告書未刊）」と引かれていた。

そして次の瞬間，私の気がかりが杞憂であることを知る。新たに付けられた「解題」に「終りの「昌寧校洞古墳群の出土品が，馬車 20 台，貨車 2 両に上った」というのは，梅原末治の『朝鮮古代の墓制』（1947 年，86 頁）に記された内容である」と明記されていたからである。

じつは本書刊行の前，2012 年に韓国併合 100 年を機に結成された韓国・朝鮮文化財返還問題連絡会議の努力によって『日帝期文化財被害資料』日本語版（簡易製本：非売品）が発行されている（黄壽永編，李洋秀・李素玲共訳・補編 2012）。しかし，2012 年版では，「谷井済一の昌寧校洞古墳約百基の出土品は場所二〇台，貨車二両に至った」という件に補注は添えられていなかったのである。しかし，2016 年版の刊行でその誤りが修正された。

私はこの「解題」の説明に安堵するとともに，一方で申し訳ないような気持ちにもなった。10 年程前に「昌寧校洞古墳群の出土品」の「馬車二〇台，貨車二両」について調べたことがあり，『朝鮮古代の墓制』にたどり着いた小さな経験を有していたからである。少し調べればわかることだから余計なおせっかいだっただろうと考える一方で，早く知らせて情報を共有することができなかったのかという思いがつのったのである。

昌寧古墳群の「馬車二〇台，貨車二両」に関する事実確認は，私にとってきわめて個人的な関心事であった。発端は『先史・古代の韓国と日本』（斎藤忠・江坂輝弥編 1988）という書物にあった。20 年以上も前のことになる。まだ若く，縄文中期の実証的な集落研究に取り組んでいて，「日本考古学史研究の課題」には無自覚であった。それなのになぜか『統一日報』の「文化欄に掲載された先史・古代日韓関係の諸論考の中から，最近 10 年間に発表された主要なもの二二篇を選び収録した」という編集趣旨に惹かれて古書店でこの本を購入した。

巻頭には編者・斎藤忠が「本書の編集にあたって」を書き，「韓国の学者の日本古代史観・日本文化史観の基本的な考え方を冷静に受けとめていただき」，「この批判や感想は，読者によって試みられたい」と述べていた。斎藤には掲載論文について色々な「批判や感想」があったのだろう。「全体を理解していただくために，それぞれの内容について簡単に紹介」し，「一，二点気付いたことのみ加えさせていただく」と断り，氏にとって看過できない論文二本にのみに「私見」を付けていた。そのうちの一本が，昌寧古墳群の発掘事実に言及した金泰定の論文「『日本書紀』に現れた対韓観」であった（金 1988）。

金論文テーマは，日本書紀の対韓国観の批判的検討であったが，「韓国併合」前後に行われた日本人主導の考古学調査への批判も明確で，日本帝国主義・植民地主義者に「つごうのよいように作られた古代韓日関係史を考古学的に裏づけるため，学者を動員して現地発掘調査をする必要があった」と述べていた。なかでも「日本の代表的な古代史家と考古学者たちが総動員されたこの発掘調査が，どんなに徹底したものであったかは，一九一八年に昌寧の遺跡を発掘する時，およそ一〇里を掘り起こし，鉄道貨車二台分になった事実からも分かる。加倻遺跡調査がただたんに学者たちの学問活動の範囲を超えて，国家政策の一貫として実施されたのだったが，結局は「三韓征伐」は実証されず，任那日本府が歴史的に存在していたということを裏付けるだけの有力な遺跡は発見されなかった」（212頁）という記述に迫力を感じた。

この文章だけでも当時の私には相当に刺激的であった。敗戦後，「外地」における日本人考古学の歴史を切り捨て，国土として固定された日本列島内における考古学者の研究業績や発掘調査発見史を記載する『日本考古学史』（斎藤 1974）を体系化したのが，編集者の斎藤であったけれども，金の眼差しは，斎藤を敗戦前の昭和前期に朝鮮半島での調査研究経験・研究実績（たとえば斎藤 1943）がある加害当事者として容赦なく見据えるものであった。斎藤が，読者に「冷静に受けとめていただきたい」と要請したのは，おそらくは日本人考古学者の植民地支配協力の責任を追究する構えをもつ金の主張を，昭和前期に植民地朝鮮での考古学調査の体験を有する斎藤忠は了解しない立場にあるからに違いない。

金の主張を「冷静にうけとめ」た斎藤は，さすがに真正面からの金への反論は行っていない。しかし，「なお，本論文中一九一六年からの金海・昌寧等の調査に触れ，一九一八年の昌寧の遺跡の発掘の際「およそ百里を掘り起こし鉄道貨車二台分になった事実」とあるが，すでに伝説化したものと考えられる」という「私見」（斎藤 1988：12頁）を添えた。つまり金の論文テーマを批判するのではなく，昌寧遺跡等の植民地の発掘調査「事実」に関して「伝説」であるとさらりと断じて，金の植民地時代の考古学調査の学史的理解に対して釘をさした。韓国の方のいかなる歴史観による論考も採用するという度量の大きさをみせながらも，冷静な筆致の行間に，これ以上は許さないという斎藤の歴史認識の地金が見え隠れしていると感じた。

斎藤の引用が「一〇里」から「百里」となっている理由は判らない。単なる転記ミスのようでもあるし，何か理由があるのかもしれない。しかし，いずれにしても，金の示した「昌寧の遺跡を発掘する時，およそ一〇里を掘り起こし，鉄道貨車二台分になった事実」を，わざわざ「すでに伝説化したものと考えられる」という「私見」で釘をさしたことによって，日本人読者に対して，韓国側では「事実」として信じられているけれども，金の昌寧古墳群の発掘調査に関する説明は根拠に乏しい言い伝え（迷信），すなわち「伝説」に過ぎない。したがって私たちは忘却するべきである，という読者に対する同一視要請の気配を私は察した。

もっとも，本書を手にした時点の私は，斎藤の「私見」に若干の違和感を抱いたものの，裏をとる作業を行わなかった。一つの歴史的な事実に関して，歴史認識の違いがもたらす意見の衝突はよくあることだという具合に合理化したのかもしれない。

その後，この件については，日常生活のなかに紛れ，忘れていったのだが，転機がいきなり訪れた。日本植民地主義の文化財略奪の実態を告発したルポルタージュ『失われた朝鮮文化　日本侵略化の韓国文化財秘話』（李亀烈，翻訳：南永昌 1993→2006 新装）に遭遇したからである。『失われた朝鮮文化』は，著者の李亀烈が「「ソウル新聞」の特集企画記事として，一九七二年五月から一一月まで，一〇〇回にわたって連載された内容を一冊にまとめた」『韓国文化財秘話』韓国美術出版（朝鮮語：1973 年）から，日本人に「関連が薄い」と判断された部分が原書から割愛された「日本人向けの翻訳書」であった。私は，そこに記述された内容に驚きながら読み進んでいったが，その文章中に，先の金の論文とほぼ同じ表記を見つけて，おやっと思った。また次第に金の論文に対する斎藤の「私見」への違和感も甦ってきた。

同書では，昌寧古墳群の発掘事実について，「伽倻古墳の盗掘」を告発する節中で，「朝鮮総督府は，今西などからの調査報告書で，加倻地方全域の古墳がいたるところで盗掘され，副葬品がぞくぞくと骨董商などへ流出していることに，いまさらのようにあわてふためき，他の地方とくらべ無傷の古墳が多いと推測した昌寧校洞一帯の約一千基にのぼる古墳群をいそいで発掘しはじめた。関野の助手として古墳調査に随行した古参の調査員，谷井済一は，そのとき出土した副葬品が「馬車二十台と貨車二台分の量であった」（『古蹟調査報告書』，一九一七年）と証言していることからみても，善山・咸安・晋州などの加倻地方で，日本人略奪者が奪った遺物の量の多さは想像にかたくない」（180-181 頁）と記していた。

金論文の「貨車二台分」に加えて，さらに「馬車二十台」が加わっていた。そして何よりも「谷井済一」の「証言」が確認できる「『古蹟調査報告書』，一九一七年」という典拠が示されていたことに注目した。日本人発掘担当者の自らの「証言」が得られるのであれば，斎藤が「伝説化した」と退けた言い伝えは「事実」として認定されると考えたからである。

そこで，知人を通じて早稲田大学図書館から「『古蹟調査報告書』，一九一七年」に該当しそうな朝鮮総督府刊行の報告書類を借り出してもらい，つぶさに目を通してみた。ところがどうしたことだろう，「馬車二十台と貨車二台分の量であった」という「谷井済一」の「証言」はどこにも見つからない。しかも，谷井が昌寧古墳群において網羅的な発掘調査を行ったのは，1917（大正 6）年ではなく，1918（大正 7）年から 1919（大正 8）年にかけてであることを理解した。どうも『失われた朝鮮文化』に記された典拠「『古蹟調査報告書』，一九一七年」には誤りがあるらしい。これには困惑した。‘それみろ，裏がとれないのだから根拠のない「伝説」なのだ’という斎藤のささやく声が聞こえてくるようでもあった。

作業は振り出しに戻った。やはり「伝説」なのかとも思ったが，文献調査を行う過程で，たとえば 1922（大正 11）年に刊行された『大正七年度古蹟調査報告 第一冊』の「第 3 編 慶尚南道昌寧郡古墳」では，梅原末治が，浜田青陵とともに「昌寧における古墳の分布は，昌寧邑の東方より北方に亘りて，牧馬山麓の低丘および高地上に最も濃厚なり。即ち松峴洞および校洞の地となす。就中邑北校洞の高地には，或は王陵と称せらるる大古墳を中心として，その周囲に小塚の陪するものあり。その東方の牧馬山麓に向って，大小の古墳累々として散点す。此の大古墳はかつて発掘を試み中止せられたる形跡ありしが，本員等に次いで昌寧古墳調査に従事せられたる谷井委員一行によりて，その発掘を完成し，驚くべき多数の且つ貴重なる遺品を採集せられたるは，その報告を俟ちて明かなるを得るべし。本員等は此の大古墳東方，昌寧邑の東北方における二三の古墳を実査し，わずかにその一において処女石室に遭遇したるのみ。しかもその内容は谷井君発掘のものに比して，ほとんど言うに足らずといえども，また以て校洞古墳群の年代を証する一資料たるを得んか。」(43頁)，「昌寧校洞の古墳は本員等調査の後，谷井氏等の一行の精査を経て，その最も宏大なる古墳を発掘し，すこぶる豊富なる遺物の発見を見たり。これらに比較するに，本古墳の如きはその内容甚だ貧弱なるを免れずといえども，石室内部に石床的構造を有し，土器を多数に包蔵し，金製耳飾の如き装飾品を有する等，かれこれ比較研究の材料とすべく，その被葬者の一人にして，恐らく女子のものなるを想像せしむべきは，既に之を述べたり」(52頁）などと記していることを知った。

そこで，谷井済一が昌寧遺跡群の調査を行った同時期に，朝鮮で発掘調査を行っていた梅原末治の著作物を通読し，昌寧古墳群の出土遺物に関する「証言」を探してみることにした。

すると敗戦後間もなくの著書『朝鮮古代の文化』(梅原 1946）に，「谷井学士一行の大正六年から八年に亘る全羅南道羅州潘南面古墳群の調査と，同七年冬から八年に亘る慶尚南道昌寧古墳群の発掘調査とは，その規模と出土品の夥しかった點とで特筆せらるべきものとする。谷井氏がこの期間に於いて発掘調査を行ふた古墳は百にも上る可く，孰れもその構造と内容とを明にした點で南鮮地方上代の文物の闡明に重要な寄与をなしたばかりでなく，兼て当代日鮮の文化関係を推す上に新たな物質的資料を提供して本邦学界の関心を高めた次第でもあった」(10頁）と回顧されていた。足かけ3年で「発掘調査を行ふた古墳は百にも上る可く」とは，当時のこととはいえ，確かに異常なペースであるといいえよう。

そして，次に手にした『朝鮮古代の墓制』(梅原 1947）において，「大正七年末から八年に亘った昌寧校洞の主要な古墳群の発掘は，馬車二十臺，貨車二輌を充してなほ余りあると云ふ夥しい遺物の出土を見たのでありました」(86頁）と書かれていることをつきとめた。これこそが冒頭に記した『韓国の失われた文化財』の「42」の「解説」で付記された情報である。

さらに梅原は，後年に回顧録を2度にわたり執筆していて，そこでも谷井済一の昌寧古墳群の調査に触れていた。まず『朝鮮学報』第51集（1965）に寄せた「日韓併合の期間に行なわれた半島の古蹟調査と保存事業にたずさわった一考古学徒の回想録」では，「実に馬車二十台，貨車一輌のおびただしい副葬品をえたことを，ここで付記すべきであろう」と記し，『考古学六十年』(梅原 1973）においても，「因みにこの昌寧の古墳群は，この冬から翌年に亘り，谷井済一氏の手で発掘され，馬車二十台に満ちる夥しい副葬品がもたらされている」(33-35頁）と述懐された。そして「勤政殿の廻廊には，前記昌寧出土の厖大な出土品が堆積されており，私は自由にそれらをみてメモをとり……」(41頁）と記していた。

梅原の記述には若干の揺らぎが認められるが，『失われた朝鮮文化』に「馬車二十台と貨車二台分」と引かれ，金論文にも現れた「鉄道貨車二台分」という表記は，谷井済一ではなく，日本人考古学者である梅原末治の「証言」として確認できるのである。ちなみに別途，梅原によって「貨車一輌に満ちる」と記されていたのが，大正十三年に行われた「金鈴塚」「飾履塚」の「出土品」であった（梅原 1973：56頁)。「京城」に送られた2基の古墳からの「出土品」が「貨車一輌」になるのであるから，慶尚南道昌寧古墳群の発掘調査の「出土品」が「貨車二台分」に相当したとしても何ら不思議なことはないだろう。

梅原は，谷井の昌寧古墳群の発掘の実態を同時代的によく知り，谷井が朝鮮から日本に帰国した後も，遺物の保管状態について熟知し，自らの研究にも利用していたのである。梅原末治の「証言」として裏がとれるので，金論文に記された「鉄道貨車二台分になった事実」は根拠に乏しいとはいえないことを確信した。斎藤の「私見」こそ，退けられるべきであろう。

『失われた朝鮮文化』の記述が誤った理由は，それが新聞に掲載されたルポルタージュという性格によるのかもしれない。細かな事実の正否よりも，物事の本質をえぐるような筆致が求められるだろう。そして著者の李亀烈は，この記事の連載が可能だったのは，「黄寿永東国大学教授から」『日帝期文化財被害資料』という「貴重な資料の提供があった」からとも述べていた。おそらくは『日帝期文化財被害資料』の「谷井済一の昌寧校洞古墳約百基の出土品は馬車二〇台，貨車二両の量であった」という記述が，「谷井済一は，そのとき出土した副葬品が，取材の過程で「馬車二十台と貨車二台分の量であった」（『古蹟調査報告書』，一九一七年）と証言している」に転じたのであろう。しかし，この証言者は谷井済一ではなく梅原末治であり，1917 年発行の『古蹟調査報告書』に谷井が「証言」した事実はない。そして『日帝期文化財被害資料』の「42 遺蹟の破壊と古墳墓の盗掘」に示された「馬車二十台，貨車二両」という記述にも，典拠として示された梅原末治の著書『朝鮮古代の文化』ではなく，『朝鮮古代の墓制』に記されていたという間違いがあった。

このように 1973 年に朝鮮語で刊行された『日帝期文化財被害資料』『韓国文化財秘話』の二冊には，昌寧古墳群の発掘調査の事実をめぐっての記載事項に若干の誤りがあったようである。しかし，前者については「解題」が付いたことで補われたわけで，後者についても今後『失われた朝鮮文化』の増補が行われる機会に訂正の補注が付ける必要があるだろう。「(『古蹟調査報告書』，一九一七年)」という引用を信じて，文献調査をしたが，谷井済一の「証言」など確認できない。したがって，『失われた朝鮮文化』の記述は信用できないと短絡されても困る。

ところで，ここまで調べを進めてくると新たな疑問も湧いてくることになる。そもそも斎藤は，少し調べれば梅原末治の「証言」から「事実」と推断できるのに，なぜ金が記した「鉄道貨車二台分」という，昌寧古墳群からの遺物出土の事実に対して「すでに伝説化したもの」という「私見」を付けなければならなかったのだろうか。

斎藤は，梅原末治について「研究の領域は日本はもとより，朝鮮半島から中国にわたり，学界に偉大な功績を遺した梅原先生は，私にとっても忘れられない人であった」と述べている（斎藤 2004 → 2008）。昭和前期から梅原と親しい交誼を重ねた斎藤が，梅原の敗戦直後に出版された著作『朝鮮古代の墓制』に「馬車二十台と貨車二台分」と書かれていたことを知らないはずがないし，その後の著作にも同様の記述があったことも知っていたに違いない。事実，「馬車二十台に満ちる夥しい副葬品」と書かれた梅原の『考古学六十年』（梅原 1973）については，「自叙伝であるとともに，日本の考古学界の動向を知る貴重な文献であった」と自ら述べているのである（斎藤 1985）。しかし，斎藤は，恩師・梅原の死後わずか5年で，「事実」を「伝説化したもの」とした。それも事実なのである。あったことをなしとした，その心情とはいかなるものなのだろう。見方によれば，それは恩師・梅原の「証言」の否定であり，強く言うならば学史的事実の改竄とすらいいえるだろう。

斎藤が執筆した回顧録をみると，その植民地体験は，自らの考古学への貢献と情熱，朝鮮民衆との信頼・友好関係という「正の記憶」で充たされている（斎藤 1997）。それは，日本人の戦争経験や植民地体験の「伝説化」が進展した晩年に，ことさらに熱っぽく，強調されるようになってゆく。斎藤にとって，日本考古学のあゆみは，常に逞しく前進するものであり，侵略戦争との係わりや，植民地支配，そして民衆の抵抗，文化財略奪という指弾とは無縁の聖域として描かれる（斎藤 2002）。そうした「負の記憶」に結びつく歴史的事実は，意識的にも無意識的にも忌避されるべきものになっていたのかもしれない。そして，機会あるごとに後学には自らの見方との同調を要請していたようにもうかがえる。

しかしながら，昌寧古墳群の発掘調査は，斎藤の願いに反するように，さらに忘却したい「負の記憶」に結びつく。梅原は『朝鮮古代の墓制』において「数多いこの昌寧の古墳群は谷井氏の発掘後，引き続いて地方人士の盗掘が盛となって，今や殆ど全部が内容を失ふたと称してよい程になりました。この間二三その跡始末程度の調べが総督府の博物館員の手で行はれたにとゞまり，副葬品は散佚して大邱の市田治郎氏・小倉武之助氏その他の人々の所蔵に帰し，中に我が国の国宝や重要美術品に指定された貴重品があります」（108頁）と「証言」していた。

ここに登場した市田治郎・小倉武之助両人こそ，『失われた朝鮮文化』において「悪徳コレクター」として名指しされた日本人である。このうちの小倉武之助が朝鮮半島で収集されたコレクションの一部が日本に持ち出され，自宅に秘匿されて，1981年に「小倉コレクション」として東京国立博物館に寄贈されている（東京国立博物館 1982，松本 2001，南 2005）。今や東博東洋館朝鮮室の中核資料となった「小倉コレクション」であるが（東京国立博物館 web サイト参照），それらにいかなる眼差しを送るべきなのか，考古学者・博物館人のみならず日本人の「良心」「倫理観」が問われていよう。鈴木良が指摘したように「小倉コレクション」のみならず，「日本には膨大なアジアの文化財が集まっている。その集積された経路，方法が明らかにされなければならない。不法・不当な方法で持ってこられたものはきわめて多い」（鈴木 2002）ことを知るべきである。

韓国併合直後の朝鮮総督府による考古学調査が集中した地域の一つに慶尚南道があり，その時期の総督府主導の考古学調査が朝鮮半島南部に集中した理由として，「任那日本府」の実在を考古学的に実証する意図があったのだと金は論文で指弾した。それに対して斎藤は「冷静」に反駁したのであったが，このやり取りが20年前の私には新鮮であった。韓国側からの日本考古学の植民地支配責任の追及があり，それに対する応答（実態は拒否・無視であったが）の構図がそこにあったからである。

その後，昌寧古墳群の出土品について調べ，近代における日本考古学研究の実態について知りゆく過程で，私は斎藤よりも，金の意見に共感するようになった。斎藤が1970年代に体系化した日本考古学史研究が，戦前の日本考古学者の活躍に触れることなく，現行国土内に閉じたかたちで再編成されていることと，日本考古学史研究が日本人考古学者のアジア侵略への協力責任，植民地支配や文化財略奪への加担責任の確認を脱落させていることとは，同根であると考えるようになった（黒尾2007）。

近代においては，日本考古学・日本人考古学者が活躍するメインフィールドは朝鮮半島や中国大陸，いわゆる「外地」であった事実を改めて認識する必要がある（坂詰1997，黒尾2007）。「外地」の考古学こそが近代日本考古学の王道であったという学史的理解は少なくとも1950年代までは常識であった（水野1948，駒井1954）。現行の日本国土内に限って調査研究を行ってきた戦後生まれの考古学者も，この事実を戦前のことだと切り離すことはできないのである。

そして日本人（加害者）が忘れようとしても，いろいろな理由をつけて合理化しようとしても，韓国・朝鮮人（被害者）は忘れない。岡本俊朗は「犯科帳」と命名したが（岡本1977→1985），日本考古学，日本人考古学者，日本人コレクターを追及する2冊が1973年に『日帝文化財被害資料』『韓国文化財秘話』が韓国（朝鮮語）で出版された。それから20年を経た1993年に，まず後者が，日本植民地主義の文化財略奪の実態を告発し，「問題を深くえぐっている」（鈴木2002）と評されるルポルタージュ『失われた朝鮮文化』として出版されたのである。この本を手にした斎藤は如何なる感想をもったのだろうか。斎藤の公式コメントは残っていないように思うが，知っている方がいたらご教示を願いたい。

そして1997年に『太平洋戦戦争と考古学』を著した坂詰秀一は，その著書で，「官民による朝鮮の考古学」に対して「痛烈な批判」をしたこの著作に「眼をむけることも必要」と述べた。しかし，日本考古学史研究者として，「痛烈な批判」に「眼をむける」だけでは不十分であろう。「痛烈な批判」に対して真摯に応答できるのかが問われている。それには『失われた朝鮮文化』に「記された数々の事実を」，日本人の手により「克明に明らかにすること」（鈴木2002：注25）から始めるべきだろう。小稿における昌寧古墳群の出土品問題も小さな試みであるが，そうした考え方に連なるものである。その意味において坂詰は，『失われた朝鮮文化』という書物の存在を紹介こそしたが，「痛烈な批判」に対しての自らの応答可能性を探っているようにはうかがえない。そして，斎藤に至っては，昌寧古墳群の発掘事実をめぐって，金の「批判」に対して，指摘された「事実」そのものを隠滅しようとしたのである。

そして遅れること約20年，『失われた朝鮮文化』に多くの影響を与えた待望の『日帝文化財被害資料』日本語版が刊行された。私は，2012年に刊行された簡易製本の日本語版を始めて手にしたときの衝撃を忘れられない。そこに記された「韓国文化財の被害状況」が，「日本の学者の論文，関連記事，公文書」など日本語の資料が収集されて編集されていたからである。知らないということは恐ろしい。なぜ日本語の文献を集めれば良いこの仕事を戦後日本人考古学者の手で為すことができなかったのだろう。遺憾としたい。私は岡本俊朗の呼びかけ（岡本1977→1985）を，氏の遺稿集を手にした1980年代半ばに知ったが，朝鮮語を翻訳しなければならないのだという先入観に縛られていた。日本人の日本語による「証言」によって，本書が元々成立していたのだという戦慄は，もっと広く多くの日本人考古学者に共有されるべきだと思う。本書「42」につけられた「解題」は本来日本人によって書かれるべきであった。

最後に再び，金論文の「一九一八年に昌寧の遺跡を発掘する時，およそ一〇里を掘り起こし，鉄道貨車二台分になった事実からも分かる。」という記述に戻ってみたい。金の「一〇里」を斎藤は「百里」と誤って引用している点に改めて注目したい。転記ミスであろうと思いながらも，昌寧古墳群をめぐって「百」という数は，梅原末治の記述などを参考にすると，たとえば引用した『朝鮮古代の文化』（梅原 1946）では，「谷井学士一行の大正六年から八年に亘る全羅南道羅州潘南面古墳群の調査と，同七年冬から八年に亘る慶尚南道昌寧古墳群の発掘調査とは，その規模と出土品の夥しかった點とで特筆されるべきものとする。谷井氏がこの期間に於いて発掘調査を行ふた古墳は百にも上る可く，孰れもその構造と内容とを明にした點で南鮮地方上代の文物の闡明に重要な寄与をなした」というように，調査した古墳の数として出てくるのである。これは『韓国の失われた文化財』の「42」の問題部分の「谷井済一の昌寧校洞古墳約百基の出土品は馬車二〇台，貨車二両に至った」にも良く合致するのである。偶然であろうか。管見ではあるが，金論文以外に，昌寧古墳群の調査の規模を示す際に，距離を表す単位である「里」，また自然村を意味する「里」が使用される他例を知らない。もしかすると金の「里」は「基」の間違いで，斎藤は昌寧古墳群の発掘調査の「事実」を良く知っていたからこそ，「百」という数を思わずあててしまったのではないか。

これ以上の憶測はやめるけれども，昌寧古墳群の出土品の「馬車二〇台，貨車二両」問題については「事実」と確定できそうだが，「42」における「古墳約百基」はつめきれていない。だが問題は古墳の数の確定ではない。梅原が『朝鮮古代の墓制』に記した「数多いこの昌寧の古墳群は谷井氏の発掘後，引き続いて地方士人の盗掘が盛となって，今や殆ど全部が内容を失ふたと称してよい程になりました」という「証言」こそ，この際重く受け止められるべき「事実」となるだろう。そして「副葬品は散佚して大邱の市田治郎氏・小倉武之助氏その他の人々の所蔵に帰し」たのである。

『韓国の失われた文化財』の帯には，「韓国文化財の返還は，過去・現在を貫き，未来に向けて解くべき課題である」と記されている。文化財の返還は確かに難しい課題であるとは思う。しかし，本書を媒介にして，私の日本考古学研究には，「略奪文化財の返還問題」が視野に入っているだろうか，と省察することは決して無駄なことではない。

そうした省察を経て，改めて東博の東洋館朝鮮室に展示されている「小倉コレクション」に向き合ったとき，寡黙な出土品（「モノ」）たちは何を語るのであろうか。お前たちは何処から来たのか，そこに居ていいのか，と「モノ」に問うことが，今こそ求められているのではないだろうか。

引用参考文献

五十嵐彰　2016「書評　黄壽永編（李洋秀・李素玲　増補・日本語訳）2015「韓国の失われた文化財　増補　日帝期文化財被害資料」三一書房刊」『韓国・朝鮮文化財返還問題連絡会議年報　2016』韓国・朝鮮文化財返還問題連絡会議　15-16頁

梅原末治　1946『朝鮮古代の文化』高桐書院

梅原末治　1947『朝鮮古代の墓制』座右實刊行會

梅原末治　1965「日韓併合の期間に行われた半島の古蹟調査と保存事業にたずさわった一考古学徒の回想録」『朝鮮学報』第51輯　朝鮮学会　95-154頁

黄壽永編　李洋秀・李素玲共訳・補編　2012『考古美術資料第二十二集　日帝期文化財被害資料』韓国美術史学会

黄壽永編　李洋秀・李素玲増補・日本語訳　新井信一監修　2015『韓国の失われた文化財　増補日帝期文化財被害資料』三一書房

岡本俊朗　1977「略奪文物を各国人民に返還しよう」「帝国陸軍・日本考古学の「犯科帳」翻訳に参加しませんか」（→1985『岡本俊朗遺稿追悼集　見晴台のおっちゃん奮戦記　日本考古学の変革と実践的精神』岡本俊朗遺稿追悼集刊行会　127-129・130-133頁）

金　泰定　1988「『日本書記』に表れた対韓観」『先史・古代の韓国と日本』斉藤忠・江坂輝弥編　築地書館　208-228頁

黒尾和久　2007「日本考古学史研究の課題」『考古学という現代史　戦後考古学のエポック』福田敏一編　雄山閣　67-99頁

駒井和愛　1954『考古學入門』要選書51　要書房

斎藤　忠　1943『朝鮮古代文化の研究』地人書館

斎藤　忠　1974『日本考古学史』吉川弘文館

斎藤　忠　1985「梅原末治」『考古学史の人びと』第一書房　257-262頁

斎藤　忠　1988「本書の編集にあたって」『先史・古代の韓国と日本』斉藤忠・江坂輝弥編　築地書館　2-15頁

斎藤忠・江坂輝弥編　1988『先史・古代の韓国と日本』築地書館

斎藤　忠　1997「慶州・扶余の調査研究」『朝鮮学事始め』青丘文化叢書1　青丘文化社　129-156頁

斎藤　忠　2002『考古学とともに七十五年《斎藤忠自伝》』学生社

斎藤　忠　2004「私が影響を受けた考古学者―梅原末治―」『文化遺産の世界』14（→2008「梅原末治先生」『日本考古学の課題』斉藤忠著作選集続2　雄山閣　198-200頁）

坂詰秀一　1997『太平洋戦争と考古学』吉川弘文館

鈴木　良　2002「近代日本文化財問題研究の課題」『文化財と近代日本』鈴木良・高木博編　山川出版社　3-29頁

東京国立博物館　1982『寄贈　小倉コレクション目録』

南　永昌　2005「小倉武之助　善意の仮面を被った朝鮮遺物のスーパーコレクター」『36人の日本人　韓国・朝鮮のまなざし』舘野晢編　明石書店　58-63頁

松本末志　2001「日本有数の朝鮮考古学コレクションの謎　なぜ，小倉コレクションが千葉県の習志野にあったのか？」『千葉のなかの朝鮮』千葉県日本韓国・朝鮮関係史研究会編　明石書店　137-153頁

水野清一　1948『東亜考古学の発達』大八洲出版

李亀烈著・南永昌訳　1993『失われた朝鮮文化』新泉社（→新装2006）

遺跡の保存と活用の具現としての博物館

青 木　　豊

はじめに

遺跡の保存から整備・活用が叫ばれて久しいが，真に遺跡が保持する学術情報を現代社会への活用に至っている整備事例は，まだまだ少ないものと観察される。このことは，遺跡の公開そのものが決して事実上の活用でないことをまず確認しなければならない。つまり，本論では遺跡がもつ学術情報の活用には，博物館という資料保存機能と情報発信機能を持ち合わせた施設が不可避であることと，さらに遺跡における遺跡博物館の必要要件とその具体を考察するものである。

遺跡・史跡の概念

遺跡とは，基本的には過去の人々の活動の痕跡を留めている場所であり，それは過去の人々の活動により生じた構築物の痕跡で不動産である遺構と，これに対し過去の人々が活動の結果生じたあるいは作出した動産である遺物の両者から構成されていることは周知の通りである。

さらには，過去の人々が利用あるいは意識下に置いた自然も遺跡の形成要因であると捉えられよう。この点に関して，大正時代に黒板勝美は「史蹟保存と歴史地理學」のなかで下記のとおり著している（黒板 1912-1）。

凡そ史蹟なるものは，すべて地上を離れて存在する事能はず，その地上に残存せる過去人類の活動を示せるものは勿論，変化し易き天然状態の中に於て，河道・海岸線の如き過去に於ける人類の活動と極めて密接なる関係を有する物等は，凡そ史蹟として保存すべきものなる故に…

また，黒板は「史蹟保存に關する意見書」の「第２章　史蹟とは何ぞや」でも下記の定義を記しているのである（黒板 1912-2）。

一　地上に残存せる過去人類の活動の痕跡中不動的有形物にして歴史美術等の研究上特に必要あり便宜をふるもの

二　變化し易き天然状態の過去人類活動と密接なる関係を有するものにして偶々今日にその舊態を留むるもの

三　厳密なる意味に於いて右二類に属せざるも，古来一般に史蹟として尊重せられ，特に社會人に感化を及ぼせるもの以上の黒板の遺跡に対する概念を含めて，過去の人々が利用あるいは意識した自然環境・自然物は，当該地を選定するに至る主たる要因でもあり，その場に介在した過去の人々にとっての景観であったのである。したがって，遺跡の保存は遺跡のみの範囲内に留まるのではなく，周辺の自然をも含めた保存でなければならないのである。

遺跡の保護史

明確な遺跡整備の嚆矢は，元禄5（1692）年に徳川光圀の命により大金重貞が発掘を実施した栃木県那須郡に所在する2基の前方後方墳の上・下侍塚古墳である事は周知の通りである[1)]。

元禄10（1697）年には，陵墓の荒廃を糺す勤皇思想に対応すべく柳沢吉保を中心に山陵考定を行い，農民からの陵墓保存の目的で陵墓の周囲を竹垣で囲曉し，高札をもって陵墓であることを明示した「元禄の修陵」事業も明確な遺跡の保護であるといえよう。文化5（1808）年に『山陵志』を上梓した宇都宮藩の蒲生君平は，大和・河内・和泉・摂津の御陵調査を詳細に実施している（蒲生 1808）。修補事業は，その後も引き継がれ文久2（1862）年に宇都宮藩は，山陵修補の建白書を幕府に提出し，同年11月より慶応元（1865）年までの3年余の間に116陵の山陵修補を実施している。これは一般に「文久の修陵」と称されている。当該事業は，我が国近世における最も大規模な遺跡整備として特筆すべきものであった。

以上遺跡の歴史的保存事例にについて概述してきた如く，明治時代以前の歴史のなかで遺跡の保護は，少ないながらも何らかの形で実施されてきたのである。

遺跡保護に関する制度史

(1) 古器舊物保存方から古社寺保存法制定に至る経緯

我が国最初の明確な文化財保護の宣言は，明治初年に意外にも外務省が「考古ノ徴拠トモ可成」とした資料の保存を目的とした「集古館」の建設を，太政官に献言したことに始まる。これを受けて，翌明治5（1872）年5月に太政官により「古器舊物保存方」が布告された。しかし，残念ながら大学の献言の趣旨であった集古館の建設には全く触れられることはなかったのである。

明治7年5月2日には，太政官布達第五九號として「古墳發見ノ節届出方」が布告された。本届出方は，我が国はじめての遺跡に関する保護制度であり，古墳という遺跡の種別に限った保存を意図した法制度であったが，遺跡の保護という観点からは，発令の意義は画期的であった。

明治13年11月15日には，宮内省達乙第三號で「人民私有地内古墳等發見ノ節届出方」が通牒された。本省達は古墳の発掘規制と偶然の発見時の届出の方法を明示したものであった。

明治21年には，「臨時全國寶物取調局」が設置され，委員長は図書頭九鬼隆一が兼任し，「古器物書画ノ保存及ヒ美術ニ關スル事等ヲ掌ル」ことを目的に，全国的に社寺の宝物調査が開始された。かかる経過のなかで，明治 28 年に貴衆両院で可決された古社寺保存組織に関する決議によって，翌年 5 月内務省に「古社寺保存會」が設置され，明治 30 年に我が国最初の文化財保護に関する法律となった法律第四九號「古社寺保存法」が，立法措置で制定された歴史的意義は多大であると評価できるのである。

つまり明治元年に神祇事務局から全国の諸社へ通達された「神仏判然令」による古文化財の廃棄と，これに伴う海外への流出といった社会現象と同時に，社寺は全般的に財政が逼迫し，修理ができず荒れるに任せた状態のなかから必然的に発生した社会的思潮に拠る法の制定であったのである。当該法は文化財保護制度史の上では大きな意味を有する法であったが，まだまだ文化財全般からみれば微視的な把握であり，史跡・名勝・天然紀念物の保護には至らなかったのである。

(2) 郷土保護思想の始まりと「史蹟名勝天然紀念物保存法」の制定

明治 33 年には帝国古墳調査会が発足している。一方で，明治 42 年には第一回郷土保存万国会議がパリで開催されるなど，遺跡・名勝・天然紀念物を含めた郷土保護思想の萌芽が認められた。

明治 43 年には，史跡老樹調査保存会から「破壊湮滅ヲ招くク史蹟等の永遠の保存計畫」が要求されている。翌明治 44 年には，史跡老樹調査保存会は史跡名勝天然紀念物保存協会へと発展する中で，同会の会員であった議員から貴族院へ「史蹟及天然紀念物保存ニ關スル建議案」が提出されたことは画期をなす出来事であったと看取される。内容は「輓近國勢ノ發展に伴ヒ土地ノ開拓道路ノ新設鐵道ノ開通市區ノ改正工場ノ設置水力ノ利用其ノ他百般ノ人爲的原因ニヨリテ直接或ハ間接ニ破壊湮滅ヲ招ク」と明記されていることからも理解できるように，史跡等の永遠の保存計画を求めたのであった。

また明治 45 年 6 月にはドイツのシュツットガルトで第二回郷土保存万国会議が開催され，京都帝国大学文科大学助教授石橋五郎が出席するなど郷土保存思想の受容がここに開始される。石橋は「自然界人物界の遺物保護行はる之を称して郷土保存（「ハイマートシュツツ」）と云ふ」と，ハイマートシュツツなる郷土保存を意味するドイツ語とその具体思想を紹介した（石橋 1912）。

次いで，当該ドイツ郷土保存思想を展開したのは植物学者の三好學で，『天然紀念物』を大正 4 (1915) 年に刊行している（三好 1915）。当該書は，郷土保存思想が我が国に広がる基本となった記念物的著作であると評価できよう。

> 其の事業としては，先ず其土地の特徴足るべき史蹟，名勝，天然紀念物に就いての調査を施して，其結果を報告し，更に詳しい「郷土誌」の編集を行い，又一方には郷土紀念の材料を蒐集して陳列する「郷土博物館」を造り，土地の人々に自郷の特徴を知らせる，其他土地の學校に於いては，中學校，小學校で郷土誌に關係ある事柄を教え，所謂「郷土學」の講習を怠らない。

具体的には，文部省社会教育局の「郷土研究」の思想は，師範学校を源泉に社会に大きな広がりをみせたのであった。このような社会情勢のなかで昭和 5 (1930) 年に，尾高豊作・小田内通敏・志垣寛らを推進者とする郷土教育連盟による機関雑誌『郷土―研究と教育―』（刀江書院）の創刊や，『新郷土教育の理論と實國際』が刊行され（峯地・大西 1930），これらが大きな触発となり郷土博物館論が華々しく展開されたことと相俟って，史跡・名勝等の保存思想がさらなる拡大をみせたのであった。

以上のような社会情勢を反映して，大正８年４月に「史蹟名勝天然紀念物保存法」が制定されたのである。大正 13 年に，文部省内に社会教育課が設置され，次いで昭和４年に文部省内に社会教育局が設置されたことは，文化財・博物館行政にとっても大きな変革の兆しであったと看取されるのである。

(3) 文化財保護法制定にいたる経緯とその後の文化財行政

文化財行政は，前述したとおり明治 30 年制定の「古社寺保存法」，大正８年の「史蹟名勝天然紀念物保存法」を経て，昭和４年には「國宝保存法」，昭和８年の「重要美術品ノ保存ニ關スル法律」が制定されたが，これらの法制度は歴史資料のみを対象としたものであり，わずかに屋外であっても社寺の建築物を主対象とするに留まるものであった。

戦後の昭和 25 年になって，「史蹟名勝天然紀念物保存法」「國宝保存法」「重要美術品ノ保存ニ關スル法律」の３法を一本化した，現行法である「文化財保護法」が新憲法のもとに制定された。旧法との明確な違いは史跡の「活用」が明示されたことにあった。

文化財保護法のなかで特筆すべきは，昭和 41 年の同法改正のなかで，「風土記の丘」構想が文化財保護委員会から提示されたことである。本構想は，遺跡を点としての保護ではなく面として広域にわたって保護することと，同時に出土品である埋蔵文化財の収蔵・保存，なかでも注目に値することは，史跡整備・活用の中核となる展示施設の設置を義務付けた点にあった。これは，具体的な遺跡の保護・整備・活用を意図する時代への，大いなる変換を意識した文化財保護行政であったと評価できるのである。

平成時代に入ると，昭和 63 年の竹下内閣による「ふるさと創生」事業が契機となり，「文化財を地域の活性化」「遺跡を文化振興の核」「文化財を核とした地域の再生」等々の短絡的とも思える思潮が全国に敷衍し，文化財保護行政は矢継ぎ早な展開をみることになる。上述の昭和 41 年制定の「風土記の丘」構想は，平成６年をもって終了したことは当該期における最大の出来事であり，「風土記の丘」構想の廃止を前後して短命とも表現できる保護・活用政策が出された事も昭和時代末期から平成時代の特質である。

史跡整備における博物館の必要性とその基本要件

(1) 研究史にみる博物館必要論

明治 30 (1897) 年に制定された「古社寺保存法」を最初に評したのは，博文館の『太陽』の編集主幹であり，日本美術研究者であった高山林次郎で，明治 32 年のことであった。高山による「古社寺及び古美術の保存を論ず」と題する論文は，全体的に古社寺保存法に関する批判的論調で展開されているのが特徴である（高山 1899）。また，「5，古美術の保存と博物館」では，古社寺に伝世する資料の保存と公開を目的に政府が古社寺保存の事業の中に博物館を設置する必要があると力説したところに本論文の意義が確認されよう。

次いで黒板勝美は，大正 2（1913）年に「博物館に就て」と題する論考を発表した。同論は，黒板にとって史跡の保存・整備に関しての最初の論文であり，そのなかで史跡の整備には博物館が必要であると下記の如く直截に明記したのであった（黒板 1913）。

近來史蹟保存のことが大分八釜しいやうであるが，自分はこゝに一言する，博物館諸國の實例を研究しても，何れの國とて之を並行せしめて居らぬ國は無い。

これは史跡保存に関する黒板論の総論であるとみなせる。「史蹟遺物に關する意見書」では第 9 章に「保存法と監督局及び博物館」を設け，博物館の必要性を明示したことが最大の特徴であり，社会啓蒙には十分な説得力を発揮しただろうことは予想される。この意味で，当該期の黒板の史跡の保存・整備の関する思想は，考古学・博物館学にとっては勿論のこと社会においても指針となる大いなる論文であっただろうことは，新聞掲載論文を含むことからもうかがい知れよう。

(2) 遺跡博物館の郷土博物館としての特色と必要性

全国の市町村には，市町村史があるように，それぞれの市町村には郷土博物館が必要であると考える。市町村史は，写真や図表を伴う文字媒体による記録であるところの二次資料による構成である。時代の推移のなかで，新たな視点や研究方法が生じた場合などは，二次資料のみでは対応し得ないところからも，基本となるのは実物資料であることは確認するまでもない。

かかる観点からも，実物資料を基盤に置いた博物館活動の展開そのものが必要なのである。郷土博物館は地域社会の“蔵”であり，この意味で郷土博物館の設置は必要なのである。郷土博物館が不在であれば，郷土に片鱗を留める歴史・文化等は保存できず，これらは徐々に風化し去ることを忘れてはならない。郷土博物館と遺跡博物館との関係は，それぞれの遺跡に布置された遺跡博物館は郷土博物館の専門館と把握できよう。つまり，遺跡博物館は，郷土博物館の特化形式であり，原則的には郷土博物館の分館であり，それはまた性格上で野外博物館なのである。したがって，本稿では遺跡博物館は，以下郷土博物館・地域博物館と記すものである。

立ち返って，地域博物館設立の目的は，地域住民にとっては“ふるさとの確認”の場で，郷土学習指向への契機となるのであり，それは取りも直さず郷土学習実践の場となるのである。次いでは，地域交流を誘う“地域おこし・村おこし”を目的とする地域文化創出の核となることである。外来者に対しては，ビジターセンターとしての当該地域の紹介の場であり，交流人口を生み出す場となるのである。照井猪一郎は，「郷土室は活用すべきものであって利用すべきものではい。それはそれ自身に生命を持ち発展を持つものであって廢物を材料として他に利用するものではないからである。」と明記している（照井 1932）。照井がいうように郷土博物館は，あくまで歴史・文化・自然を融合した風土の確認が行える空間でなければならない。博物館は，過去を知り未来をつくる空間であり，このことはまた，“ふる里”を学び，自分を学び，地域に生きる確認でもあろう。それは同時に文化を担う誇りであり，延いてはこれが，我が国の日本文化の保存と継承につながり，そのなかから新たなる創造が生まれるものと考えられる。また，“村おこし”“観光”といった交流人口の増加に結びつくものと考えられるのである。

(3) 史跡整備に必要とされる博物館と風土記の丘の理念

以上縷々述べてきた如く，史跡の活用には博物館が不可避なのである。平成17年に文化庁文化財部記念物課から刊行された『史跡等整備のてびき―保存と活用のために―I～IV』には，管理・運営および公開・活用に関わる施設として，ガイダンス施設・体験学習施設の2種の施設を挙げるのみに留まり，史跡整備の活用の基本である学術情報の伝達機関としての博物館は記されていないのである（文化庁2005）。この点が，今日の史跡整備において欠けている最大の不都合な点であると考えられる。

ここで再度想起されるのは，昭和41年の風土記の丘構想である。当該制度は，第一の特徴は史跡と埋蔵文化財を従来においては一般的であった面積的意味合いで，点としての遺跡の保護に対し面としての広域にわたっての遺跡保護を目的としたことは述べたとおりである。このことは，複数の遺跡を有機的かつ系統的につなぐという新たな理論の具現であり，初現的遺跡博物館であると同時にサイトミュージアムの一完成形態であったと把握できるのである。第二点は，広域に文化財を保存したうえで，さらに整備活用を企てたところにある。具体的には，埋蔵文化財の出土品を収蔵・保存し，さらには埋蔵文化財の公開と普及展示を目的とする施設である資料館を設置したうえで，専門職員である学芸員の配置を義務づけたところに当該法の大きな意義が認められたのである。第三点としては，面積のうえでの有利性で遺跡のみにとらわれず古民家の移築と民具の展示や万葉植物園等の設置により遺跡・地誌・民俗・植生・景観等を含めた総合博物館と成り得る要件を有したことも大きな特徴であった。かかる意味で，文化財行政史のうえでは画期的といえる制度と評価できるものであった。

自然・景観・文化・歴史・民俗といった地域文化の保存と活用には，野外博物館が必要であることは，別著で述べた通りである（青木2006）。この点では，遺跡という野外空間は野外博物館を展開するには整合性を有することと，また逆に遺跡の活用の基本である遺跡が有する学術情報の伝達には博物館が不可避である点とさらには遺跡に関する専門知識を有したうえで博物館知識と意識をもった学芸員の配置が必要であることを考え合わせれば，昭和41（1966）年の「風土記の丘」設立の理念に再び到達するのである。

(4) 史跡と博物館の位置

遺跡活用の基盤となる博物館の基本要件は，遺跡の至近距離に博物館を設置することであると考える。この点に関して，黒板勝美は下記のごとく指摘している（黒板1913）。

> 前にもいった通り，史蹟を離るる程遺物の価値は減少する。史蹟に在ってこそ遺物の価値は最も多く發揮されるのである。例えば家重代の寶物は其の家に取って大切である。他へ持ち出

せば家との關係から生ずる歴史的價値は無くなって，單に美術上の價値のみ殘る，それだけ寶物そのものの價値が減ずる譯である。保存といふ方から云えば，なるべく其物の價値を十分に發揮するようにして保存しなければならぬといふ主義の起こった所以である。そこで若しも史蹟を離れた場所に博物館がある場合には，その陳列室はなるべく史蹟及び其の時代の風趣を現すやうに工夫して陳列せなければならぬ。

史跡と博物館の占地上の関係を明示したものであり，史跡の活用における普遍の原理と把握せねばならない理念である。確かに，遺跡の至近距離である遺構内や遺跡内への博物館建設は，地下遺構の破壊や周辺環境を含めた環境・景観破壊をもたらすものであってはならず，逆に遺跡から隔絶すればするほど遺跡が有する学術情報に限らず，遺跡が有する各種の情報伝達と臨場感が希薄となることは否定できない事実である。

したがって，遺跡と博物館の位置関係は，遺跡が占地する地勢を十分に読みとったうえで吟味しなければならない要件であり，景観上では博物館の地下埋設も有り得るだろうが，この場合は地下水の遮断に留意しなければならない事は確認するまでもない。

(5) 羅列から展示へ

史跡活用の第一歩は，当該遺跡に特化限定した博物館ではなく，当該地域の考古学，さらには日本の考古学，日本の歴史の中に位置づけた展示を有する博物館展示が必要である。勿論のこと展示は，史跡の遺構および遺物が内蔵する学術情報を伝達する説示型展示を基本としたうえで，歴史展示・比較展示・動感展示・参加型展示等による“驚きと発見”を伴う展示と，再び来館者を誘うことができる“人を魅了する”展示が必要である。従来一般的でもある出土遺物の羅列は，遺跡がもつ学術情報の伝達においては不十分で到底史跡の活用には至らないところからも，展示ではないことを確認しなければならないのである。したがって，参加型展示のなかでも知的参加であるマインズ・オン展示を多用（1ヶ月当たり一回の変更）することにより，“驚きと発見”から発する知的欲求の充足は再訪問を促す心因になるものと考えられよう。

また遺跡博物館において認められる民具類は，比較展示における比較資料や歴史展示としての展示に組み込まれる場合を除き，展示はそれも収蔵展示・羅列展示は行うべきではない。勿論当該遺跡と年代のことなる歴史資料でも同様であるが，これらは相対的に少ないゆえかその実施例は認め難い。遺跡博物館の展示に，歴史資料に比較して圧倒的多数が現存する民具の収蔵展示・羅列展示が介在することにより，遺跡博物館が本来有する時代感が大きく損なわれるからである。

(6) 遺跡博物館がもつ野外部の有意性

地域文化の保存と活用には野外博物館機能が必要である。この点では，遺跡という野外空間は整合性をもたらすものであり，おおむね遺跡博物館イコール野外博物館であるといえよう。

照井猪一郎は，「教育博物館の構成と利用」の中で，資料室での資料の収集および室内展示と野外にある資料との関係を次のごとく記している（照井 1932）。

「教室から一歩外に出ると美田萬頃，黄金の波に豊かな秋を象徴して居る其の稲が，郷土室では干からびて，半穂がこぼれ落ちて，それから紙札がついて倒さに，天井からブラ下って居る一何の積りだろう一」といふ言葉を聞いた。これはたしかに標本屋・古道具屋式の無意味さや見當違ひを嘆息されたものに違いない。

上記引用文の主意は，博物館の基本機能である資料の収集と資料現地主義に関する問題である。つまり，博物館に収集された資料は如何に綿密な調査研究のうえで収集されたにせよ，大半の資料はその資料が存在した状況や環境を失っていることは事実である。この点が博物館資料化した資料と，本来あるべき位置にある現地（現位置）資料との基本的な違いであり，学術上では背景・状況・環境等々の基礎情報上での差異と，展示においてはみる者にとっての臨場感の違いとして表出するといえよう。したがって，かかる観点でのそれぞれ個別の資料が有する背景・状況・環境をある程度まで復元が可能な空間が野外部での展示であり，室内展示と連携させることにより，その結果見学者を魅了し“驚きと発見”を導き出せることとなる。この点が，博物館活動における野外部必要性の第一点であると考えられよう。

また，郷土博物館で，郷土学習を完遂するための教育活動を実施する場として，建物内部に限定された通常の博物館では当然限界があり，さらに充実した活動を展開する為にも地域博物館に野外部は不可欠であると考えられる。つまり，屋内の展示室や学習室のみではなく，展示および教育諸活動に供せられる屋外空間を付帯させることが必要なのである。

活動の場を野外にももつことにより，種々の博物館の機能のなかでも博物館展示や博物館教育活動に大幅な拡大がもたらされることは必定である。野外スペースをもたない博物館は，グラウンドのない学校に置き換えればその活動内容においての限界は，明々白々であることからもその重要性は理解できよう。

野外部での展開については，下記の4点におおむね集約され，これらの展開により先にも述べた如くの逼塞状態にあるともいえる多くの郷土博物館に活性化がもたらされる要因となるものと考えられるのである。

一　復元家屋等の建築物をはじめとする大型構築物の移築および再現が可能となること。

二　野外であるがゆえに，日の利用や水の利用，天日干しといった室内では不可能な行為が可能であること。

三　水田や畑，せせらぎや池等の親水施設等の設置も可能であること。

四　水生植物を含めた植物の栽培や植栽が可能であること。

博物館の構成要素の“場”である“展示空間”に関しては，縷々上述してきた通りであり，一般に博物館といえば室内に限定してきた我が国の博物館施設の概念に対して，室内での展示に野外部を付設させることによって面積的にも拡大できるとともに，室内展示と連携した野外部展示への延長により，博物館展示の情報伝達量や教育活動の内容が増幅できるのが最大の特徴である。このような，展示・教育効果により総合博物館の視座が進展することにより，博物館の活性化が大きく進捗するものと考えられるのである。

(7) 博物館学知識と意識を有した専任学芸員の配置

さらなる基本要件は，学芸員の配置であることは筆者が別稿でも述べている（青木 2009)。博物館に限らず全ての機関・施設・会社等々においても全く同様であるように，基本となるのは“人”である。したがって，専門知識と博物館知識を有した熱心な学芸員の，非常勤ではなく常勤としての配置が必要なのである。

従来，億単位の大型映像設備やシミュレーション装置・動く恐竜を配置した巨大ジオラマ等々の大型展示装置は，当然のごとく故障により不可動となり，故障に至らずとも現在陳腐化をきたし博物館経営のうえで大きな足枷となっている。為政者は，そのような博物館を自分の目で直視し，再度確認することにより同じ轍を踏まないようにしなければならないのである。この無駄に終わってきた予算を活用し，一人でも多くの博物館学知識と意識を有した意欲ある学芸員を採用することが重要である。

そもそも，博物館展示には，基本的に大型ジオラマや大型映像等は何ら必要とするものではなかった。展示という，実態の知れぬ魔性ともいえる用語に博物館展示は誑かされたのである。将に博物館展示は，“裸の王様”であり，今でも“裸の王様”で有り続けている実態は散在している。この現象から脱却するには，博物館学知識と意識を有した熱心な学芸員の配置が必要なのである。かかる人材が博物館に長期間介在することにより，博物館は蘇ることができるのである。これからの博物館は，資料との出会いはもとより，さらには“学芸員と出会える博物館”となることで，博物館は社会資源へと昇華できるものと考えられる。

上記の点を裏打ちするには，博物館の専門職員である学芸員が，博物館経営に対する熱意をもち続けられる職場環境の整備が抜本的に必用である。それには，博物館学芸員の社会的地位の向上が優先されなければならない。具体的には，明確な研究職としての専門職に位置づけることが重要である。次いでは，登録博物館もしくは少なくとも相当施設の指定を受けることが重要であり，当然のことながら博物館類似施設ではいけないのである。日本学術振興会の科学研究費が申請できる博物館にすることが優先課題であることは過去に何度も述べてきたが，少なくとも博物館相当施設の指定を受け，文化庁をはじめとする各種の補助金申請が可能な博物館にすることが博物館経営のうえで重要であると考える。

結　論

保存された史跡は，現在社会に活用されるべきであることに対しては論を俟たないことは事実であろう。史跡の活用とは，その本義を考えた場合，遺跡が有する過去の人々の活動の歴史に関する種々の学術情報を，現代社会へ還元することを目的とする。すなわち遺跡が内蔵する学術情報の伝達で有ることに違いない。

ところで，地域博物館の基盤論として竹内順一が提唱し，伊藤寿朗が展開した「第三世代の博物館論」が，史跡の保存・整備・活用と同調するものと看取される。つまり，竹内のいう第一世代の博物館は，保存志向であり，第二世代は公開志向，第三世代は参加・体験を目的とする教育事業による継続的な活用を行う博物館を目指す理論である。遺跡・史跡の保存・整備・活用も正に当該「第三世代の博物館論」に相当するものと考えられよう。

したがって，史跡も第三世代の史跡活用であるところの参加・体験による展示（教育）活動を継続的に行う具体的な活動が必要となる。それには，活用の第一歩であるところの博物館の設置が不可避であることは確認するまでもない。ここでいう博物館とは，あくまでも博物館であって，すでに整備された史跡にまま認められる無人で学術情報の伝達が乏しい展示のみのいわゆるガイダンス施設ではなく，さらには考古学的見地にのみ留まるのではなく，広く博物館館学意識に基づく博物館をあくまで必要とするのである。別著でも記したとおりであるが，その存在に疑問を抱かせる十分な史跡の学術情報の伝達がなし得ていない安易で形式的なガイダンス施設は必要ないのである（青木2006）。そうであるならば，おしなべて遺跡の整備・活用事業を行うべきではなく，第一世代の博物館理論と同様に遺跡は従来通りの凍結保存を続行し，公園等の側面的活用が可能であれば，それでも現在社会においては十分なる意義を有すると考えるのである。

史跡は，郷土の誇りとして，地域の生活空間として，また文化のシンボルとして常に活用し続けることが重要なのである。

註

1）上・下侍塚古墳の発掘は，『那須記』（大金重貞 1673-1680（『続群書類従』第22巻上所収））や，『下野國誌』巻之二（越智守弘 編，田崎梅渓 画　1916年，下野國誌刊行會）にその詳細を確認することができる。

参考・引用文献

青木　豊　2006「地域博物館・野外博物館としての史跡整備」『史跡整備と博物館』雄山閣

青木　豊　2008「史跡の活用とは何か」『國學院大學考古学資料館紀要』第24輯　國學院大學

青木　豊　2009「学芸員有資格者の採用を求めて」『全博協研究紀要』第11号　全国大学博物館学講座協議会

石橋五郎　1912「第二回郷土保存萬國會議状況報」『建築雑誌』第二五巻第五號　日本建築學會　84頁

蒲生君平　1921「山陵志」『勤王文庫』第参編　大日本明道会　95頁

黒板勝美　1912「史蹟保存と歴史地理學」『歴史地理』第二十巻第一號　日本歴史地理學會　16頁

黒板勝美　1912「史蹟遺物に關する意見書」『史學雑誌』第23編第5號（『虚心文集』所収　397頁）

黒板勝美　1913「博物館に就て」『歴史地理』第二一巻第一号　日本歴史地理學會

高山林次郎　1899「古社寺及び古美術の保存を論ず」『太陽』第五巻第十號　博文館

照井猪一郎　1932「教育博物館の構成と利用」『郷土教育【郷土科學改題】』第十八號　刀江書院　18頁

文化庁文化財部記念物課 監修　2005『史跡等整備のてびき―保存と活用のために―I～IV』同成社

峯地光重・大西吾一　1930『新郷土教育の理論と實國際』人文社

三好　學　1915『天然記念物』富山房

神奈川県内における古墳の保存と活用について

今野まりこ

はじめに

市町村の文化財保護行政に携わるなかで，文化財の保存と活用を常に念頭に入れておく必要がある。平成 17（2005）年に文化庁文化財部記念物課監修の『史跡等整備のてびき―保存と活用のために―』が刊行されるなど，その重要性は浸透している。しかし，現状は，文化財の本質的な価値を生かしきれておらず，課題も多い。そこで，現状と課題を整理し，現在を生きる我々が，過去・現在・未来の代表者として末長く未来へこの遺産を継承できるよう，その価値を理解し，次の世代へリレーする役割を果たさなければならない。文化財のなかの史跡，特に古墳を一つの切り口として，現状と課題を整理したい。

1　文化財保護の歴史

まず，ここでいう「史跡」を確認しておく。文化財保護法第 2 条において，「貝づか，古墳，都城跡，城跡，旧宅その他の遺跡で我が国にとつて歴史上又は学術上価値の高いもの，庭園，橋梁，峡谷，海浜，山岳その他の名勝地で我が国にとつて芸術上又は観賞上価値の高いもの並びに動物（生息地，繁殖地及び渡来地を含む。），植物（自生地を含む。）及び地質鉱物（特異な自然の現象の生じている土地を含む。）で我が国にとつて学術上価値の高いもの（以下「記念物」という。）」と定義されている。

同法第 109 条において，「文部科学大臣は，記念物のうち重要なものを史跡，名勝又は天然記念物（以下「史跡名勝天然記念物」と総称する。）に指定することができる。」と定めている。これまで，指定という手法を用い，史跡名勝天然記念物の保存を行ってきた。

史跡指定は，「特別史跡名勝天然記念物及び史跡名勝天然記念物指定基準」に基づき行われ，「我が国の歴史の正しい理解のために欠くことができず，且つその遺跡の規模，遺構，出土遺物等において学術上価値のあるもの」を史跡の基準としている。

指定されただけでは，後世に伝えていくことは難しい。史跡指定の理由，価値を国民が認識し，それを能動的に伝え，進歩につなげていくことができなければ意味のないことであり，我々に課せられた義務でもある。指定，法規制，保護，整備，公開，活用，管理は，そのための手法である。

昭和25（1950）年に文化財保護法が制定されてから60年以上が経過し，国史跡に指定されている数は平成28年5月1日現在，1,821件あり，そのうち神奈川県内の国指定史跡は60件が含まれている。また，地方公共団体は，それぞれ文化財保護条例等を制定し，史跡指定を行っており，神奈川県指定史跡は24件，県内市町村指定史跡は約130件となっている。

文化財保護法以前は，大正8（1919）年に史蹟名勝天然記念物法が制定され，この法により大正10年に初めて国史跡が指定された。明治30（1897）年に制定された古社寺保護法を母胎としたものである。

遡って江戸時代，徳川光圀による多賀城碑保護を求めた仙台藩主宛の書簡の例や栃木県下侍塚古墳の墳丘保護のため松を植えた例などを指摘することもできるが，それ以前となると，保存を試みたその行為が，果たしてその遺跡のもつ歴史的・文化的価値を意識したうえでのものだったのかどうか，確認するのは困難となる（杉津2013）。

また，江戸時代後期に水戸学の影響を受けた蒲生君平が天皇陵の荒廃を嘆き，古代史料に基づいて近畿一帯の各陵墓を実地調査し，『山陵志』を著しているが，文化財保護というよりも幕末尊王論の視点からが強かったといえる。

史跡のなかでも，古墳は土を高く盛り上げたり，削りだして造った墳墓であるため，視覚的にも後世に伝わりやすく，また内容的にも社寺の一角に残されたり，塚としてその存在が地域のなかで語り継がれ，残ってきたと考えられる。

文化財保護法の目的は，同法第1条において「文化財を保存し，且つ，その活用を図り，国民の文化的向上に資するとともに，世界文化の進歩に貢献することを目的とする」と明記されている。

神奈川県文化財保護条例においても，「この条例は，文化財保護法（昭和25年法律第214号）の規定に基づき，文部科学大臣による指定を受けた文化財以外の文化財で，県の区域内に存するもののうち，県にとって重要なものの保存及び活用のため必要な措置を講ずるとともに，県が行うこととされた文化財の保存及び活用に関し必要な事項を定め，もって県民の文化的向上と我が国文化の進歩に貢献することを目的とする。」と記されている。

戦前の史蹟名勝天然記念物法には，この活用については記述されておらず，文化財保護法において初めて盛り込まれたものであった。『史跡等整備のてびき』によると，記念物の活用について直接ふれた条文はないが，重要文化財および重要有形民俗文化財についてはその所有者又は管理団体，重要無形民俗文化財については保持する個人又は団体に対してそれぞれ「公開」が求められており（文化財保護法第47条の2，75条，84条，88条），これらと同様に記念物に対しても適切な公開が求められているものと明記されている。

また，法律上は明記されていないが，史跡等の「整備」は適切な「保存」・「管理」を行うための施設の設置および復旧・修理等をはじめ，来訪者に向けて適切に「公開」・「活用」するうえで必要となる遺跡の表現，修景，便益等の諸施設の設置をも含めた総合的な行為と捉えることができると明記されている（文化庁文化財部記念物課監修 2005）。

現在に生きる我々にとって，文化財は過去の人々のメッセージを受け取り，今に活かし，向上していくうえで必要不可欠なものといえる。さらには，将来の世代が，同様に活用し，発展の基礎としていくためには，適切に保存されなければならないのである。これは文化財保護に携わる関係者だけのものではない。現在を生きる全ての人が，その意味を感じ取らなければならないのである。日々の忙しさに追われ，現在しかみえていない現代社会の弊害でもある。今の自分をみつめなおした時，未来の自分を考えた時，自分のルーツ，自分の住んでいる土地・環境・歴史を振り返る時に地域の文化財が必要となる。過去がみえづらく，読み解きづらい現代の都市部だからこそ，文化財の保存と活用がより叫ばれる気がする。

2　古墳の保存と活用の現状

ここでは，神奈川県内における国，県，市町村指定の横穴墓を除いた古墳について取り上げいきたい。県内で指定されている古墳は 17 件（国史跡：2，県史跡：5，市町指定：10）ある。

指定の年代をみていくと，昭和 30 年代までに 4 件の古墳が指定されている。これらは，江戸時代の『新編相模風土記稿』にも記録されているように，古くから古墳の存在が知られている。昭和 40 年代以降になると，7 件が開発を契機に指定されている。西福寺古墳のように以前から古墳の存在が認識されており，開発事業に伴う緑化および公園等の協議のなかで，古墳のある場所を都市公園とした事例がある。当麻東原古墳については，区画整理事業のなかで発見され，調査により重要性が明らかになり，道路線形を変更することにより公園用地として保存された例である。稲荷前古墳群は宅地造成中に発見され，調査により地元での保存運動が高まり，10 基のうち 3 基が残され，現在は公園として保存されている。古くからその存在が指摘され寺院地内に残されてきた秋葉山古墳群や大神塚は，その重要性から平成に入って指定された。かろうと山古墳についても，昭和 25 年に確認されてから，現状のまま保存されていたが，平成になってからのリサーチパーク開発に先立つ調査で，改めてその価値が認識され，道路の開削計画をトンネル計画に変更して残されることになり，指定に至った。

平成に入ってから新たに発見された長柄桜山古墳群は，携帯電話の中継基地建設工事に伴う小規模な伐採および整地が行われた際の平成 11 年に地元の方により発見された。神奈川県内最大級の規模を有する古墳であることが判明し，指定に至る。また，大津古墳群は平成 18 年に民有地の山林を公有地化したことから，横須賀市制 100 周年記念事業の一環で確認調査を実施し，3 基で構成された古墳群であることが判明し，神奈川県内の古墳で一番新しい平成 28 年に指定された。

このように指定の経緯は様々であるが，開発を契機としてその存在が指摘，評価される事例が約半数を占めている。開発を契機とする指定の多くは，すでに開発計画が進んだなかでの協議のため，保存できる範囲がかなり限定され，協議期間も限られてくる。特に古墳という性質上，丘陵の頂部に立地しているものが多く，また，古墳が単体でなく，複数の群として作られている事例が多いため，周辺地形や自然環境とともに残すことでの意味合いが強まり，望まれるところであるが，現実は限られた範囲での保存になってしまう。周辺の地形が大きく削平され，稲荷前古墳，瓢箪塚古墳のように古墳だけが，擁壁に囲まれて住宅地のなかに島状に残されてしまうことも少なくない。

古墳は墳丘という高まりをもつ性質上，地下に埋蔵されている集落遺跡と比べ，整備を行わずとも古墳という存在を現状で認識しやすい。しかしながら，土中深くにおいての保存ではないため，風化や損傷を受けやすい。

古墳の保護の観点からか，17 件中 7 件が柵や植栽により立ち入れないようにしている。しかし，墳丘上に立つことで，その景観や墳形，規模を認識できる利点がある。古墳の保護を前提にしたうえで，墳丘に立入ることができるならば，現在と過去をつなぐ接点になる。現地に立つという意味合いは大きいと考える。

また，古墳が単体でなく，複数の群として作られている事例では，長柄桜山古墳群や秋葉山古墳群，大津古墳群のようにまとまった範囲で自然地形が残っていることがある。古墳が造られた際の立地条件や景観を現在においても追体験でき，本質的な価値を理解しやすい。ただし，古墳の墳丘上に上がることで，古墳の立地条件をより感じることができるが，墳丘保護のための盛土や階段を設けていない場合は，道が削られるなどの影響がある。整備および維持管理のなかで，現状を常日頃確認し，墳丘の保護を行う必要がある。

かろうと山古墳や長柄桜山古墳群のように丘陵地形ごと残されている事例では，自然環境の保護とともに古墳の保存が望まれている。しかし，古墳上の樹木は根を張り，古墳の保護や景観を妨げたりもする。自然と古墳の調和を図りながらの保存が望ましい。樹木の間伐や下草刈り等，定期的な維持管理の継続が必要である。墳丘上に立った際に，周辺の景観が望めるような樹木の維持管理がなされているかも訪れた際のポイントとしては大きい。特に低木の常緑樹は視界を遮るため，防犯上，展望上でも剪定が必要である。住宅地に隣接した豊かな自然環境は，動植物や昆虫にとっても格好のエリアとなる。古墳の保護だけに限定されない，様々な要素を保持しながら活用することが，将来につながっていくものと思われる。

開発計画のなかで古墳を保存する事例では，当麻東原古墳や西福寺古墳のように都市公園として整備され，管理は教育委員会でなく，都市公園担当部署で行っている場合は，文化財保護担当部署との連携が必要である。遊具やトイレ等の便益施設も併設されているため，幅広い世代の公園利用が認められる。住宅街に存在する古墳は特に貴重な緑地であり，憩いの場としても利用されている。文化財が特別なものでなく，日常生活のなかで，身近にあるという実感をもてるまちづくりであってほしい。

トイレは公園整備されている 4 件で設置されているが，管理上の課題もある。設置できない場合には，周辺の施設との連携等工夫が必要である。駐車場が公に整備されているのは 2 件と少ない。住宅地に隣接している等，スペース的な問題や地域での利用に主眼を置いている理由からか，大半が駐車場は設けていない。徒歩や公共交通を利用しての来訪となるが，より多くの活用のためには，最小限の駐車スペースが必要である。

ベンチは6件で設置がされている。憩いの場として，長時間滞在ができる空間とするためには，ベンチが必要である。しかし，樹木に囲まれ，虫も多く，景観も悪い場所で果たしてベンチを使用するのかと考えさせられる場所もある。ベンチを設置するからには，空間づくりの形成が重要と思われる。

過去に東屋が設置されていたものの，現在は撤去されている個所が2件あった。維持管理を見据えたうえで，必要な施設の整備や見直しが行われるべきであろう。

擁壁に囲まれて保存されている事例では，近年では防災の観点からも急傾斜地としての問題が出てきている。

案内板は最近指定された大津古墳群以外の古墳全てで設置されており，訪れた人は古墳の指定の経緯や調査の内容等を知ることができる。ただし，設置から経過し劣化しているものがあるため，更新手続きは必要である。また，史跡には必ず所有者・管理者が存在する。今回，各古墳をめぐるなか，現地で各市町の教育委員会が管理しているのか個人が管理しているのかが確認しきれないものが存在した。国民的財産を保護するうえでも，個人情報保護法の範囲内で管理者等を案内板に明記することも必要でないかと感じた。

久野諏訪ノ原4号古墳の近くにある，小田原フラワーガーデン内では「久野遺跡めぐりコース」として古墳の案内板を設置している。わざわざ古墳を目指して訪れる人以外への情報発信は重要で，周辺施設との連携した案内板は非常に有効である。他の市町村においても，文化財の点を線につなげる取り組みが行われている。

資料の展示を併設しているのは，桜土手古墳群の1件のみである。それ以外は，別施設の博物館や郷土資料館で展示がなされている。古墳がある現地と出土した資料の連動性が望まれる。

県内の古墳の整備としては，大きく3種類がある。古墳築造当時の姿に復元するもの（桜土手古墳第1号墳）。樹木を伐採し，芝張りやクマザサ等の下草で保護し維持管理するもの（稲荷前古墳群，桜土手古墳群，当麻谷原古墳）。木を伐採せずに，盛土等により古墳の保護に主眼をおいた整備である（綱島古墳，西福寺古墳）。いずれも現代社会と寄り添いながらの整備が求められている。

3　古墳の保存と活用の課題

近年，史跡の活用を考えるなかで，観光資源としての活用が取り上げられている。2004年以降に「観光考古学」というネーミングも使われるようになった（坂詰 2012）。発掘成果としての遺跡を観光の資源と捉え，その保存と活用を促進させ，さらに地域の活性化につなげようとするのが「観光考古学」の目指すべきところである。史跡のなかでも，吉野ヶ里遺跡や三内丸山遺跡のように広大な範囲が指定されている遺跡は，観光資源として成功している事例であるが，都市部等の限られた面積での史跡の保存である場合，単体，指定された範囲のみでは観光資源にはなりにくい。景観を含めた範囲を考えることで，複数の文化財を絡ませることで資源となる。

各市町村の文化財も観光資源・社会的な役割が求められている。しかしながら，文化財は他から訪れる人のための観光資源になる前に，地域の資源であることが１番である。地域の人に愛されていない，受け入れられていない文化財は外から訪れる人へ魅力を伝えることはできない。

その古墳がいかに保存され，活用されるかは，どれだけの現在の人が関わり，本質的価値を認識しているかに関係すると考える。そこに訪れる人はもちろんのこと，情報を発信する人，草刈りやごみ拾いをする人。ほんの少しの関わりが，未来へとつながる大きな懸け橋となる。自ら草刈りすると，その場所が何の場所なのか興味がわき，常に居心地のよい空間か気にするようになる。それが訪れた人に伝わり，史跡の価値へともつながってくる。

今回，県内の古墳をまわった際に，地域住民の方と話す機会が何度かあった。地域の人がその古墳を大切に思っていることが言葉の端々から伝わり，嬉しく感じた。また，地域住民以外の者がわざわざ訪ねてくることで，改めてその貴重性と地域の宝であるという誇りが生まれてくるのではないだろうか。

史跡は現代の土地と切り離せない問題である。保存できる古墳はごくわずかに限られている。そのなかで残す判断を行ったからには，我々は後世に伝える努力をしなければいけない。指定して終わりではない。現代もこれから先も，多くの人が文化財と関わるきっかけづくりや過去の人々のメッセージを受け取り，活かしていこうとする人の姿勢への後押しが，文化財保護行政に携わる自分の役割と考える。

大学院修士２年時に山本暉久先生が昭和女子大学に着任された。文化財保護行政を長年勤めてきた視点での，考古学の教鞭は刺激となった。縁あって，自分も文化財保護行政に携わることとなった。地域住民に近い場所で，文化財に関わりたいという思いからであった。行政の力だけでは，文化財保護の限界がある。地域のたくさんの応援団とともに，学ぶ心を忘れずに取り組んでいきたいと思う。

引用参考文献

相原精次・藤城憲児　2000『神奈川の古墳散歩』彩流社
海老名市教育委員会　2004『海老名市史跡文化財写真ガイド　ふるさとの歴史と文化遺産』
大磯町　2007『大磯町史10　別編考古』
小田原市　1998『小田原市史　通史編　原始古代中世Ⅰ』
小田原市　1995『小田原市史　資料編　原始古代中世Ⅰ』
川崎市　1988『川崎市史　資料編1』
朽津信明　2013「日本の「遺跡保存」の歴史と「保存科学」の役割」『保存科学』第52号　261-273頁
坂詰秀一監修　2012『考古学調査ハンドブック７　観光考古学』ニュー・サイエンス社
相模原市　2012『相模原市史　考古編』
相模原市教育委員会　1990『相模原市指定史跡　当麻東原古墳保存整備事業報告書』
逗子市教育委員会・葉山町教育委員会　2011 国指定史跡長柄桜山古墳群整備基本計画書
奈良文化財研究所　2008『遺跡整備調査報告　管理運営体制および整備活用手法に関する類例調査』

秦野市　1985『秦野市史　別巻　考古編』
秦野市立桜土手古墳展示館　1997『秦野市立桜土手古墳展示館展示解説』
土生田純之編　2014『考古学調査ハンドブック 10　古墳の見方』ニュー・サイエンス社
文化財保存全国協議会編　2006『新版遺跡保存の辞典』平凡社
文化庁文化財部記念物課監修　2005『史跡等整備のてびき―保存と活用のために―』同成社
森　浩一　2002『地域学のすすめ―考古学からの提言―』岩波書店
横須賀市　2010『新横須賀市史　別編考古』
横須賀市　2011『市史研究　横須賀』第 10 号
横須賀市　2013『市史研究　横須賀』第 13 号

横浜市教育委員会　国・神奈川県および横浜市指定・登録文化財目録
http://www.city.yokohama.lg.jp/kyoiku/bunkazai/pdf/shiiki-bunkazai20151210.pdf
文化庁　国指定文化財等データベース　史跡名勝天然記念物
http://kunishitei.bunka.go.jp/bsys/categorylist.asp
神奈川県教育委員会　神奈川県の文化財
http://www.planet.pref.kanagawa.jp/bunkazai/bunkazai_sitei.pdf

表 1　神奈川県内の指定史跡（古墳）一覧

	史跡名	所在地	墳数	指定	指定年月日	指定の経緯	整備状況	施設等	立入	図
1	綱島古墳	横浜市港北区綱島台（綱島公園）	1	市	H1. 12. 25	古くから周知公有地・調査	整備	案内板，トイレ，ベンチ，電話ボックス	×	
2	稲荷前古墳群	横浜市青葉区大場町	3	県	S45. 03. 24	開発	整備	案内板，ベンチ，東屋跡，駐車場	○	図 1, 2
3	西福寺古墳	川崎市高津区梶ケ谷（梶ヶ谷第 3 公園）	1	県	S55. 9. 16（県） S45. 8. 26（市）	開発	整備	案内板，トイレ，水洗，ベンチ，遊具，街灯，電話ボックス	×	図 3
4	馬絹古墳	川崎市宮前区馬絹（馬絹古墳公園）	1	県	S46. 12. 21	開発	整備	案内板，水洗	×	図 4
5	当麻谷原古墳（1 号墳）	相模原市南区当麻（相模原ポンプ場）	1	市	S35. 2. 16（旧条例） H13. 4. 1（新条例）	開発	整備	案内板	×	図 5
6	当麻東原古墳	相模原市南区当麻（当麻東原公園）	1	市	H1. 2. 3（旧条例） H13. 4. 1（新条例）	開発	整備	案内板，トイレ，水洗，ベンチ，時計，遊具	○	図 6
7	かろうと山古墳および周辺地域	横須賀市光の丘	1	市	H20. 03. 10	開発	現状保存	案内板	○	
8	大津古墳群	横須賀市大津町	3	市	H28. 02. 25	新発見（H18）調査	現状保存	なし	×	
9	久野諏訪ノ原 4 号古墳	小田原市久野	1	市	S32. 03. 30	古くから周知調査	現状保存	案内板	○	
10	久野 1 号古墳	小田原市穴部	1	市	S36. 03. 30	古くから周知	現状保存	案内板	○	図 7, 8
11	長柄桜山古墳群	逗子市桜山 三浦郡葉山町長柄	2	国	H14. 12. 19	新発見（H11）調査	整備中	案内板	○	図 9, 10
12	桜土手古墳群	秦野市堀山下（古墳公園，工場敷地）	7 6	市	S47. 12. 27	開発	整備（1 基復元） 整備	案内板，資料館，水洗，ベンチ，駐車場	○	図 11
13	二子塚古墳	秦野市下大槻	1	県	S58. 08. 30	開発	現状保存	案内板	×	図 12
14	秋葉山古墳群	海老名市上今泉	5	国	H17. 07. 14	古くから周知調査	現状保存	案内板	○	図 13
15	瓢箪塚古墳	海老名市国分南（ひさご塚公園）	1	市	H10. 08. 28	古くから周知公有地・調査	整備	案内板，ベンチ	○	図 14
16	大（応）神塚	高座郡寒川町岡田	1	市	H9. 12. 24	古くから周知	現状保存	案内板	○	図 15
17	釜口古墳	中郡大磯町大磯	1	県	S29. 03. 30	古くから周知調査	現状保存	案内板	×	図 16

図１　稲荷前古墳群（宅地と擁壁が近接）

図２　稲荷前古墳群（古墳整備状況）

図３　西福寺古墳

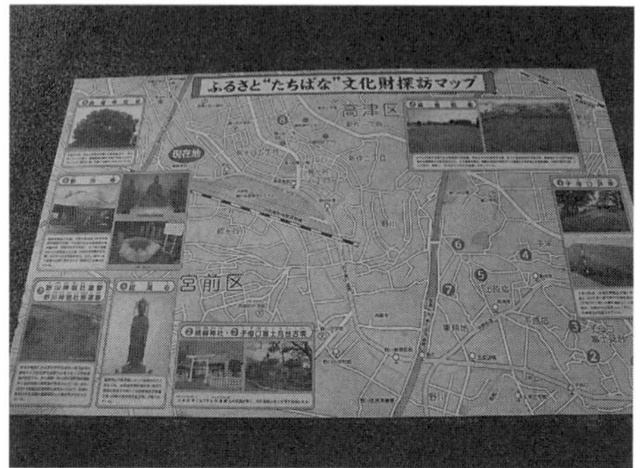

図４　馬絹古墳（他文化財との連携）

図５　当麻谷原古墳（柵外から撮影）

図６　当麻東原古墳（都市公園）

図７　久野１号古墳

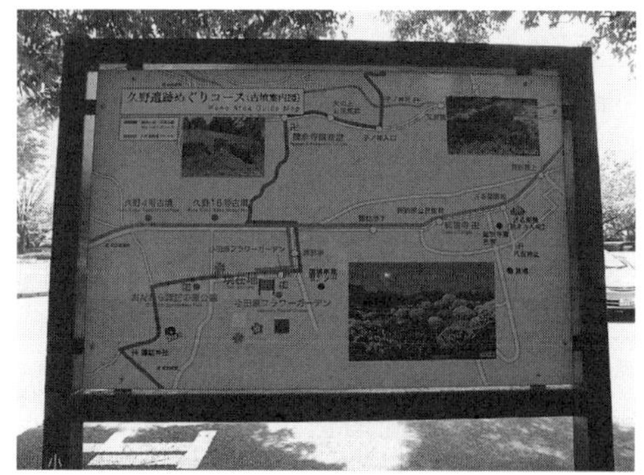

図８　久野遺跡めぐりコース案内板

図９　長柄桜山古墳群（整備中状況）

図 10　長柄桜山古墳群（展望地点整備）

図 11　桜土手古墳群（古墳復元整備）

図 12　二子塚古墳（敷地外から撮影）

図 13　秋葉山古墳群

図 14　瓢簞塚古墳

図 15　大神塚

図 16　釜口古墳

発掘調査報告書のありかた

村田　文夫

はじめに

本稿では，これまで必要に応じて拝読し，多くの学恩をいただいたいくつかの発掘調査報告書を俎上に載せるが，そこから学問的な論争を挑むつもりはない。発掘報告書刊行の本来的なありかたは，将来にわたって学的作業に供せられる基礎的な情報の提示であるから，事実記載などにはどのような心くばりが必要なのか，そのあたりを検証するのが目的である。

検証の素材は，わたしの過去の職務の関連から，川崎市や東京都を含む首都圏の行政とか，民間の発掘調査機関などから発行された発掘調査報告書，とくに平成27年3月10日に国史跡となった武蔵国橘樹郡衙遺跡群関連の報告書や著書から多くの話題を拾う。その理由は，これまで手にして細かく検証する機会が多かったからである。

発掘調査報告書の執筆・出版にあたっての要諦といえば，濱田耕作の不朽の名著『通論考古學』（大正11年・大鐙閣）をおいて右にでるものはない。そのなかから，わたしの独断で必要と思われる部分を記載する。1世紀に近い星霜を重ねてもなお色褪せない至言の要諦を，原文（旧漢字）で転載するので，しっかり嚙みしめてみよう。

出版の義務　考古學的遺跡の発掘は，其れ自身は一箇の破壊なり。之を記録の方法によりて永遠に保存し，出版によりて記録を學界に提供するに於いて，始めて破壊の罪障を消滅せらる。故に発掘ありて記録無く，記録ありて之が刊行を怠るは，畢竟公的資料を破壊し，之を私蔵するもと云う可く，過去の人類に對して，其の空間的存在として残されたる生命を絶つの罪悪を行ふものと謂う可し。【未報告は，遺跡の破壊と同じである】

報告の時期　凡そ調査當時の印象なお鮮明なる際に於ける報告は，多少考證の完全は之を缺くものあるも，事實の正確印象の明確なる點に於いて後日出版のものに勝ること萬々なるを忘るる勿れ。【報告書は，記憶鮮明のうちに出すこと】

圖　版　考古學的出版において吾人の一掃せざる可からざる謬見は，圖版挿図が報告研究の本文の附録たりと云ふことなり。考古學に於いては，圖版は本文と同様，或は其れ以上の價値を有す。故に出版印刷に際して，吾人は先づ圖版を調整し，其後に於いて本文を稿了するを原則とす。【写真・図面は重要，まずこれから着手する】

本　文　文章は簡明直截なるを期す可く，冗長散漫なるを忌む。而して事實の説明と著者の臆説とは常に峻別して，事實に對する公平無私なる觀察を失ふ可からず。（中略）吾人の希ふ所は，學説は日と共に新たなるも，事實の記録をして永久に生命あらしむることなり。【本文は簡明に，事実観察こそ本命。学説は新発見で日々変わる】

体　裁　印刷の精巧，圖版の完美は之に勝るもの無しと雖も，餘りに高價にして贅澤なる骨董的性質の圖書は，學術界に於いては之を歓迎すること能はず。【高価・華美な印刷は歓迎しない】

わたしは定年退職し，行政の業務から離れて久しい。それでも発掘中の現地説明会に参加する機会がある。その遺跡の報告書が遅延しているほか，さらに数年以上を経過し，刊行に絶望を感じることがある。

再度，濱田要諦を繰り返す。「発掘ありて記録無く，記録ありて之が刊行を怠る」は，言わずものがなであるが，しかし濱田哲学の神髄は，「事實に對する公平無私なる觀察を失ふ可からず。吾人の希ふ所は，學説は日と共に新たなるも，事實の記録をして永久に生命あらしむることなり」に尽きるとわたしは思う。

畢竟，学説は，日々の新しい発掘・発見の前には平伏す運命。それに対して，事実の正確な記録は永久に生命を保つ。ここに，考古学の本質を貫く秀逸な濱田哲学が凝縮している。

1　俎上に載せる三つの発掘調査報告書など

前段のことわりのように，本稿では武蔵国橘樹郡衙遺跡群関連の報告書や著書からいくつかの話題を拾うが，そこから学問的な論争を挑むつもりはない。前掲の濱田要諦などを基礎に，現下における発掘報告書のありかたを整理し，若干の私見を提起したいと念じたものである。検証素材とした発掘調査報告書と関連する拙書を，発行された年次順にあげる。

A　川崎市高津区野川影向寺文化財総合調査報告書（発行 川崎市教育委員会）1981年度。［発掘関係部分の主執筆は，竹石健二・野中和夫ほか］。（以下，報告Aと略す）

B　武蔵国橘樹郡衙推定地・千年伊勢山台遺跡―第1～8次発掘調査報告書（発行 川崎市教育委員会）2005年度。［主執筆は，河合英夫ほか］。（以下，報告Bと略す）

　＊この調査の指導は，橘樹郡衙推定地調査委員会（委員長：小林三郎，調査団長：戸田哲也）

C　村田文夫著『川崎・たちばなの古代史』有隣新書68（発行 有隣堂）2010年度。（以下，新書Cと略す）

D　神奈川県川崎市橘樹郡衙遺跡群の調査―橘樹郡衙跡・影向寺遺跡総括報告書［古代編］（発行 川崎市教育委員会）2014年度。［主執筆は，栗田一生ほか］。（以下，報告Dと略す）

　＊この調査の指導は，橘樹郡衙調査指導委員会（委員長：山中敏史，副委員長：大上周三）

2　ランダムに検証課題をあげていきたい

紙幅にも限りがあるので，上記の報告Ａ・Ｂ・Ｄと新書Ｃをベースにランダムに検証する。

(1)　写真図版の重要性・多くの情報を

わたしは報告Ｄを手にしてまず驚いたのは，１頁分を充てた巻頭図版１「航空写真」に，遺跡関連の情報がまったく含まれていなかったことだ（図1）。巻頭図版から，千年伊勢山台遺跡や影

①影向寺，②千年伊勢山台遺跡，③中原街道（古代の東海道筋），④久本村の条里遺跡（以上，遺跡関連情報），⑤影向寺台，⑥千年伊勢山台，⑦第三京浜国道，⑧子母口富士見台，⑨矢上川（以上，地域関連情報）。

図１　報告書Ｄの巻頭写真（遺跡・地域に関する情報を筆者が加筆）

向寺の位置を探し出すことは，報告Ｄを手にしたほとんどの人はわからないはずだ。これは写真・図面の重要性を説く濱田要諦にも反する。最低限その位置を明示してほしいのは，遺跡情報では①影向寺，②千年伊勢山台遺跡，③中原街道（古代の東海道筋）の位置，④久本村の条里遺跡，地域情報では⑤影向寺台，⑥千年伊勢山台，⑦第三京浜国道，⑧子母口富士見台，⑨矢上川。これらの位置ぐらいは明示する必要であろう。

考古学の普及啓発を説いた佐原眞は，遺構・遺物のサイズをヒューマン・スケールの写真を用いて説得する重要性を説いていたと記憶する。たとえば，大形住居跡のスケール感を視覚的に訴えるため，大勢の人を立たせたり・寝かせたりした写真など—。わたくし達は，この佐原眞の提言をもう一度思いおこすべきである。さらに考古学の業界人（！）だけにしか通用しない専門的（？）な語彙の使用は，発掘調査報告書の段階から再検証すべきであろう。

(2)　千年伊勢山台遺跡の名称が消えた？　遺跡名の変更は慎重に

報告Ｄの例言を読むと，これまで大字＋小字名で「千年伊勢山台遺跡」としてきたが，このたび報告書をまとめるにあたり，遺跡範囲が千年伊勢山台遺跡以外に隣接する字蟻山，字上原宿に広がること，加えて本遺跡が橘樹郡衙の一部と考えられるので，以下には「本報告から橘樹郡衙跡という遺跡名称を用いることにした」と書かれている。調査区名としては，伊勢山台地区・蟻山地区，上原宿地区を適宜使用するという。これにも，驚愕した。

上記の一文を素直に読めば，地域行政の重要機関である川崎市教育委員会が，9年前の報告Ｂで呼称した「千年伊勢山台遺跡」という遺跡名称を，全面的に撤収して改称されたのである。付言すれば，報告Ｂの段階でも字蟻山，字上原宿地区に遺跡の広がりは確認されていた。とくに，字上原宿地区は，影向寺の寺域にも近接している。将来的には，郡衙関係の遺構・遺物のほかに，古代寺院関係資料の発見も十分想定できる。さてその時は，どうするのであろう。

重要な遺跡名の変更は，当然，調査指導委員会の議を経て決定されたものと推測する。であるから，報告Ｂの現地総括者の戸田哲也も河合英夫もいまは黙して語らない。ただ，前身の推定地調査委員会委員長の樂未央（故小林三郎先生のこと・先生が好んだ鏡の銘文）は，無類の硬骨漢で知られた考古学者。この経過を三途の川向うで知れば，きっと苦笑されることであろう。

(3)　影向寺は，「影向寺遺跡」に非ずではないのか？

報告Ｄの例言を読むと，影向寺の遺跡名は，「影向寺」と「影向寺遺跡」が混在していたので，平成18年度刊行の第11次調査報告以降は，既往の2報告を除いて「影向寺遺跡」として統一したとある。

影向寺の名のおこりについては，江戸後期の地誌『新編武蔵風土記稿』にある，近世初期の萬治年中（1658～61）に本堂が回禄したとき，御本尊が堂前の石上（影向石）にとどまったので，影向寺に書き改めたとある。それ以前は，榮興寺，その後は養光寺に書き改めともある。

榮興寺については，荒廃した伽藍を再建し，薬師如来を安置するため，深大寺の僧・長弁が応永13（1406）年8月，寄附を広く呼びかけた『曼殊院文書』があり，これは史実である（『川崎市史』資料編1，1988年所収）。一方，影向寺については，寺に遺こる徳川家寺領寄進朱印状（写）のうち，最古の三代家光代の寛永19（1642）年9月24日付は，「影向寺」とある。風土記稿の記載と10年前後のズレであるから，影向寺は近世初期以降の寺号であろう。一方の養光寺は桊興寺の後であるから，中世後期と推測できる。

このような歴史をもつ影向寺に対して，「影向寺遺跡」というと，影向寺が廃寺，つまり「遺跡化」して，跡地から近世以降の寺関係の遺構・遺物が発掘されているかのようだ。発掘によって寺の歴史は確実に古代にまで遡る。中世期に衰微したが，深大寺の僧・長弁の尽力もあり，法燈をいまに伝える稀有な寺院である。これまでは，この悠久な寺院史を呑み込み，遺跡主体の報告書でも，「影向寺」が表看板であった。わたしは，当然，「影向寺」でよいと思う。

あえて「影向寺遺跡」に拘泥するなら，たとえば「影向寺境内遺跡」と「影向寺周辺遺跡」などに分け，その定義を明確に整理すれば，もう少しすっきりしたと思われる。

整理する。報告Dでは，“橘樹官衙遺跡群”は，「橘樹郡衙跡」と「影向寺遺跡」で構成される。一方，“橘樹官衙遺跡群”は，これまでの調査・研究史を前提に，「千年伊勢山台遺跡」と「影向寺」で構成されているとするのが，卑見である。遺跡所在地の地名ではなく，遺跡の性格に特化した遺跡名は，前段の研究史とも不整合であって，今後の混乱が予測できる。

(4) 県史跡・子母口貝塚の地点名の混乱も困った

古代の遺跡ではないが，“橘樹官衙遺跡群”に近接している県史跡の子母口貝塚でも地点名に混乱がある。この原因も，調査・研究史上の思慮不足が原因である。

県史跡・子母口貝塚（川崎市高津区子母口所在）は，いわずと知れた縄文早期・子母口式土器の標識遺跡。詳しい研究史は省くが，貝塚は台地縁辺に散在する5地点で構成される（図2）。

地点貝塚であるから，まずは地点名をつける。最初に付けたのは，地元の医師で考古学者の岡栄一。岡は時計回りに，I〜IV地点とした（昭和7年）。その後，人口に膾炙した地点名は，酒詰仲男がつけたA〜E地点（昭和16年）。その後，時代をはさんで，渡辺誠は，川崎市教育委員会の依頼を受けて一地点を発掘したが，酒詰命名を尊重して，A地点として報告された（昭和42年）。その後，江坂輝弥は，酒詰のC貝塚を第一地区貝塚，D貝塚を第二地区貝塚，A貝塚を第三地区貝塚，B貝塚を第四地区貝塚，E貝塚を第五地点貝塚と命名した（『川崎市史』資料編，昭和63年）。江坂の脳裏には，酒詰地点を変える理由があったのであろうが，その根拠がなにも書かれていない。ただ縄文学の泰斗の命名であるから影響は大きく，以降，江坂命名の呼称が定着する。まず，川崎市市民ミュージアムが，江坂命名の算数字を使用した。

その後，子母口貝塚を発掘した山内清男資料が，当時の奈良国立文化財研究所から公開された（平成4年）が，そこは江坂命名の第二地区貝塚であった（金子1992）。しかし，研究史的に判断して，地形図上に各地点を明確に図示した酒詰命名のD地点に回帰するのが妥当であろう。わたしは学生時代から江坂先生には大変御世話になり，鬼籍に入られた今，このような苦情を呈する

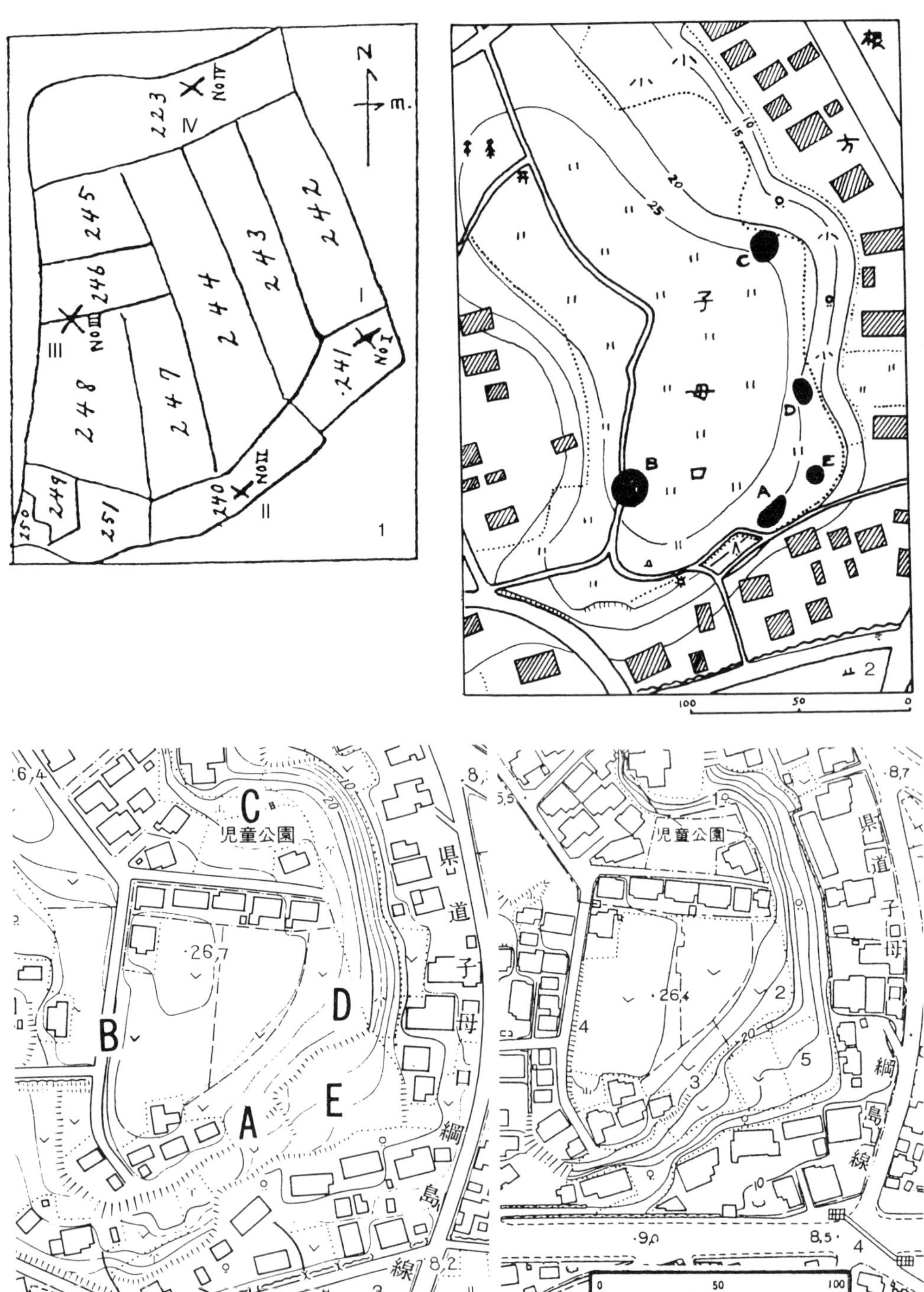

1：岡栄一によるⅠ～Ⅳ地点，2：酒詰仲男によるA～E地点，3：渡辺誠によるA～E地点，酒詰地点を継承，4：江坂輝弥による1～5地点

図2　子母口貝塚（県史跡）の地点変遷

のは本当に心苦しい。それでも，A～E 地点に回帰するのが，原則と思っている。

(5) 既往の報告書への配慮を問う。それと文責は誰ですか？

橘樹官衙遺跡群の発掘調査報告書（報告 D）に話題を戻す。

例言には，「橘樹郡衙跡及び影向寺遺跡については，以下の報告書が刊行されているが，調査成果については一部再評価等を行っていることから，古代関係の調査成果については，本報告をもって最新の調査所見とする」。例示された報告書には，報告 A と報告 B も含まれるが，「本報告をもって最新の調査所見」とあるから，暗に以後は報告 D に依ることを求めている。

膨大な資料が発掘された場合，最終報告書の発行までに長期間が予測されるので，貴重な成果を「調査概報」として速報することはよくある。一例を示すと，東京都東村山市の下宅部遺跡（縄文後期・晩期の低地・河道遺跡）では，毎年度概報が発行され，それが 6 年間継続し，その後に大冊の最終調査報告書が刊行された。最終報告書の中では，概要報告のなかに一部修正があるのが常で，最終報告書をもって総括とする，というような一文がしばしば入る。これは，調査時点から最終報告まで，関係した主要メンバーが不動であれば何ら問題は生じない。

一方，報告 D を主執筆した栗田は，平成 14（2002）年度に文化財課へ異動しているが，現地の状況はどこまで把握されていたのか。そもそも現地の発掘担当は，報告 B の主執筆である河合である。個々に例示してあげつらうことは避けるが，遺構説明などでは，報告 B と報告 D は当然ほぼ同一内容で，記述事項の順序が一部入れ替わっているだけである。

仮にわたしが報告 D を執筆する立場であったら，思い切って現場の調査所見は報告 B の記述と“明記”してそのまま引用する。一方，異なる所見が判明すれば，その部分の理由を丁寧に説明し，自己の考えを述べる。げんに報告 B で「塀」と報告された遺構が，新たに検討した結果，報告 D では「壁立ち建物（土壁造り建物）」であろういう。これは貴重な所見である。でも報告 B の評価は，仮に新知見で修正されても，根本的には揺らぐことはないし，報告 D もそれなりに評価が高まる。そもそも報告 D の主執筆者が，報告 B の現場を総指揮した河合の調査所見に加・除筆をすること自体，明確な根拠を示さないかぎり不可であるとわたしは考えている。

もう一点指摘する。例言には第 4 章の重要考察部分は，山中敏史と栗田が執筆したとあるが，「報告書抄録」の欄には，山中の名前はない。記載ミスか？　意図して削除したわけではあるまい。山中といえば，誰もが認めるわが国の官衙研究を牽引されている第一人者。いまだに謦咳に接する機会はないが，わたしにはまさに仰ぎ見る研究者である。山中の御名前があれば，きっと報告書の評価も違ってくるのに，と勝手に推測している。

(6) 既往の見解に対して，どうして言及しないのですか

名著『通論考古學』には，次のような一文がある。

「事實の説明と著者の臆説とは常に峻別し，事實に對する公平無私なる觀察を失ふ可からず。後者は寧ろ章節を別にして之を記載する宜しとす。若し妄に臆説を以て事實を釋するに於いては

其の臆説が價値を失ふと同時に，事實の報道もまた信用を失ふに至らむ。」とある。

けだし名言。ただし著された時代から，約１世紀を経過している。現下の考古学事情も考慮しなければならない。

まず，現下の報告書では，「考察」の章は不可欠だ。加えて，そのなかに調査当事者が現場で直感した，ある種の感覚的な所見も重要であると考えている。先年亡くなった水野正好は，かねてより「想念をもった発掘」論を力説されていた。そのなかには，現場で見聞する遺構・遺物を穴があくほど凝視し，古代人の“心意”に迫れ，という意味もこめられていたのであろう。そのためには，常に研ぎすまされた鋭敏な感覚が必要なのである。

そのほかに，報告対象の遺跡に関連する既往の研究には，真摯な姿勢が必要である。

報告Ｄの影向寺に関する経過では，大正期に三輪善之助・大場（谷川）盤雄が，古瓦に奈良時代と平安時代があると指摘されたことにはふれている。実は，さらに重要な指摘がある。それは影向石が「塔心礎」で，「都」銘の文字瓦は，隣接する都筑郡であるなど，爾後の影向寺研究の骨格が記されていることだ（ただし引用雑誌は『武相考古』ではない。『武相研究』の誤り）。また，『川崎市史』（昭和42年版）・『川崎市史』（平成５年版・通史編）など，行政官庁が刊行した基本図書が，引用文献にも挙がっていない。とくに前書を執筆された古江亮仁の研究には，“発掘調査以前”の影向寺研究の到達点が示されている。いまでも命脈を保つ見解が随所にちりばめられ，歴史考古学界を牽引する坂詰秀一が非常に高く評価されておられることを御存知なかったのであろう（坂詰1990）。

(7) 拙著『川崎・たちばなの古代史』（新書Ｃ）にも，関連事項が記されています

報告Ｄ巻末の引用文献には，新書Ｃの拙著『川崎・たちばなの古代史』も挙がっていない。参酌すべき見解がなかったからであろう。執筆者として，率直に不明を恥じている。

ただ報告Ｄの考察のなかで，一言ふれてほしい見解が，新書Ｃには含まれていた。それは千年伊勢山台遺跡の北東側の等高線が，明治14（1881）年製と大正６（1917）年製の地図では明確に異なり，大正６年製では大きく湾入している。そこから上記の36年の間に，大規模な崖崩れなどが想定でき，正倉域の一部がその崖崩れで消滅した可能性を指摘した（図3）。新書Ｃには，それ以外の理由も挙げているが，小論の執筆主旨に反するから省略する。

強調したいのは，ここから期待できる学的な論争の芽を摘んでしまっていることだ。濱田要諦は，「事實に對する公平無私なる觀察を失ふ可からず」とあるので，わたしは遺跡周辺を何回も観察し，また類似遺跡の知見も加えて所見を書いたつもりである。当然，卑見に対して何がしかの反応はあるものと期待していた。

『川崎市史』（昭和42年版）・『川崎市史』（平成５年版・通史編），加えて新書Ｃ。これらの先行研究を参考にされなかったのには，相応の理由があってのことであろう。でも，厳正観察主義の濱田要諦には，関連する先行研究を無視してよいとはどこにも書かれていないのである。

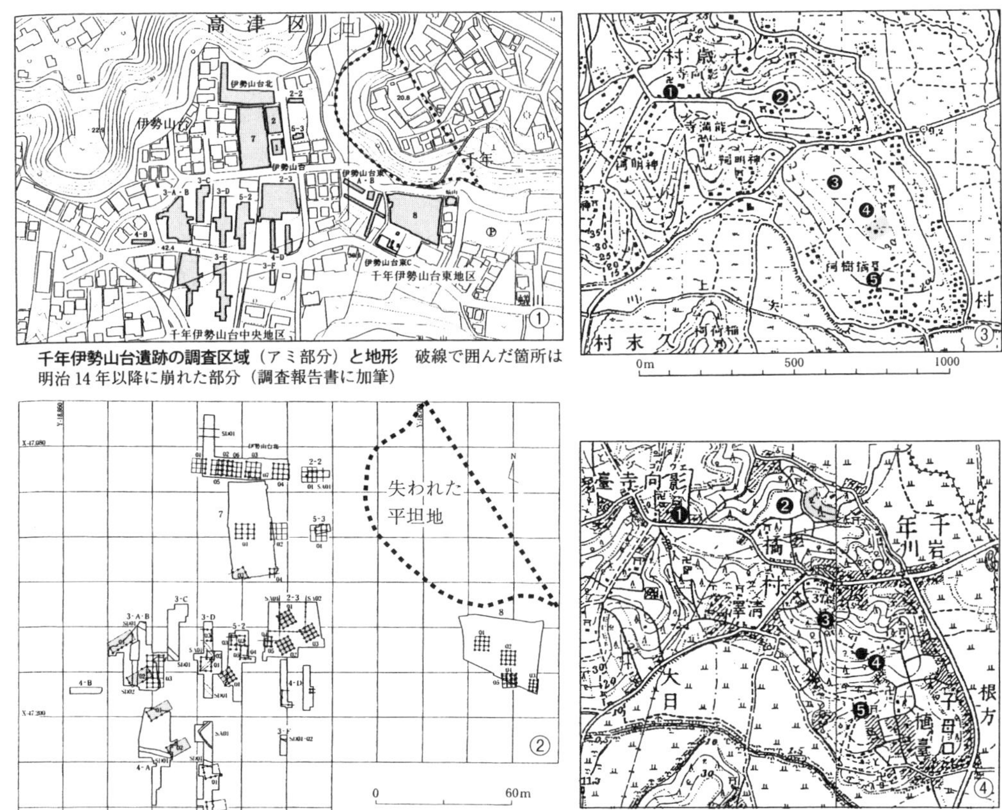

左上の①の右側（点線部分）が崩壊した。左下の②は，正倉跡の配置図。崩壊は明瞭。右上の③は，明治14年（1881）の地形図。❷の東側の等高線はスムース。右下の④は大正6年（1917）。❷の東側は湾入する（アミ部分）。なお❶は影向寺，❷は千年伊勢山台遺跡，❸にわたしは郡庁跡と小高駅家跡を想定している。

図３「失われた平坦地」にも正倉跡あり

(8) 遺構番号や土器などの見直しは，既往の研究へ配慮と，瞭然とした比較が原則

厖大な数の古墳群とか，国衙・郡衙などの調査が長期にわたると，はじめは１基・１軒の遺構と遺物からスタートしても，調査範囲の拡がりに並行して，遺構・遺物の数量も増大する。そこから遺構番号の再整理とか，土器・瓦類の編年学的な見直しが必要となってくる。これは必然の流れである。ただ遺跡名の変更同様，ことは慎重であるべきこと言をまたない。

その意味では，国史跡指定にあわせた総括報告書の報告Ｄの時点で，遺構類の表示や番号を見直しされたことは評価するが，それは慎重に行うべきで，いくつかの問題点を痛感した。とくに，成果が報告Ａ・報告Ｂで周知されているから，既往の遺構番号を使用した研究論文やシンポとの関連性なども生じてくる。それらへの配慮も望まれるのである。

報告Ｄで具体的にみてみよう。旧遺構番号と新遺構番号の新旧対照表が，郡衙の関係については70頁に，影向寺（遺跡）の関係については107頁に示されている。報告Ａ・Ｂ・Ｄを通覧できるわたしでも，結論的には理解することができなかった。加えて，３冊の発掘報告書は，刊行

時期や発行部数などから考え，研究所や博物館などでも揃っているところは少なかろう。したがって新・旧遺構番号の変更や，年代尺度の変更などには，慎重な配慮が必要なのは必定である。

たとえば，①新・旧の遺構番号の対照表，②前記した①に関連する遺構が一目でわかる実測図，③その実測図に新・旧の遺構番号を明記する（旧番号は青字，新番号は赤字で表示するなどの工夫をする）。以上，①～③の情報を，1枚の図（別図が望まれる）にまとめて，はじめて遺構番号の新・旧が研究者に周知でき，従前の研究論文などとも脈絡がつく。しかし報告Dには，この種の図面や一覧表がない。本格的に遺跡を研究分析しようとしても，拒否されているのに等しい。

繰り返す。遺構番号の変更や遺物類の年代などの見直しはどこかで必要あり，その経緯が客観的に継承されていけば，既往の成果も，爾後の調査・研究のなかで十分に咀嚼されていくことになる。これを『通論考古學』流に表現すれば，「事實に對する正確無比な記録継承こそ，調査研究業績継承の礎なり」ということである。

おわりにあたり

山本暉久先生が古稀になられたとか。学生時代からの友好を温めてきた4年先輩の年長組として，このような小論しか献呈できなかったことに，まず心からお詫び申し上げたい。

振り返ると，山本先生とは個人的には極めて心が通じあう友人といまでも自負している。なにしろ学生時代からの付き合いだ。だがこと考古学に関しては，極端に言えば一から十まで意見を異にしてきた。小論についても，厳しい反論があろう。しかし前途有為な研究者を腐すつもりで小論を書いたつもりはない。時には研究史を冷静に回顧し，さらなる研究の発展を期待して稿をおこした。このあたりの心根は，山本先生にも十分御理解いただけるものと確信している。

古稀を迎えたとはいえ，まだ十分に御壮健。さらなる御研究の発展を祈念しております。

なお，本稿に関連する論攷を発表してきた経緯（村田2012）があるので，併読を乞う。

引用文献

金子直行ほか　1992『子母口貝塚資料・大口坂貝塚資料』・山内清男考古資料5，奈良国立文化財研究所史料第35冊，奈良国立文化財研究所（上記文献中に，子母口貝塚の調査史，それに関連する文献名が列記されているので，小論では個別文献は省略させていただいた。御諒解をいただきたい。）

坂詰秀一　1990「歴史考古学史上の川崎」『川崎市史研究』創刊号，川崎市公文書館

村田文夫　2012「発掘調査報告書―現代考古学事情17」『考古学ジャーナル』632号

山本暉久さんが神奈川県の考古学，埋蔵文化財行政に残したもの
—神奈川県の埋蔵文化財行政小史として—

中 田　　英

はじめに

本来は山本暉久先生と申し上げなければならないのですが，ここでは失礼を承知で山本さんと書かせていただくことを冒頭にお断りしておきます。それは，私が２才年上の山本さんと一緒に1973（昭和48）年４月に神奈川県教育庁社会教育部文化財保護課に専門職員として採用されたので，学問的には先生でも社会人としては同期生であるからです。

当時，大学院に進学する者は少なく，修了した後も研究を続けていくのが大半でした。ご承知のとおり，山本さんは教育委員会在職中も研究を続けられて，神奈川県から財団法人かながわ考古学財団に発掘調査の指導のため派遣されている2002（平成14）年３月に，調査研究部長の職を辞されて同年４月に昭和女子大学に迎えられました。同じく同期生として採用された岡本孝之さんも神奈川県教育委員会から慶応大学に移られていますので，同期に採用された３名のうち私ひとりが公務員として定年退職を迎えたことになります。

山本さんが神奈川県に奉職されていた29年間には発掘調査に携わっただけではなく，神奈川県立埋蔵文化財センターの設立にも関わられたのですが，それ以上に神奈川県の考古学，埋蔵文化財行政に与えた影響が多かったと思います。

山本さんの教え

山本さんを先生と言わなければならないのは，それなりに理由があります。

入庁した後，伊勢原市下北原遺跡の発掘現場に山本さんと私はお手伝いに行くことになりました。下北原遺跡は多数の敷石住居址，配石墓群，配石群や環礫方形配石遺構を検出した縄文時代中・後期の大遺跡で（鈴木1977），鈴木保彦さんを主任に河野喜映さん，大上周三さんが担当されていましたが，調査終了時期が６月末に迫っていたためまず山本さん，続いて私と新人二人が助っ人として現場に出されました。

発掘調査は，神奈川県広域水道事業団伊勢原浄水場建設に伴うものでした。その頃の発掘は泊まり込みが普通でしたので，併行して実施されている建設工事を受注した建設会社の宿舎に同居させてもらいました。工事も休日返上で行われていましたので，その工程に合わせるため週末も

交代で現場を稼働させた記憶があります。週末には戸田哲也さんもお手伝いに来られていました。

新人離れした大物新人の山本さんは次々と作業員に指示して仕事をこなしていきますが，何もできない新人の私はうろうろするばかりでした。それまで見たこともない圧倒的な規模の配石遺構や敷石住居を見て呆然としている私に，山本さんは竪穴住居跡の実測をするよう言われました。

私は「作業員さんの掘った後では重複関係も判断できないので，どのように書いてよいかわかりません」と力もないくせに不満を口にしました。山本さんは切り合い関係をどのように捉え，それを示すような図の書き方を丁寧に教えてくれました。そして，「これからは自分で掘って図を書いていることよりも，作業員さんにどのように掘ってもらうか指示することが必要だ」と諭されました。この時の指導があってこそ，その後の私は何とか現場を進めることができたと思います。そういう意味で，本当の先生でした。

下北原遺跡の調査が終了すると，7月から海老名市上浜田遺跡に移りました。國平健三さんを主任とし，白石浩之さん，仲野正美さんとともに山本，岡本，中田の3新人が加わり，翌年の3月末まで9ヶ月間現場での発掘を行いました。前年の試掘の結果から古代の集落の発掘を進めたのですが，それだけではなく想定外の中世の建物址群や縄文時代の墓坑群が検出されました（國平ほか 1979）。終盤の縄文時代の調査になって早期末にさかのぼる可能性のある3基の墓坑から2個一対の玦状耳飾が出土し，山本さんを大いに喜ばせたものでした。

なお，中世の居館跡とされた9棟の建物址等の遺構は現状保存されて，「上浜田中世建築遺構群」として 1981（昭和 56）年2月10日に県史跡に指定されました。そして，現在は上浜田歴史公園として整備，活用されています。

山本さんが付けた道筋―その1（神奈川考古同人会の発足）

今から考えれば，この1年間で山本さんが神奈川県でやりたい方向が定まったのではないかと推察します。一つは研究面での組織的な向上，もう一つは発掘調査の社会的な認知だと思います。

前者は，職員全員が日頃研究し，発表するということでした。昭和48年度に山本さん，岡本さん，中田が採用され，社会教育部文化財保護課で発掘現場に立てる専門職員は11名（厳密にいえば1名は教員籍からの異動だった）となった後，昭和49年度に鈴木次郎さん，上田薫さんが採用されて13名（12名）になりました。

当時は行政職員（神奈川県では専門職員として選考し，採用されても事務職員という位置づけであったし，現在でもそうである）が，発掘調査報告書に執筆者として氏名を明記することすらおかしいという上司もいました。そのような環境のなかで，どのような場に発表するかということも問題でした。県で紀要や研究誌の刊行を予算化するということは，夢のまた夢でした。

山本さんは，既存の学術誌に投稿しても採否はわからないし，同一組織の者が一挙に掲載されることはないから組織的な向上にもならない。むしろ，自らが印刷費を捻出して同人誌を刊行すればよいというシンプルな提案をしました。その結果，職場の先輩である小川裕久さんを代表と

遺跡調査事務所でも研究に勤しむ（1973 年海老名市上浜田遺跡）

縄文時代の土坑に眠る（1974 年海老名市上浜田遺跡）

職員（上田＝助手席，中田＝撮影）のいたずらで，市議会議員選挙に参戦（ご本人は車体に貼った氏名にも気付かず）（1975 年秦野市草山遺跡）

する神奈川考古同人会を設立したのです。

職員それぞれが考えていたことだったかもしれませんが，リーダーシップを取ったのは山本さんで，その発言力が設立を推進したことは間違いありません。

「本会は考古学上の問題の提起と解明，及び自己啓発を目的する」（神奈川考古同人会会則1）「この目的を遂げるために，機関誌「神奈川考古」を年1冊発行する」（同会則2）こととしました。同人が論文や資料紹介，研究ノートを発表する場を確保するという提案が実現しました。同人は，小川裕久（代表）・上田薫・大上周三・岡本孝之・國平健三・熊谷肇・河野喜映・白石浩之・鈴木次郎・鈴木保彦・中田英・仲野正美・藤井和夫・矢島國雄・柳川清彦・山本暉久の16名でした[1)]。

職員以外では，山本さんの後輩で上浜田遺跡の発掘調査に参加していた藤井和夫さん，鈴木次郎さんとともに学生時代から相模野台地を歩き回って旧石器時代の遺跡の調査を進めていた矢島國雄さんが加わりました。

そして，1976（昭和51）年5月の日本考古学協会総会において販売する第1号を刊行したのです。第1号が一定程度の評価を得たことにより，第2号の刊行が継続可能となりました。さらに，3年目の1978（昭和53）年には通常号の第3号を刊行するとともに，縄文研究グループと土師器研究グループを立ち上げ，縄文時代中期後半の土器編年と古墳時代後期から平安時代土器編年をそれぞれ提示するという試みを行いました（神奈川考古同人会縄文研究グループ1978，神奈川考古同人会土師器研究グループ1978）。

これらは同人会内部での活動でしたが，旧石器時代グループは広く研究者を集めて公開での問題提起を行いました。それは4年目の1979（昭和54）年12月2日に「ナイフ形石器文化終末期の問題」というテーマでシンポジウムを開催したことです。武蔵野台地，相模野台地，下総台地での状況を明らかにするだけではなく，東北地方，近畿地方，北陸地方まで網羅したものでした（神奈川考古同人会1979）。これは地域の同人誌の域をはるかに越えるものであり，さらに翌年にはシンポジウム記録も刊行しました（神奈川考古同人会1980）。それらの成果を基に，神奈川考古同人会の目指す地域研究に止まらず広域な研究を行うため，1985（昭和60）年の石器文化研究会発足へと繋がっていきます。

一方，鈴木保彦さん，山本さん，戸田哲也さんの縄文研究グループは，1980（昭和55）年12月6～7日に「（シンポジウム'80）縄文時代中期後半の諸問題 ―とくに加曽利E式と曽利式土器の関係について―」というシンポジウムを開催しました。東京都の行政内研究者グループや中部高地土器集成グループと連携して，2年前に呈示した「神奈川県における縄文時代中期後半土器編年試案」の再検討を行って第2版を呈示しました。ここでも神奈川の県域を越えた関東，東日本という広がりをみせたのでした（神奈川考古同人会縄文研究グループ1980）。

1983（昭和58）年12月3～4日には「（シンポジウム'83）縄文時代早期末・前期初頭の諸問題」というシンポジウムを続けて開催しました。新たなテーマを設定し，関東，中部地方で何回もの準備会を重ねたうえでのシンポジウムでした（神奈川考古同人会縄文研究グループ1983）。このようなシンポジウム開催を契機として，1989（平成元）年5月27日の縄文時代文化研究会の設立に向かいます。

10年足らずの間に何回も集成を試み，シンポジウムを開催したエネルギーは現在では残っていませんが，2016（平成28）年5月には40周年を迎え第52号を刊行しました。同人も83名と大所帯になり，現在に至っています。そして，現在の山本暉久さんご本人が神奈川考古同人会の第二代代表を務めていられます。

山本さんが付けた道筋―その2（神奈川県遺跡調査・研究発表会の発足）

次に発掘調査の社会的な認知についてです。発掘調査した遺跡が知られるようになるには，新聞報道か発掘調査報告書の刊行，配布によるところが大きいのですが，山本さんは市民，県民に対しての広報手段として，発掘調査発表会を提案されました。

職場での先輩である白石さんに相談し，上司の小川さんが県内の考古学関係者に呼び掛けられて，神奈川県遺跡調査・研究発表会準備委員会が組織されました。

準備委員には，赤星直忠，井上義弘，伊東秀吉，大三輪龍彦，岡本勇（港北ニュータウン埋蔵文化財調査団），小川裕久（神奈川考古同人会），金子皓彦，神沢勇一，久保常春，小出義治，杉山博久（小田原考古学会），寺田兼方，日野一郎（武相文化協会），三上次男（鎌倉考古学会），村田文夫，持田春吉（鷹津図書館友の会）の先生方が名を連ねました。

いずれの方も神奈川県をフィールドとしている研究者，教員や行政内研究者でした。とくに，赤星，岡本，三上先生は神奈川県文化財保護審議委員としてもご活躍されていましたし，市町村の文化財保護委員も歴任されていました。

小川さんも当時は30才代の若手でしたから，発足の趣旨を説明して先達の先生方に準備委員になっていただくのも簡単ではありませんでした。県内在住や在勤の研究者が一同に会する機会はそうあるものではなく，準備委員会を開催するのも日程調整が大変でした。

当時は，余程センセーショナルな発見以外は記者発表をすることもなく，遺跡見学会もなかなか行われない状況でした。貴重な遺構，遺物が見つかるよりは，遺跡を壊したりする方がニュースになったものです。それに対して考古学上のホットな情報を提供することには，総論としては異論がありませんでした。小川さんの神奈川考古同人会代表という肩書きも効果があったと思います。

記念すべき第1回は，1977（昭和52）年6月26日に横浜市開港記念会館で開催されました。ただ，実際の運営を誰が行うかは問題で，発案した神奈川考古同人会が第1回から第4回まで連続して事務局を務めました。したがって，第5回に川崎市立中原市民館で開催できたのは，村田，持田両準備委員の協力があってのことでした。

その後，神奈川県遺跡調査・研究発表会の維持，継続と広く県内の考古学等に関する調査・研究・保存および情報の公開・交換のため，1991（平成3）年4月22日に神奈川県考古学会が発足しました。そして，1991（平成3）年9月29日に開催された第15回からは神奈川県考第古学会が企画し，運営しています。現在，神奈川県考古学会の一大事業として開催されている神奈川県遺跡調査・研究発表会にはこのような流れがあります[2)]。

このような発掘調査を速報する，もしくはまとまって研究発表する場は，神奈川県という行政区画だけではなく，鎌倉市，小田原市，藤沢市，茅ヶ崎市，伊勢原市，寒川町という市町村単位や三浦半島地区でも毎年開催されており，平塚市など断続的に開催しているものも含めれば，現場に触れる機会の少ない市民に対して遺跡についての理解を深めていただく情報提供の場になっています。

山本さんが付けた道筋―その3（低地遺跡の調査）

1980年代から逗子市池子に米軍家族住宅建設の計画があり，賛成，反対と市を二分する意見対立が生まれました。市長，市議会議員選挙が頻繁に行われるなかで，建設を前提とする事前の発掘調査を神奈川県立埋蔵文化財センターが行いました。

建設予定地であった米軍提供用地約288 haは，第二次世界大戦以前に日本海軍が弾薬庫として使用していて，周知の埋蔵文化財包蔵地は，逗子市No. 63仲川やぐらと呼ばれたやぐら1基しかありませんでした（山本ほか1994）。仲川やぐらは，弾薬庫建設のために退去させられた旧住民の話によってたまたま周知化されていましたが，それ以外の埋蔵文化財の有無を確認するということはできませんでした。文化庁の要請と事業者である防衛施設局の理解と協力によって分布調査のための立ち入りが実現しました。

当時文化財保護課に勤務していた岡本さん，中田（県の逗子市担当），埋蔵文化財センターから小川さん，白石さん，山本さんが，地元逗子市教育委員会[3)]の花井和男さん，塚田明治さんと一緒に分布調査のために現地に入りました。

建設予定地の約83 haを超えて提供用地全域を1987（昭和62）年12月17日から1988（昭和63）年2月16日にかけて足掛け3ヶ月にわたって分布調査をしました（山本ほか1994）[4)]。

顕在化しているやぐらは仲川やぐら以外にも確認できましたが，低地部分は盛り土のため遺跡の存在を確認できませんでした。海軍の弾薬庫は崖面を掘り込んだ地中式であったため，低地部分は開削した発生土で土盛りしていて，遺物を採集できるような状況ではありませんでした。

そもそも池子には，豊臣秀吉による検地の記録が「相州三浦郡池子之郷御縄打水帳」いわゆる文禄の水帳として現存しており，黒田康子，篠田健三両氏によって詳細な分析がなされていました（黒田1971，黒田・篠田1988）。中世，近世の遺跡が存在したとしても，盛り土の下に眠っていて考古学の面から検証できません。

そこで，不発弾等も埋まっている可能性があることから，危険物を除去したうえ盛り土の下を確認したいと申し入れました。横浜防衛施設局は正月休みを挟んで地中探査が行い準備を進めました。金属に反応した場所には小さな杭が点々と打たれていましたが，その間を縫うようにして大型のバックホウでアームがとどく深さまで埋め土を掘ることにしました。「約70箇所にわたって土層観察と遺構・遺物の有無確認のための坪掘り調査であった。その結果，50箇所の坪掘り坑から遺物の出土が確認された」（山本ほか1994）。

坪掘りといっても，大型のバックホウで埋め土を掘りバケットで掘り上げられた盛り土をスコップで砕いて，中に遺物がないかを調べるという調査でした。

何日か続けたある日，土の塊の中から黒ずんだ土器片らしいものがたまたま見つかりました。かなりローリングしていて全体に摩滅していましたが，弥生土器でした。私は単純に池子川の上流から流れ込んできたものだと思いましたが，一緒に居た山本さんは「この下を掘る必要がある」と主張しました。岡本さんも同意見でした。躊躇していると，「俺は登呂遺跡を掘ったことがある」と強く主張されました。確かに，山本さんは1965（昭和40）年8月に静岡市登呂遺跡を発掘調査していて（山本暉久さんを囲む会2002），その後次々と坪掘り坑から遺物が出土してくると，単なる流れ込みとは考えにくくなりました。

この結果を踏まえて「昭和63年度に緑地保存区域を除く約112,900 m^2を対象として試掘調査を約1ヶ年実施した。」（桝渕ほか1995）ということになりました。さらに，その試掘調査の結果，「池子遺跡群の本格調査は，平成元年4月から平成6年10月までの，6年7ヶ月の長期間にわたって実施され，9ヶ所のやぐら群を含む25地点について調査を行いました」ということになりました。

特に低地部分から出土した「逗子市池子遺跡群出土品」として，木製品，骨角牙製品214点は，2002（平成14）年2月12日に神奈川県重要文化財考古資料に指定されています。

そして，池子遺跡群の発掘調査を契機として，海老名市中野桜野遺跡，海老名市社家宇治山遺跡，寒川町宮山中里遺跡，海老名市跡堀遺跡，海老名市河原口坊中遺跡など相模川流域の低地に立地する大規模な遺跡が次々と調査されるようになったことです。その契機となったのが当時の坪掘りであり，低地を試掘するという判断が極めて重要だったことは，いうまでもありません。

おわりに

『21世紀考古学の現在』という大著ふさわしい価値があったとは思えませんが，山本先生の通られてきた道を確認することによって，21世紀の神奈川県の考古学，埋蔵文化財行政の到達点がどのように形成されてきたかを若い人たちに知ってもらいたいという気持ちで書かせていただきました。いわば，山本さんをダシに使わせていただいたことになります。

山本さんと私が職に就いたとほぼ同時期に，発掘調査を業務とする法人が誕生し，その約10年後には業種とする民間会社が設立されています。21世紀の発掘調査は官民を問わず，業態として考えていく必要があるのではないでしょうか。その問題提起にもなれば幸いです。

註

1)　同人の氏名が明記されたのは，『神奈川考古』第1号ではなく1979（昭和54）年5月刊行の第6号であるが，3年前の発足時と同人に変化はなかった。

2)　神奈川県考古学会のホームページには設立の経緯が書かれているが，神奈川県遺跡調査・研究発表会準備会の委員や同会からの事業継承に関しては若干誤認がある。

3)　当時の逗子市長，教育委員会教育長は建設反対の立場であったが，文化財保護の見地から分布調査への参加を認めた。また，横浜防衛施設局も分布調査に限って逗子市職員の立ち入りを了解した。

4)　12月7日に関係者の打ち合わせを行い，3名1組を原則として米軍提供用地全域を踏査した。当時の記録によれば，中田は通常業務を行いながら12月は17・18・21・23・24日の5日間，1月は6・7・12・13・19・20・26・28日の8日間，2月は4・5日の2日間，終日現地を確認している。

引用・参考文献

神奈川県考古学会　1991『第15回神奈川県遺跡調査・研究発表会発表要旨』

神奈川考古同人会　1979『ナイフ形石器文化終末期の問題　特集』神奈川考古第7号

神奈川考古同人会　1980『特集　ナイフ形石器文化終末期の問題（II）』神奈川考古第8号

神奈川考古同人会縄文研究グループ　1978『神奈川県内における縄文時代中期後半土器編年試案』神奈川考古第4号

神奈川考古同人会縄文研究グループ　1978『神奈川県内における縄文時代中期後半土器編年試案』神奈川考古第4号

神奈川考古同人会縄文研究グループ　1980『（シンポジウム '80）縄文時代中期後半の諸問題　―とくに加曽利E式と曽利式土器との関係について―　土器思慮集図集成土器編年試案』神奈川考古第10号

神奈川考古同人会縄文研究グループ　1983『（シンポジウム '83）縄文時代早期末・前期初頭の諸問題　土器資料集成図集』神奈川考古第17号『シンポジウム　縄文時代早期末・前期初頭の諸問題　発表要旨』神奈川考古第17号別冊

神奈川考古同人会土師器研究グループ　1978『シンポジウム　神奈川県内における古墳時代後期から平安時代土器編年試案』神奈川考古第5号

國平健三・岡本孝之・山本暉久・藤井和夫　1979『上浜田遺跡』神奈川県埋蔵文化財調査報告15　神奈川県教育委員会

黒田康子　1971「相州三浦郡池子之郷御縄打水帳」『神奈川地域史研究』創刊号

黒田康子・篠田健三　1988「中世の池子村について」『神奈川地域史研究』第7号

小山高司　2010「[研究ノート］逗子市池子弾薬庫における米軍家族住宅建設について　―3代の地元市長の対応を中心として―」『防衛研究所紀要』第13巻第1号

鈴木保彦　1977『下北原遺跡』神奈川県埋蔵文化財調査報告14　神奈川県教育委員会

第一回神奈川県遺跡調査・研究発表会準備会　1977『第1回神奈川県遺跡調査・研究発表会発表要旨』

桝渕規彰・高村公之　1995『池子遺跡群II　No. 1-D地点』財団法人かながわ考古学財団調査報告3

桝渕規彰・植山英史　1999『池子遺跡群VII　No. 1-E地点　No. 12地点』財団法人かながわ考古学財団調査報告43

山本暉久さんを囲む会　2002『山本暉久さんを囲む会　発掘調査歴』

山本暉久・桝渕規彰・高村公之・吉田映子　1994『池子遺跡群I　No. 2地点　No. 1-D地点』神奈川県立埋蔵文化財センター調査報告27

Ⅱ

研究・教育編

長谷河 優花
小泉 玲子
「山梨県
15：40〜15：55 〈休 憩〉
15：55〜16：25【研究発表】
五関 美里
「近世以降の
16：40〜 【閉会挨拶】
17：00〜 【懇親会】

山本暉久教授ゼミ旅行紀
—21世紀の大学教育 夏のゼミ旅行15年史—

領家 玲美

1 ゼミ旅行について

ゼミ旅行とは，学部生・院生が8～9月という2ヶ月もの長い休日を思い想いに過ごす夏休み中に行われる，研究室の研修旅行（以下ゼミ旅行と呼称する）である。考古学の世界は夏こそ発掘調査の本番！ と長期間を先生，先輩，後輩らと寝食を共にし，調査が行われる。これもまた研修あるいは実習なのだが，ゼミ旅行では日頃お目にかかれない遠くの遺跡や遺物を電車や車で実見に行き，視野を広げることが主旨である。「遺跡はライブだ。現場に出てなんぼ！」が口癖の暉先生のもと，毎年お盆の時期に行われる大学の調査が終わって，一息つくかつかないかのタイミングで暉ゼミ旅行が行われてきた。先生が専属の教授になられた2002年から数えて今年で15年目になる。以前，先生は退職する最後の年はシルクロードだな，とおっしゃっていたが結局国内で落ち着いた。海外旅行は現役学生の気持ちの面でもお金の面でも荷が重すぎるとの判断である。社会人となったOGにとっては時間を捻出するのが厳しいので，ひとまずほっとした。

ゼミ旅行は，平日3泊4日の行程で行われる。月曜日は休みの施設が多いので火曜に出発し金曜に解散，土日休みという算段である。交通手段はレンタカー出発地までは新幹線あるいは飛行機が主流だが，夜行バスでも構わない。出発地ではレンタカーを3～4台借り，事前に先生が練った行程を記した『夏期研修旅行 しおり』に沿って移動する。参加者は学部3・4年生と院生1・2年生およびOGである。参加人数は多い時で20人前後となり，バスでも借りた方がいいのでは……と思う事もしばしばあったが，ナビを駆使し自由に行き先を決められる点（急に「フェリーで行けるらしい。桜島に上陸する！」と予定外の行き先が告げられることも。表1：2009年参照），遺跡という特異な場所へ行く点を考えると数台傷物にしようともやはりレンタカーに限る，という結論に達している。これまでの女子大の研修旅行といえば，バスの貸し切り，電車あるいは自転車での移動であり，行ける範囲も時間も限られてきた。ナビ付きのレンタカーを気軽に借りて出かけられることになったことは，21世紀の大学ゼミ旅行に，大きな革命をもたらしたといえよう。しかし，レンタカーの課題が一つある。それは，運転手の問題である。筆者が学生の頃は，遺跡を勉強する人間は車が運転出来なければ話にならないといわれていたので免許は持っていた学生が多く，当初はあまりその点では困らなかった。しかし近年，免許がない現役学生が増えドライバーの減少傾向が著しく，人数は車の大きさでカバーするようになってきた。5人乗りの車から7～8人乗りのワゴン車へ，参加人数は増えてもドライバー数が比例しない。集落の運営もここまでか……そういう状況ながらなんとか運転可能な学生とOGらの参加でゼミ旅行は継続できていた。これまでの傾向からすると，運転手を務める人は現場も回せるなど頼りになったが，近年は学部で卒業して一般職に就職してしまうのがなんとも残念である。専攻生の人数も性格も協調性も，年によって波があるので安定はしていないが，時には専攻生ではない学生も参加するなどして（ベトナムやエジプト専攻生も参加した。先生は彼女らを愛情込めて「外来種」と呼んだ）今日まで繋がってきたことは，やはり暉先生のお人柄といえよう。

2　ゼミ旅行の行き先編年について

ここでは，15年間のゼミ旅行の行き先をまとめた（表1）。日本列島各地の縄文時代の遺跡訪問はもちろんのこと，そのルートや縄文時代だけではない暉先生の幅広い遺跡見聞録，実は中世のお城好きな一面，先生が学生達に見せたかったもの，先生の気遣いなどが垣間見えるであろうか。もちろんゼミ旅行なので，卒論・修論のテーマに沿った遺跡を訪ねたり，リニューアルした博物館に行くこともある。旅先の傾向から編年を組み考察を行いたい。なお，記憶は薄れ，思い出は美化されるので，内容に多少行き違いがある点はご了承いただきたい。

ゼミ旅行草創期～早期(2002～2005年)　2002年夏，最初の目的地は北陸であった。学生に合わせて夜行バスで向かったが，眠れなかったそうで二度と乗らないと決意されていたことが思い出される。早稲田大学講師時代の教え子である小島秀彰さん宅へ泊まるなど，2泊3日の小旅行であった。人数も学部生4名，院生4名，先生を入れて9名，車2台の旅行である。この頃は手探りで，宿やレンタカーも学生が個別に予約し手配した。現在のような先生のしおりもまだない。行き先は卒業生のいる長野，縄文文化の集中する東日本の縄文遺跡と電車やバスで向かえる地を回った。奈良では車が4台となり，はぐれてしまう車もあり参加人数の多さに伴う困難を実感した。2泊3日では短いと，先生のなかで調整が行われたゼミ旅行模索期にあたる。

ゼミ旅行前期～中期(2006～2011年)　2006年からの旅行は飛行機で北海道2回→九州2回→中国地方→四国と長距離移動を行った。北海道や九州は2回に分けて行ったのだが，とにかく広く移動時間がかかる。遺跡もスケールが大きく，時間をかけて行った甲斐はある。白滝付近の川で大きな黒曜石の原石を見つけた時は，感動を憶えた。ゼミ旅行円熟期である。この頃から，旭山動物園など遺跡以外に観光的要素が加えられはじめる。特に西日本に行くときは，縄文時代の遺

2006年北海道　大船遺跡にて

2009年　熊本城にて

表１

年	行　程
2002年（2泊3日）9名・2台	1日目　夜行バス→富山駅朝着→桜町遺跡→朝日貝塚→大境洞窟住居跡→真脇遺跡縄文考古館→輪島市民宿さんなみ宿泊　2日目　輪島市→千里浜ドライブウェイ→チカモリ遺跡→小島邸宿泊　3日目　三方町縄文博物館・鳥浜貝塚公園→三方五湖→米原駅
2003年（2泊3日）11名・3台	1日目　山梨県立考古博物館→尖石遺跡→温泉泊　2日目　長野県立歴史館・埋蔵文化財センター（北村遺跡遺物見学）→科野の里歴史公園・森将軍塚古墳→軽井沢泊　3日目　みすず飴本店→上田駅
2004年（2泊3日）16名・4台	1日目　奈良駅→奈良公園（鹿に餌やり）→奈良国立博物館→山田寺跡　2日目　高松塚古墳→石舞台古墳→酒船石遺跡→飛鳥水落遺跡→唐古・鍵遺跡　3日目　平城京→箸墓古墳
2005年（3泊4日）15名・4台	1日目　盛岡駅出発→湯舟沢環状列石→御所野遺跡・縄文公園　2日目　大湯環状列石・大湯ストーンサークル館→伊勢堂岱遺跡→胡桃館遺跡　3日目　漆下遺跡→白坂遺跡　三内丸山遺跡　4日目　小牧野遺跡
2006年（3泊4日）12名・3台	1日目　函館空港→五稜郭跡→函館の夜景　2日目　大船遺跡・大船C遺跡→北黄金貝塚公園　3日目　アイヌ民族博物館→カリンバ遺跡→恵庭市郷土資料館→キウス周堤墓群→札幌ビール園　4日目　北海道埋蔵文化財センター→新千歳空港
2007年（3泊4日）10名・3台	1日目　旭川空港→旭山動物園→旭川市立博物館→旭川市内泊　2日目　（約3時間走行）→白滝郷土館（湧別川河床にて黒曜石原石採集）→（約1時間半）→遠軽町郷土館→（約2時間）→常呂泊（グランディアサロマ湖1回目）3日目　ところ遺跡の森（常呂遺跡・東大北方文化研究常呂実習施設・ところ遺跡の館・ところ埋蔵文化財センター）→（約2時間）→網走郷土博物館→モヨロ貝塚館→オホーツク流氷館→北方民族博物館→網走監獄→網走泊　4日目　網走→屈斜路湖→摩周湖→釧路湿原国立公園（すべての展望台に立ち寄り・約5時間半）→釧路市立博物館＋埋蔵文化財センター→市内散策・買い物→釧路空港にてレンタカー返却・夕食→釧路空港
2008年（3泊4日）16名・4台	1日目　福岡空港→板付遺跡・弥生館→奴国の丘歴史資料館→太宰府天満宮→九州国立博物館→水城跡　2日目　志賀島→鴻臚館→福岡市博物館→曽根遺跡群平原遺跡　3日目　名護屋城跡・玄海国定公園・名護屋城博物館→吉野ヶ里遺跡・歴史公園　4日目　大浦天主堂→グラバー園→福建会館→旧唐人屋式内観音堂・天后堂・土神堂→出島→長崎空港
2009年（3泊4日）16名・4台	1日目　宮崎空港10:45着→昼食→西都原古墳群・考古博物館→宮崎市泊　2日目　日南海岸→鵜戸神宮→上野原縄文の森（アクセサリー作り体験）→鹿児島市泊　3日目　鹿児島市内観光（南洲墓地・磯庭園）→フェリー→桜島観光（急遽決定）→熊本市泊　4日目　熊本市内観光（熊本城）→熊本県立装飾古墳館→阿蘇赤水駅→熊本空港
2010年（3泊4日）15名・4台	1日目　鳥取空港12:20分着→昼食→鳥取砂丘中心部探検→青谷上寺地遺跡展示館→（3時間走行）→松江市宿泊　2日目　松江城→八雲立つ風土記の丘資料館→古代出雲王陵の丘→荒神谷遺跡・博物館→加茂岩倉遺跡ガイダンス施設→出雲市宿泊　3日目　出雲大社→島根県立古代出雲歴史博物館→西谷墳墓群・出雲弥生の森→出雲市宿泊　4日目　石見銀山→（5時間走行）→出雲空港
2011年（3泊4日）19名・4台	1日目　徳島空港10:15分着→徳島県立博物館→讃岐うどんや昼食→鳥居龍蔵記念博物館→徳島市宿泊　2日目　高知県立歴史民俗資料館→桂浜→高知県立坂本龍馬記念館→高知県埋蔵文化財センター→高知市宿泊　3日目　高知城→はりまや橋→四万十市「四万十の碧（あお）」で，屋形船遊覧＋昼食（鮎飯弁当）→道後温泉→松山市宿泊→4日目　松山市考古館（松山市埋蔵文化財センター）→松山城→愛媛県立歴史博物館→高松空港19:10
2012年（3泊4日）17名・4台	1日目　長岡駅11時出発→新潟県立博物館「縄文」昼食→馬高・三十稲場遺跡・馬高縄文館→新潟県立埋蔵文化財センター→新潟市宿泊　2日目　イヨボヤ会館→奥三面歴史交流館　昼食→（鳥海山麓）（約6時間走行）→秋田市宿泊　3日目　（約5時間走行）→亀ヶ岡考古資料室・亀ヶ岡遺跡→青森市宿泊　4日目　三内丸山遺跡→八戸市埋蔵文化財センター・是川縄文館・是川遺跡・八戸市縄文学習館→八戸駅到着解散
2013年（3泊4日）21名・4台	1日目　稚内空港12:50着・昼食→ノシャップ岬→稚内港フェリー乗り場16:10発→礼文島・香深港18:10着・宿泊　2日目　礼文町郷土資料館展示入れ替えのため休館のため，礼文島バスツアー観光→香深港14時発→稚内港15:55分着→宗谷岬→稚内市宿泊　3日目　（約8時間16分走行・留萌の郷土資料館・道の駅立ち寄り）→札幌市内宿泊・札幌ビール園・ジンギスカン　4日目　小樽市手宮洞窟保存館→余市町フゴッペ洞窟→忍路環状列石→キウス環状土籬→新千歳空港
2014年（3泊4日）10名・2台	1日目　釧路空港9:50着→釧路市立博物館＋釧路市立埋文センター→釧路フィッシャーマンズワーフMOO昼食→釧路市湿原展望台→釧路市北斗遺跡ふるさと歴史の広場＋史跡北斗遺跡展示館→釧路市宿泊　2日目　摩周湖第一展望台→屈斜路湖・昼食→斜里町立知床博物館→網走市宿泊　3日目　博物館網走監獄→昼食・監獄食→北方民族博物館→オホーツク流氷館→ところ遺跡の森＋ところ遺跡の館＋東大常呂遺跡発掘調査現場→ホテルグランティアサロマ湖2回目宿泊　4日目　サロマ湖展望台→白滝ジオパーク交流センター＋埋蔵文化財センター→昼食→旭山動物園→旭川空港19：35発
2015年（3泊4日）14名・3台	1日目　東京駅かがやき505号8:36分出発→金沢駅11:10着・昼食→兼六園・金沢城→御経塚遺跡→七尾市宿泊　2日目（2時間27分走行）→真脇遺跡縄文考古館・昼食→重要文化財時国家→千枚田→輪島塗会館→金沢市宿泊　3日目　あわら市郷土歴史資料館→昼食→一乗谷朝倉氏遺跡→一乗谷朝倉氏遺跡資料館→敦賀市内宿泊　4日目　若狭三方縄文博物館→三方五湖レークセンター・昼食→三方五湖ジェットクルーズ→米原駅
2016年（3泊4日）14名・3台	1日目　京都駅→（昼食）→比叡山延暦寺→大津市内泊　2日目　琵琶湖博物館→銅鐸博物館・弥生の森歴史公園→安土城・滋賀県立安土城考古博物館→近江八幡市内泊　3日目　彦根城・博物館→長浜城歴史博物館→彦根市内泊　4日目　長浜港→竹生島クルーズ→長浜港→関ヶ原古戦場→米原駅

跡を見る機会も少ないので，観光地を増やさざるを得ず，2011年の四国では先生の好きなお城巡りも加わっている。徳島では，昼間ご案内いただいた埋文関係者が夜の食事会で阿波踊りを踊ってくれ，大変盛り上がった。このような交流もまた，ゼミ旅行ならではの魅力といえる。

2006年には今後の夕食の体制を決めた決定的事件が起こった。あれは伊達市に泊まった夜のことである。現地のものを食べたい暉先生がいつものように町を歩きながら，夕飯処を探していた。しかし，なぜか静岡のうなぎなど別の観光地のお店ばかりが見つかる。途方に暮れて歩いていると，電線にいた数羽のカラスから「アホー」と洗礼を受けた。先生にとってそれは，予約をしていなかった愚かものめと聞こえたそうである。この日を境に，全てのゼミ旅行の夕飯は事前にネット検索・予約となったのはいうまでもない。ドライバーにとっては，夕飯の時間に間に合うよう一日の行程を進行するというプレッシャーが課せられることとなった。この一件はいまだに話題にされ，先生のうらみの根は深い。

ゼミ旅行後期〜晩期(2012〜2016年)　2012年は院生二人の修論のテーマに沿った行き先を選択し，火焔型土器から是川遺跡までという長距離運転旅行となった。この辺りから，過去のゼミ旅行で訪ねた行き先が出はじめるゼミ旅行懐古期である。二度目となるキウス遺跡は駐車場ができている等，変化があってまた面白い。白滝遺跡ではジオパークとしての展示が行われ，そのそばの道の駅で石器作りをしていた古老は亡くなっていたのが残念であった。常呂遺跡のあるホテルグランティアサロマ湖でみる夕日は相変わらず美しかった。2015年は，熊野に行く予定であったが，北陸新幹線「かがやき」が先生の心を奪い，第1回ゼミ旅行のコースを行くことになった。2016年は最後のゼミ旅行であった。日程を確認するとまさかの縄文時代の遺跡を訪ねない旅行である。「学部生がお金かからないところでという要望があったし，中世の城も嫌いじゃないし，琵琶湖の竹生島にフェリーで上陸するぞ！」と先生。あぁ，最後までフェリーに乗るとのことである。この旅行は，本当に今年が最後なのだろうか。本当は仙台や福島方面にも行きたかったようで，15年のゼミ旅行は未完に終わってしまったのかもしれない。

3　ゼミ旅行がもたらしたもの

暉ゼミ旅行とは，学生のタテのつながりヨコの結束，OGと現役生の交流はもとより，実は各地に散らばる先生の交流関係に触れる旅でもあったと思う。旅先を案内してくださる方はみな親切丁寧で，旅行がとても充実した。これもひとえに先生のお人柄と，築いてきた良好な人間関係の成せる技と思われる。暉先生とのゼミ旅行は私にとって挑戦的な課題が多かったが収穫も多く，最高であった。ただし，雨男という点を除いてはである。ゼミ旅行の未完で終わったところを補てんするならば，OG旅行であろうか。先生の休力・気力の続く限り，旅を続けていただきたいと思う。ゼミ旅行皆勤賞である筆者も覚悟を決め，時間の許す限りお伴する所存である。

山本暉久先生略歴・研究業績

履　歴

1947年3月23日	新潟県東蒲原郡鹿瀬村（現・阿賀町）生
1953年4月	東京都世田谷区立若林小学校入学
1959年3月	同卒業
1959年4月	大阪府豊中市立第二中学校入学
1962年2月	東京都世田谷区立若林中学校転入学
1962年3月	同卒業
1962年4月	東京都立松原高等学校入学
1965年3月	同卒業
1965年4月	早稲田大学第一文学部史学科國史専修入学
1969年3月	同卒業
1970年4月	早稲田大学大学院文学研究科芸術学専攻（東洋美術史）修士課程入学
1973年3月	同課程修了
1973年4月	神奈川県教育庁社会教育部文化財保護課勤務
1978年5月	日本考古学協会員
1985年4月	神奈川県立埋蔵文化財センターに異動
1990年4月	早稲田大学第一文学部非常勤講師（1998年3月まで）
1994年4月	神奈川県立埋蔵文化財センター 副主幹（団体指導担当） 派遣・財団法人かながわ考古学財団 調査第三課長
1997年4月	神奈川県教育庁生涯学習部文化財保護課 主幹（団体指導担当） 派遣・財団法人かながわ考古学財団 調査第一課長
1999年6月	神奈川県教育庁教育部生涯学習文化財課 主幹（団体指導担当） 派遣・財団法人かながわ考古学財団調査研究部 調査第一課長
2000年4月	神奈川県教育庁教育部生涯学習文化財課 主幹（団体指導担当） 派遣・財団法人かながわ考古学財団調査研究部 部長
2001年4月	神奈川県教育庁教育部生涯学習文化財課 課長代理（団体指導担当） 派遣・財団法人かながわ考古学財団調査研究部 部長
2001年4月	昭和女子大学・同大学院非常勤講師（2002年3月まで）
2001年11月	早稲田大学大学院文学研究科学位請求論文により博士（文学）号取得
2002年3月	神奈川県教育庁退職

2002年4月　昭和女子大学大学院生活機構研究科教授
2006年4月　昭和女子大学人間文化学部歴史文化学科 学科長（2008年3月まで）
2008年4月　昭和女子大学大学院生活機構研究科 教務部委員（2009年3月まで）
2009年4月　昭和女子大学大学院生活機構研究科研究科 生活文化研究専攻主任・生活機構研究科教務部委員（2011年3月まで）
2010年9月　駒澤大学大学院人文科学研究科非常勤講師（2017年3月まで）
2011年4月　昭和女子大学人間文化学部 学部長（2014年3月まで）
2014年10月　昭和女子大学人間文化学部歴史文化学科 学科長代行（2015年3月まで）
2015年4月　昭和女子大学大学院生活機構研究科 研究科長（2017年3月まで）
2017年3月　昭和女子大学定年退職

【受賞歴】
2003年10月11日　第4回尖石縄文文化賞 受賞
2006年5月1日　平成18年度教職員表彰 教育・研究部門 中屋敷遺跡調査・研究グループ（桜井清彦・山本暉久・小泉玲子）

【外部委員等】
神奈川県中郡大磯町 大磯町史考古部会 執筆委員（1997年3月-2007年3月）
福島県福島市宮畑遺跡調査指導委員会委員（1998年10月-2003年3月）
神奈川県津久井郡城山町国指定史跡川尻石器時代遺跡整備委員会委員（2001年4月-2007年3月）
神奈川県相模原市城山町国指定史跡川尻石器時代遺跡調査整備検討委員会委員（2007年7月-）
日本考古学協会機関誌『日本考古学』編集委員会委員（2003年7月-2010年5月）
神奈川県相模原市 相模原市史考古編 執筆委員（2003年11月-2012年3月）
東京都世田谷区文化財保護審議会委員（2004年2月-）
東京都世田谷区遺跡調査会会長（2004年4月-2010年3月）
神奈川県鎌倉市文化財専門委員会委員（2004年6月-2016年3月）
山梨県梅之木遺跡確認緊急調査指導委員会委員（2004年7月-2008年3月）
神奈川県横浜市文化財保護審議会委員（2004年6月-2016年3月）
東京都荒川区文化財保護審議会委員（2005年4月-2017年3月）
秋田県森吉山ダム建設工事に係る埋蔵文化財発掘調査指導委員会委員（2005年9月-2009年3月）
神奈川県鎌倉市国指定史跡瑞泉寺境内保存管理計画策定委員会委員（2006年3月-2007年3月）
神奈川県鎌倉市国指定史跡荏柄天神社・法華堂跡に係る保存管理計画策定委員会委員（2006年5月-2007年3月）
神奈川県鎌倉市国指定史跡仏法寺跡・一升枡遺跡に係る保存管理計画策定委員会委員（2007年3月-2008年3月）

史跡井野長割遺跡整備検討会委員（2007年3月-2017年3月）
神奈川県川崎市文化財保護審議会委員（2007年5月-）
仮称「鎌倉博物館」展示計画等検討委員会委員（2007年4月-2009年3月）
国指定史跡寿福寺境内保存管理計画策定委員会委員（2007年4月-2008年4月）
東京都町田市高ヶ坂石器時代遺跡保護整備策定委員会委員長（2013年4月-）
橘樹郡衙調査指導委員会委員（2015年4月名称変更「橘樹官衙調査整備委員会）（2013年4月-）
考古調査士認定機構運営委員会委員（2014年4月-）

研究業績目録

【学位論文】

1969年3月　早稲田大学第一文学部史学科國史専修学士論文『縄文文化形成過程の研究』
1973年3月　早稲田大学大学院文学研究科修士論文『列島における初源文化の研究—回転押捺文系土器群の展開に関する一考察—』
2001年11月　早稲田大学大学院文学研究科博士論文『敷石住居址の研究』

【著　書】

2002年10月　『敷石住居址の研究』六一書房
2010年3月　『縄文時代における柄鏡形（敷石）住居址の研究』（『独立行政法人日本学術振興会科学研究費補助金基盤研究（C）平成19-21年度研究成果報告書』）
2010年8月　『柄鏡形（敷石）住居と縄文社会』六一書房
2014年3月　『関東・中部地方における縄文時代中期大規模環状集落崩壊過程をめぐる研究』（『独立行政法人日本学術振興会 科学研究費補助金基盤研究（C）平成23-25年度研究成果報告書』）（共著）

【論　文】

1976年2月　「敷石住居出現のもつ意味（上）」『古代文化』第28巻2号　古代学協会　1-37頁
1976年3月　「敷石住居出現のもつ意味（下）」『古代文化』第28巻3号　古代学協会　1-29頁
1976年4月　「住居跡内に倒置された深鉢形土器について」『神奈川考古』第1号　神奈川考古同人会　47-64頁
1977年11月　「縄文時代中期末・後期初頭期の屋外埋甕について（一）」『信濃』第29巻11号　信濃史学会　33-47頁
1977年12月　「縄文時代中期末・後期初頭期の屋外埋甕について（二）」『信濃』第29巻12号　信濃史学会　48-64頁
1978年4月　「縄文中期における住居跡内一括遺存土器群の性格」『神奈川考古』第3号　神奈

川考古同人会　49-93頁
1979年11月　「石棒祭祀の変遷（上）」『古代文化』第31巻11号　古代学協会　1-41頁
1979年12月　「石棒祭祀の変遷（下）」『古代文化』第31巻12号　古代学協会　1-24頁
1980年5月　「縄文時代中期終末期の集落」『神奈川考古』第9号　神奈川考古同人会　63-97頁
1981年4月　「縄文時代中期末における配石面の存在について」『小田原考古学研究会会報』第10号　小田原考古学研究会　1-14頁
1981年4月　「縄文時代中期後半期における屋外祭祀の展開―関東・中部地方の配石遺構の分析を通じて―」『信濃』第33巻4号　信濃史学会　134-169頁
1982年5月　「敷石住居」『縄文文化の研究』8　雄山閣　122-133頁
1983年8月　「石棒」『縄文文化の研究』9　雄山閣　170-180頁
1985年3月　「集団・共同体」『考古学調査研究ハンドブックス』3（研究法）雄山閣　37-47頁
1985年4月　「いわゆる『環礫方形配石遺構』の性格をめぐって」『神奈川考古』第20号　神奈川考古同人会　1-20頁
1985年12月　「縄文時代の廃屋葬」『古代』第80号　早稲田大学考古学会　39-71頁
1986年4月　「縄文時代後期前葉の集落」『神奈川考古同人会10周年記念論集』（『神奈川考古』第22号）神奈川考古同人会　187-224頁
1987年1月　「敷石住居終焉のもつ意味（1）」『古代文化』第39巻1号　古代学協会　1-23頁
1987年2月　「敷石住居終焉のもつ意味（2）」『古代文化』第39巻2号　古代学協会　1-20頁
1987年3月　「敷石住居終焉のもつ意味（3）」『古代文化』第39巻3号　古代学協会　1-13頁
1987年4月　「敷石住居終焉のもつ意味（4）」『古代文化』第39巻4号　古代学協会　1-20頁
1987年4月　「縄文時代社会と移動―『集団移動』論をめぐる研究の現状と問題点について―」『神奈川考古』第23号　神奈川考古同人会　65-88頁
1987年4月　「石棒性格論」『論争・学説日本の考古学』3（縄文時代II）雄山閣　95-122頁
1988年10月　「中部山地における柄鏡形（敷石）住居の成立をめぐって」『長野県考古学会誌』第57号　長野県考古学会　29-42頁
1989年5月　「縄文時代終末期の集落」『神奈川考古』第25号　神奈川考古同人会　135-174頁
1991年5月　「環状集落址と墓域」『古代探叢』III（『早稲田大学考古学会創立40周年記念考古学論集』）早稲田大学出版部　137-178頁
1991年5月　「縄文時代文化研究とエスノアーケオロジー―最近の研究動向をめぐって―」『縄文時代』第2号　縄文時代文化研究会　119-142頁
1991年5月　「石器と生業　まつりの石器」『季刊考古学』第35号　雄山閣　78-80頁
1991年9月　「縄文時代における異系統土器群流入の実相―神奈川における早期末葉から中期初頭期の東海系土器群の流入をめぐって―」『古代』第92号　早稲田大学考古学会　98-140頁

1991年11月　「人とモノの動き」『日本村落史講座』6（生活Ⅰ　原始・古代・中世）雄山閣　71-91頁

1992年3月　「縄文時代の集落」『かながわの考古学』第2集　神奈川県立埋蔵文化財センター　15-33頁

1993年2月　「縄文時代における竪穴住居の廃絶と出土遺物の評価」『二十一世紀への考古学』（『櫻井清彦先生古稀記念論文集』）雄山閣　39-55頁

1993年3月　「縄文時代の集落と葬制」『かながわの考古学』第3集　神奈川県立埋蔵文化財センター　38-43頁

1993年8月　「住居論　竪穴住居の形態」『季刊考古学』第44号　雄山閣　17-22頁

1994年11月　「石柱・石壇をもつ住居址の性格」『日本考古学』第1号　日本考古学協会　1-26頁

1995年1月　「柄鏡形（敷石）住居成立期の再検討」『古代探叢』Ⅳ（『滝口宏先生追悼考古学論集』）早稲田大学出版部　97-143頁

1996年2月　「敷石住居址研究の現状と課題」『パネルディスカッション「敷石住居の謎に迫る」資料集』神奈川県立埋蔵文化財センター・財団法人かながわ考古学財団　1-11頁

1996年5月　「柄鏡形（敷石）住居と石棒祭祀」『縄文時代』第7号　縄文時代文化研究会　33-73頁

1996年5月　「柄鏡形（敷石）住居と埋甕祭祀（上）—事例の集成—」『神奈川考古同人会20周年記念論集』（『神奈川考古』第32号）神奈川考古同人会　133-152頁

1997年5月　「柄鏡形（敷石）住居と埋甕祭祀（下）」『神奈川考古』第33号　神奈川考古同人会　49-83頁

1997年10月　「関東地方の縄文時代墓地」『月刊考古学ジャーナル』No. 422　ニュー・サイエンス社　18-22頁

1998年2月　「柄鏡形（敷石）住居と廃屋儀礼—環礫方形配石遺構と周堤礫—」『列島の考古学』（『渡辺誠先生還暦記念論集』）渡辺誠先生還暦記念論集刊行会　335-352頁

1999年12月　「縄文文化研究の成果と展望　遺構研究　敷石住居址」『縄文時代』第10号（『縄文時代文化研究の100年—21世紀における縄文時代文化研究の深化に向けて—』）縄文時代文化研究会　113-130頁

1999年12月　「縄文文化研究の成果と展望　遺構研究　配石遺構」『縄文時代』第10号（『縄文時代文化研究の100年—21世紀における縄文時代文化研究の深化に向けて—』）縄文時代文化研究会　151-166頁

2000年5月　「外縁部の柄鏡形（敷石）住居」『縄文時代』第11号　縄文時代文化研究会　1-40頁

2003年5月　「墓壙内に倒置された土器」『神奈川考古』第39号　神奈川考古同人会　31-77頁

2004年2月　「石神台遺跡と縄文時代の配石墓」『大磯町史研究』第11号　大磯町史編さん係　71-96頁

2004年5月　「柄鏡形（敷石）住居址をめぐる最近の研究動向について」『縄文時代』第15号　縄文時代文化研究会　193-216頁

2005年5月　「縄文時代階層化社会論の行方」『縄文時代』第16号　縄文時代文化研究会　111-142頁

2006年3月　「配石と敷石をもつ縄文集落に階層化社会は読み取れるのか」『新尖石縄文考古館開館5周年記念考古論文集』茅野市尖石縄文考古館　59-76頁

2006年5月　「浄火された石棒」『神奈川考古』第42号　神奈川考古同人会　37-65頁

2007年9月　「宗教的観念④　屋内祭祀の性格」『縄文時代の考古学』11（心と信仰―宗教的観念と社会秩序―）同成社　221-232頁

2007年11月　「東日本のストーン・サークル」『季刊考古学』第101号　雄山閣 48-51頁

2007年11月　「住居址内底部穿孔倒置埋設土器の一様相―神奈川の事例を中心として―」『列島の考古学 II』（『渡辺誠先生古稀記念論集』）渡辺誠先生古稀記念論集刊行会　371-382頁

2008年5月　「柄鏡形（敷石）住居址の地域的展開（1）―相模川上流域の事例から―」『縄文時代』第19号　縄文時代文化研究会　39-78頁

2008年7月　「倒置深鉢」『総覧　縄文土器　―小林達雄先生古稀記念企画―』総覧縄文土器刊行委員会・アム・プロモーション　1128-1133頁

2009年7月　「縄文時代後期の配石集落址―秦野市曽屋吹上遺跡の再検討を通じて―」『地域と学史の考古学』（『杉山博久先生古稀記念論集』）杉山博久先生古稀記念論集刊行会　71-89頁

2009年5月　「柄鏡形（敷石）住居址の地域的展開（2）―三浦半島・神奈川県西部域～伊豆半島周辺域の事例―」『縄文時代』第20号　縄文時代文化研究会　27-60頁

2010年3月　「柄鏡形住居址の比較考古学―縄文と続縄文」『比較考古学の新地平』（菊池徹夫編『菊池徹夫先生古稀記念論集』）同成社　223-233頁

2010年5月　「柄鏡形（敷石）住居址の地域的展開（3）―多摩丘陵東部～下末吉台地域の事例―」『縄文時代』第21号　縄文時代文化研究会　53-95頁

2010年7月　「中部地方の縄文集落の葬墓制」『縄文集落の多様性』II（葬墓制）雄山閣　225-254頁

2012年5月　「住居跡出土の大形石棒について―とくに廃屋儀礼とのかかわりにおいて―」『考古学リーダー20　縄文人の石神―大形石棒にみる祭儀行為―』六一書房　135-151頁

2012年9月　「縄文時代社会の変質―関東・中部地方からみた縄文時代中期から後期へ―」『第20回特別展　那須の縄文社会が変わるころ―縄文時代中期から後期へ―』特別展

図録付編　栃木県立なす風土記の丘資料館　1-10 頁

2013 年 1 月　「砂利を敷いた住居址」吉村作治古稀記念論集編集委員会編『吉村作治先生古稀記念論集』中央公論美術出版　579-591 頁

2013 年 2 月　「多凹痕をもつ石棒と石皿」『岡内三眞先生古稀記念論集』『交流の考古学』（岡内三眞編『岡内三眞先生古稀記念論集』）同成社　133-144 頁

2013 年 5 月　「東日本における縄文時代中期大規模環状集落の崩壊要因をめぐって」『縄文時代』第 24 号　縄文時代文化研究会　117-132 頁

2013 年 11 月　「総論　縄文時代中期大規模環状集落盛衰のもつ意味」『シンポジウム　山梨・茅ヶ岳山麓における縄文時代中期文化の盛衰　発表要旨・資料集』昭和女子大学文化史学会　1-10 頁

2014 年 5 月　「中部山地における柄鏡形敷石住居の終焉」『神奈川考古』第 50 号　神奈川考古同人会　69-92 頁

2015 年 2 月　「廃屋墓」『季刊考古学』第 130 号　雄山閣　52-55 頁

2015 年 5 月　「廃屋葬をめぐる研究動向について」『縄文時代』第 26 号　縄文時代文化研究会　131-160 頁

2016 年 5 月　「縄文後・晩期社会論―住居・集落・社会の複雑化―」『神奈川考古』第 52 号（『神奈川考古同人会 40 周年記号』）神奈川考古同人会　83-94 頁

【発掘調査報告・概報】

1976 年 4 月　『草山遺跡―秦野都市計画道路秦野・二宮線街路整備に伴う調査―』（『神奈川県埋蔵文化財調査報告』11）（共著）神奈川県教育委員会

1977 年 3 月　『当麻遺跡――般国道 129 号線改良工事に伴う調査―』（『神奈川県埋蔵文化財調査報告』12）（共著）神奈川県教育委員会

1979 年 3 月　『上浜田遺跡』（『神奈川県埋蔵文化財調査報告』15）（共著）神奈川県教育委員会

1981 年 12 月　「遺跡の位置と概観」『帷子峯遺跡―横浜新道三沢ジャンクション建設予定地内遺跡第 1 次発掘調査報告書―』横浜新道三沢ジャンクション建設予定地内遺跡調査団　3-4 頁

1983 年 3 月　「横浜市中区本牧荒井地区発見の中世墓地調査報告」『神奈川県埋蔵文化財調査報告』25（共著）神奈川県教育委員会

1984 年 3 月　「調査経緯」『蔵屋敷遺跡』鎌倉駅舎改築にかかる遺跡調査会　1-2 頁

1985 年 10 月　『帰源院下やぐら群』（『神奈川県立埋蔵文化財センター調査報告』9）（共著）神奈川県立埋蔵文化財センター

1986 年 12 月　『東耕地遺跡―県立みどり養護学校建設に伴う調査―』（『神奈川県立埋蔵文化財センター調査報告』14）（共著）神奈川県立埋蔵文化財センター

1988 年 12 月　『金沢文庫遺跡―県立金沢文庫新築予定地内遺跡　国指定史跡「称名寺境内」の

調査―』（『神奈川県立埋蔵文化財センター調査報告』19）（共著）神奈川県立埋蔵文化財センター

1992年4月　『館石野I遺跡―縄文時代列石遺構の調査―』早稲田大学文学部考古学研究室（共著）

1993年5月　「横浜市洋光台猿田遺跡発見の柄鏡形住居址とその出土遺物」『縄文時代』第4号　縄文時代文化研究会　89-112頁

1993年10月　「岩手県田野畑村館石野I遺跡第7次発掘調査概報」『史観』129冊（共著）早稲田大学史学会　63-83頁

1994年1月　「調査経緯」『池子遺跡群I　No. 2地点，No. 1-B地点―池子米軍住宅建設にともなう調査―』（『神奈川県立埋蔵文化財センター調査報告』27）神奈川県立埋蔵文化財センター　1-2頁

1995年3月　『甦る池子の歴史』（共著）財団法人かながわ考古学財団

1996年2月　「塚本山古墳群測量調査報告I―埼玉県早稲田大学本庄校地内―」『早稲田大学大学院文学研究科紀要』第41輯4分冊（日本史・東洋史・西洋史・考古）早稲田大学大学院文学研究科（共著）79-95頁

1996年3月　「縄文時代の遺物」『池子遺跡群III　No. 1-C地点　池子米軍家族住宅建設にともなう調査』（『かながわ考古学財団調査報告』11）財団法人かながわ考古学財団　403-405頁

1997年3月　『岩手県下閉伊郡館石野I遺跡発掘調査報告書―縄文時代列石構の調査―』（『早稲田大学文学部考古学研究室調査報告』（共著）早稲田大学文学部考古学研究室・岩手県下閉伊郡田野畑村

1997年3月　『池子遺跡群IV―No. 6地点・No. 7地点東地区・No. 7地点西地区・No. 15～18地点―池子米軍家族住宅建設にともなう調査―』（『かながわ考古学財団調査報告』26）（共著）財団法人かながわ考古学財団

1999年3月　『池子遺跡群総集編―池子米軍家族住宅建設にともなう発掘調査記録―』（共著）財団法人かながわ考古学財団

1999年3月　『池子遺跡群IX　No. 1-A東地点・No. 1-A南地点―池子米軍家族住宅建設にともなう調査―』（『かながわ考古学財団調査報告』45）（共著）財団法人かながわ考古学財団

1999年3月　『池子遺跡群X　No. 1-A地点―池子米軍家族住宅建設にともなう調査―』（『かながわ考古学財団調査報告』46）（共著）財団法人かながわ考古学財団

2000年3月　『三ツ俣遺跡II（F地区）―都市計画道路穴部国府津線街路整備にともなう調査―』（『かながわ考古学財団調査報告』80）（共著）財団法人かながわ考古学財団

2000年7月　『国指定史跡　川尻石器時代遺跡　範囲確認調査報告書』（共著）神奈川県教育委員会・城山町教育委員会・財団法人かながわ考古学団

2005年3月　『国指定史跡川尻石器時代遺跡確認調査報告書I』（共著）城山町教育委員会

2005年8月　「胡朝城の城壁現状調査」『ベトナム胡朝城の研究I―15世紀王城跡史跡整備にともなう考古学的研究―』菊池誠一編　77-83頁

2005年10月　「中屋敷遺跡の発掘調査成果―弥生時代前期の炭化米と土坑群―」『日本考古学』第20号（共著・ただし執筆は小泉玲子）日本考古学協会

2007年12月　『山梨県北杜市明野町上神取　諏訪原遺跡発掘調査概報　2007年度』（共著）昭和女子大学人間文化学部歴史文化学科

2008年11月　『神奈川県足柄上郡大井町中屋敷遺跡発掘調査報告書　南西関東における初期弥生時代遺跡の調査』（共著）昭和女子大学人間文化学部歴史文化学科・中屋敷遺跡発掘調査団

2008年12月　『山梨県北杜市明野町上神取　諏訪原遺跡発掘調査概報　2008年度』（共著）昭和女子大学人間文化学部歴史文化学科

2009年12月　『山梨県北杜市明野町上神取　諏訪原遺跡発掘調査概報　2009年度』（共著）昭和女子大学人間文化学部歴史文化学科

2010年3月　『神奈川県足柄上郡大井町中屋敷遺跡発掘調査報告書II　第7・8次調査』（共著）昭和女子大学人間文化学部歴史文化学科・中屋敷遺跡発掘調査団

2010年12月　『山梨県北杜市明野町上神取　諏訪原遺跡発掘調査概報　2010年度』（共著）昭和女子大学人間文化学部歴史文化学科

2011年12月　『山梨県北杜市明野町上神取　諏訪原遺跡発掘調査概報　2011年度』（共著）昭和女子大学人間文化学部歴史文化学科

2012年12月　『山梨県北杜市明野町上神取　諏訪原遺跡発掘調査概報　2012年度』（共著）昭和女子大学人間文化学部歴史文化学科

2013年12月　『山梨県北杜市明野町上神取　諏訪原遺跡発掘調査概報　2013年度』（共著）昭和女子大学人間文化学部歴史文化学科

2014年12月　『山梨県北杜市明野町上神取　諏訪原遺跡発掘調査概報　2014年度』（共著）昭和女子大学人間文化学部歴史文化学科

2015年12月　『山梨県北杜市明野町上神取　諏訪原遺跡発掘調査概報　2015年度』（共著）昭和女子大学人間文化学部歴史文化学科

2016年12月　『山梨県北杜市明野町上神取　諏訪原遺跡発掘調査概報　2016年度』（共著）昭和女子大学人間文化学部歴史文化学科

2017年3月　『山梨県北杜市明野町上神取諏訪原遺跡発掘調査報告書I　2007-2011年度調査地区』（共著）昭和女子大学人間文化学部歴史文化学科

【学界動向】

1986年4月　「1985年の考古学界の動向・縄文時代（東日本）」『考古学ジャーナル』No. 263

ニュー・サイエンス社　23-37 頁

1988 年 5 月　「1987 年の考古学界の動向・縄文時代（東日本）」『考古学ジャーナル』No. 291 ニュー・サイエンス社　25-41 頁

1990 年 5 月　「学界動向―集落・領域論―」『縄文時代』第 1 号　縄文時代文化研究会　201-205 頁

1994 年 5 月　「1993 年の縄文時代学界動向―集落・領域論―」『縄文時代』第 5 号　縄文時代文化研究会　205-210 頁

2003 年 5 月　「2002 年の縄文時代学界動向―集落・領域論，遺構論―」『縄文時代』第 14 号 縄文時代文化研究会　213-220 頁

2006 年 5 月　「2005 年の縄文時代学界動向―集落・領域論」『縄文時代』第 17 号　縄文時代文化研究会　241-252 頁

2011 年 5 月　「2010 年の縄文時代学界動向　遺構論（敷石住居）」『縄文時代』第 22 号　縄文時代文化研究会　272-275 頁

【資料紹介】

1970 年 3 月　「長野県和田峠発見の石器新資料」『古代』第 53 号　早稲田大学考学会　26-32 頁

1977 年 4 月　「縄文中期末の土器片について」『神奈川考古』第 2 号　神奈川考古同人会　60 頁

1982 年 6 月　「横浜市旭区南本宿町猫丸遺跡採集の遺物」『古代文化』第 34 巻 6 号　古代学協会　7-35 頁

1993 年 5 月　「長者久保タイプの円鑿形石斧新例」『神奈川考古』第 29 号　神奈川考古同人会 109-114 頁

2007 年 3 月　「相模原市磯部山谷（勝坂）遺跡出土の土版状土製品について―故・江藤昭氏旧蔵資料から―」『相模原市史ノート』第 4 号　相模原市史編さん室　16-24 頁

【短　報】

1977 年 4 月　「草山（No. 17）遺跡」『日本考古学年報』28（1975 年版）日本考古学協会　137 頁

1977 年 4 月　「草山（No. 54）遺跡」『日本考古学年報』28（1975 年版）日本考古学協会　137 頁

1989 年 7 月　「小田原市三ツ俣遺跡（F 地区）」『神奈川県立埋蔵文化財センター年報』8（共著） 神奈川県立埋蔵文化財センター　27-28 頁

1990 年 7 月　「池子遺跡群 No. 1-A 地点」『神奈川県立埋蔵文化財センター年報』9（共著）神奈川県立埋蔵文化財センター　19-22 頁

1991 年 5 月　「神奈川県逗子市池子遺跡群」『日本考古学年報』42（1989 年度）日本考古学協会 442-445 頁

1991 年 9 月　「池子遺跡群 No. 1-A 地点」『神奈川県立埋蔵文化財センター年報』10（共著）神奈川県立埋蔵文化財センター　19-22 頁

1992年12月　「池子遺跡群No.6地点」『神奈川県立埋蔵文化財センター年報』11（平成3年度）（共著）神奈川県立埋蔵文化財センター　33-34頁

1993年10月　「池子遺跡群」『神奈川県立埋蔵文化財センター年報』12（平成4年度）（共著）神奈川県立埋蔵文化財センター　11・16-23頁

1994年10月　「池子遺跡群」『神奈川県立埋蔵文化財センター年報』13（平成5年度）（共著）神奈川県立埋蔵文化財センター　6・11-12頁

1996年7月　「神奈川県逗子市池子遺跡群」『日本考古学年報』47（1994年度）日本考古学協会　521-524頁

2005年5月　「池子遺跡群」『第3次埋蔵文化財白書―遺跡の保護と開発のはざま―』日本考古学協会

【学会等発表要旨】

1980年12月　『シンポジウム「縄文時代中期後半の諸問題」―とくに加曽利E式と曽利式土器との関係について―』資料集・発表要旨（『神奈川考古』第10号）（共著）神奈川考古同人会

1981年11月　「神奈川県における『袋状ピット』について」『シンポジウム北関東を中心とする縄文中期の諸問題』（『昭和56年度日本考古学協会秋季大会資料』）日本考古学協会　84頁

1983年12月　『シンポジウム「縄文時代早期末・前期初頭の諸問題」』資料集・発表要旨（『神奈川考古』第17号）（共著）神奈川考古同人会

1984年11月　『シンポジウム「縄文時代集落の変遷」』（『日本考古学協会昭和59年度秋季大会資料・発表要旨』）（共著）日本考古学協会　36-45頁

1988年8月　「横浜市金沢文庫遺跡の調査」『第12回神奈川県遺跡調査・研究発表会発表要旨』（共著）神奈川県遺跡調査・研究発表会準備委員会　34-37頁

1989年5月　「関東の敷石住居址」『シンポジウム「東北の配石と集落」発表要旨』福島県三春町教育委員会　47-52頁

1989年9月　「小田原市三ツ俣遺跡（F地区）の調査」『第13回神奈川県遺跡調査・研究発表会発表要旨』（共著）神奈川県遺跡調査・研究発表会準備委員会　29-32頁

1990年5月　「神奈川県逗子市池子遺跡群の調査」『日本考古学協会第56回総会研究発表要旨』日本考古学協会　36-39頁

1990年9月　「逗子市池子遺跡群の調査」『第14回神奈川県遺跡調査・研究発表会発表要旨』（共著）神奈川県遺跡調査・研究発表会準備委員会　19-22頁

1991年2月　「弥生時代中期後半の旧河道―逗子市池子遺跡群No.1-A地点の調査―」『公立埋文協会報』第6号　全国公立埋蔵文化財センター連絡協議会

1991年5月　「神奈川県逗子市池子遺跡群No.1-A地点弥生時代旧河道の調査」『第57回日本

考古学協会総会研究発表要旨』日本考古学協会　35-38 頁

1991 年 9 月　「逗子市池子遺跡群 No. 1-A 地点弥生時代旧河道の調査」『第 15 回神奈川県遺跡調査・研究発表会発表要旨』神奈川県考古学会　36-39 頁

1992 年 9 月　「池子遺跡群 No. 4 地点の調査」『第 16 回神奈川県遺跡調査・研究発表会発表要旨』（共著）神奈川県考古学会　神奈川県遺跡調査・研究発表会準備委員会準備会　19-22 頁

1995 年 11 月　「縄文時代集落の諸問題」『日本考古学協会 1995 年度大会研究発表要旨』日本考古学協会　25-26 頁

1995 年 11 月　「神奈川」『日本考古学協会　1995 年度茨城大会　シンポジウム 1　縄文人と貝塚』日本考古学協会茨城大会実行委員会・ひたちなか市　171-179 頁

2001 年 12 月　「環状集落の形成」『第 1 回研究集会発表要旨　縄文時代集落研究の現段階』縄文時代文化研究会

2001 年 12 月　「神奈川県における縄文時代集落の諸様相」『第 1 回研究集会基礎資料集列島における縄文時代集落の諸様相』（共著）縄文時代文化研究会

2004 年 5 月　「南西関東における初期弥生遺跡の研究―中屋敷遺跡の成果について―」『日本考古学協会第 70 回総会研究発表要旨』日本考古学協会（原稿執筆と発表は小泉玲子）

2007 年 6 月　「住居址内底部穿孔倒置埋設土器の一様相―神奈川の事例を中心として―」『第 6 回大学考古学研究交流会　発表要旨集』大学考古学研究交流会実行委員会　1-9 頁

2010 年 10 月　「住居跡での石棒の出土状況―とくに廃屋儀礼との関わりにおいて―」『縄文人の石神―大形石棒にみる祭儀行為―』（『國學院大學学術資料館プロジェクト「考古学資料館収蔵資料の再整理・修復および基礎研究・公開」シンポジウム発表要旨集』）國學院大學考古学資料館研究室

2011 年 12 月　「縄文時代中期の屋内祭祀と住居構造の変化」『シンポジウム「縄文集落研究の争点」発表要旨集』練馬区教育委員会生涯学習課文化財係　1-9 頁

2013 年 11 月　「総論　縄文時代中期大規模環状集落盛衰もつ意味」『シンポジウム　山梨・茅ヶ岳山麓における縄文時代中期文化の盛衰』昭和女子大学文化史学会　1-10 頁

【シンポジウム・講演等記録】

1981 年 4 月　『シンポジウム「縄文時代中期後半の諸問題」―とくに加曽利 E 式と曽利式土器との関係について―記録』（『神奈川考古』第 11 号）（共著）神奈川考古同人会

1984 年 4 月　『シンポジウム「縄文時代早期末・前期初頭の諸問題」記録』（『神奈川考古』第 18 号）（共著）神奈川考古同人会

1989 年 5 月　『シンポジウム「縄文の配石と集落」―三春町西方前遺跡と柴原 A 遺跡の問題点―討議集（付録　記念講演集）』（共著）三春町教育委員会

1996年6月　「池子遺跡群の概要」『かがやく池子遺跡群　連載講座シリーズ全記録』逗子に市立博物館をつくる会　5-36頁

1997年3月　『パネルディスカッション「敷石住居の謎に迫る」記録集』(共著) 神奈川県立埋蔵文化財センター・財団法人かながわ考古学財団

2001年10月　「縄文時代集落の諸問題」『シンポジウム　縄文人と貝塚　関東における埴輪の生産と供給』日本考古学協会・茨城県考古学協会編　学生社　81-91頁

2012年2月　「シンポジウム報告　縄文時代中期の屋内祭祀と住居構造の変化」『企画展関連講演会「縄文のムラ」シンポジウム「縄文集落研究の争点」記録集』練馬区教育委員会　31-36頁

2013年3月　「相模原市の縄文遺跡」『相模原市史ノート』第10号　相模原市　1-32頁

【書評・新刊紹介】

1982年5月　「『新山遺跡』調査報告書中の橋口尚武氏の論攷について」『神奈川考古』第13号　神奈川考古同人会　27-30頁

1991年5月　「私の本棚　渡辺仁著『縄文式階層化社会』」『早稲田大学新聞』No. 20　82号 (1991年5月30日) 早稲田大学新聞会

1991年12月　「新刊紹介　戸田哲也著『縄文　10,000YEARS AGO』(グラフティ・日本謎事典①) 光文社文庫」『縄文時代文化研究会NEWS』No. 11　縄文時代文化研究会　2頁

1992年5月　「書評　佐々木高明「日本史誕生」『日本の歴史』①集英社刊」『縄文時代』第3号　縄文時代文化研究会　167-169頁

1992年7月　「新刊紹介　原田昌幸著『撚糸文系土器様式』(考古学ライブラリー61) ニューサイエンス社刊」『考古学ジャーナル』No. 349　ニュー・サイエンス社　47頁

1992年6月　「新刊案内『館石野Ｉ遺跡―縄文時代列石遺構の調査―』『縄文時代文化研究会NEWS』No. 13　縄文時代文化研究会　1頁

2005年6月　「書評『綾瀬市史5通史編　原始・古代』」『綾瀬市史研究』第9号　綾瀬市史編纂室　111-116頁

2006年3月　「村田文夫の縄文集落論を読む」村田文夫著『縄文のムラと住まい』慶友社　226-240頁

2006年5月　「書評　谷口康浩著『環状集落と縄文社会構造』」『日本考古学』第21号　日本考古学協会　143-147頁

2006年7月　「書評　鈴木保彦著『縄文時代集落の研究』」『季刊考古学』第96号　雄山閣　104頁

2008年8月　「新刊紹介　田畑久夫著『鳥居龍蔵のみた日本』」『学苑』第814号　昭和女子大学　66-67頁

2010年2月　「書評　阿部昭典著『縄文時代の社会変動論』」『季刊考古学』第110号　雄山閣

99 頁

【概　説】

1982 年 10 月　「住居跡の構造と分布」『日本歴史地図　原始古代篇（上）』柏書房　124-126 頁

1982 年 10 月　「第二の道具」『日本歴史地図　原始古代篇（上）』柏書房　286-287 頁

1985 年 7 月　「住居の原典・竪穴住居のくらし」『別冊考古学ジャーナル』No. 251　ニュー・サイエンス社　16-21 頁

1988 年 4 月　『縄文土器大観　中期 I（加曽利 E 式土器様式）』（共著）小学館

1989 年 11 月　「横浜の縄文集落」『武相学誌―武相学園紀要―』第 10 号　武相学園　13 頁

1990 年 3 月　「縄文時代の遺跡」神奈川県教育委員会編『神奈川の遺跡』有隣堂　18-32 頁

1990 年 11 月　「縄文時代中期と後期の遺跡分布」『かながわの考古学　神奈川県下における主要遺跡の分布とその問題点』第 1 集　神奈川県立埋蔵文化財センター　10-11 頁

1991 年 5 月　「ストーン・サークルはなぜ作られたのか？」『驚異への旅　古代日本七つの謎』（『文芸春秋社文春文庫ビジュアル版』）文芸春秋社　87-94 頁

1992 年 3 月　「縄文時代の集落」『かながわの考古学』第 2 集　神奈川県立埋蔵文化財センター　15-33 頁

1993 年 9 月　「シリーズ『土の中から』⑫　縄文時代の住まい　敷石住居」『住宅かながわ』No. 143　神奈川県住宅供給公社　2 頁

1996 年 4 月　「縄文の配石遺構を掘る」『早稲田の考古学』早稲田大学　2 頁

1996 年 6 月　「池子」文化庁編『発掘された日本列島 '96 新発見考古速報』朝日新聞社　31-32 頁

2006 年 10 月　「縄文時代の石の文化―配石遺構と敷石住居―」『第 6 回企画展「ストーンサークル出現」展示図録』学習の森 安中市ふるさと学習館　30-34 頁

【市町村史】

1995 年 3 月　「池子遺跡群」『逗子市史別編 II』考古・美術・建築・漁業編（共著）逗子市　203-315 頁

2007 年 3 月　「縄文時代」『大磯町史　別編　考古』大磯町史編さん委員会　101-258 頁

2012 年 3 月　「縄文時代」『相模原市史　考古編』相模原市　168-319 頁

【事典等】

1983 年　「炉」『平凡社世界大百科事典』平凡社

1984 年 2 月　「勝坂遺跡・菊名遺跡・当麻遺跡・川尻遺跡・寸沢嵐遺跡」『日本歴史地名大系（神奈川県）』平凡社

1995 年 3 月　「西ノ谷貝塚遺跡群・南堀貝塚・三の丸遺跡・初山遺跡・夏島貝塚・吉井貝塚・

五領ケ台貝塚・下北原遺跡」『日本古代遺跡事典』吉川弘文館

【論文展望】

1986年8月　「論文展望・いわゆる『環礫方形配石遺構』の性格をめぐって（神奈川考古第20号）」『季刊考古学』第16号　雄山閣　103頁

1987年10月　「論文展望『敷石住居終焉のもつ意味』（古代文化第39巻1～4号）」『季刊考古学』第21号　雄山閣　103頁

1994年4月　「論文展望『縄文時代における竪穴住居の廃絶と出土遺物の評価』（21世紀への考古学　桜井清彦先生古稀記念論文集）『季刊考古学』第47号　雄山閣　100頁

1995年10月　「論文展望『柄鏡形（敷石）住居成立期の再検討』（古代探叢IV）」『季刊考古学』第53号　雄山閣　102頁

【エッセイ】

1974年6月　「マルカタの旧石器」『早稲田学報』第28巻5号（通巻第842号）早稲田大学　25頁

1995年6月　「会員通信　第1回　神奈川県における最近の動向」『縄文時代文化研究会NEWS No. 24・25』縄文時代文化研究会　8-11頁

2005年3月　「縄文時代研究とかながわ」『考古かながわ』第32号　神奈川県考古学会　1-2頁

2000年5月　「神奈川考古同人会創設のころ」『神奈川考古』第36号　神奈川考古同人会　4-7頁

2007年12月　「貝塚に学ぶ」『昭和学報』2007年12月号　昭和女子大学　1頁

2008年4月　「女子大と考古学教育」『考古学ジャーナル』No. 570（2008年4月号）ニュー・サイエンス社　1頁

2013年10月　「研究余滴　研究を振り返って」『学苑』第876号　昭和女子大学　61-65頁

2015年12月　「石棒研究の魅力」『考古学ジャーナル』No. 678　ニュー・サイエンス社　1頁

2016年2月　「歴史を視るまなざし」『昭和学報』2016年2月号　昭和女子大学　1頁

【共同研究】

1978年4月　『神奈川県における縄文時代中期後半土器編年試案（第I版）』（『神奈川考古』第4号）神奈川考古同人会

1994年3月　「神奈川における縄文時代文化の変遷I―草創期後半（早期前半）～早期・撚糸文・沈線文土器期―」『かながわの考古学』第4集　神奈川県立埋蔵文化財センター　23-46頁

1995年3月　「神奈川における縄文時代文化の変遷II　早期後半～前期初頭期―条痕文・花積下層式期の様相―」『神奈川の考古学の諸問題（II）』（『かながわの考古学』第5集）

神奈川県立埋蔵文化財センター　23-46頁

1996年3月　「神奈川における縄文時代文化の変遷III　前期―関山・黒浜式～諸磯式期の様相―」『かながわの考古学（研究紀要1）』神奈川県立埋蔵文化財センター・財団法人かながわ考古学財団　37-64頁

1997年3月　「神奈川における縄文時代文化の変遷IV　前期終末・中期初頭―十三菩提～五領ケ台式期の様相―」『かながわの考古学（研究紀要2）』神奈川県立埋蔵文化財センター・財団法人かながわ考古学財団　17-44頁

1998年3月　「神奈川における縄文時代文化の変遷V　中期中葉期　勝坂式土器文化期の様相その1―住居址検出遺跡の集成及び重複・一括出土事例―」『かながわの考古学（研究紀要3）』神奈川県立埋蔵文化財センター・財団法人かながわ考古学財団　15-36頁

1999年3月　「神奈川における縄文時代文化の変遷V―中期中葉期　勝坂式土器文化期の様相その2―土器編年案―」『かながわの考古学（研究紀要4）』神奈川県立埋蔵文化財センター・財団法人かながわ考古学財団　15-34頁

2000年3月　「神奈川における縄文時代文化の変遷V―中期中葉期　勝坂式土器文化期の様相その3―文化的様相―」『かながわの考古学（研究紀要5）』財団法人かながわ考古学財団　19-34頁

2001年3月　「神奈川における縄文時代文化の変遷VI　中期後葉期　加曽利E式土器文化期の様相　その1―主要遺跡の集成及び重複・一括出土事例―」『かながわの考古学（研究紀要6）』財団法人かながわ考古学財団

2002年3月　「神奈川における縄文時代文化の変遷VI　中期後葉期　加曽利E式土器文化期の様相　その2―土器編年案―」『かながわの考古学（研究紀要7）』財団法人かながわ考古学財団

【展示図録】

2013年10月　『秋の特別展　山梨・茅ヶ岳山麓における縄文時代中期文化の盛衰―山梨県北杜市諏訪原遺跡の発掘調査成果を中心に―』昭和女子大学光葉博物館

発掘調査歴

1965年4-5・7月　東京都八王子市中野遺跡

7月　東京都国分寺市武蔵国分寺址塔址

8月　静岡県静岡市登呂遺跡

8月　静岡県清水市石川遺跡B地点

9月　神奈川県横浜市軽井沢1号墳

10 月　千葉県千葉市加曽利北貝塚
11 月　千葉県神崎町西之城貝塚
11 月　千葉県神崎町新貝塚／武田貝塚
12 月　東京都国分寺市武蔵国分寺址
12 月　神奈川県川崎市新作八幡台遺跡
12 月　神奈川県川崎市大原遺跡
1966 年 3 月　愛知県北設楽郡設楽町神田中向遺跡
5 月　東京都八王子市狭間遺跡
5 月　神奈川県川崎市末長遺跡
5 月　神奈川県三浦市初声洞穴
7-8 月　東京都世田谷区立総合運動場遺跡（第 1 次調査）
8 月　長野県川上村二本木遺跡
8 月　神奈川県秦野市平沢同明遺跡
8 月　神奈川県川崎市初山遺跡（第 2 次調査）
10 月　埼玉県川越市霞ヶ関遺跡（第 2 次調査）
1967 年 2-3 月　神奈川県横浜市洋光台猿田遺跡
3 月　東京都世田谷区立総合運動場遺跡（第 2 次調査）
7 月　川崎市子母口貝塚
8 月　神奈川県藤沢市大庭城山遺跡 206 地点
10 月　東京都八王子市中田遺跡
12 月　神奈川県藤沢市遠藤貝塚
1968 年 7 月　東京都世田谷区立総合運動場遺跡（第 3 次調査）
1969 年 3 月　神奈川県海老名市秋葉山古墳群測量調査
1970 年 4 月　神奈川県川崎市初山遺跡（第 3 次調査）
8 月　東京都大田区久ヶ原遺跡
10 月　神奈川県横浜市そとごう遺跡
1971 年 3 月　東京都大田区下沼部遺跡
4 月　青森県田子町石亀遺跡
5 月　青森県青森市沢田 A 遺跡
1971 年 11 月-1972 年 3 月　エジプト　マルカタ遺跡（第 1 次調査）
1972 年 8 月　青森県蓬田村小館遺跡
9 月　神奈川県厚木市鳶尾遺跡
9 月　東京都町田市金井町遺跡
1973 年 2 月　京都府桑飼下遺跡
3 月　東京都世田谷区堂ヶ谷戸遺跡

3 月　神奈川県海老名市中原遺跡
4 月　神奈川県伊勢原市下北原遺跡
5 月　神奈川県横浜市坂口十三塚遺跡
6 月　神奈川県横浜市平戸柏尾遺跡
7 月-1974 年 3 月　神奈川県海老名市上浜田遺跡
1975 年 7-10 月　神奈川県秦野市草山遺跡
1977 年 1-3 月　神奈川県横浜市新羽大竹遺跡
1978 年 10 月　神奈川県横浜市中屋敷遺跡
1979 年 3 月　神奈川県横浜市細田遺跡
4-12 月　神奈川県横浜市東耕地遺跡
7 月　神奈川県横浜市道高速 2 号線遺跡（試掘）
1980 年 3 月　神奈川県横浜市本牧荒井地区やぐら
8-9 月　神奈川県横浜市道高速 2 号線遺跡（No. 6 遺跡）
10-11 月　神奈川県鎌倉市裏八幡西谷遺跡
1981 年 5-6 月　神奈川県鎌倉市裏八幡西谷遺跡
7-9 月　神奈川県横浜市高速市道 2 号線遺跡
9 月　神奈川県小田原市総世寺裏古墳
1982 年 7-9 月　神奈川県横浜市道高速 2 号線遺跡（No. 6・No. 9 遺跡）
8-12 月　神奈川県鎌倉市蔵屋敷遺跡
1983 年 7-9 月　神奈川県横浜市道高速 2 号線遺跡（No. 6 遺跡）
1985 年 7 月　鎌倉市鎌倉市帰源院下やぐら群
11 月-1986 年 3 月　神奈川県伊勢原市日向南新田遺跡
1986 年 9 月-1987 年 3 月　神奈川県秦野市砂田台遺跡
1987 年 6-12 月　神奈川県横浜市金沢文庫遺跡
1988 年 5-6 月　神奈川県横浜市金沢文庫遺跡（洞門）
10 月-1989 年 3 月　神奈川県小田原市三ツ俣遺跡 F 地区
1989 年 4 月-1990 年 12 月　神奈川県逗子市池子遺跡群 No. 1-A 地点
1990 年 8-9 月　岩手県田野畑村館石野 I 遺跡第（5 次調査）
1991 年 4 月-1992 年 2 月　神奈川県逗子市池子遺跡群 No. 6 地点
8 月　岩手県田野畑村館石野 I 遺跡（6 次調査）
1992 年 5 月-1993 年 8 月　神奈川県逗子市池子遺跡群 No. 7 地点
8 月　岩手県田野畑村館石野 I 遺跡（第 7 次調査）
1993 年 9 月-1994 年 7 月　神奈川県逗子市池子遺跡群 No. 1-A 東地点
8 月　岩手県田野畑村館石野 I 遺跡（第 8 次調査）
1994 年 7-10 月　神奈川県逗子市池子遺跡群 No. 1-A 南地点

1999年6-7月　神奈川県伊勢原市下糟屋・下町並遺跡
9-12月　神奈川県綾瀬市大塚堂遺跡
2000年3月　神奈川県城山町川尻遺跡
2002年7月　神奈川県大井町中屋敷遺跡（第4次調査　7/26～8/6）
2003年3月　ベトナムビンロック県胡朝城跡城門3次元測量調査（3/11～3/21）
2003年8月　神奈川県大井町中屋敷遺跡（第5次調査　8/2～8/14）
2004年3月　神奈川県大井町中屋敷遺跡（第6次調査　3/13～3/24）
2004年8月　ベトナムビンロック県胡朝城跡発掘調査（8/16～8/28）
2005年8月　山梨県北杜市梅之木遺跡発掘調査（8/7～8/20）
2006年8月　山梨県北杜市梅之木遺跡発掘調査（8/6～8/19）
2007年8月　山梨県北杜市諏訪原遺跡第1次発掘調査（8/5～8/18）
2008年3月　神奈川県大井町中屋敷遺跡（第7次調査　3/13～3/25）
2008年8月　山梨県北杜市諏訪原遺跡第2次発掘調査（8/3～8/16）
2009年3月　神奈川県大井町中屋敷遺跡（第8次調査　3/13～3/22）
2009年8月　山梨県北杜市諏訪原遺跡第3次発掘調査（8/9～8/23）
2010年8月　山梨県北杜市諏訪原遺跡第4次発掘調査（8/8～8/22）
2011年8月　山梨県北杜市諏訪原遺跡第5次発掘調査（8/1～8/14）
2012年8月　山梨県北杜市諏訪原遺跡第6次発掘調査（8/6～8/19）
2013年8月　山梨県北杜市諏訪原遺跡第7次発掘調査（8/5～8/18）
2014年8月　山梨県北杜市諏訪原遺跡第8次発掘調査（8/10～8/24）
2015年8月　山梨県北杜市諏訪原遺跡第9次発掘調査（8/9～8/23）
2016年8月　山梨県北杜市諏訪原遺跡第10次発掘調査（8/7～8/21）

講演・研究発表等（昭和女子大学勤務以降　2002年4月-）

2002年4月20日　早稲田大学考古学会　公開講演「敷石住居址研究の現状と課題」
2002年11月24日　福島大学文化行政学部　講演「敷石住居址研究の現状と課題」
2003年4月17日，5月1・15・29日，6月19日　朝日カルチャーセンター横浜　連続講義「縄文時代史を見直す」
2003年5月10日　城山町民大学「歴史講座」第1回講演「石の文化，その始まりと広がり―配石墓と敷石住居―」
2003年7月5日　昭和女子大学文化史学会第11回大会　講演「墓壙内に倒置された土器」
2004年4月20日　シルクロードの会4月例会講演「縄文集落と配石遺構・敷石住居址」
2004年7月25日　相模原市立博物館「縄文人の石の文化―配石遺構と敷石住居―」
2004年12月22日　考古学を学ぶ会「縄文時代階層化社会論の行方」

2005年1月20日　かながわ考古学財団　考古学ゼミナール「縄文人の石の文化―配石遺構と敷石住居―」

2006年10月29日　安中市ふるさと学習館講演会「縄文時代の配石遺構」

2006年11月3日　世田谷区文化財強調週間講演会「縄文時代階層化社会論の行方」

2007年6月16日　第6回大学考古学研究交流会発表「住居址内底部穿孔倒置埋設土器の一様相―神奈川の事例を中心として―」大学考古学研究交流会実行委員会

2007年10月21日　文化財保護条例施行30周年記念事業・せたがや文化創造塾講演会「南関東における弥生時代の始まり―神奈川県大井町中屋敷遺跡の調査成果から―」

2007年11月25日　群馬県藤岡歴史館企画展関連講演「配石・敷石遺構からみた縄文後・晩期社会の特質」

2008年3月16日　神奈川県相模原市川尻遺跡連続講座第5回「石の文化への転換　縄文後・晩期社会の特質」

2008年3月30日　縄文王国山梨講演「世界の文化遺産　中部日本縄文遺跡の魅力を語る」

2008年9月19日　せたがや文化創造塾講演「縄文時代のムラと暮らし―世田谷区桜木遺跡の調査成果から―」せたがや産業プラザ会議室

2008年12月7日　平成20年度あらかわ文化財講座「大昔の人びとの土地利用―縄文時代の台地と低地の遺跡から―」荒川ふるさと文化館

2009年7月5日　第3回平成21年度縄文ゼミナール「縄文ムラの暮らし 文化の繁栄と衰退のもつ意味―中期から後・晩期へ―」尖石縄文考古館

2009年11月12日　「池子遺跡群の調査成果」逗子市役所

2010年2月6日　神奈川県埋蔵文化財センター巡回展講演「縄文文化研究の最先端―縄文時代文化の変容　中期から後・晩期へ―」愛川町文化会館

2010年3月14日　山梨県遺跡調査発表会21年度下半期　講演「縄文時代社会の変質―中期から後期へ―」帝京大学山梨文化研究所

2010年11月20日　平成22年度考古学講座第3講「縄文時代後・晩期の祭祀遺構」千葉市立加曽利貝塚博物館

2011年5月13日　「縄文時代の住まい―敷石住居の謎に迫る―」『第49回明治大学博物館公開講座「考古学ゼミナール」考古学から探る古代の住まい』明治大学リバティーアカデミー

2011年6月11日　法政考古学会2011年度第1回講演会「縄文時代社会の変質―中期から後期へ―」法政大学

2011年7月10日　岩宿大学2011「縄文時代の祭りと石棒」岩宿博物館

2011年11月10日　せたがや文化創造塾講演「縄文時代文化研究の最先端―縄文時代文化研究の行方―」世田谷区立教育センター

2011年11月26日　昭和女子大学2011年文化史学会研究発表「多凹痕をもつ石棒と石皿」

2011年12月4日　「縄文時代中期の屋内祭祀と住居構造の変化」『シンポジウム「縄文集落研究の争点」』練馬区立石神井ふるさと文化館

2012年9月2日　せたがや文化創造塾講演「縄文時代中期大規模環状集落の盛衰」世田谷区立教育センター

2012年9月23日　相模原市史講演会「相模原市の縄文遺跡」相模原市立博物館

2012年10月21日　「縄文時代社会の変質—関東・中部地方からみた縄文時代中期から後期へ—」『第20回特別展　那須の縄文社会が変わるころ—縄文時代中期から後期へ—』栃木県立なす風土記の丘資料館

2013年9月2日　せたがや文化創造塾講演「縄文時代と石の文化—縄文時代後・晩期の特質—」世田谷区立教育センター

2014年2月21日　国際縄文学協会講演「縄文時代と石の文化—縄文後・晩期の特質—」国際縄文学協会事務所

2015年9月27日　せたがや文化創造塾講演「縄文時代における廃屋墓葬をめぐって」世田谷区立教育センター

2016年3月20日　「縄文時代と石の文化　配石遺構と敷石住居址」『縄文に学ぶ～祭祀施設とムラ～』 秋田県鹿角市市民センター

2016年4月14・21・28日，5月12・19日　早稲田大学エクステンションセンター「考古学入門」第1～5回　縄文時代社会変質のもつ意味，廃屋墓葬，石棒祭祀，配石遺構，柄鏡形（敷石）住居址

2016年9月13・20・27・29日，10月10・17日　早稲田大学エクステンションセンター中野校「縄文時代文化研究の現状と課題」第1～6回　縄文時代中期文化の繁栄，中期文化の衰退と大規模配石遺構構築活発化の意味，住居構造の変化—柄鏡形（敷石）住居の出現と展開—，石棒祭祀をめぐって，廃屋墓葬の意味，階層化社会論をめぐって

2016年10月29日　昭和女子大学地域連携センター「縄文時代文化研究の最前線」

2016年11月12日　相模原市ハテナ館「柄鏡形（敷石）住居」

2016年12月3日　昭和女子大学文化史学会大会「柄鏡形（敷石）住居址研究の50年」

2016年12月17日　2016年度早稲田大学考古学会公開講演「縄文時代中期文化の繁栄と衰退—山梨県北杜市諏訪原遺跡の調査成果を通じて—」

謝　　辞

わが師である桜井清彦先生が古稀を迎えられたことをお祝いして刊行された記念論文集の書名は『二十一世紀への考古学』（1993. 2 雄山閣）であった。私もこの論集に一文を寄せているが，それから早いもので四半世紀が過ぎ，私自身が古稀を迎えることとなった。

このたび，私の古稀に際して古稀記念事業が企画され，記念論文集が刊行されることとなり，その書名をどうするかという問い合わせが私にあった。いろいろ思案をめぐらせたが，結論的には，わが師の記念論文集を受け継いだ形で，二十一世紀へ入った考古学の現在を幅広い視野から論じてもらえればと思い，『二十一世紀考古学の現在』という書名で刊行することをお願いした。

幸い，諸先生・先輩・友人・後輩・教え子など，幅広い方々からお忙しいなか，多数のご執筆をいただいた。私の専門分野は縄文時代文化の研究にあるが，本書には，さまざまな時代や分野から，考古学の現在を俯瞰できる優れた論文が多数集まり，まさに『二十一世紀考古学の現在』の到達点を知ることができる一書となったことは望外の喜びであった。ご執筆いただいた方々に，この場を借りて厚く御礼申し上げる次第である。

想えば，18歳で早稲田大学第一文学部に入学して以来，考古学を学び続けて，はや半世紀を超えることとなった。この間の考古学人生を振り返ってみると，大学・大学院時代の8年間，大学院修了後，就職した神奈川県教育委員会（神奈川県立埋蔵文化財センター・かながわ考古学財団勤務時代を含む）での29年間，そして昭和女子大学での15年間に大きく3期に編年することができる。第1期の大学・大学院時代には数多くの遺跡の発掘調査に参加し，考古学の楽しさを知った。なかでも，1967（昭和42）年2月から3月にかけて行われた横浜市洋光台猿田遺跡の発掘調査に参加して，初発見となった敷石を伴わない柄鏡形住居址を実際に調査する貴重な機会をえて，その後の敷石住居址，私のいう「柄鏡形（敷石）住居址」研究の出発点ともなった。

第2期の神奈川県教育委員会時代には，埋蔵文化財保護行政や神奈川県内の遺跡調査と報告書作成の日々を過ごしてきた。なかでも思い出に残るのは，1989（平成元）年から約10年間という長期にわたって携わった逗子市池子遺跡群の発掘調査と報告書作成作業である。とくに，弥生時代中期後葉・宮ノ台式期の河道跡の調査は忘れ得ぬ思い出である。

第3期の昭和女子大学に移ってからは，毎年夏季休暇を利用して，山梨県北杜市諏訪原遺跡の発掘調査を，2007（平成19）年から2016（平成28）年まで学生たちとともに継続してきた。毎年の調査期間も約2週間という短いものであったが，多くの貴重な成果をあげることができた。

このように，私は，多くの方々に支えられながら，考古学とともに歩んできた。

最後に本論集に執筆いただいた方々にあらためて御礼申し上げたい。

山本　暉久

あとがき

山本暉久先生の古稀記念事業の一環として，記念論集を刊行させていただきたい旨をお伝えしたところ，先生から『二十一世紀考古学の現在』というタイトルをご提案いただきました。これは先生の恩師である櫻井清彦先生の古稀記念論集『二十一世紀への考古学』を受けたものです。21世紀を迎えた現在の考古学の到達点や新たな課題を展望したいという先生の学問への変わらぬ情熱を感じました。

幸いにも旧石器時代から近現代まで，また国内外の多彩なテーマに関する70本以上の論考が集まり，タイトルにふさわしい内容となりました。これもひとえに先生の学問と交友関係の幅広さの賜物と感じております。その反面，予想以上に多くの投稿があったために，執筆者の皆様には頁数の制限などで多大なご迷惑をおかけすることとなってしまいました。深くお詫び申し上げます。

刊行にあたっては六一書房の八木環一会長に並々ならぬご配慮をいただきました。また，編集作業では同社の水野華菜氏にご尽力いただきました。記して感謝申し上げます。

2017年2月

山本暉久先生古稀記念論集編集委員会
小泉玲子　植月　学　小島秀彰　後藤　健
小林寛子　谷口　肇　坪田弘子　長岡文紀

執筆者一覧（執筆順）

①生年 ②最終学歴 ③現職 ④主な業績

白石浩之（しらいし　ひろゆき） ① 1946 年 ②國學院大學文学研究科修士課程修了 博士（歴史学）③愛知学院大学文学部教授 ④『石槍の研究―旧石器時代から縄文時代初頭期にかけて―』ミュゼ（2001），『旧石器時代の社会と文化』山川出版社（2002），「尖頭器石器群」『講座日本の考古学 2 旧石器時代 下』青木書店（2010）

阿部朝衛（あべ　あさえい） ① 1955 年 ②東北大学大学院文学研究科博士課程後期 ③帝京大学文学部教授 ④「子ども考古学の誕生」上・下『考古学雑誌』97-1・2（2012・2013）

井関文明（いせき　ふみあき） ① 1967 年 ②東海大学 ③（公財）かながわ考古学財団 ④「小田原城における元禄期以前の陶磁器群について」『考古論叢 神奈河』第 11 集 神奈川県考古学会（2003），「かながわの歴史構造」『かながわ考古学論集』かながわ考古学論集刊行会（2014）

鈴木保彦（すずき　やすひこ） ① 1946 年 ②日本大学大学院文学研究科修士課程史学専攻修了 博士（歴史学）③日本大学大学院芸術学研究科・文学研究科講師 ④『縄文時代集落の研究』雄山閣（2006），「総説」「関東・東海地方の縄文集落と縄文社会」『集落の変遷と地域性』雄山閣（2009）

高橋龍三郎（たかはし　りゅうざぶろう） ① 1953 年 ②早稲田大学文学研究科博士後期課程満期退学 ③早稲田大学教授 ④『縄文文化研究の最前線』トランスアート（2004），『現代の考古学 6 村落と社会の考古学』朝倉書店（2001）

小島秀彰（こじま　ひであき） ① 1975 年 ②早稲田大学大学院文学研究科史学（考古学）専攻修士課程修了 ③若狭三方縄文博物館主査（学芸員）④「福井県三方五湖―早瀬川水系におけるニホンウナギ Anguilla japonica 生息状況の歴史的変遷について」『動物考古学』第 29 号（2012），「福井県鳥浜貝塚の発掘調査と動物考古学的研究への寄与―学史の整理から―」『動物考古学』第 32 号（2015）

佐々木由香（ささき　ゆか） ① 1974 年 ②東京大学大学院新領域創成科学研究科 論文博士 ③株式会社パレオ・ラボ 統括部長・早稲田大学文学学術院非常勤講師・昭和女子大学人間文化学部歴史文化学科非常勤講師 ④「縄文人の植物利用―新しい研究法からみえてきたこと―」『歴博フォーラム ここまでわかった！縄文人の植物利用』新泉社（2014），「植生と植物資源利用の地域性」『季刊考古学別冊 21 縄文の資源利用と社会』雄山閣（2014）

佐野隆（さの　たかし） ① 1964 年 ②慶應義塾大学文学部史学科 ③北杜市役所教育部 ④「縄文時代中期における内陸中部地方の生業と野生マメ類利用」『日韓における穀物農耕の起源』山梨県立博物館（2014），「曽利式期環状集落の解体について」『山梨考古学論集』VII 山梨県考古学協会（2014）

中沢道彦（なかざわ　みちひこ） ① 1966 年 ②早稲田大学第一文学部日本史専修卒業 ③長野県職員 ④

『先史時代の初期農耕を考える—レプリカ法の実践から—』(2014)，「縄文時代食料採集経済説の成立背景」『海と山と里の考古学』(2016)

小林謙一（こばやし　けんいち）①1960年 ②総合研究大学院大学文化科学研究科日本歴史研究専攻博士後期課程修了 博士（文学）③中央大学文学部教授 ④『縄紋社会研究の新視点—炭素14年代測定の利用—』六一書房（2004初版，2008新装増補版，2012年普及版），『縄文研究の新地平（続々）—縄文集落調査の現在・過去・未来—』考古学リーダー21 六一書房（2012）

山本孝司（やまもと　こうじ）①1962年 ②早稲田大学大学院文学研究科修士課程修了 ③（公財）東京都埋蔵文化財センター ④「土器作り集団」『総覧 縄文土器』アム・プロモーション（2008），「関東地方西南域における縄文時代中期のヒスイ製品に関する考察—多摩丘陵・武蔵野台地の事例より」『比較考古学の新地平』同成社（2010）

小倉和重（おぐら　かずしげ）①1968年 ②国学院大学大学院博士課程前期修了 ③佐倉市教育委員会 ④「異形台付土器」『総覧 縄文土器』アム・プロモーション（2008）

宮崎朝雄（みやざき　あさお）①1948年 ②埼玉大学教育学部 ④「関東地方における縄文草創期～早期の竪穴住居について」『埼玉の考古学II』六一書房（2006），「坂東山遺跡の甕棺墓について」『紀要』第3号 埼玉県立歴史と民俗の博物館（2009）

坪田弘子（つぼた　ひろこ）①1973年 ②早稲田大学大学院文学研究科考古学専攻修士課程修了 ③株式会社玉川文化財研究所主任研究員 ④「縄文時代前期の墓域と土壙墓—関東・中部地方の事例から」『縄文時代』15号（2004），「土壙墓に埋納された石匙—関東・中部地方の縄文時代前・中期の事例から—」『比較考古学の新地平』同成社（2010）

綿田弘実（わただ　ひろみ）①1959年 ②立正大学文学部史学科卒業 ③（一財）長野県文化振興事業団長野県埋蔵文化財センター 主任調査研究員 ④「中部山岳洞窟遺跡の縄文土器」『縄文時代』21（2010），「形と文様は交流を語る—縄文土器—」『平出博物館ノート』26（2012）

後藤信祐（ごとう　しんすけ）①1958年 ②富山大学人文学部 ③（公財）とちぎ未来づくり財団埋蔵文化財センター ④「那須の縄文時代—袋状土坑・複式炉・配石と土器棺墓のころ—」『ブックレット 那須をとらえる1』随想舎（2010），「縄文の儀礼 石製儀礼具」『講座日本の考古学4 縄文時代 下』青木書店（2014）

中村耕作（なかむら　こうさく）①1981年 ②國學院大學大学院博士課程後期修了 博士（歴史学）③國學院大學栃木短期大学専任講師 ④『縄文土器の儀礼利用と象徴操作』アム・プロモーション（2013），『遺跡・遺物の語りを探る』玉川大学出版部（2014）

吉澤宏（よしざわ　ひろし）①1952年 ②東京保善高等学校卒業 ③日本考古学協会会員 ④「縄文時代における底部穿孔埋甕の発生と展開」『山麓考古』第20号（2007），「中澤澄男とその周辺の人々」『山麓考古』第21号（2014）

櫛原功一（くしはら　こういち）①1961年 ②國學院大学大学院文学研究科修了 博士（歴史学）③帝京大学文化財研究所 研究員 ④「竪穴住居における縄文尺の検討」『縄文時代』第26号 縄文時代文化研究会（2015），「住居型式と集落形成」『考古学の地平I』六一書房（2016）

谷口康浩（たにぐち　やすひろ）①1960年 ②國學院大學大学院文学研究科博士課程後期中退 博士（歴史学）③國學院大學文学部教授 ④『環状集落と縄文社会構造』学生社（2005），『縄文文化起源論の再構築』同成社（2011），『縄文時代の考古学』全12巻 同成社（2007-2010）

本橋恵美子（もとはし　えみこ）①1961年 ②國學院大學博士課程後期単位修得中退 ③練馬区役所 ④「縄文時代における柄鏡形住居址の研究」『信濃』40-8（1988），Jomon Lithic Raw Material Exploitation in the Izu Islands, Tokyo, *INDO-PACIFIC ASSOCIATION BULLETIN* 15（1996）

戸田哲也（とだ　てつや）①1947年 ②成城大学大学院考古学専攻博士課程満期退学 ③株式会社玉川文化財研究所代表 ④『縄文』光文社文庫（1991），「曽利III式土器の伝播と変容」『ムラと地域の考古学』同成社（2006），「北陸・中央高地の縄文集落の生活と生業」『縄文集落の多様性III』雄山閣（2012）

山田康弘（やまだ　やすひろ）①1967年 ②筑波大学大学院博士課程歴史人類学研究科中退 ③国立歴史民俗博物館・総合研究大学院大学 教授 ④『人骨出土例にみる縄文の墓制と社会』同成社（2008），『老人と子供の考古学』吉川弘文館（2014），『つくられた縄文時代』新潮社（2015）

阿部昭典（あべ　あきのり）①1973年 ②國學院大學大学院文学研究科博士課程後期修了 博士（歴史学）③千葉大学文学部・助教 ④『縄文時代の社会変動論』アム・プロモーション（2008），『縄文の儀器と世界観』知泉書館（2015）

御堂島正（みどうしま　ただし）①1956年 ②早稲田大学大学院文学研究科博士課程前期修了 博士（文学）③大正大学文学部教授 ④『石器使用痕の研究』同成社（2005），「石器実験痕跡研究の構想」『小此木輝之先生古稀記念 歴史と文化』青史出版（2016）

澁谷昌彦（しぶや　まさひこ）①1953年 ②大正大学文学部史学科 ③大正大学 非常勤講師 ④『縄文時代の交易と祭祀の研究』六一書房（2009），「中越式土器から見た土器型式間の交渉」『縄文時代』第23号 縄文時代文化研究会（2012）

長田友也（おさだ　ともなり）①1971年 ②名古屋大学博士課程後期修了 博士（歴史学）③中部大学非常勤講師 ④「石棒の型式学的研究」『縄文時代』第24号（2013），「後期前半の石棒」『縄文時代』第27号（2016）

中村豊（なかむら　ゆたか）①1970年 ②立命館大学大学院文学研究科修士課程修了 ③徳島大学総合科学部 ④「徳島市庄・蔵本遺跡における弥生時代前期の雑穀資料」『雑穀研究』第25号 雑穀研究会（2010），「中四国地域における縄文時代精神文化について―大型石棒・刀剣形石製品を中心に―」『島根県古代文化センター研究論集』第13集（2014）

佐藤雅一（さとう　まさいち） ① 1959 年 ②國學院大學文学部史学科卒業 ③津南町教育委員会 苗場山麓ジオパーク推進室長 主幹文化財専門員 ④「新潟県津南段丘における石器群研究の現状と展望―後期旧石器時代から縄文時代草創期に残された活動痕跡―」『先史考古学論集』第 11 集（2002），「新潟県における土偶研究の視点」『新潟考古』第 14 号 新潟県考古学会（2003）

谷藤保彦（たにふじ　やすひこ） ① 1957 年 ②大正大学文学部史学科 ③（公財）群馬県埋蔵文化財調査事業団 ④「花積下層Ⅰ式土器とその周辺」『縄文土器論文集―縄文セミナー十周年記念論文集―』縄文セミナーの会（1999），「表館式土器に関する一考察―広域分布からみた視点―」『北奥の考古学―葛西励先生還暦記念論文集―』葛西励先生還暦記念論文集刊行会（2005），「前期初頭の玉飾り―中国新石器時代玉器との比較―」『公開シンポジウム 縄文時代装身具の考古学―身体の装飾をどうとらえるか―予稿集』早稲田大学先史考古学研究所（2013）

金子昭彦（かねこ　あきひこ） ① 1964 年 ②早稲田大学大学院修士課程修了 ③（公財）岩手県文化振興事業団岩手県立博物館 主任専門学芸員 ④『遮光器土偶と縄文社会』同成社（2001），「遮光器土偶」『縄文時代の考古学 11 心と信仰』同成社（2007）

小林克（こばやし　まさる） ① 1956 年 ②早稲田大学第一文学部卒業 ④「クマと土偶とシャマンと」『「オープン・リサーチ・センター整備事業」東北地方における環境・生業・技術に関する歴史動態的総合研究研究成果報告書 I』（2012），「本州日本海沿岸北部における縄紋時代後半期の宗教儀礼」『古代』138 号（2016）

金子直行（かねこ　なおゆき） ① 1957 年 ②國學院大學大学院文学研究科博士課程後期満期退学 ③（公財）埼玉県埋蔵文化財調査事業団 調査部長 ④「子母口貝塚資料・大口坂貝塚資料」『山内清男考古資料 5』奈良国立文化財研究所史料第 35 冊（1992），「早期条痕文系土器」『総覧 縄文土器』アム・プロモーション（2008）

増子康眞（ますこ　やすまさ） ① 1942 年 ②愛知大学卒業 ③名古屋考古学会代表 ④「尾張平野における縄文晩期後半土器の編年的研究」『古代学研究』40 古代学研究会（1965），「東海西部の縄文前期末葉土器の研究」『縄文時代』27 縄文時代研究会（2016）

松田光太郎（まつだ　こうたろう） ① 1966 年 ②千葉大学大学院人文社会科学研究科博士課程修了 ③熊本大学埋蔵文化財調査センター准教授 ④「縄文時代前期土器の突起が示す地域性と交流―関東地方の諸磯 b 式土器の渦巻突起に着目して」『先史学・考古学論究 VI』龍田考古会（2014），「諸磯式土器における浮線文の発生と北白川下層 IIc 式土器の成立」『型式論の実践的研究 II』人文社会科学研究科研究プロジェクト報告書 276 千葉大学大学院人文社会科学研究科（2014）

関根愼二（せきね　しんじ） ① 1957 年 ②國學院大學博士課程後期単位取得退学 ③（公財）群馬県埋蔵文化財調査事業団 ④「諸磯式土器」『総覧 縄文土器』アム・プロモーション（2008），「諸磯様式における深鉢形土器の形式分化」『研究紀要 29』群馬県埋蔵文化財調査事業団（2011）

細田勝（ほそだ　まさる）①1956年 ②早稲田大学教育学部社会科地理歴史専修 ③（公財）埼玉県埋蔵文化財調査事業団　調査部副部長 ④「縄文前期終末土器群の研究」『先史考古学研究』阿佐ヶ谷先史学研究会（1996），「勝坂式の変容と大木式の関係（素描）」『比較考古学の新地平』同成社（2010）

領家玲美（りょうけ　れみ）①1980年 ②昭和女子大学生活機構研究科生活機構学専攻博士後期課程満期退学 ③相模原市教育委員会 ④「勝坂式土器文化期における土坑墓の様相（1）・（2）―南関東を中心として―」『縄文時代』第25・26号 縄文時代文化研究会（2014・2015）

新津健（にいつ　たけし）①1949年 ②上智大学大学院文学研究科史学専攻修士課程 ③昭和測量株式会社研究顧問（文化財担当）・山梨英和大学非常勤講師 ④『猪の文化史』雄山閣（2011）

井出浩正（いで　ひろまさ）①1977年 ②早稲田大学大学院文学研究科博士後期課程単位取得退学 ③東京国立博物館研究員 ④「長野県内における阿玉台式土器の様相―群馬県西部の阿玉台式土器との比較から―」『長野県考古学会誌』143・144合併号（2012），「縄文時代中期中葉における浅鉢形土器―阿玉台式土器に伴う浅鉢の様相―」『史観』第168冊（2013）

小野正文（おの　まさふみ）①1950年 ②國學院大學文学部史学科卒業 ③山梨県甲州市教育委員会文化財文化財指導監・（公財）武田信玄公宝物館館長 ④「縄文時代における猪飼養問題」『甲府盆地―その歴史と地域性―』雄山閣（1984），「物語性文様について2」『研究紀要26』山梨県立考古博物館・山梨県埋蔵文化財センター（2010）

鯉渕義紀（こいぶち　よしのり）①1967年 ②早稲田大学第二文学部東洋文化専修 ③相模原市教育員会生涯学習部文化財保護課埋蔵文化財調査員 ④「遠藤貝塚出土の林中原型について」『湘南考古学同好会々報』140（2015），「神奈川県内における堀之内1式後半期の地域相について」『考古論叢神奈河』第22集（2016）

木下哲夫（きのした　てつお）①1952年 ②早稲田大学法学部卒業 ③あわら市郷土歴史資料館 文化財調査専門員（臨時職員）④「酒見式土器成立の構成要件―土器型式内部に於ける波及と受容の様相について―」『縄文土器論集―縄文セミナー10周年記念論文集―』（1999），「福井県桑野遺跡の石製装身具―玦状耳飾の用途に関する出土状況からの検討―」『縄文時代の渡来文化』刻文付有孔石斧とその周辺』（2002）

小林圭一（こばやし　けいいち）①1961年 ②早稲田大学大学院文学研究科修士課程史学（考古学）専攻博士（文学）③（公財）山形県埋蔵文化財センター 職員 ④『亀ヶ岡式土器成立期の研究―東北地方における縄文時代晩期前葉の土器型式―』早稲田大学総合研究機構先史考古学研究所（2010）

池田治（いけだ　おさむ）①1960年 ②青山学院大学大学院文学研究科博士後期課程中退 ③（公財）かながわ考古学財団 調査研究部 主幹 ④「東日本の弥生銅釧」『白門考古論叢』中央考古会・中央大学考古学研究会（2004），「相模川流域の久ヶ原式系土器の様相」『かながわ考古学論集』かながわ考古学論集刊行会（2014）

田村良照（たむら　よしてる）①1956年 ②法政大学文学部史学科 ③有限会社 相模考古学研究所代表 ④

「相模の横穴墓」『考古論叢神奈河』第12集，「朝光寺原式の属性」『神奈川考古』34・49号

鈴木次郎（すずき　じろう）①1948年 ②明治大学文学部史学地理学科 ③（公財）かながわ考古学財団 ④「ビュルム氷期最寒冷期における石器群の変容―相模野第III期石器群の評価―」『考古論叢 神奈河』14 神奈川県考古学会（2006），「ナイフ形石器文化後半期の居住様式」『講座日本の考古学2旧石器時代 下』青木書店（2010）

谷口肇（たにぐち　はじめ）①1963年 ②早稲田大学大学院文学研究科考古学専攻博士課程前期修了 ③神奈川県教育委員会教育局生涯学習部文化遺産課 ④「条痕文系土器の東方への伝播と変容」『翔古論集―久保哲三先生追悼論文集』（1993），「細密条痕の復元」『古代』第116号（2004），「杉山博久先生の西相模古式弥生土器研究」『地域と学史の考古学』（2009）

小倉淳一（おぐら　じゅんいち）①1965年 ②法政大学大学院人文科学研究科日本史学専攻博士後期課程満期退学（文学修士）③法政大学文学部准教授 ④「印旛沼周辺地域の宮ノ台式土器出土遺跡の変遷―壺形土器を中心として―」『法政考古学』第40集記念論文集（2014），「関東地方における弥生時代の溝」『環濠集落の諸問題2015』（2015）

西川修一（にしかわ　しゅういち）①1958年 ③神奈川県立旭高等学校 教諭 ④「相模の首長墓系列」『相模と武蔵の古墳』季刊考古学 別冊15 雄山閣（2007），「2・3世紀のサガミの集落と古墳」『邪馬台国時代の関東』青垣出版（2015）

岩本崇（いわもと　たかし）①1975年 ②京都大学博士（文学）③島根大学法文学部准教授 ④「北近畿・山陰における古墳の出現」『博古研究』第48号（2014），「三角縁神獣鏡と前方後円墳出現期の社会」『比較考古学の新地平』同成社（2011）

水野敏典（みずの　としのり）①1965年 ②早稲田大学大学院文学研究科博士課程退学 ③奈良県立橿原考古学研究所企画部企画課係長 ④「古墳時代鉄鏃研究の諸問題」『古代武器研究』古代武器研究会（2007），「三次元計測と銅鏡製作技法」『隣接科学と古墳時代研究 古墳時代の考古学8』同成社（2012）

池上悟（いけがみ　さとる）①1950年 ②立正大学大学院文学研究科 ③立正大学文学部教授 ④『古墳文化論攷』六一書房（2010），『横穴墓論攷』六一書房（2015）

大上周三（おおうえ　しゅうぞう）①1948年 ②青山学院大学文学部史学科 ③（公財）かながわ考古学財団 ④「古代集落の建物群類型について―相模地域を中心にして―」『神奈川考古第27号』神奈川考古同人会（1991），『古代西相模の社会と暮らし』夢工房（2008）

栗田一生（くりた　かづお）①1972年 ②國學院大学大学院修士修了 ③川崎市教育委員会事務局生涯学習部文化財課 埋蔵文化財担当係長（学芸員）④『橘樹官衙遺跡群の調査―橘樹郡衙跡・影向寺遺跡総括報告書［古代編］―』川崎市教育委員会（2014），「弥生時代遺跡の整備」『史跡整備と博物館』雄山閣（2006）

小林康幸（こばやし　やすゆき）①1963年 ②立正大学文学部史学科（考古学専攻）卒業 ③神奈川県鎌倉市役所勤務 ④「中世日本おける造瓦の変遷」『月刊考古学ジャーナル』No. 652（2014），「鎌倉・建長寺出土瓦の検討」『神奈川考古』第51号（2015）

天野賢一（あまの　けんいち）①1964 ②城西大学 ③（公財）かながわ考古学財団 ④「近代遺跡出土資料の様相—山下居留地遺跡出土の煉瓦について—」『神奈川考古』47 神奈川考古同人会（2011），「近代遺跡出土資料小考—神奈川の近代遺跡などから出土した国産タイルについて—」『考古論叢神奈河』19（2011）

柏木善治（かしわぎ　ぜんじ）①1970年 ②国立大学法人総合研究大学院大学文化科学研究科日本歴史研究専攻修了 博士（文学）③（公財）かながわ考古学財団 調査研究部長 ④『埋葬技法からみた古代死生観—6〜8世紀の相模・南武蔵地域を中心として—』雄山閣（2014），「第II部5 横穴墓にみる海洋民の様相」「第III部1 太平洋沿岸」かながわ考古学財団編『海浜型前方後円墳の時代』同成社（2015）

大竹憲治（おおたけ　けんじ）①1952年 ②立正大学大学院文学研究科修士課程史学（考古学）専攻修了 ③いわき地方史研究会会長・福島県考古学会副会長 ④『東アジア文化交流の考古学』第一書房（2002）

後藤健（ごとう　けん）①1972年 ②早稲田大学大学院文学研究科史学科考古学専攻満期退学 博士（文学）③早稲田大学非常勤講師 ④『図説中国文明史1 先史文明への胎動』（翻訳）創元社（2006），「中国新石器時代における白灰の利用」『技術と交流の考古学』同成社（2013）

大脇潔（おおわき　きよし）①1947年 ②早稲田大学第一文学部史学科国史専修卒業 ③奈良文化財研究所名誉研究員・元近畿大学文芸学部教授 ④「瓦からみた西摂の古代寺院」『地域研究 いたみ』44 伊丹市立博物館（2015），「塔の考古学—心柱を立てる技—」『日本古代考古学論集』同成社（2016）

小髙敬寛（おだか　たかひろ）①1975年 ②早稲田大学大学院修了 博士（文学）③東京大学総合研究博物館特任助教 ④『西アジア考古学講義ノート』（2013），「西アジアの初期の土器にみられる突帯」『オリエント』58巻1号（2015）

齋藤久美子（さいとう　くみこ）①1969年 ②早稲田大学大学院文学研究科博士後期課程単位取得退学 ③早稲田大学エジプト学研究所招聘研究員 ④ The Matrilineal Royal Succession in the Empire of Kush: A New Proposal Identifying the Kinship Terminology in the 25th and Napatan Dynasties as that of Iroquois/Crow. *Mitteilungen der Sudanarchäologischen Gesellschaft zu Berlin e. V.* 26.（2015），「古代エジプトの親族名称研究の現状と課題」『エジプト学研究』第22号（2016）

近藤二郎（こんどう　じろう）①1951年 ②早稲田大学大学院文学研究科博士後期課程満期退学 ③早稲田大学文学学術院教授 ④著書『エジプトの考古学』同成社（2012），『ヒエログリフを愉しむ』集英社（2004）

寺崎秀一郎（てらさき　しゅういちろう）①1967年 ②早稲田大学大学院文学研究科博士後期課程史学（考古学）専攻満期退学 ③早稲田大学文学学術院教授 ④『図説古代マヤ文明』河出書房新社（1999），「マヤ文明の絵文字」『文字の考古学 II』同成社（2004）

黒尾和久（くろお　かずひさ）①1961年 ②東洋大学大学院文学研究科国史学専修修士課程修了 ③国立ハンセン病資料館学芸部長 ④「戦争遺跡概念の再検討と平和への可能性」『東アジア教育文化シリーズ1 平和概念の再検討と戦争遺跡』明石書店（2006），「日本考古学史研究の課題」『考古学という現代史』雄山閣（2007），『東アジア教育文化学会企画 靖国・遊就館フィールドワーク 靖国神社と歴史教育』明石書店（2013）

青木豊（あおき　ゆたか）①1951年 ②國學院大学文学部史学科考古学専攻卒業 ③國學院大学文学部教授 博士（歴史学）④『和鏡の文化史』刀水書房，『博物館展示の研究』雄山閣

今野まりこ（こんの　まりこ）①1977年 ②昭和女子大学大学院生活機構研究科生活文化研究専攻 ③海老名市教育委員会 ④「中屋敷遺跡第2次調査報告」『昭和女子大学文化史研究』5号 昭和女子大学文化史研究会（2001），「関東南西部地域における玉作遺跡の出現と展開―北陸系土器からみた玉作遺跡―」昭和女子大学大学院修士論文（2003）

村田文夫（むらた　ふみお）①1943年 ②立正大学文学部史学科 ③NPO法人かわさき市民アカデミー副学長 ④『武蔵国・橘樹官衙遺跡群の古代学』川崎学双書1（2016），『関東の古代遺跡逍遥』（2013），「武蔵国・熊ケ谷横穴墓群に認められた線刻画の絵解き考」『多摩考古』45（2015）

中田英（なかた　えい）①1949年 ②國學院大學 ③（公財）かながわ考古学財団 ④「地下式壙研究の現状について」『神奈川考古』第2号（1977），「茅ヶ崎市下寺尾西方A遺跡H9号掘立柱建物について」『かながわ考古学論集』（2014）

山本暉久先生古稀記念論集

二十一世紀考古学の現在

2017年5月10日　初版発行

編　者　山本　暉久

発行者　八木　唯史

発行所　株式会社　六一書房

〒101-0051　東京都千代田区神田神保町 2-2-22

TEL　03-5213-6161　　FAX　03-5213-6160

http://www.book61.co.jp　　E-mail　info@book61.co.jp

振替　00160-7-35346

印　刷　株式会社　三陽社

ISBN 978-4-86445-091-1　C3021